洛栾高速公路洛阳至嵩县段地理位置图

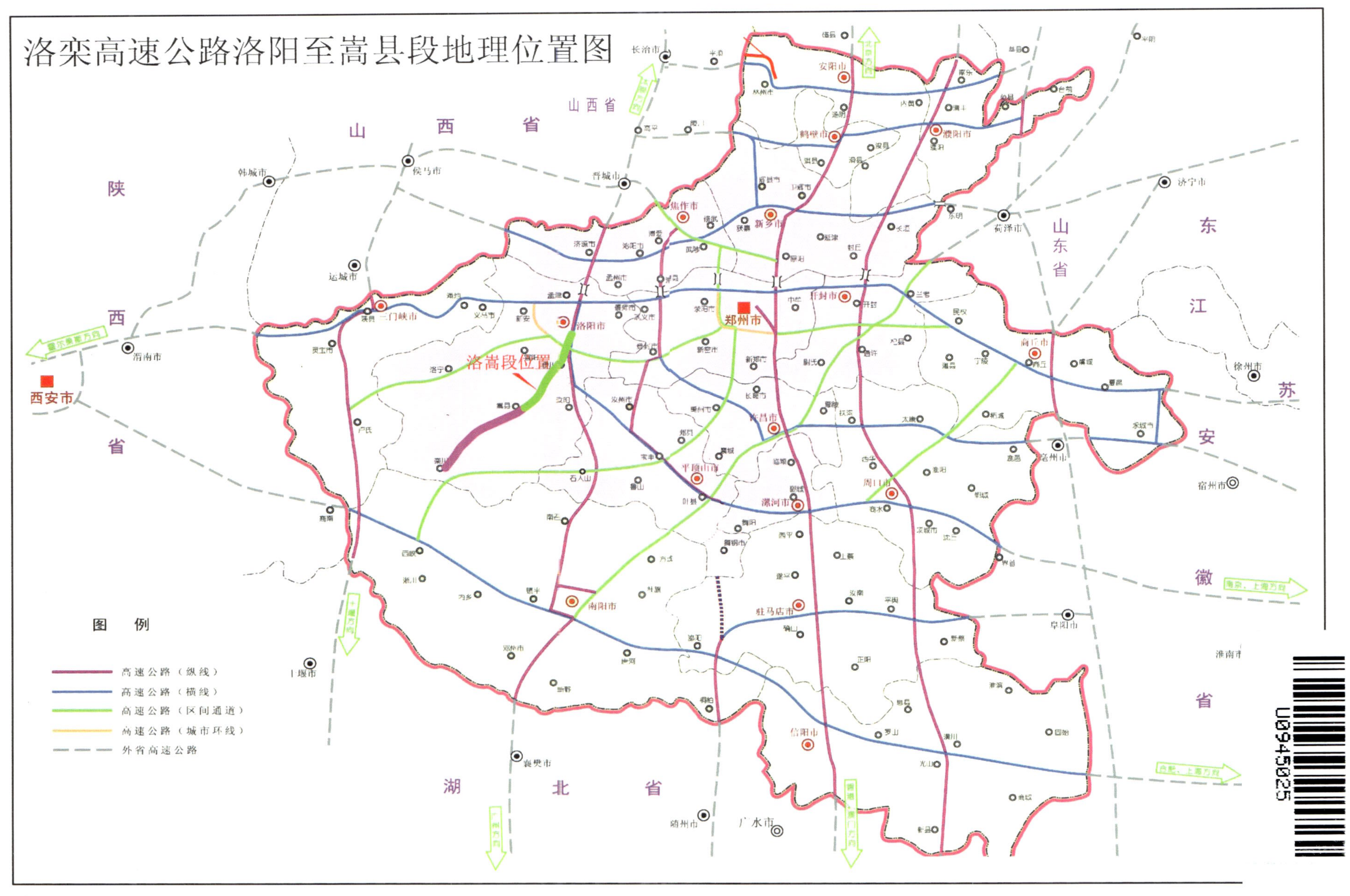

U0945025

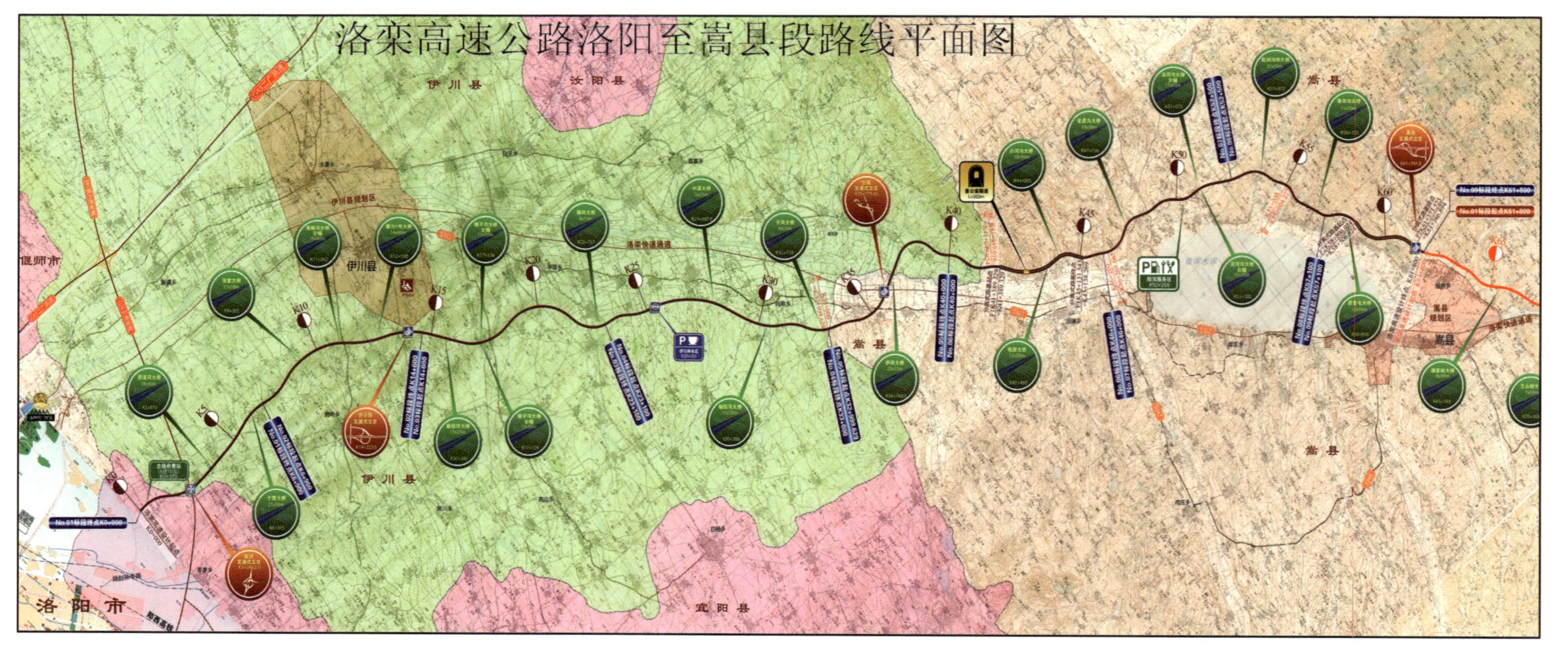
洛栾高速公路洛阳至嵩县段路线平面图
伊川县
汝阳县
嵩县
宜阳县
偃师市
洛阳市
伊川县
伊川县规划区
洛栾快速通道
嵩县规划区
No.01标段终点K0+000
No.02标段起点K6+900
No.01标段终点K6+900
No.02标段终点K14+600
No.03标段起点K14+600
No.04标段起点K23+100
No.03标段终点K23+100
No.05标段起点K32+999.629
No.05标段终点K40+000
No.06标段起点K40+000
No.06标段终点K46+000
No.07标段起点K46+000
No.07标段终点K52+500
No.08标段起点K52+500
No.08标段终点K57+100
No.09标段起点K57+100
No.09标段终点K61+800
No.01标段起点K61+800
K5
K10
K15
K20
K25
K30
K35
K40
K45
K50
K55
K60
K65

洛栾高速公路洛阳至嵩县段工程竣工验收

第三册　工程决算、竣工决算、审计、竣工数量表

主编◎史鹏飞　黄慧光　杨兴娜

人民交通出版社股份有限公司
China Communications Press Co.,Ltd.

内 容 提 要

本书收录了洛栾高速公路洛阳至嵩县段工程的工程决算编制说明及相关表格，竣工财务决算说明及相关表格，审计报告、竣工决算审计决定书，竣工数量表编制说明及各标段竣工数量表。

本书可供从事高速公路建设、设计、施工、监理、质检等方面的工程技术人员使用参考。

图书在版编目(CIP)数据

洛栾高速公路洛阳至嵩县段工程竣工验收(一)、(二)、(三). 3，工程决算、竣工决算、审计、竣工数量表 / 史鹏飞，黄慧光，杨兴娜主编. — 北京：人民交通出版社股份有限公司，2017.11

ISBN 978-7-114-14065-5

Ⅰ. ①洛… Ⅱ. ①史… ②黄… ③杨… Ⅲ. ①高速公路—道路工程—工程验收—洛阳 Ⅳ. ①U415.12

中国版本图书馆 CIP 数据核字(2017)第 189139 号

书　　名：洛栾高速公路洛阳至嵩县段工程竣工验收
　　　　　第三册　工程决算、竣工决算、审计、竣工数量表
著 作 者：史鹏飞　黄慧光　杨兴娜
责任编辑：杜　琛　李学会　卢　珊
出版发行：人民交通出版社股份有限公司
地　　址：(100011)北京市朝阳区安定门外外馆斜街 3 号
网　　址：http://www.ccpress.com.cn
销售电话：(010)59757973
总 经 销：人民交通出版社股份有限公司发行部
经　　销：各地新华书店
印　　刷：化学工业出版社印刷厂
开　　本：787×1092　1/16
印　　张：18.75
插　　页：1
字　　数：495 千
版　　次：2017 年 11 月　第 1 版
印　　次：2017 年 11 月　第 1 次印刷
书　　号：ISBN 978-7-114-14065-5
全套定价：268.00 元
(有印刷、装订质量问题的图书由本公司负责调换)

洛栾高速公路洛阳至嵩县段
工程竣工验收(第三册)

编　委　会

主　　编：史鹏飞　黄慧光　杨兴娜

副 主 编：张新莉　袁新胜　王金丽　周宁波　杨军平
赵燕军　何　雷　杨　硕

编　　委：张国蕾　虎会勇　师燕华　吴江燕　李海波
杨　超　高义东　席雅丽　李彦伟　程学武
刘新堂　唐　定　魏庆军　张俊平　张立人
武　静　陈清江　刘裕鑫　赵晓华　雒加岩
董少佳　曾　盛　陈文忠　张芳亭　胡文辉

主　　审：周洪文　董德全　陈　可　史鹏飞　黄慧光

统 稿 人：张爱民　毛学臣　王金丽

目　　录

第一部分　工 程 决 算

第二部分　竣 工 决 算

第三部分　审　　计

第四部分　工程竣工数量表

第一部分

工 程 决 算

洛栾高速公路洛阳至嵩县段工程决算文件编制说明

洛栾高速公路洛阳至嵩县段是河南省2009年计划开工的重点高速公路项目，项目起于九朝古都洛阳，向南经酒圣之乡伊川，终点位于“豫西山水画廊”嵩县，接同期规划的洛阳至栾川高速公路嵩县至栾川段。该项目全长62.690511km，全线共有大小桥梁83座，涵洞通道141座，隧道3座，互通式和分离式立交24座，收费站4个，服务区1个。与区域内洛阳绕城高速、连霍高速项、郑少洛高速、二广高速互联成网，并先后与多条省道、县道相交。本项目路基宽度为26m，路面净宽2.36×11m，设计行车时速100km，采用两侧直接拼接双向4车道高速公路标准。

本项目初步设计由河南省发展与改革委员会（豫发改交通〔2009〕1831号文）于2009年批复，批复概算为407676万元；本项目施工图设计由河南省发展与改革委员会（豫发交通〔2009〕2005号文）于2000年12月批复。

在河南省委省政府、河南省交通运输厅、河南高速公路发展有限责任公司的高度重视下，在沿线各级政府、有关单位和广大人民群众的积极配合和支持下，在河南嵩阳高速公路有限公司的精心组织下，本项目于2010年举行奠基仪式，各监理单位、设计单位、施工单位密切配合，河南嵩阳高速公路有限公司全体干部员工和各参建单位克服了本项目建设里程长、投资规模大、工期要求紧、设计标准高、施工难点多、协调任务重的特点，以高度的责任感和使命感，无私奉献、不畏艰难、勇于拼搏，在施工进度、质量控制、安全生产、环境保障、廉政建设和文明施工等各方面均取得了突破性进展，于2012年全面建成通车，建设工期608日历天。

一、项目立项及概算批复情况

2009年7月，河南省交通运输厅下发《洛阳至栾川高速公路洛阳之嵩县段工程可行性研究报告》专家组审查意见。

2009年12月，豫发改委以豫发改设计〔2009〕2005号文下发了洛阳至栾川高速公路洛阳之嵩县段工程初步设计的批复意见，并核定概算总投资40.768亿元。

二、项目的组织和管理

河南高速公路发展有限责任公司批复成立河南嵩阳高速公路有限公司，河南嵩阳高速公路有限公司机构设置按照河南高速公路发展有限责任公司对机构设置和人员定编的要求，分设综合处、财务处、合同处、工程处、质监处、安全处6个职能部门，分别负责项目的综合业务、内外环境协调、计划管理、财务管理、资金管理、工程技术、质量监管等项工作。

按照交通运输部基本建设程序的规定，河南嵩阳高速公路有限公司按照法定程序完成了本项目土建、路面、交安、绿化、机电、护栏等工程的施工招标、监理招标、土地报批等工作，与沿线嵩县、栾川两个县签订了征地拆迁及协调服务总承包协议。在前期准备工作基本就绪的前提条件下，河南嵩阳高速公路有限公司向上级部门履行公路建设项目开工报告申请，河南省交通运输厅同意本项目先期工程开工建设。

本项目原计划建设工期2年，全线于2012年建成通车。

（一）创新管理模式，极大提升了项目建设综合效能

洛栾高速公路洛阳至嵩县段工程开工以来，围绕强化队伍管理，提高工程建设质量，积极探

索高速公路建设和管理的新路子，在项目建设中提出了争创“十无”目标，即：安全无事故、质量无缺陷、进度无延期、环境无污染、廉政无案件、管理无漏洞、企业无违规、办公无杂乱、职工无抱怨、施工无投诉；对项目公司和监理单位提出了“十字”工作准则，即：监督、检查、协调、指导、服务。

项目建设过程中，项目公司严格执行国家基本建设程序，遵守国家各项法律法规、规章制度，建立健全内部组织机构，并选调政治素质、业务素质等方面过硬的专业技术人员，明确其任务职责和工作标准，在人员少、任务重的情况下积极、稳妥地开展各项工作。沿线市委市政府以及县政府对本项目给予了高度重视，项目沿线各县、区、镇分别成立相应的项目协调指挥部。上述机构的成立以及项目公司有序、规范、高效地运作，为本项目按时、保质、保量地顺利建成提供了强有力的组织保证。

（二）严格工程投资控制，加强建设资金监督管理

建设工程招投标制度是建设单位控制工程造价的高效手段，本项目部依据《中华人民共和国招投标法》及《河南省高速公路发展有限责任公司招标评标实施细则》要求公开招标。编制严密、准确的招标文件，采用有限低价评标法，以标价合理等综合条件选择合适的施工单位，签订严密的施工承包合同，从而有效地控制工程造价。

为严格资金管理，项目公司根据《国有建设单位会计制度》和财政部《基本建设财务管理规定》等相关的财经法规制度，制定了《财务报销制度》《现金使用范围》《管理费用日常报销程序》，做好会计核算和财务管理工作。为防止承包商截留、挤占和挪用建设资金，提高投资效益，项目公司制定了《洛阳至栾川高速公路洛嵩段工程建设项目资金管理办法》，纳入项目公司与监理单位、施工单位签订的合同协议书中，确保建设资金的专款专用。项目公司还与开户银行、承包商签订了《洛阳至栾川高速公路洛嵩段工程建设施工资金管理协议》，依托银行监管承包商的资金使用情况。

同时，为了保证工程资金的及时供应，项目公司在计量支付方面制定了《洛阳至栾川高速公路洛嵩段工程计量支付规定》和《工程计量与支付程序》，按照各标段的形象进度来控制资金的拨付，这样既可以保证正常的资金供应，又可避免施工单位挪用、转移工程款。同时坚持计量与支付三级审查制度，在施工中严格执行包括施工单位自检、驻地监理抽检、总监办中心实验室抽查的三级质量控制体系。采用先进的检测设备，严格的检测方法，对施工全过程实施质量监督，发现问题及时解决，对不合格的工程必须返工，直至监理工程师认可，杜绝质量隐患。承包商完成某项工程或工程量清单中某一项，首先由承包商按合同要求整理中期计量资料，向驻地监理工程师提出报验申请，经驻地监理验收合格签字后，方可申报本项目计量。总监办计量工程师对该部分工程抽检和审查，确认工程质量、数量无误后，正式开具工程支付证书。最后由项目公司各有关处室（如工程技术处，合同计划处，财务处，副总经理，总经理）对计量进行核对复审，才能办理支付。计量程序化、支付制度化，防范提前或重复计量，充分保证施工进度。

（三）工程质量控制管理

为了加强质量管理，确保项目总体质量目标的顺利实现，项目公司从内部和外部两方面着手，采取一系列措施，严把工程质量关，确保工程质量。管理的原则就是坚决贯彻执行河南省政府、河南省交通运输厅“三铁四坚决”精神，在过程中狠抓落实，确保实现优良工程目标，努力打造“精品路、科技路、景观路”。

（1）项目公司与各监理单位、施工单位签订目标责任书，明确工程质量目标，即“分项工程实体质量合格率达到100%；确保实体工程质量优良率达到100%”。

（2）所有结构物工程树立“样板工程”，经过监理和业主的认可，然后以点带面，全线展开。

(3)建立健全施工单位“质量自控体系”，即要求监理单位、施工单位建立完善的质量保证体系，并保证其有效运行。试验室资质必须满足河南省交通运输厅质检站要求，满足工地试验需要；项目经理、总工程师等主要人员的资质和资历要求满足招标文件和施工要求，总质检工程师和各分项工程质检工程师必须独立，不得兼职，并拥有“质量一票否决权”。

(4)严格“五检测制度”。自检：施工班自检，工班长在每日下班前必须对当日完成的工作质量进行检查，做好记录，工后讲评，对于不合格的工序不得交接，返工合格后才能交接。互检：不同施工班组进行相互检查，及时发现问题，进行经验交流，取长补短，提高工作质量。交接检：上道工序与下道工序交接时必须进行相互检查，对不合格的工序不交接，更不得进入下道工序施工，并且限期整改，直至合格才能进入下道工序施工。试验室抽检：对于“自检、互检、交接检”合格的工序试验室必须按照规范规定的抽检频率进行现场抽检，严格按照试验操作规程进行试验，发现不合格的工序和问题及时进行纠正或返工，直至合格后才能进入下道工序施工。监理工程师抽检：施工单位的每道工序完成自检后，由质检工程师签认，填写报验通知单，通知监理工程师按照规范规定的抽检频率进行抽检，合格后才能进入下道工序施工，否则返工处理，直至合格。对于质量问题，坚决执行“三铁四坚决”精神，对于已经完工的实体质量，经常进行“拉网式”质量检查，发现质量问题，坚决推倒重来，决不留下质量隐患，力争一流工程。

(5)强化三控，即“事前控制、事中控制、事后控制”。强化“事前控制”就是要加强源头管理，严把材料进场关，杜绝不合格材料进场，同时做好技术交底和技术培训，准备“工、料、机”进场，各分项工程开工前承包商必须报监理工程师批准，未经批准不准开工。抓好“事中控制”就是要加强施工过程控制，把好施工现场管理关，关键工序或隐蔽工程施工中，必须有监理工程师全过程旁站监督。每道工序完成后，由承包商自检，自检不合格，自行返工或者补救，自检合格后，填写工程质量检验单，通知驻地监理检验，监理检验不合格工序，必须补救返工，合格后才能进行下道工序施工。严格“事后控制”即生产出的成品或半成品最终必须经过质量验收，未经监理工程师检验并且签认合格的工程，一律不予计量支付。

(6)沥青路面质量和平整度控制。为了保证路面结构层质量，切实提高路面平整度，项目公司成立了路面质量及平整度控制领导小组，并建立质量控制组织机构，坚决贯彻执行河南省交通运输厅《关于进一步提高路面平整度质量的通知》精神，下发《各处室联系督导各路面施工单位路面平整度的通知》至各施工单位，把平整度指标层层分解到人，同时要求各路面单位必须树立强烈的质量意识、品牌意识，建立健全组织体系、完善科学的管理手段和有力的措施保证，并要加强原材料配合比控制，有效地控制基层收缩裂缝的安全，路面平整度要从基层抓起，加强摊铺、碾压工艺控制。项目公司进一步加强对平整度的督导，及时了解和掌握对应标段平整度的控制动态，采取相应措施改善提高平整度，满足河南省交通运输厅要求。

(7)加强监理队伍的管理，加强施工单位质量责任制落实。项目严格按照有关制度要求，与监理单位签订了监理合同和廉政合同书，明确了质量责任，充分树立监理工程师权威。严格施工单位自检、监理抽检、总监办监督的质量控制程序，隐蔽工程实行监理工程师全工程旁站监督，严格按照质量程序办事，不经检查合格不能进行下道工序施工，违反程序或经检查不合格的工程坚决返工处理，并全线通报。建设过程中多次对监理单位的履约情况进行考核评价，经常对监理在岗情况和施工技术人员到岗情况进行检查，保证每个工程项目都在监理人员的监督之下进行，真正做到分项控制，确保工程质量。

(8)召开施工工艺观摩会，有效督促施工单位提高施工水平。针对工程后期路面的关键施工技术，召开有路面施工单位、监理单位及部分路基施工单位负责人参加的施工工艺现场会。现场观摩施工工艺后，召开座谈会，好的单位谈经验，差的单位谈教训。通过观摩及座谈，起到了奖勤罚懒、鞭策后进的效果。个别施工单位工作开展不积极、推诿扯皮现象得到了有效改善,同时推进了施工进度,提高了施工质量。

(四)合同管理

合同管理是一项融法律、经济为一体的综合性管理工作,它为确保工程项目顺利实施提供了法律保障,为保证工程项目实施过程中条款全面履行提供了法律保障,为保证工程项目目标的实现提供了法律保障,因此在招投标阶段制定一个详尽完善的承包合同是十分重要的。在制定合同文本时,河南嵩阳高速公路有限公司吸收了其他高速公路公司的经验与教训,力求使合同文本全面完整,并符合国家相关法律法规的规定,防止因合同条款的含糊不清或内容欠缺而造成履行困难或索赔延期等事件的发生。河南嵩阳高速公路有限公司实行"叁合同"制,在签订经济合同的同时签订廉政合同和安全生产合同,合同中明确双方的权利、义务以及责任,使工程项目的执行有据可依、有章可循。

在施工单位进场之前召开合同谈判会议。要求施工单位的法人代表或其授权代理人、项目部的主要人员、监理单位人员参加。介绍工程的基本情况、管理模式以及合同执行过程中的具体要求,保证合同签订过程的公开、透明。

在合同的执行过程中高标准、严要求,严格管理。按照《招标文件》的要求和《投标文件》的承诺对施工单位的前期进场履约情况进行严格检查。通过前期检查,采取奖罚、通报等措施,促使承包人严格履约,保证工程管理的良好开端。在项目实施过程中,带头自觉履行合同规定的职责,严格依据合同规定的程序处理工程价款的计量支付、工程变更、索赔、分包、延期、违约等事项,同时对施工单位进行不定期的检查和开展专项检查,如:人员履约、劳务分包、清欠民工工资等的专项检查;其次,充分利用监理的力量,协调业主与施工单位的工作,依据合同规定的程序对工程上任何形式、质量、数量和内容上的变动进行审查,协调业主与施工单位的纠纷、争议,纠正各种不符合合同条款的做法,保障了合同的顺利执行和进度投资的有效控制。

在工程计量支付及管理方面严格合同管理,制定了《洛栾高速公路洛阳至嵩县段工程计量支付规定》《工程计量与支付程序》。始终坚持服务为上、随到随处理的原则,准确进行工程计量,及时快速地支持了各施工单位资金合理运转,为工程的顺利开展创造了有利条件。率先引进了方便、高效、实用的计量支付软件,既审批快速,又有效地杜绝了手工计量时最容易出现的漏计、重计现象的发生,保证了计量的准确性。

及时、透明确定变更单价。对于变更工程项目或新增项目单价的确定,密切注意市场行情,深入施工现场,收集和掌握施工有关资料,认真分析,采用了公开透明方式集体研究确定。对每一个单价,先由合同处拿出审查意见,再拿到项目公司中层以上会议研究确定,形成决议。

率先并及时进行社会跟踪审计,及时发现问题,解决问题,对项目建设的每一个环节进行审计监督,可以起到事前、事中、事后监督并举,注重事前、事中监督,以事后监督推动事前、事中监督,可以及时发现工程、财务管理中存在的问题并加以整改,有效防范风险,强化并提高了项目建设管理水平。

(五)安全生产、文明施工管理

开工伊始,河南嵩阳高速公路有限公司就在与各标段承包商签订施工合同的同时签订了安全生产合同,明确要求承包商要有安全生产措施和必要的安全器材,并设置安全员。根据国务院、交通运输部和河南省委省政府、河南省交通运输厅等关于抓好安全生产的有关文件精神,牢固树立"安全第一"的思想。

从河南嵩阳高速公路有限公司到各级协办、监理单位、施工单位,都建立了安全生产领导小组,进一步完善了安全生产管理办法和安全生产责任制,实行 24 小时安全生产值班制度。并对全线施工现场和安全生产管理工作进行大检查，严格按照《公路工程施工安全技术规程》的标准执行，在施工现场，加强排查安全隐患，克服安全管理上的麻痹思想和侥幸心理，把安全措施和安全责任落实到每一个单位、每一个人、每一个工作环节上，坚决杜绝重大责任事故发生，真正做到防患于未然。对存在安全施工隐患的施工现场责令停工整改，安全生产措施不完善、安全生产无保障的不批准施工。经过安全生产知识的普及、宣传、教育，安全生产的层层管理，全线安全生产出现了"三个明显一个杜绝"，即安全生产制度明显健全，安全生产教育和意识明显加强，职工安全生产思想明显提高，杜绝生产安全事故发生。

要求各施工单位根据施工地域的特点，建立相应的环保管理制度。对施工发生的废物及生活垃圾根据有关要求进行处理，对施工便道定期进行洒水养护，在离居民生活区较近的施工点，严格执行作息制度，尽量避免因施工噪声给周围居民的生活带来影响。

（六）较大设计变更及批复情况

（1）K11 +254 ~ K11 +657 段调整土石比例，土方减少，石方增加。

（2）K46 +680 ~ K46 +820、K48 +710 ~ K49 +040、K49 +420 ~ K49 +700 段路基填筑变为借砂砾填筑。

（3）K40 +000 ~ K46 +000 段调整土石比例。

（4）K40 +000 ~ K61 +800 段路基结构变更。

（5）增设 K35 +081 处分离式立体交叉。

（6）K46 +000 ~ K52 +500 段路基填料变更。

（7）K8 +100 ~ K8 +220 段路基填料变更。

（8）嵩县互通式立体交叉位置调整。

（9）增设山神庙隧道。

（10）对 K40 +065 ~ K40 +600 段滑坡处置。

（11）对 K40 +930 ~ K41 +120 段滑坡处置。

三、土地征迁情况

（一）征地审批情况

洛栾高速公路洛阳至嵩县段工程土地审批情况：共批复建设用地 430.256hm^2。

（二）实际征地情况

本项目实际征地面积 475.652hm^2（折合 7134.81 亩）。

四、工程招投标情况

河南嵩阳高速公路有限公司负责组织招标工作，委托了经验丰富、业务素质高的专业招标代理公司，提高工作效率和质量，规范招标行为，充分体现了公开、公正、公平的原则。

在标底编制和评标过程中，邀请河南省交通运输厅监察室、河南省高发监察室工作人员进行全程跟踪行政监督。为保证标底编制工作的严密性和严肃性，一是采用了"虚拟材料单价""分组编制标底"和"集中封闭"的办法，确保标底编制工作的严密性，避免人为泄密；二是增加了一次商业摇号的办法，避免了围标、串标及哄抬标价的不法行为；三是通过科学控制标底送达开标现场与投标人递交标书的时间差，避免了由于泄密而可能出现的作弊行为。

本项目具体招标情况为：土建工程 10 个标段、路面工程 3 个标段、交通安全设施工程 4 个标段、绿化工程 5 个标段、机电工程 5 个标段、通信工程 2 个标段。主要中标设计单位、施工单位及监理单位如下：

（1）主要设计单位：河南省交通规划勘察设计院有限责任公司。

(2)主要施工单位见表1。

主要施工单位 表1

标段	施工单位
土建1标	河南省公路工程局集团有限公司
土建2标	中铁十五局集团第七工程有限公司
土建3标	濮阳市通达公路工程有限公司
土建4标	山东鲁桥建设有限公司
土建5标	中交二公局第四工程有限公司
土建6标	中铁十五局集团第五工程有限公司
土建7标	浙江登峰交通集团有限公司
土建8标	中铁十五局集团二工程有限公司
土建9标	中铁七局集团第三工程有限公司
路面1标	云南路桥股份有限公司
路面2标	吉林省亿丰路桥工程有限公司
路面3标	吉林省长城路桥建工有限责任公司
交安1标	中交第一公路工程局有限公司
交安2标	广东省交通发展有限公司
交安3标	中交第一公路工程局有限公司
交安4标	科达集团股份有限公司
绿化1标	上海十方生态园林发展股份有限公司
绿化2标	鄢陵倚天园林绿化有限公司
绿化3标	许昌江北花木有限公司
绿化4标	河南翰墨园林工程有限公司
绿化标准段	鄢陵县花艺绿化工程有限公司
配电1标	中国铁建电气化局集团第一工程有限公司
配电2标	河南新豫飞科技照明工程有限公司
通信1标	中国铁建电气化局集团第一工程有限公司
通信2标	广东飞达交通工程有限公司
机电标	中铁十三局集团电务工程有限公司
电力1标	栾川县恒源电力有限责任公司
电力2标	河南黎阳建设有限公司
房建1标	河南派普建设工程有限公司
房建2标	林州市太行建设工程有限公司
房建3标	河南天河建设工程有限公司
房建4标	河南省第二建设集团有限公司
房建5标	河南省建设集团有限公司

(3)主要监理单位见表2。

主 要 监 理 单 位　　表 2

标　段	名　称
监理 NO. A	河南省宏力监理咨询有限公司
监理 NO. B	河南省高等级公路建设监理部有限公司
监理 NO. C	河南省豫通公路工程监理事务所

五、交工验收与工程质量评价

根据交通运输部《公路工程竣(交)工验收办法》和《关于贯彻公路工程交竣工验收办法有关事宜的通知》,2012 年 11 月河南嵩阳高速公路有限公司组织进行了本项目的交工验收工作。交工验收委员会由工程建设、设计、监理、施工、管理等单位的代表组成,并邀请河南省交通运输厅计划处、工程管理处、河南省交通基本建设质量检测监督站、河南高速公路发展有限责任公司等有关部门代表和专家组成。交工验收委员会听取了建设单位、设计单位、施工单位、监理单位的报告,查阅了档案资料并察看了工程现场,根据河南省交通基本建设质量检测监督站的交工质量检测意见,对工程进行了评定,认为该工程设计合理,线形、路面结构、主要结构物及沿线设施工程符合规范要求;桥梁工程各部位混凝土强度均符合要求,几何尺寸准确,外观质量良好;涵洞洞身顺直,水流畅通;路基边坡平顺、自然、稳定;排水系统连接完善;防护工程合理、稳定;路面强度、压实度、平整度、抗滑等指标均符合设计和规范要求;互通式立体交叉工程线形流畅,上下标志清晰,使用性能良好;认为各参建单位能够遵守相关法规、履行合同。整体工程质量等级评为合格。

2012 年 11 月 30 日洛栾高速公路洛阳至嵩县段交工验收委员会经现场查看、内业资料检查,认为本项目各参建单位在工程建设中能够遵守有关基本建设法规,履行合同,相互配合,圆满完成了建设任务,工程质量合格,同意通过交工验收。

六、主要工程技术标准

本项目设计采用原交通部颁布的《公路工程技术标准》(JTG B01—2003),全线采用双向四车道高速公路技术标准设计,实行全部控制出入和收费管理。其主要控制技术指标见表 3。

主要控制技术指标　　表 3

序　号	指 标 内 容	单　位	指　标
1	公路等级		双向四车道高速公路
2	计算行车速度	km/h	100
3	路基宽度	m	26
4	行车道宽度	m	2×2×3.75
5	中央分隔带宽度	m	2
6	硬路肩	m	2×3
7	土路肩	m	2×0.75
8	涵洞、通道宽度		2×10.75
9	路面结构		沥青混凝土
10	桥面净宽	m	2×11.75
11	桥梁设计荷载		公路—I 级
12	出入口控制		全控
13	桥梁设计洪水频率		1/100,特大桥 1/300

七、工程决算编制依据

根据原交通部《关于发布公路建设项目工程决算编制办法的通知》(交公路发〔2004〕507号),我们组织各类专业人员组成本项目工程决算组,进行工程决算编制工作。工程决算的编制主要根据下列资料进行编制:

(1)经交通主管部门批准的设计文件、概算文件。

(2)招标文件及与有关单位签订的合同文件。

(3)建设过程中的计量、变更、审批文件及有关支付凭证。

(4)竣工图纸。

(5)其他有关文件、资料、凭证等。

本项目编制以2016年3月31日为竣工决算报表基准日编制了竣工决算报表,报表反映项目基本建设总支出4383868141元。累计完成投资额4370153641元,完成投资共形成固定资产3873411556元,无形资产496581339元,流动资产160746元;尾工工程1项,预计投资13714500元。

八、主要工程量

本项目设计路线全长62.690511km,实际完成62.690511km,共完成路基土石方3098.098万m^3。全线设有特大桥1111.16m/1座,大桥14205.79m/39座,中、小桥715.15m/6座;分离式立交桥20座;互通立交4处,主线通道39道,涵洞102道;人行天桥37处。

九、工程概算执行情况

(一)决算截止日期

2016年3月31日。

(二)本项目批复概算

总概算407676.56万元,竣工决算总值438386.81万元,超出概算30710.25万元,超出7.5%。

(三)本项目每公里造价

概算为65030556.13元,决算为69929305.17元,每公里比概算多4898749.04元。

(1)建筑安装工程费概算每公里48755351.24元,决算每公里55603150.07元,每公里比概算多6847798.83元,主要情况如下:

①路基概算476114144元,每公里7594738.3元;决算678798093元,每公里10827852.82元;决算每公里比概算多3233114.52元,共计比概算多202,683.95元。

②路面概算330046522元,每公里5264739.54元;决算443647458元,每公里7076845.72元;决算每公里比概算多1812106.18元,共计比概算多113600936元。

③桥梁、涵洞概算1789377890元,每公里28543274.68元;决算1368997057元,每公里21837566.71元;决算每公里比概算少6705707.97元,共计比概算少420380833元。

④隧道工程概算181953073元,决算12913525元,决算比概算少52039548元。

⑤其他工程及沿线设施概算154399515元,每公里2462905.01元;决算154894791元,每公里2470805.41元;决算每公里比概算多7900.4元,共计比概算多495276元。

⑥管理、养护及服务房屋概算89485700元,决算91359811元,决算比概算多1874111元。

⑦临时工程概算35096125元,决算23801243元,决算比概算少11294882元。

(2)设备及工具器具购置费概算59421592元,决算6062902元,决算比概算少53358690元。

(3)工程建设其他费用概算960871003元,每公里15327340.93元;决算892043761元,每公里14229442.67元,决算每公里比概算少1097898.26元,共计少68827242元。

①土地青苗补助及安置补助概算 359562985 元，决算 492225235 元，决算比概算超支 132662250 元。

②建设单位管理费概算 88739631 元，竣工决算 133387464 元，决算比概算超支 44647833 元。

③研究试验费概算 2458000 元，竣工决算 1474150 元，决算比概算少 983850 元。

④建设项目前期工作费概算 55474500 元，竣工决算 43668494 元，决算比概算少 11806006 元。

⑤贷款利息概算 263017305 元，竣工决算 187080016 元，决算比概算少 75937289 元。

⑥联合试运转费概算 1528236 元，竣工决算 0 元，决算比概算少 1528236 元。

⑦生产人员培训费 240000 元，竣工决算 0 元，决算比概算少 240000。

(四)超概原因分析

(1)因地形复杂、施工期间进行优化设计等变更导致竣工决算金额增加。

(2)因物价上涨、材料调差、措施费、赶工费等造成竣工决算金额增加。

(3)因提高房屋使用年限、物价上涨等造成房建竣工决算金额增加。

(4)因优化设计、增加隧道等导致机电工程、绿化工程、交通安全设施竣工决算金额增加。

(5)因增加涵洞、土沟排水设施、原设计无法达到规范要求、优化设计、改线加宽等变更导致土方金额增加。

(6)因施工需要，换填砂砾石、原挖土方变为挖石方等变更导致石方金额增加。

(五)预留费用

(1)预留待摊投资。预留待摊投资作为截止竣工决算日预留的费用，竣工决算表中列作待摊投资的各项费用，共包括 10 项内容，共计 21067335.27 元，具体为：

①预留费用—研究试验费：325000 元

②预留费用—工程质量检测费：1749082 元

③预留费用—综合类：9979999 元

④预留费用—土地拆迁补偿费：4278904.27 元

⑤预留费用—专项评估费：2740600 元

⑥预留费用—工程监理费：1993750.00 元

(2)收尾工程及工程预留费用 86969751.00 元，主要为土建、路面标的预留争议费用 73255251 元，监控分中心预留 13714500 元。

十、需要说明的其他事项

本项目本次工程决算中建安投资各中介机构审定数见表 4。

建安投资中介机构审定数 表 4

序号	合同段	报告编号	施工单位	结算审定金额(元)	中介机构名称
1	土建 NO.1	北方亚事基字〔2015〕1014 号	河南省公路工程局集团有限公司	282195429.00	河南北方亚事
2	土建 NO.2	北方亚事基字〔2015〕1015 号	中铁十五局集团第七工程有限公司	328107583.00	河南北方亚事
3	土建 NO.3	北方亚事基字〔2015〕1016 号	濮阳市通达公路工程有限公司	156441450.00	河南北方亚事
4	土建 NO.4	北方亚事基字〔2015〕1017 号	山东鲁桥建设有限公司	156855395.00	河南北方亚事
5	土建 NO.5	寅结审〔2016〕LLJS－001 号	中交二公局第四工程有限公司	186980802.00	华寅工程
6	土建 NO.6	寅结审〔2016〕LLJS－002 号	中铁十五局集团第五工程有限公司	434868504.00	华寅工程

续上表

序号	合同段	报告编号	施工单位	结算审定金额（元）	中介机构名称
7	土建NO.7	寅结审〔2016〕LLJS-003号	浙江登峰交通集团有限公司	333201255.00	华寅工程
8	土建NO.8	寅结审〔2016〕LLJS-004号	中铁十五局集团二工程有限公司	317079354.00	华寅工程
9	土建NO.9	寅结审〔2016〕LLJS-005号	中铁七局集团第三工程有限公司	385201359.00	华寅工程
10	土建NO.10	北方亚事基字〔2015〕1018号	湖南省建筑工程集团总公司	73639343.00	河南北方亚事
11	路面NO.1	北方亚事基字〔2015〕1012号	云南路桥股份有限公司	194807558.00	河南北方亚事
12	路面NO.2	北方亚事基字〔2015〕1013号	吉林省亿丰路桥工程有限公司	147443808.00	河南北方亚事
13	路面NO.3	寅结审〔2016〕LLJS-006号	吉林省长城路桥建工有限责任公司	158320709.00	华寅工程
14	绿化NO.1	北方亚事基字〔2015〕1003号	上海十方生态园林发展股份有限公司	2201805.00	河南北方亚事
15	绿化NO.2	寅结审〔2015〕LLJS-001号	鄢陵倚天园林绿化有限公司	2579173.00	华寅工程
16	绿化NO.3	北方亚事基字〔2015〕1004号	许昌江北花木有限公司	4466836.00	河南北方亚事
17	绿化NO.4	寅结审〔2015〕LLJS-002号	河南翰墨园林工程有限公司	1510094.00	华寅工程
18	交安NO.1	北方亚事基字〔2015〕1001号	中交第一公路工程局有限公司	7899042.00	河南北方亚事
19	交安NO.2	寅结审〔2015〕LLJS-005号	广东省交通发展有限公司	5516506.00	华寅工程
20	交安NO.3	北方亚事基字〔2015〕1002号	中交第一公路工程局有限公司	18599834.00	河南北方亚事
21	交安NO.4	寅结审〔2015〕LLJS-003号	科达集团股份有限公司	20708319.00	华寅工程
22	配电NO.1	北方亚事基字〔2015〕1005号	中国铁建电气化局集团第一工程有限公司	4637797.00	河南北方亚事
23	配电NO.2	北方亚事基字〔2015〕1006号	河南新豫飞科技照明工程有限公司	14676344.00	河南北方亚事
24	通信NO.1	北方亚事基字〔2015〕1007号	中国铁建电气化局集团第一工程有限公司	4446168.00	河南北方亚事
25	通信NO.2	北方亚事基字〔2015〕1008号	广东飞达交通工程有限公司	535711300	河南北方亚事
26	电力NO.1	北方亚事基字〔2015〕1009号	栾川县恒源电力有限责任公司	2156212.00	河南北方亚事
27	电力NO.2	寅结审〔2015〕LLJS-009号	河南黎阳建设有限公司	3715700.00	华寅工程
28	机电	北方亚事基字〔2015〕1010号	中铁十三局集团电务工程有限公司	31520677.00	河南北方亚事
29	绿化标准段	北方亚事基字〔2015〕1011号	鄢陵县花艺绿化工程有限公司	703501.00	河南北方亚事
30	房建NO.1	寅结审〔2015〕LLJS-008号	河南派普建设工程有限公司	17634735.00	华寅工程
31	房建NO.2	寅结审〔2015〕LLJS-007号	林州市太行建设工程有限公司	6378979.00	华寅工程
32	房建NO.3	寅结审〔2015〕LLJS-006号	河南天河建设工程有限公司	10802664.00	华寅工程
33	房建NO.4	寅结审〔2015〕LLJS-004号	河南省第二建设集团有限公司	13254913.00	华寅工程
34	房建NO.5	寅结审〔2015〕LLJS-010号	河南省建设集团有限公司	58823751.00	华寅工程

注：表中河南北方亚事工程咨询有限公司简称河南北方亚事；华寅工程造价咨询有限公司简称华寅。

河南嵩阳高速公路有限公司

2016年4月10日

洛栾高速公路洛阳至嵩县段工程决算报表

建 设 项 目 概 况 表

01 表

路线工程

<table>
<tr><td colspan="2">建设项目名称</td><td colspan="4">洛栾高速公路洛阳至嵩县段工程</td><td rowspan="10">主要技术指标</td><td colspan="2">公路等级</td><td>高速公路</td></tr>
<tr><td colspan="2" rowspan="2">建设起止时间</td><td>计划</td><td colspan="3">2010 年 3 月 20 日开工至 2013 年 3 月 20 日竣工</td><td colspan="2">路线全长(km)</td><td>62.69</td></tr>
<tr><td>实际</td><td colspan="3">2010 年 3 月 20 日开工至 2012 年 12 月 31 日建成通车</td><td colspan="2">路基宽度(m)</td><td>26</td></tr>
<tr><td colspan="6">初步设计审批</td><td rowspan="3">路面</td><td>宽度(m)</td><td>23.9</td></tr>
<tr><td rowspan="2">机关</td><td rowspan="2">河南省发展
与改革委员会</td><td rowspan="2">日期</td><td rowspan="2">2009 年 12 月 16 日</td><td rowspan="2">文号</td><td rowspan="2">豫发改设计〔2009〕2005 号</td><td>厚度(cm)</td><td>70</td></tr>
<tr><td>结构类型</td><td>沥青混凝土</td></tr>
<tr><td colspan="6">调整概算审批</td><td colspan="2">桥梁宽度(m)</td><td>2×12.75</td></tr>
<tr><td>机关</td><td></td><td>日期</td><td></td><td>文号</td><td></td><td colspan="2">隧道宽度(m)</td><td>2×10.75</td></tr>
<tr><td colspan="2">项目法人</td><td colspan="4">河南嵩阳高速公路有限公司</td><td colspan="2">设计车速(km/h)</td><td>100</td></tr>
<tr><td colspan="2">主要设计单位</td><td colspan="4">河南省交通规划勘察设计院有限责任公司</td><td colspan="2">设计荷载</td><td>公路－I 级</td></tr>
</table>

<table>
<tr><td colspan="4">主要工程量</td><td colspan="4">费用情况(万元)</td></tr>
<tr><td>分部工程名称</td><td>单位</td><td>设计</td><td>完成</td><td>费用名称</td><td>批准概预算</td><td>工程决算</td><td>净增减</td></tr>
<tr><td>路基土石方</td><td>m^3</td><td>20043433.4</td><td>30303325</td><td>第一部分　建筑安装工程费用</td><td>3056472969</td><td>3485761478</td><td>429288509</td></tr>
<tr><td>路基排水工程</td><td>m^3</td><td>162869.9</td><td>142230</td><td>路基工程</td><td>476114144</td><td>678798093</td><td>202683949</td></tr>
<tr><td>路基防护工程</td><td>m^3</td><td>140241.1</td><td>207780</td><td>路面工程</td><td>330046522</td><td>443647458</td><td>113600936</td></tr>
<tr><td>路面工程</td><td>m^2</td><td>1672454</td><td>4342321.3</td><td>桥梁涵洞工程</td><td>1789377890</td><td>1368997057</td><td>－420380833</td></tr>
</table>

01 续上表

主要工程量					费用情况(万元)			
分部工程名称		单位	设计	完成	费用名称	批准概预算	工程决算	净增减
桥涵工程	特大桥	m/座	1111.16/1	1111.16/1	隧道工程	181953073	129913525	-52039548
	大桥	m/座	14205.79/39	14205.79/39	其他工程及沿线设施	154399515	154894791	495276
	中、小桥	m/座	487.398/6	715.15/6	临时工程	35096125	23801243	-11294882
	涵洞	道	74	100	管理养护及服务房屋	89485700	91359811	1874111
隧道工程		m/座	1079/2	2200.0/3	建安费预留费用(其他支付)		594349500	594349500
交叉	互通式立体交叉	处	4	4	**第二部分 设备、工具及器具购置费**	59421592	6062902	-53358690
	分离式立体交叉	处	8	20	**第三部分 工程建设其他费用**	960871003	892043761	-68827242
	平面交叉道	处			土地、青苗补偿及安置补助费	359562985	492225235	132662250
	通道	处	29	39	建设项目管理费	88739631	133387464	44647833
	人行天桥	处	33	37	研究试验费	2458000	1474150	-983850
环境保护工程		km	62.69	62.69	建设项目前期工作费	55474500	43668494	-11806006
征地		亩	6453.8355	7134.813	专项评估费	6529000	13141067	6612067
拆除建筑物		m^2	1941.04	12974.8	联合试运转费	1528236		-1528236
					生产人员培训费	240000		-240000
					建设期贷款利息	263017305	187080016	-75937289
					其他费用预留费用	183321346	21067335	-162254011
					总金额	4076765564	4383868141	307102577

编制： 复核： 审核：

02 表

投资控制情况比较表

路线工程

单位:元

项	目	工程或费用名称	批准的概(预)算	标　　底	工程合同	项目决算	工程合同与批准的概(预)算比较	工程合同与标底比较	项目决算与批准的概(预)算比较	项目决算与工程合同比较
			1	2	3	4	5	6	7	8
		第一部分　建筑安装工程费	3056472969	3036125638	2993260509	3485761478	-2.07%	-1.41%	14.05%	16.45%
一		路基工程	476114144	431757084	385573826	678798093	-19.02%	-10.70%	42.57%	76.05%
	1	计价土方	154912701	146987365	138327095	126409917	-10.71%	-5.89%	-18.40%	-8.62%
	2	计价石方	50759460	48144363	42995546	251862660	-15.30%	-10.69%	396.19%	485.79%
	3	排水工程	87770603	92314821	61071590	58707752	-30.42%	-33.84%	-33.11%	-3.87%
	4	防护工程	125806084	111910680	126267821	202608401	0.37%	12.83%	61.05%	60.46%
	5	特殊路基处理	56865296	32399855	16911774	39209363	-70.26%	-47.80%	-31.05%	131.85%
二		路面工程	330046522	441769319	442494313	443647458	34.07%	0.16%	34.42%	0.26%
	1	面层	210040355	263917332	264017454	191156355	25.70%	0.04%	-8.99%	-27.60%
	2	基层	76507126	123599126	123612290	198435884	61.57%	0.01%	159.37%	60.53%
	3	底基层	32508594	51269879	51268360	49529777	57.71%		52.36%	-3.39%
	4	垫层			600765	369692				-38.46%
	5	路缘石	10990447	2982982	2995444	4155750	-72.75%	0.42%	-62.19%	38.74%
三		桥梁、涵洞工程	1789377890	1532524244	1463391479	1368997057	-18.22%	-4.51%	-23.49%	-6.45%
	1	涵洞	106471614	80431046	78141794	98475761	-26.61%	-2.85%	-7.51%	26.02%
	2	桥梁	1682906276	1452093198	1385249685	1270521296	-17.69%	-4.60%	-24.50%	-8.28%
四		隧道工程	181953073	122126544	117771567	129913525	-35.27%	-3.57%	-28.60%	10.31%
	1	洞门	5935451	9213263	8773906	10032432	47.82%	-4.77%	69.03%	14.34%

02 表续上表

项	目	工程或费用名称	批准的概(预)算	标　底	工程合同	项目决算	工程合同与批准的概(预)算比较	工程合同与标底比较	项目决算与批准的概(预)算比较	项目决算与工程合同比较
			1	2	3	4	5	6	7	8
	2	明洞	16561194	107921336	104230895	9171755	529.37%	-3.42%	-44.62%	-91.20%
	3	洞身	159456428	4991945	4766766	110709338	-97.01%	-4.51%	-30.57%	2222.53%
五		其他工程及沿线设施	154399515	120104641	119815843	154894791	-22.40%	-0.24%	0.32%	29.28%
	1	清除场地	4540257	5345733	5078667	2850791	11.86%	-5.00%	-37.21%	-43.87%
	2	拆除建筑物、构筑物		493107	471375	1679201		-4.41%		256.23%
	3	管理与养护设施	37333195	61489617	61489617	62117282	64.70%		66.39%	1.02%
	4	安全设施	69284320	43713702	43713702	68482076	-36.91%		-1.16%	56.66%
	5	服务设施								
	6	环境保护工程	43241743	9062482	9062482	19765441	-79.04%		-54.29%	118.10%
六		临时工程	35096125	23909985	23781335	23801243	-32.24%	-0.54%	-32.18%	0.08%
七		管理、养护及服务房屋	89485700		76955178	91359811	-14.00%		2.09%	18.72%
	1	管理房屋	45201500	59304979	59304979	32949170	31.20%		-27.11%	-44.44%
	2	养护房屋		2812012	2812012	2823178				0.40%
	3	服务房屋	44284200	14838187	14838187	55587463	-66.49%		25.52%	274.62%
八	建安费部分	预留费用								
		暂定金额			363476968					
		其他支付		363933821		594349500				
		第二部分　设备、工具及器具购置费	59421592			6062902			-89.80%	
一		设备购置费	58324360			5902156			-89.88%	

02 表续上表

项	目	工程或费用名称		批准的概(预)算	标　　底	工程合同	项目决算	工程合同与批准的概(预)算比较	工程合同与标底比较	项目决算与批准的概(预)算比较	项目决算与工程合同比较
				1	2	3	4	5	6	7	8
二		工具、器具购置费									
三		办公及生活用家具购置费		1097232			160746			-85.35%	
四		购置费部分	预留费用								
			暂定金额								
		第三部分　工程建设其他费用		960871003			892043761			-7.16%	
一		土地、青苗补偿及安置补助费		359562985			492225235			36.90%	
二		建设单位管理费		88739631			133387464			50.31%	
三		研究试验费		2458000			1474150			-40.03%	
四		建设项目前期工作费		55474500			43668494			-21.28%	
五		专项评估费		6529000			13141067			101.27%	
六		联合试运转费		1528236						-100.00%	
七		生产人员培训费		240000						-100.00%	
八		建设期贷款利息		263017305			187080016			-28.87%	
九		其他费用部分	预留费用	183321346			21067335			-88.51%	
			暂定金额								
		总金额		4076765564	3036125638	2993260509	4383868141	-2.07%	-1.41%	-75.75%	16.45%

编制：　　　　复核：　　　　审核：

工程数量情况比较表

03 表

路线工程

项	目	工程或费用名称	单位	批准的概(预)算	工程合同	项目决算	工程合同与批准的概(预)算比较	项目决算与批准的概(预)算比较	项目决算与工程合同比较
				1	2	3	4	5	6
		第一部　分建筑安装工程费	公路公里						
一		路基工程	公路公里	62.69	62.69	62.69			
	1	计价土方	m^3	15679420	22044333	16297548	40.59%	3.94%	-26.07%
	2	计价石方	m^3	1600491	2442321	14005777	52.60%	775.09%	473.46%
	3	排水工程	m^3	121774	87285	142230	-28.32%	16.80%	62.95%
	4	防护工程	m^3	213491	214685	207780	0.56%	-2.68%	-3.22%
	5	特殊路基处理	km	62.69	62.69	62.69			
二		路面工程	公路公里	62.69	62.69	62.69			
	1	面层	m^2	1656660	1289257	1739561	-22.18%	5.00%	34.93%
	2	基层	m^2	1281589	1261491	1277601	-1.57%	-0.31%	1.28%
	3	底基层	m^2	1302421	1395873	1304409.3	7.18%	0.15%	-6.55%
	4	垫层	m^2		9126	15351			68.21%
	5	路缘石	m^3	3698	3844	5399	3.95%	46.00%	40.45%
三		桥梁、涵洞工程	公路公里	62.69	62.69	62.69			
	1	涵洞	m/道	3441.83/87	3879.36/74	3879.36/100			
	2	桥梁	m/座	19400.6/94	15359.99/90	19625.34/89			

03 表续上表

项	目	工程或费用名称	单　位	批准的概(预)算	工程合同	项目决算	工程合同与批准的概(预)算比较	项目决算与批准的概(预)算比较	项目决算与工程合同比较
				1	2	3	4	5	6
五		隧道工程	公路公里	52.69	62.69	62.69			
	1	洞门	座	3	2	3	-33.33%		50.00%
	2	明洞	m	1283	1079	2200	-15.90%	71.47%	103.89%
	3	洞身	m	1283	1079	2200	-15.90%	71.47%	103.89%
六		其他工程及沿线设施	公路公里	62.69	62.69	62.69			
	1	清除场地	公路公里	62.69	62.69	62.69			
	2	拆除建筑物、构筑物	公路公里		62.69	62.69			
	3	管理与养护设施	公路公里	62.69	62.69	62.69			
	4	安全设施	公路公里	62.69	62.69	62.69			
	5	服务设施	公路公里			62.69			
	6	环境保护工程	处	62.69	62.69	62.69			
七		临时工程	公路公里	62.69	62.69	62.69			
八		管理、养护及服务房屋	公路公里	62.69	62.69	62.69			
	1	管理房屋	m^2		8714.84	8799.09			0.97%
	2	养护房屋	m^2		1075.99	1076.42			0.04%
	3	服务房屋	m^2		8016.94	8226.98			2.62%

编制：　　　　复核：　　　　审核：

概（预）算分析表

04 表

路线工程

项	目	工程或费用名称	单　位	工程数量	概(预)算金额(元)	涉及项目节编号
		第一部分　建筑安装工程费	公路公里	62.69	3056472969	
一		路基工程	公路公里	62.69	476114144	
	1	计价土方	m^3	15679420	154912701	第一部分 第二项 2.1、2.3、2.4、3.1.1、3.2 第七项 2.1.1.1、2.2.1.1.1.1、2.2.1.1.1.3、2.2.1.1.1.4、2.2.1.1.1.6
	2	计价石方	m^3	1600491	50759460	第一部分 第二项 2.2、3.1.2 第七项 2.2.1.1.1.2、2.2.1.1.1.5
	3	排水工程	m^3	121774	87770603	第一部分 第二项 8 第七项 2.1.1.3、2.2.1.1.5
	4	防护工程	m^3	213491	125806084	第一部分 第二项 9 第七项 2.1.1.4、2.2.1.1.6
	5	特殊路基处理	km	62.69	56865296	第一部分 第二项 4、5、6、7 第七项 2.1.1.2、2.2.1.1.2、2.2.1.1.3、2.2.1.1.4
二		路面工程	公路公里	62.69	330046522	
	1	面层	m^2	1656660	210040355	第一部分 第三项 4、7 第七项 2.1.2.4、2.2.1.2.4
	2	基层	m^2	1281589	76507126	第一部分 第三项 2、3 第七项 2.1.2.2、2.1.2.3、2.2.1.2.2、2.2.1.2.3
	3	底基层	m^2	1302421	32508594	第一部分 第三项 1、5 第七项 2.1.2.1、2.2.1.2.1、2.2.1.2.5
	4	垫层	m^2			
	5	路缘石	m^3	3698	10990447	第一部分 第三项 6 第七项 2.1.1.2.5、2.2.1.2.6
三		桥梁、涵洞工程	公路公里	62.69	1789377890	
	1	涵洞	m/道	3441.83/87	106471614	第一部分 第四项 1 第五项 1 第七项 2.1.1.3、2.2.1.3、2.2.1.5
	2	桥梁	m/座	19400.6/94	1682906276	第一部分 第二项 3.3 第四项 2、3、4 第五项 2、3、4 第七项 2.2.1.4

项	目	工程或费用名称	单　位	工程数量	概(预)算金额(元)	涉及项目节编号
五		隧道工程	公路公里	62.69	181953073	
	1	洞门	座	3	5935451	第一部分 第六项 1.9、2.9、3.9
	2	明洞	m	1283	16561194	第一部分 第六项 1.1、1.2、2.1、2.2、3.1、3.2
	3	洞身	m	1283	159456428	第一部分 第六项 1.3－.8、2.3－2.8、3.3－3.8、4、5
六		其他工程及沿线设施	公路公里	62.69	154399515	
	1	清除场地	公路公里	62.69	4540257	第一部分 第二项 1.1、1.2、1.3
	2	拆除建筑物、构筑物	公路公里			
	3	管理与养护设施	公路公里	62.69	37333195	第一部分 第七项 3、4.1
	4	安全设施	公路公里	62.69	69284320	第一部分 第七项 1
	5	服务设施	公路公里			
	6	环境保护工程	处	62.69	43241743	第一部分 第八项 4.2
七		临时工程	公路公里	62.69	35096125	第一部分 第一项 1.1、1.2、1.3、2、3、4、5、6.1、6.2、6.3
八		管理、养护及服务房屋	公路公里	62.69	89485700	
	1	管理房屋	m^2		45201500	第一部分 第九项 1
	2	养护房屋	m^2			
	3	服务房屋	m^2		44284200	第一部分 第九项 2
十二		建安费预留费用	公路公里	62.69		

04 表续上表

项	目	工程或费用名称	单　位	工程数量	概(预)算金额(元)	涉及项目节编号
		第二部分　设备、工具器具及家具购助费	公路公里	62.69	59421593	
一		设备购置费	公路公里	62.69	58324360	第二部分 第一项
二		工具、器具购置费	公路公里			
三		办公及生活用家具购置费	公路公里	62.69	1097233	第二部分 第三项
四		购置费预留费用	公路公里			
		第三部分　工程建设其他费用	公路公里	62.69	960871003	
一		土地、青苗补偿及安置补置费	公路公里	62.69	359562985	第三部分 第一项
二		建设单位管理费	公路公里	62.69	88739631	第三部分 第二项
三		研究试验费	公路公里	62.69	2458000	第三部分 第三项
四		建设项目前期工作费	公路公里	62.69	55474500	第三部分　第四项
五		专项评估费	公路公里	62.69	6529000	第三部分 第五项
六		联合试运转费	公路公里	62.69	1528236	第三部分 第八项
七		生产人员培训费	公路公里	62.69	240000	第三部分 第九项
八		建设期贷款利息	公路公里	62.69	263017305	第三部分 第十一项
九		其他费用预留费用	公路公里	62.69	183321346	预备费
		概(预)算总金额	公路公里	62.69	4076765565	

编制：　　　　　　复核：　　　　　　审核：

标底及合同费用分析表

05 表

路线工程

项	目	工程或费用名称	单　　位	工程数量	标底金额（元）	合同金额（元）	涉及细目号
		第一部分　建筑安装工程费	公路公里	62.69	3036125638	2993260509	
一		路基工程	公路公里	62.69	431757084	385573826	
	1	计价土方	m^3	22044333	146987365	138327095	土建 203、204，绿化 702－1－c－1、702－1－c－2、702－1－c－3
	2	计价石方	m^3	2442321	48144363	42995546	土建 203、204
	3	排水工程	m^3	87285	92314821	61071590	土建 207、314－2、314－3，路面 314
	4	防护工程	m^3	214685	111910680	126267821	土建 208 至 212
	5	特殊路基处理	km	62.69	32399855	16911774	土建 205－1、205－2、205－4
二		路面工程	公路公里	62.69	441769319	442494313	
	1	面层	m^2	1289257	263917332	264017454	土建 312－1－a，路面 307、308、309、311
	2	基层	m^2	1261491	123599126	123612290	土建 304－2－b－3，路面 304、308、310
	3	底基层	m^2	1395873	51269879	51268360	土建 305－5－b－1，路面 302、304－1
	4	垫层	m^2	9126		600765	土建 204－2－q
	5	路缘石	m^3	3844	2982982	2995444	土建 313－5－1－1，路面 313－1、313－2、313－5
三		桥梁、涵洞工程	公路公里	62.69	1532524244	1463391479	
	1	涵洞	m/道	3879.36/74	80431046	78141794	土建 420～422
	2	桥梁	m/座	15359.99/90	1452093198	1385249685	土建 403～419

05 表续上表

项	目	工程或费用名称	单　位	工程数量	标底金额（元）	合同金额（元）	涉及细目号
五		隧道工程	公路公里	62.69	122126544	117771567	
	1	洞门	座	2	9213263	8773906	土建 504－2、504－4、502－7
	2	洞身	m	1079	107921336	104230895	土建 503－510
	3	明洞	m	1079	4991945	4766766	土建 502－1、502－2、502－3
六		其他工程及沿线设施	公路公里	62.69	120104641	119815843	
	1	清除场地	公路公里	62.69	5345733	5078667	土建 202－1－a、202－1－b、202－1－c
	2	拆除建筑物、构筑物	公路公里	62.69	493107	471375	土建 202－3－a、202－3－b、202－3－c
	3	管理与养护设施	公路公里	62.69	61489617	61489617	机电 200 至 600 章、配电 200－400 章、通信 600 章、电力实体工程
	4	安全设施	公路公里	62.69	43713702	43713702	交安 600 章
	5	服务设施	公路公里	0		0	
	6	环境保护工程	处	62.69	9062482	9062482	绿化 700 章，房建室外绿化工程
七		临时工程	公路公里	62.69	23909985	23781335	土建 103－1、103－2、103－3、103－4、103－5，路面 103－1、103－2、103－3、103－4、103－5，机电、配电 103－4、103－5
八		管理、养护及服务房屋	公路公里	62.69		76955178	
	1	管理房屋	m^2	8714.84	59304979	59304979	房建综合楼、机房、办公楼等
	2	养护房屋	m^2	1075.99	2812012	2812012	房建养护办公楼、养护管理所仓库

05 表续上表

项	目	工程或费用名称	单　位	工程数量	标底金额（元）	合同金额（元）	涉及细目号
	3	服务房屋	m^2	8016.94	14838187	14838187	房建快捷酒店、宿舍楼、维修车库等
十二		建安费暂定金额	公路公里	62.69	363933821	363476968	土建、路面、交安、绿化、机电 101、102、104、创优基金、暂定金额
		第二部分　设备、工具及器具购置费	公路公里				
一		设备购置费	公路公里				
二		工具、器具购置费	公路公里				
三		办公及生活用家具购置费	公路公里				
四		购置费暂定金额	公路公里				
		第三部分　工程建设其他费用	公路公里				
一		土地、青苗补偿及安置补助费	公路公里				
二		建设单位管理费	公路公里				
三		研究试验费	公路公里				
四		勘察设计费	公路公里				
九		建设期贷款利息	公路公里				
十		其他费用暂定金额	公路公里				
		总金额	公路公里	62.69	3036125638	2993260509	

编制：　　　　复核：　　　　审核：

项目总决算（分析）表

路线工程　　　　06 表

项	目	工程或费用名称	单　位	工程数量	决算金额（元）	涉及细目号
		第一部分　建筑安装工程费	公路公里	62.69	3485761478	
一		路基工程	公路公里	62.69	678798093	
	1	计价土方	m^3	16297548	126409917	土建 203－1、203－2、204－1、204－2，路面 203－1－a，绿化 203－1－d－1
	2	计价石方	m^3	14005777	251862660	土建 203－1、203－2、204－1、204－2
	3	排水工程	m^3	142230	58707752	土建 204－2、204－4、207、314，路面 314－1－d－5、314－1－d－6、314－2、314－3－b
	4	防护工程	m^3	207780	202608401	土建 207－10、208、209、212、213、214、215、218，路面 205－1－k－2、207－7－a－1、208－3－a－5
	5	特殊路基处理	km	62.69	39209363	土建 205－1、205－4
二		路面工程	公路公里	62.69	443647458	
	1	面层	m^2	1739561	191156355	土建 312－1、307、308、310、311，路面 309－1、309－2、311－1、311－2、312－1
	2	基层	m^2	1277601	198435884	土建 310、304，路面 310－2－a、304－2、307－1、308－2、308－3
	3	底基层	m^2	1304409.3	49529777	土建 304、305，路面 304－1－b－1、304－1－b－3
	4	垫层	m^2	15351	369692	土建 204－2、302－2
	5	路缘石	m^3	5399	4155750	土建 312－3、313，路面 313－1、313－2、313－5、313－7－b
三		桥梁、涵洞工程	公路公里	62.69	1368997057	
	1	涵洞	m/道	3879.36/100	98475761	土建 420～424
	2	桥梁	m/座	19625.34/89	1270521296	土建 403～419，路面 403－3－b、415－3－b
五		隧道工程	公路公里	62.69	129913525	
	1	洞门	座	3	10032432	土建 502－4、502－5

项	目	工程或费用名称	单　位	工程数量	决算金额（元）	涉及细目号
	2	明洞	m	2200	9171755	土建 502－1、502－2、502－3
	3	洞身	m	2200	110709338	土建 502～510
六		其他工程及沿线设施	公路公里	62.69	154894791	
	1	清除场地	公路公里	62.69	2850791	土建 202－1－a、202－1－b、202－1－c
	2	拆除建筑物、构筑物	公路公里	62.69	1679201	土建 202－2、202－3
	3	管理与养护设施	公路公里	62.69	62117282	交通机电工程 200～600 章、供配电照明工程 200～400 章、通信工程 600 章
	4	安全设施	公路公里	62.69	68482076	土建 602－1、602－2、602－3、604－7，交安 600 章、601－606
	5	服务设施	公路公里	62.69	0	
	6	环境保护工程	公路公里	62.69	19765441	绿化 700 章，房建绿化工程，交安 700 章、706
七		临时工程	公路公里	62.69	23801243	土建 103－1、103－2、103－3、103－4、103－5，机电，供配电照明 103－4、103－5，路面 103－1、103－2、103－3、103－4、103－5
八		管理、养护及服务房屋	公路公里	62.69	91359811	
	1	管理房屋	m^2	8799.09	32949170	房建综合楼、机房、办公楼、仓库等
	2	养护房屋	m^2	1076.42	2823178	房建养护办公楼、养护管理所仓库
	3	服务房屋	m^2	8226.98	55587463	房建快捷酒店、宿舍楼、维修车库等
十二		其他支付	公路公里	62.69	594349500	土建、绿化、交安、机电、房建、路面 100 章，奖罚金，材料调差，额外工程，计提奖励基金、隧道检测费
		第二部分　设备、工具及器具购置费	公路公里	62.69	6062902	
一		设备购置费	公路公里	62.69		
二		工具、器具购置费	公路公里	62.69	5902156	

06 表续上表

项	目	工程或费用名称	单　位	工程数量	决算金额（元）	涉及细目号
三		办公及生活用家具购置费	公路公里	62.69	160746	
		第三部分　工程建设其他费用	公路公里	62.69	892043761	
一		土地、青苗补偿及安置补助费	公路公里	62.69	492225235	
二		建设单位管理费	公路公里	62.69	133387464	
三		研究试验费	公路公里	62.69	1474150	
四		建设项目前期工作费	公路公里	62.69	43668494	
五		专项评估费	公路公里	62.69	13141067	
六		联合试运转费	公路公里	62.69		
七		生产人员培训费	公路公里	62.69		
八		建设期贷款利息	公路公里	62.69	187080016	
九		其他费用预留费用	公路公里	62.69	21067335	
		决算总金额	公路公里	62.69	4383868141	

编制：　　　　复核：　　　　审核：

第二部分

竣工决算

洛栾高速公路洛阳至嵩县段竣工财务决算说明书

一、概述

(一)项目建设的意义

本项目与区域内洛阳绕城高速、连霍高速、郑少洛高速、二广高速互联成网,并先后与多条省道、县道相交,本项目的修建将为项目通道内洛阳市旅游业、花卉景观及工矿能源产业、伏牛山地区的地质科考及旅游业、伊川县的工矿业、嵩县的旅游及工矿业提供一条快速便捷的通道,同时有效补充、完善河南省高速公路网络、拉动豫西南山区区域经济快速发展,及时适应项目通道内社会、经济、旅游事业发展的需求。在国家新一轮拉动内需的战略背景下,本项目的实施将率先在豫西南秀丽山水的画卷中增添一道绚丽的彩虹。

(二)项目概况

洛栾高速公路洛阳至嵩县段起于洛阳市洛龙区,向南经伊川至嵩县城东,与同期规划的洛阳至栾川高速公路嵩县至栾川段项目相连,对完善全省高速公路路网和区域路网结构,促进区域经济发展和沿线旅游资源开发具有重要意义。路线全长 62.69km,批复概算 40.77 亿元。

1. 项目建设期间

工程于 2010 年 3 月 20 日开工,2012 年 11 月 16 日工程完工。

2. 通车运营时间

工程于 2012 年 12 月 31 日通车运营。

3. 项目投资主体变更情况

2009 年 8 月成立河南嵩阳高速公路有限公司为洛栾高速公路项目建设法人,负责项目的建设与管理工作,2011 年 4 月河南省收费还贷高速公路管理中心(简称:还贷中心)与河南高速公路发展有限责任公司(简称:高发公司)签订了《连霍高速公路商丘至兰考段改扩建工程等十个高速公路建设项目》委托代建协议,协议规定还贷中心作为项目业主,将洛栾高速公路等十个高速公路建设项目委托高发公司代建,负责筹措建设资金,保证委托代建项目的资金需求,负责除连霍高速改扩建项目以外的委托代建以及项目通车后的运营管理工作;高发公司按照国家有关法律法规和河南省交通运输厅的有关规定,履行并完成委托代建项目的工程前期和项目建设的各项工作。

2011 年 8 月,河南省交通运输厅厅长办公会议纪要〔2011〕2 号文件专题研究还贷中心与高发公司资金清算和债务变更的有关事项,主要内容为:同意双方认可的由厅财务处组织并聘请中介机构核定的还贷中心与高发公司的债务变更和资金清查的有关账目和数据;根据中介机构审核结果,高发公司自筹资金投入收费还贷路资本金 25.99 亿元和投入资本金所负担的利息 8.96 亿元,扣除还贷中心预付 5 亿元,分三年归还高发公司;高发公司投入收费还贷路段的企业债券资金 10 亿元,还贷中心应每年安排资金付息,并在 2014 年 11 月债券到期前一次性归还债券本金;高发公司投入收费还贷路的统贷统还贷款 112.61 亿元,还贷中心应在三个月内办理贷款主体变更手续。

4. 工程投资框架协议及优惠协议

洛阳市人民政府与河南高速公路发展有限责任公司(简称“高发公司”)签订洛栾高速公路

洛阳至嵩县段建设项目投资框架协议及优惠协议书规定，洛阳市人民政府将项目建设的施工营业税按总额的50%返还给高发公司，作为对高发公司建设该项目的支持，以双方核定的上一年度应返税额作为对交通基础设施的投入，由洛阳市交通局返还到嵩阳公司，用于高速公路建设；对高发公司实施该项目所涉及的地方政府职能部门的地方性收费，洛阳市人民政府给予本市留成部分50%优惠。

2010年3月，河南省人民政府常务会议纪要〔2010〕63号文件研究确定了在省政府财政设立省级专户，集中征收豫西山区高速公路项目建筑营业税，并作为资本金由省财政注入河南省交通投资集团，专项用于弥补其高速公路建设资本金不足的问题。

（三）建设规模及主要技术指标

建设规模及主要技术指标见表1。

建设规模表及主要技术指标

表1

项　目	指标名称	单　位	指　标	采用值
1	地形		山岭重丘区	山岭重丘区
2	公路等级		双向四车道高速公路	双向四车道高速公路
3	设计速度	km/h	100	100
4	路基宽度	m	26.0	26
5	行车道宽度	m	2×2×3.75	2×2×3.75
6	中央分隔带宽度	m	2	2
7	左侧路缘带宽度	m	2×0.75	2×0.75
8	硬路肩宽度	m	2×3.00	2×3.00
9	土路肩宽度	m	2×0.75	2×0.75
10	路基设计洪水频率		1/100	1/100
11	平曲线最极限小半径		400	600
12	最小停车视距	m	160	160
13	最大纵坡	%	4	3.9
14	最大坡长	m	800(4%)	960(2.99)
15	最小坡长	m	250	280
16	竖曲线最小半径（凸/凹）	m	10000/4500	16000/10000
17	竖曲线极限最小长度	m	170	170
18	路面横坡	%	2%	2%
19	桥面总宽	m	2×12.75	2×12.75
20	桥面净宽	m	2×11.75	2×11.75
21	桥涵设计车辆荷载		公路—I级（特殊桥梁1.3倍公路—I级）	公路—I级（特殊桥梁1.3倍公路—I级）
22	桥涵设计洪水频率		1/100（特大桥1/300）	1/100（特大桥1/300）
23	分离式双洞隧道净宽	m	2×10.75	2×10.75
24	隧道侧向宽度（左/右）	m	0.5/0.75	0.5/0.75
25	隧道内最大纵坡	%	3	3
26	建设路线总长	km	62.69	

（四）实际完成工程量

本项目全线均位于洛阳市境内，沿途经过伊川县和嵩县两个县级行政区，其中 K0 +000 ~ K33 +478.3 路段和 K36 +993.5 ~ K40 +000 路段属于伊川县，K33 +478.3 ~ K36 +993.5 路段和 K40 +000 ~ K61 +800 路段属于嵩县，路线总长 62.690511km；全线路基挖方 1173 万 m^3、填方 1079 万 m^3，沥青混凝土路面 1651 千 m^3，特大桥 1 座，大桥 39 座，中桥 6 座，分离式立体交叉 20 座，隧道 3 座，通道 39 道，涵洞 102 道，天桥 37 座。沿线设停车区 1 处（缓建），服务区 1 处，互通式立体交叉 4 处，主线收费站 1 处，匝道收费站 3 处。

二、项目立项、审批与资金筹措

（一）项目立项情况

（1）河南省发展和改革委员会文件《关于洛阳至栾川高速公路洛阳至嵩县段核准的批复》（豫发改交通〔2009〕1831 号）。

（2）河南省发展和改革委员会文件《关于洛阳至栾川高速公路洛阳至嵩县段工程初步设计的批复》（豫发改设计〔2009〕2005 号）。

（3）河南省交通运输厅文件《关于洛阳至栾川高速公路洛阳至嵩县段施工图设计的批复》（豫交规划〔2010〕305 号）。

（4）中华人民共和国国土资源部文件《国土资源部关于洛阳至栾川高速公路洛阳至嵩县段工程建设用地的批复》（国土资函〔2011〕183 号）。

（5）洛阳市环境保护局文件《洛阳市环境保护局关于洛阳至栾川高速公路洛阳至嵩县段建设项目环境影响报告书的批复》（洛市环监〔2009〕43 号）。

（6）河南省水利厅准予水行政许可决定书《关于对洛阳至栾川高速公路洛阳至嵩县段工程水土保持方案报告书的审批》（豫水行许字〔2010〕24 号）。

（7）河南省地震局文件《对洛阳至栾川高速公路洛阳至嵩县段工程场地地震安全性评价工作报告的批复》（豫震安评〔2009〕178 号）。

（8）河南省国土资源厅文件《河南省国土资源厅关于洛阳至栾川高速公路洛阳至嵩县段工程压覆矿产资源的审查意见》（豫国土资函〔2010〕414 号）。

（9）洛阳市规划局文件《洛阳市规划局关于洛栾高速洛阳至嵩县段路线走向的意见》（〔2009〕379 号）。

（10）河南省交通运输厅文件《关于洛阳至栾川高速公路洛阳至嵩县段房屋建筑工程概念设计的批复》（豫交计〔2010〕345 号）。

（二）项目概算批复情况

2009 年 12 月 14 日，河南省发展和改革委员会《关于洛阳至栾川高速公路洛阳至嵩县段工程初步设计的批复》（豫发改设计〔2009〕2005 号），核定本项目总概算金额为 407676 万元。其中：建筑安装工程费 305647.2969 万元；设备及工具、器具购置费 5942.1592 万元；工程建设其他费用 77754.9657 万元；预备费 18152.1346 万元；新增加费用项目 180 万元。

（三）项目预算批复情况

2010 年 9 月 14 日，河南省交通运输厅《关于洛阳至栾川高速公路洛阳至嵩县段施工图设计的批复》（豫交规划〔2010〕305 号）对施工图设计进行了批复，批复该项目主体工程预算为 374266 万元（不含房建、机电、绿化等附属工程费用）。具体为：建筑安装工程费 287441.1714 万元；设备及工具、器具购置费 109.7093 万元；工程建设其他费用 76439.7738 万元；预备费 10195.3354万元；起点立交保通费 80 万元。

（四）施工许可批复情况

2010年10月11日河南省交通运输厅正式批复了洛栾高速公路洛嵩段施工许可申请书。

（五）土地批复情况

1. 国土资源部批复用地面积

2011年4月13日，国土资源部《关于洛阳至栾川高速公路洛阳至嵩县段工程建设用地的批复》（国土资〔2011〕183号）：同意洛阳市洛龙区、伊川县、宜阳县、嵩县征收农民集体所有农用地379.1239hm^2（其中耕地348.7723hm^2）、建设用地11.7973hm^2、未利用地34.9824hm^2、同意使用国有农用地0.4733hm^2（其中耕地0.3602hm^2）、建设用地3.0707hm^2、未利用地0.8081hm^2。以上共计批准建设用地共计430.2557hm^2，由当地人民政府以划拨方式提供，作为洛栾高速公路洛阳至嵩县段工程建设用地。其中收费设施用地4.9667hm^2范围内的经营性用地以有偿方式供地，其余建设用地以划拨方式供地。

2. 实际用地面积

本项目实际用地面积475.5342hm^2，与批复用地面积多45.2785hm^2。

本项目划拨用地的国有土地使用权证：

（1）洛龙区已办理完毕。国有土地使用权证证号：（洛市国有〔2015〕第05012079号）面积1317.6m^2、（洛市国用〔2015〕第05012080号）面积96276.4m^2、（洛市国用〔2015〕第05012081号）1609.4m^2、（洛市国用〔2015〕第05012082号）面积243.1m^2、（洛市国用〔2015〕第05012083号）13666.1m^2。

（2）伊川县除黑羊村、范沟村正在办理，其余已办理完毕。国有土地使用权证证号：（伊政国用〔2015〕第YDH2012号19－3）面积731547.015m^2、（伊政国用〔2015〕第YDH2012号19－5）面积1031060.193m^2、（伊政国用〔2015〕第YDH2012号19－6）面积287597.443m^2；

（3）嵩县已办理完毕，国有土地使用权证证号：（嵩国用〔2015〕第226号）1671840.62m^2。

经营性用地我公司已摘牌，正在办理国有土地使用权证的相关手续。

（六）项目资金来源及资金实际到位情况

1. 资金来源

本项目资金来源由两部分组成：项目法人筹措项目资本金（占批准总投资的25.83%）和申请银行贷款。

本项目是由河南省收费还贷高速公路管理中心委托河南高速公路发展有限责任公司代建，项目前期是由高发公司筹措项目资本金和申请银行贷款，截至2016年1月底银行贷款已全部置换完毕，但尚有高发公司项目资本金21750万元未置换完毕，其中注册资本金5000万元、项目资本公积金16750万元。

2. 资金到位情况

本项目截至2016年1月底共筹集资金407067.36万元，其中，项目资本金105298.36万元（含注册资本金5000.00万元）；基建投资贷款301769.00万元。

三、项目执行情况

（一）项目招投标情况

洛栾高速公路洛阳至嵩县段均按照国家相关法律、法规及河南省交通运输厅、河南交通投资集团有限公司、河南高速公路发展有限责任公司的相关规定和要求，全面落实了招投标制度。在具体过程中，我公司切实履行业主的责任和义务，遵守《中华人民共和国公路法》《中华人民共和国招标投标法》等国家相关法律、法规，按照公正、公平、科学、择优的原则，在上级监察部门全过程参与、全面监督的情况下，严格按照“报审资格预审文件→发布资格预审公告→进行资格预审

→上报资格预审评审报告→公布资格预审结果→报审招标文件→发布招标公告→进行招标→上报招标评标报告→发布中标通知书→进行合同谈判→签订合同”的流程进行招投标工作。本项目中标设计单位、监理单位、施工单位的采购单位如下：

1. 设计单位

河南省交通规划勘察设计院有限责任公司。

2. 监理单位

(1)监理1标:河南省宏力工程咨询有限公司。

(2)监理2标:河南省高等级公路建设监理部有限公司。

(3)设计监理:江苏省交通规划设计院股份有限公司。

(4)交通机电监理:河南省豫通公路工程监理事务所。

3. 施工单位

(1)土建施工单位

LSTJ.1　河南省公路工程局集团有限公司

LSTJ.2　中铁十五局集团第七工程有限公司

LSTJ.3　濮阳市通达公路工程有限公司

LSTJ.4　山东鲁桥建设有限公司

LSTJ.5　中交二公局第四工程有限公司

LSTJ.6　中铁十五局集团第五工程有限公司

LSTJ.7　浙江登峰交通集团有限公司

LSTJ.8　中铁十五局集团第二工程有限公司

LSTJ.9　中铁七局集团第三工程有限公司

LSTJ.10　湖南省建筑工程集团总公司

(2)路面施工单位

LSLM.1　云南路桥股份有限公司

LSLM.2　吉林省亿丰路桥工程有限公司

LSLM.3　吉林省长城路桥建工有限责任公司

(3)交通工程施工单位

LSJA.1　中交第一公路工程局有限公司

LSJA.2　广东省交通发展有限公司

LSJA.3　中交第一公路工程局有限公司

LSJA.4　科达集团股份有限公司

(4)绿化工程施工单位

LSLH.1　上海十方园林发展股份有限公司

LSLH.2　鄢陵倚天园林绿化有限公司

LSLH.3　许昌江北花木有限公司

LSLH.4　河南翰墨园林工程有限公司

(5)房建工程施工单位

LSFJ.1　河南派普建设工程有限公司

LSFJ.2　林州市太行建设工程有限公司

LSFJ.3　河南天河建设工程有限公司

LSFJ.4　河南省第二建设集团有限公司

LSFJ.5　河南省建设集团有限公司

(6)机电、配电照明工程施工单位

LSJD.1　中铁十三局集团电务工程有限公司

LSPD.1　中国铁建电气化局集团第一工程有限公司

LSPD.2　河南新豫飞科技照明工程有限公司

(7)通信工程施工单位

LSTX.1　中国铁建电气化局集团第一工程有限公司

LSTX.2　广东飞达交通工程有限公司

(8)电力工程施工单位

LSDL.1　栾川县恒源电力有限责任公司

LSDL.2　河南黎阳建设有限公司

(二)工程管理情况

1.项目管理机构设置及职能

洛栾高速公路洛阳至嵩县段工程单位:河南嵩阳高速公路有限公司(以下简称嵩阳公司)。嵩阳公司隶属于河南高速公路发展有限责任公司,2009 年 8 月 13 日正式注册成立。目前,公司有领导班子成员 8 人,下设 8 个处室。公司现有正式员工 51 人,本科以上学历 39 人,其中教授级高工 2 人,高级职称 10 人,中级职称 12 人,聘用中级职称以上工程技术类专业技术人员 12 人。

嵩阳公司下设综合处、协调处、资产财务处、计划合同处、工程技术处、质量监督处、考核处共计七个处室。具体负责工程项目的管理,职责如下:

(1)综合处:负责工程建设环境协调及嵩阳公司人事劳资、行政、后勤管理、文书档案、文秘宣传、行政事务、后勤保障、纪检监察、精神文明等工作。

(2)协调处:负责征地动迁、临时用地、地方协调等工作。

(3)资产财务处:负责财务管理、会计核算、资金筹集、财务计划、合同支付、竣工决算管理等工作。

(4)计划合同处:负责实施计划控制、统计信息、合同管理、计量支付、工程结算管理工作。

(5)工程技术处:负责工程的施工组织管理、技术方案、设计变更、进度控制、课题研究及清理拖欠工程款及农民工工资等管理工作。

(6)质量监督处:负责工程质量、各项技术指标、安全生产的监督管理工作。

公司成立后,在各级领导的指导和监督下,严格执行国家基本建设程序,依据河南省交通运输厅、河南交通投资集团有限公司、河南高速公路发展有限责任公司关于建设项目管理的规定对本项目进行管理,全面落实项目法人责任制、招投标制、工程监理制和合同管理制。从开工伊始,我们就制定了科学周密的网络施工计划,对工程项目精心组织、严格管理,把工程建设质量作为头等大事来抓,严格贯彻三级质量保证体系,实行层层负责的工程质量终身制和廉政责任追究制。同时,通过计量支付监督,严格合同管理。以调度会、现场会、联席会、工地例会等形式,协调好地方关系和各标段的项目施工,充分发挥组织、协调、监督和服务功能,形成严格的工程建设管理体制,确保建设项目的质量与进度同步。各职能部门密切配合,严守纪律,规范管理,为建设项目的圆满完成奠定了基础。

2.合同与计量支付管理

我公司在遵循诚实信用的原则下,依照有关法律、法规的规定,起草、签订了洛栾高速公路洛阳至嵩县段工程项目的设计、监理、施工及其他有关合同,与此同时,还制定并逐步完善了合同管理的各项规章制度，加强对合同执行情况的监督，确保合同履行和各项任务目标的完成。为更好地对合同执行情况进行监督，全方位了解工程进展情况，我公司还成立了由公司领导和相关部门工作人员组成的计划落实小组，经常深入施工现场，掌握工程实际进展情况，保证了合同履行的严肃性和准确性。

此外，我公司还非常重视对计量支付的管理，坚持计量与支付三级审查制度，一级向一级负责，承包商完成某项工程或工程量清单中某一项，首先向驻地监理工程师提出报验申请，经驻地监理工程师验收合格方可申报项目数量；然后承包商提出申报数量，经驻地监理工程师验收合格签字认证后方可申报项目计量；监理代表处计量工程师对部分工程抽检和审查，确认工程质量、数量无误时，正式开具工程支付证书并经代表处总监代表签字后上报我公司，最后由我公司各有关处室对计量进行复审，才能办理支付手续。

由于坚持计量支付程序化，并对发现的提前计量或重复计量事件进行严肃处理，有效杜绝了提前或重复计量的现象，对合理利用资金、控制投资总额起到了积极的作用。

3. 质量管理

加强制度建设，落实质量责任

质量是工程建设的生命。洛栾高速公路洛阳至嵩县段自开工以来一直把质量目标锁定为“工程质量合格率100%，优良率95%以上”。根据公司质量管理总体要求，建立健全了质量保证体系，明确了各级质量管理人员的岗位职责。结合洛栾高速公路洛阳至嵩县段的实际，及时修订下发了质量管理办法等制度。分别与监理单位、施工单位签订了质量目标责任书。在项目公司督促要求下，各项目经理部与各作业工区、劳务队，各部门、各劳务队与各岗位的人员层层签订了质量目标责任书，并建立健全了岗位质量责任制和质量责任追究制，在质量问题上做到了层层有目标、人人肩上有担子、岗岗有专责。并严格按制度和责任目标做好季度质量检查考核工作，有力地促进了质量管理目标的落实。与此同时，我们还坚持认真落实责任追究制。在施工中如出现了质量问题，坚决按照有关规定及时查清原因，追究相关人员的责任，此举促进了参建人员积极性和主观能动性的发挥，保证了质量责任目标的落实。

质量是工程的灵魂。为了进一步加强对工程质量的管理，我们采取了一系列强化过程控制、提高工程质量的措施，特别是对以下重点几个方面进行了重点检监督和控制。

（1）督促各参建单位建立健全质量保证体系，层层严把质量关

项目公司、监理代表处、各施工单位均成立了完善的质保体系。要求各项目部建立由项目经理牵头，总质检工程师具体负责，并设立质检工程师办公室，确定专职总质检工程师、专职结构质检工程师、专职路基质检工程师和相应专职质检员，项目公司要求施工单位的总质检负责人享受副经理待遇，形成施工单位的质检人员有职有责，充分发挥施工单位质保体系的作用。同时要求监理单位建立相应的质量保证体系，并成立以总监理工程师为组长的质量领导小组。做到组织落实、人员落实、责任落实，使质保体系有效运转，充分发挥质控功能。层层严把质量关，使工程质量始终处于有效控制之中。

（2）加强主要原材料质量的控制

原材料质量是确保工程质量的前提条件，只有合格的材料，才能建出合格的工程。要全面控制工程质量，必须从原材料抓起，特别是钢筋、水泥、沥青、碎石、锚具、钢绞线、橡胶支座、土工合成材料、外加剂等主要外购材料。同时要求各种材料和半成品在使用前必须按规范要求的检测项目和频率进行质量检测，检测合格后方可使用。否则作清场处理，并加大使用过程中的抽查力度，确保材料质量，为创优质工程奠定了良好的物质基础。

（3）组织检查评比，建立奖罚机制

我公司根据工程进展情况,适时开展了“工程质量回头看”活动,对全线已完工程的施工质量进行全面排查,堵漏补缺,确保工程建设质量。两年来,我们参与组织迎接上级部门专项检查10余次。结合工程实际,组织开展了定期集中检查和日常抽查相结合的监督检查方法,及时消除事故隐患和苗头。通过检查与考核,制约与奖罚的有机结合,适时组织质量检查评比,有力地促进了质保体系的有效运行。激励和提高参建单位的生产积极性,促进了“比、学、赶、帮、超”活动和争先创优活动的深入开展。

4.进度管理

洛栾高速公路洛阳至嵩县段项目开工以来。为维持计划的重要性。本项目开工后就制订了年度投资计划及形象进度,并针对不同施工阶段设立节点目标,充分利用施工的黄金时间,将计划制订并分解到旬日,具体到各个标段的分项工程完成目标,各项目标的完成情况基本符合计划要求,为顺利完成项目整体计划奠定了坚实的基础。

(1)建立施工日报制度

施工单位当天完成的工程量经项目经理及驻地监理签认后,须在第二日报至项目公司,项目公司定期或不定期到工地检查工程进度情况,对统计数字进行核对,使统计工作做到及时、准确、真实,为领导决策提供可靠基础资料,保证了施工计划的顺利完成。

(2)定期召开旬例会

在洛栾高速公路洛阳至嵩县段工程进展的关键时期,项目公司为加快施工进度,定期召开旬例会,项目公司董事长周洪文亲自主持,公司相关负责人、监理单位总监、施工单位项目经理参加,施工单位汇报上旬计划完成情况和工程进展中存在问题,项目公司会议现场安排并解决施工提出的单位问题,制定下旬施工进度计划,同时配套日计划、旬计划、月计划节点奖励办法。洛栾高速公路自2012年5月召开旬例会以来,项目公司董事长周洪文从未缺席,极大地鼓励了各参建单位的积极性,使项目建设在有序化、规范化、制度化上升了一个台阶,在推动洛阳至栾川高速公路工程进展上起到关键作用。

5.工程变更管理

为保证工程质量,同时遵照相关国家标准、交通运输部和河南省地方标准高速公路设计技术要求等,将设计结合工地现场实际情况,在施工中不断完善,进行了部分设计变更,主要变更如下:

(1)路基路面

挖方土石比例变化的变更:由于项目位于豫西山岭重丘区,沿线地形、地质复杂多变,挖方段土石比例变化相对较大,根据现场实际地质情况,调整土石方比例。

取消部分跨标段调运土石方的变更:由于项目沿线山高路陡、沟壑纵横,远距离跨标段调运不易实施,另外各个标段进度不协调,施工时,很难同步进行跨标段调配土石方。

路基填料的变更:由于跨标段调运土石方无法实施、挖方段土方CBR值不足或为不良土质等原因,根据项目所在地实际情况,部分标段变更为借土填方或借砂砾填方等。

滑塌、滑坡路段治理的变更:K40+065~K40+600、K40+930~K41+120等多处路段出现较大规模的滑坡、滑塌,需要加固治理。

(2)部分桥涵结构物的变更

涵洞通道的变更:结合项目进展中遇到的实际问题,对部分涵洞、通道进行增减、移位、变动跨径、改变地基处理形式等变更设计。

桥梁的变更:增加K9+818.9、K14+162、K25+825、K30+905、K33+215处5座天桥,增加K26+286处一孔20m小桥(相应取消K26+338处盖板涵),取消K33+314、K52+928、K54+

475、K55 +255 处4 座天桥。

(3)隧道变更

根据现场实际开挖的围岩地质情况,姜公庙隧道和玉皇庙隧道分别调整了不同段落的围岩级别及支护形式,以达到支护与围岩的辩证统一,以体现“动态设计、动态施工”的隧道新奥法设计思想。同时结合洞口段实际地形情况,对个别洞门形式进行优化调整。

根据现场实际的开挖情况以及沿线的社会环境,K55 +225 ~ K55 +305 增设明挖式双连拱隧道一座,隧道长80m。

(4)路线交叉变更

由于项目沿线县市发展规划的调整,根据地方政府要求,并报项目业主和相关部门批准,伊川西互通立体交叉、嵩县互通立体交叉均做了相应调整。

6. 安全生产管理

(1)构建安全保障体系、强化责任制落实

①河南嵩阳高速公路有限公司成立伊始就把安全生产列为项目建设目标体系的首要目标,提出涵盖地质勘探、设计、施工组织以及后期营运的“整体安全”的理念,提出了“全过程监控,全方位监管”的工作要求;公司成立了以总经理任组长,书记任副组长,公司领导班子成员、各处室负责人、各监理代表处总监、各施工单位项目经理为成员的安全生产领导小组,责任到人,全员管理,并层层签订了安全生产目标责任书。

②建立了从项目公司到监理代表处、驻地办、施工单位的四级安全监管网络体系,且体系运转良好。做到一级抓一级、一级考核一级、一级对一级负责,形成了“政府监督、业主管理、监理监管、企业负责、全员参与,横向到边,纵向到底”的安全生产责任体系。全面贯彻现行的安全管理法律、法规以及交通运输厅质监站提出的各项管理制度,坚决行使指挥决定权,保证政令畅通、措施到位。

③公司成立了单独的安全生产管理部门(安全生产处),共设专职安全管理人员6 人。各监理代表处、施工单位按照公司要求设立独立的安全管理部门。目前全线共有安全监理工程师4 人,专职安全监理人员21 人,各施工单位专职安全管理人员153 人。

(2)构建规范完备的制度体系

①作为安全监督管理和考核评价的基础,嵩阳公司建立健全了各种安全制度办法。公司先后制定印发了《安全生产考核监督管理办法》《安全生产责任追究办法》《安全生产费用使用管理办法》《环境保护管理办法》《卫生防疫与食品卫生管理办法》《安全事故应急预案》等30 多项管理管理制度、规定、办法和77 项安全生产操作规程。

②安全生产报检制度。

我公司制定了《分部(分项)工程开工安全生产条件申请及工程安全生产报检制度》,坚决执行“不报验,不开工”“不安全,不生产”。只有满足安全生产条件,报验合格后,方可开工,真正做到事前控制。

③针对工程不同时期现场反映出的不同问题,我公司又进一步强化了安全宣传教育培训、安全检查、安全例会、督办整改和现场查违纠违、安全考核、危险源管理六项制度。

④宣传教育培训制度。

洛栾高速工程管理的基本问题是民工的教育问题。为此,我公司着力狠抓农民工安全教育培训工作,严格落实安全交底和班前会制度。会同地方安监部门组织了专职安全员资格培训,特种作业人员、爆破员上岗培训。

(3)突出重点、重抓落实

①公司认真分析项目安全生产特点，确定了七个方面的重点，必须紧紧抓住不放，即：重难点项目分部分项工程监控、安全专项方案评审、民爆物品管理、特种设备管理、雨季（汛期）预防、安全管理基础工作、安全预案的演练落实。

②按照交通运输部、河南省交通运输厅确定的专项整治范围，公司下达了《洛栾高速公路危险源管理办法》。开展危险源的辨识和风险评价，建立危险源台账，并绘制了危险源分布图，对各个危险源实行动态监控，确定了56个重点整治项目，并纳入到安全隐患排查治理项目中。制作安全生产明白卡、三级危险源预警牌等措施来加强对现场人员的安全教育及安全警示，从而加强对现场危险源的控制。

③开工以来，我们严格要求各施工单位根据国务院《建设工程安全生产管理条例》、河南省交通运输厅《河南省公路水运工程复杂构造物设计和施工方案安全评审制度》的规定，紧密结合各标段分部、分项工程的实际，认真组织编制安全专项方案，组织相关专家对全线复杂结构物（26条隧道、25座大桥）进行论证、审查。并形成专家意见。

④公司按照交通运输部最新要求，组织专家对全线83座桥梁，26条隧道进行了总体风险评估，并评出34座桥梁，7条隧道危险等级达到Ⅲ级及以上，形成了评估报告，制定了针对性的措施，并按照措施要求加强对施工的监管，重点确保项目的顺利实施。

⑤公司下达了《高危工程施工强性要求》。对隧道、高墩大跨径桥梁、高填深挖路基边坡施工时逐一事项进行了强制规定。

隧道执行“五不挖”原则，即：不探不挖、不护不挖、不测不挖、不定不挖、不符不挖。

桥梁基础施工阶段，加强“四防”，即：防水、防毒、防落、防爆；在工程进行到上构施工阶段，加强“五查”，即：查特种机械、查安全通道、查高空防坠、查用电设施、查持证上岗。

高边坡施工安全管理着重强调“四个必须”，即：必须分级开挖、必须边开挖边防护、必须扎牢支架、必须加强观测。

⑥下发了《施工现场视频监控管理办法》，对高墩大跨径桥梁、隧道、高填深挖路基、预制场、拌和站等存在重大安全隐患的部位安装了摄像机，进行24小时不间断视频监控。

⑦下发了《易燃易爆品管理办法》，积极配合当地公安、技术监督部门加强了各类起重、吊装设备、施工电梯、压力容器、大型特种作业车辆及民爆物品的管理。

⑧认真落实省厅关于“平安工地”建设活动的安排部署，洛栾高速“平安工地”建设活动实施方案、达标标准并在每月的检查验收。通过开展“积极开展大干100天既质量、安全两保活动”等活动，强力推进全体参建单位“平安工地”建设达标，目前全线各标段“平安工地”建设验收基本达标，其中洛嵩段项目被省厅推荐为交通运输部“平安工地”达标示范工地。

（4）安全考核制度及责任追究

根据文件规定，项目公司设立了安全生产奖励基金，即将安全生产费用的10%作为奖励基金。对安全生产考核中成绩突出的标段进行奖励。

①公司、代表处通过日常巡查、月度检查、专项检查、季度考核、年度考核等措施来加强对各单位的安全管理。同时，公司对专项检查、季度考核、年度考核中成绩排名靠前的单位及个人进行奖励。各种成绩形成联动，以此来调动各单位的积极性，切实把各种安全管理措施落到实处。查安全意识、查制度责任、查事故隐患、查安全交底、查专项方案和应急预案、查持证上岗、查事故处理等内容。

②制定了《洛阳至栾川高速公路项目安全生产责任追究办法》，对参建单位和个人在安全生产方面的违约和渎职行为，实行严格的责任追究。所有事故必须有调查报告并严格按照“四不放过”的原则进行处理。

7. 廉政建设

一是全面落实廉政建设目标管理责任制，强化责任追究，并分别与各处室、各监理及施工单位签订了《廉政建设目标管理责任书》，备案了廉政承诺书，将廉政建设纳入考核范围。二是认真抓好廉洁从业教育，通过加强学习和开展各种活动，进一步筑牢干部员工思想防线。三是拓宽监督渠道，规范权力运行机制。四是认真贯彻落实"三重一大"制度，严格按规章制度办事。

对节假日期间廉洁自律重点控制，制止奢侈浪费行为，宣传廉洁自律先进典型，提高全体职工的廉洁自律意识。各部门、各单位不准借节日之名请客送礼、相互宴请等铺张浪费行为，努力营造良好的工作环境和氛围。严格加强对内部车辆的管理，节日期间除正常值班外，所有车辆要进行封存，严禁公车私用，确保节日期间车辆管理安全。嵩阳公司纪检部门对节假日期间的党风廉政建设情况进行监督检查，同时，公司及监理、施工单位还设立了监督举报电话、廉政举报箱和廉洁自律自查自纠个人档案等，自觉接受广大职工群众和社会的监督。

8. 环境保护工作开展

在工程建设过程中，我公司建立了环保工作体系，坚持将环保工作与项目实施同部署、同检查、同落实，按照国家的环评批复意见和环评报告提出的环保措施建议，对工程建设产生的废水、废气、噪声和废渣加以治理，同时，开展了文明施工，杜绝施工扰民，尽最大的努力避免影响周边环境，对生态环境进行了保护，取得了较好的成效。

为了督促施工单位执行国家、地方环保法规、政策，我公司还把环保工作纳入安全文明施工检查体系中，下发了《河南省洛阳至栾川高速公路安全文明施工工作管理办法》，对建设期的环保工作进行月评比，季奖罚的制度。

在洛栾高速公路建设中主要采取以下措施来保护环境：

(1)项目公司成立了环保机构，建立了相应的规章制度，专人专项随时检查和定期组织环保检查，各参建单位项目经理部及各作业层共同维护工区内的环境保护工作。

(2)施工期间的环境保护遵守国家和地方有关环境保护、控制环境污染的规定，采取必要措施防止施工中的燃油、污水、沥青、废料和垃圾等有害物质对河流、农田、池塘和林区的污染，并防止扬尘、汽油等物质对环境空气的污染，防治噪声对环境的污染，把施工对环境、空气和居民生活的影响减少到法定的范围内。

(3)防止水土流失。在施工期间各参建单位始终保持工地处于良好的排水状态，修建一些临时的排水沟渠，并与永久性排水设施相连接，无淤积和冲刷。

(4)在施工中采取有效措施防止雨水对原有土地的冲刷。对施工中产生的废料，运输到指定的弃土场进行废弃，对河流、水道、灌溉或排水系统产生淤积或堵塞，及时进行清理和疏通，减少对附近田地的污染。

(5)为减少施工作业产生的灰尘，随时进行洒水或其他抑尘措施，确保不出现明显的降尘。易于引起粉尘的细料或松散料应予以覆盖或适当洒水润湿，运输时用帆布、篷布及类似遮盖物覆盖，施工过程中随时洒水润湿。

(6)妥善处理弃方，尽量避免破坏或掩埋路基下侧的林木、农田及其他工程设施。沿河弃土避免壅塞河道、改变水流方向和抬高水位而淹没或冲毁农田、房屋。对弃土场进行绿化处理或整平为耕地。

(7)我公司还提高了服务设施污水处理设施的标准。各收费站都按照服务区的标准建设了地埋式生化污水处理装置，为保护环境尽了最大努力，保证了洛栾高速公路运营后产生的生活污水处理后都能够达到国家排放标准。

（三）工程质量评价

本项目地处豫西山区，沿线地貌、地质条件复杂，施工难度大，按照项目建设总体要求，为实现“创优”目标，项目公司及各监理、各施工单位对施工质量非常重视，将工程质量视为重中之重，不断完善质量监督检查各项规章制度，强化质量监督功能，频繁开展质量检查，将质量管理责任层层分解到责任人，进一步提高各参建单位的质量管理意识，真正做到质量管理人人有责、层层负责，从而保证了工程质量。截至目前，经过工程质量评定、检测各项指标，全线桥梁、涵洞、路基、路面工程都已满足设计标准和施工技术规范要求，工程质量全部为合格。

2012 年 11 月 12 日 ~ 12 月 18 日，河南省交通基本建设质量检测监督站委托河南省交院工程检测加固有限公司对洛栾高速公路进行了交工验收质量检测，并出具了《洛阳至栾川高速公路洛嵩段和嵩栾段交工验收检测报告》，认为：洛栾高速公路建设项目设计完善、合理，主体工程施工质量控制满足规范和设计要求。经对已完成项目检测和质量状况分析，该项目主体工程尚未发现有影响交工验收的质量问题。

嵩阳公司于 2012 年 11 月 29 日进行了本项目洛嵩段的交工验收工作，交工验收组由工程建设、设计、监理、施工、质量监督等单位代表组成，邀请上级主管部门参加，进行现场查看工程实体及竣工资料，完成了《洛阳至栾川高速公路洛嵩段及嵩栾段项目交工验收报告》，整个工程项目结论为质量等级为合格。

（四）试运营期间工作完成情况

（1）2012 年 11 月 12 ~ 15 日，完成交工检测工作。

（2）2012 年 11 月 29 日，完成交工验收工作。

（3）2013 年 11 月，完成房建、机电、供配电、绿化工程专项交工检测工作。

（4）2013 年 12 月 26 日，完成房建、机电交工验收工作。

（5）2014 年 11 月 19 日，完成绿化交工验收工作。

（6）2014 年 12 月 22 ~ 26 日，完成洛栾高速公路工程移交检测。

四、工程造价审核情况

工程造价审核情况见表 2。

工程造价审核情况　　表 2

序号	标　段	施工单位	送审金额（元）	审定金额（元）	审增（+）、减（-）金额	工程造价审核单位
1	土建 1 标	河南省公路工程局集团有限公司	290958096	280077607	-10880489	河南北方亚事工程咨询有限公司
2	土建 2 标	中铁十五局集团第七工程有限公司	330939833	330591740	-348093	河南北方亚事工程咨询有限公司
3	土建 3 标	濮阳市通达公路工程有限公司	155865323	153631942	-2233381	河南北方亚事工程咨询有限公司
4	土建 4 标	山东鲁桥建设有限公司	159203563	158189087	-1014476	河南北方亚事工程咨询有限公司
5	土建 5 标	中交二公局第四工程有限公司	188425492	186579223	-1846269	华寅工程造价咨询有限公司
6	土建 6 标	中铁十五局集团第五工程有限公司	440857208	439563169	-1294039	华寅工程造价咨询有限公司
7	土建 7 标	浙江登峰交通集团有限公司	335003998	333629267	-1374731	华寅工程造价咨询有限公司

续上表

序号	标　段	施 工 单 位	送审金额（元）	审定金额（元）	审增（+）、减（-）金额	工程造价审核单位
8	土建8标	中铁十五局集团第二工程有限公司	316991635	323457732	6466097	华寅工程造价咨询有限公司
9	土建9标	中铁七局集团第三工程有限公司	390735926	384594608	-6141318	华寅工程造价咨询有限公司
10	土建10标	湖南省建筑工程集团总公司	73852831	74639831	787000	河南北方亚事工程咨询有限公司
11	路面1标	云南路桥股份有限公司	197958063	194579346	-3378717	河南北方亚事工程咨询有限公司
12	路面2标	吉林省亿丰路桥工程有限公司	151512965	148309506	-3203459	河南北方亚事工程咨询有限公司
13	路面3标	吉林省长城路桥建工有限责任公司	163052622	163515216	462594	华寅工程造价咨询有限公司
14	房建1标	河南派普建设工程有限公司	17634735	17118212	-516523	华寅工程造价咨询有限公司
15	房建2标	林州市太行建设工程有限公司	6378979	6261997	-116982	华寅工程造价咨询有限公司
16	房建3标	河南天河建设工程有限公司	10802664	10525408	-277256	华寅工程造价咨询有限公司
17	房建4标	河南省第二建设集团有限公司	13254913	12756863	-498050	华寅工程造价咨询有限公司
18	房建5标	河南省建设集团有限公司	58823753	56795402	-2028351	华寅工程造价咨询有限公司
19	交安1标	中交第一公路工程局有限公司	7899031	7899031	0	河南北方亚事工程咨询有限公司
20	交安2标	广东省交通发展有限公司	5516504	5516504	0	华寅工程造价咨询有限公司
21	交安3标	中交第一公路工程局有限公司	18599834	18353638	-246196	河南北方亚事工程咨询有限公司
22	交安4标	科达集团股份有限公司	21498541	20503356	-995185	华寅工程造价咨询有限公司
23	电力1标	栾川县恒源电力有限责任公司	2156212	2117929.8	-38282.2	河南北方亚事工程咨询有限公司
24	电力2标	河南黎阳建设有限公司	3715702	3715702	0	华寅工程造价咨询有限公司
25	配电1标	中国铁建电气化局集团第一工程有限公司	4637798	4563626	-74172	河南北方亚事工程咨询有限公司
26	配电2标	河南新豫飞科技照明工程有限公司	14676354	14457259	-219095	河南北方亚事工程咨询有限公司

续上表

序号	标 段	施 工 单 位	送审金额（元）	审定金额（元）	审增（+）、减（-）金额	工程造价审核单位
27	通信1标	中国铁建电气化局集团第一工程有限公司	4446168	4430781	-15387	河南北方亚事工程咨询有限公司
28	通信2标	广东飞达交通工程有限公司	5362436	5332117	-30319	河南北方亚事工程咨询有限公司
29	绿化标准段	鄢陵县花艺绿化工程有限公司	703501	698656	-4845	河南北方亚事工程咨询有限公司
30	绿化1标	上海十方生态园林发展股份有限公司	2201805	2187719	-14086	河南北方亚事工程咨询有限公司
31	绿化2标	鄢陵倚天园林绿化有限公司	2579172	2523450	-55722	华寅工程造价咨询有限公司
32	绿化3标	许昌江北花木有限公司	4466837	4246497	-220340	河南北方亚事工程咨询有限公司
33	绿化4标	河南翰墨园林工程有限公司	1510093	1486204	-23889	华寅工程造价咨询有限公司
34	交通机电标	中铁十三局集团电务工程有限公司	31535922	31419248	-116674	河南北方亚事工程咨询有限公司

五、财务决算情况

（一）账务处理、财产物资清查及债权债务清理情况

本项目进入通车试运营期后，我公司即根据财政部《基本建设财务管理规定》（财建〔2002〕394号）、交通运输部《公路建设项目工程决算报告编制办法》（交公路发〔2004〕507号）、交通运输部《交通基本建设项目竣工决算报告编制办法》（交财发〔2000〕207号）及财政部《关于进一步加强中央基本建设项目竣工财务决算工作的通知》（财办建〔2008〕91号）的相关要求，成立了由专业人员组成的竣工决算工作组，筹备财务决算报告的编制工作。整体决算报告的编制工作分为决算准备和实施两个部分。准备阶段的工作主要包括：做好各项账务、物资、财产、债权债务的清理，做到工完账清，账实相符；对各种材料物资、设备、施工机械等进行清点核实、妥善保管；对列入竣工决算的基建收入、基建结余等财务问题，按国家规定进行相应处理。在实施编制工作阶段，首先制定编制计划和实施方案，明确分工，建立逐级审核制度，做到数字准确，内容完整真实；其次对竣工项目工程以合同段为单位，把工程结算与财务决算相互结合，以中介机构审定的工程结算为基础，按照规定进行相关财务处理，形成相应决算资产；最后结合基建会计核算资料进行会计结转处理，形成决算所要求的交付使用资产和造价执行情况资料，并根据《基本建设财务管理规定》，结合相关会计账簿和工程结算审核报告，完成基本建设项目竣工财务决算报表以及竣工决算财务说明书的编制工作。

1. 竣工财务决算基准日

洛阳至栾川高速公路洛阳至嵩县段工程竣工财务决算报表基准日为2016年1月31日。

2. 财产物资清查

依照交通运输部《公路建设项目工程决算报告编制办法》（交公路法〔2004〕507号）和财政部《基本建设财务管理规定》（财建〔2002〕394号）的要求，公司组织各部门对建设期间形成的所

有交付使用的资产进行数量、价值清查核实，做到账账、账证、账实相符。其结果如下：

(1)现金清查值为:12437.40 元。

(2)银行存款清查值为:40916978.83 元。

(3)预付账款清查值为:0.00 元。

(4)其他应收款清查值为:17030666.34 元。

(5)设备投资清查值为:5985702.00 元，其中：车辆 4503449.00 元；机器及电子设备 1321507.00 元；工器具及家具用具 160746.00 元。

(6)路基、路面、桥涵、隧道及沿线设施等清查值为:3673399552.40 元。

(7)绿化清查值:14522013.50 元。

(8)房屋建筑物清查值为:106409782.99 元。

(9)工程争议费用清查值为:73255251.00 元。

(10)土地使用权 475.5342 公顷，清查值为:496504139.37 元。

(11)无形资产——软件清查值为:77200.00 元。

(12)在建工程尾工预留 13714500.00 元。

经核对，以上账账相符，账实相符。

3.主要会计事项处理原则

基本建设会计是正确核算基本建设项目筹资投入、基建支出、结余的重要工作，亦是进行竣工决算的基础。基建支出是指建设项目从开工起至竣工止所发生的全部基建支出，包括形成资产价值的交付使用资产，即固定资产、流动资产、递延资产、无形资产，以及不形成资产价值按规定应核销的非经营性项目的待核销基建支出和转出投资。本项目建设成本包括建筑安装工程、设备投资、待摊基建支出和其他投资。

(1)建筑安装工程：是按照项目概算内容发生的构成基本建设实际支出的建筑工程和安装工程的实际成本。不包括安装设备本身的价值及按照合同规定付给施工企业的预付备料款和预付工程款。

(2)设备投资：是按照项目概算内容发生的构成基本建设实际支出的各种设备的实际成本。包括需要安装设备、不需要安装设备和为生产准备的不够固定资产标准的工具、器具的实际成本。

(3)待摊基建支出：是按照项目概算内容发生的构成基本建设实际支出的、按照规定应当分摊计入交付使用资产成本的各项费用支出。包括：建设单位管理费、土地征用及拆迁补偿费、勘察设计费、研究试验费、投标费、借款利息、合同公证及工程质量检测费、专项评估费、汇兑损益、社会中介结构审计费、车船使用税、其他待摊投资等。

待摊投资将构成交付使用资产的间接成本和无形资产成本。

(4)其他投资：是按照项目概算内容发生的构成基本建设实际支出的房屋购置和办公机具、器具支出以及取得各种无形资产和递延资产发生的支出。其他投资在编制决算时将根据实际情况转入交付使用资产等。

基于以上会计处理原则，在编制决算过程中，根据具体情况进行会计处理：

(1)根据有关中介机构对各工程项目进行工程决算审计得出的审定结果，调整与之相对应的"在建工程—建筑安装工程"等各明细科目，对验收交付完工资产的直接成本进行归集。编制人员根据《国有建设单位会计制度》等有关规定，依据相应投资支出账户在审核其正确性、完整性、真实性的基础上进行确认，编制基本建设项目竣工财务决算报表。

(2)根据"在建工程—建筑安装工程"、"在建工程—设备投资"、"在建工程—其他投资"和

“在建工程—待摊基建支出”等科目的明细记录,计算确认交付使用资产的实际成本并编制交付使用资产明细表等竣工决算附件,从名称、规格、型号、数量、单价、金额上进行量化处理。交付使用资产的实际成本按下列内容计算确认:

①路基、路面、桥涵防护工程、房屋及建筑物等固定资产的成本,包括建筑工程成本和应分摊的待摊基建支出。

②动力设备和生产设备等固定资产的成本,包括需安装设备的采购成本、安装工程成本、设备基础、支柱等建筑工程成本及应分摊的待摊基建支出。

③交通运输设备及其他不需安装的设备、工具、器具家具等固定资产和流动资产的成本,按采购成本计算,不分摊待摊基建支出。

④无形资产和递延资产的成本,按取得时的实际成本计算,也不分摊待摊基建支出。

4. 待摊基建支出的分摊方法

$$分摊率=\frac{应分摊费用总额}{应分摊费用的资产价值总额}\times 100\%$$

$$单项资产应分摊的费用=应分摊费用的单项资产价值\times 分摊率$$

各项资产的直接成本加应分摊的待摊投资形成交付使用资产竣工决算值,填入报表中,有关会计处理如下:

(1)路基工程的会计处理:路基作为单项工程,决算形成交付使用资产—固定资产—路基,下设明细项:土方工程、石方工程、排水工程、防护工程、特殊路基处理等。依照会计账户“在建工程—建筑安装工程”与各中介机构审定的路基汇总数字核对无误后,加上应分摊计入该项的“在建工程—待摊基建支出”,转入“交付使用资产总表—固定资产—路基”。按照路基明细项和其应分摊的待摊基建支出,分别形成路基工程明细项决算数值,记入“交付使用资产明细表—固定资产—路基明细项”。

(2)路面工程的会计处理:路面作为单项工程,决算形成“交付使用资产—固定资产—路面”,下设明细项:底基层、基层、面层、路缘石、垫层。其决算会计处理与路基工程相同。

(3)桥梁、涵洞工程的会计处理:桥梁、涵洞作为单项工程,决算形成“交付使用资产—固定资产—桥梁、涵洞”,下设明细项:涵洞、桥梁。其决算会计处理与路基工程相同。

(4)隧道工程的会计处理:隧道工程作为单项工程,决算形成“交付使用资产—固定资产—隧道工程”,按洞门、明洞、洞身设置明细项。其决算会计处理与路基工程相同。

(5)其他工程与沿线设施的会计处理:其他工程及沿线设施作为单项工程,决算形成“交付使用资产—固定资产—其他工程及沿线设施”,下设明细项:安全设施(如护栏、标志标线、隔离栅、指示牌、轮廓标门架等)、通信机电设施(主要是通信线路、人孔井、管线预埋等)、供配电及照明设施(主要是供电线路、变电站及照明、配电电缆铺设等)、监控设施、收费设施、隧道通风、消防设施,其会计处理与路基工程相同。

(6)房屋建筑物的会计处理:房屋建筑物作为单项工程,决算形成“交付使用资产—固定资产—房屋建筑物”,按用途明细分为服务房屋及收费站房屋。根据中介机构审定的工程决算与账面值核对无误后,结转“在建工程—建筑安装工程—房屋建筑物”计入“交付使用资产—固定资产—房屋建筑物”形成房屋建筑物的直接成本,同时结转各明细项;计算应分摊的待摊基建支出,转入“交付使用资产—固定资产—房屋建筑物”形成间接成本,将应分摊的待摊基建支出分摊计入各明细项,汇总计算形成“交付使用资产—固定资产—房屋建筑物”竣工决算值。

(7)机器设备、工器具的会计处理:机器设备、工器具作为单项工程,决算形成“交付使用资产—固定资产—机器设备、工器具”下设需安装设备和不需安装设备;不需安装设备根据核对无误的“设备投资—固定资产—不需要安装设备”账面值，直接结转形成“交付使用资产—固定资产—机器设备”等；需安装设备经与账面值核对一致，由“在建工程—建筑安装工程－需安装设备”加上计算应分摊的待摊基建支出，转入“交付使用资产—固定资产—机器设备”，形成竣工决算值。工器具经与账面值核对一致，直接转入“交付使用资产—固定资产—工器具”，形成竣工决算值。

(8)无形资产—土地使用权的会计处理：无形资产作为一项单项资产管理，决算形成“交付使用资产—无形资产(土地)”，基本建设财务处理上，其价值构成在在建工程—待摊基建支出账户下反映。在清查确定相关土地及价值构成的基础上，直接从在建工程—待摊基建支出转入“交付使用资产—无形资产—土地使用权”，形成竣工决算值。

(9)递延资产，根据已核实的会计账面价值，按取得时的实际成本直接从在建工程—其他投资—递延资产，转入“交付使用资产—递延资产”。

5. 预留各项费用的会计处理

预留各项费用作为截至竣工决算日尚未支付的各项费用，增加在在建工程—建筑安装工程—各项预留费用、在建工程—待摊基建支出—各项预留费用，同时增加应付账款—预留工程费用、其他应付款—预留费用。预留费用计入在建工程。预留费用共41项，金额约34781835.27元。具体项目见表3。

预留费用表 表3

序号	名称	科目	金额(元)
1	监控分中心	建安工程	13714500.00
小计			13714500.00
2	洛栾高速公路洛阳至嵩县段边坡监测(合同未签)	待摊投资	1500000.00
3	质量鉴定检测费	待摊投资	168000.00
4	嵩县段沥青路面进行平整度、车辙检测	待摊投资	30000.00
5	八道河大桥桥梁检测	待摊投资	51082.00
6	《隧道施工监测与安全风险控制技术研究》科研项目合作	待摊投资	190000.00
7	豫西山区高速公路大纵坡对桥梁结构力学性能的影响及解决方法研究	待摊投资	135000.00
8	项目后评价费	待摊投资	400000.00
9	档案整理复印装订费	待摊投资	40000.00
10	竣工图移交奖励	待摊投资	50000.00
11	文件汇编出版费	待摊投资	250000.00
12	财务费用	待摊投资	50000.00
13	人员工资	待摊投资	2050000.00
14	职工福利费	待摊投资	110000.00
15	机构注销各项服务费用	待摊投资	500000.00
16	其他咨询服务费	待摊投资	50000.00
17	洛阳至嵩县概算调整编制费	待摊投资	150000.00
18	办公费	待摊投资	2063599.00
19	会议费	待摊投资	229500.00
20	车辆使用费	待摊投资	1042080.00
21	差旅费	待摊投资	249600.00

续上表

序号	名称	科目	金额(元)
22	法律服务费	待摊投资	343600.00
23	竣工政府审计费用	待摊投资	2401620.00
24	补偿款、管理费	待摊投资	1633897.52
25	土地补偿款	待摊投资	1805475.00
26	水毁	待摊投资	136000.00
27	附属物	待摊投资	63888.00
28	附属物	待摊投资	24079.60
29	附属物	待摊投资	6600.00
30	附属物	待摊投资	36100.00
31	附属物	待摊投资	6000.00
32	附属物	待摊投资	11700.00
33	修建蒸发池补偿款	待摊投资	50000.00
34	改路改渠	待摊投资	372110.00
35	改路	待摊投资	40000.00
36	评估费	待摊投资	20000.00
37	嵩县泥河村改路补偿款工程款	待摊投资	73054.15
38	水土保持补偿费	待摊投资	2080600.00
39	水土保持设施验收及检测费	待摊投资	230000.00
40	缺陷责任期延长监理服务费(2015.1～2017.5)	待摊投资	1993750.00
41	安全验收评价技术咨询费	待摊投资	430000.00
	小计		21067335.27
	总计		34781835.27

6.债权债务清理情况

决算编制准备阶段,公司财务部门已对往来款项进行了清查核对,按照审定计量与各合同单位进行结算,账面保留部分主要是按照合同条款对合同单位保留工程质量保证金、部分合同款及工程奖励基金,决算中调整增加收尾工程估算值。往来款项无呆、坏账等损失,也无其他或有负债,主要往来账项如下:

(1)其他应收款:共计17030666.34元。

(2)预付账款清查值为:0.00元。

(3)应付账款:共计181769469.54元,主要为应付施工单位工程款。

(4)其他应付款:共计188819197.46元,主要为应付施工单位保留金、代扣个人保险及公积金,履约保证金等。

(5)应交税费:共计323888.57元,为个人应交所得税、代扣税金。

(6)应付职工薪酬:共计242068.26元,为职工教育经费、工会经费。

(二)基本建设投资完成及结余情况

本项目总概算407676.56万元,竣工决算总值为438386.81万元,竣工决算造价比概算增加投资30710.25万元。

（三）主要经济技术指标对比分析

1. 每公里造价

本项目概算造价6503.06万元/km，工程决算造价6992.93万元/km，决算造价比概算增加投资489.87万元/km，主线全长62.69km，共计比概算增加投资30710.25万元。

2. 超概原因分析

竣工决算造价比概算增加投资30710.25万元，主要原因分析如下：

（1）因地形复杂，施工期间进行优化设计等变更导致竣工决算金额增加。

（2）因物价上涨，材料调差等费用造成竣工决算金额增加。

（3）因提高房屋使用年限，物价上涨等造成房建竣工决算金额增加。

（4）因优化设计，增加隧道等导致机电、绿化、交安竣工决算金额增加。

（5）因增加涵洞，土沟排水设施，原设计无法达到规范要求，优化设计，改线加宽等变更导致土方金额增加。

（6）因施工地质原因，换填砂砾石，原挖土方变为挖石方等变更导致石方金额增加。

（7）土地征用及拆迁补偿费。

由于征地面积增加、拆迁数量加大、补偿标准提高、概算漏项等因素影响，洛栾高速公路洛嵩段工程土地征用及拆迁补偿费用超概13694.12万元。

河南嵩阳高速公路有限公司

二〇一六年三月十日

洛栾高速公路洛阳至嵩县段竣工决算报表

公路基本建设项目竣工决算审批表

交建竣 1 表

建设项目法人(建设单位)	河南嵩阳高速公路有限公司	建设性质	新建
建设项目名称	洛栾高速公路洛阳至嵩县段	主管部门	河南省收费还贷高速公路管理中心
主管部门(单位)意见：			盖　　章 年　月　日
省级交通主管部门或部属一级单位意见：			盖　　章 年　月　日
交通运输部审批意见：			盖　　章 年　月　日

公路建设项目工程概况表

建设项目或单项工程名称	洛阳至栾川高速公路洛阳至嵩县段		工程主要特征、完成的主要工程量及主要技术经济指标	设计	实际
建设地址或地理位置	起至洛阳市溢坡村东北侧止于嵩县县城东侧的嵩县互通式立体交叉		1. 地形	山岭重丘区	山岭重丘区
建设时间	计划	2010 年 1 月开工至 2012 年 12 月竣工	2. 公路等级	双向四车道高速公路	双向四车道高速公路
	实际	2010 年 3 月 20 日开工至 2012 年 11 月 16 日竣工	3. 设计速度(km/h)	100	100
初步设计和概算批准机关、日期、文号	批准机关:河南省发展和改革委员会文件豫发改设计〔2009〕2005 号		4. 路基宽度(m)	26	26
			5. 行车道宽度(m)	2×2×3.75	2×2×3.75
调整概算批准机关、日期、文号			6. 中央分隔带宽度(m)	2	2
			7. 左侧路缘带宽度(m)	2×0.75	2×0.75
开工报告批准时间	2010 年 3 月 20 日		8. 硬路肩宽度(m)	2×3	2×3
主要设计单位	河南省交通规划勘察设计院有限责任公司		9. 土路肩宽度(m)	2×0.75	2×0.75
主要监理单位	河南省宏力工程咨询有限公司		10. 路基设计洪水频率	1/100	1/100
主要监理单位	河南省高等级公路建设监理部有限公司		11. 平曲线最极限小半径	400	400
主要监理单位	江苏省交通规划设计院股份有限公司		12. 最小停车视距(m)	160	160
主要监理单位	河南省豫通公路工程监理事务所		13. 最大纵坡(%)	4	4
主要施工单位	中交二公局第四工程有限公司、河南省公路工程局集团有限公司、中铁十五局集团第七工程有限公司、濮阳市通达公路工程有限公司、山东鲁桥建设有限公司		14. 最大坡长(m)	800(4%)	800(4%)
主要施工单位	中铁十五局集团第五工程有限公司、浙江登峰交通集团有限公司、中铁十五局集团第二工程有限公司、中铁七局集团第三工程有限公司、湖南省建筑工程集团总公司		15. 最小坡长(m)	250	250
工程质量监督部门	河南省交通基本建设质量检测监督站		16. 竖曲线最小半径(凸/凹)(m)	10000/4500	10000/4500
总投资(万元)	批准概算	竣工决算	17. 竖曲线极限最小速度(m)	170	170
	407676.56	438386.81	18. 路面横坡(%)	0.02	0.02

续上表

建设项目或单项工程名称	洛阳至栾川高速公路洛阳至嵩县段		工程主要特征、完成的主要工程量及主要技术经济指标	设计	实际
主要材料消耗	设计	实际	19. 桥面总宽(m)	2×12.75	2×12.75
钢材(t)	154354.00	144130.30	20. 桥面净宽(m)	2×11.75	2×11.75
水泥(t)	582707.00	507401.37	21. 桥涵设计车辆荷载	公路—I级(特殊桥梁1.3倍公路—I级)	公路—I级(特殊桥梁1.3倍公路—I级)
沥青(t)	41867.00	29582.88	22. 桥涵设计洪水频率	1/100(特大桥1/300)	1/100(特大桥1/300)
			23. 分离式双洞隧道净宽(m)	2×10.75	2×10.75
			24. 隧道侧向宽度(左/右)(m)	0.5/0.75	0.5/0.75
基建支出合计(万元)	批准概算	竣工决算	25. 隧道内最大纵坡(%)	3	3
建筑安装	305647.30	347204.70	26. 建设路线总长(km)	62.69	62.69
安装设备工器具	5942.16	606.29			
待摊投资	77754.97	89204.38			
其中:建设单位管理费	8873.96	14711.03			
预备费	18152.13	0.00			
新增加费用项目(不作预备费基数)	180.00				
尾工—监控分中心		1371.45			
合计	407676.56	438386.81			
主要收尾工程					
工程内容或名称	投资额(万元)	预计完成时间			
监控分中心	1371.45				
			工程质量评定:优良　项;合格　项;不合格　项;总评		

交建竣 3-1 表

建设项目竣工财务决算总表

项目名称：洛栾高速公路洛阳至嵩县段

单位：元

资 金 来 源	金 额	资 金 占 用	金 额
一、基建拨款		一、基本建设支出	4383868141.26
1. 预算拨款		1. 交付使用资产	4370153641.26
2. 基建基金拨款		2. 在建工程	13714500.00
3. 进口设备转帐拨款		3. 待核销基建支出	
4. 器材转账拨款		4. 非经营项目转出投资	
5. 煤代油专用基金拨款		二、应收生产单位投资借款	
6. 自筹资金拨款		三、拨付所属投资借款	
7. 其他拨款(交通运输部补助)		四、器材	
二、项目资本	50000000.00	其中：待处理器材损失	
1. 国家资本		五、货币资金	40929416.23
2. 法人资本	50000000.00	六、预付及应收款	17030666.34
3. 个人资本		七、有价证券	
三、项目资本公积	1002983600.00	八、固定资产	

续上表

资金来源	金额	资金占用	金额
四、基建借款	3017690000.00	固定资产原价	
五、上级拨入投资借款		减：累计折旧	
六、企业债券资金		固定资产净值	
七、待冲基建支出		固定资产清理	
八、应付款	370830735.26	待处理固定资产损失	
九、应付福利费		九、服务区经营损益	
十、未交款	323888.57		
1.未交税金	323888.57		
2.未交基建收入			
3.未交基建包干结余			
4.其他未交款			
十一、上级拨入资金			
十二、留成收入			
合计	4441828223.83	合计	4441828223.83

交建竣 3-2 表

单位:元

资金来源情况表

项目名称:洛栾高速公路洛阳至嵩县段

资金来源	2009年度		2010年度		2011年度		2012年度		2013年度		2014年度		2015年度		2016年度		合计	
	计划数	实际数	计划数	实际数	计划数	实际数	计划数	实际数	计划数	实际数	计划数	实际数	计划数	实际数	计划数	实际数	计划数	实际数
一、基建拨款																		
二、项目资本		10000000.00				40000000.00												50000000.00
																		—
																		—
																		—
三、项目资本公积		65000000.00		142500000.00		299026500.00		462693500.00						33763600.00				1002983600.00
四、基建投资借款	—	230000000.00	—	422500000.00	—	667190000.00	—	1375310,000.00	—	—	—	180000000.00		100000000.00		42690000.00	—	3017690000.00
内部统贷统还借款		230000000.00		422500000.00		667190000.00		1375310000.00				180000000.00		100000000.00		42690000.00		3017690000.00
五、上级拨入投资借款																		
六、企业债券资金																		
合计	—	305000000.00	—	565000000.00	—	1006216500.00	—	1838003500.00	—	—	—	180000000.00	—	133763600.00	—	42690000.00	—	4070673600.00

工程造价和概算执行情况表

交建竣4表

项目名称:洛阳至栾川高速公路洛阳至嵩县段

单位:元

项目名称	概　算	工程造价合计	其中						概算投资结余	备　注
			建安投资	设备投资	其他投资	待摊投资	待核销支出	转出投资		
1	2	3	4	5	6	7	8	9	10=2-3	
第一、二、三、四、五、六部分合计	4076765564.00	4383868141.26	3411824464.64	73937014.16	6062902.00	892043760.46	—	—	-307102577.26	
第一部分　建筑安装工程	3056472969.00	3472046978.80	3398109964.64	73937014.16	—	—	—	—	-415574009.80	
临时工程	35096125.00	—							35096125.00	
路基工程	406541176.00	814845578.90	814845578.90						-408304402.90	
路面工程	257131829.00	532596531.38	532596531.38						-275464702.38	
桥梁涵洞工程	1521176695.00	1643474048.28	1643474048.28						-122297353.28	
交叉工程	390584016.00	—							390584016.00	
隧道工程	181953075.00	155960530.17	155960530.17						25992544.83	
公路设施及预埋管线工程	131262610.00	142790777.23	76754113.85	66036663.38					-11528167.23	
绿化及环境保护工程	43241743.00	13005009.31	13005009.31						30236733.69	
管理养护服务房屋	89485700.00	96119252.53	88218901.75	7900350.78					-6633552.53	
工程争议费用	—	73255251.00	73255251.00						-73255251.00	
第二部分　设备、工器具	59421592.00	6062902.00	—	—	6062902.00	—	—	—	53358690.00	

续上表

项目名称	概　算	工程造价合计	其中						概算投资结余	备　注
			建安投资	设备投资	其他投资	待摊投资	待核销支出	转出投资		
1	2	3	4	5	6	7	8	9	10 = 2 - 3	
设备购置费	58324360.00	5902156.00			5902156.00				52422204.00	
工器具及家具	1097232.00	160746.00			160746.00				936486.00	
第三部分　工程建设其他费用	777549657.00	892043760.46	—	—	—	892043760.46	—	—	- 114494103.46	
土地征用及拆迁补偿费	359562985.00	496504139.37				496504139.37			- 136941154.37	
建设项目管理费	88739631.00	147110294.73				147110294.73			- 58370663.73	
研究试验费	2458000.00	1799150.00				1799150.00			658850.00	
建设项目前期工作费	55474500.00	43668493.52				43668493.52			11806006.48	
专项评价(估)费	6529000.00	15881667.00				15881667.00			- 9352667.00	
联合试运转费	1528236.00								1528236.00	
生产人员培训费	240000.00	—							240000.00	
建设期贷款利息	263017305.00	187080015.84				187080015.84			75937289.16	
第四部分　预备费	181521346.00	—							181521346.00	
第五部分　新增加费用项目	1800000.00	—							1800000.00	
第六部分　尾工—监控分中心		13714500.00	13714500.00						- 13714500.00	

基本建设项目交付使用资产总表

交建竣 5-1 表

项目建设单位:洛栾高速公路洛阳至嵩县段

单位:元

单项工程 项目名称 (1栏)	总计 (2栏)=(7栏)+…+ (10栏)	固定资产					流动资产 (8栏)	无形资产 (9栏)	递延资产 (10栏)
		建安工程 (3栏)	设备 (4栏)	其他投资 (5栏)	待摊投资 (6栏)	合计 (7栏)=(3栏)+…+ (6栏)			
公路及构筑物	3513952561.91	3146876688.73	—	—	367075873.18	3513952561.91			
路基工程	909895427.36	814845578.90			95049848.46	909895427.36			
路面工程	594722682.53	532596531.38			62126151.15	594722682.53			
桥梁、涵洞工程	1835181487.43	1643474048.28			191707439.15	1835181487.43			
隧道工程	174152964.59	155960530.17			18192434.42	174152964.59			
其他工程及沿线设施	159446990.49	76754113.85	66036663.38	—	16656213.26	159446990.49			
安全设施	85707303.36	76754113.85			8953189.51	85707303.36			
监控设施	12389350.93		11095129.76		1294221.17	12389350.93			
通信设施	17704077.81		15854667.58		1849410.23	17704077.81			
收费设施	14694488.86		13159467.47		1535021.39	14694488.86			
供配电照明设施	27753739.57		24854517.68		2899221.89	27753739.57			
隧道通风、消防设施	1198029.95		1072880.89		125149.07	1198029.95			

续上表

单项工程 项目名称 （1栏）	总计 (2栏)=(7栏)+…+ （10栏）	固 定 资 产					流动资产 （8栏）	无形资产 （9栏）	递延资产 （10栏）
		建安工程 （3栏）	设备 （4栏）	其他投资 （5栏）	待摊投资 （6栏）	合计 (7栏)=(3栏)+…+ （6栏）			
绿化	14522013.50	13005009.31			1517004.20	14522013.50			
房屋建筑物	106409782.99	88218901.75	7900350.73		10290530.45	106409782.99			
收费站设施	47649176.93	40673776.18	2230899.01		4744501.73	47649176.93			
服务区房屋	58760606.06	47545125.57	5669451.77		5546028.72	58760606.06			
工程预留争议费用	73255251.00	73255251.00				73255251.00			
设备	5985702.00	—	5824956.00	—	—	5824956.00	160746.00	—	—
车辆	4503449.00		4503449.00			4503449.00			
机器及电子设备	1321507.00		1321507.00			1321507.00			
工器具及家具用具	160746.00					—	160746.00		
无形资产	496581339.37					—		496581339.37	
在建工程—尾工预留	13714500.00	13714500.00				13714500.00			
合计	4383868141.26	3411824464.64	79761970.16	—	395539621.09	3887126055.89	160746.00	496581339.37	

交付单位：　　　　　　　　年　月　日　　　　　　　　接收单位：　　　　　　　　年　月
盖章　　　　　　　　　　　　　　　　　　　　　　　　盖章

第三部分

审　　计

河 南 省 审 计 厅

审 计 报 告

豫审投报〔2016〕120 号

被审计单位:河南嵩阳高速公路有限公司

审 计 项 目:洛阳至栾川高速公路洛阳至嵩县段建设项目竣工财务决算审计

根据《中华人民共和国审计法》第二十二条的规定，河南省审计厅派出审计组，自2016年6月30日至9月13日，对洛阳至栾川高速公路洛阳至嵩县段建设项目（以下简称洛嵩高速）竣工财务决算进行了就地审计，对与项目直接有关的设计、施工、监理等单位取得建设资金的真实性以及项目征地拆迁事项进行了审计调查。河南嵩阳高速公路有限公司（以下简称河南嵩阳公司）做出书面承诺，对其提供的财务会计、工程结算以及其他相关资料的真实性和完整性负责。河南省审计厅的责任是依法独立实施审计并出具审计报告。

一、项目基本情况

洛嵩高速起于洛阳市洛龙区，向南经伊川至嵩县城东，与同期规划的洛阳至栾川高速公路嵩县至栾川项目相连。该项目于2010年3月20日开工，2012年12月31日建成通车。

（一）项目建设规模及标准情况

洛嵩高速建设总里程62.69km。设计行车速度每小时100km，按双向四车道布设，路基宽度26m，公路桥宽25.5m。全线共完成路基土石方2252万m^3，沥青混凝土路面165.1万m^2，特大桥1座，大桥39座，中桥6座，分离式立体交叉20座，隧道3座，通道39道，涵洞102道，天桥37座。沿线设停车区1处（缓建），服务区1处，互通式立体交叉4处，收费站4处。

（二）项目机构设置情况

2009年8月13日，经河南高速公路发展有限责任公司（以下简称高发公司）报请河南省交通运输厅批准，成立河南嵩阳公司，作为洛嵩高速建设的法人单位，注册资本金为人民币1000万元，由高发公司作为独资法人股东。2011年7月，经高发公司董事会研究决定，对河南嵩阳公司以货币形式增加注册资本金4000万元，变更后河南嵩阳公司的注册资本金为5000万元。

2011年4月，河南省收费还贷高速公路管理中心（以下简称还贷中心）与高发公司签订了《连霍高速公路商丘至兰考段改扩建工程等10个高速公路建设项目委托代建协议》，决定由还贷中心作为洛嵩高速投资主体，委托给高发公司建设。同年8月，河南省交通运输厅以《厅长办公会议纪要〔2011〕2号》专题研究了还贷中心与高发公司关于洛嵩高速资金清算和债务变更有关事项。

（三）项目立项等文件批复情况

2009年11月至2012年8月，河南嵩阳公司先后完成洛嵩高速项目的立项、初步设计、施工图设计、建设用地预审及与项目建设相关的环境影响报告、地震安全性评价工作报告、水土保持方案报告、地质灾害危险性评估报告、占用林地请示等基本建设程序的报批或备案，并获相关部门批复。2011年4月，国土资源部正式批准项目建设用地430.26hm^2；2010年10月，河南省交通运输厅批复项目施工许可。

河南嵩阳公司通过公开招标方式，选定了洛嵩高速的勘察设计、施工和监理等单位。其中：河南省交通规划勘察设计院有限责任公司为项目勘察设计中标单位；河南省宏力工程咨询有限公司等3家单位为监理中标单位；江苏省交通规划设计院股份有限公司为设计监理中标单位；河南省公路工程局集团有限公司等33家单位为土建、路面等工程施工中标单位。

（四）项目资金来源及到位情况

洛嵩高速批复概算总投资407676.56万元，截至2016年1月31日，实际到位资金407067.36万元，其中：项目资本金105298.36万元（含注册资本金5000万元）、基建投资贷款301769万元。

（五）项目投资完成情况

河南嵩阳公司编制的洛嵩高速竣工财务决算报告（以下简称决算报告）反映，项目基本建设支出471852.14万元(含为处理路基工程争议事项估算的预留费用29800万元),其中:建筑安装工程投资371945.65万元、设备投资8543万元、其他投资16.08万元、待摊投资91347.41万元。完成投资形成交付使用资产463989.20万元,在建工程7862.94万元。决算报告反映的基本建设总支出数与批复概算投资407676.56万元相比,超概算投资64175.58万元。

上述河南嵩阳公司提供的决算报告中包含为处理路基工程争议事项估算的预留费用29800万元,由于该项预留费用手续及相关资料不齐全,本次仅对上述预留费用以外的基本建设支出442052.14万元开展了审计,确认基本建设支出430141.48万元,其中:建筑安装工程投资332412.50万元、设备投资8495.67万元、其他投资16.08万元、待摊投资89217.23万元。与河南嵩阳公司提供的同口径决算报告相比审减11910.66万元(含概算外工程6491.49万元)。

审计期间,河南嵩阳公司组织监理单位对决算报告中的预留争议费用29800万元进行了进一步审核,确认8308.58万元,对此真实性审计不发表意见。该项目审计核定数430141.48万元加上河南嵩阳公司自行确认的争议结算款8308.58万元,共计438450.06万元。与批复概算投资407676.56万元相比,超概算投资30773.50万元。

二、审计评价

审计结果表明:河南嵩阳公司基本能严格执行项目法人制、招投标制、合同管理制与监理制等,建立较为完善的质量检验、进度考核、资金支付等一系列内部控制制度,同时,紧密配合河南省交通运输厅豫西山区高速公路项目建设指挥部的领导,不断优化施工组织,完善各类工程变更审批程序,克服工期短、施工难度大、技术要求高等困难,确保项目按计划建成通车。

河南嵩阳公司提供的财务会计资料、工程决算资料以及其他相关资料基本真实完整,财务管理和会计核算基本符合国家相关财经法律、法规和文件政策的规定,编制的决算报告基本能够反映项目建设的实际情况。

但是,由于非合理压缩勘察设计与施工建设周期等原因,项目建设期间发生各类变更多,投资增加较大,超批复概算达到7.36%,在财务管理与会计核算、建设管理、造价控制及概预算执行等方面仍存在一些问题需加以纠正和改进。

三、审计中发现的主要问题和处理意见

(一)基本建设程序方面问题

(1)非合理压缩项目设计与建设周期,且存在边设计边施工问题,给建设管理和投资控制带来较大难度。

①项目初步设计工作自2009年9月1日开始至12月16日经省发展和改革委员会批复,历时仅77个工作日,少于初步设计有效工作周期不低于120个工作日的要求。2010年9月20日,项目已施工6个月,土建主体施工图设计文件才经河南省交通运输厅批复,存在边施工边提交设计文件问题。

②因路基工程施工招标采用初步设计文件进行,勘察设计深度不够,合同工程量清单与施工图设计、现场施工实际情况不符,路基工程发生设计变更760份,导致各标段结算价款超合同价款约41486万元,超合同价款18.36%,建设管理及投资控制难度增大。

上述行为违反了《国务院办公厅转发发展改革委监察部等部门关于解决当前政府投资工程建设中带有普遍性问题意见的通知》(国办发〔2010〕41号)第五条第(十八)项“严格执行投资管理程序,禁止违反规律盲目压缩工期”和《关于印发加强重点公路建设项目设计管理工作若干意见的通知》(交公路发〔2009〕458号)第一条“严格执行基本建设程序,确保公路建设有序进行。

严禁未批设计,未经施工许可,先行施工。严禁边设计、边施工”及《公路建设监督管理办法》(交通部〔2006〕第6号令)第九条第(五)项“政府投资公路建设项目的实施,应当按照下列程序进行:(五)根据批准的施工图设计文件,组织项目招标”的规定。根据上述规定,项目建设单位要总结经验教训,今后严格按基建程序办事,科学制定项目建设计划,提高决策管理水平。该问题我厅将以适当方式向河南省交通运输厅通报。

(2)部分前期基建程序审批滞后。洛嵩高速开工时间为2010年3月,2010年10月河南省交通运输厅批复施工许可手续,2011年4月国土资源部批准该项目工程建设用地。

(3)较批复多征建设用地679.17亩,805.02亩未办理土地使用手续。国土资源部批复项目建设用地430.26hm^2,折合6453.84亩。该项目实际征地7133.01亩,多征地679.17亩。目前,已办结土地使用手续6327.99亩,尚有805.02亩未办结。

上述行为违反了《公路建设市场管理办法》(交通运输部令2011年第11号)第二十四条“公路建设项目依法实行施工许可制度。国家和国务院交通运输主管部门确定的重点公路建设项目的施工许可由国务院交通运输主管部门实施,其他公路建设项目的施工许可按照项目管理权限由县级以上地方人民政府交通运输主管部门实施”、《中华人民共和国土地管理法》第五十三条“经批准的建设项目需要使用国有建设用地的,建设单位应当持法律、行政法规规定的有关文件,向有批准权的县级以上人民政府土地行政主管部门提出建设用地申请,经土地行政主管部门审查,报本级人民政府批准”的规定。

对此,项目建设单位需加强高速公路建设项目基本建设程序管理,杜绝此类问题再次发生。该问题我厅将以适当方式向河南省交通运输厅通报。

(二)财务管理与会计核算方面问题

1.挤占、挪用项目建设资金1067.54万元

(1)“待摊投资”中列支与项目无关的驻马店市平舆县玉皇庙乡大宋村基础设施建设资金支出35万元、河南嵩阳公司驻公司设计代表补助费54.59万元。

(2)超出项目批复概算中“负荷联合试车费”开支范围支出300.33万元。该费用为项目运营管理单位河南省交通运输厅高速公路洛阳管理处购置车辆103.66万元、办公用品及设备192.87万元、公路灯及折叠屏3.80万元。

(3)重复支付地面附属物补偿款及管理费130万元。审计期间,河南嵩阳公司已收回重复支付费用。

(4)挤占建筑安装工程费547.62万元。该项目办公及生活用家具购置批复概算为109.72万元。2013—2015年,河南嵩阳公司以工程变更形式通过房建1~5标段购置办公及家具、空调等657.34万元,挤占建筑安装工程费547.62万元。

上述行为违反了《交通基本建设资金监督管理办法》(交财发〔2009〕782号)第五条第四款“交通基本建设资金必须用于经批准的交通基本建设项目。交通基本建设资金按规定专款专用,单独核算,任何单位或个人不得截留、挤占和挪用”的规定。根据《中华人民共和国审计法》第四十五条第(四)项“责令按照国家统一的会计制度的有关规定进行处理”与上述文件的规定,责令河南嵩阳公司调减决算投资1067.54万元。

2.多列尾工工程及预留费用8101.75万元

(1)概算外工程计入地质灾害及完善设计工程6491.49万元。上述支出发生时,该项目已交验且过缺陷责任期。

(2)多预留费用1610.26万元。该项目应预留费用2106.73万元,实际预留费用3716.99万元,多预留费用161026万元。其中:征地拆迁补偿费917.03万元、建设单位管理费28.08万元、

竣工决算审计费 270.87 万元、竣工验收费 31.65 万元、未执行合同费用 24 万元、其他费用 338.63万元。

上述行为违反了《基本建设财务管理规定》(财建〔2002〕394 号)第十七条“建筑安装工程投资支出是指建设单位按项目概算内容发生的建筑工程和安装工程的实际成本,其中不包括被安装设备本身的价值以及按照合同规定支付给施工企业的预付备料款和预付工程款”和第十九条“待摊投资支出是指建设单位按项目概算内容发生的,按照规定应当分摊计入交付使用资产价值的各项费用支出”的规定。根据《中华人民共和国审计法》第四十五条第四项“责令按照国家统一的会计制度的有关规定进行处理”与上述文件的规定,责令河南嵩阳公司调减决算投资 8101.75 万元。

3. 未按规定冲减投资 250 万元

河南嵩阳公司没收自愿放弃中标资格或业绩造假中标人投标保证金 250 万元后仅做挂账处理,未冲减项目投资。其中:中铁十一局集团第一工程有限公司 80 万元、焦作市晓尚园林有限公司 20 万元、河南四季春园林艺术工程有限公司 20 万元、山东泰山路桥工程公司 80 万元、河南兴隆建筑工程公司 50 万元。

不符合《基本建设财务管理规定》第十四条关于“建设项目在编制竣工财务决算前要认真清理结余资金,应收、应付款项要及时清理”的规定。根据《中华人民共和国审计法》第四十五条第四项“责令按照国家统一的会计制度的有关规定进行处理”与上述文件的规定,责令河南嵩阳公司将没收的投标保证金 250 万元冲减投资。

4. 决算报告编制不规范

(1)部分报表说明与报表列示数据不符。如:报表说明中显示预留的各项费用 11579.93 万元与所对应的明细表中的合计数 111579.93 万元不一致,二者相差 100000 万元。

(2)重大事项未予披露。如:项目建设期间和通车营运的时间,项目投资主体变更,以及洛阳市人民政府与高发公司签订的投资优惠框架协议等。

(3)报表说明内容不完整。如:缺少超批准多占地以及与施工单位争议费用 29800 万元的原因分析,超概算原因分析深度不够等。

(4)交付使用资产明细表编制不规范。如:房建工程中部分室外工程及额外工程 3914.82 万元没有形成单项可交付使用资产;房建设备 1001.45 万元未能按服务区或收费站形成单项可交付使用资产;绿化工程部分单项交付使用资产未能按照植物名称和品种规格等因素归集形成单项可交付使用资产;未将其他工程及沿线设施中部分交付需安装设备材料分配到设备中形成单项可交付的固定资产。

(5)报表间数据不一致。如:概算执行情况表中的土地征用及拆迁补偿费决算金额为 50697.45 万元与交付资产总表无形资产—土地 49352.53 万元不一致。

(6)洛嵩高速竣工财务决算交付使用资产—固定资产部分单价低于 2000 元,按照企业会计制度关于固定资产入账价值的规定应计入交付使用资产—流动资产,涉及金额 18.65 万元。

(7)预留费用漏项。预留费用遗漏安全验收评价技术咨询费 43 万元。

上述行为不符合《基本建设财务管理规定》第三十六条“基本建设项目竣工财务决算是正确核定新增固定资产价值,反映竣工项目建设成果的文件,是办理固定资产交付使用手续的依据。各编制单位要认真执行有关的财务核算办法,严肃财经纪律,实事求是地编制基本建设项目竣工财务决算,做到编报及时,数字准确,内容完整”的规定。根据《中华人民共和国审计法》第四十五条第四项“责令按照国家统一的会计制度的有关规定进行处理”与上述文件规定,责令河南嵩阳公司按规定修订完善项目竣工决算财务报告。

（三）建设管理方面问题

(1)合同履约管理不规范，增加不合理投资。

①未严格按照合同约定及相关制度办法履行奖罚制度。

河南嵩阳公司为确保通车目标，设置较紧密工期节点奖励，但奖励节点制定、奖励金额设置欠缺统筹安排与明确计算依据。一是路基工程10个标段，按照合同约定，应计提路基工程各标段质量奖励金、创优奖励金6041.98万元，河南嵩阳公司配套3092.98万元，由河南嵩阳公司根据各标段施工情况及项目评优情况进行奖优罚劣，并按总额包干使用。河南嵩阳公司实际计提路基工程各标段质量奖励金3092.98万元，少计提路基工程创优奖励金2949万元；实际发放路基工程各标段奖励金合计10880.24万元，超合同奖励4694.28万元。二是应计提路面工程3个标段质量奖励金383.74万元，河南嵩阳公司配套383.74万元，由河南嵩阳公司按总额包干使用，对路面工程施工及评优情况进行奖优罚劣。实际支付奖励2488.73万元，超合同奖励1721.25万元。超发奖励合计6415.54万元。

②未按合同约定对部分施工单位更换主要管理人员行为进行处理。经抽查项目10个路基标段施工单位主要管理人员履约情况，发现有7个标段施工单位在建设期间更换其投标承诺的主要管理人员，按合同约定施工单位应缴费用约1100万元。河南嵩阳公司未严格按照合同约定履行监管责任。

上述行为违反了《关于印发修订后的〈交通基本建设资金监督管理办法〉的通知》（交财发〔2009〕782号）第二十二条“交通建设项目法人应当建立工程进度价款支付控制制度，明确价款支付条件、方式等，并按照工程进度和合同条款实行计量支付”和《中华人民共和国合同法》第八条“依法成立的合同，对当事人具有法律约束力。当事人应按照约定履行自己的义务，不得擅自变更或者解除合同。依法成立的合同，受法律保护”的规定。

(2)工程结算存在未决争议事项，存在潜在法律诉讼风险。河南嵩阳公司委托2家社会中介机构对土建、路面工程13个标段工程结算实施工程结算审核，签订造价咨询合同金额共计213.71万元。资料显示，13个标段施工单位因对多项工程结算审查结果存在较大争议，均未签字盖章认可。对此，结算报告中未做必要说明，存在潜在法律诉讼风险。违反了《建设工程价款结算暂行办法》（财建〔2004〕369号）第十八条“工程造价咨询机构接受发包人或承包人委托，编审工程竣工结算，应按合同约定和实际履约事项认真办理，出具的竣工结算报告经发、承包双方签字后生效，当事人一方对报告有异议的，可对工程结算中有异议部分，向有关部门申请咨询后协商处理，若不能达成一致的，双方可按合同约定的争议或纠纷解决程序办理”的规定。

对上述(1)~(2)项行为，根据《中华人民共和国审计法》第四十五条第（五）项“其他处理措施”及上述有关文件规定，河南嵩阳公司今后应加强合同管理，科学制定并严格执行履约考核奖励办法，严格监督社会中介服务质量管理，避免工程结算纠纷。以上问题我厅将向河南省交通运输厅通报。

(3)部分影响造价较大的变更缺少必要勘察或试验资料支持。

①部分变更未按国家强制规范规定进行取样试验即批复实施，增加投资4308万元。根据合同技术规范要求（国家强制性技术规范），路堤填筑前填方材料应每5000m^3或在土质变化时取样，按规定的方法进行试验检测各项指标。有8个路基工程标段以原设计利用土方承载比（CBR）不满足路基填筑要求为由，申报换填砂砾石或石灰处置变更35份。资料显示，该项目涉及此类变更路段的设计文件均缺少相应地质勘察钻孔资料，施工单位提交的土工试验取样数量或频次远低于国家强制规范要求；河南嵩阳公司、监理及设计单位在地质勘查、土工试验取样数

据不足的情况下批复了以上变更，增加投资4308万元。如土建7标段内约49万 m^3 的路基填料不合格全部废弃，换填砂砾石填筑路基43万 m^3，该变更18个土工取样检测点，由此增加投资近1968万元。

②路基挖方土石比例变更申报及审批缺少补充地质勘察资料，增加投资3385万元。根据合同技术规范要求（国家强制性技术规范）规定："路基土石方挖方用不小于112.5kW推土机单齿松动器无法松动，须用爆破或用钢楔大锤或用气钻方法开挖的，以及体积大于或等于 $1m^3$ 的孤石为石方，余为土方。土石方应以设计为依据，由监理人批准确定"。该项目4个土建标段以路基挖方土石比例不符合地质勘察设计为由申报工程变更34份，通过变更调整挖方土、石比例增加投资约3385万元。有关资料显示，该类变更多以会议纪要形式确定挖方段土石比例并计算变更数量，未按技术规范要求通过施工试验或由设计单位补充地质勘测等措施核实变更相关路段地质情况。如土建2标变更申报减少挖土方、新增挖石方106万 m^3，仅此一项增加造价约1136万元，变更仅依据会议纪要"根据施工现场实际情况，参考施工单位申报材料，确定挖方段路堑土石比例"，无其他补充勘察及试验资料。

上述行为违反了《公路工程设计变更管理办法》（中华人民共和国交通部令2005年第5号）第十条关于"项目法人对设计变更的建议及理由应当进行审查核实。必要时，项目法人可以组织勘察设计、施工、监理等单位及有关专家对设计变更建议进行经济、技术论证"的规定。根据《中华人民共和国审计法》第四十五条第（五）项"其他处理措施"及上述有关文件规定，河南嵩阳公司今后应加强对公路工程设计变更的监督管理，督促监理单位须严格执行国家有关公路工程强制性标准和技术规范要求，确保工程变更真实性并符合相关技术要求。以上问题我厅将向河南省交通运输厅通报。

（4）其他原因导致增加投资2495.22万元。

①河南嵩阳公司在足额拨付不可预见费的情况下，又通过各土建标段计量工程款的方式支付沿线各村征地拆迁补偿款1718.15万元。

②河南嵩阳公司在按照包干协议的约定支付不可预见费的同时又支付边角地补偿款26.48万元。

③河南嵩阳公司委托绿化3标完成应由土建1标清除的临时设施，并支付绿化3标工程款9.21万元，根据该项目土建专用合同条款规定上述费用应从土建1标工程款内扣除，实际未扣除，由此增加投资9.21万元。

④通信管道1标和2标共87处人孔属于交叉施工，应由通信管道1标和2标先施工人孔，由于管理安排不当，其他施工单位先行完成了排水沟、匝道的施工，导致通信管道施工单位人孔施工时需要破除原已施工好的混凝土排水沟、匝道，由此增加投资7.83万元。

⑤配电照明2标部分项目存在建设单位审批单价高于施工单位申报单价，由此增加投资1.01万元。如：姜公庙玉皇庙隧道新增低压绝缘穿刺线夹申报单价每个19.51元，审批单价每个20.71元。姜公庙160kV·A箱变基础申报单价每个4.35万元，审批单价每个4.57万元。

⑥房建5标室外消防通道土方回填由土建7标施工，房建5标进场后，发现回填土方不合格需要换填，河南嵩阳公司未追究土建7标责任，由此增加投资17.25万元。

⑦未严格履行征地拆迁费用包干协议，增加征地拆迁工作协调费与奖励资金合计715.29万元。根据《征地拆迁包干协议》约定，河南嵩阳公司应支付由洛阳市高速公路工程建设指挥部包干使用的征地拆迁协调费、奖励费等合计564.21万元。建设期间以补充协议、会议纪要等形式另行支付征地协调费、奖金等共计715.29万元。

以上行为违反了《交通基本建设资金监督管理办法》（交财发〔2000〕195号）第五条第（五）

项"交通基本建设资金的筹集、调度、使用实行规范化管理,确保厉行节约,防止损失浪费,降低工程成本,提高资金使用效益"的规定。根据《中华人民共和国审计法》第四十五条第(五)项"其他处理措施"及上述有关文件规定,河南嵩阳公司今后应加强管理,严格执行国家有关法律法规,降低工程成本,提高资金使用效益。

以上(1)~(4)项问题将向河南省交通运输厅通报。

(5)项目设计不到位,未严格落实设计咨询意见,增加投资6857.16万元。

①施工图设计数据有误,未达施工要求导致设计变更增加投资930.16万元。因桥梁基础挖方设计与现场实际不符,施工过程中结合实际情况审批桥梁基础挖方设计变更26份,增加投资930.16万元。2015年4月,项目设计单位根据还贷中心要求对该设计变更现场复核勘查并出具报告,对施工单位变更申报核查后,基本认可其变更事项及数量,由此反映该施工图设计数据有误,未达施工要求。

②设计不合理,发生质量问题后处理不及时,增加投资919万元。项目K8+165段初步设计为李窑大桥,在施工图设计阶段改为高填路基并设置拱涵。资料显示该处拱涵长127m,上部路床填土高达22.9m,且拱涵地基局部存在湿陷性黄土。该拱涵地基处理施工图设计不尽合理,仅要求软基强夯处理而未采用粉喷桩或软基换填等特殊地基处理方式。2011年5月,拱涵施工完成一个月即出现不均匀沉降造成结构损坏。河南嵩阳公司、设计单位未及时处理质量缺陷,加之施工单位雨季防排措施不到位,导致拱涵沉降加剧。对此,2011年10月才进行结构加固、上部路床换填砂砾等变更处理,由此增加投资919万元。

③勘察设计不到位,未完全落实施工图设计咨询意见,造成项目变更增加投资5008万元。项目K40+065~K40+600为深挖路堑路段、K40+930~K41+120段高填路堤整体置于滑坡体,地质情况复杂。资料显示,地质勘察中仅在K40+380处布设一个地质勘察钻孔,不能满足规范要求。对此,设计监理单位在《施工图设计咨询报告》中提出,高填路段仅有一个地质钻孔无法判断地质情况和高路堤稳定性;深挖路段无地质钻孔,不能判别边坡稳定性,应加强上述路段勘察与设计,核查验算高填段路基稳定性与深挖段边坡稳定性。设计单位未采纳上述意见,仍按原设计下发施工。实际施工中,上述路段均出现不同程度的滑塌失稳,存在较大安全隐患。河南嵩阳公司通过补充勘探并组织专家论证后制定增设抗滑桩等处置措施,由此增加投资5008万元。

上述①~③项行为违反了《公路工程质量管理办法》(交公路发〔1999〕90号)第十九条第(一)至(三)项关于"设计文件必须符合下列要求:(一)设计文件的编制应该符合有关公路工程建设法律、法规、规章、标准、规程和合同的要求;(二)设计依据的基本资料应完整、准确、可靠,设计方案论证充分,计算成果可靠,并符合结构安全要求;(三)设计文件的深度应满足相应设计阶段的有关规定要求,并符合相关规范的要求"的规定。

审计期间,项目设计单位河南省交通规划设计研究院股份有限公司对审计发现问题进行自查自纠,并依据公司内部《技术质量管理办法》对3名责任人员予以警告处分,对12名责任人员和2个责任部门予以通报批评,并对上述责任人员和部门予以罚款处理。根据《中华人民共和国审计法》第四十五条第(五)项"其他处理措施"及上述有关文件规定,责令河南嵩阳公司针对上述勘察设计存在的质量问题,依据项目勘察设计合同相关条款扣减设计单位设计费。同时,针对勘察设计质量管理问题,我厅将向河南省交通运输厅通报。

(6)绿化1~4标部分苗木成活率未达到合同标准,涉及金额58.79万元。

根据2012年8月27日项目合同谈判会议纪要约定,在缺陷责任期第二年年末,植物种植成活率应达到100%,如果承包人在缺陷责任期满时,植物种植最终成活率未能达到100%(在缺陷责任期第二年年末之前6个月内补种的苗木不能按成活苗木统计)，则在质量保证金中扣除。绿化1～4标部分苗木成活率未达到合同标准，涉及金额58.79万元。如：绿化1标大叶黄杨实际成活率49%，绿化2标石楠球实际成活率80.6%，绿化3标河南桧实际成活率75.8%，绿化4标红叶李实际成活率37.5%。

上述行为违反了《中华人民共和国合同法》第八条第一款“依法成立的合同，对当事人具有法律约束力。当事人应当按照约定履行自己的义务，不得擅自变更或者解除合同”的规定。鉴于绿化工程尚在缺陷责任期内，审计发现问题后，河南嵩阳公司已与标段施工单位签订补充协议，由施工单位对枯死苗木进行补栽。

（四）建设单位与施工单位工程结算方面问题

经审核项目建安工程，发现河南嵩阳公司多计各施工标段工程价款2491.37万元。

1.多向土建工程施工单位计量结算工程价款1777.63万元

（1）土建1标由河南省公路工程局集团有限公司承建。建设单位送审结算28433.82万元，审定27955.03万元，多计478.79万元。其中：利用石方27225万元、借方填筑段石灰土处理110.64万元、弃土场防护等95.90万元。

（2）土建2标由中铁十五局集团第七工程有限公司承建。建设单位送审结算33107.59万元，审定33059.18万元，多计48.41万元。其中：路基工程19.24万元、边坡防护10.79万元、桥梁附属钢筋等18.38万元。

（3）土建3标由濮阳市通达公路工程有限公司承建。建设单位送审结算15586.53万元，审定15363.19万元，多计223.34万元。其中：未按合同约定扣除安全文明费151.65万元，路基工程土石方数量71.69万元。

（4）土建4标由山东鲁桥建设有限公司承建。建设单位送审结算15898.97万元，审定15818.91万元，多计80.06万元。其中：桥梁台背回填32.30万元、弃土方32.12万元、边沟挖方等15.64万元。

（5）土建5标由中交二公局第四工程有限公司承建。建设单位送审结算18842.55万元，审定18657.93万元，多计184.62万元。其中：土石方176.06万元、桥梁工程台背回填8.56万元。

（6）土建6标由中铁十五局集团第五工程有限公司承建。建设单位送审结算44085. 72万元，审定43956.32万元，多计129.40万元。其中：土石方26.19万元、边坡防护62.85万元、涵洞涵基土方等40.36万元。

（7）土建7标由浙江登峰交通集团有限公司承建。建设单位送审结算33500.40万元，审定33362.93万元，多计137.47万元。其中：路基工程土石方数量清算错误多计118.06万元、桥梁工程台背回填等变更多计40.43万元、桥梁工程部分项目工程量少计21.02万元。

（8）土建8标由中铁十五局集团二工程有限公司承建。建设单位送审结算31699.16万元，审定31579.02万元，多计120.14万元。其中：土石方工程27.46万元、其他92.68万元。

（9）土建9标由中铁七局集团第三工程有限公司承建。建设单位送审结算38834.86万元，审定38459.46万元，多计375.40万元。其中：其他标段完成消防设施及桥面铺装防水层220.46万元、路基工程清算错误63.49万元、弃土场防护73.43万元、桥梁工程干处挖方等18.02万元。

（10）土建10标由湖南省公路工程局集团有限公司承建。建设单位送审结算743073万元，审定7430.73万元。

2.多向路面工程施工单位计量结算工程价款245.66万元

（1）路面1标由云南路桥股份有限公司承建。建设单位送审结算19525.28万元，审定19457.94万元，多计67.34万元。其中：设备设施奖励60万元、碎石价差4.33万元、水泥稳定底基层等 3.01 万元。

(2)路面 2 标由吉林省亿丰路桥工程有限公司承建。建设单位送审结算 14925.23 万元,审定 14830.95 万元,多计 94.28 万元。其中:节点完成情况奖励奖金 60 万元、碎石调差 32.71 万元、水泥稳定底基层等 1.57 万元。

(3)路面 3 标由吉林省长城路桥建工有限责任公司承建。建设单位送审结算 16305.26 万元,审定 16221.22 万元,多计 84.04 万元。其中:节点奖金 38 万元,改性沥青下封层 24.54 万元,改性沥青下封层 11.02 万元,现浇 C20 混凝土等 10.48 万元。

3.多向房建工程施工单位计量结算工程价款 343.71 万元

(1)房建 1 标由河南派普建设工程有限公司施工。建设单位送审结算 1763.47 万元,审定 1711.81 万元,多计 51.66 万元。其中:综合楼璃幕墙及窗帘工程量不实 12.64 万元、收费大棚防油污带及挡土墙等 35.54 万元、员工通道玻璃幕墙等 3.48 万元。

(2)房建 2 标由林州市太行建设工程有限公司施工。建设单位送审结算 637.90 万元,审定 626.20 万元,多计场区挖土方、围墙、沟槽土方、宿舍玻璃隔断 11.70 万元。

(3)房建 3 标由河南天河建设工程有限公司施工。建设单位送审结算 1080.27 万元,审定 1052.55 万元,多计 27.72 万元。其中:场区沟槽土方及场区回填土等 14.96 万元、综合楼矩形柱等 12.76 万元。

(4)房建 4 标由河南省第二建设集团有限公司施工。建设单位送审结算 1325.49 万元,审定 1275.69 万元,多计 49.80 万元。其中:场区沟槽土方及回填土等 28.89 万元、收费大棚平整场地等 8.99 万元、隧道变电所挖石方等 11.92 万元。

(5)房建 5 标由河南省建设集团有限公司施工。建设单位送审结算 5882.38 万元,审定 5679.55 万元,多计 202.83 万元。其中:室外消防水管及消防通道等 135.25 万元、加油站钢结构网架等 24.76 万元、绿化工程 31.24 万元、综合机房配电箱等 11.58 万元。

4.多向绿化工程施工单位计量结算工程价款 31.88 万元

(1)绿化 1 标由上海十方园林发展股份有限公司施工,建设单位送审结算 220.18 万元,审定 218.77 万元,多计外购种植土回填 1.41 万元。

(2)绿化 2 标由鄢陵倚天园林绿化有限公司施工,建设单位送审结算 257.92 万元,审定 252.35 万元,多计 5.57 万元。其中:外购种植土回填 5.44 万元、紫荆 0.13 万元。

(3)绿化 3 标由许昌江北花木有限公司施工施工,建设单位送审结算 446.68 万元,审定 424.65 万元,多计外购种植土回填 22.03 万元。

(4)绿化 4 标由河南翰墨园林工程有限公司施工,建设单位送审结算 151.01 万元,审定 148.62 万元,多计 2.39 万元。其中:外购种植土回填 1.40 万元、雪松 0.99 万元。

(5)绿化标准段由鄢陵县花艺绿化工程有限公司施工,建设单位送审结算 70.35 万元,审定 69.87 万元,多计太阳花 0.48 万元。

5.多向通信、机电、供配电照明及 10kV 线路工程施工单位结算工程价款 47.33 万元。

(1)通信 1 标由中国铁建电气化局集团第一工程有限公司承建。建设单位送审结算 444.62 万元,审定 443.08 万元,多计 1.54 万元。其中:混凝土包封 0.93 万元、便道预埋管 0.61 万元。

(2)通信 2 标由广东飞达交通工程有限公司承建。建设单位送审结算 535.71 万元,审定 533.22 万元,多计 2.49 万元。其中:玻璃钢管箱等 1.03 万元、混凝土包封 0.88 万元、便道预埋管 0.58 万元。

(3)机电标由中铁十三局集团电务工程有限公司承建。建设单位送审结算 3152.07 万元,审定 3141.93 万元,多计 10.14 万元。其中:STM-16 光板 1.97 万元、TCS16 时钟控制器 1.22

万元、STM－4 光板 1.98 万元、CS 型交叉板等 4.97 万元。

(4)配电照明 1 标由中国铁建电气化局集团第一工程有限公司承建。建设单位送审结算 463.78 万元，审定 456.36 万元，多计 7.42 万元。其中：封闭母线 5.70 万元、主线收费站广场石砌护坡及人工铺草皮 1.72 万元。

(5)配电照明 2 标由河南新豫飞科技照明工程有限公司承建。建设单位送审结算 1467.63 万元，审定 1445.72 万元，多计 21.91 万元。其中：封闭母线 12.30 万元、10kV 测控及微机保护装置 3.05 万元、电缆桥架及托架等 6.56 万元。

(6)电力 1 标由栾川县恒源电力有限公司承建。建设单位送审结算 215.62 万元，审定 211.79万元，多计铁塔 3.83 万元。

(7)电力 2 标由河南黎阳建设有限公司承建。建设单位送审结算 371.57 万元，审定 371.57 万元。

6.多向交通安全设施施工单位计量结算工程价款 45.16 万元。

(1)交通安全设施 1 标由中交第一公路工程局有限公司承建。建设单位送审结算 789.90 万元，审定 789.90 万元。

(2)交通安全设施 2 标由广东省交通发展有限公司承建。建设单位送审结算 551.65 万元，审定 551.65 万元。

(3)交通安全设施 3 标由中交第一公路工程局有限公司承建。建设单位送审结算 1859.98 万元，审定 1835.36 万元，多计 24.62 万元。其中：隔离栅 GRC 立柱基础 2.73 万元、声屏障 4.70 万元、刺铁丝隔离栅 6.61 万元、隔离栅 GRC 立柱 10.58 万元。

(4)交通安全设施 4 标由科达集团股份有限公司承建。建设单位送审结算 2070.88 万元，审定 2050.34 万元，多计 20.54 万元。其中：波形梁护 1.45 万元、刺铁丝隔离栅 7.81 万元、隔离栅 GRC 立柱 8.83 万元、隔离栅 GRC 立柱基础 2.45 万元。

以上行为违反了《建设工程价款结算暂行办法》(财建〔2004〕369 号)第十一条“工程价款结算应按合同约定办理，合同未作约定或约定不明的，发、承包双方应依照下列规定与文件协商处理：(一)国家有关法律、法规和规章制度；(二)国务院建设行政主管部门、省、自治区、直辖市或有关部门发布的工程造价计价标准、计价办法等有关规定；(三)建设项目的合同、补充协议、变更签证和现场签证，以及经发、承包人认可的其他有效文件；(四)其他可依据的材料”的规定。根据《河南省政府投资建设项目审计条例》第三十六条“审计机关对审计发现的多计工程价款等问题，应当责令建设单位与施工单位依法据实结算”的规定，责令河南嵩阳公司与施工单位依法据实结算工程价款。

(五)其他需要关注的问题

1.绿化、交通安全设施设计深度不够

(1)绿化工程施工图设计由河南省交通规划勘察设计院有限责任公司设计。绿化工程施工图设计深度未达到《河南省交通运输厅关于洛阳至栾川高速公路洛阳至嵩县绿化工程施工图设计的批复》(豫交文〔2012〕169 号)第三条“应以适地适树原则进行绿化，少用或不用生长缓慢、价格昂贵、不易成活的树种。所采用树种应结合高速公路沿线的实际情况，严格控制树种规格，尽量降低造价”的要求。建设管理中发生多项以原设计的部分苗木耐寒能力较差，对土壤条件要求高，不易成活，苗木绿化范围石多土少，虽经常浇水保湿、其保水性极差成活率低等为由进行的变更，涉及金额 182.30 万元。如：绿化 1 标原设计 14 个品种、减少 7 个品种、增加 10 个品种。

(2)交通安全设施施工图未确定各类护栏和隔离栅的准确位置，隔离栅设计成果不准确。

交通安全设施施工图设计单位河南省交通规划勘查设计院有限责任公司，未根据《公路工程基本建设项目设计文件编制办法》（交公路发〔2007〕358号）中“施工图设计应确定交通工程及沿线设施的各项工程的位置、类型及各部尺寸，绘制布置图和设计详图”的要求，确定防撞护栏、隔离栅的准确位置。交通安全设施隔离栅、隔离栅GRC立柱数量设计成果不准确。如：K12+854~K13+024段间距170m的两侧内设计隔离栅3850m、隔离栅GRC立柱3236m。

2. 机电工程没有施工图设计即开工建设

根据原河南省交通厅《关于加强公路基本建设项目前期工作管理程序的通知》（豫交计〔2003〕568号）的有关规定，高速公路机电工程设计管理程序分为机电工程初步设计、机电工程详细设计、施工图设计三个阶段，机电工程初步设计、机电工程详细设计由设计单位完成，施工图设计由中标单位完成。施工图设计是由中标单位根据批准的详细设计，编制施工图设计，标明各种设备的厂家、规格、品质、安装部位及线路的布设等各项具体内容。由于缺少施工图导致机电工程后期设计变更变化大。配电照明变更增加79.65万元，变更主要原因是高杆灯变更为中杆灯、电缆无法直埋通过绕城高速等；通信管道变更增加61.92万元，变更主要原因是增加混凝土包封、增加便道预埋钢管、托架及玻璃钢管箱等；机电专业设计变更增加151.00万元，变更主要原因是吕店中继站新规划升级增加设备及电缆、原设计工程量不足增加工程量等。

3. 房建工程暂定金额计价依据不充分，涉及工程款418.69万元

其中：房建1标58.38万元、房建3标48.18万元、房建4标64.14万元、房建5标247.99万元。

以上问题，河南嵩阳公司及项目主管部门应予以重视，规范项目管理，在今后的项目建设中，避免相关问题的再次发生。

4. 洛嵩高速结算争议事项未达成一致，存在结算风险

一是该项目提交政府审计的委托社会中介完成的土建工程及路面工程结算审核结果报告缺少相关13个标段施工单位签字认可；二是河南嵩阳公司与12家施工单位在工程结算中就赶工措施增加费用、人工费与材料价格调整等多个事项存在较大分歧。在争议事项未达成一致的情况下，河南嵩阳公司编制竣工决算时在建安工程计列相关费用8046.67万元，同时预留争议结算问题费用29800万元。

对此，审计组已要求河南嵩阳公司督促有关社会中介机构完善有关审核结果报告，同时要求河南嵩阳公司与施工单位本着尊重事实、依法依规、平等互让的原则处理争议问题。一是施工单位诉求和问题处理都必须符合合同约定及建设期间相关政策法规的规定；二是各标段争议问题必须依据施工、监理及业主单位相关记录资料确认；三是争议事项长期未决不符合双方利益，应尽快在政府审计期间妥善处理结算争议事项。截至2016年9月12日，河南嵩阳公司与上述12家施工单位对争议问题仍未达成一致。河南嵩阳公司组织监理单位依据相关资料核定项目决算预留争议费用8308.58万元，加上决算建安工程已计费用8046.67万元，该项目决算计列争议事项费用共计16355.25万元。

对于该问题，河南省嵩阳公司应予以重视，避免引发结算风险。同时，我厅将以适当方式向河南省交通运输厅通报。

此外，本次审计对与项目建设直接相关的沿线政府协办、勘察设计、施工、监理、供货等有关部门和单位取得建设资金的真实性进行了延伸审计调查。对发现违规、违纪线索移送有关部门处理。

四、概算执行情况分析评价

该项目项目竣工决算总值为438450.06万元，比批复概算407676.56万元超30773.50万元，具体分析如下：

（1）建筑安装工程340721.08万元，比批复概算305647.30万元超35073.78万元。主要原因：一是由于地形地质变化、设计方案优化、自然灾害等原因导致土石比例变化、边坡滑塌等需要重新治理或恢复发生的重大变更，由此增加投资金额17617.61万元；二是利用方填筑变更为砂砾填筑和利用方填筑变更为借方填筑增加投资金额9504.84万元；三是玉皇庙隧道注浆加固及围岩变更处理增加投资金额6290.31万元；四是材料调差24386万元；五是前期因建设资金紧张几近停工，后期赶工增加17510.34万元；六是多列预留争议费用21491.42万元；七是房建完善设计或提升设计等发生的变更，超概1757.60万元；八是绿化工程因路线桥隧比大，绿化面积相应减少节约545.63万元；九是机电交通安全设施工程因部分桥梁取消，隧道缩短等原因减少工程量节约概算7183.51万元；十是计量不准多计工程款2491.37万元。

（2）设备、工具器具及家具购置费8495.67万元，比批复概算5942.16万元超2553.51万元。主要原因：一是服务区、收费站的设备购置费7652.45万元及项目公司车辆、办公机具支出906.62万元，超概算2616.92万元；二是该项目办公及生活用家具购置以工程变更形式计入建安工程547.62万元。

（3）工程建设其他费89217.23万元，比批复概算77754.97万元超11462.26万元。主要原因：一是建设单位管理费超支3145.45万元；二是土地征用及拆迁补偿费超支14741.15万元；三是建设期贷款利息节约7593.73万元；四是专项评价（估）费超概算899.27万元；五是将应由运营承担的联合试运转费300.33万元计入工程建设其他费；六是多列预留费用1610.26万元。

（4）概算项目中的预备费18152.13万元和新增项目费用180万元，竣工决算时不再反映，节约概算18332.13万元。

五、审计建议

（1）强化建设资金管理，提高建设资金使用效益。建设单位要严格执行基本建设财务管理的各项法律法规和规章制度，严格控制工程成本，确保国有基本建设资金使用效益；要强化合同管理，严格执行计量规范，变更项目计量单价的确定，要严格履行相关文件规定。

（2）及时总结经验教训，提升投资管理水平。有关主管部门和项目建设单位要总结经验教训，健全依法决策机制，完善专家论证、风险评估、集体讨论等程序，科学制定投资计划，切实尊重工程建设客观规律，确保决策科学、程序正当、责任明确，进一步提高项目管理水平。

（3）重视项目勘察设计工作，确保勘察设计质量。相关主管部门及建设单位应高度重视建设项目前期工作管理，确保勘察设计合理期限，强化设计成果质量管理，使其符合国家相关强制性技术标准，满足工程建设实际要求。工程勘察设计单位要严格按照技术标准要求履行职责，编制勘察设计文件，深度要符合国家有关规定的要求，切实满足工程建设的需要和质量要求。

（4）加强质量和计量控制，切实发挥监理作用。建设单位要加强对监理履责情况的监督检查，并在监理合同中明确监理失职的处理规定。监理单位要主动强化管理，在材料抽检、隐蔽工程验收、设计变更与工程计量等方面切实履行好自身职责。

（5）重视竣工财务决算编制质量，认真做好收尾工作。建设单位要严格执行基本建设项目竣工验收制度，正确核定新增资产价值，全面反映投资者的权益，实事求是地编制基本建设项目竣工财务决算，做到编报及时，数字准确，内容完整。

本报告省审计厅将依法向社会公告。

对本报告指出的问题，请河南嵩阳公司自收到本报告之日起60日内整改完毕。请河南嵩阳公司在整改期限截止后依法向社会公告整改结果，并将整改结果书面报告省审计厅。省审计厅将对整改结果进行检查，并将检查情况向社会公告。

河南省审计厅

2016年12月29日

河 南 省 审 计 厅

审计决定书

豫审投决〔2016〕40 号

河南省审计厅关于
洛阳至栾川高速公路洛阳至嵩县段建设项目
竣工财务决算情况的审计决定

河南嵩阳高速公路有限公司：

自 2016 年 6 月 30 日至 9 月 13 日，我厅对洛阳至栾川高速公路洛阳至嵩县段建设项目竣工财务决算情况进行了审计。现根据《中华人民共和国审计法》第四十一条和其他有关法律法规，做出如下审计决定：

一、关于挤占、挪用项目建设资金 1067.54 万元问题的处理

(1)"待摊投资"中列支与项目无关的驻马店市平舆县玉皇庙乡大宋村基础设施建设资金支出 35 万元、驻你公司设计代表补助费 54.59 万元。

(2)超出项目批复概算中"负荷联合试车费"开支范围支出 300.33 万元。

(3)重复支付地面附属物补偿款及管理费 130 万元。

(4)挤占建筑安装工程费 547.62 万元。

上述行为违反了《交通基本建设资金监督管理办法》(交财发〔2009〕782 号)第五条第四款中"交通基本建设资金必须用于经批准的交通基本建设项目。交通基本建设资金按规定专款专用，单独核算，任何单位或个人不得截留、挤占和挪用"的规定。根据《中华人民共和国审计法》第四十五条第(四)项"责令按照国家统一的会计制度的有关规定进行处理"与上述文件的规定，责令你公司调减决算投资 1067.54 万元。

二、关于多列尾工工程及预留费用 8101.75 万元问题的处理

(1)概算外工程计入地质灾害及完善设计工程 6491.49 万元。上述支出发生时，该项目已交验且过缺陷责任期。

(2)多预留费用 1610.26 万元。该项目应预留费用 2106.73 万元，实际预留费用 3716.99 万元,多预留费用1610.26万元。其中:征地拆迁补偿费917.03万元、建设单位管理费28.08万元、竣工决算审计费270.87万元、竣工验收费31.65万元、未执行合同费用24.00万元、其他费用338.63万元。

上述行为违反了《基本建设财务管理规定》(财建〔2002〕394号)第十七条“建筑安装工程投资支出是指建设单位按项目概算内容发生的建筑工程和安装工程的实际成本,其中不包括被安装设备本身的价值以及按照合同规定支付给施工企业的预付备料款和预付工程款”和第十九条“待摊投资支出是指建设单位按项目概算内容发生的,按照规定应当分摊计入交付使用资产价值的各项费用支出”的规定。根据《中华人民共和国审计法》第四十五条第四项“责令按照国家统一的会计制度的有关规定进行处理”与上述文件的规定,责令你公司调减决算投资8101.75万元。

三、关于未按规定冲减投资250万元问题的处理

你公司没收自愿放弃中标资格或业绩造假中标人投标保证金250万元后仅做挂账处理,未冲减项目投资。其中:中铁十一局集团第一工程有限公司80万元、焦作市晓尚园林有限公司20万元、河南四季春园林艺术工程有限公司20万元、山东泰山路桥工程公司80万元、河南兴隆建筑工程公司50万元。

上述行为不符合《基本建设财务管理规定》第十四条关于“建设项目在编制竣工财务决算前要认真清理结余资金,应收、应付款项要及时清理”的规定。根据《中华人民共和国审计法》第四十五条第四项“责令按照国家统一的会计制度的有关规定进行处理”与上述文件的规定,责令你公司将没收的投标保证金250万元冲减投资。

四、关于多计各施工标段工程价款2491.37万元问题的处理

你公司多计各施工标段工程价款2491.37万元。其中:土建工程1777.63万元、路面工程245.66万元、房建工程343.71万元、绿化工程31.88万元、通信机电供配电照明及10kV线路工程47.33万元、交通安全设施工程45.16万元。

上述行为违反了《建设工程价款结算暂行办法》(财建〔2004〕369号)第十一条“工程价款结算应按合同约定办理,合同未作约定或约定不明的,发、承包双方应依照下列规定与文件协商处理:(一)国家有关法律、法规和规章制度;(二)国务院建设行政主管部门、省、自治区、直辖市或有关部门发布的工程造价计价标准、计价办法等有关规定;(三)建设项目的合同、补充协议、变更签证和现场签证,以及经发、承包人认可的其他有效文件;(四)其他可依据的材料”的规定。根据《河南省政府投资建设项目审计条例》第三十六条“审计机关对审计发现的多计工程价款等问题,应当责令建设单位与施工单位依法据实结算”的规定,责令你公司与施工单位依法据实结算工程价款。

本决定自送达之日起生效。你公司应当自收到本决定之日起60日内将本决定执行完毕,并将执行结果书面报告我厅。

如果对本决定不服,可以在本决定送达之日起60日内,向河南省人民政府或审计署申请行政复议;或者在本决定送达之日起6个月内,向郑州市金水区人民法院提起行政诉讼。复议或者诉讼期间本决定照常执行。

河南省审计厅

2016年12月29日

河南省审计厅办公室　　2017年1月3日印发

第四部分

工程竣工数量表

洛栾高速公路洛阳至嵩县段竣工数量表编制说明

一、概述

1. 工程项目前期工作

(1)洛栾高速公路洛阳至嵩县段是河南省委省政府确定的“十二五”重点建设项目[《关于洛阳至栾川高速公路洛阳至嵩县段核准的批复》豫发改交通〔2009〕(1831号)],是全省高速公路规划网中的重要组成部分,是确保2012年底通车的重点高速公路建设项目。该工程建设资金由河南高速公路发展有限责任公司筹措拨付和国内商业银行贷款修建。全路均按照高速公路标准设计,严格遵循《公路工程国内招标文件范本》(2009年版)规定的合同条款,实行竞争性招标和施工监理制度,组织管理施工。

(2)洛栾高速公路洛阳至嵩县段全长62.6905km。本项目起于洛阳市洛龙区,向西南依次经过伊川县、嵩县,与洛栾高速公路嵩县至栾川段项目相连接。路线经过地区的地形、地貌条件均为丘陵和山区。

(3)洛栾高速公路洛阳至嵩县段是通往豫西南地区的重要交通通道,它与连霍高速、郑少洛高速、二广高速互联成网,与区域内的洛阳绕城高速、省道S323、S247等多条省道、县道相连接,有效补充和完善了全省高速公路网络,对拉动豫西南山区区域经济快速发展,促进豫西南地区旅游资源、矿产资源等相关产业的开发和利用,对改善和提高沿线人民群众的生产生活水平和出行条件,都具有十分重要的意义。

(4)本项目设计车速、路基宽度均按照丘陵、山区高速公路标准进行设计,双向四车道、全封闭、全立交、完全控制出入,设有完善的交通安全设施、服务设施、管理设施及收费系统。

2. 设计标准、工程规模

(1)设计标准

①行车速度:100km/h。

②路基宽度:路基宽26m,其中中央分隔带宽2m,行车道宽2×2×3.75m,左侧路缘带宽2×0.75m,硬路肩宽2×3.0m,土路肩宽2×0.75m。

③路面:全段路面结构除收费站广场外,余均为沥青混凝土路面。设计标准轴载100kN。

④桥涵设计车辆荷载:公路—I级(特殊桥梁1.3倍公路—I级)。

⑤设计洪水频率:除特大桥为1/300外,其余桥涵及路基均为1/100。

(2)工程规模

①主体工程

全线路基挖土8051786.8m^3,挖石3673726.0m^3、填土583442.0m^3、填石2483478.6m^3。沥青混凝土路面1651568m^2,水泥混凝土路面20886m^2、排水防护圬工总量30311m^3,特大桥1111.16m/道,大桥13245.192m/38座,中桥487.398m/6座,分离式立体交叉516.24m/8座,隧道1079m/2座,通道24道,涵洞50道,天桥33座;设互通式立体交叉4处,通道5道,涵洞24道。

②交通安全设施

全线设置标志、标线、护栏、轮廓标、防护网、隔离栅、紧急电话等设施,采用震荡标线和减速带以提高行车安全,实现全程监控。中分带防眩以防眩板为主。

③环境保护

沿线两侧征地界内侧采用乔灌结合的方式,利用客土喷播或草灌混播恢复植被覆盖,增强边坡稳定性。对环境噪声敏感区进行噪声评价,在超标路段设置声屏障。

④服务与管理设施

本项目全线服务区1处,主线收费站1处,匝道收费站3处。

⑤路面

全线采用分散式排水,除收费站广场为水泥混凝土路面外其余路面结构均为沥青混凝土路面。其路面结构为:4cm细粒式改性沥青混凝土+6cm中粒式改性沥青混凝土+8cm粗粒式沥青混凝土+34cm6%水泥稳定碎石+18cm4%水泥稳定砂砾。下面层与基层间加铺0.6cm改性沥青防水层。

⑥桥梁涵洞

桥涵设计本着适用、安全、经济、美观的原则,结合地形特点,多采用装配式预应力混凝土组合连续箱梁、预应力混凝土空心板、钢筋混凝土盖板涵和圆管涵等,人行机耕天桥以T构、拱桥居多,桥梁下部构造主要采用单排架双柱式墩台、薄壁式桥墩和钻孔灌注桩基础。

⑦互通式立体交叉

洛栾高速公路为全封闭式高速公路,共设4处互通式立体交叉。

二、主要技术指标表

该部分分标段归纳汇总了全线的技术指标,对洛栾高速洛阳至嵩县段的工程规模和主要技术标准做了详细的说明(具体内容详见表1)。

三、主要工程项目设计、竣工数量

该部分将工程施工过程中的项目做了设计数量和竣工数量的比较,从中我们可以看出主要增减了哪些工程量。

主要工程项目共分11项:

(1)征地拆迁:设计征用土地为430.557hm^2,竣工为475.571hm^2。

(2)路基工程:设计路基土方为1819万m^3,竣工为1846万m^3。

(3)路面:设计沥青混凝土路面为165.15万m^2,竣工为165.15万m^2。

(4)桥梁:设计为大桥38座,竣工为38座。

(5)涵洞:设计为102道,竣工为102道。

(6)通道:设计为24道,竣工为29道。

(7)互通式立体交叉:设计为4处,竣工为4处。

(8)分离式立体交叉:设计为8处,竣工为8处。

(9)人行机耕天桥:设计为33座,竣工为33座。

(10)隧道:设计为2座,竣工为3座。

(11)交通工程:包括服务、管理、收费设施、环保绿化、隔音墙。

具体内容详见表2。

四、主要设计变更一览表

表3为主要设计变更一览表,主要内容为:变更内容、桩号、变更依据;洛阳至嵩县段各类变更共计131项。

五、劳动力、主要材料、机械台班汇总

该部分对洛栾高速全线的人工、机械台班以及主要材料进行了设计和竣工比较,共分3类23项。

1. 劳动力类

(1)生产:设计为8246705个工日,竣工为8843061个工日。

(2)非生产:设计为1002665个工日,竣工为1625870个工日。

2. 主要机械类

(1)推土机:设计为26335台班,竣工为27781台班。

(2)平地机:设计为11365台班,竣工为11365台班。

(3)压路机:设计为42446台班,竣工为43819台班。

(4)摊铺机:设计为584台班,竣工为605台班。

(5)拌和机:设计为512台班,竣工为563台班。

(6)沥青拌和机:设计为980台班,竣工为980台班。

3. 主要材料类

(1)普通钢筋:设计为140547t,竣工为151540.2t。

(2)钢材:设计为19647t,竣工为19480.2t。

(3)钢绞线:设计为12426t,竣工为12497t。

(4)水泥:设计为659164t,竣工为704287t。

(5)碎石:设计为2180023m^3,竣工为2194500m^3。

(6)路面碎石:设计为247111m^3,竣工为250438m^3。

(7)圆木:设计为3914m^3,竣工为4560m^3。

(8)锯材:设计为9214m^3,竣工为9460m^3。

(9)枕木:设计为447m^3,竣工为447m^3。

(10)炸药:设计为681221t,竣工为681221t。

(11)改性沥青:设计为9623t,竣工为10054t。

(12)石油沥青:设计为19263t,竣工为18497t。

(13)汽油:设计为226.33t,竣工为317.2t。

(14)柴油:设计为19912.435t,竣工为19912.435t。

(15)块石:设计为15421m^3,竣工为16500m^3。

(16)粉煤灰:设计为4772m^3,竣工为4791m^3。

(17)石灰:设计为31538t,竣工为31517t。

各标段内容详见表4。

六、工程量清单项目造价

该部分对概算批复与竣工价作比较,以增减表示比较结果,从招标制定的建安投资、设备投资、待摊投资、预备费、新增加费用以及其他投资分别列出。

(1)建安投资:概算批复3056472969元,竣工价3412686977.2267元。

(2)设备投资:概算批复59421592元,竣工价79480524.6元。

(3)待摊投资:概算批复777549657元,竣工价892172300元。

(4)预备费:概算批复181521346元,竣工价0元。

(5)新增加费用:概算批复1800000元,竣工价0元。

(6)其他投资:概算批复0元,竣工价160746元。

具体内容详见表5。

七、统一里程、桩号、控制点坐标及水准点

1. 统一里程与施工桩号对照及断链

该将各标段的施工和里程桩号进行列表对比,详见表6。

2. 控制点坐标

该部分列出了全线作为控制点的坐标及编号。具体详见表7。

3. 水准点

该部分将洛栾高速洛阳至嵩县段各桩号的水准点列表说明,在备注中标示了部分水准点的确切位置及该水准点出自何处,内容包括:

(1)统一里程桩号:K0+000~K62+690.51。

(2)施工里程桩号:K0+000~K61+800。

(3)水准点编号。

(4)水准点高程。

(5)水准点距路中心距离。

具体内容详见表8。

4. 直线、曲线及转角点

该节内容包括:

(1)施工桩号。

(2)转角。

(3)半径 R。

(4)缓和曲线长度。

(5)切线长。

(6)曲线长。

(7)外距 E。

(8)第一缓和曲线起点ZH。

(9)第一缓和曲线终点HY。

(10)曲线中点QZ。

(11)圆曲线终点YZ。

(12)第二缓和起点HZ。

(13)直线长度。

其中曲线控制点的桩号以施工桩号表示。具体详见表12。

5. 纵坡及竖曲线半径

该节内容为各标段技术数据:变坡点施工桩号;坡长(m);纵坡(%);凸凹竖曲线半径(m);竖曲线长(m)。具体详见表14。

八、征用土地和拆迁

1. 征用土地数量

该节对洛栾高速全线公路所经各县区占用土地数量进行了统计汇总，总征地量475.5718 hm^3，为统一里程桩号及施工桩号对照说明，分解至各市县乡，详见表9。

2. 拆迁建筑物

该节分标段对洛栾高速全线的拆迁建筑物进行了统计汇总，拆迁内容主要为：

(1)坟：424座。

(2)平房：5690m^2。

(3)楼房：2073m^2。

(4)简易房：295m^2。

(5)红薯窖：660个。

(6)砖墙简易房：4776m^2。

具体统计至，详见表10。

3. 拆迁电力及电信设备

该部分对洛栾高速公路洛阳至嵩县段全线各段的拆迁电力及电信设备的根数、长度进行了统计汇总，拆迁共分伊川县、嵩县两个地段，具体详见表11。

九、每公里土方数量

该部分对各标段的土石方数量按里程与施工桩号进行了汇总，其中未说明的土方数量指压实方数量(含立交工程土方)。

各标段每公里土方数量，具体详见表13。

十、排水工程

该部分说明了排水构造物的形式及数量，主要内容包括：

(1)统一里程桩号：K0+000~K62+690.51。

(2)施工里程桩号：K0+000~K61+800。

(3)纵向排水：98529.6m。

(4)边沟：全线为11207m^3。

具体内容详见表19。

十一、路基边坡加固、挡土墙防护工程

(1)路基边坡加固工程。

本部分内容为洛栾高速公路洛阳至嵩县段路基边坡加固工程量，具体详见表16。

(2)挡土墙及其他防护工程。

该部分为挡土墙工程数量，具体详见表25。

①统一里程桩号：K0+000~K62+690.51。

②施工桩号：K0+000~K61+800。

③位置(左、右)。

④建筑类型。

⑤长度(m)。

⑥高度(最大、最小)。

⑦水泥混凝土数量(m^3)。

(3)软土地基处理具体内容详见表15。

十二、路面工程

1.路面宽度

对全线各标包括互通式立体交叉的路面宽度做了说明,所指的路面宽度为沥青面层宽度,内容包括:

(1)统一里程桩号:K0+000~K62+690.51。

(2)施工桩号:K0+000~K61+800。

(3)路面宽度。

具体内容详见表17。

2.路面结构

该部分列出了路基路面各结构层工程数量。

(1)桩号

①统一里程起讫点桩号:K0+000~K62+690.51。

②施工起讫点桩号:K0+000~K61+800。

(2)路面结构

①上面层:4cm细粒式改性沥青混凝土。

②中面层:6cm中粒式改性沥青混凝土。

③下面层:8cm粗粒式沥青混凝土。

④基层:34cm水泥稳定碎石。

⑤底基层:18cm水泥稳定砂砾。

⑥路缘石长度:0.99m/块。

具体详见表18。

十三、大、中、小桥、立交工程

1.大桥技术指标

该部分从孔数及跨度、交角、全长等内容列表说明了洛栾高速公路洛阳至嵩县段各座大桥的基本情况,主要内容包括:

(1)主要技术指标

①孔数及跨度(孔×m)。

②交角。

③全长(m)。

④荷载标准。

⑤桥面净宽(m)。

⑥桥下净空(m)。

⑦墩台高度(m)。

⑧基础。

⑨支座及伸缩缝。

⑩上部构造。

(2)水文及地质

①航道等级:不通航。

②设计洪水频率。
③设计流量。
④河床地质情况。
具体详见表20。
2. 大桥工程
该部分是洛栾高速公路洛阳至嵩县段大桥的主要技术指标汇总,内容包括:
(1)中心桩号。
(2)桥名。
(3)结构类型:简支梁桥。
(4)孔数。
(5)标准跨径。
(6)全桥长度。
(7)桥面宽度。
(8)墩台类型。
(9)基础深度。
(10)伸缩缝。
(11)支座。
(12)地质及防护。
具体内容详见表21。
3. 中小桥工程
该部分是洛栾高速公路洛阳至嵩县段中小桥(100m以下)的主要技术指标汇总。
主要技术数据:
(1)中心桩号。
(2)桥名。
(3)结构类型。
(4)主要尺寸(孔数、标准跨径、全桥长度、桥面宽度)。
(5)墩台类型。
(6)基础深度。
(7)伸缩缝。
(8)支座。
(9)地质及防护。
具体详见表22。
4. 涵洞、通道工程
该部分为洛栾高速公路洛阳至嵩县段涵洞、通道工程技术指标汇总,主要内容包括:
(1)中心桩号;K0+000~K62+690.51。
(2)施工桩号:K0+000~K61+800。
(3)结构类型。
(4)主要尺寸(孔数、标准跨径、净高、长度)。
(5)与路线交角(度)。

(6)底坡。

(7)涵顶填土高度。

(8)洞口进出口形式。

具体详见表23。

5. 立体交叉工程

该部分为洛栾高速公路洛阳至嵩县段分离式立交、互通式立体交叉、通道桥、天桥的技术指标汇总。

(1)统一里程桩号 K0 +000 ~ K62 +690.51。

(2)施工桩号:K0 +000 ~ K61 +800。

(3)地名。

(4)被交叉设施名称及等级。

(5)交叉方式。

(6)交角。

(7)结构类型。

(8)孔数×孔径。

(9)长度。

具体详见表24。

十四、交通安全设施、服务区、房建、绿化工程

1. 交通安全设施

(1)统一里程桩号:K0 +000 ~ K62 +690.51。

(2)施工桩号:K0 +000 ~ K61 +800。

(3)墙式护栏。

(4)护栏:92346m。

(5)隔离栅:146054m。

(6)防眩板:61653m。

(7)活动护栏:840m。

具体详见表26。

2. 服务区

主要内容包括:

(1)统一里程桩号:K0 +000 ~ K62 +690.51。

(2)施工桩号:陆浑服务区 K50 +200.2。

(3)停车场:1 处。

(4)加油站:2 处。

(5)修理站:1 处。

(6)配电房:1 处。

(7)服务区:1 处。

具体内容详见表27。

3. 交通管理设施

主要内容包括:

(1)统一里程桩号:K0 +000 ~ K62 +690.51。

(2)施工桩号:K0 +000 ~ K61 +800。

(3)交通标志:430 块。

(4)道路标线:78635m^2。

(5)里程牌:122 个。

(6)百米桩:882 个。

(7)收费站:4 个。

具体详见表 28。

4.沿线房建工程

该部分包括洛栾高速公路洛阳至嵩县段办公楼、住宅楼、收费站、站房、餐厅、养护段办公楼、服务区综合楼等。

(1)房屋名称:洛龙收费站综合楼及综合机房、伊川西收费站综合楼及综合机房、嵩县产业集聚区收费站综合楼及综合机房、嵩县收费站综合楼及综合机房、陆浑服务区综合楼及综合机房、陆浑服务区快捷酒店、陆浑服务区职工宿舍、陆浑服务区维修车库、陆浑服务区养护综合楼、陆浑服务区加油站。

(2)建筑面积

洛龙收费站综合楼及综合机房建筑面积 2397.14m^2。

伊川西收费站综合楼及综合机房建筑面积 1466.2m^2。

嵩县产业集聚区收费站综合楼及综合机房建筑面积 2216.39 m^2。

嵩县收费站综合楼及综合机房建筑面积 2320.89m^2。

陆浑服务区综合楼及综合机房建筑面积 3833.1m^2,快捷酒店建筑面积 1570.139m^2,职工宿舍建筑面积 863.6m^2,维修车库建筑面积 189.569m^2,养护综合楼 778.62 m^2,加油站建筑面积 494 m^2。

具体详见表 29。

5.环境保护绿化工程

(1)工程名称:路侧绿化、中央分隔带绿化、立交环围区绿化、隔音墙。

(2)统一里程桩号:K0 +000 ~ K62 +690.51。

(3)施工桩号:K0 +000 ~ K61 +800。

(4)隔音墙: 1670m。

(5)绿化:1667.856 万 m^2。

(6)植树:3541252 棵。

具体详见表 30。

十五、隧道工程、机电工程

(1)隧道工程

表 31 为洛栾高速公路洛阳至嵩县段全线隧道工程一览表,内容包括:每个隧道的桩号、结构形式、长度、净宽、高度、地质情况;

(2)机电工程

表 32、表 33、表 34、表 35、表 36 为机电工程一览表,内容包括收费、监控、通信三大系统所用的设备型号、数量、产地及安装地点。

十六、工程质量事故一览表

表 37 为工程质量事故一览表,施工过程中全线各标段均无发生质量事故。

洛栾高速公路洛阳至嵩县段各标段竣工数量表

主要技术指标表

表1

序　号	指标名称	技术指标	备　注
1	竣工里程	K0+000~K61+800,实长62.690511km	
2	路线等级	双向四车道高速公路	
3	计算行车速度	100km/h	
4	远景交通量	34710辆/昼夜	
5	转角数	全段4个,平均每1km 0.58个	
6	平曲线最小半径	600m,全段共1处	
7	竖曲线最小半径	凸16000m,全段共1处、凹10000m,全段共3处	
8	最大纵坡	3.9%,连续坡长580m	
9	路基宽度	26m	
10	路面结构	沥青混凝土	
11	设计车辆荷载	公路—Ⅰ级(特殊桥梁1.3倍公路—Ⅰ级)	
12	桥面净宽	2×11.75m	
13	涵洞数量	102座	
14	中桥数量	487.39m/6座	
15	大桥数量	13245.19m/39座	
16	通道数量	39道	
17	分离式立体交叉	516.24m/20座	
18	互通式立体交叉	4处	
19	服务区	1处	
20	停车区	1处	缓建
21	收费设施	4处	
22	管理设施	1处	

负责人：　　　　　　　　填表人：

主要工程项目设计、竣工数量比较表

表2

序号	工程项目	单位	工程数量				备注
			设计	竣工	增加	减少	
一	征地拆迁						
1	征用土地	hm^3	430.2557	475.5718	45.01		
2	拆迁房屋	m^2					
3	拆迁电力设施	道					
二	路基工程		736661		0		
1	路基土石方	万 m^3	1819	1846	27		
2	防护工程	m^3	303111	346759	43648		
3	软基处理长度	m	3356	3780	424		
三	路面						
1	沥青混凝土路面	万 m^2	165.15	165.15	0		
2	水泥混凝土路面	m^2	20886.000	20886.000	0.000		
四	桥梁						
1	特大桥	m/座	1111.16m/1	1111.16m/1	0		
2	大桥	m/座	13245m/38	13245. m/38	0		
3	中桥	m/座	568.73/7	487.398m/6		81.34	
4	小桥	m/座					
五	涵洞						
1	管涵	m/座	73.23/2	73.23/2			
2	箱涵	m/道	37.94/1	0		37.94/1	
3	盖板涵	m/道	1904.85/50	1892.94/49		11.91/1	
4	拱涵	m/道	371.12/6	241.78/5		129.63/1	
5	倒虹吸	m/道	0	177.43/4	177.43/4		
6	渡槽	m/道					
六	通道	m/道	738.96/27	899.53/29	160.57/2		
七	互通式立体交叉	处	4	4			
八	分离式立体交叉	m/座	516.24/8 座	516.24m/8 座			
九	人行机耕天桥	m/座	2647.5/33	3050.9/38			
十	隧道	m/座	1079/2	1160/3	81/1		
十一	交通工程						
1	服务区	处	1	1			
2	收费设施	处	4	4			
3	管理设施	处	1	1	0		
4	环保绿化	km	61.799	61.799			
5	隔音墙	m/处	2828/32	4021/41	1193/9		

负责人： 填表人：

主要设计变更一览表

表3

序号	桩号	变更设计	变更依据
1	K6 +650 ~ K6 +900	挖方段土石变更	挖方段实际地质为石方，与施工图设计不符，路堑挖方段土石变更
2	K1 +500 ~ K2 +038.871	借土填方	路堑开挖出现石方不能利用，原设计利用土方变更为借土填方
3	K3 +100 ~ K6 +900	借土填方	路堑开挖出现石方不能利用，原设计利用土方变更为借土填方
4	K2 +188.871	梁刘互通匝道位置借土填方	路堑开挖出现石方不能利用，原设计利用土方变更为借土填方
5	IK1 +430	新增 IK1 +430 处盖板通道	梁刘互通立交 BJDK27 +226 上跨洛阳西南环高速原天桥拆除后，不再重建，村民无法通行，在 IK1 +430 处增加 1 -4.00m×5.00m 钢筋混凝土盖板通道一座，以解决当地群众的出行问题
6	K2 +460 ~ K2 +909	K2 +460 ~ K2 +909 段(含 E、F 匝道)挖方段土石变更	土石比例变化，K2 +460 ~ K2 +909 段(含 E、F 匝道)路堑土方变更石方
7	K0 +000 ~ K6 +900	94 区 4% 石灰土处理	路堑挖方段的土质现场取样，经检测 CBR 值无法满足规范要求，且多为膨胀土和高液限黏土，为提高路基的整体性和稳定性，减少工后沉降，对路堤 94 区采用掺 4% 石灰处理
8	K0 +000 ~ K6 +900	下路床 6% 石灰土处理	路堑挖方段的土质现场取样试验检测，其土质为高液限黏土，无法直接用于路床填料，采取掺 6% 石灰进行改良后再用于 96 区(40 ~ 80cm)路床填筑
9	K5 +128 ~ K5 +540	挖方段土石变更	土石比例变化，路堑土方变更石方
10	K2 +460 ~ K2 +909	边坡放缓增加土石方	边坡不稳定，增加放坡挖方量
11	K2 +950	盖板涵洞地基树根桩加固	地基土质松软，涵洞地基加固处理
12	K1 +800	拱涵地基树桩加固	地基土质松软，拱涵地基加固处理
13	K5 +660	拱涵地基树桩加固	地基土质松软，拱涵地基加固处理
14	K3 +033	盖板涵洞地基树根桩加固	地基土质松软，通道地基加固处理
15	K0 +455	拱涵地基树桩加固	地基土质松软，K0 +455 处拱涵地基加固处理
16	BJDK27 +226	空心板拆除	原设计图纸无此项内容
17	BJDK26 +490	斜腿刚构天桥拆除	原设计图纸无此项内容
18	BJDK27 +960 ~ BJDK28 +230	被交道放坡	原地面标高不符，增加放坡挖方量

续上表

序　号	桩　　号	变 更 设 计	变 更 依 据
19	K0 +000 ~ K6 +900	路堑边坡植物防护变更为挂镀锌铁丝网客土喷播植草	路堑边坡植物防护变更为挂镀锌铁丝网客土喷播植草
20	K11 +042	南窑沟大桥 1 号墩左幅桩基 2 根 2 米桩径;桩基系梁;墩身圆柱;柱系梁 1 个	桩基变更为 4 根 1.5m 桩径;桩基系梁变更为方柱式桥墩承台;相应墩身变更为方柱;柱系梁变更为 2 个
21	K12 +580	康沟 1 号大桥 11 号墩左幅:桩基 4 根 34m;承台方柱形桥墩承台;墩身由 2 根方柱;柱系梁 2 个	11 号墩左幅:桩基变更为 6 根 46m;承台变更为等截面箱形桥墩承台;墩身变为 1 个空心薄壁墩;开挖承台新增土方
22	K6 +908	此处无涵洞	新增 K6 +908 处涵洞
23	K8 +595	拱涵地基无换填	新增地基碎石换填
24	K10 +191	拱涵地基无换填	新增地基碎石换填
25	K10 +643	盖板涵地基无换填	新增地基碎石换填
26	K11 +254 ~ K11 +657	原设计路堑为土方	路堑确实存在弱胶结泥岩、砂岩、姜石盘等软石,挖掘机无法施工,实际施工采用液压破碎锤配合挖掘机进行,故部分挖土方变更为挖石方
27	K13 +760 ~ K13 +966	原设计路堑为土方	路堑确实存在弱胶结泥岩、砂岩、姜石盘等软石,挖掘机无法施工,实际施工采用液压破碎锤配合挖掘机进行,故部分挖土方变更为挖石方
28	K9 +265	张堂大桥设计图纸缺少基础干处挖土方数量	新增基础干处挖土方数量
29	K10 +600 ~ K10 +611	路基段左幅有两个窑洞	处理方案为反挖至窑洞底
30	K7 +030 ~ K7 +110,K14 +149 ~ K14 +278,K13 +619 ~ K13 +750,K7 +652.3 ~ K7 +833,K8 +351 ~ K8 +529,K8 +645 ~ K8 +788	原设计路堑为土方	路堑确实存在弱胶结泥岩、砂岩、姜石盘等软石,挖掘机无法施工,实际施工采用液压破碎锤配合挖掘机进行,故部分挖土方变更为挖石方
31	K14 +381.444	施工图与主线交叉桩号为 K14 +222.573 主线跨 A 匝道桥 3×25m 预制箱梁	变更为向路线大里程桩号(嵩县方向)平移 158.871m,K14 +381.444 处主线跨 A 匝道桥 18m +25m +18m 现浇箱梁
32	K13 +447	杜沟大桥 7 号桥台右侧锥、护坡	新增 7 号台锥坡挡土墙

续上表

序号	桩号	变更设计	变更依据
33	K9 +771 ~ K10 +016	原设计路堑为土方	路堑确实存在弱胶结泥岩、砂岩、姜石盘等软石，挖掘机无法施工，实际施工采用液压破碎锤配合挖掘机进行，故部分挖土方变更为挖石方
34	K10 +278 ~ K10 +563	原设计路堑为土方	路堑确实存在弱胶结泥岩、砂岩、姜石盘等软石，挖掘机无法施工，实际施工采用液压破碎锤配合挖掘机进行，故部分挖土方变更为挖石方
35	K10 +016 ~ K10 +061	原设计路堑为土方	路堑确实存在弱胶结泥岩、砂岩、姜石盘等软石，挖掘机无法施工，实际施工采用液压破碎锤配合挖掘机进行，故部分挖土方变更为挖石方
36	K10 +415 ~ K10 +515	路床设计为灰土处理	路床渗水变更换填砂砾石
37	K10 +254 ~ K10 +354	路床设计为灰土处理	路床渗水变更换填砂砾石
38	K8 +165、K10 +191、K10 +643	涵洞左侧出口处的流水面设计高程低于原地面	K8 +165、K10 +191、K10 +643 处涵洞左侧出口增加土沟排水设施
39	K12 +076 ~ K12 +219	原设计路堑为土方	路堑确实存在弱胶结泥岩、砂岩、姜石盘等软石，挖掘机无法施工，实际施工采用液压破碎锤配合挖掘机进行，故部分挖土方变更为挖石方
40	AK0 +510 ~ AK0 +620、BK0 +000 ~ BK0 +161.832、CK0 +217.194 ~ CK0 +465.068	原设计路堑为土方	路堑确实存在弱胶结泥岩、砂岩、姜石盘等软石，挖掘机无法施工，实际施工采用液压破碎锤配合挖掘机进行，故部分挖土方变更为挖石方
41	K9 +811.9	此处无天桥	新增 K9 +811.9 处天桥
42	K14 +162	此处无天桥	新增 K9 +811.10 处天桥
43	K10 +822 ~ K10 +862 左幅	左幅 0 号台设计中心桩号为 K10 + 862，K10 +822 ~ K10 + 862 段左幅路基设计为半路半桥路段	设计图纸只有南姚沟大桥左幅 0 号台台背回填和锥护坡工程量，没有 K10 +822 ~ K10 +850.69 路基填筑土方工程量，且对桥下路基进行浆砌片石全防护。南姚沟大桥左幅 0 号桥台增加一个内侧耳墙和一节长度 4.4m 的内侧桥台墙式护栏
44	K8 +530 ~ K8 +700、K8 +700 ~ K8 +768、K8 +798 ~ K8 +818.35、K10 +515 ~ K10 +597、K10 +625 ~ K10 +650、K10 +812 ~ K10 +839.5、K12 +872 ~ K12 +911、K12 +941 ~ K12 +979、K14 +300 ~ K14 +337.669、K14 +428.774 ~ K14 +495、K14 +525 ~ K14 +600	路基路床为 6% 灰土处理施工	路基路床换填砂砾石

续上表

序号	桩号	变更设计	变更依据
45	K10 +568、K10 +750、K12 +156	K10 +750 天桥 1 号、3 号墩立柱和 K12 +156 天桥 0 号、1 号桥台均为路堑边坡	新增 M7.5 浆砌片石全防护
46	FK0 +870	涵洞洞底中心原设计标高比现场原地面标高低 2.886m	为保证路基排水顺畅，原 FK0 +870 涵洞洞底整体抬高 2.886m
47	AK0 +450	此处为钢筋混凝土盖板涵	变更为直径 1m 圆管涵
48	CK0 +370	此处为钢筋混凝土盖板涵	变更为直径 1m 圆管涵
49	K10 +825	此处边沟急流槽雨水直接冲刷两侧路基和锥坡	增加 M7.5 浆砌片石急流槽
50	K7 +450	何家湾大桥 11 号台位于一深沟斜坡上，沟深近 21m，11 号台桩基中心距深沟边仅为 9.22m。11 号台桩基设计桩长为 20m，桩基底平均标高比沟底还高出近 1m，整根桩基置于悬空状态	新增 11 号台桩防护包括扶壁式挡土墙（三段）、M7.5 浆砌片石防护坡面全防护和两布一膜土工布
51	K7 +450、K13 +446.998	何家湾、杜沟大桥主要材料数量汇总表，何家湾、杜沟大桥设计图纸缺少基础干处挖土方数量	新增各墩台基础干处挖土方
52	K11 +022（右幅）、K11 +042（左幅）、K11 +875、K12 +580、K13 +093、K14 +381.444、K10 +750、K11 +498、K12 +156	南姚沟大桥、袁沟大桥、康 1 号大桥、康 2 号大桥、主线跨匝道 A 桥、K10 +750 处天桥、K11 +498 处天桥、K12 +156 处天桥主要材料数量汇总表，各桥梁设计图纸缺少基础干处挖土方数量	新增各墩台基础干处挖土方
53	K6 +900 ~ K14 +600	在路基清表及土方施工过程中，我标段征地线范围内陆续发现有大量暗坟	开挖，并用砂砾按每层 15cm 的厚度进行回填夯实处理

续上表

序号	桩号	变更设计	变更依据
54	AK0 +000 ~ AK0 +170、AK0 +250 ~ AK0 +420、AK0 +425 ~ AK0 +620、BK0 +000 ~ BK0 +171、CK0 +217 ~ CK0 +465、DK0 +115 ~ DK0 +195、DK0 +216 ~ DK0 +385、EK0 +073 ~ EK0 +140、EK0 +172 ~ EK0 +310、FK0 +830 ~ FK0 +940、GK0 +045 ~ GK0 +051、HK0 +030 ~ HK0 +047	路床设计为灰土处理	雨季施工,由于降雨较多,路床土体含水量大并且没有时间翻晒和工期紧等因素影响变更换填砂砾石
55	K10 +825	南姚沟大桥右幅 0 号台设计中心桩号为 K10 +822,左幅 0 号台设计中心桩号为 K10 +862,K10 +822 ~ K10 +862 段左幅设计为半路半桥路基,左幅 0 号台的锥坡坡脚桩号为 K10 +877,导致 K10 +825 原设计边沟急流槽雨水直接冲刷两侧路基和锥坡	新增 M7.5 浆砌片石全防护
56	K8 +165	原设计 1-6 ×5 拱涵	拱涵内部新增设一厚度 60cm 的 C30 钢筋混凝土内衬,基底增设 0.5m 直径钻孔灌注桩
57	K8 +165	原设计左侧洞口:涵基开挖 基础碎石垫层 洞口基础 C25 混凝土 洞口墙身 C25 混凝土 洞口铺砌及截水墙 C25 混凝土 C25 混凝土现浇帽石 C25 混凝土现浇拱上侧墙 挖土方 结构物台背回填砂砾石	拆除后,变更重建洞口:涵基开挖 基础碎石垫层 洞口基础 C25 混凝土 洞口墙身 C25 混凝土 洞口铺砌及截水墙 C25 混凝土 C25 混凝土现浇帽石 C25 混凝土现浇拱上侧墙 挖土方 结构物台背回填砂砾石　新增直径 0.5m 钻孔灌注桩(八字墙钻孔)

续上表

序号	桩号	变更设计	变更依据
58	K8 +165	原设计右侧洞口:涵基开挖 基础碎石垫层 洞口基础 C25 混凝土 洞口墙身 C25 混凝土 洞口铺砌及截水墙 C25 混凝土 C25 混凝土现浇帽石 C25 混凝土现浇拱上侧墙 挖土方 结构物台背回填砂砾石	拆除后,变更重建洞口:涵基开挖 基础碎石垫层 洞口基础 C25 混凝土 洞口墙身 C25 混凝土 洞口铺砌及截水墙 C25 混凝土 C25 混凝土现浇帽石 C25 混凝土现浇拱上侧墙 挖土方 结构物台背回填砂砾石　新增直径 0.5m 钻孔灌注桩(八字墙钻孔)
59	K10 +191	原设计 1-6 ×4 拱涵	拱涵地基新增树根桩加固处理
60	K13 +750 ~ K13 +808	原设计 K13 +750 ~ K13 +808 处路堑路基边坡出现砂层,边坡受长时间裸露空气中易脱落和雨水冲刷等因素影响,最终造成此段路堑路基边坡不稳定	新增孔窗式绿化护面墙 M7.5 浆砌片石
61	K6 +908	原设计涵洞左侧洞口:涵基开挖 基础碎石垫层 洞口基础 C25 混凝土 洞口墙身 C25 混凝土 洞口铺砌及截水墙 C25 混凝土	涵洞左侧洞口:拆除混凝土结构,变更涵基开挖 基础碎石垫层 洞口基础 C25 混凝土 洞口墙身 C25 混凝土 洞口铺砌及截水墙 C25 混凝土　新增直径 0.5m 钻孔灌注桩(八字墙钻孔)
62	K14 +600 ~ K23 +100	土方调运至 4 标、5 标	改成弃土方
63	K19 +870 ~ K19 +920、K20 +255 ~ K20 +320	原地面	墓穴群回填
64	K16 +343 ~ K16 +440	挖土方	挖方段土石变更
65	K16 +110 ~ K16 +280	挖土方	挖方段土石变更
66	K18 +475 ~ K18 +954	挖土方	挖方段土石变更

续上表

序号	桩号	变更设计	变更依据
67	K15 +054 瓦北大桥锥坡	回填碎石土	回填砂砾
68	K15 +623.020 瓦西大桥锥坡	回填碎石土	回填砂砾
69	K20 +040 下元大桥锥坡	回填碎石土	回填砂砾
70	K18 +160 堂洼大桥锥坡	回填碎石土	回填砂砾
71	K26 +338	K26 +338 处设计一道盖板涵洞	取消 K26 +338 处盖板涵，于 K26 +286 处增设一座 1 ×20m 预应力空心板中桥
72	K24 +273	K24 +273 处人行天桥结构形式为 2 ×25T 型钢构	优化设计为 4 ×20m 预应力空心板机耕天桥，天桥中心桩号不变
73	K31 +665	路基填筑	增设 1 -6.00 ×4.00m 通道
74	K23 +100 ~ K33 +000	利用邻标段土方	借土填方
75	K23 +528	路基填筑	增设 1 -6.00 ×4.00m 通道
76	K26 +674 ~ K27 +370	路堑挖土方	63136m³ 挖土方变更为挖石方
77	K29 +170 ~ K29 +971	路堑挖土方	75033m³ 挖土方变更为挖石方
78	K23 +895	路基填筑	增设 1 -6.00 ×4.00 米通道
79	K25 +825	路堑段	增设一座天桥
80	K30 +905	路堑段	增设一座天桥
81	K23 +100 ~ K33 +000	边坡植物防护	挂镀锌铁丝网客土喷播植草
82	K23 +100 ~ K32 +620	填方路堤	对 K23 +100 ~ K32 +620 填方段出现的暗坟进行开挖，并用砂砾按每层 15cm 的厚度进行回填夯实处理
83	K32 +999.629 ~ K40 +000	利用相邻标段土石方填筑路基	借砂砾和土石混填筑路基
84	K33 +512 涵洞、K33 +300 天桥	原设计为 K33 +512 处拱涵、K33 +300 处天桥	K33 +512 涵洞移位至 K33 +558，新增 K33 +478 拱涵，取消 K33 +300 天桥
85	K35 +025 桥	原设计为 K35 +025(3 -13)分离式立交桥	变更为 K35 +081(1 -20)分离式立交桥
86	K32 +999.629 - K38 +025	6% 石灰土路床处理	砂砾石路床处理

续上表

序 号	桩 号	变 更 设 计	变 更 依 据
87	K33 +215 天桥	此处无天桥	增加 K33 +215 天桥
88	K38 +025 ~ K40 +000	6% 石灰土路末处理	80cm 厚 5% 水泥土处理
89	K41 +018	此处无涵洞	增加拱涵一座
90	K40 +962	此处无涵洞	增加通道一座
91	K40 +000 ~ K46 +000	挖弃土石方调运至 5 标	挖弃土石方变更为弃方
92	K41 +580 ~ K41 +800	原设计一至四级路堑边坡坡率为 1:0.5, 1:0.75,1:1,1:1.25,边坡高度为 8m	一至三级路堑边坡坡率均调整为 1:1.25,在第三级边坡顶向外水平方向开挖 6m,再水平向外 1m 修一条平行于线路方向 3m 宽的机耕道路,机耕道路外侧路堑边坡坡率为 1:0.5
93	K45 +012 ~ K46 +000	路堑边坡坡率为 1:0.5、1:0.75	路堑边坡坡率变更为 1:1
94	K40 +930 ~ K41 +120	拱形骨架植草	抗滑桩 + 截排水
95	K40 +065 ~ K40 +600	路堑边坡三维网植草 + 人字形、拱形骨架防护	抗滑桩 + 抗滑挡墙和支撑渗沟 + 坡面骨架防护 + 截排水
96	K46 +725 涵洞地基处理	基础施工,基底无处理	基底换填碎石垫层处理
97	K49 +568 涵洞基底换填砂砾处理	基础施工,基底无处理	采用基底换填碎石垫层处理
98	K50 +620 ~ K50 +700 处 路基左幅冲沟侵入路基处理	一般路基填土方	对该冲沟底进行清淤并回填片石处理
99	关于 K50 +626 ~ K50 +700 段冲沟内路基填砂砾	一般路基填土方	冲沟内路基采用砂砾填筑
100	K46 +680 ~ K46 +820、K48 +710 ~ K49 +040、K49 +420 ~ K49 +700 砂砾填筑	一般路基填土方	对高填路基段落 K46 +680 ~ K46 +820、K48 +710 ~ K49 +040、K49 +420 ~ K49 +700换填砂砾填筑
101	K47 +536 老虎沟大桥 6 号墩山体挖除	一般结构物墩台施工	将右幅承台变更降低 4 米,挖除高墩侵入山体部分
102	K46 +725 涵洞水泥压浆	一般涵洞施工	对拱涵进行树根桩及水泥压浆地基处治
103	K46 +377 涵洞水泥压浆	一般涵洞施工	对拱涵进行树根桩及水泥压浆地基处治
104	K49 +568 涵洞水泥压浆	一般涵洞施工	对拱涵进行树根桩及水泥压浆地基处治

续上表

序号	桩号	变更设计	变更依据
105	K46 +000 ~ K52 +500 段强夯	仅高填路堤采用强夯施工，每 6m 强夯一次	K49 +520 ~ K49 +620 高填路堤采用强夯补强，相应延长强夯段落长度为 86m，每 4m 一层进行强夯
106	K46 +000 ~ K52 +500 段变更为挂镀锌铁丝网客土喷播植草防护	路堑边坡植物防护、拱形骨架或人字形骨架防护	路堑边坡植物防护变更为挂镀锌铁丝网客土喷播植草，原设计的拱形或人字形骨架等适当取消
107	K54 +980 ~ K54 +115	路基填方	开挖换填
108	K52 +928	组合箱梁	明通道
109	K55 +204	等截面连续梁	明隧道
110	K56 +010	填方路基	明通道
111	K52 +500 ~ K57 +100 路基	6% 石灰土路床处理	砂砾石路床处理
112	K60 +763.8 ~ K60 +727	地表注浆加固	专家意见、承包商申报、监控量测
113	F2K60 +742.6 ~ +753	地表注浆加固	专家意见、会议纪要、监控量测
114	F2K60 +640 ~ F2K60 +694	洞内注浆加固	超前地质预报、现场查看围岩等级以及意见、会议纪要
115	K60 +712 ~ K60 +645	洞内注浆加固	超前地质预报、现场查看围岩等级以及意见、会议纪要
116	F2K60 +742 ~ F2K60 +694	换拱施工	承包商申报、会议纪要、专家意见
117	K60 +742 ~ K60 +675	换拱施工	承包商申报、会议纪要、专家意见
118	K59 +981 ~ K60 +001、K60 +106 ~ K60 +472	K59 +981 ~ K60 +001 段变更为Ⅴ级，K60 +106 ~ K60 +472 段变更为Ⅳ级、Ⅴ级	超前地质预报、现场查看围岩等级以及专家评审
119	K59 +970 ~ K60 +779/F2、K59 +968 ~ F2K60 +783	K60 +714 ~ K60 +695 段设现变更为Ⅴ级，K60 +695 ~ K60 +472 段变更为Ⅴ级	超前地质预报、现场查看围岩等级以及专家评审
120	K59 +970 ~ K60 +779/F2、K59 +968 ~ F2K60 +783	左线 F2K60 +620 ~ F2K60 +460 现变更为Ⅴ级	超前地质预报、现场查看围岩等级以及专家评审
121	K59 +970 ~ K60 +779/F2、K59 +968 ~ F2K60 +783	F2K60 +460 ~ F2K60 +370 变更为Ⅴ级，F2K60 +370 ~ F2K60 +255 段变更为Ⅳ级	超前地质预报、现场查看围岩等级以及专家评审

续上表

序号	桩号	变更设计	变更依据
122	F2K58 +657 ~ F2K59 +065 左侧	F2K58 +720.5 ~ F2K59 +001 段一级边坡锚杆框架格梁防护，二、三级边坡锚索框架格梁防护	专家意见、会议纪要、变更图纸
123	F2K59 +420 ~ F2K59 +660	一级边坡采用 3 ×3m 锚杆混凝土框架格梁护坡，二 ~ 四级边坡采用预应力锚索框架梁防护	变更图纸、会议纪要、专家意见
124	F2K59 +800 ~ F2K59 +960	一级边坡采用锚杆框架格梁护坡（3 × 3m），二、三级边坡采用预应力锚索框架格梁防护	设计代表通知单、变更图纸
125	K57 +065 ~ K57 +480 段右侧路堑边坡二次刷坡	一级边坡坡率 1∶1.5，二级边坡坡率 1∶1.75，三级及以上边坡坡率为 1∶2	设计代表通知单、变更图纸
126	K58 +320 ~ K58 +500 段左侧路基边坡二次刷坡	各级边坡坡率均调整为 1∶1.5，一、二、三级边坡平台宽度为 2m，四级边坡平台宽度为 3m	设计代表通知单、变更图纸
127	F2K58 +657 ~ F2K59 +065 段边坡二次刷坡	一、二、三级边坡坡率维持原设计坡率不变，四级边坡坡率变更为 1∶1.5，马道宽 3m，五级边坡坡率变更为 1∶1.75，马道宽 3m，五级以上边坡坡率为 1∶2，马道宽 3m	设计代表通知单、变更图纸
128	K57 +500 ~ K57 +732 段左侧路基边坡二次刷坡	一、二级边坡坡率均调整为 1∶1，其余维持原设计不变	设计代表通知单、变更图纸
129	K57 +100 ~ K57 +500 段左侧路堑边坡二次刷坡	所有边坡坡率均变更调整为 1∶2	设计代表通知单、变更图纸
130	嵩县互通 A 匝道 AK0 +000 ~ AK0 +550	路基施工	函、变更通知单、变更图纸
131	嵩县互通 A 匝道 AK0 +000 ~ AK0 +550	路面施工	函、变更通知单、变更图纸

劳动力、主要材料、机械台班汇总一览表

表4

项目名称			单位	设计	竣工	与设计比较		备注
						增加	减少	
路线长度			km	62.69	62.69	0	0	
劳动力	生产		工日	8246705	8843061	596356		
	非生产		工日	1002665	1625870	623205		
	合计		工日	1015095	10468931	1219561		
主要机械	推土机		台班	26335	27781	1446		
	平地机		台班	11365	11365	0		
	压路机		台班	42446	43819	1373		
	摊铺机		台班	584	605	21		
	拌和机		台班	512	563	51		
	沥青拌和机		台班	980	980	0		
主要材料	钢材类	普通钢筋	t	140547	151540.2	10993.2		
		钢材	t	19647	19480.2		166.8	
		钢绞线	t	12426	12497	71		
	水泥碎石	水泥	t	659164	704287	45123		
		碎石	m^3	2180023	2194500	14477		
		路面碎石	m^3	247111	250438	3327		
	木材	圆木	m^3	3914	4560	646		
		锯材	m^3	9214	9460		363	
		枕木	m^3	447	447	0		
	改性沥青		t	9623	10054	431		
	石油沥青		t	19263	18497		766	
	炸药		t	681221	681221		0	
	汽油		t	226.3	317.2	90.9		
	柴油		t	19912.4	19912.4	0		
	块石		m^3	15421	16500	1079		
	粉煤灰		t	4772	4791	19		
	石灰		t	31538	31517	20.6		

项目造价比较表

表 5

单位:元

序 号	项 目	概 算 批 复	工 程 造 价	增 减 额
一	建筑安装投资	3056472969	3412686977	356214008
	1. 路基路面标段		3159968344	
	2. 房建标段		92943369	
	3. 交通安全		52272528	
	4. 绿化工程		10702460	
	5. 争议费用		83085776	
	6. 预留监控中心		13714500	
二	设备投资	59421592	79480525	20058933
	1. 机电标段		66036659	
	2. 房建标段		4538366	
	3. 车辆		5540091	
	4. 机器及电子设备		3288209	
	5. 软件		77200	
三	待摊投资	777549657	892172301	114622644
	1. 土地征用及拆迁补偿费	359562985	505674468	146111483
	2. 建设项目管理费	88739631	140610043	51870412
	3. 研究试验费	2458000	1989150	-468850
	4. 建设项目前期工作费	55474500	44300258	-11174242
	5. 专项评价(估)费	6529000	15521667	8992667
	6. 联合试运转费	1528236	-3003300	-4531536
	7. 生产人员培训费	240000	0	-240000
	8. 建设期贷款利息	263017305	187080016	-75937289
四	预备费	181521346	0	-181521346
五	新增加费用项目	1800000	0	-1800000
六	其他投资		160746	160746
	工器具及家具用具		160746	160746
合计		4076765564	4384500549	307734985

统一里程与施工桩号对照及断链一览表　表6

序号	总里程(公路号)	施工桩号	断链桩号	断链(m)		断链累积(m)		换算连续里程	备注
				增长	减短	长链	短链		
1	K00+000.000	K00+000.000						K00+000.000	
2	K01+000.000	K01+000.000						K01+000.000	
3	K02+000.000	K02+000.000						K02+000.000	
4	K03+000.000	K03+000.000						K03+000.000	
5	K04+000.000	K04+000.000						K04+000.000	
6	K05+000.000	K05+000.000						K05+000.000	
7	K06+000.000	K06+000.000						K06+000.000	
8	K07+000.000	K07+000.000						K07+000.000	
9	K08+000.000	K08+000.000						K08+000.000	
10	K09+000.000	K09+000.000						K09+000.000	
11	K10+000.000	K10+000.000						K10+000.000	
12	K11+000.000	K11+000.000						K11+000.000	
13	K12+000.000	K12+000.000						K12+000.000	
14	K13+000.000	K13+000.000						K13+000.000	
15	K14+000.000	K14+000.000						K14+000.000	
16	K15+000.000	K15+000.000						K15+000.000	
17	K16+000.000	K16+000.000						K16+000.000	
18	K17+000.000	K17+000.000						K17+000.000	
19	K18+000.000	K18+000.000						K18+000.000	
20	K19+000.000	K19+000.000						K19+000.000	
21	K20+000.000	K20+000.000						K20+000.000	
22	K21+000.000	K21+000.000						K21+000.000	
23	K22+000.000	K22+000.000						K22+000.000	
24	K23+000.000	K23+000.000						K23+000.000	
25	K24+000.000	K24+000.000						K24+000.000	
26	K25+000.000	K25+000.000						K25+000.000	
27	K26+000.000	K26+000.000						K26+000.000	
28	K27+000.000	K27+000.000						K27+000.000	
29	K28+000.000	K28+000.000						K28+000.000	
30	K29+000.000	K29+000.000						K29+000.000	
31	K30+000.000	K30+000.000						K30+000.000	
32	K31+000.000	K31+000.000						K31+000.000	
33	K32+000.000	K32+000.000						K32+000.000	
34	K33+000.371	K33+000.000	K32+999.629	0.371		0.371		K33+000.371	

续上表

序号	总里程(公路号)	施 工 桩 号	断链桩号	断链(m)		断链累积(m)		换算连续里程	备 注
				增长	减短	长链	短链		
35	K34 +000.371	K34 +000.000						K34 +000.371	
36	K35 +000.371	K35 +000.000						K35 +000.371	
37	K36 +000.371	K36 +000.000						K36 +000.371	
38	K37 +000.371	K37 +000.000						K37 +000.371	
39	K38 +000.371	K38 +000.000						K38 +000.371	
40	K39 +000.371	K39 +000.000						K39 +000.371	
41	K40 +000.371	K40 +000.000						K40 +000.371	
42	K41 +000.371	K41 +000.000						K41 +000.371	
43	K41 +949.387	K41 +949.016	K41 +049.934	899.082		899.453		K41 +949.387	
44	K42 +899.453	K42 +000.000						K42 +899.453	
45	K43 +899.453	K43 +000.000						K43 +899.453	
46	K44 +899.453	K44 +000.000						K44 +899.453	
47	K45 +899.453	K45 +000.000						K45 +899.453	
48	K46 +899.453	K46 +000.000						K46 +899.453	
49	K47 +099.453	K46 +200.000	K46 +204.665		4.665	899.453	4.665	K47 +099.453	
50	K47 +894.788	K47 +000.000						K47 +894.788	
51	K48 +894.788	K48 +000.000						K48 +894.788	
52	K49 +894.788	K49 +000.000						K49 +894.788	
53	K50 +894.788	K50 +000.000						K50 +894.788	
54	K51 +894.788	K51 +000.000						K51 +894.788	
55	K52 +894.788	K52 +000.000						K52 +894.788	
56	K53 +894.788	K53 +000.000						K53 +894.788	
57	K54 +894.788	K54 +000.000						K54 +894.788	
58	K55 +894.788	K55 +000.000	K55 +004.277		4.277	899.453	8.942	K55 +894.788	
59	K56 +890.511	K56 +000.000						K56 +890.511	
60	K57 +890.511	K57 +000.000						K57 +890.511	
61	K58 +890.511	K58 +000.000						K58 +890.511	
62	K59 +890.511	K59 +000.000						K59 +890.511	
63	K60 +890.511	K60 +000.000						K60 +890.511	
64	K61 +890.511	K61 +000.000						K61 +890.511	
65	K62 +690.511	K61 +800.000	K61 +800.000			899.453	8.942	K62 +690.511	

注:1. 统一里程为竣工后连续计算里程,应将断链因素结合计算。

2. 统一里程除改线、断链外,至少每公里填一格。

负责人:　　　　　　　　　　填表人:

控制点一览表 表7

序号	统一里程	施工桩号	控制点坐标		控制点距离路中心(m)		备注
			X	Y	左	右	
1	K1 +250	K1 +250	3823723.246	626092.917	100		D3
2	K0 +000	K0 +000	3825183.708	626243.178	50		IA5
3	K0 +290	K0 +290	3824689.105	626170.077	200		IA6
4	K1 +130	K1 +130	3823943.312	626018.479	260		IA8
5	K2 +800	K2 +800	3822345.023	625611.215		300	I8
6	K3 +250	K3 +250	3821932.344	625627.38		240	I9
7	K4 +110	K4 +110	3821069.266	625816.197		180	I10
8	K4 +700	K4 +700	3820608.542	625561.351		200	I11
9	K4 +900	K4 +900	3820154.118	625931.011			I12
10	K5 +880	K5 +880	3819321.675	626042.368	100		I14
11	K6 +560	K6 +560	3818645.705	625851.817	90		I15
12	K7 +300	K7 +300	3818034.901	626209.482		140	I16
13	K8 +020	K8 +020	3817558.801	626050.881	100		D6
14	K9 +100	K9 +100	3814642.863	625768.355		70	D7
15	K9 +800	K9 +800	3814102.060	625913.091	300		D8
16	K10 +050	K10 +050	3816859.472	626021.190		120	I17
17	K10 +140	K10 +140	3816602.910	626072.779		150	I18
18	K11 +240	K11 +240	3816230.976	625938.191		300	I19
19	K12 +300	K12 +300	3815579.484	626216.917	30		I20
20	K12 +950	K12 +950	3815236.521	625899.365		310	I21
21	K13 +000	K13 +000	3814875.509	626127.269	200		I22
22	K14 +200	K14 +200	3813546.088	625587.240	300		I23
23	K14 +900	K14 +900	3813246.101	625164.331	500		I24
24	K15 +000	K15 +000	3812690.381	624917.494	150		I25
25	K15 +700	K15 +700	3812226.537	624657.476	400		I26
26	K16 +100	K16 +100	3811936.813	624118.111	300		I27
27	K16 +800	K16 +800	3811639.362	624031.168		50	I28
28	K17 +350	K17 +350	3811318.093	623788.250	70		I29
29	K18 +400	K18 +400	3812041.371	626053.72	120		I30
30	K19 +500	K19 +500	3811851.701	625815.219		200	I31
31	K19 +800	K19 +800	3811398.998	6525685.29		400	I32
32	K20 +450	K20 +450	3811098.717	625063.32	500		I33

续上表

序 号	统 一 里 程	施 工 桩 号	控制点坐标		控制点距离路中心(m)		备 注
			X	*Y*	左	右	
33	K20 +700	K20 +700	3809407.384	625506.23	150		I34
34	K21 +300	K21 +300	38089031.61	625155.5	400		I35
35	K21 +940	K21 +940	3808641.07	624743.03	300		I36
36	K22 +300	K22 +300	3808199.845	624531.88		50	I37
37	K22 +800	K22 +800	3807686.69	624811.47	70		I38
38	K23 +100	K23 +100	3807279.64	624634.28	120		I39
39	K23 +500	K23 +500	3806545.8	623370.04		200	I40
40	K24 +200	K24 +200	3806621.75	623055.54	90		I41
41	K24 +900	K24 +900	3806599.51	622450.85		140	I42
42	K25 +600	K25 +600	3806393.03	622239.75	100		I43
43	K26 +000	K26 +000	3805831.04	622211.48		70	I44
44	K26 +400	K26 +400	3805468.03	622064.22	300		I45
45	K27 +100	K27 +100	3805151.09	621912.97		120	I46
46	K27 +750	K27 +750	3804827.92	621683.58		150	I47
47	K28 +400	K28 +400	3804298.64	621399.53	150		I48
48	K28 +950	K28 +950	3803457.7	621490.9	200	180	I49
49	K29 +400	K29 +400	3803447.13	621082.63		240	I50
50	K30 +100	K30 +100	3803110.63	620939.98		100	I51
51	K31 +000	K31 +000	3802750.29	620382.48		200	I52
52	K31 +800	K31 +800	3802447.44	620253.84	150		I53
53	K32 +100	K32 +100	3801732.11	620195.3	200		I54
54	K32 +900	K32 +900	3801486.06	619960.28	300		I55
55	K33 +400	K33 +400	3800898.01	618912.87	500		I56
56	K34 +700	K34 +700	3801140.91	619142.619	150		I57
57	K35 +100	K35 +100	3800851.31	618551.803	400		I58
58	K35 +900	K35 +900	3800834.83	617993.352	300		I59
59	K36 +100	K36 +100	3800503.49	617568.436		50	I60
60	K37 +000	K37 +000	3799955.85	617064.084	70		I61
61	K37 +500	K37 +500	3799203.2	616734.221	120		I62
62	K38 +200	K38 +200	3799164.25	616227.004		200	I63
63	K39 +000	K39 +000	3798295.09	615972.41		400	I64
64	K39 +100	K39 +100	3797968.31	615853.65	500		I65
65	K40 +900	K40 +000	3797366.13	615559.93			I66

续上表

序号	统一里程	施工桩号	控制点坐标		控制点距离路中心(m)		备注
			X	Y	左	右	
66	K41+850	K40+950	3797260.1	615263.39	100		I67
67	K42+700	K41+800	3796262.751	615520.95	90		I68
68	K43+400	K42+500	3795877.59	615713.53		140	I69
69	K43+900	K43+000	3795368.04	615545.97	100		I70
70	K44+300	K43+400	3795296.93	615947.49		70	I71
71	K45+500	K44+600	3795100.52	616191.76	300		I72
72	K46+100	K45+200	3794729.16	616328.84		120	I73
73	K46+800	K45+900	3793981.08	616603.72		150	I74
74	K47+000	K46+100	3793438.48	616315.2			I75
75	K47+950	K47+050	3793047.47	615838.38	200		I76
76	K48+700	K47+800	3792881.1	615299.31	190		I77
77	K48+900	K48+000	3793017.34	614950.19		100	I78
78	K50+000	K49+100	3792792.67	614727.27	100		I79
79	K50+900	K50+000	3792535.33	614087.19		170	I80
80	K51+100	K50+200	3792355.46	613851.99	100		I81
81	K51+900	K51+000	3791704.88	613328.39		120	I82
82	K52+700	K51+800	3791218.44	612809		150	I83
83	K53+250	K52+350	3790695.78	612177.301	200		I84
84	K53+900	K53+000	3790416.12	611998.771	170		I85
85	K54+650	K53+750	3790054.1	611859.318		200	I86
86	K56+300	K55+400	3789674.75	611729.713		50	I87
87	K56+900	K56+000	3788999.55	611577.16	130		I88
88	K58+000	K57+100	3788760.01	611410.796	80	200	I89
89	K58+900	K58+000	3787946.1	611215.44		160	I90
90	K59+800	K58+900	3787937.76	610804.16		200	I91
91	K60+300	K59+400	3787165.67	610815.84	190		I92
92	K61+000	K60+100	3786914.741	610969.68	130		I93
93	K61+300	K60+400	3785316.433	611224.28	200		I94
94	K61+800	K60+900	3785143.288	611093.98	50		I95
95	K62+100	K61+200	3784208.78	610613.29		100	I96
96	K62+400	K61+500	3783962.27	610428.03		60	I97
97	K62+800	K61+900	3783489.02	610190.35		80	I98

水准点一览表 表8

序 号	统一里程	施工桩号	水准点编号	水准点高程(m)	水准点距离路中心(m)		备 注
					左	右	
1	K0 +000	K0 +000	IA5	242.389	130		
2	K0 +290	K0 +290	IA6	236.397		254	
3	K1 +130	K1 +130	IA8	244.646		500	
4	K2 +800	K2 +800	I8	281.531	350		
5	K3 +250	K3 +250	I9	275.987		216	
6	K4 +110	K4 +110	I10	318.766		289	
7	K4 +700	K4 +700	I11	314.834	360		
8	K4 +900	K4 +900	I12	331.061	151		
9	K5 +880	K5 +880	I14	319.193	200		
10	K6 +560	K6 +560	I15	309.127		237	
11	K7 +300	K7 +300	I16	303.018			
12	K7 +360	K7 +360	E02-1	288.107	100		
13	K7 +600	K7 +600	BM19	302.662	15		
14	K7 +900	K7 +900	BM20	309.139		15	
15	K8 +300	K8 +300	BM21	313.93		15	
16	K9 +900	K9 +900	I20-1	296.651	50		
17	K10 +750	K10 +750	BM23	306.238		1	
18	K10 +900	K10 +900	D7-2	293.509		25	
19	K11 +200	K11 +200	BM24	308.077	15		
20	K11 +700	K11 +700	BM25	304.884	15		
21	K11 +750	K11 +750	I24-1	298.891	120		
22	K12 +000	K12 +000	E17	293.877		40	
23	K14 +100	K14 +100	I29	320.292	60		
24	K14 +600	K14 +600	I30	310.524	120		
25	K14 +875	K14 +875	30-2	306.447	30		
26	K15 +200	K15 +200	BM29	294.731	40		
27	K15 +560	K15 +560	32-6	277.922	60		
28	K15 +870	K15 +870	33-1	306.24		30	
29	K16 +950	K16 +950	34-3	303.238		120	
30	K17 +620	K17 +620	34-8	320.971	100		
31	K17 +920	K17 +920	35-2	311.388		30	
32	K18 +550	K18 +550	BM33	300.677	1		

续上表

序 号	统 一 里 程	施 工 桩 号	水准点编号	水准点高程(m)	水准点距离路中心(m)		备 注
					左	右	
33	K19+590	K19+590	BM36	273.287		1	
34	K19+810	K19+810	BM37	262.596		15	
35	K20+160	K20+160	BM40	257.321		15	
36	K20+600	K20+600	40-6	252.267		30	
37	K20+820	K20+820	41-2	254.851	50		
38	K22+240	K22+240	43-3	248.59		70	
39	K22+700	K22+700	BM45	249.719	15		
40	K22+980	K22+980	BM49	248.057		15	
41	K22+990	K22+990	45-4	250.116		30	
42	K23+100	K23+100	BM50	249.018	15		
43	K23+150	K23+150	I46	222.035	120		
44	K23+670	K23+670	I47	231.809		351	
45	K24+190	K24+190	I48	234.221	211		
46	K24+710	K24+710	I49	230.967		295	
47	K25+230	K25+230	I50	234.492	405		
48	K25+750	K25+750	I51	225.836		246	
49	K26+270	K26+270	I52	239.952	512		
50	K26+790	K26+790	I53	230.172		269	
51	K27+310	K27+310	I54	257.549	347		
52	K27+830	K27+830	I55	255.495		198	
53	K28+350	K28+350	I56	223.908	402		
54	K28+870	K28+870	I57	230.386		189	
55	K29+390	K29+390	I58	233.973	208		
56	K29+910	K29+910	I59	233.022		238	
57	K30+430	K30+430	I60	244.769	489		
58	K30+950	K30+950	I61	246.287		588	
59	K31+470	K31+470	I62	226.619	505		
60	K31+990	K31+990	I63	264.517		407	
61	K32+510	K32+510	I64	242.606	158		
62	K33+310	K33+310	I63	292.171	50		
63	K33+360	K33+360	I66-A	283.105	30		
64	K33+620	K33+620	I67	280.47	60		

续上表

序号	统一里程	施工桩号	水准点编号	水准点高程(m)	水准点距离路中心(m)		备注
					左	右	
65	K33 +863	K33 +863	H863	283.239		13	
66	K34 +521	K34 +521	H521	282.248		13	
67	K34 +880	K34 +880	BM34800	274.078	26		
68	K35 +081	K35 +081	I68-F	262.797	73		
69	K35 +093	K35 +093	BM35093	264.355	78		
70	K35 +358	K35 +358	H358	256.636	22		
71	K35 +880	K35 +880	H775	251.433	110		
72	K35 +880	K35 +880	I70-3	251.159	130		
73	K36 +133	K36 +133	H133	253.109	55		
74	K36 +240	K36 +240	I71-13	250.939		82	
75	K36 +440	K36 +440	I72-A	250.32		115	
76	K36 +566	K36 +566	I72-11	249.095		60	
77	K36 +515	K36 +515	BM36515	256.215		13	
78	K37 +018	K37 +018	BM37020	257.925		13	
79	K37 +515	K37 +515	BM37515	256.479		18	
80	K38 +025	K38 +025	BM37982	261.758		13	
81	K38 +025	K38 +025	BM38067	263.967		13	
82	K38 +635	K38 +635	I77-23	278.943	32		
83	K38 +861	K38 +861	H861	287.367	13		
84	K39 +443	K39 +443	BM39400	287.934	13		
85	K39 +443	K39 +443	BM39480	290.098		13	
86	K39 +757	K39 +757	BM39672	296.875	13		
87	K39 +757	K39 +757	I79-A	296.859	50		
88	K39 +660	K39 +660	I79	296.139	215		
89	K39 +757	K39 +757	I80	295.731	15		
90	K40 +526	K39 +627	I81	295.487		24	
91	K40 +987	K40 +088	I82	296.123	375		
92	K41 +358	K40 +459	I83	297.384		24	
93	K42 +080	K41 +181	I84	297.684		36	
94	K42 +875	K41 +976	I85	298.789		28	
95	K43 +360	K42 +461	I86	299.247	19		
96	K44 +000	K43 +101	I87	301.036	27		

续上表

序号	统一里程	施工桩号	水准点编号	水准点高程(m)	水准点距离路中心(m)		备注
					左	右	
97	K44+241	K43+342	I88	302.143		15	
98	K45+024	K44+125	I89	304.275	19		
99	K45+650	K44+751	I90	305.864		26	
100	K45+895	K44+996	I91	306.416	30		
101	K46+009.453	K45+110	I92	308.349		21	
102	K46+394.788	K46+500	I94	406.408		36	
103	K47+624.788	K46+730	I95	407.157		24	
104	K47+974.788	K47+080	D21	410.272		18	
105	K49+474.788	K48+580	I97	407.767	19		
106	K50+604.788	K49+710	I98	379.721	24		
107	K51+494.788	K50+600	I101	365.497	50		
108	K52+724.788	K51+830	I102	410.830	14		
109	K53+274.788	K52+380	I105	448.870	29		
110	K53+545.79	K52+651	SD1	417.864		25	
111	K54+154.79	K53+260	SD2	400.999		19	
112	K55+114.79	K54+220	I3	417.853	20		
113	K55+599.79	K54+705	H2	412.563		55	
114	K55+764.79	K54+870	I4	425.641	35		
115	K56+340.51	K55+450	BM1	407.256		44	
116	K56+940.51	K56+050	SD3	393.546		23	
117	K57+290.51	K56+400	BM2	387.567	42		
118	K57+620.51	K56+730	I5	336.258		26	
119	K57+895.51	K57+005	BM3	396.549	16		
120	K56+700	K56+700	D25	336.810	200		
121	K61+700	K61+700	D27	351.958	100		
122	K61+750	K61+750	D28	346.493		60	
123	K57+450	K57+450	112	432.130	150		
124	K57+600	K57+600	113	412.862		60	
125	K58+700	K58+700	114	362.610	500		
126	K58+850	K58+850	116	324.064	300		
127	K59+200	K59+200	117	324.279	200		
128	K59+350	K59+350	118	361.218	500		
129	K59+400	K59+400	119	356.102	450		

表 9

征用土地一览表

序号	所在乡村	征地数量(亩)											备注
		总占地	耕地	水田	宅基地	旱地	鱼塘	荒地	林地	其他	幼果	合计	
1	洛龙区古城乡溢坡村					9.3178				0.3342			
2	洛龙区古城乡溢坡村					2.6229				0.1244			
3	洛龙区古城乡溢坡村					0.2074							
4	宜阳县丰李镇西军屯村					0.2855				0.0072			
5	宜阳县丰李镇东鸣鹤村					1.3163				0.0503			
6	宜阳县丰李镇西军屯村					0.2204				0.026			
7	宜阳县丰李镇东鸣鹤村					0.099				0.0033			
8	伊川县平等乡马回营村			1.9668		10.7129	0.1037	0.2436		-11.0602			
9	伊川县平等乡马庄村					7.9423				0.2453			
10	伊川县平等乡平等村			0.1172		5.8227	0.0357	0.2423		0.1381			
11	伊川县平等乡王庄村					8.5588	0.1176		0.2698	-8.9462			
12	伊川县平等乡四合头村					2.6112		0.5428		0.128			
13	伊川县平等乡宋店村			1.1257		0.0625				0.476			
14	伊川县平等乡上元村			0.95		1.5286				0.1712			
15	伊川县平等乡龙王屯村					8.7984		0.1928		-8.9912			
16	伊川县平等乡马回村					0.8475				0.1496			
17	伊川县平等乡辛营村					3.9345				0.0843			
18	伊川县酒后乡路庙村			7.6882						0			
19	伊川县酒后乡南庄村			2.7753						0			
20	伊川县酒后乡新庄村			0.3236		7.7323		0.1368		-7.8691			

续上表

序号	所 在 乡 村	征地数量(亩)											备注
		总占地	耕地	水田	宅基地	旱地	鱼塘	荒地	林地	其他	幼果	合计	
21	伊川县酒后乡梁疙当村					2.5416		0.4634		-3.005			
22	伊川县鸦岭乡北姚沟村			0.0992		10.234		1.7369		0.769			
23	伊川县鸦岭乡黑羊村					31.1928		0.0296		3.1142			
24	伊川县鸦岭乡南姚沟村					9.0942		0.2482	0.0705	-9.4129			
25	伊川县鸦岭乡西瑶村					2.2497				0.0652			
26	伊川县鸦岭乡槐树洼村					2.0209		0.4279	0.1283	0.0805			
27	伊川县鸦岭乡于营村			0.134		4.982		0.3274	0.1758	0.6105			
28	伊川县鸦岭乡代瑶村					8.3751				0.2401			
29	伊川县鸦岭乡梁刘村					3.5185			0.1292	0.8894			
30	伊川县鸦岭乡杜沟村					10.2984		0.1219		1.4306			
31	伊川县鸦岭乡康沟村					1.6788		0.0227		0.2999			
32	伊川县鸦岭乡范沟村					3.0503				0.087			
33	伊川县鸦岭乡高沟村					0.0907							
34	伊川县鸦岭乡韩洼村					0.2159							
35	伊川县城关镇瓦西村					3.7095		0.1822		0.0411			
36	伊川县城关镇瓦西村					2.9104				0.4998			
37	伊川县城关镇瓦西村					3.5341		0.2739		0.0975			
38	伊川县城关镇瓦西村					1.6598				0.0312			
39	伊川县鸣皋镇中溪村					9.3327		0.2795		-9.6122			
40	伊川县鸣皋镇鸣皋村			1.4697		11.0618		1.1383		-12.2001			

续上表

序号	所在乡村	征地数量(亩)											备注
		总占地	耕地	水田	宅基地	旱地	鱼塘	荒地	林地	其他	幼果	合计	
41	伊川县鸣皋镇大元东村					2.2453		0.3494		-2.5947			
42	伊川县鸣皋镇小桑坡村			0.0228						0			
43	伊川县鸣皋镇蒋园村			0.099		1.9151		0.1613		-2.0764			
44	伊川县鸣皋镇新寨村			2.233				0.3834		-0.3834			
45	伊川县鸣皋镇干河村					2.2442				-2.2442			
46	伊川县鸣皋镇坡根村					1.5754		0.1206		-1.696			
47	伊川县鸣皋镇旧寨村			0.5517						0			
48	伊川县鸣皋镇大桑坡村			3.0425		0.0651				-0.0651			
49	伊川县鸣皋镇渡口村			0.2733									
50	伊川县鸣皋镇曾湾村					0.8026							
51	伊川县水利局									0.0986			
52	洛阳市水利局									0.0991			
53	伊川县鸦岭乡黑羊村					0.4979				0.4852			
54	伊川县鸦岭乡西瑶村					0.0781							
55	伊川县鸦岭乡梁刘村					0.1341				0.0808			
56	伊川县鸦岭乡于营村					0.3619		0.0242		0.0261			
57	伊川县鸦岭乡代瑶村					0.3116							
58	伊川县鸦岭乡北姚沟村					1.6775				0.06			
59	伊川县鸦岭乡韩洼村					0.0237							
60	伊川县鸦岭乡南姚沟村					0.0504		0.0043					

续上表

序号	所在乡村	征地数量(亩)											备注
		总占地	耕地	水田	宅基地	旱地	鱼塘	荒地	林地	其他	幼果	合计	
61	伊川县鸦岭乡槐树洼村					0.1187							
62	伊川县鸦岭乡康沟村					0.1042				0.0005			
63	伊川县鸦岭乡杜沟村					0.1155				0.2295			
64	伊川县鸦岭乡范沟村					0.0015							
65	伊川县城关镇石瑶村					0.0106							
66	伊川县城关镇瓦北村					0.1077	0.0033	0.0235		0.0031			
67	伊川县城关镇瓦西村					0.3834				0.0093			
68	伊川县平等乡王庄村					0.2865				0.0376			
69	伊川县平等乡龙王屯村					0.3582				0.0307			
70	伊川县平等乡上元村			0.1448		0.2305				0.0067			
71	伊川县平等乡平等村					0.018				0.0015			
72	伊川县平等乡马回营村			0.0896		0.1173				0.0083			
73	伊川县平等乡宋店村			0.0139						0.0122			
74	伊川县平等乡马回村									0.0082			
75	伊川县平等乡四合头村					0.0084							
76	伊川县鸣皋镇中溪村					0.5098				0.0249			
77	伊川县鸣皋镇大元东村					0.0005				0.0009			
78	嵩县纸房乡高村			8.7636		2.1315				2.8707			
79	嵩县纸房乡龙头村					1.7617		0.6426	0.1258	0.0348			
80	嵩县纸房乡大坡村					6.9175		0.1495	0.6786	0.4698			

续上表

序号	所在乡村	征地数量(亩)											备注
		总占地	耕地	水田	宅基地	旱地	鱼塘	荒地	林地	其他	幼果	合计	
81	嵩县饭坡乡泥河村					24.0145		0.0886	0.6276	1.5892			
82	嵩县饭坡乡饭坡村					12.4931		3.7302	1.0318	0.3925			
83	嵩县饭坡乡里沟村					2.8379		0.5619	1.0879	0.4447			
84	嵩县饭坡乡沙坡村					3.3356			0.0483				
85	嵩县饭坡乡南庄村					3.8307		1.0171	0.141				
86	嵩县饭坡乡时坪村					2.5327		0.2271	0.9667	0.2205			
87	嵩县饭坡乡曲里村					0.4562			0.0872				
88	嵩县田湖镇窑上村			8.1029						0.2792			
89	嵩县田湖镇柿园村			9.2077		1.3584			0.1367	1.4358			
90	嵩县田湖镇洒落村			1.3768						1.4048			
91	嵩县田湖镇高屯村					10.396		6.4757	2.531	0.9276			
92	嵩县田湖镇樊店村			1.519		7.3515		0.4623	0.387	0.6724			
93	嵩县田湖镇千秋村			0.0807		2.1941			0.6407	0.0552			
94	嵩县田湖镇卢屯村					4.7741		1.8207		0.0717			
95	嵩县库区乡汪庄村							3.0647					
96	嵩县库区乡上坡村					0.6693		0.7504	2.9671	0.1851			
97	嵩县库区乡牛寨村					0.7229			0.2332				
98	嵩县库区乡曹寺沟村					3.3211		0.2998	0.1847	1.7666			
99	嵩县库区乡楼上村					5.6806		0.0537	0.0086	1.3428			
100	嵩县陶村林场					0.3602		0.4801		0.1092			

续上表

序号	所在乡村	征地数量(亩)											备注
		总占地	耕地	水田	宅基地	旱地	鱼塘	荒地	林地	其他	幼果	合计	
101	洛阳市公路局									3.0346			
102	洛阳市水利局									0.1703			
103	伊川县鸣皋镇中溪村					0.188							
104	伊川县鸣皋镇明皋村					0.0995							
105	伊川县鸣皋镇干河村					0.1477							
106	伊川县鸣皋镇大桑坡村					0.3062							
107	伊川县鸣皋镇大元东村					0.0864							
108	伊川县鸣皋镇坡根村					0.0403							
109	伊川县鸣皋镇蒋园村					0.0175							
110	伊川县鸣皋镇新寨村					0.1234							
111	伊川县平等乡马回营村					0.0945							
112	伊川县平等乡平等村					0.0379							
113	伊川县平等乡四合头村					0.3988							
114	伊川县平等乡辛营村					0.1473							
115	伊川县平等乡马庄村					0.0136							
116	伊川县平等乡马回村					0.0652							
117	伊川县鸦岭乡黑羊村					0.3185							
118	伊川县鸦岭乡梁刘村					0.02							
119	伊川县鸦岭乡康沟村					0.1695							
120	伊川县鸦岭乡西瑶村					0.0288							
121	伊川县鸦岭乡代瑶村					0.0078							

续上表

序号	所在乡村	征地数量(亩)											备注
		总占地	耕地	水田	宅基地	旱地	鱼塘	荒地	林地	其他	幼果	合计	
122	伊川县酒后乡路庙村					0.0403							
123	伊川县酒后乡新庄村					1.8713							
124	伊川县酒后乡梁疙瘩村					1.1509							
125	嵩县库区乡上坡村					0.0022		0.3016	0.6578	0.0136			
126	嵩县库区乡曹寺沟村					0.6424		0.0584		0.3446			
127	嵩县库区乡楼上村					0.4171				0.1369			
128	嵩县库区乡牛寨村					0.1539			0.1818	0.342			
129	嵩县田湖镇樊店村					0.0195				0.003			
130	嵩县田湖镇千秋村					0.0041			0.0083	0.001			
131	嵩县田湖镇高屯村					0.6969		0.0806					
132	嵩县田湖镇卢屯村					0.2		0.4742					
133	嵩县饭坡乡饭坡村					0.3007			0.0268				
134	嵩县饭坡乡里沟村					0.1021		0.1809	0.1926				
135	嵩县饭坡乡泥河村					0.9972		0.225		0.0014			
136	嵩县饭坡乡曲里村					0.0517							
137	嵩县饭坡乡时坪村					0.1289		0.066	0.0029	0.0047			
138	嵩县饭坡乡南庄村					0.0866			0.0008				
139	嵩县饭坡乡沙坡村					0.059							
140	嵩县纸房乡大坡村					1.8529		0.099		0.168			
141	嵩县纸房乡龙头村					0.1233		0.0424	0.08				
142	嵩县纸房乡龙头村					0.1207		0.0844		0.0273			

续上表

序号	所在乡村	征地数量(亩)											备注
		总占地	耕地	水田	宅基地	旱地	鱼塘	荒地	林地	其他	幼果	合计	
143	嵩县库区乡汪庄村					0.1476			0.0201				
144	嵩县饭坡乡饭坡村					0.1683			0.0168				
145	嵩县纸房乡龙头村					0.129				0.0779			
146	宜阳县丰李镇东鸣鹤村					0.0377							
147	伊川县鸦岭乡黑羊村					0.2993				0.0477			
148	伊川县鸦岭乡西瑶村					0.0234				0.0019			
149	伊川县鸦岭乡黑羊村					0.0576							
150	伊川县城关镇梁村沟村					0.4213							
151	嵩县纸房乡龙头村					0.1422							
152	嵩县纸房乡大坡村					0.7365							
153	嵩县饭坡乡里沟村					0.5708							
154	嵩县饭坡乡南庄村					0.943							
155	嵩县饭坡乡泥河村					1.3045							
156	嵩县饭坡乡时坪村					1.9727							
157	嵩县饭坡乡饭坡村					1.3804							
158	嵩县库区乡曹寺沟村					0.2322							
159	嵩县库区乡楼上村					0.2667							
160	嵩县田湖镇千秋村					-0.28							
161	嵩县田湖镇卢屯村					-0.156							
162	嵩县田湖镇柿园村					-0.359333							
163	嵩县田湖镇樊店村					-0.55							

续上表

序号	所在乡村	征地数量（亩）											备注
		总占地	耕地	水田	宅基地	旱地	鱼塘	荒地	林地	其他	幼果	合计	
164	嵩县田湖镇高屯村					-0.430667							
165	嵩县田湖镇窑上村					0.0113							
166	嵩县饭坡乡饭坡村					1.2327							
167	嵩县饭坡乡时坪村					2.6633							
168	嵩县饭坡乡沙坡村					0.236							
169	嵩县饭坡乡南庄村					0.4927							
170	嵩县饭坡乡曲里村					0.01							
171	嵩县饭坡乡泥河村					1.6647							
172	嵩县饭坡乡里沟村					0.6127							
173	嵩县库区乡曹寺沟村					0.204							
174	嵩县库区乡汪庄村					0.4993							
175	嵩县库区乡上坡村					-0.302667							
176	嵩县库区乡楼上村					0.2733							
177	嵩县库区乡牛寨村					-0.051333							
178	嵩县纸房乡大坡村					3.4047							
179	嵩县纸房乡高村					0.256							
180	嵩县纸房乡龙头村					0.3807							
181	嵩县陶村林场					0.296							
182	嵩县饭坡乡泥河村					0.2273							
183	嵩县饭坡乡饭坡村					0.7067							

拆迁建筑物一览表

表 10

序号	统一里程	施工桩号	距路中心距离(m)		何单位或何人所有	建筑物名称及面积(m^2/处)									备注
			左	右		平房	楼房	简易房	坟	砖墙瓦顶	砖墙筒瓦顶	砖墙混凝土板顶	红薯窖	砖围墙	
1	K0 +250	K0 +250	5		伊川县鸦岭乡宜坡村				15						
2	K0 +320	K0 +320	4		伊川县鸦岭乡宜坡村				2						
3	K0 +763	K0 +763	2		伊川县鸦岭乡宜坡村				3						
4	K1 +210	K1 +210		10	伊川县鸦岭乡宜坡村				5						
5	K1 +220	K1 +220		2	伊川县鸦岭乡宜坡村				8						
6	K1 +448	K1 +448		10	伊川县鸦岭乡黑乡村				5						
7	K1 +508	K1 +508		10	伊川县鸦岭乡黑乡村				8						
8	K1 +604	K1 +604	2		伊川县鸦岭乡黑乡村				3						
9	K1 +614	K1 +614		9	伊川县鸦岭乡黑乡村				2						
10	K2 +650	K2 +650		5	伊川县鸦岭乡双庙寨村				2						
11	K3 +139	K3 +139	4		伊川县鸦岭乡双庙寨村								1		
12	K3 +270	K3 +270	10		伊川县鸦岭乡双庙寨村				5						
13	K3 +990	K3 +990		10	伊川县鸦岭乡双庙寨村				6						
14	K3 +980	K3 +980	5		伊川县鸦岭乡双庙寨村	75				20					
15	K6 +135	K6 +135	2		伊川县鸦岭乡范窑村	165.2				64					
16	EK0 +020	EK0 +020	0		伊川县鸦岭乡前黑羊村		124.5					24			
17	EK0 +400	EK0 +400		10	伊川县鸦岭乡前黑羊村韩大伟		180		3		40			23	
18	K7 +485	K7 +485		10	伊川县鸦岭乡后黑羊村		160			68					
19	K8 +542	K8 +542		8	伊川县鸦岭乡后黑羊村韩大伟		140		5		41				
20	K8 +634	K8 +634		10	伊川县平等乡	98			2						
21	K9 +512	K9 +512	5		伊川县平等乡	120			1						

续上表

序号	统一里程	施工桩号	距路中心距离（m）		何单位或何人所有	建筑物名称及面积（m^2/处）									备注
			左	右		平房	楼房	简易房	坟	砖墙瓦顶	砖墙筒瓦顶	砖墙混凝土板顶	红薯窖	砖围墙	
22	K9 +841	K9 +841	5		伊川县平等乡	60			5						
23	K10 +024	K10 +024	9		伊川县平等乡		98.6		7						
24	K11 +547	K11 +547	12		伊川县平等乡		104.1			12			1		
25	K13 +589	K13 +589	10		伊川县平等乡	60			4						
26	K14 +674	K14 +674	10		伊川县平等乡	20			6						
27	K15 +627	K15 +627		5	伊川县平等乡	40			3	24					
28	K15 +986	K15 +986		5	伊川县平等乡	25			1						
29	K16 +048	K16 +048		5	伊川县平等乡	36.6			5						
30	K17 +239	K17 +239		2	伊川县平等乡		51		4		28				
31	K19 +250	K19 +250		5	伊川县平等乡	60			2						
32	K20 +284	K20 +284		1	伊川县平等乡	40			7				4		
33	K21 +547	K21 +547	0		伊川县平等乡				9						
34	K22 +616	K22 +616	5		伊川县平等乡				3						
35	K23 +841	K23 +841	4		伊川县平等乡				3				2		
36	K23 +852	K23 +852	1		伊川县平等乡				1						
37	K23 +867	K23 +867		1	伊川县平等乡				5					26	
38	K24 +000	K24 +000	1		伊川县平等乡				2						
39	K24 +080	K24 +080	8		伊川县平等乡				1						
40	K24 +360	K24 +360	7		伊川县平等乡				2		36				
41	K24 +922	K24 +922	8		伊川县平等乡				7				6		
42	K24 +930	K24 +930	3		伊川县平等乡				1						

续上表

序号	统一里程	施工桩号	距路中心距离(m)		何单位或何人所有	建筑物名称及面积(m^2/处)									备注
			左	右		平房	楼房	简易房	坟	砖墙瓦顶	砖墙筒瓦顶	砖墙混凝土板顶	红薯窖	砖围墙	
43	K25 +015	K25 +015		6	伊川县平等乡				3			41			
44	K25 +550	K25 +550	4		伊川县平等乡		40					41			
45	K25 +950	K25 +950			伊川县鸣皋镇				2			24			
46	K26 +200	K26 +200	5		伊川县鸣皋镇				1		75				
47	K26 +030	K26 +030		3	伊川县鸣皋镇				1				2		
48	K26 +050	K26 +050	5		伊川县鸣皋镇				1						
49	K26 +467	K26 +467	5		伊川县鸣皋镇				1				3		
50	K26 +553	K26 +553		1	伊川县鸣皋镇				1					34	
51	K26 +620	K26 +620	0		伊川县鸣皋镇				4				7		
52	K26 +825	K26 +825		2	伊川县鸣皋镇				2		54				
53	K27 +050	K27 +050	5		伊川县鸣皋镇				1						
54	K27 +586	K27 +586	5		伊川县鸣皋镇				20						
55	K27 +860	K27 +860	5		伊川县鸣皋镇				10						
56	K28 +490	K28 +490	10		伊川县鸣皋镇				1					19	
57	K28 +992	K28 +992		6	伊川县鸣皋镇				1						
58	K29 +315	K29 +315		4	伊川县鸣皋镇				1		13				
59	K29 +480	K29 +480		5	伊川县鸣皋镇				2						
60	K29 +790	K29 +790		5	伊川县鸣皋镇				1						
61	K29 +800	K29 +800	1		伊川县鸣皋镇				2						
62	K29 +820	K29 +820	1		伊川县鸣皋镇				1					1	

续上表

序号	统一里程	施工桩号	距路中心距离(m)		何单位或何人所有	建筑物名称及面积(m^2/处)									备注
			左	右		平房	楼房	简易房	坟	砖墙瓦顶	砖墙筒瓦顶	砖墙混凝土板顶	红薯窖	砖围墙	
63	K29 +870	K29 +870		2	伊川县鸣皋镇				7					1	
64	K30 +708	K30 +708		5	伊川县鸣皋镇				1						
65	K30 +830	K30 +830	3		伊川县鸣皋镇				1			10			
66	K31 +000	K31 +000	10		伊川县鸣皋镇			108		600		20			
67	K30 +950	K30 +950		10	伊川县鸣皋镇				13						
68	K31 +070	K31 +070		0	伊川县鸣皋镇							100			
69	K31 +090	K31 +090		10	伊川县鸣皋镇				30						
70	K31 +200	K31 +200		1	伊川县鸣皋镇				1						
71	K31 +280	K31 +280	9		伊川县鸣皋镇				2						
72	K31 +729	K31 +729	10		伊川县鸣皋镇							1350			
73	K32 +000	K32 +000	3		伊川县鸣皋镇				10						
74	K32 +550	K32 +550		10	伊川县鸣皋镇		105		1						
75	K32 +995	K32 +995	5		伊川县鸣皋镇				2						
76	K32 +995	K32 +995	5		伊川县鸣皋镇				2						
77	K33 +010	K33 +010		10	伊川县鸣皋镇	25									
78	K33 +035	K33 +035		10	伊川县鸣皋镇	42									
79	K34 +045	K34 +045		10	伊川县鸣皋镇	24.8									
80	K33 +129	K33 +129		10	伊川县鸣皋镇	40									
81	K33 +200	K33 +200	0		伊川县鸣皋镇	104									
82	K33 +239	K33 +239		5	伊川县鸣皋镇	15									
83	K33 +560	K33 +560		5	嵩县日湖乡	16									

续上表

序号	统一里程	施工桩号	距路中心距离(m)		何单位或何人所有	建筑物名称及面积(m^2/处)									备注
			左	右		平房	楼房	简易房	坟	砖墙瓦顶	砖墙筒瓦顶	砖墙混凝土板顶	红薯窖	砖围墙	
84	K33 +610	K33 +610	4		嵩县田湖乡	23									
85	K33 +631	K33 +631	2		嵩县田湖乡	150									
86	K35 +270	K35 +270		5	嵩县田湖乡徐连耕			22	1			50		1	
87	K35 +280	K35 +280	3		嵩县田湖乡郭万里		25		1			40		1	
88	K35 +290	K35 +290	3		嵩县田湖乡战斗		69		1			40		1	
89	K35 +280	K35 +280		0	嵩县田湖乡冯继宾	104			1			40		1	
90	K35 +290	K35 +290		0	嵩县田湖乡郭存粮	24									
91	K35 +270	K35 +270		5	嵩县田湖乡郭六五	104						5			
92	K35 +300	K35 +300	3		嵩县田湖乡郭伟刚	66						50		1	
93	K35 +300	K35 +300	2		嵩县田湖乡郭社现		59		1			7		1	
94	K35 +375	K35 +375	3		嵩县田湖乡徐群更									1	
95	K35 +363	K35 +363		5	嵩县田湖乡冯红军	47								1	
96	K35 +352	K35 +352		5	嵩县田湖乡郭铁锁	39								1	
97	K35 +560	K35 +560		5	嵩县田湖乡郭少亮	36		105			1			1	
98	K35 +560	K35 +560		5	嵩县田湖乡郭摄									1	
99	K35 +560	K35 +560	1		嵩县田湖乡郭虎建		18					45			
100	K35 +580	K35 +580		10	嵩县田湖乡		12								
101	K35 +460	K35 +460		8	嵩县田湖乡				1						
102	K34 +313	K34 +313	1		嵩县田湖乡				1						
103	K34 +323	K34 +323	1		嵩县田湖乡				1						

续上表

序号	统一里程	施工桩号	距路中心距离（m）		何单位或何人所有	建筑物名称及面积（m^2/处）									备注
			左	右		平房	楼房	简易房	坟	砖墙瓦顶	砖墙筒瓦顶	砖墙混凝土板顶	红薯窖	砖围墙	
104	K34 +829	K34 +829		10	嵩县田湖乡				1						
105	K34 +921	K34 +921	9		嵩县田湖乡				3						
106	K35 +245	K35 +245	2		嵩县田湖乡柿园二队		12								
107	K35 +250	K35 +250	5		嵩县田湖乡魏少芬			12	1	40		80		1	
108	K35 +270	K35 +270	5		嵩县田湖乡郭灿晓				1	20		40		1	
109	K35 +280	K35 +280	6		嵩县田湖乡苏战武		29		1			40		1	
110	K35 +290	K35 +290	6		嵩县田湖乡张治轩					15		20		1	
111	K35 +310	K35 +310		10	嵩县田湖乡张自民	56			4					1	
112	K38 +380	K38 +380		10	伊川县酒后乡张自民	54			7						
113	K38 +390	K38 +390		7	伊川县酒后乡张自民	24									
114	K38 +430	K38 +430		7	伊川县酒后乡马云学		104					30		1	
115	K38 +436	K38 +436	8		伊川县酒后乡路红钦		104							1	
116	K38 +664	K38 +664		8	伊川县酒后乡	24									
117	K38 +656	K38 +656		10	伊川县酒后乡路利荣	36			1	20		60		1	
118	K38 +660	K38 +660	4		伊川县酒后乡路麦圈				1			60		1	
119	K38 +680	K38 +680	4		伊川县酒后乡路占立				1			60		1	
120	K38 +690	K38 +690		0	伊川县酒后乡路新安				1	30		70	70	1	
121	K38 +690	K38 +690	5		伊川县酒后乡	30									
122	K38 +700	K38 +700	4		伊川县酒后乡路长权				1			50	60	1	
123	K38 +700	K38 +700	4		伊川县酒后乡路庙五队										
124	K38 +700	K38 +700	4		伊川县酒后乡路何生									1	

续上表

序号	统一里程	施工桩号	距路中心距离(m)		何单位或何人所有	建筑物名称及面积(m^2/处)									备注
			左	右		平房	楼房	简易房	坟	砖墙瓦顶	砖墙筒瓦顶	砖墙混凝土板顶	红薯窖	砖围墙	
125	K38 +700	K38 +700		4	伊川县酒后乡韩顺河							50	60		
126	K38 +700	K38 +700	7		伊川县酒后乡马建修		8						60		
127	K38 +700	K38 +700	5		伊川县酒后乡路原思									1	
128	K38 +700	K38 +700		5	伊川县酒后乡路平思			18.5				30		1	
129	K38 +700	K38 +700		5	伊川县酒后乡赵战伟				1				50	1	
130	K38 +700	K38 +700	3		伊川县酒后乡路思里								20	1	
131	K38 +700	K38 +700	4		伊川县酒后乡路永同								80		
132	K38 +700	K38 +700		5	伊川县酒后乡路占立			21.5				30	70		
133	K38 +700	K38 +700	4		伊川县酒后乡路兵思				1			40		1	
134	K38 +800	K38 +800	4		伊川县酒后乡	50			1						
135	K39 +030	K39 +030	3		伊川县酒后乡	30			4						
136	K39 +115	K39 +115		1	伊川县酒后乡		120		2						
137	K39 +190	K39 +190		1	伊川县酒后乡		86.5		3						
138	K39 +254	K39 +254	5		伊川县酒后乡		12		2						
139	K39 +330	K39 +330	8		伊川县酒后乡	62.3			1						
140	K39 +690	K39 +690		12	伊川县酒后乡	60			3						
141	K39 +720	K39 +720	1		伊川县酒后乡		100		2						
142	K39 +735	K39 +735	10		伊川县酒后乡		100		5						
143	K39 +810	K39 +810	0		伊川县酒后乡		120		3						
144	K39 +880	K39 +880		12	伊川县酒后乡		84		4						
145	K47 +444.788	K46 +550	5		嵩县饭坡乡	80									

续上表

序号	统一里程	施工桩号	距路中心距离(m)		何单位或何人所有	建筑物名称及面积(m²/处)									备注
			左	右		平房	楼房	简易房	坟	砖墙瓦顶	砖墙筒瓦顶	砖墙混凝土板顶	红薯窖	砖围墙	
146	K48 +124.788	K47 +230	5		嵩县饭坡乡	0									
147	K49 +134.788	K48 +240	5		嵩县饭坡乡	278									
148	K49 +154.788	K48 +260		8	嵩县饭坡乡	234									
149	K49 +174.788	K48 +280		8	嵩县饭坡乡	378									
150	K49 +194.788	K48 +300	7		嵩县饭坡乡	215									
151	K49 +394.788	K48 +500	6		嵩县饭坡乡	544									
152	K52 +054.788	K51 +160		2	嵩县饭坡乡	186									
153	K51 +910.788	K51 +016		13	嵩县饭坡乡	320									
154	K51 +943.788	K51 +049		12	嵩县饭坡乡	597									
155	K51 +964.788	K51 +070		12	嵩县饭坡乡	633									
156	K52 +543	K51 +644	2		嵩县库区乡	30									
157	K53 +524	K52 +625	1		嵩县库区乡				1			35	20	1	
158	K53 +698	K52 +799	2	5	嵩县库区乡										
159	K54 +721	K53 +822		5	嵩县库区乡									1	
160	K55 +487	K54 +588		5	嵩县库区乡							50	60		
161	K56 +847	K55 +948	6		嵩县库区乡		8						10		
162	K57 +421	K56 +522	6		嵩县库区乡									1	
163	K59 +274	K58 +375		2	嵩县库区乡			8				30		1	
164	K61 +568	K61 +568	7		嵩县纸房乡雷金制				1				50	1	
165	K61 +568	K61 +568	10		嵩县纸房乡孙相军								20	1	
166	K61 +568	K61 +568	10		嵩县纸房乡张海武								4		
167	K61 +568	K61 +568		5	嵩县纸房乡孙果园	100			10						
168	AK0 +090	K61 +568	9		嵩县纸房乡高村大队	10			70	913					

拆迁电力及电信设备一览表

表 11

序号	统一里程		施工桩号		交叉角度（°）	拆迁长度（m）	所属单位	用途	电线架			电杆			电线			备注
	起	讫	起	讫					种类	编号	根数	种类	编号	根数	种类	编号	根数	
洛嵩段电力																		
1			K0 +325			600	洛阳供电公司					混凝土杆		5				
2			K3 +450			600	伊川电业局					混凝土杆		6				
3			K3 +975			600	伊川电业局					混凝土杆		5				
4			K4 +050			600	伊川电业局					混凝土杆		5				
5			K5 +353			450	伊川电业局		钢管塔		2	混凝土杆		3				
6			K5 +393			450	伊川电业局		钢管塔		2	混凝土杆		3				
7			K5 +400			600	伊川电业局					混凝土杆		5				
8			K6 +150			600	伊川电业局					混凝土杆		5				
9			K6 +170			600	伊川电业局					混凝土杆		5				
10			K6 +190			600	伊川电业局					混凝土杆		5				
11			K8 +700			600	伊川电业局		钢管塔		2	混凝土杆		5				
12			K9 +042			600	伊川电业局					混凝土杆		5				
13			K9 +567			600	伊川电业局					混凝土杆		5				
14			K11 +020			600	伊川电业局					混凝土杆		5				
15			K12 +200			600	伊川电业局					混凝土杆		4				
16			K13 +520			600	伊川电业局					混凝土杆		4				
17			K13 +545			1050	伊川电业局					混凝土杆		7				
18			K16 +100			600	伊川电业局					混凝土杆		4				
19			K19 +839			900	伊川电业局					混凝土杆		5				
20			K22 +389			600	伊川电业局					混凝土杆		5				
21			K27 +220			600	伊川电业局					混凝土杆		5				
22			K28 +650			720	伊川电业局					混凝土杆		5				

续上表

序号	统一里程		施工桩号		交叉角度（°）	拆迁长度（m）	所属单位	用途	电线架			电杆			电线			备注
	起	讫	起	讫					种类	编号	根数	种类	编号	根数	种类	编号	根数	
23			K29 +842			720	伊川电业局					混凝土杆		6				
24			K30 +742			600	伊川电业局					混凝土杆		6				
25			K30 +998			600	伊川电业局					混凝土杆		4				
26			K31 +800			600	伊川电业局					混凝土杆		4				
27			K35 +200			720	嵩县电业局					混凝土杆		6				
28			K38 +200			1050	伊川电业局					混凝土杆		7				
29			K38 +210			300	伊川电业局					混凝土杆		3				
30			K41 +805			900	嵩县电业局					混凝土杆		5				
31			K39 +682			600	伊川电业局					混凝土杆		5				
32			K43 +400			540	嵩县电业局					混凝土杆		5				
33			K43 +900			600	嵩县电业局					混凝土杆		5				
34			K48 +739			600	嵩县电业局					混凝土杆		5				
35			AK0 +320			1260	嵩县电业局					混凝土杆		8				
36			AKO +360			1350	嵩县电业局					混凝土杆		9				
37			K56 +730			500	嵩县电业局					混凝土杆		4				
38			K55 +150			300	嵩县电业局					混凝土杆		2				
39			K60 +560			600	嵩县电业局					混凝土杆		5				
40			K61 +560			600	嵩县电业局					混凝土杆		5				
41			K3 +985			1200	伊川电业局					混凝土杆		7				
42			K4 +150			800	伊川电业局					混凝土杆		7				
43			K4 +250			600	伊川电业局					混凝土杆		4				
44			K4 +271			800	伊川电业局					混凝土杆		5				

续上表

序号	统一里程		施工桩号		交叉角度（°）	拆迁长度（m）	所属单位	用途	电线架			电杆			电线			备注
	起	讫	起	讫					种类	编号	根数	种类	编号	根数	种类	编号	根数	
45			K8 +700			600	伊川电业局					混凝土杆		3				
46			K9 +567			150	伊川电业局					混凝土杆		2				
47			K9 +567			1200	伊川电业局					混凝土杆		7				
48			K9 +600			100	伊川电业局					混凝土杆		2				
49			K11 +060				伊川电业局					混凝土杆		2				
50			K12 +140			600	伊川电业局					混凝土杆		4				
51			K12 +160			100	伊川电业局					混凝土杆		2				
52			K12 +200			200	伊川电业局					混凝土杆		2				
53			K13 +520			150	伊川电业局					混凝土杆		2				
54			K13 +545			1400	伊川电业局					混凝土杆		8				
55			K13 +545			240	伊川电业局					混凝土杆		2				
56			K13 +708			400	伊川电业局					混凝土杆		3				
57			K13 +708			180	伊川电业局					混凝土杆		2				
58			K14 +130			1200	伊川电业局					混凝土杆		7				
59			K16 +400			1400	伊川电业局					混凝土杆		8				
60			K17 +100			450	伊川电业局					混凝土杆		4				
61			K19 +960			400	伊川电业局					混凝土杆		3				
62			K19 +960			300	伊川电业局					混凝土杆		2				
63			K22 +600			880	伊川电业局					混凝土杆		5				
64			K22 +857			600	伊川电业局					混凝土杆		4				
65			K24 +900			800	伊川电业局					混凝土杆		5				
66			K24 +960			800	伊川电业局					混凝土杆		5				
67			K26 +700			100	伊川电业局					混凝土杆		2				

续上表

序号	统一里程		施工桩号		交叉角度(°)	拆迁长度(m)	所属单位	用途	电线架			电杆			电线			备注
	起	讫	起	讫					种类	编号	根数	种类	编号	根数	种类	编号	根数	
68			K31 +067			600	伊川电业局					混凝土杆		4				
69			K31 +067			120	伊川电业局					混凝土杆		2				
70			K31 +120			120	伊川电业局					混凝土杆		2				
71			K32 +260			480	伊川电业局					混凝土杆		3				
72			K35 +256			480	嵩县电业局					混凝土杆		3				
73			K35 +300			720	嵩县电业局					混凝土杆		4				
74			K35 +300			420	嵩县电业局					混凝土杆		2				
75			K35 +362			720	嵩县电业局					混凝土杆		4				
76			K35 +425			960	嵩县电业局					混凝土杆		5				
77			K38 +210			400	伊川电业局					混凝土杆		3				
78			K38 +400			600	伊川电业局					混凝土杆		4				
79			K38 +400			420	伊川电业局					混凝土杆		2				
80			K38 +650			640	伊川电业局					混凝土杆		4				
81			K38 +650			540	伊川电业局					混凝土杆		2				
82			K38 +660			200	伊川电业局					混凝土杆		3				
83			K38 +700			640	伊川电业局					混凝土杆		4				
84			K38 +700			350	伊川电业局					混凝土杆		2				
85			K40 +150			640	嵩县电业局					混凝土杆		4				
86			K42 +010			600	嵩县电业局					混凝土杆		7				
87			K42 +500			640	嵩县电业局					混凝土杆		4				
88			K42 +830			800	嵩县电业局					混凝土杆		5				
89			K43 +200			600	嵩县电业局					混凝土杆		4				

续上表

序号	统一里程		施工桩号		交叉角度(°)	拆迁长度(m)	所属单位	用途	电线架			电杆			电线			备注
	起	讫	起	讫					种类	编号	根数	种类	编号	根数	种类	编号	根数	
90			K44 +100			100	嵩县电业局					混凝土杆		2				
91			K45 +800			600	嵩县电业局					混凝土杆		4				
92			K46 +209			480	嵩县电业局					混凝土杆		4				
93			K46 +500			640	嵩县电业局					混凝土杆		5				
94			K46 +500			240	嵩县电业局					混凝土杆		2				
95			K48 +450			880	嵩县电业局					混凝土杆		5				
96			K46 +480			720	嵩县电业局					混凝土杆		4				
97			K50 +145			800	嵩县电业局					混凝土杆		5				
98			K56 +850			600	嵩县电业局					混凝土杆		2				
99			K56 +780			120	嵩县电业局					混凝土杆		1				
100			K56 +730			560	嵩县电业局					混凝土杆		4				
101			K55 +300			120	嵩县电业局					混凝土杆		1				
102			K55 +080			120	嵩县电业局					混凝土杆		1				
103			K50 +879				嵩县电业局					混凝土杆		1				
104			K50 +940			400	嵩县电业局					混凝土杆		3				
105			K51 +060			600	嵩县电业局					混凝土杆		4				
106			K51 +133			600	嵩县电业局					混凝土杆		4				
107			K51 +140				嵩县电业局					混凝土杆		1				
108			K51 +591			600	嵩县电业局					混凝土杆		4				
109			K56 +780			1200	嵩县电业局					混凝土杆		7				
110			K61 +563			1040	嵩县电业局					混凝土杆		6				
111			K4 +220			300			终端塔	2c-J1	2							改造
112			K5 +353			280			终端塔	2c-J1	2							

续上表

序号	统一里程		施工桩号		交叉角度(°)	拆迁长度(m)	所属单位	用途	电线架			电杆			电线			备注
	起	讫	起	讫					种类	编号	根数	种类	编号	根数	种类	编号	根数	
113			K9 +265			500			终端塔	2c-J1	2							改造
114			K11 +375			300			终端塔	2c-J1	2							
115			K17 +852			350			终端塔	2c-J1	2							
116			K18 +041			350			终端塔	2c-J1	2							
117			K40 +300			450			终端塔	2c-J1	2							
118			K56 +770			550			终端塔	2c-J1	2							
119			K56 +730			530			终端塔	2c-J1	2							
120			K55 +300			580			终端塔	2c-J1	2							
121			K41 +438			350			终端塔	2c-J1	2							
122			K11 +600			350			直线角钢塔	1B-ZM3	2							
123			K17 +593			350			直线角钢塔	1B-ZM3	2							
124			K26 +500			220			直线角钢塔	1B-ZM3	2							
125			K26 +634			260			直线角钢塔	1B-ZM3	2							
126			K26 +850			260			直线角钢塔	1B-ZM3	2							
127			K26 +996			260			直线角钢塔	1B-ZM3	2							
128			K48 +450			300			直线角钢塔	1B-ZM3	2							
129			K48 +739			300			直线角钢塔	1B-ZM3	2							
130			K49 +400			300			直线角钢塔	1B-ZM3	2							
131			K55 +180			300			直线角钢塔	1B-ZM3	2							
132			K3 +450			176	伊川电业局											电力新增
133			K38 +630			163	嵩县电业局											
134			服务区			198	嵩县电业局											
135			K56 +100			255	嵩县电业局											

续上表

序号	统一里程		施工桩号		交叉角度（°）	拆迁长度（m）	所属单位	用途	电线架			电杆			电线			备注
	起	讫	起	讫					种类	编号	根数	种类	编号	根数	种类	编号	根数	
136			AK0 + 100			128	嵩县电业局											
137			AK0 + 200			142	嵩县电业局											
138			K6 + 725			276	伊川电业局											
139			GK0 + 040			584	嵩县电业局											
140			FK0 + 080			467	嵩县电业局											
141			K15 + 820			498	伊川电业局											
142			K35 + 580			482	嵩县电业局											电力新增
143			AK0 + 620			325	嵩县电业局											
144			服务区			582	嵩县电业局											
145			DK0 + 270			278	嵩县电业局											
146			服务区			585	嵩县电业局											
147			K40 + 300			1843	嵩县电业局											
洛嵩段通信																		
1							长线局											34 处
2							国防											2 处
3							联通											19 处
4							移动											25 处
5							电信											7 处
6							广电											2 处
7			K0 + 325			181	广电											
8			K9 + 200			105	联通										5	通信新增
9			AK0 + 600			304	联通											
10			K35 + 300			322	移动										3	

表 12

直线、曲线及转角点一览表

序号	交点(JD)			转度(a)		曲线													直线长度(m)	备注
	编号	统一里程	施工桩号	左 Z	右 Y	半径 R (m)	缓和曲线长度 L (m)	切线长 T (m)	曲线长 L (m)	外距 E (m)	第一缓和曲线起点 ZH	圆曲线起点或第一缓和曲线终点 ZY (HY)	曲线中点 QZ	圆曲线终点或第二缓和曲线起点 YZ (HY)	第二缓和曲线终点 HZ	第三缓和曲线起点 YH	第二缓和曲线终点 HZ			
1	JD1	K0 + 790.859	K0 + 790.859		37°07′08.4″	1500 721.773	512.3724 260	629.18	1221.773		K0 + 161.679	K0 + 411.679		K1 + 133.453	K1 + 383.453				161.679	本路线采用 1980 西安坐标系
2	JD2	K2 + 262.053	K2 + 262.053	41°18′08.6″		2000 1190.562	707.1068 250	878.6	1690.562		K1 + 383.453	K1 + 633.453		K2 + 824.014	K3 + 074.014				0.000	
3	JD3	K4 + 989.451	K4 + 989.451	12°02′11.1″		6000 1160.451		633.885	1360.451		K4 + 355.565			K5 + 516.016	K5 + 716.016				1281.551	
4	JD4	K6 + 366.291	K6 + 366.291		29°24′50.0″	2000 707.911	707.1068 250	650.275	1276.739		K5 + 716.016	K5 + 966.016		K6 + 742.755	K6 + 992.755				0.000	
5	JD5	K7 + 606.383	K7 + 606.383	27°26′31.8″		2000	250	613.628	1207.911	60.093	K6 + 992.755	K7 + 242.755	K7 + 596.711	K7 + 950.666	K8 + 200.666				0.000	
6	JD6	K9 + 905.654	K9 + 905.654		56°17′04.2″	3000	200	1704.989	3147.05	402.842	K8 + 200.666	K8 + 400.666	K9 + 774.191	K11 + 147.716	K11 + 347.716				0.000	
7	JD7	K12 + 181.242	K12 + 181.242	16°41′27.8″		5000	200	833.526	1656.568	53.85	K11 + 347.716	K11 + 547.716	K12 + 176	K12 + 804.284	K13 + 004.284				0.000	
8	JD8	K14 + 035.746	K14 + 035.746		29°48′06.6″	3500	200	1031.462	2020.491	122.287	K13 + 004.284	K13 + 204.284	K14 + 014.529	K14 + 824.774	K15 + 024.774				1146.829	
9	JD9	K17 + 467.914	K17 + 467.914	10°0′46″			250	1296.31	2368.109		K16 + 171.604	K16 + 421.604	K17 + 467.914		K18 + 289.713				0.000	

续上表

序号	交点(JD)			转度(a)		曲线												直线长度(m)	备注
	编号	统一里程	施工桩号	左 Z	右 Y	半径 R(m)	缓和曲线长度 L(m)	切线长 T(m)	曲线长 L(m)	外距 E(m)	第一缓和曲线起点 ZH	圆曲线起点或第一缓和曲线终点 ZY(HY)	曲线中点 QZ	圆曲线终点或第二缓和曲线起点 YZ(HY)	第二缓和曲线终点 HZ	第三缓和曲线起点 YH	第二缓和曲线终点 HZ		
10	JD10	K20 + 386.215	K20 + 386.215		14°1′8″		250	1846.503	3021.527		K18 + 539.713	K18 + 789.713	K20 + 386.215		K21 + 311.24			0.000	
11	JD11	K22 + 621.175	K22 + 621.175	11°6′7″			200	1059.935	1867.762		K21 + 561.24	K21 + 761.24	K22 + 621.175		K23 + 229.002			0.000	
12	JD12	K23 + 797.561	K23 + 797.561		30°01′15.5″	1000	200	368.559	724	37.052	K23 + 429.002	K23 + 629.002	K23 + 797.561	K24 + 152.967	K23 + 952.967			0.000	
13	JD13	K24 + 631.031	K24 + 631.031		21°24′02.2″	2000	200	478.064	947.022	36.24	K24 + 152.967	K24 + 352.967	K24 + 631.031	K25 + 099.989	K24 + 899.989			0.000	
14	JD14	K27 + 045.235	K27 + 045.235		49°32′14.3″	4000	200	1846.151	3558.355	405.482	K25 + 099.989	K25 + 299.989	K27 + 045.235	K28 + 658.344				935.489	
15	JD15	K30 + 335.711	K30 + 335.711		34°15′48.4″	2000	250	741.878	1446.02	94.222	K29 + 593.833	K29 + 843.833	K30 + 335.711	K31 + 039.854	K30 + 789.854			0.000	
16	JD16	K31 + 524.555	K31 + 524.555		26°56′30.9″	1500	250	484.701	955.338	44.22	K31 + 039.854	K31 + 289.854	K31 + 524.555	K31 + 995.191	K31 + 745.191			0.000	
17	JD17	K32 + 671.607	K32 + 671.607		37°59′50.1″	1600	250	676.416	1311.083	93.9	K31 + 995.191	K32 + 245.191	K32 + 671.607	K33 + 305.903	K33 + 055.903			226.237	断链1:K33 +000 = K32 + 999.629
18	JD18	K33 + 836.666	K33 + 836.666		11°40″24.4	2000	200	304.525	607.480		K33 + 532.141	L33 + 732.141		K33 + 939.621	K34 + 139.621				

续上表

序号	交点(JD)			转度(a)		曲线												直线长度(m)	备注
	编号	统一里程	施工桩号	左 Z	右 Y	半径 R (m)	缓和曲线长度 L (m)	切线长 T (m)	曲线长 L (m)	外距 E (m)	第一缓和曲线起点 ZH	圆曲线起点或第一缓和曲线终点 ZY (HY)	曲线中点 QZ	圆曲线终点或第二缓和曲线起点 YZ (HY)	第二缓和曲线终点 HZ	第三缓和曲线起点 YH	第二缓和曲线终点 HZ		
19	JD19	K35 + 111.275	K35 + 111.275	58°49″43.8		1500	250	971.653	1790.135		K34 + 139.621	K34 + 389.621		K35 + 676.756	K35 + 929.756			0.000	
20	JD20	K38 + 624.753	K38 + 624.753		105°31″20.6	800	200	1155.167	1673.37		K37 + 469.586	K37 + 669.586		K38 + 942.956	K39 + 142.956			1539.829	
21	JD21	K39 + 564.673	K39 + 564.673	35° 36″56.3		1000	200	421.717	821.61		K39 + 142.956	K39 + 342.956		K39 + 764.566	K39 + 964.566			0.000	
22	JD22	K40 + 356.317	K40.355.946		32°26″32.7	1000	200	391.38	766.227		K39 + 964.566	K40.164.566		K40.530.793	K40 + 730.793			0.000	
23	JD23	K41 + 235.993	K41 + 235.622	44°00′57.4″					968.223		K40 + 730.7932	K40 + 930.7932		K41 + 499.0162			K41 + 699.0162	0.000	断链 2：k41 + 949.016 = k41 + 049.934
24	JD24	K42 + 145.027	K41 + 245.574		24°06′24.7″				881.116		K41 + 699.0162	K41 + 049.9343		K41 + 431.0513			K41 + 681.0513	0.000	
25	JD25	K43 + 862.409	K42 + 962.956	53°48′33.4″					2167.931		K41 + 681.0513	K41 + 931.0513		K43 + 004.073	K43 + 154.073	K43 + 598.9823	K43 + 848.9823	0.000	
26	JD26	K45 + 265.026	K44 + 365.573		54°44′16.9″				989.287		K43 + 848.9823	K44 + 048.9823		K44 + 588.2693			K44 + 838.2693	0.000	
27	JD27	K46 + 060.808	K45 + 161.355	33°01′47.7″					595.889		K44 + 838.2693	K45 + 138.2693		K45 + 234.1583			K45 + 434.1583	0.000	

续上表

序号	交点(JD)			转度(a)		曲线												直线长度(m)	备注
	编号	统一里程	施工桩号	左 Z	右 Y	半径 R(m)	缓和曲线长度 L(m)	切线长 T(m)	曲线长 L(m)	外距 E(m)	第一缓和曲线起点 ZH	圆曲线起点或第一缓和曲线终点 ZY(HY)	曲线中点 QZ	圆曲线终点或第二缓和曲线起点 YZ(HY)	第二缓和曲线终点 HZ	第三缓和曲线起点 YH	第二缓和曲线终点 HZ		
28	JD28	K46 + 596.395	K45 + 696.942		7°31′02.6″				524.813		K45 + 434.1583						K45 + 958.9713	0.000	断链3：K46 + 200 = K46 + 204.665
29	JD29	K47 + 586.155	K46 + 691.367	64°09′08.5″		1000	200	727.731	1319.67	1255.372	K45 + 958.971	K46 + 158.971	K46 + 691.367	K47 + 083.307	K47 + 283.307				
30	JD30	K48 + 705.736	K47 + 810.948		56°08′08.2″	800	200	527.641	983.801	922.698	K47 + 283.307	K47 + 483.307	K47 + 810.948	K48 + 067.108	K48 + 267.108				
31	JD31	K49 + 556.953	K48 + 662.165	20°23′28.4″		1500	250	395.057	783.841	860.627	K48 + 267.108	K48 + 517.108	K48 + 662.165	K48 + 800.949	K49 + 050.949				
32	JD32	K50 + 411.307	K49 + 516.519		40°06′13.2″	1000	200	465.57	899.941	923.138	K49 + 050.949	K49 + 250.949	K49 + 516.519	K49 + 750.89	K49 + 950.89				
33	JD33	K51 + 303.246	K50 + 408.458	39°17′37.6″		1000	200	457.568	885.806	936.304	K49 + 950.89	K50 + 150.89	K50 + 408.458	K50 + 636.696	K50 + 836.696				
34	JD34	K52 + 210.22	K51 + 315.432		26°30′39.8″	1500	250	478.736	944.058	1332.436	K50 + 836.696	K51 + 086.696	K51 + 315.432	K51 + 530.754	K51 + 780.754			470.758	
35	JD35	K53 + 529.242	K52 + 634.454	14°41′21.6″		2000	250	382.942	762.753	17.858	K52 + 251.512	K52 + 501.512		K52 + 764.266	K53 + 014.266				
36	JD36	K54 + 879.46	K53 + 981.672		59°03′45.8″	1000	200	667.406	1230.839	151.227	K53 + 014.266	K53 + 214.266		K54 + 045.105	K54 + 245.105				

续上表

序号	交点(JD)			转度(a)		曲线												直线长度(m)	备注
	编号	统一里程	施工桩号	左 Z	右 Y	半径 R(m)	缓和曲线长度 L(m)	切线长 T(m)	曲线长 L(m)	外距 E(m)	第一缓和曲线起点 ZH	圆曲线起点或第一缓和曲线终点 ZY(HY)	曲线中点 QZ	圆曲线终点或第二缓和曲线起点 YZ(HY)	第二缓和曲线终点 HZ	第三缓和曲线起点 YH	第二缓和曲线终点 HZ		
37	JD37	K55 + 385.902	K54 + 491.114	20°38′28.3″		800	200	246.009	488.206	15.273	K54 + 245.105	K54 + 445.105		K54 + 533.311	K54 + 733.311				
38	JD38	K56 + 003.227	K55 + 112.716		49°04′54.9″	600	200	375.129	713.985	62.634	K54 + 733.311	K54 + 933.311		K55 + 251.573	K55 + 451.573				
39	JD39	K56 + 663.216	K55 + 772.705	40°18′27.9″		600	200	321.135	622.102	42.09	K55 + 451.573	K55 + 651.573		K55 + 873.674	K56 + 073.674				
40	JD40	K57 + 341.655	K56 + 451.144		6°21′8″	5000	200	377.47	754.337	8.026	K56 + 073.674	K56 + 273.674		K56 + 628.012	K56 + 828.012				
41	JD41	K58 + 026.103	57 + 135.592	38°01′14.2″		600	200	307.581	598.151	37.547	K56 + 828.012	K57 + 028.012		K57 + 226.163	K57 + 426.163				
42	JD42	K58 + 130.376	K58 + 130.376	−2.52024		1000	200	704.184	1285.556		K57 + 426.163	K57 + 626.163		K58 + 511.719	K58 + 711.719				
43	JD43	K59 + 366.324	K59 + 366.324		0.609080519	1000	200	654.605	1174.774		K58 + 711.719	K58 + 911.719		K59 + 736.493	K59 + 886.493				
44	JD44	K60 + 013.26	K60 + 013.26		0.566829556	6000		126.767	253.497		K59 + 886.493				K60 + 139.99			470.758	
45	JD45	K60 + 671.349	K60 + 671.349		1.355703184	1000	230	531.36	1003.873		K60 + 139.99	K60 + 369.99		K60 + 943.862	K61 + 143.862				
46	JD46	K61 + 732.354	K61 + 732.354			2000	200	588.492	1157.855		K61 + 143.862	K61 + 343.862		K62 + 101.717	K62 + 301.717				

每公里土石方数量一览表

表 13

序号	统一里程		施工桩号		长度(m)	土石方数量(m^3)					备注
	起	讫	起	讫		合计	土方	石方	砂砾	线外方	
1	K0 +000	K0 +740	K0 +000	K0 +740	740	216848	216848				
2	K0 +740	K1 +027	K0 +740	K1 +027	287	17780	17780				
3	K1 +027	K3 +100	K1 +027	K3 +100	2073	69889	69889				
4	K3 +100	K4 +018	K3 +100	K4 +018	918	37699	37699				
5	K4 +018	K5 +000	K4 +018	K5 +000	982	71303	71303				
6	K5 +000	K6 +000	K5 +000	K6 +000	1000	114654	104182	10472			
7	K6 +000	K6 +900	K6 +000	K6 +900	900	1738	1738				
8	K14 +600	K15 +129	K14 +600	K15 +129	529	211150	211150				
9	K15 +129	K16 +011.470	K15 +129	K16 +011.470	882	73048	73048				
10	K16 +011.470	K17 +301	K16 +011.470	K17 +301	1290	18336	18336				
11	K17 +301	K18 +006.470	K17 +301	K18 +006.470	705	90586	90586				
12	K18 +006.470	K19 +012	K18 +006.470	K19 +012	1006	30158	30158				
13	K19 +012	K20 +010	K19 +012	K20 +010	998	236983	236983				
14	K20 +010	K21 +017.500	K20 +010	K21 +017.500	1008	95307	89677	5630			
15	K21 +017.500	K22 +018	K21 +017.500	K22 +018	1001	7342	7342				
16	K22 +018	K23 +013	K22 +018	K23 +013	995	129034	129034				
17	K23 +013	K23 +100	K23 +013	K23 +100	87	7404	7404				
18	K23 +100	K24 +000.4	K23 +100	K24 +000.4	900	185493	176383	2378	6732		
19	K24 +000.4	K25 +700	K24 +000.4	K25 +700	1700	267429	250220	4492	12717		

续上表

序号	统一里程		施工桩号		长度(m)	土石方数量(m^3)					备注
	起	讫	起	讫		合计	土方	石方	砂砾	线外方	
20	K25 +700	K26 +000	K25 +700	K26 +000	300	14390	11353	793	2244		
21	K26 +000	K27 +004	K26 +000	K27 +004	1004	32743	22580	2653	7510		
22	K27 +004	K28 +002	K27 +004	K28 +002	998	60251	50148	2637	7466		
23	K28 +002	K29 +031	K28 +002	K29 +031	1029	213572	162969	2719	47884		
24	K29 +031	K30 +004	K29 +031	K30 +004	973	13193	3344	2571	7278		
25	K30 +004	K31 +000	K30 +004	K31 +000	996	238978	228896	2632	7450		
26	K31 +000	K32 +010	K31 +000	K32 +010	1010	30913	20689	2669	7555		
27	K32 +010	K33 +000	K32 +010	K33 +000	990	201302	191281	2616	7405		
28	K32 +999.629	K35 +170	K32 +999.629	K33 +007	7	4	4				
29	K32 +999.629	K35 +170	K33 +007	K34 +005.617	999	170752	101135	69365		252	
30	K32 +999.629	K35 +170	K34 +005.617	K35 +005.5	1000	153289	83701	69588			
31	K32 +999.629	K35 +170	K35 +005.5	K35 +170	1345	28477.32	5462.32	16984		6031	
32	K36 +350	K38 +025	K36 +350	K37 +017.617	668	65858	1775	64083			
33	K36 +350	K38 +025	K37 +017.617	K38 +065	1047	263831	3241	260590			
34	K38 +025	K40 +000	K38 +065	K39 +017.617	953	219604	122272	97092		240	
35	K38 +025	K40 +000	K39 +017.617	K40 +000	982	308414	77896	230241		277	
36	K35 +170	K36 +350	K35 +170	K36 +350	1180	282329	93016	189313			
37	K35 +170	K36 +350	匝道			194608	1815	192793			
38	K35 +170	K36 +350	被交道			13994	11223	2771			

续上表

序号	统一里程		施工桩号		长度(m)	土石方数量(m^3)					备注
	起	讫	起	讫		合计	土方	石方	砂砾	线外方	
39	K40 +000	K41 +017.988	K40 +000	K41 +017.617	1017.6	549406	234465	292672		22268	
40	K41 +017.988	K41 +949.387	K41 +017.617	K41 +949.016	931.4	269393	86495	175776		7123	
41	K41 +949.387	K42 +976	K41 +049.934	K42 +077	1027.1	142801	5257	120437		17107	
42	K42 +976	K43 +916	K42 +077	K43 +017	940.0	216255	31080	180532		4643	
43	K43 +916	K45 +234	K43 +017	K44 +335	1318.0	44478	7006	29455		8017	
44	K45 +234	K45 +912	K44 +335	K45 +013	678.0	49728	3070	46658			
45	K45 +912	K46 +899	K45 +013	K46 +000	987.0	272371	29726	242645			
46	F1K42 +288.782	F1K42 +976	F1K41 +389.329	F1K42 +077	687.7	60706	7770	52935			
47	F1K42 +976	F1K43 +916	F1K42 +077	F1K43 +017	940.0	301266	46607	254658			
48	F1K43 +916	F1K45 +206	F1K43 +017	F1K44 +307	1290.0	52042	5973	46069			
49	F1K45 +206	F1K45 +906	F1K44 +307	F1K45 +007	700.0	94825	6584	88241			
50	F1K45 +906	F1K46 +030.996	F1K45 +007	F1K45 +131.543	124.5	108324	10832	97492			
51	K46 +899.453	K47 +099.453	K46 +000	K46 +200	200	47180	47180				
52	K47 +099.453	K47 +895.788	K46 +204.665	K47 +001	796.3	357214	357214				
53	K47 +895.788	K48 +913.788	K47 +001	K48 +019	1018	424249	341725	82524			
54	K48 +913.788	K49 +902.788	K48 +019	K49 +008	989	364646	254976	109670			
55	K49 +902.788	K52 +394.788	K49 +008	K51 +500	2492	53627	43509	10118			
56	K52 +394.788	K52 +894.788	K51 +500	K52 +000	500	183671	14139	169532			
57	K52.894.788	K50 +594.788	K52 +000	K52 +500	500	63222	3828	59394			

续上表

序号	统一里程		施工桩号		长度(m)	土石方数量(m^3)					备注
	起	讫	起	讫		合计	土方	石方	砂砾	线外方	
58	K50 +594.788	K47 +544.788	K49 +700	K50 +700	1000	1580623	1480376	100247			
59	K47 +544.788	K50 +344.788	K46 +650	K46 +830	180	209867	50832	159035			
60	K50 +344.788	K50 +584.788	K49 +450	K49 +690	240	282464	185831	96633			
61	K53 +394.79	K54 +216.79	K52 +500	K53 +322	822	513031.8	181397.4	331634.4		12941	
62	K55 +316.79	K55 +573.79	K54 +422	K54 +679	257	198245.8	159011.3	39234.5			
63	K55 +773.79	K56 +119.51	K54 +879	K55 +229	350	153238.4	153238.4	0			
64	K56 +120.51	K57 +990.51	K55 +230	K57 +100	1870		654850.3	19467.2			
65	K57 +990.511	K59 +208.511	K57 +100	K58 +318	1218	565995	26676	506835	22996	9488	
66	K59 +208.511	K59 +901.511	K58 +318	K59 +011	693	199810	19457	174901	5452		
67	K59 +901.511	K61 +658.511	K59 +011	K60 +768	1757	341856	26383	237448	22476	55549	
68	K61 +658.511	K62 +010.511	K60 +768	K61 +120	352	150728	14607	130762	5359		
69	L2K59 +396.535	L2K59 +893.511	L2K58 +506.024	L2K59 +003	497	283856	28375	255375	106		
70	L2K59 +893.511	L2K61 +673.511	L2K59 +003	L2K60 +783	1780	480702	46440	417958	16304		
71	L2K61 +673.511	L2K62 +017.167	L2K60 +783	L2K61 +126.656	227	53607	4552	40733	3923	4399	
72	嵩县互通主线	K62 +690.511	嵩县互通主线	K61 +800		112786	592	1226	511	110457	
73	匝道		匝道			273505.4363	16207		12001	245297	
74	被交道		被交道			2453	2453				

纵坡一览表

表14

序号	变坡点施工桩号		坡长(m)	纵坡(%)	竖曲线半径(m)		竖曲线长(m)	转坡点高程(m)	备注
	起	讫			凹	凸			
1	K0+000	K0+250	250	0.3		16000	280	242.9	
2	K0+250	K0+640	390	-1.5	13514		500	237.245	
3	K0+640	K1+030	390	2.3	28571		280	246.02	
4	K1+030	K1+795	765	3.2		19497	852	270.73	
5	K1+795	K2+407	612	-1.1	12000		372	263.753	
6	K2+407	K2+799	392	2		25261	412	271.436	
7	K2+799	K3+504	704.73	0.3	10000		290.1	273.754	
8	K3+504	K4+140	636.27	3.2		40000	352	294.306	
9	K4+140	K4+440	300	2.4	17103		248	301.356	
10	K4+440	K4+890	450	3.8		16668	383.35	318.456	
11	K4+890	K5+467	567.84	1.5		16217	770.34	327.109	
12	K5+467	K6+110	643.16	-3.3	10217		515.98	306.206	
13	K6+110	K6+720	610	1.8		16000	704	317.186	
14	K6+720	K7+490	610	1.8		16000	704	317.186	
15	K7+490	K7+970	770	-2.6	10961		620.1	297.166	
16	K7+970	K8+460	480	3.1		16523	339.9	311.84	
17	K8+460	K9+100	490	1	16003		640.1	316.74	
18	K9+100	K9+915	640	-3	10255		639.9	297.54	
19	K9+915	K10+730	815.05	3.2	10000	16000	990.2	323.948	
20	K10+730	K11+520	814.95	-2.6	10000	10000	414	302.433	
21	K11+520	K12+140	790	-3.2			848	314.283	
22	K12+140	K12+570	620	3		14430	200	290.723	
23	K12+570	K13+130	430	2		20553	380	282.983	
24	K13+130	K13+710	560	3.9	26767	42554	274.16	294.183	
25	K13+710	K14+321	580	-0.4			885.84	316.803	
26	K14+321	K14+730	408.99	-1.2		42554	336.18	314.298	
27	K14+730	K15+310	580	-3		26767	481.8	309.39	
28	K15+310	K15+920	610	3.8	10003		678.2	291.99	
29	K15+920	K16+500	580	0.5		16518	541.8	315.048	
30	K16+500	K17+061	561.11	-2.7		19199	618.2	317.948	
31	K17+061	K17+770	708.75	1.4	12087		504.02	302.686	
32	K17+770	K18+200	430.14	-1.9		16000	536	312.963	
33	K18+200	K18+720	520	-1	36031		324.28	304.79	

续上表

序号	变坡点施工桩号		坡长(m)	纵坡(%)	竖曲线半径(m)		竖曲线长(m)	转坡点高程(m)	备　注
	起	讫			凹	凸			
34	K18 +720	K19 +210	490	-2.6		44733	715.72	299.59	
35	K19 +210	K19 +840	630	-3.8		22023	264.28	286.85	
36	K19 +840	K20 +200	360	-1.8	20000		400	262.91	
37	K20 +200	K20 +580	380	-0.3	21333		320	256.43	
38	K20 +580	K21 +130	550	-0.7		110000	440	255.29	
39	K21 +130	K21 +910	780	0.5	20000		240	251.44	
40	K21 +910	K22 +360	450	-1.1		25000	410	255.34	
41	K22 +360	K22 +750	390	-1.7		40000	224	250.21	
42	K22 +750	K23 +140	390	2.1	10000		380	243.58	
43	K23 +140	K23 +710	570	1.07		20000	206	251.77	
44	K23 +710.000	K24 +497.680	787.68	-1.135		16000	352.8	257.869	
45	K24 +497.680	K25 +390.000	892.32	1.25	10000		238.5	248.929	
46	K25 +390.000	K25 +967.960	577.959	-2		22518.053	731.837	260.083	
47	K25 +967.960	K26 +370.000	402.041	0.85	14880.057		424.082	248.524	
48	K26 +370.000	K26 +720.000	350	-0.9		21714.285	380	251.941	
49	K26 +720.000	K27 +070.000	350	2.3	10000		320	248.791	
50	K27 +070.000	K27 +470.000	400	0.1		17272.727	380	256.841	
51	K27 +470.000	K27 +840.000	370	1.8	10000		170	257.241	
52	K27 +840.000	K28 +390.000	550	2.9	24363.636		268	263.901	
53	K28 +390.000	K29 +089.880	699.882	-2.3		16000	832	279.851	
54	K29 +089.880	K29 +630.000	540.118	1.414	10069.923		373.997	263.754	
55	K29 +630.000	K30 +300.000	670	-4.414		16000	706.24	271.391	
56	K30 +300.000	K30 +889.700	589.697	5.75	11021.913		633.76	251.291	
57	K30 +889.700	K31 +540.000	650.303	-1.65		33068.723	545.634	267.508	
58	K31 +540.000	K32 +060.000	520	-2		16000	320	274.661	
59	K32 +060.000	K32 +480.000	420	-1		27925.893	279.259	269.981	
60	K32 +480.000	K33 +080.000	600.371	5.6	10013.23		560.741	262.001	
61	K32 +760	K33 +400	600.370	3.7		16000	640.00	284.215	
62	K33 +400	K33 +880	560.000	-0.3	68571		480.00	282.535	断链：K33 +000 = K32 +999.629
63	K34 +154	K34 +746	810.000	0.4		16000	592.00	285.775	
64	K34 +921	K35 +139	580.000	-3.3	10000		218.00	266.635	

续上表

序号	变坡点施工桩号		坡长(m)	纵坡(%)	竖曲线半径(m)		竖曲线长(m)	转坡点高程(m)	备　注
	起	讫			凹	凸			
65	K35 +483	K35 +837	630.000	-1.1	19215		353.56	259.579	
66	K35 +837	K36 +392	454.280	0.7		25000	555.00	262.850	
67	K36 +392	K36 +648	405.720	-1.5	12509		256.44	256.764	
68	K36 +794	K37 +046	400.000	0.5		24000	252.00	258.964	
69	K37 +205	K37 +555	460.000	-0.5	25000		350.00	256.664	
70	K37 +841	K38 +128	604.000	0.9	10000		287.00	262.100	
71	K38 +342	K39 +058	716.000	3.8		16000	715.00	289.093	
72	K39 +058	K39 +402	530.000	-0.7	11849		344.00	285.383	
73	K39 +402	K39 +698	320.000	2.2	17467		295.00	292.455	
74	K40 +210.000	K40 +560.000	350	2.0		16000	152	318.195	
75	K40 +560.000	K41 +060.000	500	0.9		35999.999	198	325.195	
76	K41 +060.000	K41 +559.527	499.527	-1.8		22370.37	302	329.695	
77	K41 +559.527	K41 +216.531	556.086	0.9	13168.442		177.774	320.703	
78	K41 +216.531	K41 +800.000	583.469	-0.3		23000	138	325.708	
79	K41 +800.000	K42 +283.158	483.158	3.75	12600.389		255.158	323.958	
80	K42 +283.158	K42 +800.000	516.842	0.9		16000	228	342.076	
81	K42 +800.000	K43 +190.000	390	-1.0		16000	152	346.728	
82	K43 +190.000	K43 +700.000	510	0.3	18000		117	342.828	
83	K43 +700.000	K44 +390.000	690	2.5	12000		132	344.358	
84	K44 +390.000	K45 +036.000	646	-1.921		16000	353.68	361.608	
85	K45 +036.000	K45 +700.040	664.04	0.5	10000		121.05	349.198	
86	K45 +700.040	K46 +260.335	560.295	3.4585	12000		177.51	352.518	
87	F1K41 +559.530	F1K42 +290.000	730.47	3.7				320.703	
88	F1K42 +290.000	F1K42 +792.030	502.03	0.985		18413.659	249.965	347.731	
89	F1K42 +792.030	F1K43 +190.000	397.97	-2.085		16421.13	252.064	352.675	
90	F1K43 +190.000	F1K43 +680.000	490	0.3	12235.294		145.906	344.378	
91	F1K43 +680.000	F1K44 +373.430	693.43	2.3	14000		140	345.848	
92	F1K44 +373.430	F1K45 +029.270	655.84	-1.921		16401.79	346.16	361.797	
93	K45 +700	K46 +265	560.29	3.5	12000		355.02	352.518	
94	K46 +265	K46 +740	475	1		16000	393.36	371.896	断链：K46 +200 = K46 +204.665
95	K46 +740	K47 +040	300	2.4	23214		325	376.646	

续上表

序号	变坡点施工桩号		坡长（m）	纵坡（%）	竖曲线半径（m）		竖曲线长（m）	转坡点高程（m）	备　注
	起	讫			凹	凸			
96	K47 +040	K47 +900	860	3.3	30556		275	383.846	
97	K47 +900	K48 +767	867	-3.3		16000	1056	412.226	
98	K48 +767	K49 +280	513	-1.9	16000		217.55	383.615	
99	K49 +280	K50 +180	900	2	10000		394.03	373.661	
100	K50 +180	K51 +080	900	-2		20000	800	391.661	
101	K51 +080	K51 +780	699.6	3.8	10000		580	373.661	
102	K51 +780	K52 +700	920.4	2.6		24000	288	400.246	
103	K52 +316	K53 +084	640	-2.2		16000	768	424.177	
104	K53 +180	K53 +500	530	0.3	12800		320	410.097	
105	K53 +740	K54 +000	640	1.6	20000		260	411.687	
106	K54 +247	K54 +773	645.72	-0.5		25000	525	421.927	
107	K55 +010	K55 +310	510	-1.7		25000	300	418.698	
108	K55 +518	K55 +822	650	-3.6		16000	304	410.028	
109	K56 +075	K56 +565	690	1.3	10000		490	386.628	
110	K56 +880	K57 +140	665.28	1.2		260000	260	395.598	
111	56 +880	57 +140	665.284	1.2	260000			395.598	
112	57 +540.28	57 +810.28	741.738	3		15000		403.581	
113	58 +123.81	58 +710.24	472.054	-0.6652	16000			425.834	
114	58 +722.72	59 +055.43	720.924	-2.7446	16000			422.693	
115	59 +465.25	59 +754.75	290	-3.8	27430.71			402.907	
116	59 +788.3	60 +011.70	420	-2.5		17184.674		391.887	
117	60 +011.70	60 +628.30	960	-2.99	125836.579			381.387	
118	61 +124.60	61 +435.40	300	-0.4		12000		352.683	
119	61 +435.4	61 +724.6	380	1.3		17011.764		351.483	
120	61 +844.0	62 +076.00	552.861	1.88		40000		356.423	
121	58 +506.05	59 +073.95	456.715	-2.9381	16000			425.675	
122	59 +073.95	59 +419.48	353.285	-2.3		54144.803		412.256	
123	59 +460.32	59 +739.68	300	-3.8	18623.948			404.13	
124	59 +739.68	60 +060.32	415.42	-2.65		27881.823		392.73	
125	60 +060.32	60 +570.52	971.208	-2.99	150058.91			381.722	
126	60 +131.23	61 +442.03	300	-0.4		12000		352.683	
127	61 +442.03	61 +731.23	380	1.3		17011.764		351.483	

软土地基处理一览表

表 15

序号	统一里程		施工桩号		工程名称及数量			路基沉降量（cm）		备注
	起	讫	起	讫	砂砾垫层（m^3）	土工布（m^2）	强夯（m^2）	路面铺筑前	路面铺筑后	
1	K1 +740	K1 +900	K1 +740	K1 +900			13456			
2	K2 +339	K2 +380	K2 +339	K2 +380			2876			
3	K2 +940	K2 +965	K2 +940	K2 +965			1750			
4	AK0 +223	AK0 +320	AK0 +223	AK0 +320			5020			
5	K4 +180	K4 +230	K4 +180	K4 +230			2575			
6	K4 +440	K4 +500	K4 +440	K4 +500			3717			
7	K5 +620	K5 +700	K5 +620	K5 +700			6160			
8	K8 +130	K8 +210	K8 +130	K8 +210	21614					
9	K7 +960	K13 +220	K7 +960	K13 +220	36385					
10	K10 +460	K10 +620	K10 +460	K10 +620		3328				
11	K10 +660	K10 +820	K10 +660	K10 +820		3328				
12	K8 +520	K10 +670	K8 +520	K10 +670	1657.6		1600.0			
13	K14 +860	K21 +307	K14 +860	K21 +307	1575	1520				
14	K19 +173	K19 +380	K19 +173	K19 +380			9698.3			
15	K19 +840	K19 +980	K19 +840	K19 +980						
16	K36 +350	K38 +025	K36 +300	K36 +500			7035.82			
17	K38 +025	K40 +000	K39 +080	K39 +250			5187.83			
18	K35 +170	K36 +350	AK0 +060	AK0 +095			4169.85			
19	K35 +170	K36 +350	AK0 +000	AK0 +030			831.4			
20	K35 +170	K36 +350	HK0 +340	HK0 +458.5			1680.51			
21	K35 +170	K36 +350	IK0 +000	IK0 +172.5			2249.48			
22	K32 +999.629	K35 +170	K33 +675	K33 +735	22083.04	4494.55				
23	K38 +025	K40 +000	K39 +490.62	K39 +661.62	5003.44					
24	K32 +999.629	K35 +170	K34 +340	K34 +400	4620					
25	K38 +025	K40 +000	K38 +520	K38 +615	5985					
26	K38 +025	K40 +000	K38 +660	K38 +700	2758					
27	K38 +025	K40 +000	K39 +080	K39 +415	25918					
28	K38 +025	K40 +000	K39 +470	K39 +520	2940					
29	K38 +025	K40 +000	K39 +640	K39 +677	2085					
30	K42 +059	K42 +095	K41 +160	K41 +196			4752			
31	K43 +257	K43 +279	K42 +358	K42 +380			1536			
32	K47 +444.788	K47 +514.788	K46 +550	K46 +620		1820				

路基边坡加固工程一览表

表16

序号	统一里程		施工桩号		位置		加固类型	单位	尺寸(m^2)	数量	备注
	起	讫	起	讫	左	右					
1	K6+905.0	K13+615.0			√		植草	m^2	1614	251.10	21820.2
2	K14+304.0	K14+514.0			√		植草	m^2	210	15.50	1802.7
3	AK0+340.0	EK0+182.0			√		植草	m^2	711	25.50	5732.3
4	K6+900.0	K13+740.0				√	植草	m^2	1511	180.20	16320.1
5	K14+325.0	K14+511.0				√	植草	m^2	186	186.00	1372.1
6	AK0+360.0	EK0+182.0				√	植草	m^2	730	43.00	5442.1
7	K8+140	K10+655				√	路堤砌片石	m^2	239	3.50	150.7
8	K14+340	K14+480				√	路堤砌片石	m^2	134	0.50	81.9
9	K6+900.0	K13+750.0				√	植草	m^2	2067	343.00	19868.7
10	K13+750.0	K14+600.0			√		植草	m^2	530	47.40	2282.6
11	AK0+034.0	EK0+165.0			√		植草	m^2	745	74.30	4631.1
12	DK0+300	DK0+540			√		植草	m^2	167	1.10	7044.1
13	K6+932.0	K13+750.0				√	植草	m^2	2103	342.20	20078.7
14	K13+750.0	K14+600.0				√	植草	m^2	554	54.50	3123.2
15	AK0+034.0	GK0+069.0				√	植草	m^2	808	84.30	5861.7
16	DK0+300	DK0+384				√	植草	m^2	84	0.30	35.6
17	K23+100	K24+750	K23+100	K24+750	√		拱形骨架植草	m^2	1127	10.39	11712.9
18	K24+750	K25+700	K24+750	K25+700	√		拱形骨架植草	m^2	95	9.04	859.2
19	AKO+252	BKO+522	AKO+252	BKO+522	√		拱形骨架植草	m^2	373	7.0	2596.1
20	K25+700	K33+000	K25+700	K33+000	√		拱形骨架植草	m^2	5856	6.5	38111.8
21	K23+100	K24+750	K23+100	K24+750		√	拱形骨架植草	m^2	1127	8.72	9830.9
22	K24+750	K25+700	K24+750	K25+700		√	拱形骨架植草	m^2	613	8.67	5312.2
23	AKO+234	BKO+587	AKO+234	BKO+587		√	拱形骨架植草	m^2	401.7	8.97	3601.7
24	K25+700	K33+000	K25+700	K33+000		√	拱形骨架植草	m^2	3018	10.27	30997.9
25	K47+009.453	K47+094.453	K46+110	K46+195	√		浆砌片石护坡+植草	m^2	85		
26	K47+120.788	K47+222.788	K46+226	K46+328	√		浆砌片石护坡+植草	m^2	102		
27	K47+334.788	K47+454.788	K46+440	K46+560	√		浆砌片石护脚+植草	m^2	120		
28	K47+806.788	K48+108.788	K46+912	K47+214	√		浆砌片石护坡+植草	m^2	302		
29	K48+678.788	K49+178.788	K47+780	K48+284	√		浆砌片石护坡+植草	m^2	504		
30	K49+404.788	K49+565.788	K48+510	K48+671	√		孔窗式护面墙	m^2	161		
31	K50+214.788	K50+336.788	K49+320	K49+442	√		植草	m^2	122		
32	K50+654.788	K50+864.788	K49+760	K49+970	√		浆砌片石挡墙+植草	m^2	210		
33	K52+409.788	K52+564.788	K51+515	K51+670	√		浆砌片石护坡+植草	m^2	155		
34	K52+753.788	K52+959.788	K51+859	K52+065	√		浆砌片石护坡+植草	m^2	206		
35	K47+024.788	K47+124.788	K46+130	K46+230		√	浆砌片石挡墙	m^2	100		
36	K47+124.788	K47+210.788	K46+230	K46+316		√	浆砌片石护坡+植草	m^2	86		
37	K47+340.788	K47+456.788	K46+446	K46+562		√	浆砌片石护脚+植草	m^2	116		
38	K47+772.788	K48+097.788	K46+878	K47+203		√	浆砌片石护坡+植草	m^2	325		
39	K48+680.788	K49+027.788	K47+786	K48+133		√	浆砌片石护坡+植草	m^2	347		

续上表

序号	统一里程		施工桩号		位置		加固类型	单位	尺寸(m^2)	数量	备注
	起	讫	起	讫	左	右					
40	K49+414.788	K49+554.788	K48+520	K48+660		√	孔窗式护面墙	m^2	140		
41	K50+198.788	K50+288.788	K49+304	K49+394		√	植草	m^2	90		
42	K50+704.788	K50+814.788	K49+810	K49+920		√	浆砌片石挡墙+植草	m^2	110		
43	K52+399.788	K52+522.788	K51+505	K51+628		√	浆砌片石护坡+植草	m^2	123		
44	K52+718.788	K52+959.788	K51+824	K52+065		√	浆砌片石护坡+植草	m^2	241		
45	CK0+046	CK0+110	CK0+046	CK0+110		√	实体式护面墙	m^2	64		
46	K47+226.788	K47+334.788	K46+332	K46+440	√		拱形骨架植草	m^2	108		
47	K47+514.788	K47+806.788	K46+620	K46+912	√		拱形骨架植草	m^2	292		
48	K48+107.788	K48+164.788	K47+213	K47+270	√		拱形骨架植草	m^2	57		
49	K49+372.788	K49+404.788	K48+478	K48+510	√		拱形骨架植草	m^2	32		
50	K49+599.788	K49+944.788	K48+705	K49+050	√		拱形骨架植草	m^2	345		
51	K50+336.788	K50+594.788	K49+442	K49+700	√		拱形骨架植草	m^2	258		
52	K51+344.788	K51+594.788	K50+450	K50+700	√		拱形骨架植草	m^2	250		
53	K47+226.788	K47+347.788	K46+332	K46+453		√	拱形骨架植草	m^2	121		
54	K47+488.788	K47+544.788	K46+594	K46+650		√	拱形骨架植草	m^2	56		
55	K47+544.788	K47+644.788	K46+650	K46+750		√	拱形骨架植草	m^2	100		
56	K47+644.788	K47+684.788	K46+750	K46+790		√	拱形骨架植草	m^2	40		
57	K48+117.788	K48+164.788	K47+223	K47+270		√	拱形骨架植草	m^2	47		
58	K49+178.788	K49+380.788	K48+284	K48+486		√	拱形骨架植草	m^2	202		
59	K49+605.788	K49+712.788	K48+711	K48+818		√	拱形骨架植草	m^2	107		
60	K49+712.788	K49+839.788	K48+818	K48+945		√	拱形骨架植草	m^2	127		
61	K49+839.788	K50+198.788	K48+945	K49+304		√	拱形骨架植草	m^2	359		
62	K50+308.788	K50+354.788	K49+414	K49+460		√	拱形骨架植草	m^2	46		
63	K50+354.788	K50+524.788	K49+460	K49+630		√	拱形骨架植草	m^2	170		
64	K50+524.788	K50+584.788	K49+630	K49+690		√	拱形骨架植草	m^2	60		
65	K51+021.788	K51+141.788	K50+127	K50+247		√	拱形骨架植草	m^2	120		
66	K51+460.788	K51+519.788	K50+566	K50+625		√	拱形骨架植草	m^2	59		
67	K51+519.788	K51+594.788	K50+625	K50+700		√	拱形骨架植草	m^2	75		
68	K52+522.788	K52+718.788	K51+628	K51+824		√	拱形骨架植草	m^2	196		
69	K57+990.511	K58+333.511	K57+100	K57+443	坡脚		挡土墙	m^3	2191.75		
70	K58+333.511	K58+333.511	K57+443	K57+443	锥坡	锥坡	挡墙+护面墙	m^3	1383.3		
71	K58+140.511	K58+600.511	K57+250	K57+710	边坡		客土喷播植草	m^2	7500		
72	K59+210.511	K59+390.511	K58+320	K58+500	边坡	边坡	客土喷播植草	m^3	9000		
73	K59+590.511	K59+940.511	K58+700	K59+050		边坡	客土喷播植草	m^3	5250		
74	K59+590.511	K59+940.511	K58+700	K59+050	边坡		锚索框格梁	m	7442		
75	K60+290.511	K60+840.511	K59+400	K59+950	边坡		锚索(杆)框格梁	m	6167		
76	K60+290.511	K60+730.511	K59+400	K59+840		边坡	锚杆框格梁	m	6162		
77	K61+673.511	K61+890.511	K60+783	K61+000		边坡	护面墙	m^3	3128.08		
78	嵩县互通区		嵩县互通区		边坡	边坡	拱形骨架植草	m^3	14840		

路面宽度一览表

表17

序号	统一里程		施工桩号		宽度(m)			备注
	起	讫	起	讫	左半幅	中央分隔带	右半幅	
1	K0+000	K23+100	K0+000	K0+295	11.767	0.566	11.767	主线
2	K0+000	K23+100	K0+295	K0+445	85.8			主线收费站广场
3	K0+000	K23+100	K0+445	K0+700	11.767	0.566	11.767	主线
4	K0+000	K23+100	K0+700	K0+740	11.767	0.566	11.767	主线
5	K0+000	K23+100	K0+740	K0+850	11.767	0.566	11.767	主线
6	K0+000	K23+100	K0+850	K1+500	11.767	0.566	11.767	主线
7	K0+000	K23+100	K1+500	K2+460	11.767	0.566	11.767	主线
8	K0+000	K23+100	K2+460	K2+894	11.767	0.566	11.767	主线
9	K0+000	K23+100	K2+894	K3+100	11.767	0.566	11.767	主线
10	K0+000	K23+100	AK0+223	AK0+365	8.0			梁刘互通式立交匝道
11	K0+000	K23+100	AK0+365	AK0+490	8.0			梁刘互通式立交匝道
12	K0+000	K23+100	AK0+490	AK0+545	8.0			梁刘互通式立交匝道
13	K0+000	K23+100	AK0+545	AK0+628	8.0			梁刘互通式立交匝道
14	K0+000	K23+100	BK0+082	BK0+247	8.0			梁刘互通式立交匝道
15	K0+000	K23+100	CK0+094	CK0+105	9.0			梁刘互通式立交匝道
16	K0+000	K23+100	CK0+105	CK0+243	9.0			梁刘互通式立交匝道
17	K0+000	K23+100	DK0+111	DK0+365	8.0			梁刘互通式立交匝道
18	K0+000	K23+100	EK0+645	EK1+045	9.0			梁刘互通式立交匝道
19	K0+000	K23+100	EK1+045	EK1+212	9.0			梁刘互通式立交匝道
20	K0+000	K23+100	FK0+218	FK0+300	9.0			梁刘互通式立交匝道
21	K0+000	K23+100	FK0+300	FK0+325	9.0			梁刘互通式立交匝道
22	K0+000	K23+100	FK0+515	FK0+620	9.0			梁刘互通式立交匝道
23	K0+000	K23+100	FK0+620	FK0+690	9.0			梁刘互通式立交匝道
24	K0+000	K23+100	FK0+690	FK1+006	9.0			梁刘互通式立交匝道
25	K0+000	K23+100	FK1+200	FK1+308	9.0			梁刘互通式立交匝道
26	K0+000	K23+100	GK0+044	GK0+165	8.0			梁刘互通式立交匝道
27	K0+000	K23+100	GK0+165	GK0+190	8.0			梁刘互通式立交匝道
28	K0+000	K23+100	GK0+190	GK0+322	8.0			梁刘互通式立交匝道
29	K0+000	K23+100	HK0+055	HK0+130	8.0			梁刘互通式立交匝道
30	K0+000	K23+100	HK0+130	HK0+245	8.0			梁刘互通式立交匝道
31	K0+000	K23+100	HK0+245	HK0+291	8.0			梁刘互通式立交匝道
32	K0+000	K23+100	IK1+200	IK1+630	9.0			梁刘互通式立交匝道
33	K0+000	K23+100	IK1+630	IK1+660	9.0			梁刘互通式立交匝道

续上表

序号	统一里程		施工桩号		宽度(m)			备注
	起	讫	起	讫	左半幅	中央分隔带	右半幅	
34	K0+000	K23+100	IK1+660	IK1+690	9.0			梁刘互通式立交匝道
35	K0+000	K23+100	IK1+690	IK1+756	9.0			梁刘互通式立交匝道
36	K0+000	K23+100	K3+100	K3+990	11.767	0.566	11.767	主线
37	K0+000	K23+100	K3+990	K4+170	11.767	0.566	11.767	主线
38	K0+000	K23+100	K4+170	K4+550	11.767	0.566	11.767	主线
39	K0+000	K23+100	K4+550	K4+800	11.767	0.566	11.767	主线
40	K0+000	K23+100	K4+800	K5+110	11.767	0.566	11.767	主线
41	K0+000	K23+100	K5+110	K5+560	11.767	0.566	11.767	主线
42	K0+000	K23+100	K5+560	K5+770	11.767	0.566	11.767	主线
43	K0+000	K23+100	K5+770	K5+950	11.767	0.566	11.767	主线
44	K0+000	K23+100	K5+950	K6+650	11.767	0.566	11.767	主线
45	K0+000	K23+100	K6+650	K6+900	11.767	0.566	11.767	主线
46	K0+000	K23+100	K6+900	K6+980	11.767	0.566	11.767	主线
47	K0+000	K23+100	K6+980	K7+180	11.767	0.566	11.767	主线
48	K0+000	K23+100	K7+180	K7+650	11.767	0.566	11.767	主线
49	K0+000	K23+100	K7+650	K7+860	11.767	0.566	11.767	主线
50	K0+000	K23+100	K7+860	K8+350	11.767	0.566	11.767	主线
51	K0+000	K23+100	K8+350	K8+520	11.767	0.566	11.767	主线
52	K0+000	K23+100	K8+520	K8+670	11.767	0.566	11.767	主线
53	K0+000	K23+100	K8+670	K8+790	11.767	0.566	11.767	主线
54	K0+000	K23+100	K8+790	K9+770	11.767	0.566	11.767	主线
55	K0+000	K23+100	K9+770	K10+090	11.767	0.566	11.767	主线
56	K0+000	K23+100	K10+090	K10+260	11.767	0.566	11.767	主线
57	K0+000	K23+100	K10+260	K10+620	11.767	0.566	11.767	主线
58	K0+000	K23+100	K10+620	K10+655	11.767	0.566	11.767	主线
59	K0+000	K23+100	K10+655	K10+820	11.767	0.566	11.767	主线
60	K0+000	K23+100	K10+820	K11+230	11.767	0.566	11.767	主线
61	K0+000	K23+100	K11+230	K11+660	11.767	0.566	11.767	主线
62	K0+000	K23+100	K11+660	K12+070	11.767	0.566	11.767	主线
63	K0+000	K23+100	K12+070	K12+220	11.767	0.566	11.767	主线
64	K0+000	K23+100	K12+220	K12+870	11.767	0.566	11.767	主线
65	K0+000	K23+100	K12+870	K12+930	11.767	0.566	11.767	主线
66	K0+000	K23+100	K12+930	K13+620	11.767	0.566	11.767	主线

续上表

序号	统一里程		施工桩号		宽度(m)			备注
	起	讫	起	讫	左半幅	中央分隔带	右半幅	
67	K0 +000	K23 +100	K13 +620	K13 +750	11.767	0.566	11.767	主线
68	K0 +000	K23 +100	K13 +750	K14 +310	11.767	0.566	11.767	主线伊川西互通立交
69	K0 +000	K23 +100	K14 +310	K14 +510	11.767	0.566	11.767	主线伊川西互通立交
70	K0 +000	K23 +100	K14 +510	K14 +600	11.767	0.566	11.767	主线伊川西互通立交
71	K0 +000	K23 +100	AK0 +000	AK0 +345	15.0			伊川西互通立交匝道
72	K0 +000	K23 +100	AK0 +345	AK0 +400	15.0			伊川西互通立交匝道
73	K0 +000	K23 +100	AK0 +480	AK0 +588	15.0			伊川西互通立交匝道
74	K0 +000	K23 +100	AK0 +588	AK0 +781	15.0			伊川西互通立交匝道
75	K0 +000	K23 +100	AK0 +781	AK0 +887	15.0			伊川西互通立交匝道
76	K0 +000	K23 +100	BK0 +000	BK0 +171	8.0			伊川西互通立交匝道
77	K0 +000	K23 +100	CK0 +219	CK0 +454	8.0			伊川西互通立交匝道
78	K0 +000	K23 +100	DK0 +217	DK0 +490	8.0			伊川西互通立交匝道
79	K0 +000	K23 +100	EK0 +039	EK0 +135	8.0			伊川西互通立交匝道
80	K0 +000	K23 +100	EK0 +135	EK0 +160	8.0			伊川西互通立交匝道
81	K0 +000	K23 +100	EK0 +160	EK0 +190	8.0			伊川西互通立交匝道
82	K0 +000	K23 +100	FK0 +042	FK0 +091	7.0			伊川西互通立交匝道
83	K0 +000	K23 +100	GK0 +036	GK0 +069	7.0			伊川西互通立交匝道
84	K0 +000	K23 +100	收费站广场					
85	K0 +000	K23 +100	AK0 +400	AK0 +480	26.4			收费站广场
86	K0 +000	K23 +100	K14 +600	K14 +870	11.767	0.566	11.767	主线
87	K0 +000	K23 +100	K14 +870	K15 +220	11.767	0.566	11.767	主线
88	K0 +000	K23 +100	K15 +220	K15 +285	11.767	0.566	11.767	主线
89	K0 +000	K23 +100	K15 +285	K15 +925	11.767	0.566	11.767	主线
90	K0 +000	K23 +100	K15 +925	K16 +645	11.767	0.566	11.767	主线
91	K0 +000	K23 +100	K16 +645	K16 +840	11.767	0.566	11.767	主线
92	K0 +000	K23 +100	K16 +840	K16 +920	11.767	0.566	11.767	主线
93	K0 +000	K23 +100	K16 +920	K17 +370	11.767	0.566	11.767	主线
94	K0 +000	K23 +100	K17 +370	K17 +675	11.767	0.566	11.767	主线
95	K0 +000	K23 +100	K17 +675	K18 +280	11.767	0.566	11.767	主线
96	K0 +000	K23 +100	K18 +280	K19 +095	11.767	0.566	11.767	主线
97	K0 +000	K23 +100	K19 +095	K19 +410	11.767	0.566	11.767	主线
98	K0 +000	K23 +100	K19 +410	K19 +755	11.767	0.566	11.767	主线
99	K0 +000	K23 +100	K19 +755	K20 +805	11.767	0.566	11.767	主线

续上表

序号	统一里程		施工桩号		宽度(m)			备注
	起	讫	起	讫	左半幅	中央分隔带	右半幅	
100	K0+000	K23+100	K20+805	K20+860	11.767	0.566	11.767	主线
101	K0+000	K23+100	K20+860	K21+090	11.767	0.566	11.767	主线
102	K0+000	K23+100	K21+090	K21+280	11.767	0.566	11.767	主线
103	K0+000	K23+100	K21+280	K21+310	11.767	0.566	11.767	主线
104	K0+000	K23+100	K21+310	K22+060	11.767	0.566	11.767	主线
105	K0+000	K23+100	K22+060	K23+100	11.767	0.566	11.767	主线
106	K23+100	K40+000	K23+100	K40+000	11.767	0.566	11.767	主线
107	K40+000	K61+800	K40+000	K41+138	11.967	0.566	11.967	主线
108	K40+000	K61+800	K41+138	K45+389	11.5	0	11.5	主线
109	K40+000	K61+800	K45+389	K49+700	11.967	0.566	11.967	主线
110	K40+000	K61+800	K49+700	K50+691	渐变	0	渐变	主线
111	K40+000	K61+800	K50+691	K58+500	11.967	0.566	11.967	主线
112	K40+000	K61+800	K58+500	K61+420	11.5	0	11.5	主线
113	K40+000	K61+800	K61+420	K61+800	渐变	0	渐变	主线
114	K40+000	K61+800	嵩县互通区		渐变	0	渐变	主线
115	K40+000	K61+800	陆浑服务区		渐变	0	渐变	主线
116	K40+000	K61+800	K40+000	K41+138	11.967	0.566	11.967	主线
117	K40+000	K61+800	K41+138	K45+389	11.5	0	11.5	主线
118	K40+000	K61+800	K45+389	K49+700	11.967	0.566	11.967	主线
119	K40+000	K61+800	K49+700	K50+691	渐变	0	渐变	主线
120	K40+000	K61+800	K50+691	K58+500	11.967	0.566	11.967	主线
121	K40+000	K61+800	K58+500	K61+420	11.5	0	11.5	主线
122	K40+000	K61+800	K61+420	K61+800	渐变	0	渐变	主线
123	K40+000	K61+800	嵩县互通区		渐变	0	渐变	主线
124	K40+000	K61+800	陆浑服务区		渐变	0	渐变	主线
125	K40+000	K61+800	K40+000	K41+138	11.767	0.566	11.767	主线
126	K40+000	K61+800	K41+138	K45+389	11.1	0	11.1	主线
127	K40+000	K61+800	K45+389	K49+700	11.767	0.566	11.767	主线
128	K40+000	K61+800	K49+700	K50+691	渐变	0	渐变	主线
129	K40+000	K61+800	K50+691	K58+500	11.767	0.566	11.767	主线
130	K40+000	K61+800	K58+500	K61+420	11.1	0	11.1	主线
131	K40+000	K61+800	K61+420	K61+800	渐变	0	渐变	主线
132	K40+000	K61+800	嵩县互通区		渐变	0	渐变	主线
133	K40+000	K61+800	陆浑服务区		渐变	0	渐变	主线

路面工程一览表

表 18

序号	统一里程		施工桩号		长度(m)	上面层(m^2)			中面层(m^2)				下面层(m^2)				基层(m^2)			底基层(m^2)			路缘石
	起	讫	起	讫		细粒式 AC-13C		水泥混凝土	黏层	中粒式(AC-20C)		热拌沥青碎石	振辗式水泥混凝土(RRC)		水泥混凝土	水泥稳定碎石			二灰土	石灰土	水泥稳定碎石	长度(延米)
						4cm				5cm	6cm	8cm					34cm	36cm				
1	K0 + 000.00	K22 + 015	K0 + 000.00	K23 + 100			638313		1144719		647824	482707				15626	492026	5121			518378	360
2	K23 + 100.00	K40 + 000.083	K23 + 100	K40 + 000			25371	441685	0	860673	25371	449545	385756	0	0	0	430413	2128	411958	0	25812	837
3	K40 + 000.083	K62 + 690.511	K40 + 000	K61 + 800	22690		563280	927984	571016	356967			369374	1694		379359	593					

排水工程一览表

表 19

序号	统一里程		施工桩号		长度(m)	构造物形式(m^3/m)			备注
	起	讫	起	讫		边沟	截水沟	盲沟	
1	K0 +000	K0 +078	K0 +000	K0 +078	75	0.235			左
2	K0 +000	K0 +078	K0 +000	K0 +078	75	0.235			右
3	K0 +078	K0 +295	K0 +078	K0 +295	217	0.235			左
4	K0 +078	K0 +295	K0 +078	K0 +295	217	0.235			右
5	K0 +295	K0 +370	K0 +295	K0 +370	75	0.235			左
6	K0 +295	K0 +370	K0 +295	K0 +370	75	0.235			右
7	K0 +370	K0 +440	K0 +370	K0 +440	70	0.235			左
8	K0 +370	K0 +440	K0 +370	K0 +440	70	0.235			右
9	K0 +480	K0 +619	K0 +480	K0 +619	139	0.235			左
10	K0 +480	K0 +619	K0 +480	K0 +619	139	0.235			右
11	K0 +619	K0 +690	K0 +619	K0 +690	71	0.235			左
12	K0 +619	K0 +690	K0 +619	K0 +690	71	0.235			右
13	K0 +695	K0 +840	K0 +695	K0 +840	145	0.235			左
14	K0 +695	K0 +840	K0 +695	K0 +840	145	0.235			右
15	K0 +840	K0 +900	K0 +840	K0 +900	60	0.235			左
16	K0 +840	K0 +900	K0 +840	K0 +900	60	0.235			右
17	K0 +900	K0 +986	K0 +900	K0 +986	86	0.235			左
18	K0 +900	K0 +986	K0 +900	K0 +986	86	0.235			右
19	K0 +986	K1 +162	K0 +986	K1 +162	176	0.235			左
20	K0 +986	K1 +162	K0 +986	K1 +162	176	0.235			右
21	K1 +168	K1 +405	K1 +168	K1 +405	237	0.235			左
22	K1 +168	K1 +405	K1 +168	K1 +405	237	0.235			右
23	K1 +411	K1 +500	K1 +411	K1 +500	89	0.235			左
24	K1 +411	K1 +500	K1 +411	K1 +500	89	0.235			右
25	K1 +500	K1 +606	K1 +500	K1 +606	106	0.235			左
26	K1 +500	K1 +625	K1 +500	K1 +625	106	0.235			右
27	K1 +606	K1 +625	K1 +606	K1 +625	19	0.235			左
28	K1 +606	K1 +625	K1 +606	K1 +625	19	0.235			右
29	K1 +625	K1 +797	K1 +625	K1 +797	172	0.235			左
30	K1 +625	K1 +797	K1 +625	K1 +797	172	0.235			右
31	K1 +803	K1 +940	K1 +803	K1 +940	137	0.235			左
32	K1 +803	K1 +940	K1 +803	K1 +940	137	0.235			右
33	K1 +940	K2 +000	K1 +940	K2 +000	60	0.235			左
34	K1 +940	K2 +000	K1 +940	K2 +000	60	0.235			右
35	K2 +000	K2 +040	K2 +000	K2 +040	40	0.235			左

续上表

序号	统一里程		施工桩号		长度(m)	构造物形式(m^3/m)			备注
	起	讫	起	讫		边沟	截水沟	盲沟	
36	K2 +000	K2 +040	K2 +000	K2 +040	40	0.235			右
37	K2 +040	K2 +080	K2 +040	K2 +080	40	0.235			左
38	K2 +040	K2 +080	K2 +040	K2 +080	40	0.235			右
39	K2 +290	K2 +414	K2 +290	K2 +414	124	0.235			左
40	K2 +290	K2 +371	K2 +290	K2 +371	81	0.235			右
41	K2 +414	K2 +460	K2 +414	K2 +460	46	0.235			左
42	K2 +371	K2 +460	K2 +371	K2 +460	89	0.235			右
43	K2 +460	K2 +856	K2 +460	K2 +856	396				左
44	K2 +460	K2 +567	K2 +460	K2 +567	107				右
45	K2 +856	K2 +900	K2 +856	K2 +900	44				左
46	K2 +567	K2 +890	K2 +567	K2 +890	323				右
47	K2 +900	K2 +925	K2 +900	K2 +925	25				左
48	K2 +900	K2 +925	K2 +900	K2 +925	25	0.235			右
49	K3 +050	K3 +100	K3 +050	K3 +100	50	0.235			左
50	K3 +050	K3 +100	K3 +050	K3 +100	50	0.235			右
51	AK0 +223	AK0 +365	AK0 +223	AK0 +365	142	0.17			右
52	AK0 +365	AK0 +580	AK0 +365	AK0 +580	215				左
53	AK0 +580	AK0 +628	AK0 +580	AK0 +628	48				左
54	AK0 +365	AK0 +580	AK0 +365	AK0 +580	215				右
55	AK0 +580	AK0 +628	AK0 +580	AK0 +628	48				右
56	BK0 +082	BK0 +100	BK0 +082	BK0 +100	18				左
57	BK0 +082	BK0 +100	BK0 +082	BK0 +100	18				右
58	BK0 +100	BK0 +200	BK0 +100	BK0 +200	100	0.17			左
59	BK0 +100	BK0 +200	BK0 +100	BK0 +200	100	0.17			右
60	CK0 +094	CK0 +108	CK0 +094	CK0 +108	14				左
61	CK0 +094	CK0 +108	CK0 +094	CK0 +108	14				右
62	CK0 +108	CK0 +243	CK0 +108	CK0 +243	135	0.17			左
63	CK0 +108	CK0 +243	CK0 +108	CK0 +243	135	0.17			右
64	DK0 +111	DK0 +260	DK0 +111	DK0 +260	149	0.17			左
65	DK0 +111	DK0 +260	DK0 +111	DK0 +260	149	0.17			右
66	DK0 +260	DK0 +300	DK0 +260	DK0 +300	40	0.17			左
67	DK0 +260	DK0 +365	DK0 +260	DK0 +365	105	0.17			右
68	EK0 +300	EK0 +638	EK0 +300	EK0 +638	338				左
69	EK0 +217	EK0 +638	EK0 +217	EK0 +638	421				右
70	EK0 +638	EK0 +740	EK0 +638	EK0 +740	102	0.17			左

续上表

序号	统一里程		施工桩号		长度(m)	构造物形式(m^3/m)			备注
	起	讫	起	讫		边沟	截水沟	盲沟	
71	EK0+638	EK0+740	EK0+638	EK0+740	102	0.17			右
72	EK0+810	EK1+060	EK0+810	EK1+060	250	0.17			左
73	EK0+810	EK1+060	EK0+810	EK1+060	250	0.17			右
74	EK1+060	EK1+380	EK1+060	EK1+380	320				左
75	EK1+060	EK1+212	EK1+060	EK1+212	152				右
76	EK1+212	EK1+386	EK1+212	EK1+386	174				右
77	FK0+218	FK0+226	FK0+218	FK0+226	8				左
78	FK0+218	FK0+226	FK0+218	FK0+226	8				右
79	FK0+226	FK0+300	FK0+226	FK0+300	74	0.17			左
80	FK0+226	FK0+300	FK0+226	FK0+300	74	0.17			右
81	FK0+300	FK0+515	FK0+300	FK0+515	215	0.17			左
82	FK0+300	FK0+515	FK0+300	FK0+515	215	0.17			右
83	FK0+550	FK0+620	FK0+550	FK0+620	70	0.17			左
84	FK0+550	FK0+620	FK0+550	FK0+620	70	0.17			右
85	FK0+620	FK0+685	FK0+620	FK0+685	65				左
86	FK0+620	FK0+685	FK0+620	FK0+685	65				右
87	FK0+685	FK0+800	FK0+685	FK0+800	115	0.17			左
88	FK0+685	FK0+800	FK0+685	FK0+800	115	0.17			右
89	FK0+914	FK1+006	FK0+914	FK1+006	92	0.17			左
90	FK0+915	FK1+006	FK0+915	FK1+006	92	0.17			右
91	FK1+006	FK1+200	FK1+006	FK1+200	194	0.17			左
92	FK1+006	FK1+200	FK1+006	FK1+200	194	0.17			右
93	FK1+200	FK1+308	FK1+200	FK1+308	108	0.17			左
94	FK1+200	FK1+308	FK1+200	FK1+308	108	0.17			右
95	GK0+044	GK0+115	GK0+044	GK0+115	71	0.17			左
96	GK0+044	GK0+115	GK0+044	GK0+115	71	0.17			右
97	GK0+115	GK0+165	GK0+115	GK0+165	50	0.17			左
98	GK0+115	GK0+165	GK0+115	GK0+165	50	0.17			右
99	GK0+165	GK0+192	GK0+165	GK0+192	27	0.17			左
100	GK0+165	GK0+192	GK0+165	GK0+192	27	0.17			右
101	GK0+192	GK0+322	GK0+192	GK0+322	130	0.17			左
102	GK0+192	GK0+322	GK0+192	GK0+322	130	0.17			右
103	HK0+055	HK0+130	HK0+055	HK0+130	75	0.17			左
104	HK0+055	HK0+130	HK0+055	HK0+130	75	0.17			右
105	HK0+130	HK0+245	HK0+130	HK0+245	115	0.17			左

续上表

序号	统一里程		施工桩号		长度(m)	构造物形式(m^3/m)			备注
	起	讫	起	讫		边沟	截水沟	盲沟	
106	HK0 +130	HK0 +245	HK0 +130	HK0 +245	115	0.17			右
107	HK0 +245	HK0 +291	HK0 +245	HK0 +291	46	0.17			左
108	HK0 +245	HK0 +291	HK0 +245	HK0 +291	46	0.17			右
109	IK0 +217	IK0 +484	IK0 +217	IK0 +484	267	0.17			右
110	IK0 +484	IK0 +599	IK0 +484	IK0 +599	115	0.17			右
111	IK0 +599	IK0 +693	IK0 +599	IK0 +693	94	0.17			右
112	IK0 +693	IK0 +903	IK0 +693	IK0 +903	210	0.17			右
113	IK0 +903	IK1 +070	IK0 +903	IK1 +070	167	0.17			右
114	IK1 +070	IK1 +500	IK1 +070	IK1 +500	430	0.17			右
115	IK1 +625	IK1 +756	IK1 +625	IK1 +756	131	0.17			右
116	BJDK26 +270	BJDK26 +414	BJDK26 +270	BJDK26 +414	144	0.17			左
117	BJDK26 +414	BJDK26 +556	BJDK26 +414	BJDK26 +556	142	0.17			左
118	BJDK26 +199	BJDK26 +389	BJDK26 +199	BJDK26 +389	190	0.17			右
119	BJDK26 +389	BJDK26 +451	BJDK26 +389	BJDK26 +451	62	0.17			右
120	BJDK27 +316	BJDK27 +535	BJDK27 +316	BJDK27 +535	219	0.17			左
121	BJDK27 +945	BJDK28 +230	BJDK27 +945	BJDK28 +230	285	0.17			右
122	K3 +100	K3 +142	K3 +100	K3 +142	42	0.235			左
123	K3 +100	K3 +142	K3 +100	K3 +142	42	0.235			右
124	K3 +142	K3 +350	K3 +142	K3 +350	208	0.235			左
125	K3 +142	K3 +350	K3 +142	K3 +350	208	0.235			右
126	K3 +915	K4 +170	K3 +915	K4 +170	255	0.235			左
127	K3 +915	K3 +989	K3 +915	K3 +989	74	0.235			右
128	K3 +995	K4 +170	K3 +995	K4 +170	175	0.235			右
129	K4 +185	K4 +232	K4 +185	K4 +232	47	0.235			左
130	K4 +185	K4 +232	K4 +185	K4 +232	47	0.235			右
131	K4 +440	K4 +232	K4 +440	K4 +232	120	0.235			左
132	K4 +440	K4 +232	K4 +440	K4 +232	120	0.235			右
133	K4 +560	K4 +790	K4 +560	K4 +790	230	0.235			左
134	K4 +560	K4 +790	K4 +560	K4 +790	230	0.235			右
135	K4 +790	K4 +972	K4 +790	K4 +972	182	0.235			左
136	K4 +790	K4 +972	K4 +790	K4 +972	182	0.235			右
137	K4 +978	K5 +100	K4 +978	K5 +100	122	0.235			左
138	K4 +978	K5 +100	K4 +978	K5 +100	122	0.235			右
139	K5 +112	K5 +340	K5 +112	K5 +340	228	0.235			左
140	K5 +112	K5 +340	K5 +112	K5 +340	228	0.235			右

续上表

序号	统一里程		施工桩号		长度(m)	构造物形式(m^3/m)			备注
	起	讫	起	讫		边沟	截水沟	盲沟	
141	K5+340	K5+560	K5+340	K5+560	220	0.235			左
142	K5+340	K5+560	K5+340	K5+560	220	0.235			右
143	K5+560	K5+630	K5+560	K5+630	70	0.235			左
144	K5+560	K5+630	K5+560	K5+630	70	0.235			右
145	K5+640	K5+657	K5+640	K5+657	17	0.235			左
146	K5+640	K5+657	K5+640	K5+657	17	0.235			右
147	K5+685	K5+758	K5+685	K5+758	73	0.235			左
148	K5+685	K5+758	K5+685	K5+758	73	0.235			右
149	K5+772	K5+947	K5+772	K5+947	175	0.235			左
150	K5+772	K5+947	K5+772	K5+947	175	0.235			右
151	K5+947	K6+012	K5+947	K6+012	65	0.235			左
152	K5+947	K6+012	K5+947	K6+012	65	0.235			右
153	K6+650	K6+900	K6+650	K6+900	250	0.235			左
154	K6+650	K6+900	K6+650	K6+900	250	0.235			右
155	K6+900	K6+982	K6+900	K6+982	82	0.235			左侧
156	K6+900	K6+982	K6+900	K6+982	82	0.235			右侧
157	K6+982	K7+180	K6+982	K7+180	198	0.235			左侧
158	K6+982	K7+180	K6+982	K7+180	198	0.235			右侧
159	K7+180	K7+270	K7+180	K7+270	90	0.235			左侧
160	K7+180	K7+270	K7+180	K7+270	90	0.235			右侧
161	K7+605	K7+655	K7+605	K7+655	50	0.235			左侧
162	K7+605	K7+655	K7+605	K7+655	50	0.235			右侧
163	K7+655	K7+855	K7+655	K7+855	200	0.235			左侧
164	K7+655	K7+855	K7+655	K7+855	200	0.235			右侧
165	K7+855	K7+893	K7+855	K7+893	38	0.235			左侧
166	K7+855	K7+893	K7+855	K7+893	38	0.235			右侧
167	K7+898	K8+118	K7+898	K8+118	220	0.235			左侧
168	K7+898	K8+118	K7+898	K8+118	220	0.235			右侧
169	K8+220	K8+328	K8+220	K8+328	108	0.235			左侧
170	K8+220	K8+328	K8+220	K8+328	108	0.235			右侧
171	K8+328	K8+350	K8+328	K8+350	22	0.235			左侧
172	K8+328	K8+350	K8+328	K8+350	22	0.235			右侧
173	K8+350	K8+520	K8+350	K8+520	170	0.235			左侧
174	K8+350	K8+520	K8+350	K8+520	170	0.235			右侧
175	K8+520	K8+592	K8+520	K8+592	72	0.235			左侧

续上表

序号	统一里程		施工桩号		长度(m)	构造物形式(m^3/m)			备注
	起	讫	起	讫		边沟	截水沟	盲沟	
176	K8 +520	K8 +592	K8 +520	K8 +592	72	0.235			右侧
177	K8 +618	K8 +670	K8 +618	K8 +670	52	0.235			左侧
178	K8 +618	K8 +670	K8 +618	K8 +670	52	0.235			右侧
179	K8 +670	K8 +785	K8 +670	K8 +785	115	0.235			左侧
180	K8 +670	K8 +785	K8 +670	K8 +785	115	0.235			右侧
181	K9 +770	K10 +085	K9 +770	K10 +085	315	0.235			左侧
182	K9 +770	K10 +085	K9 +770	K10 +085	315	0.235			右侧
183	K10 +085	K10 +170	K10 +085	K10 +170	85	0.235			左侧
184	K10 +085	K10 +170	K10 +085	K10 +170	85	0.235			右侧
185	K10 +260	K10 +620	K10 +260	K10 +620	360	0.235			左侧
186	K10 +260	K10 +620	K10 +260	K10 +620	360	0.235			右侧
187	K10 +655	K10 +825	K10 +655	K10 +825	170	0.235			左侧
188	K10 +655	K10 +825	K10 +655	K10 +825	170	0.235			右侧
189	K11 +230	K11 +420	K11 +230	K11 +420	190	0.235			左侧
190	K11 +230	K11 +420	K11 +230	K11 +420	190	0.235			右侧
191	K11 +420	K11 +662	K11 +420	K11 +662	242	0.235			左侧
192	K11 +420	K11 +662	K11 +420	K11 +662	242	0.235			右侧
193	K12 +075	K12 +225	K12 +075	K12 +225	150	0.235			左侧
194	K12 +075	K12 +225	K12 +075	K12 +225	150	0.235			右侧
195	K12 +870	K12 +930	K12 +870	K12 +930	60	0.235			左侧
196	K12 +870	K12 +930	K12 +870	K12 +930	60	0.235			右侧
197	K12 +930	K13 +003	K12 +930	K13 +003	73	0.235			左侧
198	K12 +930	K13 +003	K12 +930	K13 +003	73	0.235			右侧
199	K13 +183	K13 +307	K13 +183	K13 +307	124	0.235			左侧
200	K13 +183	K13 +307	K13 +183	K13 +307	124	0.235			右侧
201	K13 +620	K13 +750	K13 +620	K13 +750	130	0.235			左侧
202	K13 +620	K13 +750	K13 +620	K13 +750	130	0.235			右侧
203	K13 +750	K13 +750	K13 +750	K14 +080	330	0.235			左侧
204	K13 +750	K14 +140	K13 +750	K14 +140	390	0.235			右侧
205	K14 +080	K14 +305	K14 +080	K14 +305	225	0.235			左侧
206	K14 +305	K14 +600	K14 +305	K14 +600	844	0.235			左侧
207	AK0 +000	EK0 +190	AK0 +000	EK0 +190	1717	0.235			左侧
208	K7 +055	K13 +690	K7 +055	K13 +690	1279	0.235			左侧
209	K13 +783	K14 +600	K13 +783	K14 +600	257	0.235			左侧
210	AK0 +079	CK0 +454	AK0 +079	CK0 +454	321	0.235			左侧

续上表

序号	统一里程		施工桩号		长度(m)	构造物形式(m^3/m)			备注
	起	讫	起	讫		边沟	截水沟	盲沟	
211	K6 +985	K11 +660	K6 +985	K11 +660	495	0.235			右侧
212	K14 +050	K14 +310	K14 +050	K14 +310	260	0.235			右侧
213	K14 +600	K23 +100	K14 +600	K23 +100	7120	0.235			左、右侧
214	K23 +100	K24 +750	K23 +100	K24 +750	1525	0.235			左、右侧
215	K24 +750	K25 +700	K24 +750	K25 +700	944	0.235			左、右侧
216	K25 +700	K33 +000	K25 +700	K33 +000	6003	0.235			左、右侧
217	K23 +140	K31 +530	K23 +140	K31 +530		0.235	601		左、右侧
218	K32 +99.629	K35 +170	K33 +000.0	K33 +702.0	702.00	0.235		84.6	左侧
219	K32 +99.629	K35 +170	K33 +000.0	K33 +702.0	702.00	0.235	141	84.6	右侧
220	K32 +99.629	K35 +170	K33 +737.0	K34 +383.0	646.00	0.235		28.4	左侧
221	K32 +99.629	K35 +170	K33 +737.0	K34 +383.0	646.00	0.235		28.4	右侧
222	K32 +99.629	K35 +170	K34 +418.0	K34 +512.0	94.00	0.235		25.3	左侧
223	K32 +99.629	K35 +170	K34 +418.0	K34 +512.0	94.00	0.235		25.3	右侧
224	K32 +99.629	K35 +170	K34 +524.0	K34 +555.0	31.00	7.29			左侧
225	K32 +99.629	K35 +170	K34 +524.0	K34 +555.0	31.00	7.29			右侧
226	K32 +99.629	K35 +170	K34 +560.0	K34 +720.0	160.00	7.29		43.3	左侧
227	K32 +99.629	K35 +170	K34 +560.0	K34 +720.0	160.00	7.29		43.3	右侧
228	K32 +99.629	K35 +170	K34 +750.0	K34 +777.0	27.00	6.35			左侧
229	K32 +99.629	K35 +170	K34 +750.0	K34 +777.0	27.00	6.35			右侧
230	K32 +99.629	K35 +170	K34 +798.0	K34 +848.0	50.00	6.35		13.5	左侧
231	K32 +99.629	K35 +170	K34 +798.0	K34 +848.0	50.00	6.35		13.5	右侧
232	K32 +99.629	K35 +170	K34 +870.0	K35 +280.0	410.00	84.61			左侧
233	K32 +99.629	K35 +170	K34 +870.0	K35 +280.0	410.00	84.61			右侧
234	K35 +170	K36 +350	K35 +440.0	K35 +473.0	33.00	7.76			左侧
235	K35 +170	K36 +350	K35 +440.0	K35 +567.0	127.00	29.85			右侧
236	K35 +170	K36 +350	K35 +530.0	K35 +630.0	100.00	23.5			左侧
237	K35 +170	K36 +350	K35 +700.0	K35 +760.0	60.00	14.1			右侧
238	K35 +170	K36 +350	K35 +709.0	K35 +760.0	51.00	11.99			左侧
239	K35 +170	K36 +350	AK35 +709.0	K35 +870.0	161.00	18.8			右侧
240	K35 +170	K36 +350	K35 +790.0	K36 +080.0	290.00	68.15			左侧
241	K35 +170	K36 +350	K35 +923.0	K36 +080.0	157.00	36.9			右侧
242	K35 +170	K36 +350	K36 +180.0	K36 +350.0	170.00	39.95			左侧
243	K35 +170	K36 +350	K36 +180.0	K36 +350.0	170.00	39.95			右侧
244	K35 +170	K36 +350	AK0 +000.0	AK0 +160.0	160.00	27.2			左侧
245	K35 +170	K36 +350	AK0 +000.0	AK0 +160.0	160.00	27.2			右侧

续上表

序号	统一里程		施工桩号		长度(m)	构造物形式(m³/m)			备注
	起	讫	起	讫		边沟	截水沟	盲沟	
246	K35 +170	K36 +350	AK0 +210.0	AK0 +250.0	40.00	6.8			左侧
247	K35 +170	K36 +350	AK0 +210.0	AK0 +300.0	90.00	15.3			右侧
248	K35 +170	K36 +350	AK0 +305.0	AK0 +589.0	284.00	48.28			左侧
249	K35 +170	K36 +350	AK0 +329.0	AK0 +559.0	230.00	39.1			右侧
250	K35 +170	K36 +350	AK0 +620.0	AK0 +916.0	296.00	50.32			左侧
251	K35 +170	K36 +350	AK0 +600.0	AK0 +780.0	180.00	30.6			右侧
252	K35 +170	K36 +350	AK0 +780.0	AK0 +916.0	136.00	23.12			右侧
253	K35 +170	K36 +350	BK0 +080.0	BK0 +180.0	100.00	17			左侧
254	K35 +170	K36 +350	BK0 +057.0	BK0 +225.0	168.00	28.56			右侧
255	K35 +170	K36 +350	CK0 +340.0	CK0 +500.0	160.00	27.2			左侧
256	K35 +170	K36 +350	CK0 +217.0	CK0 +536.0	319.00	54.23			右侧
257	K35 +170	K36 +350	DK0 +290.0	DK0 +360.0	70.00	11.9			左侧
258	K35 +170	K36 +350	DK0 +215.0	DK0 +439.0	224.00	38.08			右侧
259	K35 +170	K36 +350	EK0 +090.0	EK0 +180.0	90.00	15.3			左侧
260	K35 +170	K36 +350	FK0 +240.0	FK0 +340.0	100.00	17			左侧
261	K35 +170	K36 +350	FK0 +195.0	FK0 +364.0	169.00	28.73			右侧
262	K35 +170	K36 +350	GK0 +170.0	GK0 +320.0	150.00	25.5			左侧
263	K35 +170	K36 +350	GK0 +112.0	GK0 +346.0	234.00	39.78			右侧
264	K35 +170	K36 +350	HK0 +240.0	HK0 +380.0	140.00	23.8			左侧
265	K35 +170	K36 +350	HK0 +193.0	HK0 +459.0	264.00	44.88			右侧
266	K35 +170	K36 +350	IK0 +070.0	IK0 +150.0	80.00	13.6			左侧
267	K35 +170	K36 +350	IK0 +000.0	IK0 +172.0	172.00	29.24			右侧
268	K36 +350	K40 +000	K36 +350.0	K36 +520.0	170.00	39.95			左侧
269	K36 +350	K40 +000	K36 +350.0	K36 +520.0	170.00	39.95			右侧
270	K36 +350	K40 +000	K36 +990.0	K39 +680.0	2286.00	487.13		65.5	左侧
271	K36 +350	K40 +000	K36 +990.0	K39 +680.0	2690.00	463.63		65.5	右侧
272	K36 +350	K40 +000	K39 +835.0	K40 +000.0	165.00	19.98		21.6	左侧
273	K36 +350	K40 +000	K39 +835.0	K40 +000.0	165.00	19.98		21.6	右侧
274	K40 +000	K40 +100	K40 +000	K40 +100	100		0.7	4.3	左侧
275	K40 +000	K40 +100	K40 +000	K40 +100	100		0.7	6.2	右侧
276	K40 +100	K40 +590	K40 +100	K40 +590	490	73.5		465.5	左侧
277	K40 +100	K40 +580	K40 +100	K40 +580	480	72		528	右侧
278	K40 +690	K40 +820	K40 +690	K40 +820	130	19.5		143	左侧
279	K40 +710	K40 +800	K40 +710	K40 +800	90	13.5		85.5	右侧
280	K40 +853	K40 +903	K40 +853	K40 +903	50	11.75			左侧

续上表

序号	统一里程		施工桩号		长度(m)	构造物形式(m^3/m)			备注
	起	讫	起	讫		边沟	截水沟	盲沟	
281	K40 +853	K40 +903	K40 +853	K40 +903	50	11.75			右侧
282	K40 +903	K41 +096	K40 +903	K41 +096	193	45.36			左侧
283	K40 +903	K41 +124	K40 +903	K41 +124	221	51.94			右侧
284	K41 +096	K41 +290	K41 +096	K41 +290	194	1.3	7.6		左侧
285	K41 +124	K41 +300	K41 +124	K41 +300	176	1.1	6.5		右侧
286	K41 +290	K41 +420	K41 +290	K41 +420	130	19.5	123.5		左侧
287	K41 +300	K41 +410	K41 +300	K41 +410	110	16.5	104.5		右侧
288	K41 +580	K41 +900	K41 +580	K41 +900	320	48	352		左侧
289	K41 +580	K41 +800	K41 +580	K41 +800	220	33	242		右侧
290	K41 +900	K41 +949	K41 +900	K41 +949	49	11.52			左侧
291	K41 +800	K41 +949	K41 +800	K41 +949	149	35.02			右侧
292	K41 +949	K41 +999	K41 +050	K41 +100	50	11.75			左侧
293	K41 +949	K41 +999	K41 +050	K41 +100	50	11.75			右侧
294	K42 +039	K42 +197	K41 +140	K41 +298	158	37.13			左侧
295	K42 +039	K42 +197	K41 +140	K41 +298	158	37.13			右侧
296	K42 +197	K42 +288	K41 +298	K41 +389	91	21.39			左侧
297	K42 +197	K42 +288	K41 +298	K41 +389	91	21.39			右侧
298	F1K42 +288	F1K42 +468	F1K41 +389	F1K41 +569	360		2.3	14	左右侧
299	F1K42 +588	F1K42 +681	F1K41 +689	F1K41 +782	186		1.3	7.6	左右侧
300	F1K42 +681	F1K42 +859	F1K41 +782	F1K41 +960	356		2.2	13	左右侧
301	F1K42 +974	F1K43 +259	F1K42 +075	F1K42 +360	570	85.5	541.5		左右侧
302	F1K43 +259	F1K43 +308	F1K42 +360	F1K42 +409	98	23.03			左右侧
303	F1K43 +555	F1K43 +563	F1K42 +656	F1K42 +664	16	2.4	15.2		左右侧
304	F1K43 +759	F1K44 +079	F1K42 +860	F1K43 +180	640	96	608		左右侧
305	F1K44 +664	F1K44 +759	F1K43 +765	F1K43 +860	190	28.5	180.5		左右侧
306	F1K45 +219	F1K45 +609	F1K44 +320	F1K44 +710	780	117	741		左右侧
307	F1K45 +904	F1K46 +031	F1K45 +005	F1K45 +132	254	38.1	241.3		左右侧
308	K42 +288	K42 +399	K41 +389	K41 +500	222	52.17			左右侧
309	K42 +399	K42 +459	K41 +500	K41 +560	120	0.9	5.4		左右侧
310	K42 +588	K42 +779	K41 +689	K41 +880	382	89.77			左右侧
311	K42 +779	K42 +834	K41 +880	K41 +935	110	25.85			左右侧
312	K42 +959	K43 +059	K42 +060	K42 +160	200	47			左右侧
313	K43 +059	K43 +259	K42 +160	K42 +360	400	60	380		左右侧
314	K43 +769	K43 +879	K42 +870	K42 +980	220	33	209		左右侧
315	K43 +879	K43 +994	K42 +980	K43 +095	230	54.05			左右侧

续上表

序号	统一里程		施工桩号		长度(m)	构造物形式(m^3/m)			备注
	起	讫	起	讫		边沟	截水沟	盲沟	
316	K43 +994	K44 +069	K43 +095	K43 +170	150	22.5	142.5		左右侧
317	K44 +679	K44 +739	K43 +780	K43 +840	120	28.2			左右侧
318	K45 +229	K45 +409	K44 +330	K44 +510	360	54	342		左右侧
319	K45 +409	K45 +612	K44 +510	K44 +713	406	95.41			左右侧
320	K45 +909	K46 +037	K45 +010	K45 +138	256	38.4	243.2		左右侧
321	K46 +037	K46 +319	K45 +138	K45 +420	282	42.3	267.9		左侧
322	K46 +037	K46 +319	K45 +138	K45 +420	282	42.3	310.2		右侧
323	K46 +729	K46 +806	K45 +830	K45 +907	77	0.5	3.2		左侧
324	K46 +806	K46 +899	K45 +907	K46 +000	93	21.86			左侧
325	K46 +779	K46 +899	K45 +880	K46 +000	120	0.9	7.8		右侧
326	K40 +065	K40 +540	K40 +065	K40 +540			446.5		左侧
327	K41 +610	K41 +805	K41 +610	K41 +805			183.3		左侧
328	F1K42 +329	F1K42 +439	F1K41 +430	F1K41 +540			103.4		左侧
329	F1K43 +014	F1K43 +219	F1K42 +115	F1K42 +320			192.7		左侧
330	F1K45 +219	F1K45 +364	F1K44 +320	F1K44 +465			136.3		左侧
331	F1K45 +959	F1K46 +031	F1K45 +060	F1K45 +132			67.7		左侧
332	K46 +031	K46 +319	K45 +132	K45 +420			270.7		左侧
333	K46 +894.788	K46 +904.788	K46 +000	K46 +010	10	0.96			右
334	K47 +004.788	K47 +094.788	K46 +110	K46 +200	90	0.96			左
335	K47 +004.788	K47 +094.788	K46 +110	K46 +200	90	0.96			右
336	K47 +099.788	K47 +219.788	K46 +205	K46 +325	120	0.96			左
337	K47 +099.788	K47 +219.788	K46 +205	K46 +325	120	0.96			右
338	K47 +339.788	K47 +529.788	K46 +445	K46 +635	190	0.96			左
339	K47 +339.788	K47 +474.788	K46 +445	K46 +580	135	0.96			右
340	K47 +832.788	K48 +104.788	K46 +938	K47 +210	272	0.96			左
341	K47 +772.788	K48 +044.788	K46 +878	K47 +150	272	0.96			右
342	K48 +680.788	K48 +794.788	K47 +786	K47 +900	114	0.96			左
343	K48 +680.788	K48 +794.788	K47 +786	K47 +900	114	0.96			右
344	K48 +914.788	K49 +156.788	K48 +020	K48 +262	242	0.96			左
345	K48 +914.788	K49 +156.788	K48 +020	K48 +262	242	0.96			右
346	K49 +156.788	K49 +179.788	K48 +262	K48 +285	23	0.96			左
347	K49 +156.788	K49 +179.788	K48 +262	K48 +285	23	0.96			右
348	K50 +614.788	K50 +893.788	K49 +720	K49 +999	279	0.96			左
349	K50 +614.788	K50 +861.788	K49 +720	K49 +967	247	0.96			右
350	K50 +893.788	K50 +914.788	K49 +999	K50 +020	21	0.96			左

续上表

序号	统一里程		施工桩号		长度(m)	构造物形式(m^3/m)			备注
	起	讫	起	讫		边沟	截水沟	盲沟	
351	K50 + 861.788	K50 + 914.788	K49 + 967	K50 + 020	53	0.96			右
352	K51 + 114.788	K51 + 256.788	K50 + 220	K50 + 362	142	0.96			左
353	K51 + 114.788	K51 + 274.788	K50 + 220	K50 + 380	160	0.96			右
354	K51 + 256.788	K51 + 274.788	K50 + 362	K50 + 380	18	0.96			左
355	AK0 + 180	AK0 + 365	AK0 + 180	AK0 + 365	185	0.96			左
356	AK0 + 180	AK0 + 365	AK0 + 180	AK0 + 365	185	0.96			右
357	AK0 + 465	AK0 + 567	AK0 + 465	AK0 + 567	102	0.96			左
358	AK0 + 465	AK0 + 512	AK0 + 465	AK0 + 512	47	0.96			右
359	AK0 + 567	AK0 + 720	AK0 + 567	AK0 + 720	153	0.96			左
360	AK0 + 512	AK0 + 560	AK0 + 512	AK0 + 560	48	0.96			右
361	AK0 + 560	AK0 + 720	AK0 + 560	AK0 + 720	160	0.96			右
362	BK0 + 234	BK0 + 360	BK0 + 234	BK0 + 360	126	0.96			左
363	BK0 + 360	BK0 + 415	BK0 + 360	BK0 + 415	55	0.96			左
364	BK0 + 234	BK0 + 350	BK0 + 234	BK0 + 350	116	0.96			右
365	CK0 + 000	CK0 + 040	CK0 + 000	CK0 + 040	40	0.96			左
366	CK0 + 040	CK0 + 191	CK0 + 040	CK0 + 191	151	0.96			左
367	DK0 + 219	DK0 + 280	DK0 + 219	DK0 + 280	61	0.96			左
368	DK0 + 219	DK0 + 280	DK0 + 219	DK0 + 280	61	0.96			右
369	DK0 + 305	DK0 + 370	DK0 + 305	DK0 + 370	65	0.96			左
370	DK0 + 305	DK0 + 370	DK0 + 305	DK0 + 370	65	0.96			右
371	DK0 + 440	DK0 + 532	DK0 + 440	DK0 + 532	92	0.96			左
372	DK0 + 440	DK0 + 532	DK0 + 440	DK0 + 532	92	0.96			右
373	EK0 + 057	EK0 + 205	EK0 + 057	EK0 + 205	148	0.96			左
374	EK0 + 057	EK0 + 205	EK0 + 057	EK0 + 205	148	0.96			右
375	K48 + 794.788	K48 + 914.788	K47 + 900	K48 + 020	120	0.84			左
376	K48 + 794.788	K48 + 914.788	K47 + 900	K48 + 020	120	0.84			右
377	K49 + 404.788	K49 + 594.788	K48 + 510	K48 + 700	190	0.84			左
378	K49 + 404.788	K49 + 594.788	K48 + 510	K48 + 700	190	0.84			右
379	K50 + 214.788	K50 + 336.788	K49 + 320	K49 + 442	120	0.84			左
380	K50 + 198.788	K50 + 294.788	K49 + 304	K49 + 400	96	0.84			右
381	K52 + 404.788	K52 + 540.788	K51 + 510	K51 + 646	136	0.84			左
382	K52 + 399.788	K52 + 524.788	K51 + 505	K51 + 630	125	0.84			右
383	K52 + 754.788	K52 + 959.788	K51 + 860	K52 + 065	205	0.84			左
384	K52 + 714.788	K52 + 959.788	K51 + 820	K52 + 065	245	0.84			右
385	K53 + 313.788	K53 + 394.788	K52 + 419	K52 + 500	81	0.84			左

续上表

序号	统一里程		施工桩号		长度(m)	构造物形式(m³/m)			备注
	起	讫	起	讫		边沟	截水沟	盲沟	
386	K53 +313.788	K53 +394.788	K52 +419	K52 +500	81	0.84			右
387	K47 +474.788	K47 +529.788	K46 +580	K46 +635	55	0.192			右
388	K47 +724.788	K47 +772.788	K46 +830	K46 +878	48	0.192			左
389	K47 +724.788	K47 +772.788	K46 +830	K46 +878	48	0.192			左
390	K48 +044.788	K48 +104.788	K47 +150	K47 +210	60	0.192			右
391	K49 +372.788	K49 +404.788	K48 +478	K48 +510	32	0.192			左
392	K49 +372.788	K49 +404.788	K48 +478	K48 +510	32	0.192			右
393	K49 +594.788	K49 +948.788	K48 +700	K49 +054	354	0.192			左
394	K49 +594.788	K49 +948.788	K48 +700	K49 +054	351	0.192			右
395	K50 +336.788	K50 +544.788	K49 +442	K49 +650	208	0.192			左
396	K50 +294.788	K50 +544.788	K49 +400	K49 +650	250	0.192			右
397	K50 +944.788	K51 +094.788	K50 +050	K50 +200	180	0.192			左
398	K50 +914.788	K51 +094.788	K50 +020	K50 +200	180	0.192			右
399	K51 +274.788	K51 +514.788	K50 +380	K50 +620	240	0.192			左
400	K51 +274.788	K51 +306.788	K50 +380	K50 +412	32	0.192			右
401	K51 +364.788	K51 +514.788	K50 +470	K50 +620	150	0.192			右
402	K52 +540.788	K52 +694.788	K51 +646	K51 +800	154	0.192			左
403	K52 +524.788	K52 +564.788	K51 +630	K51 +670	40	0.192			右
404	K52 +700.788	K52 +754.788	K51 +806	K51 +860	54	0.192			左
405	K52 +620.788	K52 +714.788	K51 +726	K51 +820	94	0.192			右
406	AK0 +000	AK0 +038	AK0 +000	AK0 +038	38	0.192			左
407	AK0 +000	AK0 +038	AK0 +000	AK0 +038	38	0.192			右
408	AK0 +365	AK0 +465	AK0 +365	AK0 +465	100	0.192			左
409	AK0 +365	AK0 +465	AK0 +365	AK0 +465	100	0.192			右
410	DK0 +280	DK0 +305	DK0 +280	DK0 +305	25	0.144			左
411	DK0 +280	DK0 +305	DK0 +280	DK0 +305	25	0.144			右
412	DK0 +370	DK0 +440	DK0 +370	DK0 +440	70	0.144			左
413	DK0 +370	DK0 +440	DK0 +370	DK0 +440	70	0.144			右
414	EK0 +205	EK0 +230	EK0 +205	EK0 +230	25	0.144			左
415	EK0 +205	EK0 +290	EK0 +205	EK0 +290	85	0.144			右
416	K46 +894.788	K46 +904.788	K46 +000	K46 +010	10		0.54		右
417	K47 +054.788	K47 +092.788	K46 +160	K46 +198	35		0.54		左
418	K47 +104.788	K47 +118.788	K46 +210	K46 +224	14		0.54		左
419	K47 +118.788	K47 +184.788	K46 +224	K46 +290	66		0.54		左
420	K47 +184.788	K47 +204.788	K46 +290	K46 +310	20		0.54		左

续上表

序号	统一里程		施工桩号		长度(m)	构造物形式(m^3/m)			备注
	起	讫	起	讫		边沟	截水沟	盲沟	
421	K47 +044.788	K47 +054.788	K46 +150	K46 +160	10		0.54		右
422	K47 +054.788	K47 +184.788	K46 +160	K46 +290	130		0.54		右
423	K47 +184.788	K47 +201.788	K46 +290	K46 +307	17		0.54		右
424	K47 +344.788	K47 +374.788	K46 +450	K46 +480	30		0.54		左
425	K47 +374.788	K47 +464.788	K46 +480	K46 +570	90		0.54		左
426	K47 +464.788	K47 +474.788	K46 +570	K46 +580	10		0.54		左
427	K47 +824.788	K47 +844.788	K46 +930	K46 +950	20		0.54		右
428	K47 +844.788	K47 +864.788	K46 +950	K46 +970	20		0.54		右
429	K47 +864.788	K47 +914.788	K46 +970	K47 +020	50		0.54		右
430	K47 +914.788	K47 +954.788	K47 +020	K47 +060	40		0.54		右
431	K47 +954.788	K48 +004.788	K47 +060	K47 +110	50		0.54		右
432	K47 +894.788	K47 +959.788	K47 +000	K47 +065	65		0.54		左
433	K47 +959.788	K48 +089.788	K47 +065	K47 +195	130		0.54		左
434	K48 +089.788	K48 +109.788	K47 +195	K47 +215	20		0.54		左
435	K50 +644.788	K50 +674.788	K49 +750	K49 +780	30		0.54		左
436	K50 +674.788	K50 +714.788	K49 +780	K49 +820	40		0.54		左
437	K50 +714.788	K50 +764.788	K49 +820	K49 +870	50		0.54		左
438	K50 +764.788	K50 +804.788	K49 +870	K49 +910	40		0.54		左
439	K48 +804.788	K50 +864.788	K47 +910	K49 +970	60		0.54		左
440	K52 +429.788	K52 +469.788	K51 +535	K51 +575	40		0.54		右
441	K52 +434.788	K52 +514.788	K51 +540	K51 +620	80		0.54		左
442	AK0 +627	AK0 +720	AK0 +627	AK0 +720	93		0.54		右
443	BK0 +340	BK0 +378	BK0 +340	BK0 +378	38		0.54		左
444	K47 +207.788	K47 +334.788	K46 +313	K46 +440	127		0.144		左
445	K47 +497.788	K47 +776.788	K46 +603	K46 +882	279		0.144		右
446	K47 +207.788	K47 +334.788	K46 +313	K46 +440	127		0.144		左
447	K47 +497.788	K47 +776.788	K46 +603	K46 +882	279		0.144		右
448	K47 +004.788	K47 +004.788	K46 +110	K46 +110	35			1.12	双侧
449	K47 +054.788	K47 +054.788	K46 +160	K46 +160	50			1.12	左侧
450	K47 +154.788	K47 +154.788	K46 +260	K46 +260	115			1.12	左侧
451	K47 +339.788	K47 +339.788	K46 +445	K46 +445	40			1.12	双侧
452	K47 +529.788	K47 +529.788	K46 +635	K46 +635	90			1.12	双侧
453	K47 +772.788	K47 +772.788	K46 +878	K46 +878	60			1.12	右侧
454	K47 +724.788	K47 +724.788	K46 +830	K46 +830	115			1.12	左侧
455	K48 +084.788	K48 +084.788	K47 +190	K47 +190	30			1.12	左侧

续上表

序号	统一里程		施工桩号		长度(m)	构造物形式(m^3/m)			备注
	起	讫	起	讫		边沟	截水沟	盲沟	
456	K48 +104.788	K48 +104.788	K47 +210	K47 +210	50			1.12	右侧
457	K48 +664.788	K48 +664.788	K47 +770	K47 +770	18			1.12	左侧
458	K48 +179.788	K48 +179.788	K47 +285	K47 +285	52			1.12	左侧
459	K49 +179.788	K49 +179.788	K48 +285	K48 +285	120			1.12	双侧
460	K49 +372.788	K49 +372.788	K48 +478	K48 +478	60			1.12	双侧
461	K49 +948.788	K49 +948.788	K49 +054	K49 +054	70			1.12	双侧
462	K50 +198.788	K50 +198.788	K49 +304	K49 +304	120			1.12	右侧
463	K50 +214.788	K50 +214.788	K49 +320	K49 +320	120			1.12	左侧
464	K50 +419.788	K50 +419.788	K49 +525	K49 +525	15			1.12	右侧
465	K50 +454.788	K50 +454.788	K49 +560	K49 +560	15			1.12	右侧
466	K50 +614.788	K50 +614.788	K49 +720	K49 +720	80			1.12	双侧
467	K50 +619.788	K50 +619.788	K49 +725	K49 +725	45			1.12	左侧
468	AK0 +038	AK0 +038	AK0 +038	AK0 +038	70			1.12	双侧
469	AK0 +180	AK0 +180	AK0 +180	AK0 +180	40			1.12	双侧
470	K52 +399.788	K52 +399.788	K51 +505	K51 +505	100			1.12	左侧
471	K52 +404.788	K52 +404.788	K51 +510	K51 +510	100			1.12	右侧
472	K52 +764.788	K52 +764.788	K51 +870	K51 +870	10			1.12	右侧
473	K52 +914.788	K52 +914.788	K52 +020	K52 +020	70			1.12	右侧
474	K47 +274.788	K47 +274.788	K46 +380	K46 +380	21.4			1.12	左侧
475	K47 +514.788	K47 +514.788	K46 +620	K46 +620	5.2			1.12	左侧
476	K47 +734.788	K47 +734.788	K46 +840	K46 +840	31.7			1.12	左侧
477	K47 +774.788	K47 +774.788	K46 +880	K46 +880	40			1.12	左侧
478	K48 +134.788	K48 +134.788	K47 +240	K47 +240	22.6			1.12	左侧
479	K49 +674.788	K49 +674.788	K48 +780	K48 +780	20.7			1.12	右侧
480	K49 +734.788	K49 +734.788	K48 +840	K48 +840	18.7			1.12	右侧
481	K49 +794.788	K49 +794.788	K48 +900	K48 +900	18.5			1.12	右侧
482	K49 +854.788	K49 +854.788	K48 +960	K48 +960	11.2			1.12	右侧
483	K49 +894.788	K49 +894.788	K49 +000	K49 +000	11.2			1.12	右侧
484	K49 +934.788	K49 +934.788	K49 +040	K49 +040	33			1.12	右侧
485	K51 +314.788	K51 +314.788	K50 +420	K50 +420	6.4			1.12	右侧
486	K51 +374.788	K51 +374.788	K50 +480	K50 +480	10.2			1.12	左侧
487	K51 +434.788	K51 +434.788	K50 +540	K50 +540	15.0			1.12	左侧
488	K51 +494.788	K51 +494.788	K50 +600	K50 +600	21.1			1.12	左侧
489	K51 +534.788	K51 +534.788	K50 +640	K50 +640	19.7			1.12	左侧
490	K47 +274.788	K47 +274.788	K46 +380	K46 +380	21.4			0.54	左侧

续上表

序号	统一里程		施工桩号		长度(m)	构造物形式(m^3/m)			备注
	起	讫	起	讫		边沟	截水沟	盲沟	
491	K47+514.788	K47+514.788	K46+620	K46+620	5.2			0.54	左侧
492	K47+554.788	K47+554.788	K46+660	K46+660	9.2			0.54	左侧
493	K47+594.788	K47+594.788	K46+700	K46+700	43.5			0.54	左侧
494	K47+634.788	K47+634.788	K46+740	K46+740	48			0.54	左侧
495	K47+674.788	K47+674.788	K46+780	K46+780	49			0.54	左侧
496	K47+714.788	K47+714.788	K46+820	K46+820	48			0.54	左侧
497	K47+754.788	K47+754.788	K46+860	K46+860	50			0.54	左侧
498	K48+134.788	K48+134.788	K47+240	K47+240	22.6			0.54	左侧
499	K49+674.788	K49+674.788	K48+780	K48+780	20.7			0.54	右侧
500	K49+734.788	K49+734.788	K48+840	K48+840	18.7			0.54	右侧
501	K49+794.788	K49+794.788	K48+900	K48+900	18.5			0.54	右侧
502	K49+854.788	K49+854.788	K48+960	K48+960	11.2			0.54	右侧
503	K49+894.788	K49+894.788	K49+000	K49+000	11.2			0.54	右侧
504	K49+934.788	K49+934.788	K49+040	K49+040	33			0.54	右侧
505	K50+314.788	K50+314.788	K49+420	K49+420	16.4			0.54	右侧
506	K50+354.788	K50+354.788	K49+460	K49+460	48.1			0.54	右侧
507	K50+394.788	K50+394.788	K49+500	K49+500	58.3			0.54	右侧
508	K50+434.788	K50+434.788	K49+540	K49+540	89.3			0.54	右侧
509	K50+474.788	K50+474.788	K49+580	K49+580	58.1			0.54	右侧
510	K50+514.788	K50+514.788	K49+620	K49+620	46.9			0.54	右侧
511	K50+554.788	K50+554.788	K49+660	K49+660	24.6			0.54	右侧
512	K51+314.788	K51+314.788	K50+420	K50+420	6.4			0.54	右侧
513	K51+374.788	K51+374.788	K50+480	K50+480	10.2			0.54	左侧
514	K51+434.788	K51+434.788	K50+540	K50+540	15			0.54	左侧
515	K51+494.788	K51+494.788	K50+600	K50+600	21.1			0.54	左侧
516	K51+534.788	K51+534.788	K50+640	K50+640	19.7			0.54	左侧
517	K53+394.79	K53+513.79	K52+500	K52+619	119	113.1			左
518	K53+394.79	K53+474.79	K52+500	K52+580	80	18			右
519	K53+513.79	K53+637.79	K52+619	K52+743	124	29.14			左
520	K53+474.79	K53+637.79	K52+580	K52+743	163	38.31			右
521	K53+734.79	K53+971.79	K52+840	K53+077	237	225.2			左
522	K53+734.79	K53+991.79	K52+840	K53+097	257	244.2			右
523	K53+971.79	K54+216.79	K53+077	K53+322	245	57.58			左
524	K53+991.79	K54+216.79	K53+097	K53+322	225	52.88			右
525	K55+316.79	K55+564.79	K54+422	K54+670	248	272.8			左

续上表

序号	统一里程		施工桩号		长度(m)	构造物形式(m^3/m)			备注
	起	讫	起	讫		边沟	截水沟	盲沟	
526	K55 +334.79	K55 +564.79	K54 +440	K54 +670	230	54.05			右
527	K55 +746.79	K55 +864.79	K54 +852	K54 +970	118	27.73			左
528	K55 +746.79	K55 +864.79	K54 +852	K54 +970	118	27.73			右
529	K55 +864.79	K55 +894.79	K54 +970	K55 +000	30	7.05			左
530	K55 +864.79	K55 +894.79	K54 +970	K55 +000	30	7.05			右
531	K56 +250.51	K56 +342.51	K55 +360	K55 +452	92	21.62			左
532	K57 +100	K57 +500	K57 +100	K57 +500	400	440	324.3		右侧
533	K57 +100	K57 +720	K57 +100	K57 +720	620	682			左侧
534	K58 +318	K58 +460	K58 +318	K58 +460	142	134.9			右侧
535	K58 +318	K58 +506	K58 +318	K58 +506	188	178.6			左侧
536	K58 +657	K59 +030	K58 +657	K59 +030	373	354.35			左侧
537	K58 +657	K59 +030	K58 +657	K59 +030	373	354.35			右侧
538	F2K58 +657	F2K59 +030	F2K58 +657	F2K59 +030	393	373.35	361.9		左侧
539	F2K58 +657	F2K59 +030	F2K58 +657	F2K59 +030	393	432.3			右侧
540	K59 +420	K59 +654	K59 +420	K59 +654	234	222.3			右侧
541	K59 +420	K59 +654	K59 +420	K59 +654	234	257.4	122.2		左侧
542	K59 +685	K59 +890	K59 +685	K59 +890	205	194.75			右侧
543	K59 +685	K59 +890	K59 +685	K59 +890	205	225.5			左侧
544	F2K59 +415	F2K59 +650	F2K59 +415	F2K59 +650	235	258.5			右侧
545	F2K59 +415	F2K59 +650	F2K59 +415	F2K59 +650	235	223.25			右侧
546	F2K59 +677	F2K59 +940	F2K59 +677	F2K59 +940	263	249.85			右侧
547	F2K59 +677	F2K59 +940	F2K59 +677	F2K59 +940	263	289.3			左侧
548	K60 +768	K61 +120	K60 +768	K61 +120	352	334.4	191.8		右侧
549	F2K60 +783	F2K60 +980	F2K60 +783	F2K60 +980	197	187.15			左侧
550	F2K60 +980	F2K61 +374	F2K60 +980	F2K61 +374	394	92.59			左侧
551	F2K60 +980	F2K61 +210	F2K60 +980	F2K61 +210	230	54.05			右侧
552	K61 +120	K61 +367	K61 +120	K61 +367	247	58.045			右侧
553	K61 +443	K61 +623	K61 +443	K61 +623	180	42.3			左侧
554	AK0 +500	AK1 +155	AK0 +500	AK1 +155	655	111.35			左侧
555	AK0 +820	AK1 +155	AK0 +820	AK1 +155	335	56.95			右侧
556	BK0 +280	BK0 +330	BK0 +280	BK0 +330	50	8.5			左侧
557	BK0 +244	BK0 +388	BK0 +244	BK0 +388	164	27.88			右侧
558	CK0 +070	CK0 +130	CK0 +070	CK0 +130	60	10.2			左侧
559	CK0 +000	CK0 +180	CK0 +000	CK0 +180	180	30.6			右侧
560	DK0 +217	DK0 +340	DK0 +217	DK0 +340	123	20.91			左侧
561	DK0 +217	DK0 +408	DK0 +217	DK0 +408	191	32.47			右侧

大桥技术指标表

表 20-1

指 标 名 称		说 明
起讫里程		K3 +325.47 ~ K3 +902.46
孔数及跨度(孔 × m)		19 × 30
交角(°)		90
全长(m)		577.16
荷载标准		公路—Ⅰ级
桥面净宽(m)		2 × 11.75
桥下净空(m)		
墩台高度(m)		0 号台 7.2、1 号墩 9、2 号墩 15.3、3 号墩 28.7、4 号墩 25.5、5 号墩 15.8、6 号墩 10.1、7 号墩 8.7、8 号墩 17.1、9 号墩 29.7、10 号墩 20.3、11 号台 0
结构类型	基础	钻孔灌注桩基础
	桥墩	圆、方、箱形墩
	桥台	肋式台
	支座及伸缩缝	GYZF4300 × 65、GYZ450 × 84，RB120、RB160
	上部构造	预应力混凝土先简支后连续箱梁
航道等级		无通航
设计洪水频率		1/300
设计流量(m^3/s)		318
河床地质情况		
总造价(元)		32032380

大桥技术指标表

表 20-2

指标名称		说明
起讫里程		K4 +336
孔数及跨度(孔×m)		8×30
交角(°)		90
全长(m)		247.14
荷载标准		公路—Ⅰ级
桥面净宽(m)		2×11.75
桥下净空(m)		
墩台高度(m)		0号台7.2、1号墩9、2号墩15.3、3号墩28.7、4号墩25.5、5号墩15.8、6号墩10.1、7号墩8.7、8号墩17.1、9号墩29.7、10号墩20.3、11号台0
结构类型	基础	桩基础
	桥墩	柱式墩
	桥台	肋式台
	支座及伸缩缝	GYZF4300×65、GYZ450×84，RB120、RB160
	上部构造	预应力混凝土先简支后连续箱梁
航道等级		无通航
设计洪水频率		1/300
设计流量(m^3/s)		31.7
河床地质情况		
总造价(元)		13716270

大桥技术指标表 表20-3

指 标 名 称		说 明
起讫里程		K4 +336
孔数及跨度(孔×m)		21×30
交角(°)		90
全长(m)		637.14
荷载标准		公路—Ⅰ级
桥面净宽(m)		2×11.75
桥下净空(m)		
墩台高度(m)		0号台7.2、1号墩9、2号墩15.3、3号墩28.7、4号墩25.5、5号墩15.8、6号墩10.1、7号墩8.7、8号墩17.1、9号墩29.7、10号墩20.3、11号台0
结构类型	基础	桩基础
	桥墩	柱式墩
	桥台	肋式台
	支座及伸缩缝	GYZF4300×65、GYZ450×84,RB120、RB160
	上部构造	预应力混凝土先简支后连续箱梁
航道等级		无通航
设计洪水频率		1/300
设计流量(m^3/s)		36.1
河床地质情况		
总造价(元)		35361270

大桥技术指标表 表20-4

指标名称		说明
起讫里程		K7 +281.42 ~ K7 +618.58
孔数及跨度(孔×m)		11×30
交角(°)		90
全长(m)		337.16
荷载标准		公路—Ⅰ级
桥面净宽(m)		2×11.75
桥下净空(m)		
墩台高度(m)		0号台7.2、1号墩9、2号墩15.3、3号墩28.7、4号墩25.5、5号墩15.8、6号墩10.1、7号墩8.7、8号墩17.1、9号墩29.7、10号墩20.3、11号台0
结构类型	基础	桩基础
	桥墩	柱式墩
	桥台	肋式台
	支座及伸缩缝	GYZF4300×65、GYZ450×84,RB120、RB160
	上部构造	预应力混凝土先简支后连续箱梁
航道等级		无通航
设计洪水频率		1/300
设计流量(m^3/s)		64
河床地质情况		
总造价(元)		18712380

大桥技术指标表

表 20-5

指标名称		说明
起讫里程		K8 +834.54 ~ K9 +695.46
孔数及跨度(孔×m)		17×50
交角(°)		90
全长(m)		860.92
荷载标准		公路—Ⅰ级
桥面净宽(m)		2×11.75
桥下净空(m)		
墩台高度(m)		0 号台 5.5、1 号墩 14、2 号墩 19.7、3 号墩 26、4 号墩 29、5 号墩 36、6 号墩 49、7 号墩 49、8 号墩 50、9 号墩 45.5、10 号墩 44、11 号墩 39、12 号墩 35、13 号墩 34、14 号墩 24、15 号墩 25、16 号墩 11、17 号墩 6.5
结构类型	基础	桩基础
	桥墩	柱式墩
	桥台	肋式台
	支座及伸缩缝	GYZ450×84,RB120、RB240、RB160
	上部构造	预应力混凝土先简支后连续箱梁
航道等级		无通航
设计洪水频率		1/300
设计流量(m^3/s)		195.3
河床地质情况		
总造价(元)		47781060

大桥技术指标表 表 20-6

指 标 名 称		说 明
起讫里程		K10 + 857.63 ~ K11 + 226.37(左幅)
孔数及跨度(孔 × m)		9 × 40
交角(°)		90
全长(m)		368.74
荷载标准		公路—Ⅰ级
桥面净宽(m)		2 × 11.75
桥下净空(m)		无通航
墩台高度(m)		0 号台 1.4、1 号墩 15.4、2 号墩 29.3、3 号墩 34.1、4 号墩 25.1、5 号墩 18.2、6 号墩 16.5、7 号墩 11.3、8 号墩 5.8、9 号台 0
结构类型	基础	桩基础
	桥墩	柱式墩
	桥台	肋式台
	支座及伸缩缝	GJZ450 × 450 × 99, RB80、RB160
	上部构造	预应力混凝土先简支后连续箱梁
航道等级		无通航
设计洪水频率		1/300
设计流量(m^3/s)		61.4
河床地质情况		
总造价(元)		20465070

大桥技术指标表 表 20-7

指标名称		说明
起讫里程		K10 + 817.623 ~ K11 + 226.373(右幅)
孔数及跨度(孔 × m)		10 × 40
交角(°)		90
全长(m)		408.75
荷载标准		公路—Ⅰ级
桥面净宽(m)		2 × 11.75
桥下净空(m)		
墩台高度(m)		0 号台 0、1 号墩 11.2、2 号墩 21.7、3 号墩 29.4、4 号墩 33.5、5 号墩 25.7、6 号墩 18.4、7 号墩 16.6、8 号墩 12.4、9 号墩 5.8、10 号台 0
结构类型	基础	桩基础
	桥墩	柱式墩
	桥台	肋式台
	支座及伸缩缝	GJZ450 × 450 × 99,RB80、RB160
	上部构造	预应力混凝土先简支后连续箱梁
航道等级		无通航
设计洪水频率		1/300
设计流量(m^3/s)		64
河床地质情况		
总造价(元)		22685625

大桥技术指标表 表 20-8

指标名称		说明
起讫里程		K11 +710.62 ~ K12 +039.38
孔数及跨度(孔×m)		8×40
交角(°)		90
全长(m)		328.76
荷载标准		公路—Ⅰ级
桥面净宽(m)		2×11.75
桥下净空(m)		
墩台高度(m)		0 号台 0、1 号墩 10.3、2 号墩 23.6、3 号墩 31.7、4 号墩 29.6、5 号墩 8.8、6 号墩 16.6、7 号墩 18.3、8 号台 0
结构类型	基础	桩基础
	桥墩	柱式墩
	桥台	肋式台
	支座及伸缩缝	GJZ450×450×99,RB80、RB160
	上部构造	预应力混凝土先简支后连续箱梁
航道等级		无通航
设计洪水频率		1/300
设计流量(m^3/s)		46.1
河床地质情况		
总造价(元)		18265905

大桥技术指标表 表20-9

指标名称		说明
起讫里程		K12+295.63~K12+864.37
孔数及跨度(孔×m)		14×40
交角(°)		90
全长(m)		568.74
荷载标准		公路—Ⅰ级
桥面净宽(m)		2×11.75
桥下净空(m)		
墩台高度(m)		0号台5.6、1号墩8.5、2号墩10.7、3号墩15、4号墩16.5、5号墩21.3、6号墩26.2、7号墩26.8、8号墩28.7、9号墩26.834.1、10号墩36.1、11号墩28.9、12号墩19.3、13号墩15、14号台0
结构类型	基础	桩基础
	桥墩	柱式墩
	桥台	肋式台
	支座及伸缩缝	GJZ450×450×99,RB160、RB80
	上部构造	预应力混凝土先简支后连续箱梁
航道等级		无通航
设计洪水频率		1/300
设计流量(m^3/s)		265
河床地质情况		
总造价(元)		31565070

大桥技术指标表 表20-10

指标名称		说明
起讫里程		K12 +999.42 ~ K13 +186.58
孔数及跨度(孔×m)		6×30
交角(°)		90
全长(m)		187.16
荷载标准		公路—Ⅰ级
桥面净宽(m)		2×11.75
桥下净空(m)		无通航
墩台高度(m)		0号台8.5、1号墩11、2号墩25、3号墩10.5、4号墩12、5号墩12.5、6号台8.5
结构类型	基础	桩基础
	桥墩	柱式墩
	桥台	肋式台
	支座及伸缩缝	GJZF4300×65,RB160、RB80
	上部构造	预应力混凝土先简支后连续箱梁
航道等级		无通航
设计洪水频率		1/300
设计流量(m^3/s)		18.5
河床地质情况		
总造价(元)		10387380

大桥技术指标表 表 20-11

指标名称		说明
起讫里程		K13 + 302.326 ~ K13 + 591.373
孔数及跨度(孔 × m)		7 × 40
交角(°)		90
全长(m)		288.75
荷载标准		公路—Ⅰ级
桥面净宽(m)		2 × 11.75
桥下净空(m)		无通航
墩台高度(m)		0 号台 8.1、1 号墩 16.1、2 号墩 18.7、3 号墩 28、4 号墩 38.5、5 号墩 30.6、6 号墩 10.5、7 号台 3.6
结构类型	基础	桩基础
	桥墩	柱式墩
	桥台	肋式台
	支座及伸缩缝	GJZ450 × 450 × 99,RB120、RB160、RB80
	上部构造	预应力混凝土先简支后连续箱梁
航道等级		无通航
设计洪水频率		1/300
设计流量(m^3/s)		74.4
河床地质情况		
总造价(元)		16025625

大桥技术指标表 表20-12

指标名称		说明
起讫桩号		K14 +859.374 ~ K15 +349.486
孔数及跨度(孔×m)		19×30
交角(°)		90
全长(m)		577.15
荷载标准		公路—Ⅰ级
桥面净宽(m)		2×11.75
桥下净空(m)		无通航要求
墩台高度(m)		25
结构类型	基础	钻孔灌注摩擦桩
	桥墩	双柱、肋板/桩
	桥台	双肋
	支座及伸缩缝	GJZ450×450×99,RB120、RB160、RB80
	上部构造	预应力混凝土先简支后连续箱梁
航道等级		无通航
设计洪水频率		1/100
设计流量(m^3/s)		428.8
河床地质情况		碎石土
总造价		32031825

大桥技术指标表 表20-13

指标名称		说明
起讫里程		K30 + 245.328 ~ K30 + 526.677
孔数及跨度(孔×m)		11×25
交角(°)		90
全长(m)		281.35
荷载标准		公路—Ⅰ级
桥面净宽(m)		2×11.75
桥下净空(m)		
墩台高度(m)		0号台5.5、1号墩7.5、2号墩8.2、3号墩8.4、4号墩7.2、5号墩6.2、6号墩6.9、7号墩7.6、8号墩7.8、9号墩7.9、10号墩7.9、11号台6
结构类型	基础	桩基础
	桥墩	柱式墩
	桥台	肋式台
	支座及伸缩缝	GYZF4300×65、GYZ400×69,RB80、RB160、RB120
	上部构造	先简支后连续装配式预应力混凝土箱梁
航道等级		无通航
设计洪水频率		1/300
设计流量(m^3/s)		928.8
河床地质情况		碎石土
总造价(元)		15614925

大桥技术指标表

表 20-14

指 标 名 称		说　明
起讫里程		K32 +662.33 ~ K32 +893.67
孔数及跨度(孔×m)		9×25
交角(°)		90
全长(m)		231.34
荷载标准		公路—Ⅰ级
桥面净宽(m)		2×11.75
桥下净空(m)		
墩台高度(m)		0 号台 5.8、1 号墩 7.5、2 号墩 10.9、3 号墩 11.4、4 号墩 11.8、5 号墩 14.9、6 号墩 15.7、7 号墩 13.9、8 号墩 9.3、9 号台 5
结构类型	基础	桩基础
	桥墩	柱式墩
	桥台	肋式台
	支座及伸缩缝	GYZF4300×65、GYZ400×69,RB80、RB160
	上部构造	先简支后连续装配式预应力混凝土箱梁
航道等级		无通航
设计洪水频率		1/300
设计流量(m^3/s)		34.5
河床地质情况		卵石
总造价(元)		12839370

大桥技术指标表 表20-15

指标名称		说明
起讫桩号		K36+515.334~K37+021.676
孔数及跨度(孔×m)		20×25
交角(°)		80
全长(m)		506.342
荷载标准		公路—Ⅰ级
桥面净宽(m)		11.75
桥下净空(m)		5.7~11.2
墩台高度(m)		4.1~9.6
结构类型	基础	桩基础
	桥墩	柱式墩
	桥台	肋板台
	支座及伸缩缝	橡胶支座,D-60/D-80/D-120伸缩缝
	上部构造	25m预应力混凝土箱梁,先简支后连续
航道等级		无通航
设计洪水频率		1/100
设计流量(m^3/s)		4955.8
河床地质情况		卵石
总造价		18482543.09

注:1. 大桥竣工时才填写此表。
2. 墩台类型不同时逐个填写。

大桥技术指标表 表20-16

指标名称		说明
起讫桩号		K39 +672.625 ~ K39 +841.375
孔数及跨度(孔×m)		4×40
交角(°)		70
全长(m)		168.76
荷载标准		公路—Ⅰ级
桥面净宽(m)		11.75
桥下净空(m)		4.1 ~4.9
墩台高度(m)		2.1 ~2.9
结构类型	基础	桩基础
	桥墩	柱式墩
	桥台	肋板台
	支座及伸缩缝	橡胶支座,D-120 伸缩缝
	上部构造	40m 预应力混凝土箱梁,先简支后连续
航道等级		无通航
设计洪水频率		1/100
设计流量(m^3/s)		61.1
河床地质情况		
总造价		7077608.072

注:1.大桥竣工时才填写此表。
2.墩台类型不同时逐个填写。

大桥技术指标表 表 20-17

指标名称		说明
起讫桩号		K41 +565.43 ~ K41 +692.57
孔数及跨度(孔×m)		4×30
交角(°)		90
全长(m)		127.14
荷载标准		公路—Ⅰ级
桥面净宽(m)		13
桥下净空(m)		31
墩台高度(m)		1 号墩 11.98m、2 号墩 19.33m、3 号墩 15.46m
结构类型	基础	桩基础
	桥墩	柱式墩
	桥台	
	支座及伸缩缝	桥台:GYZF4300×65 板式橡胶支座,桥墩:GYZ450×84 板式橡胶支座,伸缩缝:D-80 伸缩缝
	上部构造	预应力混凝土(后张)小箱梁
航道等级		无通航
设计洪水频率		1/100
设计流量(m^3/s)		61.1
河床地质情况		
总造价		6381743

注:1. 大桥竣工时才填写此表。

2. 墩台类型不同时逐个填写。

大桥技术指标表 表 20-18

指标名称		说明
起讫桩号		F1K41 +953.42 ~ F1K42 +110.58、K41 +953.43 ~ K42 +080.57
孔数及跨度(孔×m)		左 5×30　右 4×30
交角(°)		90
全长(m)		左:157.16　右:127.14
荷载标准		公路—Ⅰ级
桥面净宽(m)		12
桥下净空(m)		38
墩台高度(m)		左 1 号 19.016m、2 号 25.566m、3 号 17.014m、4 号 6.831m,5 号 3.701m,右 1 号 12.6m,右 2 号 24.8m,右 3 号 15.8m,右 4 号 6m
结构类型	基础	桩基础
	桥墩	柱式墩
	桥台	0 号柱式台、左 5 号、右 4 号肋板台
	支座及伸缩缝	桥台:GYZF4300×65 板式橡胶支座,桥墩:GYZ450×84 板式橡胶支座;伸缩缝:左幅 D-120、右幅 D-80 伸缩缝
	上部构造	预应力混凝土(后张)小箱梁
航道等级		无通航
设计洪水频率		1/100
设计流量(m^3/s)		38.7
河床地质情况		
总造价		7150627

注:1. 大桥竣工时才填写此表。
2. 墩台类型不同时逐个填写。

姜公庙大桥技术指标表 表20-19

指标名称		说明
起讫桩号		F1K42+655.4~F1K42+861.06、K42+672.94~K42+883.06
孔数及跨度(孔×m)		4×50
交角(°)		90
全长(m)		左:205.66 右:210.12
荷载标准		公路—I级
桥面净宽(m)		12
桥下净空(m)		37
墩台高度(m)		左1号28、2号54.5、3号47 右1号31,右2号53,右3号31
结构类型	基础	桩基础
	桥墩	柱式(箱形)墩
	桥台	柱式台
	支座及伸缩缝	桥台:QZ2000球形支座,桥墩:QZ4000球形支座;伸缩缝:D-120
	上部构造	预应力混凝土(后张)T梁
航道等级		无通航
设计洪水频率		1/100
设计流量(m^3/s)		62.97
河床地质情况		
总造价		20161310

注:1.大桥竣工时才填写此表。

2.墩台类型不同时逐个填写。

大桥技术指标表 表20-20

指标名称		说明
起讫桩号		F1K43 +163.7 ~ F1K43 +774.3、 K43 +174.7 ~ K43 +785.3
孔数及跨度(孔×m)		12×50
交角(°)		90
全长(m)		610.6
荷载标准		公路—Ⅰ级
桥面净宽(m)		12
桥下净空(m)		34
墩台高度(m)		左1号12、2号24、3号14.5、4号22.5、5号28.5、6号41、7号48.5、8号48、9号46、10号31、11号10;右1号12、2号27、3号15、4号23.5、5号29、6号38、7号47.5、8号47.5、9号43.5、10号21、11号3
结构类型	基础	桩基础
	桥墩	柱式(箱形)墩
	桥台	柱式台
	支座及伸缩缝	桥台:QZ2000球形支座,桥墩:QZ4000球形支座;伸缩缝:D-120、D-160
	上部构造	预应力混凝土(后张)T梁
航道等级		无通航
设计洪水频率		1/100
设计流量(m^3/s)		169.2
河床地质情况		
总造价		55540695

注:1. 大桥竣工时才填写此表。
2. 墩台类型不同时逐个填写。

大桥技术指标表

表 20-21

<table>
<tr><th colspan="2">指 标 名 称</th><th>说　明</th></tr>
<tr><td colspan="2">起讫桩号</td><td>F1K43 + 851.78 ~ F1K44 + 312.22、K43 + 829.7 ~ K44 + 340.3</td></tr>
<tr><td colspan="2">孔数及跨度(孔 × m)</td><td>左 9 × 50、右 10 × 50</td></tr>
<tr><td colspan="2">交角(°)</td><td>90</td></tr>
<tr><td colspan="2">全长(m)</td><td>左 460.44　右 510.6</td></tr>
<tr><td colspan="2">荷载标准</td><td>公路—Ⅰ级</td></tr>
<tr><td colspan="2">桥面净宽(m)</td><td>12</td></tr>
<tr><td colspan="2">桥下净空(m)</td><td></td></tr>
<tr><td colspan="2">墩台高度(m)</td><td>左 1 号 34、2 号 51、3 号 52、4 号 52、5 号 52、6 号 36、7 号 25、8 号 19;右 1 号 13、2 号 47.5、3 号 49.5、4 号 49.5、5 号 48、6 号 37、7 号 29、8 号 22、9 号 11</td></tr>
<tr><td rowspan="5">结构类型</td><td>基础</td><td>桩基础</td></tr>
<tr><td>桥墩</td><td>柱式(箱形)墩</td></tr>
<tr><td>桥台</td><td>柱式台</td></tr>
<tr><td>支座及伸缩缝</td><td>桥台:QZ2000 球形支座,桥墩:QZ4000 球形支座;伸缩缝:D-120、D-160、D-240</td></tr>
<tr><td>上部构造</td><td>预应力混凝土(后张)T 梁</td></tr>
<tr><td colspan="2">航道等级</td><td>无通航</td></tr>
<tr><td colspan="2">设计洪水频率</td><td>1/100</td></tr>
<tr><td colspan="2">设计流量(m^3/s)</td><td>319.8</td></tr>
<tr><td colspan="2">河床地质情况</td><td></td></tr>
<tr><td colspan="2">总造价</td><td>49089434</td></tr>
</table>

注:1. 大桥竣工时才填写此表。

2. 墩台类型不同时逐个填写。

大桥技术指标表 表20-22

指标名称		说明
起讫桩号		F1K44 +701.86 ~ F1K45 +012.14、K44 +707.86 ~ K45 +018.14
孔数及跨度(孔×m)		6×50
交角(°)		90
全长(m)		310.28
荷载标准		公路—Ⅰ级
桥面净宽(m)		12
桥下净空(m)		
墩台高度(m)		左1号10.5、2号29、3号48、4号26、5号7.5;右1号12.5、2号31.5、3号49.5、4号27、5号10.5
结构类型	基础	桩基础
	桥墩	柱式(箱形)墩
	桥台	柱式台
	支座及伸缩缝	桥台:QZ2000球形支座,桥墩:QZ4000球形支座;伸缩缝:D-120、D-160
	上部构造	预应力混凝土(后张)T梁
航道等级		无通航
设计洪水频率		1/100
设计流量(m^3/s)		94.77
河床地质情况		
总造价		27473841

注:1. 大桥竣工时才填写此表。
2. 墩台类型不同时逐个填写。

大桥技术指标表　　表 20-23

指 标 名 称		说　明
起讫桩号		K45 + 446.35 ~ K45 + 825
孔数及跨度(孔 × m)		3 × 30 + 75 + 130 + 75
交角(°)		90
全长(m)		378.65
荷载标准		公路—Ⅰ级的 1.3 倍
桥面净宽(m)		2 × 11.75
桥下净空(m)		
墩台高度(m)		左 1 号 15.9,左 2 号 22.2,左 3 号 24.9,左 4 号 48,左 5 号 43.5;右 1 号:15.9,右 2 号 22.2,右 3 号 24.9,右 4 号46.5,右 5 号 46.5
结构类型	基础	(群)桩基础
	桥墩	柱式(箱形)墩
	桥台	0、6(右)号桥台采用肋板台 6(左)号桥台采用柱式台
	支座及伸缩缝	0 号、3 号引桥一侧:GYZF4300 × 65,6 号、3 号主桥一侧:LQZ4000,1 号、2 号:GYZ450 × 84 伸缩缝:0 号:RB80,3 号:RB240,6 号:RB160
	上部构造	主桥采用预应力混凝土连续刚构,引桥采用预应力混凝土(后张)小箱梁
航道等级		无通航
设计洪水频率		1/100
设计流量(m^3/s)		46.7
河床地质情况		
总造价		53269302

注:1. 大桥竣工时才填写此表。

2. 墩台类型不同时逐个填写。

大桥技术指标表 表20-24

<table>
<tr><th colspan="2">指 标 名 称</th><th>说　　明</th></tr>
<tr><td colspan="2">起讫桩号</td><td>K46 +005.47 ~ K46 +110.53</td></tr>
<tr><td colspan="2">孔数及跨度(孔×m)</td><td>5×20</td></tr>
<tr><td colspan="2">交角(°)</td><td>90</td></tr>
<tr><td colspan="2">全长(m)</td><td>105.06</td></tr>
<tr><td colspan="2">荷载标准</td><td>公路—Ⅰ级</td></tr>
<tr><td colspan="2">桥面净宽(m)</td><td>2×11.75</td></tr>
<tr><td colspan="2">桥下净空(m)</td><td>8 ~ 20</td></tr>
<tr><td colspan="2">墩台高度(m)</td><td>≤30</td></tr>
<tr><td rowspan="5">结构类型</td><td>基础</td><td>三柱、肋/桩</td></tr>
<tr><td>桥墩</td><td>双柱/桩</td></tr>
<tr><td>桥台</td><td>三柱、肋/桩</td></tr>
<tr><td>支座及伸缩缝</td><td>梳形板</td></tr>
<tr><td>上部构造</td><td>空心板</td></tr>
<tr><td colspan="2">航道等级</td><td>无通航</td></tr>
<tr><td colspan="2">设计洪水频率</td><td>1/100</td></tr>
<tr><td colspan="2">设计流量(m^3/s)</td><td>79.5</td></tr>
<tr><td colspan="2">河床地质情况</td><td></td></tr>
<tr><td colspan="2">总造价(元)</td><td>4686411</td></tr>
</table>

注:1. 大桥竣工时才填写此表。

2. 墩台类型不同时逐个填写。

负责人: 填表人:

大桥技术指标表

表 20-25

指标名称		说　明
起讫桩号		K47 + 280.7 ~ K47 + 791.3
孔数及跨度(孔 × m)		10 × 50
交角(°)		90
全长(m)		510.6
荷载标准		公路—Ⅰ级
桥面净宽(m)		2 × 11.75
桥下净空(m)		15 ~ 50
墩台高度(m)		30 ~ 50
结构类型	基础	双柱/桩
	桥墩	箱形双柱/桩
	桥台	双柱/桩
	支座及伸缩缝	梳形板
	上部构造	T 形梁
航道等级		无通航
设计洪水频率		1/100
设计流量(m^3/s)		79.5
河床地质情况		
总造价(元)		35533953

注:1. 大桥竣工时才填写此表。

2. 墩台类型不同时逐个填写。

负责人:　　　　　　　　　　　　　　　　填表人:

大桥技术指标表 表 20-26

指 标 名 称		说 明
起讫桩号		K48 +294.42 ~ K48 +481.58
孔数及跨度(孔 × m)		6 × 30
交角(°)		90
全长(m)		187.16
荷载标准		公路—Ⅰ级
桥面净宽(m)		2 × 11.75
桥下净空(m)		5 ~ 20
墩台高度(m)		5 ~ 20
结构类型	基础	双柱/桩
	桥墩	双柱/桩
	桥台	双柱/桩
	支座及伸缩缝	梳形板
	上部构造	箱形梁
航道等级		无通航
设计洪水频率		1/100
设计流量(m^3/s)		135.9
河床地质情况		
总造价(元)		7117745

注:1. 大桥竣工时才填写此表。
2. 墩台类型不同时逐个填写。

大桥技术指标表

表 20-27

指标名称		说明
起讫桩号		K49 + 048.92 ~ K49 + 309.08
孔数及跨度(孔 × m)		5 × 50
交角(°)		90
全长(m)		260.16
荷载标准		公路—Ⅰ级
桥面净宽(m)		2 × 11.75
桥下净空(m)		18 ~ 50
墩台高度(m)		20 ~ 50
结构类型	基础	双柱、肋/桩
	桥墩	箱形双柱/桩
	桥台	双柱、肋/桩
	支座及伸缩缝	梳形板
	上部构造	T 形梁
航道等级		无通航
设计洪水频率		1/100
设计流量(m^3/s)		159.7
河床地质情况		
总造价(元)		17849578

注:1. 大桥竣工时才填写此表。

2. 墩台类型不同时逐个填写。

大桥技术指标表

表 20-28

指 标 名 称		说　　明
起讫桩号		K50 + 694.62 ~ K51 + 505.46
孔数及跨度(孔 × m)		16 × 50
交角(°)		90
全长(m)		810.84
荷载标准		公路—Ⅰ级
桥面净宽(m)		2 × 11.75
桥下净空(m)		20 ~ 50
墩台高度(m)		20 ~ 50
结构类型	基础	双柱/桩
	桥墩	箱形、双柱/桩
	桥台	双柱/桩
	支座及伸缩缝	梳形板
	上部构造	T 形梁
航道等级		无通航
设计洪水频率		1/100
设计流量(m^3/h)		330.9
河床地质情况		
总造价(元)		58117435

注:1. 大桥竣工时才填写此表。
　2. 墩台类型不同时逐个填写。

大桥技术指标表 表20-29

指标名称		说明
起讫桩号		K52+060.62~K52+389.38
孔数及跨度(孔×m)		8×40
交角(°)		90
全长(m)		328.76
荷载标准		公路—Ⅰ级
桥面净宽(m)		2×11.75
桥下净空(m)		20~40
墩台高度(m)		20~40
结构类型	基础	双柱/桩
	桥墩	双柱/桩
	桥台	双柱/桩
	支座及伸缩缝	梳形板
	上部构造	箱形梁
航道等级		无通航
设计洪水频率		1/100
设计流量(m^3/h)		35
河床地质情况		
总造价(元)		18212789

注:1. 大桥竣工时才填写此表。
2. 墩台类型不同时逐个填写。

大桥技术指标表 表20-30

指标名称		说明
起讫桩号		K53 +316.42 ~ K54 +427.58
孔数及跨度(孔×m)		22×50
交角(°)		90
全长(m)		1111.16
荷载标准		公路—Ⅰ级
桥面净宽(m)		2×11.75
桥下净空(m)		67(无通航要求)
墩台高度(m)		67
结构类型	基础	桩基础
	桥墩	箱形、双柱
	桥台	桩台
	支座及伸缩缝	QZ2000、QZ4000球形支座/RBDX-160/240/320型伸缩缝
	上部构造	预应力混凝土先简支后连续T梁
航道等级		无通航
设计洪水频率		1/300
设计流量(m^3/s)		843
河床地质情况		
总造价		78869872.8

注:1. 大桥竣工时才填写此表。
2. 墩台类型不同时逐个填写。

大桥技术指标表 表20-31

指标名称		说明
起讫桩号		K57 + 726.7 ~ K58 + 337.3
孔数及跨度(孔×m)		12×50
交角(°)		90
全长(m)		610.6
荷载标准		公路—Ⅰ级
桥面净宽(m)		2×11.75
桥下净空(m)		
墩台高度(m)		5 ~ 66
结构类型	基础	桩
	桥墩	空心墩、柱
	桥台	肋、桩
	支座及伸缩缝	球形支座、梳形板
	上部构造	预应力混凝土先简支后连续T梁
航道等级		无通航
设计洪水频率		1/100
设计流量(m^3/s)		272.9
河床地质情况		
总造价		52881047

注:1. 大桥竣工时才填写此表。

2. 墩台类型不同时逐个填写。

大桥技术指标表 表 20-32

指 标 名 称		说　　明
起讫桩号		K58 + 501.94 ~ K58 + 662.06
孔数及跨度(孔 × m)		3 × 50
交角(°)		90
全长(m)		160.12
荷载标准		公路—Ⅰ级
桥面净宽(m)		2 × 11.75
桥下净空(m)		
墩台高度(m)		19、21.7
结构类型	基础	桩
	桥墩	圆柱
	桥台	肋、柱
	支座及伸缩缝	球形支座、梳形板
	上部构造	预应力混凝土先简支后连续 T 梁
航道等级		无通航
设计洪水频率		1/100
设计流量(m^3/s)		30
河床地质情况		
总造价		12596144

注:1. 大桥竣工时才填写此表。
2. 墩台类型不同时逐个填写。

大桥技术指标表

表 20-33

指标名称		说明
起讫桩号		K57 +726.7 ~ K58 +337.3
孔数及跨度(孔×m)		12×50
交角(°)		90
全长(m)		610.6
荷载标准		公路—Ⅰ级
桥面净宽(m)		2×11.75
桥下净空(m)		
墩台高度(m)		5 ~ 66
结构类型	基础	桩
	桥墩	空心墩、柱
	桥台	肋、桩
	支座及伸缩缝	球形支座、梳形板
	上部构造	预应力混凝土先简支后连续 T 梁
航道等级		无通航
设计洪水频率		1/100
设计流量(m^3/s)		272.9
河床地质情况		
总造价		52881047

注:1. 大桥竣工时才填写此表。

2. 墩台类型不同时逐个填写。

大桥技术指标表 表 20-34

指 标 名 称		说　明
起讫桩号		K57 + 726.7 ~ K58 + 337.3
孔数及跨度(孔 × m)		12 × 50
交角(°)		90
全长(m)		610.6
荷载标准		公路—Ⅰ级
桥面净宽(m)		2 × 11.75
桥下净空(m)		
墩台高度(m)		5 ~ 66
结构类型	基础	桩
	桥墩	空心墩、柱
	桥台	肋、桩
	支座及伸缩缝	球形支座、梳形板
	上部构造	预应力混凝土先简支后连续 T 梁
航道等级		无通航
设计洪水频率		1/100
设计流量(m^3/s)		272.9
河床地质情况		
总造价		52881047

注:1. 大桥竣工时才填写此表。
　2. 墩台类型不同时逐个填写。

大桥工程一览表

表 21

序号	中心桩号		河流或桥名	墩及基础结构类型	上部结构类别	主要尺寸(m)				基础深度(m)	伸缩缝	支座	地质及防护	备注
	统一里程	施工桩号				孔数	标准跨径	全桥宽度	桥面宽度					
1	K3 + 610.002	K3 + 610.002	前溪河大桥	独、双柱/桩	预应力混凝土先简支后连续 30m 预应力箱梁	19	19 × 30	12.0	2 × 11.75	31、32、17	RB120、RB160	GJZ450 × 450 × 99	锥护坡	
2	K4 + 336	K4 + 336	梁刘大桥	独柱/桩	预应力混凝土先简支后连续 30m 预应力箱梁	8	8 × 30	12.0	2 × 11.75	41、48、39	RB120、RB240、RB160	GJZ450 × 450 × 99	锥护坡	
3	K6 + 315	K6 + 315	于营大桥	独、双柱/桩	预应力混凝土先简支后连续 30m 预应力箱梁	21	21 × 30	12.0	2 × 11.75	28、30、32	RB80、RB160	GJZ450 × 450 × 99	锥护坡	
4	K7 + 450	K7 + 450	何家湾大桥	双柱/桩	预应力混凝土先简支后连续箱梁	11	11 × 30	12.0	2 × 11.75	31、32、17	RB120、RB160	GYZF4300 × 65、GYZ450 × 84	锥护坡	
5	K9 + 265	K9 + 265	张堂大桥	双柱、肋/桩	预应力混凝土先简支后连续 T 梁	17	17 × 50	12.0	2 × 11.75	41、48、39	RB120、RB240、RB160	GYZ450 × 84	锥护坡	
6	K11 + 042（左幅）	K11 + 042（左幅）	南姚沟大桥	双柱/桩	预应力混凝土先简支后连续箱梁	9	9 × 40	12.0	2 × 11.75	28、30、32	RB80、RB160	GJZ450 × 450 × 99	锥护坡	
7	K11 + 022（右幅）	K11 + 022（右幅）	南姚沟大桥	双柱/桩	预应力混凝土先简支后连续箱梁	10	10 × 40	12.0	2 × 11.75	30、28、20	RB120、RB160、RB80	GJZ450 × 450 × 99	锥护坡	
8	K11 + 875	K11 + 875	袁沟大桥	双柱/桩	预应力混凝土先简支后连续箱梁	8	8 × 40	12.0	2 × 11.75	39、37、33	RB120、RB160	GJZ450 × 450 × 99	锥护坡	
9	K12 + 580	K12 + 580	康沟 1 号大桥	双柱、肋/桩	预应力混凝土先简支后连续箱梁	14	14 × 40	12.0	2 × 11.75	34、41、35	RB160、RB80	7 号墩 26.8m	锥护坡	
10	K13 + 093	K13 + 093	康沟 2 号大桥	双肋/桩	预应力混凝土先简支后连续箱梁	6	6 × 30	12.0	2 × 11.75	32、33、35	RB160、RB80	GJZF4300 × 65	锥护坡	
11	K13 + 446.998	K13 + 446.998	杜沟大桥	双柱、肋/桩	预应力混凝土先简支后连续箱梁	7	7 × 40	12.0	2 × 11.75	37、28、35	RB120、RB160、RB80	GJZ450 × 450 × 99	锥护坡	

续上表

序号	中心桩号		河流或桥名	墩及基础结构类型	上部结构类别	主要尺寸(m)				基础深度(m)	伸缩缝	支座	地质及防护	备注
	统一里程	施工桩号				孔数	标准跨径	全桥宽度	桥面宽度					
12	K15+054	K15+054	瓦北大桥	圆形/肋形	装配式部分预应力混凝土组合连续箱梁	5	30	157.16	26	35、33	48.6	96	锥护坡	
13	K15+623.020	K15+623.020	瓦西大桥	圆形、方形、箱形/肋形	装配式部分预应力混凝土组合连续箱梁	11	40	448.75	26	37、35	97.2	224	锥护坡	
14	K17+121(右)	K17+121(右)	楼子沟大桥	圆形/肋形	装配式部分预应力混凝土组合连续箱梁	12	30	367.14	26	30、29	48.6	120	锥护坡	
15	K17+136(左)	K17+136(左)	楼子沟大桥	圆形/肋形	装配式部分预应力混凝土组合连续箱梁	11	30	337.14	26	30、32	48.6	112	锥护坡	
16	K18+160	K18+160	堂洼大桥	圆形/肋形	装配式部分预应力混凝土组合连续箱梁	4	25	106.34	26	21、26	48.6	80	锥护坡	
17	K20+040	K20+040	下元大桥	圆形/肋形	装配式部分预应力混凝土组合连续箱梁	4	25	106.34	26	23、25	48.6	80	锥护坡	
18	K22+757	K22+757	银河大桥	圆形/肋形	装配式部分预应力混凝土组合连续箱梁	4	25	106.34	26	20、18	48.6	80	锥护坡	
19	K30+386	K30+386	顺阳河大桥	桩基础、肋式台、柱式墩	先简支后连续装配式预应力混凝土箱梁	11	25	23.5	11.75	21	RB80、RB160、RB120	GYZF4300×65、GYZ400×69	锥护坡	
20	K32+778	K32+778	干河大桥	桩基础、肋式台、柱式墩	先简支后连续装配式预应力混凝土箱梁	9	25	23.5	11.75	21	RB80、RB160	GYZF4300×65、GYZ400×69	锥护坡	
21	K36+768.502	K36+768.502	伊河大桥	双肋、双柱/桩	箱梁	20	25	506.342	26	17-26	D-80、120、160	GYZF4300×65、GYZ400×69、GYZF4400×71	锥护坡	
22	K39+757	K39+757	陆浑水库总干渠大桥	双肋、双柱/桩	箱梁	4	40	168.75	26	24-30	D-120	GJZF4300×350×76、GJZ450×450×99	锥护坡	

续上表

序号	中心桩号		河流或桥名	墩及基础结构类型	上部结构类别	主要尺寸(m)				基础深度(m)	伸缩缝	支座	地质及防护	备注
	统一里程	施工桩号				孔数	标准跨径	全桥宽度	桥面宽度					
23	F1K43 +655	F1K42 +756	姜公庙大桥	柱式(箱形)墩、柱式台、桩基础	预应力混凝土先简支后连续T梁	4	50	205.66	13		D-120	QZ2000,QZ4000球形支座	锥护坡	
24	K43 +677	K42 +778	姜公庙大桥	箱形墩、柱式台桩基础	预应力混凝土先简支后连续T梁	4	50	210.12	13		D-120	QZ2000,QZ4000球形支座	锥护坡	
25	F1K44 +368	F1K43 +469	纸房大桥	柱式(箱形)墩、柱式台、桩基础	预应力混凝土先简支后连续T梁	12	50	610.6	13		D-120、D-160	QZ2000,QZ4000球形支座	锥护坡	
26	K44 +379	K43 +480	纸房大桥	柱式(箱形)墩、柱式台、桩基础	预应力混凝土先简支后连续T梁	12	50	610.6	13		D-120、D-160	QZ2000,QZ4000球形支座	锥护坡	
27	F1K44 +981	F1K44 +082	白河沟大桥	柱式(箱形)墩、柱式台、桩基础	预应力混凝土先简支后连续T梁	9	50	460.44	13		D-120、D-160、D-240	QZ2000,QZ4000球形支座	锥护坡	
28	K44 +984	K44 +085	白河沟大桥	柱式(箱形)墩、柱式台、桩基础	预应力混凝土先简支后连续T梁	10	50	510.6	13		D-120、D-160、D-240	QZ2000,QZ4000球形支座	锥护坡	
29	F1K45 +756	F1K44 +857	盆瑶大桥	柱式(箱形)墩、柱式台、桩基础	预应力混凝土先简支后连续T梁	6	50	310.28	13		D-120、D-160	QZ2000,QZ4000球形支座	锥护坡	
30	K45 +762	K44 +863	盆瑶大桥	柱式(箱形)墩、柱式台、桩基础	预应力混凝土先简支后连续T梁	6	50	310.28	13		D-120、D-160	QZ2000,QZ4000球形支座	锥护坡	
31	K46 +535.128	K45 +635.675	八道河大桥	柱式(箱形)墩桩基础、肋板	连续刚构+箱梁	6	30 +75 +130 +75	378.65	26		RB80、RB240、RB160	GYZF4300×65,LQZ4000,GYZ450×84	锥护坡	
32	K46 +957.453	K46 +058	河后大桥	双柱/桩	空心板	5	20	105.06	12.75	28	梳形板	板式	锥护坡	

续上表

序号	中心桩号		河流或桥名	墩及基础结构类型	上部结构类别	主要尺寸(m)				基础深度(m)	伸缩缝	支座	地质及防护	备注
	统一里程	施工桩号				孔数	标准跨径	全桥宽度	桥面宽度					
33	K48 +430.788	K47 +536	老虎沟大桥	箱形双柱/桩	T形梁	10	50	510.60	12.75	31	梳形板	球形	锥护坡	
34	K49 +282.788	K48 +388	牛家沟大桥	双柱/桩	箱形梁	6	30	187.16	12.75	20	梳形板	板式	锥护坡	
35	K50 +073.788	K49 +179	洪里沟大桥	箱形双柱/桩	T形梁	5	50	260.16	12.75	24	梳形板	球形	锥护坡	
36	K51 +994.828	K51 +100.04	泥河沟大桥	箱形双柱/桩	T形梁	16	50	810.84	12.75	31	梳形板	球形	锥护坡	
37	K53 +119.788	K52 +225	陶院沟大桥	双柱/桩	箱形梁	8	40	328.76	12.75	26	梳形板	板式	锥护坡	
38	K55 +673.788	K54 +779	滴水崖大桥	双柱、肋/桩	空心板	10	20	205.12	2×11.75	16-22	RBDX-120/80	GYZ/GYZF4/200×35、GYZ250×35、GYZF4250×38	锥护坡	
39	K57 +595.511	K56 +705	草寺沟大桥	双柱、桩	T梁	11	50	560.62	2×11.75	25-32	RBDX-320/160/120	QZ2000SX/DX、QZ4000SX/DX	锥护坡	
40	K58 +922.511	K58 +032	梁古屯大桥	柱式墩	预应力混凝土先简支后连续T梁	12	50	26	12	20	10	288	锥护坡	
41	K60 +132.511	K59 +242	豹子沟大桥	柱式墩	预应力混凝土先简支后连续T梁	7	50	26	12	20	6	168	锥护坡	
42	K59 +472.511	K58 +582、F2K58 +582	王家大桥	柱式墩	预应力混凝土先简支后连续T梁	3	50	26	12	20	4	72	锥护坡	
43	K62 +252.821	K61 +310.362	嵩县互通式立交沙沟大桥	柱式墩	预应力混凝土先简支后连续箱梁	8	25	30	11.75 +15.75	22	6	180	锥护坡	
44	K62 +657.285	K61 +766.774	嵩县互通式立交跨匝道A桥	柱式墩	预应力混凝土先简支后连续箱梁	5	25	30	11.5 +19.05	22	4	120	锥护坡	
45	K58 +333.511	K57 +443	机耕天桥	柱式墩	空心板	5	20	8	7	18	2	60	锥护坡	

中小桥工程一览表

表22

序号	中心桩号		河流或桥名	结构类型	上部结构类别	主要尺寸(m)				墩台类型	基础深度(m)	伸缩缝	支座	地质及防护	备注
	统一里程	施工桩号				孔数	标准跨径	全桥长度	桥面宽度						
1	K9 +811.9	K9 +811.9	人行天桥	预应力混凝土简支空心板	空心板	5	20	95.04	7	柱式墩/桩	23	D80	GYZF4200×35、GYZ250×35	锥护坡	
2	K10 +568	K10 +568	机耕天桥	预应力混凝土简支空心板	T形钢构	2	25	54.26	4.5	扩大基础	20	D80	GYZ275×44	锥护坡	
3	K10 +750	K10 +750	机耕天桥	预应力混凝土简支空心板	等截面连续梁	4	20	77.08	7	双柱/桩	16	D80	GKPZ(Ⅱ)	锥护坡	
4	K11 +498	K11 +498	人行天桥	预应力混凝土简支空心板	空心板	4	20	85.04	7	双柱/桩	17	毛勒式	GYZF4200×35、GYZ250×35	锥护坡	
5	K12 +156	K12 +156	机耕天桥	预应力混凝土简支空心板	下承式提篮拱	1	48	51.8	7	重力式桥台		D80	GJZF4180×250×44	锥护坡	
6	K14 +612	K14 +612	人形天桥	预应力混凝土简支空心板	空心板	4	20	85.04	7	双柱/桩	23	D80	GYZF4200×35、GYZ250×35	锥护坡	
7	K19 +140	K19 +140	西干渠中桥	预应力混凝土简支空心板	预应力混凝土简支空心板	3	20	65.04	26	圆形/肋形		46.9	240		
8	K20 +974	K20 +974	宋店中桥	预应力混凝土先简支后连续箱梁	装配式部分预应力混凝土组合连续箱梁	3	25	81.32	26	圆形/肋形		46.92	64		
9	K27 +887.5	K27 +887.5	中溪中桥	肋式台、柱式墩、桩基础	预应力混凝土先简支后连续箱梁	3	3×25	81.35	2×11.75	柱式墩、桩基础	27	RB80	GYZF4300×65、GYZ400×69	锥护坡	
10	K26 +286	K26 +286	西气东输管道桥	桩接盖梁，预应力空心板	预应力混凝土简支空心板	1	1×20	25.04	2×11.75	桩接盖梁	21	RB60	GYZ250×35		
11	K30 +829	K30 +829	分离式立交	13m 预应力空心板	预应力混凝土简支空心板	4	4×13	57.04	2×11.75	柱式墩、桩基础	18	RB60	GYZ200×35	锥护坡	
12	k32 +124	k32 +124	分离式立交	13m 预应力空心板	预应力混凝土简支空心板	3	3×13	44.04	2×11.75	柱式墩、桩基础	27	RB60	GYZ200×35	锥护坡	

续上表

序号	中心桩号		河流或桥名	结构类型	上部结构类别	主要尺寸(m)				墩台类型	基础深度(m)	伸缩缝	支座	地质及防护	备注
	统一里程	施工桩号				孔数	标准跨径	全桥长度	桥面宽度						
13	K35 +081	K35 +081	中桥	简支空心板	预应力空心板	1	20	25.04	26		21	D-60	GYZ250 ×35	卵石	
14	K35 +358	K35 +358	分离式立交桥	先简支后连续箱梁	预应力箱梁	7	25	181.36	35.25	肋板/柱	20-27	D-120	GYZF4300 ×65、GYZ400 ×69	卵石	
15	K35 +775.63	K35 +775.63	主线跨匝道 A 桥	简支空心板	预应力空心板	3	20	65.04	32.45	肋板/柱	18-20	D-60	GY250 ×35	卵石	
16	K36 +133.397	K36 +133.397	主线跨被交道桥	先简支后连续箱梁	预应力箱梁	3	40	128.73	27.5	肋板/柱	22-26	D-80	GYZF4300 ×350 ×76、GJZ450 ×450 ×90	卵石	
17	AK0 +185.682	AK0 +185.682	匝道 A 跨被交道桥	先简支后连续箱梁	预应力箱梁	3	40	128.7	16.5	肋板/柱	20-24	D-80	GYZF4300 ×350 ×76、GJZ450 ×450 ×90	卵石	
18	K38 +025	K38 +025	分离式立交桥	简支空心板	预应力空心板	4	20	85.04	26	肋板/柱	16-20	D-60	GYZ250 ×35	卵石	
19	K38 +635	K38 +635	永昌渠中桥	先简支后连续箱梁	预应力箱梁	3	25	81.314	26	肋板/柱	19-20	D-60	GYZF4300 ×65、GYZ400 ×69	卵石	
20	K39 +443	K39 +443	中桥	先简支后连续箱梁	预应力箱梁	3	25	81.284	26	肋板/柱	26-32	D-60	GYZF4300 ×65、GYZ400 ×69	黏土	
21	K42 +014	K41 +115	芦屯中桥	预应力混凝土先简支后连续箱梁	预应力混凝土先简支后连续箱梁	3	30	97.116	26	柱式墩、肋板台桩基础		D-80	GYZF4300 ×65、GYZ450 ×84		
22	K49 +557.788	K48 +663.0	分离式立交桥	双柱/桩	箱梁	4	13/20	71.68	8.5	单柱/桩	26	梳形板	盆式		
23	K51 +100.736	K50 +205.948	陆浑服务区跨匝道桥	柱式台/钻孔灌注桩	箱梁	3	25	81.304	12.75	柱式墩/钻孔灌注桩	32	梳形板	板式		
24	K47 +098.453	K46 +199	机耕天桥	桩接盖梁、肋板式	空心板	4	20	85.04	8.5	双柱/桩	18	梳形板	板式		
25	K47 +964.788	K47 +070	机耕天桥	双柱/桩	空心板	4	20	85.04	8.5	双柱/桩	16	梳形板	板式		
26	K50 +829.788	K49 +935	机耕天桥	双柱/桩	箱梁	4	20/25	95.1	8.5	双柱/桩	25	梳形板	盆式		
27	K52 +465.788	K51 +571	机耕天桥	桩接盖梁	空心板	4	20	85.04	8.5	双柱/桩	20	梳形板	板式		
28	K52 +758.788	K51 +864	机耕天桥	双柱/桩	箱梁	4	16/20	77.08	8.5	单柱/桩	25	梳形板	盆式		

涵洞、通道工程一览表

表23

序号	中心桩号		结构类型	主要尺寸(m)				与路线交角(°)	涵顶填土高度(m)	基础深度(m)	进出口形式		地质情况	备注
	统一里程	施工桩号		孔数	跨径	净高	长度				进口	出口		
1	K7+896	K7+896	钢筋混凝土盖板(明)	1	6	4.5	27.66	90	钢筋混凝土盖板(明)	1.5	八字墙	八字墙	亚砂土	
2	K8+165	K8+165	钢筋混凝土拱涵	1	6	5	124.55	90	钢筋混凝土拱涵	1.5	八字墙	八字墙	亚砂土	
3	K8+595	K8+595	钢筋混凝土拱涵	1	6	3	69.66	135	钢筋混凝土拱涵	1.5	八字墙	八字墙	亚砂土	
4	K10+191	K10+191	钢筋混凝土拱涵	1	6	4	62.24	90	钢筋混凝土拱涵	1.5	八字墙	八字墙	亚砂土	
5	K10+643	K10+643	钢筋混凝土盖板(暗)	1	6	4	35.19	75	钢筋混凝土盖板(暗)	1.2	八字墙	八字墙	亚砂土	
6	K16+750	K16+750	钢筋混凝土盖板涵	1	6	4	29.53	90	1.32/1.02	1.2	八字墙	八字墙	粉质黏土	
7	K17+818	K17+818	钢筋混凝土盖板涵	1	6	4.5	40.98	110	4.29/4.01	1.2	八字墙	八字墙	粉质黏土	
8	K19+300	K19+300	钢筋混凝土拱涵	1	6	5	51.66	90	4.29/4.01	1.2	八字墙	八字墙	粉质黏土	
9	K21+300	K21+300	钢筋混凝土盖板涵	1	6	3	27.66	70	4.29/4.01	1.2	八字墙	八字墙	粉质黏土	
10	K17+365	K17+365	钢筋混凝土盖板通道	1	6	3.4	28.18	105	0.67/0.78	1.2	八字墙	八字墙	粉质黏土	
11	K19+810	K19+810	钢筋混凝土盖板通道	1	6	4	37.83	120	2.35/2.16	1.2	八字墙	八字墙	粉质黏土	
12	K20+163	K20+163	钢筋混凝土盖板通道	1	6	3.4	26.4	100		1.2	八字墙	八字墙	粉质黏土	
13	K20+646	K20+646	钢筋混凝土盖板通道	1	6	3.4	34.9	90	3.45/2.45	1.2	八字墙	八字墙	粉质黏土	
14	K22+984	K22+984	钢筋混凝土盖板通道	1	6	3.4	26	90		1.2	八字墙	八字墙	粉质黏土	
15	K23+146	K23+146	混凝土盖板涵(暗)	1	6	4.5	34.40	80	钢筋混凝土盖板函	1.2	八字墙	八字墙	粉质黏土	
16	K23+401	K23+401	混凝土盖板通道(明)	1	6	3.4	26.92	105	钢筋混凝土盖板函	1.2	八字墙	八字墙	粉质黏土	
17	K23+528	K23+528	混凝土盖板通道(明)	1	6	4	26.92	105	钢筋混凝土盖板函	1.2	八字墙	八字墙	粉质黏土	
18	K23+729	K23+729	混凝土拱涵	1	6	3	56.94	100	钢筋混凝土拱涵	1.5	八字墙	八字墙	粉质黏土	
19	K23+895	K23+895	混凝土通道	1	6	3.5	26.10	95	钢筋混凝土盖板函	1.2	八字墙	八字墙	粉质黏土	
20	K23+997	K23+997	混凝土盖板通道(暗)	1	6	4	39.73	70	钢筋混凝土盖板函	1.2	八字墙	八字墙	粉质黏土	
21	K24+140	K24+140	混凝土盖板涵(暗)	1	6	3	44.54	80	钢筋混凝土盖板函	1.2	八字墙	八字墙	粉质黏土	
22	K24+486	K24+486	混凝土盖板涵(暗)	1	6	4	36.24	80	钢筋混凝土盖板函	1.2	八字墙	八字墙	粉质黏土	
23	K24+882	K24+882	混凝土盖板通道(明)	1	6	4.5	32.90	90	钢筋混凝土盖板函	1.2	八字墙	八字墙	粉质黏土	
24	K24+972	K24+972	混凝土盖板涵(暗)	1	6	4	48.19	80	钢筋混凝土盖板函	1.2	八字墙	八字墙	粉质黏土	

续上表

序号	中心桩号		结构类型	主要尺寸(m)				与路线交角(°)	涵顶填土高度(m)	基础深度(m)	进出口形式		地质情况	备注
	统一里程	施工桩号		孔数	跨径	净高	长度				进口	出口		
25	Ak0 +490	Ak0 +490	混凝土盖板涵(暗)	1	2.5	2.5	17.65	90	钢筋混凝土盖板函	1	八字墙	八字墙	粉质黏土	
26	BK0 +325	BK0 +325	混凝土盖板涵(暗)	1	2.5	2.5	17.67	90	钢筋混凝土盖板函	1	八字墙	八字墙	粉质黏土	
27	K25 +415	K25 +415	混凝土盖板涵(暗)	1	6	4	57.96	90	钢筋混凝土盖板函	1.2	八字墙	八字墙	粉质黏土	
28	K25 +574	K25 +574	混凝土盖板通道(明)	1	6	4	33.75	105	钢筋混凝土盖板函	1.2	八字墙	八字墙	粉质黏土	
29	K25 +716	K25 +716	混凝土盖板涵(暗)	1	6	3	44.01	120	钢筋混凝土盖板函	1.2	八字墙	八字墙	粉质黏土	
30	K26 +001	K26 +001	混凝土盖板涵(明)	1	6	3.5	26.00	90	钢筋混凝土盖板函	1.2	八字墙	八字墙	粉质黏土	
31	K26 +389	K26 +389	混凝土盖板通道(明)	1	6	4	27.66	110	钢筋混凝土盖板函	1.2	八字墙	八字墙	粉质黏土	
32	K26 +919	K26 +919	混凝土盖板涵(明)	1	6	3	26.40	80	钢筋混凝土盖板函	1.2	八字墙	八字墙	粉质黏土	
33	K27 +418	K27 +418	混凝土盖板涵(暗)	1	6	3	35.14	70	钢筋混凝土盖板函	1.2	八字墙	八字墙	粉质黏土	
34	K27 +600	K27 +600	混凝土盖板涵(暗)	1	4	3	41.19	135	钢筋混凝土盖板函	1	八字墙	八字墙	粉质黏土	
35	K28 +295	K28 +295	混凝土拱涵	1	6	5	53.93	90	钢筋混凝土拱涵	1.5	八字墙	八字墙	粉质黏土	
36	K28 +449	K28 +449	混凝土盖板通道(明)	1	6	3.4	26.92	75	钢筋混凝土盖板函	1.2	八字墙	八字墙	粉质黏土	
37	K28 +681	K28 +681	混凝土盖板通道(明)	1	6	3.4	26.00	90	钢筋混凝土盖板函	1.2	八字墙	八字墙	粉质黏土	
38	K28 +800	K28 +800	混凝土拱涵	1	6	5	51.95	80	钢筋混凝土拱涵	1.5	八字墙	八字墙	粉质黏土	
39	K29 +135	K29 +135	混凝土盖板涵(暗)	1	6	4	43.05	65	钢筋混凝土盖板函	1.2	八字墙	八字墙	粉质黏土	
40	K30 +046	K30 +046	混凝土盖板涵(暗)	1	6	4.5	29.99	70	钢筋混凝土盖板函	1.2	八字墙	八字墙	粉质黏土	
41	K31 +635	K31 +635	混凝土盖板涵(暗)	1	6	4.5	43.21	80	钢筋混凝土盖板函	1.2	八字墙	八字墙	粉质黏土	
42	K31 +665	K31 +665	混凝土盖板通道(明)	1	6	4	26.40	80	钢筋混凝土盖板函	1.2	八字墙	八字墙	粉质黏土	
43	K33 +104	K33 +104	钢筋混凝土盖板(明)	1	6	4.5	26.0	90		1.2	八字墙	八字墙	土质	
44	K33 +478	K33 +478	钢筋混凝土拱涵	1	4	3.0	51.9	90	8.25	1.2	八字墙	八字墙	土质	
45	K33 +558	K33 +558	钢筋混凝土拱型通道	1	6	5.0	44.9	90	5.29	1.5	八字墙	八字墙	土质	
46	K33 +735	K33 +735	钢筋混凝土盖板(暗)	1	4	3.0	34.2	90	2.05	1	八字墙	八字墙	土质	
47	K33 +863	K33 +863	钢筋混凝土盖板(明)	1	6	3.4	27.7	110		1.2	八字墙	八字墙	土质	
48	K34 +047	K34 +047	钢筋混凝土盖板(暗)	1	6	4.5	39.1	110	2.88	1.2	八字墙	八字墙	土质	

续上表

序号	中心桩号		结构类型	主要尺寸(m)				与路线交角(°)	涵顶填土高度(m)	基础深度(m)	进出口形式		地质情况	备注
	统一里程	施工桩号		孔数	跨径	净高	长度				进口	出口		
49	K34 +183	K34 +183	钢筋混凝土盖板(暗)	1	6	4.5	38.2	90	4.03	1.2	八字墙	八字墙	土质	
50	K34 +386	K34 +386	钢筋混凝土拱涵	1	6	5.0	47.6	95	6.68	1.5	八字墙	八字墙	土质	
51	K34 +521	K34 +521	钢筋混凝土盖板(明)	1	6	3.4	26.1	95		1.2	八字墙	八字墙	土质	
52	K34 +780	K34 +780	钢筋混凝土盖板(暗)	1	6	4.5	38.3	120	2.2	1.2	八字墙	八字墙	土质	
53	K36 +292.7	K36 +292.7	钢筋混凝土圆管涵	1		1.5	53.2	85	8.7	0.3	直墙	直墙	土质	
54	K37 +515	K37 +515	钢筋混凝土盖板(暗)	1	6	4.5	31.1	105	1.29	1.2	八字墙	八字墙	土质	
55	K38 +282	K38 +282	钢筋混凝土拱形通道	1	6	4.0	53.1	70	7.81	1.5	八字墙	八字墙	土质	
56	K38 +742	K38 +742	倒虹吸	1	1.5	1.5	55.6	90	0.93	0.4	竖井	竖井	土质	
57	K38 +861	K38 +861	钢筋混凝土盖板(明)	1	6	3.4	26.9	75		1.2	八字墙	八字墙	土质	
58	K38 +980	K38 +980	钢筋混凝土圆管涵	1		1.5	33.4	60	0.93	0.3	直墙	直墙	土质	
59	K39 +120	K39 +120	钢筋混凝土拱涵	1	6	5.0	48.7	90	6.86	1.5	一字墙	直墙	土质	
60	K39 +261	K39 +261	钢筋混凝土拱形通道	1	6	4.0	47.2	110	5.38	1.5	八字墙	八字墙	土质	
61	K39 +334.5	K39 +334.5	钢筋混凝土拱涵	1	6	5.0	69.6	90	12.6	1.5	八字墙	八字墙	土质	
62	AK0 +850	AK0 +850	钢筋混凝土圆管涵	1		1.5	21.5	90	0.85	0.3	直墙	直墙	土质	
63	CK0 +480	CK0 +480	钢筋混凝土盖板(暗)	1	2.5	2.5	17.95	90	2.58	1	八字墙	八字墙	土质	
64	EK0 +100	EK0 +100	钢筋混凝土盖板(暗)	1	2.5	2.5	17.5	90	2.61	1	八字墙	八字墙	土质	
65	FK0 +270	FK0 +270	钢筋混凝土盖板(暗)	1	2.5	2.5	12.3	90	0.69	1	八字墙	八字墙	土质	
66	GK0 +267	GK0 +267	钢筋混凝土圆管涵	1		1.5	14.3	110	1.29	0.3	直墙	直墙	土质	
67	HK0 +314.6	HK0 +314.6	钢筋混凝土盖板(暗)	1	2.5	1.8	12.2	90	0.74	1	八字墙	八字墙	土质	
68	K40 +635	K40 +635	钢筋混凝土拱涵	1	6	5	68.03	80	6.61	1.5	跌水井	八字墙	土质	
69	K40 +855	K40 +855	钢筋混凝土拱涵	1	6	5	53.43	70	6.86	1.5	跌水井	八字墙	土质	
70	K40 +962	K40 +962	钢筋混凝土盖板通道	1	4	3.5	36.42	90	2.61	1.0	八字墙	八字墙	土质	
71	K41 +018	K41 +018	钢筋混凝土拱涵	1	4	3	43.16	110	4.57	1.2	八字墙	八字墙	土质	
72	K41 +495	K41 +495	钢筋混凝土拱涵	1	6	5	77.16	90	13.42	1.5	跌水井	八字墙	土质	

续上表

序号	中心桩号		结构类型	主要尺寸(m)				与路线交角(°)	涵顶填土高度(m)	基础深度(m)	进出口形式		地质情况	备注
	统一里程	施工桩号		孔数	跨径	净高	长度				进口	出口		
73	K42 +197	K41 +298	钢筋混凝土盖板通道	1	6	3.4	33.11	90	1.38	1.2	八字墙	八字墙	土质	
74	K43 +260.0	K42 +360.5	钢波纹管涵	1	2	2	61.23	125	6.13	0.8	八字墙	八字墙	土质	
75	AK0 +666	AK0 +666	盖板涵	1	2	1	17.5	90	≤6	1	八字墙	八字墙	土质	
76	BK0 +350	BK0 +350	盖板涵	1	2	1	9.5	90	≤6	1	八字墙	八字墙	土质	
77	CK0 +053	CK0 +053	盖板涵	1	2	1	9.5	90	≤6	1	八字墙	八字墙	土质	
78	DK0 +430	DK0 +430	盖板涵	1	2	1	19.76	65	≤6	1	八字墙	八字墙	土质	
79	EK0 +080	EK0 +080	钢筋混凝土盖板通道(明)	1	2.5	1	9.5	90	≤6	1	八字墙	八字墙	土质	
80	K47 +271.788	K46 +377	钢筋混凝土拱涵	1	6	5	68.18	85	≥12	1.5	一字墙	八字墙	土质	
81	K47 +619.788	K46 +725	钢筋混凝土拱涵	1	6	5	116.00	115	≥12	1.5	八字墙	八字墙	土质	
82	K50 +462.788	K49 +568	钢筋混凝土拱涵	1	6	5	134.83	110	≥12	1.5	八字墙	八字墙	土质	
83	K51 +334.788	K50 +440	钢筋混凝土盖板(暗)	1	6	3.4	44.62	70	≤6	0.6	八字墙	八字墙	土质	
84	AK0 +004	AK0 +004	钢筋混凝土盖板(明)	1	6	3.4	12.00	90	≤6	1.2	八字墙	八字墙	土质	
85	K53 +640.788	K52 +746	钢筋混凝土拱涵	1	6	4	9622	90	18.05 ~ 19.83	1.5	一字墙	八字墙	土质	
86	K53 +980.788	K53 +086	钢筋混凝土盖板(明)	1	4	3.5	3002	60		1	八字墙	八字墙	土质	
87	K55 +924.511	K55 +034	钢筋混凝土拱涵	1	6	3	7310	90	9.78 ~ 13.94	1.5	一字墙	八字墙	土石、石质	
88	K56 +900.511	K56 +010	钢筋混凝土盖板(明)	1	6	3.4	3002	120		1.2	八字墙	八字墙	土质	
89	K60 +552.511	K59 +662	钢筋混凝土盖板(明涵)	1	4.00	3	13.00	90		1	八字墙	八字墙	土质	
90	F2K60 +546.511	F2K59 +656	钢筋混凝土盖板(明涵)	1	4.00	3	13.00	90		1	八字墙	八字墙	土质	
91	K60 +837.511	K59 +947	刚波纹管涵	1	4.00	4	37.94	90	6.97				土质	
92	F2K60 +840.511	F2K59 +950	刚波纹管涵	1	4.00	4	28.21	90	6.85				土质	
93	CK0 +130	CK0 +130	钢筋混凝土盖板(暗)	1	2.50	2.5	23.26	90	4.71/4.45	1	八字墙	八字墙	土质	
94	DK0 +340	DK0 +340	钢筋混凝土盖板(暗)	1	2.50	2.5	25.80	90	5.53/5.34	1	八字墙	八字墙	土质	
95	AK0 +513	AK0 +513	钢筋混凝土盖板(暗)	1	6.00	4.5	32.26	110	1.5/1.53	1	八字墙	八字墙	土质	
96	AK0 +937	AK0 +937	混凝土圆管	1	6.00	4.5	32.26	117	1.2		一字墙	一字墙	土质	

立体交叉工程一览表

表24

序号	统一里程	施工桩号	地名	被交叉设施名称及等级	交叉方式	交角(°)	结构类型			孔数×孔径(孔×m)	净宽×净高(m)	长度(m)	附属工程		被交叉设施改建长度	附属工程			备注
							上部	下部	基础				进口	出口		位置	工程名称	长度(m)	
1	K14 + 222.573	K14 + 222.573	伊川	S323/二级	主线下穿	90													
2	K17 +596.5	K17 +596.5	伊高路	X037县道	主线下穿	105	连续现浇箱梁	独柱	桩	16 +20 + 20 +16	5.5	77.68							
3	K22 +375.4	K22 +375.4	马回营	X041县道	主线上跨	65	预应力混凝土简支空心板	三柱、肋板	桩	3 ×20	4.5	65.04							
4	K14 +618	K14 +618			主线下穿	75	连续现浇箱梁	独柱、双柱	桩	16 +20 + 20 +16	5.5	77.08							
5	K16 +192	K16 +192			主线下穿	100	组合箱梁	双柱	桩	3 ×40	5.5	125							
6	K18 +546	K18 +546			主线下穿	125	连续现浇箱梁	独柱、双柱	桩	16 +20 + 20 +16	5.5	77.08							
7	K19 +588	K19 +588			主线下穿	80	连续现浇箱梁	独柱、双柱	桩	16 +20 + 20 +16	5.5	77.08							
8	K21 +166	K21 +166			主线下穿	65	连续现浇箱梁	独柱、双柱	桩	16 +20 + 20 +16	5.5	77.08							
9	K21 +700	K21 +700			主线下穿	90	下承式提篮拱		扩大基础	1 ×48	5.5	51.8							
10	K30 +829	K30 +829	鸣皋镇旧寨村	县道	主线上跨	100	预应力混凝土简支空心板	柱式墩	桩基础	4 ×13	11.5 × 4.5	57.04							
11	k32 +124	k32 +124	鸣皋镇大桑坡村	乡道	主线上跨	65	预应力混凝土简支空心板	柱式墩	桩基础	3 ×13	11.5 × 4.5	44.04							
12	K29 +640	K29 +640	鸣皋镇鸣皋村	乡道	主线下穿	105	现浇连续箱梁	柱式墩	桩基础	13 +2 × 20 +13	7.5 × 5.5	71.68							
13	K33 +863	K33 +863	干河	机耕道	通道	110	盖板		混凝土	1-6	6 ×4.3	27.67							

续上表

序号	统一里程	施工桩号	地名	被交叉设施名称及等级	交叉方式	交角（°）	结构类型			孔数×孔径（孔×m）	净宽×净高（m）	长度（m）	附属工程		被交叉设施改建长度	附属工程			备注
							上部	下部	基础				进口	出口		位置	工程名称	长度（m）	
14	K34 +521	K34 +521	干河	机耕道	通道	95	盖板		混凝土	1-6	6×4.3	26.1							
15	K35 +081	K35 +081	古城	乡村路	分离式立交	115	空心板		桩	1-20	6×3	25.04							
16	K35 +358	K35 +358	古城	乡村道路	分离式立交	55	箱梁	肋板/柱	桩	7-25	6×4.5	181.36							
17	K35 +775.63	K35 +775.63	古城	A 匝道	主线跨匝道 A 桥	75	空心板	肋板/柱	桩	3-20	9×5.5	65.04							
18	K36 +133.397	K36 +133.397	古城	洛栾快速通道	主线跨被交道桥	70	箱梁	肋板/柱	桩	3-40	20×5	128.73							
19	AK0 +185.682	AK0 +185.682	古城	洛栾快速通道	匝道 A 跨被交道桥	55	箱梁	肋板/柱	桩	3-40	20×5	128.7							
20	K37 +515	K37 +515	酒后	等外路	通道	105	盖板		混凝土	1-6	6×4.5	31.12							
21	K38 +025	K38 +025	酒后	乡村道路	分离式立交	75	空心板	肋板/柱	桩	4-20	6×4.5	85.04							
22	K38 +282	K38 +282	酒后	机耕道	通道	70	拱形		混凝土	1-6	6×4	53.1							
23	K38 +635	K38 +635	酒后	乡村道路	中桥	105	箱梁	肋板/柱	桩	3-25	4×5	81.314							
24	K38 +861	K38 +861	酒后	机耕道	通道	75	盖板		混凝土	1-6	6×3.4	26.92							
25	K39 +261	K39 +261	酒后	机耕道	通道	110	拱形		混凝土	1-6	6×4	47.23							
26	K39 +443	K39 +443	酒后	乡村道路	中桥	125	箱梁	肋板/柱	桩	3-25	4×5	81.284							
27	K40 +635	K40 +635		钢筋混凝土拱涵	主线上行	80				1-6	6×5	68.03	跌水井	八字墙					
28	K40 +855	K40 +855		钢筋混凝土拱涵	主线上行	70				1-6	6×5	53.43	跌水井	八字墙					
29	K40 +962	K40 +962		钢筋混凝土盖板通道	主线上行	90				1-4	4×3.5	36.42	八字墙	八字墙					

续上表

序号	统一里程	施工桩号	地名	被交叉设施名称及等级	交叉方式	交角(°)	结构类型			孔数×孔径(孔×m)	净宽×净高(m)	长度(m)	附属工程		被交叉设施改建长度	附属工程			备注
							上部	下部	基础				进口	出口		位置	工程名称	长度(m)	
30	K41 +018	K41 +018		钢筋混凝土拱涵	主线上行	110				1-4	4×3	43.16	八字墙	八字墙					
31	K41 +495	K41 +495		钢筋混凝土拱涵	主线上行	90				1-6	6×5	77.16	跌水井	八字墙					
32	K42 +197	K41 +298		钢筋混凝土盖板通道	主线上行	90				1-6	6×3.4	33.11	八字墙	八字墙					
33	K43 +260.0	K42 +360.5		钢波纹管涵	主线上行	125				1-2	2×2	61.23	八字墙	八字墙					
34	K41 +340	K41 +340		天桥	主线下穿	90	上承拱	立墙	扩大基础	1-45	4×5.5	56.88	八字墙	八字墙					
35	K62 +010.511 ~ K62 +690.511	K61 +120 ~ K61 +800	嵩县	X040/四级	主线上跨		箱梁	墩柱	钻孔灌注桩	8×25	(19.5 +11.5)×5.5	131.324	八字墙	八字墙	500	AK0 +937/AK0 +513/DK0 +340/CK0 +130	涵洞	113.58/5	

挡土墙及其他防护工程一览表

表 25

序号	统一里程		施工桩号		位置		建筑类型	长度(m)	高度(m)		数量(m^3)				被交叉设施改建长度	备注
	起	讫	起	讫	左	右			最大	最小	水泥混凝土	浆砌片块石	M7.5 水泥砂浆垫层	砂砾垫层		
1	IK1 +030	IK1 +230	IK1 +030	IK1 +230	√		俯斜路堤	200	4			2466.3				
2	K10 +836.0	K10 +849.0	K10 +836.0	K10 +849.0		√	仰斜路堤挡土墙	84	6.5	4						
3	K18 +212.445	K18 +238.74	K18 +212.445	K18 +238.74	√		仰斜路堤	26.9	8.22	6.5		771.49				
4	K32 +999.629	K35 +170	K33 +059	K33 +129	√		拱形骨架	70			49.4	12.9	10	1.1		
5	K32 +999.629	K35 +170	K33 +407	K33 +606	√		拱形骨架	199			359.4	106.1	79	3.2		
6	K32 +999.629	K35 +170	K33 +697	K33 +805	√		拱形骨架	108			197	56.2	42.5	1.6		
7	K32 +999.629	K35 +170	K33 +675	K33 +735	√		挡土墙	60			421.44					
8	K32 +999.629	K35 +170	K33 +729	K33 +735	√		挡土墙	6	6		90.5		3.6	3.6		
9	K32 +999.629	K35 +170	K33 +986	K34 +091	√		拱形骨架	105.0			113.8	31.5	24.2	1.6		
10	K32 +999.629	K35 +170	K34 +146	K34 +251	√		拱形骨架	105.0			114.8	30.6	24.1	1.6		
11	K32 +999.629	K35 +170	K34 +340	K34 +404	√		拱形骨架	64.0			106.6	31.7	23.5	1		
12	K32 +999.629	K35 +170	K34 +722	K35 +006	√		拱形骨架	284.0			247	63.3	50.6	4.3		
13	K35 +170	K36 +350	K35 +170	K36 +350	√		拱形骨架	1180.0			988.7	270.6	210	12.6		
14	K35 +170	K36 +350	AK0 +000.0	AK0 +916.0	√		拱形骨架	916.0			145.9	38.7	30.3	2.4		
15	K35 +170	K36 +350	BK0 +100.0	BK0 +216.0	√		拱形骨架	116.0			118.8	32.4	25	1.8		
16	K35 +170	K36 +350	CK0 +248.0	CK0 +525.0	√		拱形骨架	277.0			183.6	48.2	37.9	3.1		
17	K35 +170	K36 +350	DK0 +244.0	DK0 +300.0	√		拱形骨架	56.0			48.1	12.2	9.8	0.9		
18	K35 +170	K36 +350	EK0 +130.0	EK0 +224.0	√		拱形骨架	94.0			78.4	20.7	16.2	1.5		
19	K35 +170	K36 +350	GK0 +123.0	GK0 +150.0	√		拱形骨架	27.0			18.5	4.7	3.7	0.4		
20	K35 +170	K36 +350	IK0 +000.0	IK0 +020.0	√		拱形骨架	20.0			13.9	3.6	2.8	0.3		
21	K36 +350	K40 +000	K36 +350	K38 +367	√		拱形骨架	2017.0			1656.2	466.9	354.1	22		
22	K36 +350	K40 +000	K38 +529	K38 +598	√		拱形骨架	69.0			60.8	15.8	12.5	1.1		

续上表

序号	统一里程		施工桩号		位置		建筑类型	长度(m)	高度(m)		数量(m^3)				被交叉设施改建长度	备注
	起	讫	起	讫	左	右			最大	最小	水泥混凝土	浆砌片块石	M7.5水泥砂浆垫层	砂砾垫层		
23	K36 +350	K40 +000	K39 +018	K39 +899	√		拱形骨架	881.0			745.2	211.9	160.4	8.9		
24	K32 +999.629	K35 +170	K33 +407.0	K33 +606.0		√	拱形骨架	199.0			292.9	85.1	63.8	3		
25	K32 +999.629	K35 +170	K34 +015.0	K34 +085.0		√	拱形骨架	70.0			60.9	15.6	12.5	1.1		
26	K32 +999.629	K35 +170	K34 +156.0	K34 +214.0		√	拱形骨架	58.0			49.5	12.4	10.1	0.9		
27	K32 +999.629	K35 +170	K34 +324.0	K34 +404.0		√	拱形骨架	80.0			107.2	29.8	23	1.2		
28	K32 +999.629	K35 +170	K34 +722.0	K34 +752.0		√	拱形骨架	30.0			21.2	5.5	4.3	0.5		
29	K32 +999.629	K35 +170	K34 +914.0	K35 +006.0		√	拱形骨架	92.0			63.4	16.2	12.8	1.4		
30	K35 +170.0	K36 +350.0	K35 +170.0	K36 +350.0		√	拱形骨架	1180.0			921.1	255.7	195.6	12.6		
31	K35 +170.0	K36 +350.0	AK0 +000.0	AK0 +310.0		√	拱形骨架	310.0			184	48.9	38.3	2.9		
32	K35 +170.0	K36 +350.0	BK0 +100.0	BK0 +216.0		√	拱形骨架	116.0			118.2	31.3	24.6	1.8		
33	K35 +170.0	K36 +350.0	CK0 +248.0	CK0 +460.0		√	拱形骨架	212.0			160.3	41.8	32.7	3.2		
34	K35 +170.0	K36 +350.0	DK0 +244.0	DK0 +310.0		√	拱形骨架	66.0			58.5	15.3	12.1	1		
35	K35 +170.0	K36 +350.0	EK0 +140.0	EK0 +224.0		√	拱形骨架	84.0			67.2	17.6	13.7	1.3		
36	K36 +350	K40 +000	K36 +350.0	K38 +712.0		√	拱形骨架	2362.0			1757.3	487.9	373.5	24		
37	K36 +350	K40 +000	K39 +047.0	K39 +942.0		√	拱形骨架	895.0			958.5	279	210.1	8.5		
38	K46 +815	K46 +899	K45 +916	K46 +000	√		衡重式路肩挡土墙	84	4	2.5		406.8				
39	K42 +588	K42 +593	K41 +689	K41 +694		√	俯斜路堤挡土墙	5	4.5			73.8				
40	K42 +678	K42 +708	K41 +779	K41 +809		√	俯斜路堤挡土墙	30	3.5	3		260.3				
41	K42 +976	K42 +985	K42 +077	K42 +086		√	俯斜路堤挡土墙	9	4.5			126.1				
42	K43 +951	K43 +961	K43 +052	K43 +062		√	俯斜路堤挡土墙	10	3.5			102.8				
43	K41 +580	K41 +800	K41 +580	K41 +800	√		仰斜式挡土墙	220	4			1753.4				
44	K40 +612	K40 +637.2	K40 +612	K40 +636.8		√	仰斜式挡土墙	24.8	14.26	5.58		103.52	1073.02			

续上表

序号	统一里程		施工桩号		位置		建筑类型	长度(m)	高度(m)		数量(m^3)				被交叉设施改建长度	备注
	起	讫	起	讫	左	右			最大	最小	水泥混凝土	浆砌片块石	M7.5水泥砂浆垫层	砂砾垫层		
45	K40+651.9	K40+685	K40+651.5	K40+685		√	仰斜式挡土墙	33.5	9.93	6.66		223.86	752.56			
46	K53+545.79	K53+693.79	K52+651	K52+799	√		拱形骨架	148			161.8	42.2				
47	K56+266.51	K56+491.51	K55+376	K55+601	√		拱形骨架	225			324.5	95.9				
48	K56+596.51	K56+662.51	K55+706	K55+772	√		拱形骨架	66			125	37.4				
49	K57+017.51	K57+129.51	K56+127	K56+239	√		拱形骨架	112			95.6	24				
50	K57+320.51	K57+955.51	K56+430	K57+065	√		拱形骨架	85			73	18.5				
51	K53+594.79	K53+654.79	K52+700	K52+760	√		坡脚挡墙	54	0.5	0.5	24.3					
52	K55+894.51	K55+980.51	K55+004	K55+090	√		坡脚挡墙	80	0.5	0.5	41.2					
53	K54+084.79	K54+094.79	K53+190	K53+200	√		挡土墙	10	9		321.1					
54	K54+094.79	K54+104.79	K53+200	K53+210	√		挡土墙	10	5.5		116.3					
55	K54+104.79	K54+112.79	K53+210	K53+218	√		挡土墙	8	2.5		25.3					
56	K54+126.79	K54+132.79	K53+232	K53+238	√		挡土墙	6	3		26.4					
57	K54+132.79	K54+138.79	K53+238	K53+244	√		挡土墙	6	7		107.1					
58	K54+138.79	K54+150.79	K53+244	K53+256	√		挡土墙	12	9		385.3					
59	K54+150.79	K54+160.79	K53+256	K53+266	√		挡土墙	10	9.5		357					
60	K54+160.79	K54+192.79	K53+266	K53+298	√		挡土墙	32	11		1473.5		19.2			
61	K57+227.51	K57+237.51	K56+337	K56+347	√		挡土墙	10	2		19.7					
62	K57+237.51	K57+257.51	K56+347	K56+367	√		挡土墙	20	3		88.1		19			
63	K57+257.51	K57+282.51	K56+367	K56+392	√		挡土墙	25	4		155.4		15			
64	K54+192.79	K54+200.79	K53+298	K53+306	√		挡土墙	8	4.5		107.8		4.8			
65	K57+332.51	K57+320.51	K56+422	K56+430	√		挡土墙	8	6		164.6		4.8			
66	K54+422.79	K53+470.79	K53+528	K52+576		√	拱形骨架	48			45.4	12.6	9.6	0.7		

续上表

序号	统一里程		施工桩号		位置		建筑类型	长度(m)	高度(m)		数量(m^3)				被交叉设施改建长度	备注
	起	讫	起	讫	左	右			最大	最小	水泥混凝土	浆砌片块石	M7.5水泥砂浆垫层	砂砾垫层		
67	K55+570.79	K56+005.51	K54+676	K55+115		√	拱形骨架	439			1027.3	309	229.1	6.7		
68	K56+902.51	K57+017.51	K56+012	K56+127		√	拱形骨架	115			267.7	80.2	59.6	1.8		
69	K57+017.51	K57+227.51	K56+127	K56+337		√	拱形骨架	182			752.7	237.9	171.9	2.8		
70	K54+118.79	K54+128.79	K53+224	K53+234		√	挡土墙	10	3		44.1		6			
71	K54+128.79	K54+162.79	K53+234	K53+268		√	挡土墙	34	5.5		395.5		20.4			
72	K54+162.79	K54+190.79	K53+268	K53+296		√	挡土墙	28	3		123.3		16.8			
73	K57+151.51	K57+157.51	K56+261	K56+267		√	挡土墙	6	7.5		117.2		3.6			
74	K57+157.51	K57+167.51	K56+267	K56+277		√	挡土墙	10	5.5		116.3		6			
75	K57+167.51	K57+179.51	K56+277	K56+289		√	挡土墙	12	4		74.6		7.2			
76	K57+100.54	K57+443.54	K56+210.54	K56+553.54	√		浆砌片石挡墙	343				2191.75				
77	K57+423	K57+453	K57+423	K57+453	√	√	浆砌片石挡墙	30	6	2		1383.3				
78	K57+511	K57+587	K57+511	K57+587		√	俯斜式挡墙	76	8	5		1146.4				
79	K57+587	K57+598	K57+587	K57+598		√	衡重式挡墙	11	8			268.65				
80	K57+646	K57+684	K57+646	K57+684		√	衡重式挡墙	20	11				1689.96			
81	K57+685	K57+693	K57+685	K57+693		√	衡重式路肩墙	8	6			110.4				
82	K58+318	K58+420	K58+318	K58+420		√	护面墙	102	3	2			341.45			
83	K58+670	K58+720	K58+670	K58+720		√	护脚墙	50					66.75			
84	K58+657	K58+702	K58+657	K58+702		√	衡重式路肩墙	45	7.5	3.5		702				
85	K59+052	K59+067	K59+052	K59+067		√	衡重式路肩墙	15	7	3.5		167.2				
86	K60+779	K60+980	K60+779	K60+980		√	护面墙+挡土墙	201	5	2			3128.08			
87	K59+960	K59+968	K59+960	K59+968		√	浆砌片石挡墙	28	16	12		2682.5				
88	AK1+015	AK1+100	AK1+015	AK1+100	√		浆砌片石护面墙	85	5	2		774.8				

交通安全设施一览表

表26

序号	标段	统一里程		施工桩号		工程名称及数量																			
		起	讫	起	讫	刺铁丝隔离栅（m）	焊接网隔离栅（m）	立柱（m）	路侧普通型护栏（m）	路侧加强型护栏（m）	中分带普通型护栏（m）	中分带加强型护栏（m）	匝道分隔器（个）	波形梁钢护栏a型端头（个）	波形梁钢护栏b型端头（个）	波形梁双波板（m）	护栏立柱钻孔（个）	双面波形梁护栏	活动护栏（m）	桥上防护网（m）	公路界碑（个）	防撞桶（个）	防眩板（个）	柱式轮廓标（个）	附着式轮廓标（个）
1	LSJA.3	K0+000	K32+999.29	K0+000	K32+999.29	63782	12073	58932	35343	9315				374	28	464	4409	360	255				37574	718	3609
2	LSJA-4	K32+999.29	K61+800	K32+999.29	K61+800	56890	13309	52794.8	36078	11610	564	976	520	1660	12	437	32	14470	585	3395	24079	895			

交通服务设施一览表

表 27

序号	统一里程		施工桩号		工程名称及数量							备注
	起	讫	起	讫	停靠站(处)	停车场(处)	加油站(m^2)	修理站(m^2)	配电站(m^2)			
1	K0+000	K62+590.51	K0+000	K61+800		1	2	1	1			

注:表列停靠站、停车场、加油站、修理站、配电站均在服务区内。

负责人:　　　　　　　　　　填表人:

表 28

交通管理设施一览表

序号	统一里程		施工桩号		交通标志(块)						道路标线(m^2)			里程牌(个)	百米桩(个)	界碑(个)	可变情况报板(个)	线性诱导标(个)	移位、更换反光膜	备注
	起	讫	起	讫	单柱式交通标志	双柱式交通标志	门架式交通标志	单悬式交通标志	双悬交通标志	附着交通标志	热熔型涂料路面标线	热熔型震荡标线	立面标记(处)							
1	K0 +000	K32 + 999.29	K0 +000	K32 + 999.29	56	32	20	35	7	25	12374.79	29104	48	66	594	4		65	8	
2	K32 + 999.29	K61 +800	K32 + 999.29	K61 +800	39	38	34	6	6	132	13134	24022.6	56	56	288	6	1	29	20	

房屋建筑工程一览表 表29

序号	施工桩号	地　　名	房屋名称	建筑面积（m^2）	占地面积（m^2）	备注
	起					
1	K0+370	洛阳市洛龙区溢坡村主线收费站	收费站综合楼	2213.6	923.8	
			综合机房	183	183	
			门卫房1	28.16	28.16	
			门卫房2	28.16	28.16	
			收费大棚	2095.2	2095.2	
2	K14+222.573	伊川西收费站	综合楼	1283.2	704.4	
		伊川西收费站	综合机房	183	183	
		伊川西收费站	收费大棚	570	570	
		伊川西收费站	门卫房	23	23	
3	K5+775.63	古城收费站	综合楼	2033.39	747.28	
		古城收费站	综合机房	183	183	
		古城收费站	门卫房	23	23	
		古城收费站	收费大棚	502.2	502.2	
4	KK61+800 K63+750	嵩县收费站	综合楼	2109.89	1203.24	
		嵩县收费站	综合机房	183	164.52	
		嵩县收费站	门卫房	23	23	
		玉皇庙隧道变电所	隧道变电所综合机房	180.6	180.6	
5	K50+200	玉皇庙隧道变电所	隧道变电所水泵房	36	32.4	
		陆浑服务区	综合楼	3674.01	3252.85	
		陆浑服务区	快捷酒店	1570.13	1131	
		陆浑服务区	宿舍楼	863.6	431.8	
		陆浑服务区	综合机房(1区)	159.1	159.1	
		陆浑服务区	维修车库	189.56	189.56	
		陆浑服务区	养护工区办公楼	778.62	778.62	
		陆浑服务区	养护仓库	299	299	
		陆浑服务区	综合机房(2区)	159.1	159.1	
		陆浑服务区	加油站房(2区)	247	247	
		陆浑服务区	加油大棚(2区)	518	1036	
		陆浑服务区	加油站房(3区)	247	247	
		陆浑服务区	加油大棚(3区)	518	1036	

环境保护绿化工程一览表

表 30

序号	工程名称	统一里程		施工桩号		工程数量及名称				备注
		起	讫	起	讫	隔音墙(m)	植草(m^2)	植树(株)	填土(m^3)	
1	石楠球,冠径,1.2~1.3m,高度1.2~1.3m	K0+000	K32+999.49	K0+000	K32+999.49			3544		
2	小蜀桧,高度1.5m	K0+000	K32+999.49	K0+000	K32+999.49			2470		延米
3	桧柏,高度1.5m	K0+000	K32+999.49	K0+000	K32+999.49			942		延米
4	紫薇,地径2cm	K0+000	K32+999.49	K0+000	K32+999.49			10746		延米
5	黄杨球,冠径1.2~1.3m+H1,高度1.2~1.3m	K0+000	K32+999.49	K0+000	K32+999.49			1314		
6	五叶地锦,株长0.5cm	K0+000	K32+999.49	K0+000	K32+999.49			101840		延米
7	大叶女贞,胸径5cm	K0+000	K32+999.49	K0+000	K32+999.49			219		m^2
8	木槿,地径2cm	K0+000	K32+999.49	K0+000	K32+999.49			269		延米
9	月季,高度30~40cm	K0+000	K32+999.49	K0+000	K32+999.49			9600		
10	鸢尾,49 株/m^2	K0+000	K32+999.49	K0+000	K32+999.49			7800		延米
11	太阳草	K0+000	K32+999.49	K0+000	K32+999.49			3750		延米
12	大叶黄杨,小苗,剪后高0.5cm,冠0.25cm,25 棵/m^2	K0+000	K32+999.49	K0+000	K32+999.49			5000		
13	白三叶	K0+000	K32+999.49	K0+000	K32+999.49			7000		
14	迎春	K0+000	K32+999.49	K0+000	K32+999.49			677		
15	填土	K0+000	K32+999.49	K0+000	K32+999.49				8692.95	
16	石楠球,冠径1.2~1.3m,高度1.2~1.3m	K32+999.29	K61+800	K32+999.29	K61+800			2747		
17	紫荆	K32+999.29	K61+800	K32+999.29	K61+800			412		
18	桧柏,高度1.5m	K32+999.29	K61+800	K32+999.29	K61+800			5566		
19	紫薇,地径2cm	K32+999.29	K61+800	K32+999.29	K61+800			3862		
20	黄杨球,冠径1.2~1.3m+H1,高度1.2~1.3m	K32+999.29	K61+800	K32+999.29	K61+800			722		
21	五叶地锦,株长0.5cm	K32+999.29	K61+800	K32+999.29	K61+800			625		
22	大叶女贞,胸径5cm	K32+999.29	K61+800	K32+999.29	K61+800			992		
23	木槿,地径2cm	K32+999.29	K61+800	K32+999.29	K61+800			849		
24	花石榴	K32+999.29	K61+800	K32+999.29	K61+800			246		
25	野菊花	K32+999.29	K61+800	K32+999.29	K61+800			470		
26	葱兰	K32+999.29	K61+800	K32+999.29	K61+800			6778.75		
27	鸢尾,36 株/m^2	K32+999.29	K61+800	K32+999.29	K61+800			15980		
28	夹竹桃	K32+999.29	K61+800	K32+999.29	K61+800			40		
29	平整场地	K32+999.29	K61+800	K32+999.29	K61+800			14563.1		
30	迎春	K32+999.29	K61+800	K32+999.29	K61+800			110		
31	填土	K32+999.29	K61+800	K32+999.29	K61+800			18243.4		
32	声屏障	K0+000	K32+999.29	K0+000	K32+999.29	1670				

隧道工程一览表

表31

标段	序号	隧道名称		起讫桩号	长度(m)	净宽(m)	净高(m)	平曲线半径(m)/长度(m)	纵坡(%)/坡长(m)	工程地质概况	洞门形式		照明方式	通风方式
											进口	出口		
6	1	姜公庙隧道	左线	F1K42 +414 ~ F1K42 +655.4	241.4	10.75	5.0	2500/241.4	0.985/241.4	安山岩及安山玢岩	削竹式	直削式	灯光	自然
			右线	K42 +406 ~ K42 +670	264	10.75	5.0	2500/264	0.9/264		削竹式	直削式	灯光	自然
9	1	玉皇庙隧道	左线	F2K59 +968 ~ F2K60 +783	815	10.75	5.0	∞/138.43、A = 477.21/200、1000/476.57	-2.7/347.42、-3.0/467.58	安山岩及安山玢岩	端墙式	削竹式	灯光	机械
			右线	K59 +970 ~ K60 +779	809	10.75	5.0	6000/169.99、A = 479.583/230、1000/409.01	-2.5/350、-2.99/459		削竹式	端墙式	灯光	机械
8	1	大坡隧道	连拱	K55 +225 ~ K55 +305	80	13.35 ×2	5.0	R = 600/26.573、A = 346.4102/53.4270	-1.7/80	卵砾石土	端墙式	端墙式	自然	自然

表 32

机电工程照明系统一览表

序号	设备名称	设备型号	原产国	生产厂家	购买国	施工单位	安装地点	数量
1	发电机组	30kV、120kW、200kW	中国	洛阳星光发电设备有限公司	中国	河南新豫飞科技照明工程有限公司	收费站及隧道供配电系统	6台
2	高杆灯	30m,12×NG600	中国	江苏宝尔特光电科技有限公司	中国	河南新豫飞科技照明工程有限公司	收费站及隧道供配电系统	7个
	中杆灯	12m,1×NG400						16个
	引道灯	10m,250W,IP65						20套
	球场灯	250W						3套
	庭院灯	150W,高4.5m						21套
3	钠灯	150W,IP65、100W,IP65	中国	江苏宝尔特光电科技有限公司	中国	河南新豫飞科技照明工程有限公司	隧道供配电系统	1352套
4	LED灯	70W,IP65	中国	江苏宝尔特光电科技有限公司	中国	河南新豫飞科技照明工程有限公司	隧道供配电系统	460套

机电工程变配电系统一览表

表 33

序号	型号	说明内容	原产国	施工单位	购买国	安装地点	数量
1	变压器	干式有载调压电力变压器，SCBl0-315/10kV/0.4kVD. y13 附风机，温控仪	中国	郑州金源特变电气有限公司	中国	玉皇庙隧道	1
2		干式有载调压电力变压器，SCBZ10-200/10kV/0.4kVD. Y11 附风机，温控仪，七档可调真空有载调压开关	中国	郑州金源特变电气有限公司	中国	嵩县收费站	1
3		干式有载调压电力变压器，SCBZ10-500/10kV/0.4kVD. Y11 附风机，温控仪，七档可调真空有载调压开关	中国	郑州金源特变电气有限公司	中国	陆浑服务区 1 区	1
4		干式有载调压店里变压器，scbz10-200/10kV/0.4kVD. y11 附风机，温控仪，七档可调真空有载调压开关	中国	郑州金源特变电气有限公司	中国	陆浑服务区 2 区	1
5		干式有载调压店里变压器，scbz10-200/10kV/0.4kVD. y11 附风机，温控仪，七档可调真空有载调压开关	中国	郑州金源特变电气有限公司	中国	古城收费站	1
6	箱变	160 箱式变电站	中国	郑州金源特变电气有限公司	中国	姜公庙隧道	1
7		箱式变电站 SCB-80/10-10/0.4kV	中国	郑州金源特变电气有限公司	中国	陆浑服务区 3 区	1
8	高低压柜	高低压进、出线、联络、电容柜等	中国	郑州金源特变电气有限公司	中国	古城、嵩县、陆浑服务区	41

负责人：　　　　　　　　　　填表人：

表 34

机电工程监控系统工程数量一览表

序号	项目（ITEM）	型号/系列号	主要技术指标	单位	数量	货源国	产地/生产厂	单价(元)	合计(元)	安装地点	备注
1	服务器	HP	双 CPU Quad-Core Intel Xeon Processor E5504 四核 2.00GHz;MEM:4GB;磁盘阵列:146G×3;RAID 控制器;24 倍 DVD 光驱;1000M/100M 网卡;21in 液晶显示器	台	1	中国	广东/HP	30511.95	30511.95	监控分中心	
2	流媒体服务器	HP	流媒体服务器:双 CPU Xeon E5506 四核 2.00GHz ;MEM:4GB;双 cpu,磁盘阵列 146G×3;RAID 控制器;24 倍 DVD 光驱;1000M/100M 网卡;21in 液晶显示器	台	1	中国	广东/HP	30511.95	30511.95	监控分中心	
3	交通监控计算机	HP	CPU:酷睿 2,2.4G;MEM:8GB;1TB 硬盘;21in 液晶显示器;1GB 显卡;100M 网卡;16 倍 DVD 光驱	台	1	中国	广东/HP	7764.58	7764.58	监控分中心	
4	图像管理计算机	HP	CPU:酷睿 2,2.4G;MEM:8GB;1TB 硬盘;21in 液晶显示器;1GB 显卡;100M 网卡;16 倍 DVD 光驱;其中 4 台用于液晶拼接大屏,1 台用于分中心全彩 LED 屏	台	6	中国	广东/HP	7764.58	46587.48	监控分中心	
5	情报板管理计算机	HP	CPU:酷睿 2,2.4G;MEM:8GB;1TB 硬盘;21in 液晶显示器;512M 显卡;100M 网卡;16 倍 DVD 光驱	台	1	中国	广东/HP	7764.58	7764.58	监控分中心	
6	视频检测计算机	HP	CPU:酷睿 2,2.4G;MEM:8GB;1TB 硬盘;21in 液晶显示器;512M 显卡;100M 网卡;16 倍 DVD 光驱	台	1	中国	广东/HP	7764.58	7764.58	监控分中心	
7	前置通信计算机	HP	CPU:酷睿 2,2.4G;MEM:8GB;1TB 硬盘;21in 液晶显示器;512M 显卡;100M 网卡;16 倍 DVD 光驱	台	1	中国	广东/HP	7764.58	7764.58	监控分中心	
8	通信控制计算机	HP	CPU:酷睿 2,2.4G;MEM:8GB;1TB 硬盘;21in 液晶显示器;512M 显卡;100M 网卡;16 倍 DVD 光驱	台	1	中国	广东/HP	7764.58	7764.58	监控分中心	
9	多串口服务器		64 个串口输入端口,10/100M 以太网输出端口	台	1	中国	北京/浦特伟业	7541.23	7541.23	监控分中心	
10	激光打印机		打印速度:≥16ppm;分辨率:600dpi×500dpi;内存:≥4Mb ;打印幅画:A4、A3;内置局域网网卡	台	1	中国	广东/HP	7561.6	7561.6	监控分中心	

续上表

序号	项目(ITEM)	型号/系列号	主要技术指标	单位	数量	货源国	产地/生产厂	单价(元)	合计(元)	安装地点	备注
11	彩色激光打印机		A4 幅面;最高分辨率 600×600dpi	台	1	中国	广东/HP	4244.79	4244.79	监控分中心	
12	交换机	三层以太网交换机	三层以太网交换机,至少 2 个 1000Mbps 端口 24 个 10/100M 自适应以太网口 2 个单模光接口	台	1	中国	杭州/H3C	8854.61	8854.61	监控分中心	
13	交换机	三层以太网交换机	三层以太网交换机,至少 2 个 1000Mbps 端口 46 个 10/100M 自适应以太网口 4 个单模光接口	台	1	中国	杭州/H3C	9578.97	9578.97	监控分中心	
14	系统软件		包括操作系统、数据库管理系统、网管系统、防病毒软件、开发工具等	套	1	中国	深圳/华为	50000	50000	监控分中心	
15	前置通信软件		通信应用软件、省中心下发消息中间件软件,用于和省中心通信	套	1	中国	西安/西安公路研究所	50000	50000	监控分中心	
16	应用软件		包括信息处理、彩色图形处理、交通监视与控制软件等	套	1	中国	西安/西安公路研究所	200000	200000	监控分中心	
18	稳压电源	30kVA	输入电压范围:120V~300V;输出电压:220V±1%	套	1	中国	佛山/柏克	37514.67	37514.67	监控分中心	
19	UPS	30kVA	在线式,电池后备时间≥60 分钟	台	1	中国	佛山/柏克	59770.84	59770.84	外场	
20	配电箱	XLPZ		台	1	中国	信阳/信阳奔月	1655.54	1655.54	外场	
21	交流配电柜	XLPZ		台	1	中国	信阳/信阳奔月	4049.89	4049.89	外场	
22	线槽		镀锌	m	100	中国	郑州/郑州景程	108.57	10857	监控分中心	
23	接地汇流排		铜排 500×100×0.8	个	1	中国	郑州/郑州景程	5000	5000	监控分中心	
24	液晶拼接屏显示系统										

续上表

序号	项目（ITEM）	型号/系列号	主要技术指标	单位	数量	货源国	产地/生产厂	单价(元)	合计(元)	安装地点	备注
25	液晶拼接单元	ST-CM5570	55in 超窄边 TFT LCD 液晶单元,嵌入式拼接显示单元,单元尺寸(长×宽)mm:1215.3×686.1(高亮屏)	套	15	中国	深圳/金三立	50676.14	760142.1	监控分中心	
27	电视墙:每节5台	每节5台	电视墙后面全封闭带风机散热,32寸监视器台架用料为国标冷轧钢板,立筋、横筋全部用2.0mm厚,面板、前后门1.5mm厚,表面喷塑精工细作	节	8	中国	深圳/金三立	4069.55	32556.4	监控分中心	
28	监视器:32in真彩液晶监视器	ST-CM3290	面板类型:32英寸 TFT 真彩液晶屏; 屏幕比例:16:9; 对比度:1500:1; 亮度:500cd/m^2; 响应时间:8ms; 分辨率:1366×768; 清晰度:1000线; 点距:0.51075mm(W)×0.51075mm(H)可视角度(左右/上下):178°/178°; 外观尺寸:769mm×480mm×119mm(W×H×D); 视频:PAL/NTSC/SECAM	台	40	中国	深圳/金三立	5759.35	230374	监控分中心	
29	分中心其他设备										
30	机柜	图腾	19寸42U标准机柜	台	3	中国	深圳/图腾	3429.01	10287.03	监控分中心	
31	综合控制台	国标冷轧钢板	14m×1.2m×0.75m加10m×1.2m×0.75m	套	1	中国	郑州/雅克	33531.76	33531.76	监控分中心	
32	视频图像、数据传输通路										
33	视频电缆	SYV75-5	国标 SYV75-5	m	1000	中国	安徽/宏源	3.96	3960	监控分中心及外场	

续上表

序号	项目（ITEM）	型号/系列号	主要技术指标	单位	数量	货源国	产地/生产厂	单价（元）	合计（元）	安装地点	备注
34	电源配线	RVV3 ×1.5	国标	m	500	中国	安徽/宏源	6.74	3370	监控分中心及外场	
35	四芯光缆	GYTA-4B1	光纤类型　单模标称工作波长： 1310nm 范围：1285 ~ 1330nm； 1550mm 范围：1480 ~ 1580nm； 符合 ITU-T G.652 G.655 建议； 模场半径：8.8 ~ 9.5μm ±0.5μm； 包层半径：125μm ±2μm； 包层不圆度：≤2%； 模场同心度偏差：≤1μm； 截止波长满足下列要求： 在 20m 光缆 +2m 光纤上测试 < 1270μm； 在 2m 光纤上测试：1100 ~ 1280nm； 衰减值：< 0.36dB/km（1310nm）；≤0.22dB/km（1550nm）； 色散系数：≤3.5ps/nm · km（1310nm）；≤18ps/nm · km（1550nm）； 温度特性（与 20℃ 的值比较）-20 ~ +60℃ 范围内附加衰耗≤0.05dB/km。 光纤色谱：缆内光纤具有不褪色、不迁染的色谱来辨别光纤线和端别。 光纤筛选张力：≥5N（测试持续时间不小于 1s）	m	2000	中国	北京/汉维	4.25	8500	监控分中心及外场	
36	控制线	KVVP3 ×1	国标	m	500	中国	安徽/宏源	5.59	2795	监控分中心及外场	
37	单模尾纤	单模	国标	根	50	中国	北京/汉维	75.76	3788	监控分中心及外场	
38	5 类 UTP 双绞线	5 类 UTP	国标	m	1000	中国	安徽/宏源	3.81	3810	监控分中心及外场	
39	编码器，H.264 格式 D1/CIF 双码流压缩	OB9940D	视频格式：BNC； 数据格式：RS422、RS485； 压缩标准：H.264，D1/CIF 双码流压缩	套	2	中国	杭州/中威	10926.41	21852.82	监控分中心	

续上表

序号	项目（ITEM）	型号/系列号	主要技术指标	单位	数量	货源国	产地/生产厂	单价（元）	合计（元）	安装地点	备注
40	数字式数据光端机：1 路数据	OB9961（D1）	传输能力：1～4 路数据独立式结构，带电热插拔，自动恢复过载保护无电磁干扰，无射频干扰，无地电流 ST 光学连接器 RS232/RS422/RS485 接口符合 NEMA 规范 数据指标：速率：0～100Kbs（RS232），误码率：10^{-9} 平均无故障时间：≥100000h 工作温度：-30～+65℃	对	4	中国	杭州/中威	3038.72	12154.88	监控分中心	
41	远端接入设备：1 路视频	OB-VAR3-ONU-1V-TR-20KM	视频通道数：支持 1～2 路视频输入 视频制式：PAL、NTSC、SECAM 自动兼容； 输入输出阻抗：75 欧姆； 输入输出信号电压：1Vp-p； 输入过载电压：1.5Vp-p； 输入带宽：5～8MHz； 微分增益：≤1%； 微分相位：≤1°； 信噪比：≥68dB（加权）。 数据 通道数：支持 1 路共享数据+1～4 路点对点数据。 数据格式 RS485/RS232/422/485（2 线或 4 线可选）曼码、Bi-phase； 波特率：0 ～ 300kbps； 误码率：小于 10^{-9}。 以太网参数 以太网标准：IEEE 802.3/802.3u； 网络接口：RJ45 10M/100M 自适应； 网络速率：100M 系统参数 MTBF（平均无故障工作时间）：大于 10 万 h 环境特性 工作温度：-40～+75℃； 储存温度：-40～+85℃； 工作湿度：0～95% 无冷凝	个	8	中国	杭州/中威	3267.57	26140.56	监控外场设备	

续上表

序号	项目（ITEM）	型号/系列号	主要技术指标	单位	数量	货源国	产地/生产厂	单价（元）	合计（元）	安装地点	备注
42	远端接入设备:1路视频+1路点对点数据	OB-VAR3-ONU-1VD1-TR-20KM	单点设备故障不影响其他节点的图像数据传输； 设备须能适应高速公路的外场使用环境，防护标准不低于IP65； 供电方式:220V AC /24(12)V DC； 单电设备额定功耗不大于10W，工作时实测功耗不大于8W； 视频、数据接口具备防雷芯片； 电磁兼容性符合GJB151A-97、IEC61000－4－2/3/4/5/11标准。 光学特性 输出/输入波长:1310/1550nm /CWDM； 发射功率:＋2～－3dBm 0～－5dBm －8～－15dBm 接收灵敏度:优于－24 dBm/－27 dBm(APD)； 传输距离:30/60/80km。 视频特性 视频通道数:支持1－2路视频。 输入 视频制式:PAL、NTSC、SECAM自动兼容； 输入输出阻抗:75Ω； 输入输出信号电压:1Vp-p； 输入过载电压:1.5Vp-p； 输入带宽:5～8MHz 微分增益:≤1%； 微分相位:≤1°； 信噪比:≥68dB(加权)。 数据 通道数:支持1路共享数据＋1～4路点对点数据。 数据格式:RS485/RS232/422/485(2线或4线可选)曼码、Bi-phase； 波特率:0 ～ 300kbps； 误码率:小于10^{-9}。 以太网参数 以太网标准:IEEE 802.3/802.3u；	台	2		中威	9165.93	18331.86	监控外场设备	

续上表

序号	项目（ITEM）	型号/系列号	主要技术指标	单位	数量	货源国	产地/生产厂	单价（元）	合计（元）	安装地点	备注
42	远端接入设备:1路视频+1路点对点数据	OB-VAR3-ONU-1VD1-TR-20KM	网络接口:RJ45 10M/100M 自适应; 网络速率 100M。 系统参数 MTBF（平均无故障工作时间）大于 10 万 h 环境特性 工作温度:-40～+75℃; 储存温度:-40～+85℃; 工作湿度:0～95% 无冷凝	台	2		中威	9165.93	18331.86	监控外场设备	
43	远端接入设备:2路点对点数据	OB-VAR3-ONU-D0011-TR-20KM	8/10 位 PCM 视频编码; 全数字、无压缩、无损伤传输; 链式组网,逐点插入; 系统扩展灵活; 自动兼容 NTSC、PAL、SECAM 视频制式; 数据通道灵活配置,数据格式通过键盘或网管软件任意可选; 数据终端电阻灵活选择; 支持 RS232、RS422、RS485、曼码/Biphase 数据; 24 位 PCM 音频编码; 音频 600Ω 平衡/非平衡,10kΩ 或 47kΩ 非平衡可选; 以太网 10M/100M 自适应; 先进自适应技术,使用时无须调节	台	6	中国	杭州/中威	4819.77	28918.62	监控外场设备	
44	微波车检器										
45	微波车检器（含避雷针;立柱;含接地系统）	WX-SS105V		套	7	美国	北京/美创斯	27306.44	191145.08	监控外场设备	
46	F 型可变情报板										

续上表

序号	项目(ITEM)	型号/系列号	主要技术指标	单位	数量	货源国	产地/生产厂	单价(元)	合计(元)	安装地点	备注
47	显示板	ZZSW-KXB-20P-B1	显示面积:2m(高)×4m(宽),像素间距:31.25mm。配比为4红2纯绿	套	3	中国	郑州/汉威	179751.95	539255.85	监控外场设备	
48	门式可变情报板										
49	显示板	ZZSW-KXB-10P-B1	1×10m(红绿双基色)+1×1(全彩):全彩色4红2纯绿1纯蓝,双基色为4R2G;像素间距:31.25mm(含避雷针;立柱;含接地系统)	套	3	中国	郑州/汉威	293565.45	880696.35	监控外场设备	
50	气象监测系统										
51	气象监测器	NFH-DL-N	气象检测器能够检测:风向、风速、降雨量、大气温度、湿度、路面温度、湿度、能见度等信息(含避雷针;立柱;含接地系统)	套	1	中国	郑州/汉威	203848.93	203848.93	监控外场设备	
52	一体化摄像机										
53	摄像机	ST-CC7000	1/4inCCD图像传感器;480电视线(彩色);580电视线(黑白);信噪比:>50dB;BNC插头;倍电子变焦;焦距:$f=3.4\sim122.4$mm;变焦倍数:36;光圈:自动倍光学变焦,12(含避雷针;立柱;含接地系统)	套	10	中国	深圳/金三立	25577.3	255773	监控外场设备	
54	收费站前信息发布屏										
55	显示板	ZZSW-KXB-19P-B2	显示面积:1.92m(高)×3.2m(宽),像素间距:20mm。配比为2红1纯绿(含避雷针;立柱;含接地系统)	套	3	中国	郑州/汉威	143750.03	431250.09	监控外场设备	
56	主线收费站雨棚LED屏										
57	显示板	ZZSW=KXB-10P-B2	1m(W)×1m(H)+23m(W)×1m(H),第一个单体为全彩,其余23个为红绿双基色;含接地系统;含避雷针	套	1	中国	郑州/汉威	473134.46	473134.46	监控外场设备	

续上表

序号	项目（ITEM）	型号/系列号	主要技术指标	单位	数量	货源国	产地/生产厂	单价（元）	合计（元）	安装地点	备注
58	太阳能黄闪灯										
59	太阳能黄闪灯	CG-BZ		套	10	中国	深圳/深圳崇高	3597.57	35975.7	监控外场设备	
60	监控摄像机太阳能系统										
61	蓄电池组：含420Ah，2VDC，12节	赛能	含420Ah，2VDC，12节	套	4	中国	深圳/深圳崇高	19212.97	76851.88	监控外场设备	
62	保温箱		定制	套	4	中国	深圳/深圳崇高	4746.39	18985.56	监控外场设备	
63	太阳能电池板组：含24DC，480W，3块	CG-SUN/120W	含24DC，480W，3块	套	4	中国	深圳/深圳崇高	11300.22	45200.88	监控外场设备	
64	电源控制器	CG-POWER/CTR	CG-POWER/CTR	套	4	中国	深圳/深圳崇高	3292.31	13169.24	监控外场设备	
65	蓄电池地井		浇筑	套	4	中国	深圳/深圳崇高	2368.52	9474.08	监控外场设备	
66	防雷防浪涌设备										
67	40-65KA的过电压保护器	40～65KA	40-65KA	套	16	中国	北京/中顺	555.06	8880.96	监控外场设备及监控分中心	
68	15-40KA的过电压保护器	15～40KA	15-40KA	套	28	中国	北京/中顺	555.06	15541.68	监控外场设备及监控分中心	

续上表

序号	项目（ITEM）	型号/系列号	主要技术指标	单位	数量	货源国	产地/生产厂	单价（元）	合计（元）	安装地点	备注
69	双绞线信号过电压保护器	DFGDG		对	28	中国	北京/中顺	555.06	15541.68	监控外场设备及监控分中心	
70	视频信号过电压保护器	WQWQ		套	10	中国	北京/中顺	555.06	5550.6	监控外场设备及监控分中心	
71	接地引线 BV-4mm^2		国标	m	600	中国	安徽/宏源	4.71	2826	监控外场设备及监控分中心	
72	外场设备配电设施										
73	电力电缆；VV22-4×35	VV22-4×35	国标	m	9312	中国	安徽/宏源	148.54	1383204.48	外场	
74	电力电缆；VV22-4×10	VV22-4×10	国标	m	300	中国	安徽/宏源	54.05	16215	外场	
75	电力电缆；VV22-2×35	VV22-2×35	国标	m	688	中国	安徽/宏源	83.3	57310.4	外场	
76	电力电缆；VV22-2×10	VV22-2×10	国标	m	413	中国	安徽/宏源	43.07	17787.91	外场	
77	电力电缆；VV22-2×6	VV22-2×6	国标	m	243	中国	安徽/宏源	34.37	8351.91	外场	
78	镀锌钢管 ϕ114	ϕ114	镀锌	m	2001	中国	天津/天津华夏	67.3	134667.3	外场	
79	D8 镀锌园钢抱箍	D8	镀锌	个	2001	中国	天津/天津华夏	6.73	13466.73	外场	
80	室外配电箱			套	15			1138.14	17072.1	外场	

表 35

机电工程收费系统工程数量表

序号	项目(ITEM)名称	型号/系列号	主要技术指标	单位	数量	货源国	产地/生产厂	单价(元)	合计(元)	安装地点及数量	备注
401	收费站计算机网络设备										
401-1	专用服务器	HP	双 CPU Quad-Core Intel Xeon Processor E5504 四核 2.00GHz;MEM:4GB;磁盘阵列:146G×3;RAID 控制器;24 倍 DVD 光驱;1000M/100M 网卡;21in 液晶显示器	套	4	中国	广东/HP	30511.95	122047.8	洛龙收费站、伊川西收费站、嵩县产业区收费站、嵩县收费站	
401-2	管理计算机		CPU:酷睿 2,2.4G;MEM:8GB;1TB 硬盘;21in 液晶显示器;512M 显卡;100M 网卡;16 倍 DVD 光驱								
401-2-1	收费管理计算机	HP	CPU:酷睿 2,2.4G;MEM:8GB;1TB 硬盘;21in 液晶显示器;512M 显卡;100M 网卡;16 倍 DVD 光驱	台	4	中国	广东/HP	7764.58	31058.32	洛龙收费站、伊川西收费站、嵩县产业区收费站、嵩县收费站	
401-2-2	财务/IC 卡管理计算机	HP	CPU:酷睿 2,2.4G;MEM:8GB;1TB 硬盘;21in 液晶显示器;512M 显卡;100M 网卡;16 倍 DVD 光驱	台	4	中国	广东/HP	7764.58	31058.32	洛龙收费站、伊川西收费站、嵩县产业区收费站、嵩县收费站	
401-2-3	图像管理计算机	HP	CPU:酷睿 2,2.4G;MEM:8GB;1TB 硬盘;21in 液晶显示器;512M 显卡;100M 网卡;16 倍 DVD 光驱	台	4	中国	广东/HP	7764.58	31058.32	洛龙收费站、伊川西收费站、嵩县产业区收费站、嵩县收费站	
401-3	收费站三层以太网交换机	HW	三层以太网交换机,至少 2 个 1000Mbps 端口 24 个 10/100M 自适应以太网口 2 个单模光接口	台	4	中国	广东/HP	8854.61	35418.44	洛龙收费站、伊川西收费站、嵩县产业区收费站、嵩县收费站	

续上表

序号	项目(ITEM)名称	型号/系列号	主要技术指标	单位	数量	货源国	产地/生产厂	单价(元)	合计(元)	安装地点及数量	备注
401-4	非接触 IC 卡读写器	JKM115A		台	4	中国	北京/航天金卡	2482.07	9928.28	洛龙收费站、伊川西收费站、嵩县产业区收费站、嵩县收费站	
401-5	激光打印机	HP	打印速度：≥16ppm；分辨率：600dpi × 600dpi；内存：≥4Mb；打印幅画：A4、A3；内置局域网网卡	台	4	中国	广东/HP	7561.6	30246.4	洛龙收费站、伊川西收费站、嵩县产业区收费站、嵩县收费站	
401-6	财务激光打印机	AP		台	4	中国	日本/爱普生	7561.6	30246.4	洛龙收费站、伊川西收费站、嵩县产业区收费站、嵩县收费站	
401-7	电子投包机	UP-T07		台	4	中国	厦门/优朋	51740	206960	洛龙收费站、伊川西收费站、嵩县产业区收费站、嵩县收费站	
401-8	DVD 光盘刻录机	HP		台	4	中国	广东/HP	947.4	3789.6	洛龙收费站、伊川西收费站、嵩县产业区收费站、嵩县收费站	
402	收费分中心计算机系统										
402-1	双机热备份服务器（含磁盘阵列）		双 CPU Quad-Core Intel Xeon Processor E5504 四核 2.00GHz；MEM：4GB；磁盘阵列：146G × 3；RAID 控制器；24 倍 DVD 光驱；1000M/100M 网卡；21in 液晶显示器	套	1	中国	广东/HP	125713.55	125713.55	洛龙收费站、伊川西收费站、嵩县产业区收费站、嵩县收费站	

续上表

序号	项目(ITEM)名称	型号/系列号	主要技术指标	单位	数量	货源国	产地/生产厂	单价（元）	合计（元）	安装地点及数量	备注
402-2	收费管理计算机			台	1	中国	广东/HP	7764.58	7764.58	洛龙收费站、伊川西收费站、嵩县产业区收费站、嵩县收费站	
402-3	图像稽核计算机			台	1	中国	广东/HP	7764.58	7764.58	洛龙收费站、伊川西收费站、嵩县产业区收费站、嵩县收费站	
402-4	财务计算机			台	1	中国	广东/HP	7764.58	7764.58	洛龙收费站、伊川西收费站、嵩县产业区收费站、嵩县收费站	
402-5	IC 卡管理计算机			台	1	中国	广东/HP	7764.58	7764.58	洛龙收费站、伊川西收费站、嵩县产业区收费站、嵩县收费站	
402-6	非接触 IC 卡读写器			台	1	中国	北京/航天金卡	2482.07	2482.07	洛龙收费站、伊川西收费站、嵩县产业区收费站、嵩县收费站	
402-7	黑白激光打印机（收费管理计算机用）			台	1	中国	广东/HP	5905.92	5905.92	洛龙收费站、伊川西收费站、嵩县产业区收费站、嵩县收费站	

续上表

序号	项目(ITEM)名称	型号/系列号	主要技术指标	单位	数量	货源国	产地/生产厂	单价(元)	合计(元)	安装地点及数量	备注
402-8	彩色激光打印机(多媒体计算机用)			台	1	中国	广东/HP	7561.6	7561.6	洛龙收费站、伊川西收费站、嵩县产业区收费站、嵩县收费站	
402-9	财务激光打印机(财务计算机用)			台	1	中国	日本/爱普生	7561.6	7561.6	洛龙收费站、伊川西收费站、嵩县产业区收费站、嵩县收费站	
402-10	24 三层交换机	24 三层	2 个千兆单模光纤接口	台	1	中国	深圳/华为	8854.61	8854.61	洛龙收费站、伊川西收费站、嵩县产业区收费站、嵩县收费站	
402-11	DVD 光盘刻录机			台	1	中国	广东/HP	947.4	947.4	洛龙收费站、伊川西收费站、嵩县产业区收费站、嵩县收费站	
403	收费车道设施										
403-1	车道控制机(含视频捕捉卡)	SAT-MLC-02B	工业级,Pentium4 CPU:2.8GHz 以上,充分电磁兼容设计,低功耗,全面故障自我诊断能力及报警提示; 硬盘:160G 以上,带有减震保护措施;转速为 5400rpm、具有 2MB 缓存、支持 Ultra ATA/66 的 EIDE 硬盘; PCI/ISA 总线,3 个以上 PCI/ISA 扩展插槽; 带有 CMOS 后备电池 RAM 的实时时钟/日历; BIOS 支持 USB 设备启动计算机; 内存:2G 以上 DDRAM;	台	31	中国	北京/诚信盛通	11275.65	349545.15	洛龙收费站、伊川西收费站、嵩县产业区收费站、嵩县收费站	

续上表

序号	项目(ITEM)名称	型号/系列号	主要技术指标	单位	数量	货源国	产地/生产厂	单价(元)	合计(元)	安装地点及数量	备注
403-1	车道控制机(含视频捕捉卡)	SAT-MLC-02B	16M以上电子盘; 显示器卡,64M以上独立显存; 16位声卡; 至少1个并口,8个以上串口; 至少2个USB接口; IDE控制器,1个连接光驱的IDE接口; 4个以上EISA总线扩展接口槽并配置防尘罩; 32位视频捕捉卡,输入视频信号为PAL或NTSC制式;符合JPEG标准;采集图像分辨率为720×576(PAL制)或640×480;显示颜色为真彩色;压缩比大于50:1;捕获、压缩、存储一帧图像的时间小于0.1s	台	31	中国	北京/诚信盛通	11275.65	349545.15	洛龙收费站、伊川西收费站、嵩县产业区收费站、嵩县收费站	
403-2	全车牌输入专用键盘	KY-93	按照功能,收费键盘的按键分为字母键、数字键、车型键、特殊处理键(功能键)四部分。其中特殊处理键主要为上班、下班、确认、现金车、军车、警车、公务、免费车、车队、放行、变档、无卡、卡损、↓/╳、模拟线圈、手动报警/报警解除、轴重、换卡、报价、补票、绿色通道、ESC、系统维护、更改密码、违章、当前票号、终止票号、电子支付、车牌识别、调图、加收、会议、备用1、2、3。 技术要求: 具有高速公路收费所需的各种功能,键帽字符印刷中文文字,直接标注该键操作功能。 键帽字符清晰、耐磨损。 对常用键帽可加大尺寸。 对有功能分区要求的键盘,不同区域可选不同颜色的键帽,以示区分,如红、黄、蓝、绿、白等。 外壳为45号钢板喷塑,支架板为45号钢板,机械强度高。	台	31	中国	宁波/科野	1191.21	36927.51	洛龙收费站、伊川西收费站、嵩县产业区收费站、嵩县收费站	

续上表

序号	项目(ITEM)名称	型号/系列号	主要技术指标	单位	数量	货源国	产地/生产厂	单价(元)	合计(元)	安装地点及数量	备注
403-2	全车牌输入专用键盘	KY-93	采用多重屏蔽措施,以确保在强电磁场干扰环境中能可靠使用。 键盘具有逻辑锁定功能。 按键开关采用高可靠、长寿命机械二段式开关,手感舒适,按键寿命:>2000万次。 工作环境 温度 -20~+45℃,湿度10%~90%。 工作电压:5V DC,电流:<250mA。 防护等级≥IP56。 接口有PC AT/XT、PS/2、USB,可选	台	31	中国	宁波/科野	1191.21	36927.51	洛龙收费站、伊川西收费站、嵩县产业区收费站、嵩县收费站	
403-3	显示器	飞利浦-i3	采用工业级显示器; 17寸LCD,1280×1024分辨率;响应时间12ms; 水平点距:0.28mm以下点距; 最大亮度≥270cd/m^2;对比:800:1; 亮度:300cd/m^2; 视角:-160~+160(水平);-160~+160(垂直); 反应时间:5ms; AC 100V~240V,50~60Hz输入; 防静电、低辐射型; 抗电磁干扰图像稳定; 环境温度:-10~50℃; 相对湿度:5%~95%非冷凝; MTBF:15000h,MTTR:0.5h	台	31	中国	荷兰/飞利浦	1606.6	49804.6	洛龙收费站、伊川西收费站、嵩县产业区收费站、嵩县收费站	
403-4	票据打印机	SP320		台	19	日本	日本/STAR	3262.28	61983.32	洛龙收费站、伊川西收费站、嵩县产业区收费站、嵩县收费站	

续上表

序号	项目(ITEM)名称	型号/系列号	主要技术指标	单位	数量	货源国	产地/生产厂	单价(元)	合计(元)	安装地点及数量	备注
403-5	双通道车辆检测器(含环形线圈)		通过 PLC725 卡进行信号电平输出; 线圈电缆由截面积不小于 1.5mm^2 多股铜导线构成,应用于超低压电路(AC32V 以下); 埋设后的环形圈绝缘电阻:> 500MΩ(DC500V 时); 线圈电感量范围:70 ~ 1000μH; 灵敏度为四级可调:高 0.02% L/L、次高 0.05% L/L、中低 0.1% L/L、低 0.5% L/L; 频率:4 级可调:高、次高、中低、低; 电源:24VDC ±15% 150mA 最大输入电流; 工作温度:-40 ~ +85℃; 湿度:高达 95%,无冷凝; 检测器具有加电自动复位和人工复位两种功能; 线圈槽的填充剂保证低温不断裂,高温不软化; 检测器的灵敏度和频率可现场人工调整; 检测精度:≥99.9%; 检测器的平均使用寿命应大于 5000000 两次	套	31	中国	石家庄/优创	3013.37	93414.47	洛龙收费站、伊川西收费站、嵩县产业区收费站、嵩县收费站	
403-6	自动栏杆		由车道控制机 PCL725 卡控制; 快速启动和停止,栏杆臂由水平到竖直和竖直到水平的运动时间不大于 1.4s; 使用寿命:5 ×106 往复次; 功耗:单相电机,≤60W; MTBF 大于 100,000 次,MTTR 小于 30min; 使用环境温度:-20 ~ 50℃; 环境湿度:≤95%; 电源:AC220V ±10%,50Hz ±2Hz	台	31	中国	石家庄/优创	6633.28	205631.68	洛龙收费站、伊川西收费站、嵩县产业区收费站、嵩县收费站	

续上表

序号	项目(ITEM)名称	型号/系列号	主要技术指标	单位	数量	货源国	产地/生产厂	单价(元)	合计(元)	安装地点及数量	备注
403-7	手动栏杆		横杆、立柱等主要金属构件宜采用不锈钢制成,其他易腐蚀的金属构件应按有关国家标准作相应的防腐处理; 横杆与旋转轴连接应灵活、无卡滞现象;横杆处于开启或关闭位置时应有锁定装置;横杆处于关闭位置时应保持水平; 横杆长度宜在3500~5000mm之间,横杆下边缘距水平地面的高度在750~1050mm之间; 横杆表面应贴敷红白相间的反光膜,红白间距为250mm,并在横杆中部悬挂“禁止驶入”标志; 各部件表面应光滑平整,无明显凹凸变形,边角过渡圆滑;金属构件防护层色泽均匀,无划、裂痕等损伤	台	31	中国	郑州/郑州天龙	1779.73	55171.63	洛龙收费站、伊川西收费站、嵩县产业区收费站、嵩县收费站	
403-8	IC卡及非接触IC卡读写器	JKM115A				中国	北京/北京航天金卡		0	洛龙收费站、伊川西收费站、嵩县产业区收费站、嵩县收费站	
403-8-1	IC卡(暂定3.2元/张)			张	25000	中国	北京/北京航天金卡	3.2	80000	洛龙收费站、伊川西收费站、嵩县产业区收费站、嵩县收费站	
403-8-2	非接触式IC卡读写器			台	31	中国	北京/北京航天金卡	2482.07	76944.17	洛龙收费站、伊川西收费站、嵩县产业区收费站、嵩县收费站	

续上表

序号	项目(ITEM)名称	型号/系列号	主要技术指标	单位	数量	货源国	产地/生产厂	单价(元)	合计(元)	安装地点及数量	备注
403-9	伪钞识别器			台	19	中国	郑州/百汇	310.44	5898.36	洛龙收费站、伊川西收费站、嵩县产业区收费站、嵩县收费站	
403-10	费额显示器(带语音)(含立柱)			台	19	中国	郑州/郑州天龙	5363.43	101905.17	洛龙收费站、伊川西收费站、嵩县产业区收费站、嵩县收费站	
403-11	雨棚信号灯(正向×↓,反向×)			套	31	中国	郑州/郑州天龙	3436.71	106538.01	洛龙收费站、伊川西收费站、嵩县产业区收费站、嵩县收费站	
403-12	通行信号灯(含立柱)			个	31	中国	郑州/郑州天龙	1780.19	55185.89	洛龙收费站、伊川西收费站、嵩县产业区收费站、嵩县收费站	
403-13	雾灯(含立柱)			个	31	中国	郑州/郑州天龙	1137.22	35253.82	洛龙收费站、伊川西收费站、嵩县产业区收费站、嵩县收费站	
403-14	计重收费设施(土建工程均计入该项内容)										

续上表

序号	项目(ITEM)名称	型号/系列号	主要技术指标	单位	数量	货源国	产地/生产厂	单价(元)	合计(元)	安装地点及数量	备注
403-14-1	称重处理器及室外机箱	CZYB-Y2B	1100×500×400	个	19	中国	郑州/紫光捷通	7692.38	146155.22	洛龙收费站、伊川西收费站、嵩县产业区收费站、嵩县收费站	
403-14-2	红外线车辆分离器	ZCS-30T	在良好天气时,要求分离判断正确率99.5%以上; 在恶劣天气时,要求分离判断正确率98%以上; 要求光栅红外发射管的最高高度:≥1500~2000mm,红外发射管的最低高度:≤400mm; 在此范围内,最小分辨物的尺寸不大于50mm; 两车可分离的最小间距应该不大于200mm; 当光栅发生故障时,可以通过硬件和软件发出故障消息; 扫描方式:交叉; 工作环境: a)温度:-10~+70℃; b)相对湿度:0~95% RH; 防护等级:IP65; 使用寿命:十年以上	个	19	中国	郑州/紫光捷通	9976.59	189555.21	洛龙收费站、伊川西收费站、嵩县产业区收费站、嵩县收费站	
403-14-3	单双轮检测器	ZCS-30T	能够正确分辨胎型,对总重5T以上的车辆要求判断准确度达到98%以上; 当胎型检测器发生故障时,可以通过硬件和软件发出故障消息; 工作环境: a)温度:-30~+80℃; b)相对湿度:0~95% RH; 传感器防护等级:IP67; 使用寿命:十年以上	个	19	中国	郑州/紫光捷通	10087.35	191659.65	洛龙收费站、伊川西收费站、嵩县产业区收费站、嵩县收费站	

续上表

序号	项目(ITEM)名称	型号/系列号	主要技术指标	单位	数量	货源国	产地/生产厂	单价(元)	合计(元)	安装地点及数量	备注
403-14-4	称重平台	ZCS-30T	速度测量精度(没有明显加减速的前提下): 车速在 1 ~30km/h 时,最大 ±5km/h 轴间距测量精度(没有明显加减速的情况下): 两轴:±0.30m 工作环境: a)温度 -30 ~ +80℃ b)相对湿度 0 ~95% 设备的防护等级: 控制设备:IP65 称重传感器:IP67 被测车辆可以≤30km/h 速度通过。 称重平台性能: 标准载重 25t(每轴) 过载能力 150%(每轴) 使用寿命:十年以上	个	19	中国	郑州/紫光捷通	44394.03	843486.57	洛龙收费站、伊川西收费站、嵩县产业区收费站、嵩县收费站	
403-14-5	收尾线圈及车辆检测器	ZCS-30T	在红外线车辆分离器发生故障时,自动切换为使用线圈,对车辆进行分离和辅助收尾; 收尾线圈在车距不少于 2m 时,判断精度≥99%; 尺寸要求:1m×2m; 当线圈发生故障时,可以通过硬件和软件发出故障消息; 工作环境: a)温度:-30 ~ +80℃; b)相对湿度:0 ~95% RH	个	19	中国	郑州/紫光捷通	7373.98	140105.62	洛龙收费站、伊川西收费站、嵩县产业区收费站、嵩县收费站	

续上表

序号	项目(ITEM)名称	型号/系列号	主要技术指标	单位	数量	货源国	产地/生产厂	单价(元)	合计(元)	安装地点及数量	备注
403-14-6	称重仪表	ZCS-30T	称重计精度的一致性好,同等条件下不同车道称重误差≤0.5%,否则应视为不合格; 标定方法简便; 称重计应不锈蚀,不论是埋入地下部分还是外露部分; 倒车修正,能自动滤除倒车数据; 全天候工作; 维修响应时间:≤8h; 缺陷修复时间:≤48h	个	19	中国	郑州/紫光捷通	9736.04	184984.76	洛龙收费站、伊川西收费站、嵩县产业区收费站、嵩县收费站	
403-14-7	收费车道低速动态轴重仪校准装置	ZCS-30T	有良好的稳定性,设备标定周期应该大于12个月。 称重设备的处理计算机必须使用固化软件,不允许使用DOS,Windows,Linux等磁盘操作系统,无机械部件。 称重设备应该具有开机自检、空闲时定时自检、零点校正和自动温度补偿能力。 在自检异常、通信失败或者程序迷走时,内置的计算机必须能够自动复位(有看门狗电路设计),复位时间不得超过30s。 必须具有调试、检测用数字仪表显示面板,在面板上可以显示各轴轴型、轴重和车速。 必须提供进入自校状态的开关。在自校状态下,通过仪表面板上的按钮或者厂商提供的设定工具,用户可以很方便的对称重设备进行校准。 具有可选的总质量显示器,可以显示总质量和超限质量供车主观看,超限标准遵循《超限运输车辆行驶公路管理规定》(交通部2号令,自2000年4月1日起施行)。 平均无故障工作时间不小于20000h	套	19	中国	郑州/紫光捷通	7373.98	140105.62	洛龙收费站、伊川西收费站、嵩县产业区收费站、嵩县收费站	

续上表

序号	项目(ITEM)名称	型号/系列号	主要技术指标	单位	数量	货源国	产地/生产厂	单价（元）	合计（元）	安装地点及数量	备注
403-14-8	检测中心计量标定费用			个	19	中国	郑州/紫光捷通	5000	95000	洛龙收费站、伊川西收费站、嵩县产业区收费站、嵩县收费站	
403-15	车牌自动识别设施	GDW-PR-2000SIC2G-1-1-2	单车牌识别时间≤200ms(计算从触发识别单元开始计时，到得到上位机得到结果的时间)； 输出信息包括牌照号码、车牌底色、车牌类型(军警)、识别时间、车牌二值化图像(分辨率112×20，格式BMP/1bit无头信息)、车辆图像(分辨率≥1360×1024，格式JPEG/24bit)等； 应至少具有外部触发模式，信号采用开关信号； 应至少具有RJ45接口(100Base－TX以太网、10/100Mb自适应、支持TCP/IP网络协议，能够通过Web方式管理设备，包括修改机器名、IP地址、子网掩码、默认网关的设置、安全访问控制以及重新启动系统等操作)。 应至少具有RS232(DB-9针式，最大传输速率≥115KBps，为了满足传输距离要求需自备RS485/RS232串口转换器)数据通讯接口，并具有BNC视频输出接口； 工业摄像机为高清抓拍设备，最大视频传输帧数不小于15fps；彩色摄像头，1/2inCCD，自动光圈，标准"C"或"CS"镜头支座；解像度≥470线； 最低照度：≤1Lux/F1.4；视频输出：1.0Vp_p PAL复合，75Ω/BNC接头；信号制式：PAL制式；信噪比：≥50dB；电源：AC220V±10%，50Hz±3Hz；工作环境温度范围：－10～+50℃；	套	31	中国	杭州/高德威	22088.18	684733.58	洛龙收费站、伊川西收费站、嵩县产业区收费站、嵩县收费站	

续上表

序号	项目(ITEM)名称	型号/系列号	主要技术指标	单位	数量	货源国	产地/生产厂	单价(元)	合计(元)	安装地点及数量	备注
403-15	车牌自动识别设施	GDW-PR-2000SIC2G-1-1-2	摄像头装在防护罩内,用以防护外界各种不利环境条件,防护罩应密封、防尘、防雨、雪,配有遮阳罩; 摄象机安装高度为离开路面约2m,能清楚观察车道的交通状况,摄象机立柱由不锈钢管制成,而且在强风中不会晃动; 补光设备峰值放电时间:小于0.1ms,闪光恢复时间:小于100ms;平均功耗:小于60W/盏(@1闪/s),闪光色温:5600K,工作寿命:≥1000万次; 安装立柱及云台均采用不锈钢制品,立柱直径≥80mm、壁厚≥2mm,高度自定,云台能够作水平方向45°、垂直方向-15°~+15°调整,并具有锁止装置; 工作制式应满足全年、全天候、24h工作要求; 工作环境:室外、多尘,温度:-40℃~+70℃,湿度:<90%; 供电电源AC220V±10% 50Hz±2%,功耗≤15W(不含照明); 防护等级≥IP65; MTBF≥30,000h,MTTR≤0.5h								
403-16	黄色闪光报警器			个	31	中国	郑州/郑州天龙	409.85	12705.35	洛龙收费站、伊川西收费站、嵩县产业区收费站、嵩县收费站	
403-17	广场三层以太网交换机(24个10/100M接口,2个1000M单模光纤接口)			台	3	中国	深圳/华为	8562.52	25687.56	洛龙收费站、伊川西收费站、嵩县产业区收费站、嵩县收费站	

续上表

序号	项目(ITEM)名称	型号/系列号	主要技术指标	单位	数量	货源国	产地/生产厂	单价(元)	合计(元)	安装地点及数量	备注
403-18	广场三层以太网交换机(32个10/100M接口,2个1000M单模光纤接口)			台	1	中国	深圳/华为	11046.05	11046.05	洛龙收费站、伊川西收费站、嵩县产业区收费站、嵩县收费站	
403-19	双向收费岛上设备机箱			台	4	中国	信阳/信阳奔月	1980.29	7921.16	洛龙收费站、伊川西收费站、嵩县产业区收费站、嵩县收费站	
404	软件部分(满足系统需要,均包含安装调试)										
404-1	系统软件(含(服务器)操作系统、数据库、网络管理、防病毒等)										
404-1-1	收费站(含收费车道)联网系统软件			套	4	中国	西安公路研究所	50000	200000	洛龙收费站、伊川西收费站、嵩县产业区收费站、嵩县收费站	
404-1-2	收费分中心联网系统软件			套	1	中国	西安公路研究所	70000	70000	洛龙收费站、伊川西收费站、嵩县产业区收费站、嵩县收费站	
404-2	应用软件										

续上表

序号	项目(ITEM)名称	型号/系列号	主要技术指标	单位	数量	货源国	产地/生产厂	单价(元)	合计(元)	安装地点及数量	备注
404-2-1	车道软件(暂定1870元/套、含联网应用软件、车牌识别软件、计重收费软件及图像抓拍软件等)			套	31	中国	西安公路研究所	1870	57970	洛龙收费站、伊川西收费站、嵩县产业区收费站、嵩县收费站	
404-2-2	收费分中心联网应用软件			套	1	中国	西安公路研究所	88000	88000	洛龙收费站、伊川西收费站、嵩县产业区收费站、嵩县收费站	
404-2-3	收费站联网应用软件(暂定66000元/套)			套	4	中国	西安公路研究所	66000	264000	洛龙收费站、伊川西收费站、嵩县产业区收费站、嵩县收费站	
404-2-4	联网费率编制(暂定30800元/套)			套	4	中国	西安公路研究所	30800	123200	洛龙收费站、伊川西收费站、嵩县产业区收费站、嵩县收费站	
405	闭路电视监控系统										
405-1	亭内摄像机		1/3inCCD彩色摄像机,采用半球型外罩; 解像度不低于470线,灵敏度≤2Lux; 像素725(水平)×582(垂直),水平分辨率≥480TVL; 适应昼夜亮度变化,自动亮度调节,在高亮度(≥10000lx)及低亮度(≤1lx)下均能得到清晰图像; 视频前置放大器具有自动增益控制,其最小信噪比为46dB; 图像中心可视分辨率优于600行水平线,水平与垂直比是4:3;	台	31	中国	深圳/金三立	1358.63	42117.53	洛龙收费站、伊川西收费站、嵩县产业区收费站、嵩县收费站	

续上表

序号	项目(ITEM)名称	型号/系列号	主要技术指标	单位	数量	货源国	产地/生产厂	单价(元)	合计(元)	安装地点及数量	备注
405-1	亭内摄像机		图像几何畸变在一个直径等于图像高度的中心圆直径之内,应保持在图像高度的1%之内,总畸变应优于2%; 摄像头同步系统应符合CCIR扫描标准(625行,50帧/s,2∶1隔行),使用公用同步发生器,电源能锁定,在低亮度条件下有良好图像; 视频输出接口:1Vp-p 75Ω。 电子亮度控制; 最低照度0.4Lx; 峰值白翻转彩色,自动切换滤光片; 4~10mm,手动调焦,自动光圈; 最大增益30dB,超级增益36dB; 智能数字背景补偿(BLC); 数字自动跟踪平衡(ATW)功能; 逆光补偿:自动检测; 室内安装支架; 标准的"CS"镜头支座	台	31	中国	深圳/金三立	1358.63	42117.53	洛龙收费站、伊川西收费站、嵩县产业区收费站、嵩县收费站	
405-2	广场摄像机(含立柱、避雷针)		影像感应器:1/4 CCD像素725(水平)×582(垂直),水平分辨率≥480TVL; 输出视频接口:1Vp-p 75Ω 信噪比≥50Db 最低使用照度0.01Lx; 峰值白翻转彩色,自动切换滤光片; 具有背景光自动补偿功能; 摄像同步系统应符合CCIR625行,50帧/秒,2∶1隔行扫描标准; 解像度不低于470线; 电动光圈变焦变倍镜头(1/4in规格) 镜头:F1.6=3.9~63mm,22倍光学变焦,10倍电子变大,(焦距、聚焦、光圈)三可变镜头	台	12		金三立	16775.63	201307.56	洛龙收费站、伊川西收费站、嵩县产业区收费站、嵩县收费站	

续上表

序号	项目(ITEM)名称	型号/系列号	主要技术指标	单位	数量	货源国	产地/生产厂	单价(元)	合计(元)	安装地点及数量	备注
405-2	广场摄像机(含立柱、避雷针)		手动云台水平速度:0.5~80°/S,预置速度250°/S 手动云台垂直速度:0.5~40°/S,预置速度240°/S 水平扫描范围:360° 垂直扫描范围:+2°~-92°无阻碍 可编程不少于32个预置点 球形防护罩应密封、防尘、防雨、带加热器与空气循环系统,可以保持透镜表面在任何天气中不受水雾影响,环境保护≥IP65,电动雨刷器,罩内温度自动调节(风机,半导体加热机,制冷); CCTV前端箱:包括DC电源等	台	12		金三立	16775.63	201307.56	洛龙收费站、伊川西收费站、嵩县产业区收费站、嵩县收费站	
405-3	监控机房、财务室摄像机		1/3in CCD彩色摄像机,采用半球型外罩; 解像度不低于470线,灵敏度≤2Lx; 像素725(水平)×582(垂直),水平分辨率≥480TVL; 适应昼夜亮度变化,自动亮度调节,在高亮度(≥10000Lx)及低亮度(≤1Lx)下均能得到清晰图像; 视频前置放大器具有自动增益控制,其最小信噪比为46dB; 图像中心可视分辨率优于600行水平线,水平与垂直比是4:3; 图像几何畸变在一个直径等于图像高度的中心圆直径之内,应保持在图像高度的1%之内,总畸变应优于2%; 摄像头同步系统应符合CCIR扫描标准(625行,50帧/s,2:1隔行),使用公用同步发生器,电源能锁定,在低亮度条件下有良好图像;	台	8	中国	深圳/金三立	1550.19	12401.52	洛龙收费站、伊川西收费站、嵩县产业区收费站、嵩县收费站	

续上表

序号	项目(ITEM)名称	型号/系列号	主要技术指标	单位	数量	货源国	产地/生产厂	单价(元)	合计(元)	安装地点及数量	备注
405-3	监控机房、财务室摄像机		视频输出接口:1Vp-p 75Ω。 电子亮度控制; 最低照度0.4Lx; 峰值白翻转彩色,自动切换滤光片; 4~10mm,手动调焦,自动光圈; 最大增益30dB,超级增益36dB; 智能数字背景补偿(BLC); 数字自动跟踪平衡(ATW)功能; 逆光补偿:自动检测; 室内安装支架; 标准的"CS"镜头支座	台	8	中国	深圳/金三立	1550.19	12401.52	洛龙收费站、伊川西收费站、嵩县产业区收费站、嵩县收费站	
405-4	拾音器	SM05	工作电压:12V 直流静态电流:3.5mA 传输距离:大于1km 监听范围:监听场合 $100m^2$ 内不失真	个	31		诚信圣通	141.82	4396.42	洛龙收费站、伊川西收费站、嵩县产业区收费站、嵩县收费站	
405-5	视频数据叠加器								0	洛龙收费站、伊川西收费站、嵩县产业区收费站、嵩县收费站	
405-5-1	双通道动态视频数字叠加器(2路输入4路输出)	SAT-VDM-02A	2路视频输入,4路视频输出,无延迟汉字动态叠加; 最上行居左:日期+空格+时间;最下行居中:高速公路编号+路线简称+收费站名称	台	31	中国	北京/诚信圣通	992.22	30758.82	洛龙收费站、伊川西收费站、嵩县产业区收费站、嵩县收费站	
405-5-2	8路字符叠加器(适用于广场、绿通、监控室及财务室)			个	4	中国	北京/诚信圣通	1695.88	6783.52	洛龙收费站、伊川西收费站、嵩县产业区收费站、嵩县收费站	

续上表

序号	项目(ITEM)名称	型号/系列号	主要技术指标	单位	数量	货源国	产地/生产厂	单价(元)	合计(元)	安装地点及数量	备注
405-6	远端接入设备									洛龙收费站、伊川西收费站、嵩县产业区收费站、嵩县收费站	
405-6-1	4 路视频远端接入设备	0B-VAR3-ONU-4VA2K2-A	(1)4 路视频(广场亭内、车道); (2)1 路视频 + 反向数据(广场摄像机); 以上设备均采用数字式的,传输距离和接口数量应满足各收费站 CCTV 视频、音频监控系统的传输需要。 视频指标: 光端机全部采用数字光端机; 视频带宽:8MHz; 兼容 PAL、NTSC、SECAM 制式; 无电磁干扰(EMI)、射频干扰(RFI)以及共地回路; 输入/输出阻抗:75 欧(非平衡); 场倾斜:< 0.3% max; 信噪比:> 70dB 采样频率:15.36MHz。 音频指标: 位数:24; 采样频率:52.3kHz 带宽:20Hz ~ 20kHz 信噪比:≥87dB; 总的谐波失真:≤ -82dB; 通道串扰:1kHz 时 -100 dB 数据指标: 数据方向:反向。 数据格式:RS232/RS422/RS485/Manchester; 数据速率:0 ~ 256kbps。 环境指标: 工作温度:-40 ~ +65℃; 工作湿度:0 ~ 95% 无冷凝; MTBF:> 10 万 h 视频接口数:4 路/1 路	台	17	中国	杭州/中威	5375.25	91379.25	洛龙收费站、伊川西收费站、嵩县产业区收费站、嵩县收费站	

续上表

序号	项目(ITEM)名称	型号/系列号	主要技术指标	单位	数量	货源国	产地/生产厂	单价(元)	合计(元)	安装地点及数量	备注
405-6-2	1 路视频 +1 路反向数据远端接入设备	OB-VAR3-ONU-1V-A	传输能力:1 ~4 路数据; 独立式结构,带电热插拔,自动恢复过载保护; 无电磁干扰,无射频干扰,无地电流; ST 光学连接器; RS232/RS422/RS485 接口; 符合 NEMA 规范; 数据指标:速率:0 ~ 100Kbs(RS232),误码率:10^{-9}; 平均无故障时间:≥100000h; 工作温度:-30 ~ +65℃	台	12		中威	4725.21	56702.52	洛龙收费站、伊川西收费站、嵩县产业区收费站、嵩县收费站	
405-7	视频光综合传输平台	OB-VAR3-OLT	线路传输速率 1.25Gbit/s 或 2.5Gbit/s; 发送波长 1310nm/1550nm; 采样频率 16MHz; 采样编码 8bit; 视频输入输出阻抗 75 欧姆; 回传损耗 30dB; 输入通道数:4/8 路; 视频编码:H.264; 视频带宽:256k ~4Mbps 可调; 分辨率:D1(720 × 576)、CIF(352 × 288)、QCIF(176 ×144)可调; 帧率:25 帧/s(PAL)、30 帧/s(NTSC); 双码流:支持双码流; 数据通道全透明传输; 数据格式 RS-232/422/485; 可选波特率 0 ~115.2kbps; 自适应采样总带宽 2MHz; 误码率:10^{-9}; 接口类型 RJ12; 采样频率 32kHz;	套	4	中国	杭州/中威	103657.91	414631.64	洛龙收费站、伊川西收费站、嵩县产业区收费站、嵩县收费站	

续上表

序号	项目(ITEM)名称	型号/系列号	主要技术指标	单位	数量	货源国	产地/生产厂	单价(元)	合计(元)	安装地点及数量	备注
405-7	视频光综合传输平台	OB-VAR3-OLT	采样编码 24bit； 输入阻抗:高阻； 输出阻抗:10Ω； 以太网协议符合 IEEE 协议； 网络速率 10M /100M /1000M； 接口端子 RJ45； 系统参数: MTBF(平均无故障工作时间):大于 10 万 h； 系统误码率:优于 10^{-9}； 输入电压:110 ~ 265 VAC 50/60Hz； 工作温度: -40 ~ +70℃； 工作湿度:0 ~ 95% 无冷凝； 尺寸（8U）标准 19in 8U 机箱	套	4	中国	杭州/中威	103657.91	414631.64	洛龙收费站、 伊川西收费站、 嵩县产业区收费站、 嵩县收费站	
405-8	硬盘录像机									洛龙收费站、 伊川西收费站、 嵩县产业区收费站、 嵩县收费站	
405-8-1	16 路数字硬盘录像机	DS-8116HF-ST	具备至少 30 天图像存储功能； 视频输入:16 路/8 路； 视频压缩标准:H. 264； 现场 NTSC/240 帧每秒, PAL/200 帧/s（8 路）;NTSC/480 帧/s,PAL/400 帧每秒(16 路) 全实时录像,录像最高 480 帧/s(NTSC),400 帧/s(PAL)； 分辨率:720 × 480,720 × 240,360 × 240（NTSC）720 × 576,720 × 288,360 × 288(PAL)； 8/16 路带环通视频输入输出,两路复合视频信号输出； 8/16 路音频输入,1 路音频输出； 支持高清晰 VGA 视频输出；	套	5	中国	杭州/海康威视	13365.29	66826.45	洛龙收费站、 伊川西收费站、 嵩县产业区收费站、 嵩县收费站	

续上表

序号	项目(ITEM)名称	型号/系列号	主要技术指标	单位	数量	货源国	产地/生产厂	单价(元)	合计(元)	安装地点及数量	备注
405-8-1	16 路数字硬盘录像机	DS-8116HF-ST	录像回放可以十六路同时播放,或单画面播放; 128 倍速的高速快进退播放功能; 各通道画面清晰度、色彩均可独立调整; 多种显示模式支持:单画面、四画面、六画面、八画面、九画面、十六画面等; 8/16 路报警输入,4 路报警输出; 多种录像模式支持:手动录像,定时录像和报警录像,移动侦测报警录像; 多种搜寻查看方式支持:录像时间搜索和事件录像搜索; 多种录像备份模式支持:SATA 接口 CD/DVD-ROM 备份、U 盘直接备份、网络备份等; 支持 RS485、RS422、RS232 通信接口云镜控制功能; 支持 USB 鼠标全程功能操作; 支持四个 SATA 接口大容量硬盘	套	5	中国	杭州/海康威视	13365.29	66826.45	洛龙收费站、伊川西收费站、嵩县产业区收费站、嵩县收费站	
405-8-2	8 路数字硬盘录像机	DS-8116HF-ST	具备至少 30 天图像存储功能; 视频输入:16 路/8 路; 视频压缩标准:H.264; 现场 NTSC/240 帧每秒,PAL/200 帧/s(8 路);NTSC/480 帧/s,PAL/400 帧/s(16 路) 全实时录像,录像最高 480 帧/s(NTSC),400 帧/s(PAL) 分辨率:720×480,720×240,360×240(NTSC)720×576,720×288,360×288(PAL) 8/16 路带环通视频输入输出,两路复合视频信号输出; 8/16 路音频输入,1 路音频输出; 支持高清晰 VGA 视频输出;	套	1		海康威视	9433.05	9433.05	洛龙收费站、伊川西收费站、嵩县产业区收费站、嵩县收费站	

续上表

序号	项目(ITEM)名称	型号/系列号	主要技术指标	单位	数量	货源国	产地/生产厂	单价(元)	合计(元)	安装地点及数量	备注
405-8-2	8 路数字硬盘录像机	DS-8116HF-ST	录像回放可以十六路同时播放,或单画面播放; 128 倍速的高速快进退播放功能; 各通道画面清晰度、色彩均可独立调整; 多种显示模式支持:单画面、四画面、六画面、八画面、九画面、十六画面等; 8/16 路报警输入,4 路报警输出; 多种录像模式支持:手动录像,定时录像和报警录像,移动侦测报警录像; 多种搜寻查看方式支持:录像时间搜索和事件录像搜索; 多种录像备份模式支持:SATA 接口 CD/DVD-ROM 备份、U 盘直接备份、网络备份等; 支持 RS485、RS422、RS232 通信接口云镜控制功能; 支持 USB 鼠标全程功能操作; 支持四个 SATA 接口大容量硬盘	套	1		海康威视	9433.05	9433.05	洛龙收费站、伊川西收费站、嵩县产业区收费站、嵩县收费站	
405-9	26in 彩色监视器		面板类型:26 英寸 TFT 真彩液晶屏; 屏幕比例:16:9;对比度:1000:1; 亮度:500cd/m^2;响应时间:8ms; 分辨率:1366×768;清晰度:1000 线; 象素尺寸:0.421mm(W)×0.421mm(H); 可视角度(左右/上下):178°/176°; 外观尺寸:648.8mm×405.0mm×112.9mm($W\times H\times D$); 视频:PAL/NTSC/SECAM; 垂直/水平线性:在屏幕各个点小于图像高度的±3%; 调整:垂直扫描尺寸,水平扫描尺寸; 电源:交流 220V±10% 50Hz; 环境温度:0~40	台	81	中国	深圳/金三立	4414.11	357542.91	洛龙收费站、伊川西收费站、嵩县产业区收费站、嵩县收费站	

续上表

序号	项目(ITEM)名称	型号/系列号	主要技术指标	单位	数量	货源国	产地/生产厂	单价(元)	合计(元)	安装地点及数量	备注
405-10	22in 液晶彩色监视器(放在操作台上)	ST-CM2690	面板类型:22 寸 TFT 真彩液晶屏; 屏幕比例:16:9; 对比度:1000:1; 亮度:500cd/m^2; 响应时间:5ms; 分辨率:1680×1050; 清晰度:800 线; 象素尺寸:0.264mm×0.264mm; 可视角度(左右/上下):176°/176°; 外观尺寸:383mm×333mm×52mm($W\times H\times D$); 输入信号:BNC/VGA/S 端子/音频; 显示模式:VGA,SVGA,XGA	台	4	中国	深圳/金三立	3689.75	14759	洛龙收费站、伊川西收费站、嵩县产业区收费站、嵩县收费站	
405-11	监视器台架(1 节 3 台)			节	27	中国	郑州/雅克	2338.25	63132.75	洛龙收费站、伊川西收费站、嵩县产业区收费站、嵩县收费站	
406	内部对讲、安全报警及背景音乐系统									洛龙收费站、伊川西收费站、嵩县产业区收费站、嵩县收费站	
406-1	内部对讲系统									洛龙收费站、伊川西收费站、嵩县产业区收费站、嵩县收费站	
406-1-1	对讲主机(20 路)	NEM-20A		台	1	日本	日本/爱峰	4593.76	4593.76	洛龙收费站、伊川西收费站、嵩县产业区收费站、嵩县收费站	

续上表

序号	项目(ITEM)名称	型号/系列号	主要技术指标	单位	数量	货源国	产地/生产厂	单价(元)	合计(元)	安装地点及数量	备注
406-1-2	对讲主机(8路)	NA-A		台	3	日本	日本/爱峰	3096.92	9290.76	洛龙收费站、伊川西收费站、嵩县产业区收费站、嵩县收费站	
406-1-3	对讲分机	NA-A		台	31	日本	日本/爱峰	113.83	3528.73	洛龙收费站、伊川西收费站、嵩县产业区收费站、嵩县收费站	
406-2	安全报警系统									洛龙收费站、伊川西收费站、嵩县产业区收费站、嵩县收费站	
406-2-1	报警主机(含警笛)	SAT-SM-02A	通信:通过单模光纤与报警主机相连; 与光平台连接,实现联动功能。 报警显示:24个LED与声光报警; MTBF:20000h; MTTR:0.5h; 电源:DC24V; 功耗:15W; 工作环境:温度:-10~+50℃,湿度:≤90%	台	4	中国	北京/诚信圣通	3287.33	13149.32	洛龙收费站、伊川西收费站、嵩县产业区收费站、嵩县收费站	
406-2-2	报警按钮/踏板	TFS-O1	按钮式(或脚踏式)报警开关应具备常闭触点,开关应为工业级产品,具有一定强度,寿命≥10万次。 报警开关及信号电缆采用低压直流供电(DC24V); 报警输出形式:无电压继电器触点或光电耦合TTL开关信号; MTBF:20000h; 温度:-10~50℃,湿度:30%~95%	个	31	中国	北京/诚信圣通	81.2	2517.2	洛龙收费站、伊川西收费站、嵩县产业区收费站、嵩县收费站	

续上表

序号	项目(ITEM)名称	型号/系列号	主要技术指标	单位	数量	货源国	产地/生产厂	单价(元)	合计(元)	安装地点及数量	备注
406-3	背景音乐系统									洛龙收费站、伊川西收费站、嵩县产业区收费站、嵩县收费站	
406-3-1	背景音乐播放主机	LP-IC9808	高级铝面板,采用先进的钛金抛光工艺微电脑控制,轻触式操作; 可根据需要设置全循环播放、部分循环播放; 自动播放控制,全数码伺候; 超强纠错功能; 可播放MP3、MAV、WMA等洛式音频文件 具有 USB 接口	台	4	中国	深圳/深圳崇高	2812.66	11250.64	洛龙收费站、伊川西收费站、嵩县产业区收费站、嵩县收费站	
406-3-2	合并式功放(60 瓦)	MP-8090S	3 路话筒输入,2 路 AUX 输入;1 路 AUX 输出;100V、70V 定压输出和 4 ~ 16Ω 定阻输出; 5 单元 LED 电平表; 有默音功能,便于插入紧急广播; 各通道独立音量控制;高、低音调控制; 输出短路保护告警。 技术参数: 额定功率:60W; 输入灵敏度:线路 300mV 话筒 3mV; 信噪比:线路 > 70dB ,话筒 > 70dB; 输出:70V, 100V OR 4 ~ 16Ω; 频率:80 ~ 16kHz ± 3dB	台	4	中国	深圳/深圳崇高	2160.91	8643.64	洛龙收费站、伊川西收费站、嵩县产业区收费站、嵩县收费站	
406-3-3	吸顶式喇叭	SP508	输入:70V/100V 额定功率:5/10W 频率响应:100 ~ 15kHz 灵敏度: 90 ± 2dB 材料:IRON	个	31	中国	深圳/深圳崇高	143	4433	洛龙收费站、伊川西收费站、嵩县产业区收费站、嵩县收费站	

续上表

序号	项目(ITEM)名称	型号/系列号	主要技术指标	单位	数量	货源国	产地/生产厂	单价(元)	合计(元)	安装地点及数量	备注
406-3-4	麦克风	YAMAHA-70DS	输入:70V/100V 额定功率:5/10W	个	4	中国	深圳/深圳崇高	347.36	1389.44	洛龙收费站、伊川西收费站、嵩县产业区收费站、嵩县收费站	
407	UPS 不间断电源系统									洛龙收费站、伊川西收费站、嵩县产业区收费站、嵩县收费站	
407-1	UPS									洛龙收费站、伊川西收费站、嵩县产业区收费站、嵩县收费站	
407-1-1	UPS 6kVA	MP3110K	在线式,30kVA; 输入:AC380 +10% -15%,50Hz ±5%; 输出:AC220 ±2%,50Hz ±0.5% 电池备用时间:不少于60min; 输入过压、欠压保护,输出短路保护提供RS232C接口或局域网接口和相应软件,具备和计算机通信能力,可以提供不间断电源的工作状态信息。 应有防止雷电及过电压的保护措施	台	9	中国	佛山/柏克	19476.01	175284.09	洛龙收费站、伊川西收费站、嵩县产业区收费站、嵩县收费站	
407-1-2	UPS 10kVA	MP3115K	在线式,30kVA; 输入:AC380 +10% -15%,50Hz ±5% 输出:AC220 ±2%,50Hz ±0.5% 电池备用时间:不少于60min; 输入过压、欠压保护,输出短路保护提供RS232C接口或局域网接口和相应软件,具备和计算机通信能力,可以提供不间断电源的工作状态信息。 应有防止雷电及过电压的保护措施	台	1	中国	佛山/柏克	23396.15	23396.15	洛龙收费站、伊川西收费站、嵩县产业区收费站、嵩县收费站	

续上表

序号	项目(ITEM)名称	型号/系列号	主要技术指标	单位	数量	货源国	产地/生产厂	单价(元)	合计(元)	安装地点及数量	备注
407-1-3	UPS 15kVA	MP3115K	在线式,30kVA; 输入:AC380 +10% −15%、50Hz ±5% 输出:AC220 ±2%,50Hz ±0.5%; 电池备用时间:不少于60min; 输入过压、欠压保护,输出短路保护提供RS232C接口或局域网接口和相应软件,具备和计算机通信能力,可以提供不间断电源的工作状态信息。 应有防止雷电及过电压的保护措施	台	2	中国	佛山/柏克	31831.24	63662.48	洛龙收费站、伊川西收费站、嵩县产业区收费站、嵩县收费站	
407-2	配电箱									洛龙收费站、伊川西收费站、嵩县产业区收费站、嵩县收费站	
407-2-1	电源室配电箱	XLPZ	500×400×400	个	4	中国	信阳/信阳奔月	3207.74	12830.96	洛龙收费站、伊川西收费站、嵩县产业区收费站、嵩县收费站	
407-2-2	监控机房配电箱	XLPZ	400×500×200	个	4	中国	信阳/信阳奔月	1655.54	6622.16	洛龙收费站、伊川西收费站、嵩县产业区收费站、嵩县收费站	
407-2-3	收费广场配电箱	XLPZ	1100×200×400	个	4	中国	信阳/信阳奔月	5386.83	21547.32	洛龙收费站、伊川西收费站、嵩县产业区收费站、嵩县收费站	
407-2-4	收费亭配电箱	XLPZ	300×200×150	个	31	中国	信阳/信阳奔月	620.74	19242.94	洛龙收费站、伊川西收费站、嵩县产业区收费站、嵩县收费站	

续上表

序号	项目(ITEM)名称	型号/系列号	主要技术指标	单位	数量	货源国	产地/生产厂	单价(元)	合计(元)	安装地点及数量	备注
408	收费附属设施									洛龙收费站、伊川西收费站、嵩县产业区收费站、嵩县收费站	
408-1	收费亭									洛龙收费站、伊川西收费站、嵩县产业区收费站、嵩县收费站	
408-1-1	单向收费亭（含空调等）	银色	收费亭壁厚不小于8cm； 收费亭内设有通风、消防设施； 收费亭内铺防静电活动地板； 收费亭内设应急照明灯及诱导标志； 收费亭内设有车道配电盘（收费设备，空调电暖器配电盒独立分开）； 收费亭内含收费员操作台： 可放置收费员键盘、显示器、对讲电话、票据打印机等设备，另设有现金抽屉及票据抽屉； 桌面材料应防止高温、高湿条件下侵蚀或变形； 高70cm，宽60cm，长度与收费亭相配合； 包括与之配套的1把操作椅	个	23	中国	保定/保定贵诚	26904.8	618810.4	洛龙收费站、伊川西收费站、嵩县产业区收费站、嵩县收费站	
408-1-2	双向收费亭（含空调等）	银色	收费亭壁厚不小于8cm； 收费亭内设有通风、消防设施； 收费亭内铺防静电活动地板； 收费亭内设应急照明灯及诱导标志； 收费亭内设有车道配电盘（收费设备，空调电暖器配电盒独立分开）； 收费亭内含收费员操作台： 可放置收费员键盘、显示器、对讲电话、票据打印机等设备，另设有现金抽屉及票据抽屉； 桌面材料应防止高温、高湿条件下侵蚀或变形； 高70cm，宽60cm，长度与收费亭相配合； 包括与之配套的1把操作椅	个	4	中国	保定/保定贵诚	28974.4	115897.6	洛龙收费站、伊川西收费站、嵩县产业区收费站、嵩县收费站	

续上表

序号	项目(ITEM)名称	型号/系列号	主要技术指标	单位	数量	货源国	产地/生产厂	单价(元)	合计(元)	安装地点及数量	备注
408-2	传输介质(其他的系统用线缆均计入安装辅材)(均为穿管保护)								0	洛龙收费站、伊川西收费站、嵩县产业区收费站、嵩县收费站	
408-2-1	五类非屏蔽双绞线(UPT-5)		国标	m	1900	中国	安徽/宏源	3.81	7239	洛龙收费站、伊川西收费站、嵩县产业区收费站、嵩县收费站	
408-2-2	单模16芯光缆		光纤类型:单模; 标称工作波长:1310nm 范围:1285 ~ 1330nm; 1550mm 范围:1480 ~ 1580nm; 符合 ITU-T G.652 G.655 建议; 模场半径:8.8 ~ 9.5μm ±0.5μm; 包层半径:125μm ±2μm; 包层不圆度:≤2%; 模场同心度偏差:≤1μm; 截止波长满足下列要求: 在20m 光缆 +2m 光纤上测试 <1270μm; 在2m 光纤上测试:1100 ~ 1280nm; 衰减值:<0.36dB/km(1310nm);≤0.22dB/km(1550nm); 色散系数:≤3.5ps/nm·km(1310nm);≤18ps/nm·km(1550nm); 温度特性(与20℃的值比较) -20 ~ +60℃范围内附加衰耗≤0.05dB/km。 光纤色谱:缆内光纤具有不褪色、不迁染的色谱来辨别光纤线和端别。 光纤筛选张力:≥5N(测试持续时间不小于1s)	m	1160	中国	北京/汉维	6.76	7841.6	洛龙收费站、伊川西收费站、嵩县产业区收费站、嵩县收费站	

续上表

序号	项目(ITEM)名称	型号/系列号	主要技术指标	单位	数量	货源国	产地/生产厂	单价（元）	合计（元）	安装地点及数量	备注
408-2-3	视频同轴电缆（SYV75-5）	SYV75-5	国标	m	5076	中国	安徽/宏源	3.96	20100.96	洛龙收费站、伊川西收费站、嵩县产业区收费站、嵩县收费站	
408-2-4	电源线									洛龙收费站、伊川西收费站、嵩县产业区收费站、嵩县收费站	
	VV-5 ×25	VV-5 ×25	国标	m	80	中国	安徽/宏源	108.5	8680	洛龙收费站、伊川西收费站、嵩县产业区收费站、嵩县收费站	
	VV-3 ×16	VV-3 ×16	国标	m	2710	中国	安徽/宏源	46.19	125174.9	洛龙收费站、伊川西收费站、嵩县产业区收费站、嵩县收费站	
	VV-3 ×4	VV-3 ×4	国标	m	2988	中国	安徽/宏源	16.18	48345.84	洛龙收费站、伊川西收费站、嵩县产业区收费站、嵩县收费站	
408-2-5	音频电缆									洛龙收费站、伊川西收费站、嵩县产业区收费站、嵩县收费站	

续上表

序号	项目(ITEM)名称	型号/系列号	主要技术指标	单位	数量	货源国	产地/生产厂	单价(元)	合计(元)	安装地点及数量	备注
408-2-5	RVVP-2 ×0.7	RVVP-2 ×0.7	国标	m	5480	中国	安徽/宏源	7.66	41976.8	洛龙收费站、伊川西收费站、嵩县产业区收费站、嵩县收费站	
	HYAT-20 ×2 ×1.0	HYAT-20 ×2 ×1.0	国标	m	780	中国	安徽/宏源	15.93	12425.4	洛龙收费站、伊川西收费站、嵩县产业区收费站、嵩县收费站	
	HYAT-40 ×2 ×1.0	HYAT-40 ×2 ×1.0	国标	m	300	中国	安徽/宏源	30.4	9120	洛龙收费站、伊川西收费站、嵩县产业区收费站、嵩县收费站	
408-3	设备安全系统									洛龙收费站、伊川西收费站、嵩县产业区收费站、嵩县收费站	
408-3-1	参数稳压器									洛龙收费站、伊川西收费站、嵩县产业区收费站、嵩县收费站	
408-3-1-1	稳压器(40kVA)	BK-JSW-40kVA	输入电压范围:380V ±20%（304V ~456 V）; 频率:50Hz; 稳压精度:<1%; 效率:>98% 响应时间:≤ 30ms; 输出波形:附加失真≤ 2%;	个	1	中国	佛山/柏克	52001.87	52001.87	洛龙收费站、伊川西收费站、嵩县产业区收费站、嵩县收费站	

续上表

序号	项目(ITEM)名称	型号/系列号	主要技术指标	单位	数量	货源国	产地/生产厂	单价(元)	合计(元)	安装地点及数量	备注
408-3-1-1	稳压器(40kVA)	BK-JSW-40kVA	工作环境温度:-10~+40℃; 相对湿度:20%~85%; 绝缘电阻:整机对地绝缘≥2MΩ; 绝缘强度:耐工频电压2000V,1min无击穿; 功能:具有直通功能; 欠压保护:输出电压低于300V时,电源输出回路自动切断; 过压保护:输出电压超过412V时,电源输出回路自动切断; 最大保护冲击电流:5倍额定电流约一秒钟; 延时:本机有延时10s输出装置;输入缺相,能保持三相电压输出	个	1	中国	佛山/柏克	52001.87	52001.87	洛龙收费站、 伊川西收费站、 嵩县产业区收费站、 嵩县收费站	
408-3-1-2	稳压器(30kVA)	BK-JSW-30kVA	输入电压范围:260~460V; 输出电压:相电压220V±0.5%,线电压380V±1%; 应变时间:10~40ms; 附加波形失真:<3%; 尖峰抑制:输入3kV尖峰信号,输出≤30V,双向抗干扰,不对电网产生干扰; 抗雷击:6000Vpp(10μS/700μs); 隔离特性:中线与地线电位差<0.5V; 短路保护:负载短路,输出电流小于额定电流2.5倍; 效率:≥93%; 温升:<55℃; 功率因数:0.95; 缺相:输入缺相,输出三相电压完整,输出精度220±5%,可长时间运行	个	3	中国	佛山/柏克	37514.67	112544.01	洛龙收费站、 伊川西收费站、 嵩县产业区收费站、 嵩县收费站	

续上表

序号	项目(ITEM)名称	型号/系列号	主要技术指标	单位	数量	货源国	产地/生产厂	单价(元)	合计(元)	安装地点及数量	备注
408-3-2	防雷接地系统									洛龙收费站、伊川西收费站、嵩县产业区收费站、嵩县收费站	
408-3-2-1	电源避雷器(SPD1)	SPD1		个	16	中国	北京/中顺泰达	555.06	8880.96	洛龙收费站、伊川西收费站、嵩县产业区收费站、嵩县收费站	
408-3-2-2	电源避雷器(SPD2)	SPD2		个	31	中国	北京/中顺泰达	555.06	17206.86	洛龙收费站、伊川西收费站、嵩县产业区收费站、嵩县收费站	
408-3-2-3	电源避雷器(SPD3)	SPD3		个	8	中国	北京/中顺泰达	555.06	4440.48	洛龙收费站、伊川西收费站、嵩县产业区收费站、嵩县收费站	
408-3-2-4	数据信号避雷器(SPD4)	ZC485		个	8	中国	北京/中顺泰达	441.23	3529.84	洛龙收费站、伊川西收费站、嵩县产业区收费站、嵩县收费站	
408-3-2-5	视频信号避雷器(SPD5)	ZV16A		个	163	中国	北京/中顺泰达	441.23	71920.49	洛龙收费站、伊川西收费站、嵩县产业区收费站、嵩县收费站	
408-3-2-6	控制信号避雷器(SPD6)	ZC100		个	62	中国	北京/中顺泰达	441.23	27356.26	洛龙收费站、伊川西收费站、嵩县产业区收费站、嵩县收费站	

续上表

序号	项目(ITEM)名称	型号/系列号	主要技术指标	单位	数量	货源国	产地/生产厂	单价(元)	合计(元)	安装地点及数量	备注
408-3-2-7	直流电源避雷器(SPD7)	SPD7		个	8	中国	北京/中顺泰达	441.23	3529.84	洛龙收费站、伊川西收费站、嵩县产业区收费站、嵩县收费站	
408-3-2-8	音频信号避雷器(SPD8)	ZA20KH		个	8	中国	北京/中顺泰达	441.23	3529.84	洛龙收费站、伊川西收费站、嵩县产业区收费站、嵩县收费站	
408-3-3	接地									洛龙收费站、伊川西收费站、嵩县产业区收费站、嵩县收费站	
408-3-3-1	收费广场接地			个	4	中国	郑州/雅克	1731.32	6925.28	洛龙收费站、伊川西收费站、嵩县产业区收费站、嵩县收费站	
408-4	收费员操作台			个	31	中国	郑州/雅克	1135.7	35206.7	洛龙收费站、伊川西收费站、嵩县产业区收费站、嵩县收费站	
408-5	收费站操作台									洛龙收费站、伊川西收费站、嵩县产业区收费站、嵩县收费站	
408-5-1	操作台(4.2m×0.74m×1.0m、含座椅)			个	3	中国	郑州/雅克	11800.96	35402.88	洛龙收费站、伊川西收费站、嵩县产业区收费站、嵩县收费站	

续上表

序号	项目(ITEM)名称	型号/系列号	主要技术指标	单位	数量	货源国	产地/生产厂	单价（元）	合计（元）	安装地点及数量	备注
408-5-2	操作台(5.4m×0.74m×1.0m、含座椅)			个	1	中国	郑州/雅克	12835.76	12835.76	洛龙收费站、伊川西收费站、嵩县产业区收费站、嵩县收费站	
408-5-3	结算室电脑桌椅（含2座椅、1.2m×0.74m×1.0m）			个	4	中国	郑州/雅克	1034.8	4139.2	洛龙收费站、伊川西收费站、嵩县产业区收费站、嵩县收费站	
408-6	其他									洛龙收费站、伊川西收费站、嵩县产业区收费站、嵩县收费站	
408-6-1	19英寸机架			个	8	中国	深圳/图腾	3429.01	27432.08	洛龙收费站、伊川西收费站、嵩县产业区收费站、嵩县收费站	
408-6-2	电缆桥架(金属线槽)			m	100	中国	郑州/景程	108.57	10857	洛龙收费站、伊川西收费站、嵩县产业区收费站、嵩县收费站	
408-6-3	线缆爬架(含竖井)			m	20	中国	郑州/景程	125.3	2506	洛龙收费站、伊川西收费站、嵩县产业区收费站、嵩县收费站	
408-6-4	地下通道									洛龙收费站、伊川西收费站、嵩县产业区收费站、嵩县收费站	

续上表

序号	项目(ITEM)名称	型号/系列号	主要技术指标	单位	数量	货源国	产地/生产厂	单价(元)	合计(元)	安装地点及数量	备注
408-6-4-1	电缆桥架			个	180	中国	郑州/景程	135.96	24472.8	洛龙收费站、 伊川西收费站、 嵩县产业区收费站、 嵩县收费站	
408-6-4-2	管箱			m	360	中国	福建/英辉	97.04	34934.4	洛龙收费站、 伊川西收费站、 嵩县产业区收费站、 嵩县收费站	
409	安防系统									洛龙收费站、 伊川西收费站、 嵩县产业区收费站、 嵩县收费站	
409-1	红外对射探头	ABH-150L	室外警戒距离:50m; 室内警戒距离:150m; 光束数:4; 探测方式:4 光束同时遮断式; 报警输出:继电器输出,接点容量 AV/DC 30V/0.5A; 工作电压:DC 13.8～24V;AC 11～18V; 消耗电流:95mA; 使用温度:−25～55℃; 水平角度调节 :180°(±90°); 垂直角度调节:±10°; 除露、除霜方式:加热式外罩	对	48	中国	深圳/艾礼富	850.08	40803.84	洛龙收费站、 伊川西收费站、 嵩县产业区收费站、 嵩县收费站	

续上表

序号	项目(ITEM)名称	型号/系列号	主要技术指标	单位	数量	货源国	产地/生产厂	单价(元)	合计(元)	安装地点及数量	备注
409-2	对射探头报警主机	CK-2316	警戒距离:12m; 检知方式:被动红外式; 垂直调整角:0~12°; 水平调整角:±10°; 电源电压:DC9~28V(无极性); 消耗电流:22 mA max; 警报输出:警报时间 1b(N.C) 光控继; 电器输出,无电压接点容量:DC30V 0.3A(阻抗负载); 警报输出动作:警报时间:约为 2s,电源电压低于正常/回路异常:连续亮灯; 警报储存表示灯:黄色 LED(入侵警报 3min 后可持续亮灯 47min); 警报指示灯切换:点灯/消灯,可切换; 脉冲计数:2 回 ; 使用环境:温度:-20°~50°; 湿度:95% 以下	台	4	中国	深圳/艾礼富	3080.37	12321.48	洛龙收费站、伊川西收费站、嵩县产业区收费站、嵩县收费站	
409-3	室内吸顶式被动红外探测器	LH-905A-2	16 个基本防区,均带有末端电阻监控; 防区反应时间可在 5ms、250ms、500ms、750ms 之间选择; 键盘上附带有紧急按钮防区; 不具备防区扩充性; 回路物电路类型可选择; 支持 1 个系统主密码及 31 个用户密码; 防拆保护; 可通过 2316LEDP 或 ALPHA1 键盘对系统进行控制; 双重、分类或后备报告形式; 内置看门狗复位电路; 有门铃功能; 系统最多可接入 8 个键盘; 键盘内置蜂鸣器,作为故障、报警等事件提示; 系统及防区状态 LED 灯指示	只	4	中国	深圳/艾礼富	518.94	2075.76	洛龙收费站、伊川西收费站、嵩县产业区收费站、嵩县收费站	

续上表

序号	项目(ITEM)名称	型号/系列号	主要技术指标	单位	数量	货源国	产地/生产厂	单价(元)	合计(元)	安装地点及数量	备注
409-4	红外探测器报警主机	CK-238	基本配置:主机+键盘+电源适配。 防区特性: 8个基本防区,均带有末端电阻监控。防区反应时间可在5ms、250ms、500ms、750ms之间选择; 键盘上附带有紧急按键防区; 不具防区扩充性; 回路的电路类型可选择。 控制特性: 支持1个系统主密码及7个用户密码防拆保护; 可通过238LEDP或ALPHA1键盘对系统进行控制; 双重、分类或后备报告形式; 内置看门狗复位电路; 有门铃功能; 系统最多可接入4个键盘。 输出功能: 键盘内置蜂鸣器,作为故障、报警等事件提示; 系统及防区状态LED灯指示; 内置拨号器,直接报告到报警接收机; 烟感探测器自动复位; 键盘内置蜂鸣器报告系统状态; 报警状态确认。 电气特性: 6.5 AH可充电后备电池,12 VDC; 1 6. 5 VAC,25~40W变压器。 输出: 警号电流:1.3Amps,10.5~1 3.5 VDC; 500 mA辅助电流,1 2VDC; 遥控编程。 附件: LED控制键盘; 每一个防区用数字LED表示; 有背光灯; 系统状态用状态LED灯显示; 内置蜂鸣器提示系统状态; 可编址	台	4	中国	深圳/艾礼富	2045.57	8182.28	洛龙收费站、伊川西收费站、嵩县产业区收费站、嵩县收费站	

续上表

序号	项目(ITEM)名称	型号/系列号	主要技术指标	单位	数量	货源国	产地/生产厂	单价(元)	合计(元)	安装地点及数量	备注
409-5	球型摄像机	ST-CC8239	影像感应器:1/4 CCD 像素725(水平)×582(垂直),水平分辨率≥480TVL; 输出视频接口:1Vp－p 75Ω; 信噪比≥50Db; 最低使用照度0.01Lx; 峰值白翻转彩色,自动切换滤光片; 具有背景光自动补偿功能; 摄像同步系统应符合CCIR625行,50帧/s,2:1隔行扫描标准; 解像度不低于470线; 电动光圈变焦变倍镜头(1/4in规格) 镜头:F1.6=3.9~63mm,22倍光学变焦,10倍电子变大,(焦距、聚焦、光圈)三可变镜头; 手动云台水平速度:0.5~80°/s;预置速度:250°/s; 手动云台垂直速度:0.5~40°/s;预置速度:240°/s; 水平扫描范围:360°; 垂直扫描范围:+2°~－92°;无阻碍; 可编程不少于32个预置点; 球形防护罩应密封、防尘、防雨、带加热器与空气循环系统,可以保持透镜表面在任何天气中不受水雾影响,环境保护≥IP65,电动雨刷器,罩内温度自动调节(风机,半导体加热机,制冷); CCTV前端箱:包括DC电源等	台	16	中国	深圳/金三立	1105.12	17681.92	洛龙收费站、伊川西收费站、嵩县产业区收费站、嵩县收费站	
409-6	红外摄像机	ST-IR5232	1/3in彩色CCD; 不锈钢外壳; 420线; 18LED照射距离10~15m	台	8	中国	深圳/金三立	1550.19	12401.52	洛龙收费站、伊川西收费站、嵩县产业区收费站、嵩县收费站	

续上表

序号	项目(ITEM)名称	型号/系列号	主要技术指标	单位	数量	货源国	产地/生产厂	单价(元)	合计(元)	安装地点及数量	备注
409-7	配电房摄像机	ST-CC4095	彩色半球型高线数摄像机; 1/3in CCD 彩色摄像头; 解像度不低于470线,灵敏度为≤1Lx; 适应昼夜亮度变化,自动亮度调节,在高亮度及低亮度下均能得到清晰图像; 视频前置放大器具有能够激化的自动增益控制,其最小信噪比为46dB; 图像中心可视分辨率优于600行水平向,水平与垂直的比是4:3; 图像几何畸变在一个直径等于图像高度的中心圆直径之内,应保持在图像高度的1%之内,总畸变应优于2%; 摄像头同步系统应符合CCIR扫描标准(625行,50帧/s,2:1隔行),使用公用同步发生器,电源能锁定,在低亮度条件下有良好图像; 视频输出接口:1Vp－p 75Ω。 镜头:4.5～16mm,手动调焦,自动光圈	台	4	中国	深圳/金三立	1446.71	5786.84	洛龙收费站、伊川西收费站、嵩县产业区收费站、嵩县收费站	
409-8	视频分配器	海康	8入24出	台	4	中国	深圳/金三立	1212.71	4850.84	洛龙收费站、伊川西收费站、嵩县产业区收费站、嵩县收费站	
409-9	硬盘录像机	DS-8116HF-ST	具备至少30天图像存储功能; 视频输入:16路/8路; 视频压缩标准:H.264; 现场NTSC/240帧每秒,PAL/200帧/s(8路);NTSC/480帧/s,PAL/400帧/s(16路) 全实时录像,录像最高480帧/s(NTSC),400帧/s(PAL) 分辨率:720×480,720×240,360×240(NTSC)720×576,720×288,360×288(PAL);	台	4	中国	杭州/海康威视	9008.26	36033.04	洛龙收费站、伊川西收费站、嵩县产业区收费站、嵩县收费站	

续上表

序号	项目(ITEM)名称	型号/系列号	主要技术指标	单位	数量	货源国	产地/生产厂	单价(元)	合计(元)	安装地点及数量	备注
409-9	硬盘录像机	DS-8116HF-ST	8/16 路带环通视频输入输出,两路复合视频信号输出; 8/16 路音频输入,1 路音频输出; 支持高清晰 VGA 视频输出; 录像回放可以十六路同时播放,或单画面播放; 128 倍速的高速快进退播放功能; 各通道画面清晰度、色彩均可独立调整; 多种显示模式支持:单画面、四画面、六画面、八画面、九画面、十六画面等; 8/16 路报警输入,4 路报警输出; 多种录像模式支持:手动录像,定时录像和报警录像,移动侦测报警录像; 多种搜寻查看方式支持:录像时间搜索和事件录像搜索; 多种录像备份模式支持:SATA 接口 CD/DVD-ROM 备份、U 盘直接备份、网络备份等; 支持 RS485、RS422、RS232 通信接口云镜控制功能; 支持 USB 鼠标全程功能操作; 支持四个 SATA 接口大容量硬盘	台	4	中国	杭州/海康威视	9008.26	36033.04	洛龙收费站、伊川西收费站、嵩县产业区收费站、嵩县收费站	
409-10	视频控制矩阵		ST-MS750(16×8)	台	4	中国	深圳/金三立	9661.97	38647.88	洛龙收费站、伊川西收费站、嵩县产业区收费站、嵩县收费站	
409-11	22in 液晶监视器		ST-CM2290	台	8	中国	深圳/金三立	3689.75	29518	洛龙收费站、伊川西收费站、嵩县产业区收费站、嵩县收费站	

续上表

序号	项目(ITEM)名称	型号/系列号	主要技术指标	单位	数量	货源国	产地/生产厂	单价(元)	合计(元)	安装地点及数量	备注
409-12	SYV-75-5	SYV-75-5	国标	m	2495	中国	安徽/宏源	3.96	9880.2	洛龙收费站、伊川西收费站、嵩县产业区收费站、嵩县收费站	
409-13	电源线 RVV-2×1	RVV-2×1	国标	m	11475	中国	安徽/宏源	7.81	89619.75	洛龙收费站、伊川西收费站、嵩县产业区收费站、嵩县收费站	
409-14	RVVP-4×1	RVVP-4×1	国标	m	9790	中国	安徽/宏源	11.29	110529.1	洛龙收费站、伊川西收费站、嵩县产业区收费站、嵩县收费站	
410-4-1	$\phi60\times2.0$		镀锌	m	4371			32.62	142582.02	洛龙收费站、伊川西收费站、嵩县产业区收费站、嵩县收费站	
410-4-2	$\phi114\times4.0$		镀锌	m	1140			67.78	77269.2	洛龙收费站、伊川西收费站、嵩县产业区收费站、嵩县收费站	
410-4-4	$\phi140\times4.0$		镀锌	m	114			86.45	9855.3	洛龙收费站、伊川西收费站、嵩县产业区收费站、嵩县收费站	

表 36

机电工程通信系统工程数量一览表

序号	项目(ITEM)名称	型号/系列号	主要技术指标	单位	数量	货源国	产地/生产厂	单价（元）	合计（元）	安装地点及数量	备注
300 章	通信系统										
301	光纤数字传输系统										
301-1	干线分插复用设备 ADM	中兴通信 ZXMP S385	E1 接口、10M/100M 自适应以太网接口、STM-4 光接口等；交叉连接等级：VC-12、VC-3、VC-4，含机柜、底座，交叉连接设备、公务通信系统、连接缆线等	套	1	中国	深圳/中兴	503189	503189	洛栾分中心	
301-2	分中心接入网光传输设备 ADM	中兴通信 ZXMP S330	SDH 光接口板、2M 支路板，10/100M 以太网接口板，其他必备板卡等，STM-4 等级设备，提供：STM-4 等级	套	2	中国	深圳/中兴	359131	718262	洛栾分中心	
301-3	光纤线路终端 OLT 设备	中兴通信 ZXA10 T600（V1.0）	提供 RS232 接口板板，数字中继板（8 路），其他必备板卡等	套	1	中国	深圳/中兴	494495	494495	洛栾分中心	
301-4	光网络单元 ONU 设备	中兴通信 ZXMP S325	RS232 接口板、10M/100M 以太网接口板及机柜等光网络单元 ONU 设备（内置 STM－4 等级 SDH 传输设备，含模拟电话接口	套	4	中国	深圳/中兴	262747	1050987	伊川西、古城、陆浑服务区、嵩县通信站	
301-6	光纤配线单元		每单元光纤配线端子 12，75Ω，2Mb/s，每单元 16 系统	单元	28	中国	深圳/中兴	2172	60811		
301-7	数字配线单元		75Ω，2Mb/s，每单元 16 系统	单元	4	中国	深圳/中兴	4759	19035		
301-8	光纤数字配线柜			套	4	中国	深圳/中兴	10382	41529		

续上表

序号	项目(ITEM)名称	型号/系列号	主要技术指标	单位	数量	货源国	产地/生产厂	单价(元)	合计(元)	安装地点及数量	备注
301-9	传输检测维护终端及网管设备	HP QT040AV,中兴专用网管软件	工作站级网管及软件	套	1	中国	上海	107094	107094	洛栾分中心	
301-10	接入检测维护终端及网管设备	HP QT040AV,中兴专用网管软件	工作站级网管及软件	套	1	中国	上海	33855	33855	洛栾分中心	
302	程控数字交换系统										
302-1	程控用户交换机(1500L)	中兴通信 ZXMP ZAJ10,1500L		套	1	中国	深圳/中兴	488385	488385	洛栾分中心	
302-2	话务台	中兴通信 ZXMP	中兴 NGN	套	1	中国	深圳/中兴	29239	29239	洛栾分中心	
302-3	普通电话机(DTMF)	步步高 HCD6101		部	320	中国	深圳/中兴	103	33114	洛栾分中心及伊川西、古城、陆浑服务区、嵩县通信站	
302-4	传真机	松下 FP7006CN		部	9	日本	广东	2070	18626		
302-5	32 路电话光端机	华龙	FPV-32000/32P	对	1	中国	江苏	27146	27146	洛栾分中心	
302-6	总配线架		400 回线	套	1	中国	深圳	15178	15178	洛栾分中心	
302-7	总配线单元		内置于综合配线柜内,200 回线	套	4	中国	深圳	9928	39711	洛栾分中心	
302-8	交换机计费设备及计费软件	HP QT040AV,中兴专用计费软件		套	1	中国	上海	39407	39407	洛栾分中心	
302-9	维护终端及维护软件	HP QT040AV,中兴专用维护软件		套	1	中国	上海	135488	135488	洛栾分中心	

续上表

序号	项目(ITEM)名称	型号/系列号	主要技术指标	单位	数量	货源国	产地/生产厂	单价(元)	合计(元)	安装地点及数量	备注
302-10	激光打印机	HP 5200L	A3 幅面	部	1	中国	上海	7562	7562	洛栾分中心	
303	通信电源系统										
303-1	通信电力室交流配电箱	定制	500×600×200mm	个	5	中国	洛阳	2690	13452	洛栾分中心及伊川西、古城、陆浑服务区、嵩县通信站	
303-2	内置式高频开关电源	中兴通信 ZXDU58	T301 内置式,43V/3×30	套	5	中国	深圳	30153	150763		
303-3	免维护蓄电池组	双登	GFM-200 48V/200AH	套	2	中国	江苏	12170	24341	洛栾分中心	
303-4	免维护蓄电池组	双登	GFM-200 48V/100AH	组	4	中国	江苏	7946	31786	伊川西、古城、陆浑服务区、嵩县通信站	
303-5	不间断电源	山特	在线式 3kVA-1H	台	1	中国	深圳	9128	9128	洛栾分中心	
304	光电缆工程										
304-1	干线 36 芯单模光缆	汉维	GYTA-36	km	71.341	中国	浙江	10153	724293	洛栾分中心—嵩县通信站	
304-2	24 芯单模光缆	汉维	GYTA-24	km	140.085	中国	浙江	7870	1102526	洛栾分中心—嵩县通信站	
304-3	12 芯单模光缆	汉维	GYTA-12	km	31.644	中国	浙江	5569	176230	洛栾分中心	
304-4	4 芯单模光缆	汉维	GYTA-4	km	5.02	中国	浙江	4130	20732	洛栾分中心	
合计									6116363		

工程质量事故一览表

表 37

序号	统一里程	施工桩号及地点	事故类型	事故原因分析	处理结果	备注
1	K0 +000 ~ K61 +800	K0 +000 ~ K61 +800	无	无	无	

负责人：　　　　填表人：

洛栾高速公路洛阳至嵩县段地理位置图
洛嵩段位置
郑州市
洛阳市
西安市
三门峡市
焦作市
新乡市
安阳市
鹤壁市
濮阳市
开封市
商丘市
许昌市
平顶山市
漯河市
周口市
驻马店市
南阳市
信阳市
山西省
陕西省
山东省
江苏
安徽省
湖北省
长治市
晋城市
侯马市
韩城市
运城市
渭南市
菏泽市
济宁市
徐州市
宿州市
亳州市
阜阳市
淮南市
十堰市
襄樊市
随州市
广水市
图例
高速公路（纵线）
高速公路（横线）
高速公路（区间通道）
高速公路（城市环线）
外省高速公路

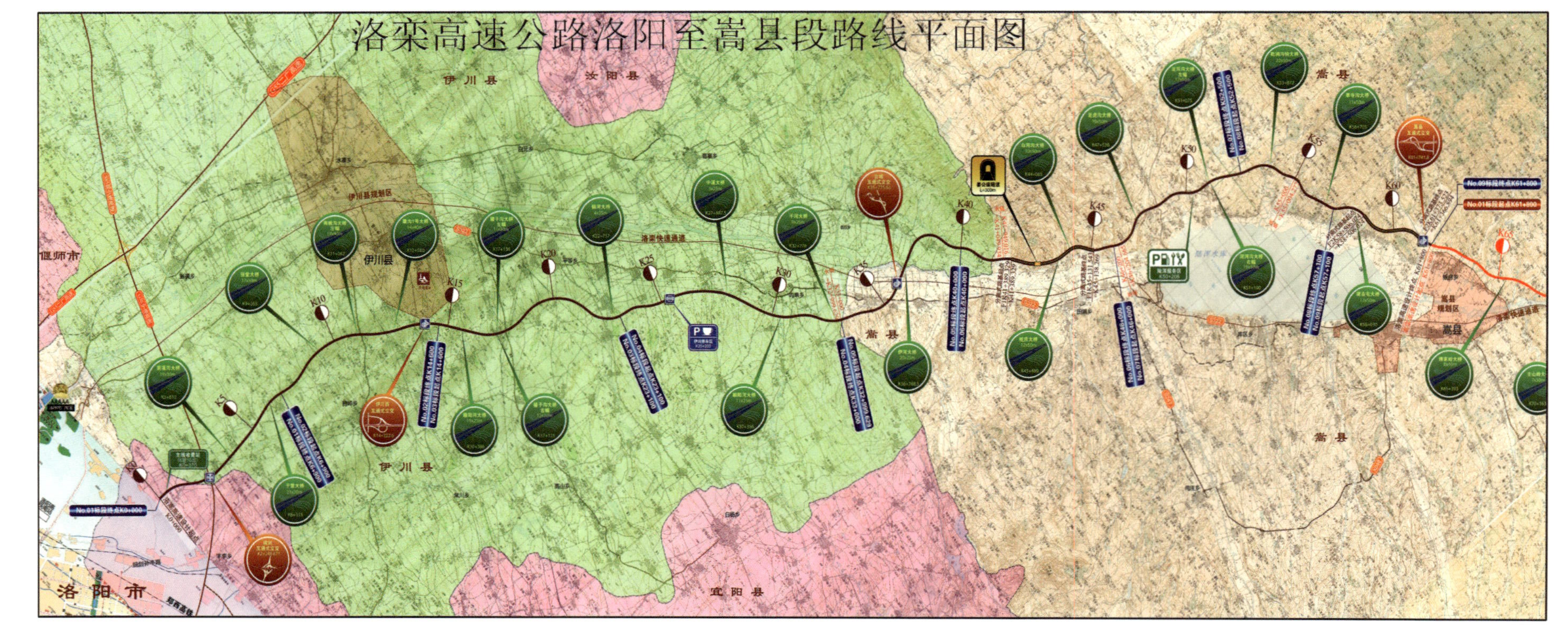

洛栾高速公路洛阳至嵩县段路线平面图
洛阳市
偃师市
伊川县
汝阳县
宜阳县
嵩县
伊川县规划区
伊川县
嵩县规划区
嵩县
洛栾快速通道
K0
K5
K10
K15
K20
K25
K30
K35
K40
K45
K50
K55
K60
K65
No.01标段终点K0+000
No.02标段起点K6+900
No.01标段终点K6+900
No.03标段起点K14+600
No.02标段终点K14+600
No.04标段起点K23+100
No.03标段终点K23+100
No.05标段起点K32+999.629
No.04标段终点K33+000
No.06标段起点K40+000
No.05标段终点K40+000
No.07标段起点K46+000
No.06标段终点K46+000
No.08标段起点K52+500
No.07标段终点K52+500
No.09标段起点K57+100
No.08标段终点K57+100
No.09标段终点K61+800
No.01标段起点K61+800

洛栾高速公路洛阳至嵩县段
工程竣工验收

第二册 批复文件、质量鉴定、交工验收、单项验收

主编◎陈　可　周洪文　黄慧光

人民交通出版社股份有限公司
China Communications Press Co.,Ltd.

内 容 提 要

本书收录了洛栾高速公路洛阳至嵩县段工程在建设过程中工程立项、工程建设用地、工程设计、变更设计批复等批复文件和质量鉴定、交工验收、单项验收等情况，真实地记录了该项目从立项到竣工验收的建设概况。从管理和技术角度作了详尽的分析，对提高我国高速公路工程项目竣工验收的水平有重要意义。

本书可供从事高速公路建设、设计、施工、监理、质检等方面的工程技术人员使用参考。

图书在版编目(CIP)数据

洛栾高速公路洛阳至嵩县段工程竣工验收(一)、(二)、(三). 2，批复文件、质量鉴定、交工验收、单项验收 / 陈可，周洪文，黄慧光主编. — 北京：人民交通出版社股份有限公司，2017.11

ISBN 978-7-114-14065-5

Ⅰ. ①洛… Ⅱ. ①陈… ②周… ③黄… Ⅲ. ①高速公路—道路工程—工程验收—洛阳 Ⅳ. ①U415.12

中国版本图书馆 CIP 数据核字(2017)第 189140 号

书　　名：**洛栾高速公路洛阳至嵩县段工程竣工验收**
第二册　批复文件、质量鉴定、交工验收、单项验收
著 作 者：陈　可　周洪文　黄慧光
责任编辑：杜　琛　李学会　卢　珊
出版发行：人民交通出版社股份有限公司
地　　址：(100011)北京市朝阳区安定门外外馆斜街 3 号
网　　址：http://www.ccpress.com.cn
销售电话：(010)59757973
总 经 销：人民交通出版社股份有限公司发行部
经　　销：各地新华书店
印　　刷：化学工业出版社印刷厂
开　　本：787 × 1092　1/16
印　　张：19
插　　页：1
字　　数：471 千
版　　次：2017 年 11 月　第 1 版
印　　次：2017 年 11 月　第 1 次印刷
书　　号：ISBN 978-7-114-14065-5
全套定价：268.00 元
(有印刷、装订质量问题的图书由本公司负责调换)

洛栾高速公路洛阳至嵩县段
工程竣工验收(第二册)

编　委　会

主　　编: 陈　可　周洪文　黄慧光

副 主 编: 卢　强　许改平　任海武　惠广茂　杜薇薇
卢辉辉　马　辉　祁艳艳

编　　委: 刘　玻　李　勇　王媛媛　马玉中　孔笑非
苗培静　李传青　党尚朝　高聚玉　古占东
李　胜　刘国忠　王世明　李清华　郑海军
尹志诚　杨　宝　任官亮　安　磊　郑五星
杨　俊　李　哲　韩志勇　贾志忠

主　　审: 周洪文　董德全　陈　可　史鹏飞　黄慧光

统 稿 人: 张爱民　毛学臣　王金丽

目　　录

第一部分　批 复 文 件

第二部分 质量鉴定

第三部分 交工验收

第四部分 单项验收

第一部分

批 复 文 件

一、工程立项

1. 关于洛阳至栾川高速公路洛阳至嵩县段核准的批复

豫发改交通〔2009〕1831号

洛阳市发展改革委：

你委《关于报送洛阳至栾川高速公路洛阳至嵩县段项目申请报告的请示》（洛发改基础〔2009〕37号）收悉。结合咨询机构的评估意见和省交通运输厅的行业审查意见，经研究，现就该项目核准通知如下：

一、为完善全省高速公路网和区域路网结构，促进区域经济发展和沿线旅游资源开发，同意新建洛阳至栾川高速公路洛阳至嵩县段。

二、线路走向及建设规模

项目起自洛阳市溢坡村东北，设连接线连接洛阳市规划建设的孙辛路，向南与洛阳西南绕城高速公路相交，经李庄、于营、北窑沟，于三龙口西与S323线相交，经岳岭东、宋店西，再向南经中溪、坡根，跨顺阳河及嵩伊渠，于古城东跨S322线及风阳河，在古城南与洛栾快速通道相交，跨后跨伊河，于梁圪垱南跨陆浑水库总干渠，经姜公庙西、跨八道河，过饭坡乡，然后沿陆浑水库东岸低山展线，穿玉皇庙岭隧道后，止于纸房乡附近，接规划建设的嵩县至栾川段。路线全长约61.5km。

全线设互通式立交4处、分离式立交3处，大中桥54座，隧道2座，通道15道、天桥26座、涵洞53道，服务区1处、停车区1处、监控中心1处、观景台2处、主线收费站1处。

三、主要技术标准

项目采用双向四车道高速公路技术标准，设计速度100km/h，路基宽26m。路面面层采用沥青混凝土结构。桥涵设计荷载采用公路—Ⅰ级。其他技术指标应符合《公路工程技术标准》（JTG B01—2003）中的规定。

四、项目法人为河南嵩阳高速公路有限公司，由河南高速公路发展有限责任公司独资组建。

五、投资估算及资金来源

项目估算总投资37.3亿元。其中，项目资本金9.33亿元（占总投资的25%），由项目法人负责筹措；其余27.97亿元申请国内银行贷款解决。

六、项目按两阶段设计，初步设计报我委审批。

七、同意河南高速公路发展有限责任公司采取公开招标方式，自行组织项目勘察、设计、施工、监理及设备、重要材料采购的招标。招投标情况报我委及有关行政监督部门备案。

八、核准项目的相关附件分别是河南省国土资源厅《关于洛阳至栾川高速公路（洛阳至嵩县段）工程建设用地的预审意见》（豫国土资函〔2009〕662号）；洛阳市环境保护局《关于洛阳至栾川高速公路洛阳至嵩县段项目的环境保护初步意见》（洛环监便〔2009〕58号）；洛阳市规划局《关于洛阳至栾川高速公路洛阳至嵩县段路线走向的意见》等。

九、如需对本项目核准文件所规定的有关内容进行调整，应及时以书面形式向项目核准机关报告，并按照有关规定办理。

十、请河南嵩阳高速公路有限公司根据本核准文件，办理土地使用等相关手续。

十一、本核准文件有效期限为两年，自项目核准之日起计算。如在核准文件有效期内未开工建设，应在核准文件有效期届满30日前向我委申请延期。如项目在核准文件有效期内未开工建设也未申请延期，或虽提出延期申请但未获批准，本核准文件自动失效。

请据此抓紧开展项目前期工作，按照国家和省基本建设的有关规定，落实有关建设条件，争取尽快开工建设。

附件：项目招标方案核准意见

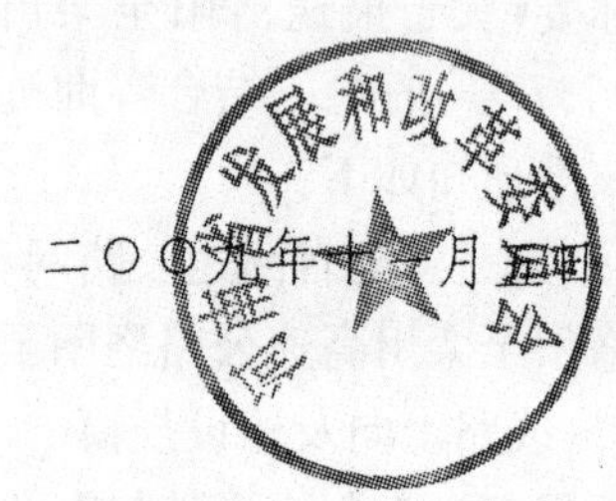

二〇〇九年十一月五日

附件

项目招标方案核准意见

建设项目名称:洛阳至栾川高速公路洛阳至嵩县段

项目	招标范围		招标组织形式		招标方式		不采用招标方式	投资估算（万元）
	全部招标	部分招标	自行招标	委托招标	公开招标	邀请招标		
勘察	核准		核准		核准			4200
设计	核准		核准		核准			
施工	核准		核准		核准			340000
监理	核准		核准		核准			5000
设备	核准		核准		核准			
重要材料	核准		核准		核准			
其他								
招标公告发布媒介				中国采购与招标网				
招标代理机构（采用委托招标方式）								

审批部门核准意见说明：

设备、重要材料应招标。

2009 年 11 月 5 日

主题词:交通　高速公路　核准　批复

抄送:国土资源部,省政府办公厅,省交通运输厅、审计厅、国土资源厅、水利厅、文物局、地震局,洛阳市政府、交通局、规划局、环保局,伊川县、嵩县政府

河南省发展和改革委员会办公室　　2009 年 11 月 6 日印发

2. 关于报送洛阳至栾川高速公路洛阳至嵩县段项目申请报告的请示

洛发改基础〔2009〕37 号

省发改委、省交通运输厅：

洛阳至栾川高速公路洛阳至嵩县段是河南省 2009 年计划开工的重点高速公路项目。项目起于九朝古都洛阳，向南经酒圣之乡伊川，终点位于“豫西山水画廊”嵩县，接同期规划的洛阳至栾川高速公路嵩县至栾川段，全长约 61.45km。目前该项目申请报告已编制完成，现汇报如下：

一、项目建设的必要性

洛阳至嵩县段是洛阳至栾川高速公路的重要组成部分。洛栾高速先后和 G36 宁洛高速洛阳绕城段、省道 S323、洛栾快速通道、省道 S247、县道 X040、县道 X062、省道 S249 和武西高速等多条干线公路相交，在区域路网中占据重要地位，对河南省高速公路网的形成和完善具有重要作用。

根据交通量分析，通道内总交通量 2032 年将达到标准车 70000 辆/日以上，且区间内短途交通量占比重较大。该区域内现有的洛栾快速通道 S243 和 S322 已不能适应当前和今后经济社会发展的需要，洛栾高速公路的建设将能有效缓解通道内的交通压力，改善交通条件。

目前，洛阳市、伊川县和嵩县的经济都处于快速发展时期，洛阳至栾川高速公路的建设使得洛阳向西南方向的辐射更为便利，能够加强洛阳区域经济中心和辐射带之间的联系，成为带动豫西南边际地区经济发展的纽带，形成一条资源开发通道，带动豫西南地区伏牛山旅游资源，区域内矿产资源等相关产业快速发展的需要。因此，该项目的建设是必要的。

二、项目申报单位情况

河南高速公路发展有限责任公司于 2009 年 8 月，在洛阳市工商行政管理局完成了“河南嵩阳高速公路有限公司”的注册工作，该公司负责洛阳至栾川高速公路洛阳至嵩县段的建设工作。

2000 年，根据国家经济体制改革总体部署和交通事业发展的需要，河南省交通厅党组对本省高速公路建设管理体制进行了改革，将原“河南省交通厅高速公路建设管理局”和“河南省交通建设投资公司”合并改制，连同郑州黄河公路大桥的资产，于 2000 年 8 月 8 日组建成立了河南高速公路发展有限责任公司。河南高速公路发展有限责任公司总资产为 1021.64 亿元，资产总额公允值为 1210 亿元。总负债 809 亿元，净资产 212.64 亿元。

三、路线走向及建设规模

该项目起自洛阳市溢坡村东侧，路线沿伊河北岸塬上向西南，在古城附近跨伊河至伊河东岸台地，经陆浑水库东侧，终止于纸房乡东，与同期规划嵩县至栾川段衔接。路线全长 61.45km，永久占地 6646.08 亩，临时占地 1000 亩。

四、建设标准及主要工程数量

根据项目在路网中的地位及作用，结合未来年份交通量发展预测和道路通行能力分析，考虑沿线地形、地貌，项目拟按双向四车道标准建设，计算行车速度100km/h，路基宽26m，其中行车道宽2×2×3.75m，中央分隔带宽2m，左侧路缘带宽2×0.75m，硬路肩宽2×3m，土路肩宽2×0.75m。路面面层采用沥青混凝土结构。桥涵设计荷载采用公路—Ⅰ级。其他技术指标符合《公路工程技术标准》(JTG B01—2003)中的规定。

洛阳至栾川高速公路洛阳至嵩县段全长61.45km，路基宽26m；全线计价土石方总量为971.327万m^3；主线沥青路面铺装总面积为1356.539千m^2；桥梁共54座长16207.5m，涵洞53道，隧道2座长1285m，互通式立交4座，分离式立交3处，天桥26处，通道15道。设服务区1处、停车区1处、观景台2处。

五、投资估算及资金来源

项目估算总投资38.0亿元，其中资本金9.6亿元(占总投资的25%)，由河南高速公路发展有限责任公司负责筹措；其余28.4亿元申请国内银行贷款解决。

六、建设工期及项目实施

项目建设工期36个月。由项目法人负责项目的筹资、建设和经营管理，以收取的车辆通行费偿还贷款。

七、国民经济及财务评价

根据国家颁布的《建设项目经济评价方法与参数》和《公路建设项目经济评价办法》计算，项目经济内部收益率(EIRR)为12.35%，在费用上升20%，效益下降20%的情况下，项目各项评价指标仍高于基准值。说明本项目有基本稳定的社会经济效益。

项目全部投资财务内部收益率(FIRR)为7.40%，财务回收期25.40年(含建设期)。在收费收入减少5%，资本金投资增加5%的情况下，项目各项评价指标仍高于基准值。说明项目的财务效益具有一定的稳定性。

现将洛阳至栾川高速公路洛阳至嵩县段项目申请报告呈上。

如无不妥，请予核准。

附件：洛阳至栾川高速公路洛阳至嵩县段项目申请报告(略)

二〇〇九年九月九日

主题词：交通　公路　项目申请报告　请示

洛阳市发展和改革委员会办公室　　2009年9月9日印

3. 关于洛阳至栾川高速公路洛阳至嵩县段项目有关环境保护情况的说明

洛环监便〔2009〕57号

洛阳至栾川高速公路洛阳至嵩县段项目起点位于洛阳市洛龙区,途经宜阳县、伊川县、嵩县,终点位于嵩县县城东侧,路线全长61.45km,双向四车道,设计时速100km/h,该项目实施对促进区域社会经济发展十分必要。建设单位河南嵩阳高速公路有限公司已按环境保护有关规定向我局申报了该项目,我局同意其开展环境影响评价工作,目前项目环境影响报告书正在编制中。

特此说明。

二〇〇九年九月七日

4. 关于洛阳至栾川高速公路洛阳至嵩县段建设项目环境影响报告书的初审意见

洛阳市环境保护局：

河南嵩阳高速公路有限公司洛阳至栾川高速公路洛阳至嵩县段建设项目，委托机械工业第四设计研究院编制了《洛阳至栾川高速公路洛阳至嵩县段建设项目影响报告书》（报批版），于2009年12月21日送交我局初审。根据报告书的结论、建议和专家评审意见，经初审提出如下意见：

一、洛阳至栾川高速公路洛阳至嵩县段工程位于河南省洛阳市、宜阳县、伊川县、嵩县，路线起点位于洛阳市溢坡村东北侧，路线向南经黑羊村西村，于梁刘北跨G36宁洛高速公路洛阳绕城段，终点止于嵩县县城东侧，并通过县道X040连接嵩县县城。推荐路线总里程为62.699km，起点～K35+000、K45+000～终点段为沟壑纵横的黄土丘陵地貌区；K35+000～K38+000为冲洪积带状平原，属平原区，地势相对平坦，一级阶地、二级阶地沿两岸分布；K38+000～K45+000段主要分布在嵩县陆浑水库以东地区属于低山区。全线设特大桥1座1106.89m，大桥40座共14808.8m，中桥5座406.13m，无小桥；隧道3座长1210m（右线），互通式立交4处，分离式立交8座，涵洞49道，通道23道，天桥34座，服务区和停车区各1处。项目全线采用双向四车道高速公路技术标准，设计行车速度为100km/h，路基宽26m，分离式路基宽2×13m。总占地面积7562亩，其中永久性占地6811.19亩，临时占地751.0亩（其中，弃土场315.0亩，预制场和拌和站305.0亩，临时施工便道131.0亩）。项目沿线不设取土场，设弃渣场6处，总占地326亩，可弃方量116万m^3。经本评价调整后，设弃渣场6处，总占地315亩，可弃方量116万m^3；需新修建绕行便道总长为11.75km，取弃土临时便道12.8km，修建跨沟渠便桥0.2km；大中桥梁装配式构件均采用预制场集中预制，全线共设16处拌和站，14座预制构件场，其中拌和站与预制场合建的临时场地有14座。

本项目建设里程长62.699km，投资估算总金额为401486.6936万元，平均每公里造价6403.3986万元，其中直接用于环保措施的投资12387.55万元。项目为一次投资建成，2009年12月开工，2013年4月通车，工期为40个月。

二、该《报告书》的编写较规范，内容较全面，评价等级与评价范围确定符合导则要求。对工程概况与周围环境状况调查与介绍较清楚。所提污染防治措施和生态保护与破坏减缓措施与建议原则可行，可以满足环保要求。我局同意报洛阳市环境保护局审批。

三、项目在工程建设期、营运期要严格落实报告书中提出的各项污染防治大气、水、噪声、固废污染和防止生态破坏、生态恢复措施。并重点做好：

（1）按环评和环评批复要求落实环保工程资金，全面落实报告书中提出的污染防治和生态保护措施，保证工程设计的环保、水保、生态保护和恢复措施的落实，将项目建设对环境的影响降低到最低程度，确保项目建成投运后污染物达标排放，破坏的生态得到恢复。

（2）项目施工过程中应加强施工管理，本着尽量少占地、少破坏植被的原则，将占地面积控制在最低限度，废石全部用于修建道路或排入弃土场，严禁乱堆乱倒造成土壤与植被的大面积破坏。

(3)选择有经验、有资质的施工单位，做到文明施工，石方的挖掘、堆放要规范有序，将施工扬尘降到最低程序。

(4)该项目陆浑服务区位于陆浑水库地表水源保护区内，距二级保护区0.2km，服务区应修建集水池收集污水，并建至大坝下游的排水管道，将雨污水排到下游，以防对水源造成污染。

(5)收费站和服务区应配套建设一体化污水处理设施，对污水进行处理消毒后达标排放。

(6)按照“先拦后弃、上截下排”的原则，弃渣场在弃渣前应先在沟口或坡底设拦渣墙，在弃渣场上游布置截止措施、排水设施，防止坡面漫流产生水土流失和占压植被。

(7)落实噪声减缓措施，夜间停止爆破作业、停止高噪声设备施工，固定高噪声设备应设置在远离敏感点一端。对超标路段应设隔声墙、隔声窗，减缓噪声对村庄的影响。

(8)落实环评提出的危险品收集池措施，设置52个16~200m^3的危险品收集池，确保主要河流及陆浑水源不受污染。

(9)工程交付使用前，应对临时占用场地进行清理，清除建筑物及设施，对废石场顶面进行平整覆土，播撒草籽或复耕，进行生态恢复，最大程度地扩大生态恢复面积。

四、严格执行“三同时”制度，项目设计的环保、水保设施必须与主体工程同时设计、同时施工、同时投入使用。项目建成报市县环保局现场核查后，方可投入试运行，试运行三个月内应申请竣工验收。

五、同意报洛阳市环境保护局审批。

二〇〇九年十二月二十二日

5. 关于洛阳至栾川高速公路洛阳至嵩县段建设项目环境影响报告书的批复

洛市环监〔2009〕43号

河南嵩阳高速公路有限公司：

你公司委托机械工业第四研究设计院编制的《河南嵩阳高速公路有限公司洛阳至栾川高速公路洛阳至嵩县段建设项目环境影响报告书》(以下简称《报告书》)、嵩县环保局及伊川县环保局初审意见、专家技术审查意见收悉，受省环保厅委托，经研究，批复如下：

一、新建的洛阳至栾川高速公路洛阳至嵩县段建设项目位于洛阳市、宜阳县、伊川县、嵩县，全长62.7km。该《报告书》评价目的明确，重点突出，内容全面，执行的标准准确，提出的环保措施可行，我局原则同意项目《报告书》，其他建设审批手续，请按有关程序办理。

二、建设单位和设计单位要根据《报告书》所提要求，在工程设计和建设中落实各项污染防治措施和环保投资。项目建设须重点做好以下工作：

(一)施工期间采用低噪声施工机械，在敏感区路段应设临时隔声设施，强噪声施工机械夜间应停止施工作业；临时隔声设施在施工前应安装到位。桥梁结构施工应选择在枯水期。桥梁施工采用围堰法施工。隧道施工时应合理安排爆破时间，夜间应停止爆破作业。合理安排施工营地、施工场地和建材堆场的位置；施工场地生活污水必须经防渗的临时沉淀池收集后妥善处理；施工废水应经三级沉淀池沉淀后达标排放。生活垃圾收集后应定期清运，并送到附近的城镇集中处理。

(二)建设单位应做好工程拆迁居民的补偿安置工作，并对双庙寨、樊店等7处敏感点(村庄)采用隔声屏障措施；对上楼子村沟北、上横里沟村20户居民安装通风隔声窗措施；对下元村、李家村建绿化带进行降噪。运营期加强对噪声敏感点的跟踪监测，根据监测结果及时采取进一步防治措施，确保敏感目标声环境功能达标。

(三)施工期应加强生态保护措施，严禁砍伐征地范围以外的树木；待施工完成后，临时占地应及时恢复绿化、补偿育林或复耕。

(四)建设单位应严格按环评要求，陆浑服务区不得建在陆浑水库保护区一、二级保护区内，服务区内不得设置加油站及洗车功能区；收费站、陆浑服务区和伊川停车区的生活污水应采取有效的污水处理设施，确保外排废水达到《污水综合排放标准》(GB 8978—1996)表4一级标准和《农田灌溉水质标准》(GB 5084—2005)旱作标准。

(五)建设单位应按环评要求，在陆浑服务区内修建容积适当的储水池及独立的雨水和污水收集管网，并建设相应的泵站及压力排水管道，雨季时将储水池内废水引入陆浑水库大坝下游，避免对陆浑水库造成污染。

(六)建设单位应按环评要求解决道路积水及路面排水问题，合理设计路侧废液收集池(事故池)，收集事故状态下泄漏的有毒有害危险品，防止直接进入地表水体。

(七)建立有效的施工监控机制，委托有资质的环境工程监理机构，负责督促工程施工期各项环境保护措施的落实，做好沿线的环境保护工作。

三、项目建设过程中必须严格执行环保“三同时”制度，配套建设的环境保护设施与主体工程同时设计、同时施工、同时投入使用。项目竣工后，建设单位应按规定程序申请试运行和环境保护验收。验收合格后，方可正式投入运行。

四、洛龙环保分局、宜阳县保护局、伊川县环保局、嵩县环保局负责本项目日常环境监督管理工作，洛阳市环境监察支队按规定对本项目进行现场监察。

五、本批复自下达之日起五年内有效，项目的性质、规模、地点、采用的防治污染、防治生态破坏的措施发生重大变动的，应当重新报批项目的环境影响评价文件。

二〇〇九年十二月三十日

主题词：环保　交通　环评　批复

抄送：省环保厅，洛阳市环境监察支队，洛龙环保分局，宜阳、伊川、嵩县环保局，机械工业第四设计研究院

洛阳市环境保护局办公室　　2009 年 12 月 30 日印发

6. 关于成立河南嵩阳高速公路有限公司的通知

豫高司人〔2009〕151号

所属各单位、机关各部室：

根据省厅有关加快工程建设步伐的指示精神，按照国家计委印发的《关于建设项目法人责任制的暂行规定》通知精神和《公司法》有关规定，经公司研究并报省厅批准，决定成立：河南嵩阳高速公路有限公司，委派：

周洪文同志为河南嵩阳高速公路有限公司董事、董事长（法人代表）：

陈可、师恒周、陈庆喜、冯道祥、胡中林五名同志为河南嵩阳高速公路有限公司董事：

李小重同志为河南嵩阳高速公路有限公司监事。

特此通知。

二〇〇九年五月[illegible]日

7. 地质灾害危险性评估报告备案登记表

<table>
<tr><td colspan="2">建设项目或规划区名称</td><td colspan="4">洛阳至栾川高速公路洛阳至嵩县段工程</td></tr>
<tr><td colspan="2">评估级别</td><td colspan="4">一级</td></tr>
<tr><td colspan="2">用地范围及面积</td><td colspan="4">洛阳至栾川高速公路洛阳至嵩县段工程线路全长61km,起点为洛阳市洛龙区上佽沟村,跨越宜阳县、伊川、终点为嵩县纸房乡,永久性占地6849.67亩,临时用地1000亩。</td></tr>
<tr><td colspan="2" rowspan="4">地理位置</td><td>X1</td><td>19631852.50</td><td>Y1</td><td>3828015.00</td></tr>
<tr><td>X2</td><td>19631852.50</td><td>Y2</td><td>3827915.00</td></tr>
<tr><td>X3</td><td>19602308.50</td><td>Y3</td><td>3776864.50</td></tr>
<tr><td>X4</td><td>19602308.50</td><td>Y4</td><td>3776964.50</td></tr>
<tr><td rowspan="4">建设用地单位</td><td>名称</td><td colspan="2">河南嵩阳高速公路有限公司</td><td>法人代表</td><td>周洪文</td></tr>
<tr><td>地址</td><td colspan="2">洛阳市洛南新区古城路勤政院宾馆</td><td>联系人</td><td>袁新胜</td></tr>
<tr><td>项目名称</td><td colspan="2">洛阳至栾川高速公路洛阳至嵩县段</td><td>电话</td><td>13603457937</td></tr>
<tr><td>用地性质</td><td colspan="2">国有建设用地</td><td>传真</td><td>0379 - 65639971</td></tr>
<tr><td rowspan="4">评估单位</td><td>名称</td><td colspan="2">河南省郑州地质工程勘察院</td><td>法人代表</td><td>郭友琴</td></tr>
<tr><td>地址</td><td colspan="2">河南省郑州市南阳路56号</td><td>联系人</td><td>吴东民</td></tr>
<tr><td rowspan="2">评估资质</td><td colspan="2">等级: 甲 级</td><td>电话</td><td>0371 - 86018060</td></tr>
<tr><td colspan="2">证书编号:国土资地灾评资字第(2005116008)号</td><td>传真</td><td>0371 - 86018015</td></tr>
<tr><td rowspan="4">评估报告</td><td>报告名称</td><td colspan="4">洛阳至栾川高速公路洛阳至嵩县段工程地质灾害危险性评估报告</td></tr>
<tr><td>报告主编</td><td colspan="2">王现国</td><td>电话</td><td>0371 - 86018006</td></tr>
<tr><td rowspan="2">专家组</td><td>审查时间</td><td colspan="3">2009年8月24日</td></tr>
<tr><td>专家组长</td><td colspan="3">(签名)</td></tr>
<tr><td colspan="2">评估单位对评估结论负责的承诺</td><td colspan="4">本次评估依据国土资源部〔2004〕69号文技术要求,开展了野外地质灾害综合调查、资料收集及报告的编写工作。我单位对评估报告的结论负责。

河南省郑州地质工程勘察院
09年 8月26日</td></tr>
</table>

续上表

建设或规划单位按评估结论做好地质灾害防治工作的承诺	保证按照评估报告及承诺书的内容做好地质灾害防治工作。 （单位签章） 2009年 8月28日
对建设项目或规划区地质灾害危险性评估工作是否符合有关规定的意见	评估单位具备地质灾害危险性评估甲级资质;报告审查聘请专家符合厅规定要求;评估单位已对评估结论作出负责性承诺;建设单位承诺按照评估报告中的要求进行地质灾害防治。 （单位签章） 2009年 9月11日

8. 关于洛阳至栾川高速公路洛阳至嵩县段工程压覆矿产资源情况的初审意见

洛国土资文〔2009〕439号

河南省国土资源厅:

河南嵩阳高速公路有限公司,拟建设洛阳至栾川高速公路,其中的洛阳至嵩县段为河南省2009年计划开工的重点高速公路建设项目。该公司与2009年12月14日,向我局提交了《关于洛阳至栾川高速公路洛阳至嵩县段工程压覆矿产资源的请示》(豫嵩阳高〔2009〕69号)。根据河南省国土资源厅《关于印发(河南省建设项目压覆矿产资源管理办法)的通知》(豫国土资发〔2003〕135号)有关规定,我局组织相关科室的技术人员,依照该公司提供的资料及《洛阳至栾川高速公路洛阳至嵩县段工程压覆矿产资源储量核实评估报告》,在探矿权采矿权管理系统上,对工程项目用地范围内压覆矿产资源情况进行了认真审查,经审查该工程用地范围与部分矿权重叠。

建议《洛阳至栾川高速公路洛阳至嵩县段工程压覆矿产资源储量核实评估报告》编制单位认真完善核实报告,并提交矿产资源储量评审机构评审后报省国土资源厅备案。建议河南嵩阳高速公路有限公司积极与有关矿业权人协商,就建设项目与其矿业权重叠有关事宜达成协议后,报省国土资源厅审核批复。

为此,提请省国土资源厅进行审查。

附件:《关于洛阳至栾川高速公路洛阳至嵩县段工程压覆矿产资源的请示》(豫嵩阳高〔2009〕69号)(略)

洛阳市国土资源局

二〇〇九年十二月十七日

9. 关于洛阳至栾川高速公路洛阳至嵩县段工程压覆矿产资源的审查意见

豫国土资函〔2010〕414 号

河南嵩阳高速公路有限公司：

你单位《关于洛阳至栾川高速公路洛阳至嵩县段工程压覆矿产资源的请示》（豫嵩阳高〔2009〕78 号）和《洛阳至栾川高速公路洛阳至嵩县段工程压覆矿产资源储量核实评估报告》收悉。

本工程洛阳至嵩县段起点路段位于洛阳市溢坡村东北，途经伊川、嵩县，终点位于嵩县县城东侧，路线全长约 61.45km，本路段拟建工程永久性占地 6549 亩，临时用地 1000 亩。拟建工程线路拐点坐标见下表。

洛阳至栾川高速公路洛阳至嵩县段工程拐点坐标一览表

点　　号	X	Y	点　　号	X	Y
1	3825786.01	37629145.41	21	3811238.90	37625746.26
2	3825248.13	37629153.26	22	3810932.12	37625370.93
3	3824780.81	37629026.30	23	3810303.34	37624928.64
4	3824367.52	37628776.85	24	3809617.84	37624764.82
5	3823910.29	37628543.94	25	3808637.37	37624841.01
6	3823113.45	37628434.84	26	3807815.71	37624631.35
7	3821792.89	37628600.80	27	3807201.22	37624126.39
8	3820974.25	37628741.44	28	3806795.00	37623187.71
9	3820025.16	37629034.31	29	3806658.21	37622816.35
10	3819411.13	37629101.24	30	3806230.92	37622352.20
11	3818581.77	37629001.40	31	3805372.35	37622105.96
12	3817331.33	37629257.09	32	3804817.62	37621824.22
13	3816508.44	37629277.66	33	3804053.21	37621467.80
14	3816037.94	37629187.33	34	3803186.01	37621151.71
15	3815135.57	37628770.61	35	3802327.81	37620577.18
16	3814578.11	37628343.89	36	3801630.84	37619785.54
17	3813556.48	37627774.14	37	3801191.49	37618964.10
18	3813167.70	37627608.48	38	3800743.81	37618074.40
19	3812537.61	37627222.76	39	3800023.53	37617421.77
20	3811850.24	37626527.96	40	3799573.02	37617098.74

续上表

点　号	X	Y	点　号	X	Y
41	3799287.10	37616723.38	75	3779946.99	37607396.81
42	3798851.88	37616231.51	76	3779590.39	37606669.25
43	3798178.00	37615922.43	77	3779419.22	37606232.85
44	3797298.32	37615459.57	78	3778913.67	37605828.50
45	3796874.20	37615069.81	79	3778540.73	37604969.17
46	3796309.29	37614244.95	80	3778239.94	37604101.00
47	3795476.58	37613882.45	81	3777506.38	37603484.65
48	3794845.91	37614114.54	82	3777179.45	37602760.66
49	3794132.34	37614312.19	83	3777003.66	37602338.75
50	3793529.21	37614308.65	84	3777075.13	37602298.57
51	3792593.68	37613997.38	85	3777263.77	37602757.54
52	3791672.70	37613543.12	86	3777587.32	37603449.80
53	3791004.52	37612802.06	87	3778308.54	37604055.28
54	3790240.33	37612191.26	88	3778622.56	37604964.17
55	3789818.22	37612042.03	89	3778975.82	37605773.72
56	3789245.45	37612002.60	90	3779493.45	37606197.38
57	3788602.22	37611583.01	91	3779676.88	37606660.64
58	3788426.55	37611346.66	92	3780028.73	37607412.04
59	3787928.93	37611106.40	93	3779942.43	37608049.23
60	3787576.97	37610897.47	94	3780222.52	37608481.89
61	3786732.19	37610854.54	95	3780425.19	37608926 85
62	3786177.35	37611161.35	96	3780922.74	37609399.14
63	3785768.04	37611182.76	97	3781540.21	37609587.34
64	3785217.27	37610996.39	98	3782133.15	37609894.88
65	3784481.97	37610920.70	99	3782992.07	37610214.15
66	3784045.46	37610710.72	100	3783699.03	37610343.04
67	3783666.40	37610418.52	101	3784096.97	37610646.97
68	3782977.19	37610295.20	102	3784504.11	37610841.60
69	3782098.40	37609969.34	103	3785223.77	37610913.58
70	3781509.01	37609663.14	104	3785777.97	37611101.14
71	3780896.22	37609476.91	105	3786162.68	37611080.01
72	3780348.69	37608956.88	106	3786700.33	37610779.01
73	3780157.33	37608531.68	107	3787611.84	37610823.07
74	3779864.43	37608075.94	108	3787963.70	37611032.13

续上表

点　号	X	Y	点　号	X	Y
109	3788488.78	37611292.93	139	3806872.29	37623158.28
110	3788682.33	37611554.98	140	3807286.72	37624101.67
111	3789262.56	37611921.99	141	3807844.19	37624553.73
112	3789828.17	37611960.45	142	3808643.13	37624759.11
113	3790272.24	37612115.48	143	3809624.77	37624683.09
114	3791070.22	37612752.75	144	3810321.90	37624847.29
115	3791720.11	37613476.18	145	3810987.33	37625310.03
116	3792625.53	37613921.73	146	3811303.93	37625696.33
117	3793541.46	37614227.55	147	3811920.06	37626484.13
118	3794116.90	37614231.45	148	3812602.06	37627168.80
119	3794833.14	37614030.30	149	3813205.43	37627535.65
120	3795470.88	37613800.66	150	3813587.47	37627698.19
121	3796379.14	37614201.18	151	3814629.84	37628280.09
122	3796941.49	37615021.99	152	3815189.09	37628707.83
123	3797359.00	37615402.64	153	3816058.00	37629108.02
124	3798176.21	37615835.17	154	3816515.85	37629195.92
125	3798915.99	37616177.19	155	3817321.07	37629175.67
126	3799361.62	37616687.57	156	3818583.11	37628919.43
127	3799643.20	37617052.80	157	3819412.30	37629019.20
128	3800067.37	37617352.43	158	3820006.54	37628954.40
129	3800816.09	37618035.11	159	3820967.05	37628658.82
130	3801272.05	37618942.58	160	3821776.35	37628520.27
131	3801704.53	37619748.13	161	3823094.66	37628354.04
132	3802388.52	37620521.32	162	3823944.16	37628469.02
133	3803227.50	37621080.76	163	3824424.73	37628716.88
134	3804096.68	37621394.57	164	3824815.89	37628952.16
135	3804859.00	37621752.92	165	3825264.01	37629072.46
136	3805398.19	37622027.43	166	3825781.39	37629063.54
137	3806278.31	37622285.24	167	3825786.01	37629145.41
138	3806745.06	37622805.00			

河南省地质矿产勘查开发局第二水文地质工程地质队受河南嵩阳高速公路有限公司的委托,承担了洛阳至栾川高速公路洛阳至嵩县段工程压覆矿产资源储量核实工作,编制了《洛阳至栾川高速公路洛阳至嵩县段工程压覆矿产资源储量核实评估报告》,结论是:该工程不存在压覆已查明矿产资源的情况。

根据核查评估报告提供,该工程与河南省伊川县高山煤预查2区的东部通过,预查区尚未提交矿产资源储量;该工程与嵩县汤池沟一带地热资源普查区东部边缘通过,普查区尚未查明矿产资源储量,建设方出具了该工程的建设对该地热资源以后的勘查开发利用造成影响,由本公司负责的承诺书;该工程与河南省嵩县白土塬矿区高岭土矿详查区部分区域重叠,但并未压覆矿产资源储量，矿权人出具了同意该工程从《河南省嵩县白土塬矿区高岭土矿详查》区北部，道路路基及影响范围内通过的同意书，双方签订了补偿协议书，同时建设方出具了由此发生的任何安全事故责任均由本公司承担的说明。

洛阳市国土资源局于2009年12月17日出具了《洛阳市国土资源局关于洛阳至栾川高速公路洛阳至嵩县段工程压覆矿产资源情况的初审意见》（洛国土资文〔2009〕439号），结论是：该工程用地范围与“河南省嵩县白土塬矿区高岭土矿详查”（许可证号：T41120080503006717），“河南省嵩县汤池沟一带地热资源普查”（许可证号：T41120090501028804）、“河南省伊川县高山煤预查2区预查（许可证号：4100000610387）”项目重叠，建议编制单位认真完善核实报告，并提交矿产资源储量评审机构评审后报国土资源厅备案，建设方与矿权人协商建设项目与其矿业权重叠有关事宜达成协议后，报省国土资源厅审核批复。

根据有关部门会审，该工程与2个“两权价款”项目“河南省伊川县高山煤预查区2区预查”、“河南省嵩县喂母寺矿区锰铁矿普查”重叠，与1个正在办理划定矿区范围项目“河南省嵩县白土塬矿”重叠，与1个探矿权“河南省嵩县汤池沟一带地热资源普查”（许可证号：41120090501028804）部分重叠。

根据《河南省建设项目压覆矿产资源管理办法》等有关规定，依据核实评估报告及有关部门初审、会审意见，该工程本次选址范围内截至目前未压覆已查明的矿产资源。未上省厅储量表的市、县级颁发采矿许可证的采矿权，由建设方与采矿权人在项目施工前协商解决相关问题。与“河南省嵩县汤池沟一带地热资源普查”范围重叠，由建设方与采矿权人在项目施工前协商解决相关问题。压覆“两权价款”地质勘查项目，应按照《河南省国土资源厅关于印发河南省建设项目压覆省两权价款地质勘查项目审批管理暂行办法的通知》（豫国土资发〔2009〕103号）规定办理。

二〇一〇年八月十五日

主题词：国土资源　地矿　公路　压覆　意见

抄送：洛阳市国土资源局、伊川县国土资源局、嵩县国土资源局，厅开发处、勘察处、规划处、用地处

河南省国土资源厅办公室　　2010年8月15日印发

10. 关于报送洛阳至栾川高速公路洛阳至嵩县段工程可行性研究报告审查意见的函

豫交规划〔2009〕246 号

省发展和改革委员会：

洛阳市发展和改革委、洛阳市交通局《关于呈报洛阳至栾川高速公路洛阳至嵩县段工程可行性研究报告的请示》(洛发改基础〔2009〕31 号)收悉。经我厅组织审查，现将《洛阳至栾川高速公路洛阳至嵩县段工程可行性研究报告》有关意见函告如下：

一、项目建设的必要性

洛阳至嵩县段高速公路是规划中的洛阳至栾川高速公路的重要组成部分，项目与区域内的洛阳西南绕城高速、连霍高速、郑少洛高速、二广高速互联成网，并先后与多条省道、县道相交。项目的建设将为洛阳市沿线地区的旅游事业发展、工矿能源产业开发利用及伏牛山区的地质科考等提供一条快速便捷的通道，同时将有效补充、完善河南省高速公路网络，对于缓解通道内的交通压力，提高路网整体效益，加强洛阳区域经济中心和辐射带之间联系，拉动豫西南边际地区经济的快速发展具有重要意义。为此，我厅同意修建洛阳至栾川高速公路洛阳至嵩县段。

二、建设方案及建设规模

同意该项目起于洛阳市溢坡村东北，向南跨 G36 宁洛高速公路洛阳绕城段设梁刘枢纽型互通立交后，在伊河北岸塬上向西南前行，经李庄、北窑沟，过石窑西侧，在三龙口西与 S323 交叉，设伊川西互通立交，然后继续向西南，经范沟、岳岭东，过西王庄、宋店西，在 K29 + 500 处设中溪停车区，向南经中溪、坡根，在鸣皋镇和旧寨之间穿过，跨顺阳河和嵩伊渠，沿嵩伊渠西侧低山台地继续向南，在古城东跨越 S322 及风阳河后，向南设古城互通与洛栾快速通道衔接，之后跨伊河至伊河东岸台地，跨陆浑水库总干渠后，沿九皋山麓南行，经姜公庙西，跨八道河，沿陆浑水库东岸低山布线，分别在 K52 + 500 路线东侧和 K53 + 500 路线西侧设置陆浑服务区。穿玉皇庙岭隧道后，在纸房乡东设嵩县互通，作为嵩县出入口，路线终于嵩县互通跨线桥终点处，与同期规划的嵩县至栾川高速公路衔接。

路线全长约 61.45km。全线路基土石方 800 万 m^3；大中桥 16207.5m/54 座；隧道 1285m/2 座；互通式立交 4 处，分离式立交 3 处；涵洞 53 道，通道 15 道，天桥 26 座；服务区 1 处，停车区 1 处，观景台 2 处，主线收费站 1 处；安全、服务和交通管理设施同步建成。

三、技术标准

同意该项目按照四车道高速公路标准建设，设计速度 100km/h，路基宽 26m。桥涵设计汽车荷载采用公路—Ⅰ级。其他技术指标应按照《公路工程技术标准》(JTG B01—2003)和《河南省高速公路设计技术要求》(DB41/T 419—2005)及其补充规定执行。

四、投资估算

核定项目投资估算为 36.82 亿元(含建设期贷款利息)。建设资本金由河南高速公路发展有限责任公司自筹，其余资金申请国内银行贷款解决。

五、经济、财务评价

该项目经济、财务评价依据国家现行有关办法编制。敏感性分析表明，该项目具有较好的国民经济和财务效益，在经济上是可行的。

六、建议项目建设工期为36个月。

二OO九年十月十一日

11. 对洛阳至栾川高速公路洛阳至嵩县段工程场地地震安全性评价工作报告的批复

豫震安评〔2009〕178 号

河南嵩阳高速公路有限公司：

依据《地震安全性评价管理条例》（国务院 323 号令），河南省地震安全性评定委员会对中国地震局地球物理勘探中心郑州基础工程勘察研究院完成的《洛阳至栾川高速公路洛阳至嵩县段工程场地地震安全性评价工作报告》进行了评审，认为该报告符合国家标准 GB 17741—2005《工程场地地震安全性评价》的要求。根据评审意见，经研究，现批复如下：

一、同意该报告对区域和近场地震活动性、地震构造环境及主要断裂活动性的分析评价意见；

二、同意该报告提供的工程线路全线区划结果和工程场地设计地震动参数结果（梁刘枢纽立交、伊河特大桥、乾涧沟特大桥三个场点的 50 年 10% 峰值分别为 70.3、74.7、64.1gal）。

以上为该工程的抗震设防要求，供抗震设计使用。

二〇〇九年九月二十七日

主题词：地震　安全性评价　批复

抄送：中国地震局、洛阳市地震局

12. 关于对洛阳至栾川高速公路洛阳至嵩县段工程水土保持方案报告书的审批

豫水行许字〔2010〕24 号

河南嵩阳高速公路有限公司：

本机关于 2010 年 4 月 8 日受理你公司提出的关于洛阳至栾川高速公路洛阳至嵩县段工程水土保持方案进行审批的申请，经审查，该申请符合法定条件。根据《中华人民共和国行政许可法》第三十八条第一款、《水行政许可实施办法》第三十二条规定，按照《中华人民共和国水土保持法》第十九条及其配套法规、技术规范的有关规定，许可如下：

一、洛阳至栾川高速公路洛阳至嵩县段工程位于洛阳市境内，线路起自洛阳市溢坡村东北侧，连接线连接洛阳市城市道路孙辛路，向西南方向途经伊川县、嵩县，止于嵩县县城东侧的嵩县互通式立交，全长约 62.699km。设计采用双向四车道高速公路技术标准，设计速度 100km/h，路基宽 26m。

全线共布设特大及大中桥 15551.6m/44 座，隧道 1230m/3 座，互通式立交 4 座，分离式立交 10 座，天桥及通道 63 处，涵洞 54 道，停车区 1 处，观景台 4 处，收费站 1 处，服务区及监控中心各 1 处。工程总占地面积 517.39hm^2，其中永久占地 457.96hm^2，临时占地 59.43hm^2。建设期总挖方 1192.81 万 m^3，总填方 898.84 万 m^3，弃方 293.97 万 m^3。工程总投资 37.27 亿元，其中土建投资 24.23 亿元；计划于 2010 年 1 月开工建设，2012 年 12 月建成，总工期 36 个月。

项目区地处河南省西部，工程沿线地貌类型为低山丘陵区，属暖温带大陆性季风气候，多年平均降水量 635mm，多年平均气温 14.6℃。项目区水土流失以中度水力侵蚀为主，属水利部公告的国家级水土流失重点治理区及河南省人民政府公告的水土流失重点治理区、重点预防保护区范围。

二、同意方案的编制深度为可行性研究阶段深度。方案编制依据充分，内容全面，水土流失防治责任范围和防治目标明确，水土保持分区及水土流失防治措施总体布局基本可行。经审查，方案符合开发建设项目有关技术规范的规定和要求。可作为下阶段水土保持工作的依据。

三、同意方案设计水平年为主体工程建设完工后的第一年，即 2013 年，届时方案确定的建设期的各项水土保持设施应全部按设计要求建成并发挥功能，达到水土保持专项验收的要求。

四、基本同意水土流失预测内容、方法及结果。经预测，本工程建设期将损坏水土保持设施面积 173.38hm^2，可能产生的水土流失总量为 122358t，新增水土流失量 64705t。

五、同意本工程采用建设类项目一级水土流失防治标准。基本同意本工程设计水平年时的水土流失防治目标为：扰动土地整治率 95%，水土流失总治理度达到 96%，土壤流失控制比0.8；拦渣率达到 90%，林草植被恢复率达到 98%，林草覆盖率达到 26%。

六、同意该工程水土流失防治责任范围为 599.57hm^2，其中项目建设区 517.39hm^2，直接影响区 82.18hm^2。

七、同意将水土流失防治区划分为四个一级防治分区，即主体工程防治区、弃渣场防治区、施工道路防治区、施工生产生活防治区；四个二级防治分区，即路基工程防治区、桥涵防治区、互通立交防治区、附属设施防治区。基本同意水土流失防治措施总体布局和各防治分区采取的防护措施：

1. 路基工程防治区

施工期要做好土石方调配，应充分利用现状地形，减少动土方量；要做好路基、路堑边坡的防护，剥离表土要集中堆放，并认真落实建设期间的临时排水等防护措施，控制人为水土流失。

2. 桥涵防治区

根据沿线水文地质、地形地貌等情况，依据相应的水文计算结果，调整桥长和底高程以满足泄洪要求；桥涵施工结束后拆除的施工围堰产生的弃渣（弃浆）应统一运至指定地点堆放并进行防护。

3. 互通立交防治区

要做好互通立交区域植被绿化，并加强排水、拦挡等临时措施。

4. 弃渣场防治区

基本同意工程设置6个弃渣场在沟头进行弃渣，施工期要注意做好表土剥离保存及回用工作，并按照“先拦后弃”原则做好拦挡措施，当弃渣达到设计标高后要及时进行整治与防护，施工结束后采取覆土并恢复植被措施。

5. 附属设施防治区

施工期间要加强排水、拦挡、覆盖等临时措施，施工结束后做好植被绿化工作。

6. 施工道路防治区

要做好路边排水，施工结束后要及时进行整治。留给地方继续使用的要做好永久防护工程，不再使用的要按要求及时恢复。

7. 施工生产生活防治区

施工期间要认真落实临时排水及其他措施，施工结束后要及时清理平整施工场地，并按要求恢复植被或复耕。

八、同意水土保持方案实施进度安排，要严格按照批复的水土保持方案所确定的进度组织实施水土保持工程。

九、基本同意水土保持监测内容、方法和频次。同意主要在路基边坡和弃渣场区设置监测点位，基本同意采取定位观测、实地调查和现场巡查相结合的方法进行监测。

十、同意投资估算的编制依据、原则及方法。基本同意本工程水土保持投资估算为10180.3万元，其中防治费8910.44万元，水土保持监测费112.0万元，水土保持补偿费208.06万元。

十一、建设单位在工程建设中重点做好以下工作：

（1）按照方案落实资金、管理等保证措施，做好本方案下阶段的工程设计、招投标和施工组织工作，水土保持后续设计应报省水利厅备案。建设过程中加强对施工单位的管理与监督，切实落实水土保持“三同时”制度。

（2）认真开展水土保持监测和工程监理工作。委托有水土保持监测资质的机构承担水土保持监测工作，及时向有关水行政主管部门提交监测报告；委托有水土保持监理资质人员的机构承担水土保持工程监理工作，确保工程建设质量。

（3）落实临时防护措施，控制施工期间的水土流失量。及时交纳水土保持补偿费，定期向工程所在地水行政主管部门报告水土保持方案的实施情况，并接受有关水行政主管部门的监督检查。

(4)建设单位要按照《开发建设项目水土保持设施验收管理办法》的规定，在工程投入运行之前及时向水保方案审批部门申请组织水土保持设施验收。水土保持设施未经验收或验收不合格的，工程不得交付使用，否则依法进行查处并追究有关当事人的责任。

二〇一〇年六月二十三日

抄送：省发改委、省环保厅、省国土资源厅，洛阳市水利局，黄河水利委员会黄河水利科学研究院

13. 关于对洛阳至栾川高速公路洛阳至嵩县段伊河大桥建设项目的审批

豫水行许字〔2010〕32号

河南嵩阳高速公路有限公司：

本机关于2010年4月23日受理你单位《关于报批洛阳至栾川高速公路洛阳至嵩县段伊河大桥建设项目的请示》(豫嵩阳高协〔2010〕77号),经审查,符合法定条件,依据《中华人民共和国行政许可法》第三十八条第一款、《中华人民共和国防洪法》第二十七条第一款、《水行政许可实施办法》第三十二条规定,根据伊河大桥施工图设计方案、《防洪评价报告》及洛阳市水务局初审意见,许可如下;

一、拟建洛阳至栾川高速公路洛阳至嵩县段伊河大桥,位于嵩县田湖镇古城村东南伊河上,距上游陆浑水库11.8km。桥梁与堤防立交,桥轴线与主河槽呈80°交角,两岸桥台均位于现状堤防背水侧,桥面净宽为2×11.75m,桥跨布置为19~25m,全长481.33m。上部结构采用预应力混凝土连续箱梁,下部结构采用柱式桥墩、灌注桩基础。设计洪水频率为1%,设计水位251.17m,设计桥梁底高程为255.36~256.70m。桥位处河道防洪标准20年一遇,已按规划进行治理,堤距422m,堤顶高程为左堤252.25m、右堤252.65m。《防洪评价报告》复核桥位处20年一遇洪水位为250.37m、100年一遇洪水位为251.79m,洪水壅高0.12m。设计桥梁底高程高于100年一遇洪水位3.57~4.91m,满足伊河行洪要求。

二、该桥与堤防立交,左堤处桥梁底高程255.36m,堤顶以上桥下净空3.11m;右堤处桥梁底高程255.60m,堤顶以上桥下净空3.95m,均不满足桥下最小净空4.5m的要求。你单位须在伊河两岸堤防背水侧修建上下堤混凝土防汛抢险通道,坡度小于6%,与堤防轴线交角小于30°,不得削弱堤防设计断面,路面宽5m、路基高于地面0.5m,净空高度大于4.5m,确保抢险车辆畅通。由于设计右堤桥台(嵩县方向)设置在堤防背水侧堤脚处,不能满足堤下防汛抢险通道的设置,须将桥梁在右岸加长一跨。

三、1#和2#桥墩设在左岸堤防上,18#桥墩设在右岸堤防临水侧堤脚,你单位须在左岸堤防背水侧按原断面对左堤进行断面加宽补偿,并对桥址上游100m、下游150m长两岸迎水侧堤坡进行浆砌石护砌。

以上两条补救工程的实施方案报洛阳市水务局审批后实施,并与桥梁工程同步竣工。桥址处两岸堤防上下堤防汛抢险通道的日常维护由你单位负责。

四、该工程要严格按照批复和《堤防工程施工规范》要求进行施工,禁止向河道内排放泥浆、污水、污物,及时拆除施工临时设施,彻底清理施工现场,恢复河道原貌。施工占地、损毁树木等按有关规定进行赔偿。

五、该工程委托洛阳市水务局进行监督管理,请你单位在开工前将批准文件、按批准文件修改后的施工图设计、桥梁工程施工方案和补救措施的实施方案报送洛阳市水务局,办理开工与施工管理手续、签订有关协议后方可开工,并接受其监督管理。施工若需破堤、拆护岸时须报洛阳市水务局批复,并在汛前按原标准恢复。若跨汛期施工,你单位应制定度汛方案报洛阳市防汛指挥部门审批,并负责工程上下游影响河段的防洪抢险任务,确保河道防洪安全。

六、涉及第三者水事权益问题由你单位负责解决。

七、工程完成后,你单位要及时上报竣工验收资料。工程由洛阳市水务局验收合格后方可投入使用,并报省水利厅备案。

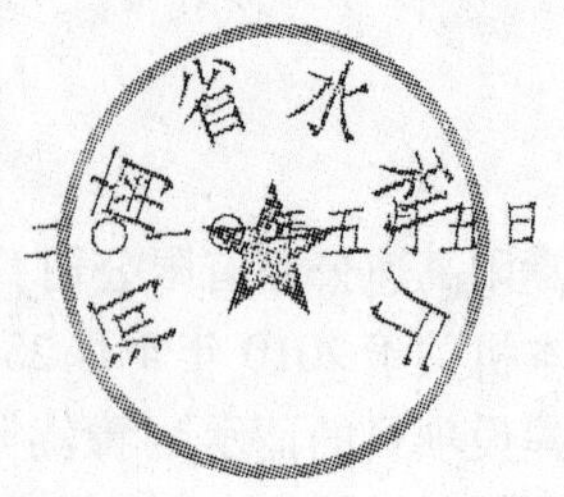

14. 洛阳至栾川高速公路洛阳至嵩县段跨中小河流桥梁建设项目洪水影响评价报告许可

洛水行许字〔2010〕15号

河南嵩阳高速公路有限公司：

本机关于2010年5月25日受理你单位提出的洛阳至栾川高速公路洛阳至嵩县段跨中小河流桥梁建设项目洪水影响评价报告许可申请。经审查，该申请符合法定条件，根据《中华人民共和国行政许可法》第三十四条第二款，《水行政许可实施办法》第三十二条规定，根据伊川县水利局初审意见、《防洪评价报告》及专家审查意见，许可如下：

一、洛阳至栾川高速公路洛阳至嵩县段是河南省2009年计划开工的重点高速公路项目。项目的实施可有效补充、完善河南省高速公路网络、拉动豫西南山区区域经济的快速发展，及时适应项目通道内社会、经济、旅游事业发展的需求。且经过防洪影响评价综合分析，该工程对河势稳定及防洪影响较小，原则同意实施。

二、跨河工程建设情况

(1)前溪河桥梁底设计高程270.73m，高于前溪河自然河道百年一遇洪水位248.73m，相应洪水流量347m^3/s，雍水高程0.049m。

(2)银河大桥桥梁长度106.34m，桥梁底设计高程243.691m，高于银河自然河道百年一遇洪水位241.827m，相应洪水流量1185m^3/s，雍水高程0.116m。

(3)顺阳河大桥桥梁长度306m。桥梁底设计高程254.456m，高于顺阳河自然河道百年一遇洪水位247.722m，相应洪水流量1232m^3/s，雍水高程0.067m。

(4)上喂母寺大桥桥长413.24m，桥梁与河道夹角90°，设计洪水标准为100年一遇，大于现有河道防洪标准，相应洪峰流量为339m^3/s，100年一遇设计洪水流量为783 m^3/s。雍水高程0.092m。

(5)其余桥梁布置长度均超过河道10年一遇行洪宽度，梁底高程最少高于河道10年一遇洪水位，对河道行洪基本无影响。

三、工程开工前，建设单位须将施工方案报伊川县水利局审批，办理实施手续。若跨汛期施工，须制定度汛方案并伊川县水利局批准，并负责工程上下游影响河段的防洪抢险任务，确保河道防洪安全。

四、施工中要服从河道主管部门管理，保护好河道有关工程及管理设施，工程施工破堤、拆护岸时，需经当地水行政主管部门批准，并按原标准在汛前进行恢复；禁止汛期在主河槽施工；禁止将施工过程中的生产、生活废水和污水、污物向河道内排放。

五、工程完工后，及时拆除施工临时设施，彻底清理施工现场，恢复河道原貌，破坏水利设施的，要采取补救措施；建设单位要及时上报竣工验收资料，由我局初验及省、市水利部门组织验收后方可投入使用，并报省水利厅备案。

二〇一〇年五月二十五日

抄送:伊川县水利局　伊川县河道所

15. 河南省文物局关于洛阳至嵩县高速公路建设工程选址的意见

豫文物函〔2009〕56 号

河南嵩阳高速公路有限公司：

你公司《关于洛阳至嵩县高速公路建设用地压覆文物的函》（漯指函〔2009〕039 号）收悉。经研究，我局意见如下：

一、原则同意洛阳至嵩县高速公路建设工程拟选线路方案。

二、请你公司尽快联系洛阳市文物局完成公路全线的文物调查工作，并出具调查报告报我局。

三、依据《文物保护法》的有关规定，工程建设前应由我局委托相关文物考古单位对拟建区域进行文物勘探和考古发掘工作，用于文物保护的工作经费由建设单位列入建设工程预算。

二〇〇九年十一月十三日

抄送：洛阳市文物管理局

河南省文物局　　2009 年 11 月 13 日印发

---

16. 洛阳市人民政府与河南交通投资集团有限公司

高速公路建设项目
支持协议书

二〇一〇年三月

甲方:洛阳市人民政府

乙方:河南交通投资集团有限公司

鉴于:

1. 乙方已在甲方境内投资建设连霍高速洛阳至豫陕界段改扩建工程(以下简称“在建项目”)。

2. 甲方希望乙方在甲方境内继续投资建设:郑卢高速公路洛阳至洛宁段、洛宁至卢氏段(洛阳境)、洛栾高速公路嵩县至栾川段、武西高速公路尧山至栾川段(洛阳境)、栾川至西峡段(洛阳境)(以下统称“拟建项目”),并同意对乙方投资给予最大程度的支持和投资环境保障。

以上拟建项目为洛阳市交通局招商引资项目。

3. 乙方同意根据省高速公路建设计划投资建设拟建项目,全力支持甲方交通事业和经济社会发展。

为促进建设项目顺利实施,确保实现省高速公路建设计划目标,甲乙双方本着双方互惠、互利的原则协商,达成协议如下:

一、定义

1. 甲方:指洛阳市人民政府及其所属各相关部门,以及其辖区各级政府及其所属各相关部门。

2. 乙方:指河南交通投资集团及其所属各级企业单位(包括河南高速公路发展有限责任公司、河南中原高速公路股份有限公司、房地产企业和投资公司等)。

二、主要支持政策

(一)建设项目相关税费

1. 项目施工企业建筑营业税

(1)在建项目:自本协议签订当月起,甲方于每季度结束后一个月内将当季度与在建项目有关的施工企业建筑营业税金额的60%作为地方财政支持返还乙方。

(2)拟建项目:自拟建项目开工当月起,甲方于每季度结束后一个月内对当季度与拟建项目有关的施工企业建筑营业税作为地方财政支持金额返还乙方。

2. 与项目有关的其他税费

(1)地方所属税费部分:自本协议签订当月起,免除甲方需向乙方收取的与拟建项目有关的全部行政事业性收费;自本协议签订当月起,免除甲方需向乙方收取的与在建项目有关的全部行政事业性收费金额的60%。

甲方于每季度结束后一个月内将当季度乙方和施工单位缴纳的与在建和拟建项目有关的税收、施工单位缴纳的行政事业性收费作为地方财政支持按上述规定返还乙方。

(2)非地方所属税费部分:自本协议签订当月起,乙方应在甲方当地缴纳的在建和拟建项目除归地方之外的其余全部税费及其他费用,由甲方负责协调按最低标准执行。

(二)征地拆迁

1. 甲方负责按照进度计划完成拟建项目征地拆迁(含临时用地)实施工作。

2. 在建和拟建项目涉及的项目服务区等包括的经营性用地,甲方负责与项目同步以土地出让的方式为乙方办理用地手续,价格适用项目建设划拨地价。

3. 按照乙方在在建和拟建项目互通立交、出入口附近有关道路建设加油站的计划,甲方与项目同步以土地出让的方式为乙方办理用地手续,征地价格适用项目建设划拨地价,超出部分作为地方财政支持,在征地手续办理后一个月内全额返还给乙方。若涉及拆迁费用,由甲方负责协调按项目拆迁标准执行。

(三)项目相关工作支持

1. 甲方负责协调办理拟建项目前期基建手续。

2. 在建和拟建项目涉及的地方各级政府所属、控股的企事业单位,由甲方负责实施拆迁并承担相应费用。

3. 在建和拟建项目(含洛栾高速洛阳至嵩县段)矿产压覆费等涉及矿产资源的有关税费及补偿费用,原则上由甲方承担。如遇特殊情况,双方协商解决。

4. 在建和拟建项目建设期间,参建各方无偿使用当地道路,甲方需保证使用,当地道路的使用和修复补偿等费用由甲方负责。由使用当地道路引起的协调问题,甲方负责及时解决。

5. 甲方为乙方实施在建和拟建项目提供距项目路线两侧 2 公里以内的合理土源和近距离的废料弃置场地。在乙方提出要求后,甲方应在 15 天内解决,确保项目工期。

6. 根据乙方实施在建和拟建项目需要,甲方无偿为参建各方及时提供临时取土、驻地、料场、拌和站等用地,作为地方财政支持免除或返还乙方就临时用地应缴纳的有关税费。

7. 甲方不要求乙方承担或支付国家和省规定以外的其他义务和费用。

8. 甲方负责全力为乙方在建和拟建项目提供优良的建设环境保障,并承诺在项目建设期间不出现阻挠施工现象,保证零阻工,确保项目顺利实施。

9. 甲方负责为乙方办理在建和拟建项目的土地使用证、房屋设施规划及房产证等有关证照。土地证在至项目建成通车三个月前办理完成,房产证在房建设施完工后三个月内完成。

10. 在建和拟建项目所有边角地由甲方负责协调解决,乙方不再补偿。

11. 在建和拟建项目施工震动费由甲方负责协调免除乙方责任,确保乙方正常施工。

(四)房地产开发支持

1. 甲方同意以相当于划拨价的价格为乙方提供商住用地,地块由乙方选择,甲方以“招拍挂”土地出让的方式为乙方办理用地手续,将高出划拨价的差额部分在乙方交纳土地出让金后一个月内,作为地方财政支持以奖励或者其他方式全额返还乙方,用于支持乙方在本地进行的高速公路建设。

2. 甲方同意金额免去乙方房地产开发项目的市政配套费及其他由地方收取的行政事业性收费,并将乙方在房地产开发中缴纳的税收(地方所属部分)作为地方财政支持,在缴纳后一个月内全额返还乙方。除归地方之外的其余全部税费,由甲方负责协调按最低标准执行。

3. 甲方同意自本协议签订六个月内交付土地，并办理完毕国有土地使用权证。

4. 甲乙双方同意尽快协商落实洛栾高速洛阳至嵩县段项目优惠协议涉及的土地事项。

甲方同意按本协议上述条件另向乙方提供位于洛阳新区、洛阳经济开发区的商住用地(约300亩)。

上述用地以规划和土地定界为准。

(五)投资开发支持

1. 甲乙双方就乙方投资入股当地拟上市企业或高新技术企业建立长期合作关系，指派专人每季度沟通信息，甲方协助乙方调研。如乙方有投资意向，甲方全力协调当地有关部门和具体企业，支持和促成乙方投资。

2. 项目建设期间，甲方当地下述或其他企业若进行上市准备，根据乙方调研后的投资意向，若属甲方控股企业，甲方保证乙方能够投资入股该拟上市企业，投资比例不低于乙方入股后总股本(注册资本)的5%，每股投资价格不高于该企业上年度经审计的每股净利润的6倍；若非甲方控股企业，甲方全力协调促成乙方投资入股该拟上市企业：

(1)洛阳北方玻璃技术股份有限公司；

(2)洛阳七二五研究所及其下属企业；

(3)洛阳隆华制冷设备有限公司；

(4)洛阳慧中兽药有限公司；

(5)河南通达电缆有限公司；

(6)河南中硅高科技有限公司；

(7)中色科技股份有限公司；

(8)洛阳升华感应加热有限公司；

(9)洛阳绿潮科技开发有限公司；

(10)凯迈(洛阳)电子有限公司。

3. 甲方给予乙方当地矿产、旅游等优质资源或企业优先投资、开发权，提供相关资料，配合乙方前期调研和项目实施等工作。

三、附则

1. 本协议作为拟建项目投资框架协议书的附件，具有同等效力。

2. 甲方承诺，乙方今后在甲方境内投资建设其他高速公路、桥梁等项目时，享受不低于本协议约定的优惠条件，双方另行签订协议。

3. 甲方承诺，乙方享有甲方招商引资优惠政策(包括本协议未涉及部分)，若有关招商引资优惠政策优于本协议约定，按招商引资相关优惠政策执行，若低于本协议约定，按本协议执行。

4. 本协议签订后，报省政府、省交通运输厅监督执行。

5. 甲乙双方应严格履行该协议约定，因不履行本协议约定或者对项目建设环境不利问题解决措施不力，造成项目实施困难及其他方面问题，承担相应责任。

6. 本协议自签订之日起生效，至协议约定事项全部履行完毕结束。

7. 本协议一式捌份，甲、乙双方各留存叁份，其余报省政府、省交通运输厅。

甲方：洛阳市人民政府

（盖章）

乙方：河南交通投资集团有限公司

（盖章）

法定代表人：

法定代表人：

或

或

授权代理人：（签字）

授权代理人：（签字）

2010 年 3 月 31 日

2010 年 3 月 31 日

17. 洛阳至栾川高速公路洛阳至嵩县段 施工许可申请书

<table>
<tr><td>申请人
（项目法人）
名称</td><td colspan="4">河南嵩阳高速公路有限公司</td></tr>
<tr><td>申请人
（项目法人）
地址及邮政编码</td><td colspan="4">洛阳市开元大道224号　　邮政编码:471000</td></tr>
<tr><td rowspan="5">法定代表人姓名
及联系方式</td><td>姓名</td><td>周洪文</td><td rowspan="5">委托代理人
姓名及联系
方式</td><td>姓名</td><td></td></tr>
<tr><td>电话</td><td>0379－63272699</td><td>电话</td><td></td></tr>
<tr><td>手机</td><td>18937951999</td><td>手机</td><td></td></tr>
<tr><td>传真</td><td></td><td>传真</td><td></td></tr>
<tr><td>E－mail</td><td></td><td>E－mail</td><td></td></tr>
<tr><td>申请材料
目录</td><td colspan="5">1. 施工图设计文件批复
2. 交通主管部门对建设资金落实情况的审计意见；
3. 国土资源部门关于控制性用地的批复；
4. 建设项目各合同段的施工单位和监理单位名称、合同价情况；
5. 已报备的资格预审报告、招标文件和评标报告；
6. 已办理的质量监督手续材料；
7. 保证工程质量和安全措施的材料。</td></tr>
<tr><td>申请日期</td><td colspan="2">2010年9月20日</td><td>法定代表人
（委托代理人）
签字或盖章</td><td colspan="2"></td></tr>
</table>

注:1. 本申请书由交通厅行政许可的实施机关负责免费提供。

2. 申请人应当如实向实施机关提供有关材料和反映情况,并对申请材料实质内容的真实性负责。

<table>
<tr><td rowspan="3">项目基本情况</td><td>项目名称:洛阳至栾川高速公路洛阳至嵩县段</td></tr>
<tr><td>路线起讫点:洛阳市溢坡村至嵩县纸房乡</td></tr>
<tr><td>建设规模及主要技术指标:全线建设里程洛阳至嵩县段全长61.45公里,路基宽26米,计算行车速度100公里/小时,其中行车道宽2×2×3.75米;全线计价土石方总量为971.327万立方米;主线沥青路面铺装总面积为1356.539千平方米;桥梁共54座长16207.5米,涵洞53道,通道15道,隧道2座长1285米,互通式立交4座,分离式立交3处,天桥26处,设服务区1处、停车区1处、观景台2处。</td></tr>
<tr><td rowspan="5">建设依据</td><td>工可报告批准机关:　　　　文号:</td></tr>
<tr><td>项目申请报告核准机关:河南省发改委　文号:豫发改交通(2009)1831号　日期:2009.11.5</td></tr>
<tr><td>初步设计批准:河南省发改委　文号:豫发改交通(2009)2005号　日期:2009.12.14</td></tr>
<tr><td>施工图设计批准机关:省交通运输厅　文号:豫交规划[2010]305号</td></tr>
<tr><td>批准总概算:407676　万元　　其中部投资:0万元</td></tr>
<tr><td>土地征用办理情况</td><td>建设用地批准机关:国土资源部　文号:国土资厅函(2010)290号　日期:2010.3.26
河南省国土资源厅　文号:豫国土资函[2009]662号　日期:2009.10.13</td></tr>
<tr><td>交通主管部门对建设资金的审计意见</td><td>批准总概算为407676万元,25%资本金已全部到位,满足开工建设资金需要。
河南省交通运输厅财务处(章)</td></tr>
<tr><td></td><td>2010年10月11日</td></tr>
</table>

<table>
<tr><td rowspan="3">项目法人
基本情况</td><td>项目法人名称(章):河南嵩阳高速公路有限公司</td></tr>
<tr><td>法定代表人:周洪文</td></tr>
<tr><td>委托的项目建设管理单位(如有):无</td></tr>
<tr><td colspan="2">质量监督单位:河南省交通基本建设质量检测监督站</td></tr>
<tr><td colspan="2">设计单位:河南省交通规划勘察设计院有限责任公司　　资质等级:甲级</td></tr>
<tr><td colspan="2">申请开工日期:2009 年 12 月 10 日　计划竣工日期:2012 年 12 月 10 日　计划工期:36 个月</td></tr>
<tr><td colspan="2">该项目施工许可实施机关的下一级地方人民政府交通主管部门初审意见(如有):

签字:　　　　(章)
年　月　日</td></tr>
<tr><td colspan="2">该项目施工许可实施机关审批意见:

(章)
豫交施工许可[2010]8号　　　　年　月　日</td></tr>
</table>

证　明

洛阳至栾川高速公路洛阳至嵩县段项目前期发生的各项费用已按实际完成工作量支付，项目批复总概算为407676万元，25%资本金已经全部到位，银行贷款部分由国家开发银行开具贷款承诺函，项目各项资金管理和使用情况良好。

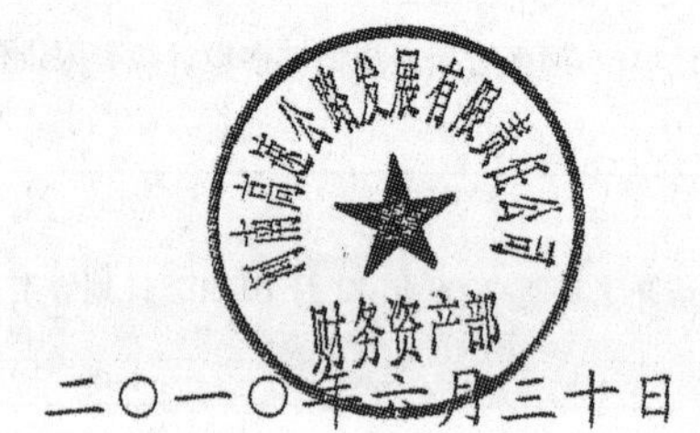

二〇一〇年六月三十日

18. 关于洛栾高速洛阳至嵩县段路线走向的意见

〔2009〕379 号

河南嵩阳高速公路有限公司：

贵公司《关于洛阳至嵩县高速公路沿线城市规划情况进行审查的函》收悉，我局组织了专家论证，并进行了专题研究，形成了如下意见：

一、关于洛栾高速与市区衔接问题。洛栾高速洛阳至嵩县段在洛阳市区起点应选择与规划孙辛路进行对接。未来孙辛路贯通洛阳南北，是连接城市南北的一条交通主干道，又处在城市区西边缘，该路与高速公路对接有利于城市发展和合理交通组织。

二、关于洛栾高速在伊川与嵩县段走向问题。原则同意专家组和两县的意见，即自 K5 至 K25 段选择西线方案，K25 至 K70 段选择东线方案，并对其中嵩县区段（K50 至 K70）路线提出了修改建议。该路线在嵩县区段（K50 至 K70）路线距离陆浑水库较近，由于陆浑水库为洛阳供水主水源，对城市供水安全和环保要求造成不利影响，建议该段路线向东侧进行适度移位，与陆浑水库保持足够的安全距离，从而保证供水安全和符合环保要求。

二〇〇九年八月三十一日

19. 关于洛栾高速公路嵩县段路线方案的建议函

市洛栾高速公路协调办公室：

洛栾高速嵩县段东线(也称南线)方案及饭坡、纸房两互通的设置，前期已多次征求意见，我县已予认可同意。但在8月17日及8月20日会议上，部分专家及部门提出走西线方案和改在田湖设立交方案，如按此改变原设计方案，和嵩县经济社会发展实际情况不相符合，不利于最大限度发挥高速公路作用。我们认为：原定的嵩县东线方案及饭坡、纸房设置互通，有利于带动嵩县经济的发展和推动伏牛山旅游的大开发，有利于增强骨干公路的互通性、完善干线公路路网布局，也符合建设此高速公路的初衷。因此，我们仍坚持嵩县段东线方案及饭坡、纸房设置互通的意见。主要理由是：

一、经过专家论证，从技术方案上讲，东、西线方案没有太大的差别。

二、目前陆浑西已有洛栾快速通道和省道S322，高速公路走东线，从路网布局上更为合理。

三、东线距省级产业集聚区——饭坡工业园区不足3km，该区是今后嵩县经济发展的集聚区、重要支撑，东线更有利于带动嵩县经济的发展。

四、嵩县县城未来重点向伊河东岸发展，东线更有利于拉大嵩县城市框架。

五、东线距路西的号称“豫西明珠”的陆浑旅游景点只有约3km，有利于陆浑风景区的保护性开发。

六、东线自然环境优美，有利于把洛嵩高速打造成旅游高速。

七、饭坡是省道S247南车线和省道S325侯饭线的交汇点，距洛栾快速通道也不足3km，也是陆浑旅游景点和饭坡工业园区的重要出入口，在此设互通，能够增强骨干公路的互通性、完善我省干线公路路网布局；有利于陆浑风景区的开发；能够有效带动嵩县产业发展，从而充分发挥高速公路的效益。

以上建议，请考虑为盼。

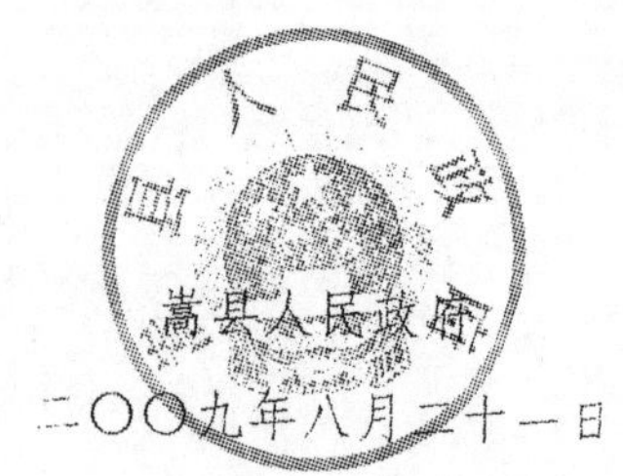

嵩县人民政府

二〇〇九年八月二十一日

20. 关于变更洛栾高速伊川段出入口的函

伊政函〔2009〕9号

河南省交通规划勘察设计院有限责任公司：

洛栾高速即将开工建设，设计方案中洛栾高速伊川出入口与伊川县城通往鸦岭乡常川村的伊常路相连接，我们认为不宜在此设立出入口，而应变更在与伊川县城北周村至宜阳县崔村的崔周路相连接。现将有关情况函告如下：

一、伊常路虽然是新开辟的省道八官线的组成部分，但目前伊川县城西至鸦岭乡常川段只是一条5m宽的乡道，常川村至宜阳段尚未建设，是一条"断头路"；伊常路东与伊川县城主要街道人民路贯通，人民路是县城的政治、经济、文化、商业中心，车流量大，交通经常拥堵，出入口与伊常路相连接，势必进一步加大人民路的交通压力，影响行车效率和行车安全。

二、崔周路与省道八官线、郭木线、伊卢线、安虎线互联成网，若洛栾高速出入口与崔周路相连接，既有利于缓解伊川县城的交通压力，也可方便伊川县、宜阳县、洛宁县三县出入高速，提高洛栾高速的使用效益。

三、伊川县城关镇周村以北、李疙瘩村以南是经省政府批准设立的产业集聚区，也是规划的伊川县新城区。若洛栾高速伊川出入口与崔周路连接，崔周路成为洛栾高速引线后，可以构筑伊川县产业集聚区的交通新优势，促进伊川产业集聚区和伊川县城新区的发展。

综上所述，从两个方案的交通便利程度对比来看，伊常路显然不宜作为洛栾高速伊川段出入口的引线；从对伊川县城的长远发展来看，崔周路更宜作为洛栾高速伊川县城出入口的引线。基于上述理由，我县建议将洛栾高速伊川县城互通式立交设在鸦岭乡以东并与崔周路相连接。

另外，我县同意洛栾高速在嵩县田湖镇古城村设立出入口的设计方案。若此出入口变更在嵩县饭坡乡，我县建议在伊川县鸣皋镇干河村另设出入口，主要是因为鸣皋镇是我县的工业重镇，洛栾快速通道伊川鸣皋段沿线分布有燃气工业园区、中溪塑料工业园区等为主的产业带，工业企业密集、产值规模大，在此设立出入口将不仅能促进伊川县南部经济社会的发展，还能扩大洛栾高速的交通流量，提高收益水平。

二〇〇九年八月二十一日

主题词：交通　高速公路　函

伊川县人民政府办公室　　　　2009年8月21日印发

---

21. 关于洛阳至嵩县高速公路拟走路线的函

河南嵩阳高速公路有限公司：

关于洛阳至嵩县高速公路拟定路线，经我局审核，沿线无需特殊保护的旅游景区，我局拟同意该线路走向。如确定的线路需避让旅游景区时，请提前征求有关部门意见。

二〇〇九年八月二十四日

22. 关于洛栾高速公路洛阳至嵩县段路线走向的函

洛阳至栾川高速公路工程建设指挥部：

根据 8 月 20 日会议要求及 8 月 15 日省交通规划勘察设计院《关于洛阳至栾川高速公路洛阳至嵩县段路线走向征求意见的函》，我委高度重视，认真研究，分析讨论，认为其线路走向应尊重专家意见。

二〇〇九年八月二十五日

抄送：河南省交通规划勘察设计院有限责任公司

洛阳市发展和改革委员会办公室　　　　2009 年 8 月 25 日印发

---

23. 关于变更洛栾高速伊川段出入口的函

洛嵩高速项目部：

洛栾高速已开工建设，设计方案中洛栾高速伊川出入口与伊川县城通往鸦岭乡常川村的伊常路相连接，我们认为不宜在此设立出入口，而应变更在原设计出入口南 1.5 公里处，与伊川县城道路鹤鸣路相连接。现将有关情况函告如下：

伊川县城人民路是全县的政治、经济、文化、商业中心，车流量大，经常拥堵。伊常路东与伊川县城主要街道人民路贯通，若洛栾高速伊川出入口与伊常路相连接，使伊常路成为洛栾高速的引线，势必进一步加大人民路的交通压力，影响行车效率和行车安全。而鹤鸣路是伊川县城的南环路，向东直接与洛栾快速通道相连接，目前交通量不大，若鹤鸣路成为洛栾高速引线，可以有效地缓解县城主要街道人民路的交通压力，完善县城道路布局，促进伊川县域经济的发展。

基于上述理由，我局建议将洛栾高速公路伊川出入口变更在原设计出入口南 1.5 公里处，东与伊川县城道路鹤鸣路相连接，北与伊常路连接。

二〇〇九年十月九日

24. 关于建议调整洛阳至栾川高速公路洛阳至嵩县段服务区和停车区面积的函

河南嵩阳高速公路有限公司：

洛阳至栾川高速公路洛阳至嵩县段起于洛阳市洛龙区古城乡溢坡村，向南途经宜阳县、伊川县，终于嵩县纸房乡，与嵩县县城相接，项目的建设将极大带动项目区域范围的洛阳市工矿能源产业；更重要的是能拉动洛阳市花卉景观产业和以嵩县、栾川的中心的整个伏牛山旅游产业。

洛阳至栾川高速公路洛阳至嵩县段具有“旅游通道、能源通道”的特殊服务功能定位，高标准的高速公路停车区和服务区是本项目必须配套的服务设施，尤其是停车区和服务区临近陆浑水库，高标准、高规格的停车区和具备开放式经营的服务区能最大的提高高速公路的整体经济收益。鉴于本项目特有的功能定位，且预计洛阳至栾川高速公路建成后，交通量会迅速增长，沿线众多的旅游景点也会吸引大量的车辆，为了不出现高速公路刚建成通车就需要停车区和服务区的扩建之不和谐现象，我们建议将停车区、服务区场区规模按照《河南省高速公路地方设计标准》11.1.2、11.2.2 款规定的上限，“停车区场区用地标准采用 30 亩，服务区场区用地标准采用 120 亩”的规模设计，为大量、密集的旅游客流提供高标准的餐饮、休闲场所，敬请慎重考虑此建议并在设计中予以实施。

特此函告。

洛阳至栾川高速公路工程建设指挥部

二〇〇九年十月十八日

25. 关于洛阳至栾川高速公路(洛阳至嵩县段)工程建设用地的预审意见

豫国土资函〔2009〕662号

河南嵩阳高速公路有限公司:

《关于洛阳至栾川高速公路(洛阳至嵩县段)高速公路项目建设用地预审的请示》(豫嵩阳高〔2009〕8号)收悉。根据《建设项目用地预审管理办法》(国土资源部令第42号)的规定,现提出如下预审意见:

一、洛阳至栾川高速公路(洛阳至嵩县段)工程是列入河南省2009年新开工计划的重点高速公路项目。用地符合国家土地供应政策。

二、洛阳至栾川高速公路(洛阳至嵩县段)工程拟占用洛阳市洛龙区、伊川县、宜阳县、嵩县土地共计436.6000hm²,其中农用地358.3400hm²,农用地中耕地313.5600hm²(全部为基本农田),建设用地11.4500hm²,未利用地66.8100hm²。其中拟占用洛龙区古城乡土地9.5500hm²,其中农用地9.2800hm²,全部为基本农田,建设用地0.2700hm²;宜阳县丰李镇鸣鹤村土地1.8200hm²,全部为基本农田;伊川县城关镇、鸦岭乡、高山乡、平等乡、鸣皋镇、酒后乡土地234.8700hm²,其中农用地201.7800hm²,农用地中耕地196.1900hm²,全部为基本农田,建设用地7.9400hm²,未利用地25.1500hm²;嵩县田湖镇、饭坡乡、纸房乡、库区乡土地190.3600hm²,其中农用地145.4600hm²,农用地中耕地106.2700hm²,全部为基本农田,建设用地3.2400hm²,未利用地41.6600hm²。用地需调整土地利用总体规划。规划调整方案和补划基本农田方案在用地报批时随用地报件一并呈报国务院审批。在初步设计阶段,应进一步优化设计方案,从严控制建设用地规模,节约集约用地。

三、项目建设所需补充耕地资金要列入工程总投资概算,同意你单位按照豫政〔2008〕52号文件规定标准缴纳耕地开垦费,分别委托宜阳县、伊川县、嵩县国土资源局承担补充耕地任务。

四、要根据国家法律法规和有关文件的规定,认真做好征地补偿安置的前期工作,确保补偿安置资金足额到位,切实维护被征地农民的合法权益。

五、要按照《中华人民共和国土地管理法》和国务院文件的有关规定,依法落实土地利用总体规划修改方案,办理建设用地报批手续。未办理农用地转用和土地征收手续的不得开工建设。

六、综合以上情况,本项目通过用地预审。

七、依据《建设项目用地预审管理办法》的规定,本文件自印发之日起两年内有效。

二〇〇九年十月十三日

主题词:国土资源　土地　高速公路　预审　意见

河南省国土资源厅办公室　　　　　　　　　　　2009 年 10 月 13 日印发

26. 关于洛阳至栾川高速公路(洛阳至嵩县段)项目建设用地预审的初审意见

洛国土资文〔2009〕271号

省国土资源厅:

根据国土资源部《建设项目用地预审管理办法》(国土资源部第42号令)的规定,我局对洛阳至栾川高速公路(洛阳至嵩县段)项目建设用地预审材料进行了审查,现提出如下初审意见:

一、洛阳至栾川高速公路(洛阳至嵩县段)项目为河南省2009年重点交通项目,建成后将对拉动豫西南山区区域经济、旅游事业的快速发展具有十分重要意义。该项目属于交通建设项目,符合国家供地政策。

二、洛阳至栾川高速公路(洛阳至嵩县段)项目全长61.45公里,拟占用洛阳市洛龙区、宜阳县、伊川县、嵩县土地共461.68hm^2,其中农用地381.76hm^2(含耕地335.09hm^2,全部为基本农田),建设用地11.18hm^2,未利用地68.74hm^2。该项目用地不符合土地利用总体规划,需按法定权限和程序调整规划并补划基本农田。

三、按照建设占用耕地"占补平衡"的原则,伊川县国土资源局、嵩县国土资源局和宜阳县国土资源局受项目建设单位委托制定了补充耕地、补划基本农田方案,拟在伊川县、嵩县和宜阳县境内补充耕地335.09hm^2,补划基本农田335.09hm^2(其中占用洛龙区的耕地和基本农田由宜阳县进行易地补充和补划)。

四、该项目建设单位已分别与伊川县国土资源局、嵩县国土资源局和宜阳县国土资源局签订了委托补充耕地、补划基本农田协议,出具了补充耕地资金承诺书。

综上所述,同意该建设项目用地上报省国土资源厅预审。现将有关资料呈上,请审查。

二〇〇九年九月十一日

主题词:国土资源　土地　预审　意见

洛阳市国土资源局办公室　　2009年9月11日印发

27. 关于洛阳至栾川高速公路洛阳至嵩县段控制工期单体工程先行用地的复函

国土资厅函〔2010〕290 号

河南省国土资源厅：

你厅《关于洛阳至栾川高速公路洛阳至嵩县段控制工期的单体工程先行用地的请示》（豫国土资文〔2010〕29 号）收悉。经部会审会审议，现函复如下：

一、河南省洛阳至栾川高速公路洛阳至嵩县段通过你厅用地预审，你省发展改革委核准项目申请报告、批准工程初步设计，涉及农用地转用和土地征收需报国务院批准。为支持你省经济社会发展，使建设工程尽快开工，考虑该项目部分单体工程建设工期紧、施工难度大且不涉及占用基本农田的实际情况，同意 5 座桥梁先行用地 2.0107hm^2（含耕地 0.4506hm^2）。

二、控制工期的单体工程施工用地前，要及时兑现先行用地所涉及被用地单位群众的补偿，妥善做好群众工作。

三、你厅要督促当地市县人民政府及建设单位依照《土地管理法》的有关规定，抓紧准备该工程正式用地报批，于 2010 年 9 月底前将材料报部审查。逾期未报的，你省应责令建设单位停止工程施工，待正式用地报批材料报部审查并经国务院批准后才能复工。停工期间，部将暂停受理你省其他建设项目先行用地申请。

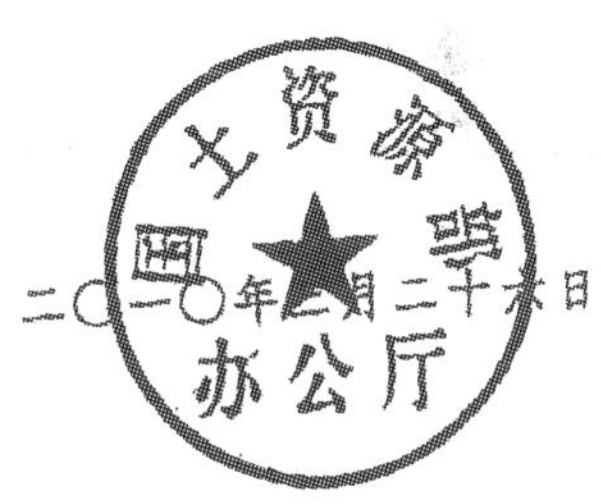

二〇一〇年三月二十六日

公开方式：依申请公开

主 题 词：国土资源　公路　用地　河南　函

抄送：国家土地督察济南局，河南省发展和改革委员会

---

28. 关于洛阳至栾川高速公路洛阳至嵩县段控制工期的单体工程先行用地的请示

豫国土资文〔2010〕29 号

国土资源部：

洛阳至栾川高速公路洛阳至嵩县段已通过我厅建设用地预审，项目经河南省发展和改革委员会核准。工程建设工期 36 个月，总用地面积 436.6000hm^2（其中耕地 313.5600hm^2）。鉴于该工程工期紧张，桥梁等控制工期的关键性单体工程急需先行开工建设，河南嵩阳高速公路有限公司申请办理先行用地手续。先行用地位于伊川县鸣皋镇，嵩县田湖镇、饭坡乡、库区乡，需使用伊川县鸣皋镇鸣皋村，嵩县田湖镇柿元村、高屯村、饭坡乡饭坡村、库区乡上坡村、楼上村集体土地 2.0107hm^2（其中耕地 0.4506hm^2，不涉及基本农田）。工程征地补偿安置标准符合法律规定，伊川县、嵩县国土资源局已将征地补偿安置标准告知被征地村组和群众，并承诺动工前及时发放补偿费用，被征地村组和群众对征地补偿标准和安置途径无异议。河南嵩阳高速公路有限公司已将征地补偿费用拨付当地财政账户。

经研究，我厅认为洛阳至栾川高速公路洛阳至嵩县段工期紧、任务重，其中桥梁工程对工期起控制性作用，急需先行用地，现将有关材料随文报去，请国土资源部予以审批，我厅将在 6 个月内组织该项目建设用地呈报材料报部审查。

妥否，请批示。

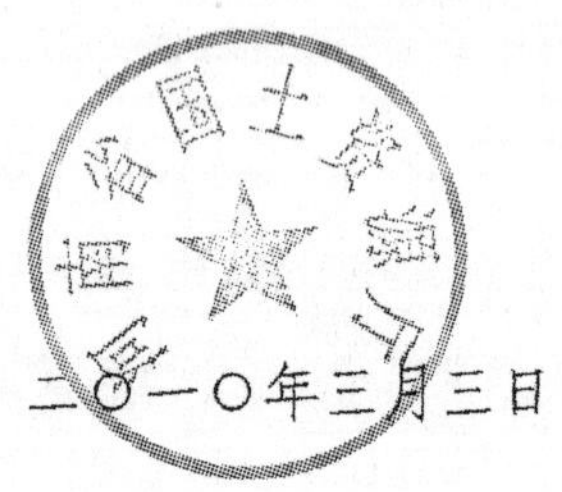

二〇一〇年三月三日

主题词：国土资源　土地　高速公路　请示

河南省国土资源厅办公室　　2010 年 3 月 3 日印发

29. 使用林地审核同意书

豫林资许〔2010〕016 号

河南嵩阳高速公路有限公司：

根据《森林法》和《森林法实施条例》的规定，经审核，同意洛阳至栾川高速公路洛阳至嵩县段建设项目，征用嵩县饭城乡、库区乡、田湖乡、纸坊乡大坡村等 17 个行政村；伊川县鸦岭乡、城关镇、平等乡、鸣皋镇、酒后乡新庄村等 11 个行政村集体防护林地 0.2744hm^2、用材林地 14.3649hm^2、经济林地 10.4975hm^2、宜林地 2.2704hm^2；占用国有嵩县陶村林场防护林地 6.0063hm^2、宜林地 0.7865hm^2，共计 34.2000hm^2。

你单位要按照有关规定办理建设用地审批手续。需要采伐林木的，要依法办理林木采伐许可手续。严禁超范围使用林地，杜绝非法采伐、破坏植被等行为。

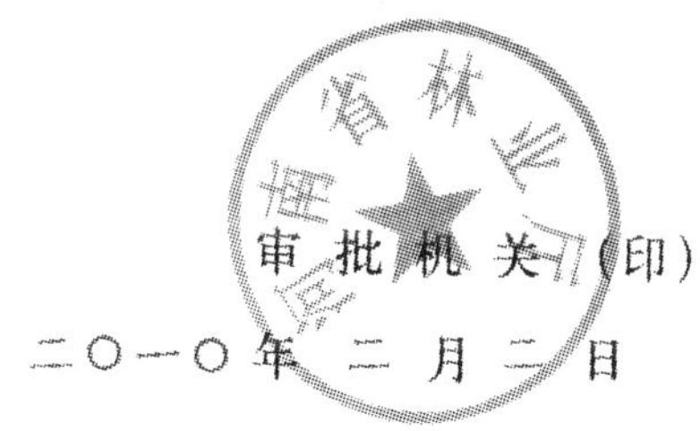

审批机关（印）

二〇一〇年二月二日

30. 关于洛阳至栾川高速公路洛阳至嵩县段工程建设用地的批复

国土资函〔2011〕183 号

河南省人民政府：

你省《关于洛阳至栾川高速公路洛阳至嵩县段工程建设用地的请示》（豫政文〔2010〕201 号）业经国务院批准，现批复如下：

一、同意洛阳市洛龙区、伊川县、宜阳县、嵩县征收农民集体所有农用地 379.1239hm^2（其中耕地 348.7723hm^2）、建设用地（11.7973hm^2、未利用地 34.9824hm^2）；同意使用国有农用地 0.4733hm^2（其中耕地 0.3602hm^2）、建设用地 3.0707hm^2、未利用地 0.8081hm^2。

上共计批准建设用地 430.2557hm^2，由当地人民政府以划拨方式提供，作为洛阳至栾川高速公路洛阳至嵩县段工程建设用地。其中服务设施用地 4.9667hm^2 范围内的经营性用地以有偿方供地，其余建设用地以划拨方式供地。

二、省人民政府负责落实补充耕地。督促补充耕地责任单位认真按照补充耕地方案，补充数量相等、质量相当的耕地。

三、督促当地人民政府严格依法履行征地批后实施程序，按照经批准的征收土地方案及时足额支付补偿费用，安排被征地农民的社会保障费用，落实安置措施，妥善解决好被征地农民的生产和生活，保证原有生活水平不降低，长远生计有保障。征地补偿安生不落实的，不得动工用地。按照国务院批准征收土地反馈制度的有关规定，征地批后实施情况报国土资源部。

四、严格按照国家有关规定征收、使用新增建设用地土地有偿使用费，确保专项用于耕地开发。

二〇一一年四月十三日

公开方式：依申请公开

主 题 词：国土资源　土地　公路　河南　批复

抄送：国务院办公厅、发展改革委、财政部、交通运输部、农业部、人民银行，国资委，国家林业局，国家土地督察济南局

---

31. 关于洛阳至栾川高速公路项目建设用地被征地农民社会保障情况审核意见的函

豫人社函〔2011〕28 号

洛阳市人民政府：

你市《关于洛栾高速公路项目建设用地被征地农民就业和社会保障的函》收悉。根据原劳动和社会保障部、国土资源部《关于切实做好被征地农民社会保障工作有关问题的通知》（劳社部发〔2007〕14 号）精神，现就洛阳至嵩县、至栾川高速公路项目建设用地被征地农民社会保障情况提出如下审核意见：

一、原则同意你市洛栾高速公路建设项目被征地农民社会保障措施。你市栾川县社保基金中心专户征缴上述项目被征地农民社会保障费 1127.47 万元、嵩县社保基金中心专户征缴上述项目被征地农民社会保障费 1387.36 万元，要严格按照河南省劳动和社会保障厅、国土资源厅、财政厅《关于做好被征地农民就业培训和社会保障工作的实施意见》（豫劳社〔2008〕19 号）的要求，存入被征地农民养老保障基金专户，按规定管理和使用。

二、你市应在上述项目征地告知、听证结束后 10 个工作日内，将告知和听证情况报省人力资源和社会保障厅备案。

三、待项目征地获得批准后，你市应严格按照豫劳社〔2008〕19 号文件规定认真落实好被征地农民的社会保障工作。

二〇一一年一月十九日

（此件主动公开）

主题词：社会保障　征地　农民　函

抄送：洛阳市人力资源和社会保障局

河南省人力资源和社会保障厅办公室　　2011 年 1 月 19 日印发

32. 关于洛阳至栾川高速公路洛阳至嵩县段工程初步设计的批复

豫发改设计〔2009〕2005 号

洛阳市发展改革委：

你委“关于洛阳至栾川高速公路洛阳至嵩县段工程初步设计的请示”（洛发改设计〔2009〕33 号）及省交通运输厅“关于洛阳至栾川高速公路洛阳至嵩县段工程初步设计审查意见的函”（豫交规划〔2009〕286 号）文均收悉。经研究，现批复如下：

一、原则同意河南省交通规划勘察设计院有限责任公司编制的工程初步设计及根据专家意见所做的修改设计。

二、路线走向及建设规模

项目起点位于洛阳市溢坡村东北侧，路线向南于黑羊村上跨 G36 宁洛高速洛阳绕城段，设梁刘枢纽式互通（K2 +248.871），与洛阳市区相接；之后，路线在伊河西岸塬上向西南前行、经杜沟村东，与省道 S323 相交，设伊川西互通式立交（K13 +570），然后路线从宋店村和马回营村中间穿过、向西南经四合头西、中溪村西，设置伊川停车区（K25 +200）。路线过鸣皋镇西转向东南，从樊店和瑶上村中间穿过跨省道 S243，路线继续前行跨越洛栾快速通道，设古城互通式立交（K36 +139），再于 K36 +756 处跨越伊河，转向西南，跨越陆浑总干渠，沿陆浑水库东边的山脉前行，经过芦屯村东、花庙村东，设姜公庙隧道，跨越八道河经过前老虎岭和后老虎岭村西侧，从牛家沟与饭坡乡中间穿过，然后，继续向西南前行，经过汤池岭村东、后岭村东，设置陆浑服务区（50 +206.545），路线过泥河沟村东，经楼上村设置楼上隧道、玉皇庙隧道，在黄土崖村东处设嵩县互通（K61 +728.913）与 X040 相连，作为嵩县的出入口，终点于后地村东北侧，接规划嵩县至栾川段高速公路。路线全长约 62.699km。

三、主要技术标准

本项目按双向四车道高速公路标准设计，设计行车速度 100km/h，路基宽度 26m，其中行车道宽 2 ×2 ×3.75m，中央分隔带宽 2m，左侧路缘带宽 2 ×0.75m，硬路肩宽 2 ×3.00m，土路肩 2 ×0.75m。

主线路面结构采用 4cm 细粒式 SBS 改性沥青混凝土（AC-13C）+6cm 中粒式 SBS 改性沥青混凝土（AC-20C）+8cm 密级配沥青稳定碎石（ATB-25）+热喷 SBS 改性沥青下封层 +34cm 水泥稳定碎石 +18cm 水泥稳定砂砾。

桥涵设计荷载等级采用公路—Ⅰ级，特大桥采用公路—Ⅰ级的 1.2 倍。设计洪水频率：特大桥 1/300，大中桥、涵洞 1/100。

其他有关标准按《公路工程技术标准》（JTG B01—2003）中的规定执行。

四、主要工程数量

全线挖方 862.5 万 m^3，填土方 682.9 万 m^3，沥青混凝土路面 130.5 万 m^2，互通立交 4 处，隧道1238m/3座，特大桥1106.9m/1座，大桥14550.19m/40座，中桥488.21m/6座，涵洞57道，分离式立交8处，通道25道，服务区1处，停车区1处，管理分中心1处。

五、施工图设计时应依据专家审查意见和《公路工程技术标准》(JTG BG01—2003)进一步优化。线路起终点路段应进一步做好与相关高速公路的衔接。

六、原则同意初步设计中推荐的桥型方案，但应抓紧完成跨越主要河流及穿越陆浑水库库区的防洪评价批复手续，并按照水利部门对《防洪影响评价》的批复进一步优化相关设计。

七、应抓紧完成《环境影响评价报告》的批复，并根据批复进一步修改完善环保设计，做好对陆浑水库水源地的保护。

八、施工图设计前，应落实本工程与西气东输二期管道的交叉方案。

九、施工图设计前，分离式立交的设置应进一步按地方路网规划优化，并在充分调查沿途实际情况后拟定切实可行的取、弃土方案，天桥、涵洞设置的数量及位置应以方便沿线群众的生产、生活为前提。

十、工程总占地控制在444.878hm^2以内。

十一、总概算核定为407676万元。

附件：洛阳至嵩县高速公路初步设计原报概算与调整后概算对比表

二〇〇九年十二月十四日

主题词：高速公路　工程　设计　批复

抄送：省交通厅、国土资源厅、水利厅，洛阳市政府及相关部门，河南高速公路发展有限责任公司，河南省交通规划勘察设计院有限责任公司

河南省发展和改革委员会办公室　　2009年12月16日印发

附件

洛阳至嵩县高速公路初步设计原报概算与调整后概算对比表

项	目	工程或费用名称	单位	原报概算		调整概算		调整概算比原报概算增(+)减(-)	
				数量	概算金额（元）	数量	概算金额（元）	数量	概算金额（元）
		第一部分 建筑安装工程费	公路公里	62.699	3033291491	62.699	3056472969	0	23181478
一		临时工程	公路公里	62.699	35096125	62.699	35096125	0	0
	1	临时道路	km	79.7	14402755	79.7	14402755	0	0
	2	临时便桥	m/座	500	1942152	500	1942152	0	0
	3	临时轨道铺设	km	13.242	1241937	13.242	1241937	0	0
	4	临时电力线路	km	7.91	590041	7.9	590041	0	0
	5	临时电信线路	km	6.3	36679	6.3	36679	0	0
	6	拌和设施安拆及场地处理	m^2/座	320000.000/26.000	16882560	320000.000/26.000	16882560	0	0
二		路基工程	km	39.202	406541176	39.202	406541176	0	0
	1	场地清理	km	39.202	4078912	39.202	4078912	0	0
	2	挖方	m^3	8625138	57469086	8625138	574690861	0	0
	3	填方	m^3	6828735	124920727	6828735	124920727	0	0
	4	特殊路基处理	km	9.933	16472092	9.933	16472092	0	0
	5	半填半挖路基处理工程	m^2	41704	4485904	41704	4485904	0	0
	6	填挖交界处理工程	m^2	161720	10213627	161720	10213627	0	0
	7	路床处治	m^3	369730	19021966	369730	19021966	0	0
	8	排水工程	km	38.401	67827520	38.401	67827520	0	0
	9	防护与加固工程	km	48.224	102051343	48.224	102051343	0	0
三		路面工程	km	54.437	257131829	54.437	257131829	0	0
	1	路面底基层	m^2	9870661	22583617	987066	22583617	0	0
	2	路面基层	m^2	984308	43244708	984308	43244708	0	0
	3	透层、粘层、封层	m^2	42281841	18422926	42281841	18422926	0	0
	4	沥青混凝土面层	m^2	1305270	161193293	1305270	161193293	0	0
	5	28cm 厚水泥混凝土路面	m^2	12870	2508594	12870	2508594	0	0
	6	路槽、路肩及中央分隔带	km	38.512	7853779	38.512	7853779	0	0

续上表

项	目	工程或费用名称	单位	原报概算		调整概算		调整概算比原报概算增(+)减(-)	
				数量	概算金额（元）	数量	概算金额（元）	数量	概算金额（元）
	7	改路改沟路面	m^2	12030	1324911	12030	1324911	0	0
四		桥梁涵洞工程	km	16.145	1521176695	16.145	1521176695	0	0
	1	涵洞工程主线	m/道	2494.830 / 57.000	67913750	2494.830 / 57.000	67913750	0	0
	2	中桥工程	m/座	488.210 / 6.000	29201043	488.210 / 6.000	29201043	0	0
	3	大桥工程	m/座	44661.320 / 40.000	1298254086	14661.320 / 40.000	1298254086	0	0
	4	特大桥工程	m/座	1106.900 / 1.000	125807817	1106.900/ 1.000	125807817	0	0
五		交叉工程	处	72	386448058	72	390584016	0	4135958
	1	通道	m/处	884.500 / 25.000	23762101	884.500 / 25.000	23762101	0	0
	2	分离式立体交叉	m/座	571.000 / 8.000	26298745	571.000 / 8.000	26298745	0	0
	3	人行天桥	m/处	2630.300 / 35.000	62592775	2630.300 / 35.000	62592775	0	0
	4	互通立交	处	4	273794438	4	277930396	0	4135958
六		隧道工程	km/座	1.238/3.000	162907554	1.238/3.000	181953075	0	19045521
	1	姜公庙隧道	m	489	25735117	489	28038097	0	2302980
	2	楼上隧道	404	32509850	404	34653724	0	2143874	
	3	玉皇庙隧道	m	1583	91512973	1583	100567187	0	9054214
	4	超前地质预报	m	2476	742800	2476	742800	0	0
	5	隧道机电工程	m	2476	12406815	2476	17951267	0	5544452
七		公路设施及预埋管线工程	公路公里	62.699	131262610	62.699	131262610	0	0
	1	安全设施	公路公里	62.699	69284320	62.699	69284320	0	0
	2	服务设施	公路公里	62.699	24645095	62.699	24645095	0	0
	3	管理、养护设施	公路公里	62.699	36837860	62.699	36837860	0	0
	4	其他工程	公路公里	62.699	495335	62.699	495335	0	0
八		绿化及环境保护工程	公路公里	62.699	43241743	62.699	43241743	0	0
	1	声屏障	m	6290	17612000	6290	17612000	0	0

续上表

项	目	工程或费用名称	单位	原报概算		调整概算		调整概算比原报概算增(+)减(-)	
				数量	概算金额(元)	数量	概算金额(元)	数量	概算金额(元)
	2	污水处理(油水分离池)	项	1	588339	1	588339	0	0
	3	其他环境保护(取、弃土场防护)	项	1	8031418	1	8031418	0	0
	4	绿化工程	公路公里	62.699	17009986	62.699	17009986	0	0
九		管理、养护及服务房屋	公路公里	62.699	89485700	62.699	89485700	0	0
	1	管理房屋	公路公里	62.699	45201500	62.699	45201500	0	0
	2	服务房屋	公路公里	62.699	44284200	62.699	44284200	0	0
		第二部分 设备及工具、器具购置费	公路公里	62.699	59361592	62.699	59421592	0	6000
一		设备购置费	公路公里	62.699	58264360	62.699	58324360	0	60000
	1	需要安装的设备	公路公里	62.699	57207950	62.699	57267950	0	60000
	2	不需要安装的设备	公路公里	62.699	1056410	62.699	1056410	0	0
三		办公及生活用家具购置	公路公里	62.699	1097232	62.699	1097232	0	0
		第三部分 工程建设其他费用	公路公里	62.699	759368159	62.699	777549657	0	18181498
一		土地征用及拆迁补偿费	公路公里	62.699	346167175	62.699	359562985	0	13395810
	1	土地征月	公路公里	62.699	312602666	62.699	325998475	0	13395809
	2	拆迁补偿费	公路公里	62.699	33564509	62.699	33564509	0	0
二		建设项目管理费	公路公里	62.699	88178639	62.699	88739631	0	560992
	1	建设单位管理费	公路公里	62.699	23539033	62.699	23613214	0	74181
	2	工程监理费	公路公里	62.699	60665830	62.699	61129459	0	463629
	3	设计文件审查费	公路公里	62.699	3033291	62.699	3056473	0	23182
	4	竣(交)工验收试验检测费	公路公里	62.699	940485	62.699	940485	0	0

续上表

项	目	工程或费用名称	单位	原报概算		调整概算		调整概算比原报概算增(+)减(-)	
				数量	概算金额(元)	数量	概算金额(元)	数量	概算金额(元)
三		研究试验费	元		2458000		2458000	0	0
四		建设项目前期工作费	公路公里	62.699	55474500	62.699	55474500	0	0
五		专项评价(估)费	元		5229000		6529000	0	1300000
八		联合试运转费	公路公里	62.699	1516646	62.699	1528236	0	11590
九		生产人员培训费	公路公里	62.699	240000	62.699	240000	0	0
十一		建设期贷款利息	公路公里	62.699	260104199	62.699	263017305	0	2913106
		第一、二、三部分费用合计	公路公里	62.699	3852021242	62.699	3893444219	0	41422977
		预备费	元		179595852		181521346	0	1925494
二		2.基本预备费	元		179595852		181521346	0	1925494
		新增加费用项目(不作预备费基数)	公路公里	62.699		62.699	1800000	0	1800000
		概算总金额	元		4031617094		4076765565	0	45148471
		公路基本造价	公路公里	62.699	4031617094	62.699	4076765565	0	45148471

33. 关于洛阳至栾川高速公路洛阳至嵩县段施工图设计的批复

豫交规划〔2010〕305 号

河南交通投资集团有限公司：

你公司“关于洛阳至栾川高速公路洛阳至嵩县段工程施工图设计的请示”（豫交集团〔2010〕47 号）和由河南省交通规划勘察设计院有限责任公司编制完成的施工图设计文件收悉。根据河南省发改委“关于洛阳至栾川高速公路洛阳至嵩县段初步设计的批复”（豫发改设计〔2009〕2005 号）精神，经审查，批复如下：

一、路线走向及建设规模

项目起点位于洛阳市溢坡村东北，路线向南于黑羊村西跨宁洛高速洛阳绕城段，设梁刘枢纽式互通（K2 +248）；路线在伊河西岸向西南前行，经杜沟村东和省道 S323 相交，设伊川西互通式立交（K13 +570）；路线从宋店村和马回营村中间穿过，向西南过鸣皋镇转向东南，从樊店和瑶上中间穿过，于 K35 + 405 跨省道 S243、路线继续前行跨越洛栾快速通道，设古城互通式立交（K36 +139）；再于 K36 +756 处跨越伊河，路线转向西南，于 K39 +757 处跨越陆浑总干渠，沿陆浑水库总干渠东侧山脉前行经过芦屯村东、花庙村东，设姜公庙隧道（K42 + 415）；路线于 K45 + 700 处跨越八道河过前老虎岭和后老虎岭村西侧，于牛家沟与饭坡乡中间穿过；路线向西南前行，经过汤池岭村东、后岭村东设陆浑服务区（50 +206）；路线过泥河沟村东，经楼上村设楼上隧道（K59 +458）及玉皇庙隧道（K59 +974）；路线继续前行至黄土崖村东设嵩县互通式立交（K61 + 700）与 X040 相连，路线于后地村东北侧到达本项目终点与嵩县至栾川段高速公路相接。路线全长 62.69 公里。

二、沿线地形、地貌

项目所在区域属丘陵地貌，沿线地形复杂，地貌多变。区内以西南山地地貌为骨架，以东北部黄土地貌为主体，形成西南屋脊向东北、东南缓慢下降趋势，从西南到东北依次分布着中山、低山、低山丘陵、河谷与冲积平原等不同类型的地貌特征。

三、工程地质和水文地质

项目区域位于华北地台南缘与秦岭褶皱系的结合部位，以栾川断裂为界，其北为华北地台区，其南为秦岭褶皱系。沿线受小秦岭—嵩山东西向构造带、伏牛—大别弧形构造带影响，处于持续缓慢上升阶段，新华夏系表现不强烈。

本项目域内主要河流有伊河及其支流，主要水库有陆浑水库。路区地下水位随地形变化较大，水质类型为低矿化度重碳酸型水，对混凝土不具侵蚀性。

四、地震烈度

根据《中国地震动参数加速度区划图》（GB 18306—2001），区域地震基本烈度为Ⅵ度，地震动峰值加速度为 0.05g。

五、主要工程技术标准

本项目按双向四车道高速公路标准设计，设计行车速度100km/h，路基宽度26m，其中行车道宽2×2×3.75m，中央分隔带宽2m，左侧路缘带宽2×0.75m，硬路肩宽2×3.00m，土路肩2×0.75m。

主线一般填、挖方段路面结构为：4cm细粒式改性沥青混凝土（AC-13C）+6cm中粒式改性沥青混凝土（AC-20C）+8cm密集配沥青稳定碎石（ATB-25）+34cm水泥稳定碎石+18cm水泥稳定砂砾/碎石。

主线岩质挖方路段路面结构为：4cm细粒式改性沥青混凝土（AC-13C）+6cm中粒式改性沥青混凝土（AC-20C）+8cm粗粒式沥青混凝土（AC-25C）+18cm水泥稳定碎石+10cm厚C10贫混凝土调平层。

桥涵设计荷载等级采用公路—Ⅰ级，特大桥采用公路—Ⅰ级的1.3倍。设计洪水频率：特大桥1/300，大中桥、涵洞1/100。其他有关标准按《公路工程技术标准》（JTG B01—2003）和《河南省高速公路设计技术要求》中的规定执行。

六、主要工程数量

主线挖方1025万m^3，填方794万m^3，沥青混凝土路面136.3万m^2；特大桥1111.16m/1座，大桥13166.22m/38座，中桥568.73m/7座，隧道1067.5m/2座；分离式立交516.24m/8座，天桥34座，通道27道，涵洞62座，互通式立交4处（其中枢纽互通式立交1处），服务区1处、停车区1处。

七、工程预算

根据交通部颁发的《公路基本建设工程概算、预算编制办法》及河南省有关文件规定，经审查，该项目主体工程预算为374266万元（详见预算审核对比表）。

八、房建、机电、绿化等附属工程应按照有关规定完善程序，其施工图设计另行报批。

附件：预算审核对比表

二〇一〇年九月十四日

附件

预算审核对比表

项目名称:洛阳至嵩县高速公路

项目	工程或费用名称	单位	原报预算		核定预算		增减	
			数量	金额(元)	数量	金额(元)	数量	金额(元)
	第一部分 建筑安装工程费	公路公里	62.691	2939491158	62.691	2874411714	0	-65079444
一	临时工程	公路公里	62.691	30087010	62.691	30012164	0	-74846
1	临时道路	km	90.495	11112509	90.495	11066998	0	-45511
2	临时便桥	m/座	300.000/5.000	1142636	300.000/5.000	1142598	0	-38
3	临时轨道铺设	km	13.242	1294902	13.242	1294902	0	0
4	临时电力线路	km	9.900	554218	9.900	554218	0	0
5	临时电信线路	km	6.300	38197	6.300	38197	0	0
6	拌和设施安拆及场地处理	m^2/座	320000.000/26.000	15944548	320000.000/26.000	15915251	0	-29297
二	路基工程	km	41.778	470992257	42.468	460050243	0.69	-10942014
1	场地清理	km	41.778	1418847	42.468	1406339	0.69	-12508
2	挖方	m^3	10194376.000	136648040	10250065.140	124151585	55689.14	-12496455
3	填方	m^3	5655760.900	136658676	6597416.090	149772942	941655.19	13114266
4	特殊路基处理	km	5.833	9463079	5.833	12394618	0	2931539
5	半填半挖路基处理工程	m^2	35510.000	21711533	35510.000	3990747	0	-17720786
6	填挖交界处理工程	m^2	62400.000	4321234	62400.000	4317639	0	-3595
7	路床处治	m^3	287253.000	10700417	289998.000	10762673	2745	62256
8	排水工程	km	41.778	54509676	42.468	49188481	0.69	-5321195
9	防护与加固工程	km	41.778	95560754	42.468	104065220	0.69	8504466
三	路面工程	km	57.313	302418795	57.313	317513211	0	15094416
1	路面底基层	m^2	1027526.000	27502290	1089161.000	29065840	61635	1563550
2	路面基层	m^2	1010979.000	50736197	1080062.000	54220408	69083	3484211
3	透层、粘层、封层	m^2	3921601.000	17414211	4188810.000	18674576	267209	1260365
4	沥青混凝土面层	m^2	1289651.000	195216085	1362756.000	206936296	73105	11720211
5	28cm 厚水泥混凝土路面	m^2	12870.000	1766772	12870.000	1710094	0	-56678
6	路槽、路肩及中央分隔带	km	41.778	6894580	42.468	3808359	0.69	-3086221
7	改路改沟路面	m^2	32140.000	2888659	33769.480	3097638	1629.48	208979
四	桥梁涵洞工程	km	15.537	1580238506	14.846	1501540583	-0.691	-78697923
1	涵洞工程	m/道	2275.990/58.000	59386902	2733.030/62.000	73363179	457.04/4	13976277

续上表

项目	工程或费用名称	单位	原报预算		核定预算		增减	
			数量	金额(元)	数量	金额(元)	数量	金额(元)
2	中桥工程	m/座	487.400 / 6.000	36419837	568.740 / 7.000	43292033	81.34/1	6872196
3	大桥工程	m/座	13938.060 / 42.000	1342635158	13166.215 / 38.000	1247981862	-771.845/ -4	-94653296
4	特大桥工程	m/座	1111.160 / 1.000	141796609	1111.160 / 1.000	136903509	0	-4893100
五	交叉工程	处	72.000	376448608	72.000	377727341	0	1278733
1	通道	m/处	939.340 / 27.000	20460835	953.050 / 27.000	20873731	13.71/0	412896
2	分离式立体交叉	m/处	516.240 / 8.000	26017176	516.240 / 8.000	25756514	0	-260662
3	人行天桥	m/处	2516.500 / 33.000	60498140	2601.540 / 34.000	62019054	85.04/1	1520914
4	互通立交	处	4.000	269472457	4.000	269078042	0	-394415
六	隧道工程	km/座	1.068/2.000	76378764	1.068/2.000	76956397	0	577633
1	姜公庙隧道(不含消费、通风、照明)	m	511.000	19876889	505.400	19766336	-5.6	-110553
2	玉皇庙隧道(不含消费、通风、照明)	m	1624.000	55647875	1624.000	56027358	0	379483
3	超前地质预报	m	2135.000	854000	2135.000	854000	0	0
4	隧道弃渣场防护	m^3			532.000	308704	532	308704
七	公路设施及预埋管线工程	公路公里	62.691	86438568	62.691	94229444	0	7790876
1	安全设施	公路公里	62.691	67883010	62.691	70327208	0	2444198
2	服务设施	公路公里	62.691	18060224	62.691	23406901	0	5346677
3	其他工程	公路公里	62.691	495335	62.691	495335	0	0
八	绿化及环境保护工程	公路公里	62.691	16488651	62.691	16382331	0	-106320
1	声屏障	m	2828.000	7918400	2828.000	7918400	0	0
2	净化池	项	1.000	412217	1.000	374104	0	-38113
3	污水处理(油水分离池)	项	1.000	835870	1.000	767663	0	-68207
4	其他环境保护(弃土场圬工植物防护)	项	1.000	7322164	1.000	7322164	0	0
	第二部分 设备及工具、器具购置费	公路公里	62.691	1097093	62.691	1097093	0	0
三	办公及生活用家具购置	公路公里	62.691	1097093	62.691	1097093	0	0

续上表

项目	工程或费用名称	单位	原报预算		核定预算		增减	
			数量	金额(元)	数量	金额(元)	数量	金额(元)
	第三部分　工程建设其他费用 11	公路公里	62.691	747267132	62.691	764397738	0	17130606
一	土地征用及拆迁补偿费	公路公里	62.691	350663277	62.691	372602132	0	21938855
1	土地征用	公路公里	62.691	317098768	62.691	339037623	0	21938855
2	拆迁补偿费	公路公里	62.691	33564509	62.691	33564509	0	0
二	建设项目管理费	公路公里	62.691	85841991	62.691	84195481	0	-1646510
1	建设单位管理费	公路公里	62.691	23172312	62.691	22892470	0	-279842
2	工程监理费	公路公里	62.691	58789823	62.691	57488234	0	-1301589
3	设计文件审查费	公路公里	62.691	2939491	62.691	2874412	0	-65079
4	竣(交)工验收试验检测费	公路公里	62.691	940365	62.691	940365	0	0
三	研究试验费	元		2458000		2458000		0
四	建设项目前期工作费	公路公里	62.691	55474500	62.691	55474500	0	0
五	专项评价(估)费	元		6529000		6529000		0
八	联合试运转费	公路公里	62.691	1469746	62.691	1437206	0	-32540
九	生产人员培训费	公路公里	62.691	240000	62.691	240000	0	0
十一	建设期贷款利息	公路公里	62.691	244590618	62.691	241461419	0	-3129199
	第一年贷款利息	元		23699887		23396680		-303207
	第二年贷款利息	元		80407397		79378696		-1028701
	第三年贷款利息	元		140483333		138686043		-1797290
	第一、二、三部分费用合计	公路公里	62.691	3687855383	62.691	3639906545	0	-47948838
	预备费	元		103297943		101953354		-1344589
	2. 基本预备费	元		103297943		101953354		-1344589
	起点立交保通费	元				800000		800000
	预算总金额	元		3791153326		3742659899		-48493427

34. 关于洛阳至栾川高速公路洛阳至嵩县段房屋建筑工程概念设计的批复

豫交规划〔2010〕345 号

河南交通投资集团有限公司：

你公司豫交集团〔2010〕248 号文报送的洛阳至栾川高速公路洛阳至嵩县段房屋建筑工程概念设计报告收悉。根据省发改委豫发改设计〔2009〕2005 号文对该段高速公路初步设计的批复，结合《河南省高速公路设计指导性原则和技术要求》，经审核现批复如下：

一、洛阳至栾川高速公路洛阳至嵩县段路线全长 62.699km，同意全线设置收费站 5 处，监控通信管理分中心 1 处，服务区 1 处，停车区 1 处，路政管理所 1 处，隧道管理所 1 处，隧道变配电所 1 处，观景平台 3 处。

二、各基地建设规模

1. 主线收费站、监控通信管理分中心及路政管理所合建，收费站为 16 车道，总占地面积42.5 亩，总建筑面积 7088m^2，其中：综合楼建筑面积 3780m^2，宿舍楼 3097m^2，综合机房、门卫等附属设施建筑面积 211m^2。

2. 伊川西收费站为 5 车道，总占地面积 6 亩（匝道内占地），总建筑面积 1366m^2，其中：综合楼建筑面积 1183m^2，综合机房建筑面积 183m^2。

3. 伊川停车区双侧总占地面积 30 亩，总建筑面积 2121m^2，其中：综合楼建筑面积 1650m^2（包含职工住宿用房），综合机房、加油站房屋等附属设施建筑面积 471m^2。

4. 古城收费站为 5 车道，总占地面积 6 亩（匝道内占地），总建筑面积 1366m^2，其中：综合楼建筑面积 1183m^2，综合机房建筑面积 183m^2。

5. 陆浑服务区单侧集中设置，与陆浑收费站合建，收费站为 4 车道，总占地面积 150 亩（包括 2 处单独设置加油站占地 30 亩），总建筑面积 7011m^2，其中：服务区综合楼建筑面积 3388m^2，收费站综合楼建筑面积 1157m^2，快捷酒店建筑面积 1578m^2（包含职工住宿用房），收费站休息室 120m^2，综合机房、维修车库、加油站房屋等附属设施建筑面积 768m^2。

6. 嵩县收费站与隧道管理所合建，收费站为 5 车道，总占地面积 12.8 亩，总建筑面积 1726m^2，其中：综合楼建筑面积 1515m^2，综合机房、门卫房等附属设施建筑面积 211m^2。

7. 隧道变配电所占地面积 1.7 亩，总建筑面积 320m^2。

8. 观景平台共 3 处，总占地 4.5 亩。

三、洛阳至栾川高速公路洛阳至嵩县段沿线房屋设施总占地 211.5 亩（不含匝道内占地 12 亩），总建筑面积 20998m^2。工程总投资估算为 11458 万元，其中：主体房屋工程估算 4926 万元；附属设施估算 5569 万元（含收费天棚 759 万元）；水、暖、电及污水处理设备费估算 963 万元。（具体分项工程详见附表 1）

四、以上工程费用按概预算编制办法的相关规定，从批复概算的第一部分第九项管理、养护及服务房屋建安费，第二部分设备及工、器具购置费中列支。

五、请你单位严格按照批复的建设规模，组织房屋建筑方案的比选。施工图设计报厅审批。

二〇一〇年十月十五日

抄送：厅有关处室

各站、区投资估算汇总标

附表 1

项目名称:洛阳至栾川高速公路洛阳至嵩县段房屋建筑工程

序号	项 目 名 称	1	2	3	4	5	6
		征地（亩）	建筑面积（m^2）	房屋投资估算（万元）	附属设施（万元）	水暖污设备（万元）	3～5 小计（万元）
1	主线收费站、监控通信管理分中心及路政管理所（K0 + 370）	42.50	7088.00	1461.74	1223.04	150.80	2835.58
2	伊川西收费站（K14 + 222.573）	（6.00）	1366.00	242.22	286.16	76.50	604.88
3	伊川停车区（K25 +200）	30.00	2121.00	798.74	566.70	236.60	1602.04
4	古城收费站（K35 + 775.630）	（6.00）	1366.00	242.22	310.98	76.50	629.70
5	陆浑服务区及陆浑收费站（K50 +206.545）	120.00	7011.00	1811.94	2671.01	333.40	4816.35
6	隧道变配电所（含泵房）（K59 +800）	1.70	320.00	51.20	56.70	4.80	112.70
7	嵩县收费站、隧道管理所（K61 +728.912）	12.80	1726.00	307.58	408.91	84.00	800.49
8	观景平台（K41 +210、K53 + 150、K55 +480）（3 处）	4.50		10.50	45.30		55.80
合计		211.50	20998.00	4926.14	5568.79	962.60	11457.53

收费及管养房屋设施一览表

附表 2

项目名称:洛阳至栾川高速公路洛阳至嵩县段房屋建筑工程

序号	工程名称	主线收费站、监控通信管理分中心及路政管理所(42.50 亩)(16 车道)			伊川西收费站(6 亩)(5 车道)			备　注
		建筑面积(m^2)	投资估算(万元)	单方造价(元/m^2)	建筑面积(m^2)	投资估算(万元)	单方造价(元/m^2)	
1	综合楼	3780	869.40	2300	1183	212.94	1800	
2	宿舍	3097	557.46	1800				
3	综合机房	183	29.28	1600	183	29.28	1600	
4	门卫房	28	5.60	2000				
	小计	7088	1461.74		1366	242.22		
5	收费天棚	2640.0	369.60	1400	728.0	101.92	1400	
6	大门、围墙(m)(含部分挡土墙)	730	53.80	600	248	24.88	600	1. 供水设备: 深井泵 2×2(个)=4 万元、变频式供水设备 15 万元、净水设备 10 万元、消防设备 8 万元、污水泵 1×2(个)=2 万元,合计 39 万元。 2. 水井、水池、设备基础: 主线收费站、管理分中心:水井 15 万元、250m^3 清水池 12 万元、150m^3 清水池 3.5 万元,污水调节池及设备基础 10 万元,合计 40.5 万元。 伊川西收费站:水井 15 万元、150m^3 清水池 8 万元、污水调节池及设备基础 10 万元,合计 33 万元。
7	道路、停车场	12350	172.90	140	1038	14.53	140	
8	广场铺砖	2700	32.40	120	619	7.43	120	
9	国旗台	1	2.50	25000	1	2.50	25000	
10	边沟涵	1	4.00	40000	1	4.00	40000	
11	场区挖土方及外运	49956 - 15982	61.15	18				
12	场区挖填土方	15982	15.98	10	2009	6.03	30	
13	路缘石	2310	6.01	26	450	1.17	26	
14	外水暖电管网		464.20			90.70		
15	水井、水池、设备基础		40.50			33.00		
	小计		1223.04			286.16		
16	供水设备		39.00			39.00		
17	冷暖式空调器(台)	306	91.80	3000	65	19.50	3000	
18	污水处理设备(套)(3t/2t)	1	20.00	200000	1	18.00	180000	
	小计		150.80			76.50		
	合计		2835.58			604.88		

收费及管养房屋设施一览表

附表 3

项目名称:洛阳至栾川高速公路洛阳至嵩县段房屋建筑工程

序号	工程名称	古城收费站 (6 亩)(5 车道)			嵩县收费站、隧道管理所 (12.8 亩)(5 车道)			备　注
		建筑面积 (m²)	投资估算 (万元)	单方造价 (元/m²)	建筑面积 (m²)	投资估算 (万元)	单方造价 (元/m²)	
1	综合楼(含食堂)	1183	212.94	1800				1. 供水设备: 深井泵 2×2(个)=4 万元、变频式供水设备 15 万元、净水设备 10 万元、消防设备 8 万元、污水泵 1×2(个)=2 万元,合计 39 万元。 2. 水井、水池、设备基础:水井 15 万元、150m³ 清水池 8 万元,污水调节池及设备基础 10 万元,合计 33 万元。
2	收费站及管理所综合楼(含食堂)				1515	272.70	1800	
3	综合机房	183	29.28	1600	183	29.28	1600	
4	门卫房				28	5.60	2000	
小计		1366	242.22		1726	307.58		
5	收费天棚	728.0	101.92	1400	728	101.90	1400	
6	大门、围墙(米)(含部分挡土墙)	251	35.06	600	367	32.02	600	
7	道路、停车场	1248	17.47	140	2937	41.12	140	
8	广场铺砖	342	4.10	120	1157	13.88	120	
9	路缘石	420	1.09	26	645	1.68	26	
10	国旗台	1	2.50	25000	1	2.50	25000	
11	边沟涵	1	4.00	40000	1	4.00	40000	
12	场区填土(m³)	10010	30.03	30	4670	14.01	30	
13	外水暖电管网		81.80			164.80		
14	水井、水池、设备基础		33.00			33.00		
小计			310.98			408.91		
15	供水设备		39.00			39.00		
16	冷暖式空调器(台)	65	19.50	3000	90	27.00	3000.00	
17	污水处理设备(套)2t	1	18.00	180000	1	18.00	180000.00	
小计			76.50			84.00		
合计			629.70			800.49		

服务房屋设施一览表

附表4

项目名称:洛阳至栾川高速公路洛阳至嵩县段房屋建筑工程

序号	工程名称	陆浑服务区及陆浑收费站(120亩)(4车道)			伊川停车区(双侧)(30亩)			备注
		建筑面积(m^2)	投资估算(万元)	单方造价元/m^2	建筑面积(m^2)	投资估算(万元)	单方造价(元/m^2)	
1	综合楼建筑安装	3388	508.20	1500	8252	241.74	1600	1.供水设备: 供水设备:深井泵2×2(个)=4万元、变频式供水设备15万元、消防设备10万元、净水设备10万元、污水泵2×2(个)=4万元合计43万元; 2.水井、水池、设备基础: (1)陆浑服务区:水井30万元、250m^3清水池12万元、50m^3清水池3.5万元、污水调节池及设备基础12万元,合计57.5万元。 (2)伊川停车区:水井15万元、100m^3清水池6万元、50m^3清水池3.5万元、污水调节池及设备基础10万元,合计34.5万元。 3.服务区加油站设备(8台加油机、6个加油罐)70×2=140万元。停车区加油站设备(6台加油机、6个加油罐)50×2=120万元。 4.场区填土含在主线工程内。
	综合楼装修装饰	3388	338.80	1000	825×2	151.09	1000	
2	收费站站房楼	1157	208.26	1800				
3	汽车旅馆	1578	284.04	1800				
4	休息室	120	19.20	1600				
5	综合机房	183	29.28	1600	183	29.28	1600	
6	维修车库	297	47.52	1600				
7	加油站房屋(两处)	144×2	46.08	1600	144×2	46.08	1 600	
8	加油站天棚(投影面积)(两处)	(502×2+417×2)	220.56	1200	(502×2+417×2)	220.56	1200	
9	加油站油罐基础及工艺管道等(两处)	2	110.00	550000	2	110.00	550000	
	小计	7011	1811.94		2121	798.74		
10	收费天棚(4车道)	598	83.72	1400.0				
11	降温通道(座)	1	15.00	150000.0				
12	洗检车台(座)	1	2.50	25000				
13	围墙(m)(含部分挡土墙)	1985	129.03	650	550	33.00	600	
14	路缘石(m)	4020	10.45	26	1258	3.27	26	
15	广场铺砖	4111	49.33	120				
16	道路、停车场沥青路面	35252	863.67	245	11252	275.67	245	
17	道路、停车场混凝土路面	7000	98.00	140				
18	国旗台	1	2.50	25000	2	5.00	25000	
19	水井、水池、设备基础		57.50			34.50	345000	
20	服务区排水增加至水库(DN500混凝土管)(m)	1500	90.00	600				
21	外水暖电管网		1189.31			215.25		
22	场区标志标线等	1	80.00	800000				
	小计		2671.01			566.70		
23	供水设备		43.00	430000	1	43.00	430000	
24	冷暖式空调器	348	104.40	3000	92	27.60	3000	
25	10t污水处理设备(套)(10t/5t)	1	29.00	290000	2	46.00	230000	
26	1t污水处理设备(套)	1	17.00	170000				
27	加油站设备及安装	2	140.00	700000	2	120.00	600000	
	小计		333.40			236.60		
	合计		4816.35			1602.04		

收费及管养房屋设施一览表

附表5

项目名称：洛阳至栾川高速公路洛阳至嵩县段房屋建筑工程

序号	工程名称	隧道变配电所（含泵房）(1.7亩)			观景平台(4.5亩)（共3处）			备注
		建筑面积(m²)	投资估算（万元）	单方造价（元/m²）	建筑面积(m²)	投资估算（万元）	单方造价（元/m²）	
1	配电房（含泵房）	320	51.20	1600				
2	观景亭廊（构筑物）				50×3	10.50	700	
小计		320	51.20			10.50		
3	围墙（含部分挡土墙）	196	11.76	600				
4	道路、停车场	574	8.04	140	650×3	27.30	140	
5	场区填土方(m^3)	8000	24.00	30	6000	18.00	30	
6	外水暖电管网		12.90					
小计			56.70			45.30		
7	空调设备	16.00	4.80	3000.00				
合计			112.70			55.80		

场区外管网工程估算表

附表6

项目名称：洛阳至栾川高速公路洛阳至嵩县段房屋建筑工程

序号	站、区名称	电缆			电缆井			给排水管道			庭院灯			草坪灯			合价（万元）
		数量(m)	单价（元/m）	合价（万元）	数量（个）	单价（元/个）	合价（万元）	数量(m)	单价（元/m）	合价（万元）	数量（个）	单价（元/个）	合价（万元）	数量（个）	单价（元/个）	合价（万元）	
1	主线收费站、监控通信管理分中心及路政管理所(K0+370)	10980	190	208.62	45	4000	18.0	9780	230	224.94	105	1200	12.60				464.20
2	伊川西收费站(K14+222.573)	1950	190	37.05	18	4000	7.2	1865	230	42.90	30	1200	3.60				90.70
3	伊川停车区(K25+200)	4520	190	85.88	34	4000	13.6	4804	230	110.49	44	1200	5.28				215.25
4	古城收费站(K35+775.630)	1830	190	34.77	18	4000	7.2	1618	230	37.21	22	1200	2.64				81.80
5	陆浑服务区及陆浑收费站(K50+206.545)	30120	190	572.28	116	4000	46.4	23829	230	548.07	188	1200	22.56				1189.31
6	隧道变配电所（含泵房）(K59+800)	300	190	5.70	5	4000	2.0	200	230	4.60	5	1200	0.60				12.90
7	嵩县收费站、隧道管理所(K61+728.912)	3300	190	62.70	33	4000	13.2	3550	230	81.65	60	1200	7.20				164.80
总计		53000		1007.00	269		107.60	45646		1049.86	454		54.48				2218.94

35. 关于豫西高速公路项目管理服务设施布局方案的批复

豫交规划〔2011〕319 号

河南省收费还贷高速公路管理中心：

你中心豫高管中心〔2011〕116 号文报送的“关于《豫西高速公路项目管理服务设施布局方案》的请示”收悉，经组织专家评审，结合实际情况，现对布局方案批复如下：

一、豫西山区 5 个在建，3 个待建，共 8 个高速公路建设项目，总里程 480km，建成后由河南省收费还贷高速公路管理中心统一进行运营管理。为进一步完善高速公路运营管理体制，全面提升高速公路运营管理及服务水平，充分发挥高速公路的整体效益，减少建设投资、最大限度提高资源利用率，根据路网规划和相关规范要求，结合项目实际情况，对豫西山区高速公路建设项目管理和服务设施进行统一布局和资源整合是十分必要的。

二、原则同意布局方案，该方案主要内容如下：

（一）三门峡至淅川高速公路

1. 芮灵黄河大桥豫晋省界至灵宝段路线全长约 9km，全线设置 1 处省界主线收费站，占地面积 15 亩，总建筑面积 $2050m^2$。

2. 灵宝至卢氏段路线全长约 81km，全线设置 1 处管理处，3 处收费站，2 处养护管理所，2 处路政管理所，2 处隧道管理站，2 处服务区。

（1）灵宝收费站与管理处、养护管理所、路政管理所和隧道管理站合建，占地面积 54.25 亩，总建筑面积 $6400m^2$，管辖三门峡至淅川高速公路芮灵黄河大桥段、灵宝至卢氏互通段、卢氏至西坪三门峡辖区段及洛阳至卢氏高速公路卢氏至洛宁三门峡辖区段，总里程共 154km。

（2）杜关收费站与养护管理所、路政管理所及隧道管理站合建，占地面积 14.375 亩，总建筑面积 $2100m^2$。

（3）卢氏收费站占地面积 5 亩，总建筑面积 $800m^2$。

（4）灵宝服务区占地面积 70 亩，总建筑面积 $5500m^2$。

（5）大峡谷服务区占地面积 80 亩，总建筑面积 $5500m^2$。

3. 卢氏至西坪段路线全长约 86km，全线设置 2 处收费站，2 处养护管理所，2 处路政管理所，2 处隧道管理站，1 处服务区，1 处停车区。

（1）五里川收费站与养护管理所、路政管理所和隧道管理站合建，占地面积 18.4 亩，总建筑面积 $3200m^2$。

（2）寨根收费站与养护管理所、路政管理所和隧道管理站合建，占地面积 18.4 亩，总建筑面积 $3200m^2$。

（3）五里川服务区占地面积 60 亩，总建筑面积 $5500m^2$。

（4）寨根停车区占地面积 15 亩，总建筑面积 $110m^2$。

4. 西坪至寺湾段路线全长约 37km，全线设置 2 处收费站，1 处隧道管理站，1 处服务区。

（1）崖屋收费站与隧道管理站合建，占地面积 10.4 亩，总建筑面积 $1850m^2$。

(2)省界主线收费站占地面积15亩,总建筑面积2050m^2。

(3)寺湾服务区占地面积80亩,总建筑面积5500m^2。

5.三门峡至淅川高速公路卢氏至西坪南阳辖区段和西坪至寺湾段由宛坪管理处管辖。

(二)洛阳至卢氏高速公路

1.洛阳至洛宁段路线全长约69km,全线设置4处收费站,1处养护管理所,2处路政管理所,1处停车区,1处服务区。

(1)起点主线收费站与养护管理所合建,占地面积23亩,总建筑面积2700m^2。

(2)宜阳收费站与路政管理所合建,占地面积8.4亩,总建筑面积1350m^2。

(3)韩城收费站占地面积6.3亩,总建筑面积950m^2。

(4)洛宁东收费站与路政管理所合建,占地面积8.4亩,总建筑面积2650m^2。

(5)宜阳停车区占地面积15亩,总建筑面积1150m^2。

(6)韩城服务区占地面积60亩,总建筑面积5500m^2。

2.洛宁至卢氏段路线全长约69km,全线设置3处收费站,1处养护管理所,1处停车区,1处服务区。

(1)洛宁西收费站与养护管理所合建,占地面积16亩,总建筑面积2350m^2。

(2)长水收费站占地面积9亩,总建筑面积1550m^2。

(3)上戈收费站占地面积7.2亩,总建筑面积1300m^2。

(4)洛宁停车区占地面积18.4亩,总建筑面积2450m^2。

(5)故县服务区占地面积69.3亩,总建筑面积6150m^2。

(三)洛阳至栾川高速公路

1.洛阳至嵩县段路线全长约62km,全线设置1处管理处,4处收费站,2处养护管理所,2处路政管理所,1处隧道管理站,1处停车区,1处服务区。

(1)起点主线收费站与管理处和养护管理所合建,占地面积84.5亩,总建筑面积12250m^2,管辖洛阳至卢氏高速公路洛阳至洛宁段、洛宁至卢氏洛阳辖区段,洛阳至栾川高速公路洛阳至嵩县段和嵩县至栾川段,总里程共253km。

(2)伊川西收费站与路政管理所合建,占地面积6亩,总建筑面积1500m^2。

(3)古城收费站占地面积6亩,总建筑面积1350m^2。

(4)陆浑服务区加油站与养护管理所合建,占地面积22亩,总建筑面积959m^2。

(5)嵩县收费站与隧道管理站和路政管理所合建,占地面积12.8亩,总建筑面积2300m^2。

(6)伊川停车区占地面积30亩,总建筑面积2150m^2。

(7)陆浑服务区占地面积120亩,总建筑面积7050m^2。

2.嵩县至栾川段路线全长约67km,全线设置4处收费站,1处养护管理所,1处路政管理所,1处隧道管理站,1处服务区,1处停车区。

(1) 旧县收费站占地面积6亩,总建筑面积1650m^2。

(2)九龙山收费站与隧道管理站合建,占地面积11亩,总建筑面积1350m^2。

(3)重渡沟收费站与路政管理所合建,占地面积6亩,总建筑面积950m^2。

(4)栾川收费站与养护管理所合建,占地面积18.2亩,总建筑面积2100m^2。

(5)嵩县停车区占地面积25亩,总建筑面积1450m^2。

(6) 旧县服务区占地面积68.07亩,总建筑面积5500m^2。

三、请各高速公路建设管理单位根据批复的布局方案按照有关规定和基本建设程序要求做好项目相关工作。

四、上述各项目在实施过程中要加强协调管理，及时解决实施过程中出现的问题。实施中根据实际情况确需对布局方案做重大修改或调整的，须报厅审查同意。

附件：豫西高速公路项目管理、服务设施布局规模汇总表

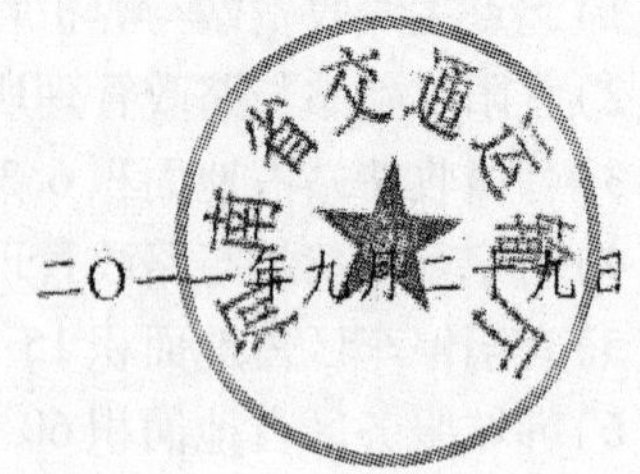

二〇一一年九月二十九日

抄送：厅有关处室

附件

豫西高速公路项目管理、服务设施布局规模汇总表

序号	高速公路	路　　段	收　费　站	管理机构类别	占地(亩)	建筑面积(m^2)
1	三淅高速公路(213km)	黄河大桥段(9km)	省界主线站	收费站	15	2050
		灵宝至卢氏段(81km)	灵宝(K12+984)	收费站	6.25	1000
				管理处	38	4000
				养护管理所	10	750
				路政管理所		150
				隧道管理站		500
				小计	54.25	6400
			杜关(K50+230)	收费站	4.375	700
				隧道管理站		500
				养护管理所	10	750
				路政管理所		150
				小计	14.375	2100
			卢氏(K79+820)	收费站	5	800
		卢氏至西坪段(86km)	五里川(K118+795)	收费站	8.4	1800
				养护管理所	10	750
				路政管理所		150
				隧道管理站		500
				小计	18.4	3200
			寨根(K151+155)	收费站	8.4	1800
				养护管理所	10	750
				路政管理所		150
				隧道管理站		500
				小计	18.4	3200
		西坪至寺湾段(37km)	崖屋(K27+072)	收费站	7	1400
				隧道管理站	3.4	450
				小计	10.4	1850
			省界主线站(K34+650)	收费站	15	2050
2	洛阳至卢氏高速公路(138km)	洛阳至洛宁段(69km)	起点主线收费站(K0+400)	收费站	13	1950
				养护管理所	10	750
				小计	23	2700
			宜阳(K16+758)	收费站	8.4	1200
				路政管理所		150
				小计	8.4	1350
			韩城(K43+041)	收费站	6.3	950

续上表

序号	高速公路	路　段	收 费 站	管理机构类别	占地(亩)	建筑面积(m^2)
2	洛阳至卢氏高速公路(138km)	洛宁至卢氏段(69km)	洛宁东(k68 +594)	收费站	8.4	2500
				路政管理所		150
				小计	8.4	2650
			洛宁西(K90 +400)	收费站	6	1600
				养护管理所	10	750
				小计	16	2350
			长水(K101 +580)	收费站	9	1550
			上戈(K118 +400)	收费站	7.2	1300
3	洛阳至栾川高速公路(130km)	洛阳至嵩县段(63km)	起点主线收费站(K0 +370)	收费站	17.5	3500
				管理处	57	8000
				养护管理所	10	750
				小计	84.5	12250
			伊川西(K14 +222)	收费站	6	1350
				路政管理所		150
				小计	6	1500
			古城(K35 +775)	收费站	6	1350
			陆浑服务区(K50 +206)	养护管理所兼加油站	22	950
				小计	22	950
			嵩县(K61 +741)	收费站	9	1500
				隧道管理站	3.8	650
				路政管理所		150
				小计	12.8	2300
		嵩县至栾川段(67km)	旧县(K90 +805)	收费站	6	1650
			九龙山(K95 +793)	收费站	8	850
				隧道管理站	3	500
				小计	11	1350
			重渡沟(K110 +657)	收费站	6	800
				路政管理所		150
				小计	6	950
			栾川(K124 +697)	收费站	8.2	1350
				养护管理所	10	750
				小计	18.2	2100

豫西高速公路项目服务设施布局规模汇总表

序号	高速公路	路线	场区名称	桩号	占地(亩)	建筑面积(m^2)
1	三淅高速公路(213km)	灵宝至卢氏段(81km)	灵宝服务区	K21+700	60	5500
			大峡谷服务区	ZK67+000/K67+900	80	5500
		卢氏至两坪段(85km)	五里川服务区	K112+000	60	5500
			寨根停车区	K158+300	15	110
		西坪至寺湾段(37km)	寺湾服务区	K34+250	80	5500
2	洛阳至卢氏高速公路(138km)	洛阳至洛宁段(69km)	宜阳停车区	K21+450	15	1150
			韩城服务区	K51+500	60	5500
		洛宁至卢氏段(69km)	洛宁停车区	K84+650	18.4	2450
			故县服务区	K127+050	69.3	6150
3	洛阳至栾川高速公路(130km)	洛阳至嵩县段(63km)	伊川停车区	K25+200	30	2150
			陆浑服务区	K50+207	120	7050
		嵩县至栾川段(67km)	嵩县停车区	K82+700	25	1450
			旧县服务区	K91+200	68.07	5500

36. 关于洛阳至栾川高速公路洛阳至嵩县段绿化方案设计的批复

豫交规划〔2011〕377 号

河南交通投资集团有限公司:

你公司“关于洛阳至栾川高速公路洛阳至嵩县段绿化方案设计的请示”(豫交集团〔2010〕243 号)和由河南省交通规划勘察设计院有限责任公司编制完成的《洛阳至栾川高速公路洛阳至嵩县段绿化方案设计》收悉。经审查,批复如下:

一、该绿化设计方案基本符合《河南省高速公路景观设计指南》要求,同意作为下一步施工图设计的依据。

二、绿化工程规模。该项目主线绿化全长 62.699km,互通区绿化 4 处(其中枢纽互通立交 1 处),管理分中心绿化 1 处,收费站区绿化 3 处,停车区绿化 1 处,服务区绿化 1 处。

三、工程费用。结合《河南省高速公路设计技术要求》有关规定及河南省发改委“关于洛阳至栾川高速公路洛阳至嵩县段初步设计的批复”(豫发改设计〔2009〕2005 号)的相关概算,本项目绿化工程费用应控制在 1457.3 万元以内。

四、应根据本项目批复的绿化工程方案设计,尽快编制下阶段施工图设计报厅审批。

附件:审核对比表

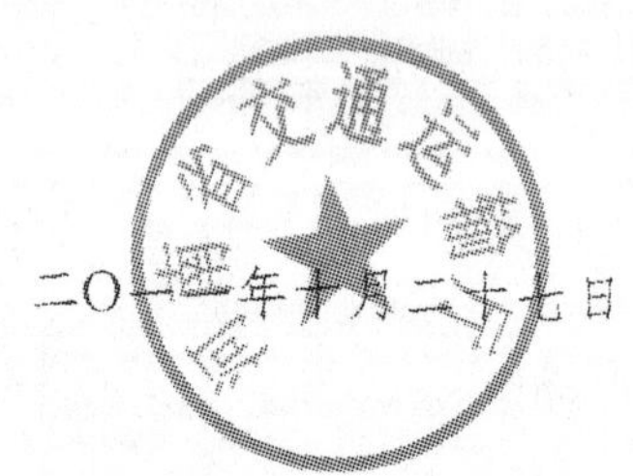

二〇一一年十月二十七日

抄送:河南省收费还贷高速公路管理中心

附件

审 核 对 比 表

建设项目名称:洛栾高速洛嵩段绿化景观工程方案设计

项	目	节	工程或费用名称	单位	报审费用		核定费用		核定较报审增减	
					工程量	金额(元)	工程量	金额(元)	工程量	金额(元)
			第一部分　建筑安装工程费	公路公里	62.699	13551677	62.699	13187673	0	-364004
八			绿化及环境保护工程	公路公里	62.699	13551677	62.699	13187673	0	-364004
	1		主线景观绿化	公里	62.699	6363206	62.699	6614904	0	251698
	2		隧道口	处	2	19295	2	19614	0	319
	3		互通区景观绿化	处	4	4557039	4	3968220	0	-588819
		1	梁刘互通	处	1	2481512	1	2174480	0	-307032
		2	伊川西互通	处	1	455925	1	436098	0	-19827
		3	古城互通	处	1	1162181	1	969849	0	-192332
		4	嵩县互通	处	1	457421	1	387793	0	-69628
	4		场站区景观绿化	处	6	2612137	6	2584935	0	-27202
		1	陆浑服务区及陆浑服务区互通处	处	1	1538860	1	1538860	0	0
		2	主线收费站、监控管理分中心及路政管理	处	1	553166	1	553166	0	0
		3	伊川西收费站	处	1	63109	1	63109	0	0
		4	古城收费站	处	1	76394	1	81545	0	5151
		5	嵩县收费站及隧道管理所	处	1	150537	1	118184	0	-32353
		6	伊川停车区		1	230071	1	230071	0	0
			第三部分　工程建设其他费用	公路公里	62.699	589058	62.699	708992	0	119934
二			建设项目管理费	公路公里	62.699	282512	62.699	333648	0	51136
	1		建设单位管理费	公路公里	62.699	48016	62.699	56707	0	8691
	2		工程监理费	公路公里	62.699	223329	62.699	263753	0	40424
	3		设计文件审查费	公路公里	62.699	11166	62.699	13188	0	2022
十一			建设期贷款利息	公路公里	62.699	306547	62.699	375343	0	68796
			第一、二、三部分费用合计	公路公里	62.699	14140735	62.699	13896664	0	-244071
			预备费	元		691709		676066		-15643
			2.基本预备费	元		691709		676066		-15643
			预算总金额	元		14832444		-14572730		-259714

37. 关于洛栾高速公路洛阳至嵩县段项目工程跨越少洛高速公路　省道干线公路的批复

豫交路政〔2011〕3 号

河南嵩阳高速公路有限公司：

你司“关于洛栾高速公路洛嵩段建设工程梁刘互通立交跨越少洛高速公路的请示”和“关于洛栾高速公路洛阳至嵩县段项目古城互通立交等跨越省道的请示”（豫嵩阳高〔2010〕240、〔2010〕265 号）文件收悉。根据《中华人民共和国公路法》、《河南省公路管理条例》、《河南省高速公路条例》等法律法规的规定，拟同意该项目工程在洛阳西南绕城高速公路 K727 +200 至 K729 +300 处设置梁刘互通立交跨越、在洛栾快速通道 LK51 +100 至 LK52 +300 处设置古城互通立交跨越及跨越省道 S322 线和省道嵩汝路。

一、请你司抓紧时间与河南省收费还贷高速公路管理中心、洛阳市公路管理局接洽，就工期安排、施工保通、设施保护、施后修复、路损补偿等问题达成共识，并签订相关书面协议报厅。确保施工安全和公路畅通。

二、该项目工程设计时，要充分征求厅高速公路管理局、厅公路管理局、交通规划勘察设计院有限责任公司、河南省收费还贷高速公路管理中心（高速公路少新管理处）、洛阳市公路管理局的意见优化设计方案。要充分考虑所辖跨越路段高速公路、国省干线公路长远规划和改扩建问题。初步设计和施工图须经科学论证后方可实施。实施中要严格组织，加强领导，落实责任，确保工程质量。

三、该项目工程主跨桥梁及匝道桥梁跨越相关高速公路及国省干线公路净空高度不得小于 5.5m。不得影响相关高速公路及国省干线公路今后改扩建及其他施工需要。如该项目工程在相关高速公路及国省干线公路中分带进行基柱施工，应向有关部门提交硅芯管保护方案，经有关专家论证报厅相关部门核准后实施，以确保高速公路及国省干线公路联网通信安全。

四、洛栾高速公路跨越省道 S322 线，桥墩位置要进一步优化方案，避免影响干线公路通行能力、过往行人和车辆行驶安全隐患。

五、该项目工程衔接其他高速公路及国省干线公路前，应按通车要求事先把辅道修好，经厅验收后方可衔接其他高速公路及国省道干线公路。

六、鉴于该项目工程在洛阳西南绕城高速公路、洛栾快速通道、省道 S322 线及嵩汝路等多处路段跨越，车流量大，地理位置特殊，施工及保通组织复杂，施工前应在河南省收费还贷高速公路管理中心（高速公路少新管理处）、洛阳市公路管理局路政管理机构和所辖路段公安交警指导下制定施工、保通方案，经项目业主单位有关公路路政管理机构、交警部门三方同意签章、厅高速公路管理局、公路管理局认可后方可施工。

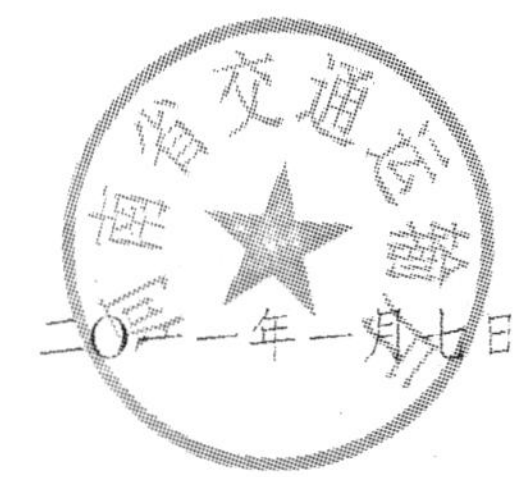

二〇一一年一月七日

抄送:厅高速公路管理局,厅公路管理局,洛阳市公路管理局,河南省收费还贷高速公路管理中心,厅交通规划勘察设计院有限公司

38. 关于洛阳至栾川高速公路洛阳至嵩县段房建工程（不含服务区、停车区和管理分中心）施工图设计的批复

豫交文〔2012〕71 号

河南交通投资集团有限公司：

你公司《关于洛阳至栾川高速公路洛阳至嵩县段房屋建筑工程施工图设计的请示》（豫交集团〔2011〕369 号）收悉。根据省发改委《关于洛阳至栾川高速公路洛阳至嵩县段工程初步设计的批复》（豫发改设计〔2009〕2005 号），结合省厅《关于洛阳至栾川高速公路洛阳至嵩县段房屋建筑工程概念设计的批复》（豫交规划〔2010〕345 号）和《关于豫西高速公路项目管理服务设施布局方案的批复》（豫交规划〔2011〕319 号），经审查，批复如下：

一、原则同意由河南省交通规划勘察设计院有限责任公司编制完成的该项目房建工程施工图设计及根据专家审查意见所作的修改设计。

二、建设规模

全线设置 1 处主线收费站，3 处匝道收费站，1 处管理分中心，2 处路政管理所，1 处养护管理所，1 处服务区，1 处停车区，1 处隧道综合机房。其中主线收费站与养护管理所合建，建筑面积核定为 2453m^2；嵩县收费站与路政管理所合建，建筑面积核定为 2355m^2；伊川西收费站建筑面积核定为 1466m^2；古城收费站与路政管理所合建，建筑面积核定为 2216m^2；玉皇庙隧道变配电所建筑面积核定为 217m^2。陆浑服务区、伊川停车区和管理分中心待设计方案确定后，施工图设计及预算另行报批。

三、结构形式

1. 主线收费站及养护管理所综合楼为地上二层钢筋混凝土框架结构，建筑耐火等级为二级，建筑抗震设防类别为丙类，建筑抗震设防烈度为 7 度，框架抗震等级为三级。综合机房为单层钢筋混凝土框架结构，门卫室为单层砌体结构。

2. 嵩县收费站及路政管理所综合楼为地上三层钢筋混凝土框架结构，建筑耐火等级为二级，建筑抗震设防类别为丙类，建筑抗震设防烈度为 6 度，框架抗震等级为四级。综合机房为单层钢筋混凝土框架结构，门卫室为单层砌体结构。

3. 伊川西收费站综合楼为地上二层钢筋混凝土框架结构，建筑耐火等级为二级，建筑抗震设防类别为丙类，建筑抗震设防烈度为 6 度，框架抗震等级为四级。综合机房为单层钢筋混凝土框架结构。

4. 古城收费站及路政管理所综合楼为地上三层钢筋混凝土框架结构，建筑耐火等级为二级，建筑抗震设防类别为丙类，建筑抗震设防烈度为 6 度，框架抗震等级为四级。综合机房为单层钢筋混凝土框架结构。

5. 玉皇庙隧道变配电所变配电房为单层砌体结构，水泵房为单层钢筋混凝土框架结构。

四、应特别注意各站区综合楼各功能用房面积的合理分配，并且尽可能提高使用面积系数，以满足实际需求。

五、工程预算核定为4360万元(详见预算审核对比表),其中:建筑安装工程费3966万元,设备及工、器具购置费267万元,预备费127万元。

六、以上工程费用从该高速公路项目批复概算中调剂使用。

七、工程建设应严格按照已批复的设计进行,如确需进行设计变更的,必须切实履行设计变更程序。

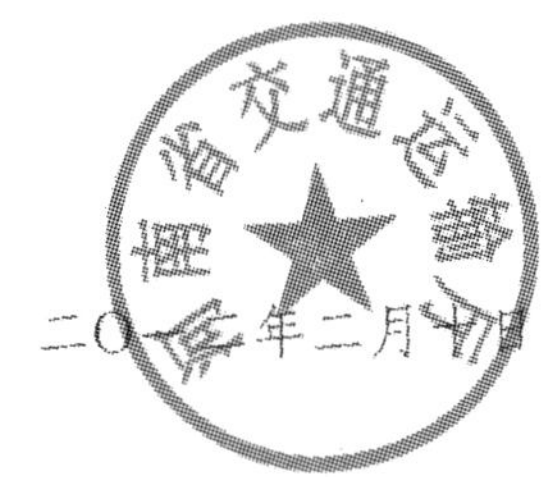

二〇一[illegible]年二月十日

抄送:厅有关处室,河南省收费还贷高速公路管理中心

预算审核对比表

项目名称:洛阳至栾川高速公路洛阳至嵩县段房建工程(不含服务区、停车区和管理分中心)

序号	工程或费用名称	站区占地(亩)	原报建筑面积(m^2)	原报预算(元)	核定建筑面积(m^2)	核定预算(元)	增减额(元)	备注
第一部分 建筑安装工程费		70.94	8490.44	48548328.48	8707.04	39664038.07	-8884290.41	
1	嵩县收费站及路政管理所	10.40	2355.25	8320930.59	2355.25	10080759.60	1759829.01	不包括收费天棚面积251.1m^2
2	伊川西收费站	6.77	1466.20	5340160.40	1466.20	5516796.82	176636.42	不包括收费天棚面积285m^2
3	古城收费站及路政管理所	9.00	2216.39	9818957.68	2216.39	9812323.83	-6633.85	不包括收费天棚面积251.1m^2
4	主线收费站及养护管理所	42.54	2452.60	25068279.81	2452.60	13261799.42	-11806480.39	不包括收费天棚面积890.46m^2
5	玉皇庙隧道变配电所	2.23	0.00	0.00	216.60	992358.40	992358.40	后补充此部分
第二部分 设备及工器具购置费				3038580.00		2673972.00	-364608.00	
1	嵩县收费站及路政管理所			669060.00		675540.00	6480.00	
2	伊川西收费站			615060.00		618300.00	3240.00	
3	古城收费站及路政管理所			656100.00		659340.00	3240.00	
4	主线收费站及养护管理所			1098360.00		717768.00	-380592.00	
5	玉皇庙隧道变配电所			0.00		3024.00	3024.00	
第一、二部分费用合计				51586908.48		42338010.07	-9248898.41	
预备费				1547607.25		1270140.30	-277466.95	第一、二部分费用×3%
合计				53134515.73		43608150.37	-9526365.36	

39. 关于洛阳至栾川高速公路洛阳至嵩县段绿化工程施工图设计的批复

豫交文〔2012〕169 号

河南交通投资集团有限公司：

你公司“关于洛阳至栾川高速公路洛阳至嵩县段绿化工程施工图设计的请示”（豫交集团〔2011〕351 号）收悉。经审查，现批复如下：

一、原则同意河南省交通规划勘察设计院有限责任公司编制完成的洛阳至栾川高速公路洛阳至嵩县段绿化工程施工图设计。

二、该项目主线绿化全长 62.699km，互通区绿化 4 处（其中枢纽互通立交 1 处），管理分中心绿化 1 处，收费站区绿化 3 处，停车区绿化 1 处，服务区绿化 1 处。

三、应以适地适树原则进行绿化，少用或不用生长缓慢、价格昂贵、不易成活的树种。所采用树种应结合高速公路沿线的实际情况，严格控制相关树种规格，尽量降低造价。

四、要按照乔、灌、草及常绿与落叶树种合理搭配原则进行绿化，乔木、灌木栽植间距要按照其习性和生长规律合理布置。

五、乔、灌、草及常绿与落叶树种宜按照其最佳种植时间栽种植播。

六、结合《河南省高速公路设计技术要求》（河南省地方标准 DB41/T 419—2005）的有关规定，经审查，本项目绿化工程施工图预算核定为 1289 万元（详见预算审核对比表）。

附件：审核对比表

二〇一二年三月六日

附件

审核对比表

建设项目名称：洛栾高速公路洛阳至嵩县绿化工程施工图设计

项	目	节	工程或费用名称	单位	报审预算		核定预算		核定较报审增减(+,-)	
					数量	金额(元)	数量	金额(元)	数量	金额(元)
			第一部分建筑安装工程费	公路公里	62.699	12970680	62.699	11891100	0	-1079580
八			绿化及环境保护工程	公路公里	62.699	12970680	62.699	11891100	0	-1079580
	1		沿线绿化	公路公里	62.699	6962824	62.699	5475014	0	-1487810
		1	路基边坡绿化工程	公路公里	62.699	6943210	62.699	5463533	0	-1479677
		2	姜公庙隧道绿化工程	处	1	3826	1	3242	0	-584
		3	玉皇庙隧道绿化工程	处	1	15788	1	8239	0	-7549
	2		互通区绿化	处	5	3243793	5	4185184	0	941391
		1	粱刘枢纽式互通区(不含边坡)绿化工程	处	1	1689883	1	2059134	0	369251
		2	伊川西互通区(不含边坡)绿化工程	处	1	368063	1	490469	0	122406
		3	古城互通区(不含边坡)绿化工程	处	1	668882	1	887168	0	218286
		4	嵩县互通区内(不含边坡)绿化工程	处	1	245418	1	501185	0	255767
		5	陆浑服务区互通部分绿化工程	处	1	271547	1	247228	0	-24319
	3		站区绿化	处	6	2764062	6	2230901	0	-533161
		1	主线收费站及管理分中心绿化工程	处	1	663797	1	360477	0	-303320
		2	伊川西收费站绿化工程	处	1	70295	1	55938	0	-14357
		3	伊川停车区绿化工程	处	1	269535	1	252625	0	-16910
		4	古城收费站绿化工程	处	1	96089	1	84890	0	-11199
		5	陆浑服务区绿化工程	处	1	1529660	1	1352843	0	-176817
		6	嵩县收费站及隧道管理所绿化工程	处	1	134686	1	124128	0	-10558

续上表

项	目	节	工程或费用名称	单位	报审预算		核定预算		核定较报审增减(+,-)	
					数量	金额(元)	数量	金额(元)	数量	金额(元)
			第三部分　工程建设其他费用	公路公里	62.699	697326	62.699	632839	0	-64487
二			建设项目管理费	公路公里	62.699	328158	62.699	300845	0	-27313
	1		建设单位管理费	公路公里	62.699	55774	62.699	51132	0	-4642
	2		工程监理费	公路公里	62.699	259414	62.699	237822	0	-21592
	3		设计文件审查费	公路公里	62.699	12971	62.699	11891	0	-1080
十一			建设期贷款利息	公路公里	62.699	369167	62.699	331994	0	-37173
			第一、二、三部分费用合计	公路公里	62.699	13668006	62.699	12523940	0	-1144066
			预备费	元		664942		365758		-299184
二			基本预备费	元		664942		365758		-299184
			总金额	元		14332948		12889698		-1443250

主题词:高速公路　绿化　设计　批复

抄送:河南省收费还贷高速公路管理中心

河南省交通运输厅办公室　　2012年3月9日印发

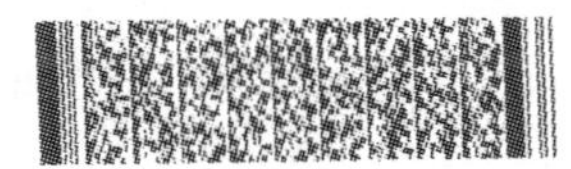

40. 关于洛阳至栾川高速公路洛阳至嵩县段陆浑服务区施工图设计的批复

豫交文〔2012〕285 号

河南交通投资集团有限公司：

你公司《关于洛阳至栾川高速公路洛阳至嵩县段服务区房屋建筑工程施工图设计的请示》（豫交集团〔2012〕95 号）收悉。根据省发改委《关于洛阳至栾川高速公路洛阳至嵩县段工程初步设计的批复》（豫发改设计〔2009〕2005 号），结合省厅《关于洛阳至栾川高速公路洛阳至嵩县段房屋建筑工程概念设计的批复》（豫交规划〔2010〕345 号）和《关于豫西高速公路项目管理服务设施布局方案的批复》（豫交规划〔2011〕319 号），经审查，批复如下：

一、原则同意由设计单位编制完成的该工程施工图设计及根据专家审查意见所作的修改设计。

二、主要建设内容及规模

该工程总占地面积 151.37 亩，其中两处独立加油站分别占地 14.7 亩和 9 亩。总建筑面积核定为 8189m^2，其中：服务区综合楼 3674m^2，快捷酒店 1570m^2，职工宿舍楼 864m^2，养护管理所综合楼 779m^2，加油站房屋、维修车间、仓库、综合机房等附属用房共 1302m^2。道路停车场、广场等面积 47987m^2，降温车道 1 座。

三、结构形式

1. 服务区综合楼为地上一层（局部两层）钢筋混凝土框架结构，建筑耐火等级为二级，建筑抗震设防类别为丙类，建筑抗震设防烈度为 6 度，框架抗震等级为四级。

2. 快捷酒店为地上二层（局部一层）钢筋混凝土框架结构，建筑耐火等级为二级，建筑抗震设防类别为丙类，建筑抗震设防烈度为 6 度，框架抗震等级为四级。

3. 职工宿舍楼为地上二层钢筋混凝土框架结构，建筑耐火等级为二级，建筑抗震设防类别为丙类，建筑抗震设防烈度为 6 度，框架抗震等级为四级。

4. 养护管理所综合楼为地上一层钢筋混凝土框架结构，建筑耐火等级为二级，建筑抗震设防类别为丙类，建筑抗震设防烈度为 6 度，框架抗震等级为四级。

5. 加油站房屋为地上一层砌体结构，其余附属用房均为地上一层钢筋混凝土框架结构。

四、应特别注意各单体建筑内各功能用房面积的合理分配，并且尽可能提高使用面积系数，以满足实际需求

五、工程预算核定为 5279 万元，其中：建筑安装工程费 4473 万元，设备及工、器具购置费 652 万元，预备费 154 万元（详见预算审核对比表）。

六、以上工程费用从该高速公路项目批复概算中调剂使用。

七、工程建设应严格按照已批复的设计进行，如确需进行设计变更的，必须切实履行设计变更程序。

附件:预算审核对比表

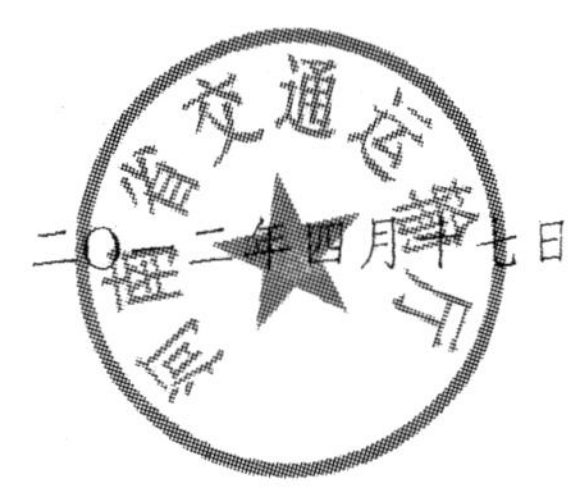

二〇一二年四月十七日

附件

预算审核对比表

项目名称:洛阳至栾川高速公路洛阳至嵩县段陆浑服务区

序号	项目	原报建筑面积(m^2)	原报预算(元)	原报单方造价(元/m^2)	核定建筑面积(m^2)	核定预算(元)	核定单方造价(元/m^2)	增减(元)	主要原因说明
一	建安费	7888.12	46661053.69	5915.36	8188.60	44733142.09	5462.86	-1927911.60	Ⅲ区9800m^2[不是10.19亩,是14.7亩](6022m^2也不是22.5亩,应是9.03亩),数据不太一致;新增仓库299m^2;建筑面积合计中不包括加油站棚面积1036m^2
1	综合楼(Ⅰ区)	3674.01	12535573.80	3411.96	3674.01	11312356.33	3079.02	-1223217.47	一层,局部二层,框架结构,坡屋顶;外墙涂料、面砖:地面保温,外墙内、外保温
	①土建工程	3674.01	9336887.65	2541.33	3674.01	9502495.14	2586.41	165607.49	单方指标高:外墙80mm厚岩棉保温板,非100mm厚;第74项台阶898元/m^2价高;税率3.477%
	②钢结构	3674.01	770054.77	209.60	3674.01	830734.70	226.11	60679.93	税率3.477%
	③给排水工程	3674.01	199900.82	54.41	3674.01	199900.82	54.41	0.00	税率3.413%
	④消火栓工程	3674.01	79248.35	21.57	3674.01	79248.35	21.57	0.00	部分消防管道需聚氨酯保温,预算中未见;税率3.413%
	⑤通风空调工程	3674.01	1613113.79	439.06	3674.01	62902.82	17.12	-1550210.97	分体空调和中央空调等设备应扣除,计入设备费,多联机价格应核实;税率3.413%

续上表

序号	项目	原报建筑面积（m^2）	原报预算（元）	原报单方造价（元/m^2）	核定建筑面积（m^2）	核定预算（元）	核定单方造价（元/m^2）	增减（元）	主要原因说明
1	⑥电气工程	3674.01	536368.42	145.99	3674.01	637074.50	173.40	100706.08	未见报警主机、弱电主机；税率3.413%
2	快捷酒/店（Ⅰ区）	1570.13	3802674.58	2421.89	1570.13	3786320.89	2411.47	-16353.69	二层，局部一层，框架结构，坡屋顶；外墙涂料，面砖勒脚；地面保温，外墙内、外保温
	①土建工程	1570.13	2981325.51	1898.78	1570.13	3400433.46	2165.70	419107.95	外保温80mm厚岩棉板，非90mm厚；第45项排水管缺项目特征；未见三七灰土换填；第61项栏杆1200元/m，价高；税率3.477%
	②给排水工程	1570.13	125226.51	79.76	1570.13	91249.38	58.12	-33977.13	太阳能系统3.02万元可扣除计入设备费；税率3.413%
	③消火栓工程	1570.13	55831.22	35.56	1570.13	29291.27	18.66	-26539.95	税率3.413%
	④通风空调工程	1570.13	392966.23	250.28	1570.13	14083.99	8.97	-378882.24	分体空调和中央空调等设备应扣除，计入设备费，多联机价格应核实；税率3.413%
	⑤电气工程	1570.13	247325.11	157.52	1570.13	251262.79	160.03	3937.68	税率3.413%
3	职工宿舍（Ⅰ区）	863.60	2145866.64	2484.79	863.60	2023292.12	2342.86	-122574.52	二层，框架结构，坡屋顶；外墙涂料，面砖勒脚；地面保温，外墙内、外保温

续上表

序号	项目	原报建筑面积（m^2）	原报预算（元）	原报单方造价（元/m^2）	核定建筑面积（m^2）	核定预算（元）	核定单方造价（元/m^2）	增减（元）	主要原因说明
3	①土建工程	863.60	1778946.51	2059.92	863.60	1804309.26	2089.29	25362.75	外墙内保温已改为硅酸铝保温砂浆，不是130mm保温板；税率3.477%
	②给排水工程	863.60	139772.17	161.85	863.60	98305.61	113.83	-41466.56	太阳能系统4.6万元，可扣除计入设备费；税率3.413%
	③通风空调工程	863.60	115598.58	133.86	863.60	7993.93	9.26	-107604.65	分体空调应扣除，计入设备费；税率3.413%
	④电气工程	863.60	111549.38	129.17	863.60	112683.32	130.48	1133.94	税率3.413%
4	养护管理所办公楼（Ⅱ区）	778.62	2356744.34	3026.82	778.62	2803612.60	3600.75	446868.26	一层，框架结构，坡屋顶；外墙面砖，涂料线条；有轻钢雨棚；地面保温；同洛宁养护区，基础稍有不同；税率3.413%
	①土建工程	778.62	2205320.51	2832.35	778.62	2655692.98	3410.77	450372.47	单方指标高；回填土单价高；未见三七灰土换填；空调板清单可按雨棚，按栏板不合适；第29项台阶403.78元/m^2高与第51项298.83元/m^2是否有重复；第66项夹板1386.39元/m^2价高；第52项内墙抹灰42.4价高；第78项墙柱乳胶漆85.32元/m^2价高而第79项外墙乳胶漆才28.22元/m^2；缺措施费（二），模板等费用不易核查

续上表

序号	项目	原报建筑面积（m^2）	原报预算（元）	原报单方造价（元/m^2）	核定建筑面积（m^2）	核定预算（元）	核定单方造价（元/m^2）	增减（元）	主要原因说明
4	②安装工程	778.62	151423.83	194.48	778.62	147919.62	189.98	-3504.21	第5项总等电位箱412元/台，第8项等电位箱262元价/台，单价高；第33、34项BV-2.5与ZRBV-2.5单价不应一样；第92项电缆清单应删除；第51项排水管De75单价偏高
5	维修车间（Ⅰ区）	189.56	494797.77	2610.24	189.56	459703.26	2425.11	-35094.51	（带办公室、休息室）一层，框架结构，坡屋顶；外墙涂料，面砖勒脚；地面保温；税率3.477%
	①土建工程	189.56	416197.88	2195.60	189.56	421723.37	2224.75	5525.49	第11项垫层缺项目特征；屋面设计要求100mm厚无机复合聚苯板保温，而预算中是80mm厚岩棉板；防滑地砖面设计要求地64，而预算中按地53，取消了保温板；缺办公室地砖地面清单；第39项外墙勒脚工程量大，而第42、50项外墙砂浆、涂料工程量小；应补充措施费(二)，以便核查模板等措施费；装修表中外墙内面要求硅酸铝保温砂浆，而节能设计表并未要求采取内保温，请结合设计人员核实

续上表

序号	项目	原报建筑面积（m^2）	原报预算（元）	原报单方造价（元/m^2）	核定建筑面积（m^2）	核定预算（元）	核定单方造价（元/m^2）	增减（元）	主要原因说明
5	②土建汇总误差	189.56	9178.94	48.42	189.56	0.00	0.00	-9178.94	汇总表与单体数据有误差
	③安装工程	189.56	69318.99	365.68	189.56	37979.89	200.36	-31339.10	第26项电线、第33项灭火器未计价；洗脸盆32个、小便器24、大便器50个等工程量与施工图相差很大，建议仔细核对本单体工程量
	④安装汇总误差	189.56	101.96	0.54	189.56	0.00	0.00	-101.96	汇总表与单体数据有误差
6	综合机房（Ⅰ区）	159.10	603837.75	3795.33	159.10	641479.79	4031.93	37642.04	（含变配电房、泵房，无值班室）一层，框架结构，坡屋顶；外墙涂料，面砖勒脚；税率3.413%
	①土建工程	159.10	463528.82	2913.44	159.10	490206.64	3081.12	26677.82	外墙无外保温，外墙内保温应取消（预算并未计），设计要求塑料中空窗，建议按单层窗；砖基础483.32元/m^3，单价高；第47、48项甲级防火门单价相差大，项目特征应描述清楚；缺措施表（二）
	②安装工程	159.10	140308.93	881.89	159.10	151273.15	950.81	10964.22	Ⅰ区泵型号是XBD40－60－HY，SGBL25－30－HY，对应管道、阀门规格有变化；第13～18项电缆主材价缩小了100，导致单价偏低；第38项BV－2.5清单价33.76元/m，有误

续上表

序号	项目	原报建筑面积（m^2）	原报预算（元）	原报单方造价（元/m^2）	核定建筑面积（m^2）	核定预算（元）	核定单方造价（元/m^2）	增减(元)	主要原因说明
7	综合机房（Ⅱ区）	159.10	603837.75	3795.33	159.10	638944.58	4015.99	35106.83	（含变配电房、泵房,无值班室）一层,框架结构,坡屋顶;外墙涂料,面砖勒脚;税率3.413%
	①土建工程	159.10	463528.82	2913.44	159.10	490206.64	3081.12	26677.82	外墙无外保温,外墙内保温应取消（预算并未计）,设计要求塑料中空窗,建议按单层窗;砖基础483.32元/m^3,单价高;第47、48项甲级防火门单价相差大,项目特征应描述清楚;缺措施表(二)
	②安装工程	159.10	140308.93	881.89	159.10	148737.94	934.87	8429.01	Ⅱ区泵型号是XBD20－40－HY,SGBL12.5－30－HY,对应管道、阀门规格有变化;第13～18项电缆主材价缩小了100,导致单价偏低;第38项BV－2.5清单价33.76元/m,有误
8	养护仓库（Ⅱ区）				299.00	415803.53			新增此单体;一层,框架结构,坡屋顶;外墙涂料
	①土建工程				299.00	381638.51			
	②安装工程				299.00	34165.02			
9	加油站（双侧）	494.00	2918683.68	5908.27	495.48	4485564.02	9052.97	1566880.34	一层,混合结构,平屋顶;外墙涂料;加油站棚投影面积的一半为1036m^2;建筑面积合计为247.74×2m^2;缺规费税金表

续上表

序号	项目	原报建筑面积（m^2）	原报预算（元）	原报单方造价（元/m^2）	核定建筑面积（m^2）	核定预算（元）	核定单方造价（元/m^2）	增减（元）	主要原因说明
9	①站房	494.00	1121964.12	2271.18	495.48	1165413.72	2352.09	43449.60	回填土单价高；建议从第7、8项基础清单中把基础垫层清单另列项；从第19项屋面清单中把保温层清单另列项；第24、26项水泥砂浆墙面单价高；给排水部分缺项目特征
	②加油站棚	1036.00	2129575.92	2055.58	1036.00	2159307.18	2084.27	29731.26	核查税率是否按3.413%计；请核查人工单价是否已调至62元/工日；缺项目特征；回填土单价高
	③附属工程	494.00	505642.00	1023.57	495.48	520931.56	1051.37	15289.56	核查税率是否按3.413%计；请核查人工单价是否已调至62元/工日；第19项砖墙，第20、22项砂浆墙面单价高；第26项钢筋1508.8元/t，单价低
	④工艺设备	494.00	626381.64	1267.98	495.48	639911.56	1291.50	13529.92	核查税率是否按3.413%计；请核查人工单价是否已调至62元/工日；脚手架搭拆费未计入
	⑤汇总误差	494.00	-1464880.00	-2965.34	495.48	0.00	0.00	1464880.00	少合计146.49万元
10	室外工程		21199037.38	251.10		17934393.97		-3264643.41	挖方量多25090.2+88144.92+5113+91m^3，服务区上方应计入主线

续上表

序号	项目	原报建筑面积(m^2)	原报预算(元)	原报单方造价(元/m^2)	核定建筑面积(m^2)	核定预算(元)	核定单方造价(元/m^2)	增减(元)	主要原因说明
10	①土建工程		19318723.33			4784858.43		-14533864.90	包括三个区;扣围墙、水池、水井等,单计;服务区土方计入主线;税率3.413%
	②安装工程		1880314.05			1888514.53		8200.48	包括三个区;包括室外水、电等;税率3.413%;Ⅲ区第15项缺工程量
	③道路广场	47987.00	0.00		47987.00	9510896.30	198.20	9510896.30	
	④围墙(m)	1184.00	0.00		1184.00	708568.08	598.45	708568.08	单计;另栅栏946.5m;挡土墙184(3m高)+132(5m高)m
	⑤降温通道	1座	0.00		1座	156989.58			1座(Ⅰ区)
	⑥国旗台	1座	0.00		1座	27685.23			1座(Ⅰ区)
	⑦蓄水池	4座	0.00		4座	436881.82		436881.82	1座$100m^3$生活+1座$300m^3$消防(Ⅰ区),1座$150m^3$消防(Ⅱ区),1座$100m^3$消防(Ⅲ区)
	⑧水井	2座	0.00		2座	420000.00		420000.00	预算中Ⅰ区按150m深,Ⅱ区按100m深,设计上缺相关参数,造价应核实
11	标志标线					231671.00			新增此项
	标志标线(Ⅰ区)					217486.00			
	标志标线(Ⅱ区)					7766.00			

续上表

序号	项目	原报建筑面积（m^2）	原报预算（元）	原报单方造价（元/m^2）	核定建筑面积（m^2）	核定预算（元）	核定单方造价（元/m^2）	增减（元）	主要原因说明
	标志标线（Ⅲ区）					6419.00			
二	设备购置费		3943760.00			6516816.80		2573056.80	
1	供水设备（Ⅰ区）	1套	221400.00		1套	248400.00		27000.00	包括供水泵、消防泵、深井泵200QJ10－52/4、污水泵、控制柜等。Ⅰ区泵型号XBD40－60－HY，SGBL25－30－HY
2	供水设备（Ⅱ区）	1套	223560.00		1套	223560.00		0.00	包括供水泵、消防泵、深井泵200QJ10－52/4、污水泵、水箱、控制柜等。Ⅱ区泵型号XBD20－40－HY，SGBL12.5－30－HY，水箱2×2×2；
3	供水设备（Ⅲ区）	1套	21600.00		1套	21600.00		0.00	无塔供水1座（Ⅲ区）
4	中水处理设备	1套	648000.00		1套	648000.00		0.00	Ⅰ区设
5	污水处理设备	1套	216000.00		1套	216000.00		0.00	2t/h；Ⅱ区设
6	污水处理设备	1套	183600.00		1套	183600.00		0.00	1t/h；Ⅲ区设
7	分体空调	95台	60480.00		94台	553348.80		492868.80	工区办公16台；维修车间2台；宿舍楼25台；快捷酒店32台；综合楼19台；多计1台
8	中央空调		0.00			1469988.00		1469988.00	从建安费中扣除，单计
9	加油站设备（2侧）		2282720.00		2套	2282720.00		0.00	

续上表

序号	项目	原报建筑面积（m^2）	原报预算（元）	原报单方造价（元/m^2）	核定建筑面积（m^2）	核定预算（元）	核定单方造价（元/m^2）	增减(元)	主要原因说明
10	太阳能热水系统		86400.00			669600.00		583200.00	仅计工区综合楼热水系统,未计快捷酒店、宿舍楼热水系统;价格应核实
三	一二部分合计		50604813.69			51249958.89		645145.20	
四	基本预备费		1518144.41			1537498.77		740327.73	第一、二部分费用×3%
五	合计		52122958.10			52787457.66			占地157.14亩

主题词:交通　高速公路　设计　批复

抄送:河南省收费还贷高速公路管理中心

河南省交通运输厅办公室　　　　2012年4月25日印发

41. 关于洛阳至栾川高速公路洛阳至嵩县段陆浑服务区方案设计的批复

豫交文〔2012〕219 号

河南交通投资集团有限公司：

你公司豫交集团〔2011〕291 号文报送的洛阳至栾川高速公路洛阳至嵩县段陆浑服务区设计方案已收悉。根据省发改委《关于洛阳至栾川高速公路洛阳至嵩县段工程初步设计的批复》（豫发改设计〔2009〕2005 号），结合省厅《关于豫西高速公路项目管理服务设施布局方案的批复》（豫交规划〔2011〕319 号），经审查，批复如下：

一、原则同意由设计单位编制完成的陆浑服务区设计方案及根据专家审查意见所作的修改设计。

二、建设规模及设计要点

陆浑服务区为单侧集中式布置，两处独立加油站分别设置在主线东西两侧（其中西侧加油站与养护管理所合建），并通过匝道与主线及服务区连接。两处加油站占地均为 10 亩，建筑面积均为 $150m^2$。服务区征地 120 亩，总建筑面积 $6931m^2$，其中：综合楼建筑面积 $5558m^2$，职工宿舍楼建筑面积 $898m^2$，维修车库和综合机房等附属设施建筑面积共 $475m^2$。

综合楼为地上一层（局部两层）框架结构，布置于场区东北侧，外墙面装饰材料以浅色涂料和石材为主，屋顶采用蓝灰色坡屋顶。职工宿舍楼为地上两层（局部一层）框架结构，布置于场区北侧，外墙面装饰材料以浅色涂料和石材为主，屋顶采用蓝灰色坡屋顶。停车场内停车位按小汽车、大客车、货车和超长货车分类布置，并以绿化带分隔。

三、该工程方案设计估算 5466 万元。

四、下阶段施工图设计中要进一步优化服务区内交通组织设计和景观设计，同时要特别注重完善保障人员安全和提供休闲服务的细节设计。

五、本工程紧邻洛阳市水源保护地陆浑水库，下阶段应进一步细化完善污水处理设计，选用成熟可靠的污水处理设施及蓄水装置，对污水进行有效处理和达标排放。

六、请你公司严格按照批复的设计方案，尽快编制下阶段施工图设计报厅审批。

二〇一二年三月二十五日

主题词:交通　高速公路　设计　批复

抄送:省收费还贷高速公路管理中心。

河南省交通运输厅办公室　　　　　　　　　　2012 年 3 月 27 日印发

42. 关于洛阳至栾川高速公路洛阳至嵩县段交通机电工程详细设计 供配电照明工程施工图设计的批复

豫交文〔2012〕242 号

河南交通投资集团有限公司：

你公司《关于洛阳至嵩县段机电工程详细设计供配电照明施工图设计的请示》(豫交集团〔2011〕140 号)已收悉。根据省发改委《关于洛阳至栾川高速公路洛阳至嵩县段工程初步设计的批复》(豫发改设计〔2009〕2005 号),结合省厅《关于豫西高速公路项目管理服务设施布局方案的批复》(豫交规划〔2011〕319 号),经审查,批复如下：

一、原则同意由设计单位编制完成的《洛阳至栾川高速公路洛阳至嵩县段交通机电工程详细设计》和《洛阳至栾川高速公路洛阳至嵩县段供配电照明工程施工图设计》。

二、机电工程包含本路段的监控、收费、通信系统,隧道通风消防系统,外场设备及相关土建工程;供配电照明工程包含低压变配电系统及隧道、互通式立交、收费广场和服务区停车场的照明系统。

三、机电工程的实施应按照相关技术要求,实现与省联网中心的联网挂接和相邻路段的互联、搭接。

四、本路段监控通信管理分中心管辖郑州至卢氏高速公路洛阳至洛宁段、洛宁至卢氏洛阳辖区段、洛阳至栾川高速公路洛阳至嵩县段和嵩县至栾川段。

五、预算

1. 核定该项目交通机电工程预算为 5911 万元,其中:建筑安装工程费 2955 万元;设备及工、器具购置费 2565 万元;工程建设其他费用 223 万元;预备费 168 万元(详见预算审核对比表)。

2. 核定该项目供配电照明工程预算为 2006 万元,其中:建筑安装工程费 1045 万元;设备及工、器具购置费 827 万元;工程建设其他费用 77 万元;预备费 57 万元(详见预算审核对比表)。

六、以上工程费用从该高速公路项目批复相应概算中列支。

七、工程建设应严格按照已批复的设计进行,如确需进行设计变更的,必须切实履行设计变更程序。

附件:预算审核对比表

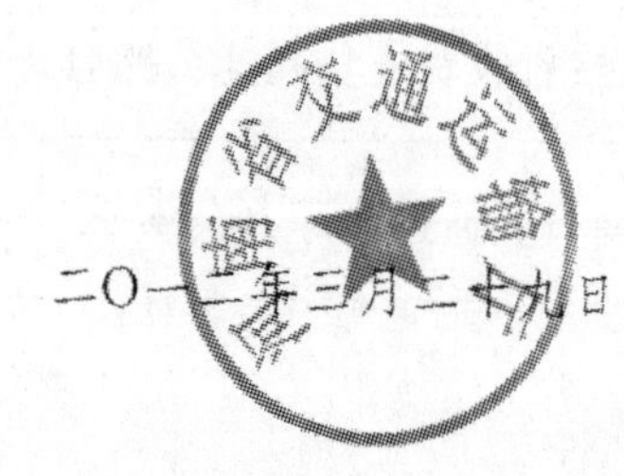

二〇一二年三月二十九日

附件

预算审核对比表

建设项目名称:洛阳至栾川高速公路洛阳至嵩县段供配电照明工程

项	目	节	工程或费用名称	单位	报审费用		核定费用		核定较报审增减	
					工程量	金额(元)	工程量	金额(元)	工程量	金额(元)
			第一部分　建筑安装工程费	公路公里	66.538	57357596	66.538	52111136	0	-5246460
六			隧道设施	公路公里	10.718	54898878	10.718	49387610	0	-5511268
	1		隧道机电设施	公路公里	10.718	54898878	10.718	49387610	0	-5511268
		1	隧道供电系统设施	公路公里	10.718	7927333	10.718	5787851	0	-2139482
		2	隧道照明系统设施	公路公里	10.718	46971545	10.718	43599759	0	-3371786
七			公路设施及预埋管线工程	公路公里	66.538	2458718	66.538	2723526	0	264808
	1		管理、养护设施	公路公里	66.538	2458718	66.538	2723526	0	264808
		1	供电系统设施	公路公里	66.538	714513	66.538	731969	0	17456
		2	照明系统设施	公路公里	66.538	1744205	66.538	1991557	0	247352
			第二部分　设备及工具、器具购置费	公路公里	66.538	16274600	66.538	14706900	0	-1567700
一			设备购置费	公路公里	66.538	16274600	66.538	14706900	0	-1567700
	1		需安装的设备	公路公里	66.538	16244600	66.538	14670900	0	-1573700
		1	供配电系统设备	公路公里	66.538	4698000	66.538	4836000	0	138000
		2	照明系统设备	公路公里	66.538	1346000	66.538	1150000	0	-196000
		3	隧道设备	公路公里	10.718	10200600	10.718	8684900	0	-1515700
	2		不需安装的设备	公路公里	66.538	30000	66.538	36000	0	6000
			第一部分　建筑安装工程费	公路公里	62.691	26612769	62.691	29548268	0	2935499
六			隧道设施	公路公里	2.135	3292896	2.129	5178447	-0.006	1885551
	1		隧道机电设施	公路公里	2.135	3292896	2.129	5178447	-0.006	1885551
		1	隧道监控系统设施	公路公里	2.135	1456526	2.129	1413787	-0.006	-42749
		2	隧道通信系统设施	公路公里	2.135	28324	2.129	31352	-0.006	3028
		3	隧道火灾报警设施	公路公里	2.135	269376	2.129	252786	-0.006	-16590
		4	隧道通风系统设施	公路公里	2.135	17749	2.129	0	-0.006	-17749
		5	隧道消防系统设施	公路公里	2.135	558745	2.129	2151277	-0.006	1592532
		6	隧道预留预埋	公路公里	2.135	962166	2.129	1329245	-0.006	367079
七			公路设施及预埋管线工程	公路公里	62.691	23319873	62.691	24369821	0	1049948
	1		管理、养护设施	公路公里	62.691	23319873	62.691	24369821	0	1049948

续上表

项	目	节	工程或费用名称	单位	报审费用		核定费用		核定较报审增减	
					工程量	金额(元)	工程量	金额(元)	工程量	金额(元)
		1	收费系统设施	公路公里	62.691	4959602	62.691	4806385	0	-153218
		2	通信系统设施	公路公里	62.691	15230187	62.691	17013831	0	1783644
		3	监控系统设施	公路公里	62.691	3130083	62.691	2549605	0	-580478
			第二部分　设备及工具、器具购置费	公路公里	62.691	29119900	62.691	25647540	0	-3472360
一			设备购置费	公路公里	62.691	29119900	62.691	25647540	0	-3472360
	1		需安装的设备	公路公里	62.691	28153000	62.691	24743740	0	-3409260
		1	收费系统设备	公路公里	62.691	10041650	62.691	9578050	0	-463600

预算审核对比表

建设项目名称:洛阳至栾川高速公路洛阳至嵩县段供配电照明工程

项	目	节	工程或费用名称	单位	报审费用		核定费用		核定较报审增减	
					工程量	金额(元)	工程量	金额(元)	工程量	金额(元)
			第一部分　建筑安装工程费	公路公里	62.691	9388198	62.691	10451750	0	1063552
六			隧道设施	公路公里	2.135	5983471	2.135	6962579	0	979108
	1		隧道机电设施	公路公里	2.135	5983471	2.135	6962579	0	979108
		1	隧道供电系统设施	公路公里	2.135	482838	2.135	1055826	0	572988
		2	隧道照明系统设施	公路公里	2.135	5500633	2.135	5906753	0	406120
七			公路设施及预埋管线工程	公路公里	62.691	3404727	62.691	3489171	0	84444
	1		管理、养护设施	公路公里	62.691	3404727	62.691	3489171	0	84444
		1	供电系统设施	公路公里	62.691	455656	62.691	721379	0	265723
		2	照明系统设施	公路公里	62.691	2949071	62.691	2767792	0	-181279
			第二部分　设备及工具、器具购置费	公路公里	62.691	10236800	62.691	8268300	0	-1968500
一			设备购置费	公路公里	62.691	10194800	62.691	8268300	0	-1968500
	1		需安装的设备	公路公里	62.691	10194800	62.691	8238300	0	-1956500
		1	供配电系统设备	公路公里	62.691	5576400	62.691	4364000	0	-1212400
		2	照明系统设备	公路公里	62.691	2948000	62.691	2027000	0	-921000
		3	隧道设备	公路公里	2.135	1670400	2.135	1847300	0	176900
	2		不需安装的设备	公路公里	62.691	42000	62.691	30000	0	-12000
		1	供配电系统设备	公路公里	62.691	42000	62.691	30000	0	-12000
			第三部分　工程建设其他费用	公路公里	62.691	362773	62.691	769579	0	406806
			建设项目管理费	公路公里	62.691	86140	62.691	252933	0	166793
	1		建设单位(业主)管理费	公路公里	62.691	14640	62.691	33446	0	18806
	2		工程监理费	公路公里	62.691	68095	62.691	209035	0	140940
	3		设计文件审查费	公路公里	62.691	3405	62.691	10452	0	7047
四			建设期贷款利息	公路公里	62.691	276633	62.691	516646	0	240013
			第一、二、三部分费用合计	公路公里	62.691	19987771	62.691	19489629	0	-498142
			预备费	公路公里	62.691	361718	62.691	569189	0	207471
			2.基本预备费	公路公里	62.691	361718	62.691	569189	0	207471
			预算总金额	公路公里	62.691	20349489	62.691	20058818	0	-290671

预算审核对比表

建设项目名称:洛阳至栾川高速公路洛阳至嵩县段交通机电工程

项	目	节	工程或费用名称	单位	报审费用		核定费用		核定较报审增减	
					工程量	金额(元)	工程量	金额(元)	工程量	金额(元)
		2	通信系统设备	公路公里	62.691	4982050	62.691	5338550	0	356500
		3	监控系统设备	公路公里	62.691	9520200	62.691	7440500	0	-2079700
		6	隧道设备	公路公里	2.135	3609100	2.129	2386640	-0.006	-1222460
	2		不需安装的设备	公路公里	62.691	966900	62.691	903800	0	-63100
		1	收费系统设备	公路公里	62.691	736860	62.691	634260	0	-102600
		2	通信系统设备	公路公里	62.691	165300	62.691	228800	0	63500
		3	监控系统设备	公路公里	62.691	64740	62.691	40740	0	-24000
			第三部分　工程建设其他费用	公路公里	62.691	2297897	62.691	2237555	0	-60342
			建设项目管理费	公路公里	62.691	824683	62.691	715067	0	-109616
	1		建设单位(业主)管理费	公路公里	62.691	140163	62.691	94554	0	-45609
	2		工程监理费	公路公里	62.691	651924	62.691	590965	0	-60959
	3		设计文件审查费	公路公里	62.691	32596	62.691	29548	0	-3048
四			建设期贷款利息	公路公里	62.691	1473214	62.691	1522488	0	49274
			第一、二、三部分费用合计	公路公里	62.691	58030566	62.691	57433363	0	-597203
			预备费	公路公里	62.691	1926337	62.691	1677326	0	-249011
			2.基本预备费	公路公里	62.691	1926337	62.691	1677326	0	-249011
			预算总金额	公路公里	62.691	59956903	62.691	59110689	0	-846214

主题词:交通　高速公路　设计　批复

抄送:省收费还贷高速公路管理中心

河南省交通运输厅办公室　　2012 年 4 月 1 日印发

43. 关于洛阳至栾川高速公路洛阳至嵩县段 10kV 供电线路工程施工图设计的批复

豫交文〔2012〕631 号

河南交通投资集团有限公司：

你公司《关于洛阳至栾川高速公路洛阳至嵩县段 10kV 供电线路施工图设计的请示》（豫交集团〔2012〕388 号）收悉。根据省发改委《关于洛阳至栾川高速公路洛阳至嵩县段工程初步设计的批复》（豫发改设计〔2009〕2005 号），结合省厅《关于豫西高速公路项目管理服务设施布局方案的批复》（豫交规划〔2011〕319 号），经审查，批复如下：

一、原则同意由设计单位编制完成的洛阳至栾川高速公路洛阳至嵩县段 10kV 供电线路工程施工图设计及根据专家审查意见所作的修改设计。

二、洛阳至嵩县段全线共有 6 处受电点，架空线路总长为 32.8km，地埋电缆总长为 1.2km。全线由 7 个变电站进行高压供电，共有 2 处“T”接供电线路，5 处专板专线供电线路。

三、本路段 10kV 供电线路工程应严格按照相关技术要求实施，在满足安全、经济、节能、环保等要求的同时，尽可能减少后期运营管理期间的维护工作量。

四、核定该工程施工图预算为 802 万元，其中：建筑安装工程费 600 万元；设备及工、器具购置费 38 万元；其他费用 141 万元，预备费 23 万元。

五、以上工程费用从该高速公路项目批复相应概算中列支。

六、工程建设应严格按照已批复的设计进行，如确需进行设计变更的，必须切实履行设计变更程序。

附件：预算审核对比表

二〇一二年八月十日

附件

预算审核对比表

建设项目名称：洛阳至嵩县高速公路10kV供电线路工程

项	目	节	细目	工程或费用名称	单位	报审费用		核定费用		核定较报审增减	
						数量	金额(元)	数量	金额(元)	数量	金额(元)
		1		古城收费站10kV配电线路工程	km	1.000	47700	1.000	46710	0	-990
		2		陆浑服务区10kV输电线路工程	km	1.000	48900	1.000	48670	0	-230
		3		嵩县收费站10kV配电线路工程	km	1.000	96600	1.000	95380	0	-1220
		4		伊川停车区10kV配电线路工程	km	1.000	95700	1.000	94480	0	-1220
		5		伊川西收费站10kV配电线路工程	km	1.000	48300	1.000	47690	0	-610
		6		主线收费站10kV配电线工程	km	1.000	56530	1.000	51530	0	-5000
				第三部分　工程建设其他费用	公路公里	34.057	1520921	34.057	1411806	0	-109115
一				土地征用及拆迁补偿费用	公路公里	34.057	292742	34.057	660947	0	368205
二				建设项目管理费	公路公里	34.057	259419	34.057	241130	0	-18289
三				项目建设前期工作费	项	1.000	708643	1.000	320000	0	-388643
四				工程建设监督检测费	项	1.000	19360	0.000	0	-1	-19360
五				建设期贷款利息	项	1.000	192359	1.000	189729	0	-2630
六				生产准备费	项	1.000	48399	0.000	0	-1	-48399
				第一、二、三部分费用合计	公路公里	62.691	8561458	62.691	7794515	0	-766944
				预备费	公路公里	62.691	81028	62.691	228144	0	147115
一				1.价差预备费	公路公里						
二				2.基本预备费	公路公里	62.691	81028	62.691	228144	0	147115
				预算总金额	公路公里	62.691	8642486	62.691	8022658	0	-619828
				第一部分　建筑安装工程费	公路公里	62.691	6646807	62.691	5998249	0	-648558
七				公路设施及预埋管线工程	公路公里	62.691	6646807	62.691	5998249	0	-648558
	1			管理、养护设施	公路公里	62.691	6646807	62.691	5998249	0	-648558
		3		供电系统设施	km	34.057	6646807	34.057	5998249	0	-648558

续上表

项	目	节	细目	工程或费用名称	单位	报审费用		核定费用		核定较报审增减	
						数量	金额(元)	数量	金额(元)	数量	金额(元)
			1	古城收费站10kV配电电缆工程	km	0.120	40456	0.120	38435	0	-2021
			2	古城收费站10kV配电线路工程	km	1.763	329652	1.763	294520	0	-35132
			3	陆浑服务区10kV配电电缆工程	km	0.100	44301	0.100	42169	0	-2133
			4	陆浑服务区10kV输电线路工程	km	4.600	709956	4.600	624747	0	-85209
			5	嵩县收费站10kV配电线路工程	km	9.400	1683255	9.400	1512447	0	-170808
			6	嵩县收费站10kV配电电缆工程	km	0.350	108154	0.350	104161	0	-3993
			7	伊川停车区10kV配电线路工程	km	2.440	553805	2.440	501831	0	-51974
			8	伊川停车区10kV配电电缆工程	km	0.334	207016	0.334	199302	0	-7714
			9	伊川西收费站10kV配电线路工程	km	8.200	1575466	8.200	1415776	0	-159690
			10	伊川西收费站10kV配电电缆工程	km	0.200	66177	0.200	63407	0	-2770
			11	主线收费站10kV配电电缆工程	km	0.150	58827	0.150	56271	0	-2556
			12	主线收费站10kV配电线工程	km	6.400	1269740	6.400	1145181	0	-124559
				第二部分 设备及工具、器具购置费	公路公里	62.691	393730	62.691	384460	0	-9270
一				设备购置费	公路公里	62.691	393730	62.691	384460	0	-9270
	1			需安装的设备	项	6.000	393730	6.000	384460	0	-9270

主题词:交通　高速公路　设计　批复

抄送:河南省收费还贷高速公路管理中心

河南省交通运输厅办公室　　　　2012年8月14日印发

44. 关于洛栾高速公路洛阳至嵩县段部分设计变更的批复

豫交文〔2013〕209 号

省收费还贷高速公路管理中心：

你中心《关于洛阳至栾川高速公路洛阳至嵩县段路基土石方等设计变更的请示》(豫高管中心〔2012〕61 号)收悉。根据《河南省高速公路建设项目设计变更管理办法》等有关规定，经厅豫西指挥部审查，现将设计变更方案批复如下：

一、路基土石方

(一)为保证工程质量和施工安全，同意根据实际地形地质情况变更部分路段路基土石方填筑和隧道开挖方案：将 K2 +460 ~ K2 +909(含 E、F 匝道)、K7 +030 ~ K7 +110、K14 +149 ~ K14 +278、K13 +619 ~ K13 十 750、K7 + 652.3 ~ K7 +833、K8 +351 ~ K8 +529、K8 +645 ~ K8 +788 段挖土方变更为挖石方，将 K54 +980 ~ K54 +667 段路基填方由原设计利用土方变更为借土填方，对 K19 +870 ~ K19 +920、K20 +255 ~ K20 +320 段 23 处墓坑采用砂砾换填处理。

(二) 同意根据伊川县政府《关于洛栾高速公路伊川县城出入口路线走向变更有关问题的函》(伊政函〔2010〕25 号)建议，将伊川西互通式立交南移，与伊川县鹤鸣路相接，同时将原设计主线下穿匝道方案改为主线上跨。鉴于原方案已局部实施，相应增加报废工程。

二、隧道工程

同意根据实际地形地质情况变更玉皇庙隧道左线 F2K60 +046 ~ F2K60 +061、F2K60 +070 ~ F2K60 +082、F2K60 +082 ~ F2K60 +084 等 18 个段落，右线 K60 +027 ~ K60 +047、K60 +082 ~ K60 +094、K60 +723 ~ K60 +733.8 等 9 个段落的围岩开挖级别及衬砌支护形式。

抄送：河南交通投资集团有限公司，河南高速公路发展有限责任公司，河南嵩阳高速公路有限公司

河南省交通运输厅办公室　　2013 年 4 月 19 日印发

45. 关于洛栾高速洛阳至嵩县段 K0 +455 拱涵地基加固处治等设计变更的批复

豫高管中心工〔2015〕65 号

河南嵩阳高速公路有限公司：

你公司《关于洛栾高速洛阳至嵩县段 K0 +455 拱涵地基采用树根桩加固处治等设计变更的请示》(豫高司嵩阳〔2015〕44 号)收悉。根据《河南省公路工程设计变更管理办法》等有关规定，经审查，现批复如下：

一、K0 +455、K46 +725、K49 +568 拱涵地基加固处治设计变更

原设计 K0 +455 处有一座1 -6 ×4m 钢筋混凝土拱涵、K46 +725 和 K49 +568 处各有一座1 -6 ×5m 钢筋混凝土拱涵，施工完成后，涵洞基础出现贯通裂缝和下沉，墙身出现变形和不均匀沉降。为防止沉降进一步发展，根据厅豫西指挥部设计变更方案审查意见，项目公司组织对上述拱涵地基进行了树根桩加固处治：在涵洞底板上钻孔并穿透底板，孔间距 2m，孔径 91mm；将50 ×2.5mm钢花管打入涵洞地基 7m 深，钢花管底部 5m 范围内应钻孔；通过钢花管压水泥浆。

经与厅定额站联合审查，此项变更较原施工图设计预算增加费用 168.71 万元。

二、K12 +580 康沟 1 号大桥左幅 11#墩柱优化设计变更

原设计 K12 +580 康沟 1 号大桥左幅 11#墩柱为 4 根桩基(桩长 34 米)、方柱形桥墩承台和 2 根方形墩柱，因该墩位于深沟陡坡顶边缘，为保证施工质量及高速公路运营安全，根据厅豫西指挥部设计变更方案审查意见，项目公司组织对该墩柱进行了优化设计，调整为 6 根桩基(桩长 46m)、等截面箱型桥墩承台和 1 根等截面箱型桥墩。

经与厅定额站联合审查，此项变更较原施工图设计预算增加费用 62.78 万元。

三、K33 +512 拱涵移位至 K33 +560、取消 K33 +300 天桥、新增 K33 +478 拱涵设计变更

原设计 K33 +512 处为一座 1 -6 ×5m 钢筋混凝土拱涵，K33 +300 处为一座(16 +20 +20 +16)m 机耕天桥。为满足当地群众出行和排水需求，根据厅豫西指挥部设计变更方案审查意见，项目公司组织对该路段结构物进行了优化设计：将 K33 +512 拱涵移到 K33 +560 处，取消 K33 +300 天桥，并在 K33 +478 增设一座 1 -4 ×3m 钢筋混凝土拱涵。

经与厅定额站联合审查，此项变更较原施工图设计预算减少费用 112.96 万元。

以上变更费用作为项目投资控制依据，不作为对施工单位支付的标准。

附件：

1. K0 +455 拱涵地基加固处治设计变更费用对比表
2. K46 +725 拱涵地基加固处治设计变更费用对比表
3. K49 +568 拱涵地基加固处治设计变更费用对比表
4. K12 +580 康沟 1 号大桥左幅 11#墩柱优化设计变更费用对比表

5. K33 +512 拱涵移位至 K33 +560、取消 K33 +300 天桥、新增 K33 +478 拱涵设计变更费用对比表

2015 年 3 月 25 日

附件 1

K0 +455 拱涵地基加固处治设计变更费用对比表

项	目	节	细目	工程或费用名称	单位	原施工图设计		变更设计		增减(+/-)		备注
						数量	金额(元)	数量	金额(元)	数量	金额(元)	
				第一部分　建筑安装工程费	公路公里			62.691	501628	62.691	501628	
二				路基工程	项			1.000	501628	1.000	501628	
	1			特殊路基处理	项			1.000	501628	1.000	501628	
		1		涵洞注浆处理(按水泥用量计算)	t			281.400	501628	281.400	501628	
				总金额	元				501628		501628	

附件 2

K46 +725 拱涵地基加固处治设计变更费用对比表

项	目	节	细目	工程或费用名称	单位	原施工图设计		变更设计		增减(+/-)		备注
						数量	金额(元)	数量	金额(元)	数量	金额(元)	
				第一部分　建筑安装工程	公路公里			62.691	556337	62.691	556337	
二				路基工程	项			1.000	556337	1.000	556337	
	1			特殊路基处理	项			1.000	556337	1.000	556337	
		1		涵洞注浆处理(按水泥用量计算)	t			310.800	556337	310.800	556337	
				总金额	元				556337		556337	

附件 3

K49 +568 拱涵地基加固处治设计变更费用对比表

项	目	节	细目	工程或费用名称	单位	原施工图设计		变更设计		增减(+/-)		备注
						数量	金额(元)	数量	金额(元)	数量	金额(元)	
				第一部分　建筑安装工程费	公路公里			62.691	629226	62.691	629226	
二				路基工程	项			1.000	629226	1.000	629226	
	1			特殊路基处理	项			1.000	629226	1.000	629226	
		1		涵洞注浆处理(按水泥用量计算)	t			348.600	629226	348.600	629226	
				总金额	元				629226		629226	

附件 4

K12 +580 康沟 1 号大桥左幅 11# 墩柱优化设计变更费用对比表

项	目	节	工程或费用名称	单位	原设计		变更设计		增减金额(+/-)		备注
					数量	金额(元)	数量	金额(元)	数量	金额(元)	
			第一部分 建筑安装工程费	公路公里	62.691	659026	62.691	1286793	0	627767	
四			桥梁涵洞工程	km	0.569	659026	0.569	1286793	0	627767	
	1		康沟 1 号大桥 1 号墩	m^3	445.100	659026	995.300	1286793	050.2	627767	
		1	桩基础	m^3	320.3	348159	624.200	723747	303.9	375588	
		2	桥墩	m^3	204.800	310867	371.100	563045	166.3	252178	
			总金额	元		659026		1286793		627767	

附件 5

K33 +512 拱涵移位至 K33 +560、取消 K33 +300 天桥、新增 K33 +478 拱涵设计变更费用对比表

项	目	节	工程或费用名称	单位	原施工图设计		变更设计		增减(+/-)		备注
					数量	金额(元)	数量	金额(元)	数量	金额(元)	
			第一部分 建筑安装工程费	公路公里	62.691	4152992	62.691	3023356		-1129636	
二			路基工程	km	44.758	531021	44.758	460568		-70453	
	1		填方	m^3	5127.000	522941	5476.000	372147	349	-150794	
		1	路基填方	m^3	10307.000	174511			-10307	-174511	
		2	结构物台背回填	m^3	5127.000	348430	5476.000	372147	349	23717	
		1	弃方运输	m^3			11956.000	88420	11956	88420	
	2		排水工程	km	44.758	2426			-44.758	-2426	
		1	路基边沟	m^3/m	2.820/6.000	2426			-2.820/-6	-2426	
	3		防护与加固工程	km	44.758	5654			-44.758	-5654	
		1	坡面植物防护	m^2	110.160	3262			-110.16	-3262	
		2	坡面圬工防护	m^3	6.700	2392			-6.7	-2392	
四			桥梁涵洞工程	km	0.056	1928476	0.097	2562789	0.041	634313	
	1		涵洞工程	m/道	56.380/1.000	1928476	96.740/2.000	2562789	40.36/1	634313	
		1	1 -4 ×3 拱涵	m/道			51.850/1.000	1022567	51.850/1.000	1022567	
		1	6 ×5 钢筋混凝土拱涵	m/道	56.380/1.000	1928476			-56.380/-1	-1928476	
		2	1 -6 ×5 钢筋混凝土拱涵	m/道			44.890/1.000	1540222	44.890/1.000	1540222	
五			交叉工程	处	1.000	1693496			-1	-1693496	

续上表

项	目	节	工程或费用名称	单　位	原施工图设计		变更设计		增减（+/-）		备注
					数量	金额(元)	数量	金额(元)	数量	金额(元)	
	1		人行天桥	m/处	77.080/1	1693496			-77.080/-1	-1693496	
		1	K33+300天桥	m^2/m	539.56/77.08	1693496			-539.56/-77.08	-1693496	
			总金额	元		4152992		3023356		-1129636	

河南省收费还贷高速公路管理中心综合处　　2015年3月25日印发

46. 关于洛栾高速洛阳至嵩县段 K59 +661 ~ K60 +000 段中央分隔带绿化等设计变更的批复

豫高管中心工〔2015〕66 号

河南嵩阳高速公路有限公司：

你公司《关于洛栾高速洛阳至嵩县段绿化工程中标单位变更树种及增加土方设计变更的请示》(豫高司嵩阳〔2015〕51 号)收悉。根据《河南省公路工程设计变更管理办法》等有关规定，经审查，现批复如下：

一、K59 +661 ~ K60 +000 段中央分隔带绿化设计变更

原设计玉皇庙隧道进洞端 K59 +661 ~ K60 +000 段中央分隔带绿化为小蜀桧、垂柳、火棘、木槿等，苗木耐旱能力较差，同时该路段为风化岩石，有大量石渣，原设计苗木生存适宜性差。根据现场实际情况，项目公司组织对该段绿化进行了优化设计，苗木调整为石楠球、紫薇、黄杨球、桧柏、大叶女贞、鸢尾等，并外购种植土进行换填。上述变更方案已经厅豫西指挥部复核认定。

经与厅定额站联合审查，此项变更较原施工图设计预算增加费用 34.92 万元。

二、梁刘互通 F、G 区换填种植土设计变更

梁刘互通 F、G 区为砂砾坚土、石块、废渣掩埋物，不具备绿化苗木生长条件。根据现场实际情况，项目公司组织外购种植土对该区域进行换填。上述变更方案已经厅豫西指挥部复核认定。

经与厅定额站联合审查，此项变更较原施工图设计预算增加费用 95.32 万元。

以上变更费用作为项目投资控制依据，不作为对施工单位支付的标准。

附件：

1. K59 +661 ~ K60 +000 段中央分隔带绿化设计变更费用对比表
2. 梁刘互通 F 区换填种植土设计变更费用对比表
3. 梁刘互通 G 区换填种植土设计变更费用对比表

2015 年 3 月 25 日

附件 1

K59 +661 ~ K60 +000 段中央分隔带绿化设计变更费用对比表

项	目	节	细目	工程或费用名称	单位	原施工图设计预算		变更设计预算		增减		备注
						数量	金额(元)	数量	金额(元)	数量	金额(元)	
八				绿化及环境保护工程								
			1	小蜀桧(株高1.5m)	株	65	3106.35			-65	-3106	
			2	垂柳(胸径7~8cm)	株	280	34983.20			-280	-34983	
			3	火棘(冠径0.8~1cm)	株	104	3576.56			-104	-3577	
			4	木槿(地径2~3cm)	株	5	171.95			-5	-172	
			5	石楠球(冠径1.2~1.3m)	株			202	31958.42	202	31958	
			6	紫薇(地径2cm)	株			106	3880.66	106	3881	
			7	紫荆(地径2~3cm)	株			68	2338.52	68	2339	
			8	迎春(16株/m^2)	株			60	4842.6	60	4843	
			9	桧柏(株高1.5m)	株			360	17161.2	360	17161	
			10	大叶女贞(胸径5~6cm)	株			319	38203.44	319	38203	
			11	黄杨球(冠径1.2~1.3m)	株			81	7672.32	81	7672	
			12	花石榴(株高1.5m)	株			59	3036.14	59	3036	
			13	夹竹桃(二分枝)	株			33	912.12	33	912	
			14	葱兰(两年生36株/m^2)	m^2			2373	49073.64	2373	49074	
			15	鸢尾(两年生36株/m^2)	m^2			4746	119694.12	4746	119694	
			16	外购种植土	m^3			4016	98271.52	4016	98272	
			17	平整场地	m^2			5020	13955.6	5020	13956	
				总金额			41838		391000		349162	

附件 2

梁刘互通 F 区换填种植土设计变更费用对比表

项	目	节	细目	工程或费用名称	单位	原施工图设计预算		变更设计预算		增　减		备注
						数量	金额(元)	数量	金额(元)	数量	金额(元)	
八				绿化及环境保护工程								
				回填土方	m^3			17328.77	424035	17328.77	424035	
				总金额					424035		424035	

附件 3

梁刘互通 G 区换填种植土设计变更费用对比表

项	目	节	细目	工程或费用名称	单位	原施工图设计预算		变更设计预算		增　减		备注
						数量	金额(元)	数量	金额(元)	数量	金额(元)	
八				绿化及环境保护工程								
				回填土方	m^3			21626.78	529207	21626.78	529207	
				总金额					529207		529207	

河南省收费还贷高速公路管理中心综合处　　2015 年 3 月 25 日印发

47. 关于洛栾高速洛阳至嵩县段 IK1 +430 通道等设计变更的批复

豫高管中心工〔2015〕67 号

河南嵩阳高速公路有限公司：

你公司《关于洛阳至栾川高速公路洛阳至嵩县段 IK1 +430 增设一盖板通道等工程设计变更的请示》(豫高司嵩阳〔2015〕46 号)收悉。根据《河南省公路工程设计变更管理办法》等有关规定，经审查，现批复如下：

一、IK1 +430 通道设计变更

原设计梁刘互通立交 IK1 +430 处无通道。为满足当地群众的出行需要，根据厅豫西指挥部设计变更方案审查意见，项目公司组织在该处增设 1 -4m ×5.0m 钢筋混凝土盖板通道。经与厅定额站联合审查，此项变更增加费用 62.59 万元。

二、K40 +962 涵洞设计变更

原设计 K40 +962 处无涵洞。为满足排水需要，根据厅豫西指挥部设计变更方案审查意见，项目公司在该处增设 1 -4m ×3.5m 钢筋混凝土盖板涵洞。根据厅豫西指挥部认定的设计变更方案，经与厅定额站联合审查，此项变更较原施工图设计预算增加费用 71.57 万元。

三、K23 +528 通道设计变更

原设计 K23 +528 处无通道。为满足当地群众的出行需要，根据厅豫西指挥部设计变更方案审查意见，项目公司在该处增设 1 -6m ×4.0m 钢筋混凝土盖板通道。根据厅豫西指挥部认定的设计变更方案，经与厅定额站联合审查，此项变更较原施工图设计预算增加费用 69.13 万元。

四、K26 +338 涵洞设计变更

原设计路基主线在 K26 +286 处与西气东输工程天然气管道交叉，设 1 -6m ×3.0m 钢筋混凝土盖板涵洞。为满足西气东输天然气管道工程技术要求，根据厅豫西指挥部设计变更方案审查意见，项目公司将该处盖板涵洞变更为 1 ×20m 预应力混凝土空心板桥。根据厅豫西指挥部认定的设计变更方案，经与厅定额站联合审查，此项变更增加费用 124.65 万元。

五、K24 +273 机耕天桥设计变更

K24 +273 机耕天桥原设计为 2 ×25m 预应力 T 型刚构桥。由于该天桥处原地面标高与实际不符，设计跨径和净空均不满足要求。根据厅豫西指挥部设计变更方案审查意见，项目公司将该处机耕天桥变更为 4 ×20m 预应力混凝土空心板桥。根据厅豫西指挥部认定的设计变更方案，经与厅定额站联合审查，此项变更较原施工图设计预算增加费用 170.36 万元。

六、K31 +665 通道设计变更

原设计 K31 +665 处无通道。根据当地政府相关要求，为方便沿线群众出行，项目公司在该处增设 1 -6m ×4.0m 钢筋混凝土盖板通道。根据厅豫西指挥部认定的设计变更方案，经与厅定额站联合审查，此项变更较原施工图设计预算增加费用 76.05 万元。

七、K56 +010 通道设计变更

原设计 K56 +010 处无通道。为满足当地村民通行需要,根据厅豫西指挥部设计变更方案审查意见,项目公司在该处增设 1 -6m ×3.4m 钢筋混凝土盖板通道。根据厅豫西指挥部认定的设计变更方案,经与厅定额站联合审查,此项变更较原施工图设计预算增加费用90.43 万元。

以上变更费用作为项目投资控制依据,不作为对施工单位支付的标准。

附件:

1. IK1 +430 处增设盖板通道设计变更费用对比表
2. K40 +962 处增设盖板涵洞设计变更费用对比表
3. K23 +528 处增设盖板通道设计变更费用对比表
4. K26 +338 处盖板涵设计变更费用对比表
5. K24 +273 处机耕天桥设计变更费用对比表
6. K31 +665 处增设盖板通道设计变更费用对比表
7. K56 +010 处增设盖板明通道设计变更费用对比表

2015 年 3 月 25 日

附件 1

IK1 +430 处增设盖板通道设计变更费用对比表

项	目	节	细目	工程或费用名称	单位	原施工图设计		变更后设计		增减	
						数量	金额(元)	数量	金额(元)	数量	金额(元)
				第一部分　建筑安装工程费	公路公里	62.691	41859	62.691	667800		625941
二				路基工程	km	44.758	41859	0.044	103813	-44.714	61954
	1			填方	m^3	2215.000	37504	1248.000	84814	-967.000	47310
		1		路基填方	m^3	2215.000	37504			-2215.000	-37504
		1		结构物台背回填	m^3			1248.000	84814	1248.000	84814
	1			弃方运输	m^3			2569.000	18999	2569.000	18999
	2			排水工程	km	44.758	596			-44.758	-596
		1		路基边沟	m^3/m	0.680/4	596			-0.680	-596
	3			防护与加固工程	km	44.758	3759			-44.758	-3759
		1		坡面植物防护	m^2	73.400	2174			-73.400	2174
		2		坡面圬工防护	m^3	5.140	1585			-5.140	-1585
四				桥梁涵洞工程	km			0.028	563987	0.028	563987
	1			涵洞工程	m/道			27.88/1	563987	27.880	563987
		1		盖板涵	m/道			27.88/1	563987	27.880	563987
				第一、二、三部分费用合计	公路公里	62.691	41859	62.691	667800		625941
				预算总金额	元		41859		667800		625941

附件 2

K40 +962 处增设盖板涵洞设计变更费用对比表

项	目	节	工程或费用名称	单位	原施工图设计		变更设计		增减(+/-)		备注
					数量	金额(元)	数量	金额(元)	数量	金额(元)	
			第一部分　建筑安装工程费	公路公里	62.691	58315	62.691	774051		715736	
二			路基工程	km	44.758	58315	0.044	190959	44.714	132644	
	1		填方	m^3	3263.000	55246	2398.000	162967	-865	107721	
		1	路基填方	m^3	3263.000	55246			-3263	-55246	
		1	结构物台背回填	m^3			2398.000	162967	2398	162967	
	1		弃方运输	m^3			3785.000	27992	3785	27992	
	2		排水工程	km	44.758	1610			-44.758	-1610	
		1	路基边沟	m^3/m	1.880/4	1610			-1.880/-4	-1610	
	3		防护与加固工程	km	44.758	1458			-44.758	-1458	

续上表

项	目	节	工程或费用名称	单位	原施工图设计		变更设计		增减(+/-)		备注
					数量	金额(元)	数量	金额(元)	数量	金额(元)	
		1	坡面植物防护	m^2	78.240	1458			-78.24	-1458	
四			桥梁涵洞工程	km			0.036	583092	0.036	583092	
	1		涵洞工程	m/道			36.420/1	583092	36.420/1	583092	
		1	1-4×3.0钢筋混凝土盖板涵	m/道			36.420/1	583092	36.420/1	583092	
			预算总金额	元		58315		774051		715736	

附件3

K23+528处增设盖板通道设计变更费用对比表

项	目	节	工程或费用名称	单位	原施工图设计		变更设计		增减(+/-)	
					数量	金额(元)	数量	金额(元)	数量	金额(元)
			第一部分 建筑安装工程费	公路公里	62.691	189059	62.691	880350	0	691291
二			路基工程	km	44.758	55694	0.044	132939	-44.714	77245
	1		填方	m^3	2330.000	45491	1662.000	112949	-668	67458
		1	路基填方	m^3	2330.000	39450			-2330	-39450
		2	改路、改河、改渠填方	m^3	336.420	6041			-336.42	-6041
		1	结构物台背回填	m^3			1662.000	112949	1662	112949
	1		弃方运输	m^3			2703.000	19990	2703	19990
	2		路床处治	m^3	62.000	2112			-62	-2112
	3		排水工程	km	44.758	2426			-44.758	-2426
		1	路基边沟	m^3	2.82	2426			-2.82	-2426
	4		防护与加固工程	km	44.758	5665			-44.758	-5665
		1	坡面植物防护	m^2	97.090	3385			-97.09	-3385
		2	坡面圬工防护	m^3	6.600	2280			-6.6	-2280
三			路面工程	km	44.758	133365	44.758	16960	0	-116405
	1		路面底基层	m^2	149.000	3956			-149	-3956
		1	18cm水泥稳定碎石	m^2	149.000	3956			-149	-3956
	2		路面基层	m^2	148.000	7568			-148	-7568
		1	34cm水泥稳定碎石基层	m^2	148.000	7568			-148	-7568
	3		透层、粘层、封层	m^2	585.000	2914	290.500	1746	-294.5	-1168
		1	透层	m^2	148.000	877			-148	-877
		2	封层	m^2	148.000	1464	148.000	1464	0	0

续上表

项	目	节	工程或费用名称	单位	原施工图设计		变更设计		增减(+/-)	
					数量	金额(元)	数量	金额(元)	数量	金额(元)
		3	粘层	m^2	289.000	572	142.500	282	-146.5	-290
	4		沥青混凝土面层	m^2	141.000	23442	141.000	15214	0	-8228
		1	8cm 密级配沥青碎石下面层	m^2	144.000	8228			-144	-8228
		2	6cm 中粒式改性沥青混凝土中面层	m^2	144.000	9088	144.000	9088	0	0
		3	4cm 细粒式改性沥青混凝土上面层	m^2	141.000	6126	141.000	6126	0	0
	5		路槽、路肩及中央分隔带	km	44.758	868			-44.758	-868
		1	培路肩	m^2	12.121	134			12.121	-134
		2	土路肩加固	m^2	9.000	734			-9	-734
	6		改路改沟路面	m^2	1173.550	94617			-1173.55	-94617
		2	沥青表处	m^2	1173.550	37714			-1173.55	-37714
		3	水泥稳定碎石基层	m^2	1369.140	33260			-1369.14	-33260
		4	水泥石灰稳定土底基层	m^2	1064.740	23644			-1564.74	-23644
四			桥梁涵洞工程	km			0.027	730451	0.027	730451
	1		涵洞工程	m/道			26.920/1	730451	26.920/1	730451
		1	盖板涵	m/道			26.920/1	730451	26.920/1	730451
			预算总金额	元		189059		880350		691291

附件 4

K26+338 处盖板涵设计变更费用对比表

项	目	节	工程或费用名称	单位	原施工图设计		变更设计		增减(+/-)		备注
					数量	金额(元)	数量	金额(元)	数量	金额(元)	
			第一部分 建筑安装工程费	公路公里	62.691	837800	62.691	2084317		1246517	
二			路基工程	km	44.758	154201	44.758	86220		-67981	
	1		填方	m^3	2903.000	122022	1016.400	69074	-1886.6	-52948	
		1	路基填方	m^3	1475.000	24975			-1475	-24975	
		2	结构物台背回填	m^3	1428.000	97046	1016.400	69074	-411.6	-27972	
	2		特殊路基处理	km			0.020	1464	0.02	1464	
		1	桥头路基处理	m			19.700	1464	19.7	1464	
	2		路床处治	m^3	207.000	7052	62.000	2112	145	-4940	
	3		排水工程	km	44.758	10467	44.758	10467			

续上表

项	目	节	工程或费用名称	单位	原施工图设计		变更设计		增减(+/-)		备注
					数量	金额(元)	数量	金额(元)	数量	金额(元)	
		1	路基边沟	m^3/m	12.220/26.000	10467	12.220/26.000	10467			
	4		防护与加固工程	km	44.758	14661	44.758	3102		-11559	
		1	坡面植物防护	m^2	378.000	14661	38.040	3102	-339.96	-11559	
三			路面工程	km	44.758	130067	44.758	38960		-91107	
	1		路面底基层	m^2	498.000	13221	149.000	3956	-349	-9265	
		1	18cm 水泥稳定碎石	m^2	498.000	13221	149.000	3956	-349	-9265	
	2		路面基层	m^2	494.000	26020	148.000	7795	-346	-18225	
		1	34cm 水泥稳定碎石基层	m^2	494.000	26020	148.000	7795	-346	-18225	
	3		透层、粘层、封层	m^2	1953.000	9726	585.000	2914	-1368	-6812	
		1	透层	m^2	494.000	2928	148.000	877	-346	-2051	
		2	封层	m^2	494.000	4888	148.000	1464	-346	-3424	
		3	粘层	m^2	965.000	1910	289.000	572	-676	-1338	
	4		沥青混凝土面层	m^2	471.000	78298	141.000	23442	-330	-54856	
		1	8cm 密级配沥青碎石下面层	m^2	479.000	27404	144.000	8228	-335	-19176	
		2	6cm 中粒式改性沥青混凝土中面层	m^2	479.000	30329	144.000	9088	-335	-21241	
		3	4cm 细粒式改性沥青混凝土上面层	m^2	471.000	20565	141.000	6126	-330	-14439	
	5		路槽、路肩及中央分隔带	km	44.758	2801	44.758	853		-1948	
		1	培路肩	m^2	37.879	420	12.121	134	-25.758	-286	
		2	土路肩加固	m^2	30.000	2381	9.000	719	-21	-1662	
四			桥梁涵洞工程	座	1.000	553532	1.000	1959138		1405606	
	1		涵洞工程	m/道	30.080/1.000	553532			-30.08/-1	553532	
		1	1-6×3.0 钢筋混凝土盖板涵	m/道	30.080/1.000	553532			-30.08/-1	-553532	
	1		中桥工程	m/座			25.040/1.000	1959138	25.040/1.000	1959138	
		1	预应力混凝土空心板桥	m^2/m			638.520/25.040	1959138	638.520/25.040	1959138	
			预算总金额	元		837800		2084317		1246517	

附件 5

K24 +273 处机耕天桥设计变更费用对比表

项	目	节	工程或费用名称	单位	K24 +273 原设计天桥		K24 +273 变更后天桥		增减金额(+/ -)		备注
					数量	金额(元)	数量	金额(元)	数量	金额(元)	
			第一部分　建筑安装工程费	公路公里	62.691	670453	62.691	2374032	0	1703579	
五			交叉工程	处	1	670453	1	2374032	0	1703579	
	1		人行天桥	m/处	54.26/1	670453	85.04/1	2374032	30.78/0	1703579	
		1	K24 +273 天桥	m^2/m	244.17/54.26	670453	595.28/85.04	2374032	351.11/30.78	1703579	
			预算总金额	元		670453		2374032		1703579	

附件 6

K31 +665 处增设盖板通道设计变更费用对比表

项	目	节	细目	工程或费用名称	单位	原施工图设计		变更后设计		增　减	
						数量	金额(元)	数量	金额(元)	数量	金额(元)
				第一部分　建筑安装工程费	公路公里	62.691	85110	62.691	845642		760532
二				路基工程	km	44.758	46362	0.026	131653	-44.732	85291
	1			填方	m^3	2426.000	41076	1631.000	110842	-795.000	69766
	2			弃方运输	m^3			2814.000	20811	2814.000	20811
	3			路床处治	m^3	62.000	2112			-62.000	-2112
	4			防护与加固工程	km	44.758	3174			-44.758	-3174
三				路面工程	km	44.758	38748	44.758	16960		-21787
	1			路面底基层	m^2	149.000	3956			-149.000	-3956
	2			路面基层	m^2	148.000	7568			-148.000	-7568
	3			透层、粘层、封层	m^2	585.000	2914	290.500	1746	-294.500	-1167
	4			沥青混凝土面层	m^2	141.000	23442	141.000	15214		-8228
	5			路槽、路肩及中央分隔带	km	44.758	868			-44.758	-868
五				交叉工程	处			1.000	697028	1.000	697028
	1			通道	m/处			26.40/1	697028	26.400	697028
				第一、二、二部分费用合计	公路公里	62.691	85110	62.691	845642		760532
				预算总金额	元		85110		845642		760532

附件 7

K56+010 处增设盖板明通道设计变更费用对比表

项	目	节	工程或费用名称	单位	原施工图设计		变更设计		增减(+/-)		备注
					数量	金额(元)	数量	金额(元)	数量	金额(元)	
			第一部分 建筑安装工程费	公路公里	62.691	94311	62.691	998601		904290	
二			路基工程	km	44.758	56301	0.044	142984	-44.714	86683	
	1		填方	m^3	2907.000	49219	1737.000	118046	-1170	68827	
		1	路基填方	m^3	907.000	49219			-907	-49219	
		1	结构物台背回填	m^3			1737.000	118046	1737	118046	
	1		弃方运输	m^3			3372.000	24938	3372	24938	
	2		排水工程	km	44.758	7081			-44.758	-7081	
		1	路基边沟	m^3/m	2.990/6.000	7081			-2.990/-6	-7081	
三			路面工程	km	44.758	38010	44.758	16964		-21046	
	1		路面底基层	m^2	149.000	3956			-149	-3956	
		1	18cm 水泥稳定碎石	m^2	149.000	3956			-149	-3956	
	2		路面基层	m^2	148.000	7568			-148	-7568	
		1	34cm 水泥稳定碎石基层	m^2	148.000	7568			-148	-7568	
	3		透层、粘层、封层	m^2	585.000	2914	292.500	1750	-292.5	-1164	
		1	透层	m^2	148.000	877			-148	-877	
		2	封层	m^2	148.000	1464	148.000	1464			
		3	粘层	m^2	289.000	572	144.500	286	144.5	-286	
	4		沥青混凝土面层	m^2	144.000	23442	141.000	15214	-3	-8228	
		1	8cm 密级配沥青碎石下面层	m^2	144.000	8228			-144	-8228	
		2	6cm 中粒式改性沥青混凝土中面层	m^2	144.000	9088	144.000	9088			
		3	4cm 细粒式改性沥青混凝土上面层	m^2	141.000	6126	141.000	6126			
	5		路槽、路肩及中央分隔带	km	44.758	130			-44.758	-130	
		1	培路肩	m^2	7.576	84			-7.576	-84	
		2	土路肩加固	m^2	9.000	46			-9	46	
四			桥梁涵洞工程	km			0.030	838653	0.03	838653	
	1		涵洞工程	m/道			30.020/1.000	838653	30.020/1.000	838653	

续上表

项	目	节	工程或费用名称	单　位	原施工图设计		变更设计		增减(+/-)		备注
					数量	金额(元)	数量	金额(元)	数量	金额(元)	
		1	盖板涵	m/道			30.020/1.000	838653	30.020/1.000	838653	
			预算总金额	元		94311		998601		904290	

河南省收费还贷高速公路管理中心综合处　　2015年3月25日印发

48. 关于洛栾高速洛阳至嵩县段 K23 + 895 处增设通道等设计变更的批复

豫高管中心工〔2015〕68 号

河南嵩阳高速公路有限公司：

你公司《关于洛栾高速洛阳至嵩县段 K23 + 895 处增设通道等设计变更的请示》（豫高司嵩阳〔2015〕42 号）收悉。根据《河南省公路工程设计变更管理办法》等有关规定，经审查，现批复如下：

1. 增设通道（涵洞）设计变更

为服务当地农业生产生活需求，方便沿线群众出行及农田灌溉，结合现场实际，项目公司组织增设了 K23 + 895 盖板通道（1-6 × 3.5m）、K41 + 018 拱涵（1-4 × 3.0m）、嵩县互通区 AK0 + 513 盖板涵（1-6 × 4.5m）、K6 + 908 盖板涵（1-4 × 3.0m）。根据厅豫西指挥部认定的设计变更方案，经与厅定额站联审，此项设计变更增加费用 341.98 万元。

2. 增设天桥设计变更

为服务当地农业生产生活需求，方便沿线群众出行，结合现场实际，项目公司组织增设了 K25 + 825 预应力混凝土空心板天桥（4 × 20m）、K30 + 905 预应力混凝土空心板天桥（4 × 20m）、K 33 + 215 预应力混凝土空心板天桥（10m + 2 × 20m + 10m）、K9 + 818.9 预应力混凝土空心板天桥（4 × 20m）、K14 + 162 预应力混凝土空心板天桥（10m + 3 × 20m + 10m）。根据厅豫西指挥部认定的设计变更方案，经与厅定额站联审，此项设计变更增加费用 833.84 万元。

3. 天桥拆除设计变更

因洛栾高速梁刘枢纽互通立交实施，需拆除互通区内宁洛高速洛阳绕城段两座已有天桥，分别为 NK728 + 179 预应力混凝土空心板天桥（4 × 16m）、NK728 + 915 预应力混凝土斜腿刚构天桥（25m + 30m + 25m）。根据厅豫西指挥部认定的设计变更方案，经与厅定额站联审，此项设计变更增加费用 92 万元。

以上变更费用作为项目投资控制依据，不作为对施工单位支付的标准。

附件：

1. K23 + 895 处增设通道设计变更费用比较表
2. K41 + 018 处增设涵洞设计变更费用比较表
3. AK0 + 513 处增设涵洞设计变更费用比较表
4. K6 + 908 处增设涵洞设计变更费用比较表
5. K9 + 818.9 处增设天桥设计变更费用比较表
6. K25 + 825 处增设天桥设计变更费用比较表
7. K30 + 905 处增设天桥设计变更费用比较表
8. K33 + 215 处增设天桥设计变更费用比较表
9. K14 + 162 处增设天桥设计变更费用比较表

10. NK728 + 179 空心板天桥拆除设计变更费用比较表

11. NK728 + 915 斜腿刚构天桥拆除设计变更费用比较表

2015 年 3 月 25 日

附件 1

K23+895 处增设通道设计变更费用比较表

项	目	节	工程或费用名称	单位	原设计		变更设计		增减金额(+/-)		备注
					数量	金额(元)	数量	金额(元)	数量	金额(元)	
			第一部分　建筑安装工程费	公路公里	62.691	83369	62.691	823657	0	740288	
二			路基工程	km	44.758	44621	0.044	114698	-44.714	70077	
	1		场地清理	km			0.044	28419	0.044	28419	
		1	拆除旧建筑物、构筑物(K34+521 拆除原通道)	m^3			101.470	28419	101.47	28419	
	1		填方	m^3	1882.000	31865	1031.990	70134	-850.01	38269	
		1	路基填方	m^3	1882.000	31865			-1882	-31865	
		1	结构物台背回填	m^3			1031.990	70134	1031.99	70134	
	2		弃方运输	m^3			2183.000	16144	2183	16144	
	2		路床处治	m^3	62.000	2112			-62	-2112	
	3		排水工程	km	44.758	7503			-44.758	-7503	
		1	路基边沟	m^3/m	2.990/6.000	7503				-7503	
	4		防护与加固工程	km	44.758	3141			-44.758	-3141	
		1	坡面植物防护	m^2	77.200	3141			-77.2	-3141	
三			路面工程	km	44.758	38748	44.758	16960	0	-21788	
	1		路面底基层	m^2	149.000	3956			-149	-3956	
		1	18cm 水泥稳定碎石	m^2	149.000	3956			-149	-3956	
	2		路面基层	m^2	148.000	7568			-148	-7568	
		1	34cm 水泥稳定碎石基层	m^2	148.000	7568			-148	-7568	
	3		透层、粘层、封层	m^2	585.000	2914	290.500	1746	-294.5	-1168	
		1	透层	m^2	148.000	877			-148	-877	
		2	封层	m^2	148.000	1464	148.000	1464	0	0	
		3	粘层	m^2	289.000	572	142.500	282	-146.5	-290	
	4		沥青混凝土面层	m^2	141.000	23442	141.000	15214	0	-8228	
		1	8cm 密级配沥青碎石下面层	m^2	144.000	8228			-144	-8228	
		2	6cm 中粒式改性沥青混凝土中面层	m^2	144.000	9088	144.000	9088	0	0	
		3	4cm 细粒式改性沥青混凝土上面层	m^2	141.000	6126	141.000	6126	0	0	

续上表

项	目	节	工程或费用名称	单位	原设计		变更设计		增减金额(+/-)		备注
					数量	金额(元)	数量	金额(元)	数量	金额(元)	
	5		路槽、路肩及中央分隔带	km	44.758	868			-44.758	-868	
		1	培路肩	m^2	12.121	134			-12.121	-134	
		2	土路肩加固	m^2	9.000	734			-9	-734	
五			交叉工程	处			1.000	691998	1	691998	
	1		通道	m/处			26.100/1.000	691998	26.100/1.000	691998	
		1	盖板通道	m/道			26.100/1.000	691998	26.100/1.000	691998	
			预算总金额	元		83369		823657	0	740288	

附件2

K41+018处增设涵洞设计变更费用比较表

项	目	节	工程或费用名称	单位	原施工图设计		变更设计		增减金额(+/-)		备注
					数量	金额(元)	数量	金额(元)	数量	金额(元)	
			第一部分　建筑安装工程费	公路公里	62.691	68739	62.691	1032850	0	964111	
二			路基工程	km	44.758	68739	0.044	161714	-44.714	92975	
	1		填方	m^3	3387.000	57347	1952.000	132657	-1435	75310	
		1	路基填方	m^3	3387.000	57347			3387	-57347	
		1	结构物台背回填	m^3			1952.000	132657	1952	132657	
	1		弃方运输	m^3			3929.000	29057	3929	29057	
	2		半填半挖路基处理工程	m^2	40.000	4545			-40	-4545	
	3		排水工程	km	44.758	5650			-44.758	-5650	
		1	路基边沟	m^3/m	2.990/4.000	5650			-2.990/-4.000	-5650	
	4		防护与加固工程	km	44.758	1197			-44.758	-1197	
		1	坡面植物防护	m^2	36.000	1197			-36	-1197	
四			桥梁涵洞工程	km			0.043	871135	0.043	871135	
	1		涵洞工程	m/道			43.160/1.000	871135	43.160/1.000	871135	
		1	1-4×3拱涵	m/道			43.160/1.000	871135	43.160/1.000	871135	
			预算总金额	元		68739		1032850	0	964111	

附件 3

AK0 +513 处增设涵洞设计变更费用比较表

项	目	节	工程或费用名称	单位	原施工图设计		变更设计		增减金额(+/-)		备注
					数量	金额(元)	数量	金额(元)	数量	金额(元)	
			第一部分　建筑安装工程费	公路公里	62.691	67261	62.691	952210	0	88949	
			路基工程	km	44.758	67261	0.044	195953	-45	128692	
	1		填方	m^3	3750.000	63492	2410.000	163783	-1340	100291	
		1	路基填方	m^3	3750.000	63492			-3750	-63492	
		1	结构物台背回填	m^3			2410.000	163783	2410	163783	
	1		弃方运输	m^3			4350.000	32170	4350	32170	
	2		排水工程	km	44.758	2426			-45	-2426	
		1	路基边沟	m^3	3	2426			-3	-2426	
	3		防护与加固工程	km	44.758	1343			-45	-1343	
		1	坡面植物防护	m^2	15.300	1343			-15	-1343	
四			桥梁涵洞工程	km			0.032	756256	0	756256	
	1		涵洞工程	m			32.26	756256	32	756256	
		1	盖板涵	m			32.26	756256	32	756256	
			预算总金额	元		67261		952210	0	884949	

附件 4

K6 +908 处增设涵洞设计变更费用比较表

项	目	节	细目	工程或费用名称	单位	原施工图设计		变更后设计		增　减	
						数量	金额(元)	数量	金额(元)	数量	金额(元)
				第一部分　建筑安装工程费	公路公里	62.691	51780	62.691	882266		830487
二				路基工程	km	44.758	51780	0.044	240364	-44.714	188585
	1			填方	m^3	2836.000	48017	1948.000	132386	-888.000	84369
		1		路基填方	m^3	2836.000	48017			-2836.000	-48017
			1	利用土方填筑	m^3	2836.000	48017			-2836.000	-48017
		1		结构物台背回填	m^3			1948.000	132386	1948.000	132386
			1	主线盖板涵洞	m^3			1948.000	132386	1948.000	132386
	1			弃方运输	m^3			3290.000	24331	3290.000	24331
	3			特殊路基处理	km			0.044	83648	0.044	83648
		1		软土处理	km			0.044	83648	0.044	83648
			1	涵洞通道地基处理	座			1.000	83648	1.000	83648
	2			排水工程	km	44.758	1610			-44.758	-1610
		1		路基边沟	m^3/m	1.880/4.000	1610			-1.880	-1610

续上表

项	目	节	细目	工程或费用名称	单位	原施工图设计		变更后设计		增减	
						数量	金额(元)	数量	金额(元)	数量	金额(元)
	3			防护与加固工程	km	44.758	2153			44.758	-2153
		1		坡面植物防护	m^2	46.420	1603			-46.420	-1603
			1	左侧路堤边坡三维网喷播植草	m^2	24.670	683			-24.670	-683
			2	右侧路堤边坡三维网喷播植草	m^2	21.750	920			-21.750	-920
		2		坡面圬工防护	m^3	1.580	550			-1.580	-550
			1	左侧路基边坡拱形骨架防护	m^3	1.580	550			-1.580	-550
			2	右侧路基边坡拱形骨架防护	m^3						
四				桥梁涵洞工程	km			0.044	641902	0.044	641902
	1			涵洞工程	m/道			43.680/1.000	641902	43.680	641902
		1		盖板涵——主线	m/道			43.680/1.000	641902	43.680	641902
			1	1-4×3.0 钢筋混凝土盖板涵	m/道			43.680/1.000	641902	43.680	641902
			1.1	LSBG - NO. 2 - 008 钢筋混凝土盖板涵	m/道			43.680/1.000	641902	43.680	641902
				第一、二、三部分费用合计	公路公里	62.691	51780	62.691	882266		830487
				预算总金额	元		51780		882266		830487

附件 5

K9 +818.9 处增设天桥设计变更费用比较表

项	目	节	工程或费用名称	单位	原设计		变更设计		增减金额(+/-)		备注
					数量	金额(元)	数量	金额(元)	数量	金额(元)	
			第一部分　建筑安装工程费	公路公里	62.691	16855	62.691	1779246	0	1762391	
四			路基工程	km	44.758	16855			-44.758	-16855	
	1		挖方	m^3	6154.460	16855			-6154.46	-16855	
		1	挖土方	m^3	6154460	16855			-6154.46	-16855	
五			交叉工程	处			1.000	1779246	1	1779246	
	1		人行天桥	m/处			85.040/1.000	1779246	85.040/1	1779246	

续上表

项	目	节	工程或费用名称	单位	原设计		变更设计		增减金额(+/-)		备注
					数量	金额(元)	数量	金额(元)	数量	金额(元)	
		1	预应力混凝土空心板	m^2/m			595.280/85.040	1779246	595.280/85.04	1779246	
			预算总金额	元		16855		1779246	0	1762391	

附件 6

K25+825 处增设天桥设计变更费用比较表

项	目	节	细目	工程或费用名称	单位	原施工图设计		变更后设计		增 减	
						数量	金额(元)	数量	金额(元)	数量	金额(元)
				第一部分 建筑安装工程费	公路公里	62.691	201639	62.691	1818940		1617302
二				路基工程	km	44.758	66118			-44.758	-66118
	1			填方	m^3	3682.000	66118			-3682.000	-66118
三				路面工程	km	44.758	135521			-44.758	-135521
	1			改路改沟路面	m^2	1681.000	135521			-1681.000	-135521
五				交叉工程	处			1.000	1818940	1.000	1818940
	1			人行天桥	m/处			85.040/1.000	1818940	85.040	1818940
				第一、二、三部分费用合计	公路公里	62.691	201639	62.691	1818940		1617302
				预算总金额	元		201639		1818940		1617302

附件 7

K30+905 处增设天桥设计变更费用比较表

项	目	节	细目	工程或费用名称	单位	原施工图设计		变更后设计		增 减	
						数量	金额(元)	数量	金额(元)	数量	金额(元)
				第一部分 建筑安装工程费	公路公里	62.691	5394	62.691	1736590		1731196
二				路基工程	km	44.758	5394			-44.758	-5394
	1			填方	m^3	300.380	5394			-300.380	-5394
		1		改路、改河、改渠填方	m^3	300.380	5394			-300.380	-5394
五				交叉工程	处			1.000	1736590	1.000	1736590
	1			人行天桥	m/处			85.040/1.000	1736590	85.040	1736590
		1		预应力混凝土空心板	m^2/m			595.280/85.040	1736590	595.280	1736590
				第一、二、三部分费用合计	公路公里	62.691	5394	62.691	1736590		1731196
				预算总金额	元		5394		1736590		1731196

附件 8

K33 +215 处增设天桥设计变更费用比较表

项	目	节	工程或费用名称	单位			K33 +215 新增天桥		增减金额(+/ -)		备注
							数量	金额(元)	数量	金额(元)	
			第一部分　建筑安装工程费	公路公里			62.691	1386127	62.691	1386127	
五			交叉工程	处			1	1386127	1	1386127	
	1		人行天桥	m/处			65.04/1	1386127	65.04/1	1386127	
		1	K33 +215 天桥	m^2/m			455.28/65.04	1386127	455.28/65.04	1386127	
			预算总金额	元				1386127		1386127	

附件 9

K14 +162 处增设天桥设计变更费用比较表

项	目	节	工程或费用名称	单位	原设计		变更设计		增减金额(+/ -)		备注
					数量	金额(元)	数量	金额(元)	数量	金额(元)	
			第一部分　建筑安装工程费	公路公里			62.691	1841395	62.691	1841395	
五			交叉工程	处			1	1841395	1	1841395	
		1	人行天桥	m/处			85.04/1	1841395	85.04/1	1841395	
		1	K14 +162 大桥	m^2/m			595.28/85.04	1841395	595.28/85.04	1841395	
			预算总金额	元				1841395		1841395	

附件 10

NK728 +179 空心板天桥拆除设计变更费用比较表

项	目	节	细目	工程或费用名称	单位	原施工图设计		变更设计		增减金额(+/ -)		备注
						数量	金额(元)	数量	金额(元)	数量	金额(元)	
				第一部分　建筑安装工程费	公路公里			62.691	549962	62.691	549962	
二				路基工程	km			44.758	549962	44.758	549962	
	1			场地清理	km			44.758	549962	44.758	549962	
		1		BJDK27 + 226 (NK728 + 179)空心板天桥拆除	m^3			418.910	549962	418.910	549962	
				预算总金额	元				549962		549962	

附件 11

NK728 + 915 斜腿刚构天桥拆除设计变更费用比较表

项	目	节	细目	工程或费用名称	单位	原施工图设计		变更设计		增减金额(+/-)		备注
						数量	金额(元)	数量	金额(元)	数量	金额(元)	
				第一部分　建筑安装工程费	公路公里			62.691	370594	62.691	370594	
二				路基工程	km			44.758	370594	44.758	370594	
	1			场地清理	km			44.758	370594	44.758	370594	
		1		BJDK26 + 490 (NK728 + 915)斜桥刚构天桥拆除	m^3			693.560	370594	693.560	370594	
				预算总金额	元				370594		370594	

河南省收费还贷高速公路管理中心综合处　　2015 年 3 月 25 日印发

49. 关于洛栾高速洛阳至嵩县段 K8 +165 拱涵地基加固处理等设计变更的批复

豫高管中心工〔2015〕73 号

河南嵩阳高速公路有限公司：

你公司《关于洛栾高速洛阳至嵩县段 K40 +0000 ~ K61 +800 路面结构层变更等设计变更的请示》(豫高司嵩阳〔2015〕45 号)收悉。根据《河南省公路工程设计变更管理办法》等有关规定，经审查，现批复如下：

一、K8 +165 拱涵地基加固处理设计变更

K8 +165 拱涵建成后，经历 2011 年雨季连续降雨后，拱涵地基下沉，墙体倾斜开裂。经实地考察，重新进行工程地质勘察，拱涵地基土质松软，承载力低，在涵洞上覆土填筑完成后，拱涵及地基将进一步下沉。为保障涵洞和高速公路运行安全，项目公司采取桩径 0.5m 的钻孔灌注桩加固涵洞地基，并在拱涵内设置钢筋混凝土内衬以提高整体强度。根据厅豫西指挥部认定的设计变更方案，经与厅定额站联审，此项设计变更增加费用 363 万元。

二、F2K58 +657 ~ F2K59 +065 段路堑边坡防护设计变更

F2K58 +657 ~ F2K59 +065 段路堑左侧边坡原设计坡率为一级边坡 1:0.5、二级边坡 1:0.75、三级及以上边坡 1:1，坡面采取锚杆框架和挂网防护。由于地质情况复杂，土质呈膨胀特性，导致该段边坡多处出现局部塌滑迹象。为保障边坡稳定和施工、运营安全，根据厅豫西指挥部设计变更审查意见，项目公司采取了以下变更方案：F2K58 +720.5 ~ F2K59 +001 段一级边坡采用锚杆框架格梁防护，F2K58 +720.5 ~ F2K58 +984.9 段二级、F2K58 +732.5 ~ F2K58 +960.9 段三级边坡采用锚索框架格梁防护，F2K58 +753 ~ F2K58 +983 段四级边坡、F2K58 +781 ~ F2K58 +966 段五级边坡、F2K58 +804 ~ F2K58 +959 段六级边坡采取喷草防护。经与厅定额站联审，此项设计变更增加费用 354.6 万元。

三、F2K59 +420 ~ F2K59 +660 路堑边坡防护设计变更

F2K59 +420 ~ F2K59 +660 段路堑左侧边坡原设计防护方案为：F2K59 +420 ~ F2K59 +484 段、F2K59 +598 ~ F2K59 +660 段一级至三级边坡采用挂网防护，F2K59 +484 ~ F2K59 +598 段一级至三级边坡采用锚杆混凝土格室护坡、四级至六级边坡采用挂网防护。由于地质情况复杂，土质呈膨胀特性，导致该段边坡多处出现局部塌滑迹象。为保障边坡稳定和施工、运营安全，项目公司采取了以下变更方案：F2K59 +447 ~ F2K59 +633 段一级边坡采用锚杆混凝土格室防护，F2K59 +468 ~ F2K59 +620 段二级边坡、F2K59 +484 ~ F2K59 +604 段三级边坡、F2K59 +496 ~ F2K59 +592 段四级边坡采用锚索框架梁防护。根据厅豫西指挥部认定的设计变更方案，经与厅定额站联审，此项设计变更增加费用 439.4 万元。

四、F2K59 +800 ~ F2K59 +960 路堑边坡防护设计变更

F2K59 +800 ~ F2K59 +960 段路堑左侧边坡原设计防护方案为：F2K59 +820 ~ F2K59 +930 段一级至四级边坡采用锚杆混凝土格室护坡、五级至七级边坡采用挂网防护，F2K59 +800 ~

F2K59 +820 段及 F2K59 +930 ~ F2K59 +960 段边坡采用挂网防护。由于地质情况复杂,土质呈膨胀特性,导致该段边坡多处出现局部塌滑迹象。为保障边坡稳定和施工、运营安全,项目公司采取了以下变更方案:F2K59 + 800 ~ F2K59 + 960 段一级边坡采取锚杆混凝土格室防护,F2K59 +806 ~ F2K59 +938 段二级边坡、F2K59 +824 ~ F2K59 +924 段三级边坡采用锚索框架格梁防护。根据厅豫西指挥部认定的设计变更方案,经与厅定额站联审,此项设计变更增加费用252.7 万元。

以上变更费用作为项目投资控制依据,不作为对施工单位支付的标准。

附件:

1. K8 +165 拱涵地基加固处理设计变更费用比较表
2. F2K58 +657 ~ F2K59 +065 段路堑边坡防护设计变更费用比较表
3. F2K59 +420 ~ F2K59 +660 路堑边坡防护设计变更费用比较表
4. F2K59 +800 ~ F2K59 +960 路堑边坡防护设计变更费用比较表

2015 年 3 月 25 日

附件 1

K8 +165 拱涵地基加固处理设计变更费用比较表

项	目	节	细目	工程或费用名称	单位	原施工图设计		变更设计		增减金额(+/-)		备注
						数量	金额(元)	数量	金额(元)	数量	金额(元)	
				第一部分　建筑安装工程费	公路公里			62.691	3630252	62.691	3630252	
四				桥梁涵洞工程	m^3			1974.890	3630252	1974.890	3630252	
	1			K8 +165 拱涵地基处理	m^3			1974.890	3630252	1974.890	3630252	
				预算总金额	元				3630252		3630252	

附件 2

F2K58 +657 ~ F2K59 +065 段路堑边坡防护设计变更费用比较表

项	目	节	细目	工程或费用名称	单位	原施工图设计		变更设计		增减金额(+/-)		备注
						数量	金额(元)	数量	金额(元)	数量	金额(元)	
				第一部分　建筑安装工程费	公路公里	62.691	2348125	62691	5894608		3546483	
二				路基工程	km	44.758	2348125	44.758	5894608		3546483	
	1			防护与加固工程	km	44.758	2348125	44.758	5611528		3263403	
		1		坡面植物防护	m^2			9072.900	139562	9072.900	139562	
		1		挂刚防护	m^2	9500.800	765510			-9500.800	-765510	
		2		锚杆混凝土格室防护	m^3	555.700	1582615	219.090	958571	-336.610	-624043	
		3		锚索框架防护	m			7421.000	4513395	7421.000	4513395	
	1			排水工程	km			44.758	283080	44.758	283080	
		1		浆砌片石截水沟	m^3/m			151.500/281.000	48484	151.500	48484	
		2		平台排水沟及跌水	m^3/m			765.200/1063.000	234596	765.200	234596	
				预算总金额	元		2348125		5894608		3546483	

附件 3

F2K59 +420 ~ F2K59 +660 路堑边坡防护设计变更费用比较表

项	目	节	细目	工程或费用名称	单位	原施工图设计		变更设计		增减金额(+/-)		备注
						数量	金额(元)	数量	金额(元)	数量	金额(元)	
				第一部分　建筑安装工程费	公路公里	62.691	1077283	62.691	5471962	0	4394679	
二				路基工程	km	44.758	1077283	44.758	5471962	0	4394679	

续上表

项	目	节	细目	工程或费用名称	单位	原施工图设计		变更设计		增减金额(+/-)		备注
						数量	金额(元)	数量	金额(元)	数量	金额(元)	
	1			防护与加固工程	km	44.758	1077283	44.758	5471962	0	4394679	
		1		坡面植物防护	m^2	42.400	1648			-42.4	-1648	
		2		挂网防护	m^2	3596.900	275997			-3596.9	-275997	
		3		锚杆混凝土格室防护	m^3	281.600	799639	155.700	1371192	-125.9	571553	
		2		锚索框架防护	m			6038.000	4100771	6038	4100771	
				预算总金额	元		1077283		5471962	0	4394679	

附件4

F2K59+800~F2K59+960路堑边坡防护设计变更费用比较表

项	目	节	细目	工程或费用名称	单位	原施工图设计		变更设计		增减金额(+/-)		备注
						数量	金额(元)	数量	金额(元)	数量	金额(元)	
				第一部分　建筑安装工程费	公路公里	62.691	1198040	62.691	3725933	0	2527893	
二				路基工程	km	44.758	1198040	44.758	3725933	0	2527893	
	1			防护与加固工程	km	44.758	1198040	44.758	3725933	0	2527893	
		1		挂网防护	m^2	2846.830	221229			-2846.83	-221229	
		2		锚杆混凝土格室防护	m^3	343.230	976810	133.700	1197796	-209.53	220986	
		2		锚索框架防护	m			3713.000	2528137	3713	2528137	
				预算总金额	元		1198040		3725933	0	2527893	

河南省收费还贷高速公路管理中心综合处　　2015年3月25日印发

50. 关于洛栾高速洛阳至嵩县段 K55 +305 ~ K55 +380 路基左侧边坡防护加固等设计变更的批复

豫高管中心工〔2015〕76 号

河南嵩阳高速公路有限公司：

你公司《关于洛栾高速洛阳至嵩县段 K55 +305 ~ K55 +380 左侧路基边坡进行加固等设计变更的请示》(豫高司嵩阳〔2015〕48 号)收悉。根据《河南省公路工程设计变更管理办法》等有关规定,经审查,现批复如下:

一、K55 +305 ~ K55 +380 路基左侧边坡防护加固设计变更

该路段路堑左侧边坡原设计为浆砌片石拱形骨架防护和三维网植物防护。因 K55 +225 ~ K55 +305 连拱隧道修建后,作为隧道出口的该路段左幅路堑宽度由原设计 15.8m 加宽至 19.1m,边坡坡率变陡。为确保边坡稳定,项目公司组织实施了边坡防护加固设计变更,对一级边坡采取钢筋混凝土桩板墙和浆砌片石护面墙防护。根据厅豫西指挥部认定的设计变更方案,经与厅定额站联审,此项设计变更增加费用 138.47 万元。

二、K56 +392 ~ K56 +429.2 段路基左侧防护加固设计变更

K56 +392 ~ K56 +429.2 段为半填半挖路基,左侧路堤防护原设计为衡重式路肩挡土墙。因地形陡峭,为保证路基稳定,项目公司组织实施了边坡防护加固设计变更,路基左侧增设钢筋混凝土桩板墙。根据厅豫西指挥部认定的设计变更方案,经与厅定额站联审,此项设计变更增加费用 128.67 万元。

三、K59 +420 ~ K59 +800 段路基边坡防护设计变更

K59 +420 ~ K59 +800 段路基右侧、F2K59 +660 ~ F2K59 +800 段路基左侧边坡原设计为挂网防护。因地质情况复杂,开挖后出现滑塌现象,为保证边坡稳定,项目公司组织实施了边坡防护设计变更,将 K59 +420 ~ K59 +800 段路基右侧一级边坡、F2K59 +660 ~ F2K59 +800 段路基左侧一级、二级边坡采用锚杆框架梁防护。根据厅豫西指挥部认定的设计变更方案,经与厅定额站联审,此项设计变更增加费用 146.26 万元。

四、K38 +025 ~ K40 +000 段路床处理设计变更

K38 +025 ~ K40 +000 段路床原设计为 40cm 厚 6% 石灰土。为保护环境,加快工程进度,保障工程质量,根据厅豫西指挥部设计变更审查意见,项目公司将该段路床处理方案变更为 80cm 厚 5% 水泥土。经与厅定额站联审,此项设计变更增加费用 45.88 万元。

五、K46 +000 ~ K52 +500 段路床处理设计变更

该段路基路床填筑原设计为利用土方填筑。由于利用方土质 CBR 值不满足填方路基路床填料要求;挖方段土质含水量较大,且呈膨胀特性。为保障工程质量,根据厅豫西指挥部设计变更方案审查意见,结合地质情况和土质特性,项目公司组织实施了路床处理设计变更:填土路基路床采用 80cm 厚砂砾填筑;膨胀土挖方路基路床采用 80cm 厚 8% 石灰土处理;CBR 值不足挖方路基路床采用40cm厚砂砾填筑处理。经与厅定额站联审,此项设计变更增加费用406.56万元。

六、K52+500~K53+320、K54+880~K56+430段路床处理设计变更

该段路基路床填筑原设计为利用土方填筑,因该路段利用方土质CBR值不满足填方路基路床填料要求,为保障工程质量,根据厅豫西指挥部设计变更方案审查意见,结合现场实际情况,项目公司组织实施了路床处理设计变更,K52+500~K52+800段路基路床利用线外石渣填筑厚80cm,K52+800~K53+320段路基路床利用线外石渣填筑厚40cm,K54+880~K56+430段路基路床采用砂砾石填筑厚80cm。经与厅定额站联合审查,此项设计变更增加费用133.61万元。

以上变更费用作为项目投资控制依据,不作为对施工单位支付的标准。

附件:

1. K55+305~K55+380路基左侧边坡加固设计变更费用比较表
2. K56+392~K56+429.2段路基左侧防护加固设计变更费用比较表
3. F2K59+660~F2K59+800段路基左侧、K59+420~K59+800段路基右侧边坡防护设计变更费用比较表
4. K38+025~K40+000段路基路床处理设计变更费用比较表
5. K46+000~K52+500段路基路床处理设计变更费用比较表
6. K52+500~K53+320、K54+880~K56+430段路基路床处理设计变更

2015年3月26日

附件 1

K55 +305 ~ K55 +380 路基左侧边坡加固设计变更费用比较表

项	目	节	工程或费用名称	单位	原施工图设计		变更设计		增减金额(+/ -)		备注
					数量	金额(元)	数量	金额(元)	数量	金额(元)	
			第一部分　建筑安装工程费	公路公里	62.691	242522	62.691	1627252	0	1384730	
二			路基工程	km	44.758	242522	44.758	1627252	0	1384730	
	1		排水工程	km			44.758	30909	44.758	30909	
		1	平台排水沟	m^3			114.900	30909	114.9	30909	
	1		防护与加固工程	km	44.758	242522	44.758	1596344	0	1353822	
		1	坡面植物防护	m^2	1662.9	72880			-1662.9	-72880	
		1	桩板墙防护	m^3			977.720	1381302	977.72	1381302	
		2	坡面圬工防护	m^3	646.7	169642			-646.7	-169642	
		2	护面墙	m^3			665.820	215042	665.82	215042	
			预算总金额	元		242522		1627252	0	1384730	

附件 2

K56 +392 ~ K56 +429.2 段路基左侧防护加固设计变更费用比较表

项	目	节	工程或费用名称	单位	原施工图设计		变更设计		增减金额(+/ -)		备注
					数量	金额(元)	数量	金额(元)	数量	金额(元)	
			第一部分　建筑安装工程费	公路公里	62.691	32154	62.691	1318788	0	1286634	
二			路基工程	km	44.758	32154	44.758	1318788	0	1286634	
	1		防护与加固工程	km	44.758	32154	44.758	1318788	0	1286634	
		1	坡面植物防护	m^2	84.100	3578			-84.1	-3578	
		2	桩板墙防护	m^3			1248.9	1272607	1248.9	1272607	
		3	护栏基座	m^3			24.860	18331	24.86	18331	
		4	坡面圬工防护	m^3			105.000	27849	105	27849	
		5	挡土墙	m^3	63.510	28576			-63.51	-28576	
			预算总金额	元		32154		1318788	0	1286634	

附件 3

F2K59 +660 ~ F2K59 +800 段路基左侧、K59 +420 ~ K59 +800 段路基右侧边坡防护设计变更费用比较表

项	目	节	细目	工程或费用名称	单位	原施工图设计		变更设计		增减金额(+/ -)		备注
						数量	金额(元)	数量	金额(元)	数量	金额(元)	
				第一部分　建筑安装工程费	公路公里	62.691	1524843	62.691	2987433	0	1462590	

续上表

项	目	节	细目	工程或费用名称	单位	原施工图设计		变更设计		增减金额(+/-)		备注
						数量	金额(元)	数量	金额(元)	数量	金额(元)	
二				路基工程	km	44.758	1524843	44.758	2987433	0	1462590	
	1			防护与加固工程	km	44.758	1524843	44.758	2987433	0	1462590	
		1		挂网防护	m^2	10138.400	548032			-10138.4	-548032	
		2		锚杆混凝土格室防护	m^3	343.230	976810	411.350	2987433	68.12	2010623	
				预算总金额	元		1524843		2987433	0	1462590	

附件4

K38+025~K40+000段路基路床处理设计变更费用比较表

项	目	节	工程或费用名称	单位	原施工图设计		变更设计		增减金额(+/-)		备注
					数量	金额(元)	数量	金额(元)	数量	金额(元)	
			第一部分　建筑安装工程费	公路公里	62.691	544414	62.691	1003257		458844	
二			路基工程	km	44.758	544414	44.758	1003257		458844	
	1		路床处治	m^3	15447.000	544414	30894.000	1003257	15447.000	458844	
			预算总金额	元		544414		1003257		458844	

附件5

K46+000~K52+500段路基路床处理设计变更费用比较表

项	目	节	细目	工程或费用名称	单位	原设计		变更后		核增核减(+/-)	
						数量	金额(元)	数量	金额(元)	数量	金额(元)
				第一部分　建筑安装工程费	公路公里	62.691	42838128	62.691	46903763	4065635	
二				路基工程	km	44.758	42838128	44.758	46903762		4065635
	1			挖方	m^3	1698104.000	10842639	1724707.000	11488380	26603.000	645741
		1		挖土方	m^3	1352351.000	3946025	1378954.000	4018883	26603.000	72858
		2		挖路基石方	m^3	345753.000	6896614	345753.000	6896614		
		3		弃方运输	m^3			77464.000	572883	77464.000	572883
	2			填方	m^3	1833701.000	31924821	1833701.000	33843627		1918806
		1		路基填方	m^3	1833701.000	31924821	1833701.000	33843627		1918806
	3			特殊路基处理	km	5.833	70668			-5.833	-70668
		1		膨胀土处理	m^3	1456.000	70668			-1456.000	-70668
	3			路床处治	m^3			26603.000	1571756	26603.000	1571756
		1		8%石灰土	m^3			4264.000	215919	4264.000	215919
		2		换填砂砾	m^3			22339.000	1355837	22339.000	1355837
				第一、二、三部分费用合计	公路公里	62.691	42838128	62.691	46903763		4065635

续上表

项	目	节	细目	工程或费用名称	单位	原设计		变更后		核增核减(+/-)	
						数量	金额(元)	数量	金额(元)	数量	金额(元)
				预算总金额	元		42838128		46903763		4065635
				其中:回收金额	元						
				公路基本造价	公路公里	62.691	42838128	62.691	46903763		4065635

附件 6

K52+500~K53+320、K54+880~K56+430 段路基路床处理设计变更

项	目	节	工程或费用名称	单位	原施工图设计		变更设计		增减金额(+/-)		备注
					数量	金额(元)	数量	金额(元)	数量	金额(元)	
			第一部分 建筑安装工程费	公路公里	62.691	19822561	62.691	21158705		1336145	
二			路基工程	km	44.758	19822561	44.758	21158705		1336145	
	1		挖方	m^3	980566.000	7636869	999073.000	7824423	18507.000	187554	
		1	挖土方	m^3	710766.000	2089305	729273.000	2139990	18507.000	50685	
		2	挖路基石方	m^3	269800.000	5150815	269800.000	5150815			
		3	弃方运输	m^3	46724.000	396749	65231.000	533618	18507.000	136868	
	2		填方	m^3	635780.000	12185692	625557.000	13334283	-10223.000	1148591	
		1	路基填方	m^3	635780.000	12185692	625557.000	13334283	-10223.000	1148591	
			预算总金额	元		19822561		21158705		1336145	

河南省收费还贷高速公路管理中心综合处　　2015 年 3 月 25 日印发

51. 关于洛栾高速洛阳至嵩县段 K2 +460 ~ K2 +909 段路堑边坡放缓等设计变更的批复

豫高管中心工〔2015〕77 号

河南嵩阳高速公路有限公司：

你公司《关于洛栾高速洛阳至嵩县段 K2 +460 ~ K2 +909 段路堑边坡放缓等设计变更的请示》(豫高司嵩阳〔2015〕47 号)收悉。根据《河南省公路工程设计变更管理办法》等有关规定，经审查，现批复如下：

一、K2 +460 ~ K2 +909 段路堑边坡放缓设计变更

该路段原设计左侧边坡坡率为 1∶1；右侧一、二级边坡坡率为 1∶1，三级边坡坡率为 1∶1.25。现场施工发现该段边坡存在渗水现象。为确保边坡稳定，消除质量和安全隐患，项目公司组织实施了边坡放缓设计变更，K2 +640 ~ K2 +820 段边坡卸载；右侧边坡放缓至 1∶1.5，每 8m 高度设置 3m 宽碎落台。根据厅豫西指挥部认定的设计变更方案，经与厅定额站联审，此项设计变更增加费用 121.17 万元。

二、BJDK27 +960 ~ BJDK28 +230 段路堑右侧边坡放缓设计变更

该路段原设计路堑边坡坡率为 1∶1。现场施工发现，实测原地面高程较图纸设计原地面高程高 7 ~ 26m，开挖坡面岩体为砾岩夹杂不稳定砂岩。为确保路基边坡稳定，项目公司组织将边坡坡率放缓为 1∶1.5，每 8m 高度设 3m 宽碎落台。根据厅豫西指挥部认定的设计变更方案，经与厅定额站联审，此项设计变更增加费用 187.39 万元。

三、K32 +999.629 ~ K40 +000 段路堤边坡防护设计变更

K32 +999.629 ~ K40 +000 段路堤边坡防护原设计为 M7.5#浆砌片石拱形骨架。因路基填筑材料为无黏结透水性材料(砂卵石、砂砾石)，边坡片石砌筑时会造成边坡填料下滑、破坏坡面；且原设计拱肋尺寸较小(40 ×25cm)，而片石厚度规范要求不小于 15cm，施工质量难以控制。为确保路基稳定，保障施工质量，项目公司将该段路堤边坡防护变更为 C20 现浇混凝土拱形骨架。根据厅豫西指挥部认定的设计变更方案，经与厅定额站联审，此项设计变更增加费用 319 万元。

四、K41 +580 ~ K41 +800 段路堑左侧边坡放缓设计变更

K41 +580 ~ K41 +800 段路堑左侧边坡原设计一级至四级边坡坡率分别为 1∶0.5、1∶0.75、1∶1和 1∶1，边坡高度 8m。因路堑挖方地质情况复杂，路基边坡形成后出现多处裂缝，部分段落边坡坍塌。为确保路基边坡稳定，服务当地农业生产，项目公司组织实施了对边坡放缓设计变更，左侧一级至三级边坡坡率均调整为 1∶1.25，在第三级边坡顶向外开挖 6m，修筑一条 3m 宽机耕道路，机耕道路外侧路堑边坡坡率为 1∶0.5。根据厅豫西指挥部认定的设计变更方案，经与厅定额站联审，此项设计变更增加费用 92.91 万元。

五、K45 +014.547 ~ K46 +000 段路堑边坡放缓设计变更

K45 +014.547 ~ K46 +000 段路堑原设计一级至五级边坡坡率为 1∶0.5、1∶0.75、1∶1、1∶1、

1∶1。开挖施工发现岩体较破碎,为确保路基边坡稳定,项目公司组织实施了对边坡放缓设计变更,一级、二级路堑边坡坡率均调整为1∶1。根据厅豫西指挥部认定的设计变更方案,经与厅定额站联审,此项设计变更增加费用151.69万元。

六、F2K58+657~F2K59+065段路堑左侧边坡放缓设计变更

F2K58+657~F2K59+065段路堑原设计为七边坡,每级高8m,一级边坡坡率为1∶0.5,二级边坡坡率为1∶0.75,三级以上边坡坡率为1∶1。由于地质情况复杂,土质呈膨胀特性,边坡施工后局部出现塌滑现象,F2K58+680~F2K58+780滑坡后一、二、三级边坡不能维持原设计坡率,存在较大安全隐患。为确保路基边坡稳定,项目公司采取了以下变更设计方案为:清理滑坡体,将F2K58+657~F2K59+065段四级边坡坡率放缓至1∶1.5,五级边坡坡率放缓至1∶1.75,五级以上边坡坡率放缓至1∶2,边坡平台宽度调整为3m;将F2K58+680~F2K58+780段路基一、二、三级边坡坡率均调整为1∶1.25,平台宽度为2.5m。根据厅豫西指挥部认定的设计变更方案,经与厅定额站联审,此项设计变更增加费用88.87万元。

以上变更费用作为项目投资控制依据,不作为对施工单位支付的标准。

附件:

1. K2+460~K2+909段路堑边坡放缓设计变更费用比较表
2. BJDK27+960~BJDK28+230段路堑右侧边坡放缓设计变更费用比较表
3. K32+999.629~K40+000段路堤边坡防护设计变更费用比较表
4. K41+580~K41+800段路堑边坡放缓设计变更费用比较表
5. K45+014.547~K46+000段路堑边坡放缓设计变更费用比较表
6. F2K58+657~F2K59+065段路堑左侧边坡二次刷坡设计变更费用比较表

2015年3月25日

附件1

K2 +460 ~ K2 +909 段路堑边坡放缓设计变更费用比较表

项	目	节	工程或费用名称	单位	原施工图设计		变更设计		增减金额(+/-)		备注
					数量	金额(元)	数量	金额(元)	数量	金额(元)	
			第一部分 建筑安装工程费	公路公里	62.691	9970895	62.691	11182637		1211742	
二			路基工程	km	44.758	9970895	44.758	11182637		1211742	
	1		挖方	m^3	448237.000	9970895	502710.700	11182637	54473.700	1211742	
		1	挖土方	m^3	138953.000	380553	155840.300	426803	16887.300	46250	
		2	挖路基石方	m^3	309284.000	4856086	346870.400	5446232	37586.400	590146	
		3	弃方运输	m^3	448237.000	4734256	502710.700	5309602	54473.700	575346	
			预算总金额	元		9970895		11182637		1211742	

附件2

BJDK27 +960 ~ BJDK28 +230 段路堑右侧边坡放缓设计变更费用比较表

项	目	节	工程或费用名称	单位	原施工图设计		变更设计		增减金额(+/-)		备注
					数量	金额(元)	数量	金额(元)	数量	金额(元)	
			第一部分 建筑安装工程费	公路公里	62.691	319263	62.691	2193192		1873929	
二			路基工程	km	44.758	319263	44.758	2193192		1873929	
	1		挖方	m^3	13032.000	132069	98622.200	2193192	85590.200	2061123	
		1	挖土方	m^3	13032.000	35691	30572.900	83731	17540.900	48040	
		2	挖路基石方	m^3			68049.300	1068446	68049.300	1068446	
		2	弃方运输	m^3	13032.000	96378	98537.600	1041016	85505.600	944638	
	2		防护与加固工程	km	44.758	187194			-44.758	-187194	
		1	坡面植物防护	m^2	1235.600	54691			-1235.600	-54691	
		2	坡面圬工防护	m^3	611.800	132503			-611.800	-132503	
			预算总金额	元		319263		2193192		1873929	

附件3

K32 +999.629 ~ K40 +000 段路堤边坡防护设计变更费用比较表

项	目	节	工程或费用名称	单位	原施工图设计		变更设计		增减金额(+/-)		备注
					数量	金额(元)	数量	金额(元)	数量	金额(元)	
			第一部分 建筑安装工程费	公路公里	62.691	10579276	62.691	13769230		3189954	
二			路基工程	km	44.758	10579276	44.758	13769230		3189954	

续上表

项	目	节	工程或费用名称	单位	原施工图设计		变更设计		增减金额(+/-)		备注
					数量	金额(元)	数量	金额(元)	数量	金额(元)	
	1		防护与加固工程	km	44.758	10579276	44.758	13769230		3189954	
		1	坡面植物防护	m^2	155990.700	5285026	155990.700	5285026			
		2	坡面圬工防护	m^3	15927.600	5294249	15927.600	8484204		3189955	
			预算总金额	元		10579276		13769230		3189954	

附件 4

K41 +580 ~ K41 +800 段路堑边坡放缓设计变更费用比较表

项	目	节	细目	工程或费用名称	单位	原施工图设计		变更设计		增减金额(+/-)		备注
						数量	金额(元)	数量	金额(元)	数量	金额(元)	
				第一部分 建筑安装工程费	公路公里			62.691	929081	62.691	929081	
二				路基工程	km			44.758	929081	44.758	929081	
	1			挖方	m^3			33043.000	929081	33043.000	929081	
		1		挖土方	m^3			9913.000	66443	9913.000	66443	
		2		挖路基石方	m^3			23130.000	512124	23130.000	512124	
		3		弃方运输	m^3			33043.000	350514	33043.000	350514	
				预算总金额	元				929081		929081	

附件 5

K45 +014.547 ~ K46 +000 段路堑边坡放缓设计变更费用比较表

项	目	节	细目	工程或费用名称	单位	原施工图设计		变更设计		增减金额(+/-)		备注
						数量	金额(元)	数量	金额(元)	数量	金额(元)	
				第一部分 建筑安装工程费	公路公里	62.691	5817253	62.691	7334201		1516948	
二				路基工程	km	44.758	5817253	44.758	7334201		1516948	
	1			挖方	m^3	323442.000	5484105	377599.000	7296560	54157.000	1812455	
		1		挖土方	m^3	32344.000	98909	37760.000	137334	5416.000	38426	
		2		挖路基石方	m^3	291098.000	5385196	339839.000	6405952	48741.000	1020755	
		3		弃方运输	m^3			65806.000	753274	65806.000	753274	
	2			填方	m^3	14962.000	333148	2688.000	37641	-12274.000	-295507	
		1		路基填方	m^3	14962.000	333148	2688.000	37641	-12274.000	-295507	
				预算总金额	元		5817253		7334201		1516948	

附件 6

F2K58 +657 ~ F2K59 +065 段路堑左侧边坡二次刷坡设计变更费用比较表

项	目	节	细目	工程或费用名称	单位	原施工图设计		变更设计		增减金额（+/-）		备注
						数量	金额（元）	数量	金额（元）	数量	金额（元）	
				第一部分　建筑安装工程费	公路公里	62.691	9359430	62.691	10248109		888679	
二				路基工程	km	44.758	9359430	44.758	10248109		888679	
	1			挖方	rn3	288341.000	9358777	339688.000	10247820	51347.000	889043	
		1		挖土方	m^3	28834.000	78925	69912.000	354278	41078.000	275352	
		2		挖路基石方	m^3	259507.000	5957429	269776.000	6143755	10269.000	186327	
		3		弃方运输	m^3	288220.000	3322423	339636.000	3749787	51416.000	427364	
	2			填方	m^3	104.000	653	46.000	289	-58.000	-364	
		1		路基填方	m^3	104.000	653	46.000	289	-58.000	-364	
				预算总金额	元		9359430		10248109		888679	

河南省收费还贷高速公路管理中心综合处　　　　2015 年 3 月 25 日印发

52. 关于洛栾高速洛阳至嵩县段 K23 + 100 ~ K32 + 620 填方段暗坟回填等设计变更的批复

豫高管中心工〔2015〕117 号

河南嵩阳高速公路有限公司：

你公司《关于洛栾高速洛阳至嵩县段 K23 + 100 ~ K32 + 620 填方段暗坟分层回填砂砾处理等设计变更的请示》（豫高司嵩阳〔2015〕43 号）收悉。根据《河南省公路工程设计变更管理办法》等有关规定，经审查，现批复如下：

一、K23 + 100 ~ K32 + 620 填方段路基暗坟分层回填砂砾处理设计变更

K23 + 100 ~ K32 + 620 填方段路基清表及土方施工过程中，发现大量暗坟。为保证路基填筑质量，项目公司组织对暗坟进行处理：开挖后回填砂砾，按每层 15cm 厚分层夯填至原地面。根据厅豫西指挥部认定的设计变更方案，经与厅定额站联审，此项设计变更增加费用 221.01 万元。

二、K54 + 980 ~ K55 + 115 段路基裂缝处理设计变更

K54 + 980 ~ K55 + 115 段填方路基位于山体斜坡上，因山体滑坡出现裂缝。为保证路基质量，项目公司组织将滑坡体开挖至滑动面以下，做大台阶基底，填筑 80cm 厚碎石垫层，并在右侧坡脚设置浆砌片石护脚墙。根据厅豫西指挥部认定的设计变更方案，经与厅定额站联审，此项设计变更增加费用 386.38 万元。

三、K52 + 705 ~ K52 + 767 段填方路基填筑材料设计变更

K52 + 705 ~ K52 + 767 段路基原设计为利用土方填筑，填土高度大于 20m，设计要求每填高 6m 进行一次强夯补强。因该段路基 K52 + 746 处设有一道拱涵，为防止强夯影响拱涵结构安全，项目公司组织取消了原设计的强夯补强措施，借石方填筑 K52 + 705 ~ K52 + 767 段路基。根据厅豫西指挥部认定的设计变更方案，经与厅定额站联审，此项设计变更增加费用 74.33 万元。

四、K55 + 780 ~ K56 + 010 段路基挖方和 K56 + 025 ~ K56 + 261 段路基填方土方调配设计变更

原设计 K55 + 780 ~ K56 + 010 段路基挖方用于 K56 + 025 ~ K56 + 261 段路基填方。因K55 + 780 ~ K56 + 010 段挖方为膨胀土，不适宜填筑路基。为保证路基填筑质量，项目公司组织将 K55 + 780 ~ K56 + 010 段挖土方做弃方处理，借土方填筑 K56 + 025 ~ K56 + 261 段路基。根据厅豫西指挥部认定的设计变更方案，经与厅定额站联审，此项设计变更增加费用 190.72 万元。

五、K52 + 570 ~ K52 + 680 路基滑坡裂缝处理设计变更

K52 + 570 ~ K52 + 680 段填方路基位于山体斜坡上，路基填筑至 94 区顶时，因山体滑坡路基出现裂缝。为保证路基填筑质量，项目公司组织采取了以下处治方案：将已填土方挖除至裂缝完全消除位置，重新回填压实；对路基进行强夯补强，加铺土工格栅，同时在右幅增加路基反压护道；增设碎石盲沟和 K52 + 746 涵洞右侧出口排水明沟。根据厅豫西指挥部认定的设计变更方案，经与厅定额站联审，此项设计变更增加费用 156.77 万元

六、梁刘互通 K1 + 500 ~ K2 + 038.871 段路基土方调配设计变更

梁刘互通 K1 + 500 ~ K2 + 038.871 段主线路基原设计为本标段利用土方填筑。该标段图纸

设计挖方路段土质为Ⅱ类土，现场施工发现分布有泥质弱胶结的泥岩、砂岩，稳定性差、强度低，具有较强的崩解性、风化性和强度衰减性。为保证路基填筑质量，项目公司组织将 K1 + 500 ~ K2 + 038.871 段路基由利用土方填筑变更为借土方填筑。根据厅豫西指挥部认定的设计变更方案，经与厅定额站联审，此项设计变更增加费用 230.37 万元。

七、K0 + 000 ~ K6 + 900 段路基上路堤掺石灰处理设计变更

K0 + 000 ~ K6 + 900 段路堤原设计为利用本标段路堑挖方填筑。因挖方土质 CBR 值不满足上路堤填料要求，为保证路基填筑质量，项目公司组织对 K0 + 000 ~ K6 + 900 段上路堤采用掺4%石灰土处理。根据厅豫西指挥部认定的设计变更方案，经与厅定额站联审，此项设计变更增加费用 262.24 万元。

八、K0 + 000 ~ K6 + 900 段路床掺石灰处理设计变更

K0 + 000 ~ K6 + 900 段路床原设计为利用本标段路堑挖方填筑。因挖方土质 CBR 值不满足路床填料要求，为保证路基填筑质量，项目公司组织对 K0 + 000 ~ K6 + 900 段路床顶以下 40 ~ 80cm 采用掺6%石灰土处理。根据厅豫西指挥部认定的设计变更方案，经与厅定额站联审，此项设计变更增加费用 282.01 万元。

九、K49 + 568 涵洞基底换填设计变更

K49 + 568 涵洞进水口位于冲沟顶部，涵洞基坑开挖后，经试验检测，基底地基承载力达不到设计要求。为保证涵洞质量，项目公司组织采取了基底换填处治措施：涵底进出口平坡段设 2.1m厚碎石垫层，中间纵坡段设 2.1m 厚浆砌片石垫层。根据厅豫西指挥部认定的设计变更方案，经与厅定额站联审，此项设计变更增加费用 70.57 万元。

十、K50 + 620 ~ K50 + 700 段路基清淤换填处理设计变更

K50 + 620 ~ K50 + 700 段路基左侧有一大型冲沟，沟底有大量淤泥。为保证路基质量，项目公司组织对该冲沟底进行清淤换填片石处理。根据厅豫西指挥部认定的设计变更方案，经与厅定额站联审，此项设计变更增加费用 166.11 万元。

十一、K50 + 626 ~ K50 + 700 路基填筑材料设计变更

K50 + 626 ~ K50 + 700 段（泥河沟大桥 0 号桥台处）路基原设计为土方路基。因该段路基左幅有一大型冲沟，沟底已采用清淤换填片石处治，为避免土方路基工后不均匀沉降对路基造成破坏，项目公司组织采用砂砾填筑冲沟内路基（不包含泥河沟大桥 0 号桥台锥坡和台背位置）。根据厅豫西指挥部认定的设计变更方案，经与厅定额站联审，此项设计变更增加费用 222.94 万元。

十二、K46 + 000 ~ K52 + 500 段路基强夯处理设计变更

K46 + 000 ~ K52 + 500 段路基原设计为：部分段落每 2m 一层冲击碾压补强，部分段落每 6m 一层强夯补强。由于 K46 + 000 ~ K52 + 500 段地形崎岖，填方高度错落起伏，土质复杂，高填方段落多，部分设计补强高填路基前后延续段填高亦高达 15 ~ 20m。为保证路基填筑质量，减少不均匀沉降，项目公司组织采取了以下措施：取消冲击碾压，根据现场情况合理延长补强段落，每 4m 一层强夯补强。根据厅豫西指挥部认定的设计变更方案，经与厅定额站联审，此项设计变更增加费用 264.70 万元。

以上变更费用作为项目投资控制依据，不作为对施工单位支付的标准。

附件：

1. K23 + 100 ~ K32 + 620 填方段路基暗坟分层回填砂砾处理设计变更费用比较表

2. K54 +980 ~ K55 +115 路基滑坡裂缝处理设计变更费用比较表

3. K52 +705 ~ K52 +767 段填方路基填筑材料设计变更费用比较表

4. K55 +780 ~ K56 +010 路基挖方和 K56 +025 ~ K56 +261 路基填方土方调配设计变更费用比较表

5. K52 +570 ~ K52 +680 路基滑坡裂缝处理设计变更费用比较表

6. 梁刘互通 K1 +500 ~ K2 +038.871 主线路基填筑土方调配费用比较表

7. K0 +000 ~ K6 +900(土建 NO.1 标)路堤 94 区 70cm 填筑掺 4% 石灰处理设计变更费用比较表

8. K0 +000 ~ K6 +900(土建 NO.1 标)路床 96 区(40 ~ 80cm)填筑掺 6% 石灰处理设计变更费用比较表

9. K49 +568 涵洞基底换填设计变更费用比较表

10. K50 +620 ~ K50 +700 路基清淤换填处理设计变更费用比较表

11. K50 +626 ~ K50 +700 路基填筑材料设计变更费用比较表

12. K46 +000 ~ K52 +500 路基强夯处理设计变更费用比较表

2015 年 3 月 31 日

附件 1

K23+100~K32+620 填方段路基暗坟分层回填砂砾处理设计变更费用比较表

项	目	节	细目	工程或费用名称	单位	原设计		变更后		核增核减(+/-)	
						数量	金额(元)	数量	金额(元)	数量	金额(元)
				第一部分 建筑安装工程费	公路公里			9.52	2210079	9.52	2210079
二				路基工程	km			9.52	2210079	9.52	2210079
	1			坑穴换填	m^3			36120	2210079	36120	2210079
				第一、二、三部分费用合计	公路公里			9.52	2210079	9.52	2210079
				预算总金额	元				2210079		2210079
				其中:回收金额	元						
				公路基本造价	公路公里			9.52	2210079	9.52	2210079

附件 2

K54+980~K55+115 路基滑坡裂缝处理设计变更费用比较表

项	目	节	细目	工程或费用名称	单位	原施工图设计		变更设计		增减金额(+/-)		备注
						数量	金额(元)	数量	金额(元)	数量	金额(元)	
				第一部分 建筑安装工程费	公路公里			62.691	3863793	62.691	3863793	
二				路基工程	km			44.758	3863793	44.758	3863793	
	1			挖方	m^3			104185.000	894008	104185	894008	
		1		挖土方	m^3			104185.000	285334	104185	285334	
			1	挖路基土方	m^3			104185.000	285334	104185	285334	
		2		弃方运输	m^3			104185.000	608675	104185	608675	
			1	主线弃方运输	m^3			104185.000	608675	104185	608675	
	2			填方	m^3			102571.000	1349186	102571	1349186	
		1		路基填方	m^3			102571.000	1349186	102571	1349186	
			1	利用土方填筑	m^3			102571.000	1349186	102571	1349186	
	3			路基底处理	m^3			9654.100	1208813	9654.1	1208813	
	4			碎石盲沟	m			443.700	57112	443.7	57112	
	5			护脚墙	m^3			1544.400	354674	1544.4	354674	
				预算总金额	元				3863793		3863793	

附件 3

K52 +705 ~ K52 +767 段填方路基填筑材料设计变更费用比较表

项	目	节	工程或费用名称	单位	原施工图设计		变更设计		增减金额(+/-)		备注
					数量	金额(元)	数量	金额(元)	数量	金额(元)	
			第一部分　建筑安装工程费	公路公里	62.691	1215110	62.691	1958401		743291	
二			路基工程	km	44.758	1215110	44.758	1958401		743291	
	1		挖方	m^3	389.000	926	389.000	371766		370840	
		1	挖土方	m^3	389.000	926	389.000	927		1	
		2	弃方运输	m^3			50144.000	370839	50144.000	370839	
	2		填方	m^3	71923.000	1214183	71923.000	1586635		372451	
		1	路基填方	m^3	71923.000	1214183	71923.000	1586635		372451	
			预算总金额	元		1215110		1958401		743291	

附件 4

K55 +780 ~ K56 +010 路基挖方和 K56 +025 ~ K56 +261 路基填方土方调配设计变更费用比较表

项	目	节	工程或费用名称	单位	原施工图设计		变更设计		增减金额(+/-)		备注
					数量	金额(元)	数量	金额(元)	数量	金额(元)	
			第一部分　建筑安装工程费	公路公里	62.691	3480871	62.691	5388058		1907186	
二			路基工程	km	44.758	3480871	44.758	5388058		1907186	
	1		挖方	m^3	125524.000	367050	125524.000	943808		576759	
		1	挖土方	m^3	125524.000	367050	125524.000	367050			
		2	弃方运输	m^3			77988.000	576759	77988.000	576759	
	2		填方	m^3	186296.000	3113822	186296.000	4444249		1330428	
		1	路基填方	m^3	186296.000	3113822	186296.000	4444249		1330428	
			预算总金额	元		3480871		5388058		1907186	

附件 5

K52 +570 ~ K52 +680 路基滑坡裂缝处理设计变更费用比较表

项	目	节	工程或费用名称	单位	原施工图设计		变更设计		增减金额(+/-)		备注
					数量	金额(元)	数量	金额(元)	数量	金额(元)	
			第一部分　建筑安装工程费	公路公里	62.691	40855	62.691	1608572		1567717	
二			路基工程	km	44.758	40855	44.758	1608572		1567717	
	1		挖方	m^3			20828.000	-230239	20828	-230239	
		1	挖土方	m^3			20828.000	57042	20828	57042	
		2	弃方运输	m^3			-49173.000	-287281	-49173	-287281	

续上表

项	目	节	工程或费用名称	单位	原施工图设计		变更设计		增减金额(+/-)		备注
					数量	金额(元)	数量	金额(元)	数量	金额(元)	
	2		填方	m^3			62823.000	826354	62823	826354	
		1	路基填方	m^3			62823.000	826354	62823	826354	
	3		路基顶处理	m^2			22608.100	424187	22608.1	424187	
	1		排水工程	km	44.758	24461	44.758	122234		97773	
		1	路基边沟	m^3	25.900	24461			-25.9	-24461	
		1	碎石盲沟	m			140.400	43416	140.4	43416	
		2	排水沟	m^3			293.000	78818	293	78818	
	2		防护与加固工程	km	44.758	16393	44.758	466036		449643	
		1	坡面植物防护	m^2	334.900	13832	6823.700	225826	6488.8	211994	
		3	浆砌片石护脚	m^3			392.600	90161	392.6	90161	
		2	坡面圬工防护	m^3	7.200	2561	385.600	150048	378.4	147487	
			预算总金额	元		40855		1608572		1567717	

附件6

梁刘互通K1+500~K2+038.871主线路基填筑土方调配费用比较表

项	目	节	工程或费用名称	单位	原施工图设计		变更设计		增减金额(+/-)		备注
					数量	金额(元)	数量	金额(元)	数量	金额(元)	
			第一部分　建筑安装工程费	公路公里	62.691	2435445	62.691	4739150		2303705	
二			路基工程	km	44.758	2435445	44.758	4739150		2303705	
	1		挖土方	m^3	1152.000	2746	1152.000	2746			
		1	挖路基土方	m^3	1152.000	2746	1152.000	2746			
	2		填方	m^3	144305.000	2432698	144305.000	4736404		2303706	
		1	路基填方	m^3	144305.000	2432698	144305.000	4736404		2303706	
			预算总金额	元		2435445		4739150		2303705	

附件7

K0+000~K6+900(土建NO.1标)路堤94区70cm填筑掺4%石灰处理设计变更费用比较表

项	目	节	工程或费用名称	单位	原施工图设计		变更设计		增减金额(+/-)		备注
					数量	金额(元)	数量	金额(元)	数量	金额(元)	
			第一部分　建筑安装工程费	公路公里			62.691	2622415	62.691	2622415	
二			路基工程	km			44.758	2622415	44.758	2622415	
	1		路堤94区处理	m^3			100218	2622415	100218	2622415	
			预算总金额	元				2622415		2622415	

附件 8

K0 +000 ~ K6 +900(土建 NO. 1 标)路床 96 区(40 ~ 80cm)填筑掺 6%石灰处理设计变更费用比较表

项	目	节	细目	工程或费用名称	单位	原施工图设计		变 更 设 计		增减金额(+/-)		备注
						数量	金额(元)	数量	金额(元)	数量	金额(元)	
				第一部分 建筑安装工程费	公路公里			62.691	2820076	62.691	2820076	
二				路基工程	km			44.758	2820076	44.758	2820076	
	1			路床处治	m^3			77821.000	2820076	77821.000	2820076	
				预算总金额	元				2820076		2820076	

附件 9

K49 +568 涵洞基底换填设计变更费用比较表

项	目	节	工程或费用名称	单位	原施工图设计		变 更 设 计		增减金额(+/-)		备注
					数量	金额(元)	数量	金额(元)	数量	金额(元)	
			第一部分 建筑安装工程费	公路公里			62.691	705671	62.691	705671	
二			路基工程	km			44.758	705671	44.758	705671	
	1		特殊路基处理	km			44.758	705671	44.758	705671	
		1	涵洞通道碎石垫层地基处理	m^3			4774.000	705671	4774.000	705671	
			预算总金额	元				705671		705671	

附件 10

K50 +620 ~ K50 +700 路基清淤换填处理设计变更费用比较表

项	目	节	工程或费用名称	单位	原施工图设计		变 更 设 计		增减金额(+/-)		备注
					数量	金额(元)	数量	金额(元)	数量	金额(元)	
			第一部分 建筑安装工程费	公路公里			62.691	1661079	62.691	1661079	
二			路基工程	km			44.758	1661079	44.758	1661079	
	1		清淤回填片石	m^3			10560.51	1661079	10560.51	1661079	
			预算总金额	元				1661079		1661079	

附件 11

K50 +626 ~ K50 +700 路基填筑材料设计变更费用比较表

项	目	节	细目	工程或费用名称	单位	原施工图设计		变更设计		增减金额(+/-)		备注
						数量	金额(元)	数量	金额(元)	数量	金额(元)	
				第一部分 建筑安装工程费	公路公里	62.691	42767460	62.691	44996881		2229421	
二				路基工程	km	44.758	42767460	44.758	44996881		2229421	
	1			挖方	m^3	1698104.000	10842639	1698104.000	11146268		303629	
		1		挖土方	m^3	1352351.000	3946025	1352351.000	3946025			
		2		挖路基石方	m^3	345753.000	6896614	345753.000	6896614			
		3		弃方运输	m^3			41056.000	303629	41056.000	303629	
	2			填方	m^3	1833701.000	31924821	1833701.000	33850613		1925792	
		1		路基填方	m^3	1833701.000	31924821	1833701.000	33850613		1925792	
				预算总金额	元		42767460		44996881		2229421	

附件 12

K46 +000 ~ K52 +500 路基强夯处理设计变更费用比较表

项	目	节	细目	工程或费用名称	单位	原施工图设计		变更设计		增减金额(+/-)		备注
						数量	金额(元)	数量	金额(元)	数量	金额(元)	
				第一部分 建筑安装工程费	公路公里	62.691	1390262	62.691	4037293		2647032	
二				路基工程	km	44.758	1390262	44.758	4037293		2647032	
	1			特殊路基处理	km	5.833	1390262	5.833	4037293		2647032	
		1		软土处理	km	0.576	1390262	0.662	4037293	0.086	2647032	
				预算总金额	元		1390262		4037293		2647032	

河南省收费还贷高速公路管理中心综合处　　2015 年 3 月 25 日印发

53. 关于洛栾高速洛阳至嵩县段洛龙收费站员工通道等工程设计变更的批复

豫高管中心工〔2015〕123 号

河南嵩阳高速公路有限公司：

你公司《关于洛栾高速洛阳至嵩县段房建工程中标单位增加收费广场路面、水井等工程设计变更的请示》(豫高司嵩阳〔2015〕53 号)收悉。根据《河南省公路工程设计变更管理办法》等有关规定，经审查，现批复如下：

一、洛龙收费站员工通道装修及出入口增加雨棚设计变更

因洛龙收费站员工通道原设计无装修，也没有出入口雨棚，通道内阴暗潮湿，雨后进出口台阶湿滑。为保证员工通行安全，改善工作条件，项目公司组织实施设计变更：增加通道地面墙面面砖装修、铝塑板吊顶和电气照明；通道出入口增加雨棚，增设截水沟等防排水设施。根据厅豫西指挥部认定的设计变更方案，经与厅定额站联审，此项设计变更增加费用 47.09 万元。

二、洛龙收费站主线收费大棚檐口及柱面装饰设计变更

因洛龙收费站主线收费大棚调整网架设计方案，网架中间主跨由 21.6m 调整为 32.4m，网架高度相应增高，需调整装饰工程量。原设计檐口暗红色围栅和 10mm 钢化玻璃立面装饰因高度增加而存在安全隐患，柱面粘贴墙面砖受车辆震动影响容易脱落。为保证装饰工程质量和运营安全，项目公司组织实施设计变更：大棚檐口设置铝方管格栅围栅和钢化夹胶玻璃幕墙，柱面装饰采用 4mm 厚 48 丝银灰色铝塑板。根据厅豫西指挥部认定的设计变更方案，经与厅定额站联审，此项设计变更增加费用 33.47 万元。

三、古城收费站等水井深度设计变更

原设计古城收费站、嵩县收费站水井深度 100m，陆浑服务区Ⅰ区、Ⅱ区水井深度 150m。为保证饮用水和消防用水的水质和出水量，项目公司根据物探定井报告，组织调整了水井深度，变更后古城收费站水井深度 340m、嵩县收费站水井深度 290m、陆浑服务区Ⅰ区水井深度 300m、陆浑服务区Ⅱ区水井深度 380m。根据厅豫西指挥部认定的设计变更方案，经与厅定额站联审，此项设计变更增加费用 83.76 万元。

以上变更费用作为项目投资控制依据，不作为对施工单位支付的标准。

附件：

1. 洛龙收费站员工通道装修及出入口增加雨棚设计变更费用比较表
2. 洛龙收费站主线收费大棚檐口及柱面装饰设计变更费用比较表
3. 古城收费站水井深度设计变更费用比较表

4. 嵩县收费站水井深度设计变更费用比较表

5. 陆浑服务区Ⅰ区、Ⅱ区水井深度设计变更费用比较表

2015年3月31日

附件 1

洛龙收费站员工通道装修及出入口增加雨棚设计变更费用比较表

序号	标段	项目名称	单位	原设计		变更设计		增减		备注
				数量	金额(元)	数量	金额(元)	数量	金额(元)	
		挖基础土方	m^3	0.00		15.55		15.55		
		土(石)方回填	m^3	0.00		13.18		13.28		
		带形基础	m^3	0.00		2.27		2.27		
		空心板	m^3	0.00		0.79		0.79		
		现浇混凝土钢筋(及砌体加固钢筋)	t	0.00		0.16		0.16		
		预埋铁件	t	0.00		0.27		0.27		
		钢管柱	t	0.00		1.33		1.33		
		钢檩条	t	0.00		0.47		0.47		
		屋面卷材防水 4mm 厚 SBS	m^2	0.00		12.96		12.96		
		屋面刚性防水 100 厚细石混凝土	m^2	0.00		12.96		12.96		
		钢筋混凝土构件拆除	m^3	0.00		0.27		0.27		
		石材楼地面	m^2	0.00		19.80		19.80		
1	LSFJ-NO. 1-040	金属扶手带栏杆、栏板、不锈钢栏杆	m	0.00	0.00	131.22	470861.27	131.22	470861.27	
		石材零星项目	m^2	0.00		23.96		23.96		
		全玻璃幕墙	m^2	0.00		99.42		99.42		
		石材踢脚线黑金沙石材	m^2	0.00		26.04		26.04		
		全玻璃自由门(无扇框)地弹簧不锈钢拉手通长双钢化 6+1.14+6 夹胶玻璃	m^2	0.00		4.00		4.00		
		石材楼梯面层　机刨石花岗岩	m^2	0.00		63.73		63.73		
		带骨架幕墙　干挂抛光砖	m^2	0.00		448.13		448.13		
		带骨架幕墙	m^2	0.00		10.04		10.04		
		天棚吊顶	m^2	0.00		272.70		272.70		
		块料楼地面	m^2	0.00		261.90		261.90		
		抹灰面油漆	m^2	0.00		304.64		304.64		
		排污泵				1.00		1.00		

续上表

序号	标段	项目名称	单位	原设计		变更设计		增减		备注
				数量	金额(元)	数量	金额(元)	数量	金额(元)	
1	LSFJ-NO.1-40	配电箱	0.00			1.00		1.00		
		声光控开关	个	0.00		38.00		38.00		
		插座安装15A(3孔)	个	0.00		1.00		1.00		
		密闭三相插座	个	0.00		8.00		8.00		
		电气配管SC20	m	0.00		300.00		300.00		
		电气配线BV-4	m	0.00		360.00		360.00		
		电气配线BV-2.5	m	0.00		900.00		900.00		
		装饰灯 格栅灯	套	0.00		30.00		30.00		
		疏散指示灯	套	0.00		8.00		8.00		
		自带电源事故照明灯	套	0.00		8.00		8.00		
		装饰灯 楼梯出入口壁灯	套	0.00		7.00		7.00		
		安全出口灯	套	0.00		8.00		8.00		

附件2

洛龙收费站主线收费大棚檐口及柱面装饰设计变更费用比较表

序号	变更号	项目	单位	原施工图设计		变更施工图设计		增减(±)	
				数量	预算费用(元)	数量	预算费用(元)	数量	预算费用(元)
1	LSFJBG-NO.1-014	挖基础土方	m^3			389.72	7654.1	389.72	7654.10
		土方回填	m^3			389.72	4961.14	389.72	4961.14
		块料柱面	m^2	352.8	78903.72	0	0	-352.8	-78903.72
		暗红色围栅	m^2	510.72	53962.68	0	0	-510.72	-53962.68
		玻璃立面装饰	m^2	134.82	48408.47	0	0	-134.82	-48408.47
		银灰色压型板	m^2			-65.88	-5180.8	-65.88	-5180.80
		米黄色压型板	m^2			217.15	17076.68	217.15	17076.68
		波纹压型钢板屋面天沟	m^2			338.25	15278.75	338.25	15278.75
		屋面排水管	m			227.1	10310.34	227.1	10310.34
		镀锌钢管排水管	m			138.6	9180.86	138.6	9180.86
		4mm厚银灰色铝塑板	m^2			586.8	243791.93	586.8	243791.93
		钢化夹胶玻璃幕墙	m^2			195.2	141039.81	195.2	141039.81
		铝方管格栅围栅	m^2			237.9	25136.51	237.9	25136.51
		金属字(普通)	个			2	2481.92	2	2481.92
		成品镀金牡丹花	个			12	14400	12	14400.00
		措施费、规费、税金			6186.91		36057.42		29870.51
					187461.78		522188.66		334726.88

附件 3

古城收费站水井深度设计变更费用比较表

项	目	节	细目	工程或费用名称	单位	原施工图设计			变 更 设 计			增减		备注
						数量	单价（元）	预算金额（元）	数量	单价（元）	预算金额（元）	数量	预算金额（元）	
				供水井										
				古城收费站水井	m	100	1034.13	103413	340	1034.13	351604	240	248191	

附件 4

嵩县收费站水井深度设计变更费用比较表

项	目	节	细目	工程或费用名称	单位	原施工图设计			变 更 设 计			增减		备注
						数量	单价（元）	预算金额（元）	数量	单价（元）	预算金额（元）	数量	预算金额（元）	
				供水井										
				嵩县收费站水井	m	100	1034.13	103413	290	1034.13	299898	190	196485	

附件 5

陆浑服务区Ⅰ区、Ⅱ区水井深度设计变更费用比较表

项	目	节	细目	工程或费用名称	单位	原施工图设计			变 更 设 计			增减		备注
						数量	单价（元）	预算金额（元）	数量	单价（元）	预算金额（元）	数量	预算金额（元）	
				供水井										
				陆浑服务区水井一区	m	150	1034.13	155120	300	1034.13	310239	150	155120	
				陆浑服务区水井二区	m	150	1034.13	155120	380	1034.13	392969	230	237850	
				合计				310239			703208		392969	

河南省收费还贷高速公路管理中心综合处　　2015 年 3 月 31 日印发

54. 关于洛栾高速洛阳至嵩县段洛龙收费站场区增加毛石挡土墙等设计变更的批复

豫高管中心工〔2015〕124 号

河南嵩阳高速公路有限公司:

你公司《关于洛栾高速洛阳至嵩县段房建工程中标单位增加防排工程及土方处理等设计变更的请示》(豫高司嵩阳〔2015〕52 号)收悉。根据《河南省公路工程设计变更管理办法》等有关规定,经审查,现批复如下:

一、洛龙收费站场区增加毛石挡土墙、管涵及出水口设计变更

洛龙收费站场区南侧及东侧设计地面高程比原地面高 3 ~ 7m。为保障场区填方稳定,项目公司结合现场实际情况,组织采取了以下措施:在南侧围墙下、东侧围墙下增加毛石挡土墙 134.65m,在挡土墙跨边沟处增加 ϕ1500mm 钢筋混凝土圆管涵一座和出水口一处。根据厅豫西指挥部认定的设计变更方案,经与厅定额站联审,此项设计变更增加费用 36.03 万元。

二、洛龙收费站收费广场增加排水边沟设计变更

洛龙收费站收费广场原设计没有排水边沟,雨季场区积水严重,导致路面下沉,影响收费大棚安全。为消除安全隐患,项目公司组织增加了 85.5 延米矩形混凝土边沟、38 延米 ϕ1000mm 混凝土圆管边沟、324 延米 ϕ1500mm 混凝土圆管边沟、16 座检查井等排水设施。根据厅豫西指挥部认定的设计变更方案,经与厅定额站联审,此项设计变更增加费用 53.41 万元。

三、嵩县收费站收费广场及场区增加毛石护坡设计变更

嵩县收费站收费广场及场区为高填方,但未设计护坡,高速公路路基建成后该处积水较多,主线路基与收费站场区围墙存在安全隐患。为保证路基与场区围墙安全,项目公司组织在主线路基与收费站场区围墙之间增设了 40cm 厚毛石护坡。根据厅豫西指挥部认定的设计变更方案,经与厅定额站联审,此项设计变更增加费用 32.13 万元。

四、洛龙收费站站房基础处理设计变更

洛龙收费站综合楼 11 ~ 16 轴线基槽开挖后发现地基存在膨胀土层。为保证综合楼工程质量,项目公司组织对地基进行开挖换填处理,换填 3:7 灰土 1285m^3、换填素土 4274m^3。根据厅豫西指挥部认定的设计变更方案,经与厅定额站联审,此项设计变更增加费用 26.92 万元。

五、嵩县收费站场区增加土方回填设计变更

嵩县收费站原施工图设计占地面积为 10.39 亩(66 × 105m),根据嵩县国土局提供的坐标计算占地面积为 14.1 亩(79m × 119m),项目按照嵩县国土局提供的收费站用地范围进行建设。因收费站场区面积增大,现场施工较原设计增加回填土方 24799m^3。根据厅豫西指挥部认定的设计变更方案,经与厅定额站联审,此项设计变更增加费用 65.69 万元。

六、陆浑服务区Ⅱ、Ⅲ区水泥稳定碎石基层设计变更

陆浑服务区Ⅱ、Ⅲ区加油站场区地面原设计基层为 18cm 水泥稳定碎石 + 20cm 水泥稳定碎石。因场地狭小，无法使用压路机、摊铺机等大型机械施工作业。根据工程实际情况，项目公司组织实施设计变更，Ⅱ、Ⅲ区加油站场区地面基层采用 C10 混凝土填筑。根据厅豫西指挥部认定的设计变更方案，经与厅定额站联审，此项设计变更增加费用 95.85 万元。

七、陆浑服务区Ⅰ区地基处理设计变更

陆浑服务区Ⅰ区场地路基原设计为Ⅰ级微膨胀湿陷性黄土地基，房建施工检测发现，路床顶以下 0～80cm 范围压实度不足，不能满足规范要求。为保证工程质量，项目公司组织对路床 0～80cm 范围内 18152m^3 回填土开挖晾晒后重新碾压回填。根据厅豫西指挥部认定的设计变更方案，经与厅定额站联审，此项设计变更增加费用 13.99 万元。

八、洛龙收费站水井深度设计变更

原设计洛龙收费站水井深度为 100m。为保证水质和出水量，项目公司根据物探定井报告，组织调整了水井深度，变更后水井深度为 350m。根据厅豫西指挥部认定的设计变更方案，经与厅定额站联审，此项设计变更增加费用 25.85 万元。

以上变更费用作为项目投资控制依据，不作为对施工单位支付的标准。

附件：

1. 洛龙收费站场区增加挡土墙、管涵及出水口设计变更
2. 洛龙收费站收费广场增加排水边沟设计变更
3. 嵩县收费站收费广场及场区增加毛石护坡设计变更费用比较表
4. 洛龙收费站站房基础处理设计变更费用比较表
5. 嵩县收费站场区增加土方回填设计变更费用比较表
6. 陆浑服务区Ⅱ区水泥稳定碎石基层变更为 C10 混凝土垫层设计变更费用比较表
7. 陆浑服务区Ⅲ区水泥稳定碎石基层变更为 C10 混凝土垫层设计变更费用比较表
8. 陆浑服务区Ⅰ区场地地基处理设计变更费用比较表
9. 洛龙收费站水井深度设计变更费用比较表

2015 年 3 月 31 日

附件 1

洛龙收费站场区增加挡土墙、管涵及出水口设计变更

序号	变更号	项目	单位	原施工图设计		变更施工图设计		增减(±)	
				数量	预算金额（元）	数量	预算金额（元）	数量	预算金额（元）
1	LSFJBG-NO.1-020	石挡土墙 7m	m			9.6	44503.01	9.6	44503.01
		石挡土墙 3m	m			75.5	100200.58	75.5	100200.58
		石挡土墙 5m	m			49.55	148256.57	49.55	148256.57
		山水口	处			1	21538.82	1	21538.82
		圆管涵 ϕ1500	m			2	4783.16	2	4783.16
		措施费、规费、税金					41050.51		41050.51
		合计					360332.65		360332.65

附件 2

洛龙收费站收费广场增加排水边沟设计变更

序号	变更号	项目	单位	原施工图设计		变更施工图设计		增减(±)	
				数量	预算金额（元）	数量	预算金额（元）	数量	预算金额（元）
1	LSFJBG-NO.1-044	挖土方	m^3			117.3	1474.46	117.3	1474.46
		挖沟槽土方	m^3			7565.67	32608.04	7565.67	32608.04
		土方回填	m^3			6749.43	85920.24	6749.43	85920.24
		矩型检查井 2000×2000×3000	座			13	54915.77	13	54915.77
		混凝土矩形边沟	m			85.5	51186.29	85.5	51186.29
		100 厚混凝土路面	m^3			23.46	13532.9	23.46	13532.9
		三七灰土路基	m^3			70.38	9685.7	70.38	9685.7
		ϕ1.0m 圆管边沟	m			12	6958.68	12	6958.68
		ϕ1.5m 圆管边沟	m			324	187884.36	324	187884.36
		石护坡	m^3			9.8	2577.11	9.8	2577.11
		出水口	处			1	21538.82	1	21538.82
		排水沟截水沟	m			9	4744.26	9	4744.26
		拆除砖石结构	m^3			9.8	756.17	9.8	756.17
		拆除管道	m			12	810.12	12	810.12
		措施费、规费、税金					59497.94		59497.94
		合计					534090.86		534090.86

附件 3

嵩县收费站收费广场及场区增加毛石护坡设计变更费用比较表

序号	变更号	项　　目	单位	原施工图设计		变更施工图设计		增减(±)	
				数量	预算金额（元）	数量	预算金额（元）	数量	预算金额（元）
1	LSFJBG-NO.4-027	毛石护坡	m^3			888.77	321258.05	888.77	321258.05
		合计				888.77	321258.05	888.77	321258.05

附件 4

洛龙收费站站房基础处理设计变更费用比较表

序号	变更号	项　　目	单位	原施工图设计		变更施工图设计		增减(±)	
				数量	预算金额（元）	数量	预算金额（元）	数量	预算金额（元）
1	LSFJBG-NO.1-023	挖土方	m^3	1197.25		5516.94	70451.32	4319.69	23752.49
		土方回填 3:7 灰土	m^3		46698.83	1284.72	154294.87	1284.72	154294.87
		土方回填	m^3	666.90		4273.88	54406.49	3606.98	54406.49
		措施费、规费、税金					36716.91		36716.91
		合计			46698.83		315869.59		269170.76

附件 5

嵩县收费站场区增加土方回填设计变更费用比较表

序号	变更号	项目	单位	原　设　计		变 更 设 计			增减(±)	
				工程量	预算费用（元）	工程量	变更后采用合同清单单价	预算费用（元）	工程量	预算费用（元）
1	LSF-JNO.4-BG-026	场区上方回填	m^3	0.00						
		综合楼基础回填	m^3	0.00						
		综合机房、水池基础回填	m^3	0.00	0.00	24799.74	26.49	656945.11	24799.74	656945.11
		门卫房基础回填	m^3	0.00						
		合计		0.00	0.00	24799.74		656945.11		656945.11

附件 6

陆浑服务区Ⅱ区水泥稳定碎石基层变更为 C10 混凝土垫层设计变更费用比较表

序号	变更号	项　　目	单位	原施工图设计		变更施工图设计		增减(±)	
				数量	预算金额（元）	数量	预算金额（元）	数量	预算金额（元）
1	LSFJBG-NO.5-033	水泥稳定碎石基层	m^2	5157	406923.04			-5157	-406923.04
		C10 混凝土基层	m^2		6864.13	1032755.99	6864.13	1032755.99	
		合计			406923.04		1032755.99		625832.95

附件 7

陆浑服务区Ⅲ区水泥稳定碎石基层变更为 C10 混凝土垫层设计变更费用比较表

序号	变更号	项　目	单位	原施工图设计		变更施工图设计		增减(±)	
				数量	预算金额(元)	数量	预算金额(元)	数量	预算金额(元)
1	LSFJBG-NO.5-037	水泥稳定碎石基层	m^2	4135	326280.17			-4135	-326280.17
		C10 混凝土基层	m^2			4379.8	658971.31	4379.8	658971.31
		合计			326280.17		658971.31		332691.14

附件 8

陆浑服务区Ⅰ区场地地基处理设计变更费用比较表

序号	变更号	项目	单位	原施工图预算		变更施工图预算		增减(±)		备注
				工程量	预算费用(元)	工程量	预算费用(元)	工程量	预算费用(元)	
1	LSFJ.5-BG-044	挖土方	m^3	0.00	0.00	18152.34	70068.03		70068.03	
		土方回填	m^3	0.00	0.00	18152.34	53186.36		53186.36	
		措施费、规费、税金			0.00		16611.13		16611.13	
		服务区Ⅰ区路基处理		0.00	0.00	18152.34	139865.52		139865.52	新增

附件 9

洛龙收费站水井深度设计变更费用比较表

项	目	节	细目	工程或费用名称	单位	原施工图设计			变更设计			增　减		备注
						数量	单价(元)	预算金额(元)	数量	单价(元)	预算金额(元)	数量	预算金额(元)	
				供水井										
				主线收费站水井	m	100.00	1034.13	103413.00	350.00	1034.13	361945.50	250.00	258532.50	

河南省收费还贷高速公路管理中心综合处　　2015 年 3 月 23 日印发

55. 关于洛栾高速公路洛阳至嵩县段地质灾害及完善设计工程设计变更的批复

豫交文〔2015〕579 号

河南省收费还贷高速公路管理中心：

你中心《关于洛栾高速公路洛阳至嵩县段、嵩县至栾川段地质灾害及完善设计工程设计变更的请示》(豫高管中心〔2015〕283 号)收悉。根据《公路工程设计变更管理办法》等有关规定，经审查，现批复如下：

一、设计变更方案

为保证高速公路及行车安全，同意洛栾高速公路洛阳至嵩县段实施以下设计变更：

(一)地质灾害

1. F1K41 +389 ~ F1K41 +500、F1K43 +065 ~ F1K43 +169 段路堑顶设置截水沟，K46 +177 ~ K46 +230 段、陆浑服务区边坡增设截水沟、急流槽等排水设施。

2. K1 +960 ~ K1 +990、K2 +950 ~ K3 +065、K3 +010 ~ K3 +060、K25 +400 ~ K25 +440、K34 +830 ~ K34 +870、K34 +980 ~ K35 +000、K38 +750 ~ K38 +774、K39 +200 ~ K39 +220 等 17 处沉降开裂路段采用大直径钻孔注水泥一水玻璃双液浆处理，铣刨破损裂缝层面再重新铺筑沥青混凝土。对 K2 +188.871. K14 +980、K51 +800、CK0 +180、K2 +188.871、K19 +800、K38 +600、K51 +800、K39 +020 等 11 个沉陷位置进行铣刨、重新铺设沥青混凝土面层。

3. 对 K0 +445 ~ K0 +892、K0 +909 ~ K1 +285. K1 +315 ~ K1 +383、K8 +338 ~ K8 +809、K9 +842 ~ K10 +537、K14 +443 ~ K14 +600 等 74 个漏水严重的超高段，拆除原缝隙式排水槽，改建为现浇钢筋混凝土矩形排水槽，并设置预制混凝土盖板。

4. 对 K21 +700、K28 +990、K29 +640 等 3 座天桥滑塌边坡采取护面墙全防护。

5. K11 +280 ~ K11 +330、K19 +200 ~ K19 +240、K40 +244 ~ K40 +264、K40 +300 ~ K40 +450、K46 +010 ~ K46 +090、K48 +125 ~ K48 +145、K54 +525 ~ K54 +755、K55 +389 ~ K55 +419 等 44 段破碎边坡采取植草灌或植草灌加骨架防护。对 F1K41 +389 ~ F1K41 +500、F1K43 +065 ~ F1K43 +169、K46 +177 ~ K46 +230、陆浑服务区 C 匝道右幅、K57 +100 ~ K57 +443 等 10 处破碎边坡采取护面墙防护。对 K41 +139、K40 +000、K40 +770、K41 +459、K41 +800、K44 +550、K44 +700、K48 +005 等 9 处边坡采用浆砌片石护脚挡土墙防护。K31 +625 ~ K31 +645 段路基右侧边坡采用浆砌片石全防护。陆浑服务区场区挖方边坡采用增加挡墙和骨架防护。

6. K55 +305 ~ K55 +345 段重新夯实桩板墙台后土体，拆除原圬工防护并重新采用 20cm 厚 C20 混凝土、防渗土工布铺砌，完善排水设施，桩板墙以上边坡采用钢花管菱形框架防护。

7. 姜公庙隧道洞口仰坡坡面采用菱形骨架和喷播植草灌防护并完善排水设施。

8. K40 +150 ~ K40 +260 段左侧失稳路堑边坡，对一级边坡全部采用浆砌片石全防护，在渗水严重位置设置碎石盲沟；二级边坡坍塌土体进行卸载、平整、夯实后回填 50cm 厚砂砾，并铺设两布一膜土工布；在原抗滑桩之间布设现浇钢筋混凝土挡土板，挡土板锚孔采用 M30 水泥砂浆注满封闭。

9. 局部更换 36 芯光缆 31924 米、24 芯光缆 2706 米，重新熔接光缆 32 处。

（二）完善设计工程

1. 主体工程

（1）在 K26 + 919、K28 + 295、K32 + 124、K33 + 104、K41 + 018、AK0 + 666 等 6 处增设排水沟或边沟，在 K4 + 450、K6 + 012、K7 + 618、K8 + 785、K10 + 825、K13 + 620、K15 + 950、K42 + 229 等 21 处增设或延长急流槽，在 K21 + 700、K21 + 700、K28 + 990、K28 + 990、K29 + 640、K29 + 640 等 6 处增设平台排水沟及路堑跌水槽，在 K2 + 300、K2 + 950、K23 + 895、K23 + 997、K24 + 140、K24 + 486、K31 + 046、K32 + 200、杜沟大桥 7#台、张堂大桥 0#台等位置增加边沟涵。

（2）调整 K39 + 145 附近合成纵坡较小路段路面排水坡度，铣刨路面后铺筑细粒式改性沥青混凝土。

（3）K56 + 705 草寺沟大桥增加防抛网。

（4）K25 + 825 天桥锥坡进行 M7.5 砂浆砌片石防护。

（5）姜公庙隧道洞口增设洞顶截水沟，并接引排水管。

2. 机电工程

（1）K5 + 500 上行、K6 + 000 上行、K8 + 820 下行、K40 + 100 上行、K59 + 300 下行、K42 + 410 上行、K42 + 660 下行等安全隐患路段增设监控摄像机。

（2）姜公庙隧道设置 LED 诱导灯。

（3）洛龙主线收费站、伊川西收费站、嵩县聚集区收费站增设外场、楼宇监控摄像机及相关线缆、设备。

（4）陆浑服务区升级改造变压器等配电设施。

（5）玉皇庙隧道增设消防水井。

3. 房建工程

（1）伊川西收费站增设生活用水水井。

（2）陆浑服务区增加雨水、中水收集系统，并增设宿舍楼。

二、设计变更预算

按照交通部《公路工程基本建设项目概算预算编制办法》（JTG B06—2007）及有关规范、文件规定，核定地质灾害工程设计变更方案增加费用为 3847.9 万元，完善设计工程设计变更方案增加费用为 2981.6 万元（含陆浑服务区新增宿舍楼估算费用 2361.2 万元）。

附件：设计变更增加费用表

2015年10月26日

附件

设计变更增加费用表

建设项目名称:洛栾高速洛阳至嵩县段主体工程地质灾害设计变更

项	目	节	细目	工程或费用名称	单位	数量	预算金额(元)
				第一部分 建筑安装工程费	公路公里	62.691	30677675
一				浆砌片石截水沟	m^3	202.1	132983
	1			浆砌片石截水沟(地质灾害)	m^3	202.1	132983
二				截水沟急流槽(浆砌)	m^3	152.94	70892
	1			截水沟急流槽(浆砌)(地质灾害)	m^3	152.94	70892
三				路面新增工程——路基注浆	m^3	7154	7521620
	1			路基注浆	m^3	7154	7521620
四				路面新增工程——纵向裂缝	m^2	1474.4	618197
	1			纵向裂缝处理工程(下行)	m^2	1474.4	618197
五				路面沉降修复工程	m^2	4583.3	2133900
	1			路面沉降修复工程	m^2	4583.3	2011475
	2			交通标线	m^2	1660.2	122425
六				超高段路面排水	m	19629	4638084
七				天桥下路堑边坡防护	m^3	686.9	339249
	1			天桥下路堑边坡防护	m^3	686.9	339249
八				土质路堑边坡防护	m^3	3949.3	2421746
	1			土质路堑边坡防护	m^3	3949.3	2421746
九				护面墙	m^3	9421.1	5577045
	1			护面墙	m^3	9421.1	5577045
十				挡土墙	m^3	7926.6	4451786
	1			挡土墙	m^3	7926.6	4451786
十一				路堤边坡浆砌片石全防护	m^3	93	43744
	1			浆砌片石全防护	m^3	93	43744
十二				K55+305~K55+345 边坡治理	m^3	213.88	501787
	1			K55+305~K55+345 边坡治理	m^3	213.88	501787
十三				洞口边仰坡新增工程	m^3	119.86	153317
	1			姜公庙隧道洛阳端	m^3	23.17	130438
	2			姜公庙隧道嵩县端	m^2	760	22879

续上表

项	目	节	细目	工程或费用名称	单位	数量	预算金额(元)
十四				K40 + 150 ~ K40 + 260 段左侧路堑边坡水毁治理	m^3	2676.49	1761739
	1			K40 + 150 ~ K40 + 260 段左侧路堑边坡水毁治理	m^3	2910.53	1761739
		1		挡土板	m^3	277.2	432471
		2		锚杆	kg	6807.5	173413
		3		挂板基座	m^3	44	17497
		4		碎石盲沟	m^3	18	46962
		5		边坡平台	m^3	275.2	166452
		6		平台排水沟跌水	m^3	113.27	68752
		7		支撑渗沟修复	m^3	191.8	70934
		8		浆砌片石全防护	m^3	1294.43	709794
		9		卸载土方	m^3	3960	75465
十五				临时施工场地	亩	5	74737
十六				垂直运输费	项	1	121827
十七				机械通行费	项	1	115021
				第三部分　工程建设其他费用	公路公里	62.691	2164783
一				土地征用及拆迁补偿费	公路公里	62.691	20000
	1			临时施工占地	亩	5	20000
二				建设项目管理费	公路公里	62.691	644231
	1			工程监理费	公路公里	62.691	613553
	2			设计文件审查费	公路公里	62.691	30678
四				建设项目前期工作费	公路公里	62.691	1165752
十一				建设期贷款利息	公路公里	62.691	334800
				第一年货款利息	元		334800
				第一、二、三部分费用合计	公路公里	62.691	32842458
				预备费	元		975230
二				基本预备费	元		975230
				保通费	项	1	1189000
				预算总金额	元		35006688
				其中:回收金额	元		
				公路基本造价	公路公里	62.691	35006688

设计变更增加费用表

建设项目名称:洛栾高速洛阳至嵩县段机电工程地质灾害设计变更

项	目	节	细目	工程或费用名称	单位	数量	预算金额(元)
				第一部分　建筑安装工程费	公路公里	62.691	716341
七				公路设施及预埋管线工程	公路公里	62.691	716341
	1			管理、养护设施	公路公里	62.691	716341
		1		通信系统设施	公路公里	62.691	716341
			1	洛嵩段光电缆工程	km	62.118	716341
				第三部分　工程建设其他费用	公路公里	62.691	61896
二				建设项目管理费	公路公里	62.691	15043
	1			工程监理费	公路公里	62.691	14327
	2			设计文件审查费	公路公里	62.691	716
八				联合试运转费	公路公里	62.691	358
九				勘察设计费	公路公里	62.691	27221
十				光缆检测标定	公路公里	66.538	11610
二				建设期贷款利息	公路公里	62.691	7664
				第一、二、三部分费用合计	公路公里	62.691	778237
				预备费	公路公里	62.691	23117
二				2.基本预备费	公路公里	62.691	23117
				保通费	项	1	45000
				预算总金额	公路公里	62.691	846355
				其中:回收金额	公路公里	62.691	
				公路基本造价	公路公里	62.691	846355

设计变更增加费用表

建设项目名称:洛栾高速洛阳至嵩县段房建工程地质灾害设计变更

项	目	节	细目	工程或费用名称	单位	数量	预算金额(元)
				第一部分　建筑安装工程费	公路公里	62.691	2384740
九				管理、养护及服务房屋	公路公里	63.691	2384740
	1			陆浑服务区防护与加固工程	处	2	2384740
		1		1区防护(挡土墙)	处	1	1088848
		2		2区防护(挡土墙)	处	1	1295892
				第三部分　工程建设其他费用	公路公里	63.691	165818
二				建设项目管理费	公路公里	63.691	50080
	1			工程监理费	公路公里	63.691	47695
	2			设计文件审查费	公路公里	63.691	2385
四				建设项目前期工作费	公路公里	63.691	90620
十一				建设期贷款利息	公路公里	63.691	25118
				第一、二、三部分费用合计	公路公里	63.691	2550558
				预备费	元		75763
二				2.基本预备费	元		75763
				预算总金额	元		2626321
				其中:回收金额	元		
				公路基本造价	公路公里	63.691	2626321

设计变更增加费用表

建设项目名称:洛栾高速洛阳至嵩县段主体工程完善设计变更

项	目	节	细目	工程或费用名称	单位	数量	预算金额(元)
				第一部分　建筑安装工程费	公路公里	62.691	2023732
一				路基边沟	m^3	215.5	147012
	1			边沟工程	m^3	215.5	147012
二				边沟、截水沟急流槽(浆砌)	m^3	2542.5	1191147
	1			急流槽	m^3	2542.5	1191147
三				平台排水沟及跌水	m^3	135.96	67045
	1			平台排水沟及跌水	m^3	135.96	67045
四				圆管涵 1-ϕ0.75	m	150	173675
	1			圆管涵 1-ϕ0.75	m	150	173675
五				路面新增工程—合成纵坡积水	m^2	824	191022
	1			合成纵坡积水	m^2	824	191022
六				防抛网	m^2	240	32769
七				锥坡	m^3	93.2	61087
	1			锥坡	m^3	93.2	61087
八				洞口截排水沟系统新增工程	m^3	81	106877
	1			姜公庙隧道洛阳端	m^3	81	106877
十一				临时施工场地	亩	2	29895
十二				垂直运输费	项	1	17341
十三				机械通行费	项	1	5864
				第三部分　工程建设其他费用	公路公里	62.691	219789
一				土地征用及拆迁补偿费	公路公里	62.691	77454
	1			临时施工占地	亩	2	8000
	2			边沟新增征地	亩	1.43	69454
二				建设项目管理费	公路公里	62.691	42498
	1			工程监理费	公路公里	62.691	40475
	2			设计文件审查费	公路公里	62.691	2024
三				建设项目前期工作费	公路公里	62.691	76902
四				建设期贷款利息	公路公里	62.691	22936
	1			第一年贷款利息	元		22936
				第一、二、三部分费用合计	公路公里	62.691	2243522
				预备费	元		66618

设计变更增加费用表

建设项目名称:洛栾高速洛阳至嵩县段主体工程完善设计变更

项	目	节	细目	工程或费用名称	单位	数量	预算金额(元)
一				2.基本预备费	元		6661
				保通费	项	1	8800
				预算总金额	元		239813
				其中:回收金额	元		
				公路基本造价	公路公里	62.691	239813

设计变更增加费用表

建设项目名称：洛栾高速洛阳至嵩县段机电工程完善设计变更

项	目	节	细目	工程或费用名称	单位	数量	预算金额(元)
				第一部分　建筑安装工程费	公路公里	62.691	719856
六				隧道工程	座	1	490464
	1			隧道设施	座	1	490464
		1		隧道消防设施	座	1	490464
七				公路设施及预埋管线工程	公路公里	62.691	229393
	1			管理、养护设施	公路公里	62.691	229393
		1		收费系统设施	公路公里	62.691	40957
			1	收费站安防设施完善	项	1	40957
		2		监控系统设施	公路公里	62.691	162734
			1	外场路段和姜公庙隧道增加摄像机	公路公里	62.691	120889
			2	姜公庙隧道增加 LED 诱导灯	项	1	41845
		3		供电系统设施	公路公里	62.691	25702
			1	服务区改造	项	1	25702
				第二部分　设备及工具、器具购置费	公路公里	62.691	1070890
一				设备购置费	公路公里	62.691	1070890
	1			需安装的设备	公路公里	62.691	1070890
		1		收费系统设备	公路公里	62.691	31200
		2		监控系统设备	公路公里	62.691	540500
			1	外场路段和姜公庙隧道增加摄像机	公路公里	62.691	532500
			2	姜公庙隧道增加 LED 诱导灯	项	1	8000
		3		供配电系统设备	公路公里	62.691	490000
			1	服务区改造设备	项	1	490000
		4		隧道消防系统设备	公路公里	62.691	9190
				第三部分　工程建设其他费用	公路公里	62.691	102167
二				建设项目管理费	公路公里	62.691	15117
	1			工程监理费	公路公里	62.691	14397
	2			设计文件审查费	公路公里	62.691	720
八				联合试运转费	公路公里	62.691	360
九				勘察设计费	公路公里	62.691	68048
十				建设期贷款利息	公路公里	62.691	18641
				第一、二、三部分费用合计	公路公里	62.691	1892913
				预备费	公路公里	62.691	56787
二				2. 基本预备费	公路公里	62.691	56787
				保通费	项	1	17907
				预算总金额	公路公里	62.691	1967608
				其中：回收金额	公路公里		
				公路基本造价	公路公里	62.691	1967608

设计变更增加费用表

建设项目名称:洛栾高速洛阳至嵩县段房建工程完善设计变更

项	目	节	细目	工程或费用名称	单位	数量	预算金额(元)
				第一部分 建筑安装工程费	公路公里	62.691	1669700
九				管理、养护及服务房屋	公路公里	62.691	1669700
	1			陆浑服务区雨水调蓄池边坡及水坝	处	1	1159700
	2			伊西收费站新增打井工程	m	340	510000
				第三部分 工程建设其他费用	公路公里	62.691	116099
二				建设项目管理费	公路公里	62.691	35064
	1			工程监理费	公路公里	62.691	33394
	2			设计文件审查费	公路公里	62.691	1670
四				建设项目前期工作费	公路公里	62.691	63449
十一				建设期贷款利息	公路公里	62.691	17587
				第一、二、三部分费用合计	公路公里	62.691	1785799
				预备费	元		53046
二				2. 基本预备费	元		53046
				预算总金额	元		1838845
				其中:回收金额	元		
				公路基本造价	公路公里	62.691	1838845

设计变更增加费用表

建设项目名称:洛栾高速洛阳至嵩县段陆浑服务区新增宿舍楼完善设计变更估算

项	目	节	细目	工程或费用名称	单位	数量	预算金额(元)
				第一部分　建筑安装工程费	公路公里	62.691	20971328
九				管理、养护及服务房屋	m^2	5426.9	20971328
	1			宿舍楼	m^2	5426.9	17366080
	2			室外工程	项	1	3605248
		1		道路及停车场面积	m^2	4747.15	1044373
		2		路缘石	m	363.54	21812
		3		围墙	m	225.3	157710
		4		6m 高挡土墙	m	50	370000
		5		3m 高挡土墙	m	328	918400
		6		绿地面积	m^2	10892	762440
		7		填方量	m^3	18141.54	326548
		8		挖方量	m^3	305	3965
				第二部分　设备及工具、器具购置费	公路公里	62.691	496000
一				设备购置费	公路公里	62.691	496000
	1			壁挂式空调	台	64	256000
	2			立柜式空调	台	30	240000
				第三部分　工程建设其他费用	公路公里	62.691	1463127
二				建设项目管理费	公路公里	62.691	440398
	1			工程监理费	公路公里	62.691	419427
	2			设计文件审查费	公路公里	62.691	20971
四				建设项目前期工作费	公路公里	62.691	796910
十一				建设期贷款利息	公路公里	62.691	225819
				第一、二、三部分费用合计	公路公里	62.691	22930455
				预备费	元		681139
二				2. 基本预备费	元		681139
				预算总金额	元		23611594
				其中:回收金额	元		
				公路基本造价	公路公里	62.691	23611594

第二部分

质量鉴定

1. 洛栾高速公路洛阳至嵩县段质量监督工作报告

河南省交通基本建设质量检测监督站

2016 年 6 月

一、质量监督概况

根据《公路工程质量监督规定》、《公路工程竣(交)工验收办法》和《河南省交通基本建设工程质量监督管理实施细则》的规定,该项目质量监督工作由河南省交通基本建设质量检测监督站负责。

二、质量保证体系监督检查

(一)建设单位质量管理

建设单位建立了质量管理体系,能够按照制定的质量管理目标、质量保证措施和质量奖惩办法进行管理,并聘请第三方有资质的试验检测单位加强工程质量检测,为业主的决策提供准确、可靠的数据。对监督组在监督过程中提出的问题及时落实并整改。

(二)施工单位自检体系

施工单位能够按照合同的要求配备了工程施工所需要的机械设备、测量仪器、试验仪器和质量管理的人员;工地临时试验室均通过了省质监站的验收;能按照相关规定对试验、检测、原材料进场、使用、材料配比等进行自检。

(三)监理单位抽检体系

监理单位能够按照合同的要求配备监理人员、测量仪器和试验仪器;工地临时试验室均通过了省质监站的验收。能按照相关规定对试验、检测、原材料进场、使用、材料配比等进行抽检。

三、监理工作监督检查

开工后,省质监站对监理单位的质量保证体系、监理人员的持证上岗情况、履职尽责情况、监理人员作业行为、监理日志的填写及内业资料是否完整真实等进行了检查,并在施工过程中对个别业务素质低、责任心不强的监理人员进行清退。

四、施工过程质量监督

(一)工程实体质量

监督工作按照交通运输部《公路工程质量监督规定》、《河南省交通基本建设工程质量监督管理实施细则》和《监督计划》的内容进行监督,实时组织开展了日常巡查、专项检查及综合检查。依据设计、施工技术规范及有关合同要求,纠正了工程施工的违规行为,对不合格的工程以监督通知或监理工程师指令的形式要求施工单位进行返工处理。

(二)质量行为

河南嵩阳高速公路有限公司、监理单位制定了各项质量管理制度,采取了较为完备的保障措施加强对质量的管理和监督检查;施工单位在施工过程中基本能够按照规范及设计要求完善自检体系,积极接受政府监督部门、业主及监理单位的管理,但个别施工单位在工程施工阶段对监督检查中提出的问题整改不力。

(三)存在的问题

监督检查中发现存在结构物养生不及时、个别混凝土强度偏低、部分结构物出现非受力裂缝、桥梁台背填筑不密实、路面原材料配合比控制不严、低温天气下铺筑沥青路面等现象。

(四)对工程质量的意见

在交工及移交检测中发现工程出现以下问题:个别桥梁支座脱空、开裂;防护和排水工程总体质量控制较差、边坡垮塌;隧道二衬出现错台、裂缝、渗水;路基沉陷、路面开裂、个别桥头跳车明显;绿化工程不合格项次较多,变更量较大等问题,项目公司针对存在的各类问题,积极行动、制定了详细的计划和整改措施,截至目前,大部分项次已经整改完毕。

五、交工验收前的工程质量检测

项目交工前,省质监站组织对本项目进行了质量检测。详见《交工质量检测报告》。

六、对设计单位、监理单位、施工单位的评价

设计单位:设计资料基本齐全、服务比较及时;但设计周期较短,设计深度不足。

监理单位:抽检资料、试验数据基本齐全和真实,在对工程建设管理方面发挥了应有的作用。但个别监理人员施工控制环节把关不严,致使工程出现了部分质量缺陷及问题;在安全监管方面,部分安全监理人员责任未落实、工作不认真,隐患排查整治流于形式,造成了严重的后果,对土建3标段的较大安全事故负有责任。

施工单位:大多数施工单位能按照合同要求配备设备和人员,能够按照相关单位的要求对存在问题进行返工处理;但部分施工单位质量意识淡漠,管理手段落后,质量责任未落实,出现了部分质量缺陷和问题,且整改行动迟缓,截至目前仍未完全整改完毕;个别施工单位安全管理制度不健全、主体责任未落实、安全防护措施不到位、安全经费使用不规范,如土建3标段出现了死亡5人的较大安全责任事故。

七、对建设单位管理情况的评价

河南嵩阳高速公路有限公司机构设置齐全,人员结构合理;在项目建设和施工管理中,按照基本建设程序规定,通过工地巡查、检查评比等方法和手段对工程质量、进度、合同、安全、文明、履约情况等进行管理。但仍存在项目个别标段出现了部分质量问题、个别标段出现了安全责任事故,项目公司在综合管理方面仍有较大提升空间。

八、监督工作体会

完善齐全的管理制度和从业单位的积极配合是顺利完成监督工作的重要保证,监理人员的上岗考试、不同施工阶段试验室的资格认证、按照河南省交通运输厅要求积极开展三个关键阶段验收是工程质量控制的有效手段。

对山区高速公路项目的设计深度、施工控制管理、工期控制等方面希望能加大研究,为山区高速公路建设的工程质量提高提供宝贵经验。

河南省交通基本建设质量检测监督站

2016年6月12日

2. 洛栾高速公路洛阳至嵩县段 工程质量鉴定报告

河南省交通基本建设质量检测监督站

2017 年 1 月

一、项目概述

（一）基本情况

洛栾高速公路洛阳至嵩县段项目起于洛阳，向南经伊川，终点位于嵩县，接同期规划的洛栾高速公路嵩县至栾川段，该项目与区域内洛阳绕城高速、连霍高速、郑少洛高速、二广高速互联成网，并先后与多条省道、县道相交，全长约62.690511km，设计时速100km/h，采用双向四车道标准，项目批复概算为人民币40.7676亿元。

全线特大桥1座，大桥39座，中桥6座，分离式立交20座，隧道3座，通道39道，涵洞102道，天桥37座。沿线设服务区1处，互通式立交4处，主线收费站1处，匝道收费站3处。

本项目于2010年3月开工建设，2012年12月底通车试运营。

（二）项目组织

本项目由河南嵩阳高速公路有限公司对工程建设实行全面管理，主要参建单位情况如下：

（一）建设单位：河南嵩阳高速公路有限公司

（二）设计单位：河南省交通规划勘察设计院有限责任公司

（三）监理单位：河南省高等级公路建设监理部有限公司

河南省宏力工程咨询有限公司

河南省豫通公路工程监理事务所

（四）施工单位：列于表1。

施工单位一览表 表1

类别	合同段	施工单位名称	路线起讫桩号
土建	TJ-1标	河南省公路工程局集团有限公司	K0+000~K6+900
	TJ-2标	中铁十五局集团第七工程有限公司	K6+900~K14+600
	TJ-3标	濮阳市通达公路工程有限公司	K14+600~K23+100
	TJ-4标	山东鲁桥建设有限公司	K23+100~K33+000
	TJ-5标	中交二公局第四工程有限公司	K33+000~K40+000
	TJ-6标	中铁十五局集团第五工程有限公司	K40+000~K46+000
	TJ-7标	浙江登峰交通集团有限公司	K46+000~K52+500
	TJ-8标	中铁十五局集团第二工程有限公司	K52+500~K57+100
	TJ-9标	中铁七局集团第三工程有限公司	K57+100~K61+800
路面	LM-1标	云南路桥股份有限公司	K0+000~K23+100
	LM-2标	吉林省亿丰路桥工程有限公司	K23+100~K40+000
	LM-3标	吉林省长城路桥建工有限责任公司	K40+000~K61+800
交安	JA-1标	中交第一公路工程局有限公司	K0+000~K32+999.29
	JA-2标	广东省交通发展有限公司	K32+999.29~K61+800
	JA-3标	中交第一公路工程局有限公司	K0+000~K32+999.29
	JA-4标	科达集团股份有限公司	K32+999.29~K61+800

二、鉴定工作依据及组织情况

（一）鉴定依据

1.《公路工程竣（交）工验收办法》（交通部令2004年第3号）。

2.《公路工程竣（交）工验收办法实施细则》（交公路发〔2010〕65号）。

3.《河南省高速公路工程竣(交)工验收质量鉴定检测工作程序和标准》(豫交文〔2014〕221号)。

4.《交通运输部关于印发高速公路项目交工检测和竣工鉴定质量不符合项清单的通知》(交安监发〔2015〕171号)。

5.《公路工程质量检验评定标准》(JTG F80/1—2004)。

6.本项目设计及相关文件。

(二)鉴定工作组织情况

1.2016年3月15日至3月17日河南省交通基本建设质量检测监督站委托河南省交院工程检测加固有限公司对洛栾高速公路洛阳至嵩县段进行竣工验收质量鉴定工作。本次竣工质量鉴定工作包括工程实体检测、外观检查和内业资料审查。

2.工程实体检测项目包括路面弯沉、车辙、平整度、摩擦系数、构造深度等。

3.本次鉴定对交工验收遗留问题的处理情况及效果、试运营期工程质量缺陷处理情况进行了检查。

4.对项目施工、监理单位质量评定资料、内业资料分合同段进行了抽查。

三、复测指标、外观质量检查、内业资料审查结果

(一)复测指标

1.复测指标的确定

复测指标按照《公路工程竣(交)工验收办法实施细则》的要求确定,包括路面弯沉、车辙、平整度、路面抗滑和桥梁结构的外观检查等。

2.复测结果

复测指标结果对照表见表2。

复测指标结果对照表 表2

序号	实测指标	设计值	合同段	交工验收			竣工验收		
				检测点数(或评定单元)	合格点数	合格率(%)	检测点数(或评定单元)	合格点数	合格率(%)
1	路面弯沉	≤21.3(0.01mm)	LM-1	1384	1348	100	1412	1412	100
			LM-2	1200	1200	100	1236	1236	100
			LM-3	816	816	100	1232	1232	100
2	路面平整度	≤2.0(m/km)	LM-1	924	900	97.4	908	859	94.6
			LM-2	676	670	99.1	676	637	94.2
			LM-3	872	801	91.9	869	761	87.6
3	横向力系数	≥50	LM-1	924	921	99.7	4620	4029	87.2
			LM-2	676	671	99.3	3380	2897	85.7
			LM-3	872	870	99.8	4360	3754	86.1
4	路面车辙	≤10(mm)	LM-1	—	—	—	8752	8451	96.6
			LM-2	—	—	—	6741	6550	97.2
			LM-3	—	—	—	8694	8428	96.9
5	构造深度	≥0.55	LM-1	—	—	—	24	24	100.0
			LM-2	—	—	—	18	17	94.4
			LM-3	—	—	—	22	21	95.5

3.复测指标结果分析

洛栾高速公路洛阳至嵩县段经过试运营后,对其中竣工要求复检指标进行了复测。通过对交工和竣工两次实测结果统计、汇总、分析表明:经3年的运营,路面平整度、横向力系数的合格率有所下降,且3个路面标横向力系数SFC代表值均大于40,3个路面标车辙不合格率分别为3.4%、2.8%、3.1%,均未超过5%。横向力系数SFC代表值和车辙合格率均符合相关规定要求。

(二)外观检查情况

通过对各合同段工程外观进行检查,发现以下主要问题:

1.路基工程

1)TJ-1标主要存在以下问题:

(1)路基土石方存在边坡坡面不平顺、边坡亏坡现象,如上行K0+880、下行K4+850、上行K5+240等。

(2)排水工程存在预制件间未勾缝、排水沟内侧与沟底不平顺以及排水沟阻水现象,如上行K1+510、上行K6+315、下行K1+540等。

(3)涵洞工程存在八字墙开裂问题,如K0+77.5通道。

(4)支挡工程存在沉降缝上下不贯通、护脚矮墙坍塌现象,如上行K2+800、下行K6+640。

2)TJ-2标主要存在以下问题:

(1)路基土石方存在边坡亏坡、边坡坡面不平顺和桥头路基沉陷现象,如上行K12+820、下行K9+700、下行K13+000等。

(2)排水工程存在预制件间未勾缝、排水沟内侧与沟底不平顺以及排水沟阻水现象,如下行K9+700、下行K8+880、下行K13+350等。

(3)涵洞工程存在台身裂缝、拱圈裂缝,如K8+165涵洞。

3)TJ-3标主要存在以下问题:

(1)路基土石方存在边坡亏坡、边坡坡面不平顺现象,如上行K20+500、上行K22+700、下行K15+950等。

(2)排水工程存在排水沟阻水现象,如下行K15+950。

(3)涵洞工程存在台身裂缝、盖板裂缝,如K22+984通道、K20+646通道。

4)TJ-4标主要存在以下问题:

(1)路基土石方存在边坡不平顺、边坡滑坡现象,如下行K23+700、下行K26+200、下行K27+285等。

(2)排水工程存在预制件间未勾缝、排水沟内侧与沟底不平顺以及排水沟阻水现象,如上行K30+590、下行K23+700、上行K24+150等。

(3)涵洞工程存在台身裂缝、帽石翘曲问题,如K27+418通道。

5) TJ-5标主要存在以下问题:

(1)路基土石方存在边坡不平顺现象,如上行K38+830、下行K34+320。

(2)排水工程存在排水沟内侧与沟底不平顺以及排水沟阻水现象,如上行K34+710、下行K39+500。

(3)涵洞工程存在涵底淤泥、垃圾问题,如K33+104通道、K33+558涵洞;存在台身裂缝问题,如K33+558通道、K38+282通道、K38+861通道等;存在拱圈裂缝问题,如K33+558涵洞。

6)TJ-6标主要存在以下问题:

(1)路基土石方存在边坡不平顺现象,如下行 K45 +70、下行 K40 +790、上行 K42 +870 等。

(2)排水工程存在排水沟内侧与沟底不平顺以及排水沟阻水现象,如上行 K44 +150、下行 K44 +100、下行 K43 +900 等。

(3)涵洞工程存在台身裂缝,如 K40 +635 涵洞、K41 +298 通道、K40 +855 通道,另 K40 + 855 通道存在涵底铺砌裂缝。

7)TJ-7 标主要存在以下问题:

(1)路基土石方存在边坡不平顺现象,如上行 K46 +900。

(2)排水工程存在排水沟内侧与沟底不平顺以及排水沟阻水现象,如上行 K50 +040、下行 K50 +500。

(3)涵洞工程存在台身裂缝,如 K46 +377 涵洞、K46 +725 通道、K50 +440 通道;存在拱圈裂缝问题,如 K46 +725 通道。

8)TJ-8 标主要存在以下问题:

(1)路基土石方存在边坡坡面不平顺,如上行 K55 +500、下行 K55 +600。

(2)排水工程存在排水沟阻水现象,如上行 K55 +679、上行 K56 +870。

(3)涵洞工程存在拱圈、台身裂缝,如 K55 +034 涵洞、K56 +010 通道。

(4)支挡工程存在砌体表面不平整问题,抗滑桩外露部分存在裂缝问题,如上行 K56 +870、下行 K56 +300、下行 K55 +600 等。

9)TJ-9 标主要存在以下问题:

(1)路基土石方存在边坡坡面不平顺问题,如上行 K58 +100、下行 K58 +150。

(2)支挡工程存在砌体表面不平整问题,如上行 K62 +200。

2. 路面工程

路面工程外观质量检查发现洛栾高速洛阳至嵩县段主要存在裂缝类、变形类、松散类和其他类病害,其中以纵向裂缝、横向裂缝、路面沉陷为该路段典型病害,并存在少量的修补、坑槽松散等病害。部分路段存在桥头跳车现象。就检测情况来看,LM-1 标的路面纵缝合计长度为 111.7m,占合同段被检路段长度的 0.1%,路面坑槽、松散、泛油、拥包等病害累计面积为96.0m^2,占合同段被检路段面积的 0.01%,LM-2 标路面纵缝合计长度为 247.0m,占合同段被检路段长度的 0.4%,路面坑槽、松散、泛油、拥包等病害累计面积为 141.0m^2,占合同段被检路段面积的 0.1%,其中,在上行行车道 K29 +170 ~ K29 +302 处存在一条长度为 132m 连续纵向裂缝;LM-3 标的路面纵缝合计长度为 130.0m,占合同段被检路段长度的 0.2%,路面坑槽、松散、泛油、拥包等病害累计面积为 87.0m^2,占合同段被检路段面积的 0.02%。

3. 交通安全设施

(1)标线存在较多的脱落、网裂、横裂等病害,如上行 K62 +600、K6 +600、K13 +200 等。

(2)波形钢护栏存在安装顺序错误、未与防阻块连接、防阻块变形和柱帽缺失等问题,如上行 K10 +300、上行 K13 +200、上行 K20 +340 等。

(3)个别公里牌存在缺失问题,如上行 K24 +000。

4. 桥梁部分

1)上部结构

(1)部分梁体腹板、梁底存在纵向非受力裂缝,如陶院沟大桥、梁刘大桥、何家湾大桥等。

(2)个别桥梁腹板钢筋保护层偏薄,混凝土表面沿钢筋出现纵向开裂现象,如梁刘大桥、伊河大桥等。

(3)个别箱梁、T梁翼缘板、湿接缝、横隔板有较大面积的麻面、露筋、局部破损现象，如银河大桥、X041中桥、姜公庙大桥等。

2)下部结构

(1)部分盖梁上方有建筑垃圾未清理，如盆瑶大桥、八道河大桥、K39+443中桥等。

(2)个别桥梁桥头踏步未修筑，如干河大桥、顺阳河大桥。

3)桥面系

(1)部分桥梁伸缩缝混凝土锚固区设计为钢纤维混凝土，而实际浇筑为普通混凝土，锚固区混凝土存在破损、开裂问题，如杜沟大桥、白河沟大桥、于营大桥、张堂大桥等。

(2)部分桥梁泄水孔下缘周围存在混凝土破损、漏水现象，如K35+358分离式立交；部分桥跨未设置泄水孔，雨水篦子缺失，如纸房大桥、宋店中桥、草寺沟大桥等。

(3)部分伸缩缝存在堵塞、橡胶条破损问题，伸缩缝预留槽未浇筑完整，如山神庙大桥、瓦北大桥、顺阳河大桥等。

(4)个别混凝土防撞护栏存在竖向裂缝，如K39+443中桥、干河大桥、瓦西大桥等。

(5)个别混凝土防撞护栏存在麻面、粗骨料外露问题，如张堂大桥。

(6)个别桥梁排水沟、急流槽悬于边坡未送至沟底，如K59+242豹子沟大桥、于营大桥。

4)支座

部分桥梁支座存在脱空、开裂、错位、定位螺栓未切除现象，如前溪河大桥、康沟2号大桥、纸房大桥等。

5. 隧道部分

(1)TJ-6标姜公庙隧道检查井内排水管未连接，隧道二衬表面局部存在裂缝、蜂窝麻面和渗水问题。

(2)TJ-8标大坡隧道衬砌外观较差，存在大面积蜂窝麻面，整条隧道错台现象普遍，有渗水现象。

(3)TJ-9标玉皇庙隧道检查井内排水管未连接，隧道二衬外观较差，存在裂缝、蜂窝麻面和错台现象，上行方向出口洞门花岗岩脱落。

(三)内业资料审查情况

通过对各合同段内业资料的审查，认为各合同段施工、监理单位系统地整理、编排了内业资料，并装订整齐，资料内容填写较工整齐全，但存在个别原始资料为复印件或者涂改现象。

四、交工验收提出的问题处理情况

交工检测时提出的问题已进行了处理。

五、鉴定评分及质量等级结论

(一)评分方法

按照《公路工程竣(交)工验收办法与实施细则》要求，对工程实体的部分指标进行复测、外观检查以及资料审查。其中，复测结果和其他抽查项目在交工验收时的检测结果，作为竣工验收质量评定依据。

(二)合同段评分

根据交通运输部2015年11月12日出台的《交通运输部关于印发高速公路项目交工检测和竣工质量不符合项清单的通知》，本次洛栾高速公路洛阳至嵩县段竣工验收质量鉴定严格按照该《通知》执行，具体结果见表3和表4。

洛嵩栾高速公路嵩县至栾川段竣工验收质量鉴定不符合清单表　　表3

合同标段		内　容
路面工程	LM-2 标	该合同段在上行行车道 K29 +170 ~ K29 +302 处存在一条长度为 132m 连续纵向裂缝,依据《交通运输部关于印发高速公路项目交工检测和竣工检定质量不符合项清单的通知》中的 BLM15103 条要求,该合同段得分为 75 分。

洛阳至栾川高速公路洛嵩段工程项目竣工验收工程质量鉴定评分表　　表4

合同段	施工单位	投资额(万元)	鉴定评分	质量等级
土建1标	河南省公路工程局集团有限公司	28206.34	89.8	合格
土建2标	中铁十五局集团第七工程有限公司	23331.05	87.9	合格
土建3标	濮阳市通达公路工程有限公司	11322.87	87.2	合格
土建4标	山东鲁桥建设有限公司	8239.11	89.9	合格
土建5标	中交二公局第四工程有限公司	9144.91	90.7	优良
土建6标	中铁十五局集团第五工程有限公司	27111.49	87.9	合格
土建7标	浙江登峰交通集团有限公司	18179.18	88.6	合格
土建8标	中铁十五局集团第二工程有限公司	27492.35	86.7	合格
土建9标	中铁七局集团第三工程有限公司	29858.30	86.7	合格
路面1标	云南路桥股份有限公司	20096.80	93.6	优良
路面2标	吉林省亿丰路桥工程有限公司	15640.46	75.0	合格
路面3标	吉林省长城路桥建工有限责任公司	15706.36	91.5	优良
交安1标	中交第一公路工程局有限公司	813.37	86.3	合格
交安2标	广东省交通发展有限公司	580.82	85.6	合格
交安3标	中交第一公路工程局有限公司	1800.10	85.1	合格
交安4标	科达集团股份有限公司	1803.98	88.5	合格
项目得分及质量等级			87.9	合格

(三)鉴定结论

经全线检测,洛阳至栾川高速公路洛阳至嵩县段工程质量鉴定得分为:87.9 分,根据《公路工程竣(交)工验收办法与实施细则》有关规定,洛阳至栾川高速公路洛阳至嵩县段竣工验收工程质量评定等级为:合格。

六、建议

对于存在的问题要制定有针对性的方案,及时进行处理,在日常运营管理中要加强对桥梁、隧道、防护工程的监测,确保运营安全。

河南省交通基本建设质量检测监督站

2017年1月20日

第三部分

交工验收

1. 关于对洛栾高速公路洛阳至嵩县段项目交工质量检测的意见

河南省交通运输厅：

根据河南嵩阳高速公路有限公司提出的豫嵩阳高〔2012〕394 号《关于洛阳至栾川高速公路洛阳至嵩县段交工验收检测申请的请示》，按照交通运输部《公路工程竣（交）工验收办法与实施细则》、《公路工程质量检验评定标准》、设计文件及相关标准规范的要求，河南省交通基本建设质量检测监督站委托河南省交院工程检测加固有限公司对洛栾高速公路洛阳至嵩县段项目进行了交工前质量检测工作，检测工作于 2012 年 11 月 13 日至 11 月 20 日完成，检测公司提交了《洛阳至栾川高速公路洛阳至嵩县段交工验收检测报告》（见附件）。除机电工程、房屋建筑工程、部分交安工程及路基支挡和排水工程外，共检测了 38 个项目。

综合分析，该项目主体工程施工质量基本满足规范和设计要求，对局部未完工程和个别部位存在的一些问题（见检测报告），请项目公司尽快完成未完工程，及时处理存在问题。

2012 年 11 月 28 日

2. 洛栾高速公路洛阳至嵩县段交工验收报告

河南嵩阳高速公路有限公司
洛阳至栾川高速公路洛阳至嵩县段交工验收委员会
二〇一二年十一月

洛栾高速公路洛阳至嵩县段工程于2010年3月20日开工,2012年11月16日工程完工。项目建设单位河南嵩阳高速公路有限公司根据交通部《公路工程竣(交)工验收办法》的有关规定,对本项目进行了交工验收。

一、交工验收工作组织情况

根据交通部《公路工程竣(交)工验收办法》要求,设计、监理、施工等参建单位已完成相关交工文件的编制;河南省交通基本建设质量检测监督站组织并完成了本项目路基、路面、桥梁、隧道、交通安全设施等工程的交工验收检测,并出具了交工验收检测意见,认为本项目已经满足通车运营的要求,具备交工验收条件。

2012年11月29日至30日,河南嵩阳高速公路有限公司在洛阳市组织了洛阳至栾川高速公路洛阳至嵩县段交工验收工作。交工验收委员会由工程建设、设计、监理、施工、质量监督、管理养护等单位的代表组成,并邀请了河南省交通运输厅、河南交通投资集团有限公司、河南省收费还贷高速公路管理中心、河南高速公路发展有限责任公司等单位代表参加(详见交工验收委员会成员名单)。

交工验收委员会认真听取了建设单位工程项目执行报告、设计单位工程设计工作报告、监理单位工程监理工作报告、施工单位工程施工总结报告、省交通基本建设质量检测监督站出具的质量检测意见,通过审查资料和实地察看,形成了洛阳至栾川高速公路洛阳至嵩县段交工验收报告。

二、工程概况

(一)概述

洛栾高速公路洛阳至嵩县段起于洛阳市洛龙区,向南经伊川至嵩县城东,与同期规划的洛栾高速公路嵩县至栾川段项目相连,对完善全省高速公路路网和区域路网结构,促进区域经济发展和沿线旅游资源开发具有重要意义。路线全长62.69km,批复概算40.77亿元。

(二)项目建设依据

1.河南省发展和改革委员会《关于洛阳至栾川高速公路洛阳至嵩县段核准的批复》豫发改交通〔2009〕1831号。

2.河南省发展和改革委员会《关于洛阳至栾川高速公路洛阳至嵩县段工程初步设计的批复》豫发改设计〔2009〕2005号。

3.国土资源部《国土资源部关于洛阳至栾川高速公路洛阳至嵩县段工程建设用地的批复》国土资函〔2011〕183号。

4.河南省交通运输厅《关于洛阳至栾川高速公路洛阳至嵩县段施工图设计的批复》豫交规划〔2010〕305号。

(三)主要技术标准

本项目按双向四车道高速公路标准设计,设计行车速度100km/h,路基宽度26m(表1)。

主要技术指标 表1

项目	指标名称	单位	指　标	采用值
1	地形		山岭重丘区	山岭重丘区
2	公路等级		双向四车道高速公路	双向四车道高速公路
3	设计速度	km/h	100	100
4	路基宽度	m	26.0	26

续上表

项目	指 标 名 称	单位	指　标	采 用 值
5	行车道宽度	m	2×2×3.75	2×2×3.75
6	中央分隔带宽度	m	2	2
7	左侧路缘带宽度	m	2 ×0.75	2×0.75
8	硬路肩宽度	m	2 ×3.00	2×3.00
9	土路肩宽度	m	2 ×0.75	2×0.75
10	路基设计洪水频率		1/100	1/100
11	平曲线最极限小半径		400	600
12	最小停车视距	m	160	160
13	最大纵坡	%	4	3.9
14	最大坡长	m	800(4%)	960(2.99)
15	最小坡长	m	250	280
16	竖曲线最小半径（凸/凹）	m	10000/4500	16000/10000
17	竖曲线极限最小长度	m	170	170
18	路面横坡	%	2	2
19	桥面总宽	m	2×12.75	2×12.75
20	桥面净宽	m	2×11.75	2×11.75
21	桥涵设计车辆荷载		公路—Ⅰ级 （特殊桥梁1.3倍公路—Ⅰ级）	公路—Ⅰ级 （特殊桥梁1.3倍公路—Ⅰ级）
22	桥涵设计洪水频率		1/100（特大桥1/300）	1/100（特大桥1/300）
23	分离式双洞隧道净宽	m	2×10.75	2×10.75
24	隧道侧向宽度(左/右)	m	0.5/0.75	0.5/0.75
25	隧道内最大纵坡	%	3	3

主线路面结构采用4cm中粒式SBS改性沥青混凝土（AC-13C）+6cm中粒式SBS改性沥青混凝土（AC-20C）+8cm密级配沥青稳定碎石（ATB-25）+热喷SBS改性沥青下封层+34cm水泥稳定碎石+18cm水泥稳定砂砾，路面总厚度70cm。

（四）主要工程数量

全线路基挖方1173万m^3，填方1079万m^3，沥青混凝土路面1651千m^2，特大桥1座，大桥39座，中桥6座，分离式立交20座，隧道3座，通道39道，涵洞102道，天桥37座。沿线设停车区1处，服务区1处，互通式立交4处，主线收费站1处，匝道收费站3处。

（五）主要参建单位

全线共设1个设计标段；2个土建路面监理标段（含路面、交安）、1个机电监理标段；10个土建施工标段、3个路面施工标段、4个交通安全设施施工标段、1个交通机电施工标段、2个配电照明施工标段、2个通信管道施工标段、2个10kV供电施工标段。

1. 建设单位：河南嵩阳高速公路有限公司

2. 设计单位：河南省交通规划勘察设计院有限责任公司

3. 监理单位：

(1)土建路面监理单位:河南省宏力工程咨询有限公司

河南省高等级公路建设监理部

(2)交通机电监理单位:河南省豫通公路工程监理事务所

4. 质量监督单位:河南省交通基本建设质量检测监督站。

5. 施工单位:

(1)土建工程见表2。

土建工程施工单位一览表

表2

合同段	起讫桩号	施工单位
LSTJ.1	K0+000~K6+900	河南省公路工程局集团有限公司
LSTJ.2	K6+900~K14+600	中铁十五局集团第七工程有限公司
LSTJ.3	K14+600~K23+100	濮阳市通达公路工程有限公司
LSTJ.4	K23+100~K33+000	山东鲁桥建设有限公司
LSTJ.5	K33+000~K40+000	中交二公局第四工程有限公司
LSTJ.6	K40+000~K46+000	中铁十五局集团第五工程有限公司
LSTJ.7	K46+000~K52+500	浙江登峰交通集团有限公司
LSTJ.8	K52+500~K57+100	中铁十五局集团第二工程有限公司
LSTJ.9	K57+100~K61+800	中铁七局集团第三工程有限公司
LSTJ.10	K0+000~K61+800	湖南省建筑工程集团总公司

(2)路面工程见表3。

路面工程施工单位一览表

表3

合同段	起讫桩号	施工单位
LSLM.1	K0+000~K23+100	云南路桥股份有限公司
LSLM.2	K23+100~K40+000	吉林省亿丰路桥工程有限公司
LSLM.3	K40+000~K61+800	吉林省长城路桥建工有限责任公司

(3)交通安全设施见表4。

交通安全设施施工单位一览表

表4

合同段	起讫桩号	施工单位
LSJA.1	K0+000~K32+999.29	中交第一公路工程局有限公司
LSJA.2	K32+999.29~K61+800	广东省交通发展有限公司
LSJA.3	K0+000~K32+999.29	中交第一公路工程局有限公司
LSJA.4	K32+999.29~K61+800	科达集团股份有限公司

(4)交通机电见表5。

交通机电工程施工单位一览表

表5

合同段	起讫桩号	施工单位
LSJD	K0+000~K61+800	中铁十三局集团电务工程有限公司

(5)供配电照明见表6。

供配电照明工程施工单位一览表　　表6

合同段	起讫桩号	施工单位
LSPD.1	K00+000~K33+000	中国铁建电气化局集团第一工程有限公司
LSPD.2	K33+000~K61+800	河南新豫飞科技照明工程有限公司

(6)通信管道见表7。

通信管道工程施工单位一览表　　表7

合同段	起讫桩号	施工单位
LSTX.1	K00+000~K33+000	中国铁建电气化局集团第一工程有限公司
LSTX.2	K33+000~K61+800	广东飞达交通工程有限公司

(7)10kV线路架设见表8。

10kV线架设工程施工单位一览表　　表8

合同段	起讫桩号	施工单位
LSDL.1	K00+000~K33+000	栾川县恒源电力有限责任公司
LSDL.2	K33+000~K61+800	河南黎阳建设有限公司

三、工程检验情况及工程质量评审意见

(一)工程检验情况

交工验收委员会下设巡视组、路基路面及交通安全设施组、桥梁涵通组、隧道机电组、内业组,对全线外业、内业进行了检查,认真审查了施工承包人和监理单位的交工文件资料,形成了一致意见。

交工验收委员会认为,本项目严格执行了国家基本建设程序和有关法律法规,参与本项目的建设、设计、施工、监理和质量监督单位,认真履行了各自的工作职责,工程按设计施工,达到了合格工程标准。

1.建设单位认真执行了国家法律法规和交通基本建设程序,实行了项目法人责任制、工程招标投标制、工程监理制,程序完善、规范;加强了项目建设管理,明确了相关职责,分工明确,强化了工程建设的组织协调,使工程管理的各项指令和决策得到了有效的落实。

2.设计单位认真执行了工程技术标准,在设计阶段注重新技术运用和专业部门间的合作,工程设计科学合理。在项目实施过程中派驻设计代表,注重现场设计服务工作,引入动态设计理念,不断补充和完善设计,为方便施工、保证设计质量起到了较好的作用。

3.监理单位认真执行合同和监理规范,做到了事前、事中和事后控制,遵循“严格监理、优质服务、科学公正、廉洁自律”的监理原则,以质量控制为中心,制定切实可行的“监理实施细则”和“监理要点”,采用检测、旁站、巡视、指令等监理手段,严把质量关,履行了监理的职责。

4.施工单位能够按照设计图纸、施工技术规范精心组织施工,积极采用新工艺、新技术,建立健全了质量保证体系和工序交接检查制度,认真填写各项施工记录,履约情况较好。

(二)工程质量评审意见

经检查,各施工单位施工文件和监理资料等质量保证资料基本齐全规范。工程质量评价如下:

1.路基路面及交安工程:路基边线顺直,稳定无明显沉陷变形;边坡平顺稳定,基本无冲刷或冲沟;排水系统基本完善;浆砌工程表面平整,勾缝平顺;路面平整密实,无明显离析现象,行车舒

适，无明显颠簸；新泽西护栏及波形梁钢护栏线形基本顺适；隔离栅设置合理，埋置牢固；标志设置基本符合设计要求；标线清晰，与道路线形相协调，反光均匀；防眩设施布置合理，符合设计要求。

2. 桥涵工程：桥梁铺装层平整、密实，桥面排水良好；伸缩缝无变形、开裂现象；墙式护栏顺直、牢固；踏步顺直；桥梁内外轮廓线顺滑，各部位混凝土表面平整，外观较好；混凝土结构无钢筋外露；桥梁锥坡无垂直通缝或塌陷，勾缝平顺，无明显脱落现象。

涵洞通道顶铺装平顺，无跳车现象，基础稳定；台身、涵底铺砌、盖板、墙身无开裂现象；洞身、帽石、八字墙顺直，无翘曲；洞内基本无积水，排水畅通。

3. 隧道工程：隧道线型顺畅，施工缝平顺无错台；混凝土衬砌表面密实，无裂缝；洞内排水系统完善、无阻塞；隧道拱部、腰部、拱脚部位及路面无渗水现象；步道设置平整，横通道按要求设置；隧道洞门及边仰坡支挡防护设置合理。

4. 机电工程：机电工程项目已经按照合同和设计要求进行施工，收费系统功能齐全，通信链路畅通，设备外观无明显划痕、锈蚀现象，基本满足开通试运营的要求。

5. 内业资料：项目核准、初设、施设、专项评估及土地批复等文件齐全，招投标、开工令等资料完整；施工与管理的进度、质量、支付、质监抽检、各试验检测及工程认定、评定资料齐全；施工内业资料中，材料检验、混合料配比、试验数据、施工记录、自检资料等基本齐全；监理工程师能够按照《公路工程施工监理规范》的要求对工程实施全方位的监理，抽检资料、试验数据齐全。

（三）交工验收意见

洛栾高速公路洛阳至嵩县段工程建设单位在施工单位对工程质量自检、监理工程师对工程质量评定的基础上，按照交通部颁发的《公路工程竣（交）工验收办法》计算得出本工程质量评分值为98.02分，整体工程质量合格。

四、存在问题及建议

（一）主要问题

1. 部分工程存在尾工。

2. 个别通道涵洞两侧改路改渠及部分天桥引线不完善。

3. 部分伸缩缝内、隧道洞口仰坡存有杂物，需清理。

4. 部分监控外场设备尚未完善，监控系统尚未进行联调。

5. 个别内业资料中内容不完整，部分没有统一进行工程编号。

（二）建议

1. 尽快完善收尾工程。

2. 建议对伸缩缝、支座、泄水孔等设施定期检查；加强台背沉降观测，预防桥头跳车。

3. 做好线缆规整和标识，设备箱粘贴永久性接线图。

4. 尽快组织房建、机电、绿化专项检测及验收工作。

五、结论及意见

（一）洛栾高速公路洛阳至嵩县段交工验收委员会经现场察看、内业资料检查，认为本项目各参建单位在工程建设中能够遵守有关基本建设法规，履行合同，相互配合，圆满完成了建设任务，工程质量合格，同意通过交工验收。

（二）凡属缺陷责任期内出现的质量问题，由原施工单位负责处理，运营中非工程质量原因出现的问题由管养单位负责解决。各施工单位和管理养护单位要密切配合，做好洛阳至栾川高速公路洛阳至嵩县段工程缺陷修复和养护管理工作。

（三）建议建设单位尽快完成工程、财务决算，做好工程审计、环保和档案专项验收等工作，为竣工验收做好准备。

附件：

1. 洛栾高速公路洛阳至嵩县段交工验收报告
2. 洛栾高速公路洛阳至嵩县段交工验收质量评定报告
3. 洛栾高速公路洛阳至嵩县段工程各合同段质量评分一览表
4. 洛栾高速公路洛阳至嵩县段工程交工验收委员会

河南嵩阳高速公路有限公司

洛阳至栾川高速公路洛阳至嵩县段交工验收委员会

二〇一二年十一月三十日

附件 1

洛栾高速公路洛阳至嵩县段交工验收报告

一	工 程 名 称	洛栾高速公路洛阳至嵩县段
二	工程地点及主要控制点	洛栾高速公路洛阳至嵩县段起于洛阳市洛龙区，向南经伊川至嵩县城东，与同期规划的嵩县至栾川段高速公路项目相连，路线全长62.69km。 主要控制点：G36宁洛高速梁刘互通立交、伊川西互通立交、洛栾快速通道古城互通立交、乾涧沟特大桥、嵩县互通立交、洛阳至栾川高速公路嵩县至栾川段起点。
三	建设依据	1. 河南省发展和改革委员会《关于洛阳至栾川高速公路洛阳至嵩县段核准的批复》豫发改交通〔2009〕1831号 2. 河南省发展和改革委员会《关于洛阳至栾川高速公路洛阳至嵩县段工程初步设计的批复》豫发改设计〔2009〕2005号 3. 国土资源部《国土资源部关于洛阳至栾川高速公路洛阳至嵩县段工程建设用地的批复》国土资函〔2011〕183号 4. 河南省交通运输厅《关于洛阳至栾川高速公路洛阳至嵩县段施工图设计的批复》豫交规划〔2010〕305号
四	技术标准与主要指标	双向四车道高速公路标准设计，设计行车速度100km/h，路基宽度26m。 主线路面结构采用4cm中粒式SBS改性沥青混凝土（AC-13C）+6cm中粒式SBS改性沥青混凝土（AC-20C）+8cm密级配沥青稳定混凝土碎石（ATB-25）+热喷SBS改性沥青下封层+34cm水泥稳定碎石+18cm水泥稳定砂砾，路面总厚度70cm。 桥涵设计荷载等级采用公路—Ⅰ级，特大桥采用公路—Ⅰ级的1.3倍。设计洪水频率：特大桥1/300，大中桥、涵洞1/100。
五	建设规模及性质	新建双向四车道高速公路 全长62.69km
六	开工日期	2010年3月20日
	2012年11月16日	完工日期
七	批准概算	40.7676亿元
八	工程建设主要内容	路基工程、路面工程、隧道工程、交通安全设施、交通机电工程等
九	实际征用土地数（亩）	7044.801亩
十	工程质量验收结论	合格，通过交工验收
十一	存在问题及建议	（一）主要问题 1. 部分工程存在尾工。 2. 个别通道涵洞两侧改路改渠及部分天桥引线不完善。 3. 部分伸缩缝内、隧道洞口仰坡存有杂物，需清理。 4. 部分监控外场设备尚未完善，监控系统尚未进行联调。 5. 个别内业资料中内容不完整，部分没有统一进行工程编号。 （二）建议 1. 尽快完善收尾工程。 2. 建议对伸缩缝、支座、泄水孔等设施定期检查：加强台背沉降观测，预防桥头跳车。 3. 做好线缆规整和标识，设备箱粘贴永久性接线图。 4. 尽快组织房建、机电、绿化专项检测及验收工作。

附件2

洛栾高速公路洛阳至嵩县段交工验收质量评定报告

根据交通运输部《公路工程竣(交)工验收办法》(交通部令2004年第3号)文件和《公路工程竣(交)工验收办法实施细则》(交公路发〔2010〕65号)文件要求,项目公司组织监理、施工单位对洛栾高速公路洛阳至嵩县段交工验收进行了质量评价。

经现场实测实量,并核查施工和监理资料,在施工单位对工程质量自检、监理工程师对工程质量评定的基础上,按照《公路工程质量检验评定标准》(JTG F80/1—2004)及《公路工程竣(交)工验收办法》计算出本项目工程质量评分为98.02分。

详见《洛栾高速公路洛阳至嵩县段工程各合同段工程质量评分一览表》。

河南嵩阳高速公路有限公司

二〇一二年十一月十二日

附件3

洛栾高速公路洛阳至嵩县段工程各合同段质量评分一览表

序号	标　段	监理单位评分	合同价(元)	备　注
1	LSTJ.1	98.79	226697084	土建工程
2	LSTJ.2	97.76	328123319	土建工程
3	LSTJ.3	97.37	149599368	土建工程
4	LSTJ.4	97.58	122515648	土建工程
5	LSTJ.5	98.09	160622628	土建工程
6	LSTJ.6	98.73	323696176	土建工程
7	LSTJ.7	97.38	289936297	土建工程
8	LSTJ.8	97.83	266351848	土建工程
9	LSTJ.9	97.87	317967576	土建工程
10	LSTJ.10	98.17	73837608	预制工程
11	LSLM.1	98.47	200967996	路面工程
12	LSLM.2	98.70	156404570	路面工程
13	LSLM.3	97.91	157063633	路面工程
14	LSJA.1	96.10	8133697	交安设施
15	LAJA.2	96.30	5805183	交安设施
16	LAJA.3	95.50	18000953	交安设施
17	LAJA.4	97.00	18039838	交安设施
鉴定得分		98.02		

附件 4

洛栾高速公路洛阳至嵩县段工程交工验收委员会

成　员	姓　名	单　　位	职务/职称	签　名
主任	李强	河南省交通运输厅、厅豫西指挥部	总工程师、常务副指挥长/教高	
副主任	王前东	河南省收费还贷高速公路管理中心	副主任/高工	
	金雷	河南高速公路发展有限责任公司	总经理/高工	
	周洪文	河南高速公路发展有限责任公司 河南嵩阳高速公路有限公司	总助、董事长/教高	
委员	吴浩	河南省交通运输厅道路运输局 厅豫西项目办公室	书记/教高	
	李明元	公路港务局集团公司、厅豫西指挥部	总经理、成员/教高	
	胡连东	洛阳管理处筹备组	组长/高级政工师、工程师	
	崔洪涛	省交通运输厅规划处 厅豫西指挥部	副处级调研员 成员/高工	
	孙念安	河南省交通运输厅	主任科员	
	袁冻雷	河南交通投资集团有限公司	副部长/高工	
	刘前进	河南高速公路发展有限责任公司	副总经理/教高	
	李小重	厅豫西指挥部 河南省高速公路发展有限公司	总局、成员、教高	
	杨明	河南省交通基本建设质量检测监督站,厅豫西项目办公室	副处长、成员/高工	
	刘静	河南省收费还贷高速公路管理中心	副处长/高工	
	齐明	河南交通投资集团有限公司	高级工程师	
	陈静	河南省收费还贷高速公路管理中心	工程师	
	孙建波	河南高速公路发展有限责任公司	董事长/高工	
	徐珂	河南如意高速公路有限公司	董事长/高工	

续上表

成　员	姓　名	单　　位	职务/职称	签　名
	关京	河南新欣高速公路有限公司	总经理/高工	
	史建平	河南弘声高速公路有限公司	总工/高工	
	李新功	河南高速公路发展有限责任公司洛阳分公司	副经理/高工	
委员	张理祥	河南高速公路发展有限责任公司交通机电运输中心	高工	
	仇在林	洛阳管理处筹备组	高工	
	高立伟	河南高速公路发展有限责任公司洛阳分公司	科长/工程师	
	商东旭	河南高速公路发展有限责任公司	工程师	

3. 洛栾高速公路洛嵩段房建工程交工验收报告

河南嵩阳高速公路有限公司
洛阳至栾川高速公路洛嵩段房建工程
交工验收委员会
二〇一三年十二月

一、工程概况

洛阳至栾川高速公路简称洛栾高速，是连接古都洛阳和旅游名城栾川之间的“高速经济通道”。洛栾高速全长129.239km，其中洛嵩段全长62.699km，嵩栾段全长66.54km。建成通车后，将与区域内洛阳绕城高速公路、连霍高速公路、郑少洛高速公路、二广高速公路互联成网，与多条省道、县道相连接，有效补充和完善了洛阳地区的高速公路网络，拉动豫西南山区区域经济快速发展，对促进豫西南地区旅游资源、矿产资源等相关产业的快速发展以及对改善和提高沿线人民群众的生产生活水平都具有重要的意义。

洛嵩段房建工程包括四个收费站和一个服务区。其中，洛龙收费站建筑面积2397.14m^2，伊川西收费站建筑面积1466.2m^2，嵩县产业集聚区收费站建筑面积2216.39m^2，嵩县收费站建筑面积2320.89m^2，陆浑服务区建筑面积7000m^2。

本工程批复概算为11458万元，工程于2012年7月正式开工，2012年12月建成通车。

二、建设依据

1. 豫发改交通〔2009〕1831号文《关于洛阳至栾川高速公路洛阳至嵩县段核准的批复》；

2. 豫发改设计〔2009〕2005号文《关于洛阳至栾川高速公路洛阳至嵩县段工程初步设计批复》；

3. 河南省交通厅豫交规划〔2010〕345号文《关于洛阳至栾川高速公路洛阳至嵩县段房屋建筑工程概念设计的批复》；

4. 河南省交通厅豫交文〔2012〕223号文《关于洛阳至栾川高速公路洛阳至嵩县段房屋建筑工程（不含服务区、停车区）施工图设计的批复》；

5. 河南省交通厅豫交文〔2012〕285号文《关于洛阳至栾川高速公路洛阳至嵩县段陆浑服务区施工图设计的批复》。

三、项目参建单位

1. 建设单位：河南嵩阳高速公路有限公司。

2. 设计单位：河南省交通规划勘察设计院有限责任公司。

3. 监理单位：河南省高等级公路建设监理部有限公司。

4. 质量监督单位：河南省交通基本建设质量检测监督站。

5. 施工单位：见表1。

施工单位一览表 表1

标　　段	中标单位	施工内容
1	河南派普建设工程有限公司	洛龙收费站
2	林州市太行建设工程有限公司	伊川西收费站
3	河南天河建设工程有限公司	古城收费站
4	河南省第二建设集团有限公司	嵩县收费站玉皇庙隧道变电所
5	河南省建设集团有限公司	陆浑服务区

四、交工验收组织情况

洛嵩段房建工程各参建单位已完成合同约定的各项工作；各施工、监理单位已按建设部《建筑装饰装修工程施工质量验收规范》（GB 50210—2001）、《建筑工程施工质量验收统一标准》（GB 50300—2001）及相关规定对工程质量进行自检，经检测质量合格；河南省交通基本建设质量检测监督站委托洛阳市全通公路工程试验检测有限公司依据交通部《公路工程竣（交）工验收办法》，按照《公路工程质量检验评定标准》及《建筑工程质量检验评定标准》要求，组成室内组、室外组、水电、内业组四个检测组，于2013年11月12日对洛栾高速公路洛阳至嵩县段房建工程进行了交工检测，并出具检测报告；各参建单位编制完成竣工文件和工作总结，按照交通部《公路工程竣（交）工验收办法》（交通部令 2004 年第 3 号）的要求，河南嵩阳高速公路有限公司于 2013 年 12 月 26 日成立交工验收委员会，组织本项目房建工程的交工验收。

五、存在问题及建议

存在问题：

1. 个别墙面有干缩裂纹；
2. 个别墙体阴阳角需改进；
3. 个别施工资料签认不完整。

建议：

1. 加强使用期的维护与管理；
2. 属于施工原因的质量问题在缺陷责任期内整改到位；
3. 进一步完善施工资料。

六、交工验收结论

按照交通部《公路工程竣（交）工验收办法》（交通部令 2004 年第 3 号）的规定，交工验收委员会在听取各参建单位的工作报告，并实地查验工程实体质量、查看工程内业资料后，认为：

本工程房屋平面布局、结构符合设计和规范要求；建筑结构强度符合要求，几何尺寸基本准确；卫生洁具使用性能良好。场区平面布局合理，人流、车流走向合理，排水通畅。

各参建单位在工程建设中能够履行合同，遵守有关基本建设法规和规范，完成了合同规定的各项建设任务，工程质量评定为合格。

附件：

1. 洛栾高速公路洛阳至嵩县段房建工程交工验收报告表
2. 洛栾高速公路洛阳至嵩县段房建、机电工程交工验收会议专家签到表
3. 洛栾高速公路房建、机电工程交工验收会议签到表

河南嵩阳高速公路有限公司

二〇一三年十二月二十六日

附件 1

洛栾高速公路洛阳至嵩县段房建工程交工验收报告表

一	工 程 名 称	洛栾高速公路洛阳至嵩县段房建工程
二	工程地点及主要控制点	本项目起于洛阳市西南侧，与洛阳绕城高速相接，终于嵩县。路线全长 61km，沿线设 4 处互通立交；收费站 4 处；服务区 1 处。全线设置齐全的安全设施和交通工程设施
三	建设依据	1. 豫发改交通〔2009〕1831 号文《关于洛阳至栾川高速公路洛阳至嵩县段核准的批复》； 2. 豫发改设计〔2009〕2005 号文《关于洛阳至栾川高速公路洛阳至嵩县段工程初步设计批复》； 3. 河南省交通厅豫交规划〔2010〕345 号文《关于洛阳至栾川高速公路洛阳至嵩县段房屋建筑工程概念设计的批复》； 4. 河南省交通厅豫交文〔2012〕223 号文《关于洛阳至栾川高速公路洛阳至嵩县段房屋建筑工程（不含服务区、停车区）施工图设计的批复》； 5. 河南省交通厅豫交文〔2012〕285 号文《关于洛阳至栾川高速公路洛阳至嵩县段陆浑服务区施工图设计的批复》
四	建设规模及性质	沿线附属房屋设施，总建筑面积为 $20998m^2$，其中：洛龙收费站建筑面积 $2452.7m^2$，伊川西收费站建筑面积 $1466.2m^2$，嵩县产业集聚区收费站建筑面积 $2216.4m^2$，嵩县收费站建筑面积 $2355.3m^2$，陆浑服务区建筑面积 $8189m^2$
五	开工日期	2012 年 7 月
六	交工日期	2012 年 12 月
	批复概算	11458 万元
七	工程建设主要内容	陆浑服务区：综合服务楼、快捷酒店、宿舍楼、养护管理所、修理车间、配电房、加油站及场区；洛龙、伊川西、嵩县产业集聚区、嵩县收费站：办公楼、宿舍楼及场区。
八	实际征用土地数	211.5 亩
九	建设项目工程质量交工验收结论	工程质量合格，同意交工
十	存在问题及建议	一、存在问题： 1. 个别墙面有干缩裂纹； 2. 个别墙体阴阳角需改进； 3. 个别施工资料签认不完整。 二、建议： 1. 加强使用期的维护与管理， 2. 属于施工原因的质量问题在缺陷责任期内整改到位； 3. 进一步完善施工资料
十一	呈报单位	河南嵩阳高速公路有限公司

附件 2

洛栾高速公路洛阳至嵩县段房建、机电工程交工验收会议专家签到表

成 员	姓 名	单 位	职务/职称	签 名
组长	胡仁东	河南交通投资集团	副总工/教高	
副组长	张四伟	河南省交通基本建设质量检测监督站	副站长/教高	
	陈亚莉	河南高速公路发展有限公司	副总经理/教高	
	田莉	河南省收费还贷中心	副处长/教高	
	周洪文	河南嵩阳高速公路有限公司	董事长/教高	
组员	齐明	河南交通投资集团	高级工程师	
	张虎	河南省收费还贷中心	工程师	
	李辉	河南省收费还贷中心	高级工程师	
	林青	河南省交通基本建设质量检测监督站	工程师	
	孙建波	河南高速公路发展有限公司	副部长/教高	
	范巍	洛阳市交通基本建设质量	站长/高工	
	陈玉梅	河南高速公路发展有限公司	教高	
	商东旭	河南高速公路发展有限公司	工程师	
	田庆安	洛阳管理处	科长/教高	
	仇在林	洛阳管理处	科长/高级工程师	
	申丽红	洛阳管理处	副科长/经济师	

附件3

洛栾高速公路房建、机电工程交工验收会议签到表

成员	姓名	单位	职务/职称	签名
组长	胡仁东	河南交通投资集团	副总工/教高	
副组长	张四伟	河南省交通基本建设质量检测监督站	副站长/教高	
	陈亚莉	河南高速公路发展有限公司	副总经理/教高	
	田莉	河南省收费还贷中心	副处长/教高	
	周洪文	河南嵩阳高速公路有限公司	董事长/教高	
组员	齐明	河南交通投资集团	高级工程师	
	张虎	河南省收费还贷中心	工程师	
	李辉	河南省收费还贷中心	高级工程师	
	林青	河南省交通基本建设质量检测监督站	工程师	
	孙建波	河南高速公路发展有限公司	副部长/教高	
	范巍	洛阳市交通基本建设质量	站长/高工	
	陈玉梅	河南高速公路发展有限公司	教高	
	商东旭	河南高速公路发展有限公司	工程师	
	田庆安	省收费还贷管理中心洛阳管理处	科长/教高	
	仇在林	省收费还贷管理中心洛阳管理处	科长/高级工程师	
	申丽红	省收费还贷管理中心洛阳管理处	副科长/经济师	

续上表

成　员	姓　名	单　　位	职务/职称	签　名
组员	苏国巍	河南交通规划勘察设计院有限责任公司	工程师	
	李鸿晓	河南嵩阳高速公路有限公司	副总经理	
	张爱民	河南嵩阳高速公路有限公司	顾问	
	黄慧光	河南嵩阳高速公路有限公司	副总工/处长	
	卢强	河南嵩阳高速公路有限公司	处长	
	杨兴娜	河南嵩阳高速公路有限公司	处长	
	兰伟伟	河南嵩阳高速公路有限公司	处长	
	刘胜龙	河南嵩阳高速公路有限公司	处长	
	袁新胜	河南嵩阳高速公路有限公司	工程处副处长	
	高建学	河南省高等级公路建设监理部有限公司	总监	
	胡俊强	河南省高等级公路建设监理部有限公司	洛嵩房建副总监	
	吴卫	河南派普建设工程有限公司	洛嵩房建一标项目经理	
	姜宁	林州市太行建设工程有限公司	洛嵩房建二标项目经理	
	张传杰	河南天河建设工程有限公司	洛嵩房建三标项目经理	
	张新凯	河南第二建设集团有限公司	洛嵩房建四标项目经理	
	郭兰卓	河南省建设集团有限公司	洛嵩房建五标项目经理	
	朱学武	河南省高等级公路建设监理部有限公司	嵩栾房建副总监	
	毛树林	中铁中基第五工程局有限公司	嵩栾房建一标项目经理	
	陈军义	河南锦源建设有限公司	嵩栾房建二标项目经理	

续上表

成员	姓名	单位	职务/职称	签名
组员	胡永第	河南在岩建设有限公司	嵩栾房建三标项目经理	
	王全伟	河南天河建设工程有限公司	嵩栾房建四标项目经理	
	郭亚伟	河南省第二建设集团有限公司	嵩栾房建五标项目经理	
	郭少伟	河南豫通公路工程监理事务所	洛嵩机电总监	
	李新纲	北京路恒源交通工程技术有限公司	嵩栾机电总监	
	张学光	中铁十三局集团电务工程有限公司	洛嵩机电项目经理	
	周宇峰	中国铁建电气化局集团第一工程有限公司	洛嵩配电一标项目经理	
	李建民	河南新豫飞科技照明工程有限公司	洛嵩配电二标项目经理	
	张程	紫光捷通科技股份有限公司	嵩栾机电项目经理	
	周徐胜	郑州市亚通照明工程有限责任公司	嵩栾配电一标项目经理	
	王鑫	河南省泛光照明工程有限公司	嵩栾配电二标项目经理	
	周洪文	河南嵩阳高速公路有限公司	董事长	
	陈可	河南嵩阳高速公路有限公司	书记	
	张玉中	河南嵩阳高速公路有限公司	总经理	
	王美英	河南嵩阳高速公路有限公司	工会主席、财务总监	
	董德全	河南嵩阳高速公路有限公司	副总经理	
	李鸿晓	河南嵩阳高速公路有限公司	纪检书记	
	张爱民	河南嵩阳高速公路有限公司	顾问	

4. 洛栾高速公路洛阳至嵩县段绿化工程交工验收报告

河南嵩阳高速公路有限公司
2014年11月

洛栾高速公路洛阳至嵩县段绿化工程于2012年9月开工,2014年7月完工。项目建设单位河南嵩阳高速公路有限公司,根据交通部《公路工程竣(交)工验收办法》的有关规定,对本项目绿化工程进行了交工验收。

一、交工验收工作组织情况

根据交通部《公路工程竣(交)工验收办法》要求,设计、监理、施工等参建单位已完成相关交工文件的编制;河南省交通基本建设质量检测监督站组织并完成了本项目绿化工程的交工验收检测,并提交了交工验收检测报告。

2014年11月19日,河南嵩阳高速公路有限公司组织了本项目绿化工程的交工验收。交工验收委员会由工程建设、设计、监理、施工、质量检测单位的代表组成,并邀请了河南省收费还贷高速公路管理中心、河南交通投资集团有限公司、河南高速公路发展有限责任公司、管养单位等单位的代表参加(详见交工验收委员会成员名单)。

交工验收委员会认真听取了建设单位工程项目执行报告、设计单位工程设计工作报告、监理单位工程监理工作报告、施工单位工程施工总结报告、省交通基本建设质量检测监督站委托检测单位出具的质量检测报告,并通过审查资料和实地察看,形成了洛栾高速公路洛阳至嵩县段绿化工程交工验收报告。

二、工程概况

(一)概述

洛栾高速公路洛阳至嵩县段全长62.699km,洛嵩段绿化工程批复概算共1289万元。

(二)项目建设依据

1.豫发改交通〔2009〕1831号文《关于洛阳至栾川高速公路洛阳至嵩县段核准的批复》

2.豫发改设计〔2009〕2005号文《关于洛阳至栾川高速公路洛阳至嵩县段工程初步设计批复》

3.河南省交通厅豫交文〔2012〕169号《关于洛阳至栾川高速公路洛阳至嵩县段绿化工程施工图设计的批复》

(三)主要技术标准

《公路建设项目环境影响评价规范试行》(JTJOOS—96)、《公路环境保护设计规范》(JTJ/T006—98)。

(四)主要工程数量

绿化工程主要包含:主线中分带、边沟外、护坡道、碎落台以及梁刘互通、伊川互通、古城互通、嵩县互通区、陆浑服务区的绿化。

(五)主要参建单位

1.建设单位:河南嵩阳高速公路有限公司

2.设计单位:河南省交通规划勘察设计院有限责任公司

3.监理单位:河南省宏力工程咨询有限公司、河南省高等级公路建设监理部有限公司。

4.施工单位:

LSLH.1标:上海十方园林发展股份有限公司

LSLH.2标:鄢陵倚天园林绿化有限公司

LSLH.3标:许昌市花木有限公司

LSLH.4标:河南翰墨园林工程有限公司

5.质量监督单位:河南省交通基本建设质量检测监督站。

三、工程检验情况及工程质量评审意见

（一）工程检验情况

交工验收委员会对全线绿化工程进行了检查，形成了一致意见。

本项目严格执行了国家基本建设程序和有关法律法规，参与本项目的建设、设计、施工、监理单位认真履行了各自的工作职责。

1. 建设单位认真执行了国家法律法规和交通基本建设程序，实行了项目法人责任制、工程招标投标制、工程监理制，程序完善、规范；项目建设管理规范，分工明确，强化了工程建设的组织协调，使工程管理的各项指令和决策得到了有效的落实。

2. 设计单位认真执行了工程技术标准，在设计阶段注重新技术运用和专业部门间的合作，工程设计科学合理。在项目实施过程中派驻设计代表，注重现场设计服务工作，引入动态设计理念，不断补充和完善设计，为方便施工、保证设计质量起到了较好的作用。

3. 监理单位认真执行合同和监理规范，遵循“严格监理、优质服务、科学公正、廉洁自律”的监理原则，以质量控制为中心，制定切实可行的“监理实施细则”和“监理要点”，采用检测、旁站、巡视、指令等监理手段，严把质量关，履行了监理的职责。

4. 施工单位能够按照设计图纸、施工技术规范精心组织施工，建立健全了质量保证体系和工序交接检查制度，认真填写各项施工记录，履约情况较好。

（二）工程质量评审意见

经检查，各施工单位施工文件和监理资料等质量保证资料基本齐全规范。工程质量评价如下：

1. 苗木总体长势良好，符合设计要求；

2. 乔灌木品种搭配合理，种植位置适当，高低错落有致，造型美观，修剪合理；

3. 草坪及地被基本无裸露黄土现象。

（三）交工验收意见

洛栾高速公路洛阳至嵩县段、嵩县至栾川段绿化工程建设单位在施工单位对工程质量自检、监理工程师对工程质量评定的基础上，按照交通部颁发的《公路工程竣（交）工验收办法》计算得出洛嵩段工程质量评分值为95分，嵩栾段工程质量评分值为96分，整体工程质量合格。

四、存在问题及建议

（一）问题

1. 个别部位草坪局部有露空；

2. 个别地点苗木规格偏小，个别苗木有枯死现象。

（二）建议

对局部裸露草坪进行补种，对枯死苗木在合适季节及时进行更换。

五、结论及意见

（一）洛栾高速公路洛阳至嵩县段、嵩县至栾川段绿化工程交工验收委员会经现场察看、内业资料检查，认为本项目绿化工程各参建单位在工程建设中能够遵守有关基本建设法规，履行合同，工程质量合格，同意通过交工验收。

（二）凡属缺陷责任期内出现的问题，由原施工单位负责处理，运营中非工程质量原因出现的问题由管养单位负责解决。各施工单位和管养单位要密切配合，做好洛栾高速公路洛阳至嵩县段、嵩县至栾川段绿化工程缺陷修复和养护管理工作。

（三）建议建设单位尽快完成环保和档案专项验收等工作，为竣工验收做好准备。

附件：

1. 洛栾高速公路洛阳至嵩县段交工验收报告

2. 河南省洛栾高速公路洛阳至嵩县段绿化工程交工验收质检报告

3. 绿化组现场查看意见

4. 洛栾高速公路洛阳至嵩县段绿化工程交工验收内业组

河南嵩阳高速公路有限公司

2014 年 11 月 19 日

附件 1

洛栾高速公路洛阳至嵩县段交工验收报告

一	工 程 名 称	洛栾高速公路洛阳至嵩县段绿化工程
二	工程地点及主要控制点	洛栾高速公路连接古都洛阳和旅游名城栾川,路线全长129.239km,其中洛阳至嵩县段全长62.699km,嵩县至栾川段全长66.54km。绿化工程数量为:高速公路主线中分带、边沟外、护坡道、碎落台以及梁刘互通、伊川互通、古城互通、嵩县互通区、陆浑服务区的绿化
三	建设依据	1.豫发改交通〔2009〕1831号文《关于洛阳至栾川高速公路洛阳至嵩县段核准的批复》 2.豫发改设计〔2009〕2005号文《关于洛阳至栾川高速公路洛阳至嵩县段工程初步设计批复》 3.河南省交通厅豫交文〔2012〕169号《关于洛阳至栾川高速公路洛阳至嵩县段绿化工程施工图设计的批复》
四	技术标准与主要指标	《公路建设项目环境影响评价规范试行》(JTJ 005—1996)、《公路环境保护设计规范》(JTJ/T 006—1998)
五	建设规模及性质	新建双向四车道高速公路全长129.239公里
六	开工日期	2012年9月
	完工日期	2014年7月
七	批准概算	绿化工程1289万元
八	工程验收主要内容	绿化工程主要包含:主线中分带、边沟外、护坡道、碎落台以及梁刘互通、伊川互通、古城互通、嵩县互通区、陆浑服务区的绿化
九	实际征用土地数(亩)	7091.89亩
十	工程质量验收结论	合格,通过交工验收。
十一	存在问题及建议	存在的问题 1.个别部位草坪局部有露空; 2.个别地点苗木规格偏小,个别苗木有枯死现象。 建议: 对局部裸露草坪进行补种 对枯死苗木在合适季节及时进行更换

附件 2

河南省洛栾高速公路洛阳至嵩县段绿化工程交工验收质检报告

按照交通部令(2004年第3号)《公路工程竣工(交)工验收办法》和交公路发〔2010〕65号文件的要求,建设单位组织设计、施工、监理单位对洛阳至栾川高速公路洛嵩段绿化工程各分项、分部、单位工程进行了质量评定工作。

本次质量评定严格按照规定,采取实测实量,并查阅施工和监理资料,从分项工程到分部工程至单位工程逐级进行评定,最终对整个建设项目进行评定得分为:95分

本项目经综合评定质量等级为合格工程。

河南嵩阳高速公路有限公司

二〇一四年十一月十九日

附件 3

绿化组现场查看意见

项目名称:洛栾高速公路洛阳至嵩县段绿化工程

<table>
<tr><td>绿化工程组</td><td>一、现场查看情况:
1. 苗木总体长势良好,符合设计要求;
2. 乔灌木品种搭配合理,种植位置适当,高低错落有致,造型美观,修剪合理;
3. 草坪及地被基本无裸露黄土现象。
二、存在问题:
1. 个别部位草坪局部有露空;
2. 个别地点苗木规格偏小,个别苗木有枯死现象
三、建议:
对局部裸露草坪进行补种,对枯死苗木在合适季节及时进行更换。</td></tr>
<tr><td>签字</td><td>组长:
成员:</td></tr>
</table>

附件 4

洛栾高速公路洛阳至嵩县段绿化工程交工验收内业组

项目名称:洛栾高速公路洛阳至嵩县段绿化工程

<table>
<tr><td>内业组</td><td>一、现场察看基本情况
项目核准、初设、施设及专项评估等文件齐全,开工令、交工图表等资料基本完整:施工与管理的进度、质量、质监抽检、各试验检测及工程认定、评定真实,与工程实际相符;施工内业资料中,苗木进场材料检验、施工记录、自检资料等基本齐全;监理工程师能够按照《公路工程施工监理规范》的要求对工程实施全方位的监理,抽检资料、试验数据齐全,内业资料整理基本满足交工验收的要求。
二、问题:
个别内业资料中内容填写不完整,部分没有统一进行工程编号。
三、建议:
尽快完善档案的归类、建档和移交,做好竣工档案验收准备工作。</td></tr>
<tr><td>签名</td><td>组长:
成员:
日期:2014 年 11 月 19 日</td></tr>
</table>

洛阳至栾川高速公路工程绿化工程交工验收委员会

成　员	姓　名	单　　位	职务/职称	签　名
主任	田莉	河南省收费还贷高速公路管理中心	副处长/教高	
副主任	齐明	河南交通投资集团有限公司	高级工程师	
	陈亚莉	河南高速公路发展有限责任公司	副总经理/教高	
	周洪文	河南嵩阳高速公路有限公司	副总经理/教高	
委员	刘春艳	河南省收费还贷高速公路管理中心	工程师	
	孙建波	河南高速公路发展有限责任公司	副部长/教高	
	商东旭	河南高速公路发展有限责任公司	工程师	
	范巍	洛阳市交通工程造价及质量检测监督站	站长/高工	
	姬战勇	洛阳市交通工程造价及质量检测监督站	副站长/高工	
	张玉中	河南嵩阳高速公路有限公司	总经理/教高	
	陈可	河南嵩阳高速公路有限公司	书记/高工	
	董德全	河南嵩阳高速公路有限公司	副总经理/高工	
	仇在林	河南省交通运输厅高速公路洛阳管理处	科长/高工	
	翟艳珂	河南省交通运输厅高速公路洛阳管理处	工程师	
	张爱民	河南嵩阳高速公路有限公司	顾问/高工	
	黄慧光	河南嵩阳高速公路有限公司	副总工/高工	
	袁新胜	河南嵩阳高速公路有限公司	处长/高工	

5. 洛栾高速公路洛阳至嵩县段机电工程交工验收报告

河南嵩阳高速公路有限公司

洛阳至栾川高速公路机电工程

交工验收委员会

二〇一三年十二月

一、工程概况

洛阳至栾川高速公路洛阳至嵩县段(以下简称洛栾高速洛阳至嵩段)是河南省规划高速公路网的重要路段,根据河南省路网规划,向北与宁洛高速洛阳绕城段相连,向南与洛栾高速公路嵩县至栾川段相连,远期向南延伸至规划中的栾川至西峡高速公路,途径洛阳市洛龙区、伊川、嵩县两县一区,起点桩号 K0 +000,终点桩号 K61 +800,全长 62.699082km。

洛栾高速公路洛阳至嵩县段交通机电及供配电照明工程主要包括:

1. 监控系统

主要由监控分中心、隧道监控系统、隧道通风消防系统、外场设备及传输系统五大部分组成。

1)监控分中心(位于洛栾高速起点洛龙收费站)

监控分中心的功能是负责辖区内路段的日常交通管理,具体实施道路的监视与控制的职能并具备向上一级监控中心上传监控数据的能力,监控分中心主要由计算机系统、闭路电视系统以及综合控制台等构成。

监控分中心计算机系统包括服务器、交通监控计算机、通信计算机等,外围设备有打印机、光盘刻录机、局域网交换机以及其他网络连接设备等。

监控分中心设有闭路电视控制系统。摄像机视频信号经通信传输系统传输到分中心,通过视频分配器、视频切换控制矩阵等设备进入监视器墙显示,由视频控制计算机或控制键盘控制视频图像的切换、录像。

2)隧道监控系统

主要包括隧道监视控制设施、隧道火灾报警设施,隧道紧急电话及有线广播设施、隧道避灾引导设施。

(1)隧道监视控制设施。

主要包括现场控制设施、中央控制设施、闭路电视监视设施、交通控制设施、电源设施以及防雷接地等。

(2)隧道火灾报警设施。

(3)隧道紧急电话及有线广播设施。

主要包括隧道紧急电话广播系统、隧道通信线路等。

(4)隧道避灾引导设施。

3)隧道通风消防系统

主要包括消防高位水池、消防取水井、水泵、消防管道及消防控制系统。

隧道监控及通风消防设备主要设备见表 1。

隧道监控及通风消防设备 表 1

序号	名　　称	单位	数量	备　　注
1	隧道内监控摄像机	套	12	
2	洞口监控摄像机	套	4	
3	变电所监控摄像机	套	1	
4	隧道门架式情报板	套	2	
5	交通信号灯	套	2	
6	车道控制标志	套	6	
7	车辆检测器	套	4	
8	隧道内紧急电话	套	8	
9	隧道洞口紧急电话	套	4	

4)外场设备

监控外场设备提供各类交通信息,执行控制命令。为了对区域内的交通、气象状况进行实时的监视,并对报警、事故等进行确认,对长距离下坡、弯道等重点路段实施重点监控,此外在主线和收费站入口设置信息发布屏向司机提供交通信息,对车辆进行诱导和控制。

设备总体布设详见《监控外场设备布设图》,主要设备见表2。

外场主要设备 表2

序号	名　称	单位	数量	备　注
1	微波车辆检测器	套	7	
2	大型可变情报板	套	3	道路主线信息发布
3	收费站前可变情报板	套	4	收费前方信息发布
4	F型可变情报板	套	3	道路主线信息发布
5	道路监视摄像机	套	10	
6	气象监测站	套	1	

5)信息传输

本路段的车辆检测器、小型可变情报板、大型可变情报板、气象检测器等外场终端设备通过数据光端机传输到就近通信站,再通过综合业务接入网传输至监控分中心,距离监控分中心较近的外场设备直接采用数据光端机传输至监控分中心。通信系统为监控数据上传提供10M/100M以太网接口。

6)图像信息传输

视频监控系统包括收费系统视频监控(收费车道入口图像、收费车道出口图像、收费广场图像、收费亭图像、收费站监控室图像、收费站财务室图像)和路段视频监控。道路摄像机通过视频数字光端机直接上传监控分中心,玉皇庙隧道监控图像通过视频数据光端机直接上传监控分中心,伊川西、嵩县产业集聚区、嵩县匝道收费站视频监控图像上传收费站监控室,通过数字光平台上传监控分中心,洛龙匝道收费站直接上传4路图像至监控分中心,通信系统提供单模光缆。

2.通信系统

通信系统是为高速公路运营管理及监控、收费系统实施提供必要的话音业务及数据、图像传输通道。本工程通信系统采用干线SDH光同步数字传输系统和基层综合业务接入网系统以及程控数字交换系统形成一套全数字综合业务通信系统。

1)干线传输系统和接入网系统

本工程光纤干线传输系统采用中兴通讯的ZXSM 2500E(ZXMPS385)型SDH传输设备。在通信分中心设置一套STM-4等级的ADM-622分插复用设备ZXSM 2500E(ZX MP S385)。设备配置采用1+1保护方式。

本工程综合业务接入网系统在洛龙监控分中心设置OLT光纤路终端设备,全线在伊川西、嵩县产业集聚区、嵩县收费站和陆浑服务区设置ONU光网络单元设备。洛栾高速公路洛阳至嵩县段各收费站以及陆浑服务区的综合业务接入网设备用4芯光纤采用隔站相接的方式构成一个自愈保护环,就近接入到其他路段接入网设备上,形成支路。

2)程控数字交换系统

监控分中心设置一台中兴通讯ZXJ10型数字程控交换机组建本工程的数字程控交换系统,并通过ZXA10光纤用户接入网的V5.2接口延伸到各通信、收费站点。为洛栾高速公路洛嵩段沿线各管理部门提供业务电话(BT)、传真机(FAX)、指令电话(CT)和 ISDN 2B + D 通信业务。在综合通信系统中所提供的业务电话,满足管理和运营要求。

3)光缆工程

光缆线路采用主干光缆与监控视频光缆分缆布设的方式。

主干光缆采用36芯,从路线起点敷设至路线终点。其中:1~4芯为干线SDH传输用,5~8芯为综合业务接入网传输用,9~12芯为收费图像传输用,13~36芯备用。

监控专用光缆采用24芯,其中1~3芯为监控图像、数据传输使用,4~24芯备用。

在隧道分离式路基段敷设12芯单模光缆,供监控外场设备数据传输至通信站用。从玉皇庙隧道敷设一根24芯单模光缆,供隧道监控图像、数据的传输。

从本项目监控分中心敷设24芯单模光缆通过少洛高速公路吕店收费站ADM接入高速公路主干通信网。

4)通信电源系统

本工程通信系统中所有通信站配置中兴通讯 ZXDU580-S302 ZXDU45 100A ZXDU580-S301 ZXDU4530A 型高频开关电源及蓄电池组作为通信网络专用的-48V直流电源。

3.收费系统

1)收费制式

本路段采用“封闭式”收费制式。

2)收费方式

收费方式为人工判别车型,入口发放通行卡,出口回收、验卡、计算通行费,人工收费,计算机管理,车辆检测器校核,闭路电视监视的半自动收费方式。按照车型和行驶里程并结合计重收费的方式收取通行费,通行卡采用非接触式IC卡通行券,在系统中封闭运行,重复、循环使用。

3)收费管理体制

本项目位于河南省路网内,起点位置距已实施联网的宁洛高速梁刘互通2公里,本工程建成后与其他相邻路段实现联网收费。

洛栾高速洛阳至嵩县段收费系统的管理体制分为三级,即省高速公路收费中心(拆账中心)、路段收费分中心、收费站。本路段沿线站点由收费分中心统一管理。收费站为基层收费管理单位,直接从事收费业务。

4)收费站点布设

分别设为洛龙、伊川西、嵩县产业聚集区、嵩县收费站(表3)。

收费站点布设情况 表3

收费站名称	开通车道数	土建车道数
洛龙主线站	6入10出	6入10出
伊川西匝道站	2入3出	2入3出
嵩县产业集聚区站	2入3出	2入3出
嵩县匝道站	2入出	2入3出
合计	12入19出	12入19出

5)收费系统构成

由计算机系统、闭路电视监视系统、内部对讲系统和安全报警系统以及称重系统构成。

6)通行券

采用非接触式IC卡作为通行券,符合交通行业标准JT/T 452《公路收费非接触IC卡》的要求。

7)联网收费软件

收费系统软件采用全省统一软件。

4.供配电、照明系统

供电与照明工程主要安装干式变压器7台,箱变3台,高压开关柜18面,低压开关柜30面,柴油发电机7台,30m高杆灯15基,25m高杆灯2基,12m低杆灯26个,10m隧道引道灯20个等。

二、建设依据

1.河南省发展和改革委员会豫发改设计〔2009〕2005号《关于洛阳至栾川高速公路洛阳至嵩县段工程初步设计的批复》;

2.河南省交通运输厅豫交文〔2012〕242号《关于洛阳至栾川高速公路洛阳至嵩县段交通机电工程详细设计、供配电照明工程施工图设计的批复》。

3.河南省交通运输厅豫交文〔2012〕631号《关于洛阳至栾川高速公路洛阳至嵩县段10kV供电线路工程施工图设计的批复》。

三、项目参建单位

1.建设单位:河南嵩阳高速公路有限公司

2.设计单位:河南省交通规划勘察设计院有限责任公司

3.监理单位:河南豫通公路工程监理事务所、河南宏力工程咨询有限公司、河南省高等级公路建设监理部有限公司。

4.施工单位:

供配电照明工程LSPD.1合同段:中国铁建电气化局集团第一工程有限公司

供配电照明工程LSPD.2合同段:河南新豫飞科技照明工程有限公司

机电工程LSJD合同段:中铁十三局集团电务工程有限公司

通信管道工程LSTX.1合同段:中国铁建电气化局集团第一工程有限公司

通信管道工程LSTX.2合同段:广东飞达交通工程有限公司

10kV线路工程LSDL.1合同段:栾川县恒源电力有限责任公司

10kV线路工程LSDL.2合同段:河南黎阳建设有限公司

四、交工验收组织情况

洛栾高速公路洛阳至嵩县段交通机电和配电照明工程各参建单位已完成合同约定的各项工作;各施工、监理单位已对工程质量进行自检,经检测质量合格;河南省交通基本建设质量检测监督站委托中交国通公路工程技术有限公司于2013年11月2日至3日对该项目进行了质量检测,并出具了《洛栾高速公路洛阳至嵩县段机电工程质量检测报告》;各参建单位编制完成竣工文件和相关工作总结,按照交通部《公路工程竣(交)工验收办法》(交通部令2004年第3号)的要求,河南嵩阳高速公路有限公司于2013年12月26日成立交工验收委员会,组织本项目交通机电和配电照明工程的交工验收。

五、存在问题及建议

1.收费亭内部个别布线标识不清晰;

2.个别灯杆涂层存在划伤现象。

六、工程验收结论

按照交通部《公路工程竣(交)工验收办法》(交通部令2004年第3号)的规定,交工验收委

员会在听取各参建单位的工作报告,并实地查验工程实体质量、查看工程内业资料后,认为:

收费车道设施完好,试运行良好,收费站设施完好,运行正常;通信系统设施完好,试运行正常,各通信链路畅通;机房内线缆(槽)整齐有序,标识清晰;监控外场设施完好,数据完整;监控分中心设施完成,运行正常;配电房设施、广场照明设施完备,供电线路布设规范。

各参建单位在工程建设中能够履行合同,遵守有关基本建设法规和规范,完成了合同规定的各项建设任务,工程质量评定为合格。

附件:

1. 洛栾高速公路洛阳至嵩县段交通机电工程交工验收报告表
2. 洛栾高速公路洛阳至嵩县段机电工程交工验收质检报告
3. 洛栾高速公路洛阳至嵩县段房建、机电工程交工验收会议专家签到表
4. 洛栾高速公路房建、机电工程交工验收会议签到表

河南嵩阳高速公路有限公司

二〇一三年十一月二十日

附件1

洛栾高速公路洛阳至嵩县段交通机电工程交工验收报告表

<table>
<tr><td>一</td><td colspan="2">工程名称</td><td>洛栾高速公路洛阳至嵩县段交通机电工程</td></tr>
<tr><td>二</td><td colspan="2">工程概况</td><td>洛栾高速公路洛阳至嵩县段是河南省规划高速公路网的重要路段，根据河南省路网规划，向北与宁洛高速洛阳绕城段相连，向南与洛栾高速公路嵩县至栾川段相连，远期向南延伸至栾川至西峡高速公路，途经洛阳市洛龙区、伊川、嵩县两县一区，全长62.699082km，设置洛龙、伊川西、嵩县产业集聚区、嵩县4个收费站和陆浑服务区</td></tr>
<tr><td>三</td><td colspan="2">建设依据</td><td>1.河南省发展和改革委员会豫发改设计〔2009〕2005号《关于洛阳至栾川高速公路洛阳至嵩段工程初步设计的批复》；
2.河南省交通运输厅豫交文〔2012〕242号《关于洛阳至栾川高速公路洛阳至嵩县段交通机电工程详细设计、供配电照明工程施工图设计的批复》
3.河南省交通运输厅豫交文〔2012〕631号《关于洛阳至栾川高速公路洛阳至嵩县段10KV供电线路工程施工图设计的批复》。</td></tr>
<tr><td>四</td><td colspan="2">建设规模及性质</td><td>监控系统、通信系统、收费系统和配电照明系统</td></tr>
<tr><td>五</td><td colspan="2">开工日期</td><td>2012年8月</td></tr>
<tr><td rowspan="2">六</td><td colspan="2">交工日期</td><td>2013年11月</td></tr>
<tr><td colspan="2">批准概算</td><td>9655.0322万元</td></tr>
<tr><td>七</td><td colspan="2">工程建设主要内容</td><td>1.监控系统
主要由监控分中心、隧道监控系统、隧道通风消防系统、外场设备及传输系统五大部分组成。
1）监控分中心（位于洛栾高速起点洛龙收费站）
监控分中心的功能是负责辖区内路段的日常交通管理，具体实施道路的监视与控制的职能，并具备向上一级监控中心上传监控数据的能力，监控分中心主要由计算机系统、闭路电视系统以及综合控制台等构成。
监控分中心计算机系统包括服务器、交通监控计算机、通信计算机等，外围设备有打印机、光盘刻录机、局域网交换机以及其他网络连接设备等。
监控分中心设有闭路电视控制系统。摄像机视频信号经通信传输系统传输到分中心，通过视频分配器、视频切换控制矩阵等设备进入监视器墙显示，由视频控制计算机或控制键盘控制视频图像的切换、录像。
2）隧道监控系统
主要包括隧道监视控制设施、隧道火灾报警设施、隧道紧急电话及有线广播设施、隧道避灾引导设施。
3）隧道通风消防系统
主要包括消防高位水池、消防取水井、水泵、消防管道及消防控制系统。
隧道监控及通风消防设备主要设备有：
<table>
<tr><th>序号</th><th>名称</th><th>单位</th><th>数量</th><th>备注</th></tr>
<tr><td>1</td><td>隧道内监控摄像机</td><td>套</td><td>12</td><td></td></tr>
<tr><td>2</td><td>洞口监控摄像机</td><td>套</td><td>4</td><td></td></tr>
<tr><td>3</td><td>变电所监控摄像机</td><td>套</td><td>1</td><td></td></tr>
<tr><td>4</td><td>隧道门架式情报板</td><td>套</td><td>2</td><td></td></tr>
<tr><td>5</td><td>交通信号灯</td><td>套</td><td>2</td><td></td></tr>
<tr><td>6</td><td>车道控制标志</td><td>台</td><td>6</td><td></td></tr>
<tr><td>7</td><td>车辆检测器</td><td>套</td><td>4</td><td></td></tr>
<tr><td>8</td><td>隧道内紧急电话</td><td>套</td><td>8</td><td></td></tr>
<tr><td>9</td><td>隧道洞口紧急电话</td><td>套</td><td>4</td><td></td></tr>
</table>
</td></tr>
</table>

<table>
<tr><td rowspan="2">七</td><td rowspan="2">工程建设主要内容</td><td>
4)外场设备
监控外场设备提供各类交通信息,执行控制命令。为了对区域内的交通、气象状况进行实时的监视,并对报警、事故等进行确认,对长距离下坡、弯道等重点路段实施重点监控,此外在主线和收费站入口设置信息发布屏向司机提供交通信息,对车辆进行诱导和控制。
设备总体布设详见《监控外场设备布设图》,主要设备有:
<table>
<tr><th>序号</th><th>名称</th><th>单位</th><th>数量</th><th>备注</th></tr>
<tr><td>1</td><td>微波车辆检测器</td><td>套</td><td>7</td><td></td></tr>
<tr><td>2</td><td>大型可变情报板</td><td>套</td><td>3</td><td>道路主线信息发布</td></tr>
<tr><td>3</td><td>收费站前可变情报板</td><td>套</td><td>4</td><td>收费前方信息发布</td></tr>
<tr><td>4</td><td>F 型可变情报板</td><td>套</td><td>3</td><td>道路主线信息发布</td></tr>
<tr><td>5</td><td>道路监视摄像机</td><td>套</td><td>10</td><td></td></tr>
<tr><td>6</td><td>气象监测站</td><td>套</td><td>1</td><td></td></tr>
</table>
</td></tr>
<tr><td>
5)信息传输
本路段的车辆检测器、小型可变情报板、大型可变情报扳、气象检测器等外场终端设备通过数据光端机传输到就近通信站,再通过综合业务接入网传输至监控分中心,距离监控分中心较近的外场设备直接采用数据光端机传输至监控分中心。通信系统为监控数据上传提供10M/100M 以太网接口。
6)图像信息传输
视频监控系统包括收费系统视频监控(收费车道入口图像、收费车道出口图像、收费广场图像、收费亭图像、收费站监控室图像、收费站财务室图像)和路段视频监控。道路摄像机通过视频数字光端机直接上传监控分中心,玉皇庙隧道监控图像通过视频数据光端机直接上传监控分中心,伊川西、嵩县产业集聚区、嵩县匝道收费站视频监控图像上传收费站监控室,通过数字光平台上传监控分中心,洛龙匝道收费站直接上传 4 路图像至监控分中心,通信系统提供单模光缆。
2. 通信系统
(1)光纤数字传输系统;
(2)程控数字交换系统;
(3)光缆工程;
(4)通信电源系统。
3. 收费系统
1)收费制式
本路段采用“封闭式”收费制式。
2)收费方式
收费方式为人工判别车型,入口发放通行卡,出口回收、验卡、计算通行费,人工收费,计算机管理,车辆检测器校核,闭路电视监视的半自动收费方式。按照车型和行驶里程并结合计重收费的方式收取通行费,通行卡采用非接触式 IC 卡通行券,在系统中封闭运行,重复、循环使用。
3)收费管理体制
本项目位于河南省路网内,起点位置距已实施联网的宁洛高速梁刘互通 2km,本工程建成后与其他相邻路段实现联网收费。
洛栾高速洛嵩段收费系统的管理体制分为三级,即省高速公路收费中心(拆账中心)、路段收费分中心、收费站。本路段沿线站点由收费分中心统一管理。收费站为基层收费管理单位,直接从事收费业务。
4)收费站点布设
分别设为洛龙、伊川西、嵩县产业聚集区、嵩县收费站。
<table>
<tr><th>收费站名称</th><th>开通车道数</th><th>土建车道数</th><th>备注</th></tr>
<tr><td>洛龙主线站</td><td>6 入 10 出</td><td>6 入 10 出</td><td></td></tr>
<tr><td>伊川西匝道站</td><td>2 入 3 出</td><td>2 入 3 出</td><td></td></tr>
<tr><td>嵩县产业集聚区站</td><td>2 入 3 出</td><td>2 入 3 出</td><td></td></tr>
<tr><td>嵩县匝道站</td><td>2 入 3 出</td><td>2 入 3 出</td><td></td></tr>
<tr><td>合计</td><td>12 入 19 出</td><td>12 入 19 出</td><td></td></tr>
</table>
</td></tr>
</table>

续上表

七	工程建设主要内容	5）收费系统构成 由计算机系统、闭路电视监视系统、内部对讲系统和安全报警系统以及称重系统构成。 6）通行券 采用非接触式 IC 卡作为通行券，符合交通行业标准 JT/T 452《公路收费非接触 IC 卡》的要求。 7）联网收费软件 收费系统软件采用全省统一软件 4. 供配电、照明系统 供电与照明工程主要安装干式变压器 7 台，箱变 3 台，高压开关柜 18 面，低压开关柜 30 面，柴油发电机 7 台，30m 高杆灯 15 基，25m 高杆灯 2 基，12m 低杆灯 26 个，10m 隧道引道灯 20 个等。
八	建设项目工程质量交工验收结论	工程质
九	存在问题及建设	1. 收费亭内部个别布线标识不清晰； 2. 个别灯杆涂层存在划伤现象
十	呈报单位	河南嵩阳高速公路有限公司

附件 2

洛栾高速公路洛阳至嵩县段机电工程交工验收质检报告

按照交通部令(2004 年第 3 号)《公路工程竣工(交)工验收办法》和交公路发〔2010〕65 号文件的要求，建设单位河南嵩阳高速公路有限公司组织设计、施工、监理单位对洛阳至嵩县高速公路机电工程各分项、分部、单位工程进行了质量评定工作。本次质量评定严格按照依据 JTG F80/1—2004《公路工程质量检验评定标准》，采取实测实量，并查阅施工和监理资料，从分项工程到分部工程至单位工程逐级进行评定，最终对整个建设项目进行评定。

本项目经综合评定，整个建设项目评定为合格工程。

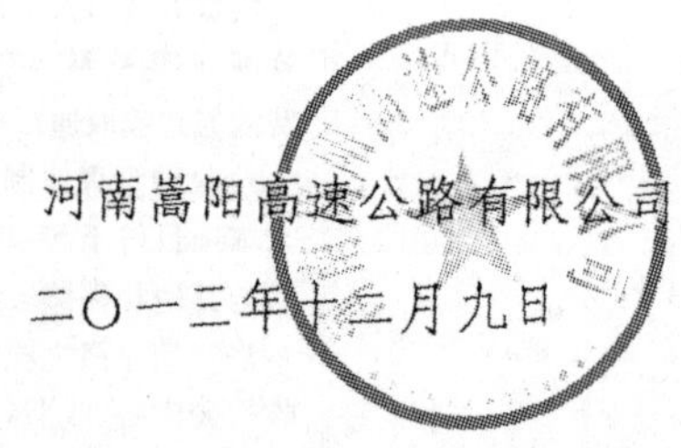

河南嵩阳高速公路有限公司

二〇一三年十二月九日

附件3

洛栾高速公路洛阳至嵩县段房建、机电工程交工验收会议专家签到表

成　员	姓　名	单　　位	职务/职称	签　名
组长	胡仁东	河南交通投资集团	副总工/教高	
副组长	张四伟	河南省交通基本建设质量检测监督站	副站长/教高	
	陈亚莉	河南高速公路发展有限公司	副总经理/教高	
	田莉	河南省收费还贷中心	副处长/教高	
	周洪文	河南嵩阳高速公路有限公司	董事长/教高	
组员	齐明	河南交通投资集团	高级工程师	
	张虎	河南省收费还贷中心	工程师	
	李辉	河南省收费还贷中心	高级工程师	
	林青	河南省交通基本建设质量检测监督站	工程师	
	孙建波	河南高速公路发展有限公司	副部长/教高	
	范巍	洛阳市交通基本建设质量	站长/高工	
	陈玉梅	河南高速公路发展有限公司	教高	
	商东旭	河南高速公路发展有限公司	工程师	
	田庆安	洛阳管理处	科长/教高	
	仇在林	洛阳管理处	科长/高级工程师	
	申丽红	洛阳管理处	副科长/经济师	

附件 4

洛栾高速公路房建、机电工程交工验收会议签到表

成　员	姓　名	单　　位	职务/职称	签　名
组长	胡仁东	河南交通投资集团	副总工/教高	
副组长	张四伟	河南省交通基本建设质量检测监督站	副站长/教高	
	陈亚莉	河南高速公路发展有限公司	副总经理/教高	
	田莉	河南省收费还贷中心	副处长/教高	
	周洪文	河南嵩阳高速公路有限公司	董事长/教高	
组员	齐明	河南交通投资集团	高级工程师	
	张虎	河南省收费还贷中心	工程师	
	李辉	河南省收费还贷中心	高级工程师	
	林青	河南省交通基本建设质量检测监督站	工程师	
	孙建波	河南高速公路发展有限公司	副部长/教高	
	范巍	洛阳市交通基本建设质量	站长/高工	
	陈玉梅	河南高速公路发展有限公司	教高	
	商东旭	河南高速公路发展有限公司	工程师	
	田庆安	省收费还贷管理中心洛阳管理处	科长/教高	
	仇在林	省收费还贷管理中心洛阳管理处	科长/高级工程师	
	申丽红	省收费还贷管理中心洛阳管理处	副科长/经济师	

续上表

成　员	姓　名	单　　位	职务/职称	签　名
组员	苏国巍	河南交通规划勘察设计院有限责任公司	工程师	
	李鸿晓	河南嵩阳高速公路有限公司	副总经理	
	张爱民	河南嵩阳高速公路有限公司	顾问	
	黄慧光	河南嵩阳高速公路有限公司	副总工/处长	
	卢强	河南嵩阳高速公路有限公司	处长	
	杨兴娜	河南嵩阳高速公路有限公司	处长	
	兰伟伟	河南嵩阳高速公路有限公司	处长	
	刘胜龙	河南嵩阳高速公路有限公司	处长	
	袁新胜	河南嵩阳高速公路有限公司	工程处副处长	
	高建学	河南省高等级公路建设监理部有限公司	总监	
	胡俊强	河南省高等级公路建设监理部有限公司	洛嵩房建副总监	
	吴卫	河南派普建设工程有限公司	洛嵩房建一标项目经理	
	姜宁	林州市太行建设工程有限公司	洛嵩房建二标项目经理	
	张传杰	河南天河建设工程有限公司	洛嵩房建三标项目经理	
	张新凯	河南第二建设集团有限公司	洛嵩房建四标项目经理	
	郭兰卓	河南省建设集团有限公司	洛嵩房建五标项目经理	
	朱学武	河南省高等级公路建设监理部有限公司	嵩栾房建副总监	
	毛树林	中铁中基第五工程局有限公司	嵩栾房建一标项目经理	
	陈军义	河南锦源建设有限公司	嵩栾房建二标项目经理	

续上表

成员	姓名	单位	职务/职称	签名
组员	胡永第	河南在岩建设有限公司	嵩栾房建三标项目经理	
	王全伟	河南天河建设工程有限公司	嵩栾房建四标项目经理	
	郭亚伟	河南省第二建设集团有限公司	嵩栾房建五标项目经理	
	郭少伟	河南豫通公路工程监理事务所	洛嵩机电总监	
	李新纲	北京路恒源交通工程技术有限公司	嵩栾机电总监	
	张学光	中铁十三局集团电务工程有限公司	洛嵩机电项目经理	
	周宇峰	中国铁建电气化局集团第一工程有限公司	洛嵩配电一标项目经理	
	李建民	河南新豫飞科技照明工程有限公司	洛嵩配电二标项目经理	
	张　程	紫光捷通科技股份有限公司	嵩栾机电项目经理	
	周徐胜	郑州市亚通照明工程有限责任公司	嵩栾配电一标项目经理	
	王鑫	河南省泛光照明工程有限公司	嵩栾配电二标项目经理	
	周洪文	河南嵩阳高速公路有限公司	董事长	
	陈　可	河南嵩阳高速公路有限公司	书记	
	张玉中	河南嵩阳高速公路有限公司	总经理	
	王美英	河南嵩阳高速公路有限公司	工会主席、财务总监	
	董德全	河南嵩阳高速公路有限公司	副总经理	
	李鸿晓	河南嵩阳高速公路有限公司	纪检书记	
	张爱民	河南嵩阳高速公路有限公司	顾问	

6. 洛阳至栾川高速公路洛阳至嵩县段交工验收检测报告

河南省交院工程检测加固有限公司

二〇一三年十一月

一、项目概况

1. 项目简介

洛阳至栾川高速公路洛阳至嵩县段(以下简称洛栾高速洛阳至嵩县段)是河南省2009年计划开工的重点高速公路项目。项目起于九朝古都洛阳,向南经酒圣之乡伊川,终点位于"豫西山水画廊"嵩县,接同期规划的洛栾高速公路嵩县至栾川段,全长约62.691km。

本项目与区域内洛阳绕城高速、连霍高速、郑少洛高速、二广高速互联成网,并先后与多条省道、县道相交,本项目的修建将为项目通道内洛阳市旅游业、花卉景观及工矿能源产业、伏牛山地区的地质科考及旅游业、伊川县的工矿业、嵩县的旅游及工矿业提供一条快速便捷的通道,同时有效补充、完善河南省高速公路网络、拉动豫西南山区区域经济的快速发展,及时适应项目通道内社会、经济、旅游事业发展的需求。在国家新一轮拉动内需的战略背景下,本项目的实施将率先在豫西南秀丽山水的画卷中增添一道绚丽的彩虹。

本项目全线均位于洛阳市境内,沿途经过伊川县和嵩县两个县级行政区,其中K0+000~K33+478.3路段和K36+993.5~K40+000路段属于伊川县,K33+478.3~K36+993.5路段和K40+000~K61+800路段属于嵩县,路线总长62.691km;设分离式路基两段,F1K41+389.329(=K41+389.329)~F1K45+131.543(=K45+138.269)路段和F2K58+506.024(=K58+506.024)~F2K61+373.523(=K61+366.894)路段,全线路基挖土8051786.8m^3、挖石3673726.0m^3、填土5834442.0m^3、填石2483478.6m^3. 沥青混凝土路面1651568m^2,水泥混凝土路面20886m^2,排水防护圬工总量303111m^3,特大桥1111.16m/1座,大桥13245.192m/38座,中桥487.398m/6座,分离式立交516.24m/8座,隧道1079m/3座,通道39道,涵洞102道,天桥37座;设互通式立交4处,通道5道;涵洞24道。总占地475.57hm^2。

本项目全线设停车区1处(缓建),服务区1处,互通式立交4处,主线收费站1处,匝道收费站3处,路线全长62.691km,总投资40.7676亿元,全线采用山岭重丘区双向四车道高速公路技术标准设计。

2. 技术指标

主要技术指标见表1。

主要技术指标 表1

项目	指标名称	单位	指　　标	采　用　值
1	地形		山岭重丘区	山岭重丘区
2	公路等级		双向四车道高速公路	双向四车道高速公路
3	设计速度	km/h	100	100
4	路基宽度	m	26.0	26.0
5	行车道宽度	m	2×2×3.75	2×2×3.75
6	中央分隔带宽度	m	2	2
7	左侧路缘带宽度	m	2×0.75	2×0.75
8	硬路肩宽度	m	2×3.00	2×3.00
9	土路肩宽度	m	2×0.75	2×0.75
10	路基设计洪水频率		1/100	1/100
11	平曲线最极限小半径		400	600
12	最小停车视距	m	160	160

续上表

项目	指标名称	单位	指　标	采用值
13	最大纵坡	%	4	3.9
14	最大坡长	m	800(4%)	960(2.99)
15	最小坡长	m	250	280
16	竖曲线最小半径(凸/凹)	m	10000/4500	16000/10000
17	竖曲线极限最小长度	m	170	170
18	路面横坡	%	2%	2%
19	桥面总宽	m	2×12.75	2×12.75
20	桥面净宽	m	2×11.75	2×11.75
21	桥涵设计车辆荷载		公路—Ⅰ级 (特殊桥梁1.3倍公路—Ⅰ级)	公路—Ⅰ级 (特殊桥梁1.3倍公路—Ⅰ级
22	桥涵设计洪水频率		1/100(特大桥1/300)	1/100(特大桥1/300)
23	分离式双洞隧道净宽	m	11.4	14.35
24	隧道侧向宽度(左/右)	m	0.5/1.0	0.5/1.0
25	隧道内最大纵坡	%	3	1.7

3.参建单位

建设单位:河南嵩阳高速公路有限公司。

施工单位及监理单位:见表2。

洛栾高速公路洛阳至嵩县段施工单位及监理单位一览表　　表2

序号	合同段	施工单位名称	路线长度及工程内容(km)	监理单位
1	NO.1	河南省公路工程局集团有限公司	K0+000~K6+900土建工程	河南省宏力工程咨询有限公司
2	NO.2	中铁十五局集团第七工程有限公司	K6+900~K14+600土建工程	
3	NO.3	濮阳市通达公路工程有限公司	K14+600~K23+100土建工程	
4	NO.4	山东鲁桥建设有限公司	K23+100~K33+000土建工程	
5	NO.5	中交二公局第四工程有限公司	K33+000–K40+000土建工程	河南省高等级公路建设监理部
6	NO.6	中铁十五局集团第五工程有限公司	K40+000~K46+000土建工程	
7	NO.7	浙江登峰交通集团有限公司	K46+000~K52+500土建工程	
8	NO.8	中铁十五局集团第二工程有限公司	K52+500~K57+100土建工程	
9	NO.9	中铁七局集团第三工程有限公司	K57+100~K61+800土建工程	
10	NO.10	湖南省建筑工程集团总公司	K0+000~K61+800土建工程	河南省宏力工程咨询有限公司
11	NO.1	云南路桥股份有限公司	K0+000~K23+100路面工程	河南省宏力工程咨询有限公司
12	NO.2	吉林省亿丰路桥工程限公司	K23+100~K40+000路面工程	
13	NO.3	吉林省长城路桥建工有限责任公司	K40+000~K61+800路面工程	河南省高等级公路建设监理部
14	NO.1	中交第一公路工程局有限公司	K0+000~K32+999.29交安工程	河南省豫通公路工程监理事务所
15	NO.2	广东省交通发展有限公司	K32+999.29~K61+800交安工程	河南省高等级公路建设监理部

续上表

序号	合同段	施工单位名称	路线长度及工程内容(km)	监理单位
16	NO.3	中交第一公路工程局有限公司	K0 +000 ~ K32 +999.29 交安工程	河南省豫通公路工程监理事务所
17	NO.4	科达集团股份有限公司	K32 +999.29 ~ K61 +800 交安工程	河南省高等级公路建设监理部

二、检测依据及组织情况

1.检测依据

(1)交通运输部:《公路工程竣(交)工验收办法与实施细则》(2010)。

(2)交通运输部:《公路工程质量检验评定标准》(JTG F80/1—2004)、《公路路基路面现场测试规程》(JTG E60—2008)。

(3)交通运输部:相关标准、规范、规程。

(4)本项目设计及相关文件。

2.外业检测组织情况

根据河南嵩阳高速公路有限公司的申请,依据交通运输部《公路工程竣(交)工验收办法与实施细则》(2010),按照《公路工程质量检验评定标准》(JTG F80/1—2004)与《公路路基路面现场测试规程》(JTG E60—2008),受河南省交通基本建设质量检测监督站委托,河南省交院工程检测加固有限公司于2012年11月13日至11月20日对洛栾高速公路洛阳至嵩县段(除机电工程、房屋建筑工程、路基支挡工程和排水工程未完工外)进行了工程交工检测。并于2013年8月对完工的路基支挡工程和排水工程进行了检测。本次交工质量检测分路基检测组、路面检测组、桥梁检测组、隧道检测组及交安检测组。

根据本项目的特点,各检测工作组依据《公路工程竣(交)工验收办法与实施细则》分别对已按设计完成的路基工程、路面工程、桥梁、隧道工程、交安工程共41个项目进行了实际量测和外观检查。

路基检测组负责路基土石方、涵洞、通道工程、排水工程和支挡工程的检测;路面检测组负责沥青路面压实度、弯沉、平整度、抗滑性能、厚度、渗水系数、路面横坡等指标的检测;桥梁检测组负责桥梁混凝土强度、主要结构几何尺寸、钢筋保护层厚度、桥面横坡等指标的检测;隧道检测组负责隧道混凝土强度、主要结构几何尺寸等指标的检测;交安检测组负责主要结构几何尺寸、标志板反光膜及反光标线逆反射性能、混凝土护栏强度等指标的检测;同时各组负责相关项目的外观检查。

外业组分别配备了相应的检测仪器设备。检测仪器设备一览表见表3。

检测设备一览表 表3

序号	检测项目	检测仪器、设备名称	规格型号	单位	数量	产地
1	结构、标志尺寸,桥梁宽度等	钢卷尺	3m、5m、30m、50m	把	若干	
		钢板尺	30cm、50cm、100cm	把	若干	
2	混凝土强度	回弹仪	ZC3-A	台	3	武汉
			ZC-1	台	1	武汉
3	桥面、路面横坡	水准仪、钢卷尺	天津2200	台	2	天津
4	桥面平整度	3m直尺、塞尺	—	把	1	北京
5	结构物检测	桥梁检测车	宇通21m桥检车	台	1	郑州

续上表

序号	检 测 项 目	检测仪器、设备名称	规 格 型 号	单位	数量	产地
6	大面平整度	2m 靠尺、塞尺	—	把	3	北京
7	净宽、净空	激光断面仪	BJSD-4	台	3	北京
8	钢筋保护层厚度	钢筋位置测定仪	ZBL-R603	台	2	北京
9	路面厚度、压实度	取芯机	OMA-HZ-15	台	2	台湾
		静水天平	WT51001S	台	1	常州
10	路面弯沉	落锤式弯沉仪	Dynatest8000	台	2	丹麦
11	路面平整度	路面质量综合检测车	RP-06(15L)	台	1	北京
12	路面厚度	地质雷达	LTD-2000	台	1	青岛
13	路面摩擦系数	摩擦系数检测车	Griptester MK2D	台	1	英国
14	路面渗水系数	路面渗水仪	TST-70	台	1	南京
15	隧道衬砌厚度	探地雷达	SIR-3000	台	1	美国
16	隧道衬砌裂缝	裂缝宽度观测仪	ZBL-F103	台	1	北京
17	标志板反光膜等级及逆反射系数	逆反射标志测定仪	STT-101	台	1	北京
18	反光标线逆反射系数	反光标线逆反射系数测试仪	(FB-94)	台	1	北京
19	标线厚度	标线厚度测定仪	(STT-950)	台	1	北京

三、抽查项目、检测方法及检测频率

本次交工质量检测,按照交通运输部《公路工程竣(交)工验收办法与实施细则》(2010)的规定进行。

(一)抽查项目

1. 路基工程:包括路基土石方、小桥、涵洞、排水工程和支挡工程等分部工程,抽查项目有:路基压实度、弯沉,小桥涵洞混凝土强度、主要结构尺寸等。

2. 路面工程:含路面面层一个分部工程,抽查项目有:路面压实度、弯沉、平整度、抗滑、厚度、渗水系数及横坡等。

3. 桥梁工程:包括下部、上部和桥面系三个分部工程,抽查项目有:下部墩台混凝土强度、主要结构尺寸、钢筋保护层厚度、墩台垂直度;上部结构混凝土强度、主要结构尺寸、钢筋保护层厚度;桥面铺装平整度、横坡、桥面抗滑等。

4. 隧道工程:包括衬砌、总体和隧道路面三个分部工程,抽查项目有:衬砌厚度,衬砌混凝土强度、大面平整度及隧道总体宽度、净空;隧道路面按照路面工程要求检测。

5. 交安工程:包括交通标志、路面标线、波形梁钢护栏和混凝土护栏四个分部工程,抽查项目有:立柱竖直度、标志板净空、厚度、反光膜等级及逆反射系数;反光标线逆反射系数、标线厚度;波形梁板基底金属厚度、立柱壁厚、立柱埋入深度、横梁中心高度;混凝土护栏强度及断面尺寸。

(二)检测方法

本次检测抽查项目均采用交通运输部部颁检测、试验方法进行,其中混凝土强度采用回弹仪,路面平整度采用激光平整度测试车,路面厚度采用路面雷达测厚仪,路面弯沉采用落锤式弯沉仪，路面抗滑采用摩擦系数检测车，隧道衬砌厚度采用探地雷达测厚仪，反光膜及标线逆反射系数分别采用专用逆反射系数测定仪，标线厚度采用标线厚度测定仪。检测数据按照交通运输部有关规程规定的方法处理。路面厚度采用取芯法和地质雷达检测车分别检测。路面取芯为每公里取芯 1 处，地质雷达检测车是左右线分别连续检测。

（三）检测频率

检测时依据《公路工程竣（交）工验收办法与实施细则》，根据工程的实际情况，确定合同段检测频率。

1. 路基工程

路基工程压实度检测每公里/车道抽查 1 ~2 处，路基弯沉检测每公里不少于 40 处，小桥抽查总数的 20%，涵洞抽查总数的 10%，排水工程的断面尺寸检测每公里不少于 2 ~3 处，每处不少于 2 个断面，铺砌厚度按合同段抽查不少于 3 处，每次开挖不少于 1 个断面，支挡工程检测不少于总数的 10%。

2. 路面工程

路面工程的弯沉、平整度、厚度、摩擦系数等逐车道连续检测，其他抽查项目每公里不少于 1 处。

3. 桥梁工程

特大桥、大桥逐座检查；中桥抽查不少于总数的 30% 且每种桥型抽查不少于一座。

桥梁下部工程抽查不少于墩台总数的 20% 且不少于 5 个，墩台少于 5 个时全部检测。每种结构型式抽查不少于 1 个。

桥梁上部工程抽查不少于总孔数的 20% 且不少于 5 个，孔数少于 5 个时全部检测。每种结构型式抽查不少于 1 个。

4. 隧道工程

隧道逐座检查。

5. 交安工程

防护栏、标线每公里抽查不少于 1 处；标志抽查不少于总数的 10%。

四、检测结果（单点合格率）

（一）单位工程检测结果汇总

1. 路基工程

各标段抽检项目及单点合格率见表 4。

2. 路面工程

各标段抽检项目及单点合格率见表 5。

3. 桥梁工程

各标段抽检项目及单点合格率见表 6。

4. 隧道工程

各标段抽检项目及单点合格率见表 7。

5. 交安工程

各标段抽检项目及单点合格率见表 8。

（二）建设项目检查结果汇总（表 9）

表4

洛栾高速公路洛阳至嵩县段路基工程检查结果汇总表

单位工程	分部工程	检测项目	NO.1			NO.2			NO.3			NO.4			NO.5		
			抽检点数	合格点数	合格率(%)	抽检点数	合格点数	合格率(%)	抽检点数	合格点数	合格率(%)	抽检点数	合格点数	合格率(%)	抽检点数	合格点数	合格率(%)
路基工程	涵洞	混凝土强度	30	30	100	10	10	100	10	10	100	20	20	100	20	20	100
		主要结构尺寸	22	18	81.8	7	6	85.7	8	6	75	13	12	92.3	16	14	87.5
	路基土石方	压实度	59	59	100	55	55	100	96	96	100	165	165	100	71	71	100
		弯沉	681	681	100	547	547	100	695	695	100	726	726	100	437	437	100
	排水工程	断面尺寸	52	48	92.3	46	42	91.3	9	9	100	60	55	91.7	24	22	91.7
		铺砌厚度	4	4	100	5	5	100	3	3	100	4	4	100	5	5	100
	支挡工程	断面尺寸	19	18	94.7	11	10	90.9	13	12	92.3	14	13	92.9	16	15	93.8

单位工程	分部工程	检测项目	NO.6			NO.7			NO.8			NO.9			合计		
			抽检点数	合格点数	合格率(%)	抽检点数	合格点数	合格率(%)	抽检点数	合格点数	合格率(%)	抽检点数	合格点数	合格率(%)	抽检点数	合格点数	合格率(%)
路基工程	涵洞	混凝土强度	10	10	100	20	20	100	20	20	100	20	20	100	160	160	100
		主要结构尺寸	7	6	85.7	9	8	88.9	7	6	85.7	6	5	83.3	95	81	85.3
	路基土石方	压实度	84	84	100	71	71	100	57	57	100	79	79	100	737	737	100
		弯沉	635	635	100	360	360	100	210	210	100	438	438	100	4729	4729	100
	排水工程	断面尺寸	48	44	91.7	54	49	90.7	39	35	89.7	33	30	90.9	365	334	91.5
		铺砌厚度	3	3	100	4	4	100	3	3	100	4	4	100	35	35	100.0
	支挡工程	断面尺寸	14	13	92.9	12	11	91.7	11	10	90.9	12	11	91.7	122	113	92.6

洛栾高速公路洛阳至嵩县段路面工程检查结果汇总表

表5

单位工程	分部工程	检测项目	NO.1			NO.2			NO.3			合计		
			抽检点数	合格点数	合格率(%)	抽检点数	合格点数	合格率(%)	抽检点数	合格点数	合格率(%)	抽检点数	合格点数	合格率(%)
路面工程	路面面层	沥青路面压实度	69	67	97.1	51	49	96.1	66	63	95.5	186	179	96.2
		沥青路面弯沉	1348	1348	100	1200	1200	100	816	816	100	3364	3364	100
		平整度	924	900	97.4	676	670	99.1	872	801	91.9	2472	2371	95.9
		抗滑	924	921	99.7	676	671	99.3	872	870	99.8	2472	2462	99.6
		取芯厚度(总厚度)	23	23	100	17	17	100	22	22	100	62	62	100
		雷达测厚	328	319	97.3	316	305	96.5	236	225	95.3	880	849	96.5
		沥青路面渗水系数	24	24	100	17	17	100	19	19	100	60	60	100
		横坡	30	27	90.0	34	32	94.1	42	36	85.7	106	95	89.6

洛栾高速公路洛阳至嵩县段桥梁工程检查结果汇总表

表6

单位工程	分部工程	检测项目	NO.1			NO.2			NO.3			NO.4		
			抽检点数	合格点数	合格率(%)	抽检点数	合格点数	合格率(%)	抽检点数	合格点数	合格率(%)	抽检点数	合格点数	合格率(%)
桥梁工程	下部	墩台混凝土强度	100	100	100	100	100	100	90	90	100	94	94	100
		主要结构尺寸	92	90	97.8	90	86	95.6	62	60	96.7	82	79	96.3
		墩台竖直度	90	81	90.0	88	73	83.0	60	54	90.0	48	47	97.9
		钢筋保护层厚度	900	665	73.9	840	642	76.4	600	443	73.8	440	326	74.1
	上部	混凝土强度	470	470	100	440	440	100	370	370	100	310	310	100
		主要结构尺寸	105	100	95.2	110	100	90.9	95	85	89.5	120	95	79.2
		钢筋保护层厚度	960	765	79.7	880	753	85.6	740	622	84.1	610	514	84.3
	桥面系	桥面铺装平整度	92	90	97.8	154	154	100	86	85	98.8	64	62	96.9
		横坡	119	108	90.8	214	204	95.3	98	91	92.9	39	37	94.9
		桥面抗滑	合格			合格			合格			合格		

续上表

单位工程	分部工程	检测项目	NO.5			NO.6			NO.7		
			抽检点数	合格点数	合格率(%)	抽检点数	合格点数	合格率(%)	抽检点数	合格点数	合格率(%)
桥梁工程	下部	墩台混凝土强度	90	90	100	92	92	100	80	80	100
		主要结构尺寸	74	72	97.3	80	78	97.5	70	70	100
		墩台竖直度	54	54	100	62	57	91.9	86	81	94.2
		钢筋保护层厚度	540	406	75.2	560	403	72.0	680	515	75.7
	上部	混凝土强度	340	340	100	360	360	100	370	370	100
		主要结构尺寸	95	90	94.7	120	107	89.2	82	80	97.6
		钢筋保护层厚度	680	560	82.4	660	543	82.3	760	632	83.2
	桥面系	桥面铺装平整度	110	106	96.4	118	117	99.2	80	80	100
		横坡	84	81	96.4	106	105	99.1	140	124	88.6
		桥面抗滑	合格			合格			合格		

单位工程	分部工程	检测项目	NO.8			NO.9			NO.10		
			抽检点数	合格点数	合格率(%)	抽检点数	合格点数	合格率(%)	抽检点数	合格点数	合格率(%)
桥梁工程	下部	墩台混凝土强度	32	32	100	60	60	100	738	738	100.0
		主要结构尺寸	32	30	93.8	60	56	93.3	642	621	96.7
		墩台竖直度	32	26	81.3	68	65	95.6	588	538	91.5
		钢筋保护层厚度	320	242	75.6	560	424	75.7	5440	4066	74.7
	上部	混凝土强度	150	150	100	300	300	100	3110	3110	100.0
		主要结构尺寸	36	32	88.9	102	90	88.2	865	779	90.1
		钢筋保护层厚度	300	246	82.0	600	499	83.2	6190	5134	82.9
	桥面系	桥面铺装平整度	28	28	100	40	40	100	772	762	98.7
		横坡	112	103	92.0	78	65	83.3	990	918	92.7
		桥面抗滑	合格			合格			合格		

洛阳至栾川高速公路洛阳至嵩县段隧道工程检查结果汇总表

表7

单位工程	分部工程	检测项目	NO.6			NO.8			NO.9			合计		
			抽检点数	合格点数	合格率(%)	抽检点数	合格点数	合格率(%)	抽检点数	合格点数	合格率(%)	抽检点数	合格点数	合格率(%)
隧道工程	衬砌	衬砌混凝土强度	20	20	100	16	16	100	20	20	100	56	56	100
		衬砌厚度	456	450	98.7	156	156	100	1566	1531	97.8	2178	2137	98.1
		大面平整度	16	16	100	12	10	83.3	16	16	100	44	42	95.5
	总体	宽度	12	12	100	10	10	100	16	16	100	38	38	100
		净空	468	468	100	390	390	100	624	624	100	1482	1482	100

注:衬砌厚度按三条测线,每3m一个断面统计。

洛栾高速公路洛阳至嵩县段交安工程检查结果汇总表

表8

单位工程	分部工程	检测项目	NO.1			NO.2			合计		
			抽检点数	合格点数	合格率(%)	抽检点数	合格点数	合格率(%)	抽检点数	合格点数	合格率(%)
交通安全设施	交通标志	立柱竖直度	40	33	82.5	32	26	81.2	72	59	81.9
		标志板净空	15	13	86.7	12	10	83.3	27	23	85.2
		标志板厚度	40	36	90.0	32	29	90.6	72	65	90.3
		标志面反光膜等级及逆射光系数	80	80	100	64	64	100	144	144	100
	路面标线	反光标线逆反射系数	165	135	81.8	145	116	80.0	310	251	81.0
		标线厚度	330	284	86.1	290	238	82.1	620	522	84.2
单位工程	分部工程	检测项目	NO.3			NO.4			合计		
			抽检点数	合格点数	合格率(%)	抽检点数	合格点数	合格率(%)	抽检点数	合格点数	合格率(%)
交通安全设施	波形梁钢护栏	波形梁板基底金属厚度	165	155	93.9	145	138	95.2	310	293	94.5
		波形梁钢护栏立柱壁厚度	165	157	95.2	145	140	96.6	310	297	95.8
		波形梁钢护栏横梁中心高度	165	150	90.9	145	133	91.7	310	283	91.3
		波形梁钢护栏立柱埋入深度	33	29	87.9	29	26	89.7	62	55	88.7
	—		土建NO.10			—			合计		
	混凝土护栏	混凝土护栏强度	116	116	100				116	116	100
		混凝土护栏尺寸	310	290	93.5				310	290	93.5

洛阳至栾川高速公路洛阳至嵩县段建设项目检查结果汇总表

表9

<table>
<tr><th rowspan="2">单位工程</th><th rowspan="2">分部工程</th><th rowspan="2">检测项目</th><th colspan="3">检测项目合计</th><th colspan="3">单位工程小计</th></tr>
<tr><th>抽检点数</th><th>合格点数</th><th>合格率(%)</th><th>抽检点数</th><th>合格点数</th><th>合格率(%)</th></tr>
<tr><td rowspan="7">路基工程</td><td rowspan="2">涵洞</td><td>混凝土强度</td><td>160</td><td>160</td><td>100</td><td rowspan="7">6243</td><td rowspan="7">6189</td><td rowspan="7">99.1</td></tr>
<tr><td>结构尺寸</td><td>95</td><td>81</td><td>85.3</td></tr>
<tr><td rowspan="2">路基土石方</td><td>压实度</td><td>737</td><td>737</td><td>100</td></tr>
<tr><td>弯沉</td><td>4729</td><td>4729</td><td>100</td></tr>
<tr><td rowspan="2">排水工程</td><td>断面尺寸</td><td>365</td><td>334</td><td>91.5</td></tr>
<tr><td>铺砌厚度</td><td>35</td><td>35</td><td>100.0</td></tr>
<tr><td>支挡工程</td><td>断面尺寸</td><td>122</td><td>113</td><td>92.6</td></tr>
<tr><td rowspan="8">路面工程</td><td rowspan="8">路面面层</td><td>沥青路面压实度</td><td>186</td><td>179</td><td>96.2</td><td rowspan="8">9602</td><td rowspan="8">9442</td><td rowspan="8">98.3</td></tr>
<tr><td>沥青路面弯沉</td><td>3364</td><td>3364</td><td>100</td></tr>
<tr><td>平整度</td><td>2472</td><td>2371</td><td>95.9</td></tr>
<tr><td>抗滑</td><td>2472</td><td>2462</td><td>99.6</td></tr>
<tr><td>取芯厚度(总厚度)</td><td>62</td><td>62</td><td>100</td></tr>
<tr><td>雷达测厚</td><td>880</td><td>849</td><td>96.5</td></tr>
<tr><td>沥青路面渗水系数</td><td>60</td><td>60</td><td>100</td></tr>
<tr><td>横坡</td><td>106</td><td>95</td><td>89.6</td></tr>
<tr><td rowspan="4">桥梁工程</td><td rowspan="4">下部</td><td>墩台混凝土强度</td><td>738</td><td>738</td><td>100.0</td><td rowspan="4">7408</td><td rowspan="4">5963</td><td rowspan="4">80.5</td></tr>
<tr><td>主要结构尺寸</td><td>642</td><td>621</td><td>96.7</td></tr>
<tr><td>墩台竖直度</td><td>588</td><td>538</td><td>91.5</td></tr>
<tr><td>钢筋保护层厚度</td><td>5440</td><td>4066</td><td>74.7</td></tr>
<tr><td rowspan="6">桥梁工程</td><td rowspan="3">上部</td><td>混凝土强度</td><td>3110</td><td>3110</td><td>100.0</td><td rowspan="3">10165</td><td rowspan="3">9023</td><td rowspan="3">88.8</td></tr>
<tr><td>主要结构尺寸</td><td>865</td><td>779</td><td>90.1</td></tr>
<tr><td>钢筋保护层厚度</td><td>6190</td><td>5134</td><td>82.9</td></tr>
<tr><td rowspan="3">桥面系</td><td>桥面铺装平整度</td><td>772</td><td>762</td><td>98.7</td><td rowspan="2">1762</td><td rowspan="2">1680</td><td rowspan="2">95.3</td></tr>
<tr><td>横坡</td><td>990</td><td>918</td><td>92.7</td></tr>
<tr><td>桥面抗滑</td><td colspan="3">合格</td><td colspan="3">合格</td></tr>
<tr><td rowspan="5">隧道工程</td><td rowspan="3">衬砌</td><td>衬砌混凝土强度</td><td>56</td><td>56</td><td>100</td><td rowspan="3">2278</td><td rowspan="3">2235</td><td rowspan="3">98.1</td></tr>
<tr><td>衬砌厚度</td><td>2178</td><td>2137</td><td>98.1</td></tr>
<tr><td>大面平整度</td><td>44</td><td>42</td><td>95.5</td></tr>
<tr><td rowspan="2">总体</td><td>宽度</td><td>38</td><td>38</td><td>100</td><td rowspan="2">1520</td><td rowspan="2">1520</td><td rowspan="2">100</td></tr>
<tr><td>净空</td><td>1482</td><td>1482</td><td>100</td></tr>
<tr><td rowspan="6">交通安全设施</td><td rowspan="4">交通标志</td><td>立柱竖直度</td><td>72</td><td>59</td><td>81.9</td><td rowspan="4">315</td><td rowspan="4">291</td><td rowspan="4">92.4</td></tr>
<tr><td>标志板净空</td><td>27</td><td>23</td><td>85.2</td></tr>
<tr><td>标志板厚度</td><td>72</td><td>65</td><td>90.3</td></tr>
<tr><td>标志面反光膜等级及逆射光系数</td><td>144</td><td>144</td><td>100</td></tr>
<tr><td rowspan="2">路面标线</td><td>反光标线逆反射系数</td><td>310</td><td>251</td><td>81.0</td><td rowspan="2">930</td><td rowspan="2">773</td><td rowspan="2">83.1</td></tr>
<tr><td>标线厚度</td><td>620</td><td>522</td><td>84.2</td></tr>
</table>

续上表

<table>
<tr><th rowspan="2">单位工程</th><th rowspan="2">分部工程</th><th rowspan="2">检测项目</th><th colspan="3">检测项目合计</th><th colspan="3">单位工程小计</th></tr>
<tr><th>抽检点数</th><th>合格点数</th><th>合格率(%)</th><th>抽检点数</th><th>合格点数</th><th>合格率(%)</th></tr>
<tr><td rowspan="6">交通安全设施</td><td rowspan="4">波形梁钢护栏</td><td>波形梁板基底金属厚度</td><td>310</td><td>293</td><td>94.5</td><td rowspan="4">992</td><td rowspan="4">928</td><td rowspan="4">93.5</td></tr>
<tr><td>波形梁钢护栏立柱壁厚度</td><td>310</td><td>297</td><td>95.8</td></tr>
<tr><td>波形梁钢护栏横梁中心高度</td><td>310</td><td>283</td><td>91.3</td></tr>
<tr><td>波形梁钢护栏立柱埋入深度</td><td>62</td><td>55</td><td>88.7</td></tr>
<tr><td rowspan="2">混凝土护栏</td><td>混凝土护栏强度</td><td>116</td><td>116</td><td>100</td><td rowspan="2">426</td><td rowspan="2">406</td><td rowspan="2">95.3</td></tr>
<tr><td>混凝土护栏尺寸</td><td>310</td><td>290</td><td>93.5</td></tr>
<tr><td colspan="6">合计</td><td>41641</td><td>38450</td><td>92.3</td></tr>
</table>

五、检测结果分析

(一)路基工程

1. 涵洞小桥

抽查项目为混凝土强度及结构尺寸,进行了外观检查后认为:涵洞、通道结构尺寸控制较好,涵洞、通道内外轮廓线条清晰顺滑,绝大多数混凝土构件表面密实。

2. 路基土石方

抽查项目为压实度及弯沉,进行了检查后认为:路基的压实度及弯沉都控制较好。

3. 排水工程

抽查项目为断面尺寸及铺砌厚度,进行了检查后认为:排水工程的断面尺寸及铺砌厚度都控制较好。

4. 支挡工程

抽查项目为断面尺寸,进行了检查后认为:支挡工程的断面尺寸控制较好。

(二)路面工程

路面工程抽查项目为沥青路面压实度、路面弯沉、平整度、抗滑(摩擦系数)、厚度、渗水系数、横坡等。

1. 沥青路面厚度

本次检测,路面厚度采用取芯抽查和路用地质雷达普查两种方式进行。

1)取芯厚度检测

上面层厚度:全线路面取芯 62 处,厚度变化范围在 39 ~ 50mm(设计值为 40mm),路面一标上面层厚度代表值为 40.8mm,路面二标上面层厚度代表值为 41.9mm,路面三标上面层厚度代表值为 42.3mm。检测结果表明,全线各标段上面层厚度全部满足要求,合格率为 100%。

面层总厚度:全线路面取芯 62 处,全线面层总厚度变化范围在 180 ~ 200mm(设计值为 180mm),路面一标面层总厚度代表值为 175.5mm,路面二标面层总厚度代表值为 182.7mm,路面三标面层总厚度代表值为 187.9mm。检测结果表明,全线各标段面层总厚度满足要求,合格率为 100%。

2)雷达厚度检测

雷达厚度检测总计 880 点,全线上面层合格率为 96.3%,总厚度合格率为 96.5%。各标段雷达厚度检测数据汇总见表 10 和表 11。

上面层厚度地质雷达检测结果汇总表 表10

标段	最大值（mm）	最小值（mm）	平均值（mm）	代表值（mm）	设计值（mm）	实测点数	合格点数	合格率（%）
路面 No.1	47.5	29.6	41.1	40.7	40	328	316	96.3
路面 No.2	47.0	30.1	41.0	40.7	40	316	301	95.3
路面 No.3	48.9	30.3	40.2	39.8	40	236	230	97.5
全线	48.9	29.6	—	—	40	880	847	96.3

路面面层总厚度地质雷达检查结果汇总表 表11

标段	最大值（mm）	最小值（mm）	平均值（mm）	代表值（mm）	设计值（mm）	实测点数	合格点数	合格率（%）
路面 No.1	186.8	160.0	180.8	180.2	180	328	319	97.3
路面 No.2	191.7	157.0	180.5	179.8	180	316	305	96.5
路面 No.3	191.7	156.9	180.9	180.8	180	236	225	95.3
全线	191.7	156.9	—	—	180	880	849	96.5

从取芯检测及雷达检测结果可知，路面上面层及总面层厚度代表值均符合设计要求。

2. 沥青路面压实度

全线路面取芯 62 处，压实度检测以实验室标准密度为标准进行统计整理，分别对各标段上、中、下三层沥青面层压实度进行检测。检测结果汇总见表 12。

压实度检查结果汇总表 表12

标段	试件数	检测点数	层位	代表值（%）	要求值（%）	合格数	单层合格率（%）	合格率（%）
路面 No.1	23	23	上面层	98.6	98.0	22	95.7	97.1
		23	中面层	97.1	96.0	22	95.7	
		23	下面层	97.2	96.0	23	100	
路面 No.2	17	17	上面层	98.1	98.0	16	94.1	96.1
		17	中面层	98.4	96.0	17	100	
		17	下面层	97.0	96.0	16	94.1	
路面 No.3	22	22	上面层	98.9	98.0	21	95.5	95.5
		22	中面层	97.4	96.0	22	100	
		22	下面层	96.8	96.0	20	90.9	
全线	62	62	上面层	—	98.0	59	95.2	96.2
		62	中面层	—	96.0	61	98.4	
		62	下面层	—	96.0	59	95.2	

实测数据分析结果显示全线沥青路面压实度代表值均符合质量标准。

3. 路面弯沉

本次全线弯沉检测共测得 3364 个评定点，合格率为 100%（表 13），全线路面弯沉代表值均符合设计要求。

路面弯沉检查结果汇总表

表 13

标段	评定点数	平均弯沉值（0.01mm）	弯沉代表值（0.01mm）	弯沉设计值（0.01mm）	合格点数	合格率（%）
路面 No.1	1348	5.3	7.9	21.3	1348	100
路面 No.2	1200	5.2	8.0	21.3	1200	100
路面 No.3	816	6.7	10.1	21.3	816	100
全线	3364	—	—	21.3	3364	100

4. 路面平整度

全线实测平整度 2472 个评定数据，不合格数 101 个，全线平整度总合格率为 95.9%，平整度评定单元 IRI 平均值多介于 0.7～1.5m/km，标准差 σ 多介于 0.43～0.92，各标段平整度合格率均在 90% 以上，全线 IRI 均值为 1.14 m/km，σ 均值为 0.69，表明全线路面平整度总体控制良好（表 14）。

平整度 IRI 及标准差 σ 汇总表

表 14

标段	检测总数	IRI（m/km）		标准差 σ		合格数	合格率（%）
		检测均值	要求值	检测均值	要求值		
路面 No.1	924	1.09	≤2.0	0.67	≤1.2	900	97.4
路面 No.2	676	0.97		0.59		670	99.1
路面 No.3	872	1.32		0.81		801	91.9
全线	2472	1.14		0.69		2371	95.9

5. 路面抗滑

全线路面摩擦系数实测 2472 点，合格点数为 2462，合格率为 99.6%（表 15），全线路面摩擦系数合格率高，表明路面抗滑性能良好。

抗滑指标汇总表

表 15

标段	实测点数	SFC 检测均值	SFC 要求值	合格点数	合格率（%）
路面 No.1	92.4	63.0	≥50	921	99.7
路面 No.2	676	62.3		671	99.3
路面 No.3	872	64.2		870	99.8
全线	2472	—		2462	99.6

6. 路面渗水系数检查

全线路面渗水系数实测 60 点，合格点数为 60 点，合格率为 100%（表 16），全线路面渗水系数合格率高，表明路面密实。

渗水系数检测结果汇总表

表 16

标段	实测点数	要求值（mL/min）	合格点数	合格率（%）
路面 No.1	24	≤300	24	100
路面 No.2	17		17	100
路面 No.3	19		19	100
全线	60		60	100

7. 路面横坡及外观检查

全线路面横坡检测 106 个断面，合格率为 89.6%（表 17）。面层表面绝大部分平整、密实，无松散、裂缝等缺陷，接茬处紧密平顺，与构造物连接基本直顺。

路面横坡检测结果汇总表 表17

标　段	实测点数	规范允许偏差值	合格点数	合格率(%)
路面 No.1	30	±0.3%	27	90.0
路面 No.2	34		32	94.1
路面 No.3	42		36	85.7
全线	106		95	89.6

(三)桥梁工程

1.下部构造

抽查项目为：混凝土强度(回弹法)、墩台直径、竖直度和钢筋保护层厚度。抽查的桥梁结构混凝土强度符合要求，墩台的断面尺寸和竖直度控制较好。

2.上部构造

抽查项目为：混凝土强度(回弹法)、主要结构尺寸、钢筋保护层厚度。抽查的桥梁结构混凝土强度符合要求，结构尺寸、钢筋保护层厚度控制较好。

3.桥面系

抽查项目为：桥面铺装平整度、横坡、抗滑。抽查的桥梁系桥面铺装平整度及横坡控制较好。

4.桥梁外观检查

经检查认为：桥梁内外轮廓较为顺滑，各部位尺寸控制较好，混凝土强度符合设计及规范要求。桥面铺装平顺，大部分桥梁护栏牢固、直顺，桥头无跳车现象；盖梁、墩柱等构件尺寸控制较好，混凝土质量良好。

(四)隧道工程

1.衬砌

抽查项目为：衬砌混凝土强度(回弹法)、厚度、大面平整度。抽查的隧道衬砌混凝土强度和厚度符合要求，隧道的大面平整度控制较好。

2.隧道总体

经检查认为：隧道各部位尺寸净空和宽度指标均控制良好。

3.隧道外观检查

经检查认为：各隧道洞内无渗漏水情况；各隧道洞内排水系统通畅；各隧道衬砌混凝土表面密实情况和表面裂缝情况均控制良好，仅有部分地方产生蜂窝麻面和表面裂缝，如左线K55+283左边墙处、右线K42+425拱顶处、右线K60+360右边墙处等。大坡隧道局部出现错台，平整度控制一般，如左线K55+260左边墙部位、K55+290右边墙部位和右线K55+285右边墙部位等。

(五)桥梁动载试验

选取楼子沟大桥、八道河大桥、乾涧沟特大桥三座桥梁进行动载试验，试验结果如下：

(1)在20~40km/h的行车速度范围内，八道河大桥、乾涧沟大桥和楼子沟大桥动力冲击系数与规范计算值接近，表明这三座桥行车条件均较好。

(2)由模态试验自振频率和理论计算值对比可以看出，八道河大桥、乾涧沟大桥和楼子沟大桥的实测自振频率值均略大于计算值，表明结构的整体动刚度较大，满足设计要求。

(3)八道河大桥、乾涧沟大桥和楼子沟大桥的阻尼比落在2.56%~2.95%，属于常规混凝土桥梁1～8%阻尼比的正常范围。

（六）交安工程

1. 交通标志

抽查项目为：立柱竖直度、标志板净空、标志板厚度和标志面反光膜等级及逆反射系数。抽查的立柱竖直度、标志板净空、标志板厚度和标志面反光膜等级及逆反射系数均控制较好。

2. 路面标线

抽查项目为：反光标线逆反射系数、标线厚度。抽查后认为：反光标线逆反射系数和标线厚度符合要求。

3. 波形梁钢护栏

抽查项目为：波形梁板基底金属厚度、波形梁钢护栏立柱壁厚度、波形梁钢护栏横梁中心高度和波形梁钢护栏立柱埋入深度。抽查的波形梁板基底金属厚度、波形梁钢护栏立柱壁厚度、波形梁钢护栏横梁中心高度和波形梁钢护栏立柱埋入深度均控制较好。

4. 混凝土护栏

抽查项目为：混凝土护栏强度、混凝土护栏尺寸。抽查的混凝土护栏强度符合要求，混凝土护栏尺寸控制较好。

5. 交安设施外观检查

经检查认为：交通标志显示清晰，无明显破损、划痕等表面缺陷；标线线性流畅，玻璃珠撒播均匀、附着牢固；波形梁护栏线形顺适，色泽一致，但个别立柱顶部存在塌边现象，如K1+500处；混凝土护栏表面平整、密实，未见明显蜂窝、麻面、开裂现象，但个别存在明显掉角现象。

（七）总体评价

洛阳至栾川高速公路洛阳至嵩县段建设项目工程平、纵线形流畅；路基压实度、弯沉值满足设计或规范要求；桥梁混凝土强度符合设计要求，外观质量良好，桥头无跳车现象；小桥、通道、涵洞工程的混凝土强度符合要求，外观质量较好；隧道衬砌混凝土强度、厚度和大面平整度符合设计要求，外观质量较好；隧道总体宽度和净空符合设计要求，外观质量较好；路面各结构层的压实度、厚度、弯沉值等指标符合要求，表面平整密实，无脱皮、泛油、碾压痕迹；标志、标线、防护栏布设合理，符合设计或规范要求。

六、工程存在的主要问题

1. 部分涵洞或通道洞口杂物堆积未清理，建议尽快处理。如K27+600通道，BK0+200涵洞，K33+558涵洞。

2. 沥青路面的极个别处有油料污染现象，通车前须处理彻底。

3. 沥青路面个别路段局部存在沥青面层与新泽西混凝土护栏拼接不良，应及时处理。如右幅K48+900、右幅K58+150、左幅K48+900。

4. 个别桥梁存在混凝土局部破损。如K4+366梁刘大桥、K10+568T形构桥、K17+136楼子沟大桥、K44+863盆瑶大桥。

5. 部分桥梁伸缩缝未安装，建议尽快处理。如K10+750机耕天桥、K21+166机耕天桥。

6. 部分桥梁锥护坡未砌，建议尽快处理。如右幅K46+900、左幅K48+100。K33+215天桥、K22+757银河大桥。

7. 个别桥梁存在梁体混凝土表面麻面，建议尽快处理。如K20+041下元大桥、K59+242豹子沟大桥、K45+635.675八道河大桥右幅。

8. 土建8标大坡隧道大面平整度控制一般，局部错台稍明显，有待继续修整。

9. 各隧道个别处衬砌外观控制一般，出现有蜂窝麻面和表面裂缝，裂缝宽度均小于0.2mm，建议尽快处理。

10. 个别混凝土护栏存在明显掉角现象，建议尽快处理。如K5 +400机耕天桥。

七、结论性意见

洛栾高速公路洛阳至嵩县段建设项目设计完善、合理，主体工程施工质量控制满足规范和设计要求。经对已完成项目检测和质量状况分析，该项目主体工程尚未发现有影响交工验收的质量问题，建议线内主体工程通过验收，可投入试运营。

河南省交院工程检测加固有限公司

二〇一三年八月三十日

7. 洛栾高速公路洛阳至嵩县段机电工程项目交工验收检测报告

（报告编号：检 JC2013-LSJD-JG001）

中交国通公路工程技术有限公司

二〇一三年十一月

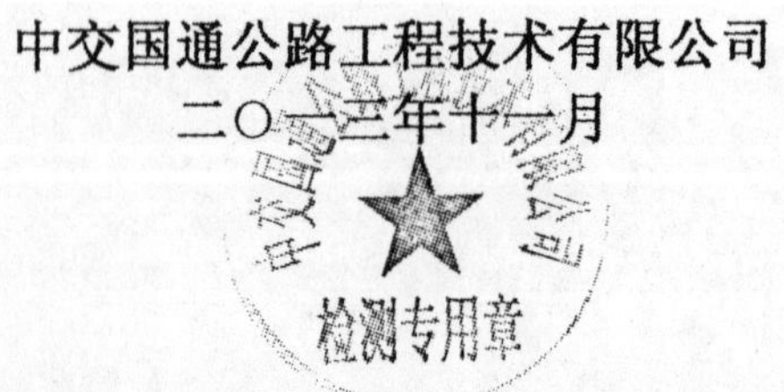

河南省交通基本建设工程质量检测监督站委托中交国通公路工程技术有限公司对洛阳至栾川高速公路洛阳至嵩县段机电工程进行交工验收工作。质量检测工作在河南省交通基本建设质量检测监督站全程指导、监督下，在河南嵩阳高速公路有限公司的大力支持下，在各施工、监理单位的全力配合下，于 2013 年 11 月 12 日—11 月 15 日顺利完成交工检测，现将检测情况报告如下：

一、工程概况

1. 项目简介

洛阳至嵩县段高速公路是洛阳至栾川高速公路的重要组成部分，起于九朝古都洛阳市南王山村东、与王城大道相连，向南与 G36 宁洛高速公路洛阳绕城段相交，经酒圣之乡伊川，终点位于“豫西山水画廊”嵩县，接同期规划的洛阳至栾川高速公路嵩县至栾川段。

洛阳至嵩县段途经洛龙区、伊川县、嵩县三个县，路线全长约 62.699 公里。全线设置 1 个监控分中心，1 个隧道变电所，1 个主线收费站，伊川西、古城、嵩县 3 个匝道收费站，隧道 3 座，特大桥 1 座，大桥 39 座，中桥 6 座。

机电工程包括监控系统、通信系统、收费系统、隧道监控系统、隧道通风系统、隧道消防系统、供电照明系统等。

监控系统主要工程内容包括：监控分中心设备、外场设备、传输设备、监控分中心设备以及外场设备的安装等。通信系统主要工程内容包括：通信机房设备、外场设备及传输设备。收费系统主要工程内容包括：收费岛上设备、传输设备及收费监控分中心设备。供电系统包括隧道供电、收费系统供电、照明供电、房建区和互通等供电系统，电力监控系统纳入供电系统的范围。照明设施主要工程内容包括：主线照明、服务区照明、收费广场照明、隧道照明等。隧道监控系统主要工程内容包括：隧道监控所设备、外场设备分为隧道外设备和隧道内设备两部分、传输设备、隧道监控所设备以及外场设备的安装等。隧道消防系统工程内容包括：玉皇庙隧道采用第 1 类干、湿混合式消防，主要采用消火栓结合干粉灭火器综合消防；其他隧道均采用干式灭火器消防。

2. 参建单位

参建单位一览表见表 1。

参建单位一览表 表 1

标　　段	建设单位	监理单位	施 工 单 位
配电照明工程第 1 合同段	河南嵩阳高速公路有限公司	河南豫通公路工程监理事务所	中国铁建电气化局集团第一工程有限公司
配电照明工程第 2 合同段			河南新豫飞科技照明工程有限公司
机电工程			中铁十三局集团电务工程有限公司

二、检测依据及分组情况

依据交通部《公路工程竣（交）工验收办法》，按照《公路工程质量检验评定标准》，河南省交通基本建设质量检测监督站委托中交国通公路工程技术有限公司组成监控系统检测组、通信系统检测组、收费系统检测组、低压配电照明检测组、隧道监控系统组、隧道消防系统组、隧道照明系统组等几个检测组，于 2013 年 11 月 12 日—11 月 15 日对洛阳至栾川高速公路洛阳至嵩县段高速公路机电工程进行交工检测。

本次机电工程检测频率及方法按照《公路工程竣（交）工验收办法》的规定进行。

机电工程全部采用国内目前先进的仪器设备进行现场测量，也采用目测及功能验证的办法进行测试。

三、检测结果

检测结果汇总表见表2～表4。

洛阳至栾川高速公路洛阳至嵩县段机电工程检测结果汇总表（机电工程） 表2

单位工程	分部工程类别	检测项目	检测点数	合格点数	合格率（%）
机电工程	监控设施	闭路电视监视系统传输通道指标	3	3	100.0
		可变标志显示屏平均亮度	3	3	100.0
		计算机网络健康测试	3	3	100.0
		接地电阻	6	6	100.0
		绝缘电阻	6	6	100.0
	通信设施	光纤接头损耗平均值	8	8	100.0
		光纤数字传输误码指标	2	2	100.0
		数字程控交换接通率	1	1	100.0
	收费设施	车道设备各车种处理流程	16	16	100.0
		接地电阻	12	12	100.0
		绝缘电阻	24	24	100.0
	隧道监控设施	闭路电视监视系统传输通道指标	3	3	100.0
		绝缘电阻	3	3	100.0
	隧道消防设施	消防栓的功能	9	9	100.0
		其他灭火器材的功能	9	9	100.0
	隧道紧急电话系统	通话呼叫功能	3	3	100.0
		语音质量	3	3	100.0
		呼叫功能	3	3	100.0
		振铃响应	3	3	100.0
		按键提示	3	3	100.0
		噪声抑制	3	3	100.0
		地址码显示功能	3	3	100.0
		语音提示功能	3	3	100.0

检测：李功杰 陈永良 审核：屠柳青 签发：王山庚

洛阳至栾川高速公路洛阳至嵩县段机电工程检测结果汇总表(配电照明工程第1合同段)　表3

单位工程	分部工程类别	检 测 项 目	检测点数	合格点数	合格率(%)
机电工程	隧道照明设施	照度	10	10	100.0
		照度均匀度	10	10	100.0
		绝缘电阻	4	4	100.0
		灯具启动时间的可调性	2	2	100.0
		启动、停止方式	2	2	100.0
	隧道低压配电设施	发电机组容量测试	1	1	100.0
		发电机组自启动转换功能测试	1	1	100.0
		发电机组供电切换对机电系统的影响	1	1	100.0
		电源室接地装置施工质量检查	1	1	100.0

检测：　　　　审核：　　　　签发：

洛阳至栾川高速公路洛阳至嵩县段机电工程检测结果汇总表(配电照明工程第2合同段)　表4

单位工程	分部工程类别	检 测 项 目	检测点数	合格点数	合格率(%)
机电工程	照明设施	收费广场照度及均匀度	1	1	100.0
		路段匝道段照度及均匀度	1	1	100.0
		服务区照度及均匀度	1	1	100.0
		灯杆接地电阻	3	3	100.0
		定时控制功能	3	3	100.0
		自动、手动两种方式控制全部或部分照明器的开闭	3	3	100.0
	低压配电设施	发电机组容量测试	2	2	100.0
		发电机组自启动转换功能测试	2	2	100.0
		发电机组供电切换对机电系统的影响	2	2	100.0
		电源室接地装置施工质量检查	2	2	100.0

检测：　　　　审核：　　　　签发：

四、主要存在问题

(一)主线监控系统存在问题

1. 闭路电视监视系统

(1)个别接地极引出线有锈蚀现象；

(2)监控室室内布线个别标识不清晰。

2. 可变标志

立柱有多处划伤现象。

3. 资料部分

(1)资料整理基本齐全,部分资料不完善;

(2)部分资料存在个别涂改现象。

(二)通信系统存在问题

通信管道与光电缆线路

(1)配电柜内布线不整齐、光纤配线架芯数分配未标识;

(2)配电柜内堆放杂物。

(三)收费系统存在问题

1. 入口车道设备及出口车道设备

(1)人井内线缆布置较凌乱;

(2)收费亭内部个别布线标识不清晰,较凌乱。

2. 资料部分

资料基本齐全,个别工序资料整理不够细致,顺序混乱。

(四)主线照明、低压配电系统存在问题

1. 主线照明系统

(1)个别灯杆涂层存在划伤现象;

(2)变压器箱有局部划伤。

2. 资料部分

基本齐全,个别试验数据不规范。

(五)隧道监控系统存在问题

1. 闭路电视监视系统

个别标识不清晰。

2. 资料部分

基本齐全,个别试验数据不规范。

(六)隧道消防设施存在问题

消防设施

个别灭火器箱内灭火器存在缺失现象。

(七)隧道配电照明设施存在问题

1. 隧道照明系统

个别灯具不正常工作。

2. 资料部分

基本齐全,个别试验数据不系统。

五、检测意见

(一)主线监控系统检测意见

1. 闭路电视监视系统

抽查了闭路电视监视系统的外场摄像机的安装质量及监控室视频通道指标,认为其安装质量基本满足规范设计要求,重点实测项目绝缘电阻、接地电阻、视频传输通道指标满足规范设计要求。但外观上存在个别接地极引出线有锈蚀现象,监控室室内布线个别标识不清晰,建议对布线标识进行整理,对锈蚀位置进行除锈防腐处理。

2. 可变标志

抽查了可变标志的安装质量,认为其安装质量基本满足规范设计要求,重点实测项目绝缘电阻、接地电阻、显示屏平均亮度满足规范设计要求。但外观上存在立柱有多处划伤现象,建议对划伤部位进行防锈处理。

3. 计算机网络

抽查了监控系统计算机网络的安装质量,认为其安装质量满足规范设计要求,重点实测项目线缆接线图、衰减、串扰、网络健康测试、网络维护性测试满足规范设计要求。

(二)通信系统检测意见

抽查了通信系统的光电缆线路,对通信管道及光电缆线路的光线接头损耗平均值、外观质量,光纤数字传输系统的2M电口误码指标、外观鉴定,数字程控交换系统的接通率及外观鉴定进行了检查,认为其安装质量基本满足规范设计要求。但存在配电柜内布线不整齐、光纤配线架芯数分配未标识,配电房内堆放杂物,建议对布线进行整理,加装标识,清理配电房杂物,提高设备工作可靠性。

(三)收费系统检测意见

抽查了收费系统的入口车道及出口车道设备安装的各车种处理流程、外观鉴定,认为其安装质量基本满足规范设计要求,重点实测项目各车种处理流程、绝缘电阻、接地电阻满足设计要求。但外观上存在人井内线缆布置较凌乱,收费亭内部个别布线标识不清晰,较凌乱等问题,建议及时对收费亭内布线进行整理、并完善标识,并对设备的状态进行调整。

(四)主线照明、低压配电系统检测意见

抽查了主线段收费广场及匝道区的照明系统及收费站区低压配电系统认为其安装质量基本满足规范设计要求,重点实测项目照度及照度均匀度满足设计要求。但外观上存在个别灯杆涂层存在划伤现象,变压器箱有局部划伤,建议对涂层划伤位置进行防锈防腐处理。

(五)隧道监控系统检测意见

抽查了闭路电视监视系统的外场摄像机的安装质量及监控室视频通道指标,认为其安装质量基本满足规范设计要求,重点实测项目绝缘电阻、视频传输通道指标满足规范设计要求。但外观上存在个别标识不清晰等问题,建议完善标识。

(六)隧道消防设施检测意见

抽查了消防设施的安装质量,认为其安装质量基本满足规范设计要求,重点实测项目火灾报警器灵敏度、消防栓的功能、其他灭火器材的功能等基本满足规范设计要求。但外观上存在个别灭火器箱内灭火器存在缺失现象等问题,建议补齐缺失的消防器材,保证消防系统安全有效。

(七)隧道配电照明设施检测意见

抽查了隧道配电照明设施的安装质量,认为其安装质量基本满足规范设计要求,重点实测项目隧道入口段、过渡段、基本段、出口段的照度及照度均匀度关键指标满足规范图纸设计要求。但外观上存在个别灯具不正常工作等现象,建议对不正常工作灯具查明原因恢复照明。

中交国通公路工程技术有限公司
二〇一三年十一月

中交国通公路工程技术有限公司 检测专用章

8. 洛栾高速（洛阳至嵩县段）公路绿化工程交工验收检测报告

洛阳市全通公路工程试验检测有限公司

二零一四年七月二十二日

一、工程概况

1. 项目简介

洛栾高速公路洛阳至嵩县段起于洛阳市洛龙区，向南经伊川至嵩县城东，与同期规划的洛栾高速公路嵩县至栾川段项目相连，对完善全省高速公路路网和区域路网结构，促进区域经济发展和沿线旅游资源开发具有重要意义。路线全长62.69km，批复概算40.77亿元。

洛栾高速公路洛阳至嵩县段绿化工程划分为四个标段，互通区两个标段，路基两侧划分为两个标段。2012年5月31日发中标通知书，8月27日签订合同文件。

第一合同段K0+000~K32+999路线两侧（不含边坡），因工程需要植被变更为河南桧、石楠球、黄杨球、紫薇。

第二合同段K32+999~K61+800路线两侧（不含边坡），因工程需要主线植被变更为河南桧、石楠球、黄杨球、紫薇。

第三合同段梁刘互通区、伊川互通区，绿化植被为雪松、大叶女贞、栾树、垂柳、合欢、刺槐、柿树、河南桧、白蜡、石楠球、红叶李、紫薇、紫荆、山楂、南天竺等。

第四合同段，古城互通区，嵩县互通区，绿化植被为雪松、大叶女贞、栾树、垂柳、合欢、刺槐、柿树、河南桧、泡桐、国槐、石楠球、红叶李、紫薇、木槿、花石榴等。

2. 参建单位

建设单位：河南嵩阳高速公路发展有限公司。

监理单位：河南宏力工程咨询有限公司（LSLH.1.LSLH.3）；河南高等级工程监理部有限公司（LSLH.2.LSLH.4）。

绿化施工单位一览表见表1。

绿化施工单位一览表 表1

类别	合同号	施工单位	施工范围
绿化	LSLH.1	上海十方园林发展股份有限公司	K0+000~K32+999主线绿化
	LSLH.2	鄢陵倚天园林绿化有限公司	K32+999~K61+800主线绿化
	LSLH.3	许昌江北花木有限公司	梁刘互通区、伊川互通区
	LSLH.4	河南翰墨园林绿化有限公司	古城互通区、嵩县互通区

二、检测依据及分组情况

根据河南嵩阳高速公路有限公司的申请，依据交通部《公路绿化工程质量检验评定暂行规定》、《公路工程竣（交）工验收办法》，按照《公路工程质量检验评定标准》及《建筑工程质量检验评定标准》和能够检测的项目要求，河南省交通基本建设质量检测监督站委托洛阳市全通公路工程试验检测有限公司组成绿化检测组，于2013年11月12日至13日，2014年3月15日、4月2日、4月14日、4月16日、7月22日对洛栾高速公路绿化工程进行了交工检测。

苗木规格采用钢尺、游标卡尺、塔尺测量，苗木数量、成活率、覆盖率采用目测尺量与设计值比较，土层厚度采用钢板尺测量。

三、检测结果

检测结果汇总表见表2～表6。

洛栾高速(洛阳至嵩县段)公路绿化工程检测结果总汇总表　　表2

标段	单位工程类别	检测项目		检测点数	合格点数	合格率(%)	设计或规范要求
LSLH.1标至LSLH.4标	道路两侧及互通区绿化工程	苗木规格		1274	1156	90.7	
		土层厚度(cm)		符合要求		乔木	90
						灌木	60
						草本	30
		苗木成活率	道路两侧	25280	22155	87.6	≥85%
			互通区	19837	19014	95.9	≥95%
		草坪覆盖率		符合要求			≥95%

洛栾高速(洛阳至嵩县段)公路绿化工程检测结果汇总表(LSLH.1标)　　表3

分部工程类别	检测项目			设计值(设计数量)	实测点数(实测点数)	合格点数	合格率(%)
LSLH.1标	苗木规格	黄杨球	高、冠	高:0.8～1m; 冠:0.8～1m	157	151	96.2
		石楠球	高、冠	高:0.8～1.2m; 冠:0.8～1.2m	158	152	96.2
		河南桧	胸径、株高	胸径:2～3cm; 株高:1.5m	90	84	93.3
		紫薇	株高	1.5m	157	131	83.4
		木槿	地径、高	地径:2cm; 高:1.5m	5	5	100
	苗木规格合格率(%)				567	523	92.2
	苗木数量		黄杨球	1036	1036	943	91
			石楠球	2734	2734	2515	92.0
			河南桧	2402	2402	2246	93.5
			紫薇	6230	6230	5202	83.5
	苗木成活率(%)			≥85%	12402	10906	87.9
	草坪覆盖率(%)			≥95%	符合要求		
	土层厚度(cm)			乔木 90	符合设计要求		
				灌木 60			
				草本 30			

洛栾高速(洛阳至嵩县段)公路绿化工程检测结果汇总表(LSLH.2 标) 表4

<table>
<tr><th>分部工程类别</th><th colspan="3">检 测 项 目</th><th colspan="2">设计值(设计数量)</th><th>实测点数(实测点数)</th><th>合格点数</th><th>合格率(%)</th></tr>
<tr><td rowspan="15">LSLH.2 标</td><td rowspan="5">苗木规格</td><td>大叶女贞</td><td>胸径</td><td colspan="2">5~6cm</td><td>10</td><td>10</td><td>100</td></tr>
<tr><td>石楠球</td><td>高、冠</td><td colspan="2">高:0.8~1.2m;冠:0.8~1.2m</td><td>67</td><td>57</td><td>85.1</td></tr>
<tr><td>河南桧</td><td>胸径、株高</td><td colspan="2">胸径:2~3cm;株高:1.5m</td><td>68</td><td>59</td><td>86.8</td></tr>
<tr><td>紫薇</td><td>株高</td><td colspan="2">1.5m</td><td>68</td><td>60</td><td>88.2</td></tr>
<tr><td>木槿</td><td>地径、高</td><td colspan="2">地径:2cm 高:1.5m</td><td>10</td><td>10</td><td>100</td></tr>
<tr><td colspan="3">苗木规格合格率(%)</td><td colspan="2"></td><td>223</td><td>196</td><td>87.9</td></tr>
<tr><td rowspan="4">苗木数量</td><td colspan="2">黄杨球</td><td colspan="2">722</td><td>722</td><td>632</td><td>87.5</td></tr>
<tr><td colspan="2">石楠球</td><td colspan="2">2741</td><td>2741</td><td>2355</td><td>85.9</td></tr>
<tr><td colspan="2">河南桧</td><td colspan="2">5560</td><td>5560</td><td>4870</td><td>87.6</td></tr>
<tr><td colspan="2">紫薇</td><td colspan="2">3855</td><td>3855</td><td>3392</td><td>88</td></tr>
<tr><td colspan="3">苗木成活率(%)</td><td colspan="2">≥85%</td><td>12878</td><td>11249</td><td>87.4</td></tr>
<tr><td colspan="3">草坪覆盖率(%)</td><td colspan="2">≥95%</td><td colspan="3">符合要求</td></tr>
<tr><td colspan="3" rowspan="3">土层厚度(cm)</td><td>乔木</td><td>90</td><td colspan="3" rowspan="3">符合设计要求</td></tr>
<tr><td>灌木</td><td>60</td></tr>
<tr><td>草本</td><td>30</td></tr>
</table>

洛栾高速公路(洛阳至嵩县段)公路绿化工程检测结果汇总表(LSLH.3 标) 表5

<table>
<tr><th>分部工程类别</th><th colspan="3">检 测 项 目</th><th>设计值(设计数量)</th><th>实测点数(实测数量)</th><th>合格点数</th><th>合格率(%)</th></tr>
<tr><td rowspan="20">LSLH.3 标(梁刘互通区、伊川互通区)</td><td rowspan="17">苗木规格</td><td>雪松</td><td>高</td><td>3~3.5m</td><td>14</td><td>13</td><td>92.9</td></tr>
<tr><td>大叶女贞</td><td>胸径</td><td>5~6cm</td><td>21</td><td>18</td><td>85.7</td></tr>
<tr><td>栾树</td><td>胸径</td><td>7~8cm</td><td>16</td><td>15</td><td>93.7</td></tr>
<tr><td>垂柳</td><td>胸径</td><td>7~8cm</td><td>15</td><td>15</td><td>100</td></tr>
<tr><td>合欢</td><td>胸径</td><td>5~6cm</td><td>16</td><td>13</td><td>81.2</td></tr>
<tr><td>刺槐</td><td>胸径</td><td>4~5cm</td><td>15</td><td>13</td><td>86.7</td></tr>
<tr><td>柿树</td><td>胸径、高</td><td>胸径:9~10cm;高:2m</td><td>16</td><td>15</td><td>93.7</td></tr>
<tr><td>白蜡</td><td>胸径</td><td>7~8cm</td><td>11</td><td>9</td><td>81.8</td></tr>
<tr><td>枇杷</td><td>胸径</td><td>5~6cm</td><td>12</td><td>10</td><td>83.3</td></tr>
<tr><td>石楠树</td><td>胸径、冠</td><td>胸径:2~2.5cm;冠:1.5m</td><td>15</td><td>13</td><td>86.7</td></tr>
<tr><td>蜀桧</td><td>高</td><td>1.5m</td><td>16</td><td>15</td><td>93.7</td></tr>
<tr><td>红叶李</td><td>地径、杆高</td><td>地径:3~4cm
杆高:2m</td><td>19</td><td>16</td><td>84.2</td></tr>
<tr><td>紫薇</td><td>地径</td><td>2-3cm</td><td>14</td><td>13</td><td>92.9</td></tr>
<tr><td>紫荆</td><td>地径</td><td>2~3cm</td><td>14</td><td>12</td><td>85.7</td></tr>
<tr><td>山楂</td><td>地径</td><td>4~5cm</td><td>11</td><td>11</td><td>100</td></tr>
<tr><td>木槿</td><td>地径、杆高</td><td>地径:2~3cm;杆高:1.5m</td><td>11</td><td>10</td><td>90.9</td></tr>
<tr><td colspan="2">苗木规格合格率(%)</td><td></td><td>236</td><td>223</td><td>94.5</td></tr>
<tr><td rowspan="2">苗木数量</td><td colspan="2">雪松</td><td>469</td><td>469</td><td>446</td><td>95.1</td></tr>
<tr><td colspan="2">大叶女贞</td><td>607</td><td>607</td><td>584</td><td>96.2</td></tr>
</table>

续上表

分部工程类别	检测项目		设计值（设计数量）	实测点数（实测数量）	合格点数	合格率(%)
LSLH.3标（梁刘互通区、伊川互通区）	苗木数量	栾树	554	554	537	96.9
		垂柳	537	537	512	95.3
		合欢	430	430	413	96.0
		刺槐	444	444	426	96.0
		柿树	102	102	99	97.1
		白蜡	63	63	60	95.2
		广玉兰	49	49	47	95.9
		连翘	80	80	77	96.2
		石楠	640	640	612	95.6
		蜀桧	1037	1037	993	95.8
		桂花	116	116	111	95.7
		黄杨球	226	226	218	96.4
		红叶李	1545	1545	1469	95.1
		紫薇	1201	1201	1158	96.4
		山渣	277	705	676	95.9
		木槿	201	277	265	95.7
	苗木成活率(%)		≥95%	201	193	96.0
	草坪覆盖率(%)		≥95%	9283	8896	95.8
	土层厚度(cm)		乔木 90	符合要求		
			灌木 60	符合设计要求		
			草本 30			

洛栾高速（洛阳至嵩县段）公路绿化工程检测结果汇总表（LSLH.4标） 表6

分部工程类别	检测项目			设计值（设计数量）	实测点数（实测数量）	合格点数	合格率(%)
LSLH.4标（古城互通区、嵩县互通区）	苗木规格	雪松	高	3~3.5m	11	9	81.8
		大叶女贞	胸径	5~6cm	16	14	87.5
		栾树	高	7~8cm	15	14	93.3
		垂柳	胸径	7~8cm	16	13	81.2
		合欢	胸径	5~6cm	11	11	100
		国槐	胸径	4~5cm	11	9	81.8
		碧桃	地径、冠	地径:4~5cm;冠:1.5m	10	9	90
		樱花	地径、杆高	地径:4~5cm;杆高:2m	10	8	80
		花石榴	地径、杆高	地径:2~3cm;杆高:1.5cm	11	10	90.9
		铺地柏	枝长	0.3m	15	13	86.7
		石楠树	胸径、冠	胸径:2~2.5cm;冠:1.5cm	9	8	88.9
		蜀桧	高	1.5m	17	15	88.2
		南天竺	杆高	0.4m	17	15	88.2
		迎春	枝长	0.3m	15	12	80.0
		红叶李	地径、杆高	地径:3~4cm;杆高:2m	20	16	80.0
		紫薇	地径	2~3cm	12	10	83.3
		紫荆	地径	2~3cm	11	10	90.9
		木槿	地径、杆高	地径:2~3cm;杆高:1.5m	10	8	80
		泡桐	地径、高	地径:5~6cm;高:2m	11	10	90.9
		苗木规格合格率(%)			248	214	86.3

续上表

<table>
<tr><th>分部工程类别</th><th colspan="2">检 测 项 目</th><th colspan="2">设计值（设计数量）</th><th>实测点数（实测数量）</th><th>合格点数</th><th>合格率（%）</th></tr>
<tr><td rowspan="23">LSLH.4 标（古城互通区、嵩县互通区）</td><td rowspan="19">苗木数量</td><td>雪松</td><td colspan="2">373</td><td>373</td><td>359</td><td>96.2</td></tr>
<tr><td>大叶女贞</td><td colspan="2">950</td><td>950</td><td>910</td><td>95.8</td></tr>
<tr><td>栾树</td><td colspan="2">280</td><td>280</td><td>268</td><td>95.7</td></tr>
<tr><td>垂柳</td><td colspan="2">544</td><td>544</td><td>521</td><td>95.8</td></tr>
<tr><td>合欢</td><td colspan="2">346</td><td>346</td><td>331</td><td>95.7</td></tr>
<tr><td>国槐</td><td colspan="2">365</td><td>365</td><td>347</td><td>95.1</td></tr>
<tr><td>碧桃</td><td colspan="2">74</td><td>74</td><td>71</td><td>95.9</td></tr>
<tr><td>樱花</td><td colspan="2">179</td><td>179</td><td>173</td><td>96.6</td></tr>
<tr><td>花石榴</td><td colspan="2">785</td><td>785</td><td>752</td><td>95.8</td></tr>
<tr><td>铺地柏</td><td colspan="2">1221</td><td>1221</td><td>1172</td><td>96.0</td></tr>
<tr><td>石楠</td><td colspan="2">83</td><td>83</td><td>79</td><td>95.2</td></tr>
<tr><td>蜀桧</td><td colspan="2">789</td><td>789</td><td>752</td><td>95.3</td></tr>
<tr><td>南天竺</td><td colspan="2">560</td><td>560</td><td>544</td><td>97.1</td></tr>
<tr><td>迎春</td><td colspan="2">1655</td><td>1655</td><td>1582</td><td>95.6</td></tr>
<tr><td>红叶李</td><td colspan="2">834</td><td>834</td><td>798</td><td>95.7</td></tr>
<tr><td>紫薇</td><td colspan="2">664</td><td>664</td><td>639</td><td>96.2</td></tr>
<tr><td>紫荆</td><td colspan="2">217</td><td>217</td><td>208</td><td>95.9</td></tr>
<tr><td>木槿</td><td colspan="2">554</td><td>554</td><td>534</td><td>96.4</td></tr>
<tr><td>泡桐</td><td colspan="2">81</td><td>81</td><td>78</td><td>96.3</td></tr>
<tr><td colspan="2">苗木成活率（%）</td><td colspan="2">≥95%</td><td>10554</td><td>10118</td><td>95.9</td></tr>
<tr><td colspan="2">草坪覆盖率（%）</td><td colspan="2">≥95%</td><td colspan="3">符合要求</td></tr>
<tr><td colspan="2" rowspan="3">土层厚度（cm）</td><td>乔木</td><td>90</td><td colspan="3" rowspan="3">符合设计要求</td></tr>
<tr><td>灌木</td><td>60</td></tr>
<tr><td>草本</td><td>30</td></tr>
</table>

四、主要存在问题

1. 个别处苗木长势不好且不整齐，规格偏小，不能满足设计要求。

2. 由于土建遗留问题个别路段未进行绿化，如：K17 +000 ~ K18 +000 段右侧，K19 +000 ~ K22 +000 段右侧等。

3. 个别路段苗木成活率较低，如：K17 +000 ~ K18 +000 段左侧，K19 +000 ~ K22 +000 段左侧等。

4. 互通区内有空地且有杂草，梁刘互通区匝道两侧苗木成活率偏低。

五、检测意见

经现场抽查，洛栾高速（洛嵩段）公路绿化工程苗木质量总体情况较好，搭配较合理，排列较整齐；苗木数量、规格、成活率及观感等主要指标符合《公路工程质量检验评定标准》（土建工程）（JTG F80/1—2004）中质量验收要求。

二〇一四年七月二十二日

9. 洛栾高速公路洛阳至嵩县段房建工程交工验收检测报告

洛阳市全通公路工程试验检测有限公司

二〇一三年十一月三十日

一、工程概况

1. 项目简介

洛阳至栾川高速公路洛阳至嵩县段项目起于洛阳市洛龙区溢坡村东北，向南经伊川至嵩县县城东，与同期规划的洛栾高速嵩栾段项目相连接，路线全长 62.6905km，设计行车时速 100km/h，采用双向四车道标准。项目批复概算总投资为 40.77 亿元。全线路基挖方 1173 万 m^3、填方 1079 万 m^3，沥青混凝土路面 1651 千 m^2，特大桥 1 座，大桥 39 座，中桥 6 座，分离式立交 20 座，隧道 3 座，通道 39 道，. 涵洞 102 道，天桥 37 座。沿线设停车区 1 处，服务区 1 处，互通式立交 4 处，主线收费站 1 处，匝道收费站 3 处。

房建一标洛龙收费站征地面积 15.31 亩，总建筑面积 2397.14m^2，建筑结构形式为二层框架结构。房建二标伊川西收费站位征地面积 6 亩，总建筑面积 1466.2m^2，建筑结构形式为二层框架结构。房建三标嵩县产业集聚区收费站位征地面积 9 亩，总建筑面积 2216.39m^2，建筑结构形式为三层框架结构。房建四标嵩县站位征地面积 10.4 亩，总建筑面积 2320.89m^2，，建筑结构形式为三层框架结构，隧道变电所征地面积 2.23 亩，建筑面积 216.6m^2，建筑结构形式为一层框架结构。房建五标陆浑服务区位于洛栾高速公路洛嵩段 K50 +207 处征地面积 120 亩，总建筑面积 7000m^2。服务区加油站与养护管理所合建，占地 22 亩，总建筑面积 1500m^2。

2. 参建单位

建设单位：河南嵩阳高速公路有限公司

设计单位：河南省交通规划勘察设计院有限责任公司

监理单位：河南省高等级公路建设监理部有限公司

施工单位：见表 1。

施工单位一览表　　表 1

合同号	施工单位	施工范围
FJ-1	河南派普建设工程有限公司	洛龙收费站
FJ-2	林州市太行建设工程有限公司	伊川西收费站
FJ-3	河南天河建设工程有限公司	嵩县产业集聚区收费站
FJ－4	河南省第二建设集团有限公司	嵩县收费站
FJ－5	河南省建设集团有限公司	陆浑水库服务区

二、检测依据及分组情况

根据河南嵩阳高速公路有限公司的申请，依据交通部《公路工程竣（交）工验收办法》，按照《公路工程质量检验评定标准》及《建筑工程质量检验评定标准》和能够检测的项目要求，河南省交通基本建设质量检测监督站委托洛阳市全通公路工程试验检测有限公司组成室内组、室外组、水电、内业组四个检测组，于 2013 年 11 月 12 日对洛栾高速公路洛阳至嵩县段房建工程进行了交工检测。

本次房建工程检测频率及方法按照《建筑工程质量检验评定标准》的规定进行。

房屋主体工程采用垂直检测尺、对角检测尺、内外直角检测尺、钢尺等测量；水电安装采用目测尺量；场区道路厚度采用取芯检测，并做强度试验，平整度采用 3m 直尺测量。

三、检测结果

检测结果汇总表见表 2 ~ 表 7。

洛栾高速公路洛阳至嵩县段房建工程检测结果总汇总表

表2

单位工程	分部工程类别	检 测 项 目	检测点数	合格点数	合格率(%)
服务区收费站	门窗工程	木门窗安装	326	252	77.3
		塑钢门窗安装	324	260	80.2
		栏杆、扶手	156	122	78.2
	装饰工程	墙面抹灰工程	384	317	82.5
		饰面板墙工程	384	306	79.7
		室内罩面板顶棚	176	155	88.1
	建筑采暖卫生工程	地漏	64	64	100.0
		卫生器具及附件	133	133	100.0
	地面与楼面工程	板块楼地面层	240	185	77.1
		楼梯踏步(台阶)	192	167	86.9
	屋面工程	室外大角工程	50	44	88.0
		外墙面竖线角	40	36	90.0
		滴水线(槽)	20	18	90.0
		变形缝水落管	50	44	88.0
		散水、台阶、明沟	85	75	88.2
		屋面坡向	10	8	80.0
		卷材屋面防水	60	50	83.3
		屋面细部	40	33	82.5
		室外墙面	50	44	80.0
	建筑电器安装工程	配电箱(盘、板)安装	101	93	92.0
		电气照明	68	66	97.0
		电器开关、插座安装	144	133	92.4
	场区路面	平整度	160	138	86.3
		取芯厚度	16	16	100.0
		强度	39	39	100.0

洛栾高速公路洛阳至嵩县段房建工程(洛龙收费站)检测结果汇总表

表3

单位工程	分部工程类别	检 测 项 目	检测点数	合格点数	合格率(%)
洛龙收费站	门窗工程	木门窗安装	54	41	76.0
		塑钢门窗安装	60	48	80.0
		栏杆、扶手	18	15	83.3
	装饰工程	墙面抹灰工程	64	55	85.9
		室内罩面板顶棚	48	40	83.3
		饰面板墙面工程	64	56	87.5
	建筑采暖卫生工程	地漏	12	12	100.0
		卫生器具及附件	32	32	100.0
	地面与楼面工程	板块楼底面层	48	37	77.1
		楼梯踏步(台阶)	32	29	90.6

续上表

单位工程	分部工程类别	检 测 项 目	检测点数	合格点数	合格率(%)
洛龙收费站	屋面工程	室外大角工程	10	9	90.0
		散水、台阶、明沟	25	23	92.0
		外墙面竖线角	10	9	90.0
		变形缝水落管	10	10	100.0
		卷材屋面防水层	10	9	90.0
		屋面细部	10	9	90.0
	建筑电器安装工程	配电箱(盘板)安装	16	15	93.8
		电器开关、插座安装	20	17	85.0
		电器照明	10	10	100
	场区路面	平整度	20	18	90.0
		强度	2	2	100.0
		取芯厚度	2	2	100.0

洛栾高速公路洛阳至嵩县段房建工程(伊川西收费站)检测结果汇总表 表4

单位工程	分部工程类别	检 测 项 目	检测点数	合格点数	合格率(%)
伊川西收费站	门窗工程	木门窗安装	56	42	75.0
		塑钢门窗安装	60	47	78.3
		栏杆、扶手	22	17	77.3
	装饰工程	墙面抹灰工程	64	52	81.3
		室内罩面板顶棚	32	31	96.9
		饰面板墙面工程	64	49	76.6
	建筑采暖卫生工程	卫生器具及附件	27	27	100.0
		地漏	10	10	100.0
	地面与楼面工程	板块楼地面层	32	25	78.1
		楼梯踏步(台阶)	32	24	75.0
	屋面工程	室外大角工程	10	8	80.0
		变形缝水落管	10	8	80.0
		散水、台阶、明沟	30	25	83.3
		卷材屋面防水层	20	16	80.0
	建筑电器安装工程	配电箱(盘、板)安装	17	15	88.2
		电器开关、插座安装	20	16	80.0
		电器照明	10	10	100
	场区路面	平整度	20	2	75.0
		取芯厚度	2	2	100.0
		强度	2	2	100.0

洛栾高速公路洛阳至嵩县段房建工程(嵩县产业集聚区收费站)检测结果汇总表 表5

单位工程	分部工程类别	检测项目	检测点数	合格点数	合格率(%)
嵩县产业集聚区收费站	门窗工程	木门窗安装	72	55	76.4
		塑钢门窗安装	72	54	75.0
		栏杆、扶手	50	38	76.0
	装饰工程	墙面抹灰工程	64	57	89.1
		室内罩面板顶棚	16	14	87.5
		饰面板墙面工程	64	48	75.0
	建筑采暖卫生工程	卫生器具及附件	20	20	100.0
		地漏	12	12	100.0
	地面与楼面工程	板块楼地面层	32	25	78.1
		楼梯踏步(台阶)	32	26	81.3
	屋面工程	室外大角工程	10	10	100.0
		外墙面竖线角	10	10	100.0
		滴水线(槽)	10	8	80.0
		变形缝水落管	10	9	90.0
		卷材屋面防水层	10	9	90.0
		屋面细部	10	8	80.0
		散水、台阶、明沟	10	9	90.0
	建筑电器安装工程	电器照明	10	9	90.0
		配电箱(盘板)安装	15	14	93.3
		电器开关、插座安装	20	19	95.0
	场区路面	平整度	20	18	90.0
		取芯厚度	2	2	100.0
		强度	3	3	100.0

洛栾高速公路洛阳至嵩县段房建工程(嵩县收费站)检测结果总汇表 表6

单位工程	分部工程类别	检测项目	检测点数	合格点数	合格率(%)
嵩县收费站	门窗工程	木门窗安装	60	45	75.0
		塑钢门窗安装	54	41	75.9
		栏杆、扶手	36	28	77.8
	装饰工程	墙面抹灰工程	64	57	89.1
		室内罩面板顶棚	32	28	87.5
		饰面板墙面工程	64	48	75.0
	建筑采暖卫生工程	卫生器具及附件	18	18	100.0
		地漏	10	10	100.0
	地面与楼面工程	板块楼地面层	48	40	83.3
		楼梯踏步(台阶)	32	29	90.6

续上表

单位工程	分部工程类别	检 测 项 目	检测点数	合格点数	合格率(%)
嵩县收费站	屋面工程	室外大角工程	10	8	80.0
		外墙面竖线角	10	8	80.0
		变形缝水落管	10	8	80.0
		卷材屋面防水层	20	16	80.0
		屋面细部	10	8	80.0
		散水、台阶、明沟	10	9	90.0
	建筑电器安装工程	电器照明	12	12	100.0
		配电箱(盘板)安装	17	15	88.2
		电器开关、插座安装	20	19	95.0
	场区路面	平整度	20	19	95.0
		取芯厚度	2	2	100.0
		强度	2	2	100.0

洛栾高速公路洛阳至嵩县段房建工程(陆浑服务区)检测结果汇总表 表7

单位工程	分部工程类别	检 测 项 目	检测点数	合格点数	合格率(%)
陆浑服务区	门窗工程	木门窗安装	84	69	82.1
		塑钢门窗安装	78	70	89.7
		栏杆、扶手	30	24	80.0
	装饰工程	墙面抹灰工程	128	96	75.0
		室内罩面板顶棚	48	42	87.5
		饰面板墙面工程	128	105	82.0
	建筑采暖卫生工程	卫生器具及附件	36	36	100.0
		地漏	20	20	100.0
	地面与楼面工程	板块楼地面层	80	57	71.3
		楼梯踏步(台阶)	64	49	76.6
	屋面工程	室外大角工程	10	9	90.0
		外墙面竖线角	10	9	90.0
		滴水线(槽)	10	10	100.0
		变形缝水落管	10	9	90.0
		屋面坡向	10	8	80.0
		室外墙面	50	44	88.0
		屋面细部	10	8	80.0
		散水、台阶、明沟	10	9	90.0
	建筑电器安装工程	电器照明	26	25	96.2
		配电箱(盘板)安装	36	34	94.4
		电器开关、插座安装	64	62	96.9
	场区路面	平整度	80	68	85.0
		取芯厚度	8	8	100.0
		强度	30	30	100.0

四、存在问题及建议

(一)洛龙收费站

(1)饰面板墙面砖部分有空鼓现象。

(2)二楼室内墙面有一条横向干缩裂缝。

(3)个别地板砖有空鼓现象,餐厅地板砖有少量破损。

(4)部分门连窗的水泥砂浆粉刷未到顶。

(5)内业资料:施工单位部分试验报告(混凝土抗压试件、钢筋原材等)由监理工地临时试验室出具,不符合有关要求;部分资料监理结论不明确、签字不全。

建议:

对门连窗的水泥砂浆粉刷未到顶现象进行整修。

(二)伊川西收费站

(1)一楼男卫生间、二楼宿舍楼顶棚有掉落现象,二楼走廊顶棚压条个别有翘曲现象。

(2)二楼踢脚线掉砖一块,一楼会议室、楼梯地板砖有破损现象,卫生间地板砖、墙砖有空鼓现象。

(3)餐厅风机口墙面抹灰有脱层现象,餐厅墙面有三条干缩裂缝,二楼房内有一条纵向干缩裂缝。

(4)二楼走廊端头上平台处钢门已严重损坏。

(5)雨篷和卷材屋面防水层有积水现象。局部散水有下沉现象。

(6)内业资料:部分资料监理签字不全。

建议:

(1)对顶棚掉落及压条翘曲现象进行整修。

(2)对走廊钢门进行更换。

(3)对散水下沉问题进行处理。

(三)嵩县产业集聚区收费站

(1)三楼卫生间墙砖、楼梯地板砖部分有破损、裂缝、空鼓现象。

(2)餐厅顶棚压条个别有翘曲、不齐现象。

建议:

对餐厅顶棚压条个别翘曲问题进行整修。

(四)嵩县收费站

(1)男卫生间地板砖、墙砖部分有空鼓现象。

(2)楼梯间、会议室墙面有干缩裂缝;204、206 房间和楼梯间墙面爆灰、脱层现象较严重。

(3)内业资料:施工单位部分试验报告(混凝土抗压试件等)由监理工地临时试验室出具,不符合有关要求;部分验收记录签字不全。

建议:

对墙面爆灰、脱层现象进行整修。

(五)陆浑服务区

(1)宿舍楼卫生间墙砖有空鼓现象。

(2)餐厅配电房墙面有一条干缩裂缝。

(3)宿舍楼走廊、男卫生间墙面有脱层现象。

(4)宿舍楼二楼顶棚压条有破损现象。

(5)木门线有空鼓松动现象。

(6)内业资料:施工单位部分试验报告(砼抗压试件等)由监理工地临时试验室出具,不符合有关要求;部分报验单签字、日期不全。

建议:

对宿舍楼二楼顶棚压条破损问题进行整修。

五、检测意见

洛栾高速公路洛阳至嵩县段房建工程已完工。经检测,工程主体结构安全可靠;装饰工程美观实用;照明工程满足功能性、景观性要求;给排水、供配电、空调、污水处理等设备齐全;服务区、收费站等房建及相关工程总体布局合理、功能齐全、设施完善。主要指标达到设计及规范要求,质量保证资料基本齐全,具备使用条件。

二〇一三年十一月二十日

第四部分

单项验收

1. 洛栾高速公路洛阳至嵩县段工程环保三同时执行报告

一、基本情况

洛阳至栾川高速公路洛阳至嵩县段起于洛阳市洛龙区溢坡村，向南经伊川至嵩县县城东，与洛阳至栾川高速公路嵩县至栾川段工程相连接，路线全长62.6905km。沿线设主线收费站1处，匝道收费站3处，服务区1处，互通式立交4处，特大桥1座，大桥39座，中桥6座，分离式立交和互通式立交24座，隧道3座，通道39道，涵洞102道，天桥37座。项目批复概算总投资40.77亿元，其中25%资金由高发公司筹措拨付，剩余资金为国内银行贷款，洛嵩段实际环保投资2600万元，占工程投资的0.64%。

项目总用地为475.5718hm^2，工程于2010年10月开工建设，2012年11月建成通车。

二、环境保护执行情况

1. 噪声

（1）施工期：一是施工场地、料场、材料加工场等要尽量远离环境保护目标，距离居民区等敏感点400m以内的路段夜间要停止施工。二是合理安排施工活动，避免高噪声施工机械在同一区域内使用，尽量避开附近居民休息时间。三是要求施工单位尽量选用噪声低、效率高的设备，并视情况对噪声设备安装隔声罩。四是要求施工单位对打桩机、推土机、挖掘机等强噪声设备操作人员配备耳塞，加强参建人员的安全防护。五是对施工主要运输道路尽量远离村庄等敏感点，对不可避免的路段均设置了禁鸣标志。六是按照设计图纸要求和沿线群众的实际需要，在全线各个敏感路段共设置声屏障35处，共计4051m，比环评批复长度增加了2701m，有效地减少了噪声污染。

（2）试营运期：一是建议收费站、服务区等运营管理单位对过往的车辆要及时进行疏导，以免交通堵塞并造成车辆集中鸣笛等噪声污染。二是建议沿线地方政府及有关政府在沿线城镇规划时，对声环境敏感建筑物应距离高速公路中心线500m以外，防止造成后续噪声污染。三是严禁在封闭式服务区内取土、挖砂、采石等。

2. 废气

（1）施工期：一是要求施工单位要科学选择运输路线，每天对运输道路不少于两次洒水，尤其对经过的沿线村庄等密集区要加强洒水密度和强度。二是要求施工单位对运送散装含尘物料的车辆要用蓬布盖牢，以防物料飞扬。三是施工单位的沥青拌和站均设在开阔、空旷的地方，并要求对拌和设施安装密封除尘装置。四是对石灰、水泥和砂石料采取站拌方式拌和，并选择在远离居民区下风向300m以外且扬尘影响较小的地方。五是要求施工单位对筑路材料堆放地点选在环境敏感点下风向200m以上，并定时洒水防尘，如遇恶劣天气要及时围栏和覆盖。

（2）试营运期：一是加强缺陷责任期内的道路绿化养护，尽量栽种可吸收汽车尾气污染物的树种及草坪，努力控制废气向周围环境扩散。二是在沿线服务区、收费站配备并采用电暖器采暖，减少大气污染物排放。

3. 废水

（1）施工期：一是要求施工单位的办公及施工人员的居住营地要远离沿线河流河道，避免向沿线河流河道内排放生活垃圾和生活污水。二是在施工过程中产生的废水不得排入沿线水体，并要求施工单位在施工营地附近增设了蒸发池，待施工结束后将蒸发池覆土掩埋和绿化。三是要求施工单位在施工中产生的废油、废沥青及其他固体废物要远离河道，并及时清运到指定场所，对未能及时清运的废物要用篷布覆盖，防止雨水冲刷入沿线水体。四是对桥梁基础施工时挖出的泥渣不得弃入河道或河滩，要求紧临河道河流的标段应尽量集中在枯水季节施工，避免影响河道行洪。五是要求施工单位建立健全《水环境污染突发事件应急预案》，如发生突发事件要及时向当地政府及上级有关部门报告并妥善处置。

(2)试营运期：一是对沿线各收费站、服务区分别建有一套污水处理装置，收费站污水处理能力为2t/h，服务区污水处理能力为5t/h，对生活污水进行处理，处理后的中水用于收费站区内的绿化灌溉用水。对产生的污泥由吸粪车定期吸走，目前已达到一级排放标准。对于危险品事故污染河水问题，根据《河南省高速公路条例》 第四十八条“ 载运爆炸物品、易燃易爆化学物品以及剧毒、放射性等危险物品的车辆，不得进入高速公路。确需进入高速公路行驶的，必须经公安机关批准，按照指定的时间、路线、车道、速度行驶，悬挂明显的标志，并采取必要的安全措施。”洛栾高速公路不允许上述危险品运载物品车辆上高速，从源头上杜绝了危险品泄漏的发生。为了防止危险品事故污染河流，对于经过公安部门批准运载危险品车辆确需上高速的问题，采用路政车引路并在桥梁中间和桥两头放置沙袋、在收费站放置草棚等吸附材料防止危险品泄露造成对水源产生污染(详见“洛栾高速公路突发环境事件应急预案”)。

4. 生态环境

(1)施工期：一是要求施工单位尽量减少施工期间的临时占地，合理安排和推进施工进度，缩短临时占地时间。同时，要求对新开辟的临时道路及料场在施工结束后要立即进行清理和整治，防止水土流失。二是要求在路两侧取土时，先将耕地表层植土堆放一边，待取土结束后进行复耕或绿化。三是要求施工单位的施工营地尽量租用当地民房或在公路征地范围内布设，以减少施工营地及作业区以外的地表植被损坏。四是对临时用地范围内的林木尽量少砍或不砍，禁止砍伐水土保护林和河渠堤保护林。五是在汛期施工时，要求施工单位要设置临时排洪沟渠，以减少农田涝害发生。六是在挖方切坡时要放缓坡度，及时加固危土体，并做好路基护坡绿化，防治地质塌陷和滑坡。七是充分利用荒山、砂砾石、弃土等作为路基填筑材料，有效减少土资源浪费，八是对沿线的重要人文景观、自然景观、风景旅游区等都做了合理的避让。真正落实了“破坏最小、恢复最大、保护最高”的原则，深得当地政府和人民群众的赞扬。

(2)试营运期：在路基形成及通车后，对公路边坡、互通立交区及征地范围内及时进行了植树种草等绿化工作，目前公路沿线的植被覆盖率已基本恢复到了原有水平。

5. 固体废物

(1)施工期：一是要求施工单位在施工营地设置临时垃圾桶，并对收集的垃圾定期进行清运。二是对工程沿线的废弃土方和建筑垃圾进行集中堆放，待工程结束后统一清运到沿线的垃圾填埋场进行填埋。

(2)试营运期：在沿线收费站、服务区均设置了垃圾处理池，并建议其对过往乘客丢弃的饮料袋、易拉罐等垃圾统一进行收集并委托当地环卫部门外运处理。

三、环境保护管理工作

我公司在建设工程过程中，严格执行了环境保护法的法律、法规，落实了本工程环评报告及批复的要求，严格执行“三同时”环境保护制度，并制定了本工程的事故应急预案。

本工程设置的隔声屏障、污水处理设施、生态防护措施等环保设施或措施均已到位，目前运行正常，并安排专人负责维护保养，由公司下设的环保监督小组负责协调管理，避免污染环境事故发生。

洛阳至嵩县高速公路工程建设过程中,严格执行了环保“三同时”的要求。工程施工期认真开展环境管理工作,对环境产生的污染和对生态的破坏采取相应措施进行处理;试营运期公路沿线生态环境恢复良好,污染防治与控制措施效果满足各项要求。

河南嵩阳高速公路有限公司

2015 年 5 月 29 日

2. 河南嵩阳高速公路有限公司洛栾高速公路洛阳至嵩县段工程项目竣工环境保护验收意见

洛环验[2015]69 号

河南嵩阳高速公路有限公司洛栾高速公路洛阳至嵩县段工程项目经过洛阳市洛龙区、宜阳县、伊川县、嵩县境内，路线起点位于洛阳市溢坡村东北侧，终点止于嵩县县城东侧；属新建项目；2010 年 10 月开工建设，2012 年 11 月建成通车；项目实际总投资 407676 万元，环境保护投资 2220.46 万元；路线全长 62.6905km。

2009 年 12 月 30 日，洛阳市环境保护局以洛市环监〔2009〕43 号文做出了《关于洛阳至栾川高速公路洛阳至嵩县段建设项目环境影响报告书的批复》。2015 年 6 月 3 日，洛阳市环保局会同嵩县环保局、伊川县环保局对该工程项目进行了竣工环保验收。

根据嵩县环保局、伊川环保局的初审意见和验收组验收结论提出如下验收意见：

1. 该工程项目在施工阶段和试运营以来，基本落实了环境影响报告书及其批复的要求，建设内容符合环境保护要求。

2. 该工程项目建设期间，建设单位依据环评，结合道路实际状况对环评提出的个别污染防治设施进行了优化调整，设施建设更加合理有效。试运营以来未接到环境投诉，经核查和监测得出结论，工程项目造成的生态环境改变基本恢复，项目产生的各种污染物能够达标排放。

3. 工程项目单位制定了完善的环境管理关规章制度，能满足工程项目环境保护管理的需要。

原则同意河南嵩阳高速公路有限公司洛阳至栾川高速公路洛阳至嵩县段工程项目通过环境保护竣工验收。

你公司在今后的运营过程中，应重点做好以下工作：

1. 加强工程项目沿线环境生态的保护，加强项目环保设施的完善、日常管理和维护，确保项目沿线生态环境良好，环保设施长期稳定正常运行，各类污染物达标排放。

2. 完善环境管理的有关规章制度，加强人员管理技能培训，提高环境保护的管理水平。

3. 及时更换桥梁上设置的防事故泄漏沙袋，防止沙袋破损老化带来的安全隐患。

4. 伊川县环保局、宜阳环保局、嵩县环保局、洛龙环保分局按照属地管理的原则，负责项目所辖区段部分的日常环境监察管理工作，依法监督该项目落实环保批复的要求，洛阳市环境监察支队依法进行环境监管。

附件：洛栾高速公路洛阳至嵩县段工程项目竣工环境保护验收组成员名单

2015 年 6 月 8 日

附件

洛栾高速公路洛阳至嵩县段工程项目竣工环境保护验收组成员名单

成员	姓名	单　　位	职务(称)	签　名
组长	许宝华	洛阳市环保局污防科	主任科员	
组员	齐文教	洛阳市环保局污防科	科长	
	王方起	洛阳市环保局污防科	科长	
	郭六芳	嵩县环境保护局	副局长	
	葛锋	嵩县环境保护局污防股	股长	
	杨俊锋	嵩县环境保护局污防股	副股长	
	赵波涛	伊川县环境保护局污防股	股长	

抄送：洛阳市环境监察支队　伊川县环保局　宜阳县环保局　嵩县环保局　洛龙环保分局

3. 洛栾高速公路竣工档案整理执行报告

河南嵩阳高速公路有限公司

一、工程概况

洛栾高速公路分为洛嵩段和嵩栾段两个项目，由河南嵩阳高速公路有限公司负责统一建设管理。工程概况分别是：

洛嵩段：洛嵩段项目起于洛阳市洛龙区溢坡村，向南经伊川至嵩县县城东，与同期规划的嵩栾段项目相连接，路线全长62.6905km。沿线设主线收费站1处，匝道收费站3处，停车区1处（缓建），服务区1处，互通式立交4处，特大桥1座，大桥39座，中桥6座，分离式立交20座，隧道3座，通道39道，涵洞102道，天桥37座。项目批复概算总投资40.77亿元。土建标段10家，路面标段3家，交安标段4家，房建标段5家，机电标段7家，绿化标段4家，监理单位3家。

二、竣工档案工作概况及管理情况

1. 建立项目档案工作管理机构、健全档案管理制度

在项目建设期间，我公司十分重视洛栾高速公路的竣工档案分类、组卷整理和归档工作，按照《河南省公路工程建设项目档案专项验收暂行办法》、《河南省公路工程竣工文件材料立卷归档整理细则》等相关要求，公司成立了洛栾高速竣工档案整理工作领导小组，全面负责和指导洛栾高速公路竣工档案整理工作。领导小组成员是：

组　长：周洪文

副组长：张玉中、陈可

成　员：董德全、黄慧光、袁新胜、刘胜龙、李志敏、樊轶伟、卢辉辉、王金丽以及各标段项目经理和各监理单位总监代表。

为了确保洛栾高速公路文件资料的完整、准确、系统，从项目立项、开工建设以及后期收尾工作等，公司建立健全了所有档案，做到档案移交与工程建设及交工验收基本同步进行。在建设期间，公司制定并下发了《关于洛栾高速公路竣工文件资料整理归档的通知》、《关于洛栾高速公路交（竣）工资料整理要求的通知》、《关于下发洛栾高速公路竣工文件移交要求的通知》、《关于下发竣工图纸编制要求的通知》以及各阶段检查竣工文件整理的评比奖罚办法一系列档案管理文件，共计10余份，为规范档案整理工作提供了可靠的制度保障。

为了确保竣工档案资料的收集、分类、组卷、档号、编制和案卷质量，公司分别制定了详细的规定和要求，对档案整理工作中发现的问题及时进行了纠正和完善。结合工作实际，公司多次邀请省厅档案管理部门及有关专家对各参建单位档案整理人员进行培训、检查和指导，使档案整理工作与项目建设同步进行和完善。

在此期间，公司将档案整理工作分为三个阶段，即：搜集汇总阶段、组卷阶段、复印装订阶段。每个阶段公司都要组织检查总结，对档案整理工作好的单位和个人进行奖励，对发现的问题及时进行整改落实并达标，待合格后方可进入下一阶段，有效提高了档案整理工作效率和质量。

同时，为了确保洛栾高速公路的竣工档案顺利通过验收和能够充分得到利用，公司设立了专

门的档案管理机构，配备了2名专职档案员，具体负责竣工档案整理工作，并制定了《洛栾高速公路档案室工作职责》、《洛栾高速公路档案室管理制度》、《洛栾高速公路档案借阅制度》等一系列的管理制度，为下一步向管理单位移交奠定了基础。

2. 完善档案保管条件，确保档案资料的正常管理和安全

(1)为了确保洛栾高速公路档案资料的正常管理和长期安全保存，按照《河南省公路工程建设项目档案专项验收暂行办法》等有关规定要求，洛栾高速现有档案室库房面积共计255m^2，其中办公阅览室50m^2。实现了档案库房、阅览、办公分设的要求，并采取了防火、防盗、防潮、防湿、防虫、防尘等有效措施。

(2)为科学和规范档案管理，我公司使用了省厅指定的档案管理软件"DARMS2000档案综合管理软件"，建立了完整的档案和案卷信息数据库，并配有计算机、复印机、激光打印机、空调、温湿度计、灭火器等必要的档案保护设施。

(3)目前库房配备档案密集柜38组，可存放档案60000卷，案卷柜数量、质量满足使用要求，案卷、卷盒等装具牢固、美观、卷盒脊背的档号、题名准确、粘贴牢固符合有关要求。

3. 文件材料

所有档案文件材料的载体和书写均符合耐久性要求，案卷目录、卷内目录、案卷封皮、卷盒脊背的内容使用了"DARMS2000档案综合管理软件"激光打印机制作生成。

4. 档案资料归档

由洛栾高速公路档案管理领导小组负责指导和监督全线各参建单位的档案资料的移交、汇总及整理工作。

三、竣工档案资料成卷情况及项目档案案卷索引整理、制作及移交情况

洛栾高速公路归档案卷总计23310卷，其中洛嵩段10077卷，嵩栾段13233卷。

洛嵩段具体如下：

建设单位归档684卷，监理单位归档3320卷，施工单位归档6757卷。

嵩栾段具体如下：

建设单位归档829卷，监理单位归档4345卷，施工单位归档8888卷。

洛栾高速公路需上交竣工资料的参建单位共计70家，全部采用"DARMS2000档案综合管理软件"进行档案文件的录入工作，并由该软件制作卷盒脊背、案卷封面、案卷级和卷内级文件目录，各单位竣工文件经验收合格后连同编制说明、案卷索引并将电子目录刻录成光盘一式两份一并移交给项目公司。项目公司将这些电子文档汇总制成总目录，建立洛栾项目档案查询系统，通过计算机能够快速、准确地调阅建设期间的任何资料，为今后在高速公路管理、使用、养护等方面发挥应有的作用。

四、档案在项目建设、管理、试运行中发挥的作用

在建设期间，由于公司高度重视竣工档案整理工作和不断完善各项管理，并建立了档案索引信息数据库，因此在建设后期清算、内部审计、养护管理以及即将开展的竣工决算审计等，为查阅资料发挥了重要的作用，并提供了真实的依据。自2013年下半年以来，各有关部门借阅查阅档案资料300卷，为建设后期和运营管理发挥了应有的作用。

五、档案验收情况

洛栾高速洛嵩段与嵩栾段分别于2012年11月30日、2012年12月18日进行了交工验收。交工验收后，嵩阳公司立即组织全线各参建单位进行竣工档案整理和准备移交工作，并多次对整

理资料中存在的问题进行检查、培训和整改,确保了全线档案整理工作有序进行。目前,洛栾高速公路竣工资料已经按照有关要求整理归档移交完毕,且档案资料规范、完整、有序,经自检已达到验收标准。

六、存在的问题和不足

1. 由于洛栾高速公路项目后期工程决算工作正在进行,有关较大工程变更量及变更单价需要上级单位批复,这部分变更资料正在分批移交;

2. 由于种种客观原因洛栾高速公路项目土地证还未办理完成,目前正在积极办理,近期可办理完毕。

3. 嵩栾段土地批复问题:嵩栾段前期因全线压覆矿权 23 处,该段矿权较多,签订“同意压覆矿权协议书”难度大,省国土资源厅无法对压矿手续进行审批,导致土地报件无法组件上报。经我公司多次与嵩县政府、嵩县国土资源局、栾川县政府、栾川县地矿局、矿权单位、洛阳市高速公路建设指挥部、洛阳市主管交通副市长以及洛阳市市长多次沟通协调并且同时召开 5 次协调会,终于在 2015 年 2 月份矿权单位同意签订了“同意压覆矿权协议书”及“原签署的同意压覆矿权协议书继续有效的情况说明”。并再次上报省国土资源厅审核,省国土资源厅在 2015 年 3 月 5 日对嵩栾段土地手续审核通过。出具了《关于洛阳至栾川高速公路嵩县至栾川段项目建设用地的审查报告》。并已上报国土资源部,国土资源部正在会审期间。

七、档案工作体会

竣工文件是反映整个项目实施过程的重要资料,它系统、完整地记录了高速公路建设的历史过程,为今后道路维护、改扩建和规范全线管理提供了真实和详细的文字、图表、声像资料,是长期保存的重要技术档案。在工程交工后和竣工验收前,按照相关顺序和要求做好竣工资料的整理是一项细致的、艰巨的工作,对此必须要有足够的认识,任何忽视、轻视这项工作的思想都会损害编制工作的正常进行,甚至影响工程竣工验收。主要体会是:

1. 各级领导的关心、重视和支持是完成档案整理工作的前提

档案整理工作是一项重要且复杂的工程,在洛栾高速公路档案整理工作期间,公司领导始终高度重视档案整理工作,定期听取档案整理工作汇报,及时解决工作中遇到的困难。省厅档案科的领导也多次到现场进行检查指导,并提出了许多好的建议和意见,从而保证了档案整理工作的质量和进度。

2. 统一要求、统筹安排是做好档案整理的依据

档案整理工作是一个系统工程,从收集、整理、编号、装订等每一步都有严格的要求,洛栾项目参建单位共有 64 个,必须要有统一的规定和要求,才能使档案整理工作有条不紊地进行。

3. 跟踪检查、不断改进是档案整理工作的保证

洛栾项目参建单位多、人员素质参差不齐,在档案整理过程中必然会出现因理解不同而产生的差错,在不同的阶段需要及时检查、及时完善和整改,待合格后才能进行下一阶段的工作,这样才可以提高效率、避免返工、确保档案整理进度和质量。

八、结束语

经过广大参建单位的共同努力,目前洛栾项目档案整理工作已基本完毕,经公司内部自检,认为已基本符合《河南省公路工程建设项目档案专项验收暂行办法》有关要求。当然,我们也清醒地认识到洛栾高速公路竣工资料档案整理的方方面面与国家档案部门的有关标准规范还有差距,在今后的工作中,我们将进一步整理完善,使之更加科学化、系统化、规范化,为规范高速公路

运营管理做出应有的贡献。

最后,请档案验收组的各位领导及专家给予审查指正。

谢谢!

河南嵩阳高速公路有限公司

二〇一五年四月十六日

4. 洛栾高速公路洛阳至嵩县段档案专项验收批复

洛阳至栾川高速公路竣工档案专项验收专家签字表　　表 1

序号	成员	姓名	单　位	职务/职称	签　字
1	组长	翟云远	河南省档案局	处长/副研究馆员	翟云远
2	副组长	李志斌	河南省交通运输厅办公室	副主任	李志斌
3	组员	王丽	河南省交通运输厅	副总工/教高	王丽
4	组员	安静	河南省档案局	主任科员	安静
5	组员	祁丽娜	河南省交通运输厅办公室	档案科长/研究馆员	祁丽娜
6	组员	丁向娟	河南省交通运输厅办公室	档案员	丁向娟
7	组员	陈威达	河南省交通运输厅建管处	工程师	陈威达
8	组员	李智峰	河南交通质量监督站	监督处长/高级工程师	李智峰
9	组员	刘春艳	河南省收费还贷高速公路管理中心	工程师	刘春艳
10	组员	赵战国	洛阳市交通局质量监督站	副站长	赵战国

河南省重点建设项目档案验收申请表

表 2

<table>
<tr><td>项目名称</td><td colspan="3">洛阳至栾川高速公路洛阳至嵩县段</td></tr>
<tr><td>审批(核)机关</td><td>河南省发展和改革委员会</td><td>立项日期</td><td>2009 年 8 月</td></tr>
<tr><td>投资规模</td><td>407676 万元</td><td>建设时间</td><td>2010. 3—2012. 12</td></tr>
<tr><td>建设单位(法人)</td><td>河南嵩阳高速公路有限公司</td><td>设计单位</td><td>河南省交通规划勘察设计院有限责任公司</td></tr>
<tr><td>主要施工单位</td><td>河南省公路工程局集团有限公司、中铁十五局集团有限公司，中铁十五局集团第二工程有限公司，中国葛洲坝集团股有限公司、中铁七局集团第一工程有限公司、中铁十五局集团第五工程有限公司、陕西明泰工程建设有限责任公司、中交一公局第六工程有限公司、中铁十五局集团第七工程有限公司</td><td>主要监理单位</td><td>河南省宏力工程咨询有限公司、河南省高等级公路建设部有限公司</td></tr>
<tr><td>计划档案
验收日期</td><td>2015. 4</td><td>计划竣工
验收日期</td><td>2015. 12</td></tr>
<tr><td>联系人</td><td>黄慧光</td><td>联系电话</td><td>18937900078</td></tr>
<tr><td>地址/邮编</td><td>洛阳市开元大道 224 号</td><td>电子信箱</td><td>635102702@ QQ. Com</td></tr>
<tr><td>申请单位
自检意见</td><td colspan="3">洛栾高速公路洛嵩段共收集整理了业主、施工、监理、设计参建各方档案共计：10077 卷，经检查：文件材料收集基本齐全、完整，组卷科学、规范，案卷题名准确、简练，基本符合交通部《交通建设项目档案专项验收办法》以及《河南省公路工程建设项目档案专项验收暂行办法》中的验收标准，具备验收条件，特申请验收。

(单位盖章)
2015 年 04 月 15 日</td></tr>
<tr><td>主管单位意见</td><td colspan="3">同意

(单位盖章)
2015 年 04 月 15 日</td></tr>
<tr><td>验收组织
单位意见</td><td colspan="3">经验收组现场查验，认为该项目工程档案基本符合国家及行业档案验收标准，同意通过档案专项验收。

附件：1. 洛栾高速洛嵩段档案专项验收意见，
2. 验收组名单

(单位盖章)
2015 年 4 月 21 日</td></tr>
</table>

5. 河南省水利厅准予水行政许可决定书

豫水行许字〔2016〕102 号

许可事项:关于对洛阳至栾川高速公路洛阳至嵩县段水土保持设施验收的审批

河南嵩阳高速公路有限公司:

你单位于 2016 年 7 月 4 日提出关于《洛阳至栾川高速公路洛阳至嵩县段水土保持设施验收》的行政许可申请,本机关已受理。经审查,该申请符合法定条件。本机关依据《水行政许可实施办法》第三十二条规定、《中华人民共和国水土保持法》第二十七条、《河南省实施〈中华人民共和国水土保持法〉办法》第二十六条、《开发建设项目水土保持设施验收管理办法》的有关规定和《中华人民共和国行政许可法》第三十八条第一款的规定,决定准予你单位取得《洛阳至栾川高速公路洛阳至嵩县段水土保持设施验收》的行政许可。

附件:《洛阳至栾川高速公路洛阳至嵩县段水土保持设施验收鉴定书》

2016 年 8 月 17 日

附件

编号:2016-10

生产建设项目水土保持设施

验收鉴定书

项 目 名 称 洛阳至栾川高速公路洛阳至嵩县段工程

建 设 单 位 河南嵩阳高速公路有限公司

建 设 地 点 洛阳市(洛龙区、伊川县、嵩县)

验收主持单位 河南省水利厅

2016 年 7 月24 日

中华人民共和国水利部制

一、生产建设项目水土保持设施验收基本情况表

<table>
<tr><td>项目名称</td><td colspan="2">洛阳至栾川高速公路
洛阳至嵩县段工程</td><td>行业
类别</td><td colspan="2">公路</td></tr>
<tr><td>主管部门
（或主要投资人）</td><td colspan="2">河南嵩阳高速公路有限公司</td><td>项目
性质</td><td colspan="2">新建</td></tr>
<tr><td>水土保持方案审批部门、
文号及时间</td><td colspan="5">河南省水利厅
豫水行许字〔2010〕24 号
2010 年 6 月 22 日</td></tr>
<tr><td>初步设计审批部门、
文号及时间</td><td colspan="5">河南省发展和改革委员会
豫发改设计[2009] 2005 号
2009 年 12 月 16 日</td></tr>
<tr><td>工程估算总投资</td><td>37.27 亿元</td><td>其中水土保持投资</td><td>10180.30
万元</td><td>所占比例</td><td>2.73%</td></tr>
<tr><td>工程实际总投资</td><td>40.77 亿元
（未决算）</td><td>其中水土保持投资</td><td>11719.69
万元</td><td>所占比例</td><td>2.87%</td></tr>
<tr><td>工程施工准备期</td><td>—</td><td>建设时间</td><td colspan="3">2010 年 3 月—2012 年 12 月</td></tr>
<tr><td>水土保持方案编制单位</td><td colspan="5">黄河水利委员会黄河水利科学研究院</td></tr>
<tr><td>水土保持初步设计单位</td><td colspan="5">河南省交通规划勘察设计院有限责任公司</td></tr>
<tr><td>水土保持监测单位</td><td colspan="5">黄河水利委员会黄河水利科学研究院</td></tr>
<tr><td>水土保持施工单位</td><td colspan="5">河南省公路工程局集团有限公司等 9 家</td></tr>
<tr><td>水土保持监理单位</td><td colspan="5">河南省宏力工程咨询有限公司
河南省高等级公路建设监理部有限公司</td></tr>
<tr><td>技术评估单位</td><td colspan="5">河南盛源水利技术咨询有限公司</td></tr>
</table>

二、验收意见

根据《开发建设项目水土保持设施验收管理办法》，河南省水利厅于 2016 年 7 月 24 日在洛阳市主持召开了洛阳至栾川高速公路洛阳至嵩县段工程水土保持设施验收会议。参加会议的有洛阳市水务局、洛龙区水利局、伊川县水利局、嵩县水利局，建设单位河南嵩阳高速公路有限公司，评估单位河南盛源水利技术咨询有限公司，以及方案编制、设计、监理、监测、施工单位的代表和特邀专家 24 人，会议成立了验收组（名单附后）。

验收会议前，建设单位对水土保持设施进行了自查初验，编制了水土保持方案实施工作总结报告，并向河南省水利厅提出了验收申请。河南盛源水利技术咨询有限公司对该项目水土保持设施进行了技术评估，提交了评估报告。上述报告以及监理、监测报告为本次验收提供了重要技术依据。

验收组及与会代表查看了工程现场，查阅了技术资料，听取了建设单位关于水土保持工作情况和评估单位关于技术评估的汇报，以及方案编制、设计、监理、监测、施工单位的补充说明，经讨论形成验收意见如下：

（一）洛阳至栾川高速公路洛阳至嵩县段工程位于洛阳市境内，路线起自位于洛龙区溢坡村，经伊川县、嵩县，止于嵩县后地村，接同期规划的嵩县至栾川段高速公路。线路全长 62.69 公里（双向四车道、路基宽度 26 米）。工程于 2010 年 3 月开工，2012 年 12 月通车。工程实际总投资 40.77 亿元（未决算）。

（二）根据批复（豫水行许字〔2010〕24 号），该项目水土流失防治责任范围 599.57hm^2，其中项目建设区 517.39hm^2，直接影响区 82.18hm^2。实际运行期防治责任范围 422.10hm^2。

（三）建设单位在项目实施过程中，采取了斜坡防护工程、拦挡工程、排水工程、植被恢复、土

地整治等防治措施，实际完成工程措施：主线路区：表土剥离381.39 hm^2；土地整治93.96nm^2，表土回覆123.14万m^3，拱形护坡浆砌石26.17万m^3，；人字形骨架浆砌石2.27万m^3，锚杆混凝土格室+三维网防护0.44万m^3，浆砌石排水沟1.98万m^3，路堤边沟预制混凝土0.73万m^3，路堑边沟预制混凝土0.89万m^3；路堑边沟现浇混凝土2.76万m^3，路基截水沟浆砌石3.05万m^3，急流槽浆砌石0.35万m^3。混凝土2.35万m^3，水泥砂浆1.19万m^3，碎石垫层2.42万m^3；弃渣场区：表土剥离46.20 hm^2，土地整治46.20 hm^2，表土回覆13.86万m^3，截水沟土方开挖0.54万m^3，浆砌片石截水沟0.47万m^3，碎石垫层方量0.14万m^3，挡渣墙基础土方开挖0.75万m^3；挡渣墙浆砌石0.67万m^3；挡渣墙碎石垫层6k8m^3；排水管320m，护砌干砌石6.42万m^3，护底干砌石0.33万m^3；施工生产生活区：表土剥离9.33hm^2，土地整治9.33hm^2，表土回覆2.80万m^3；施工便道：表土剥离28.3khm^2，土地整治28.37hm^2，表土回覆8.51万m^3；取土场区：表土剥离1.33 hm^2，土地整治1.33 hm^2，表土回覆0.40万m^3。植物措施：主线路区：撒播草种93.96 hm^2，铺设草坪3.79 hm^2，种植攀缘类植物2.33万株，种植乔木14494株，种植灌木237409株。弃渣场区：撒播草种26.43hm^2，种植乔木7150株，种植灌木4778株。取土场区：撒播草种0.33hm^2。临时措施：主线路区：覆盖塑料薄膜91.68万m^2，路基临时排水沟挖方3.01万m^3，挡土埂土方填筑9351m^3，临时堆土排水沟挖方7515m^3，沉沙池挖方115m^3，护衬所料薄膜433 m^2，草袋装土4900m^3，泥浆池挖方4682m^3，土工布7920m^2；弃渣场区：草袋装土1400m^3，临时堆土排水沟挖方1463m^3，沉沙池挖方70m^3，塑料薄膜912 m^2；施工生产生活区：草袋装土158m^3，临时堆土排水沟挖方213m^3，沉沙池挖方5m^3，塑料薄膜19 m^2，铺撒碎石子685m^3，临时排水沟挖方836m^3；施工便道区：排水沟挖方4.98万m^3，草袋装土840m^3，临时堆土排水沟挖方753m^3，沉沙池挖方35m^3，塑料薄膜135 m^2；取土场区：临时排水沟挖方854m^3，塑料薄膜325 m^2，沉沙池挖方20m^3。实际完成水土保持投资11719.69万元。

（四）依据评估，该工程实际扰动土地整治率99.80%，水土流失总治理度99.20%，土壤流失控制比0.81，拦渣率98.30%，林草植被恢复率98.00%，林草覆盖率26.90%。经现场查看，各项水土保持设施基本运行正常。

验收组认为：建设单位依法编报了水土保持方案，建设期间开展了水土保持监测、监理工作，缴纳了水土保持补偿费，水土保持法定程序基本完整；在项目实施过程中基本落实了水土保持方案及批复文件要求；完成的水土保持设施基本满足水土流失防治要求，水土流失防治指标达到了水土保持方案确定的目标值，建成的水土保持设施总体质量合格，较好地控制和减少了工程建设中的水土流失；运行期间管护责任落实，符合水土保持设施竣工验收条件，同意该工程水土保持设施通过竣工验收。

（五）后续要求

1. 完善部分天桥通道两侧桥下和部分路段边坡损毁的工程和植物措施；

2. 7月底前完成14号弃渣场（玉皇庙隧道右侧）排水沟内清理疏浚工作，确保行洪安全；

3. 加强弃渣场和取土场的巡查和监测（尤其是汛期加大频次），保障稳定安全；

4. 在工程运行过程中，建设单位进一步加强水土保持设施管护，确保其正常运行和发挥效益。

组　长：

副组长：

二〇一六年七月二十四日

三、验收组成员名单

成员	姓名	单　位	职务	签字
组长	张建	河南省水利厅	科长	
副组长	赵晋南	洛阳市水务局	科长	
	李龙	河南省水利厅	科员	
	李旭辉	特邀专家	高工	
	王峰	特邀专家	高工	
	郭长松	特邀专家	高工	
	雷蕾	洛阳市水务局	主任科员	
	刘文	洛阳市水土保持监督监测站	站长	
组员	张秋艳	洛阳市水土保持监督监测站	副站长	
	李绍乾	洛龙区水利局	局长	
	王天水	嵩县水利局	纪检书记	
	赵明军	嵩县水利局	大队长	
	谷晓存	伊川县水利局	副局长	
	常宏国	伊川县水利局	大队长	
	唐君霞	河南盛源水利技术咨询有限公司	总经理	

四、参加验收会议代表名单

姓　　名	单 位（全 称）	职务/职称	签　　字
张建	河南省水利厅	科长	
赵晋南	洛阳市水务局	科长	

续上表

姓　　名	单 位（全 称）	职务/职称	签　　字
李龙	河南省水利厅	科员	
李旭辉	特邀专家	高工	
王峰	特邀专家	高工	
郭长松	特邀专家	高工	
雷蕾	洛阳市水务局	主任科员	
刘文	洛阳市水土保持监督监测站	站长	
张秋艳	洛阳市水土保持监督监测站	副站长	
李绍乾	洛龙区水利局	局长	
王天水	嵩县水利局	纪检书记	
赵明军	嵩县水利局	大队长	
谷晓存	伊川县水利局	副局长	
常宏国	伊川县水利局	大队长	
陈可	河南嵩阳高速公路有限公司	高工	
董德全	河南嵩阳高速公路有限公司	高工	
张爱民	河南嵩阳高速公路有限公司	高工	
袁新胜	河南嵩阳高速公路有限公司	工程师	
杨二	黄河水利委员会黄河水利科学研究院	高工	

续上表

姓　　名	单 位（全 称）	职务/职称	签　　字
王玲玲	黄河水利委员会黄河水利科学研究院	高工	王玲玲
马松贞	河南省宏力工程咨询有限公司	高工	马松贞
高义东	河南省高等级公路建设监理部有限公司	工程师	高义东
韩叙领	河南省交通规划设计研究院股份有限公司	副高	韩叙领
袁业帅	河南省公路工程局集团有限公司洛嵩一标	合同部长	袁业帅
唐君霞	河南盛源水利技术咨询有限公司	总经理	唐君霞
梁笑笑	河南盛源水利技术咨询有限公司	技术员	梁笑笑
李晓征	河南盛源水利技术咨询有限公司	技术员	李晓征

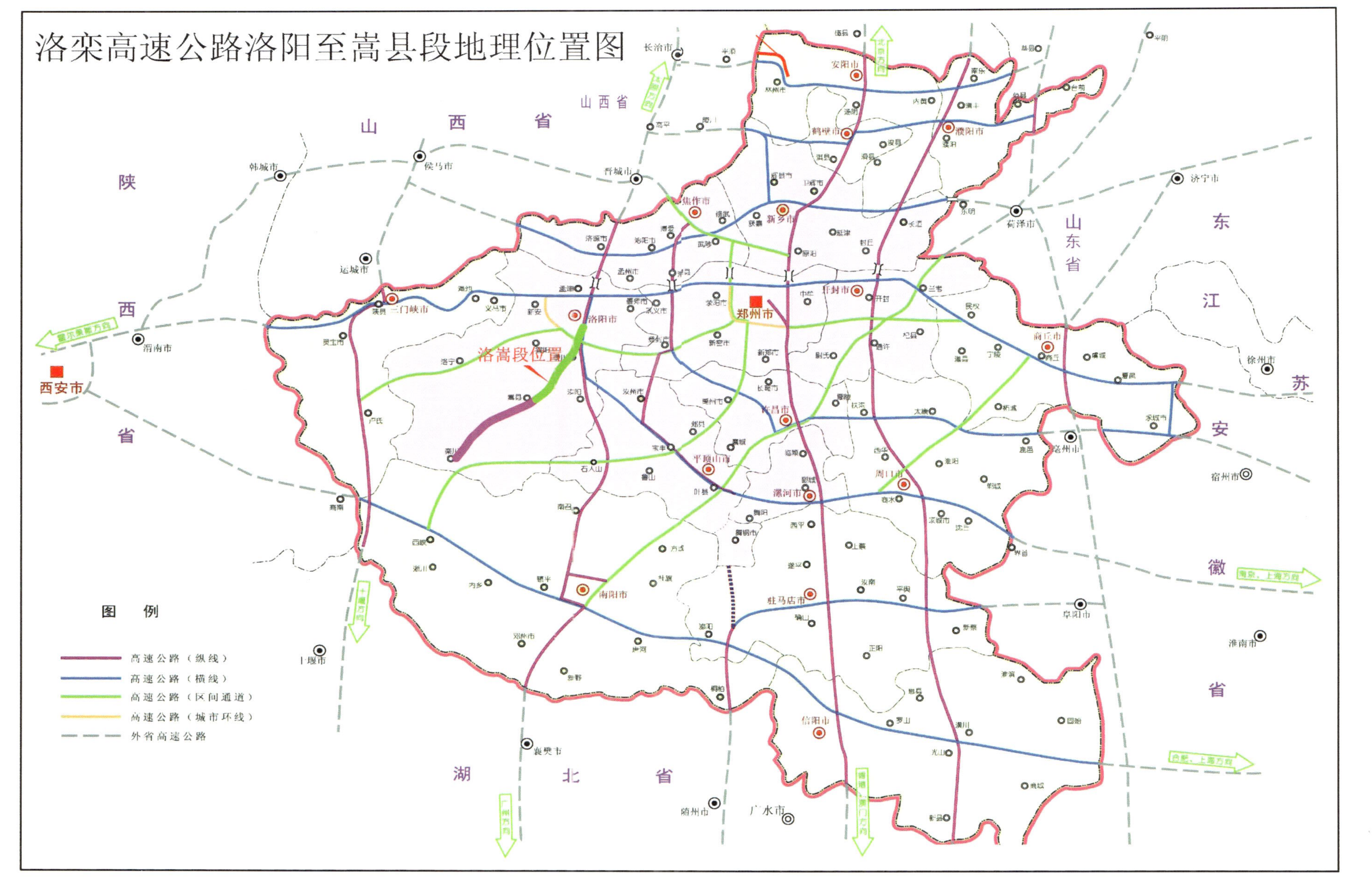

洛栾高速公路洛阳至嵩县段地理位置图
洛嵩段位置
郑州市
洛阳市
三门峡市
焦作市
新乡市
开封市
安阳市
鹤壁市
濮阳市
商丘市
许昌市
平顶山市
漯河市
周口市
南阳市
驻马店市
信阳市
西安市
渭南市
韩城市
侯马市
运城市
晋城市
长治市
济宁市
菏泽市
徐州市
宿州市
亳州市
阜阳市
淮南市
十堰市
襄樊市
随州市
广水市
山西省
山东省
陕西省
湖北省
安徽省
江苏
图例
高速公路（纵线）
高速公路（横线）
高速公路（区间通道）
高速公路（城市环线）
外省高速公路

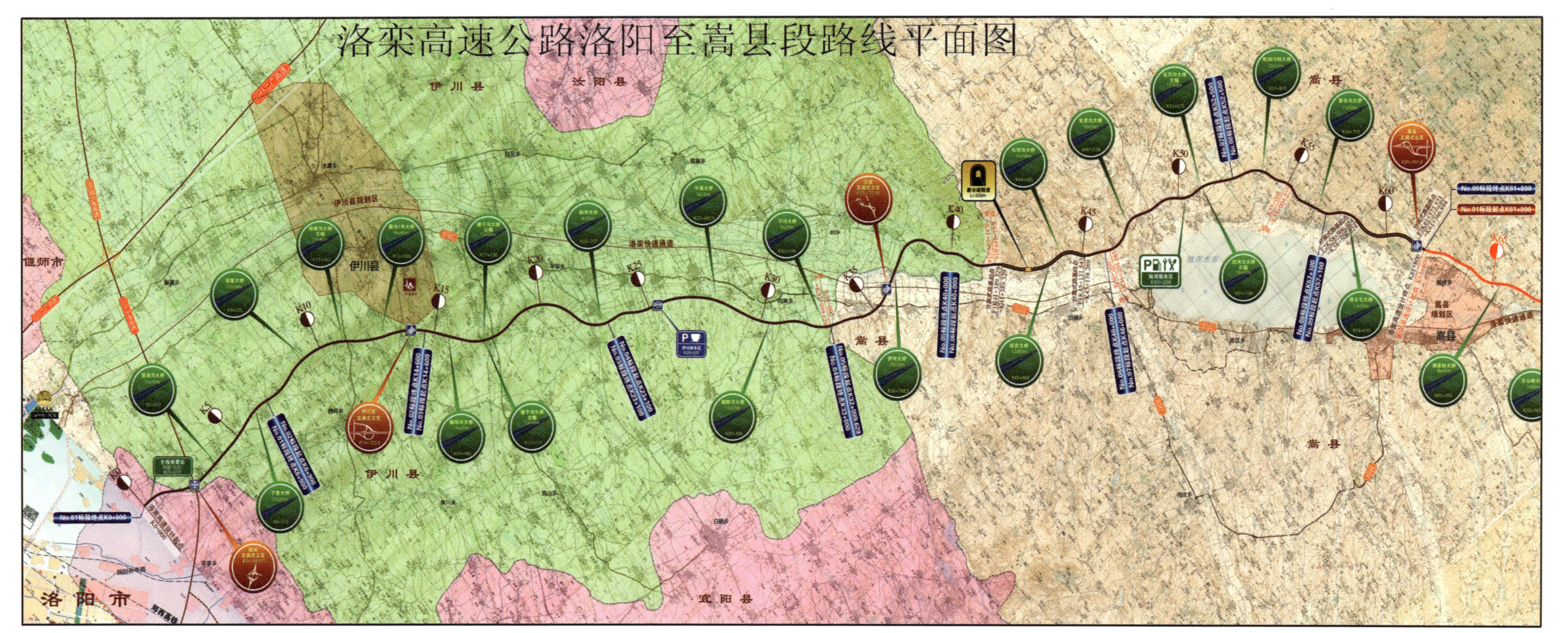

洛栾高速公路洛阳至嵩县段路线平面图
伊川县
汝阳县
嵩县
宜阳县
偃师市
洛阳市
伊川县规划区
伊川县
嵩县规划区
嵩县
洛栾快速通道
K5
K10
K15
K20
K25
K30
K35
K40
K45
K50
K55
K60
K65
No.01标段终点K0+000
No.02标段起点K6+900
No.01标段终点K6+900
No.03标段起点K14+600
No.02标段终点K14+600
No.04标段起点K23+100
No.03标段终点K23+100
No.05标段起点K32+999.629
No.04标段终点K33+000
No.06标段起点K40+000
No.05标段终点K40+000
No.07标段起点K46+000
No.06标段终点K46+000
No.08标段起点K52+500
No.07标段终点K52+500
No.09标段起点K57+100
No.08标段终点K57+100
No.09标段终点K61+800
No.01标段起点K61+800

洛栾高速公路洛阳至嵩县段工程竣工验收

第一册　参建单位工作报告

主编◎周洪文　董德全　陈　可

人民交通出版社股份有限公司
China Communications Press Co.,Ltd.

内 容 提 要

本书收录了洛栾高速公路洛阳至嵩县段工程在项目执行、设计、质量监督、各监理代表处、各施工单位、征地拆迁及使用情况的总结报告,全面记录了该项目各个环节的建设概况。从管理和技术角度作了详尽的分析,对提高我国高速公路工程项目竣工验收的水平有重要意义。

本书可供从事高速公路建设、设计、施工、监理、质检等方面的工程技术人员使用参考。

图书在版编目(CIP)数据

洛栾高速公路洛阳至嵩县段工程竣工验收(一)、(二)、(三). 1, 参建单位工作报告 / 周洪文, 董德全, 陈可主编. -- 北京 : 人民交通出版社股份有限公司, 2017.11

ISBN 978-7-114-14065-5

Ⅰ. ①洛… Ⅱ. ①周… ②董… ③陈… Ⅲ. ①高速公路-道路工程-工程验收-工作报告-洛阳 Ⅳ. ①U415.12

中国版本图书馆 CIP 数据核字(2017)第 189141 号

书　　名:洛栾高速公路洛阳至嵩县段工程竣工验收
第一册　参建单位工作报告
著 作 者:周洪文　董德全　陈　可
责任编辑:杜　琛　李学会　卢　珊
出版发行:人民交通出版社股份有限公司
地　　址:(100011)北京市朝阳区安定门外外馆斜街 3 号
网　　址:http://www.ccpress.com.cn
销售电话:(010)59757973
总 经 销:人民交通出版社股份有限公司发行部
经　　销:各地新华书店
印　　刷:化学工业出版社印刷厂
开　　本:787×1092　1/16
印　　张:18
插　　页:1
字　　数:469 千
版　　次:2017 年 11 月　第 1 版
印　　次:2017 年 11 月　第 1 次印刷
书　　号:ISBN 978-7-114-14065-5
全套定价:268.00 元
(有印刷、装订质量问题的图书由本公司负责调换)

洛栾高速公路洛阳至嵩县段
工程竣工验收(第一册)

编　委　会

主　　编:周洪文　董德全　陈　可

副 主 编:潘云波　赵克凡　仇在林　徐艳军　李伟丽
刘春燕　马松贞　高建学

编　　委:袁　超　马　越　韩全学　游小东　贺邵华
蒋玉鹏　张宝民　翟桂贤　李军旗　刘国忠
李彦海　杨永振　王鹏义　王广州　张路琰
张　克　景建军　魏跃东　白永亮　战寿德
杨宏永　宋振业　田凤岭　梅兴民

主　　审:周洪文　董德全　陈　可　史鹏飞　黄慧光

统 稿 人:张爱民　毛学臣　王金丽

目　　录

第一部分　建设、设计、监理、监督

第二部分　土　　建

第三部分　路　　面

第四部分　交通安全设施

第五部分　房建、机电、绿化

第六部分　征 地 拆 迁

第七部分　接 管 养 护

第一部分

建设、设计、监理、监督

1. 洛栾高速公路洛阳至嵩县段工程项目执行报告

目　　录

洛栾高速公路洛阳至嵩县段工程项目执行报告

一、项目概况

洛栾高速公路洛阳至嵩县段项目起于洛阳市洛龙区谥坡村东北，向南经伊川至嵩县县城东，与同期规划的洛栾高速公路嵩县至栾川段项目相连接，路线全长62.690511km，设计行车速度100km/h，采用双向四车道标准。项目批复概算为40.77亿元。

（一）建设依据

（1）河南省发展和改革委员会《关于洛阳至栾川高速公路洛阳至嵩县段核准的批复》（豫发改交通〔2009〕1831号）。

（2）河南省发展和改革委员会《关于洛阳至栾川高速公路洛阳至嵩县段工程初步设计的批复》（豫发改设计〔2009〕2005号）。

（3）河南省交通运输厅《关于洛阳至栾川高速公路洛阳至嵩县段施工图设计的批复》（豫交规划〔2010〕305号）。

（4）中华人民共和国国土资源部《国土资源部关于洛阳至栾川高速公路洛阳至嵩县段工程建设用地的批复》（国土资函〔2011〕183号）。

（5）洛阳市环境保护局《洛阳市环境保护局关于洛阳至栾川高速公路洛阳至嵩县段建设项目环境影响报告书的批复》（洛市环监〔2009〕43号）。

（6）河南省水利厅《关于对洛阳至栾川高速公路洛阳至嵩县段工程水土保持方案报告书的审批》（豫水行许字〔2010〕24号）。

（7）河南省地震局《对洛阳至栾川高速公路洛阳至嵩县段工程场地地震安全性评价工作报告的批复》（豫震安评〔2009〕178号）。

（8）河南省国土资源厅《河南省国土资源厅关于洛阳至栾川高速公路洛阳至嵩县段工程压覆矿产资源的审查意见》（豫国土资函〔2010〕414号）。

（9）洛阳市规划局《洛阳市规划局关于洛栾高速洛阳至嵩县段路线走向的意见》（〔2009〕379号）。

（10）河南省交通运输厅《关于洛阳至栾川高速公路洛阳至嵩县段房屋建筑工程概念设计的批复》（豫交计〔2010〕345号）。

（二）主要技术指标及建设规模（表1）

主要技术指标及建设规模表 表1

项目	指标名称	单位	指　　标	采用值
1	地形		山岭重丘区	山岭重丘区
2	公路等级		双向四车道高速公路	双向四车道高速公路
3	设计速度	km/h	100	100
4	路基宽度	m	26.0	26
5	行车道宽度	m	2×2×3.75	2×2×3.75
6	中央分隔带宽度	m	2	2
7	左侧路缘带宽度	m	2×0.75	2×0.75

续上表

项目	指 标 名 称	单位	指　　标	采　用　值
8	硬路肩宽度	m	2×3.00	2×3.00
9	土路肩宽度	m	2×0.75	2×0.75
10	路基设计洪水频率		1/100	1/100
11	平曲线极限最小半径	m	400	600
12	最小停车视距	m	160	160
13	最大纵坡	%	4	3.9
14	最大坡长	m	800(4%)	960(2.99)
15	最小坡长	m	250	280
16	竖曲线最小半径 (凸/凹)	m	10000/4500	16000/10000
17	竖曲线极限最小长度	m	170	170
18	路面横坡	%	2	2
19	桥面总宽	m	2×12.75	2×12.75
20	桥面净宽	m	2×11.75	2×11.75
21	桥涵设计车辆荷载		公路—I级 (特殊桥梁1.3倍公路—I级)	公路—I级 (特殊桥梁1.3倍公路—I级)
22	桥涵设计洪水频率		1/100(特大桥1/300)	1/100(特大桥1/300)
23	分离式双洞隧道净宽	m	2×10.75	2×10.75
24	隧道侧向宽度(左/右)	m	0.5/0.75	0.5/0.75
25	隧道内最大纵坡	%	3	3
26	建设路线总长	km	62.69	

(三)工程进度

(1)2010年10月11日河南省交通运输厅正式批复了洛栾高速公路洛阳至嵩县段施工许可申请书。

(2)截至2012年11月16日,全线土建工程、路面工程及控制性工程已全部完工。

(3)附属工程:截至2012年11月20日,房建、机电、交通安全设施工程已基本完工。

(4)该项目于2012年12月底通车试运营。

(四)项目投资及来源

1. 项目公司注册情况

2009年8月6日河南高速公路发展有限责任公司拨付注册资本金1000万元;2009年8月13日河南嵩阳高速公路有限公司正式注册成立;2011年11月注册资本金变更为5000万元。

2. 批复概算及资金构成

根据2009年12月16日《关于洛阳至栾川高速公路洛阳至嵩县段工程初步设计的批复》(豫发改设计〔2009〕2005号),本项目总概算为407676万元,其中资本金101919万元(占总投资的25%),由河南高速公路发展有限责任公司筹措拨付;国内商业银行贷款305757万元(占总投资的75%)。

3. 项目投资计划及投资完成情况

(1)根据河南省交通运输厅《关于印发2009年四季度河南省高速公路建设项目投资计划分

解目标任务的通知》(豫交建管〔2009〕66 号),洛栾高速公路洛阳至嵩县段 2009 年投资计划为 3 亿元,实际完成 5.3 亿元。

(2)根据河南省交通运输厅《关于下发 2010 年河南高速公路建设项目投资计划预安排的通知》(豫交规划〔2010〕18 号),洛栾高速公路洛阳至嵩县段 2010 年投资计划为 10 亿元,实际完成 11.5 亿元。

(3)根据河南省交通运输厅《关于下发 2011 年河南省高速公路建设项目投资计划预安排的通知》(豫交规划〔2011〕8 号),洛栾高速公路洛阳至嵩县段 2011 年投资计划为 9 亿元,实际完成 9.7 亿元。

(4)根据河南省交通运输厅《关于下达河南省 2012 年第二批高速公路建设项目投资计划豫安排的通知》(豫交文〔2012〕68 号),洛栾高速公路洛阳至嵩县段 2012 年投资计划为 13.5 亿元,实际完成 14.3 亿元。每年均已超额完成了上级下达的投资计划目标。

截至 2016 年 6 月,设计变更已全部完成审批程序,清算决算工作已经完成,调概报告已上报上级单位。

(五)主要工程数量

本项目全线均位于洛阳市境内,沿途经过伊川县和嵩县两个县级行政区,其中 K0 +000 ~ K33 +478.3 路段、K36 +993.5 ~ K40 +000 路段属于伊川县,K33 +478.3 ~ K36 +993.5 路段和 K40 +000 ~ K61 +800 路段属于嵩县,路线总长 62.690511km;全线路基挖方 1173 万 m^3、填方 1079 万 m^3,沥青混凝土路面 165.1 万 m^2,特大桥 1 座,大桥 39 座,中桥 6 座,分离式立交 20 座,隧道 3 座,通道 39 道,涵洞 102 道,天桥 37 座。沿线设服务区 1 处,停车区 1 处(缓建),互通式立交 4 处,主线收费站 1 处,匝道收费站 3 处。

(六)主要参建单位

1. 建设单位

河南嵩阳高速公路有限公司

2. 设计单位

河南省交通规划勘察设计院有限责任公司

3. 监理单位

LSJL.1:河南省宏力工程咨询有限公司

LSJL.2:河南省高等级公路建设监理部有限公司

LSSLJL:江苏省交通规划设计院有限公司(设计监理)

LSJDJL:河南省豫通公路工程监理事务所(机电监理)

4. 质量监督单位

河南省交通基本建设质量检测监督站

5. 土建工程施工单位

LSTJ.1:河南省公路工程局集团有限公司

LSTJ.2:中铁十五局集团第七工程有限公司

LSTJ.3:濮阳市通达公路工程有限公司

LSTJ.4:山东鲁桥建设有限公司

LSTJ.5:中交二公局第四工程有限公司

LSTJ.6:中铁十五局集团第五工程有限公司

LSTJ.7:浙江登峰交通集团有限公司

LSTJ.8:中铁十五局集团第二工程有限公司

LSTJ. 9：中铁七局集团第三工程有限公司

LSTJ. 10：湖南省建筑工程集团总公司

6. 路面工程施工单位

LSLM. 1：云南路桥股份有限公司

LSLM. 2：吉林省亿丰路桥工程有限公司

LSLM. 3：吉林省长城路桥建工有限责任公司

7. 房建工程施工单位

LSFJ. 1：河南派普建设工程有限公司

LSFJ. 2：林州市太行建设工程有限公司

LSFJ. 3：河南天河建设工程有限公司

LSFJ. 4：河南省第二建设集团有限公司

LSFJ. 5：河南省建设集团有限公司

8. 交通安全设施工程施工单位

LSJA. 1：中交第一公路工程局有限公司

LSJA. 2：广东省交通发展有限公司

LSJA. 3：中交第一公路工程局有限公司

LSJA. 4：科达集团股份有限公司

9. 绿化工程施工单位

LSLH. 1：上海十方园林发展股份有限公司

LSLH. 2：鄢陵倚天园林绿化有限公司

LSLH. 3：许昌江北花木有限公司

LSLH. 4：河南翰墨园林工程有限公司

10. 机电工程施工单位

LSDL. 1：栾川县恒源电力有限责任公司

LSDL. 2：河南黎阳建设有限公司

LSJD：中铁十三局集团电务工程有限公司

LSTX. 1：中国铁建电气化局集团第一工程有限公司

LSTX. 2：广东飞达交通工程有限公司

LSPD. 1：中国铁建电气化局集团第一工程有限公司

LSPD. 2：河南新豫飞科技照明工程有限公司

11. 沥青采购单位

LSLQ. 1：河南普天商贸有限公司

LSLQ. 2：江苏宝利沥青股份有限公司

LSLQ. 3：河南普天商贸有限公司

二、建设管理情况

（一）前期工作

1. 设计单位招标

该项目勘察设计招标资格预审公告于 2009 年 6 月 29 日在《中国交通报》、《河南日报》、中国采购与招标网上发布了资格预审公告，并于 2009 年 8 月 14 日举行了洛栾高速公路洛阳至嵩县段勘察设计招标开标会。评标结束后，河南高速公路发展有限责任公司编制了评标报告，并将中标候选人名单呈报河南省交通运输厅进行审查、备案，最终确定中标单位是河南省交通规划勘察设计院有限责任公司。

2. 施工单位招标

(1)土建工程

洛阳至嵩县段土建工程施工招标资格预审公告于2009年10月16日在《中国交通报》、《河南日报》、河南省交通运输厅网站、中国采购与招标网、河南高速公路发展有限责任公司网站上发布了资格预审公告,并于2009年12月2日举行了洛栾高速公路洛阳至嵩县段土建工程施工招标开标会。评标结束后,我公司编制了评标报告,并于2009年12月10日起将中标候选人名单在河南省交通运输厅网站上进行了公示,并最终确定了河南省公路工程局集团有限公司等10个中标单位。

(2)路面工程

洛阳至嵩县段路面工程招标于2011年10月17日在《河南日报》、河南省交通运输厅网站、中国采购与招标网、河南招标采购综合网上发布了招标公告,并于2011年11月14日举行了洛栾高速公路洛阳至嵩县段路面工程招标开标会。评标结束后,我公司编制了评标报告,并于2011年11月28日起将中标候选人名单及其各自的人员、业绩材料在河南省交通运输厅网站进行了公示。公示期间,监督单位收到了关于中标候选人的业绩、人员等方面的举报材料。河南省交通运输厅建管处针对举报的问题再次发函对相关内容予以核实,并全部收到回函。按照河南省交通运输厅的要求,洛阳至栾川高速公路洛阳至嵩县段路面工程施工招标项目评标委员会根据招标文件、业绩核查材料对各中标候选人的业绩进行了复议,最终确定了云南路桥股份有限公司等3个中标单位。

(3)房建工程

①洛阳至嵩县段收费站房建工程招标于2012年3月29日在《中国交通报》、《河南日报》、河南省交通运输厅网站、河南招标采购综合网上发布了招标公告,并于2012年5月3日举行了洛栾高速公路收费站房建工程招标开标会。评标结束后,我公司编制了评标报告,并于2012年5月18日起将中标候选人名单及其各自的人员、业绩材料在河南省交通运输厅网站进行了公示。公示期间,我公司收到了河南高速公路发展有限责任公司签批的关于LSFJ.1合同段第一中标候选人河南兴隆建筑工程公司和LSFJ.3合同段第一中标候选人河南天河建设工程有限公司存在人员、业绩造假的举报材料。我公司组织纪检监督人员对举报涉及的内容进行了现场调查和了解,并形成了调查报告上报上级主管部门。根据公示及举报调查结果,最终确定了以下4个中标单位。

LSFJ.1:河南派普建设工程有限公司

LSFJ.2:林州市太行建设工程有限公司

LSFJ.3:河南天河建设工程有限公司

LSFJ.4:河南省第二建设集团有限公司

②洛阳至嵩县段服务区房建工程招标于2012年6月13日在《中国交通报》、《河南日报》、河南省交通运输厅网站、河南招标采购综合网上发布了招标公告,并于2012年7月12日举行了洛栾高速公路服务区房建工程招标开标会。评标结束后,我公司编制了评标报告,并于2012年7月25日起将中标候选人名单及其各自的人员、业绩材料在河南省交通运输厅网站进行了公示。根据公示及举报调查结果,最终确定了以下中标单位:

LSFJ.5:河南省建设集团有限公司

(4)交通安全设施工程

洛阳至嵩县段交通安全设施工程施工招标公告于2012年4月19日在《中国交通报》、《河南日报》、河南省交通运输厅网站、中国采购与招标网、河南招标采购综合网上发布了招标公告。并于2012年5月22日举行了洛栾高速公路交通安全设施工程施工招标开标会。评标结束后，我公司编制了评标报告，并于2012年6月25日起将中标候选人名单及其各自的人员、业绩材料在河南省交通运输厅网站进行了公示，并最终确定了以下4个中标单位。

LSJA.1：中交第一公路工程局有限公司

LSJA.2：广东省交通发展有限公司

LSJA.3：中交第一公路工程局有限公司

LSJA.4：科达集团股份有限公司

（5）绿化工程

洛阳至嵩县段绿化工程招标于2012年5月4日在《中国交通报》、《河南日报》、河南省交通运输厅网站、河南招标采购综合网上发布了招标公告，并于2012年5月31日举行了洛栾高速公路绿化工程招标开标会。评标结束后，我公司编制评标报告，并于2012年6月25日起将中标候选人名单及其各自的人员、业绩材料在河南省交通运输厅网站进行了公示。公示期间，我公司收到了上级单位签批的关于LSLH.3合同段第一中标候选人焦作市晓尚园林有限公司、LSLH.3合同段第二中标候选人河南省四季春园林艺术工程有限公司、LSLH.4合同段第一中标候选人河南翰墨园林有限公司项目经理和工程师资格不符合业主招标文件要求的举报材料。我公司组织人员对举报涉及的内容进行了解，并向涉及的省交通运输厅主管部门发函对业绩进行调查，并逐一得到回函。我公司将调查报告上报上级主管部门，根据公示及举报调查结果，最终确定了以下4个中标单位。

LSLH.1：上海十方园林发展股份有限公司

LSLH.2：鄢陵倚天园林绿化有限公司

LSLH.3：许昌江北花木有限公司

LSLH.4：河南翰墨园林工程有限公司

（6）机电工程

洛阳至嵩县段交通机电、通信管道、供配电照明工程施工招标公告于2012年5月30日在《中国交通报》、《河南日报》、河南省交通运输厅网站、中国采购与招标网、河南招标采购综合网上发布了招标公告，并于2012年6月26日举行了洛栾高速公路机电工程招标开标会。评标结束后，我公司编制了评标报告，并于2012年7月18日起将中标候选人名单及其各自的人员、业绩材料在河南省交通运输厅网站进行了公示，并最终确定了以下5个中标单位。

LSJD：中铁十三局集团电务工程有限公司

LSTX.1：中国铁建电气化局集团第一工程有限公司

LSTX.2：广东飞达交通工程有限公司

LSPD.1：中国铁建电气化局集团第一工程有限公司

LSPD.2：河南新豫飞科技照明工程有限公司

（7）沥青采购

洛阳至嵩县段沥青采购招标公告于2012年7月16日在《河南日报》、河南省交通运输厅网站、中国采购与招标网、河南招标采购综合网上发布了招标公告，并于2012年8月6日举行了洛阳至嵩县段沥青采购招标开标会。评标结束后，我公司编制了评标报告，并于2012年8月17日起将中标候选人名单及其各自的人员、业绩材料在河南省交通运输厅网站进行了公示，并最终确定了以下3个中标单位。

LSLQ.1：河南普天商贸有限公司

LSLQ. 2：江苏宝利沥青股份有限公司

LSLQ. 3：河南普天商贸有限公司

3. 监理单位招标

(1)土建施工监理

洛阳至嵩县段土建工程施工监理招标资格预审公告于2009年10月16日在《中国交通报》、《河南日报》、河南省交通运输厅网站、中国采购与招标网、河南高速公路发展有限责任公司网站发布了资格预审公告，并于2009年11月28日举行了洛阳至嵩县段土建工程施工监理招标开标会。评标结束后，我公司编制了评标报告，并于2010年2月1日起将中标候选人名单在河南省交通运输厅网站进行了公示，并最终确定了2个中标单位。

LSJL. 1：河南省宏力工程咨询有限公司

LSJL. 2：河南省高等级公路建设监理部有限公司

(2)机电施工监理

洛阳至嵩县段交通机电工程施工监理招标资格预审公告于2012年5月15日在《中国交通报》、《河南日报》、河南省交通运输厅网站、中国采购与招标网、河南招标采购综合网上发布了资格预审公告，并于2012年7月30日举行了洛栾高速公路交通机电工程施工监理招标开标会。评标结束后，我公司编制了评标报告，并于2012年8月17日起将中标候选人名单及其各自的人员、业绩材料在河南省交通运输厅网站进行了公示，并最终确定河南省豫通公路工程监理事务所为中标单位。

(二)征地拆迁

(1)林业用地于2010年2月2日经河南省林业厅审核批准(豫林资许〔2010〕016号)。

(2)沿线永久性用地申报材料经河南省国土资源厅于2009年10月13日正式批准并签发了预审意见(豫国土资函〔2009〕662号)，并经河南省政府上报国务院批准，2011年4月13日国土资源部批复(国土资函〔2011〕183号)：洛阳至嵩县高速公路批准建设用地430. 2557hm^2，实际征用土地规模为475. 5718hm^2。

沿线拆迁补偿已全部完成，所有县、区的永久性土地使用证全部办理完毕。

(三)项目管理情况

1. 项目管理机构设置及职能

经河南省交通运输厅批准，河南省洛栾高速公路建设为河南嵩阳高速公路有限公司(现隶属河南省收费还贷高速公路管理中心)，并于2009年8月13日正式注册成立。公司下设8个处室，其中：综合处(主要负责公文处理、后勤管理、党务、人事、宣传等项工作)；工程技术处(主要负责工程技术管理工作)；计划合同处(主要负责计划、合同及招投标工作)；质量监督处(主要负责工程质量监督管理工作)；安全生产处(主要负责安全生产监督管理工作)；财务财产处(主要负责财务管理工作)；考核监督处(主要负责施工节点目标检查考核和廉政建设工作)；协调处(主要负责征地拆迁及施工环境协调工作)，全面负责项目建设管理工作。同时，为了全面加强对施工一线的督促指导，在施工期间项目公司分别在嵩县、九龙山设了2个办事处，及时全面掌握一线施工进展情况，以便于及时进行调控决策。

2. 质量控制措施与效果(包括发生重大及以上质量事故及处理情况)

在项目建设期间，公司严格加强质量控制管理，认真做好工程质量控制管理工作，确保工程质量安全。

(1)为严格加强质量控制管理，公司先后制定、完善并下发了《洛栾高速公路工程质量检查评比办法》、《原材料准入管理办法》、《首件工程认可制和样板工程评审制》、《监理管理办法》等多项制度、文件，为确保工程质量安全提供了制度保证。

(2)严格实行“首件工程认可制和样板工程评审制”，狠抓首件工程各项质量指标的落实和综合评价，进一步加强对首件工程、样板工程的申报、评审和认可，大力推广创优工程，以达到以点带面、整体优质的效果。施工期间，洛阳至嵩县段共完成各项“首件工程”认可46个，评选合同段“样板工程”17个，代表处“样板工程”9个，在全线形成了一个良好的“创先争优”氛围。

(3)严格实行“原材料准入制和模板准入制”，进一步加强对钢材、水泥、砂石料、模板等主要原材料的源头控制和管理。

(4)严格加强对进场的高强度等级混凝土用碎石、砂进行二次筛分和水洗，并要求沥青路面单位在拌和站安装机制砂生产设备，将生产的机制砂用于沥青路面细集料，从而有效提高了沥青混凝土的内在质量。

(5)依靠技术、聘请专家、科学监控，有效提高了沥青路面的施工质量。为了更好地控制沥青路面施工质量，提高沥青路面的耐久性，公司聘请了长沙理工大学作为技术咨询单位，对沥青路面和基层进行施工质量监控。

(6)严格加强对拌和站及其仪器设备的控制管理，确保对集料和水泥计量的准确性。

(7)严格加强对模板制作、钢筋笼安装、混凝土保护层垫块的设置及过程控制，加强对事前、过程和事后的检测控制管理。

(8)进一步加大对施工路基宽度的控制，确保路肩压实达标，尽可能减少工后沉降。

(9)根据施工季节特点，狠抓热期、雨季、冬季施工管理，狠抓冬季施工养生，有效保证了混凝土施工的内在质量。

(10)针对隧道、桥梁等结构物隐蔽工程和高填方施工路段质量控制弱、安全隐患多等薄弱环节，通过引进先进的视频监控系统，有效加强了对施工全过程的监控；为了加强对隧道仰拱隐蔽工程施工质量的控制，公司委托河南省交院工程测试咨询有限公司采用汽车钻等措施，对全线隧道所有仰拱进行钻芯检查，并对发现的问题及时进行处理。

(11)认真落实隧道、桥梁、高墩施工等控制措施，通过采用地质雷达等先进探测设备进行超前地质预报预测，并采取有针对性的防护措施等，从而避免了施工质量隐患，确保了隧道、桥梁、高墩施工质量安全。

(12)为确保隧道施工质量安全，公司委托河南省交通规划勘察设计院有限公司、河南省交通科学技术研究院、河南铁诚检测有限公司三家有资质的检测单位对隧道施工进行质量检测、超前地质预报及监控量测工作，并针对在施工过程中出现的质量缺陷及时督促施工单位进行整改落实，以确保工程实体质量安全。目前，全线27座隧道已全部进行了质量检测，工程质量全部达标。

(13)通过多次组织召开“钢筋保护层控制”、“箱梁施工质量控制”、开展现场观摩学习等，进一步提高了全线工程技术人员的业务能力和管理水平。

(14)全面督促做好路床及梁体预制、上部结构施工及洒水、保湿养生工作，确保桥面铺装层的厚度及平整度质量。

(15)严格加强对夜间施工的监督检查，尤其对分项、分部工程要确保工程质量一次性合格，防止和杜绝返工现象。

(16)每季度定期邀请洛阳市质检站对全线工程质量、安全进行全面认真排查，对不符合质量标准要求的要限期进行整改落实，确保全部工程达标合格。

(17)认真开展自查自纠，及时完善各项管理措施，全面排查和治理各种质量隐患，对发现的施工质量问题限期进行整改落实。开工以来，全线共下发“质量督察通知单”60余份，并跟踪整改，有效加强了施工质量监管。

(18)在加强质量管理的前提下，充分考虑山区高速公路项目施工的复杂性，公司科学组织，积极申报，全面加快三阶段质量验收工作，有效促进了施工进度。截至目前，全线路床、桥梁下部(包括上部)结构、梁板预制、水泥稳定碎石基层等全部通过了河南省交通运输厅质监站组织的三阶段验收，对专项检查中发现的问题，按照监督工程师的意见和要求，全部认真整改完毕，均为合格。

(19)在路面施工质量控制管理方面：一是在路面底基层、基层施工时，采用钢丝挂线和双机联铺等施工工艺，确保路面底基层和基层的厚度、接缝、平整度等指标满足技术规范要求；二是在设备使用方面，采用成套原装进口的沥青拌和设备，进一步提高沥青拌和的技术参数和精确度；采用德国进口的最新式履带式摊铺机，可将路面半幅一次性摊铺完成，并且不产生纵向接缝、布料均匀、外观质量好、平整度规范；采用瑞士进口的双钢轮沥青碾压设备和国产的胶轮压路机，该机喷水装置雾化好、压实效果好；三是在新材料使用方面，为了使半刚性基层和沥青面层黏结紧密，将原设计的基层顶面透层撒布材料普通乳化沥青变更为高渗透乳化沥青，并开展了透层乳化沥青在高速公路半刚性基层渗透效果的应用科研项目研究，使沥青路面多层组合体具有更好的层间黏结，其渗透效果好、结构承载力强，并具有耐久性和抗水害能力，达到了预期效果，确保了路面质量；四是在不同的施工阶段制定下发关键环节的质量控制要求，共制定下发有关路面施工的技术文件及管理办法40余份，这些文件对提升和确保沥青路面质量起到了技术上的保证作用。

同时，公司还实行质量巡查检查汇报制度；加强对关键工序的控制；对进场原材料进行抽检；举办内业人员专业培训；下发检查通报等多项措施，进一步加大监管力度，提高了项目建设监管水平。

3. 安全生产

(1)认真贯彻落实安全生产目标管理责任制，严格加强责任目标管理，并与各监理、各施工单位分别签订了《安全生产目标责任书》，进一步明确各单位一把手为安全生产第一责任人，实行一级抓一级、一级对一级负责、层层抓好落实的责任体系，将安全生产纳入信用评价考核管理。

(2)认真落实“一岗双责”，严格加强对监理、施工单位责任落实情况的监督和考评，以铁的手腕、铁的心肠和强有力的措施，确保安全保障体系有效运行。

(3)进一步建立和完善包括《安全生产考核监督管理办法》、《安全生产责任追究办法》、《安全生产费用使用管理办法》、《安全事故应急预案》等30多项管理制度和77项安全生产操作规程，为全面做好安全生产工作提供了制度保证。

(4)认真搞好安全技术交底和组织专家对复杂结构物方案进行安全评审，进一步优化施工组织方案，努力降低和减少各种安全隐患。按照交通运输部、河南省交通运输厅等上级有关规定，公司多次组织专家对全线83座桥梁、27条隧道进行了总体风险评估，其中对34座桥梁、7条隧道形成了危险等级评估报告，并及时制订了有针对性的防范措施。

(5)认真抓好对关键重点部位、关键环节的安全管控工作，认真落实隧道施工“五不挖”、桥梁基础施工现场“四防”等各项规定，并在全线布设了90个视频监控点，对大跨径桥梁、隧道等重大安全隐患部位实行24小时不间断视频监控，对各个分项分部工程做到“不报验、不开工，不安全、不生产”，严把死守，确保重点部位、关键环节安全有序施工。

(6)为认真抓好安全管控工作，公司先后建立和完善了危险源分布图、危险源台账、安全生产明白卡、三级危险源预警牌等，并对确定的56个重点整治项目进行了治理，进一步加大了整改力度，确保全线施工安全。

(7)严格加强对架桥机、吊装等特种设备、特种作业人员、上下墩柱步梯搭设、高空作业平台防护及踏板铺设、桥面系施工及临边防护、爆炸物保管及使用、跨地方道路架桥施工等进行专项检查。做到对不合格的设备坚决停用,对证件不达标的特种作业人员坚决予以清退,确保人员、设备施工安全。同时,确保夏季高温条件下的施工人员安全,防止给施工人员的生命、财产安全造成伤害。

(8)认真做好汛期安全防汛工作。一是成立安全防汛组织机构,建立健全安全防汛协调机制和奖惩措施,严格实行防汛工作责任目标管理;二是做好防汛物资储备,落实好防汛抢险预案,加强24小时防汛值班,发现安全隐患及时报告和处理;三是针对汛期山区施工容易发生泥石流、塌方和滑坡等地质灾害问题,各单位全面加强防汛巡查力度,切实做好防灾避险工作;四是认真开展防汛安全教育,不断提高全体参建人员的安全防范意识和自我保护意识,确保项目建设安全顺利实施。

(9)认真抓好劳动用工登记和岗前安全培训教育,健全安全生产管理台账,严格实行动态管理,确保人人都能安全上岗。开工以来,全线共开展安全培训教育520次,发放《施工现场远程视频监控系统规章汇总手册》150多套,进一步加大宣传力度,不断提高全体参建人员的安全防范意识。

(10)严格实行责任追究制度,建立健全安全生产专项考核工作机制,进一步加大安全投入和奖罚力度,充分调动施工单位的积极性和主动性。截至目前,全线共投入安全生产经费1900万元,下发检查通报26期,安全隐患整改通知350余份,奖励255万元,处罚172万元,有效保证了安全生产工作的顺利开展。

(11)认真落实安全生产值班、检查、登记、消防和现场警示等制度,确保安全生产及日常管理常态化。

(12)认真抓好安全应急预案的制订和应对突发性事故实战演练。开工以来,全线共组织应急预案演练158次,进一步提高了应对各类突发性事故的组织协调能力。

(13)为确保路面工程施工安全,公司于2012年8月成立了“洛栾高速公路建设项目交通管制工作领导小组”,并与洛阳驻军部队签订了《洛栾高速公路交通管制执勤协议》,对全线的进出高速公路路口统一实行交通管制,确保道路施工安全。

(14)牢固树立“隐患等于事故”、“每天都是从零开始”的理念,认真贯彻落实国家各项法律、法规,认真执行各项操作规程和技术标准,要求全体参建人员要站在“违法、违规”的高度来警示和处理各种不正当施工及管理行为,全面防控各种危险源隐患。

2012年3月19日,洛栾高速公路项目洛阳至嵩县段第三标段濮阳通达公路工程有限公司在进行瓦西大桥施工时,运送民工的塔吊吊篮从约30m的高空坠落,吊篮中5名工人当场死亡4人,1人送医院抢救无效死亡,造成较大安全生产事故。事故发生后,公司高度重视,经研究,决定成立事故应急处理小组及事故调查小组,对各级责任人严格执行了责任追究制度,对措施不到位、违犯安全生产要求进行施工的责任人员进行了严肃处理,施工单位对事故受害人进行了赔偿善后。同时立即进行全方位的安全隐患排查,重新明确安全生产的各级责任人,明确安全生产人员的职责和责任,杜绝安全事故的再次发生。

4. 进度管理

(1)认真抓好投资计划及形象进度控制。自项目开工以来,公司及时制订了年度、月度投资计划及形象进度,并针对不同施工阶段设立了工期节点目标,充分利用施工黄金时间,将进度计划分解到月、旬、日,并具体到各个合同段的各个分项、分部工程,为顺利完成整体计划奠定了基础。

(2)建立施工日报制度。全线各施工单位将当天完成的工程量经项目经理及驻地监理签认后,须在第二天及时报至项目公司,项目公司定期或不定期地到工地检查工程进度情况,并对上报的统计数字及落实情况进行核对,做到全面、及时、准确、真实,为领导决策提供可靠依据,从而保证了施工进度计划的顺利完成。

(3)定期召开旬例会。在工程进展的关键时期,为进一步加快施工进度,公司董事长周洪文每旬亲自主持召开旬例会,由公司相关处室、监理单位、施工单位负责人分别汇报上旬计划完成情况和施工中存在的问题,并制订和公布下旬施工进度计划。切实做到日保旬、旬保月、月保季、季保年、年保通车总体目标,确保年度各项任务目标和总体任务目标的按期完成。同时,严格加强旬计划节点考核,严格实行重奖重罚,充分调动各施工单位的积极性和主动性。

(4)采取分段、分级督导措施。在施工过程中,充分发挥项目公司和监理、施工合同段及施工合同段法人单位为一体的分段、分级督导体系作用,确保施工顺利实施。

(5)严格加强夜间巡查。在工程进展的关键阶段,按照公司班子成员分段督导分工,公司及各办事处、各监理单位严格实行夜间巡查制度,确保人员、设备、施工进度、安全、质量受控,确保24小时不间断施工作业。

(6)全面持续掀起施工大干高潮。在项目建设期间和各个阶段,为确保按期完成工期节点目标和年度目标,公司先后在全线组织开展了"大干一百天,全面掀起施工高潮暨质量、安全双保一百天"和"优质工程杯"等多种形式的劳动竞赛活动,为确保实现2012年通车目标奠定了坚实的基础。自项目开工以来,按照上级的安排部署和要求,在认真履行基本建设程序的同时,做到同步开展工作、同步深入研究、同步取得成果,开创了当年立项、当年批复、当年实质性开工建设的新纪录。2010年2~4季度,项目先后实现了"100%便道贯通、80%清表完成、60%开工建设"的"186"计划,并于2010年年底前,顺利完成了河南省交通运输厅要求的"人员设备全部到位、施工便道全部打通、清表全部完成、结构物全面开工"的"四个100%"工作目标,并多次受到了省交通运输厅和当地政府的高度评价和通报表扬。

5. 工程变更

为了确保工程质量,按照交通运输部和河南省高速公路设计技术规范标准要求,结合设计与项目建设实际,在施工中进行了部分设计变更。主要变更项目及内容有以下4项。

(1)路基路面变更

①挖方土石比例变化的变更:由于项目位于豫西山岭重丘区,沿线地形、地质复杂多变,挖方段土石比例变化相对较大,根据现场实际和地质情况,调整土石方比例。

②取消部分跨合同段调运土石方变更:由于项目沿线山高路陡、沟壑纵横,远距离跨合同段调运不易实施,另外各合同段进度不协调,在施工时很难同步进行跨合同段调配土石方。

③路基填料变更:由于跨合同段调运土石方无法实施、挖方段土方CBR值不足或为不良土质等原因,根据项目所在地实际情况,部分合同段变更为借土填方或借砂砾填方等。

④滑塌、滑坡路段治理的变更:在K40+065~K40+600、K40+930~K41+120等多处路段出现较大规模的滑坡、滑塌等,需要加固治理。

(2)部分桥涵结构物变更

①涵洞通道的变更:结合项目实施过程中遇到的实际问题,对部分涵洞、通道进行增减、移位、变动跨径、改变地基处理形式等变更设计。

②桥梁变更:在K9+818.9、K14+162、K25+825、K30+905、K33+215处增加5座天桥;增加K26+286一孔20m小桥(相应取消K26+338盖板涵);取消K33+314、K52+928、K54+475、K55+25544座天桥。

(3)隧道变更

①根据现场实际和开挖的围岩地质情况,姜公庙隧道和玉皇庙隧道分别调整了不同段落的围岩级别及支护形式,以达到支护与围岩的辩证统一,以体现"动态设计、动态施工"的隧道新奥法设计思路。同时结合洞口段实际地形情况,对个别洞门形式进行了优化调整。

②根据现场实际和开挖情况以及沿线的社会环境，在 K55 +225 ~ K55 +305 段增设明挖式双连拱隧道1座，隧道长 80m。

(4)路线交叉变更

由于项目沿线各县市的发展规划调整，根据地方政府的要求，并报上级相关部门批准，伊川西互通立交、嵩县互通立交均做了相应的调整。

6. 工程造价控制

该项目总概算为 407676.56 万元，审定本项目竣工决算值 438450.06 万元，超概算 30773.50 万元。为严格加强工程造价控制管理，项目公司结合本项目建设实际，先后制定和完善了《合同管理办法》《工程变更申报程序》《计量支付管理办法》等多项管理措施，做到工程造价控制管理有章可循、有规可依，进一步规范工程造价控制管理，并定期征询各施工单位的意见和建议，以便及时改进工作、节约成本、提高效率。

对于影响工程造价的工程变更，我公司根据河南省交通运输厅文件《关于印发河南省公路工程设计变更管理办法》(豫交文 2014〔28〕号)，按照变更审批权限，河南省交通运输厅豫西山区高速公路建设指挥部对建设期设计变更进行了审查，河南省交通运输厅定额站和中心联合成立的豫西项目后期办对项目 50 万元以上设计变更进行审核，按照中心和河南省交通运输厅审批权限分别上报并全部批复。

根据河南省交通运输厅文件《关于做好高速公路建设项目零号清单新增单价审核工作的通知》(豫交建管〔2011〕60 号)组价原则，工程单价采用合同清单单价、交通主管部门组织评审的 0 号清单单价及变更审批单价，工程单价各项审批手续齐全。

7. 廉政建设

根据河南省交通运输厅、交通集团关于加强廉政建设和纪检监察工作的总体要求，围绕项目创优工作总体目标，公司认真落实廉政建设目标管理责任制，并且成立了以公司董事长、书记为组长，纪检书记为副组长的领导小组，以考核监督处作为党风廉政建设和纪检监察工作的监督职能部门，按照公司廉政建设、纪检监察工作安排，把廉政建设纳入对各单位的考核范围，实行双重管理。同时，公司把反腐倡廉建设与年度各项重点工作进行同安排、同部署、同检查、同落实，有效推动了公司的反腐倡廉建设。一是公司每年与各处室、各监理、各施工单位负责人分别签订了《廉政建设目标管理责任书》，并将廉政建设工作纳入对各单位的监督考核范围。二是严格实行党风廉政建设目标管理责任制，建立了“一把手负总责、分管领导各负其责”的工作机制，进一步细化责任目标，追究“三位一体”的工作机制。三是严格加强对各项制度的监督检查和落实，并积极参与和制定了公司的《资金预算管理办法》、《计量支付管理办法》、《合同管理办法》、《工程创优考核监督管理办法》、《设计变更管理办法》、《安全生产考核监督管理办法》、《履约考核监督管理办法》等多项制度文件，及时转发了河南高速公路发展有限责任公司关于《财务管理规定》、《资产管理规定》、《现金管理制度》、《票据管理规定》和《财务管理三十不准》等上级文件，为全面加强监督监察工作提供了制度保障。同时，公司实现了在招投标、计量支付、设计变更、工程创优、履约管理、资金拨付等方面的及时响应、及时介入、及时审查、及时处理的“四及时”工作模式，进一步完善了制度、规范了程序、堵塞了漏洞，使各项工作闭合完整、不留隐患。四是狠抓重点工作、重点环节的过程控制，加强监督监管，并制定了《廉洁风险防控图及工作手册》等多项有针对性的预防措施，全面加强廉洁风险的防控工作，进一步规范权力运作机制，有计划地组织排查了合同协议、材料准入、征地补偿、协调攻关、大宗物资采购等方面可能出现的问题，对规范程序、完善资料起到了积极的作用。五是进一步加强反腐倡廉教育制度建设，充分运用岗位廉政教育、典型示范教育、廉洁警示教育和法律法规讲座等有效形式，大力加强廉政教育活动。六是按照上级安排部署和要求，认真开展行风检查和专项治理工作，公司及各参建单位分别设立了监督举报电话、电子邮箱、廉政公示牌、廉政举报信箱，畅通信访渠道，妥善处理参建各方及各层次的舆情舆论监控，及时查处各类举报案件和群众信访案件，建立廉政举报台账和廉洁自律自查自纠个人档案。自项目开工以来，公司先后受理并查处各类举报案件9件，并依据相关规定分别作出了严肃处理。七是紧密结合实际，突出重点，不断探索从源头上预防职务犯罪的有效措施，建立健全教育、制度、监督并重的惩治和预防腐败体系，为项目建设提供了强有力的政治保障。

8. 项目建设特点及难点

洛栾高速公路洛阳至嵩县段项目经过的线路地形、地质条件复杂多变，工程实施难度较大。全线最高填方30多m，挖方深达60多m，50m以上高墩近百个。其中，八道河大桥桥梁主跨径130m，玉皇庙隧道施工是在泥石流形成的山脉沉积层中进行。同时，项目沿线经过国家级自然保护区、旅游区、军事管理区、矿区、文物保护区等较多，且多次跨越水库、河流、地方干线道路、交叉高压输电线路、国家高速公路等，工程实施难度很大，对工程建设的影响和制约因素较多。

三、交工验收及相关问题

（一）各合同段交工验收、存在问题及处理情况

根据交通运输部交竣工验收管理办法规定，施工单位在完成合同约定的全部内容后，经自检和监理检验评定合格后，提出合同段交工验收申请并报请监理代表处审查。经各监理代表处审查各合同段工程质量，均符合检评标准的要求。对于存在的问题，由监理代表处负责监督整改。在河南省交通运输厅质监站委托检测公司组织的交工验收检测过程中，对于存在的问题及质量缺陷，及时要求施工单位进行整改，并跟踪到底，对整改情况进行复查，直至符合设计施工规范要求。

（二）交工验收、工程质量鉴定提出的问题及缺陷责任期、试运营期间出现的质量问题处理结果

针对交工检测、缺陷责任期及质量鉴定检测中发现的问题，我公司始终给予高度重视，及时进行了全面详细的安排和处理，经过近三年的整改，已整改到位，整改情况如下。

（1）工程缺陷内容

根据交工检测报告及移交检测报告中提出的缺陷问题，工程缺陷内容涉及路基、防护排水工程、桥梁、隧道、交通安全设施工程、路面、绿化、房建等工程。

（2）缺陷工程修复方案及采取的主要措施

①首先要求各监理代表处和各施工单位根据检测报告及设计院出具的缺陷处理图纸，对缺陷内容进行登记汇总，并列出各单位工程缺陷修复台账及修复计划。

②按照设计图纸缺陷处理方法，结合施工难易程度，要求各合同段根据需要，组织有资质、有经验的施工队伍进行施工。对于专业性不强的工程，由各合同段自行选择劳务队伍进行施工，主要包括路基防护、排水以及涵洞检测合格率低的项目进行返工处理和清淤、混凝土缺陷修复、路基护坡的修整、边坡整理、沿线道路上的建筑垃圾清理等。

③对施工难度及施工技术要求高的项目，如桥梁、隧道裂缝修补、桥梁支座更换，统一由山东鲁桥集团有限公司、河南省交院工程检测加固有限公司等专业技术单位进行施工，确保工程质量和一次性合格。

④对沥青路面缺陷修复，必须选择有资质、有经验的专业养护施工队伍，我公司高度重视选择施工队伍，全线统一选择了河南现代路桥工程有限公司、河南祥瑞公路养护有限公司统一进行修复。对施工设备、材料、配合比、施工方案等进行严格审查后方可施工。施工中由现场监理进行严格监督旁站，确保沥青路面的修复质量。

⑤交通工程主要是线形不顺、个别地方有人为的设施损坏和通车后部分配件缺失，要求施工单位全部进行排查，发现问题逐项进行修补校正。

⑥对房建、绿化工程多次召开专题会议，督促施工单位进行缺陷修复，由于绿化工程存在成活率的问题，豫西山区干旱少雨，不利于苗木成活，先后四次补栽苗木确保成活率。

(3)质量缺陷修复结论

经项目公司对缺陷修复工程的统一部署和各参建单位的共同努力，全线完成了工程质量缺陷修复工作，路基、防护排水、桥梁隧道、交通安全设施、绿化、路面质量缺陷维修工程均符合设计及工程质量验收规范相关要求，满足本项目的功能需要，缺陷期质量修复合格，使原有的质量隐患问题得到了较好的根除，进一步提高了洛栾高速公路的整体形象。

(三)档案、环保等单项验收及竣工决算审计

(1)洛栾高速公路洛阳至嵩县段档案专项验收于2015年6月通过河南省档案局、河南省交通运输厅组织的专项验收。

(2)洛栾高速公路洛阳至嵩县段环保验收于2015年6月通过洛阳市环保局组织的环保验收。

(3)洛栾高速公路洛阳至嵩县段水土保持设施验收于2016年7月23日通过河南省水利厅组织的水土保持设施专项验收。

(4)洛栾高速公路洛阳至嵩县段于2016年12月通过了河南省审计厅的竣工决算审计。

四、科研和新技术应用情况

科学技术是第一生产力，工程技术的创新应用是本项目科技行动的主要目的与基本出发点。为此，公司基于科研与生产、开发与应用相结合的原则，针对洛栾高速公路建设的基本特点，既注重了工程技术的创新研究，又强调了先进技术的引进与消化，同时注意选择课题的实用性。其间，公司先后与北京建筑大学、长沙理工大学、中交第一公路勘察设计研究院有限公司等有关科研单位进行合作，积极探索先进的科研技术应用。重点进行了以下新技术研究和实践。

(一)开展了经济有效的沥青路面抗车辙材料与路面结构成套技术开发研究

在项目建设期间，考虑到洛栾高速公路地处豫西山岭重丘区，长大纵坡较多，防治车辙将是路面设计与施工中的重点，原路面设计为双层改性沥青混合料。但是由于材料涨价等原因，导致预算不足、建设资金紧张，争取追加预算有一定的困难，并且亟须寻找经济有效的车辙防治技术，力争在不增加预算的前提下，确保路面的抗车辙能力。因此，公司进行了经济有效的沥青路面抗车辙材料与路面结构成套技术的开发，否则将直接影响工程进展和质量。经过认真研究和开发，抗车辙效果明显、价格低且又节能的硫化复合改性沥青混合料，取代了昂贵的复合改性沥青材料，有效增强了抗车辙能力，并取得了以下成果：

(1)以国内外相关资料为依据，提出了高温和重载条件下硫化沥青混合料设计方法、性能评价方法和设计参数。

(2)通过室内外研究，确定了硫化改性沥青的机理和硫化改性沥青混合料配合比设计以及基于抗车辙性能改性剂的最佳掺量，编写了《上面层AC-13C赛欧铺沥青混合料目标配合比及性能验证报告》、《上面层AC-13C特种沥青混合料目标配合比及性能验证报告》、《中面层AC-20C特种沥青混合料目标配合比及性能验证报告》、《中面层AC-20C赛欧铺沥青混合料目标配合比及性能验证报告》。

(3)提出了基于抗车辙性能的路面设计方法和控制指标。

(4)以抗车辙性能的路面机构研究为基础，提出了相应的路用性能平衡的路面结构设计方法；通过试验确定了硫化改性沥青具有良好的温拌效果和降温效果。

(5)结合洛栾高速公路洛阳至嵩县段沥青路面施工铺筑的试验路段经验，铺筑面层为中面层和上面层；将施工现场所取得的监测数据与试验室研究结果进行对比，进一步完善了硫化改性

沥青混合料的设计方法。同时,对沥青路面抗车辙材料与路面结构成套技术进行了研究,硫化复合改性沥青混合料抗车辙效果明显、能耗低、经济效益和环境效益突出。

(二)开展了岩质边坡稳定性评价及防护技术研究

山区高等级公路的建设对地方经济的发展具有十分重要的推动作用,同时也会造成对生态环境的严重破坏,由此诱发了大量的地质灾害,特别是边坡工程失稳等灾害也在不断增多。因此,正确分析边坡地质力学性质,评判边坡的稳定性,确定科学的工程设计理念及防护技术方案,确保工程建设符合安全、合理的原则。因此,项目公司结合洛栾高速公路沿线岩质边坡稳定性、坡面防护、防排水系统设置以及环保美化等特点,在对已有研究成果和工程建设经验总结的基础上,从“安全、经济、环保、和谐、舒适”等多项要求出发,建立了优化设计理论与方法,并选定相关技术参数对边坡进行系统评价分析,及时指导工程建设,发挥了重要的作用。

(三)对豫西山区(洛栾项目)高速公路隧道群修建关键技术进行了研究

本项目针对豫西复杂山岭地区隧道设计、施工、运营中遇到的洞口软弱围岩、进洞难度大,尤其是在设计阶段围岩级别判断与实际施工阶段情况差异较大、易造成施工浪费或质量缺陷以及在运营过程中耗电大、运营成本高等问题,以隧道建设为依托,进行相关研究及工程实践应用,对提高隧道修建技术、降低工程造价等具有重要的意义。

同时,由于豫西山区隧道穿越地质单元与地形的复杂性和多样性,洞口路段施工因其地质灾害或地形地质偏压影响严重,也影响隧道安全进洞。另外,在施工中因围岩级别与设计不符等原因,给设计与施工都造成了很大困难,不仅制约了施工进度,也造成了许多设计变更。

(四)开展了山区高速公路半填半挖路基施工关键技术研究

洛栾高速公路是河南省高速公路网规划中的重要干线之一。其沿线地形复杂、地貌多变,由河谷、平原等多种地貌组成,地面高程差异较大,路线两侧地势险峻,施工条件极为恶劣,同时弃土场很难就近处理。因此,在山区修筑路基最为理想的施工方法就是在山坡中切挖出一半路基,另一半路基利用切削下来的地质体作为填料填筑另一半,形成半填半挖路基。这样既可以减少大量的土方运输,同时也可加快施工进度,并具有投资少、保护自然环境等优点,其经济效益、社会效益非常显著。

(五)推广钢波纹管涵在山区高速公路的应用

在项目建设期间,通过对钢波纹管涵在洛栾高速公路的研究和实际使用,对其受力特性、耐久性、施工工艺以及工程造价等方面进行了分析研究,并依据不同的填土高度、地质条件、水文条件等进行分类。一是涵洞采用钢波纹管涵结构,荷载分布均匀,结构受力情况合理,并有一定的抗变形能力;二是有利于改善软土地基结构物与路堤交界处的“错台”现象,有效提高行车的舒适度和安全性,减少工后营运和养护成本;三是减少使用或舍弃了如水泥、黄砂、石子等常规建材,环保实用;四是施工工期短,现场安装方便,不需要使用大型设备;五是工程造价低,节约建设成本。

本项目通过对钢波纹管涵的实施,将为河南省其他山区高速公路建设提供可以借鉴的经验和基础。

(六)推广高渗透乳化沥青在半刚性基层中的应用效果研究

在我国高等级公路路面结构中,以半刚性材料为基层的沥青路面占大多数。这种路面设计采用的是双圆垂直均布荷载作用下的多层弹性连续体系理论,既在设计上要求沥青路面结构及有关材料能达到层间完全连续,同时也是沥青路面保持良好运营状态、延长使用寿命的必要条件。目前,结合本项目施工及取得的成果有如下几项。

获2014年河南省交通运输科学技术奖一等奖。

获得三项发明专利:

(1)《透层乳化沥青渗透效果测试方法》;

(2)《透层乳化沥青渗透效果测试仪》;

(3)《一种试验仪及使用该仪器试验乳化沥青渗透性的方法》。

被批准为2015年河南省地方标准《公路半刚性基层透层乳化沥青施工技术规范》(DB41/T 1109—2015)。

发表论文2篇(均为中文核心期刊)。

建设期间,由于项目公司重视科研是第一生产力的理念,将科学技术转化为第一生产力,并运用到实际,取得了可喜的成果。截至2016年6月,共获得河南省科技进步三等奖一项、交通运输部公路学会三等奖一项;河南省交通运输厅科学技术一等奖四项、三等奖一项;获得发明专利三项、河南省地方标准一项。

五、对各参与单位的总体评价

(一)对设计单位的评价

承担本项目设计任务的是河南省交通规划勘察设计院有限责任公司,项目总体质量能满足"安全至上"的设计要求,能够按照旅游线路标准进行设计,富有文化特点,将高速公路融入自然,达到与自然的和谐统一。同时,在设计方面能够借鉴先进经验,能够较好地与沿线地形、地物、景观及自然环境相协调。在主体工程建设期间,后期服务配合工作表现较好。

(二)对施工单位的评价

洛栾高速公路洛阳至嵩县段自开工建设以来,各参加单位精心组织,合理安排,大力发扬团结拼搏、连续奋战的务实精神,在日常施工中能够严格要求,严格执行各项规定标准,在确保工程质量和安全的前提下,全力抢抓施工进度,确保按期完成了合同规定的各项节点目标,为确保实现2012年通车目标做出了积极的贡献。

(三)对监理单位的评价

本项目监理单位为河南省宏力工程咨询有限公司和河南省高等级公路建设监理部有限公司,根据项目公司提出的规范化、科学化、程序化管理的要求,各监理单位建立健全了各项管理制度和岗位责任制度。在整个施工过程中,能够始终加强廉政建设,突出重点、强化质量控制管理,严格加强工程变更,认真抓好投资控制,确保全线的工程质量和安全。同时,无论是在工程质量、安全、进度、投资控制、合同、信息管理等方面,都做了大量的工作,并取得了一定的成效。

六、对工程质量的总体评价

本项目地处豫西山区,沿线地貌、地质条件复杂,施工难度大,按照项目建设总体要求,为实现"创优"目标,项目公司及各监理、各施工单位对施工质量非常重视,将工程质量视为重中之重,不断完善质量监督检查各项规章制度,强化质量监督功能,频繁开展质量检查,将质量管理责任层层分解到责任人,进一步提高了各参建单位的质量管理意识,真正做到质量管理人人有责、层层负责,从而保证了工程质量。经工程质量检测、评定:全线桥梁、隧道、涵洞、路基、路面工程各项指标,均已满足设计标准和施工技术规范要求,工程质量全部为合格。

七、项目管理体会

洛栾高速公路洛阳至嵩县段项目自建设初期开始,在项目建设管理方面,项目公司认真总结国内高速公路的建设经验,并积极借鉴国外高速公路的先进理念,在实施过程中先后克服了沿线地质复杂、高填深挖和膨胀土较多等多种不利因素,同时认真总结施工经验,大力推广先进管理措施,全面加强项目管理,顺利实现了项目建设预期的目标。在此期间,全线30多家参建单位能够立足工程建设实际,精心组织、精心施工、科学管理,克服了工期紧、任务重、施工难度大等多种困难和不利因素，抓质量、保安全、促进度、创和谐，按期圆满完成了洛栾高速公路洛阳至嵩县段的工程建设任务，并积累了宝贵的项目建设管理经验，为确保2012年全省高速公路实现通车里程6000km的战略目标和全省县以城市20min上高速做出了应有的贡献。主要体会有以下几点：

(1)上级领导的重视、关心、关怀和支持是我们取得成绩的关键。洛阳至嵩县段项目自开工以来，河南省委、河南省政府、河南省交通运输厅、豫西指挥部、豫西项目办、收费还贷中心、交通集团及河南高速公路发展有限责任公司等各级领导都高度重视，并多次深入施工一线现场协调解决相关问题，从项目立项、工程实施、人员、资金、技术、政策等各方面都给予了最大的支持和倾斜。洛阳市委、市政府及沿线各级地方党委政府以及各级协调部门对项目建设也给予了极大的关注和支持。大部分施工单位的上级主管部门和主管领导都能够靠前服务、靠前指挥，并按照合同规定和承诺书要求，选派技术过硬、协调能力强的干部和工程技术骨干充实到建设一线，为全力抓好工程实施奠定了坚实的基础。

(2)优化设计方案是搞好工程建设的基础。设计是高速公路建设的龙头、核心，工程技术方案落实准确，设计标准全线统一，真正在方案优化上下功夫，不断提高设计的深度和精度，将设计与施工完美结合，结合工程实际与现行的施工技术相适应，使设计意图在施工中能够完全实现。在设计单位完成初步设计后，建设单位及时组织相关技术人员和专家对初步设计进行会审，从线形、纵断、路面、互通以及桥梁的结构形式，到通道及桥涵的布设、结构、尺寸以及软基处理等，均按照符合规范、保证质量、节约投资、少占耕地和方便施工的原则逐项进行审查和落实，重点做好纵断高程、路面结构、软基处理和互通立交等项工作。

(3)与当地政府和群众的和谐，是项目建设顺利实施的前提。在项目建设期间，我公司本着“建一条高速公路，造福一方群众”的原则，积极维护沿线地方政府和广大被征迁群众的根本利益。高速公路建设是一项庞大、复杂的系统工程，涉及方方面面，事情千头万绪，时间紧、任务重、压力大，尤其是在征地拆迁、改路改渠、三线迁改、施工震动等方面，公司班子和洛栾高速公路项目临时党委始终按照交通集团、河南高速公路发展有限责任公司与洛阳市政府签订的《关于洛栾高速洛嵩段项目投资框架协议书》、《建设优惠协议》和《地方支持协议》开展工作，主动把加快高速公路建设与支持地方经济发展融为一体。其次是认真细致地做好被征地群众的思想教育工作，尤其是在征地拆迁工作中，公司严格按照国家和上级的征地拆迁补偿政策有关规定和要求，坚持做到“六个到位、三个见面”，即组织到位、责任到位、宣传到位、工作到位、征拆资金到位和协调工作到位；征地拆迁时间和要求与被征拆户见面，征迁范围和数量与被征拆户见面，补偿标准和额度与被征拆户见面，严格实行“阳光操作”、规范运作，确保群众应得的征迁安置补偿款按时足额到位，努力为项目建设创造一个良好的施工环境。其三是在具体操作过程中，严格按照高速公路红线用地图进行征用，争取做到一步到位。同时，在高速公路建设过程中，也必然会给部分群众的生产生活带来一定的影响，如对个别路段的群众要求增设天桥、通道等问题，项目公司都给予了高度重视并及时进行协调解决，从而避免了影响工程建设进度和社会和谐稳定。

截至交工，全线征地补偿款及拆迁补偿款已全部拨付到位，无发生未征先用、未拨先占的现象，无发生因征迁补偿款不到位而引起的社会不稳定问题，所有征迁手续齐备。

(4)加强项目管理是搞好工程建设的保障。在项目建设期间，工程管理的主要任务就是质量、安全、工期和投资的管理，业主单位重点是协调各方关系，制定任务目标，严格控制工程变更和计量支付，充分发挥工程监理的作用，并根据设计图纸、技术标准、施工规范、操作规程、合同条款和质量标准等相关要求，对施工方案、工艺流程、计划进度、计量支付以及原材料采购、原材料质量等进行全程监督管理，严把开工准备、材料进场、测量检查、工序转换、试验检测和工艺技术等关键环节，确保工程建设质量。在加强进度管理方面，从开工伊始，公司就及时建立了施工进度日报制度，对未能按期完成的单位采取有效措施，并限期进行整改落实。同时，根据上级对项目的总体安排，结合项目建设实际，公司对年度计划、总体计划及时进行了相应的调整，按照节点工期进行严格控制。在工程变更控制方面，公司制定了严格的变更管理程序，并根据合同条款认真做好计量支付工作，切实做到合理计划安排和使用建设资金，为项目建设提供可靠保障。

(5)齐心协力、团结拼搏是各项工作得到顺利开展的根本。在上级有关部门的正确领导和支持下，项目公司、监理代表处、施工单位等各参建单位团结协作、紧密结合，始终把加快工程建设进度、严抓工程质量、确保施工安全作为各项工作的重中之重。公司董事会及班子成员自项目开工以来，能够严格要求、以身作则，充分发挥模范带头作用，为全线参建单位及广大参建人员做好表率。广大参建人员更是舍家离子，主动放弃节假日休息时间，全身心地投入到工程建设当中。两年多的实践充分证明，项目建设正是得益于这样一个能够精诚团结、互相支持的领导集体；正是得益于这样一支特别能吃苦、特别能战斗、特别能奉献的干部职工队伍，洛栾高速公路工程项目建设才能够得以顺利进行。

河南嵩阳高速公路有限公司

二〇一六年八月

2. 洛栾高速公路洛阳至嵩县段工程设计工作报告

目　录

洛栾高速公路洛阳至嵩县段工程设计工作报告

一、概述

洛栾高速公路洛阳至嵩县段(以下简称“洛嵩高速”)是河南省2009年计划开工的重点高速公路项目。项目起于九朝古都洛阳,向南经酒圣之乡伊川,终点位于“豫西山水画廊”嵩县,接同期规划的洛栾高速公路嵩县至栾川段,全长约62.690511km。

本项目与区域内洛阳绕城高速公路、连霍高速公路、郑少洛高速公路、二广高速公路互联成网,并先后与多条省道、县道相交,本项目的修建将为项目通道内洛阳市旅游业、花卉景观及工矿能源产业、伏牛山地区的地质科考及旅游业、伊川县的工矿业、嵩县的旅游及工矿业提供一条快速便捷的通道,同时有效补充、完善河南省高速公路网络、拉动豫西南山区区域经济的快速发展,及时适应项目通道内社会、经济、旅游事业发展的需求。在国家新一轮拉动内需的战略背景下,本项目的实施将率先在豫西南秀丽山水的画卷中增添一道绚丽的彩虹。

本项目由河南省交通规划勘察设计院有限责任公司设计。主要工作内容为路线、路基、路面、桥涵、路线交叉、交通工程(通信、收费、监控)及沿线设施、环境保护等的施工图勘察设计。

(一)任务来源及依据

(1)《洛栾高速公路洛阳至嵩县段勘察设计中标通知书》。

(2)《洛阳至栾川高速公路洛阳至嵩县段工程可行性研究报告》。

(3)河南省交通规划勘察设计院有限责任公司下发的本项目《项目计划书》。

(4)河南省交通运输厅下发的《洛阳至栾川高速公路洛阳至嵩县段工程可行性研究报告专家组审查意见》(2009年7月15日)。

(5)河南省发展与改革委员会下发的《关于洛阳至栾川高速公路洛阳至嵩县段核准的批复》(豫发改交通〔2009〕1831号)

(6)河南省交通规划勘察设计院有限责任公司编制的《洛阳至栾川高速公路洛阳至嵩县段初步设计》。

(7)河南省交通运输厅、河南高速公路发展有限责任公司下发的《洛阳至栾川高速公路洛阳至嵩县段初步设计专家审查意见》。

(8)河南省发展与改革委员会下发的《洛阳至栾川高速公路洛阳至嵩县段初步设计专家审查意见》。

(9)河南省发展与改革委员会下发的《关于洛阳至栾川高速公路洛阳至嵩县段工程初步设计的批复》(豫发改设计〔2009〕2005号)。

(10)地方政府、项目相关单位等的有关文件、会议纪要、协议等。

(11)公司发《洛阳至栾川高速公路洛阳至嵩县段施工图设计技术规定》。

(二)沿线自然地理概况

1. 地形地貌

路线所经过的主要地貌单元为黄土丘陵区,高程200~500m,相对高差50~150m,沟谷发育,地形起伏。其次有伊河河谷平原及中起伏低山。伊河河谷平原由超漫滩和一级阶地组成,一级阶地两侧不对称,东窄西宽,阶面宽300~500m,倾向河床;中起伏低山区,山峰叠峦,沟谷发育,切割强烈。

本项目沿线地形非常复杂，尤其是山岭区，山大沟深，变化无常，给项目的设计和实施都带来一定难度。

2. 工程地质

经详细的地质勘查发现，K38 + 100 ~ K42 + 000 路段为山前丘陵区，坡积物发育。其东为九皋山山脉，其西为伊河河谷，相对高差较大，从丘陵顶部至河谷大约90m。自然边坡率大于50°，土石直接接触，在岩石界面较陡处，易产生滑坡，且坡角下为村舍，人类活动较频繁，对路基会造成潜在危害。85 年至今目前有小的滑动现象，其规模较小，施工中易引发新的滑坡产生，施工时应引起注意。

3. 水文

伊河由南向北穿过项目区，是对本项目影响最大的河流。其发源于熊耳山南麓的栾川县陶湾乡闷顿岭，流经栾川、嵩县、伊川，穿伊阙而入洛阳。大部分长年流水，少数旱季干涸，陆浑水库对其有明显的调节作用，受伊河陆浑水库影响，伊河陆浑水库以下动态变化较大，龙门水文站观测资料，最大流量为 $120m^3/s$，最小流量为 $13.63m^3/s$，多年平均径流量 $22.89m^3/s$，径流量为 $9.05 \times 10^8 m^3/s$；而枯水年（1972 年）最大流量 $72.5m^3/s$，最小流量为零，年径流量为 $3.4 \times 10^8 m^3/s$。以轻微的堆积作用为主。

水文评价认为路区地下水位随地形变化较大，水质类型为低矿化度重碳酸型水，对混凝土不具侵蚀性。

河床内桩基施工应尽量避开雨水季节，尽量少占压河道，同时做好雨季的防汛工作。

4. 气象、气候

路区属北暖温带季风气候区。年平均气温 14 ~ 14.5℃，年平均降水量 662 ~ 674mm，降水季节分配不均，时间比较集中，全年无霜期 209 ~ 216d。

受气候影响，路面施工应避开冬季，路基地基处理和桥涵下部施工应避开雨季。

5. 地质构造与地震

项目区地质构造发育，地质构形迹明显，但活动性构造较少，近期没有发生超过 5 级的地震。依《公路桥梁抗震设计细则》（JTG/T B02—2008）可不考虑断裂错动对桥梁的影响。据《中国地震动参数区划图》（GB 18306—2001），项目区地震动峰值加速度为 $0.05g$，K45 + 000 以北地震动反应谱特征周期为 0.40s，K45 + 000 以南为 0.35s。地震基本烈度为Ⅵ度。

依据《建筑抗震设计规范》（GB 50011—2001）❶划分判别，地基土不具地震液化趋势。但根据《公路桥梁抗震设计细则》（JTG/T B02-01—2008）有关规定，对构造物上部结构和基础采取必要的抗震设计。

6. 不良、特殊地质现象

路区以黄土状丘陵为主，局部为黄土台、梁地貌，岩性为褐红色、黄褐色粉质黏土，呈硬塑—坚硬状，直立性较好。不良地质情况以崩塌、滑坡为主，特殊性岩土主要为膨胀土、湿陷性土，设计中均采取了相应的处理措施。

（三）主要技术指标的运用情况

根据本项目在路网中的功能和作用、远景交通量，结合沿线地形、地物等情况，工可批复本项目采用设计速度 100km/h 的双向四车道高速公路标准，主要技术标准及采用值见表 1。

主要技术指标表 表 1

项目	指标名称	单位	指　标	采 用 值
1	地形		山岭重丘区	山岭重丘区
2	公路等级		双向四车道高速公路	双向四车道高速公路

❶ 该规范目前已被《建筑抗震设计规范》（GB 50011—2010）替代，此处为项目设计时使用的版本。

续上表

项目	指标名称	单位	指标	采用值
3	设计速度	km/h	D100	100
4	路基宽度	m	26.0	26
5	行车道宽度	m	2×2×3.75	2×2×3.75
6	中央分隔带宽度	m	2	2
7	左侧路缘带宽度	m	2×0.75	2×0.75
8	硬路肩宽度	m	2×3.00	2×3.00
9	土路肩宽度	m	2×0.75	2×0.75
10	路基设计洪水频率		1/100	1/100
11	平曲线极限最小半径	m	400	600
12	最小停车视距	m	160	160
13	最大纵坡	%	4	3.9
14	最大坡长	m	800(4%)	960(2.99)
15	最小坡长	m	250	280
16	竖曲线最小半径（凸/凹）	m	10000/4500	16000/10000
17	竖曲线极限最小长度	m	170	170
18	路面横坡	%	2	2
19	桥面总宽	m	2×12.75	2×12.75
20	桥面净宽	m	2×11.75	2×11.75
21	桥涵设计车辆荷载		公路—I级（特殊桥梁1.3倍公路—I级）	公路—I级（特殊桥梁1.3倍公路—I级）
22	桥涵设计洪水频率		1/100(特大桥1/300)	1/100(特大桥1/300)
23	分离式双洞隧道净宽	m	2×10.75	2×10.75
24	隧道侧向宽度(左/右)	m	0.5/0.75	0.5/0.75
25	隧道内最大纵坡	%	3	3

(四)工程概况

本项目全线均位于洛阳市境内，沿途经过伊川县和嵩县两个县级行政区，其中K0+000~K33+478.3路段和K36+993.5~K40+000路段属于伊川县，K33+478.3~K36+993.5路段和K40+000~K61+800路段属于嵩县，路线总长62.690511km；设分离式路基两段，F1K41+389.329(=K41+389.329)~F1K45+131.543(=K45+138.269)路段和F2K58+506.024(=K58+506.024)~F2K61+373.523(=K61+366.894)路段，全线路基挖土8051786.8m^3，挖石3673726.0m^3、填土5834442.0m^3、填石2483478.6m^3，沥青混凝土路面1651568m^2，水泥混凝土路面20886m^2，排水防护圬工总量303111m^3，特大桥1111.16m/1座，大桥13245.192m/38座，中桥487.398m/6座，分离516.24m/8座，隧道1079m/2座，通道24道，涵洞50道，天桥33座；设互通式立交4处，通道5道；涵洞24道。总占地6773.84亩[1]。

本项目全线设服务区1处，互通式立交4处，主线收费站1处，匝道收费站3处。

[1] 1亩≈666.6m^2，下同。

二、测设经过

本项目施工图测量在初步设计的基础上，根据河南省发展与改革委员会“豫发改设计〔2009〕2005 号”文件精神，河南省交通运输厅、河南高速公路发展有限责任公司下发的《洛阳至栾川高速公路洛阳至嵩县段初步设计专家审查意见》以及现场设计监理对初步设计的审查意见，结合沿线当地政府的意见，针对路线走向和大型构造物的设置等重大技术问题进行了认真研究讨论，并编制了详细的勘测工作大纲。

(一)施工图定测

根据初步设计批复的方案，洛嵩施工图设计项目设计组在 1∶2000 地形图上对路线方案进行了认真的研究，并进行了多次现场定测和勘察，在此基础上对初步设计批复方案进行了详细全面的优化，并进行了红外激光雷达地模测量、航片调绘、地质识别等工作。

施工图外业过程中，测量组采用 GPS 实时差分技术进行定位放样测量，根据全线地形、地物、地貌情况合理设置中桩，中桩间距不大于 25m，并设置曲线要素桩、公里桩和百米桩以及在路线交叉、拆迁建筑物、桥涵隧道、不良地质地段起终点及地形地物变化处均设置加桩，互通式立交、服务区、停车区所有匝道及被交道的测量与主线同方法、同深度。

另根据施工图设计需要，定测了全线所有大中桥两边线纵向地面线、地形复杂路段桥头横向地面线、全线涵洞通道横向中心地面线、全线所有被交道路等，并与从数模中获取的地面线对比校核，确认无误后使用。

(二)外业调查

沿线就桥涵、路线交叉、路基路面、排水防护、征地拆迁、土源及材料等专业分项分别展开实地勘测，并且对水文、管线、文物等各方面问题进行了广泛深入的调查。

(三)外业期间内业设计工作

外业前完成路线平面局部优化调整并通过院技术审核处评审，外业期间在初步设计的基础上，就特大桥、大中桥桥型及跨径、孔数的布设，桥涵构造物布置图设计，互通式立交、停车区平纵面设计，分离式立交桥、天桥及通道的布设进行了基本确定。外业工作结束后，各专业组整理核查外业调查资料。

(四)测设过程中的质量保证措施

施工图设计过程中严格执行交通运输部部颁规程、规范，并按我院现行质量体系(ISO9001)进行质量管理，严把设计质量关，经过艰苦、紧张的工作，于 2010 年 3 月完成施工图设计文件编制。

三、设计要点

(一)路线设计

优美的线形必须与自然景观相协调，在线形设计中灵活运用《公路工程技术标准》(JTG B01—2003)和《公路路线设计规范》(JTG D20—2006)，应用高速公路线形设计理论，使路线线形设计不仅要满足长度、宽度、高度等几何要求，还要使路线线形尽可能地与沿线地形、地物、景观及自然环境相协调。本项目位于洛阳西南，自然景观和人文景观较多，人口稠密、村庄密集，设计时采用曲线并采用较均衡的平纵指标，使平曲线占路线总长约 91.930%。曲线为主的路线较好地适合地形，可绕避村庄、景点、文物和重要设施。

纵断面设计按照《河南省高速公路设计技术要求》，在满足高程控制点、行车要求和设计规范的同时，考虑本项目的特点，结合沿线地形、景观、文物等，纵断面设计尽量能顺势就势，达到人文和谐。

(二)路基路面及防排工程设计

1. 路基横断面布置

(1)路基横断面

本合同段公路等级为高速公路,采用整体式路基与分离式路基两种横断面形式,整体式路基宽26m,分离式路基半幅宽13m,双向四车道,设计速度100km/h。

整体式路基:路基宽26m。具体组成为:中间带3.5m(含中央分隔带2.0m及左侧路缘带0.75m×2),行车道3.75m×4,右侧硬路肩3.0m×2(含右侧路缘带0.5m×2),土路肩0.75m×2。

分离式路基:单幅路基宽13m。具体组成为:土路肩0.75m×2,左侧硬路肩1.00m(含左侧路缘带0.5m),行车道3.75m×2,右侧硬路肩3.0m(含右侧路缘带0.5m)。

(2)路拱横坡及设计标高

一般路段行车道、路缘带及硬路肩设2%横坡,土路肩设4%横坡。主线路基设计控制标高位置为左侧路缘带与中央分隔带交界处。护坡道、碎落台和边坡平台横坡均为4%。

(3)中央分隔带形式及开口

中央分隔带采用新泽西护栏。为抢险、急救和维修方便,立交、服务区、特大桥和隧道前后设置中央分隔带开口,其他路段结合已设置的开口每2km左右设开口一处,开口长度30m。

(4)护坡道、碎落台

填方设2m宽护坡道,护坡道设4%的外倾横坡。挖方设2m宽碎落台,碎落台设4%的倾向边沟横坡,非圬工防护的挖方坡口、坡脚位置应培土、圆弧化平缓过渡,以美化路容。

(5)用地范围

公路用地范围挖方以坡顶(或截水沟)外缘2m计,填方以边沟外缘2m计。

(6)加宽、超高方案

根据相关规范,本项目路基不需要加宽。

在圆曲线半径小于2500m的平曲线上设置超高,超高段两侧路基分别绕中央分隔带外侧两边缘线旋转。

2. 路面设计

(1)主线路面结构

行车道、路缘带及硬路肩、中央分隔带及开口处:

上面层:4cm细粒式改性沥青混凝土(AC-13C)。

中面层:6cm中粒式改性沥青混凝土(AC-20C)。

下面层:8cm密级配沥青稳定碎石(ATB-25)。

封层:热喷SBS改性沥青下封层。

基层:34cm水泥稳定碎石。

底基层:18cm水泥稳定砂砾/碎石。

总厚度:70cm。

对于石质挖方段,基层采用18cm水泥稳定碎石,并取消底基层,采用10cm厚的C10贫混凝土调平层进行调平。

(2)互通区和服务区匝道路面结构

匝道路面结构同主线保持一致。

(3)主线及匝道收费站广场路面结构

面层:28cm水泥混凝土面板。

封层:热喷SBS改性沥青下封层。

基层:18cm 水泥稳定碎石。

底基层:18cm 水泥稳定砂砾/碎石。

总厚度:64cm。

3. 防护设计

填方路基根据全线路基填料情况,路基边坡防护工程采用了植草防护、浆砌片石拱形骨架植草防护、预制六棱块铺砌防护等多种形式,对于挖方边坡采用了植草防护、拱形骨架植草防护、人字形骨架植草防护、孔窗式护面墙植草防护、锚杆(索)框格防护等多种形式,力求经济、合理、美观、安全。各种边坡防护形式均考虑与绿化相结合,防止路基边坡水土流失,尽量保持与自然环境的协调。

4. 排水设计

排水为有组织的系统排水,根据"远迎远送"的原则,使其沟、槽、管、涵洞等各尽其责,使水远离路基;同时路基排水与当地农田水利建设相配合,公路修建后,尽量做到不干扰、不改变农田原有排灌系统,重视环境保护。

(三)桥梁、涵洞设计

桥梁设计采用与自然景观相和谐的桥梁造型及合理布孔衬托出公路线形与景观美。本项目桥梁结构设计中,精心选择方案,反复比选,力求使方案造型简捷明快、轻巧美观,并结合跨越道路、沟渠、河床、冲沟等地形特征进行桥梁方案选择,本项目大桥的推荐桥型采用先简支后连续装配式部分预应力混凝土组合连续箱梁和装配式部分预应力连续 T 形梁,中桥为降低路基填土高度,采用建筑高度较低的 16m 和 20m 预应力混凝土空心板。

涵洞布设除必须满足排水要求外,还应与公路排水系统、水利规划及农田排灌相配合,沿线根据实际需要,设置了管涵、倒虹吸、钢波纹管涵、盖板涵、拱涵等多种类型的涵洞。

(四)隧道设计

隧道设计贯彻"安全性、舒适性、经济合理、技术先进、尊重地区特性、整体协调性及自然性"的设计原则,贯彻"生态、环保、安全、舒适、和谐"的设计理念,结合我国经济、技术条件,吸收国内外先进经验,节约用地,重视环境保护及与其他建设工程的协调,使得设计的隧道工程项目取得经济、社会和环境的综合最佳效益。洞门形式的选择,主要考虑使用功能和与地形的协调美观,并尽可能地节省投资和保证结构安全,根据洞口地形、地质条件、洞外衔接过渡段的形式,综合确定。考虑到隧道使用后的养护管理,在设计阶段力求满足隧道总体的合理性及耐久性。

本项目隧道按照山岭区高速公路上下行分离四车道双洞小净距隧道 + 独立双洞隧道形式进行设置,设计行车速度为 100km/h,隧道建筑限界净宽 10.75m,其构成为:0.75m + 0.50m + 2 × 3.75m + 1.00m + 1.00m = 10.75m,两侧各设置 25cm 的余宽。在行车方向双侧设置检修道。隧道内轮廓除应满足隧道建筑限界的规定外,还综合考虑了通风、照明等附属设施所需的空间,同时还考虑了岩土压力影响、施工方法等必要的富余量。

(五)立体交叉工程设计

1. 分离式立交

高速公路与铁路、等级公路或重要的地方道路交叉,一般均设分离式立交。有些乡村土路两侧或单侧带灌溉、排水沟,设通道不能兼顾通行和过水时,也设置分离式立交。

高速公路主线上跨时满足被交道路净空的要求,高速公路净高不小于 5.5m;一、二级公路净高不小于 5.0m;三、四级公路净高 4.5m。主线下穿时,被交道跨高速公路净高不小于 5.5m。地方道路和一些较重要的乡村便道或土路兼排水沟也设置分离式立交桥(或称为通道桥),其净高按实际需要定为 3.5 ~ 3.0m。

设计荷载：

主线上跨：公路—Ⅰ级。

主线下穿：公路—Ⅱ级。

本路线位于山岭重丘区，为有效控制路基填挖高度，分离式立交桥上部结构形式采用等高钢筋混凝土现浇连续梁和简支空心板；下部结构为柱式墩、柱式台或肋板式台，钻孔灌注桩基础。

2. 通道

通道设置原则：

根据高速公路与地方道路相交的位置情况，充分考虑沿线居民的过往和田间耕作的方便，按统筹规划、方便出入、均衡设置的原则设置立交通道、天桥和分离式立交桥。位置尽量保持原位，角度顺从原路，否则进行适当改移。如果发现位置与实地出入较大，应及时通知监理部门和设计部门，以便核查后再施工。

通道布置结合场地的情况，考虑了排水要求，按需要设置有边沟涵，边沟涵采用钢筋混凝土圆管涵。

通道净空标准：

通道按使用功能分为人行通道（净宽 4.0m，通行净高≥2.5m）、机耕道（净宽 6.0m，通行净高≥3.4m）、汽车通道（净宽 6.0m，通行净高≥3.5m）三个标准。由于沿线现有地方道路标准较低，多是乡间土路，油路较少。故此次设计通道和分离式立交桥的设置除满足现有道路使用要求外，还考虑将来经济发展，为便于农业耕作及运输机械化，多采用机耕通道和汽车通道，人行通道相对较少，同时，人行通道净空也考虑了部分农用机械的通行。

3. 人行、机耕天桥

根据山岭重丘区地形特点和地质条件，结合改善高速公路景观的需求，机耕天桥的上部结构采用了拱（上承拱、下承式提篮拱、下承式礼帽拱）、现浇等高钢筋混凝土连续箱梁和变高度预应力混凝土连续箱梁、先简支后连续箱梁、简支空心板等多种形式；下部结构为柱式墩台；以 1.2～1.5m 钻孔灌注桩基础为主，部分采用了扩大基础。

机耕天桥跨高速公路净高不小于 5.5m。

设计荷载：公路—Ⅱ级。

桥面净宽：7.0m，4.5m。

4. 互通式立交

互通式立交是高速公路的门户，立交设计时除首先满足迅速集散交通流外，重点强调与地形地物的配合与协调，并注重立体造型设计。本项目沿线共设置 4 处互通式立交，分别是梁刘枢纽互通式立交、伊川西互通式立交、古城互通式立交、嵩县互通式立交。

互通内桥梁根据被交叉道路宽度、交角及净空要求来布设桥跨方案的。主线跨被交道桥上部结构采用装配式预应力混凝土组合连续箱梁和装配式部分预应力混凝土空心板结构；匝道桥选用适应线型变化能力强的现浇钢筋混凝土连续梁桥。下部结构为柱式墩、柱式台或肋板台，钻孔灌注桩基础。

（六）环境保护、景观等工程设计

环境保护是我国的一项基本国策。在测设过程中，对做好公路建设的环保工作、减轻因公路建设导致的环境污染、保护生态平衡，给予了高度的重视。在外业勘察中，注重环境影响资料的调查，在设计中严格执行“预防为主，防治结合，全面规划，合理布局，综合治理”的环境保护方针，设计中以尽量不破坏现有地形、地貌为原则，避免大规模拆迁。对工程可能造成的环境影响问题，如绿化、噪声、水土保持等，设计中均采取了相应措施予以妥善解决。选线时对沿线重要人文景观、自然景观、风景区、旅游区等都做了合理避让。

对路基边坡、碎落台等进行绿化，给人视觉上流畅、舒适、清新的感觉，对噪声超标的敏感点，设置声屏障以降低噪声对环境的污染，施工图设计阶段，本项目沿线共设计声屏障2828m。

（七）交通工程及沿线设施设计

为了确保行车及行人的安全和充分发挥公路的作用，公路交通安全设施越来越引起人们的重视。特别是对于车速高、要求通行能力大的高速公路，交通安全设施的必要性和迫切性显得尤为突出。交通安全设施的设置，旨在通过合理的方法，协调道路交通系统中人、车、路、环境各个要素，使某些矛盾朝着有利的方面转化，可以说它是现代化交通发展所必需的。

全线按规定设有标志、标线、护栏、隔离栅、视线诱导标等安全设施。如有未尽事宜，均按《公路交通安全设施设计细则》（JTG/T D81—2006）、《高速公路交通工程及沿线设施设计通用规范》（JTG D80—2006）、《公路交通安全设施设计规范》（JTG D81—2006）、《道路交通标志和标线》（GB 5768—2009）、《公路交通标志反光膜》（GB/T 18833—2002）❶以及《公路交通标志和标线设置规范》（JTG D82—2009）和《国家高速公路网命名和编号规则》（JTG A03—2007）的有关规定执行。

四、对初步设计批复及审查意见的执行情况

施工图设计阶段，严格遵照河南省发展与改革委员会《洛栾高速公路洛阳至嵩县段初步设计批复》确定的技术标准、建设规模、路线方案及其他重大技术方案执行。对于《洛栾高速公路洛阳至嵩县段初步设计批复》及《专家审查意见》提出的具体意见和建议的执行情况，详见各篇说明和相关执行情况报告。

五、新技术采用情况

（1）GPS测量技术：GPS测量具有精度高、速度快、效益好等优点，能快速地完成公路测区高精度的控制，为线位、桥位等测量提供可靠的数据，本项目外业测设工作全部采用GPS测量技术。

（2）机载激光数码测量系统进行数字地面模型测量和三维地形图测量技术：利用红外激光雷达扫描技术形成三维数字地面模型，高分辨率拍摄全线影像，其精度超过普通航空摄影测量技术，为公路建设提供了精确的基础数据，同时配合先进的道路设计技术，提高了设计精度和速度。

（3）CAD计算机辅助设计技术：本项目设计全部采用CAD计算机技术，路线、路基路面、桥梁、涵洞通道、隧道、互通、概算等设计都采用先进的专业辅助设计软件。

六、施工期间设计服务情况

施工期间的设计服务是我们设计工作的延续，是设计任务的组成部分，是顺利施工的一个保障因素，也是施工质量的重要保障。在本项目的施工过程中，我设计单位依照我院的相关规定以及项目公司的有关要求负责地提供了完善的设计服务。设计变更规范、有序、及时，设计代表服务热情、周到，尽力达到建设单位（业主）的满意。

本项目常驻工地设计代表4人，在项目建设期间驻守项目公司，处理相关设计工作以及施工现场服务。

对于设计服务，我公司对以下工作尤为重视：

（一）设计变更管理

从以往的经验教训可以看出，对设计变更权限和职责的管理是非常重要的，疏于对设计变更

---

❶ 该规范目前已被《公路交通安全设施设计规范》（GB/T 18833—2012）替代，此处为项目设计时使用的版本。

的管理,将导致腐败土壤的滋长,将会严重影响建设项目的工期和质量。因此,加强对设计变更的管理是设计服务的重点。根据我院设计变更控制程序对施工图设计成品交付后的变更严格控制。设计变更遵照以下规定进行:重大设计变更依照业主(项目法人)报河南省交通运输厅的审批文件为依据;重要设计变更以会议纪要或四方签认单为依据;一般设计变更以四方签认单或请求变更的相关方申请和批准文字为依据。设计变更图纸尽快提供,不影响施工进度。

(二)工地服务管理

在进驻工地前制订工地服务计划,要求设计代表熟悉设计文件,熟悉现场地物地貌及构造物的设计特点和可能遇到的各种情况以及处置方案。服从业主的考勤考核管理,自觉接受相关方的考评。调整现场服务意识与态度,提高现场设计变更及时性,保证设计变更文件质量,加强现场解决处理问题能力,与相关部门及时沟通,遵守劳动纪律情况并且廉洁自律。

(三)进行顾客满意度调查

根据工程进展情况,每季度进行满意度调查,调查内容主要包括:设计变更图纸交付及时性、设计方案深度、法律法规符合性、设计文件合理性、施工工艺及材料适宜性、现场服务及时性、现场服务处理能力以及与相关部门协调沟通能力等。

(四)工地回访

由公司后期服务办公室、审核咨询部、设计分院共同抽调人员组成工地回访小组,不定期对施工现场进行回访,认真听取业主单位、施工单位、监理单位对设计成果质量和测设分院、驻工地设计代表服务质量及廉政等意见的反映。

七、主要设计变更情况

(一)路基路面

1. 挖方土石比例变化的变更

由于项目位于豫西山岭重丘区,沿线地形、地质复杂多变,挖方段土石比例变化相对较大,根据现场实际地质情况,调整土石方比例。

2. 取消部分跨合同段调运土石方的变更

由于项目沿线山高路陡、沟壑纵横,远距离跨合同段调运不易实施,另外各个合同段进度不协调,施工时,很难同步进行跨合同段调配土石方。

3. 路基填料的变更

由于跨合同段调运土石方无法实施、挖方段土方 CBR 值不足或为不良土质等原因,根据项目所在地实际情况,部分合同段变更为借土填方或借砂砾填方等。

4. 滑塌、滑坡路段治理的变更

K40 +065 ~ K40 +600、K40 +930 ~ K41 +120 等多处路段出现较大规模的滑坡、滑塌,需要加固治理。

(二)部分桥涵结构物的变更

1. 涵洞通道的变更

结合项目进展中遇到的实际问题,对部分涵洞、通道进行增减、移位、变动跨径、改变地基处理形式等变更设计。

2. 桥梁的变更

增加 K9 +818.9、K14 +162、K25 +825、K30 +905、K33 +215 共 5 座天桥,增加 K26 +286 一孔 20m 小桥(相应取消 K26 +338 盖板涵),取消 K33 +314、K52 +928、K54 +475、K55 +255 共 4 座天桥。

（三）隧道变更

根据现场实际开挖的围岩地质情况，姜公庙隧道和玉皇庙隧道分别调整了不同段落的围岩级别及支护形式，以达到支护与围岩的辩证统一，以体现"动态设计、动态施工"的隧道新奥法设计思想。同时结合洞口段实际地形情况，对个别洞门形式进行优化调整。

根据现场实际的开挖情况以及沿线的社会环境，K55+225～K55+305增设明挖式双连拱隧道一座，隧道长80m。

（四）路线交叉变更

由于项目沿线县市发展规划的调整，根据地方政府要求，并报项目业主和相关部门批准，伊川西互通立交、嵩县互通立交均做了相应调整。

（五）设计中存在问题的变更

图纸中存在个别错、碰、漏、缺的问题，均由设计代表核实后现场及时解决。

八、设计体会

公路建设的灵魂在设计，项目设计的灵魂在理念。高速公路勘察设计要始终坚持以人为本的交通安全理念，努力实现人与自然和谐可持续发展，不断增强工程建设自我恢复能力，确实建立资源节约的全寿命周期成本理念。尤其是在高速公路建设飞速发展的今天，更要切实提升设计素养，立足安全、优质、经济、环保，合理利用技术指标，完善设计、加强沟通，将设计方案论证工作做到位；以不破坏、少破坏就是最好的保护为出发点，服务于经济建设和工程建设的总体要求，做到远景规划和近期使用性能并举。

在洛栾高速公路洛阳至嵩县段的建设过程中，我们与河南嵩阳高速公路有限公司、施工单位及监理公司一起进行了很多有益的尝试，将新技术、新工艺以及新材料应用在洛栾高速公路洛阳至嵩县段建设中，事实证明是相当成功的，同时也给我们设计提供了第一手宝贵资料。我们本着由"认识到实践，由实践再到认识"的循环工程，将总结洛栾高速公路洛阳至嵩县段设计中的经验，并应用到其他项目，不断提高我院的设计水平。

河南省交通规划勘察设计院有限公司

二〇一六年八月

3. 洛栾高速公路洛阳至嵩县段工程第一监理代表处工作报告

目　　录

洛栾高速公路洛阳至嵩县段工程第一监理代表处工作报告

一、监理工作概况

洛栾高速公路洛阳至嵩县段是河南省2009年计划开工的重点高速公路项目。项目起于九朝古都洛阳,向南经酒圣之乡伊川,终点于“豫西山水画廊”嵩县,路线总长62.6905km。洛栾高速公路洛阳至嵩县段第一监理代表处受业主委托,负责K0+000~K33+000段共33km的监理工作。主要有土建单位、路面单位、交通安全设施单位、绿化单位实施了施工监理工作。施工单位分别为:河南省公路工程局集团有限公司(LSTJ.1)、中铁十五局集团第七工程有限公司(LSTJ.2)、濮阳市通达公路工程有限公司(LSTJ.3)、山东鲁桥建设有限公司(LSTJ.4)、湖南省建筑工程集团总公司(LSTJ.10)、云南路桥建设集团公司(LSLM.1)、吉林省亿丰路桥工程有限公司(LSLM.2)、上海十方园林发展股份有限公司(LSLH.1)、许昌江北花木有限公司(LSLH.3)、中交第一公路工程局有限公司(LSJA.1)、中交第一公路工程局有限公司(LSJA.3)、栾川县恒源电力有限责任公司(LSDL.1)。主要工程量见表1。

洛栾高速公路洛嵩段工程第一监理代表处所辖合同段主要工程量一览表 表1

合同段	起讫桩号	长度(km)	施工单位	主要工程量
LSTJ.1	K0+000~K6+900	6.9	河南省公路工程局集团有限公司	土方567465m^3,石方853267m^3,大桥1461.46m/3座,互通式立交1处、天桥6座,涵洞通道23道
LSTJ.2	K6+900~K13+400	6.5	中铁十五局集团第七工程有限公司	土方755583m^3,石方1069419.6m^3,大桥3346.18m/8座,分离式立交1座、天桥6座,涵洞通道11道
LSTJ.3	K13+400~K23+100	9.7	濮阳市通达公路工程有限公司	土方1133477.68m^3,石方262007m^3,大中桥1775.57m/9座,分离式立交142.72m/2座,天桥6座,涵洞通道11道
LSTJ.4	K23+100~K33+000	9.9	山东鲁桥建设有限公司	土方741118m^3,石方146548m^3,大中桥619.08m/4座,分离式立交172.76m/3座,天桥11座,涵洞通道36道
LSTJ.10	K0+000~K61+800	61.8	湖南省建筑工程集团总公司	预制C25盖板混凝土2881m^3,混凝土边沟预制块9922.07m^3,预制C20混凝土镶边10463.84m^3,预制C20六棱砖护坡28285m^3,预制C30混凝土防撞护栏115.86m^3
LSLM.1	K0+000~K23+100	23.1	云南路桥建设集团公司	底基层514858m^2,基层501240m^2,沥青稳定碎石470942m^2,中粒式改性沥青混凝土636058m^2,细粒式改性沥青混凝土626638m^2
LSLM.2	K23+100~K40+000	16.9	吉林省亿丰路桥工程有限公司	水泥稳定底基层390852m^2,水泥稳定基层402085m^2,沥青稳定碎石373925m^2,中粒式沥青混凝土437713m^2,细粒式改性沥青混凝土415037m^2
LSJA.1	K0+000~K33+000	33	中交第一公路工程局有限公司	标志208处,标线11367m^2,震荡标线29104m^2
LSJA.3	K0+000~K33+000	33	中交第一公路工程局有限公司	护栏45.6km,隔离栅76.119km,消声板声屏障1.432km

续上表

合同段	起讫桩号	长度(km)	施工单位	主要工程量
LSLH. 1	K0 +000 ~ K33 +000	33	上海十方园林发展股份有限公司	主线两侧挖方段的绿化种植
LSLH. 3	梁刘互通、伊川西互通		许昌江北花木有限公司	梁刘互通区、伊川西互通区内的绿化种植
LSDL. 1	K0 +000 ~ K33 +000	33	栾川县恒源电力有限责任公司	主线收费站、伊川收费站、伊川停车区 10kV 供电线架设

本工程的合同段划分较细,工期短,施工节奏快,根据业主要求每个施工段必须有驻地监理,为及时有效配合施工单位,使监理工作从深度和广度上达到监、帮、促、调目的,做到全方位监控,充分发挥驻地监理的综合处理问题的能力,每个施工合同段设置高级驻地监理办。总监办监理工作实行总监理工程师负责制,组织结构形式采用直线职能制,各级监理机构及职能部门的分工,依据现场实际情况,作了明确规定,具体落实到人,做到职、责、权、利相统一。监理结构人员配备见图1。

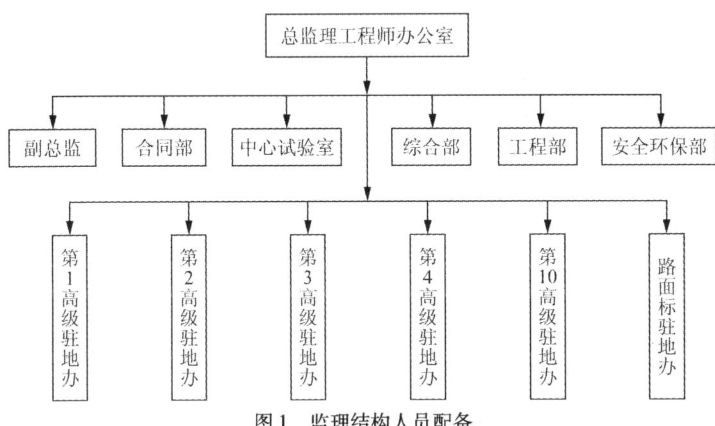

图1　监理结构人员配备

监理人员按监理合同及业主公司文件约定共投入 121 人,其中高级工程师 3 人,工程师 53 人,旁站人员 49 人,全部持有监理资格证书,见表 2。

洛嵩段工程第一监理代表处现场监理人员情况　　表2

单位	总监	副总监	驻地/主任	项目监理	项目助理	试验监理	辅助人员	合计
总监办	1	1	3	8	8	4	6	31
LSTJ. 1 驻地办			1	6	6	1	3	17
LSTJ. 2 驻地办			1	6	6	1	2	16
LSTJ. 3 驻地办			1	6	6	1	2	16
LSTJ. 4 驻地办			1	6	6	1	2	16
LSTJ. 10 驻地办			1	6	6	1	2	16
LSLM 驻地办			1	4	1	1	2	9
合计								121

二、工程质量管理

工程项目的进度、质量、费用、安全四大目标的关系是对立统一的,本工程为总价合同,四大控制目标的工作量相对来说要集中在质量与进度、安全上，总监办在“四控两管”的运作过程中，紧扣招标文件，国家和河南省的有关法律、法规，部颁规范，设计文件等，认真贯彻“严格管理、优质服务、科学公正、廉洁自律”的监理方针。

(一)质量管理措施

1. 建立质量意识

为用好政府赋给的质量监理一票否决权，我们树立监理工作的核心就是质量控制的思想，明确质量是质与量的对立统一，有质才有量，质是量的保证，量是质的体现，只有在质量合格的基础上论进度才有意义的辩证思想，凡是不符合质量标准的工程一律不得计量支付，在具体实施中，以河南嵩阳高速公路有限公司的工程项目管理实施细则为准绳，认真学习，掌握技术规范、设计文件，在质量问题上人人都享有的民主，以数据说话以理服人，同时鼓励监承共学。

2. 坚持监理程序

我代表处自始至终贯彻“若要质量好程序为先导”宗旨。

质量控制说到底就是认真严格地执行监理程序，监理程序的具体操作就是如实做好检测记录，这些表格就是监理工作的灵魂和工具，质量控制分三个阶段。

(1)施工准备阶段：开工报告审批对承包人提交的施工计划、工艺，进场的原材料质量和数量，施工人员和机械配备、质量控制指标、检测方法等进行审批，核实是否具备开工条件。

(2)施工过程监理：现场监理对施工环境、施工工艺进行监控，使工程尽量处于标准状态下施工，力求一次成功，消除可能发生的质量隐患，这是监理的重点阶段，旁站就是对这一阶段监理工作的加强。

(3)工序验收：对每一工序完工后进行抽样，试验鉴定、验收(或责令返工)，合格后允许进行下道工序作业，签发《质量检验认可证书》和《中间交工证书》，作为计量支付的基本条件。以上三阶段的监理工作都是在承包人自检合格的基础上进行的。

3. 监理工作方法

监理工作做到，开工要批准，事事要报告，项项要检查，步步要试验，变更要批准，签字要确认。严格监理程序，紧抓质量控制重点，使整个工程处于受控状态中。监理程序如图2所示。

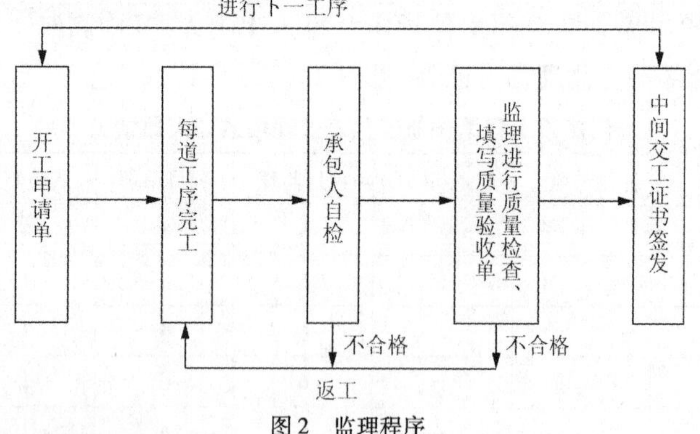

图2 监理程序

4. 总监办工程质量控制分三个阶段进行

事前监理——主动监理：本阶段监理的重点放在施工之前的准备工作阶段，监督承包人技术、材料、机械设备人员及劳动组织等准备工作是否到位，及早发现问题、及时纠正，将事故的苗头消灭在施工之前，甚至在开工前下发《施工作业指导书》，提醒施工单位应注意事项。

过程监理——旁站监理：本阶段监理工作通过现场旁站、观察施工、督促施工，发现施工中存在的问题及时指出，立即整改、纠正，不留下任何质量隐患。

事后监理—检评监理:本阶段监理工作主要是对完工工程进行检查、验收,并进行质量评定,发现质量缺陷或不合格工程,指令修补或返工,把好最后一道质量关。工程质量控制在实施的过程中,应紧密地将旁站、抽检和巡检有机地结合在一起,形成较为完整的质量保证体系。

(1)旁站:旁站监理是对承包人和多项施工程序、施工方法和施工工艺进行全面有效控制。实行全方位、全过程、全环节的监理。主要监理任务是:①检查用于工程的材料、设备,现场施工人员及其他施工条件、施工方案与批准的单项工程开工报告是否相符;②检查多种集料的级配、配合比及用量与批准的标准试验是否一致;③检查施工方法和操作工艺,对低劣的产品及时发出警告或工作指令;④进行每道工序或单项工程完工后的检查验收;⑤对隐蔽工程进行全过程监控及覆盖前的检查验收;⑥监督承包人进行试样抽取和控制参数的测定及记录;⑦观察了解影响工程进度和质量的自然风险、隐患及外部干扰的信息,及时报告驻地办或高驻办。

(2)抽检:主要任务是对工程质量实行动态控制,该工作由总监办试验室、测量监理工程师和驻地办负责完成。①测量:开工前对导线点、水准点进行100%的复测检查,对中桩抽检30%以上,对桥涵等结构物的各部位进行100%的复测检查。②试验:检查进场原材料和半成品的出厂合格证,检查进场的钢材、水泥的合格证和自检试验报告。材料进场后按30%的频率抽检。路基压实度层层抽检,抽检频率为批量的30%且不少于6点/1000m^2。钢筋焊接、混凝土浇筑均按30%频率抽检。对抽检不合格或偷工减料者坚决返工。

(3)巡检:总监理工程师、专业工程师每天巡检工地1~2次。对监理人员的工作方法、工作态度、业务水平、职业道德、现场到位率以及对设计图纸、合同文件、施工规范的理解、掌握和执行情况进行全面的综合性管理,及时纠正,使监理工作处于良好的工作状态。巡检时对工程质量、进度进行全面细致的检查,如现场监理有未能发现或举棋不定的问题,给予指导和解决,及时对工程变更方案及异常情况提出处理措施和解决方法。及时分析、跟踪工程质量、进度的现状,提出工程阶段性的重点、难点,最终实现总体质量控制目标。

为把好质量关,我们主要采用了巡视、旁站、试验、抽检、指令文件、专题会议等方法,同时要求各承包人必须建立健全质量保证体系和企业自检制度,以确保监理工程师将质量意识深入贯彻到全体施工人员中去。一,巡视,专业监理工程师每天必须对管段内的施工现场巡视1~2遍,在巡视过程中发现安全质量问题及时进行纠正,把安全质量隐患消除在施工过程中,避免在验收过程中才发现问题再进行整改影响工程进度。二,旁站主要用于施工过程中的监理,监理工作始终都处在加班加点的节奏之中,分白班、夜班进行旁站,还要完善相关的监理资料。三,试验数据是监理工程师说话的依据,它与抽检工作相配套的,除把好质量、原材料、配合比等的试验关外,注重抽检的频率,规定抽检频率不得少于总检测量的20%,同时积极配合河南省交通运输厅质检站的抽检工作,采取监理和承包人一起抽查的联合抽检方式,总监办中心试验室人员每天下工地检查、巡视、抽样。四,在监理工作中,我们也充分发挥了指令、指导文件的作用,使质量问题得到重视和修正,质量有明显的提高,同时对强化承包人的质量意识也起到了促进作用,我们先后共下发了监理工程师指令183份(包括停工令),监理工程师通知204份,关于质量控制的文件159份。总监办组织召开专题会议43次,召开工地例会21次。

(二)施工过程中质量检查情况汇总

施工过程中监理抽检钢筋焊接共计1096组、钢筋焊接867组、粗集料抽检954次、细集料抽检908次、水泥抽检1538次、砂浆抽样507组、混凝土抗压抽检23259组、混凝土抗折试验抽检211组、水泥浆试验抽检1876组、混凝土配合比257次、击实试验50次、路基压实度1683个点、路面基层压实度试验361次、锚杆拉拔试验1104次,所检测合格率100%(表3)。

洛栾高速公路洛嵩段工程第一监理代表处试验检测统计表 表3

检测项目	检测组(次)数						
	第1驻地办	第2驻地办	第3驻地办	第4驻地办	第10驻地办	中心试验室	汇总
钢筋原材料抽检	169	145	158	176	84	364	1096
钢筋焊接	130	121	140	154	36	286	867
碎石	153	127	135	162	76	301	954
砂子	155	138	146	174	61	234	908
水泥	263	227	239	399	75	335	1538
砂浆抗压试验	98	68	50	72	84	135	507
水泥混凝土抗压试验	5124	4988	4839	5210	680	2418	23259
水泥混凝土抗折试验	52	49	38	41	10	21	211
水泥浆试验	430	384	340	483	145	94	1876
混凝土配合比	28	21	26	30	10	142	257
击实试验	7	6	6	8	0	23	50
路基压实度	296	385	362	276	0	364	1683
路面基层压实度	75	64	72	83	0	67	361
锚杆拉拔试验	157	246	292	261	0	148	1104

(三)质量问题和事故处理情况

施工过程中的质量问题及时发现及时处理,针对桥梁桩基钢筋笼加工质量较差、分布钢筋间距不均的问题,监理在现场巡视过程中发现后及时进行纠正,在检查验收过程中严把质量关,对验收不合格的钢筋笼坚决不让起吊安装,把质量隐患消除在施工过程中;针对挖孔桩锁口护壁不符合设计要求的问题,监理在巡视过程中向施工单位指导出,并督促按设计要求施工,确保了挖孔桩施工安全和桩基质量;针对梁板安装钢筋焊接搭接长度不够、质量差的问题,监理工程师多次予以纠正,并召开专题会议,要求施工单位组织电焊工学习相关技术规范及相关知识,要求项目部技术人员对工人进行详细的交底,更换有合格资质的电焊工进行操作等措施,扭转了钢筋焊接质量差的问题;针对高墩柱施工养护不到位、安全措施不到位等问题,监理工程师多次予以纠正并下发监理工程师通知单督促施工单位整改,并及时召开专题会议。通过以上措施对质量控制起到了一定的效果,整个施工过程中未发生较大工程质量事故。

(四)工程质量评定情况

承包人施工完成后,按《公路工程竣(交)工验收办法》的要求,依据《公路工程质量检验评定标准》对分项、分部、单位工程和合同工程质量自评,向监理工程师提交交工验收申请报告和施工总结。监理工程师对工程实体进行复验和对内业资料进行核查,写出监理工程师评审意见,上报业主。对被监理的各合同段施工质量评定均为合格。

桥梁桩基通过第三方验证检测合格率100%,桥梁荷载试验检测结果符合设计及规范要求,工程质量评定为合格。

三、计量支付、工程进度和合同管理情况

(一)计量支付

计量工作贯穿于整个工程实施过程中,既是监理工作的重点,也是监理工程师有效控制工程质量和进度的手段之一。计量方式采用监理工程师与承包人共同计量的方法,计量支付的关键工作是中间交工证书的签认,总监办具体操作及控制程序是:中间交工原则上是以完成并经检验

合格的分项工程进行交工,交工时各种检测资料签认完整、齐全,相应监理抽检频率也要满足规范要求。中间交工证书首先由承包人上报,内容一栏中除写明交工部位外,还应写明交工数量。再由高级驻地监理工程师签字验收,没有履行交工手续或相关检测资料不齐全的不予计量,在计量时,总监办计量工程师对中间交工项目的基础资料进行抽查。

(二)进度控制

本工程合同工期为30个月,河南省政府及交通运输厅要求2012年11月初通车,工期缩至23个月左右,且劳动强度增加近二分之一,而且施工现场三改、地方协调、部分路段征地拆迁迟迟不能解决,这些都是影响进度的不利因素。我们主要是用横条进度表和形象进度图法来控制进度。

保证工期,机械设备是关键,因而我们每月都要调查核实承包人的机械配备情况,同时注重抓人力和原材料的供应,协助承包人加强内部管理,通过业主、监理、承包人的有机配合,我们所监理的五个土建合同段、两个路面合同段,施工段均按期完工,实现了洛栾高速公路洛阳至嵩县段按期通车的总体目标。

在进度控制的措施上,采取强化计划施工,开展劳动竞赛,定期上报形象进度及施工力量流动表等措施。

强化计划施工意识,在开工前,要求承包人认真研究,编写总体施工组织设计,依据流水施工法来倒排计划,要求承包人充分估计到冬施、雨天、不可预见因素的影响,依此配备人力和机械。单项工程要有施工计划,总监办跟踪检查实际进度与计划的吻合性,避免前松、后紧,做到均衡生产,出现误差及时分析各阶段的偏差原因,采取措施,加快进度,使一切工作都在计划中如期进行。

开展劳动竞赛,业主2010年实行每月底评比,2011年开展了两次大评比,分大战90d和大战100d评比,每次评比的主要内容为质量、安全和进度,对优胜者给予物质奖励,有效地调动了全体施工人员的激情,起到了良好的效果。

定期上报形象施工进度及施工力量流动表,每月25日承包人向总监办上报形象进度,主要包括主体工程的完成量,施工人员、机械设备的流动状况,材料的储备与采购计划情况,这对保证每月的计划落实有比较大的作用,能够掌握和指导承包人的工作重点,有的放矢,另外,每月28日向业主上报当月的计划完成量,以便业主决策进度和筹措资金,同时,计量与支付也是进度控制的重要手段之一。

(三)合同管理

(1)工地会议情况:根据洛栾高速公路监理实施细则,总监办于2010年8月26日召开第一次工地例会后,每月按时召开工地例会。会议时间定于每月29日,有特殊情况再临时调整。在工地例会上,施工单位汇报工程进度情况及存在的问题,并对上次例会中监理工程师提出的质量问题整改情况进行答复。监理工程师就工地现场质量控制、进度控制和费用控制方面进行通报并提出合理化意见。每次工地例会都起到发现问题及时通报及时解决的效果,使“三控两管一协调”工作彻底贯彻于工程实施之中,起到召开工地例会的效果。

(2)施工合同的执行与变动情况及对工程的影响:合同管理的主要内容是工程变更,对工程延期、费用索赔、违约情况进行管理。为搞好合同管理,我总监办由一名专职计划合同工程师严格依据合同文件对所辖的施工单位合同执行情况进行管理,有效地维护了业主和承包人的合法利益。

①对进场的人员、机械设备数量、型号、性能进行严格检查,主要人员有变更的必须履行变更手续并确保满足合同要求。

②定期对承包人履约情况进行检查。

③在执行监理任务的过程中,总监办全体监理人员坚持:以法律为准绳、以合同为依据,严格按合同条款实施监理的工作原则,要求上至总监理工程师,下至驻地监理工程师、专业监理工程师和旁站监理人员都要认真学习和熟悉合同条款及设计文件,并随时掌握合同执行情况和动态,力求在合同执行过程中少发生争议,在业主和承包人有异议时,以实事求是的态度,站在公正的立场,提出自己的看法,有效地保证了合同的履行。从开工至目前为止,没有发生承包单位因业主或监理工程师原因而出现索赔要求的。

④工程变更是合同管理的重点,总监办所辖路段由于工期紧、任务重、挖方路堑土石变化较大等因素,总监办为确保工程质量,根据现场实际情况所涉及的变更项目均按变更程序进行。

四、设计变更情况

对于工程变更我们始终坚持:不降低设计标准,不增加或尽量少增加费用,有利于地方水利建设、方便当地农民生活生产需要,确保工程质量的原则。对于工程变更审核的原则是:实事求是、一丝不苟,为国家为业主节约建设资金的同时,又充分考虑承包人的合法利益,所以我们对变更的核实以结合工地实际情况为主,总监、副总监牵头,对变更的类型、理由及数量和金额的核实,慎之又慎,谨之又谨。

一切变更设计都要经过规定的程序:承包人上报,由监理牵头召集有业主(或业主代表)、设计、监理、施工四方单位参加的洽商会,由设计出图→监理办复核→总监办审核→设计代表认可→业主批准→动工。

本工程由于施工工期紧,任务重,业主及设计部门对部分桥梁设计图纸进行优化,工程变更对计量支付的影响较大,监理工作对变更控制体现在:①变更令是计量支付的前提与基础,没有批复就不能及时计量,变更令是变更计量的关键;②工程变更的申请与批复周期较长,变更申请的审核分级进行,力求数量准确,实事求是。

五、交工验收中存在问题的处理意见及处理情况

在河南省交通运输厅质检站组织的交工验收中存在的问题及质量缺陷有:梁板、墩柱外观质量差,混凝土有个别气泡及蜂窝麻面;内业资料的整理不及时;防撞栏外观质量差,线形不直顺;路面工程的中面层施工接茬处理不到位,接茬处平整度较差。针对以上问题,监理及时要求施工单位进行整改。2014 年对质量缺陷下发了 12 份监理工程师通知,2015 年对质量缺陷下发了 7 份监理工程师通知,督促相关施工单位进行维修和整改,洛阳至嵩县段第一监理代表处多次组织人员对整改情况进行复查,直至符合设计施工规范要求。

1. 加强过程控制和管理

总监办要求各专业监理人员加强施工现场的巡视检查力度,在过程中发现问题及时要求施工单位进行整改,采取监、帮、促等措施,对个别严重的问题按《河南嵩阳高速公路有限公司安全、质量违约处罚实施细则》给予经济处罚,下发指令性文件,在工序开工前总监办就质量方面的注意事项告知施工单位,通过以上措施施工过程中仍存在不少的质量缺陷,经现场监理的检查验收和督促整改等手段使得工程质量达到合格标准。

2. 强化组织机构、充实监理人员

2010 年 8 月至 2010 年 11 月一段时间内总监办的监理工作不能令业主满意。我监理公司果断更换总监,增加专业监理工程师。新领导班子首先将专业监理工程师按施工段进驻施工现场,每合同段监理驻地办配备两台交通车,同时针对施工单位的实际情况,各项目部试验室增派一名试验员常驻工地,以满足施工需要。

针对交工验收中存在的质量问题和总监办采取的一系列措施,交工验收中存在的质量问题在施工过程中等到了很好地控制和解决,工程质量问题在施工过程得到了消除,工程质量处于受控状态。

我们始终如一地遵循“优质服务、科学公正、廉洁自律、一丝不苟”的监理原则,认真执行有关施工监理的各项方针政策、法规和合同条款,努力完成“三控两管一协调”的工作任务,根据河南省交通运输厅、河南嵩阳高速公路有限公司提出的快节奏、高起点、高标准、高质量的要求,认真细致地做好“施工准备阶段、施工阶段乃至交工及缺陷责任阶段”的监理工作。

六、监理工作体会

(一)质量控制的重点是把好“三关”

(1)原材料质量关:原材料质量关是保证工程质量的前提。严格做到材料未经试验,未经高驻办、中心试验室抽检合格批准的材料不得使用,未经监理现场验收的材料不得使用。

(2)工序质量关:工序质量关是保证整个工作质量的关键。严格执行总监办“监理实施细则”所规定的监理程序,有关技术规范、技术标准和设计文件,主要由总监理工程师、副总监来把握,并由驻地监理工程师、专业监理工程师督促落实。

(3)计量支付关:计量支付的前提条件是建立在工程质量合格的基础上,只有经监理工程师检查验收合格的工程才能进行计量支付,监理只有把好计量支付关才有利于对质量的控制和管理。

(二)坚持“四不准,三不放过”

施工中质量应做到四不准,人力、材料设备、机械设备不足不准开工;未经检查认可的材料不准使用;施工工艺未经批准,施工中不准采用;前道工序未经验收,后道工序不准进行。

施工中出现质量事故坚持三不放过,提高职业道德素质加强团结,虚心学习,坚持技术民主,一项工程的监理工作不是一两个人担起来的,其成败也不单是少数几个人能决定的,需要监理部全体人员团结合作,步调一致,每人都为增强整体战斗力而努力工作。

坚持按监理程序办事,监理工作的三大任务能否出色完成,监理程序是否健全、有效,执行得是否严格起决定性的作用,只有把好每道关,按既定程序去做,才能有条不紊,繁而不乱,以数据说话,以理服人,有效地进行计量与支付,进而掌握进度,搞好变更设计、索赔等合同管理,要求监理工程师和承包人遵照执行。

热情服务,我们的工作指导思想是“要当医生,不只当法医”,对承包人在施工中出现的问题不要只知道发监理通知、停工令,要主动出击,超前考虑,体现在“帮”字上,但“帮”并不是越俎代庖,不要认为一切都从承包人的利益出发才叫“帮”,在原则问题上要坚持公正立场,从实际出发,实事求是,热情为承包人提高质量,加快进度等方面建议,帮助分析和解决承包人出现的问题,要发扬“监承共学”作风,从某种意义上说,监理与承包人的命运是一致的,承包人干出了优质工程,提前了工期,监理的脸上才有光。

洛栾高速公路一期工程的监理工作已结束,由于多方面的原因,我们的工作存在许多不足和缺陷,但总的看来,还是圆满而顺利的,工作得到了上级有关单位的肯定,基本上贯彻了公司的指导思想,达到了预期的目的,相信在以后的工作中,带着这个项目的经验与不足,定能更好地完成监理任务,为总公司多创效益,再创信誉使之立足国内,走向国际。

附件:洛栾高速公路洛阳至嵩县段工程第一监理代表处各合同段质量评定一览表

河南省宏力工程咨询有限公司

洛栾高速公路洛阳至嵩县段第一监理代表处

二〇一六年八月

附件

洛栾高速公路洛阳至嵩县段工程第一监理代表处各合同段质量评分一览表

序号	合同段	监理单位评分	备注
1	土建工程 No. 1 合同段	98.79	土建工程
2	土建工程 No. 2 合同段	97.76	土建工程
3	土建工程 No. 3 合同段	97.37	土建工程
4	土建工程 No. 4 合同段	97.58	土建工程
5	土建工程 No. 10 合同段	98.17	预制工程
6	路面工程 No. 1 合同段	98.47	路面工程
7	路面工程 No. 2 合同段	98.70	路面工程
8	交通安全工程 No. 1 合同段	96.10	交通安全设施
9	交通安全工程 No. 3 合同段	95.50	交通安全设施
鉴定得分		98.02	

4. 洛栾高速公路洛阳至嵩县段工程第二监理代表处工作报告

目　录

洛栾高速公路洛阳至嵩县段工程第二监理代表处工作报告

一、监理工作概况

(一)工程概况

本监理合同段为洛栾高速公路洛阳至嵩县段的重点控制工程,路线全长61.45km,与多条高速公路互联成网,并先后与多条省道、县道交叉。本项目为高速公路,双向四车道。设计速度为100km/h,行车道宽度:2×2×3.75m,沥青混凝土路面。桥涵设计荷载:公路—Ⅰ级,特殊桥梁1.3倍公路—I级,桥梁总宽2×12.75m。特点是路段地形起伏较大,深挖高填路段较多;规模宏大、结构类型多;地质条件比较复杂;施工工艺复杂。施工总工期36个月。

洛阳至嵩县高速公路第二监理所辖合同段全长29.699km,所辖合同段大中桥27座,天桥8座,分离式互通立交7座,互通2处,隧道3座,涵通道47道。项目监理部负责对本工程进行全方位、全过程的监理。本合同段分5个土建合同段,1个电力合同段,1个路面合同段,5个房建合同段,2个交安合同段,2个绿化合同段。LSTJ.5合同段,由中交集团二公局第四工程有限公司负责施工;LSTJ.6合同段,由中铁十五局集团第五工程有限公司负责施工;LSTJ.7合同段,由浙江登峰交通集团有限公司负责施工; LSTJ.8合同段,由中铁十五局集团公司第二工程有限公司负责施工;LSTJ.9合同段,由中铁七局集团第三工程有限公司负责施工。LSDL.2合同段,由河南黎阳建设有限公司负责施工。LSLM.3合同段,由吉林长城路桥建工有限责任公司负责施工。LSFJ.1合同段,由河南派普建设工程有限公司负责施工;LSFJ.2合同段,由林州市太行建设工程有限公司负责施工;LSFJ.3合同段,由河南天河建设工程有限公司负责施工;LSFJ.4合同段,由河南省第二建设集团有限公司负责施工;LSFJ.5合同段,河南省建设集团有限公司。LSJA.2合同段,由广东省交通发展有限公司负责施工;LSJA.4合同段,由科达集团股份有限公司负责施工。LSLH.2合同段,由鄢陵倚天园林绿化有限公司负责施工;LSLH.4合同段,由河南翰墨园林工程有限公司负责施工。

第二监理代表处所辖16个合同段合同价为158006.36万元。路基挖方6617.9km^3,路基填方5002.5km^3,涵洞43道,桥梁桩基1998根,墩台733根,承台240个,肋板148个,桩系梁201个,柱系梁178个,盖梁541片,13~20m空心板583片,20~40m箱梁736片,50mT梁1410片,现浇梁15孔,隧道3道。路面底基层298161m^2,路面下封层393860m^2,路面基层393860m^2,沥青碎石下面层376778m^2,沥青混凝土中面层558625m^2,沥青混凝土上面层546544m^2。

(二)监理模式、监理管理制度的确定

根据本项目的特点,设置二级监理机构,设监理代表处及8个驻地办监理办公室,监理代表处下设总监理办公室、副总监理办公室、综合部、工程部、合同部、安全部、中心试验室。洛嵩段工程第二监理代表处管理机构框图如图1所示。

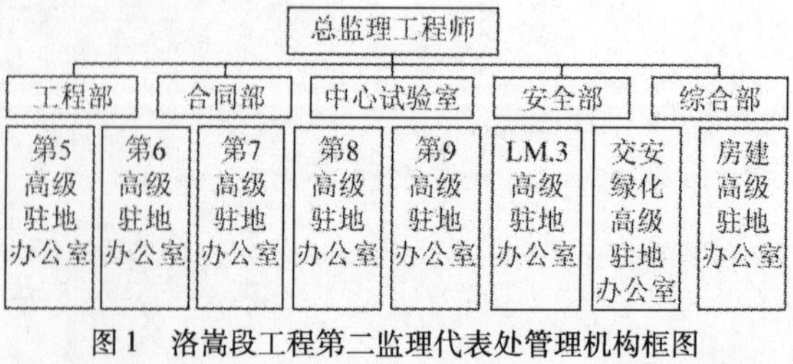

总监理工程师

工程部 | 合同部 | 中心试验室 | 安全部 | 综合部

第5高级驻地办公室 | 第6高级驻地办公室 | 第7高级驻地办公室 | 第8高级驻地办公室 | 第9高级驻地办公室 | LM.3高级驻地办公室 | 交安绿化高级驻地办公室 | 房建高级驻地办公室

图1 洛嵩段工程第二监理代表处管理机构框图

总监办设总监1人、副总监2人，下设测量、结构、路基、试验合同管理专业工程师及现场监理员，合同要求进场监理人员为54人，现有监理人员78人，达到每公里2.6人。其中高级工程师6人，工程师38人，旁站监理人员为34人，所有监理人员全部持证上岗，其中持部专以上注册证监理人员为18人。洛嵩段工程现场监理人员情况见表1。

洛嵩段工程第二监理代表处现场监理人员情况　　表1

单位	总监	副总监	驻地/主任	项目监理	项目助理	试验监理	辅助人员	合计
总监办	1	2	4	4	4	4	6	25
LSTJ.5驻地办			1	6	6	1	2	16
LSTJ.6驻地办			1	6	6	1	2	16
LSTJ.7驻地办			1	6	6	1	2	16
LSTJ.8驻地办			1	6	6	1	2	16
LSTJ.9驻地办			1	6	6	1	2	16
LSLM.3驻地办			1	4	4	2	2	13
合计								118

总监办做好第二监理合同段监理工作，主要包括管理、监督、抽检、质量认定和支付证书签认。

(1)管理。总监办负责制定本项目监理管理制度，明确监理依据、流程、标准、基础管理表单(施工表格和监理表格)、统计、评估、考核、奖惩和记录等管理体系，实现监理工作的标准化、流程化、模板化、信息化和数字化的规范化管理。

(2)监督。总监办在监理工作具体实施过程中根据已建立好的规章制度、指导性文件、控制标准、检验方法及频率、样板工程和模块化记录对全线的监理工作情况进行监督，发现质量体系运行过程中出现的问题及时制止，并查找原因提出解决方案，并建立纠正和改进措施。

(3)抽检。总监办在按照规范要求做好第二监理合同段的监理抽检工作的同时，将对其工程质量和工作质量进行抽检，包括原材料检验、配合比验证和内业资料的抽查。

(4)质量认定。要求承包人按照合同条件、技术规范和监理程序进行规范施工，各监理代表处和驻地办通过对重要技术方案的审批，以及旁站、巡视、检测、试验和整体验收等手段全面监督、检查和控制工程质量。

(5)支付证书签认。确定计量、支付的管理依据、流程、标准、表格和模板，编写计量、支付的范例，报业主批准。建立全线计量与支付台账，实行动态管理；对承包人申报的工程前期支付、中期支付和最终支付申请经驻地办和监理代表处审核后报至总监办，总监办负责签认支付证书，报业主审查。

总监办按照监理合同的要求，随施工进度的实际，配齐了人员、设备设施，满足了施工监理工作的需要。

根据本段工程的施工特点，监理组制定了明确的监理岗位职责，专业监理工程师对职责范围内的工程质量负责。每个监理人员明确自己的工作职责，工作范围明晰、目标明确、责任到人。监理人员互相协助配合，按照"严格监理、科学公正、持续改进、业主满意"的方针积极有效地开展各项监理工作。

二、工程质量管理

公路工程监理的目标是通过对工程质量、工程进度、工程费用、工程合同、信息管理实行全方位、全过程的监理管理和评价，即"三监管、二管理、一协调"运用特定的监理手段和方法在施工准备阶段、施工阶段及缺陷责任期阶段，控制施工全过程，对工程实行全面管理，保证合同履行，确保工程建设行为的合法性、科学性、合理性和经济性。

(一)质量管理措施

(1)强化内部管理,树立并维护监理部形象:召开多种形式的监理工作会议,加强责任心教育,加强学习,提升业务能力;加强沟通,在生活上、工作方式上“人性化”管理。强化各级监理人员责任意识,形成良好的加强学习、加强团结的氛围。

(2)多次对驻地办全体监理人员监理日记、抽检资料以及通知单进行检查,对检查中发现的问题督促驻地办限时整改并及时进行复查。督促驻地办现场监理切实做好旁站监理工作以确保工程质量,总监办开展夜巡制度,重点检查混凝土施工现场的监理人员和施工单位技术人员在场情况,以完善的制度确保了监理工作正常有序的开展。

(3)为确保防撞护栏施工质量,总监办组织各驻地及项目部总工程师及相关人员参加的防撞护栏施工控制现场会,相互取长补短探讨经验,使防撞护栏外观和内在质量取得了良好的效果。为进一步确保防护工程的施工质量,总监办适时的召开防护工程现场会,对不合格的防护工程现场返工,使各单位吸取教训、引以为戒。

(4)坚持审批原则,规范审批程序。严格审批控制程序,对于分项工程施工,各级监理做到了从计划审批带完工验收,执行严格的工序报验程序,坚持“四不准”审批原则,即人力、材料、机械设备准备不足不准开工;未经检验认可的材料不准使用;未经批准的施工工艺不准采用;前道工序未验收,后道工序不准进行。保证了各个工序严格在监理工程师的控制之下,使监理工作一切按照程序化、标准化实施。

(5)在质量问题的防范方面我们坚持做到以预防为主,把监理的重点放在施工前的准备阶段及施工过程控制,变“事后”把关为工序控制,把管质量结果变为管质量过程和因素,把预防与检验结合起来,做到防患于未然。

(6)及时组织对各合同段的三阶段检查验收,保证工程施工的顺利开展;随着工程的不断进展,工程部适时地组织了路面工程业务讲座,对所有驻地办的相关人员进行业务培训,使广大监理人员在工作的同时提高知识面和业务水平。

(7)全面加强试验监理,强化监理抽检。在质量检验体系中,除强调了自检体系的重要外,全面加强了试验监理的抽检工作。各驻地办试验监理抽检工作要坚持“抽检频率充分,试验数据真实”的原则,以真实可靠的数据,收件合格后签发“材料报验单”,签发过“材料报验单”后原材料方能用于施工,每道工序结束后及时进行抽检试验和检测,监理确认合格后,承包人才能进行下道工序。

(8)加强现场质量控制,消除质量隐患。质量控制的关键在现场,采取有效措施,加强协调,主动开展监理工作,做好事先预控、事中检查、事后验收,把工程进展中的质量问题消除在萌芽状态和形成过程中是最有效的质量控制手段。

(9)采取有效措施,预防质量通病发生。①为保证混凝土结构物的实体质量,代表处要求结构物混凝土的成型操作从原材料选配、混凝土拌和、模板拼装、钢筋绑扎带下料的方法、振捣方法、拆模、养护等全过程操作要点进行了技术指导和严格要求,并由各驻地办根据各施工单位的施工特点进一步完善细化,落实到人。②路面结构呈施工时厚度、压实度、平整度、强度是质量控制的关键指标,代表处在底基层、基层施工前邀请技术专家,举办技术讲座,对施工的技术工艺、控制程序、关键环节进行了全程讲解和技术交底。③为保证台背填土的稳定性,减少工后沉降,避免桥头跳车,代表处要求施工桥台背填土时必须严格控制压实质量。从施工工序上保证了台背填土质量,通知对台背填料进行了统一,下达了填料粒径、级配、厚度和沉降量控制标准,最大限度地避免台背填土薄弱环节工程质量。④冬季混凝土的施工养生难度较大,要求各施工单位采取热水拌和、锅炉加热灯措施进行保温养生，各施工单位和各驻地办建立冬季养生台账，对混凝土结构物养生温度检查和记录。代表处每天巡查检查混凝土养生情况。⑤发文要求各施工单位、驻地监理对质量控制的薄弱环节加强控制，如梁板顶、底、腹板厚度控制，路基与路基衔接部位的台阶施工，路基于台背的搭接，填石路基平整度，半挖半填的结合施工必须做到搭接直顺、平实。横坡、纵坡调整时要避免薄层贴补找平，水泥稳定土路基补强施工时做到布灰均匀，避免不均匀沉降，路面各结构层施工时避免混合料离析，交叉施工时避免互相污染等。

(10)运用工地会议制度，及时沟通交流，落实责任，相互配合。

(11)狠抓安全生产、力促文明施工。安全问题是重中之重，也是社会各界高度关注的事项之一。代表处坚持从严加强对各施工单位安全生产和文明施工工作的检查，要求所有参建单位在工程建设过程中，必须有远离居住区的专用炸药存放仓库，专职专人负责。制订严格的安全生产、文明施工保障措施，配备足够的安全设备，设立专职安全员，加强安全督查。坚决克服麻痹大意思想及玩忽职守现象，从思想上高度重视、从行动上切实履行安全防范事项，采取一切有效得力措施，认真落实安全生产责任制，切实加强安全生产工作，杜绝对安全造成潜在威胁的事件发生，从而确保人民群众生命财产不受损失。关于文明施工控制情况，代表处要求各施工单位注重施工便道的整修和维护，确保便道晴天不扬尘、雨天不泥泞；加强了对原材料的堆放、各种标识牌的设立、机械设备的停放及施工人员高空作业时安全防护措施等施工现场的管理，努力创建并维护了洛栾高速工程良好的建设形象。

(二)施工过程中质量检查情况汇总

本项目试验室制定了较为详细的抽检、自检制度。抽检频率与施工单位的试验台账相吻合，中心试验室与驻地办试验监理层层把关，坚决杜绝了漏检、频率不够等现象。同时总监办和驻地办对每一个结构物几何尺寸、钢筋保护层、梁板厚度、混凝土强度等必须实测实量并建立台账以确保每一个结构物质量。

截至2012年12月30日本年度各驻地办累计抽检批次总和为5990次，开工至今总累计数为32727次(其中本年度钢筋焊接119次、钢筋原材1292次、水泥792次、砂289次、碎石733次、混凝土抗压强度2335次、压实度384次，开工至今钢筋焊接892次、钢筋原材7924次、水泥4095次、砂1696次、碎石2374次、混凝土抗压强度12071次、压实度3629次)；砂、石料抽检频率为施工单位的20%，钢筋、水泥为施工单位的100%；中心试验室累计抽检批次为349次，开工至今总累计数为5675次(其中本年度钢筋焊接10次、钢筋原材48次、水泥45次、砂15次、碎石30次、混凝土抗压强度44次、压实度5次；开工至今钢筋焊接169次、钢筋原材660次、水泥489次、砂426次、碎石705次、混凝土抗压强度819次、压实度408次)，抽检频率为施工单位的5%，且不定期巡检，年度合格率均为90%以上。试验检测统计见表2。

洛栾高速公路洛嵩段工程第二监理代表处试验检测统计表 表2

检测项目	检测组(次)数						
	第5驻地办	第6驻地办	第7驻地办	第8驻地办	第9驻地办	中心试验室	汇总
钢筋原材料抽检	897	1673	1453	1583	1658	660	7924
钢筋焊接	78	171	142	154	178	169	892
碎石	198	377	345	352	397	705	2374
砂子	245	238	226	254	307	426	1696
水泥	563	727	692	749	875	489	4095
压实度	898	668	550	572	533	408	3629
水泥混凝土抗压试验	1724	2688	2339	2010	2491	819	12071

(三)质量问题和事故处理情况总结

截至2012年10月20日我代表处在日常质量巡视检查中发现的质量问题如下：

(1)路基工程：LSTJ.5合同段K36+200~K36+280段沙砾石路基填筑施工中第二十一层表面车辙明显，局部松散，沉降量合格率50%，已下达LSJL.2工字2012-002号监理工程师通知责令返工。

(2)桥涵工程：LSTJ.5合同段伊河大桥桥面系和跨洛栾快速路AK0+185匝道右幅9~14孔桥面铺装钢筋绑扎不符合规范要求，已下达LSJL.2工字2012-003号监理工程师通知责令返工。

(3)隧道工程：LSTJ.9合同段玉皇庙隧道F2K60+475~F3K60+449段仰拱钢筋未按设计要求安装，已下达LSJL.2工字2012-001号监理工程师通知责令返工。

(4)附属工程：LSTJ.6合同段K41+760~K41+770挡土墙施工未按要求坐浆处理，有空洞，无养生措施，已下达LSJL.2工字2012-016号监理工程师通知责令返工。截至目前，我代表处负责监管的施工段落中未发生一起质量事故。

(四)工程质量评定情况

工程质量评定前期已经评定出一部分，剩余部分工程质量评定工作也已完成。依据《公路工程质量检验评定标准》对分项、分部、单位工程和合同工程质量自评，向监理工程师提交交工验收申请报告和施工总结。监理工程师对工程实体进行复验和对内业资料进行核查，写出监理工程师评审意见，上报业主。对被监理的各合同段施工质量评定均为合格(详见附件)。

三、计量支付、工程进度和合同管理情况

(一)计量支付情况

1. 计量支付

计量支付工作是工程投资控制的重要手段，也是各项工作按程序要求进行的基本保证。施工图设计是计量支付工作的重要依据，为确保工程费用支付的合理性和准确性，使工程投资控制在预定范围之内，根据业主的有关通知和文件要求，总监办制定了计量支付工作流程框图、计量监理工程师岗位责任及相关的规章制度，采用三级管理模式，承包人计量人员一级，驻地办监理工程师二级，代表处监理工程师三级，并采用先进的计算机辅助计量支付手段，使之表格化、标准化，提高了计量支付工作的准确性和工作效率。针对承包人上报的计量中期支付报表，驻地监理工程师、总监办计量工程师对承包人上报的计量工程进行现场检查并核对其质检资料。建立了计量台账以防超计、重计，在计量过程中严格按照《项目管理手册》、《施工招标文件》、《工程量清单》及业主下发关于计量方法的文件条款进行计量支付。截至2012年年底各合同段各章节累计支付情况见表3。

洛栾高速公路洛阳至嵩县段土建及路面工程施工计量台账 表3

合同段	LSTJ.5	LSTJ.6	LSTJ.7	LSTJ.8	LSTJ.9	LSLM.3	累计支付
总则	4801012	6081346	6075468	3454766	4356915	1386639	26156146
路基	9014824	50139654	29539785	15075240	65616604		169386107
路面						19867977	19867977
桥梁涵洞	69476484	212498895	168686919	174789890	104191762		729643950
隧道	—	13939940	—	—	21657610	—	35597550
额外工程	6802456	1166336	434935	271629	217335	300000	9192691
工程变更	33602287	7272543	10947260	6004165	39406209	2521641	99754105
实际付款	148538514	352934074	264717799	242748383	279398915	61102734	1349440419

2. 支付管理

在业主合同处的领导下，为了尽快实现通车目标，积极督促承包人每月抓紧、仔细做好计量支付的上报工作。在总监办审核计量资料时，首先要求每项工程量均有签认的计量资料和工程量计算表，工程变更、材料预付款均有签认的凭证，并且认真审核承包人的材料垫付款发票是否与进场材料一致。同时，对承包人上报的中间计量表和支付报表要与实际施工发生的工程数量和计量台账一一核对，保证不多计量、不超前计量，做到计量准确。

（二）进度控制

为确保总体进度目标的完成，机械设备和资金的投入是关键，后期为了工期滞后的土建工程No. 6、No. 8 合同段加快施工进度，又采取了加快计量审批时间、每旬定期召开各合同段参加的进度协调会，实行重奖重罚的措施，激励施工单位加快施工进度。在进度控制的措施上，采取强化计划控制，定期开展劳动竞赛，上报形象进度及采取纠偏措施等。

强化计划施工意识，在开工前，要求承包人认真研究，编写总体施工组织设计，依据流水施工法来倒排计划，要求承包人充分估计到冬施、雨天、不可预见因素的影响，依此配备人力、机械和材料供应。单项工程要有施工计划，总监办跟踪检查实际进度与计划的吻合性，避免前松、后紧，做到均衡生产，出现误差及时分析各阶段的偏差原因，确保总体进度目标的实现。

开展劳动竞赛，业主2010 年实行每月底评比，2011 年开展了两次大评比，每次评比的主要内容为质量、安全和进度，对质量好、进度快、安全有保证的给予物质奖励，有效地刺激了各施工单位的积极性，起到了良好的效果。

定期上报形象施工进度和资金使用计划，每月 25 日承包人向总监办上报形象进度，主要包括主体工程的完成量，施工人员、机械设备的流动状况，材料的储备与采购计划情况，以便业主和监理随时掌握进度情况和筹措资金。

（三）合同管理

合同管理是指监理工程师代表业主对业主与承包人所签施工合同的执行中出现的问题进行动态管理和处理，涉及处理工程变更、工程延期、费用索赔、审批分包等诸多方面。在合同实施过程中，监理工程师在全面熟悉和理解合同文件的基础上，根据合同规定制定了详细的规章制度和管理程序，努力规范监理工作，保证了合同的正常执行，维护了合同双方的合法权益。

总监办严格按照监理服务合同和施工合同履行职责。在监理工作中，既要按合同维护业主的利益，又不能损害承包人的利益，这就要求监理人员必须熟悉合同，领会合同精神，严格合同管理，谨慎监理。根据合同文件和工程实际情况，认真检查承包人施工管理技术人员、机具设备、施工人员的投入是否满足确保工程质量、进度的需要，对承包人的违约行为及时报告业主，并严格按合同进行处罚。认真审查工程变更的合理性、准确性、完整性，并及时处理。批准后的工程变更及时录入工程费用台账。对施工过程中发生的合同方面的问题，及时与业主和承包人沟通，化解矛盾，从而使工程得以顺利完成，工程质量得到了有效控制。

四、设计变更情况

截至 2014 年 10 月 20 日我代表处共审批工程变更 440 份，变更金额合计 25620 万元，具体审批情况如下：

LSTJ. 5 合同段审批共计 58 份，审批总金额 11160895 元。

LSTJ. 6 合同段审批共计 90 份，审批总金额 68008562 元。

LSTJ. 7 合同段审批共计 89 份，审批总金额 45884763 元。

LSTJ. 8 合同段审批共计 56 份，审批总金额 42180827 元。

LSTJ. 9 合同段审批共计 147 份，审批总金额 88973648 元。

五、交工验收中存在的问题及处理情况

(一)在交工验收中存在的问题

(1)墩柱外观差,混凝土有个别气泡;内业资料的整理不及时;防撞栏外观差,线形不直顺等;梁板外观差,混凝土有收缩裂缝;支座有脱空和变形现象;隧道二次衬砌混凝土外观较差,个别有气泡和裂缝。

(2)绿化工程:个别处苗木长势不好,有缺株现象,冠径、地径、冠幅、高度未满足设计要求。

(3)交安工程:交通工程主要是线性不顺,个别地方为人为的损坏和通车后的部分配件缺失。

(4)房建工程:楼梯地板砖部分有破损现象;卫生间地板砖有空鼓现象;楼梯地板砖有破损;楼梯间墙面有一条横向干缩裂缝;宿舍楼个别窗套木线黏接不牢固,有脱落现象。

(5)路面工程:局部存在路面沉降及桥头跳车。

(二)处理措施及处理结果

(1)按照设计图纸缺陷处理方法,各合同段组织有资质有经验的施工队伍进行施工。对于专业性不强的路基防护、排水、涵洞的清淤等,首先由人工进行施工。

(2)桥梁施工中该项目地处高山深谷,大桥居多,因此必须运用专业设备和专业队伍进行施工,各合同段桥梁缺陷由 LSTJ. 4 山东鲁桥有限公司进行桥梁的裂缝修补和支座的更换。

(3)隧道工程:隧道裂缝对于小于 0. 15mm 以内的采用密封处理,对于大于 0. 15mm 以上的裂缝采用灌封处理。其他隧道病害一般是混凝土预制块损坏,这部分采用更换新的预制块即可。

(4)交通工程:主要是线性不顺,个别地方为人为的损坏和通车后的部分配件缺失。要求施工单位沿线全部排查,对发现的问题逐项进行修复和校正,目前已经与管理处及项目公司进行了交验。

(5)路面工程:针对路面沉降及桥头跳车进行了铣刨摊铺处理。

(6)绿化工程:个别处苗木长势不好,有缺株现象,冠径、地径、冠幅、高度未满足设计要求,且成活率较低,合同段对其进行补种,补种的苗木冠径、地径、冠幅、高度满足设计要求,且已成活,已达标。

(7)房建工程:针对地板砖空鼓及破损部位进行剔除原有地板砖,购置同规格同颜色地板砖进行重新铺设。针对干缩裂缝采取剔除粉刷层后粘贴抗裂胶带以防止再次裂缝出现,然后进行墙面粉刷及乳胶漆施工;施工单位对损坏、脱落的门窗套线进行拆除更换整修。

(三)监理工作情况及质量评定

代表处组织各合同段对缺陷工程进行了修复,2014 年对质量缺陷下发了 14 份监理工程师通知,2015 年对质量缺陷下发了 3 份监理工程师通知。目前洛栾高速公路洛阳至嵩县段路基工程、护排水梁、桥梁隧道、交通安全设施、绿化、房建、路面工程已按照相关要求进行了整改,评定结论:洛栾高速公路洛阳至嵩县段路基工程、护排水梁、桥梁隧道、交通安全设施、绿化、房建、路面工程质量缺陷维修工程,符合设计及工程质量验收规范的相关要求,满足本项目工程功能需要,缺陷期质量修复合格。

六、监理工作体会

洛栾高速公路洛阳至嵩县段总监办历时 36 个月的监理服务期和 24 个月的缺陷责任期完成对第二合同段全部的监理合同工作。在此期间的监理工作中,既取得了成绩,也存在不足。主要体会有以下几点:

(1)要加强监理队伍自身业务素质的提高,建立一个具有较高业务水平和职业道德素质、思

想统一、目标明确、团结协作的监理组团队。只有这样,才能有效地履行监理职责,才能在监理过程中严格按照设计、规范和监理程序控制工程质量,才能保证签认的工程质量、数量真实可信,才能做到事前有预见,将可能出现的问题消灭在萌芽状态,才能及时合理地指导承包人处理出现的各类问题。

(2)加强对承包人相关技术人员及劳务人员业务技能、思想素养的培养,提高其综合素质。只有这样才能更好地按照设计意图和技术规范搞好工程质量建设,避免出现不规范施工的现象,才能更好地创造合理的经济效益。

(3)在监理过程中督促承办人外业施工和内业资料要同步进行,只有这样才能杜绝做“假资料”的现象,才能及时进行计量支付工作,提高施作人员的工作积极性、主动性和资金的周转速度,才能有效地提高工程质量,缩短施工周期。

(4)总监办全体监理人员认真学习业主下发的各类技术指导文件、施工规范及评定标准,加强监理内业工作,及时完善各类资料的抽检和评定,确保工程能够顺利交工。

(5)总监办内部工作中加强沟通交流,总监办和各施工单位经常召开工作交流会,对各自工作开展中遇到的问题和需要着重注意的方面进行交流提示,避免了由于信息交流不畅出现工作失误,这种直接交流的形式有效提高了工作效率,工程质量和施工进度也得到了保证。

总而言之,几年来洛栾高速公路洛阳至嵩县段总监办在监理工作的各个方面还是取得了一定的成绩,也赢得了业主和施工单位的一致肯定和好评。但也存在一些不足之处,总监办将在以后的监理工作中扬长避短,不断提高监理服务水平,高质量完成收尾工程施工任务,让业主满意,以良好的信誉赢取市场。

附件:洛栾高速公路洛阳至嵩县段工程第二监理代表处所辖合同段质量评分一览表

河南省高等级公路建设监理部有限公司

洛栾高速公路洛阳至嵩县段第二监理代表处

二〇一六年八月

附件

洛栾高速公路洛阳至嵩县段工程第二监理代表处所辖合同段质量评分一览表

序　号	合 同 段	监理单位评分	合同价(元)	备　　注
1	土建工程 No. 5 合同段	98. 09	160622628	土建工程
2	土建工程 No. 6 合同段	98. 73	323696176	土建工程
3	土建工程 No. 7 合同段	97. 38	289936297	土建工程
4	土建工程 No. 8 合同段	97. 83	266351848	土建工程
5	土建工程 No. 9 合同段	97. 87	317967576	土建工程
6	路面工程 No. 3 合同段	97. 91	157063633	路面工程
7	交通安全工程 No. 2 合同段	96. 30	5805183	交安设施
8	交通安全工程 No. 4 合同段	97. 00	18039838	交安设施
	鉴定得分	98. 02		

5. 洛栾高速公路洛阳至嵩县段质量监督工作报告

目　　录

洛栾高速公路洛阳至嵩县段质量监督工作报告

一、质量监督概况

根据《公路工程质量监督规定》《公路工程竣(交)工验收办法》和《河南省交通基本建设工程质量监督管理实施细则》的规定,本项目质量监督工作由河南省交通基本建设质量检测监督站(下称“省质监站”)负责。

二、质量保证体系监督检查

(一)建设单位质量管理

建设单位建立了质量管理体系,能够按照制定的质量管理目标、质量保证措施和质量奖惩办法进行管理,并聘请第三方有资质的试验检测单位加强工程质量检测,为业主的决策提供准确、可靠的数据。对监督组在监督过程中提出的问题及时落实了整改。

(二)施工单位自检体系

施工单位能够按照合同的要求配备了工程施工所需要的机械设备、测量仪器、试验仪器和质量管理的人员;工地临时试验室均通过了省质监站的验收;能按照相关规定对试验、检测、原材料进场、使用、材料配比等进行自检。

(三)监理单位抽检体系

监理单位能够按照合同的要求配备监理人员、测量仪器和试验仪器;工地临时试验室均通过了省质监站的验收。能按照相关规定对试验、检测、原材料进场、使用、材料配比等进行抽检。

三、监理工作监督检查

开工后,省质监站对监理单位的质量保证体系、监理人员的持证上岗情况、履职尽责情况、监理人员作业行为、监理日志的填写及内业资料是否完整真实等进行了检查,并在施工过程中对个别业务素质低、责任心不强的监理人员进行清退。

四、施工过程质量监督

(一)工程实体质量

监督工作按照交通运输部《公路工程质量监督规定》、《河南省交通基本建设工程质量监督管理实施细则》和《监督计划》的内容进行监督,实时组织开展了日常巡查、专项检查及综合检查。依据设计、施工技术规范及有关合同要求,纠正了工程施工的违规行为,对不合格的工程以监督通知或监理工程师指令的形式要求施工单位进行返工处理。

(二)质量行为

河南嵩阳高速公路有限公司、监理单位制定了各项质量管理制度,采取了较为完备的保障措施加强对质量的管理和监督检查;施工单位在施工过程中基本能够按照规范及设计要求完善自检体系,积极接受政府监督部门、业主及监理单位的管理,但个别施工单位在工程施工阶段对监督检查中提出的问题整改不力。

(三)存在的问题

监督检查中发现存在结构物养生不及时、个别混凝土强度偏低、部分结构物出现非受力裂缝、桥梁台背填筑不密实、路面原材料配合比控制不严、低温天气下铺筑沥青路面等现象。

(四)对工程质量的意见

在交工及移交检测中发现工程出现以下问题:个别桥梁支座脱空、开裂;防护和排水工程总体质量控制较差、边坡垮塌;隧道二衬出现错台、裂缝、渗水;路基沉陷、路面开裂、个别桥头跳车明显;绿化工程不合格项次较多,变更量较大等问题,项目公司针对存在的各类问题,积极行动、制定了详细的计划和整改措施,截至目前,大部分项次已经整改完毕。

五、交工验收前的工程质量检测

项目交工前,省质监站组织对本项目进行了质量检测。详见《交工质量检测报告》。

六、对设计单位、监理单位、施工单位的评价

设计单位:设计资料基本齐全、服务比较及时;但设计周期较短,设计深度不足。

监理单位:抽检资料、试验数据基本齐全和真实,在对工程建设管理方面发挥了应有的作用。但个别监理人员施工控制环节把关不严,致使工程出现了部分质量缺陷及问题;在安全监管方面,部分安全监理人员责任未落实、工作不认真,隐患排查整治流于形式,造成了严重的后果,对土建工程 No.3 合同段的较大安全事故负有责任。

施工单位:大多数施工单位能按照合同要求配备设备和人员,能够按照相关单位的要求对存在问题进行返工处理;但部分施工单位质量意识淡漠,管理手段落后,质量责任未落实,出现了部分质量缺陷和问题,且整改行动迟缓,截止到目前仍未完全整改完毕;个别施工单位安全管理制度不健全、主体责任未落实、安全防护措施不到位、安全经费使用不规范,如土建工程 No.3 合同段出现了死亡 5 人的较大安全责任事故。

七、对建设单位管理情况的评价

河南嵩阳高速公路有限公司机构设置齐全,人员结构合理;在项目建设和施工管理中,按照基本建设程序规定,通过工地巡查、检查评比等方法和手段对工程质量、进度、合同、安全、文明、履约情况等进行管理。但仍存在项目个别合同段出现了部分质量问题、个别合同段出现了安全责任事故,项目公司在综合管理方面仍有较大提升空间。

八、监督工作体会

完善齐全的管理制度和从业单位的积极配合是顺利完成监督工作的重要保证,监理人员的上岗考试、不同施工阶段试验室的资格认证、按照河南省交通运输厅要求积极开展三个关键阶段验收是工程质量控制的有效手段。

对山区高速公路项目的设计深度、施工控制管理、工期控制等方面希望能加大研究,为山区高速公路建设的工程质量提高提供宝贵经验。

河南省交通基本建设质量检测监督站

二〇一六年八月

第二部分

土　　建

1. 洛栾高速公路洛阳至嵩县段土建工程 No. 1 合同段施工总结报告

目　　录

洛栾高速公路洛阳至嵩县段土建工程 No.1 合同段施工总结报告

一、工程概况

本合同段原计划开工时间为2009年12月10日，完工时间为2011年8月10日，工期20个月；实际开工时间为2010年3月15日，主要工程完工时间为2012年10月25日，工期32个月。

本合同段位于洛阳市洛龙区、伊川县境内，北起洛阳市溢坡村东北侧200m处，止于伊川县鸦岭乡于营村东300m处，全长6.9km，起讫桩号K0+000~K6+900，于K2+188处和洛阳绕城高速交叉设梁刘互通立交。主要工程量如下：路基挖方123万m^3，路基填方102万m^3，盖板涵洞11道，拱涵3道，盖板通道8道，箱形通道1道，大桥1453.02m/3座，天桥6座，枢纽互通式立交一处。桩基460根，立柱320根，承台32片，肋板36片，系梁227片，盖梁159片，预应力箱梁587片，空心板66片。边沟19110m，浆砌片石护坡33485m^3，绿化种植草221050m^2。

二、机构组成

主要人员：项目经理杨宏永，项目总工程师刘国忠，项目副经理李文克、袁庆学、王闯，项目书记战寿德。项目经理部下设：工程部、合同部、安全部、质检部、试验室、材料部、设备部、协调部、财务部以及后勤部和19个施工作业队。共投入施工技术人员50名、管理人员30名。劳力工正常施工时为600人，高峰期800人。投入的主要机械设备有：装载机8台、挖掘机10台、推土机5台、平地机5台、振动压路机12台、起重机8台、JS-1000混凝土强制式搅拌机（电子计量）2台、自卸汽车40辆、洒水车4辆、混凝土运输车8辆，预应力施工设备两套，龙门吊5台及架桥设备一套（用于预制箱梁施工）。

管理机构设置见图1。

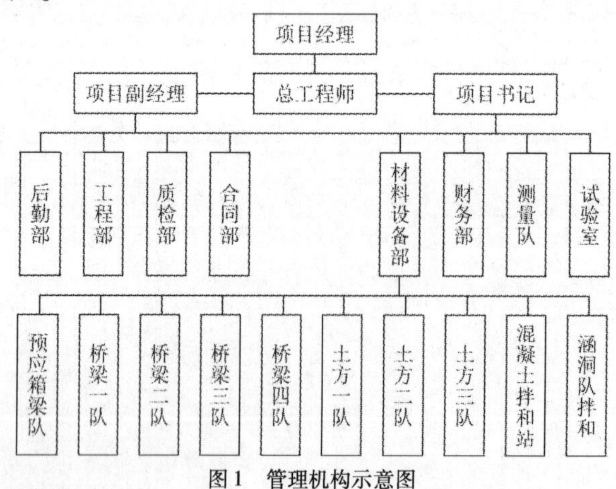

图1 管理机构示意图

三、质量管理情况

（一）质量控制措施

我单位在工程施工中对工程项目实行质量目标管理，使工程质量达到一次验交合格率100%，优良率93%以上，具体实施中有以下控制措施：

(1)按照 ISO 9002 质量体系要求，建立完善的质量管理体系和质量保证体系，制定创优规划，使每道工序都在严格的质量监控之下进行，实行全面质量管理 。

(2)根据工程项目特点组织精明强干的施工队伍，明确分工，加强协作，注重上道工序与下道工序间的密切配合。

(3)各单项工程、各工种均实行项目负责制和岗位责任制，质量指标直接与施工人员经济挂钩，奖优罚劣、重奖重罚，分项分部工程质量指标均列入奖罚内容。

(4)采取多种形式对项目全员进行质量教育，树立“百年大计，质量第一”的思想，强化项目全员的质量意识，施工前有针对性地进行各工种的技术培训，提高施工人员的操作技能，为创优质工程创造条件。

(5)运用科学的管理方法和现代化的检测工具，强化工程质量管理，认真执行设计图纸审核制度，并做好施工技术交底，使每一个施工人员都能做到心中有数，熟悉本工程的技术要求，做到严格按照设计要求施工，严格按照施工规范作业。

(6)加强试验检测工作，严格检验各种工程材料，严格按照施工配料，确保各部位强度达到设计要求。

(7)做好质量检查工作，项目部和各队设专职质量检查工程师，监督检查工程质量，对每一道工序均进行全面严格的质量检查，实行内部质量上级管理制度，隐蔽工程在业主及监理人员检查签证后方可进行下道工序的施工，确保工程质量。

(8)根据工程特性，提供先进的施工机械和试验仪器，为工程创优夯实基础。

(9)搞好样板工程的试点和经验总结，用样板领路，全面推广，达到创全优工程的目标。

(二)施工中工程质量自检情况及工程质量问题的处理情况

我单位在施工中对工程质量严格按照自检制度进行操作，先由施工队操作工人自检和工班自检，队级质检员检验，经检合格后，上报项目部质检工程师，项目部质检工程师再进行检验，工程质量得到确认后报验监理工程师。上下工序之间还要进行交接检验，上道工序不合格下道工序不接收，上道工序的质量事故隐患决不留给下道工序。

同时，项目经理部每月组织一次质量大检查，并进行质量评定，作为当月验工计价的依据。质量大检查以检查工程质量为主，同时检查质量管理工作，查看各项规章制度落实情况。对检查中发现的质量问题，检查组根据实际情况及时提出改进措施，限期改正，并进行复查。质量大检查后，检查组汇总检查情况，在工程会上进行通报，奖优罚劣，以示激励。

对施工中发现的工程质量问题，我单位坚决处理到底，决不留质量隐患，在哪发现问题，就从哪进行处理。在工程后期的路面结构层施工中，质检站检查到水泥稳定碎石底基层存在局部厚度不够和松散处，经认真排查确定缺陷范围后，我们彻底地进行了返工，不留一点后患，从而保证了工程质量。

(三)对完工质量的评价

经过两年的努力，工程终于完工。对于完工质量，通过分项、分部、单位工程质量评定汇总得分为 95.6 分，总体工程质量达到优良。但对于高填路基工后沉降较大，道路运营后易产生病害。

四、施工进度控制

开工前，项目经理部成立工期领导小组，在施工现场建立工程施工调度室，主要负责工程进度的管理。建立健全目标责任制度、进度检查制度、工期奖惩制度等规章制度，同时与各施工队签订目标责任状。在施工过程中，领导小组根据资源配备的情况，结合公路工程的常规做法和材料机具供应实际，广泛征求技术人员和广大施工人员的意见，合理、可行地安排总体进度计划。另外，根据已完工程的进度快慢、施工人员的增减、业主要求的计划变更等诸多因素，不断调整进度计划,动态监控关键线路的变化,以适时调整人员分配和施工顺序,使施工生产持续有效地按计划正常进行。施工中尽可能采用先进、高效的施工机械和新工艺,提高劳动效率,加快施工进度,保证阶段性工期目标的实现。尽可能采用一些实用的新技术,提高生产效率。周密计划和不断调整工序搭配,避免或尽可能缩短工序之间的间隙时间。由于采取了多项措施,本合同段在洛阳至嵩县段率先完成了土建施工任务。

五、施工安全与文明施工情况

施工安全方面,项目部成立安全领导小组,设安全部长,由项目经理担任组长,安全部长为副组长,组员由项目部各职能部门负责人组成。各施工队相应成立队安全检查小组,并在各工班设专职安全检查员,坚持经常性的施工安全检查及监督指导。

施工中,坚持正确处理安全与施工生产统一、与施工速度互保、与质量互补、与效益兼顾、与危险并存的关系。坚持预防为主、综合考虑的原则,坚持安全与生产同步进行的原则,坚持全员、全过程、全方位和全天候的"四全"动态管理原则,坚持安全管理具有明确目的性的原则。在各级明确安全管理范围,组织职工学习有关劳动保护的政策、条例、规程和制度,规范操作。采取得当安全管理措施,落实安全责任,实施责任管理,建立各级人员的安全责任制度,明确相应的安全责任,定期检查落实情况。

本合同段梁刘互通立交桥梁跨越洛阳绕城高速公路,沿线过往车辆较多,经过我们严密组织、多方协调,在保证正常施工的情况下,也保证了车辆的安全和原有公路的正常运营。

文明施工方面,我单位采取了以下几点措施:

(1)建立健全各项规章制度,工地现场悬挂文明施工标牌条幅、张贴宣传标语,采用多种形式向项目全员进行文明施工教育,提高全员文明施工意识。

(2)现场布置统一建临时房屋,统一室内配备、布置,统一现场标识。

(3)施工场地、便道、各种材料、机具等布置、堆放、停置有序,并进行标识,做好文明施工。

(4)教育全体员工遵纪守法、行为规范、文明施工,争创文明工地。

(5)遵守当地居民的生活习惯和民族风俗,搞好施工队伍与当地政府、人民群众的关系。

六、环境保护与节约用地措施

保护环境是为当地人民造福的大事。施工中,我们加强环保意识,工程完工后不为当地留下任何后患。施工中我们采取了以下措施:

(1)在全体职工中认真开展组织学习和贯彻《中华人民共和国环境保护法》,结合洛阳市的环境特点,制订规章制度,认真落实环保法规,增强职工环保意识。

(2)为减少环境污染,施工用的粉状材料采用袋装或其他密封方法运输,不得散装散卸,现场存放时,严密覆盖,防止尘埃飞扬。施工产生的垃圾和废弃物质,清理出场。施工运输道路,经常洒水除尘。

(3)加强对施工区和生活区的环境卫生管理,清洗施工机械、设备及工具的废水、废油等有害物质以及生活垃圾集中储积处理,禁止乱堆、乱埋、乱流,影响环境卫生。

(4)工程全部完工后,拆除不再使用的临时设施,做到工完料尽、场地清洁。

节约用地方面,我们采取了以下两点措施:

(1)在保证路基填筑取土用地后,我们尽量做到不占用或少占用农耕地。我们的钢筋加工场、临时设施、队伍生活办公均设置在荒地内,施工便道尽可能设置在永久征地内,这些都极大地减少占用耕地。

(2)在改路、改河、改沟"三改"工程中,我们根据现场实际情况,积极提出合理建议,在满足通行、通洪条件下,尽量减少征地。

七、施工中新技术、新材料、新工艺的应用情况

为确保箱梁预制的工程质量和加快施工进度,我合同段用于箱梁预制的 15 个台座由模板生产厂家根据现场实际情况,专业定制的钢台座。钢台座的周转时间为 3d 左右,从而加快了箱梁预制的生产进度,使用钢台座不但有效地克服了箱梁预制底板漏浆的通病,而且预制出的箱梁底板光滑、无气泡、无裂纹。

加强冬季施工保证措施和相关设施建设,如预制场采取架设锅炉、搭设暖棚、施工用水加热、集料加热等措施。

本合同段借鉴了高性能混凝土的施工工艺,通过对 C25 水下混凝土、高强度等级 C50 混凝土配合比进行优化,通过掺加活性材料等措施,既节约了水泥,又提高了混凝土的强度。

八、工程款支付情况

工程款全部支付到位,一切劳务、机械、材料等债务纠纷与建设单位无关。

九、施工体会

经过近三年的努力,工程如期完成,我们觉得,一个工程要想干好,首先要有建设单位的正确领导,还要有设计单位、监理单位和地方政府的积极监督与配合。作为建设单位,首先要保证建设资金的及时到位、工程款的及时拨付,合同工期要根据实际情况及时调整,工程变更要及时处理,竣工资料的编制要在开工之初明确和统一。作为施工单位,只有在质量上高标准、严格要求,进度上合理组织确保合同工期,才能取得预期的收益。

河南省公路工程局集团有限公司

洛栾高速公路洛阳至嵩县段土建工程 No. 1 合同段项目经理部

二〇一六年八月

2. 洛栾高速公路洛阳至嵩县段土建工程 No. 2 合同段施工总结报告

目　　录

洛栾高速公路洛阳至嵩县段土建工程 No. 2 合同段施工总结报告

一、工程概况

本合同段计划于2009年12月10日开工，实际开工时间为2010年3月20日，2011年8月10日竣工，合计608日历天。实际工期因工程变更及其他原因，于2012年11月8日全部完工。

本合同段起点位于伊川县鸦岭乡于营村东K6+900处，向南前进，经何家湾、李窑、南姚沟村跨老省道S323线后，经袁沟、康沟、杜沟村跨省道S323，进入伊川西互通区到达本合同段终点K14+600，本合同段全长7.7km，其中K13+750～K14+600为伊川西互通区。主要工程数量（含伊川西互通区）：路基土方工程，路基土方开挖174.28万m^3，路基石方开挖8974m^3，路基土方填筑57.89万m^3；路基防护工程，C20混凝土预制块防护1193.3m^3，M7.5浆砌片石防护33042.1m^3，三维土工网喷播草坪防护111086.5m^2；路基排水工程，填方段边沟Ⅱ、Ⅲ（C25混凝土预制块）811m^3，挖方段边沟Ⅰ（PE管）7338m，平台排水沟及跌水（M7.5砂浆砌片石）5454m^3，边沟截水沟、超高段边坡急流槽（M7.5砂浆砌片石）2729.3m^3。大桥2960.24m/7座，机耕天桥438.26m/6座，主线桥跨匝道A桥1座。

二、机构组成

（一）主要人员投入情况（表1）

主要人员投入情况一览表 表1

序号	姓　名	职　务	职　称	年　龄	备　注
1	李彦海	项目经理	工程师	38	
2	田风玲	项目副经理	工程师	55	
3	宋振业	项目副经理	工程师	41	
4	周刚	项目总工程师	高级工程师	35	
5	刘钢立	工程部长	高级工程师	40	
6	白林红	合同部长	工程师	37	
7	王继东	质检部长	工程师	36	
8	王利晓	试验室主任	试验检测工程师	35	
9	赵永东	结构工程师	高级工程师	47	
10	雷跃民	结构工程师	高级工程师	46	
11	李燕粉	结构工程师	高级工程师	42	
12	杜大仁	路基工程师	工程师	40	
13	代均德	路基工程师	工程师	37	
14	冉光权	安全部长	工程师	57	
15	邓伟杰	财务部长	会计师	32	
16	左光玉	机械部长	工程师	36	

续上表

序号	姓　名	职　务	职　称	年　龄	备　注
17	王现中	测量队长	高级工程师	39	
18	靳松	专职安全员	工程师	35	
19	苗宏	专职安全员	工程师	32	
20	温彦岭	专职安全员	工程师	32	

(二)主要设备投入情况(表2)

主要设备投入情况一览表 表2

设备名称	型号、产地	功率、吨位、容积	单位	承诺数量	进场时间安排
1. 路基工程施工机械设备					
推土机	TY220 山东	161kW	台	6	2010.4.20
装载机	ZL-50 柳州	3.1m^3	台	2	2010.4.20
装载机	ZL-50 徐州	3.1m^3	台	3	2010.4.20
挖掘机	PC220 日本小松	1.0m^3	台	6	2010.4.20
挖掘机	SY265 三一	1.0m^3	台	2	2010.4.20
钢轮振动压路机	3Y18/21 徐州	74kW、18～21t	台	4	2010.4.20
钢轮振动压路机	XSM220 洛阳	96kW、40t	台	6	2010.4.20
平地机	PY180 天津	132kW	台	5	2010.4.20
洒水车	EQ6100 东风	99kW、6000L	辆	5	2010.4.20
自卸汽车	解放自卸汽车	15t	辆	15	2010.4.20
自卸汽车	陕汽豪沃	18t	辆	30	2010.4.20
强夯机	W1001-1		台	1	2010.4.20
强夯机	IPD-80 履带吊		台	1	2010.4.20
2. 桥涵工程施工机械设备					
汽车吊	QY25 徐州	25t	台	5	2010.4.20
汽车吊	QY30 徐州/中联	30t	台	3	2010.4.20
汽车吊	QY16 徐州	16t	台	2	2010.4.20
混凝土输送泵	HBT60C 长沙	60m^3/h	台	3	2010.4.20
龙门吊	180T 真牛 新乡	180t	台	1	2010.4.20
龙门吊	180T 真牛 新乡	100t	台	2	2010.4.20
龙门吊	180T 真牛 新乡	5t	台	3	2010.4.20
架桥机	TLQJ200T 洛阳	200t	台	2	2010.4.20
架桥机	TLQJ250T 洛阳	250t	台	1	2010.4.20
250kW 发电机	SB-W-200 江西	200kW	台	7	2010.4.20
冲击钻			台	18	2010.4.20
旋挖钻			台	3	2010.4.20
空压机	LGY20-20/8 江西	176kW	台	6	2010.4.20
预应力张拉设备	YCW300 柳州	300t	套	2	2010.4.20
预应力张拉设备	YCW250 柳州	250t	套	4	2010.4.20
预应力张拉设备	YCW150 柳州	150t	套	16	2010.4.20
拌浆机	200 型南昌		台	3	2010.4.20

续上表

2. 桥涵工程施工机械设备					
设备名称	型号、产地	功率、吨位、容积	单位	承诺数量	进场时间安排
压浆机	VSLYJJ 武汉	1.2m^3/h	台	3	2010.4.20
油压泵	ZL1×50		台	10	2010.4.20
钢筋调直机	GT4-14	5t	台	12	2010.4.20
箱式变压器	ST-625	625kV·A	台	11	2010.4.20
钢筋弯曲机	GB40B 渭南	3kW	台	15	2010.4.20
钢筋切割机	GQW40 山东	40kW	台	10	2010.4.20
木工多用机床	WB106 威海	7.5kW	台	3	2010.4.20
钢筋滚丝机	HGS-40B	40kW	台	7	2010.4.20
电焊机	BX1-500 江西	30~50W	台	55	2010.4.20
脚手架	WJ 碗扣架		t	100	2010.4.20
钢模板	立柱/盖梁/系梁/空心墩/梁板		t	100	2010.4.20
3. 拌和站机械设备					
混凝土强制式拌和站	JS2250/1500 洛阳	60m^3/h	台	2	2010.4.20
砼搅拌运输车	德龙/奔驰/东风	12m^3、240kW	辆	13	2010.4.20
1t 蒸汽养生锅炉	DZL4-1 焦作		台	1	2010.4.20
变压器	ST-500 泰兴	500kV·A	台	2	2010.4.20
发电机	SB-W-250 江西	250kV·A	台	2	2010.4.20
石料筛分机			台	1	2010.4.20
石料清洗机			台	1	2010.4.20
装载机	ZL50 徐工	154kW	台	1	2010.4.20
4. 检测设备					
全站仪	莱卡 TS02		台	1	2010.4.20
水准仪	苏州一光 DSZ2		台	6	2010.4.20
全站仪	托普康 GTS-332N		台	1	2010.4.20
试验室仪器	土工/钢筋/水泥		套	1	2010.4.20

洛栾高速公路 LSTJ.2 合同段项目经理部组织机构见图 1。

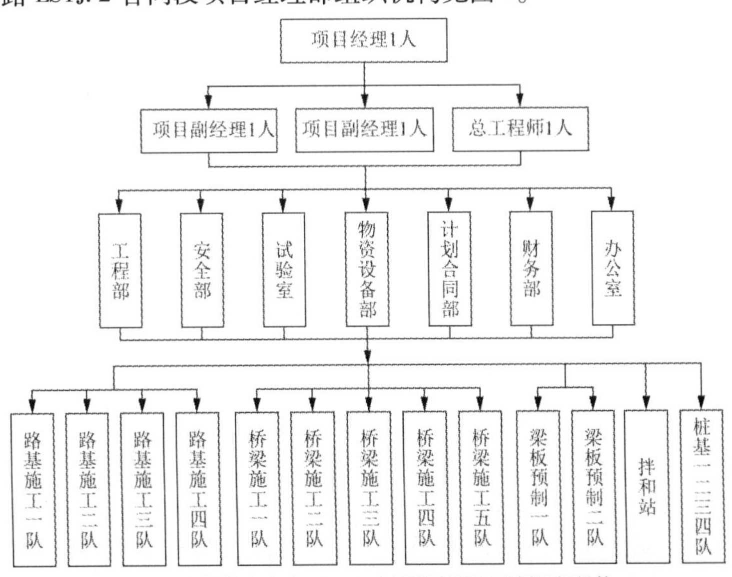

图 1　洛栾高速公路 LSTJ.2 合同段项目经理部组织机构

三、质量管理情况

(一)质量控制措施

制定分项工程一次验收标准,各分项工程均按合同条款和施工规范进行控制施工,在施工中做到认真严格执行三级质检体系。"三检体系"是在施工前检查,施工中检查,工作结束时检查。检查以自检、互检及交接班检的方式进行。同时把好施工技术图纸复核关,测量定位复核关,技术交底关,过程控制关,工程检验签认关。

(1)建立了一个完整的以自检为主的质量控制体系。认真履行了作为承包人应尽的自检职责,配备了高强的自检设备和质量检测人员。对各分项工程的开工条件自检;对每道工序或工艺进行现场质量自检;按照合同指定、施工规范规定的抽样频率、时间和方法进行质量自检。

(2)组织施工人员进行全面技术交底,全线的工程情况、设计意图、主要技术标准、质量要求、技术安全措施以及重点工程施工的注意事项等均要一一交代清楚,使全体参工人员做到胸中有数。

(3)组织施工人员结合各自所承担的施工任务,进行监理程序、合同条款、施工工艺及规范的培训、学习。加强岗位技能培训,进行全员质量意识教育。

(4)建立健全质量管理机构,制定工程质量岗位责任制和分项工程质量保证措施、规章制度,将其落实到每个人及每一个施工环节和每一道工序,并严格把关。把工程质量与经济效益挂钩,实行奖罚分明。

(5)认真做好试验路段的施工,收集各种数据和满足要求的各项技术指标,总结分析施工步骤、施工工艺、人员及设备配套的实施性,修正各种施工技术参数,为工程的全面施工提供最佳指导方案,保证了荆宜高速公路施工质量达到优良。

(6)对进入施工现场的原材料进行严格检测和监测,特别是对水泥、钢筋、钢绞线、石灰、砂石料等大宗材料指标进行严加控制。各种原材料进场前必须通过监理工程师认可,质检人员对自行采购、加工的材料随时取样检查,对进场的不合格材料实行废弃制度。在开工前做好各种原材料的相关试验工作。

(7)严格执行招标文件、技术规范,按操作规程施工。在施工中尽量采用通过监理同意的新技术、新工艺,为工程质量的提高创造有利条件。

(8)推行全面质量管理,对工程质量进行全过程的动态管理。开展难点工序技术攻关活动,及时解决施工中的难重点和质量问题。开展创全优工程的活动,把工程质量管理引向深入。

(9)认真对待质量通病:针对公路施工特点,对于常见的质量通病如混凝土外观质量较差、混凝土表面的细微裂缝、混凝土的养生不及时等在施工中针对性地采取相应预防措施,并且严格实施,取得了显著成效。

(二)施工中质量自检情况及工程质量问题的处理情况

加强施工中各种质量指标的自检和抽查。自检贯穿于施工的全过程,主要包括路基压实度、弯沉、平整度、高程、边坡等的检测;结构混凝土强度、桥面平整度、各种原材料的试验检测等。

工程质量通过自检和监理抽检情况及质量评定情况:各分部、分项工程质量均为合格工程,分项工程合格率达到100%,得到了业主和监理人员的高度评价。

1. 试验检测情况

全线共做土(砂)样重型击实试验94次,路基压实度检测11433次;混凝土试块7d混凝土强度检测3042次、28d混凝土强度检测2998次;钢筋原材检测633次、焊接500次;水泥检测489次;砂子检测312次;石料检测298次;石灰土击实试验13次、压实度检测603次。

2. 测量控制情况

根据测量程序，利用全站仪等先进测量仪器，进行了全线中线及高程的测量定位工作，并及时与监理、设计沟通、复核，确保了工程的测量精度。

工程实体内实外美，结构尺寸准确无误，满足设计及规范要求，达到了合同规定的标准。

(三)对完工质量的评价

洛栾高速公路自施工开始到现在，整个过程质量完全处于受控状态，未出现任何重大质量事故。工程总体质量优良，满足设计及施工规范的标准，达到了招标文件和合同条款的要求。

交工验收检验评定的主要依据是《公路工程竣工验收办法》、《公路工程质量检验评定标准》、设计文件、现行国家及(部)颁有关技术规范、施工过程的试验检验评定资料等。参加评定的按合同段路基、桥涵、互通立交加权平均计算，本合同段工程质量评分为97.8分。

四、施工进度控制

按照总体的进度计划安排，积极落实各项措施，确保工程进度按计划要求进行。

(一)组织保障措施

(1)成立精干的项目部，实行项目长负责制，项目部内设置强有力的工程管理系统，实施工程的全面宏观管理。

(2)各个工程队建立健全队长负责制，强化一线组织领导和指挥，确保实施性施工组织设计的实现，群策群力开展好目标管理，制订详细又科学合理的施工作业计划，保持均衡生产，实现计划的最终时间目标。

(3)加强工程调度指挥，做到一切行动听指挥，步调一致，齐抓共管。

(二)人员保障措施

(1)加强用工的计划性，实行定额用工。

(2)加强劳动定额管理，确保定额水平的完成。

(3)组织好昼夜“三班倒”工作制度的正常落实，做到各工序的连续施工。

(4)领导跟班作业，及时发现并解决问题。

(5)发扬艰苦奋斗的作风，节假日照常施工。

(三)技术保证措施

(1)优化施工组织设计，做到科学施工，信息反馈及时，适时调整和改进施工方案。

(2)组织采用平行流水作业方式，保证一环扣一环的施工程序。

(3)发挥技术管理的保障作用，细审核、严交底、勤检查、抓落实。

(4)专业技术工作者，要深入一线跟班作业了解情况，及时搞好技术交底，并做到发现问题及时解决。

(5)实行项目总工程师技术岗位负责制，对技术负总责，并行使技术否决权。

(四)物资保障措施

(1)加强物资采购人员的选配。

(2)按施工计划安排，确保材料按时到位。

(3)把握建筑的旺淡季特点，超前调查和预测市场供应情况，特别是季节性施工要做好材料的适量储备。

(4)严把材料质量关，杜绝劣质材料进入施工现场。

(五)设备保障措施

(1)设备管理人员，要选配有较高的技术素质、较强的事业心和责任感的同志担任。

(2)加强设备的维修与保管，确保完好率和出勤率。

(3)加强现场设备的协调使用。

(4)根据工程进度,应超前考虑,专人落实各种设备的进场,做到随用随上,不误时间。

(六)资金保障

(1)选配财务经验丰富的会计师,主持工程资金的筹集和合理使用。

(2)压缩非生产性开支,全力保障有限的资金用于工程和职工的工资发放上。

(3)积极与甲方联系,确保工程进度拨款不滞后,力争早到位,以便资金用于工程上周转。

(4)若资金紧张时,积极向上级主管单位反映,确保工程施工用资金。

(七)处理好各种外部关系,争取良好的施工环境

(1)搞好与甲方、设计、监理的关系,紧紧依靠地方政府,加强合作,密切配合,确保工程的顺利进行。

(2)服从甲方协调,密切与本工程相关单位的合作与配合。

五、施工安全与文明施工情况

1. 建立健全安全保障体系

施工项目设立安全管理小组,由主管生产的项目经理任组长,工地设立专职安全员,班组设兼职安全员,从而形成一个健全的安全保证体系。

安全管理小组主要负责贯彻执行国家有关安全施工的方针政策、法令、规章制度和上级有关规定,协助领导在"安全第一,预防为主"的方针指导下组织和推动施工中的安全工作。

工地专职安全员的职责是认真贯彻执行上级有关安全施工的规定,推动和组织施工中的安全工作,在业务上接受上一级安全管理部门的领导。

班组兼职安全员协助班组长组织安全活动,进行现场安全检查,组织学习安全规程、制度及上级颁发的有关文件,模范遵章守纪,对违章作业者进行批评教育,指导班组人员正确使用个人防护用品等。

2. 安全管理组织机构

项目部将成立以项目经理为首的安全领导小组,对本工程项目安全全面负责。项目部设安全部长、专职安全工程师,各专业队设专职安全员,贯彻"安全第一、预防为主"的方针和"管生产的必须抓安全"的原则,根据工程施工特点,制订各项安全措施,确保施工生产的安全。

3. 安全管理制度

为使管理组织运转并发挥作用,项目实施前将制定如下管理制度。

安全检查制度:分日常检查和每月例行检查。

安全责任制度:对所有人员进行安全责任分解,定岗定位定责任。

安全教育制度:定期进行安全知识教育和思想教育。

安全审查制度:对重要施工项目的施工方案进行安全审查,组织相关专业技术人员进行评审。

4. 安全保障措施

(1)建立安全岗位责任制,逐级签订安全生产承包责任状,明确分工,责任到人。

(2)工序开工前,及时做好施工技术交底的安全注意事项。

(3)操作人员必须佩戴安全帽,高空作业系安全带。

(4)抓好现场管理,搞好文明施工,经常保持现场管线整齐,灯明、路平、无积水。易燃物品仓库要设专人防守,危险区要设有栏杆和标志,备齐消防器材,并能防盗。

(5)生活区、加工场要符合防水要求,切实做好防洪、防火、防中毒、防淹等工作,杜绝重大伤亡事故,减少一般性事故。

(6)加强施工用电管理,施工中加强对机具、电器设备的检查和维修,线路架设高度和照明度必须符合标准。

(7)车辆要经常检修,动力机械司机持证上岗。严禁非司机开车,严禁酒后开车。

(8)联系就近的医务所,出现紧急情况,应做好现场急救和保护工作,现场备应急车辆,以供急需。

(9)坚持经常和定期安全检查制度,及时发现事故隐患,堵塞事故漏洞,还要结合安全事故的规律和季节特点,重点查防触电、防火灾、防交通事故等措施的落实。对检查中发现的问题及时采取措施解决,并实行奖罚制度。

(10)常与当地政府联系,密切同当地群众的关系,征求意见,改进工作,严肃群众纪律,搞好路地联防,共同做好施工期间的安全工作。

(11)现场放置好警示牌、指示牌等标牌。

六、环境保护与节约用地措施

(一)环境保护目标

本工程的环境保护目标是:"两不破坏"——不破坏景观、不破坏生态;"三不污染"——不造成水质污染、不造成空气污染、不造成噪声污染。

保护生态环境,防止水土流失,环境保护工作在施工时做到了全面规划,合理布局,化害为利,创造了清洁适宜的施工和生活环境。

(二)环境保护的管理措施

(1)设立环保机构,切实贯彻环保法规,严格执行国家及地方政府颁布的有关环境保护、水土保持的法规、方针、政策和法令,结合设计文件和工程实际,及时提出有关环保措施。

(2)废弃物及时运至业主指定的位置进行填埋处理。

(3)采用有效措施,消除施工污染,施工和生活废水采用沉淀池、化粪池等方式处理,清洗集料或含有油污的废水采用集油池的方式处理,不得污染水源及耕地。施工地点要防止噪声污染。施工便道经常洒水,防止车辆通过时尘土飞扬。

(4)强化环保管理,健全环保管理机制,定期进行环保检查,及时处理违章事宜,并与当地的环保部门建立联系,接受社会及有关部门的监督。

(5)加强环保教育,宣传有关环保政策,强化职工的环保意识,使保护环境成为参建职工的自觉行为。

(6)以醒目的标志封闭施工区域,并在区界挂以醒目整洁的环保语言和企业精神等标牌。

(7)保护生态。施工中注意保护自然生态,不得随意拆堵水利设施,保护好河渠,不污染水源。

(三)环境保护的规划范围及相应的具体措施

施工期环保规划共分六个部分。即自然景观保护、生态环境保护、水土保持、施工和生活废水处理、废气粉尘处理、噪声控制。

1. 自然景观保护

为保护施工区域当地的自然景观,施工期间应严格做好以下几点:

严格按照施工总平面布置图布置临时设施,不得修建超出规划范围以外的建筑。

所有临时设施的修建必须严格按照既定的标准和要求进行,不低于规定的标准。保证临时设施整齐统一,外表美观。做好场地和临时设施非交通部位的绿化,种植花草树木,维持并保护原有地表植被。

施工人员驻地每100m间距配置垃圾箱一个,各施工队及项目部均搭设简易垃圾站,避免生活垃圾污染周边环境。

2. 生态环境保护

对原有生态环境进行调查,结合施工中可能产生的影响,合理进行施工组织,尽量使用可不破坏原有生态的施工措施;严格落实其他环保措施,保护溪流水质和空气环境。

不得因施工需要,在未经业主和相关部门容许的情况下,砍伐林木,毁坏地表植被,挖掘土石,埋设管线。对合同规定的施工界限内外的植物、树木,尽力维持原状。砍除树林或其他经济植物时,应事先征得所有者和业主的指示同意。做好树林防火措施,配置灭火器材。

除征地范围内的耕地占用,不得侵占现有耕地,并积极开展路地共建活动,施工完毕后,能复耕的复耕,能造地的造地。

对有害物质(如燃料、油料、废炸药、旧材料、垃圾等)要通过焚烧或其他措施处理后运至业主和监理工程师认可的地点进行掩埋,以防泄露,造成对动物、植物的损害;修渠筑坝,通渠道,防止土壤冲蚀,地表冲刷,对弃土严格按甲方指定的弃碴场堆放,严防水土流失,污染环境。

开挖作业严格控制开挖尺寸,少扰动土体,维护好自然地形地貌,防止引发地质性灾害;施工沿线的弃渣和剩余失效的灰砂、混凝土等,选择合适低洼地堆放、填埋,避免流失污染环境。

对现场做复土还耕或还林处理,竣工恢复具体内容包括:清除临时设施,沿线开挖所破坏的植被,施工完成后按水土保持计划设计要求种草绿化,恢复自然景观,防止造成新的水土流失。各工地居住区的污水沟、粪便及垃圾做好消毒灭菌清除工作,并用净土填埋、压实,种植植被。

3. 水土保持

防排水:施工期间始终保持工地的良好排水状态,修建有足够泄水断面的临时排水泄道,并与永久性排水设施相连接,不形成淤积和冲刷。

施工平面布置尽量利用永久征地,减少对耕地或林木的损坏,避免水土流失;施工道路顶面表面筑成2%的横坡,以利于排水;基坑边坡严格按照设计要求进行支护,分段留设排水沟。

4. 施工期生产和生活废水处理

施工期的水污染主要来自施工人员的生活污水和生产废水两部分,由于两部分废水的性质不同,拟将其分开处理。考虑到工程各施工部位相距较远,难以进行集中处理,根据施工场地分布,各驻地内设管线将污废水集中进行处理的方案。

生活污水的主要污染物都是易生物降解的有机物,考虑到施工期间的生产与管理的条件,故选择较易操作控制的以生物接触氧化为主体的处理工艺。生产废水包括施工机械设备清洗的含油废水和混凝土养护冲洗水、砂石料冲洗与开挖土石方排水。含油废水和含砂、石废水分别进行处理,含油废水用隔池去油污,含砂、石废水则由沉淀将其中固体物料沉淀下来。

进行水沉淀处理措施为:施工场地的生产废水,经过滤网过滤,通过污水管输入池中沉淀,并做除油处理。经业主和环保部门认可后再排放。

5. 防大气污染

进入工地的机动车辆消音排烟净化系统一定要完好;施工工地上的道路每天要不定时打扫,适时进行洒水,特殊范围内的工作人员要戴防尘面罩,控制烟尘与粉尘污染。

施工段,用编织布围好,减少扬尘,降低施工现场对景观的破坏;运输车辆配备两边和尾部挡板,对易飞扬的物料用篷布覆盖严,且装料适中,不得超限;车辆轮胎及车外表用水冲洗干净。

工地生活垃圾弃置在半密封的池中,定期焚烧掩埋处理;工地设置能冲洗的厕所若干处,派专门的人员清理打扫,并定期对周围喷药消毒,以防蚊蝇滋生,病毒传播。

防止开挖出的泥土被雨水冲散或流溢,冲散的泥浆因扩散面广不易清除,遇上干燥天气容易产生二次扬尘,用施工车辆及时将其运至指定弃土场掩埋。

6. 防噪声污染

施工期间要防止噪声扰民，机械运输车辆途经居住场所时应减速慢行，不鸣汽喇叭；适当控制机械动力布置密度，条件允许拉开一定空间、减少噪声叠加；合理安排施工作业时间，尽量避开夜间车辆出入频率；机械设备振动声音较大的，要加设消音罩或消声管，最大可能减少噪声的影响；以液压工具代替气压冲击工具。

采取综合治理措施，合理安排施工计划，规定噪声大、冲击性强并伴有强烈振动的活动安排在白天进行；把噪声控制在合理范围之内，白天最大不超过 75dB，夜间控制在 45～55dB 之间。

（四）节约用地的措施

（1）总体规划，合理用地。按照总体的工作思路，结合现场实际情况，做到用临结合，尽量少占农用耕地。

（2）取土场选用占地少且不适宜耕种的荒地，取土后立即复耕。

（3）贯通全线的施工便道利用了边坡的护道和排水沟的位置，在征地范围内修筑，进入便道的道路则利用了既有道路，完工后进行复耕，增加耕地面积。

七、施工中新技术、新材料、新工艺的应用情况

（1）在空心板预制过程中，我们将空心板内模由传统橡胶气囊换成了操作简单、施工快捷的泡沫内模，节省大量人工，成品质量较高。

（2）桥面铺装在沥青面层铺装前应用抛丸技术，清除调平层混凝土浮浆，提高面层黏结性能，延长桥面使用寿命。

八、工程款支付情况

本项目工程款全部支付到位，一切劳务、机械、材料等债务纠纷与建设方无关。

九、施工体会

洛栾高速公路在整个建设过程中，得到了河南省交通运输厅、河南高速公路发展有限公司及豫西指挥部领导高度重视和关怀，同时还得到了全体监理人员积极主动、热情周到的监理服务，以及设计单位和当地政府的大力支持。使承包人具体施工能顺利实施，整个工程施工能有条不紊地进行，优质完成全部任务。

经全体施工人员的共同努力，精密组织实施洛栾高速公路的施工管理，并与业主、设计、监理单位密切配合，我项目部所有工程质量得到很好的控制。

施工中，我们始终以工程施工为重点，做到工期、质量、安全、文明施工等由领导亲自抓，各专业人员具体抓。精心组织、严格管理、科学施工，不仅按期优质高效地完成了任务，而且在施工中磨砺了筑路人的意志，提高了施工技术和管理水平，丰富了承包人的工程施工经验。包括：

（1）加强对合同条款的学习和应用，对施工中发生的各种事宜必须进行详细记录，合理进行工程变更、索赔和追加。

（2）与建设单位、设计单位和监理单位要密切配合、及时沟通。

（3）在施工过程中要根据实际情况及时调整进度指标，避免盲目赶工期埋下质量隐患。

（4）要积极进行新技术、新材料、新设备、新工艺的推广应用。

中铁十五局集团第七工程有限公司

洛栾高速公路洛阳至嵩县段土建工程 No. 2 合同段项目经理部

二〇一六年八月

3. 洛栾高速公路洛阳至嵩县段土建工程 No. 3 合同段施工总结报告

目　录

洛栾高速公路洛阳至嵩县段土建工程 No.3 合同段施工总结报告

一、工程概况

洛栾高速公路洛阳至嵩县段 LSTJ.3 合同段北起 K14 +600 伊川县杜沟村与瓦北村之间，止于 K23 +100 伊川县马回营村西，全长 8.5km。本合同段共有挖方 135 万 m^3，填方 71 万 m^3，大桥 6 座，中桥 2 座，涵洞通道 9 道，分离式立交桥 2 座，机耕天桥计 6 座。本合同段计划于 2009 年 12 月 10 日开工，实际开工时间为 2010 年 3 月 20 日，2011 年 8 月 10 日竣工，合计 608 日历天。实际工期因工程变更及其他原因，于 2012 年 11 月 10 日全部完工。

二、机构组成

主要组成人员：

项目经理：杨永振

项目总工程师：梅兴民

项目副经理：李学军、冯基波、焦亚军

项目书记：王世明

设备投入情况：

根据不同施工节段的需求，我单位先后投入了大量的施工机械设备和试验检测设备，具体型号数量见设备投入一览表。

管理机构设置如图 1 所示。

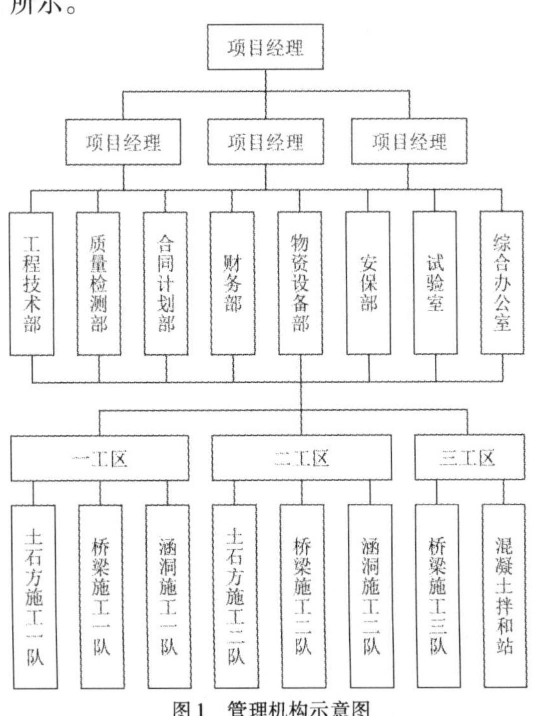

图 1　管理机构示意图

三、质量管理情况

(一)质量控制措施

我单位在工程施工中对工程项目实行质量目标管理,使工程质量达到一次验交合格率100%,优良率90%以上,具体实施中有以下控制措施:

(1)按照 ISO 9002 质量体系要求,建立完善的质量管理体系和质量保证体系,制定创优规划,使每道工序都在严格的质量监控之下进行,实行全面质量管理 。

(2)根据工程项目特点组织精明强干的施工队伍,明确分工,加强协作,注重上道工序与下道工序间的密切配合。

(3)各单项工程、各工种均实行项目负责制和岗位责任制,质量指标直接与施工人员经济挂钩,奖优罚劣、重奖重罚,分项分部工程质量指标均列入奖罚内容。

(4)采取多种形式对项目全员进行质量教育,树立"百年大计,质量第一"的思想,强化项目全员的质量意识,施工前有针对性地进行各工种的技术培训,提高施工人员的操作技能,为创优质工程创造条件。

(5)运用科学的管理方法和现代化的检测工具,强化工程质量管理,认真执行设计图纸审核制度,并做好施工技术交底,使每一个施工人员都能做到心中有数,熟悉本工程的技术要求,做到严格按照设计要求施工,严格按照施工规范作业。

(6)加强试验检测工作,严格检验各种工程材料,严格按照施工配料,确保各部位强度达到设计要求。

(7)做好质量检查工作,项目部和各队设专职质量检查工程师,监督检查工程质量,对每一道工序均进行全面严格的质量检查,实行内部质量上级管理制度,隐蔽工程在业主及监理人员检查签证后方可进行下道工序的施工,确保工程质量。

(8)根据工程特性,提供先进的施工机械和试验仪器,为工程创优夯实基础。

(9)搞好首件工程和样板工程的试点和经验总结,用首件工程领路,把样板工程全面推广,达到创全优工程的目标。

(二)施工中工程质量自检情况及工程质量问题的处理情况

我单位在施工中对工程质量严格按照自检制度进行操作,先由施工队操作工人自检和工班自检,队级质检员检验,经检合格后,上报项目部质检工程师,项目部质检工程师再进行检验,工程质量得到确认后报验监理工程师。上下工序之间还要进行交接检验,上道工序不合格下道工序不接收,上道工序的质量事故隐患决不留给下道工序。

同时,项目经理部每月组织一次质量大检查,并进行质量评定,作为当月验工计价的依据。质量大检查以检查工程质量为主,同时检查质量管理工作,查看各项规章制度落实情况。对检查中发现的质量问题,检查组根据实际情况及时提出改进措施,限期改正,并进行复查。质量大检查后,检查组汇总检查情况,在工程会上进行通报,奖优罚劣,以示激励。

对施工中发现的工程质量问题,我单位坚决处理到底,决不留质量隐患,在哪发现问题,就从哪进行处理。在工程后期有两个桥梁台背回填,交工验收前检查到弯沉值达不到设计要求,经认真排查确定缺陷范围后,我们彻底地进行了返工,不留一点后患,从而保证了工程质量。

(三)对完工质量的评价

经过近两年的努力,工程终于完工。对于完工质量,通过分项、分部、单位工程质量评定汇总得分为97.4分,总体工程质量达到优良。

四、施工进度控制

开工前,项目经理部成立工期领导小组,在施工现场建立工程施工调度室,主要负责工程进度的管理。建立健全目标责任制度、进度检查制度、工期奖惩制度等规章制度，同时与各施工队签定目标责任状。在施工过程中，领导小组根据资源配备的情况，结合公路工程的常规做法和材料机具供应实际，广泛征求技术人员和广大施工人员的意见，合理、可行地安排总体进度计划。另外，根据已完工程的进度快慢、施工人员的增减、业主要求的计划变更等诸多因素，不断调整进度计划，动态监控关键线路的变化，以适时调整人员分配和施工顺序，使施工生产持续有效地按计划正常进行。施工中尽可能采用先进、高效的施工机械和新工艺，提高劳动效率，加快施工进度，保证阶段性工期目标的实现。尽可能采用一些实用的新技术，提高生产效率。周密计划和不断调整工序搭配，避免或尽可能缩短工序之间的间隙时间。

五、施工安全与文明施工情况

施工安全方面，项目部成立安全领导小组，设置专职安全副经理和安全部长，下设四个专职安全员，由项目经理担任组长，专职安全副经理和安全部长为副组长，组员由专职安全员和项目部各职能部门负责人组成。各施工队相应成立队安全检查小组，并在各工班设专职安全检查员，坚持经常性的施工安全检查及监督指导。

施工中，坚持正确处理安全与施工生产统一、与施工速度互保、与质量互补、与效益兼顾、与危险并存的关系。坚持预防为主、综合考虑的原则，坚持安全与生产同步进行的原则，坚持全员、全过程、全方位和全天候的“四全”动态管理原则，坚持安全管理具有明确目的性的原则。在各级明确安全管理范围，组织职工学习有关劳动保护的政策、条例、规程和制度，规范操作。采取正确的安全管理措施，落实安全责任，实施责任管理，建立各级人员的安全责任制度，明确相应的安全责任，定期检查落实情况。

本合同段与多条地方道路交叉，沿线过往车辆较多，经过我们严密组织、多方协调，在保证正常施工的情况下，也保证了车辆的安全和原有公路的正常运营。

文明施工方面，我单位采取了以下几点措施：

(1)建立健全各项规章制度，工地现场悬挂文明施工标牌条幅、张贴宣传标语，采用多种形式向项目全员进行文明施工教育，提高全员文明施工意识。

(2)现场布置统一建临时房屋，统一室内配备、布置，统一现场标识。

(3)施工场地、便道、各种材料、机具等布置、堆放、停置有序，并进行标识，做好文明施工。

(4)教育全体员工遵纪守法、行为规范、文明施工，争创文明工地。

(5)遵守当地居民的生活习惯和民族风俗，搞好施工队伍与当地政府、人民群众的关系。

六、环境保护与节约用地措施

保护环境是为当地人民，为子孙后代造福的大事。施工中，我们加强环保意识，工程完工后不为当地留下任何后患。施工中我们采取了以下措施：

(1)在全体职工中认真开展组织学习和贯彻国家《中华人民共和国环境保护法》，结合洛阳市伊川县近郊的环境特点，制订规章制度，认真落实环保法规，增强职工环保意识。

(2)为减少环境污染，施工用的粉状材料采用袋装或其他密封方法运输，不得散装散卸，现场存放时，严密覆盖，防止尘埃飞扬。施工产生的垃圾和废弃物质，清理出场。施工运输道路，采用碎石和砂砾石硬化并经常洒水除尘。

(3)加强对施工区和生活区的环境卫生管理，清洗施工机械、设备及工具的废水、废油等有害物质以及生活垃圾集中储积处理，禁止乱堆、乱埋、乱流，影响环境卫生。

(4)工程全部完工后，拆除不再使用的临时设施，做到工完料尽、场地清洁。

节约用地方面，我们采取了以下两点措施：

(1)在保证路基填筑取土用地后,我们尽量做到不占用或少占用农耕地。我们的预制梁场设置在大桥桥头的路基范围内,临时设施、队伍生活办公设置在沟坡地内,施工便道设置在永久征地内,这些都极大地减少了占用耕地。

(2)在改路、改河、改沟"三改"工程中,我们根据现场实际情况,积极提出合理建议,在满足通行、通洪条件下,尽量减少征地。后来实际的征地比设计减少了许多。

七、施工中新技术、新材料、新工艺的应用情况

在钻孔桩施工中,我们根据地质状况皆为黏土或沙砾土的情况下,现场进了一台德国产的宝马牌旋挖钻机,这极大地提高了生产效率,使钻孔桩施工提前三个月完成计划。

混凝土拌和站建设,根据业主要求建造密闭储料仓,实施工厂化生产,高强度等级混凝土的骨料全部进行筛分和水洗,中粗砂进行过筛后才允许使用,在混凝土配合比选用上,积极推广使用高性能混凝土配合比,掺加粉煤灰等工业原料,这样即节约了水泥又提高了混凝土的使用性能,合理选择高效减水剂,使配出的混凝土既节约了水泥,又提高了混凝土的强度。

在 K16 + 192 机耕天桥梁板架设施工中,长度 40m 的组合预制箱梁单片重 160t,共 9 片,我们根据梁体较重、数量少、工期紧、桥跨高(净高 25m)、两侧边坡在的情况,大胆采用大吨位吊车三台(500t 一台,300t 两台),采用空中接力转向递梁的方法,克服重重困难,灵活快速地完成了三跨大跨径组合箱梁的架设。

八、工程款支付情况

工程款全部支付到位,一切劳务、机械、材料等债务纠纷与建设单位无关。

九、施工体会

经过近两年的努力,工程如期完成,我们觉得,一个工程要想干好,首先要有建设单位的正确领导,还要有设计单位、监理单位和地方政府的积极配合。作为施工单位,只有在质量上高标准严要求,进度上合理组织,确保合同工期,才能取得预期的收益。

濮阳市通达公路工程有限公司

洛栾高速公路洛阳至嵩县段土建工程 No. 3 合同段项目经理部

二〇一六年八月

4. 洛栾高速公路洛阳至嵩县段土建工程 No. 4 合同段施工总结报告

目　　录

洛栾高速公路洛阳至嵩县段土建工程 No.4 合同段施工总结报告

一、工程概况

洛栾高速公路洛阳至嵩县段 LSTJ.4 合同段 K23+100~K33+000 全长 9.9km。本合同段共有路基土石方:路基清表 632385m^2,路基土方开挖 912937m^3。路基土方填筑 1138393m^3。桥梁结构:本合同段内有 2 座大桥(K30+386 顺阳河大桥、K32+778 干河大桥),2 座中桥(K26+286 西气东输管道桥、K27+887.5 中溪中桥),3 座分离式立交,11 座机耕天桥,总计桥长 1678.7m/18 座。通道涵洞:通道共有 293.3 延长米/10 道,涵洞共有 708.5 延长米/18 道。防护排水:排水圬工 6454m^3,防护圬工 16780m^3。本合同段计划于 2009 年 12 月 10 日开工,实际开工时间为 2010 年 3 月 20 日,2011 年 8 月 10 日竣工,合计 608 日历天。实际工期因工程变更及其他原因,于 2012 年 11 月 15 日全部完工。

二、机构组成

主要组成人员:

项目经理:王鹏义

项目总工程师:李清华

项目副经理:闫宗伟

设备投入情况:

根据不同施工节段的需求,我单位先后投入了大量的施工机械设备和试验检测设备,具体型号数量见设备投入一览表。

管理机构设置见图 1。

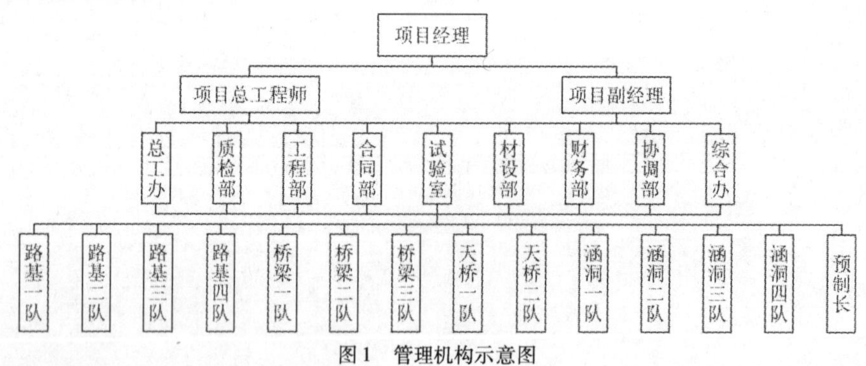

图 1 管理机构示意图

三、质量管理情况

(一)质量控制措施

我单位在工程施工中对工程项目实行质量创优目标管理,使工程质量达到一次验交合格率 100%,优良率 95% 以上,具体实施中有以下控制措施:

(1)按照 ISO 9000 质量体系要求,建立完善的质量管理体系和质量保证体系,制定创优规划，使每道工序都在严格的质量监控之下进行，实行全面质量管理 。

(2)根据工程项目特点组织精明强干的施工队伍，明确分工，加强协作，注重上道工序与下道工序间的密切配合。

(3)各单项工程、各工种均实行项目负责制和岗位责任制，质量指标直接与施工人员经济挂钩，奖优罚劣、重奖重罚，分项分部工程质量指标均列入奖罚内容。

(4)采取多种形式对项目全员进行质量教育，树立“百年大计，质量第一”的思想，强化项目全员的质量意识，施工前有针对性地进行各工种的技术培训，提高施工人员的操作技能，为创优质工程创造条件。

(5)运用科学的管理方法和现代化的检测工具，强化工程质量管理，认真执行设计图纸审核制度，并做好施工技术交底，使每一个施工人员都能做到心中有数，熟悉本工程的技术要求，做到严格按照设计要求施工，严格按照施工规范作业。

(6)加强试验检测工作，严格检验各种工程材料，严格按照施工配料，确保各部位强度达到设计要求。

(7)做好质量检查工作，项目部和各队设专职质量检查工程师，监督检查工程质量，对每一道工序均进行全面严格的质量检查，实行内部质量上级管理制度，隐蔽工程在业主及监理人员检查签证后方可进行下道工序的施工，确保工程质量。

(8)根据工程特性，提供先进的施工机械和试验仪器，为工程创优夯实基础。

(9)搞好样板工程的试点和经验总结，用样板领路，全面推广，达到创全优工程的目标。

(二)施工中工程质量自检情况及工程质量问题的处理情况

我单位在施工中对工程质量严格按照自检制度进行操作，先由施工队操作工人自检和工班自检，队级质检员检验，经检合格后，上报项目部质检工程师，项目部质检工程师再进行检验，工程质量得到确认后报验监理工程师。上下工序之间还要进行交接检验，上道工序不合格下道工序不接收，上道工序的质量事故隐患决不留给下道工序。

同时，项目经理部定期组织质量大检查，并进行质量评定。质量大检查以检查工程质量为主，同时检查质量管理工作，查看各项规章制度落实情况。对检查中发现的质量问题，检查组根据实际情况及时提出改进措施，限期改正，并进行复查。质量大检查后，检查组汇总检查情况，在工程会上进行通报，奖优罚劣，以示激励。

对施工中发现的工程质量问题，我单位坚决处理到底，决不留质量隐患，在哪发现问题，就从哪进行处理。

(三)对完工质量的评价

经过近三年的努力，工程终于完工。对于完工质量，通过分项、分部、单位工程质量评定，汇总得分为97.6分，总体工程质量达到优良。

四、施工进度控制

(1)开工前，项目经理部成立施工进度领导小组，考虑本合同段沿线涉及的村庄较多，我项目部专门成立了协调部，主要负责与周边村庄的沟通工作，同时协助项目公司对全线地方的协调工作，确保项目的顺利进行。

(2)建立健全目标责任制度、进度检查制度、工期奖惩制度等规章制度，同时与各施工队签订目标责任状。在施工过程中，领导小组根据资源配备的情况，结合公路工程的常规做法和材料机具供应实际，广泛征求技术人员和广大施工人员的意见，合理、可行地安排总体进度计划。另外，根据已完工程的进度快慢、施工人员的增减、业主要求的计划变更等诸多因素，不断调整进度计划，动态监控关键线路的变化，以适时调整人员分配和施工顺序，使施工生产持续有效地按计划正常进行。

(3)施工中尽可能采用先进、高效的施工机械和新工艺,提高劳动效率,加快施工进度,保证阶段性工期目标的实现。尽可能采用一些实用的新技术,提高生产效率。周密计划和不断调整工序搭配,避免或尽可能缩短工序之间的间隙时间。

五、施工安全与文明施工情况

施工安全方面,项目部成立安全领导小组,由项目经理担任组长,项目总工程师、副经理为副组长,组员由项目部各职能部门负责人组成。各施工队相应成立队安全检查小组,并在各工班设专职安全检查员,坚持经常性的施工安全检查及监督指导。

施工中,坚持正确处理安全与施工生产统一、与施工速度互保、与质量互补、与效益兼顾、与危险并存的关系。坚持预防为主、综合考虑的原则,坚持安全与生产同步进行的原则,坚持全员、全过程、全方位和全天候的"四全"动态管理原则,坚持安全管理具有明确目的性的原则。在各级明确安全管理范围,组织职工学习有关劳动保护的政策、条例、规程和制度,规范操作。采取得当安全管理措施,落实安全责任,实施责任管理,建立各级人员的安全责任制度,明确相应的安全责任,定期检查落实情况。

本合同段全长9.9km,沿线过往村庄生产路较多,经过我们严密组织、多方协调,在保证正常施工的情况下,也保证了地方道路的顺利通行。

文明施工方面,我单位采取了以下几点措施:

(1)建立健全各项规章制度,工地现场悬挂文明施工标牌条幅、张贴宣传标语,采用多种形式向项目全员进行文明施工教育,提高全员文明施工意识。

(2)现场布置统一建临时房屋,统一室内配备、布置,统一现场标识。

(3)施工场地、便道、各种材料、机具等布置、堆放、停置有序,并进行标识,做好文明施工。

(4)教育全体员工遵纪守法、行为规范、文明施工,争创文明工地。

(5)遵守当地居民的生活习惯和民族风俗,搞好施工队伍与当地政府、人民群众的关系。

六、环境保护与节约用地措施

为切实做好洛栾高速公路洛阳至嵩县段环境保护,施工中严格按照《中华人民共和国环境保护法》、交通运输部《公路建设监督管理办法》和《河南嵩阳高速公路有限公司环境保护管理办法》等法律、法规、规章等有关规定,认真做好环境保护工作。施工中我们采取了以下措施:

(1)加强环境保护宣传教育,学习环境管理体系文件、地方政府环保法规及有关规定,使广大干部职工认识到环境保护的重要性和必要性,增强环境保护的自觉性,提高全员环保意识。

(2)对施工场地进行详细测量,编制出详细的场地布置图,合理布置施工场地生产、办公设施在征地红线以内,尽量不破坏原有的植被,保护自然环境,并且按图布置的施工场地围挡及临时设施要考虑到同周围环境协调。

(3)施工场地采用硬式围挡,施工区的材料堆放、材料加工、出渣及出料口等场地均设置围挡封闭。施工现场以外的公用场地禁止堆放材料、工具、建筑垃圾等。建筑垃圾应及时清理,运至指定地点。

(4)场地出口设停车场,周边设洗车槽,并设专人对所有出场地的车辆进行冲洗。

(5)落实"门前三包"责任制,保持施工区和生活区的环境卫生及时清理垃圾,运至指定地点进行掩埋或焚烧处理。

(6)弃渣运至指定的弃渣场,严禁任意弃渣;工程竣工后搞好地面恢复,恢复原有植被,防止水土流失,保持原有环境风貌的完整和美观。

节约用地方面,我们采取了以下两点措施:

(1)在保证路基填筑取土用地后,我们尽量做到不占用或少占用农耕地。

(2)在改路、改河、改沟“三改”工程中,我们根据现场实际情况,积极提出合理建议,在满足通行、通洪条件下,尽量减少征地。后来实际的征地比设计减少了许多。

七、施工中新技术、新材料、新工艺的应用情况

在空心板预制过程中,我们将空心板内模由传统橡胶气囊换成了操作简单、施工快捷的泡沫内模,节省了大量人工,成品质量较高。

在混凝土配合比选用上,我们合理选择高效减水剂,使配出的混凝土既节约了水泥,又提高了混凝土的强度。

八、工程款支付情况

本项目工程款全部支付到位,一切劳务、机械、材料等债务纠纷与建设方无关。

九、施工体会

经过近三年的努力,工程圆满完成,我们觉得,一个工程要想干好,首先要有建设单位的正确领导,还要有设计单位、监理单位和地方政府的积极配合。作为施工单位,只有在质量上高标准,严格要求,进度上,合理组织,制订合理的施工计划,并对进度定期跟踪,才能取得名利双丰收。

山东鲁桥建设有限公司

洛栾高速公路洛阳至嵩县段土建工程 No. 4 合同段项目经理部

二〇一六年八月

5. 洛栾高速公路洛阳至嵩县段土建工程 No. 5 合同段施工总结报告

目　录

洛栾高速公路洛阳至嵩县段土建工程 No.5 合同段施工总结报告

一、工程概况

洛栾高速公路洛阳至嵩县段是河南省 2009 年计划开工的重点高速公路项目。该线起于九朝古都洛阳，向南经酒圣之乡伊川，终点位于“豫西山水画廊”嵩县，接同期规划的洛栾高速公路嵩县至栾川段，全长约 62.69km。本合同段计划于 2009 年 12 月 10 日开工，实际开工时间为 2010 年 3 月 20 日，2011 年 8 月 10 日竣工，合计 608 日历天。实际工期因工程变更及其他原因，于 2012 年 11 月 1 日全部完工。

本项目沿线地形非常复杂，尤其是山岭区，山大沟深，变化无常，给项目的实施带来一定的难度。经详细的地质勘查发现，本合同段为山前丘陵区，坡积物发育。其东为九皋山山脉，其西为伊河河谷，相对高差较大，从丘陵顶部到河谷大约 90m。自然边坡率大于 50°，土石直接接触，在岩石界面较陡处，易产生滑坡，且坡角下为村庄，人员活动较频繁，有潜在安全隐患。

本项目路区属于北暖带季风气候区。年平均气温 14 ~ 14.5℃，年平均降水量 662 ~ 674mm，降水季节分配不均，时间比较集中，全年无霜期 209 ~ 206d。

本合同段为 LSTJ.5 合同段，线路起讫桩号为 K32 + 999.629 ~ K40 + 000，断链长度为 0.371m，路线全长 7.0km。主要工程量：

(1) 路基开挖土方 293022m^3，路基填土方 1603839m^3；路基边坡防护 M7.5 浆砌片石 22372m^3，预制块安装 10464m^3，路基排水 M7.5 浆砌片石 2494m^3，预制块安装 3302m^3。

(2) 大中桥 1451.62m/10 座，大桥 65.04m/1 座，共计桩基 379 根，承台 32 片，系梁 56 片，立柱 186 根，肋板 86 片，墩台帽 123 个，预制 25m 箱梁 285 片，40m 箱梁 77 片，10m 空心板梁 12 片，20m 空心板梁 193 片。

(3) 涵洞通道 873.69m/24 道。

(4) 合同总价：160622628 元，实际工期为 2010 年 3 月 25 日至 2012 年 11 月 1 日。

二、机构组成

项目经理部驻地设在主线 K36 + 515 右侧 80m 处。项目部设项目经理、项目副经理、项目总工程师、财务总监各一人，组成项目经理部领导班子，下设工程部、质检部、安全部、财务部、合同部、机料部、测量队、试验室、经理办公室。经理部下设 4 个路基工程作业队，3 个桥梁工程作业队，7 个附属工程作业队，5 个涵洞通道工程作业队，1 个梁板预制作业队，对本合同段进行分段流水施工，加强现场材料、设备、人员的管理，确保工程优质、安全、高速地完成。

本合同段实行项目经理负责制，推行项目法施工，全权负责本合同段的组织安排、生产经营、内外关系协调、材料供应、安全监督、质量验收等工作，全面认真履行合同，做到使业主满意，社会认可，体现“以速取胜、以质求信、以技创新、以实为本”的企业精神。实行精细化项目管理制度，明确项目各职能部门、人员的职责，制定了切实可行的各项管理制度。

三、质量管理情况

本合同段施工中严格按照施工技术规范和施工图纸进行质量控制，加强全员质量意识的教育，明确职责，项目部与各现场工程师签订质量目标责任书；加强施工现场技术管理，工程技术人员坚守岗位，做好技术指导，各作业班组严格按施工规范进行每道工序施工，坚持做好施工过程中自检、互检、交接检；切实做好工程质量管理工作。

我们以优良工程为目标，争创国家优质工程，通过全体职工的不懈努力，实现了质量管理目标：

(1)施工过程零缺陷，分项工程一次性验收合格率达到100%，分项工程质量等级评定得分95分以上。

(2)单位工程交、竣工验收合格证率100%。

(3)重大质量责任事故为:0案次。

工程质量控制措施如下：

1. 建立工程质量管理制度

(1)项目部建立强有力的生产指挥系统、完整的质量控制体系和安全保证体系，从项目经理部班子成员到主要部门负责人，其他技术和管理人员从严考核选用，从人员素质上确保工程质量和工期控制的实现。

(2)贯彻执行项目法施工管理，认真总结我局类似工程的施工经验，认真审核本合同段工程技术方案，改进和完善施工方案及施工工艺，确保工程质量。

(3)推行精细化管理，对各项管理工作和施工技术均按程序文件执行；同时按业主要求的工期、质量目标，优化、完善施工计划和施工技术方案，做好相应配套计划，具体落实到各部门及责任人，确保总体创优目标的实现。

(4)加强内部管理协调力度，合理安排施工力量，以总工期为目标，掌握轻重缓急，保持合理的施工节奏。在确保质量的前提下，根据工程实际进展情况，把施工人员的收入和工程质量、进度挂钩，抓紧有利时节，适时组织大干，提高时间利用率，避免冬、雨季对工期的影响。

(5)当进度和质量发生矛盾时，坚决贯彻在保证质量的前提下的合理安排工期。

(6)确定创优目标，制订工程创优计划，落实各项创优措施。

2. 工艺技术、工序自检控制

(1)实行全过程的质量监控，实行质量否决权。开工前做好原材料的检验和配合比设计工作，施工过程中每道工序及每个分项工程都实行自检、互检、交接检验，符合质量标准，报请监理工程师批准后，再进行下道工序或下个分项工程的施工。

(2)严格执行技术规范和标准，遵规操作。做好图纸会审工作，各分项工程开工前均制订合理化、先进的施工方案和施工工艺，并做好上岗前的技术培训和交底工作，使参加施工人员做到五个明确，即岗位明确、职责明确、质量标准明确、施工程序明确、操作规程明确。

(3)高度重视结构混凝土配合比设计和试验段的施工工作，认真做好技术总结，取得适合本工程的技术数据，准确指导施工。

(4)认真做好施工中的施工原始记录，做到资料完整，数据准确，内容齐全。

3. 检测、试验设备控制

(1)为了保证工程施工质量，配备性能优良、精度符合规定要求的检测、试验设备。

(2)对配置的检测试验设备，在使用前送国家认可的检定机构进行检定。合格后方可投入使用；并按规定周期进行检定、标识。当无须送检或不存在国家认可的基准时，项目部可自行校验，并形成记录文件。

(3)对检验、试验人员进行培训，严格按操作规程进行操作；并确保检测设备有适宜的环境，以保证其精密度和准确度。

(4)项目工程部、试验室建立检测、试验设备明细台账，掌握检测、试验设备现状，实行动态管理。

(5)项目工程部、试验室定期或不定期对主要检测、试验设备进行保养和复检，并形成记录文件。

4. 检验、试验控制

(1)项目工程部、试验室对凡是进场的原材料和外购件，均按招标文件、规范、程序文件的规定，按规定频率和方法进行检验、试验。

(2)对未经检验、试验的原材料和外购件一律不得使用。

(3)施工前对路基或结构物严格按招标文件、施工技术规范的验收标准，进行再次检验和测试。

(4)项目工程部、试验室严格按照图纸和规范的要求检验各工序质量，评定分项工程质量，对不合格的工程坚决返工处理。

(5)施工过程中各工序未得到检验、试验合格前，不准进行下一道工序。

5. 质量通病防治措施

组织技术人员认真总结道路、桥涵工程施工中易发生的质量通病，结合本工程的施工特点和现场的实际施工情况，制订出相应措施加以预防和解决。不定期开专题的技术研讨会，组织技术人员进行学习，总结施工经验。

项目部在施工质量管理中严格遵循国家技术标准的同时，始终重视对河南省交通运输厅、河南高速公路发展有限责任公司、河南嵩阳高速公路有限责任公司有关技术要求文件的学习、领会和落实。建立健全质量保证体系，并保证其有效运行，实现了质量管理目标：验收一次合格率达到100%，分项工程优良率为90%以上。

6. 对完工工程质量评价

在河南嵩阳高速公路有限责任公司的领导、监理工程师的监督以及市、县各级领导的大力支持和帮助下，于2012年10月25日圆满完成了合同约定的各项施工任务。通过对我合同段各分项、分部及单位工程的评分汇总，分项工程合格率达100%，合同段工程质量等级自检评定得分为98.2分，合同段工程质量等级为合格。

四、施工进度控制

项目部根据总工期、阶段性目标制订详细月计划、周计划和日计划，分解到每一分项工程，以及每一个现场技术管理人员和每一个作业班组，实行绩效考核，加强过程控制，及时纠偏，均按时或提前完成河南嵩阳高速公路有限责任公司制订的各项节点目标。

五、施工安全与文明施工情况

项目部在施工中始终注重做好安全、文明施工。

经理部设有一位副经理主管安全，各作业队有一名副队长抓安全，并设专职安全员，施工班组设兼职安全员，建立健全安全规章制度，做好岗前安全教育。

(一)安全生产

(1)项目部成立施工安全保障组织机构，制订完善的安全检查工作程序以及安全生产管理制度。

(2)树立“质量第一，安全第一”的意识，结合本项目工程特点对全员进行安全教育，严格遵守安全操作规程；有效地制止安全隐患，把不安全因素消灭在萌芽状态。

(3)在交通干扰较大的地段设立醒目交通标志，必要时，设专人指挥管理，严防事故发生。

(4)各种用电机械设备、线路设专人管理,定期检查维修。

(5)施工路段要求运输车辆限速、有序通行,防止交通事故发生。

(6)加强员工防火意识,对全体员工,特别是专职安全员进行消防基本常识培训。对拌和场油库、仓库等设专人进行安全检查,将不安全因素消灭在萌芽状态。

(7)加强施工现场生产防护,对脚手架搭设、"三保"(安全帽、安全网、安全带)佩戴、路口洞口防护、施工用电架设、支架搭设、施工机具使用等工作严格按国家"一标三规范"实施,并进行有效监督检查和控制。

(8)分部、分项工程在开工之前由技术负责人向参加施工的员工介绍工程概况、施工方法和安全技术措施。

(9)定期检查工地安全情况,及时提交施工安全报告,制订适时的安全措施,以弥补和完善安全计划。

(10)定期召开工地安全会议,讨论需审议的施工安全问题,及时针对工地的施工安全情况做出决策。

(11)实行安全奖罚制度,定期对在实施安全计划和法定条例方面表现良好的施工班组、人员进行奖励,对在此方面有违反和忽视行为的施工班组、人员进行处罚。

(二)文明施工

(1)现场布置:根据场地实际情况合理地进行布置,机械设备按现场布置图规定存放,并随施工不同阶段进行场地布置和调整。

(2)道路和场地:工区内道路通畅、平坦、整洁,不乱堆乱放,无散落物;场地平整不积水,排水成系统,畅通不堵;施工废料集中堆放,及时处理。道路、场地根据不同用途采取不同措施硬化。砂、石存放地面做硬化处理。

(3)材料堆放:材料分仓分类堆放。分类插标示牌,记载齐全而正确,牌物账相符,库容整洁。

(4)消除施工污染:采用自卸汽车将钻渣运至指定地点排放;其余场地废料运至业主指定要求地点处理。施工废水、生活污水不得污染水源、耕地、农田、灌溉渠道,工地垃圾及时运到指定地点。

(5)坚持所有施工人员佩戴胸牌,施工现场设置各种明确的施工标志牌、交通限速牌等。

六、环境保护与节约用地措施

项目部在施工中始终注重做好环境保护与节约用地工作。

(1)环保工作按国家或当地有关部门的要求执行。

(2)施工过程中认真做好文物保护工作,并在现场施工管理办法中体现和落实。

(3)拌和站、预制场设置尽可能远离村庄,并在场内设立自成系统的垃圾堆放和排污设施,不倒入江河湖塘中,以避免水源污染。

(4)易造成粉尘污染的细料采用覆盖、密封储存等有效措施,减少粉尘污染。

(5)外借土方时,选取对地形、地貌、植被,农田等影响最小的取土场和施工方法,及时做好地表部分的防护工程,以减少水土流失。

(6)严格执行文明施工、环境保护的有关规定,不在施工沿线随意废弃水泥混合料、燃油等对环境外貌及土壤会产生污染的物质。禁止职工在工作中间和工作之余砍、折植被。

七、施工中新技术、新材料、新工艺的应用情况

合理利用当地砂卵石材料进行路基填筑,既疏通了河道,又加快了施工进度,降低了工程造价，增加了路基的稳定性。

根据业主要求，本合同段混凝土拌和站建设增加了密闭的储料仓，料仓加盖了防雨棚，拌和设备安装了脉冲式电脑投料控制系统，使混凝土的拌制中所有的各种材料剂量更加准确。同时又增加了洗石机和筛分机，对高强度等级混凝土所用的碎石全部进行水洗，所有中粗砂全部进行筛分，确保了高强度等级混凝土的拌和质量，在混凝土的配合比的选用上掺加了合适的外加剂，使混凝土在保证强度的前提下节约了水泥用量。

预制梁板的冬季养生采用蒸汽式锅炉、彩钢板推拉式大棚进行养生，测温采用外挂式数显温度计，加强了预制梁板的冬季养生措施，保证了预制梁板冬季的施工质量。

八、工程款支付情况

截至 2012 年 10 月 25 日，本合同段共计量 38 期，其中包含 2 期动员预付款，10 期材料预付款，26 期工程实体计量，工程实体累计计量 1168.94 万元，累计支付 1451.90 万元。

本合同段所计量的 38 期计量款已经全部支付到位，一切劳务、机械、材料等债务纠纷与建设单位无关。

九、施工体会

在洛栾高速公路建设过程中，施工单位与项目公司、监理单位一起，克服地质条件复杂、当地施工环境影响、原材料价格上涨、金融危机、雨季等困难，采取有效措施，严格控制质量，抢抓工程进度，确保洛栾高速公路优质按期通车。

在洛栾高速公路建设的日日夜夜，建设、设计、监理、施工单位全体参战人员，严格控制质量，抢抓工程进度，舍小家顾大家，为洛栾高速公路建成通车做出了积极贡献。洛栾高速公路的建成，对加强河南省中西部地区的经济发展，走优势互补、共同发展、共同富裕之路具有重要意义，对振兴豫西经济乃至推动全省经济发展也必将起到重要的推动作用。

中交二公司第四工程有限公司

洛栾高速公路洛阳至嵩县段土建工程 No.5 合同段项目经理部

二〇一六年八月

6. 洛栾高速公路洛阳至嵩县段土建工程No.6合同段施工总结报告

目　录

洛栾高速公路洛阳至嵩县段土建工程 No.6 合同段施工总结报告

一、工程概况

(一)概述

河南洛栾高速公路洛阳至嵩县段是河南省 2010 年开工的省重点高速公路项目。我合同段为洛嵩段第六合同段,位于有“豫西山水画廊”之称的河南省嵩县境内。全长 6.899km(含断链 899m),起讫里程 K40+000~K46+000。本合同段计划于 2009 年 12 月 10 日开工,实际开工时间为 2010 年 3 月 20 日,2011 年 8 月 10 日竣工,合计 608 日历天。实际工期因工程变更及其他原因,于 2012 年 11 月 1 日全部完工。

(二)主要工程内容

本项目建设工程内容包括路基土石方、桥涵构造物工程、隧道工程、边坡防护和排水工程及其他相关工程。主要工程量为:路基土石方 197.9 万 m^3、大桥 2274.6m/7 座、中桥 97.2m/1 座、机耕天桥 1 座、拱涵 241.78m/4 座、盖板涵 69.53m/2 座;隧道 505.4m/1 座,桩基 452 根,承台 57 个,系梁 80 个,立柱 134 根,盖梁 110 片,预制梁 494 片,现浇梁 6 孔,抗滑桩 112 根。

本工程自 2010 年 3 月 20 日开工至 2012 年 10 月 31 日竣工,历时 31 个月。

二、机构组成

本工程项目经理张璐琰,总工程师安磊,项目副经理何红民、卢尔聪。项目经理部下设:工程技术部、安全部、质检部、试验室、物资部、机械部、财务室、计划合同部、协调部以及综合办公室。共投入施工技术人员 27 名、管理人员 30 名。劳力工正常施工时为 500 人,高峰期 1100 人。投入的主要机械设备有:装载机 16 台、挖掘机 12 台、推土机 12 台、平地机 4 台、压路机 4 台、吊车 5 台、混凝土输送泵 4 台、自卸汽车 30 辆(高峰期 50 辆)、洒水车 6 辆、混凝土运输车 8 辆、龙门吊 9 台、架桥机 4 台。

三、质量管理情况

(一)建立、健全质量管理机构

建立、健全质量管理机构,加强了质量监督检查。我们总结过去的施工经验,以质量管理领导小组为整个工程质量管理的最高领导机构,由项目第一责任人项目经理任组长,总工程师、工程质检部长、试验室主任及各工程队长为成员组成质量管理领导小组,并制订全合同段工程质量创优规划方针、措施。工程质检部、试验室专职抓质量管理,工队一级的质量管理机构在项目部质量管理小组的领导下,制订本施工段的创优措施、质量保证计划,并负责具体落实。所属各施工班组根据自己的创优目标,拟定分项工程具体的施工工序、实施计划,并做到责任到人。

(二)科学组织

根据本工程路线长、工程量较大的特点,结合我项目部的施工水平,组织专业技术人员编制了严密的切实可行的施工组织设计,并对人员、机械设备、材料资源等进行了科学的配置,使工程的顺利施工得到了有力的保障。开工前就做好了各部位、各工序的技术交底工作,使各级施工人员清楚地掌握将要进行施工的工程部位、工序、施工工艺和技术规范要求。在工程施工时因客观原因发生变化时,我项目部及时地对已制订的施工方案和有关程序进行严密的、科学的修订和变更,并严格按照质量体系控制程序的要求,报送有关部门论证审批,批准后实施,确保施工程序的科学性和可行性。

(三)强化质量意识

抓好全员质量管理教育,强化全面质量意识,实行目标管理,使全体职工牢固树立“百年大计,质量第一”的观念。自觉参与施工工艺、技术标准、质量检测的全过程管理。

积极开展QC小组活动,建立工程质量奖罚制度,成立了以提高工序质量和工程质量为目的的QC小组,科学解决施工中的关键质量问题,实行挂牌施工,广泛接受各方面监督。遵循“谁施工,谁负责”的原则,奖优罚劣。

(四)严格施工质量监控

对施工的全过程进行质量监控,在施工的各个环节上严把质量关。

(1)严把材料关:对外购的材料、半成品,要求必须三证齐全,严格检查其规格、质量、性能等各项技术指标。原材料进场前必须经过试验确定,试验合格后方可进场,选定的料源不随意更换,坚决杜绝不合格材料进场。

(2)严把试验、检测关:坚持用数据说话,严格按照《过程检验和试验控制程序》的要求,做好各项过程试验和测试工作。通过严把过程检验和试验关,保证了工程施工的每一工序、每一作业段、每一部位的质量在施工过程中都受到控制。

(3)实行现场标牌、标识管理:标示牌上注明分项工程作业内容、简要工艺和质量要求、施工及质量负责人姓名等;同时对原材料、半成品、成品进行明显标识,避免混用。

(4)严把施工工艺控制:施工中严格遵照施工规范进行施工,每道工序进行中,兼职质检员都要进行过程质量控制,每道工序完成后,专职质检员都要进行工序质量检查。不合格的工程坚决返工。自检评定得分为95分。

四、施工进度控制

按照总体的进度计划安排,积极落实各项措施,确保工程进度按计划要求进行。

(一)组织保障措施

(1)成立精干的项目部,实行项目经理负责制,项目部内设置强有力的工程管理系统,实施工程的全面宏观管理。

(2)各个工程队建立健全队长负责制,强化一线组织领导和指挥,确保实施性施工组织设计的实现,群策群力开展好目标管理,制订详细又科学合理的施工作业计划,保持均衡生产,实现计划的最终时间目标。

(3)加强工程调度指挥,做到一切行动听指挥,步调一致,齐抓共管。

(二)人员保障措施

(1)加强用工的计划性,实行定额用工。

(2)加强劳动定额管理,确保定额水平的完成。

(3)组织好昼夜“三班倒”工作制度的正常落实,做到各工序的连续施工。

(4)领导跟班作业,及时发现并解决问题。

(5)发扬艰苦奋斗的作风,节假日照常施工。

(三)技术保障措施

(1)优化施工组织设计,做到科学施工,信息反馈及时,适时调整和改进施工方案。

(2)组织采用平行流水作业方式,保证一环扣一环的施工程序。

(3)发挥技术管理的保障作用,细审核、严交底、勤检查、抓落实。

(4)专业技术工作者,要深入一线跟班作业了解情况,及时搞好技术交底,并做到发现问题及时解决。

(5)实行项目总工程师技术岗位负责制,对技术负总责,并行使技术否决权。

(四)物资保障措施

(1)加强物资采购人员的选配。

(2)按施工计划安排,确保材料按时到位。

(3)把握建筑的旺淡季特点,超前调查和预测市场供应情况,特别是季节性施工要做好材料的适量储备。

(4)严把材料质量关,杜绝劣质材料进入施工现场。

(五)设备保障措施

(1)设备管理人员,要选配有较高的技术素质、较强的事业心和责任感的同志担任。

(2)加强设备的维修与保管,确保完好率和出勤率。

(3)加强现场设备的协调使用。

(4)根据工程进度,应超前考虑,专人落实各种设备的进场,做到随用随上,不误时间。

(六)资金保障措施

(1)选配财务经验丰富的会计师,主持工程资金的筹集和合理使用。

(2)压缩非生产性开支,全力保障有限的资金用于工程和职工的工资发放上。

(3)积极与甲方联系,确保工程进度拨款不滞后,力争早到位,以便资金用于工程上周转。

(4)若资金紧张时,积极向上级主管单位反映,确保工程施工用资金。

(七)处理好各种外部关系,争取良好的施工环境

(1)搞好与甲方、设计单位、监理单位的关系,紧紧依靠地方政府,加强合作,密切配合,确保工程的顺利进行。

(2)服从甲方协调,密切与本工程相关单位的合作与配合。

自接到中标通知书后,我项目部就及时组织人员和机械设备,于2009年12月进场。

按原计划,在2012年9月底之前完成全部主体工程,并验收合格,由于滑坡治理等原因,导致本合同段滑坡段部分路基于2012年10月完成,其余主体工程全部按计划完成。

按业主要求,所有工程应在2012年10月前全部进行单项交工,我合同段积极组织人员,编制详细计划并实施,在2012年10月前完成全部单项交工,并验收全部合格。

为确保工期,我项目部在施工过程中增加了大量的人力、物力的投入,并实行质量、进度责任到人,由项目经理、总工程师带头落实,于2012年10月完成了合同内所有工程,各项工程均进行严格的检测和检验,各项检测结果均达到优良,并符合招标文件的规定。

五、施工安全与文明施工情况

(一)施工安全

成立以项目经理为组长的安全生产领导小组,全面负责并领导本项目的安全生产工作。本项目安全目标确定为“三无一杜绝、一创建”。“三无”,即无工伤死亡事故;无交通死亡事故;无火灾、洪灾事故。“一杜绝”,即杜绝重伤事故。“一创建”,即创建文明工地。施工安全与文明施工达到要求。

“安全就是责任,责任重于泰山”,在工程建设中我项目自始至终都把安全问题列入重要的日常议程,我项目始终做到:

(1)建立、健全安全保证体系,强化安全领导,充实安监人员,严格执行各项“安全操作规程”。

(2)各项施工安全管理制度齐全,管理机构健全,人员到位,责任到人。

(3)认真贯彻执行了“安全第一、预防为主”的方针,坚持和加强了全员的安全教育。每位员工上岗前都进行安全规范、安全操作的培训,提高了全员的安全防范能力。

(4)严格执行安全监督、奖罚制度,实行逐级承包,签订安全责任书,对事故坚持“三不放过”原则,即“事故责任分不清不放过,事故原因查不清不放过,事故责任者及群众没受教育不放过”。

(5)定期开展安全竞赛活动,运用安全系统工程技术,开展安全预防、安全预测活动,实施生产全过程的安全管理。

(二)文明施工

(1)我们在组建项目部的同时,成立了党支部和工会,配合项目部搞好党建工作,充分发挥党、团、工的先锋作用,并组织开展了经常性的劳动竞赛活动。

(2)积极组织员工的职业道德培训,强化了员工的职业道德,提高了员工的综合素质,增强了员工的文明施工意识。

(3)施工中每位员工都能做到遵纪守法,自觉维护当地社会治安,从而杜绝了打架斗殴、酗酒、赌博等不文明行为的发生。

(4)我项目在整个施工中都本着勤俭节约的方针开展工作,反对浪费,提倡节约。

(5)充分尊重当地群众的风俗习惯并较好地处理了与当地群众的关系,积极参与了当地的精神文明建设工作。

(6)积极贯彻落实廉政建设工作,真正做到了“修好一条路不倒一个人”。

六、环境保护与节约用地措施

我单位成立环境保护领导小组,项目经理任组长。项目部办公室负责环保工作。环境保护计划,并贯彻到整个施工活动中,严格执行环保的各项规定。积极推行环境“评审”或“审核”,以评定自身的环境表现。强化环境管理体系的过程,实现对整体环境表现的持续改进。

(1)施工中严格按设计要求和国家法律法规的有关规定进行取土、弃土、弃渣,避免造成对道路、农田的污染和水土流失。

(2)施工废水不排入农田、耕地、饮用水源、灌溉渠道和水库。

(3)施工运输车辆在运输途中均用帆布、盖套及类似物品进行遮盖,避免了造成施工用料的抛洒、飞扬而污染道路及环境。

(4)桥梁施工过程中泥浆采用泥浆池进行沉淀,完工以后连同废物同时清理干净,避免了引起堵塞河道或妨碍交通。

(5)做好周围的绿化工作,尽量不破坏天然植被,并在施工完毕后将破坏的植被全部恢复。

(6)由于施工沿线村庄较多,对于临近居民区的施工段,我项目部尽量避免进行夜间施工,尽力减少噪声污染。

(7)生活区内设垃圾箱,垃圾入箱,及时清理。

(8)对项目全员进行经常性的环保教育,提高环保意识,全员动手做好环境保护工作。

七、施工中新技术、新材料、新工艺的应用情况

无。

八、工程款支付情况

本项目工程款尚未全部支付到位,今后如发生劳务、机械、材料纠纷与建设单位无关。

九、施工体会

在该工程的施工中我项目部主要有两点体会：

(1)与地方关系必须处理好。由于我施工段落内所涉及的村镇较多,在施工中地方上的干扰层出不穷,严重影响了工程的正常进行。因此如何处理好与地方上的关系就成了一项重要的任务,为了保证工程的顺利进行,遇到地方问题我项目部积极主动的与地方村镇干部及老百姓协商、沟通,解决问题。争取得到相互的认同、谅解。虽然在这方面下大力气做工作但都收效甚微,认真反思后觉得我们还有许多做得不足的地方,在以后的工作中要逐步加强。

(2)精心组织、科学管理是保证工程进度、工程质量的关键。由于本项工程建设任务重、工期要求紧且地质情况复杂、地方干扰大,因此如何既保工期又保质量就成了摆在大家面前的一项难题。为此我项目部精心编制了切实可行的施工组织设计,并且在实际施工中根据实际情况进行反复的修订、论证。对工程进度、质量、安全都做出了明确的规定,以此来规范施工、约束人员。从而使施工紧张有序,忙而不乱,各道工序环环相扣。终于保质、保量地按业主要求如期完工。

中铁十五局集团第五工程有限公司

洛栾高速公路洛阳至嵩县段土建工程 No. 6 合同段项目经理部

二〇一六年八月

7. 洛栾高速公路洛阳至嵩县段土建工程 No.7 合同段施工总结报告

目　录

洛栾高速公路洛阳至嵩县段土建工程 No.7 合同段施工总结报告

一、工程概况

洛栾高速公路洛阳至嵩县段 No.7 合同段，全长 7.4km，北起嵩县陆浑水库南侧（起点桩号为 K46 +000），止于嵩县饭坡乡陶院寺村（终点桩号为 K52 +500），全长 6.5km。

本工程公路等级为四车道高速公路，桥涵汽车荷载等级为公路-Ⅰ级，设计速度 100km/h，平曲线最小半径为 800m，最大纵坡 3.8%。路基宽 26m，桥涵设计洪水频率 1/100，桥梁抗震设防类别为 B 类。

路线经过的主要地貌单元为中起伏低山区，山峰叠峦，沟谷发育，切割强烈。路段内上部地基土以褐红色、黄褐色粉质黏土为主，呈硬塑状，含姜石，局部弱胶结成钙质斑岩，下部为砂岩、安山岩等。区域属北暖温带气候，年平均气温 14 ~ 14.5℃，年平均降雨量 662 ~ 674mm。

本合同段主要包括路基工程、桥涵工程、防排工程。共有大桥 2202.54m/6 座，服务区 1 处，匝道桥 1 座，分离式立交桥 2 座，天桥 5 座，涵洞通道 6 座，路基挖方 1698km^3，路基填方 1833km^3。合同总造价为 31991 万元。

本合同段于 2010 年 3 月 20 日点式开工，2010 年 7 月份大面积开始施工，至 2012 年 11 月 8 日完成主体路基桥梁工程。

二、机构组成

（一）项目经理部设置

我单位中标后，立即在公司内部进行了选优组合工作，调配优良机械设备和具有多年高等级公路施工经验的骨干力量，组建了本合同段项目经理部，负责指挥和组织本合同段的工程施工。建立健全了项目经理、总工程师、质检工程师领导下的行政、技术、质量保证体系，并设立了经理办、合同部、工程部、质检部、测量队、试验室、机料部、财务部八大职能部门。

项目经理：张克；总工程师：金江东；项目书记：宋志祥；副经理：郑五星、杨俊、邓邦鑫；质检工程师：刘超。

（二）项目操作层设置

根据合同段桥梁设计布置及路基工程量分布情况，结合本工程工期特点，成立了 4 个路基作业队、6 个桥梁作业队、3 个涵通作业队、4 个防护作业队，混凝土拌和站 2 座，大梁预制场 2 处。

三、质量管理情况

（一）建立健全质量管理体系

建立以项目经理为工程质量第一责任人的质量检查组织和以质检工程师负责，工程部协助的质检、试验、测量三位一体的质量保证体系。

（1）质检体系：项目部设立质检部、各作业班组设质检员，实行分级管理制度。每道工序都必须经过作业班组质检员自检，班组之间质检员互检，工程部、质检工程师联检，在自检、互检、联检基础上，上报监理工程师检查签证后，方可进行下道工序的施工。

(2)试验体系:项目经理部设立试验室,为试验室配备与工程相适应的仪器设备,充分满足本工程试验需要。严格把好原材料和材料质量检验关,验证各种原材料、半成品,成品进场的质量保证书和产品使用合格证,杜绝不符合质量要求的各种半成品、原材料进场。严格执行试验规程,确保每项工程开工前有标准试验,施工中有试验检查,完工后有真实、准确、完整的试验数据,以充分反映结构实体内部质量状况。

(3)测量体系:项目经理部设立测量队,为测量队配备与其任务相适应的仪器、设备,负责控制测量和施工放样工作。测量工作自始至终必须严格按测量规程进行操作和控制,做到施工前有控制性测量和施工放样,施工中有测量校正,完工后有成品测量检查,确保施工全过程的测量数据真实、准确、完整地反映结构物几何空间尺寸。

(二)全过程质量控制程序

施工前认真会审设计图纸,充分理解设计意图及要求,层层组织技术交底,严格按设计图纸、招标文件、施工技术规范、施工工艺操作规程组织施工。

施工过程中,质检工程师根据施工方案的要求制订相应的质量保证措施,并对作业队、现场技术员及质检员进行技术交底。作业队在现场技术员的指导下,以单项工序为单位进行施工控制;质检员检查验收各施工工序,并报质检部抽检。质检部根据质量控制要求进行抽检,然后报监理工程师检验。各方确认后,开始下一道工序的施工。分项工程结束后,由质检工程师代表经理部组织检查验收,然后报监理工程师检查验收。

(三)特殊工程、关键工序编制作业指导书

对于一些特殊工程如结构物台背回填和一些关键工序如钻孔灌注桩等特殊工程或是关键工序,我们都在原有质量控制的基础上编制作业指导书,在施工前增加对技术员、作业班组的技术交底,确保大家在施工前熟悉设计意图,了解施工关键,并增加施工过程特殊情况处理预案,对过程中容易出现的问题进行分析、探讨,制订出一套严密可行的预防方案和体系,有效地保证了施工一次合格率。

归纳起来就是“技术交底、分析问题、制定预案、分工明确、责任到人,检查实效、调整落实”。

通过这些措施的制订,特殊工程和一些关键工序一次合格率均达到了100%,结构物外观质量也得到了很大的提高,从而保证了整体工程质量的稳步提高,基本上达到了内实外美的要求。

(四)质量管理成果(质量评定)

本合同段共有单位工程7个,分部工程146个,分项工程进行评定后按各分项权值汇总出分部工程得分,再汇总至单位工程。合同段单位工程得分情况为98分。

四、施工进度控制

本合同段合同工期为608日历天,工程于2010年3月15日进行正式开工,于2010年7月份展开正式开工,至2012年11月16日路基桥梁主体完工,推迟的原因主要有:工程前期征地未完成,边施工边征地;地方阻工严重,部分桥梁工程及服务区直至工程末期问题才得以解决;由于施工图纸下发较晚,且过程中图纸发生较大变化,又二次下发图纸;施工过程中资金断链;工期跨两冬季、三雨季,影响较大。

施工过程中,主要采取以下措施对总体施工进度进行了控制:

(1)根据合同工期,认真做好项目的总体计划及实施性施工组织设计的编制工作,合理安排工期,使项目的一切活动在总体计划的控制下有序进行。

(2)各项施工技术方案提前制订,各项原材料试验,标准试验及配合比设计提前做好,经监理工程师批准后能按时施工。

(3)认真做好施工准备工作,以最短的时间完成恢复定线、图纸会审等,技术准备及人员机械设备、材料调遣进场等施工准备工作。

(4)做好各分项工程的试验段工作。在试验过程中,要充分利用现有机械设备进行,同时实现配套的机械化流水作业,多快好省地完成本合同段的施工。

(5)抓好材料进场工作,进行料场的调查比较,并及时做好备料工作。

(6)做好资金使用计划,保证资金供应。

(7)充分认识季节性气候对部分工程项目的影响,以及农忙季节劳动力,地方材料供应紧张对整个工程的影响,在农忙季节做出相应安排。在农忙来临之前准备好料,做好地方材料备料工作。对需要人工配合的项目,先进行摸底调查及早做出合适的安排,以免影响工程。

(8)在施工过程中部分项目采用二班或三班工作制,充分利用有效工作日,确保工程按计划进行。

(9)抽出专人负责协调工作,理顺地方关系,和当地村镇等各级部门积极配合,排除干扰,维护施工秩序,确保施工正常进行。

(10)把好质量关,避免返工等影响工程进度的情况出现。

(11)做好冬季、雨季施工安排,在冬季和雨季安排受天气影响小的工程。

五、施工安全与文明施工情况

本合同段认真贯彻关于建筑领域安全生产方面的文件精神,牢固树立"安全第一,预防为主"的指导思想,始终坚持以人为本的安全生产理念,为工程建设营造了一个安定、和谐的施工环境,确保了工程施工的各项工作的顺利进行。

项目部建立健全了安全生产管理体系,加强领导,分工明确,项目经理全面负责整个项目的安全工作,是安全生产的第一责任人,项目书记主抓工程的安全生产工作,下设安保部,全面监督和指导现场的安全生产,并设置了专职安全员,及时了解和反馈工地上的安全信息。根据本工程特点,合理编制了各项目安全生产制度、保证措施及安全事故处置预案。

项目部建立安全生产工作领导责任制和责任追究制。由项目经理负责,将安全生产工作列入各施工队的目标考核内容中,与各施工队层层签订责任书,明确各自职责,定期进行严格考核。贯彻"谁主管,谁负责"的原则,做到职责明确,责任到人。

由于施工人员来自不同的地方,文化程度、业务能力差异较大,为此,项目部在每一个分项工程开工以前,对该分项工程的安全情况进行安全交底,使其施工人员明白各种操作规程及规范要求,做到规范施工,安全施工。其次,组织现场安全管理人员进行培训,使其明白各项安全生产的相关规定及操作要求,强化其责任心。

文明施工方面,项目部加大宣传力度,在经理部设置各种标语,提高项目职工的安全文明施工意识,在施工现场,根据各分项工程的施工特点,制作各种安全生产、文明施工的标志标牌。使现场施工人员在施工过程当中既能受到教育,同时也给他们一种警示,从根本上预防各类安全事故的发生。

六、环境保护与节约用地措施

(一)环境保护

环保工作是百年大计,施工中要严格遵守国家及当地有关环保部门的规定,并采取如下措施:

(1)项目经理部建立环境保护机构和相应的规章制度,环境工作与效益挂钩,奖优罚劣。

(2)油库、施工现场和拌和厂等地,做好废水、废油以及其他废弃物的处理工作。

(3)不随意废弃废料、燃油等对环境外貌及土壤会产生污染的物质。禁止职工在工作中间和工作之余砍、折植被,在禁捕区捕水产以及在文物、古迹上乱涂画等。

(4)保护沿线水源,不干扰或改变原有水体的排水系统,严禁将施工中的废水直接排入河流或其他水源。

(二)节约用地

结合嵩县饭坡乡的地貌特征及人均耕地较少等情况,本合同段在节约用地方面采取了下列措施:

(1)弃土场全部选在荒沟、深沟地段,并根据实际情况个别地方弃在地势低洼长期积水地带,然后进行平整并覆盖清表腐殖土为百姓造地,这一举措既解决了弃土问题又增加了百姓的土地问题。

(2)取土场按规划取土,避免滥挖滥弃,取土尽量取"高土包""荒山",取土后将土场平整,避免因取土造成土地减少。

七、新材料、新技术、新工艺的应用情况

冷轧带肋钢筋网是采用热轧盘圆钢筋经过二次压轧减径而成的冷轧带肋钢筋在工厂按一定的间距纵横排列,然后采用电阻焊焊接成型的新型网片,其具有工厂化、施工效率高、质量好、节约材料、节省人力等特点,加之其母材为冷轧带肋钢筋,同时还具有强度高、与混凝土黏结力好等特点。

本合同段在桥梁的薄壁空心墩及盖梁施工中均采用了冷轧带肋钢筋网片,对于大体积混凝土抗裂取得了很好的效果,值得今后推广。

在施工过程中,本合同段根据河南省交通运输厅关于推广《连霍郑洛段改建工程示范段混凝土高性能化关键技术研究》课题成果的通知,结合本项目实际情况,对混凝土用碎石采用水洗加工,中粗砂采用二次筛分,混凝土拌和机采用脉冲式电脑计量控制装置,采用高性能混凝土理念对现行使用混凝土配合比进行优化,在现有混凝土搅拌工艺的基础上,通过改进现有拌和设备,达到充分拌和高性能混凝土的目的;通过优化现有混凝土振捣工艺并现场指导振捣工人振捣,避免因振捣不足或过振导致质量缺陷,经过不断探索和完善,对原有部分施工方案和施工工艺进行了改进,通过从混凝土原材料、配合比、搅拌工艺和灌注工艺进行全过程质量控制,从而达到改进混凝土外观质量的目的,并确保混凝土工程耐久性。

八、工程款支付情况

工程款全部支付到位,一切劳务、机械、材料等债务纠纷与建设单位无关。

九、施工体会

本合同段在业主、总监办和设计单位的大力支持及其他各方的积极配合下,经过大家的努力圆满地完成了目标和任务。不仅在工程质量和进度上都达到了预期的目标,而且又锻炼了一批人才。但也有许多值得我们总结的地方:路基、桥梁在施工时由于前期征地及填方材料不合格,加上资金断链等其他原因造成进度落后的局面,而为赶工不得不投入大量人力、机械及财力,造成各方面成本投入成倍增长而且效率不高,因此也增加了成本投入。

通过本项目施工,我们深切地感到,项目管理是一项科学而又宏大的工程,质量、进度、费用三者之间相互联系而又相互影响,如何在三者之间找到最佳平衡点、如何用最低的成本、用最短的时间把项目高标准、高质量地完成将始终是我们需要研究的课题和追求的目标。

浙江登峰交通集团有限公司

洛栾高速公路洛阳至嵩县段土建工程 No. 7 合同段项目经理部

二〇一六年八月

8. 洛栾高速公路洛阳至嵩县段土建工程 No. 8 合同段施工总结报告

目　　录

洛栾高速公路洛阳至嵩县段土建工程 No. 8 合同段施工总结报告

一、工程概况

洛栾高速公路洛阳至嵩县段 LSTJ. 8 合同段路线北起嵩县饭坡乡陶院寺村，止于嵩县饭坡乡草寺沟南，合同段起点里程 K52 + 500，合同段终点里程 K57 + 100，全长约 4. 6km，合同段挖方 168 万 m^3，填方 63 万 m^3，特大桥 1111. 16m/1 座，大桥 746. 76m/2 座，涵洞 221. 32m/4 道。本合同段计划于 2009 年 12 月 10 日开工，实际开工时间为 2010 年 3 月 20 日，2011 年 08 月 10 日竣工，合计 608 日历天。实际工期于 2012 年 11 月 5 日全部完工。

技术标准如下。

(1)公路等级：高速公路(双向四车道)。

(2)计算行车速度：100km/h。

(3)路基宽度：26m。

(4)设计荷载：公路-Ⅰ级。

二、机构组成

(1)项目人员情况如下：

我单位中标洛栾高速公路洛阳至嵩县段 No. 8 合同段后，立即组成中铁十五局集团第二工程有限公司洛栾高速公路洛阳至嵩县段 LSTJ. 8 项目经理部。项目经理部是现场施工生产的管理机构，项目经理由法人代表授权，全权负责现场施工管理、物资采购供应、施工技术、工程质量、施工进度、安全生产、劳务管量、机械设备保障、文明施工、环境保护等项工作。

项目部由项目经理、项目总工程师构成核心管理层。项目部下设 7 个职能部室，即工程技术部、安全生产部、试验室、计划合同部、物资部、财务部、综合办公室构成施工管理中间层。根据本合同段工作内容，设立 3 个路基施工队负责路基施工，4 个桥梁施工队负责 3 座桥梁施工，3 个通道施工队负责 4 个通道施工，3 个防护排水施工队负责排水防护工程。项目主要人员情况见表 1。

项目主要人员情况　　表 1

姓　名	职　务	职　称
景建军	项目经理	工程师
程学武	总工程师	高级工程师
杨孝宗	工程部部长	工程师
王玲	质检负责人	工程师
曹海宏	试验室主任	工程师
朱玲玲	合同工程师	工程师
谢永宽	财务部部长	工程师
王安乐	技术负责人	工程师
张选科	物资负责人	工程师

(2)设备投入情况见表2。

施工机械一览表 表2

序号	名　称	规格型号	数量	序号	名　称	规格型号	数量
(一)	路基工程			11	切断机	J3G-400	2
1	165kW 履带式推土机	TY220	2	12	弯曲机		2
2	158kW 履带式推土机	D7H	2	13	调直机		1
3	履带式挖掘机		10	14	吊车	25t	10
4	轮式装载机	ZL40	5	(三)	预制场工程		4
5	13.5t 自卸汽车	B5111	20	1	龙门吊		4
6	8t 自卸汽车	TK20GDL	20	2	自卸汽车	5t	6
7	18t 振动压路机	YZ18B	3	3	直流弧焊机	AX7-300	1
8	15t 振动压路机	CA25	2	4	交流弧焊机	BX6-315	1
9	3kW 蛙式夯实机	HW280	3	5	钢筋切断机	GQ40	1
10	4000L 洒水汽车	GS5800	6	6	弯曲机	40	1
11	平地机		3	7	卷扬机		1
12	强夯机		2	(四)	试验、监测		
(二)	结构物工程			1	土工试验设备	HKC-200	1
1	钻机	GM150	20	2	混凝土试验设备		1
2	发电机组	120kW	2	3	砂石试验设备		1
3	挖掘机	WY39	1	4	钢筋试验设备		1
4	16t 汽车起重机	QY16	2	5	长杆贯入仪		1
5	混凝土罐车		6	6	弯沉仪		1
6	混凝土搅拌机	JS1000	4	7	回弹仪		2
7	交流电焊机	30kV·A	4	8	3m 直尺		2
8	装载机	YCH30L	5	9	全站仪		2
9	蛙夯	HW280	2	10	GPS		1
10	水车	GS5800	8	11	水准仪		10

(3)管理机构设置如图1所示。

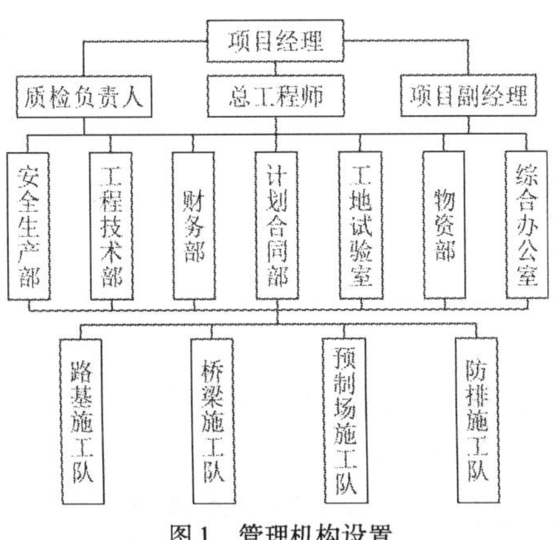

图1　管理机构设置

三、质量管理情况

本合同段工程路线长、规模大、地形条件差、工期紧张。为确保工程质量，我项目部施工伊始，通过与施工队签订工程质量保证书，使施工人员感到人人肩上有担子，个个思想有压力，强化施工人员的质量意识，树立工程质量就是工程建设生命的认识，在质量管理上台阶，规范达标上水平，廉洁高效创优质上下功夫，充分调动施工人员的积极性，对关键部位和重点环节绝不放过，真正把质量意识贯穿于每一天的施工中。

为提高全员质量意识，实行全面质量管理，使各级人员在对工程质量的理解上、认识上重新定位，以"高质量、高标准、高起点"的"三高"精神，对所有员工进行岗前教育和培训，持证上岗。建立严密的质量保证体系，从组织上确保质量目标的实现。质量检查分三级管理，即项目部专职质检工程师、施工队质检负责人、班组质检员。建立完善的质量检测机构，项目部设工地实验室，成立测量队，按专业配齐专职人员，建立严格的质量保证制度、管理程序。主要质量控制措施如下。

(1)建立开工前的技术交底制度：一项工程开工前，须由技术负责人向全体施工人员进行技术交底，讲清该项工程的设计要求、技术标准、定位方法、几何尺寸、施工方法和注意事项等，使全体人员在彻底明确施工对象的情况下投入施工。

(2)建立"五不施工"：即未进行技术交底不施工；图纸及技术要求不清楚不施工；测量桩和资料未经换手复核不施工；材料试验不合格不施工；上道工序不经检查签认不施工。"三不交接"：即无自检记录不交接；未经监理工程师验收不交接；施工记录不全不交接。

(3)对工序实行严格的"三检"：即自检、互检、交接检。上道工序不合格，不准进入下道工序，确保各道工序的工程质量。

(4)建立严格的隐蔽工程检查签证制度；凡属隐蔽工程项目，先由班组质检合格后，会同监理工程师复核，结果填入验收表格，双方签字。

(5)建立测量计算资料换手复核制度：测量资料须经换手复核，现场测量基线、水准点及有关标志，进行定期复核。

(6)建立施工过程质量检测制度：施工过程的质量检测按三级进行，即"跟踪检测""复检""抽检"。其中，跟踪检测为随着施工过程进行质量检测，掌握质量情况后及时采取措施，实现对施工过程的信息化指导和动态控制，该级检测由施工队承担实施；复测是项目部质检工程师对"跟踪检测"结果不满意或工程进度达到"复检"规定频率时，要进行复检，复检工作由项目部实施；抽检是指在项目部工程师或监理工程师对"复检"结果不满意或工程进度达到"抽检"规定的频率时，要进行抽检，抽检结果由项目部质检科和监理工程师同时实施。

(7)建立严格的原材料、成品、半成品现场验收制度：对采购进场的原材料及成品、半成品要由质检工程师组织验收。

(8)建立健全原材料、成品、半成品管理制度：检查合格同意进场的原材料及成品、半成品要分类、分批堆放，并设立标志，按用途保管、发放，不得混杂，对易受潮的物品要做好防雨、防潮工作。

(9)建立原材料采购制度：制订采购计划，采购由设材科按技术部门提出的施工总进度计划、施工图纸、技术要求制订。

(10)建立仪器设备的标定制度：测量仪器、试验设备、仪器仪表、计量器具，按照规定定期或不定期进行标定，取得合格证书后方能使用。

(11)建立严格的施工资料管理制度：施工原始资料的积累和保存设专人负责，确保资料与施工同步。

(12)建立质量保证奖罚制度:奖励先进,督促后进。

通过对我合同段各分项、分部及单位工程的质量检验评定,单位工程质量等级全部合格,合同段工程质量检验评定合格,合同段质量等级为合格。

四、施工进度控制

根据项目公司下发的施工进度计划安排,我合同段与项目公司签订了施工节点目标责任书。根据计划和节点目标要求,经过我合同段全体施工人员的共同努力,通过合理安排工期,我合同段于2012年11月8日完成了全部施工计划,为2012年12月31日通车奠定了坚实的基础。具体进度控制措施如下。

(1)重视施工前各项准备工作:开工前及时完成导线复测及大中桥控制测量工作,并及时上报了复测成果;试验室建成并完成了桩基混凝土配合比试验,进行了标准击实试验;料场完成拌和场"三通一平"工作台,拌和站、料场完成后,进行场地硬化工作和拌和站设备安装工作;机械设备进场,完成开工前的各项准备工作。

(2)开展劳动竞赛活动:为确保完成施工任务,加大人力、机械设备的投入,严密组织管理,调动各方积极性,加快施工进度。

(3)统计工程、制订计划、落实队伍、倒排工期;在工程开工后,项目部组织专人认真统计工程量。细致划分,落实施工队伍,明确质量要求和工程进度。根据总工期要求,项目部倒排工期,认真划分每一道工序,使工作能落到实处。

(4)建立高效指挥系统:本合同段建立从经理部到各施工单位的高效指挥系统,全面、及时掌握并迅速、准确地处理影响施工进度的各种问题,对工程交叉和施工干扰应加强指挥与协调,对重大关键问题要超前研究,制订措施,及时调整工序和调动人、财、物、机,保证工程的连续性和均衡性。

项目经理部建立了总调度室,随时掌握施工反馈信息,一旦发现有延误工期的现象,及时平衡调动施工力量和所需材料,制订措施确保施工计划的完成。

五、安全生产与文明施工情况

我合同段在施工中建立、完善并执行了一套安全管理制度,其中包括安全生产责任制、安全生产教育制,安全生产检查制度、安全事故的处理报告制度、现场施工安全值班巡查制度,在此基础上,制订了各项安全保护措施和安全操作规程。

(1)项目部建立以项目经理为组长的安全领导小组,设专职安全员负责全面的安全管理工作,做到有计划、有组织地预测、控制、预防事故的发生。

(2)建立安全生产责任制,明确各级人员的责任和权限,做到奖罚分明。

(3)在全体施工人员牢固树立"安全为了生产、生产必须安全"的思想,贯彻执行"安全生产,预防为主"的方针。

(4)坚持岗前培训,定期教育,操作工人持证上岗,并严格遵守各岗位安全技术操作规程。

(5)重要项目反复进行技术、安全操作交底,明确每个岗位的安全责任。

(6)加强对现场用电设施等容易引起安全事故的工作或工序的安全指导、检查和管理,现场安全标志标牌齐全。

施工中一直坚持文明施工,抓好现场管理,保持现场管线整齐、工料材、机具堆放有序,施工现场井井有条,临时设施布局合理,临时构筑物规矩成线;施工现场"一图四牌"齐全,施工标语、安全警示标牌醒目,消防安全设施齐备;施工管理人员挂牌上岗,操作人员持证上岗;施工噪声不扰民。

六、环境保护与节约用地措施

我合同段在确保工程质量、进度、安全以及文明施工的同时，制订并落实了施工期间严格的环境保护措施。施工中坚持“以防为主，防治结合，统筹规划，合理布置，综合治理，化害为利”的原则，防止污染和破坏自然环境，从而使受损的生态环境减小至最低程度。

(1)全面贯彻执行《环境管理体系　要求及使用指南》(GB/T 24001—2004/ISO 14001:2004)，保护和改善施工环境。

(2)建立环保组织，成立环保工作领导小组，制订环保规章制度，学习国家颁发的环保法规及有关知识。

(3)在本合同工程施工中，确定环保重点，把植被保护、水土保持、防止水源污染、防止烟尘污染和防尘作为环保重点工作。

(4)坚持科学管理、文明施工，做到施工现场整洁有序、工完场清，并保护好当地水源及建筑物，重视环保和环境美化建设。

(5)桥涵施工、路基开挖及取(弃)土场做好防排水设施，临时工程做好有计划地排除雨、废水，尽量避开工程范围。对于场地清除的垃圾和废土，按业主指定地点弃卸堆放，并做好防止流失的设施，杜绝乱堆乱弃及向河、沟、渠内排弃超标废水等。

(6)对生活垃圾、废料、废方、废水做好善后处理工作，避免污染江河、堵塞交通以及对农田水利设施和排灌系统产生影响，保护好当地群众的庄稼、树木、花草。

(7)工程施工用料拉运过程中，必要时采取篷布遮盖，所经过的施工场地和道路坚持经常洒水，以防尘土飞扬。

(8)运输机械尽可能采用排烟少、污染小的设备，对噪声大的机械设备设置了消音装置。

(9)施工中发现文物、古迹，及时向业主或有关部门报告，并做好保护工作。

七、施工中新技术、新材料、新工艺的应用情况

为保证工程的工程质量、工程进度和工程上新的施工工艺和施工方法的使用，我项目部成立了 QC 活动小组；对施工质量和进度进行全程管理，并定期召开讨论会，对工程中出现的各种新的和主要的施工方案和方法进行讨论研究、总结经验，并拿出切实可行的方案和方法。

八、工程款支付情况

工程款全部支付到位，一切劳务、机械、材料等债务纠纷与建设单位无关。

九、施工体会

在两年多的施工过程中我们体会到，首先，大家要齐心协力，及时做好施工原始记录并对施工成品进行检查，做到及时地反馈信息，才能真实地反映工程质量情况，便于查找漏洞，总结经验教训，提高工程质量。第二，要重视技术工作，维护试验成果，发扬自我监督的优良传统，充分发挥技术作用，把具体的技术措施落实到实际工程中去，提高工程效益和质量。第三，合理安排人力和机械，科学调度，严格计划。采用先进的施工工艺，提高技术含量，采用先进的设备，这样才有助于工程按质按期完成。第四，注重安全教育；建立、完善以项目经理为首的安全生产领导小组，制订各级人员安全生产责任制；定期或不定期地进行安全检查，及时发现安全隐患，随时发现随时处理。

中铁十五局集团第二工程有限公司

洛栾高速公路洛阳至嵩县段土建工程 No. 8 合同段项目经理部

二〇一六年八月

9. 洛栾高速公路洛阳至嵩县段土建工程 No. 9 合同段施工总结报告

目　　录

洛栾高速公路洛阳至嵩县段土建工程 No.9 合同段施工总结报告

一、工程概况

洛栾高速公路洛阳至嵩县段土建工程第九合同段开工时间为 2010 年 4 月 20 日，完工时间为 2012 年 10 月 25 日。洛栾高速公路 LSTJ.9 合同段北起嵩县饭坡乡草寺沟南，止于上地村，具体里程为：K57 +100 ~ K61 +800，全长 4.7km。主要工程内容有：路基土石方挖方 194 万 m^3，填方 54 万 m^3；桥涵：主线大桥 3 座，分别为梁古屯大桥(12-50m)、王家大桥(3-50m)及豹子沟大桥(7-50m)；互通区桥梁 2 座：沙沟大桥(8-25m)和主线跨匝道 A 桥(5-25m)；涵洞 7 座：主线 4 座，互通 3 座；分离式隧道 1 座：左线长 815m，右线长 809m；互通立交 1 处；机耕天桥 1 座。

二、机构组成

为"按期、优质、安全、有序"地完成 No.9 合同段工程，本合同段以投标中的主要人员为班底成立了强有力的项目管理机构，并抽调了具有公路路基和桥梁专业施工经验的劳务协作队伍承担本合同段的施工任务。

项目部设项目经理 1 名、副经理 3 名，项目总工程师 1 名，下设四部两室，即工程技术部(20 人)、安全质量部(3 人)、物资设备部(6 人)、计划财务部(3 人)、试验室(10 人，不含试验工)及综合办公室(3 人)，经理部管理机构定员共 75 人。

项目部下辖 3 个施工大队：路基施工队、结构物施工队、隧道施工队。高峰期进入工地总人数 780 人。投入的机械设备主要有：挖掘机 10 台、铲车 10 辆、压路机 6 台、架桥机 2 座、二次衬砌模板台车 4 台、塔吊 15 座、发电机 10 台。

三、质量管理情况

(一)质量管理体系

工程质量管理体系如图 1 所示。

1. 技术交底

技术交底贯穿施工的整个过程，将交底工作一直做到每个职工，使每一个职工明确整个工程的意义、整个工程的施工过程、每个工序的施工方法、要求和注意事项。在施工时严格按设计要求，按图施工，如需要变更，必须填变更手续上报现场监理。

积极动员和发挥全体职工的技术经验，定期召开施工会，对施工中有关施工方法和施工技术要求及操作过程中有关质量、进度、节约、文明施工各方面的改进提出合理意见。

2. 质量目标

本合同段工程质量目标为"工程质量达合格工程，一次验收合格率 100%"。

3. 质量检查旬报制度

为保证整个工程的质量目标，项目部由项目经理牵头，总工程师负责，各专业工程师为质量检查责任人，按每旬检查工程质量情况，把检查结果汇总，给出处理意见，并下发给各施工队。"激先策后"的办法在项目部得到应用，并取得良好成效。

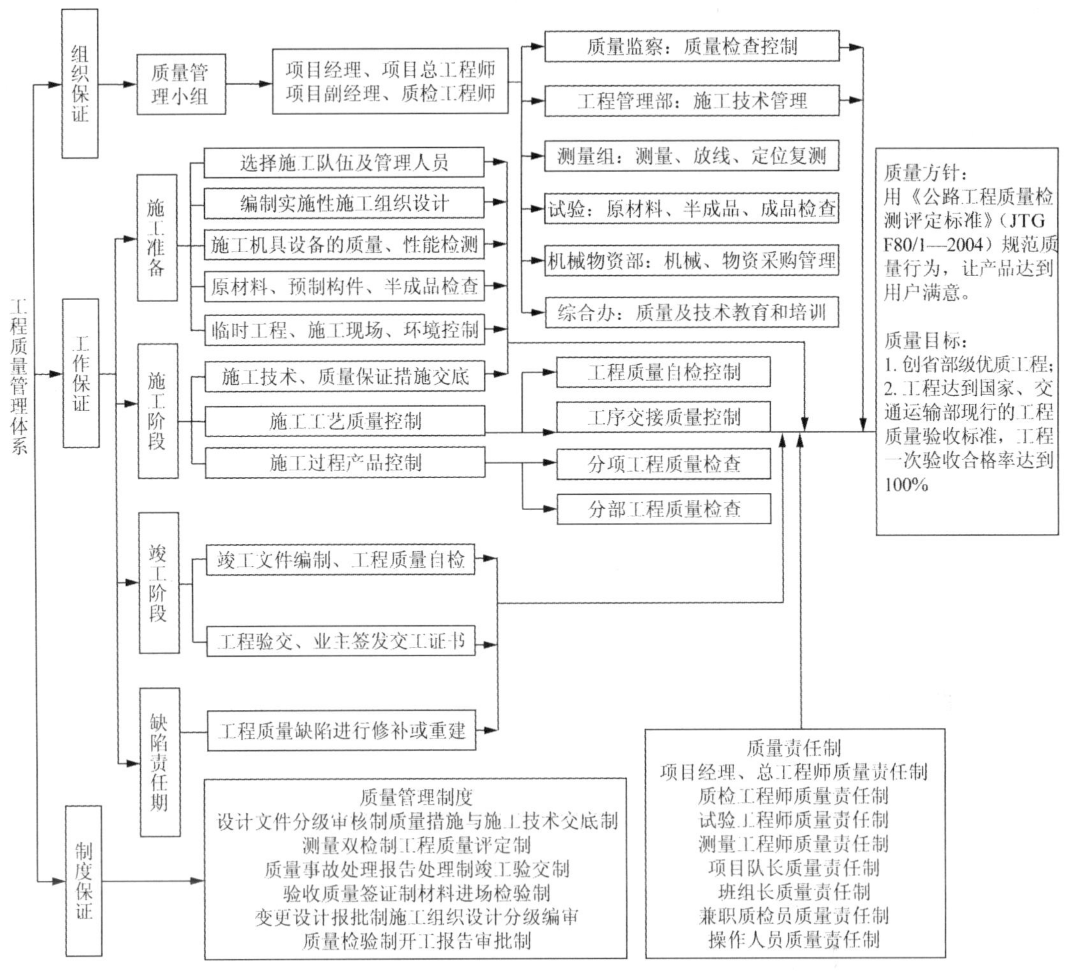

图1　工程质量管理体系

4. 质量奖罚制度

本项目执行每月对工程实行定期检查和评比的制度，对评比中获得样板工程的责任人给予重奖，并在公司范围内给予通报表扬，同时对施工队按工程计量款给予一定的提成奖励；对评比中获样板工程的责任人，另外给予专门的优质工程奖励；对评比中合格的不奖不罚；对评比中出现一次不合格的单项，给予责任人取消当月奖金的处分，给予口头警告，并责令责任人提出整改措施与具体办法；对二次不合格的，免除责任人的职务或者给予离岗的处分，同时在公司范围内给予通报批评；对出现不合格的施工队的处分是：自费返工处理至合格为止。

（二）施工质量保证措施

“确保工程质量，控制施工进度”，是工程施工质量顺利进行的关键。在工程开工以后，为了确保工程质量，控制施工进度，必须采用有效的质保措施，树立全面质量管理意识。争创全优工程，争创“样板工程”。质量保证措施如下：

1. 人员方面保证措施

(1)指派能力强、施工管理经验丰富的项目经理、副经理。选派技术水平优秀、工作作风严谨的项目总工程师。

(2)项目经理部安排协调组织能力强和专业技术水平高的职员任科室负责人，并安排具有一定的工作能力和工作实践经验，敢于坚持原则，廉洁奉公，不徇私情，有较强的事业心、工作责任感,热爱质量管理工作的专职质检工程师、试验工程师。

(3)采取各种途径,提高施工人员技术素质。利用雨天和施工间隙,请工程师代表讲授技术要求和施工操作方法,组织技术比赛,并适当派员外出学习,及时掌握工程施工的一流工艺和技术。重要岗位安排专人持证上岗,并保证人员的相对稳定。

(4)组织工程技术人员对本项目的工程技术规范、质量管理模式进行集中学习。公司有一批参加几条高速公路建设的合同制民工队伍,我们将选优劣汰,使其从事的施工项目单一化,以此提高他们的生产技能和稳定施工质量,并在进场前组织他们学习技术性较强的工序与工艺,进行专门的培训,树立质量第一、争创全优工程的思想。

2. 机械设备方面的保证措施

(1)选用具有国际国内先进水平的一流设备进行本项目施工,保证机械设备有良好的出勤率和最优的安全保障,配备一定的修理人员跟班作业,加强设备的日常保养、维护工作,确保工程设备处于最佳运行状态。

(2)配备足量的、能满足本项目精度要求的测量仪器。并做到定期检查、校核校正仪器,避免出现由于仪器的误差而影响工程质量的情况。

(3)每一批施工设备进场,需先向监理工程师报验,征得监理工程师同意后方可进场,以避免由于施工设备而影响施工质量。

(4)建立能满足本项目常规标准试验配比设计和质量检测工作需要的工地试验室,能独立开展下列类型试验项目:土工试验;混凝土、砂浆试验;钢筋力学试验;材料实验。

对于试验频率不高的少数试验项目,我们将委托具有交通运输部甲级资质的中心试验室完成。

3. 材料管理措施

(1)完善材料采购管理措施;材料采购前,先对供货厂商资质进行考查,对规格型号、质量标准进行验收,对不合格厂商的材料不予采购。

(2)从调查认可的合格厂商采购前,先由试验室取样试验,做到不合格的材料不运往工地。

(3)各单位工程开工前,送中心试验室对该项目所需各种材料进行检验。同时在使用过程中加强随机抽检,保证规范规定的步骤要求,杜绝不合格材料进入现场和用于工程建设。

(4)对于存放三个月以上的水泥,在使用前先取样试验,确保材料在有效期内使用。

4. 施工管理措施

(1)尊重和绝对服从监理工程师及其代表,根据合同条款要求,在工程师及其代表监督和指导下施工,并如实向监理工程师汇报工程进度和质量情况。

(2)建立检验和试验程序文件,按程序规定对施工全过程进行检验,并按程序规定的种类、格式和方法予以记录、归档。

(3)测量组拟定施工测量实施方案,负责控制网点的自检、施工全过程中的测量放样及测量验收工作,并提交工程师进行审核。

(4)试验室随时检查原材料产品质量检验证,做好各项原材料试验、施工中抽样试验、各种配合比试验,运用统计技术将其数据经计算机分析后,报质检科审批。对工程使用的混合型材料,先由试验室进行配合比试验,在分析、对比的基础上,选择最优配合比,经监理工程师及监理处、中心试验室平行试验验证后再予以实施。

(5)班组技术人员或自检人员在每一分项工程完工后进行质检,并填写质检表格交质检科。质检人员在审核试验资料、自检资料及其他相关资料无误后,到现场进行复检并填写报检通知单报监理工程师验收。对隐蔽工程,在覆盖前报监理工程师检查验收,每一道工序的完工,经施工队负责人和质检人员自检合格后，填写验收表格，经监理工程师检测完毕确认合格签字后，方可进行下一道工序的施工。各隐蔽工程除应有质检资料外，还要有相应的照片、录像资料。

(6)工程开工前，技术科做好开工报告，在开工报告中应写明为保证质量而选用的施工方案及工程安排，开工报告中的施工方案必须经 TQC 小组审核，认为其方案可行、有质量保证措施后方可报监理工程师，施工过程中方案的改变要有设计的理论计算和总工程师的复核，并报监理工程师批准，经监理批准后的施工方案方可实施。

(7)自检员、试验人员应严格实行跟班作业，工程关键部位以及经工程师批准“三班制”施工等工程，必须有自检工程师守候现场。

(8)每一工序完工后，应及时对施工场地进行清理，以免残留物对下道工序产生质量影响。对于连续施工工序，交班质检人员应就本班施工质量情况以及需要注意的事项向接班人员作详细说明，并认真填写交接班记录。

(9)严格按部颁标准、部颁技术规范要求、本工程业主的要求与格式分项分单元整理，并保存好所有原始资料。

(10)定期检查、校正试验检测测量仪器、预应力张拉设备，避免由于仪器设备的误差而影响工程质量。

(11)制订严格的质量管理条例，工程质量与个人效益挂钩。质量领导小组每月至少进行一次全面质量检查和评分，并将结果予以通报。此结果将是核实各施工区奖惩的首要依据，各施工区质量自检小组每天进行质量小结，每周进行一次自检自评，并将结果报质量领导小组，此结果亦是职工、民工取得报酬的重要依据。

(12)雇请的合同制民工，将尽量使其从事施工项目单一化，以此提高他们的生产技能和稳定施工质量。

(13)坚决实行质量一票否决制，凡不合格工程一律推倒重来，并追究其责任人的责任，当质量与进度发生矛盾时，必须先保证工程施工质量。

(14)如出现施工质量事故，由总工程师或自检工程师组织有关人员对事故原因进行分析，确定事故的程度与等级，计算事故的经济损失，预测事故的社会影响，提出缺陷修复方案和质量整改措施，报工程师批准后实施。对事故责任人都将予以经济处罚、通报批评，直至勒令其离开工地，以杜绝类似事故再次发生。实行谁主管，谁负责，并根据国务院的有关规定，对工程质量实行“终身责任制”。

5. 施工过程中的质量保证措施

(1)测量工作的质量保证措施

①对所有施工用的测量仪器、计量试验检测仪要按计量要求定期到指定的单位进行校定，施工过程中，如发现仪器误差过大，应及时送去修理，并重新校定，满足精度要求后，方可使用。

②对设计单位交付的测量资料进行检查、校对，如发现问题及时补测加固，重设或重新测校，并通知设计单位及现场监理工程师。

(2)模板及支架质量保证措施

①模板要经过结构设计，保证有足够的强度和刚度，并要求装拆方便 。

②加工钢模要严格按技术规范施工，实行三级验收程序。

③钢模要统一调拨，安装时要涂脱模剂，加贴防漏胶条，并注意控制高差、平整度、轴线位置、尺寸、垂直度等技术要求，流水作业，逐一检查，防止漏浆、错装等错误。

④支架在施工时严格按要求执行，并根据现场情况复核预留施工预拱度。

⑤支架经“三级验收”合格后，方允许交付使用，并应向下一工序人员详细交底，提醒注意

事项。

⑥模板、支架以下工序操作时,应派专人不断地检查,发现问题及时解决。

(3)钢筋质量保证措施

①钢筋采购:必须要有出厂质量保证书,没有出厂质量保证书的钢筋,不能采购,对使用的钢筋,要严格按规定取样,试验合格后方能使用。

②钢筋焊接:操作人员必须持证上岗,焊接头要经过试验合格后才允许正式作业,在一批焊件中,进行随机抽样检查,并以此作为加强对焊接作业质量的监督考核。

③钢筋配料卡必须经过技术主管审核后,才准开料,开料成型的钢筋,应按图纸编号顺序挂牌,堆放整齐,钢筋堆放的场地要采取防锈措施。专人负责钢筋垫块的制作,要确保规格准确,数量充足,并达到足够的设计强度,垫块的安放要疏密均匀,可靠地起到保护的作用。

④钢筋绑扎完毕,要经过监理工程师验收合格后,方可浇筑混凝土,在混凝土浇筑过程中,必须派钢筋工值班,以便处理在施工过程中发生的钢筋及预埋移位等问题。

(4)混凝土的质量保证措施

①根据混凝土的强度要求准确计算出混凝土的配合比,并报监理工程师审批,监理工程师同意后方可使用,使用过程中,要严格按配比执行。

②派专人(试验人员)到搅拌机旁监督检查配合比执行情况以及原材料、坍落度、试件取样、称量衡器检查校准以及拌和时间是否相符。

③混凝土浇筑前,全部模板和钢筋应清洗干净,不得有杂物,模板若有缝隙应填密,并经监理工程师检查批准后方能开始浇筑,混凝土的浇筑方法,必须经过监理工程师的批准。

④施工缝的处理,应按规定或监理工程师的要求进行,在旧混凝土表面浇筑新混凝土前,必须将其表面凿毛清洗干净,用水湿润后,先浇一层水泥浆以确保新旧混凝土之间能结合良好。

⑤混凝土终凝以后要采取适当措施养护,并在浇筑部位注明养护起止日期,以免遗漏。

⑥在监理工程师监督下按照交通部《公路工程水泥及水泥混凝土试验规程》(JTG-E30—2005)规定进行初始取样并按技术规范进行验收取样。

6. 结构物的质量保证措施

在保证结构物内在质量,提高外观质量上,项目部还制订相关措施:

(1)针对墩、台、柱、梁等跑模、接茬不良、漏筋、蜂窝麻面、气泡多、颜色不一致、不美观的现象,要求做到模板用钢刷除锈良好,满涂机油,接缝处挤压弹性密封条,卡子满打,加固、支撑必须符合规范要求,满足施工需要;钢筋要求绑扎牢靠,支垫稳固,保护层达到设计要求;混凝土灌注时选派技术好、有经验的职工负责振捣,严格按规范要求进行操作。每道工序必须经质检工程师或监理工程师检查同意后方可进行下道工序施工。

(2)针对混凝土施工漏浆较多、施工缝明显的情况,做到模板卡子满打,接缝处挤压弹性密封条,加强模板支撑和混凝土灌注过程中的检查,有效防止漏浆。尽可能减少施工缝,不可避免时应设在模板接缝处,并按规范进行处理。

(3)针对钢筋除锈不好,绑扎、焊接不规范的情况,要求做到钢筋存放下垫上盖,严禁露天存放;对锈蚀钢筋,采用电动和人工相结合除锈;钢筋加工设专用几何尺寸控制平台;聘用有操作证的钢筋工负责钢筋绑扎、焊接,并按规范取样试验合格后方可批量加工。

(4)针对混凝土施工完毕后未按规定进行认真养护的情况,要求做到混凝土施工完后,根据气候条件最迟不超过12h即覆盖和洒水,直至规定的养护时间,洒水次数应以混凝土表面保持湿润状态为度。

7. 路基土方施工质量保证措施

(1)路基填筑严格按照试验段试验结果并经监理工程师批准的数据和填筑工艺组织施工。路基施工中除保证达到规范要求的压实度外,还要达到层层找平,即每层均有一定的平整度,每层都要有路拱,随时阻止雨水聚积,影响填方质量。对路基填料,随时检测含水率,偏低时洒水,偏高时晾晒,保证碾压时达到最佳含水率。路堤基底未经监理工程师验收,不得开始填筑,下一层填土未经工程师检验合格,上一层填土不得进行。

(2)斜坡上填筑路基时,原地挖成台阶,台阶宽度不小于1m,用小型压路机加以压实。

(3)每层填料铺设的宽度,每侧应超出路堤的设计宽度30cm,以保证修整路基边坡后的路缘有足够的压实度。

(4)路堑开挖,无论是人工或机械作业,都严格控制路基设计宽度,若有超挖,应用与挖方相同的土壤填补,并压实至规定要求的密实度,如不能达到规定要求,应用合适的筑路材料补填压实。

(5)桥台背后、管涵两侧与顶部、锥坡与挡土墙等构造物背后的填土均应分层压实,每层压实的松铺厚度不宜超过20cm。拱涵两侧的填土与压实和桥台背后与锥坡的填土与压实,均应对称地或同步进行。由于工作面限制和构造物受压影响,应尽量采用小型手扶式振动压路机,拱涵顶部50cm内须采用轻型静力压路机压实,以符合规定的压实度为准。

8. 路基排水工程质量保证措施

(1)边沟、截水沟、急流槽等排水设施的位置、断面、尺寸、坡度、高程及使用材料严格遵照设计图纸要求。

(2)边沟线形美观,直线线形顺直,曲线圆滑。

(3)砌体砂浆配合比准确,砌筑紧密,嵌缝饱满、密实,勾缝平顺无剥落,缝宽一致。

(4)沟槽开挖后及时平整夯拍密实,如土质干燥须洒水湿润,遇有空洞陷穴,应堵塞夯实。水泥砂浆随拌随用,砌筑完后注意养生,砌筑过程中随时注意沟底沟壁的平整坚实,砂浆要饱满,无空隙松动。

9. 防护工程质量保证措施

(1)严格挂线施工,保证护面墙坡面平整、密实、线形顺直。

(2)浆砌砌体紧密、错缝,严禁通缝、叠砌、贴砌或浮塞。

(3)为排水所设置的汇水孔位置应有利于泄水流向路侧边沟或排水沟,并保持其畅通。

(4)砌石工程材料符合《公路路基施工技术规范》(JTG F10—2006)和招标文件要求。

10. 隧道工程质量保证措施

(1)严格控制开挖工序,尤其是一次开挖进尺,杜绝各种违章施工。控制爆破装药量,减小对软弱破碎围岩的扰动。严格控制超挖、欠挖。

(2)做好超前地质预报。对开挖面前方地层进行探测预报,判明地层和含水情况,为超前支护和止水提供依据,及时修改或加强超前支护和支护参数。

(3)加强施工监控量测,实行信息化施工。对地表沉降、拱顶下沉、围岩收敛进行量测,及时对数据进行整理分析,及时反馈于设计和施工,及时优化设计参数和施工方法。当量测数据表明围岩收敛变形接近控制标准的警戒值时,尽快采取加强措施进行加固,抑制变形,防止因变形突变引起坍塌。

(4)施工中严格遵循“先预报、管超前、短进尺、弱爆破、早支护、快封闭、勤量测”的原则,确保施工质量和安全。

(三)施工中工程质量自检情况

1. 路基工程

本合同段路基工程于2010年4月开工,于2012年10月结束,在工程施工中项目部始终从源头控制工程质量。路基清标后进行碾压,控制碾压遍数和含水率,按照规范要求检测压实度,合格后方可进行下道工序,减少了路基沉降。在路基填方施工中,坚持按频率检测压实度,不合格的坚决返工,不留质量隐患。坚持每层必检,严格控制松铺厚度和含水率,对含水率大的填土进行翻松晾晒,经检测达到最佳含水率时才进行碾压。本合同段的路基成型后,经过了监理、业主、第三方检测、省站的多次检测,各项指标均满足要求,尤其是弯沉值,都远优于规范标准。

2. 桥梁工程

本合同段桥梁工程于2010年4月开工,于2012年10月结束。在施工过程中,对隐蔽工程严把质量关,坚持每道工序报检,认真履行监理工程师的各项工作指示。再灌注桩施工过程中,通过对钻孔、钢筋笼制作安装、混凝土灌注的质量控制和检测,提高了成品质量,本合同段的钻孔桩、挖孔桩全部为Ⅰ类桩,混凝土强度100%合格,平面位置和高程均在规范和设计允许范围内。对墩身和盖梁严格控制外观尺寸和质量,在浇筑后28d时及时组织技术人员对混凝土结构物进行全面检测,检测合格后向监理工程师申请验收,监理验收合格后进行下道工序施工。通过回弹强度和试块强度的对比找出现场存在的问题,提高混凝土振捣水平和养护水平。本合同段5座桥的墩台柱经过了监理和第三方检测单位的多次检测,均符合规范和设计要求。对50mT形梁、25m箱梁、空心板预制过程进行全程控制,由于强度等级高,提高混凝土强度成为本项工程的控制重点,选取合理的配合比,严把材料进购关,通过掺加减水剂和控制水用量大大提高了混凝土强度,每片梁均做多组试块,通过试验确定最佳配比、振捣方案、养护方案。本合同段技术人员对每片梁板均进行尺寸检测和强度检测,梁板的外观尺寸、顶板厚度、混凝土强度均能满足规范要求。

3. 防排水工程

本合同段防排水工程量大技术人员步步把关,沟槽开挖、碎石铺筑、基础砌筑、墙身砌筑、盖板预制等各个工序都要严格检查,合格后才向监理报检。水沟砌筑完成后对水沟的尺寸、竖直度、强度等各项指标进行检测,均能满足要求。在日常的检查中也出现过一些问题,盖板缝和伸缩缝不对照是一个很常见的问题,经过监理工程师的指示,本合同段对盖板位置进行了重新布置,通过部分现浇调整了缝隙,满足了要求。另外,绿化工程的成活率达不到要求的进行了返工和补种。

(四)工程质量问题的处理

1. 路基工程

(1)常见通病:桥涵缺口填土的不均匀下沉;排水沟积水、开裂下沉;路堑边坡超欠挖。

(2)防治措施:

①施工组织尽可能少留桥涵缺口,使桥涵两侧填土与路基填土同时进行,机械能压实到的地方用机械压实,机械压实不到的地方用手持振动压路机压实。

②加强测量控制,避免水沟的反坡排水和积水,水沟砌筑前,对个别软基作换填或夯实处理,避免地基下沉造成水沟开裂渗漏水。

③对路堑边坡的超欠挖控制,一是加强测控,二是用不同的开挖办法,土质边坡预留一定厚度用人工刷坡完成,石质边坡采用光面爆破和预裂爆破技术。

2. 桥涵工程

(1)常见通病:桥涵外观质量差,蜂窝麻面多。

(2)防治措施：

影响桥涵混凝土表面质量的因素较多，解决这一问题拟采取如下办法。

①首先做好模板设计，尽量采用大块模板，保证模板易拼不漏浆，无错台。定型模板采用合格厂家定做的钢模板，模板厂家由业主指定或由业主审批合格后确定。

②其次做好混凝土配合比设计，混凝土拌和工厂集中拌和自动控制，提高混凝土的和易性，加强振捣。

3. 防护工程

(1)常见通病：防护及小型结构物表面粗糙；圬工材料计量不准；泄水孔漏设、不设反坡、泄水孔反滤层没有做；浆砌圬工砂浆不饱满，通缝、假缝多。

(2)防治措施：

①增强质量意识，加强工作责任心；模具结构合理，有足够的刚度、强度，及时清洗；严格执行振捣程序；小心拆模，及时养生；原材料精心选择，严格试验；严格勾缝工艺，使缝面平整，光滑圆顺、密实；勾缝后要加强养生。

②严格控制配合比，采用电子自动计量装置，机械拌和，旁站质检人员随时抽检。

③严格按设计位置、间距设置泄水孔、反滤层。发现问题及时处理，确保排水畅通。

④采用挤浆法施工，使砂浆饱满，丁顺相间，上下错缝大于8cm，统一勾缝，彻底消除通缝、假缝和瞎缝。

(五)对完工质量的评价

本合同段工程施工完成后，组织全体技术人员对各分项工程进行了全面检测。对路基边坡、防护工程、边沟、绿化、桥涵结构物以及隧道进行了细致排查，对检测数据进行汇总、分析、统计、评定，本合同段的分项工程合格率达到100%，工程质量达到合格标准。

四、施工进度控制

根据本工程建设特点和合同有关约定，本合同段与嵩阳高速公路有限公司签订了工程建设目标责任书，确定了工程进度总体目标。本合同段按照施工计划精心施工，按时按要求完成了该工程的施工任务。

严格按规范及设计要求施工，在抢进度的同时把质量、安全放在第一位，开工至今，本合同段未发生一起质量、安全事故。

“时间就是效益，工期就是信誉”，这是甲乙双方的共识，为使该项目能按合同工期完成，尽早发挥投资效益，我单位主要采取下列措施，确保提前工期目标的实现，具体措施如下：

(1)指挥机构及时到位。为加快本合同的实施，我项目部管理人员已全部到位，公司委派副总经理主抓本项工程，另设技术顾问常驻工地，负责技术指导工作。

(2)施工力量迅速进点。实施本合同的施工队伍已经选定，条件具备后即可迅速进点，进行施工准备。配置的机械设备将随同施工队伍抵达，确保主体工程按时(或提前)开工。

(3)施工准备抓早抓紧。尽快做好施工准备工作，认真复核图纸，编制实施性施工组织设计，落实重大施工方案，并做好技术交底工作，预防一切质量事故。积极配合甲方及有关单位办理征地手续，主动疏通地方关系，取得地方政府及有关部门的支持，施工中遇到问题影响进度时，将统筹安排，见缝插针，及时调整，确保总体工期。

(4)施工组织不断优化。根据业主要求的进度和工期，及时编制各项施工组织设计，落实施工方案，报监理工程师审批。实际施工期间，则根据情况变化，不断进行改进、优化，使工序衔接、劳动力组织、机具设备、工期安排等更趋合理和完善。

(5)建立高效指挥系统。建立从经理部到各施工单位的高效指挥系统，全面、及时掌握并迅速、准确地处理影响施工进度的各种问题,对工程交叉和施工干扰,应加强指挥与协调,对重大关键问题要超前研究,制订措施,及时调整工序和调动人、财、物、机,保证工程的连续性和均衡性。

(6)实施网络控制技术。实施短期网络计划控制,根据项目全过程的网络计划,编制分阶段和月度网络计划,及时发现关键工序的转化,确定阶段工作重点,运用计算机进行网络计划管理,及时掌握进度,分析调整,使项目实施自始至终处于受控状态。

(7)强化施工劳动管理。强化施工管理,严明劳动纪律,对劳动力实行动态管理,优化组合,使施工作业专业化、正规化。

(8)执行责任成本管理。实行内部经济承包责任制,既重包又重管,使责任和效益挂钩,个人利益和完成工作量挂钩,做到多劳多得,最大限度调动单位、个人的积极性和创造性。

(9)安排好冬季施工。根据本地区气象、水文资料,有预见性地调整各项工程的施工顺序,并做好预防工作,使工程能有序和不间断地进行。

(10)加强机械检修保养工作。切实做好机械设备的检修工作,配齐维修人员,配足常用配件,确保机械正常运转,对主要工序储备一定的备用机械。

(11)推广应用“四新”成果,确保高效。根据工程需要,配备充足的技术人员和技术工人,并采取各项措施,全面提高劳动者的技术素质和工作效率。有重点地组织技术攻关,推广应用新技术、新工艺、新材料、新设备,以确保工程质量,加快施工进度。

(12)奖罚措施。对协作队伍实行重奖重罚政策,把业主的政策方针及时传达给基层员工和民工,做好思想动员。项目部和每个协作队伍均签订春节前施工约定协议,注明奖罚金额,明确双方的责任和义务,使协作队伍在利益得到充分保证。

五、施工安全与文明施工情况

(一)安全保证措施

1. 组织体系

为了保证本工程顺利实现安全目标,我单位在施工过程中严格遵守建设单位的有关规定。针对本项目的具体情况并结合以往类似工程的经验,从思想教育、组织、工作、制度、经济等方面建立符合本项目工程的全面的施工安全和行车安全保证体系(图2)。

2. 规章制度

按照“管生产必须管安全”的原则成立以项目经理挂帅和项目副经理、总工程师、安检负责人等人员组成的经理部安全领导小组,领导和组织安全生产,并确保安全目标实现。安全质量环保部是经理部常设职能部门,具体负责各项安全管理工作,以专检和监督方式为主,实行安全生产“一票否决权”。经理部安全管理小组是负责工程范围内安全管理的组织实施机构。经理部配备专职安全检查工程师。经理部安检员、工班安检员负责施工过程中的安全监督。安全管理组织机构见安全管理组织机构图(图3)。

(1)安全管理职责

在施工中,建立健全安全生产责任制,逐级落实安全生产责任目标。

(2)各级领导安全职责

项目经理(项目副经理):对本项目的安全生产和劳动保护负总的领导责任。贯彻国家和本公司有关安全生产的方针、政策和规章制度;组织制订本项目安全管理制度,研究解决生产中的安全问题,组织安全生产检查;监督各级、各职能部门贯彻安全生产责任制;主持重大伤亡事故的调查处理。

总工程师、专业工程师或技术负责人:对项目安全生产和施工技术安全工作负全面的领导责任。在编制实施性施工组织设计时,重点考虑工程特点结合现场实际情况,编制针对性强的安全

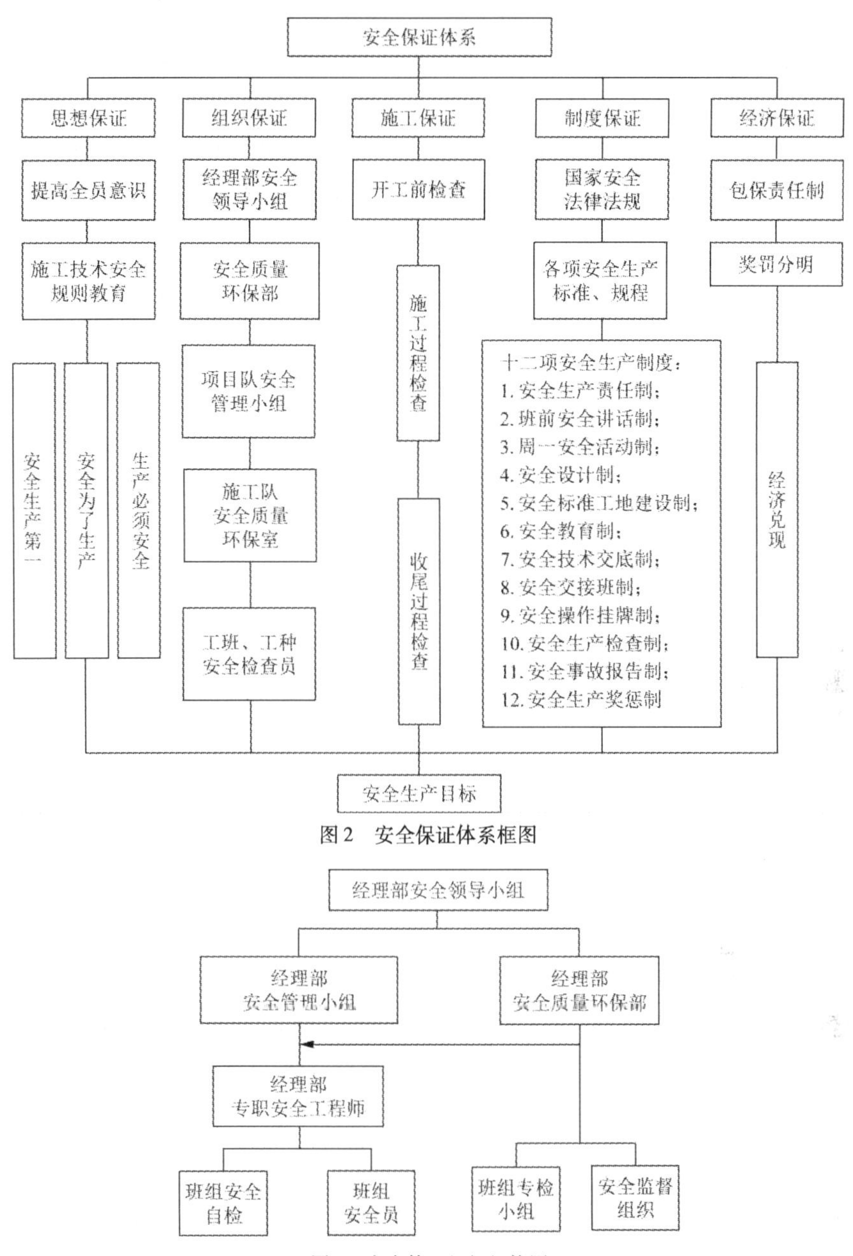

图2　安全保证体系框图

图3　安全管理组织机构图

技术措施；采用新技术、新材料、新工艺、新设备时，制订相应的安全操作规程；负责审查改善工人劳动条件的技术措施，认真解决施工生产中安全技术问题，对职工进行安全技术教育；参加重大伤亡事故的调查分析，提出鉴定意见和改进措施。

专职安全检查工程师：在施工中认真实施安全生产制度并根据现场制订实施细则，经常检查施工现场，及时消除事故隐患，经常对职工进行安全技术、安全纪律教育；发现违章作业现象坚决制止；发生重大事故要及时上报，认真分析事故原因，并提出改进措施，加以落实。

工长（领工员）：对所管工程的安全生产负直接领导责任。在组织施工同时采取相应的安全技术措施，并根据工程进展情况及时向施工班组进行安全技术交底；在施工中不违章指挥，及时制止违章作业；发现隐患立即处理；发生工伤事故立即上报，并保护好现场，参加事故调查处理。

班组长：教育并带领本班组人员遵守安全生产规章制度，学习安全操作规程，按章作业；每天上班前开好安全会，认真执行安全交底；对本班组成员思想或身体状态反常的情况，采取相应对策或将其调离危险作业岗位；如发生工伤或重大未遂事故立即上报工长。

(3)企业职工安全职责

企业职工自觉遵守安全生产规章制度，不违章作业，并严格按照下列安全施工要点操作。

施工人员进入现场必须戴好安全帽，并正确使用个人劳动保护用品。3m 以上高空作业，没有搭设跳板或平台时，系好安全带。高空作业时，不准往下或往上抛扔工具、材料等物品。

(4)职能部门安全职能

施工生产部门：在组织施工生产时，施工生产部门认真贯彻实施性施工组织设计中的安全技术措施；严格执行保证安全生产的规章制度和安全操作规程；科学地对施工现场进行规划和管理，建立安全生产、文明施工的良好秩序。

工程技术部门：严格遵照安全生产的要求编制工程项目的实施细则，同时编制安全技术措施；对于企业采用新技术、新材料、新工艺、新设备，认真编制安全技术操作规程；解决生产中的安全技术问题。

安质部门：根据国家规定结合本合同段工程实际情况，负责制订适合于本工程施工的安全管理规定，并严格监督执行；负责对所有施工员工进行安全培训，考试合格的才能允许上岗。负责制作工程所需安全标志。进行不定期安全大检查，发现问题，及时纠改。

材料部门：保证安全生产用材料、工具及劳动保护用品的及时供应，并能符合安全生产的质量要求。

劳资部门：配合有关部门做好新工人、特殊工种工人、调换工种工人的安全技术培训、考核工作，督促基层做好劳逸结合，严格控制加班加点。

3. 安全保证措施

为杜绝重大事故和人身伤亡事故的发生，把一般安全事故减少到最低限度，确保施工的顺利进行，项目部在施工过程制订如下措施：

(1)通过宣传标语、事故案例视频观看，让安全警钟长鸣，使职工牢固树立“安全第一”的思想，不断强化安全意识，建立安全保证体系，使安全管理制度化，教育经常化。

(2)各级领导在下达生产任务时，必须同时下达安全技术措施。检查工作时，必须同时检查安全技术措施执行情况。总结工作时，必须同时总结安全生产情况，提出安全生产要求，把安全生产贯穿到施工的全过程。

(3)坚持认真执行定期安全教育、安全讲话、安全检查制度，设立安全监督岗，充分发挥安全人员的作用，对发现的事故隐患和危及工程、人身安全的事项，做到立即处理、做出记录、限期改正、落实到人。

(4)对路基土方施工执行有关安全作业细则，并在施工中设专人进行检查。施工中临时结构必须向员工进行技术交底，对大型临时结构须进行安全设计和技术鉴定，合格后方可使用。

(5)土方工程严格按照路基土方施工规范组织施工，运输车辆及施工机械严加管理。经常检查制动和运转部分情况，防止意外事故发生。在运输繁忙的道口，设立安全监督岗，指挥行人和车辆，确保汽车运输及行人安全。

(6)工地修建的临房、架设的动力照明线路、库房都必须符合防火、防水、防触电、防雷击、防爆的要求，配备足够的消防设施，安装避雷设备。

(7)在施工场地与公路交叉口，设立警示牌，车辆限速行驶，防止交通事故发生。

(二)文明施工

我公司是一支多次承担过高速公路建设的施工队伍，在以往的施工过程中总结出了一条经验:文明施工既是一个施工单位整体水平的体现,也是施工顺利展开的有力保障。保持文明的施工现场,有着重要的社会效益和经济效益,它直接反映了施工单位的精神面貌和管理面貌,我公司在施工过程中坚持贯彻文明施工的要求,以取得良好的社会信誉。项目部本着“产品就是人品、印象就是形象、现场就是市场、奖牌就是品牌”的理念,在落实好施工生产的同时,也注重了项目部形象建设,创建“七局”品牌,展现“铁军”风采。我合同段对项目部驻地、施工现场进行统一规划,项目部房屋建设整齐划一、井井有条,作业队驻地干净整洁、物品摆放整齐。并采取了如下措施不断提高和完善整体施工水平:

1. 组建高素质的施工队伍,不断加强内部管理

(1)建立高素质的领导队伍,选拔思想品质好、政策水平高、技术精、管理能力强,既有一定公关能力,又能做到廉洁奉公、自觉做到两个文明一起抓的领导者和干部队伍。

(2)提高职工的思想觉悟,使全体职工认识到高速公路不但质量要求高、工期要求紧、施工难度大,同时还是国家和河南省的重点工程,各方面比较关注,政治性强。公司对全体工作人员进行法制教育与宣传,做到全员知法、懂法、守法;加强精神文明教育,严格规范自己的言行,制订严格的制度进行约束。

(3)激发职工的劳动积极性,在不同工种、不同班组、不同工序、不同岗位之间加强信息沟通,进行必要的协调,使工地始终洋溢团结协作、平等竞争、和谐向上的气氛。

(4)抓好施工现场宣传鼓动工作,促进施工现场文明建设,在桥梁、大型土建工程现场做到五有:即有固定标语、黑板报、工程牌、施工竞赛栏、施工进度表;在驻地内采用工地板报、广播、生产快报等多种宣传形式,及时宣传施工现场涌现出来的先进典型、好人好事、劳动竞赛战果,造成浓厚的、强烈的你追我赶的氛围。

(5)组织多种形式的质量、技术、劳动竞赛,不断掀起施工高潮。

(6)抓好职工的文化生活,满足职工的精神需要。

2. 正确处理好与业主的关系

(1)对业主负责,严格按合同条款行事;根据合同规定,精心组织,严格施工,高质量地完成工程并修复工程的任何缺陷,所有参加施工的管理人员必须认真学习和掌握合同条款,信守合同,严格履约,保证工程优质,力争精品工程。

(2)紧密依靠业主,主动与业主加强联系,增进了解。及时请求业主解决临时用地及拆迁等前期准备工作,施工过程中发生特殊情况及时向业主汇报,多接触业主及相关管理人员,征求意见,处理好执行合同的有关事宜。

3. 正确处理好与监理的关系

(1)按合同条款和监理程序办事,施工单位的一切活动,尤其是工程质量,工程进度和计量支付,均应自觉接受和服从监理工程师的监督和指导,对监理工程师的要求要严肃对待、遵照执行,进度安排、各种表格、资料均应按监理要求认真填写,及时送达。

(2)尊重监理工程师;热情接待监理工程师的检查指导,主动汇报工程进度、工程质量情况。

4. 正确处理与当地政府和群众的关系

(1)施工准备阶段和初期,及时走访各级地方政府,熟悉地方政府及其部门的职责和业务范围,了解办事程序和习惯做法,掌握当地政府的政策规定,建立联系。

(2)加强请示汇报,谦虚谨慎,主动服从各级地方政府指导,施工中遇到的困难和问题,及时向地方政府通报,取得其对高速公路建设的支持。

(3)依靠政府处理民事纠纷,施工过程中发生的受阻、拦车、截道等破坏和妨碍施工建设的

行为和民事纠纷,一方面要及时控制事态,另一方面报请当地政府,协同当地政府共同解决。

(4)尊重当地风俗习惯,提倡入乡随俗,修路不扰民,树立文明施工的良好企业形象。

(5)关心当地群众利益,利用施工间隙为群众兴办公益事业,如修桥铺路、平整场地等。

5. 尽量使施工现场环境有序、整洁

为把本合同段建设成一条环境优美的公路,公司在施工中尽量大限度地维护原来的地貌地形,保持原来的生态环境,在施工中,从以下几方面加强文明施工管理:

(1)现场布置

根据场地实际情况合理地进行布置,设施设备按现场布置图规定设置堆放,并随施工不同阶段进行场地布置和调整。最大限度地减少耕地占用。公司推行现代管理方法,科学组织施工,做好现场各项管理工作。拌和场内各项临时设施均按施工总平面图布置,不侵占场内道路及安全防护设施。保持场内道路的畅通,排水系统处于良好的使用状态,保持场容场貌的整洁,随时清理施工垃圾。各类必要的生活设施符合卫生、通风、照明的要求。

(2)道路和场地

在施工现场设置明显的标志牌,标明工程名称、建设单位、施工单位、项目经理姓名和开、竣工日期;堆放于现场的各种材料设置状态标识,标明材料名称、来源、使用状态、标识人、标识日期等;拌和机旁挂标牌标明各种混凝土的施工配合比;现场施工人员均佩戴标明其身份的证卡,并且统一着装。

施工区内道路通畅、平坦、整洁,不乱堆乱放,无散落物;构造物周围应浇捣散水坡,四周保持清洁;场地平整不积水,无散落的杂物及散物;场地排水成系统,并保持畅通不堵。施工废料集中堆放,及时处理。

施工结束后,及时组织清场,拆除临时设施,剩余物质限定场地,以便整治规划场地,恢复临时占用土地。

(3)班组场地清理

班组必须做好操作后场地清理,随作随清,物尽其用。在施工作业中,应有防止尘土飞扬、泥浆横流、混凝土洒漏、车辆沾带泥土运行等措施。设有考核制度,定期检查评分考核,成绩上牌公布。

(4)材料堆放

砂石分类堆放成方,砌体料类成垛,堆放整齐。

(5)周转设备存放

施工钢楔、机具、器材等集中堆放整齐。零用钢模及零配件、脚手扣件分类分规格,集中存放。

(6)构配件及特殊材料

构件及特殊材料分类、分型、分规格堆放整齐。

六、环境保护与节约用地措施

(一)环境保护方案

(1)成立以项目经理任组长的环境保护领导小组,配备一定量的环保设施和技术人员,认真学习环保知识,共同做好环保工作,并将环保与文明施工结合起来。

(2)采用各种有效措施,对容易引起环境污染的各种渠道严格控制。

(3)环境保护组织机构及框图如图4所示。本工程将成立专门的环境保护组织机构,由主管生产的副经理担任组长,全面负责环保工作的检查、指导及环保措施的制订落实,使环保工作始终处于受控状态。

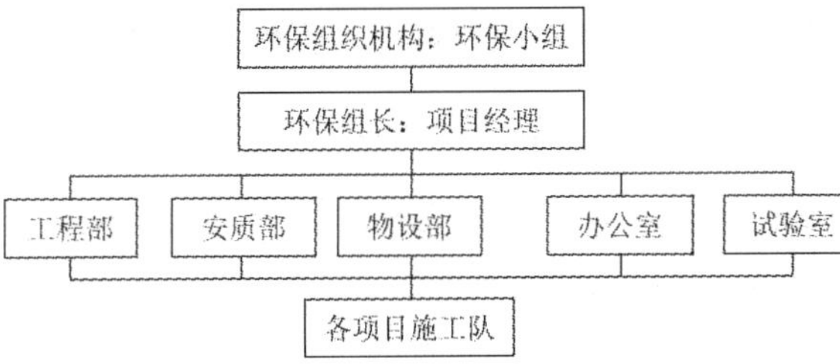

环保组织机构：环保小组

环保组长：项目经理

工程部　安质部　物设部　办公室　试验室

各项目施工队

图4　环境保护组织机构

（二）环境保护措施

（1）重视环境保护工作。编制实施性施工组织设计时，把环境保护工作作为施工组织设计的重要组成部分，并认真贯彻执行。

（2）加强环境保护教育。组织职工学习环境保护知识，强化环保意识，使大家认识到环境保护工作的重要性和必要性。

（3）贯彻环境保护法规。认真贯彻各级政府的有关水土保护、环境保护的方针、政策和法令，结合设计文件和工程特点，及时提报有关环境保护设计，切实按批准的文件组织实施。

（4）强化环保管理。定期进行环保检查，及时处理违章事宜，主动联系环保机构，请示汇报工作，做到文明施工。

（5）美化施工场地。场地废料、土方处理，应按设计要求及监理工程师指定的地点处理，防止水土流失。保持排水通道畅通，工地干净卫生。施工中还应尽量减少对周围绿化环境的影响和破坏。

（6）消除施工污染，施工废水、生活污水不得污染水源、耕地、农田、灌溉渠道和水库，采用渗井或其他措施进行处理。工地垃圾及时运往指定地点深埋，清洗集料、机具或含有沉淀油污的操作用水采用过滤的方法或沉淀处理，使生态环境受损减到最低程度。

（三）大气环境及粉尘的防治措施

（1）施工场地和运输道路经常洒水，尽可能减少灰尘对生产人员和其他人员造成危害及对农作物的污染。

（2）在运输水泥等易飞扬的物料时用篷布覆盖严密，并装量适中，不得超限运输。

（3）在设备选型时选择低污染设备，并安装空气净化系统，确保达标排放。

（4）对汽油等易挥发品的存放，要采取严密可靠的措施。

（四）固体废弃物的处理

（1）施工营地和施工现场的生活垃圾，应集中堆放。

（2）施工和生活中的废弃物也可经当地环保部门同意后，运至指定地点，此外，工地设置能冲洗的厕所，派专门的人员清理打扫。

（3）报废材料或施工中返工的挖除材料立即运出现场并进行掩埋等处理。对于施工中废弃的零碎配件、边角料、水泥袋、包装箱等及时收集清理并做好现场卫生，以保护自然环境与景观不受破坏。

（五）降低噪声措施

（1）对使用的工程机械和运输车辆安装消声器并加强维修保养，降低噪声。

（2）机械车辆途经居住场所时应减速慢行，不鸣喇叭。

（3）在比较固定的机械设备附近，修建临时隔音屏障，减少噪声传播。

（4）合理安排施工作业时间，尽量降低夜间车辆出入频率，夜间施工不得安排噪声很大的机械。

(5)适当控制机械布置密度,条件允许时拉开一定距离,避免机械过于集中形成噪声叠加。

(六)节约用地措施

(1)组织项目部管理人员和技术人员认真学习国家和地方政府有关土地使用的法律、法规,做到用地合法、合法用地,最大限度提高土地使用效率。

(2)做好施工组织设计,对项目部驻地、拌和站、料场、预制场、便道等各项用地面积要仔细计算并制订最佳的施工方案,尽量减少占地。

(3)充分利用永久占地,从而减少临时征地。

(4)对弃土场进行认真调查,选取一些废气的坑窑、荒地、自然沟作为弃土场,减少耕地占用。

(5)当地改路、改渠做了详细统计,进行全面的勘测,尽量利用原有道路进行改造。

七、施工中新技术、新材料、新工艺的应用情况

(1)对隧道围岩比较破碎、渗水严重的洞内或地表沉降过大地段采用水泥-水玻璃双液浆进行稳固围岩加固,效果良好。

(2)本合同段桥梁高墩高度达到70m,施工难度大,本合同段对各种施工方案经过认真比选,最终采用翻模施工技术。降低了工程造价,经济效益显著。施工速度快、工艺简便,在本合同段得到了广泛应用。

八、工程款支付情况

工程款全部支付到位,一切劳务、机械、材料等债务纠纷与建设单位无关。

九、施工体会

几年耕耘,几多收获,洛嵩高速公路在省政府、省交通运输厅、豫西高速指挥部的正确领导和指导下,在沿线各级政府的大力支持下,通过全体工程建设者的共同努力,洛嵩高速公路土建工程全部完工。洛嵩高速公路的建设取得成功,为河南省高速公路的示范工程建设在科学管理和工程质量等方面起到了抛砖引玉和示范带头的作用,开创了河南省高速公路建设的新局面。

回顾总结几年的工作,我们清醒地认识到提高工程管理无止境,提高工程质量无止境,我们仍有许多不足和差距。为此,我们一定按照上级的要求,“修好一条路,培养一支队伍,树立一种精神”,认真总结,不断提高,为高速公路的建设做出应有的贡献。

中铁七局集团第三有限公司

洛栾高速公路洛阳至嵩县段土建工程 No.9 合同段项目经理部

二〇一六年八月

10. 洛栾高速公路洛阳至嵩县段土建工程 No. 10 合同段施工总结报告

目　　录

洛栾高速公路洛阳至嵩县段土建工程 No. 10 合同段施工总结报告

一、工程概况

洛栾高速公路洛阳至嵩县段部分共计长度 61.5km，No. 10 合同段为小构件预制合同段，生产制作 No. 1 ~ No. 9 整个合同段的排水边沟、小型盖板、拱形护坡、六棱块护坡、缝隙式集水沟、中央分隔带护栏等小预制构件。工程量共计：C20 混凝土 14772m^3，C25 混凝土 14974m^3，C30 混凝土 16231m^3，综合本项目情况，小构件预制场地设在伊川境内，预制场地 19500m^2，成品堆放场地 36632m^2，材料场地 5000m^2，办公生活场地 10000m^2。本合同段计划于 2009 年 12 月 10 日开工，实际开工时间为 2010 年 3 月 20 日，2011 年 08 月 10 日竣工，合计 608 日历天。实际工期因工程变更及其他原因，于 2012 年 10 月 8 日全部完工。

二、机构组成

(1)项目部主要人员见表 1。

主要人员一览表　　表 1

姓　　名	职　　称	职　　务	备　　注
刘秋生	高级工程师	项目经理	
郭淑良	高级工程师	项目总工程师	
朱卫航	工程师	合同工程师	
杨军	工程师	财务负责人	
陈龙辉	安全检查员	安全部长	

(2)机械设备投入情况见表 2。

主要机械设备配备表　　表 2

序号	机械名称	数量	规格	用途	备　　注
1	混凝土运输罐车	4	8L	运输混凝土	
2	强制式混凝土搅拌机	2	500L	搅拌混凝土	
3	插入式振动棒	40	1.5kW	振捣混凝土	
4	钢筋成型机	2	GW4G	成型钢筋	
5	钢筋截断机	2	GQ40	截断钢筋	
6	自动液压调直机	2	YGT4-14		
7	交流电焊机	4	50kW		
8	行吊	2	3t		
9	铲车	1	ZL30E		
10	叉车	1	CPC45		

续上表

序号	机械名称	数量	规格	用途	备　注
11	汽油发电机	2			
12	柴油发电机	1	JH1125		
13	装载机	2	50 型		

(3)管理机构设置如图 1 所示。

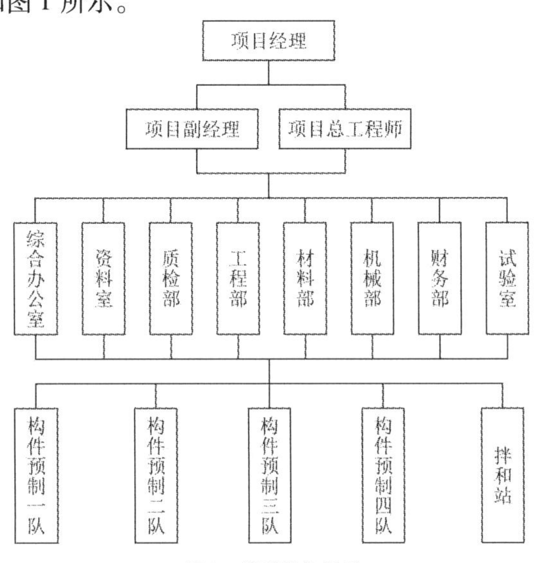

图 1　管理机构设置

三、质量管理情况

(一)质量控制措施

质量是企业的生命,在施工中项目部牢记“质量第一的方针”,制订科学严密的质量保证体系,严格按照施工质量验收规范、规程施工,在施工前对工程中存在的重点难点部分一一进行分析,制订施工技术措施,重点管理,有的放矢。施工中主要采取了以下质量控制措施:①施工前进行各级技术交底,制订质量预控措施,做到心中有数;②施工中质量检查员每天跟班检查,班组每天进行自检、互检,发现质量问题及时解决;③项目部每周组织一次质量检查,并进行质量评定;④实行优质优价,对质量好、进度快的班组进行物质奖励,同时,对施工质量差的班组进行处罚,调动施工人员的积极性。

(二)施工中工程质量自检情况及工程质量问题的处理情况

单位在施工中对工程质量严格按照自检制度进行操作,先由施工队质检员检验,经检合格后,上报项目部质检工程师,项目部质检工程师再进行检验,工程质量得到确认后报验监理工程师。上下工序之间还要进行交接检验,上道工序不合格下道工序不接收,上道工序的质量事故隐患决不留给下道工序。

同时,项目经理部每月组织一次质量大检查,并进行质量评定,作为当月验工计价的依据。质量大检查以检查工程质量为主,同时检查质量管理工作,查看各项规章制度落实情况。对检查中发现的质量问题,检查组根据实际情况及时提出改进措施,限期改正,并进行复查。质量大检查后,检查组汇总检查情况,在工程会上进行通报,奖优罚劣,以示激励。

对施工中发现的工程质量问题,单位坚决处理到底,决不留质量隐患,在哪发现问题,就从哪进行处理。在工程施工期间,只要发现预制的小型构件不合格,就将不合格构件报废,不留一点后患，从而保证了工程质量。

（三）对完工质量的评价

经过近两年的努力，工程终于完工。由于公司和项目部质量管理措施到位，加上施工人员的努力，本合同段在整个施工阶段，对各施工环节进行的质量检查中，没有发现任何质量事故，具备了工程交工验收的条件。对于完工质量，通过分项、分部、单位工程质量评定汇总得分为95.6分，总体工程质量达到合格。

四、施工进度控制

按照合同要求，本合同段的工程开工日期为2010年6月10日，单位选派了一批文化素质高、修养良好的施工队伍，不分昼夜加班加点施工，为此项目部花费了不少精力财力，施工队伍任劳任怨为洛栾高速公路建设做出应有的贡献。值得骄傲的是，我们为此赢得了荣誉，树立了在河南高速公路建设中的光辉形象。

五、施工安全与文明施工情况

（1）施工安全：作为施工企业，安全生产是践行建设和谐社会的根本。为此项目部对安全工作非常重视，并成立了以项目经理为第一责任人的专职安全检查机构，制订完善了各种安全生产的规章制度，设专职安全检查员，制订了切实可行的安全施工措施，逐级进行安全施工技术交底，专职安全检查员每天坚守工地进行安全监督，项目部每周巡回检查安全施工。由于措施得力，在整个施工期间没有发生任何安全事故，使工程顺利交工，实现了零事故的目标。

（2）文明施工情况：作为施工单位，文明施工也是践行建设和谐社会的一项重要工作，项目部切实做好此项工作，制订措施，完善施工方案。施工现场的材料、设备进行了合理布置，施工污水进行了合理排放；职工劳动保护措施到位。因此，工程自开工到交工没有出现不文明施工现象，受到了当地群众的好评。

六、环境保护与节约用地措施

施工中项目部严格按照环保部门对施工单位的环保要求施工，通过加大环保投入，采取必要的环保措施，施工污水合理排放，生活垃圾不得随处乱倒，污染环境，应一并集中堆放并外运。在施工中还应采取降低施工噪声、加强劳动保护等措施，做到了在保证施工进度的同时也保证了环境不被污染。同时，我项目部充分利用现有的施工场地堆放材料及设备，施工中应根据需要进行施工征地，这样既节约了施工成本也使宝贵的土地资源不被浪费。

七、施工中新技术、新材料、新工艺的应用情况

（1）成型设备采用自动成型振捣台进行振捣，在自动振捣台上安装1.5kW的电机，利用四角的弹簧伸缩振动原理振捣成型。

（2）在选用模具时，小构件采用塑料定型模具，并且为防止模具变形而引起的质量问题，单位和厂家协商，采取加筋并增加模具厚度的方法，这样既提高了模具的耐用性，又延长了模具的使用寿命。

八、工程款支付情况

工程款全部支付到位，一切劳务、机械、材料等债务纠纷与建设单位无关。

九、施工体会

通过这次洛栾高速公路的施工，单位积累了高速公路的施工经验，学到了先进科学的施工管理经验。同时也使我们感受到洛栾高速公路良好的施工环境，特别是作为业主的河南嵩阳高速公路有限公司能够处处为施工单位着想，急施工单位之急，想施工单位之想的工作作风，值得我们学习。还有设计单位和监理单位的热情服务、严格监理的工作作风，为施工单位创造了良好的施工环境。在此，作为施工企业，我们表示感谢，希望以后还有合作的机会，使我们为河南的高速公路建设做出新的贡献。

湖南省建筑工程集团总公司

洛栾高速公路洛阳至嵩县段土建工程 No. 10 合同段项目经理部

二〇一六年八月

第三部分

路　　面

1. 洛栾高速公路洛阳至嵩县段路面工程 No.1 合同段施工总结报告

目　　录

洛栾高速公路洛阳至嵩县段路面工程 No.1 合同段施工总结报告

一、工程概况

洛栾高速公路洛阳至嵩县段 LSLM.1 合同段路线全长 23.1km，起讫桩号为 K0 +000 ~ K23 +100。施工时间自 2012 年 2 月份进场筹建，至 2012 年 11 月 10 日工程全部竣工，实际工期共 9 个月。

主线工程量为：18cm 厚水稳碎石底基层 531878m²，34cm 厚水稳碎石基层 515857m²，高渗透沥青透层 530885m²，改性沥青下封层 525619m²，8cm 厚密级配沥青稳定碎石（ATB-25）下面层 498494m²，6cm 厚中粒式 SBS 改性沥青混凝土（AC-20C）中面层 650318m²，4cm 厚细粒式 SBS 改性沥青（AC-13C）上面层 638335m²，沥青面层之间施工改性乳化沥青黏层 1158136m²，缝隙式集水沟 12330m，ϕ300HDPE 横向排水管 3342m，路肩培土 26604m³。

二、机构组成

公司在本项目组织精干力量组建了洛栾高速公路 LSLM.1 合同段项目经理部。项目经理一名，常务副经理一名，党支部书记一名、副经理两名，总工程师一名，财务总监一名；经理部下设工程部、合同部、质检部、机务部、材料部、财务部、安全部、试验室、综合办公室、测量队共 10 个管理部门；生产单元设第一水稳作业队、第一水稳拌和厂、第二水稳作业队、第二水稳拌和厂、沥青面层作业队、沥青拌和厂及附属工程作业队。

项目经理由公司副总经理李继强兼任，全面负责项目管理工作；常务副经理魏庆军具有丰富的路面施工经验，具体主持本合同段的施工生产及管理工作。

根据洛栾高速公路 LSLM.1 合同段的工程内容，单位先后设立了两个水稳拌和站、一个沥青拌和站。第一水稳拌和站位于 K5 +300 右侧，第二水稳拌和站位于 K17 +700 左侧，安装 WDB600 型水稳拌和楼各一套；沥青拌和站位于 K11 +200 右侧 200m 处，安装日工 4000 型间歇式沥青拌和楼一套。

第一水稳作业队负责 K0 +000 ~ K10 +000 段路面水稳结构层施工，第二水稳作业队负责 K10 +000 ~ K23 +100 段路面水稳结构层施工，每个作业队均配备 RP952 水稳摊铺机两台、徐工 XS222J 单钢轮压路机两台、徐工 XM220 单钢轮压路机一台、英格索兰 SD-175 一台、运输汽车 20 台；沥青作业队配备福格勒摊铺机两台、戴纳派克双钢轮压路面四台、XP302 胶轮压路机四台、英格索兰 DD-110 两台、运输汽车 20 台。

另外，全线共配备了装载机 18 台，负责上料堆料；洒水车 10 台，负责便道养护、水稳结构层及混凝土工程养护；大型铣刨机一台，负责局部缺陷处理；平地机两台，负责便道修整、边角部位处理；挖机四台，负责横向排水沟开挖、过路电缆沟开挖及路肩填土挖装；智能型沥青洒布车二台，负责全线透层沥青及黏层沥青洒布；同步碎石封层车一台，负责热沥青同步碎石下封层施工。

三、质量管理情况

（一）质量控制措施

1. 管理措施

（1）质量方针和目标：项目组建之初，本项目根据公司的管理要求就制订了“雕铸品牌工程，筑就现代文明”质量方针，并以此为宗旨全面开展质量管控工作，树立了切实可行的质量目标，并围绕目标推进各项管理工作。

（2）制订严格的质量管理制度。质量是在施工过程中形成的，加强工序质量控制和班组自检制度；经理部组织相关部门对质量进行月检、季检和年检，表扬先进，鞭策落后；项目总工程师对质量具有“一票否决”权，不合格的工程坚决返工处理；生产主管人员对质量负主要责任。同时加强质量管理制度的宣传，切实保障了各项质量管理措施得到有效落实。

（3）积极推进“低成本，零缺陷”管理策略。根据公司工作思路及河南嵩阳高速公路有限公司建设目标，项目施工实行精细化、规范化、科学化、有效化的管理，最终实现成本最低化、施工过程零缺陷的管理目标。

（4）实行全过程质量控制。主要分三步走：事前预防、事中控制、事后分析总结提高。以工序质量保分项工程质量，以分项工程质量保分部工程质量，以分部工程质量保单位工程质量，最终实现全部单位工程合格。

（5）实行标准化管理。贯彻执行国家、上级和行业有关产品质量管理方面的法律、法规和标准。结合项目特点，制订质量管理与控制方案，通过推进施工标准化，建立科学系统的标准化体系，将标准化施工要求贯穿于施工的各个环节，促进规章制度更加完善，现场管理更加规范，人员技能更加精湛，混合料生产及施工工艺更加精细，试验检测数据更可靠，各级施工人员标准化意识得到明显提高。最终实现从业人员素质一流、管理水平一流、施工工艺一流、材料制备一流、作业环境一流、产品质量一流，提升企业市场形象和品牌价值。

2. 组织措施

（1）成立了以项目经理为首的质量自检体系，同时明确了相应的质量职责。项目工程质量在自检体系的运转下得到有效控制，各种质量保障措施在施工中得到认真落实。

（2）各作业班组设质检员，每个作业面上的技术人员都是兼职质检员，对本班组的施工内容进行技术负责和质量负责，首先完成对工程质量的自检，发现缺陷及时进行改正或修复，确保工序过程“零失误”。

（3）经理部质量实行质检、测量、试验三位一体的质量控制体系，从每个分项工程原材料质量控制、工程实体项目质量控制、工程外观质量控制、工程保证资料收集整理等各方面进行自检，合格后向监理工程师进行交验。

（4）项目其他各部门负责本岗位的质量控制相关工作，如机务部门负责施工机械设备的规格、型号及数量满足施工要求；材料部门负责施工材料的规格、型号及数量满足施工要求；后勤部门为施工提供后勤保障等。

3. 技术措施

（1）图纸会审：在工程开工前，项目部组织相关技术、施工、合同人员对图纸进行初步审核，施工人员了解设计意图，对各部位几何尺寸熟悉理解。对图纸采用的标准、规范进行明确，对图纸设计存在的问题及时反馈给河南嵩阳高速公路有限公司和设计代表，采取措施进行解决。

（2）技术交底：每个分项工程开工前，由项目常务副经理组织，项目总工程师主持，面向全体施工人员进行技术交底，并形成书面材料，确保各项技术要求传达至每个参建员工，使员工知道工作干什么、怎么干、结果如何、应该注意哪些问题，最终实现了修建了一条高速公路、开拓了一片市场、打造了一个优秀团队。

(3)关键过程和特殊过程的识别:根据关键过程和特殊过程的识别标准,对本项目路面工程及工序进行识别,将那些精度要求高、费用比重大、施工难度大,对工程质量和工期有重大影响的作业或活动,列为本项目的关键过程,如水稳混合料的拌和、摊铺、碾压、养护,沥青混合料的配合比设计及验证、混合料拌和、摊铺、碾压等,针对关键过程制订相应的控制措施,经施工过程严格执行,确保了各关键过程质量达标。

(4)质量通病提前制订预防措施:公路工程质量通病的各类很多,由于面广量大,因此对工程危害较大。针对洛栾高速公路洛阳至嵩县段路面一标的施工特点,制订了以下几个方面预防措施:针对沥青路面不平整、桥头跳车、沥青路面早期破坏、沥青混凝土局部离析、沥青路面反射裂缝、桥面铺装层破坏等问题,施工过程中加强控制,最大限度地减少了病害的发生。

(5)编制切实可行的施工方案:根据现场的客观条件,编制了切实可行的施工方案,明确了施工方法,指导了施工机具的选择,制订了质量验收标准,为整个项目的施工及准备工作奠定了坚实的基础。

(6)对工程进行合理划分:依据《公路工程质量检验评定标准　第一册　土建工程》(JGT F80/1—2004)的要求,项目组织质量检测人员对本合同段的工程进行分项、分部、单位工程的划分,并依此进行了工程质量评定和质量等级判定,计量交验,建立工程检测资料台账,分类归档已完工程的技术资料。

(7)测量控制:项目测量人员负责导线复测及恢复定线、测量放样工作,并对各部位的几何尺寸进行跟踪检测,在指导施工的同时,对成品工程进行检查和验收,确保了全线路线线形通畅,位置准确,结构尺寸符合设计要求。

(8)试验控制:试验人员在每个分项工程开工前完成原材料检验和报批、标准试验和配合比设计,为工程施工提供科学数据和质量控制标准,并根据现场施工条件的变化,及时进行相应的调整并通知施工人员。在施工过程中和工后,依据相关试验规范和规程的要求,对各项技术质量指标进行检验,规范整个施工活动,使各分项工程做到内实外美,质量合格。

(9)配备先进的施工机械和设备。根据本项目的施工任务,项目部投入了日工4000型沥青拌和楼一套、WDB600型水稳拌和楼两套,施工前场配备了RP952型水稳摊铺机和福格勒沥青摊铺机、戴纳派克双钢轮压路机、XP302胶轮压路机、英格索兰压路机、智能型沥青洒布车、同步碎石封层车等,各种机械设备工作状态稳定,工作性能良好,圆满地完成了各项施工任务。

(10)试验路段铺筑。水稳底基层、基层、透(封、黏)层、沥青面层在大面积施工前,先取有代表性路段上铺筑长度为100~200m的试验段,取得各项施工技术参数、工艺参数、机械组合验证情况等,并得到监理工程师的认可批准后,才能组织大面积施工。

4. 经济措施

(1)制订质量奖罚措施。每季度根据考评结果,评选出先进的质量达标单位和个人,进行适当的经济奖励,对质量不达标单位或个人进行适当的经济处罚,使项目部形成了一个“比、学、赶、帮、超”的良好氛围。

(2)加强资金运转,确保各项质量投入及时到位,如施工设备及检测仪器的购买、维修、养护等费用。在经济上为质量控制提供了强有力的保障。

(二)施工中工程质量自检情况及工程质量问题的处理情况

(1)原材料检验:在每批原材料进场前,由材料部门下发“材料检验通知单”给项目专职检测人员,检测人员依据相应的检测规程对各项技术指标进行检测,如经自检发现质量不合格,通知材料人员,坚决拒绝该批原材料进入场地,有效地保证了原材料质量优良。

(2)在施工中，现场技术人员对每道工序进行100%的严格自检，如水稳层高程放样、模板支设、下承层验收、碾压完成后的养护、成品的几何尺寸、压实度、强度均按要求频率进行自检，合格后方能报监理工程师进行检验。如发现不符合，现场施工及技术人员有权责令相关责任人整改，直至符合要求。

(3)沥青路面施工中，各工序及检测项目除按要求检验频率进行自检外，还加强温度检测，确保每盘和每车混合料温度符合要求，如温度过高或过低，均按废料进行处理；摊铺后安排专人进行温度检测，及时指挥压路机进行碾压成型。

(4)附属工程加强过程自检控制。针对混凝土集水井、HDPE横向排水管道、缝隙式集水沟安装、路肩填土工程，在施工时安排专人进行专项检查，并对检查形成记录，必要时留下影像资料。对施工过程中出现的突发事故，按预案进行处理，消除质量隐患。

(5)在路面结构层施工过程中，特别加强了平整度控制。成立3人平整度检测小组，对水稳基层、沥青下面层、沥青中面层的平整度用6m铝合金尺进行全线排查，最大间隙大于4mm的段落，全部用大型铣刨机进行铣刨处理，保证行车舒适性和平稳性。

(6)加强桥面平整度控制。为保证桥面的行车舒适性和密水性，对全线21座大桥和3座中桥的混凝土桥面全部进行铣刨，消除表面浮浆，经检查，表面平整度全部在2mm以下，然后施作改性乳化沥青黏层和热喷沥青同步碎石下封层，其上再作沥青混凝土中面层和上面层。

(7)自检发现质量问题的处理。在施工过程中出现的质量问题，项目部按"三不放过"原则进行处理，即原因不查清不放过、责任人未受到教育不放过、整改措施未落实不放过。同时质量检测部门做好跟踪验证，确保其质量达到规定要求。

(8)质量问题原因分析及持续改进。在项目经理的组织下，项目总工程师组织相关职能部门对出现的质量问题进行原因分析和评审，运用PDCA循环机制和数理统计的方法对质量问题进行分析、制订相应的整改措施并持续改进，对相关联、经常出现的质量问题，制订预防措施和缺陷整改措施，并落实到现场。

(三)对完工质量评价

(1)本合同段已完工分项工程一次验收合格率100%。

(2)本合同段单位工程交工验收合格率100%。

(3)重大工程质量、安全责任事故0案次。

(4)工期履约率100%。

(5)严重职业病危害事故0案次。

(6)环境污染、保护植被、防止水土流失，工区居民无投诉。

(7)沥青路面的平整度经检测σ在0.8mm以下。

(8)合同段自检评定得分98.5分，为合格工程。

四、施工进度控制

(1)现场排查，确定合适的施工方法。本合同段人员进驻现场以后，首先对全线的地形地貌进行了考察，对路基桥梁工程进展情况进行了排查，针对工程进度的不均衡，完成了施工平面图设计。K0+000~K6+900段、K14+600~K23+100段路基工程进度靠前，K6+900~K14+600段路基进度落后，制订了从两端向中间的施工方法，在合适的位置设置了水稳拌和站、沥青拌和站及经理部驻等，为后期施工进展指明了方向。

(2)在较短的时间内完成了项目筹建工作。项目部从2012年2月初进驻工地，至2月底基本完成了项目经理部驻地、第一水稳拌和厂、第二水稳拌和厂、沥青拌和厂的筹建工作；同时项目中心试验室完成了各种试验仪器的安装调试，并通过了省质量监督部门检测认证；项目前期技术准备工作也顺利完成,为下一步工作顺利开展赢得了开门红。

(3)施工方案的确定和施工机具的选择。根据工程的总体任务和确定的施工方法,制订了科学的施工方案和施工工艺,并组织配备了相应的施工人员和设备,施工机械设备对工程进度和工程质量起着至关重要的影响,所以项目部根据工作内容的不同,并遵循先进性、适用性、经济性的原则配备了施工机械。对特殊地段的工程采取特殊的处理措施,并配备相应的设备。

(4)提前做好碎石原材料的储备工作。经项目部材料人员对周边碎石材料生产厂家进行调查,生产能力具备一定规模、质量优质、价格合适的并不多。经过项目招标,最终确定了碎石供应厂家。为保证正常生产需要,项目提前储备了碎石原材料,并且在施工过程中随时跟进储备。

(5)合理安排工期,根据天气情况进行突击。水稳碎石及沥青面层尽量避开雨天施工。科学合理地规划拌和场,完善了场地的排水系统,做好路面施工现场及挖方路段的排水工作,保证雨停即可施工。

(6)做好施工平面现场管理,提高工作效率,加强各工序之间的相互协调和配合。对施工场地进行合理规划,周密布置。尤其是合理安排项目驻地、两个水稳拌和场地、沥青拌和场地交通规划和疏导;科学组织梁刘互通区、主线收费站广场、伊川西互通区等关键部位的施工,确保在施工中不发生相互干扰,为工程顺利进展创造良好的氛围。

(7)加强进度计划管理,发现问题及时调整解决。根据总工期,对计划进行分解,制订季度计划、月计划、旬计划,并对阶段性进度计划进行定期检查,计划完成与完成不好都找出原因进行分析,找出问题所在,以便制订下期计划时进行参考。对控制性工程制订主导工期计划,必要时开展新的作业面,增加人员和设备,保证在计划工期内完成工程。

(8)施工过程中针对重点和难点工程组织攻关活动。加大技术、设备及人员投入,集中优势力量打攻坚战、突击战,加快施工进度,缩短工期。如梁刘互通区匝道及洛阳绕城高速加宽段施工、伊川西互通区匝道施工,项目部均打破常规施工方法,水稳碎石层、沥青路面层均开展两个工作面集中施工,在最短的时间内完成了工程施工任务。

(9)提高机械设备利用率。在施工中努力提高设备的使用效率,加强机械设备的维修、检修和保养工作,保证设备的完好率。项目部机务部门设置了流动维修和保养小组,随叫随到,必要时跟车检查,使施工设备始终处于良好的工作状态。

(10)加强不利季节的施工管控措施。雨季做好预防和排水工作,夏季做好防暑降温工作,农忙季节及时调配人员安排好施工生产工作,并加大资金和设备投入,确保工程如期进行。项目部节假日安排专人值班,对突发事故进行处理。

五、施工安全与文明施工情况

(一)安全生产情况

项目筹建之初,各级领导就非常重视生产安全,制订了安全生产措施、划分了安全生产责任、购置了安全生产设备、组织各种应急预案的演练、举办安全生产培训、定期安全检查,各施工作业面必须按专职安全人员的要求消除安全隐患,把安全工作放在首位。项目部主要通过以下具体措施来保证施工安全:

(1)建立健全了各工种、各施工环节的施工安全规章制度,做好上岗前职工安全培训工作。特殊工种必须持安全考核证上岗,严禁无证操作。作业人员必须做到“三不伤害”和“三不违”,严格遵循本行业的安全操作规程。

(2)严格按照施工工艺、施工操作规程、施工方案等相关安全条款的要求进行施工。所有施工操作人员必须穿工作服、戴安全帽,尤其是沥青施工作业必须穿劳保鞋,戴安全防护用具。工作时严禁打闹嬉戏、擅离工作岗位。

(3)严禁酒后驾驶任何机动车辆,任何机动车辆不得“带病”行驶,车辆出现故障后必须及时进行维修。机动车辆在道路上行驶、停放必须遵守交通规则。

(4)夜间施工,配置了良好照明设备,施工人员全部穿戴反光背心,并在危险处设隔离栅、防护网等,确保施工人员和机械设备的安全。

(5)通过安全教育,增强职工安全意识,树立“安全生产,人人有责”的观念,提高职工遵守施工安全规章的自觉性,认真执行安全操作规程,做到:不违章指挥,不违章操作,保护自己,保护他人,提高职工整体安全防护意识和自我防护能力。

(6)有计划地对岗位的生产知识、安全操作规程、安全检查生产制度、施工纪律进行培训和考核,重点对专职安全员,班组长、从事特种作业的工人进行培训考核,合格后发上岗证。未经安全教育的管理人员、施工人员,不准上岗。未进行三级安全教育的新工人不准上岗。变换工种或采用新工法、新工艺、新设备、新材料及技术难度较大的必须经过技术培训,未经培训合格者不准上岗。

(7)严格控制安全生产用电。没有电工证,不准从事电工作业。从事电气设备和线路检修时,需有专人监护。不得超负荷使用电气设备,同时必须切断电源,并由专人监护,严防他人误合闸。

(8)严格执行逐级安全技术交底制度,施工前由项目总工程师组织有关人员进行详细的安全技术交底,并履行签字手续备案待查,各工区、各施工队安全员组织对施工班组及具体操作人员进行安全技术交底。各级专职安全员对安全措施的执行情况进行督察,并做好记录。

(9)加强安全宣传工作,通过广播、黑板报、标语牌、安全知识竞赛等灵活多样的形式,时时刻刻提醒全体员工做到安全生产。实行安全施工一票否决制,确保万无一失,把事故隐患消灭在萌芽状态,真正做到预防为主。

(10)对施工现场加强了安全监管,划分了责任安全责任区。在沥青面层和水稳碎石层施工期间,每2km设置了减速带,并设置了导向牌、标识牌及安全旗,确保了施工安全。

(11)在预留的施工交叉路口安排专职交通管制人员,统一着装,对过往车辆行驶速度和完好性进行检查,并禁止非施工车辆上路行驶,同时保护已施工路面免受污染。

(12)在拌和站、经理部驻地安装了电子眼,并安排专人监视,对项目设施防火防盗起到了预警作用。

通过以上各项控制措施,项目安全生产工作卓有成效,未发生一起安全生产事故,完全实现了安全事故零案次的目标,得到了河南嵩阳高速公路有限公司、监理单位及上级主管单位的一致好评。

(二)文明施工情况

根据各级政府构建“和谐社会”的宗旨,在创建“和谐洛阳”这个大背景下,项目部树立了修文明路、做文明人的目标,把上级文明施工指示精神融入现场施工中。

(1)制订了项目文明施工管理条例和计划,全体施工人员认真遵守,严格执行,真正做到文明施工。把文明施工的主要条款写在标语牌上,挂在工区内,时刻提醒施工人员认真遵守。

(2)项目经理部设置工程简介牌、质量监督牌、安全生产牌等,明确本合同段的有关内容,如合同段名称、公司名称、项目经理及总工程师等名称、上级主管单位、监督单位,并简介工程范围、工程质量概况等,标牌尺寸、颜色均按标准化要求统一制作。

(3)施工现场管理人员一律佩证上岗,兼职维持工区施工秩序,防止无关人员进入工区。办公室、仓库、工作室悬挂统一标牌进行标识;做好办公区、生产区内“三防”、绿化、医疗、卫生、保险工作和租用房屋的管理工作。

(4)做好施工现场各类机械设备、车辆分类划区安放停置工作,碎石等各种材料、构件分区标牌标识,整齐堆放在硬化后的场地内,对怕雨易扬的材料搭建防雨大棚并对原材料堆放场地设置排水沟。

(5)施工便道及岔路口处设置醒目的路标,在施工主便道的进口或进入施工现场处设立宣传龙门架;施工便道分责任区进行养护,定时洒水,保持路面平整干净,设置临时排水沟,保持排水通畅。

(6)尊重当地乡风民俗和传统习惯,处理好同地方居民的关系,配合当地有关部门共同做好治安联防工作。项目部自施工后,依靠当地政府的支持和帮助,主动地与派出所、公安局、交警大队联系,及时协调地方关系,并迅速解决当地农民与我方产生的各种摩擦、争吵、斗殴等事故的处理。

(7)加强与业主、监理及设计单位的合作,服从安排,配合业主做好关系协调工作。

(8)适时养护施工便道,定时洒水,保证路面平整干净,不扬尘,不泥泞积水。

项目部始终坚信修好一条高速公路,造福一方人民,树立一座丰碑。文明施工是各方需求,是未来发展的趋势,这个工地做好了,下个工地还要继续发扬下去。

六、环境保护与节约用地措施

洛阳市是全国文明城市、旅游城市、历史古都,有着丰富的人文地理资源,所以环境保护和节约用地尤为重要。在洛栾高速公路 LSLM. 1 合同段施工中,单位主要采取以下措施来保护环境和节约用地:

(1)项目经理部成立了环保机构,建立了相应的规章制度,专人专项随时检查和定期组织环保检查,项目经理部及各作业层共同维护工区内的环境保护工作。

(2)施工期间的环境保护应遵守国家和地方有关环境保护、控制环境污染的规定,采取必要措施防止施工中的燃油、污水、沥青、废料和垃圾等有害物质对河流、农田、池塘和林区的污染,并防止扬尘、汽油等物质对环境空气的污染,防治噪声对环境的污染,把施工对环境、空气和居民生活的影响减少到法定的范围内。

(3)防止水土流失。在施工期间本合同段始终保持工地处于良好的排水状态,修建一些临时的排水沟渠,并与永久性排水设施相连接,无淤积和冲刷。

(4)在施工中采取有效措施防止雨水对原有土地的冲刷。对施工中产生的废料,运输到指定的弃土场进行废弃,对河流、水道、灌溉或排水系统产生淤积或堵塞,及时进行清理和疏通,减少对附近田地的污染。

(5)为减少施工作业产生的灰尘,随时进行洒水或其他抑尘措施,使不出现明显的降尘。易于引起粉尘的细料或松散料应予以覆盖或适当洒水润湿,运输时用帆布、篷布及类似遮盖物覆盖,施工过程中随时洒水润湿。

(6)全员保护绿色植被,施工人员尽量保护公路用地范围之外的现有绿色植被。若因修建临时工程破坏了现有的绿色植被,在工程施工结束后,负责拆除临时工程并予以恢复原有植被。

(7)妥善处理废方,尽量避免破坏或掩埋路基下侧的林木、农田及其他工程设施。沿河弃土避免壅塞河道、改变水流方向和抬高水位而淹没或冲毁农田、房屋。对弃土场进行绿化处理或整平为耕地。

(8)在路线经过南姚沟、杜沟村时,路线附近建有生态旅游度假村,事先对所有施工人员进行保护林区的教育,保护度假村的资源不被破坏。不准破坏林区的树木,不得私自捕猎林区的动物及鸟类,生活垃圾随时清理,不得污染林区,确保了旅游区的生态环境。

(9)尽量少占或不占施工红线外的耕地,若因施工需要占用或租用耕地,施工完成后及时进行复耕,不影响农业生产。

七、施工中新技术、新材料、新工艺的应用情况

(一)高渗透乳化沥青透层应用

项目部在沥青透层施工中,采用了高渗透乳化沥青。基质乳化沥青中按比例掺入分散剂、煤油等,使乳化沥青的渗透性大提高,在乳化沥青破乳的同时,渗透深度均能满足设计要求,经现场取芯检查,深度均大于5mm;另外,高渗透乳化沥青不但在基层养护期内渗透性较好,当基层完全干燥后或长时间停放后,渗入基层的深度完全能满足设计及规范要求,使沥青面层与基层结合良好。

通过本合同段使用,高渗透乳化沥青的优点在于:一是煤油掺配量比煤油稀释沥青的少,环保性增强;二是通过分散剂及煤油的掺配,使乳化沥青的渗透性大大提高,在半刚性基层与沥青面层之间形成良好的黏结过渡层;三是对基层顶面起到固结和保护,提高基层表面的强度和整体性。

(二)硫磺改性沥青科研段施工

本合同段铺筑了单幅单层长度为5km的科研路段,为硫磺改性沥青在洛阳市的应用奠定了基础。硫磺改性沥青路段,经过试验检测,各项技术指标均能满足设计及规范要求,特别是硫磺与沥青的相溶性、与集料的黏附性较好,使沥青路面的高温抗车辙性、水稳定性都得到明显提高,低温性能也有所改善,提高了沥青路面的强度和稳定性,延长了使用寿命。

八、工程款支付情况

(1)根据工程进度和完成的产值,按照河南嵩阳高速公路有限公司要求,本合同段及时上报计量申请资料,工程款已经全部支付到位。如发生劳务、机械、材料等债务纠纷,与建设方无关。

(2)项目部根据国家、地方相关法规对劳务用工的要求,按月足额支付劳务人员工资,急农民工之所急,想农民工之所想,不拖欠、不克扣劳务人员应得工资。

(3)根据工程需要,公司通过招标方式租赁了部分机械,双方签订合同,包括租赁费支付等一切事务均按合同条款要求执行,合同到期责任和义务自行终止,如发生纠纷,按合同约定的方式解决。项目部严格按合同办事,及时支付费用,无债务纠纷。

(4)项目通过材料调查,经多方比选确定了多家材料供应商,并签订了材料采购合同。项目部严格按合同进行材料的进场验收和材料款支付,不存在拖欠材料款的现象。

(5)本项目工程款项做到专款专用,解决施工中的困难,有步骤、有计划地将工程款项投入施工生产中,为工程进展提供了坚实的经济保障。

九、施工体会

(一)施工难度大

(1)本合同段施工进场初期,当地可利用的资源相对较匮乏。交通、电力、通信、临建等设施都相对薄弱。合同段起点从洛阳市洛龙区溢坡村,向南延伸一路跨越深谷沟壑,翻山越岭,最后止于伊川县马回营村。全线桥梁均不通车,交通条件极为不便,坡陡弯急,场地狭小,对前期拌和站的筹建工作带来了极大的困难,路基、桥梁工程施工难度大,材料设备无法进场,造成K6+900~K17+700段路面施工工期相对较短,任务重、压力大。

(2)本地地材资源匮乏,山体土层覆盖厚,岩石风化严重,碎石生产厂家很少。部分碎石材料从宜阳县、汝阳县等地采购,运距远、单价高,对工程进度有一定程度的影响。

(3)当地居民对高速公路修建绝大部分是热情支持,并提供各种方便,但还是存在少部分人员时常对正常施工进行干扰,无理取闹,阻碍工程进展,在一定程度上影响工程进度。

由以上几点可知，本合同段虽然只施工路面工程，但面临的形势相当严峻，路基单位前期遇到的问题，项目部不但要面对，还要采取措施去解决它，千方百计为施工生产创造最有利的条件。

（二）发挥自身潜能，攻坚克难，打造精品

（1）项目部自进场初积极协调各方关系，全力打造施工环境，创造良好施工氛围。积极主动与兄弟单位进行协调沟通，寻找解决问题的妙药良方；生产进度安排上完全服从河南嵩阳高速公路有限公司及监理工程师的组织与领导，顺利地解决了路基交验、桥梁交验、交叉施工等一系列问题，为路面工程施工创造了良好局面。

（2）本合同段路面工程包括两个互通区、一个主线收费站，特别是桥梁多、断点多、施工交叉点多，存在的问题也多，不同的地段需要组织不同的施工工艺和设备。项目部具有丰富的路面施工经验，经过认真考察，制订了有针对性的灵活的施工方案，见缝插针，以点带线，以线带面，使各部工程得到顺利完成。

（3）公司常年从事高等级路面工程施工，具有人员素质过硬、设备一流、技术先进等优点。本项目进场之初，面对时间紧、任务重的局面，项目领导班子就提出了“抢晴天、战阴天、合理利用下雨天”的口号，发挥特别能吃苦、特别能战斗、特别能拼搏的精神，抢工期、保进度，最终圆满地完成了各项施工任务。

（4）项目部在技术咨询单位的指导下，根据 WDB600 型水稳拌和楼的特点，结合前场摊铺及碾压设备工作性能，对水稳碎石底基层、基层配合比进行优化设计，使配合比更易于控制、更易于满足质量要求；沥青混合料在目标配合比的基础上，结合日工 4000 沥青拌和楼、摊铺、碾压设备性能，生产配合比设计更加合理。在施工路面各结构层时，精细化管理各道施工工艺，加强控制各工序技术指标，做到施工过程零缺陷，交工验收合格率 100%。

（5）项目部积极响应河南嵩阳高速公路有限公司及总监一代处的号召，争进度、抓质量。在时间紧、任务重的情况下，对工程质量不敢有丝毫的放松，态度上重视、行动上积极、措施上到位，极力打造品牌工程、优质工程、放心工程。在河南嵩阳高速公路有限公司举办的路面工程质量专项奖的活动中，本合同段多次受到嘉奖。

（三）缺点与不足

（1）对路面污染控制不能令人完全满意。全线交叉路口较多，在通道、天桥设施未完善的情况下，各种农用车横穿道路，造成路口处的路面严重污染；路基挖方段边部防护及排水工程在路面上堆放石头、堆土、停放机械，也造成了不同程度的污染。项目部安排水车、配备专人进行清洗，甚至多次重复工作。

（2）全线桥梁工程进度相对滞后，断点较多。全线有 21 座大桥、3 座中桥，进度快慢不一，造成在路面各结构层无法连续施工，施工接缝相对较多，处理工艺烦琐，耗费了大量时间，且对路面的平整性有不同程度的影响。

综上所述，本合同段在路面施工过程中存在不同程度的困难，在各级领导的热心关怀下、在相关兄弟单位的鼎力相助下，经过项目全体员工努力奋战，发挥敢于拼搏、勇创一流的优良传统，发扬团结协作、高效务实的团队精神，不为困难找理由，只为困难想办法，高质量、高品位、高效率地完成了合同施工任务，为洛栾高速公路打造经济之路、旅游之路、生态之路做出了不可磨灭的贡献。

云南路桥股份有限公司

洛栾高速公路洛阳至嵩县段路面工程 No. 1 合同段项目经理部

二〇一六年八月

2. 洛栾高速公路洛阳至嵩县段路面工程 No. 2 合同段施工总结报告

目　　录

洛栾高速公路洛阳至嵩县段路面工程 No.2 合同段施工总结报告

一、工程概况

我单位承建的河南省洛栾高速公路洛阳至嵩县段路面工程第2合同段,起点桩号 K23+100,终点桩号 K40+000,路线全长16.9km。另外,还包括一处古城互通式立交。公路等级:四车道高速公路标准设计,设计速度:100km/h;路基宽度:26m;行车道宽度:2×2×3.75m;标准轴载:BZZ-100。

本合同段主要工程为路面工程,主要工程量为:厚4cm AC-13C 改性沥青混凝土上面层 440003m^2;厚6cm AC-20 中粒式改性沥青混凝土中面层448042m^2;厚8cm ATB-25 粗粒式沥青混凝土下面层400080m^2;高渗透乳化沥青透层440236m^2;SBS改性热沥青碎石封层440236m^2;PCR改性乳化沥青黏层878996m^2;桥面防水层56540m^2;厚18cm 水泥稳定碎石基层418285m^2,厚34cm 水泥稳定碎石基层438108m^{2}等。施工时间自2012年2月进场筹建,至2012年11月10日工程全部竣工,实际工期共9个月。

二、机构组成

(一)主要组成人员(图1)

项目经理:李维千

支部书记:饶德龙

常务副经理:张立人

项目总工程师:王成业

项目副经理:金志军、李自礼、刘强

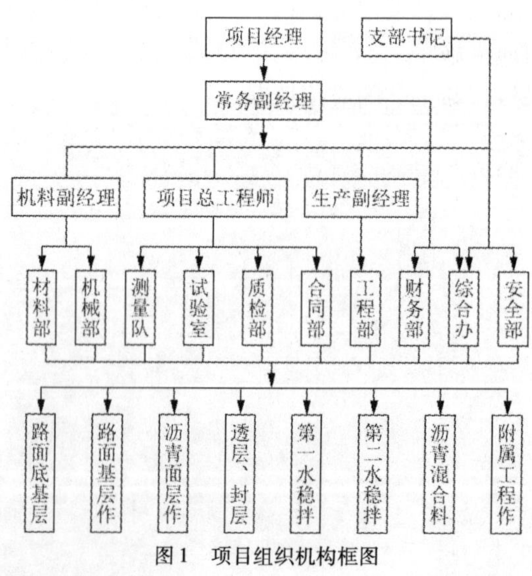

图1 项目组织机构框图

(二)施工组织机构设置与人员配备

根据本项目的工程特点及洛嵩高速公路工程建设的实际施工需要,组建精干高效的项目经理部。为了优质、高效地按合同工期完成本段全部工程项目，我公司调集优良机械设备和有丰富路面施工经验的工程技术人员组成骨干力量。设置了相应的职能部门，包括工程部、质检部、合同部、财务部、机料部、安全部、试验室、测量队、综合办9个职能部门。

项目管理层由项目经理主管全面工作；党支部书记主管后勤保障和外界协调工作；项目总工程师负责施工方案、施工工艺、新技术的应用，质量控制等；项目生产副经理主抓项目生产、安全、进度等；项目机械副经理主抓项目施工机械和进场材料；各施工作业组设组长1名、副组长1名、专职安全员1名，具体负责各施工作业组的施工管理和工序调配及安全管理工作。

（三）施工作业组的组成及施工段落划分

根据施工需要，经理部下设两个施工工区，由经理部统一组织、管理和协调，两个施工工区在经理部统一安排下负责全线施工。经理部中心试验室负责本合同段的主要试验及二工区的试验检测工作，为了加大检测力度，在第一拌和厂设立一个试验组，具体负责第一工区的试验检测工作。经理部测量队负责全线的控制测量工作。由于全线工程项目多，为确保质量、进度和工期，项目部下设两个底基层（基层）作业队、一个沥青面层作业队、一个透层封层黏层作业队、一个附属工程作业队。各施工队具体负责本队所辖范围内的全部事务，每一个施工队均设立技术、质量、安全专职人员，由经理部统一领导，统一协调，统一指挥。各职能部门全方位对合同段的生产经营、质量、安全、环保等进行有效管理。

根据工程量分布情况，依据运距合理、集中管理、便道畅通的原则，为了更好地完成各项生产目标，经理部根据现场实际情况以及路基交验的实际情况将本项目施工路段分为两个施工段落。

（四）设备投入情况

为保证工程质量，确保工期目标，项目进场后，迅速调集施工机械设备进场，投入本合同工程施工的主要施工机械设备如下：

边宁荷夫J4000型沥青拌和楼1套、WDB600稳定土拌和设备2套、福格勒2100沥青摊铺机1台、基层、底基层摊铺机4台、ZL50G装载机15台、机制砂加工设备1套、基层单钢轮振动压路机6台、30t轮胎压路机3台、双钢轮压路机3台、小型压路机3台、水车8辆、自卸车60辆、沥青同步碎石洒布车1辆、沥青洒布车1辆。

三、质量管理情况

（一）工程质量控制措施

1. 进行质量策划

项目进场后，结合项目实际情况，根据本项目质量控制所面临的优势和劣势，进行质量策划，分析质量控制的重点和难点，辨识关键工序和特殊工序，制订控制和预防措施。编制检验和试验计划，确定业主对材料、过程、半成品、成品和各单项指标的明显和隐含要求，以上对应这些指标所进行的检验，测量和试验方法、依据、频次。

2. 严把工程材料质量关

工程材料质量的好坏是直接影响工程质量的一个重要因素，特别是沥青、水泥，每车材料进场前均由工地试验室专业工程师检测合格后方可用于施工，碎石、矿粉等材料每批到场均严格按检测频率检查，并设专人负责，不合格的材料杜绝进场，以确保工程施工质量。对进场后的材料，进行保护措施，细集料搭棚覆盖，粗集料用防水土工布进行覆盖，对上面层料用水洗设备进行水洗。

3. 成立质量管理小组

项目经理部成立以总工程师为组长的质量管理小组，负责实施施工的组织管理工作，确保施工的连续性和按施工工艺施工,从而保证施工质量。

(1)施工前,由项目总工程师组织人员进行技术交底,并负责施工工艺的确定、运输工具以及劳动力的安排。

(2)由技术人员组成现场值班小组,落实实施性施组执行情况,并监督关键工序的施工质量。

(3)拌和站配置专职试验人员,驻现场监督按照设计配合比进行拌和,对沥青含量、水泥、石灰剂量、含水率、集料级配、集料粒径进行现场检测控制。

(4)摊铺现场配备专职试验人员,驻现场进行压实度、厚度、含水率检测并取样制件试验,配合现场技术人员做好施工控制。

4. 完善各项技术管理制度,在项目工程实施中严格执行

(1)施工组织管理

①施工前,项目经理主持编制切实可行的施工组织设计和针对本项目的质量保证措施,制订本项目的质量策划。施工过程中严格执行。

②搜集并掌握有关的技术规范、操作规则、国家和行业标准、评定验收标准等,据此制订施工方案及各工序的作业指导书。

③施工过程中,实施动态管理,视实际情况,不断完善、优化施组。

(2)技术图纸复核制度

①从业主或监理工程师处所获得的施工图纸,必须经项目总工程师和专业工程师认真审核,确认无误并签署复核意见后,才可使用。

②对图纸中的内容进行总结提炼,汇总成册,交底给相关的技术人员。

③经发现有误的图纸在作废之前,用红笔标出错误之处;如在发放之后发现有误,立即书面通知施工人员,停止使用。

④施工图纸在确认停止使用后,应全部收回,并在图纸上标注红色"作废"字样。

(3)技术交底制度

每分项工程施工前,项目总工程师都进行了技术交底工作,将工程特点、内容、施工部署、施工方法、顺序、进度安排、设计要求和规范要求等以书面形式向各级施工管理人员进行交底。然后层层进行交底,一直交底至现场操作人员和辅助民工。技术交底有签认记录。

(4)技术资料管理制度

工程现场技术文件和资料,由工程质检部门负责填写、整理、分类。施工过程中,随时收集、记录和整理各项施工资料,以便于计量和竣工验收。

5. 强力落实五化精神,做到现场施工标准化、精细化

(1)沥青拌和楼安装混合料动态监控仪(黑匣子),实时监控混合料配合比。

(2)沥青改性过程实行远程监控,派专人驻厂控制改性沥青质量,到场后车车检测,不合格的坚决拒收。

(3)细集料搭棚覆盖,粗集料采用防渗土工布覆盖,以防雨防灰尘,并对粗集料进行水洗处理。

(4)拌和楼向运输车卸料时采用多层前后中的卸料方式,以减小混合料的离析。

(5)沥青运输车三侧采用岩棉加铁皮包裹,帆布加棉被覆盖保温。

(6)摊铺机前挡板加胶皮以减少混合料竖向离析。

(7)沥青混合料施工时,设防风墙防止温度散失过快和路面污染。

(8)在复压后用6m直尺检测平整度,对上面层大于2mm的地方用压路机横向碾压处理。

中下面层成型后再用6m直尺进行检验，对下面层大于5mm中面层大于3mm的用小型铣刨机进行处理，以保证上层平整度。

(9)压路机在边部碾压时多压2遍，以保证边部压实度。

(10)摊铺机安装红外温度显示仪控制摊铺温度，摊铺机和压路机安装速度显示仪控制摊铺碾压速度。

(11)对于桥面，纵向铣刨后再用小型铣刨机横向铣刨，以防层间水积在桥面上造成水损坏。

(12)为防止桥面护栏边部渗水对桥上沥青路面造成水损坏，中上面层边部10cm用热沥青涂刷。

(13)为保证泄水孔的质量，使之能与沥青路面很好的衔接，保证泄水孔周边的路面质量，采用在铺筑沥青路面前，先用砂袋等将泄水孔填充，并标注出泄水孔的位置，再铺筑沥青路面，路面铺筑完成后，用取芯机将泄水孔清理出来，有效地保证了泄水孔及泄水孔周边的路面质量。

(14)实行明白卡制度，使管理人员和操作人员都明确操作要领和细节，提高每个参建人员的质量意识。

(二)质量自检情况

经过以上一系列质量控制措施，本项目的施工质量一直处于可控状态，路面压实度、厚度、弯沉值等指标满足设计要求，防护、排水完善，路面平整度控制较好，总体各项技术指标符合规范和设计要求。工程完成后，分项工程、分部工程、单位工程评定合格率100%。2012年9月，路面精细化管理观摩会在我项目成功举办，更使得我项目的精细化施工水平上了一个新的台阶。

(三)工程质量问题的处理情况

对于路基单位施工的桥面铺装平整度较差，桥面与搭板、搭板与路基顺接处跳车严重的情况。项目部在中面层施工之前采用铣刨机对混凝土桥面、涵面、搭板表面进行铣刨，或对桥面做铣刨拉毛处理，清除浮浆，除去过高的突出部位，然后采取切实可行的方案进行局部顺接后，再进行中面层施工。确保中面层厚度和桥面平整度。

(四)对完工质量的评价

本合同段路面工程平、纵线形流畅，几何尺寸控制较好；路面压实度、弯沉值满足设计要求；附属工程的混凝土、砂浆强度符合设计要求；混凝土及砌筑工程的外观良好。交工验收资料已完善。根据《公路工程竣(交)工验收办法》和《公路工程质量检验评定标准》(JTG F80/1—2004)，质量自检评定得分为98分，交工验收的两个单位工程质量等级全部为合格，单位工程合格率为100%。依据有关规定，本合同段路面工程交工验收质量等级评定为合格。

合同执行期间，项目部严格按照管理处质量管理方针和目标积极开展工作，高标准、严要求，积极推行精细化管理，按照合同要求组织人员、机械设备、材料进场，建立质量自检体系，施工期间，能够按照业主的要求和指令力促工程质量，完成阶段工程计划任务，同时高度重视文明工地建设和施工安全生产，合同执行情况良好，达到了保质创优、打造精品工程的目标。

四、施工进度控制

(一)保证工期措施

(1)完善、优化施工组织设计。项目进场以来，一直强化计划管理，严格按计划组织施工，同时不断优化、完善“工程进度计划图”，以日进度保旬进度，以旬进度保月进度。

(2)在确保工程质量、安全及环境的前提下，把职工收入和工程进度及质量紧密联系起来，保护和充分调动职工的生产积极性，使工程进度按“工程进度计划图”和“网络图”的要求，保质保量按时完成。

(3)根据总体施工计划及路槽交验的情况，设二个水稳拌和站、两个沥青拌和站，以保证按计划圆满完成任务。

(4)在努力提高机械化施工程度和机械设备使用效率的同时,加快机械设备的维修、检修和保养工作,保证完好率,投入充足的施工设备,以优势设备确保工期计划完成,本项目两个水稳作业面、两个沥青作业面均各自配备了足够的摊铺碾压等设备。

(5)针对工程实际进展情况,抓紧有利施工季节,适时组织大干,开展劳动竞赛,掀起劳动热潮,并结合创先争优,及时组织立功竞赛活动,充分调动广大职工的生产积极性和创造性,缩短工期。

(6)针对前期路槽交验不多的特点,采取交一段就将三层水稳层及柔性基层施工完的办法,针对后期断点较多的情况,灵活机动调动设备,不惜代价确保工期的实现。

(7)按管理处要求,进场后就积极进行备料工作,每月进行考核,确保大干期间材料充足。

(8)未雨绸缪,主动积极加强与地方政府和村民的沟通,减少地方干扰,保持顺利、良好的施工环境。尤其是后期,对于部分因受多种原因干扰的断点工程,项目部更是积极主动,想尽各种办法确保施工。

(9)多方筹措资金,保证农民工工资及各种材料款及时支付,避免对工程进度造成影响。

(10)利用奖励和提高农忙季节农民工工资的办法,保证农忙季节留住民工,确保农忙期间工地生产正常。

(11)合理安排各分项工程施工。

(二)工期控制情况

通过全体参建人员的努力,洛嵩高速公路 LM-2 合同段工期一直处于可控状态,并于 2012 年 11 月 10 日率先完成了合同段内所有施工任务。

五、施工安全与文明施工情况

(一)施工安全

(1)项目经理部设立以项目经理领导、专职安全员负责,各部门、各班组参与的安全保证体系。成立由项目经理、项目副经理、项目总工程师、项目专职安全员组成的安全领导小组,其中项目经理为第一责任人,项目副经理为安全生产的直接责任人,项目总工程师为技术负责人,项目专职安全员负责日常安全工作的落实,督促工人按有关规定进行生产,各工区设专职安全员,各班组设兼职安全员。

(2)完善各项安全生产管理制度,针对各部位、各工序、各工种的各自特点制订相应的安全管理制度,组织督促检查,加以落实。营造“安全生产,人人有责”的良好氛围。

(3)狠抓安全法规、制度和安全操作规程的落实,经理部每月进行一次安全大检查,对检查中发现的安全问题、安全隐患,立即限期整改。

(4)制订各种安全防范措施。

(5)成立安全事故应急救援领导小组,落实相关责任人和部门职责,公布相应的联系电话。

(6)在生产过程中安排专门时间对事故紧急预案定期进行排查和演习,对预案进行进一步的完善。

(7)针对工程特点,定期进行安全生产教育,强化职工安全意识,使职工掌握安全生产必备的基本知,特殊工种的安全教育、考核、复验,严格按照《特种作业人员安全技术考核管理规则》执行。经过培训考试合格,获取操作合格证者方能持证上岗。对已取得上岗证者,要进行登记存档,按期复审。坚持“三工”教育:工前安全讲话,工中安全检查,工后安全总结。

(8)严格执行逐级安全技术交底制度,施工前由生产副经理组织有关人员进行详细的安全技术交底,并履行签字手续备案待查。

(9)在路上每一公里设一限速标志,同时设限速带,限制在路上的车辆的速度,同时,交通管制岗,严禁社会上车辆行驶到路上。

(二)文明施工

(1)制订项目经理部文明施工管理条例和计划,全体进场施工人员认真遵守,严格执行,坚决做到文明施工,充分体现了我公司“双文明建设先进单位”施工现场现代化管理的面貌。

(2)经理部、拌和场、施工现场均设置正规醒目的标牌,全部用水泥混凝土硬化,排水设施良好,各料仓之间砌砖隔开,细集料搭防雨大棚。

(3)各类公告牌、标志牌内容齐全,式样规范,位置醒目,根据现场实际情况合理规范布局,各种材料和设备存放整齐、规范。

(4)做好施工现场各类机械设备、车辆分类划区安放停置工作。

(5)主线未通时,适时养护施工便道,定时洒水,保证不扬尘,不泥泞积水。派专人分片负责,清扫维护已铺筑的沥青路面。对于上道口,及时封堵,并设专人进行文明工地巡查。

(6)场地及施工现场废料按规定清理,并运到指定地点废弃,施工废水、生活污水按规定处理,设置沉淀池,防止污染水源、耕地农田等。

(7)加强职工职业道德教育,提高职工素质,学技术、学文化气氛浓厚,遵纪守法,杜绝不健康、不文明的生活方式。

(8)和当地群众和睦相处,尊重当地民风、民俗,积极开展共建精神文明活动。

六、环境保护与节约用地措施

(1)经理部建立环保机构和相应的规章制度,专人专项随时检查和定期组织大检查,环境工作与项目经理部及各作业队效益挂钩,奖优罚劣。

(2)拌和场、料场、生活区及施工现场在施工期间应始终保持工地的良好排水状态,修建一些临时排水设施,并与永久性排水设施相连接,且不引起淤积和冲刷。

(3)对于拌和楼排出的矿粉、工地现场的沥青废料等均运到指定地点掩埋,不对周边造成污染。

(4)施工期间,施工材料如沥青、油料、化学品等做到严格管理,防止在雨季或暴雨将物料随雨水径流排入地表及附近水域造成污染。

(5)施工机械做到了不漏油,机械在运转中产生的油污水未经处理就不直接排放,维修施工机械时油污水不直接排放。

(6)采取各种抑尘措施,如适时进行洒水等,使不出现明显的扬尘。易于引起粉尘的细料采取覆盖措施。运输时用帆布等遮盖物覆盖。施工便道随时清理。

(7)拌和站、加工场等均远离居民区,防止噪声及灰尘污染;在居民区附近的路段施工时,尽可能避免夜间施工,以减少建筑噪声。

(8)在高地取土时,做到边开采、边平整、边绿化,按计划取土,及时复耕。洛嵩高速公路两侧取土,与当地农田规划相结合,取土之前与当地群众协商做好设计,并保持与路基有一定的距离,杜绝从路边农田随意取土。

(9)施工临时占地先将原有土地表层耕作的种植土推在一旁堆放,施工完毕后将这些种植土再推回原地,恢复土地表层。并按当地百姓的要求对公路用地附近的土地进行整理恢复。

(10)注意对周边景观保护,取土场、弃土场施工结束后进行美化、绿化,达到新建公路与周边景观和谐美观。

七、施工中新技术、新材料、新工艺的应用情况

振动法骨架密实型底基层、基层施工采用振动法确定混合料最大干密度(该方法确定的密

度比传统方法确定的密度大3%～5%)，通过增加混合料密实度增加混合料强度，同时减少水泥剂量，达到提高底基层、基层强度的同时避免因水泥剂量较大而产生的底基层、基层开裂问题。

八、工程款支付情况

在施工过程中，财务部严格按照上级文件要求急时支付财务账款，到目前为止，项目部工程款全部支付到位，一切劳务、机械、材料等债务纠纷与建设单位无关。

九、施工体会

“百年大计，质量第一”，质量是工程建设的永恒主题，质量是工程的生命，更是一个行业的生命。作为一个公路施工企业，在工程施工中只有不断总结经验，采取各种提高工程质量的措施，并采用新技术、新材料、新工艺，努力提高工程质量，才能在激烈的市场竞争中立于不败之地。在今后的施工中，项目部将继续发扬以上积累起来的好的经验与方法，为我国公路建设再立新功、再谱新曲。

吉林省亿丰路桥工程有限公司

洛栾高速公路洛阳至嵩县段路面工程 No. 2 合同段项目经理部

二〇一六年八月

3. 洛栾高速公路洛阳至嵩县段路面工程 No. 3 合同段施工总结报告

目　　录

洛栾高速公路洛阳至嵩县段路面工程 No.3 合同段施工总结报告

一、工程概况

洛栾高速公路洛阳至嵩县段 LSLM.3 合同段施工路段为 K40 + 000 ~ K61 + 800 全长 22.69km(断链长度 0.89014km),路线沿陆浑水库东侧布设。路基形式分为整体式路基和分离式路基两种。合同段内设计共有结构物特大桥 1 座、大桥 19 座、中桥 1 座、天桥 7 座、匝道桥 1 座、拱涵 12 道、明涵 1 道、隧道 2 处。施工项目主要为:18cm 厚水稳碎石底基层,34cm 厚水稳碎石基层,高渗透沥青透层,改性沥青下封层,8cm 厚密级配沥青稳定碎石(ATB-25)下面层,6cm 厚中粒式 SBS 改性沥青混凝土(AC-20C)中面层,4cm 厚细粒式 SBS 改性沥青(AC-13C)上面层,沥青面层之间施工改性乳化沥青黏层。施工时间自 2012 年 2 月进场筹建,至 2012 年 11 月 10 日工程全部竣工,实际工期共 9 个月。

二、机构组成

主要组成人员:

项目经理:刘锋

项目总工程师:张强

项目副经理:陈清江

项目书记:杨天钦

设备投入情况:

根据不同施工阶段的需要,我单位先后投入了大量的施工机械设备和试验检测设备,具体型号数量及设备投入一览表(表 1)。

主要机械设备投入一览表　　表 1

设备名称	数量	型号	备注
水泥稳定碎石拌和机	2 套	WBD600	南阳路德
沥青混凝土拌和设备	1 套	马莲尼(4000 型)	意大利
沥青混合料摊铺机	2 套	ABG8820,7820	沃尔沃
水泥稳定碎石摊铺机	2 套	中大 1600	陕西
双钢轮振动压路机	2 台	DD138,DD128	沃尔沃
双钢轮钢轮压路机	2 台	CC624	戴纳派克
单钢轮压路机	4 台	CA720D	戴纳派克
轮胎压路机	3 台	XP301	徐工
同步沥青撒布车	1 台	DG-10	西安达刚
沥青储存设备	8 套	LD-60	南阳路德
摊铺机非接触平衡梁	4 个	moba	沃尔沃

续上表

设备名称	数量	型号	备注
洒水车	6台	东风多功能	长春
自卸汽车	32辆	东风336	
装载机	8台	东方红-50. ZLM50B	洛阳

管理机构设置如图1所示。

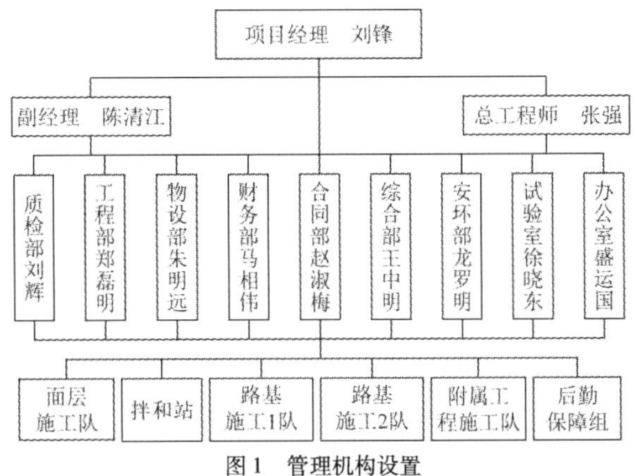

图1 管理机构设置

三、质量管理情况

(一)质量控制措施

1. 管理措施

(1)质量方针和目标:项目组建之初,根据公司的管理要求制订了“雕铸品牌工程,筑就现代文明”质量方针,并以此为宗旨全面开展质量管控工作,树立了切实可行的质量目标,并围绕目标推进各项管理工作。

(2)制订严格的质量管理制度。质量是在施工过程中形成的,加强工序质量控制和班组自检制度;经理部组织相关部门对质量进行月检、季检和年检,表扬先进,鞭策落后;项目总工程师对质量具有“一票否决”权,不合格的工程坚决返工处理;生产主管人员对质量负主要责任。同时加强质量管理制度的宣传,切实保障了各项质量管理措施得到有效落实。

(3)积极推进“低成本,零缺陷”管理策略。根据公司工作思路及河南嵩阳高速公路有限公司建设目标,项目施工实行精细化、规范化、科学化、有效化的管理,最终实现成本最低化、施工过程零缺陷的管理目标。

(4)实行全过程质量控制。主要分三步走:事前预防、事中控制、事后分析总结提高。以工序质量保分项工程质量,以分项工程质量保分部工程质量,以分部工程质量保单位工程质量,最终实现全部单位工程合格。

(5)实行标准化管理。贯彻执行国家、上级和行业有关产品质量管理方面的法律、法规和标准。结合项目特点,制订质量管理与控制方案,通过推进施工标准化,建立科学系统的标准化体系,将标准化施工要求贯穿于施工的各个环节,促进规章制度更加完善,现场管理更加规范,人员技能更加精湛,混合料生产及施工工艺更加精细,试验检测数据更可靠,各级施工人员标准化意识得到明显提高。最终实现从业人员素质一流、管理水平一流、施工工艺一流、材料制备一流、作业环境一流、产品质量一流,提升企业市场形象和品牌价值。

2. 组织措施

(1)成立了以项目经理为首的质量自检体系,同时明确了相应的质量职责。项目工程质量在自检体系的运转下得到有效控制，各种质量保障措施在施工中得到认真落实。

(2)各作业班组设质检员，每个作业面上的技术人员都是兼职质检员，对本班组的施工内容进行技术负责和质量负责，首先完成对工程质量的自检，发现缺陷及时进行改正或修复，确保工序过程“零失误”。

(3)经理部质量实行质检、测量、试验三位一体的质量控制体系，从每个分项工程原材料质量控制、工程实体项目质量控制、工程外观质量控制、工程保证资料收集整理等各方面进行自检，合格后向监理工程师进行交验。

(4)项目其他各部门负责本岗位的质量控制相关工作，如机务部门负责施工机械设备的规格、型号及数量满足施工要求；材料部门负责施工材料的规格、型号及数量满足施工要求；后勤部门为施工提供后勤保障等。

3. 技术措施

(1)图纸会审：在工程开工前，项目部组织相关技术、施工、合同人员对图纸进行初步审核，施工人员了解设计意图，对各部位几何尺寸熟悉理解。对图纸采用的标准、规范进行明确，对图纸设计存在问题及时反馈给河南嵩阳高速公路有限公司和设计代表，采取措施进行解决。

(2)技术交底：每个分项工程开工前，由项目常务副经理组织，项目总工程师主持，面向全体施工人员进行技术交底，并形成书面材料，确保各项技术要求传达至每个参建员工，使员工知道工作干什么、怎么干、结果如何、应该注意哪些问题，最终实现了修建了一条高速公路，开拓了一片市场，打造了一个优秀团队。

(3)关键过程和特殊过程的识别：根据关键过程和特殊过程的识别标准，对本项目路面工程及工序进行识别，将那些精度要求高、费用比重大、施工难度大、对工程质量和工期有重大影响的作业或活动，列为本项目的关键过程，如水稳混合料的拌和、摊铺、碾压、养护，沥青混合料的配合比设计及验证、混合料拌和、摊铺、碾压等，针对关键过程制订相应的控制措施，经施工过程严格执行，确保了各关键过程质量达标。

(4)质量通病提前制订预防措施：公路工程质量通病的各类很多，由于面广量大，因此对工程危害较大。针对洛栾高速公路洛阳至嵩县段路面工程第一合同段的施工特点，制订了以下几个方面预防措施：针对沥青路面不平整、桥头跳车、沥青路面早期破坏、沥青混凝土局部离析、沥青路面反射裂缝、桥面铺装层破坏等问题，施工过程中加强控制，最大限度地减少了病害的发生。

(5)编制切实可行的施工方案：根据现场的客观条件，编制了切实可行的施工方案，明确了施工方法，指导了施工机具的选择，制订了质量验收标准，为整个项目的施工及准备工作奠定了坚实的基础。

(6)对工程进行合理划分：依据《公路工程质量检验评定标准　第一册　土建工程》(JGT F80/1—2004)的要求，项目组织质量检测人员对本合同段的工程进行分项、分部、单位工程的划分，并依此进行了工程质量评定和质量等级判定，计量交验，建立工程检测资料台账，分类归档已完工程的技术资料。

(7)测量控制：项目测量人员负责导线复测及恢复定线、测量放样工作，并对各部位的几何尺寸进行跟踪检测，在指导施工的同时，对成品工程进行检查和验收，确保了全线路线线形通畅、位置准确，结构尺寸符合设计要求。

(8)试验控制：试验人员在每个分项工程开工前完成原材料检验和报批、标准试验和配合比设计，为工程施工提供科学数据和质量控制标准，并根据现场施工条件的变化，及时进行相应的调整并通知施工人员。在施工过程中和工后，依据相关试验规范和规程的要求，对各项技术质量指标进行检验，规范整个施工活动，使各分项工程做到内实外美，质量合格。

(9)配备先进的施工机械和设备。根据本项目的施工任务,项目部投入了4000型沥青拌和楼一套、WDB600型水稳拌和楼两套,施工前场配备了中大1600型水稳摊铺机和ABG8820,7820沥青摊铺机、戴纳派克双钢轮压路机、XP301胶轮压路机、英格索兰压路机、智能型沥青洒布车、同步碎石封层车等,各种机械设备工作状态稳定,工作性能良好,圆满地完成了各项施工任务。

(10)试验路段铺筑。水稳底基层、基层、透(封、黏)层、沥青面层在大面积施工前,先取有代表性路段上铺筑长度为100~200m的试验段,取得各项施工技术参数、工艺参数、机械组合验证情况等,并得到监理工程师的认可批准后,才能组织大面积施工。

4. 经济措施

(1)制订质量奖罚措施。每季度根据考评结果,评选出先进的质量达标单位和个人,进行适当的经济奖励,对质量不达标单位或个人进行适当的经济处罚,使项目部形成了一个"比、学、赶、帮、超"的良好氛围。

(2)加强资金运转,确保各项质量投入及时到位,如施工设备及检测仪器的购买、维修、养护等费用。在经济上为质量控制提供了强有力的保障。

(二)施工中工程质量自检情况及工程质量问题的处理情况

(1)原材料检验:在每批原材料进场前,由材料部门下发"材料检验通知单"给项目专职检测人员,检测人员依据相应的检测规程对各项技术指标进行检测,如经自检发现质量不合格,通知材料人员,坚决拒绝该批原材料进入场地,有效地保证了原材料质量优良。

(2)在施工中,现场技术人员对每道工序进行100%的严格自检,如水稳层高程放样、模板支设、下承层验收、碾压完成后的养护、成品的几何尺寸、压实度、强度均按要求频率进行自检,合格后方能报监理工程师进行检验。如发现不符合,现场施工及技术人员有权责令相关责任人整改,直至符合要求。

(3)沥青路面施工中,各工序及检测项目除按要求检验频率进行自检外,还加强温度检测,确保每盘和每车混合料温度符合要求,如温度过高或过低,均按废料进行处理;摊铺后安排专人进行温度检测,及时指挥压路机进行碾压成型。

(4)附属工程加强过程自检控制。针对混凝土集水井、HDPE横向排水管道、缝隙式集水沟安装、路肩填土工程,在施工时安排专人进行专项检查,并对检查形成记录,必要时留下影像资料。对施工过程中出现的突发事故,按预案进行处理,消除质量隐患。

(5)在路面结构层施工过程中,特别加强了平整度控制。成立3人平整度检测小组,对水稳基层、沥青下面层、沥青中面层的平整度用6m铝合金尺进行全线排查,最大间隙大于4mm的段落,全部用大型铣刨机进行铣刨处理,保证行车舒适性和平稳性。

(6)加强桥面平整度控制。为保证桥面的行车舒适性和密水性,对全线大桥及中桥的混凝土桥面全部进行铣刨,消除表面浮浆,经检查,表面平整度全部在2mm以下,然后施作改性乳化沥青黏层和热喷沥青同步碎石下封层,其上再作沥青混凝土中面层和上面层。

(7)自检发现质量问题的处理。在施工过程中出现的质量问题,项目部按"三不放过"原则进行处理,即原因不查清不放过、责任人未受到教育不放过、整改措施未落实不放过。同时质量检测部门做好跟踪验证,确保其质量达到规定要求。

(8)质量问题原因分析及持续改进。在项目经理的组织下,项目总工程师组织相关职能部门对出现的质量问题进行原因分析和评审,运用PDCA循环机制和数理统计的方法对质量问题进行分析、制订相应的整改措施并持续改进,对相关联、经常出现的质量问题,制订预防措施和缺陷整改措施,并落实到现场。

（三）对完工质量评价

（1）本合同段已完工分项工程一次验收合格率100%。

（2）本合同段单位工程交工验收合格率100%。

（3）重大工程质量、安全责任事故0案次。

（4）工期履约率100%。

（5）严重职业病危害事故0案次。

（6）防止环境污染、保护植被、防止水土流失，工区居民无投诉。

（7）合同段自检评定得分98.2分，为合格工程。

四、施工进度控制

（1）现场排查，确定合适的施工方法。本合同段人员进驻现场以后，首先对全线的地形地貌进行了考察，对路基桥梁工程进展情况进行了排查，针对工程进度的不均衡，完成了施工平面图设计。在合适的位置设置了水稳拌和站、沥青拌和站及经理部驻等，为后期施工进展指明了方向。

（2）在较短的时间内完成了项目筹建工作。项目部从2012年2月初进驻工地，至2月底基本完成了项目经理部驻地、第一水稳拌和厂、第二水稳拌和厂、沥青拌和厂的筹建工作；同时项目中心试验室完成了各种试验仪器的安装调试，并通过了省质量监督部门检测认证；项目前期技术准备工作也顺利完成，为下一步工作顺利开展赢得了开门红。

（3）施工方案的确定和施工机具的选择。根据工程的总体任务和确定的施工方法，制订了科学的施工方案和施工工艺，并组织配备了相应的施工人员和设备，施工机械设备对工程进度和工程质量起着至关重要的影响，所以项目部根据工作内容的不同，并遵循先进性、适用性、经济性的原则配备了施工机械。对特殊地段的工程采取特殊的处理措施，并配备相应的设备。

（4）提前做好碎石原材料的储备工作。经项目部材料人员对周边碎石材料生产厂家进行调查，生产能力具备一定规模、质量优质、价格合适的并不多。经过项目招标，最终确定了碎石供应厂家。为保证正常生产需要，项目提前储备了碎石原材料，并且在施工过程中随时跟进储备。

（5）合理安排工期，根据天气情况进行突击。水稳碎石及沥青面层尽量避开雨天施工。科学合理地规划拌和场，完善了场地的排水系统，做好路面施工现场及挖方路段的排水工作，保证雨停即可施工。

（6）做好施工平面现场管理，提高工作效率，加强各工序之间的相互协调和配合。对施工场地进行合理规划，周密布置。尤其是合理安排项目驻地、两个水稳拌和场地、沥青拌和场地交通规划和疏导；科学组织嵩县互通区、主线服务区等关键部位的施工，确保在施工中不发生相互干扰，为工程顺利进展创造良好的氛围。

（7）加强进度计划管理，发现问题及时调整解决。根据总工期，对计划进行分解，制订季度计划、月计划、旬计划，并对阶段性进度计划进行定期检查，计划完成与完成不好都找出原因进行分析，找出问题所在，以便制订下期计划时进行参考。对控制性工程制订主导工期计划，必要时开展新的作业面，增加人员和设备，保证在计划工期内完成工程。

（8）施工过程中针对重点和难点工程组织攻关活动。加大技术、设备及人员投入，集中优势力量打攻坚战、突击战，加快施工进度，缩短工期。如梁刘互通区匝道及洛阳绕城高速加宽段施工、伊川西互通区匝道施工，项目部均打破常规施工方法，水稳碎石层、沥青路面层均开展两个工作面集中施工，在最短的时间内完成了工程施工任务。

（9）提高机械设备利用率。在施工中努力提高设备的使用效率，加强机械设备的维修、检修和保养工作，保证设备的完好率。项目部机务部门设置了流动维修和保养小组，随叫随到，必要时跟车检查,使施工设备始终处于良好的工作状态。

(10)加强不利季节的施工管控措施。雨季做好预防和排水工作,夏季做好防暑降温工作,农忙季节及时调配人员安排好施工生产工作,并加大资金和设备投入,确保工程如期进行。项目部节假日安排专人值班,对突发事故进行处理。

五、施工安全与文明施工情况

(一)安全生产情况

项目筹建之初,各级领导就非常重视生产安全,制订了安全生产措施、划分了安全生产责任、购置了安全生产设备、组织各种应急预案的演练、举办安全生产培训、定期安全检查,各施工作业面必须按专职安全人员的要求消除安全隐患,把安全工作放在首位。项目部主要通过以下具体措施来保证施工安全。

(1)建立健全了各工种、各施工环节的施工安全规章制度,做好上岗前职工安全培训工作。特殊工种必须持安全考核证上岗,严禁无证操作。作业人员必须做到"三不伤害"和"三不违",严格遵循本行业的安全操作规程。

(2)严格按照施工工艺、施工操作规程、施工方案等相关安全条款的要求进行施工。所有施工操作人员必须穿工作服、戴安全帽,尤其是沥青施工作业必须穿劳保鞋,戴安全防护用具。工作时严禁打闹嬉戏、擅离工作岗位。

(3)严禁酒后驾驶任何机动车辆,任何机动车辆不得"带病"行驶,车辆出现故障后必须及时进行维修。机动车辆在道路上行驶、停放必须遵守交通规则。

(4)夜间施工,配置了良好照明设备,施工人员全部穿戴反光背心,并在危险处设隔离栅、防护网等,确保施工人员和机械设备的安全。

(5)通过安全教育,增强职工安全意识,树立"安全生产,人人有责"的观念,提高职工遵守施工安全规章的自觉性,认真执行安全操作规程,做到:不违章指挥,不违章操作,保护自己,保护他人,提高职工整体安全防护意识和自我防护能力。

(6)有计划地对岗位的生产知识、安全操作规程、安全检查生产制度、施工纪律进行培训和考核,重点对专职安全员,班组长、从事特种作业的工人进行培训考核,合格后发上岗证。未经安全教育的管理人员、施工人员,不准上岗。未进行三级安全教育的新工人不准上岗。变换工种或采用新工法、新工艺、新设备、新材料及技术难度较大的必须经过技术培训,未经培训合格者不准上岗。

(7)严格控制安全生产用电。没有电工证,不准从事电工作业。从事电气设备和线路检修时,需有专人监护。不得超负荷使用电气设备,同时必须切断电源,并由专人监护,严防他人误合闸。

(8)严格执行逐级安全技术交底制度,施工前由项目总工程师组织有关人员进行详细的安全技术交底,并履行签字手续备案待查,各工区、各施工队安全员组织对施工班组及具体操作人员进行安全技术交底。各级专职安全员对安全措施的执行情况进行督察,并做好记录。

(9)加强安全宣传工作,通过广播、黑板报、标语牌、安全知识竞赛等灵活多样的形式,时时刻刻提醒全体员工做到安全生产。实行安全施工一票否决制,确保万无一失,把事故隐患消灭在萌芽状态,真正做到预防为主。

(10)对施工现场加强了安全监管,划分了责任安全责任区。在沥青面层和水稳碎石层施工期间,每2km设置了减速带,并设置了导向牌、标识牌及安全旗,确保了施工安全。

(11)在预留的施工交叉路口安排专职交通管制人员,统一着装,对过往车辆行驶速度和完好性进行检查,并禁止非施工车辆上路行驶,同时保护已施工路面免受污染。

(12)在拌和站、经理部驻地安装了电子眼,并安排专人监视,对项目设施防火防盗起到了预警作用。

通过以上各项控制措施,项目安全生产工作卓有成效,未发生一起安全生产事故,完全实现了安全事故0案次的目标,得到了河南嵩阳高速公路有限公司、监理单位及上级主管单位的一致好评。

(二)文明施工情况

根据各级政府构建"和谐社会"的宗旨,在创建"和谐洛阳"这个大背景下,项目部树立了修文明路、做文明人的目标,把上级文明施工指示精神融入现场施工中。

(1)制订了项目文明施工管理条例和计划,全体施工人员认真遵守,严格执行,真正做到文明施工。把文明施工的主要条款写在标语牌上,挂在工区内,时刻提醒施工人员认真遵守。

(2)项目经理部设置工程简介牌、质量监督牌、安全生产牌等,明确本合同段的有关内容,如合同段名称、公司名称、项目经理及总工程师等名称、上级主管单位、监督单位,并简介工程范围、工程质量概况等,标牌尺寸、颜色均按标准化要求统一制作。

(3)施工现场管理人员一律佩证上岗,兼职维持工区施工秩序,防止无关人员进入工区。办公室、仓库、工作室悬挂统一标牌进行标识;做好办公区、生产区内"三防"、绿化、医疗、卫生、保险工作和租用房屋的管理工作。

(4)做好施工现场各类机械设备、车辆分类划区安放停置工作,碎石等各种材料、构件分区标牌标识,整齐堆放在硬化后的场地内,对怕雨易扬的材料搭建防雨大棚并对原材料堆放场地设置排水沟。

(5)施工便道及岔路口处设置醒目的路标,在施工主便道的进口或进入施工现场处设立宣传龙门架;施工便道分责任区进行养护,定时洒水,保持路面平整干净,设置临时排水沟,保持排水通畅。

(6)尊重当地乡风民俗和传统习惯,处理好同地方居民的关系,配合当地有关部门共同做好治安联防工作。项目部自施工后,依靠当地政府的支持和帮助,主动地与派出所、公安局、交警大队联系,及时协调地方关系,并迅速解决当地农民与我方产生的各种摩擦、争吵、斗殴等事故的处理。

(7)加强与业主、监理及设计单位的合作,服从安排,配合业主做好关系协调工作。

(8)适时养护施工便道,定时洒水,保证路面平整干净,不扬尘,不泥泞积水。

项目部始终坚信修好一条高速公路,造福一方人民,树立一座丰碑。文明施工是各方需求,是未来发展的趋势,这个工地做好了,下个工地还要继续发扬下去。

六、环境保护与节约用地措施

洛阳市是全国文明城市、旅游城市、历史古都,有着丰富的人文地理资源,所以环境保护和节约用地尤为重要。在洛栾高速公路LSLM.3合同段施工中,单位主要采取以下措施来保护环境和节约用地:

(1)项目经理部成立了环保机构,建立了相应的规章制度,专人专项随时检查和定期组织环保检查,项目经理部及各作业层共同维护工区内的环境保护工作。

(2)施工期间的环境保护应遵守国家和地方有关环境保护、控制环境污染的规定,采取必要措施防止施工中的燃油、污水、沥青、废料和垃圾等有害物质对河流、农田、池塘和林区的污染,并防止扬尘、汽油等物质对环境空气的污染,防治噪声对环境的污染,把施工对环境、空气和居民生活的影响减少到法定的范围内。

(3)防止水土流失。在施工期间本合同段始终保持工地处于良好的排水状态,修建一些临时的排水沟渠，并与永久性排水设施相连接，无淤积和冲刷。

(4)在施工中采取有效措施防止雨水对原有土地的冲刷。对施工中产生的废料，运输到指定的弃土场进行废弃，对河流、水道、灌溉或排水系统产生淤积或堵塞，及时进行清理和疏通，减少对附近田地的污染。

(5)为减少施工作业产生的灰尘，随时进行洒水或其他抑尘措施，使不出现明显的降尘。易于引起粉尘的细料或松散料应予以覆盖或适当洒水润湿，运输时用帆布、篷布及类似遮盖物覆盖，施工过程中随时洒水润湿。

(6)全员保护绿色植被，施工人员尽量保护公路用地范围之外的现有绿色植被。若因修建临时工程破坏了现有的绿色植被，在工程施工结束后，负责拆除临时工程并予以恢复原有植被。

(7)妥善处理废方，尽量避免破坏或掩埋路基下侧的林木、农田及其他工程设施。沿河弃土避免壅塞河道、改变水流方向和抬高水位而淹没或冲毁农田、房屋。对弃土场进行绿化处理或整平为耕地。

(8)在路线经过南姚沟、杜沟村时，路线附近建有生态旅游度假村，事先对所有施工人员进行保护林区的教育，保护度假村的资源不被破坏。不准破坏林区的树木，不得私自捕猎林区的动物及鸟类，生活垃圾随时清理，不得污染林区，确保了旅游区的生态环境。

(9)尽量少占或不占施工红线外的耕地，若因施工需要占用或租用耕地，施工完成后及时进行复耕，不影响农业生产。

七、施工中新技术、新材料、新工艺的应用情况

高渗透乳化沥青透层应用：项目部在沥青透层施工中，采用了高渗透乳化沥青。基质乳化沥青中按比例掺入分散剂、煤油等，使乳化沥青的渗透性大提高，在乳化沥青破乳的同时，渗透深度均能满足设计要求，经现场取芯检查，深度均大于5mm；另外，高渗透乳化沥青不但在基层养护期内渗透性较好，当基层完全干燥后或长时间停放后，渗入基层的深度完全能满足设计及规范要求，使沥青面层与基层结合良好。

经过本合同段使用，发现高渗透乳化沥青的优点在于：一是煤油掺配量比煤油稀释沥青的少，环保性增强；二是通过分散剂及煤油的掺配，使乳化沥青的渗透性大大提高，在半刚性基层与沥青面层之间形成良好的黏结过渡层；三是对基层顶面起到固结和保护，提高基层表面的强度和整体性。

八、工程款支付情况

(1)根据工程进度和完成的产值，按照河南嵩阳高速公路有限公司要求，我合同段及时上报计量申请资料，工程款已经全部支付到位。如发生劳务纠纷，与建设单位无关。

(2)项目部根据国家、地方相关法规对劳务用工的要求，按月足额支付劳务人员工资，急农民工之所急，想农民工之所想，不拖欠、不克扣劳务人员应得工资。

(3)根据工程需要，公司通过招标方式租赁了部分机械，双方签订合同，包括租赁费支付等一切事务均按合同条款要求执行，合同到期责任和义务自行终止，如发生纠纷，按合同约定的方式解决。项目部严格按合同办事，及时支付费用，无债务纠纷。

(4)项目通过材料调查，经多方比选确定了多家材料供应商，并签订了材料采购合同。项目部严格按合同进行材料的进场验收和材料款支付，不存在拖欠材料款的现象。

(5)本项目工程款项做到专款专用，解决施工中的困难，有步骤、有计划地将款项投入施工生产中，为工程进展提供了坚实的经济保障。

九、施工体会

(一)施工难度大

(1)本合同段施工进场初期,当地可利用的资源相对较匮乏。交通、电力、通信、临建等设施都相对薄弱。全线桥梁均不通车,交通条件极为不便,坡陡弯急,场地狭小,对前期拌和站的筹建工作带来了极大的困难,路基、桥梁工程施工难度大,材料设备无法进场,造成 K40 + 000 ~ K61 + 800 段路面施工工期相对较短,任务重、压力大。

(2)本地地材资源匮乏,山体土层覆盖厚,岩石风化严重,碎石生产厂家很少。部分碎石材料从宜阳县、汝阳县等地采购,运距远、单价高,对工程进度有一定程度的影响。

(3)当地居民对高速公路修建绝大部分是热情支持,并提供各种方便,但还是存在少部分人员时常对正常施工进行干扰,无理取闹,阻碍工程进展,在一定程度上影响工程进度。

由以上几点可知,本合同段虽然只施工路面工程,但面临的形势相当严峻,路基单位前期遇到的问题,项目部不但要面对,还要采取措施去解决它,千方百计为施工生产创造最有利的条件。

(二)发挥自身潜能,攻坚克难,打造精品

(1)项目部自进场初积极协调各方关系,全力打造施工环境,创造良好施工氛围。积极主动与兄弟单位进行协调沟通,寻找解决问题的妙药良方;生产进度安排上完全服从河南嵩阳高速公路有限公司及监理工程师的组织与领导,顺利地解决了路基交验、桥梁交验、交叉施工等一系列问题,为路面工程施工创造了良好局面。

(2)本合同段路面工程包括一个互通区、一个主线服务区,特别是桥梁多、断点多、施工交叉点多,存在的问题也多,不同的地段需要组织不同的施工工艺和设备。项目部具有丰富的路面施工经验,经过认真考察,制订了有针对性的灵活的施工方案,见缝插针,以点带线,以线带面,使各部工程得到顺利完成。

(3)公司常年从事高等级路面工程施工,具有人员素质过硬、设备一流、技术先进等优点。本项目进场之初,面对时间紧、任务重的局面,项目领导班子就提出了“抢晴天、战阴天、合理利用下雨天”的口号,发挥特别能吃苦、特别能战斗、特别能拼搏的精神,抢工期、保进度,最终圆满地完成了各项施工任务。

(4)项目部在技术咨询单位的指导下,根据 WDB600 型水稳拌和楼的特点,结合前场摊铺及碾压设备工作性能,对水稳碎石底基层、基层配合比进行优化设计,使配合比更易于控制、更易于满足质量要求;沥青混合料在目标配合比的基础上,结合 4000 沥青拌和楼、摊铺、碾压设备性能,生产配合比设计更加合理。在施工路面各结构层时,精细化管理各道施工工艺,加强控制各工序技术指标,做到施工过程零缺陷,交工验收合格率 100% 。

(5)项目部积极响应河南嵩阳高速公路有限公司及洛栾高速公路洛阳至嵩县段第二监理代表处的号召,争进度、抓质量。在时间紧、任务重的情况下,对工程质量不敢有丝毫的放松,态度上重视、行动上积极、措施上到位,极力打造品牌工程、优质工程、放心工程。在河南嵩阳高速公路有限公司举办的路面工程质量专项奖的活动中,本合同段多次受到嘉奖。

(三)缺点与不足

(1)对路面污染控制不能令人完全满意。全线交叉路口较多,在通道、天桥设施未完善的情况下,各种农用车横穿道路,造成路口处的路面严重污染;路基挖方段边部防护及排水工程在路面上堆放石头、堆土、停放机械,也造成了不同程度的污染。项目部安排水车、配备专人进行清洗,甚至多次重复工作。

(2)全线桥梁工程进度相对滞后,断点较多。全线有 21 座大桥、3 座中桥,进度快慢不一,造成在路面各结构层无法连续施工,施工接缝相对较多,处理工艺烦琐,耗费了大量时间,且对路面的平整性有不同程度的影响。

综上所述，本合同段在路面施工过程中存在不同程度的困难，在各级领导的热心关怀下、在相关兄弟单位的鼎力相助下，经过项目全体员工努力奋战，发挥敢于拼搏、勇创一流的优良传统，发扬团结协作、高效务实的团队精神，不为困难找理由，只为困难想办法，高质量、高品位、高效率地完成了合同施工任务，为洛栾高速公路打造经济之路、旅游之路、生态之路做出了不可磨灭的贡献。

吉林省长城路桥建工有限责任公司

洛栾高速公路洛阳至嵩县段路面工程 No. 3 合同段项目经理部

二〇一六年八月

第四部分

交通安全设施

1. 洛栾高速公路洛阳至嵩县段交通安全设施工程 No. 1 合同段施工总结报告

目　　录

洛栾高速公路洛阳至嵩县段交通安全设施工程 No. 1 合同段施工总结报告

一、工程概况

本合同段计划于2012年07月01日开工,2012年10月30日竣工,合计160日历天。实际工期因工程变更及其他原因,计划2012年11月20日全部完工。

本合同段起点位于K0+000处,终点位于K32+999.29,全长33km,其中K3+100处为伊川互通区,K14+600处为伊川西互通,K24+750~K25+700处为伊川停车区。主要工程数量(含伊川西互通区):标志215个、标线40471m^2等。

二、机构组成

(1)主要人员投入情况一览表见表1。

主要人员投入情况 表1

序号	姓　名	职　务	职　称	年　龄	备　注
1	吴承凌	项目经理	高级工程师	50	
2	冯良会	项目总工程师	高级工程师	43	
3	刘晟	项目副经理	高级工程师	43	
4	张鑫	合同部长	工程师	41	
5	马海燕	财务负责人	中级会计师	49	
6	刘卫国	安全设施工程师	高级工程师	43	
7	封来雁	质检工程师	高级工程师	55	
8	曾学明	质检工程师	工程师	34	
9	苏桂金	质检工程师	工程师	49	
10	李希明	质检工程师	工程师	48	
11	吴文明	安装工程师	高级工程师	44	
12	王春霞	安装工程师	高级工程师	47	
13	李立红	安装工程师	高级工程师	48	
14	王福喜	安装工程师	工程师	42	
15	丁小智	测量工程师	高级工程师	43	
16	冯浩	测量工程师	工程师	38	
17	刘大勇	测量工程师	工程师	38	
18	肖劲松	机械安全员	高级工程师	45	
19	陶昌贤	专职安全员	助理工程师	32	
20	左威	专职安全员	助理工程师	30	

(2)主要设备投入情况见表2。

主要设备投入数量　　表2

设备名称	单位	承诺数量	进场时间安排
喷漆设备	台	4	2012年7月
热溶釜	台	4	2012年7月
经纬仪	台	3	2012年7月
水准仪	台	3	2012年7月
热溶画线机	台	4	2012年7月
空气压缩机	台	10	2012年7月
移动式吊车设备	台	4	2012年7月
调平直机具	套	1	2012年7月
钢板裁、弯设备	套	4	2012年7月
打桩机	台	10	2012年7月
拔桩机	台	10	2012年7月
逆反射系数测量仪	台	2	2012年7月
柴油发电机	台	5	2012年7月
砂轮切割机	台	5	2012年7月
色彩色差仪	台	1	2012年7月
升降机	台	2	2012年7月
底漆高压喷涂机	台	2	2012年7月
放线设备	台	2	2012年7月
涂层测厚仪	台	1	2012年7月
8t汽车起重机	台	2	2012年7月
载重汽车	台	10	2012年7月
混凝土搅拌机	台	2	2012年7月

(3)项目组织机构如图1所示。

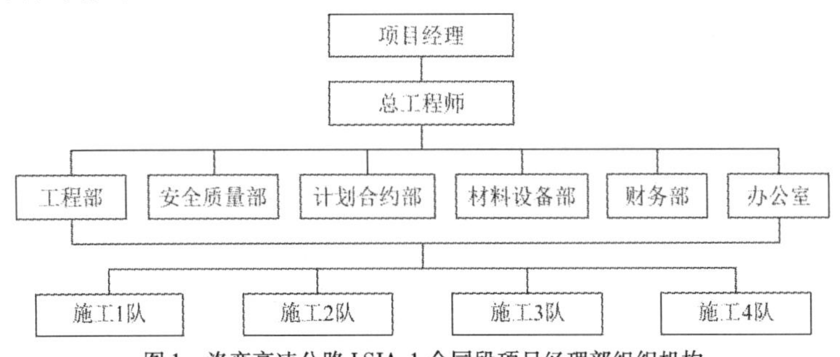

图1　洛栾高速公路LSJA.1合同段项目经理部组织机构

三、质量管理情况

(一)质量控制措施

制订分项工程一次验收标准,各分项工程均按合同条款和施工规范进行控制施工,在施工中做到认真严格执行三级质检体系。“三检体系”是在施工前检查,施工中检查,工作结束时检查。检查以自检、互检及交接班检的方式进行。同时把好施工技术图纸复核关,测量定位复核关,技术交底关,过程控制关,工程检验签认关。

(1)建立了一个完整的以自检为主的质量控制体系。认真履行了作为承包人应尽的自检职责,配备了高强的自检设备和质量检测人员。对各分项工程的开工条件自检;对每道工序或工艺进行现场质量自检;按照合同指定、施工规范规定的抽样频率、时间和方法进行质量自检。

(2)对进入施工现场的原材料和施工设备进行严格检测,特别是对标准钢结构、混凝土、标志板、标线用热熔涂料、画线机械等大宗材料机械指标进行严加控制。各种原材料进场前必须通过监理工程师认可,质检人员对自行采购、加工的材料随时取样检查,对进场的不合格材料实行废弃制度。在开工前做好各种原材料的相关试验工作。

(3)严格执行招标文件、《公路交通标志和标线设置技术规范》(DB 34-812—2008),按操作规程施工。在施工中尽量采用通过监理同意的新技术、新工艺,为工程质量的提高创造有利条件。

(4)推行全面质量管理,对工程质量进行全过程的动态管理。开展难点工序技术攻关活动,及时解决施工中的难重点和质量问题。开展创全优工程的活动,把工程质量管理引向深入。

(二)施工中质量自检情况及工程质量问题的处理情况

加强施工中各种质量指标的自检和抽查。自检贯穿于施工的全过程,主要包括标志杆件的外观平整度、安装的水平度、安装高度、标线的外观尺寸、标线与路边的黏结性度等的检测。

工程质量通过自检和监理抽检情况及质量评定情况看:各分部、分项工程质量均为合格工程,分项工程合格率达到100%,得到了业主和监理人员的高度评价。

工程实体内实外美,结构尺寸准确无误,满足设计及规范要求,达到了合同规定的标准。

(三)对完工质量的评价

洛栾高速公路自施工开始到现在,整个过程质量完全处于受控状态,未出现任何质量事故。工程总体质量优良,满足设计及施工规范的标准,达到了招标文件和合同条款的要求。

交工验收检验评定的主要依据是《公路工程竣工验收办法》、《公路工程质量检验评定标准》(JTG F80/1—2004)、设计文件、现行国家及(部)颁有关技术规范、施工过程的试验检验评定资料等。参加评定的按合同段标志、标线加权平均计算,本合同段工程质量评分96.5分。

四、施工进度控制

开工前,项目经理部成立工期领导小组,在施工现场建立工程施工调度室,主要负责工程进度的管理。建立健全目标责任制度、进度检查制度、工期奖惩制度等规章制度,同时与各施工队签订目标责任状。在施工过程中,领导小组根据资源配备的情况,结合公路工程的常规做法和材料机具供应实际,广泛征求技术人员和广大施工人员的意见,合理、可行地安排总体进度计划。另外,根据已完工程的进度快慢、施工人员的增减、业主要求的计划变更等诸多因素,不断调整进度计划,动态监控关键线路的变化,以适时调整人员分配和施工顺序,使施工生产持续有效地按计划正常进行。施工中尽可能采用先进、高效的施工机械和新工艺,提高劳动效率,加快施工进度,保证阶段性工期目标的实现。尽可能采用一些实用的新技术,提高生产效率。周密计划并不断调整工序搭配,避免或尽可能缩短工序之间的间隙时间。

五、施工安全与文明施工情况

施工安全方面,项目部成立安全领导小组,设置专职安全副经理和安全部长,下设4个专职安全员,由项目经理担任组长,专职安全副经理和安全部长为副组长,组员由专职安全员和项目部各职能部门负责人组成。各施工队相应成立队安全检查小组,并在各工班设专职安全检查员,坚持经常性的施工安全检查及监督指导。

施工中,坚持正确处理安全与施工生产统一、与施工速度互保、与质量互补、与效益兼顾、与危险并存的关系。坚持预防为主、综合考虑的原则,坚持安全与生产同步进行的原则,坚持全员、全过程、全方位和全天候的“四全”动态管理原则，坚持安全管理具有明确目的性的原则。在各级明确安全管理范围，组织职工学习有关劳动保护的政策、条例、规程和制度，规范操作。采取正确的安全管理措施，落实安全责任，实施责任管理，建立各级人员的安全责任制度，明确相应的安全责任，定期检查落实情况。

为使管理组织运转并发挥作用，项目实施前将制订如图2所示的管理制度。

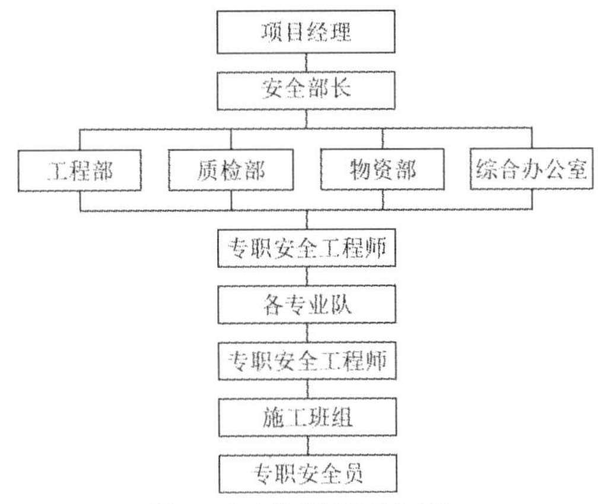

图2　安全管理组织机构框图

六、环境保护与节约用地措施

(一)环境保护

保护环境是为当地人民，为子孙后代造福的大事。施工中，我们加强环保意识，工程完工后不为当地留下任何后患。施工中我们采取了以下措施：

(1)在全体职工中认真开展组织学习和贯彻《中华人民共和国环境保护法》，结合当地的环境特点，制订规章制度，认真落实环保法规，增强职工环保意识。

(2)加强对施工区和生活区的环境卫生管理，清洗施工机械、设备及工具的废水、废油等有害物质以及生活垃圾集中储积处理，禁止乱堆、乱埋、乱流，影响环境卫生。

(3)工程全部完工后，拆除不再使用的临时设施，做到工完料尽、场地清洁。

(二)节约用地的措施

总体规划，合理用地。按照总体的工作思路，结合现场实际情况，做到用临结合，尽量少占农用耕地。

七、施工中新技术、新材料、新工艺的应用情况

在标志的施工过程中，采用先整体施工标志的立柱和主体骨架，后对标志板面整体进行安装，杜绝了在安装标志板面时租用的吊车闲置现象的出现。

八、工程款支付情况

本项目工程款全部支付到位，一切劳务、机械、材料等债务纠纷与建设方无关。

九、施工体会

洛栾高速公路在整个建设过程中，得到了河南省交通运输厅、河南高速公路发展有限公司及豫西指挥部领导的高度重视和关怀，同时还得到了全体监理人员积极主动、热情周到的监理服务，以及设计单位和当地政府的大力支持。这些使承包人具体施工能顺利实施，整个工程施工能有条不紊地进行，优质完成全部任务。

经全体施工人员的共同努力，精密组织实施洛栾高速公路的施工管理，并与业主、设计、监理

单位密切配合,项目部所有工程质量得到很好控制。

施工中,我们始终以工程施工为重点,做到工期、质量、安全、文明施工等由领导亲自抓,各专业人员具体抓。精心组织、严格管理、科学施工,不仅按期优质高效地完成了任务,而且在施工中磨砺了筑路人的意志,提高了施工技术和管理水平,丰富了承包人的工程施工经验。包括:

(1)加强对合同条款的学习和应用,对施工中发生的各种事宜必须进行详细记录,合理进行工程变更、索赔和追加。

(2)与建设单位、设计单位和监理单位要密切配合、及时沟通。

(3)在施工过程重要根据实际情况及时调整进度指标,避免盲目赶工期埋下质量隐患。

(4)要积极进行新技术、新材料、新设备、新工艺的推广应用。

中交第一公路工程局有限公司

洛栾高速公路洛阳至嵩县段交通安全设施工程 No.1 合同段项目经理部

二〇一六年八月

2. 洛栾高速公路洛阳至嵩县段交通安全设施工程 No. 2 合同段施工总结报告

目　　录

洛栾高速公路洛阳至嵩县段交通安全设施工程 No. 2 合同段施工总结报告

一、工程概况

本项目全线位于洛阳市境内，起点在洛阳市溢坡村东北侧，终点位于嵩县城东，沿伊河北岸源上向西南，在古城附近跨伊河，经陆浑水库东侧，止于纸房乡东，后地村东北侧，路线全长62.69km，全线采用设计速度100km/h、路基宽度26m的双向四车道高速公路标准设计。本合同段起止桩号K32+999.29~K61+800，全长28.80071km。

项目名称：洛栾高速公路洛阳至嵩县段标志、标牌、标线等工程。

业主单位：河南嵩阳高速公路有限公司。

设计单位：河南省交通规划勘察设计院有限责任公司。

合同段：LSJA.2。

合同工程量：5805183元。

实际完成：5805183元。

主要工程量：单柱式标志牌35个，双柱式标志牌29个，门架式标志牌6个，单悬式标志牌34个，双悬式标志牌6个，附着式标志牌122个，里程碑56个，公路界碑288个，百米桩520个，热熔标线11501m²，热熔震荡标线23161m²，立面标记20处，反光标线带1185m²。

本合同段于2012年07月01日开工，计划于2012年10月30日竣工，合计160日历天。实际工期因工程变更及其他原因，于2012年11月20日全部完工。

二、机构组成

项目部组织机构框图如图1所示。

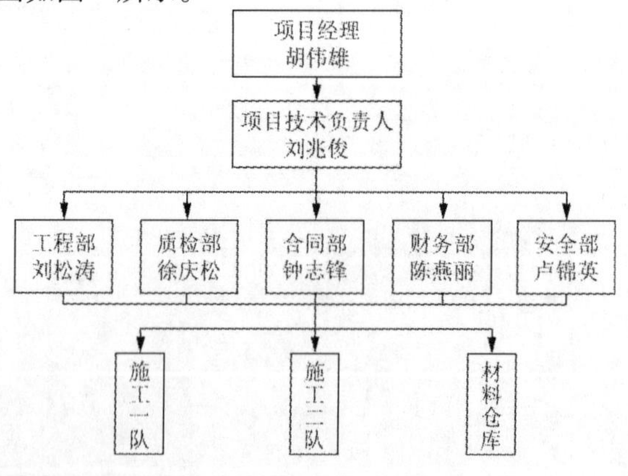

图1 项目部组织机构框图

注：1. 项目经理部由我公司抽调有类似施工经验的管理技术干部组成。

2. 项目经理部设经理一人，全权代表本公司负责本工程的全面工作，设项目总工程师一名负责本工程的全面技术工作。项目部设5个部，负责整个工程的技术、质量、财务管理及其他管理工作。

3. 设二个施工队、一个材料仓库。

主要项目管理人员见表1。主要机械情况见表2。

主要项目管理人员进场表　　表1

职　务	姓名	年龄	技术职称	备注
项目经理	胡伟雄	46	路桥高级工程师	
项目总工程师	刘兆俊	45	路桥高级工程师	
主管施工的副经理	李海涌	35	路桥工程师	
主管施工的副经理	杨帆	34	路桥工程师	
合同、计划工程师	钟志锋	34	路桥工程师	
合同、计划工程师	张璧锋	34	路桥工程师	
财务负责人	陈燕丽	32	会计师	
交通安全设施工程师	刘松涛	38	交通工程师	
交通安全设施工程师	周敏	30	交通工程师	
交通安全设施工程师	贾昌臣	33	交通工程师	
质检工程师	徐庆松	49	工程师	
质检工程师	吴艳丽	33	工程师	
质检工程师	徐海华	32	工程师	
质检工程师	王雀广	30	工程师	
安装工程师	翁金齐	32	工程师	
安装工程师	宋清英	37	工程师	
安装工程师	林勇坚	44	工程师	
安装工程师	程希杰	46	工程师	
测量工程师	吴艳丽	33	工程师	
测量工程师	陈少荣	33	工程师	
测量工程师	陈振凡	34	工程师	
测量工程师	刘辉	34	工程师	
试验负责人	蒋晓林	50	工程师	
机械工程师	莫国庆	53	工程师	
机械工程师	马学良	50	工程师	
机械工程师	蔡虹	40	工程师	
机械工程师	陈水雄	36	工程师	
专职安全员	卢锦英	38	助理工程师	
专职安全员	黄坚钦	39	安全主任	

主要机械进场表　表2

序号	设备名称	单位	数量	备注
1	喷漆设备	台	4	
2	热溶釜	台	4	
3	经纬仪	台	3	
4	水准仪	台	3	
5	热溶画线机	台	4	
6	空气压缩机	台	10	
7	移动式吊车设备	台	4	
8	调平直机具	套	1	
9	钢板裁、弯设备	套	4	
10	打桩机	台	10	
11	拔桩机	台	10	
12	逆反射系数测量仪	台	2	
13	柴油发电机	台	5	
14	砂轮切割机	台	5	
15	色彩色差仪	台	1	
16	升降机	台	2	
17	底漆高压喷涂机	台	2	
18	放线设备	台	2	
19	涂层测厚仪	台	1	
20	8t汽车起重机	台	2	
21	载重汽车	台	10	
22	混凝土搅拌机	台	2	

三、质量管理情况

(一)对设计图纸的质量审核

在工程开工前认真地组织有关技术人员进行图纸会审,特别是对有特殊施工工艺的项目进行审核,例如图纸内容是否齐全,其规定是否明确且与说明是否有矛盾,主要高程、尺寸位置是否有错误等情况,并将发现的疑问和不符合现场实际情况的差误之处及时反馈给设计部门,以便施工的顺利开展。

(二)施工准备阶段的质量控制

(1)在工程开工前要认真审查、研究各项目的施工工艺流程,以保证工程施工质量,确保工程顺利进行。

(2)向各施工小组的技术负责人进行技术交底,向他们派发施工工艺图表、指导书、各工种之间交叉配合施工的注意事项、工程质量要求和安全操作要求等资料,令他们熟悉工程情况、技术要求、质量标准等,以便科学组织施工,避免发生技术指导错误或操作错误。

(3)分析可能会影响工程质量的因素,如工期任务、雨季施工、工程变更等情况,并确定其中的主要因素,在施工过程中加以控制。

(三)材料、机具的质量控制

(1)认真地编制材料采购计划,并选择数个具有良好信誉的厂家的生产样品,按招标文件要求送监理工程师指定的试验室进行检验,坚持采用符合招标文件规定与技术规范的产品。

(2)材料装运上车后一定要固定绑扎好才可出发。在货物运输过程中要严格遵守交通规则,注意交通安全,杜绝意外事故的发生。

(3)材料的验收、保管与发放质量控制严格按照有关规定执行。

(4)在正式开工前认真检查机械设备,保证其技术性能良好,无隐患。对于精密的仪器仪表,如经纬仪、水准仪等,应保证其正常的灵敏度和精确度。

(四)施工过程的质量控制

(1)加强施工工序管理,严格执行技术规范。

(2)严格把关,强化施工过程的检验工作。

(3)坚持文明施工和均衡生产。

(4)加强对不合格产品的控制。

本项目要求达到的质量目标:合同段工程交工验收的质量评定为合格;竣工验收的质量评定为优秀;自检评定得分为 96.7 分。

四、施工进度控制

为了确保按期完成一切的合同工程量,项目部将制订如下确保项目工期的保证体系和措施:

(1)采取有力措施确保一切工程材料按施工进度计划提前到位,绝对不出现因材料问题延误工期的情况。

(2)综合平衡地安排劳力、机械以及资金,确保三者与施工协调。

(3)进一步完善施工保障体系,确保一切工程人员及机械处于良好的工作状态。

(4)严格执行质量、安全管理规定以及文明施工规定,绝对不因为质量或安全事故影响工期。

(5)严格执行施工进度计划,有关技术人员每天检查进度完成情况,滞后的工程量及时在平时施工中补充完成。

(6)为了保证按照业主的工期要求完成施工任务,公司施工队将保证在冬、雨季也可以照常施工,尽量科学安排,排除冬、雨季干扰。

(7)夜间施工措施。

①施工现场设置明显的交通标志、安全标牌、警戒灯等标志,标志牌具备夜间荧光功能。保证施工机械和施工人员的施工安全。

②在人员安排上,夜间施工人员白天必须保证睡眠,不得连续作业。

五、施工安全与文明施工情况

(一)施工安全

项目部把安全生产放在工作的重要位置,杜绝发生安全生产责任事故而制订了“生产必须安全,安全为了生产”的原则,并建立了完善的安全生产管理体系及相应的管理措施。

(1)思想上重视。

(2)加强组织领导,健全安全管理机构。

(3)建立健全安全生产规章制度。

(4)所有施工设备和机具在使用前必须由专职人员负责检查,通过合格后才能使用。

(5)在施工全过程中贯彻实施公司季度安全大检查、项目经理部每周检查、调整交班会安全检查等安全措施。

(二)文明施工

(1)建立文明施工管理责任制,将文明施工和环境保护与各作业班组和管理人员工资分配挂钩。

(2)工区内道路通畅、平坦、整洁,不乱堆乱放,无散落物;场地平整不积水,排水成系统,并畅通不堵;施工废料集中堆放,及时处理。

(3)各种材料应分类、分型、分规格堆放整齐。

(4)场地废料、土石弃方处理,应按设计要求,按监理工程师指定地点处理,防止水土流失,尽量减少对周围绿化的影响和破坏;进行基础浇筑时,水泥的包装袋不能乱扔乱放,造成环境污染,水泥也不能够因为任何原因撒落到农田或河流,造成污染农作物或水资源。

六、环境保护与节约用地措施

在施工中尽量做到最大限度维护原来的地貌地形,保持原来的生态环境,避免在施工的过程中造成对农田、耕地、水土、环境等的破坏。在具体施工中,项目部将针对可能产生的环保、水土保持及施工后期的场地恢复等薄弱环节加强管理,竣工后,必须将场地清理干净,还原耕地。努力做到不损坏施工现场的一草一木。

七、施工中新技术、新材料、新工艺的应用情况

(一)交通标志施工

1. 标志板制作

(1)金属切割:铝合金标志板的制作应根据标志尺寸进行剪、切或焊接、铆接,并根据要求冲圆角和冲孔。

(2)铝合金板表面处理:采用气体脱脂、碱性脱脂、酸性脱脂或手洗脱脂等方法进行处理。

(3)在贴反光膜之前,待粘贴的反光材料及铝板应至少在操作车间预置过夜,操作车间温度不得低于18℃,操作车间内应干净,无尘土,相对湿度在20% ~50%范围内。

(4)反光膜的粘贴:可以采用连续电动滚压贴膜、手摇贴膜、手工贴膜等方法。反光膜应粘贴于整个标志面,应超出边缘至少2cm。使用滚筒黏结或反向贴印反光膜时,可采用对接粘贴,但其间隙不得超过1cm。距离标志边缘5cm范围内,不得有接缝。

2. 基础定位放样

交通标志基础的位置设置按设计图纸规定进行,并以保证标志板内缘距土路肩的水平距离不小于250mm的要求进行放样。交通标志设置保证不侵入公路建筑限界,以确保侧向余宽。

3. 基坑开挖

基础采用明挖法施工,基底应先整平、夯实并垫以20cm的砂砾层。基坑位置、基坑大小和深度严格按图纸设计要求或经监理工程师同意的方案进行施工。在石质挖方段,由于路基多为石质,人工开挖困难,需先采用破碎机破碎,然后人工清理,在浇筑前安装的模板和锚固螺栓经监理工程师同意后方可进行浇筑。

4. 基础混凝土浇筑

混凝土的配合比设计和试验结果将提交监理工程师检查,符合标准后才进行浇筑基础。基础采用C25混凝土现场一次性浇筑,严格按设计图纸要求进行,坚决杜绝偷工减料现象,并经过监理工程师检查基坑的情况后才可进行基础浇筑。基础浇筑时用振捣棒进行振捣,以保证混凝土材料搅拌均匀。在浇筑混凝土时,注意使基础法兰盘与基础对中,同时严格保证其顶面水平。立柱必须在基础混凝土强度达到设计强度的80%以上时才能安装。

5. 标志板面安装

单、双柱型标志可先安装立柱，再进行板面安装；悬臂型标志由于板面面积较大，应先将板面安装好，然后与立柱、横梁一起进行整体吊装。标志板面安装时，保证标志板下缘至路面净空高度不小于规定净空高度（一般是针对悬臂标志，净空高度以路面横坡对应点的高程为基点，测量与标志下缘的距离，净空高度一般为 5.5m 以上）。同时注意标志板内侧距土路肩边线水平距离应在 250mm 以上。

6. 工艺流程

交通标志的工艺流程如图 2 所示。

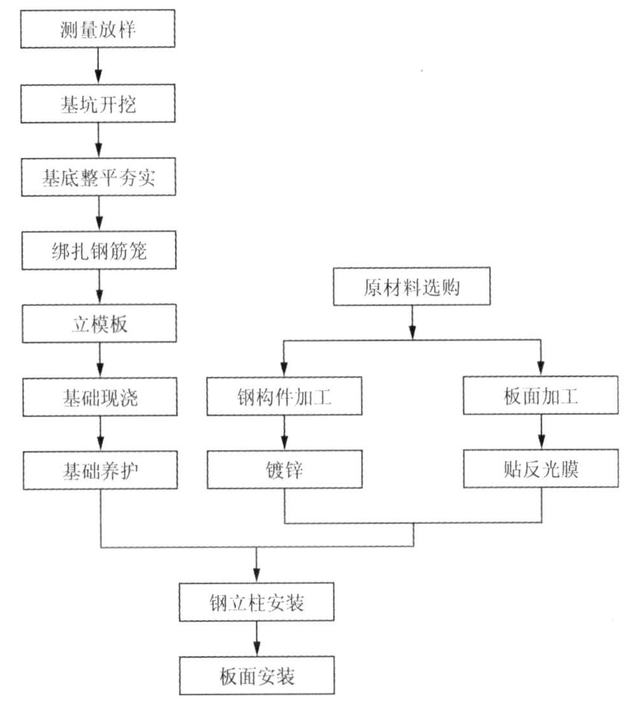

图 2　交通标志工艺流程

注：交通标志工程分两方面同时进行，一方面是本公司的盛达标志厂进行钢结构、板面的加工制作；另一方面是工地现场安装施工，主要工序有测量放样、基坑开挖、基础现浇、板面安装等。施工顺序安排必须符合工艺要求，并且与施工方法、施工机具相协调。

(二) 交通标线施工

1. 施工放样

在放线前，工程施工人员应熟悉施工图纸，严格按照施工图纸进行施工放样。先检查单侧路面宽度是否与设计图纸相符。

2. 清洗路面、涂底漆

画线前必须清理干净施工现场，不允许有颗粒状物体或粉末留在画线位置，按照所放线形涂上足够的底漆后再进行画线工作。如遇到天雨或潮湿天气，要待路面干燥后再涂上足量的底漆，待底漆干后方可敷设标线。

3. 敷设标线

画线时还应根据温度情况调节热熔涂料的温度在 180 ~ 220℃之间，以保证涂料的色泽与黏结力。为了保证玻璃珠的散布均匀和足量，并保证标线有足够的反光度和耐磨性，应采用加深玻璃珠槽和人工撒布玻璃珠的方法，并一边施工一边检查，做到有问题及时发现、及时解决。

4. 工艺流程

交通标线的工艺流程如图3所示。

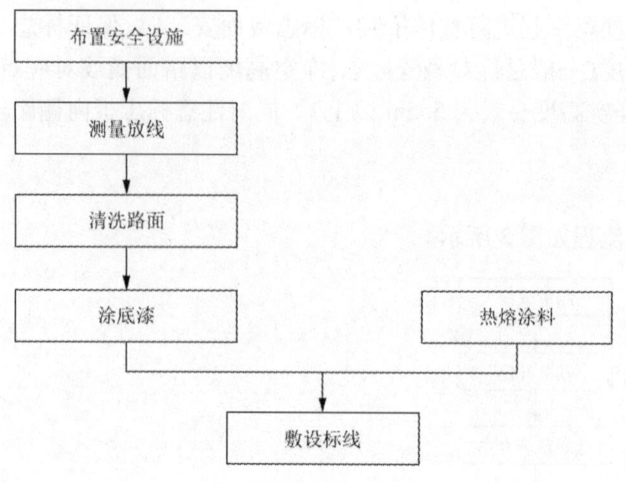

图3 交通标线工艺流程

注:交通标线工程分两个步骤,第一个步骤是首先安排本公司的下属涂料公司生产热熔涂料;第二个步骤是待路面工程施工完毕后进行路面标线的敷设。现场施工主要工序有测量放样、清洗路面、涂底漆、敷设标线等。

八、工程款支付情况

本合同段工程款全部支付到位,一切劳务、机械、材料等债务纠纷与建设单位无关。

九、施工体会

(1)控制工程进度:建立强有力的满足工程进度的各种保障制度,制订详细的工程施工进度计划书并进行动态管理,合理科学地安排各工序的施工,掌握各种工序之间的关联与衔接,对关键的施工工序进行全面监控。

(2)严格控制工程费用:资金是工程运作的血液,在整个工程进行过程中决不能出现资金的断链。

(3)树立品牌意识、质量意识、发展意识,加强与业主及监理工程师的沟通与交流,在一个比较公平的环境中,力求减少不应有的亏损,在此基础上逐步开拓、巩固、扩展市场。

(4)和知名材料供应商、信誉好的协作队伍之间建立良好的互信、互利关系,扩大选择的空间。

广东省交通发展有限公司

洛栾高速公路洛阳至嵩县段交通安全设施工程 No. 2 合同段项目经理部

二〇一六年八月

3. 洛栾高速公路洛阳至嵩县段交通安全设施工程 No. 3 合同段施工总结报告

目　　录

洛栾高速公路洛阳至嵩县段交通安全设施工程 No.3 合同段施工总结报告

一、工程概况

本合同段计划于 2012 年 07 月 01 日开工,2012 年 10 月 30 日竣工,合计 160 日历天。实际工期因工程变更及其他原因,于 2012 年 11 月 20 日全部完工。

本合同段起点位于 K0 +000 处,终点位于 K32 +999.29,全长 33km,其中 K3 +100 处为伊川互通区,K14 +600 处为伊川西互通,K24 +750 ~ K25 +700 处为伊川停车区。主要工程数量(含伊川西互通区):波形梁护栏 44718m,隔离栅 60829m,防眩板 26204.27m,声屏障 1332m 等。

二、机构组成

(1)主要人员投入情况一览表见表 1。

主要人员投入情况　　表 1

序号	姓　名	职　务	职　称	年龄	备　注
1	吴承凌	项目经理	高级工程师	50	
2	冯良会	项目总工程师	高级工程师	43	
3	刘晟	项目副经理	高级工程师	43	
4	张鑫	合同部长	工程师	41	
5	马海燕	财务负责人	中级会计师	49	
6	刘卫国	安全设施工程师	高级工程师	43	
7	封来雁	质检工程师	高级工程师	55	
8	曾学明	质检工程师	工程师	34	
9	苏桂金	质检工程师	工程师	49	
10	李希明	质检工程师	工程师	48	
11	吴文明	安装工程师	高级工程师	44	
12	王春霞	安装工程师	高级工程师	47	
13	李立红	安装工程师	高级工程师	48	
14	王福喜	安装工程师	工程师	42	
15	丁小智	测量工程师	高级工程师	43	
16	冯浩	测量工程师	工程师	38	
17	刘大勇	测量工程师	工程师	38	
18	肖劲松	机械安全员	高级工程师	45	
19	陶昌贤	专职安全员	助理工程师	32	
20	左威	专职安全员	助理工程师	30	

(2)主要设备投入情况见表 2。

主要设备投入情况 表2

设备名称	单位	承诺数量	进场时间安排
喷漆设备	台	4	2012年7月
热溶釜	台	4	2012年7月
经纬仪	台	3	2012年7月
水准仪	台	3	2012年7月
热溶画线机	台	4	2012年7月
空气压缩机	台	10	2012年7月
移动式吊车设备	台	4	2012年7月
调平直机具	套	1	2012年7月
钢板裁、弯设备	套	4	2012年7月
打桩机	台	10	2012年7月
拔桩机	台	10	2012年7月
逆反射系数测量仪	台	2	2012年7月
柴油发电机	台	5	2012年7月
砂轮切割机	台	5	2012年7月
色彩色差仪	台	1	2012年7月
升降机	台	2	2012年7月
底漆高压喷涂机	台	2	2012年7月
放线设备	台	2	2012年7月
涂层测厚仪	台	1	2012年7月
8t汽车起重机	台	2	2012年7月
载重汽车	台	10	2012年7月
混凝土搅拌机	台	2	2012年7月

(3)项目组织机构如图1所示。

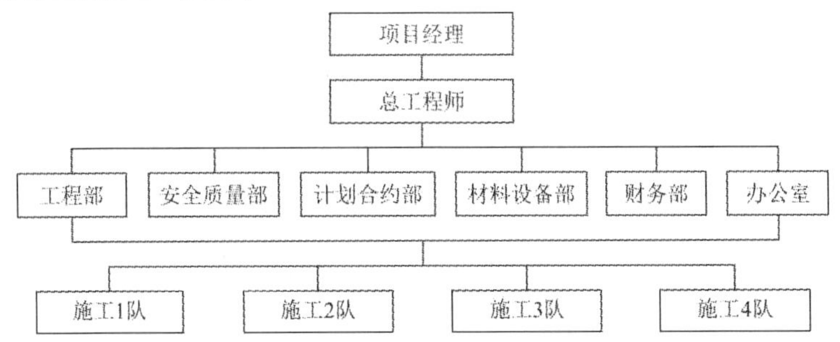

图1 洛栾高速公路LSJA.3合同段项目经理部组织机构

三、质量管理情况

(一)质量控制措施

制订分项工程一次验收标准,各分项工程均按合同条款和施工规范进行控制施工,在施工中做到认真严格执行三级质检体系。“三检体系”是在施工前检查,施工中检查,工作结束时检查。检查以自检、互检及交接班检的方式进行。同时把好施工技术图纸复核关,测量定位复核关,技术交底关,过程控制关,工程检验签认关。

(1)建立了一个完整的以自检为主的质量控制体系。认真履行了作为承包人应尽的自检职责,配备了高强的自检设备和质量检测人员。对各分项工程的开工条件自检;对每道工序或工艺进行现场质量自检;按照合同指定、施工规范规定的抽样频率、时间和方法进行质量自检。

(2)对进入施工现场的原材料和施工设备进行严格检测,特别是对标准钢结构、混凝土、标志板、标线用热熔涂料、画线机械等大宗材料机械指标进行严加控制。各种原材料进场前必须通过监理工程师认可,质检人员对自行采购、加工的材料随时取样检查,对进场的不合格材料实行废弃制度。在开工前做好各种原材料的相关试验工作。

(3)严格执行招标文件、《高速公路交通安全设施设计及施工技术规范》(JTF 71—2006),按操作规程施工。在施工中尽量采用通过监理同意的新技术、新工艺,为工程质量的提高创造有利条件。

(4)推行全面质量管理,对工程质量进行全过程的动态管理。开展难点工序技术攻关活动,及时解决施工中的难重点和质量问题。开展创全优工程的活动,把工程质量管理引向深入。

(二)施工中质量自检情况及工程质量问题的处理情况

加强施工中各种质量指标的自检和抽查。自检贯穿于施工的全过程,主要包括标志杆件的外观平整度、安装的水平度、安装高度、标线的外观尺寸、标线与路边的黏结性度等的检测。

工程质量通过自检和监理抽检情况及质量评定情况看:各分部、分项工程质量均为合格工程,分项工程合格率达到100%,得到了业主和监理人员的高度评价。

工程实体内实外美,结构尺寸准确无误,满足设计及规范要求,达到了合同规定的标准。

(三)对完工质量的评价

洛栾高速公路自施工开始到现在,整个过程质量完全处于受控状态,未出现任何质量事故。工程总体质量优良,满足设计及施工规范的标准,达到了招标文件和合同条款的要求。

交工验收检验评定的主要依据是《公路工程竣工验收办法》、《公路工程质量检验评定标准》(JTG F80/1—2004)、设计文件、现行国家及(部)颁有关技术规范、施工过程的试验检验评定资料等。参加评定的按合同段标志、标线加权平均计算,本合同段工程质量评分95.9分。

四、施工进度控制

开工前,项目经理部成立工期领导小组,在施工现场建立工程施工调度室,主要负责工程进度的管理。建立健全目标责任制度、进度检查制度、工期奖惩制度等规章制度,同时与各施工队签订目标责任状。在施工过程中,领导小组根据资源配备的情况,结合公路工程的常规做法和材料机具供应实际,广泛征求技术人员和广大施工人员的意见,合理、可行地安排总体进度计划。另外,根据已完工程的进度快慢、施工人员的增减、业主要求的计划变更等诸多因素,不断调整进度计划,动态监控关键线路的变化,以适时调整人员分配和施工顺序,使施工生产持续有效地按计划正常进行。施工中尽可能采用先进、高效的施工机械和新工艺,提高劳动效率,加快施工进度,保证阶段性工期目标的实现。尽可能采用一些实用的新技术,提高生产效率。周密计划并不断调整工序搭配,避免或尽可能缩短工序之间的间隙时间。

五、施工安全与文明施工情况

施工安全方面,项目部成立安全领导小组,设置专职安全副经理和安全部长,下设4个专职安全员,由项目经理担任组长,专职安全副经理和安全部长为副组长,组员由专职安全员和项目部各职能部门负责人组成。各施工队相应成立队安全检查小组,并在各工班设专职安全检查员,坚持经常性的施工安全检查及监督指导。

施工中,坚持正确处理安全与施工生产统一、与施工速度互保、与质量互补、与效益兼顾、与危险并存的关系。坚持预防为主、综合考虑的原则，坚持安全与生产同步进行的原则，坚持全员、全过程、全方位和全天候的"四全"动态管理原则，坚持安全管理具有明确目的性的原则。在各级明确安全管理范围，组织职工学习有关劳动保护的政策、条例、规程和制度，规范操作。采取正确的安全管理措施，落实安全责任，实施责任管理，建立各级人员的安全责任制度，明确相应的安全责任，定期检查落实情况。

为使管理组织运转并发挥作用，项目实施前将制订如图2所示的管理制度。

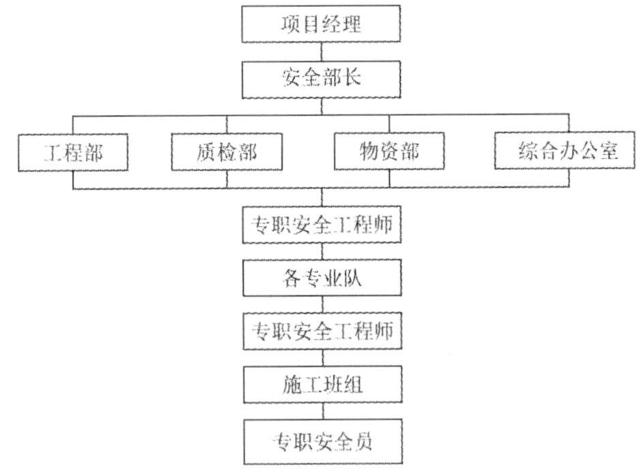

图2　安全管理组织机构框图

六、环境保护与节约用地措施

（一）环境保护目标

保护环境是为当地人民，为子孙后代造福的大事。施工中，我们加强环保意识，工程完工后不为当地留下任何后患。施工中我们采取了以下措施：

（1）在全体职工中认真开展组织学习和贯彻《中华人民共和国环境保护法》，结合当地的环境特点，制订规章制度，认真落实环保法规，增强职工环保意识。

（2）加强对施工区和生活区的环境卫生管理，清洗施工机械、设备及工具的废水、废油等有害物质以及生活垃圾集中储积处理，禁止乱堆、乱埋、乱流，影响环境卫生。

（3）工程全部完工后，拆除不再使用的临时设施，做到工完料尽、场地清洁。

（二）节约用地的措施

总体规划，合理用地。按照总体的工作思路，结合现场实际情况，做到用临结合，尽量少占农用耕地。

七、施工中新技术、新材料、新工艺的应用情况

在波形梁护栏的施工过程中，采用一般路基打桩，石质路基采用钻孔然后进行立柱栽入，解决了因为石质路基段护栏立柱无法打入的问题。

八、工程款支付情况

本项目工程款全部支付到位，一切劳务、机械、材料等债务纠纷与建设方无关。

九、施工体会

洛栾高速公路在整个建设过程中，得到了河南省交通运输厅、河南高速公路发展有限公司及豫西指挥部领导的高度重视和关怀，同时还得到了全体监理人员积极主动、热情周到的监理服务，以及设计单位和当地政府的大力支持。这些使承包人具体施工能顺利实施，整个工程施工能有条不紊地进行，优质完成全部任务。

经全体施工人员的共同努力，精密组织实施洛栾高速公路的施工管理，并与业主、设计、监理单位密切配合，项目部所有工程质量得到很好控制。

施工中，我们始终以工程施工为重点，做到工期、质量、安全、文明施工等由领导亲自抓，各专业人员具体抓。精心组织、严格管理、科学施工，不仅按期优质高效地完成了任务，而且在施工中磨砺了筑路人的意志，提高了施工技术和管理水平，丰富了承包人的工程施工经验。包括：

(1)加强对合同条款的学习和应用，对施工中发生的各种事宜必须进行详细记录，合理进行工程变更、索赔和追加。

(2)与建设单位、设计单位和监理单位要密切配合、及时沟通。

(3)在施工过程重要根据实际情况及时调整进度指标，避免盲目赶工期埋下质量隐患。

(4)要积极进行新技术、新材料、新设备、新工艺的推广应用。

中交第一公路工程局有限公司

洛栾高速公路洛阳至嵩县段交通安全设施工程 No. 3 合同段项目经理部

二〇一六年八月

4. 洛栾高速公路洛阳至嵩县段交通安全设施工程 No. 4 合同段施工总结报告

目　　录

洛栾高速公路洛阳至嵩县段交通安全设施工程 No. 4 合同段施工总结报告

一、工程概况

洛栾高速公路洛阳至嵩县段 K32 + 999. 29 ~ K61 + 800 的交通安全设施主线长度为 28. 80071km。工程起止时间为 2012 年 6 月 1 日至 10 月 25 日。沿线主要工程有:路侧普通护栏 35657. 60m,加强护栏长 12321. 48m,附着式轮廓标 3395 个,柱式廓标 163 个,隔离栅设置合计 46222m,防眩板合计 16661. 05m,声屏障合计 1396m。

二、机构组成

主要组成人员:

项目经理:赵志鹏

项目副经理:刘振义

准备投入情况:

根据不同施工阶段的需求,单位先后投入了大量的施工机械设备和试验检测设备,具体型号数量见设备投入一览表(表 1)。

设备投入情况　　表 1

序号	设 备 名 称	设备类型和技术指标	单位	数量	要　求
1	喷漆设备		台	4	近 5 年内购置
2	经纬仪		台	3	近 5 年内购置
3	水准仪		台	3	近 5 年内购置
4	空气压缩机		台	10	近 5 年内购置
5	移动式吊车设备		台	4	近 5 年内购置
6	调平直机具		套	1	近 5 年内购置
7	钢板裁弯设备		套	4	近 5 年内购置
8	打桩机		台	10	近 5 年内购置
9	拔桩机		台	10	近 5 年内购置
10	逆反射系数测量		台	2	近 5 年内购置
11	柴油发电机		台	5	近 5 年内购置
12	砂轮切割机		台	5	近 5 年内购置
13	色彩色差仪		台	1	近 5 年内购置
14	升降机		台	2	近 5 年内购置
15	底漆高压喷涂机		台	2	近 5 年内购置
16	涂层测厚仪		台	1	近 5 年内购置
17	8t 汽车起重机		台	2	近 5 年内购置
18	载重汽车		台	10	近 5 年内购置
19	混凝土搅拌机		台	2	近 5 年内购置

管理机构设置如图 1 所示。

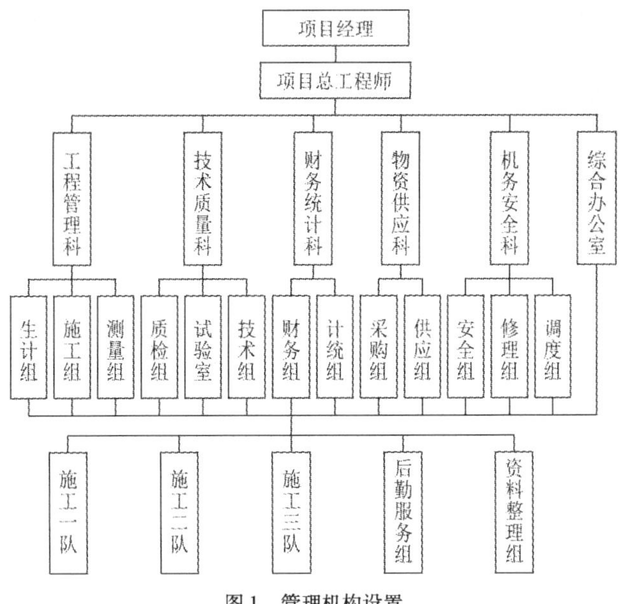

图 1　管理机构设置

三、质量管理情况

实施全面质量管理，成立在质量监督站和驻地监理工程师指导下的 TQC 全面质量管理小组，组长由项目经理担任，开展 QC 小组活动。施工队内设专职质检员，班组设兼职质量检查员，保证工程质量责任到人，实行全过程控制，使工程质量始终具有良好的受控状态和可追溯性。

1. 建立健全工程质量终生责任制

实施项目工程质量终身责任制，建立质量档案卡，项目经理与项目总工程师、各工程班组技术主管分别签订质量终身责任书。

2. 实行质检工程师监督制度

项目部、施工班组设专职质检工程师，实施质量一票否决权。项目部对各工班的验工计价，在经质检工程师签字后方可计量计价。

3. 实行优质优价的计价制度

项目部对各施工班组计价，实行优质优价制度。

4. 建立健全质量检查评审制度

项目部每月组织一次质量检查，召开工程质量评审会议，分析质量问题，消除质量隐患，提出整改措施，确保质量管理工作及时有效。

5. 测量、试验监测制度

工程管理科、技术质量科、物资供应科配备足够的技术力量和先进的仪器设备，对原材料及现场进行控制，严把质量监测关。

6. 材料严格按照业主准入制

材料严格按照业主要求，选定厂家和供应商，实行业主准入制及资料审核制。

(1)根据各厂家材料生产能力及质量情况，我方将对供应方进行考察评价，选择生产规模大、质量稳定、价格低的供应商。

(2)采购供应实行业主准入制和责任制，按业主颁发的《洛栾高速公路洛阳至嵩县段公路工程材料准入管理办法》执行。严格按照招标要求选择厂家,落实到人,严把进货和验收质量关,所有进场的主要材料都要附有产品质量合格证及出厂质量检验试验报告单,材料管理人员先根据验收要求,对材料外观质量进行检验,合格后按试验规程要求提取试件样品,送往试验室复试检验,复试合格的材料方可用于工程结构中。

(3)专业工程师结合工程实际进展情况,根据下月施工计划提前向材料管理人员下达“材料计划单”,材料管理人员据此组织材料的采购和运输。

四、施工进度控制

(一)组织保证措施

(1)开工前编制详尽的交通组织计划和交通临时工程部署,施工中不断优化。

(2)成立工期控制领导小组,建立岗位责任制,实行项目经理负责制。施工组织安排一个专门的辅助作业班,进行交通标志组织等相关工作,以确保工程顺利进行。各个施工班组建立施工班组负责制。实施目标管理,制订详细而又科学合理的施工作业计划,保持均衡生产,实现计划的最终时间目标。

(3)做好与相邻合同段施工单位、交通管理等单位的协调配合。

(4)工期安排与交通组织相协调,对关键线路进行重点控制,合理安排工期和资源优化。精心组织,合理安排施工顺序和各分项工程的工期。

(5)发挥技术管理的保障作用,细审核、严交底、勤检查、抓落实。专业技术工作者要深入一线跟班作业了解情况,及时搞好技术交底,并做到发现问题及时解决。

(二)资源保证措施

(1)加强用工的计划性,实行定额用工。加强劳动定额管理,确保定额水平的完成。领导跟班作业,及时发现问题并解决问题。发扬艰苦奋斗的作风,关键紧急工序节假日照常进行施工。

(2)加强物资采购人员的选配。按施工计划安排,确保材料按时到位。把握建筑的旺淡季特点,超前调查和预测市场供应情况,特别是季节性施工要做好材料的适量储备。严把材料质量关,杜绝劣质材料进场。

(3)保证设备的良好运转,设备管理人员选配有较好的技术素质、较强的事业心和责任感的同志担任。加强设备的维修与保管,确保完好率和出勤率。加强现场设备的协调使用。根据工程进展,超前考虑,专人落实各种设备的进场,做到随用随上,不误时间。

(三)资金保证措施

(1)选配财务经验丰富的会计师,主持工程资金的筹集和合理使用。压缩非生产性开支,全力保障将有限的资金用于工程材料采购和职工的工资发放上。

(2)为保证施工中各项资金的需要,可向集团公司资金管理中心申请资金支持。

五、施工安全与文明施工情况

(一)总体保证

本项目是在维持正常交通情况下施工作业的,特别是在安拆标志牌的过程中,存在很大的安全隐患,为保证工程的顺利实施,保证行车、施工人员和构造物的安全,必须严格遵守高速公路管理的有关规定,采取切实有效措施,保证施工顺利完工。

(1)在组织上,将根据本工程实际需要,专门成立现场保障通行安全指挥领导小组,项目经理为第一负责人,并指定一名主管安全的领导为第二责任人,具体负责施工期间的施工现场保障通行交通安全管理工作。

(2)工程作业的交通管理,严格按照《公路养护技术规范》(JTG H10—2009)、《公路养护安全作业规程》(JTG H30—2004)❶的规定和要求设置各种警告、过渡、缓冲、作业和下游过渡终止区标志,交通封闭路段的交通安全员不少于2人/km。现场安全工作人员要穿高速公路作业服装,禁止越过安全区作业,以确保交通车辆、施工人员的生命安全。

(3)在夜间施工时,施工路段配备夜间交通安全警示灯。如在施工路段发生堵塞或交通事故,及时向交警、路政部门报告。

(4)施工车辆(含生活车、指挥车)做到证照齐全,区域相对固定,并在后部设置明显的施工标志,车辆行驶及进出施工作业区域时,遵守《中华人民共和国道路安全法》及交警、路政人员和安全员的指挥,严禁违章。专业施工车辆施工时,开启警示灯。

(5)如出现紧急情况或发生交通堵塞,施工区段内的一切作业暂停,并立即撤除所有施工标志、设备、人员,待恢复正常后,再复工。

(二)保证措施

1. 组织保证

为实现安全目标,强化安全管理,特成立以经理、总工程师、安全工程师为主要成员的安全生产委员会,下设安全检查室。安检室配备安全检查工程师,施工队设专职安全员,工班设兼职安全员,形成自上而下的安全生产监督、保障体系,对施工生产过程实施安全监控。经理部负责安全设计,队、班组负责实施。建立各级领导层层负责、包保落实、群体保安全的总体格局,为实现安全生产提供强有力的组织保证。

2. 工作保证

夯实基础工作。树立"安全第一,预防为主"的思想,抓好安全教育,开展行之有效的预测预防活动,力争将事故隐患消灭在萌芽状态。加强职工岗前培训,实行持证上岗,提高全员的安全意识。

确定防范重点。本合同段将防森林失火事故、防高空作业坠落事故、防触电事故、防溺水事故、防行车交通事故列为防范重点。针对具体情况,制订详细的安全技术措施或操作规程,并一一落实到各项工作中,以强有力的工作保证,确保安全目标的实现。

3. 制度保证

为保证各项安全技术措施的落实,确保安全生产万无一失,制订了12项安全生产制度,对施工生产过程进行安全督导。以制度规范每一个职工的行为,并逐渐转变成一种自觉的行动,真正实现安全生产。

(三)文明施工

(1)成立以项目经理为组长的现场文明施工领导小组,负责文明施工管理工作,并结合实际情况制订文明施工管理细则,报驻地监理工程师批准后实施。

(2)开工前做详细的实施性施工组织计划,绘制施工组织网络图。

(3)各种规章制度及总体平面布置图、施工网络图、施工进度图等张挂上墙,各种图表标注规范、醒目。

(4)主要规章制度包括:质量控制制度、施工安全制度、岗位职责、现场管理制度、职责管理制度等。

(5)开展文明施工,现场管理有序,现场布置统一规划,施工区材料堆放整齐,场地平整,道路、排水畅通。

(6)各类公告牌、标志、标识牌内容齐全,式样规范,位置醒目。

---

❶ 该规范目前已被《公路养护安全作业规程》(JTG H30—2015)替代,此处为项目施工时使用的版本。

六、环境保护与节约用地措施

本工程的环境保护目标是:“两不破坏”——不破坏景观、不破坏生态;“三不污染”——不造成水质污染、不造成空气污染、不造成噪声污染。

1. 自然景观(文物)保护

临时设施整齐统一,外表美观。做好场地和临时设施的绿化,种植花草树木,维持并保护原有地表植被。

2. 水土保持

施工期间始终保持工地的良好排水状态,修建有足够泄水断面的临时排水沟道,并与永久性排水设施相连接,不形成淤积和冲刷。施工平面布置尽量利用永久征地,减少对耕地或林木的损坏,避免水土流失。

3. 生态环境保护

对原有生态环境进行调查,结合施工中可能产生的影响,合理进行施工组织,使用保护原有生态的施工措施。

4. 施工期生产和生活废水处理

选择易操作控制的以生物接触氧化为主体的处理工艺。进行水沉淀的处理措施为:施工场地的生产废水,经过滤网过滤,通过污水管输入池中沉淀,并做除油处理。经业主和环保部门认可后排放。

5. 防大气污染

施工工地上的道路每天要不定时洒水打扫,控制烟尘与粉尘污染。运输车辆配备两边和尾部挡板,对易飞扬的物料用篷布覆盖严,装料适中,不得超限。工地生活垃圾弃置在半密封的池中,定期掩埋处理。工地设置能冲洗的厕所若干处,派专门的人员清理打扫,并定期对周围喷药消毒。

6. 防噪声污染

施工期间要防止噪声扰民,机械运输车辆途经居住场所时应减速慢行,不鸣汽喇叭。合理安排施工作业时间,机械设备振动声音较大的,加设消音罩或消声管减少噪声。采取综合治理措施,合理安排施工计划,噪声大、冲击性强的活动安排在白天进行。

七、施工中新技术、新材料、新工艺的应用情况

无。

八、工程款支付情况

工程款全部支付到位,一切劳务、机械、材料等债务纠纷与建设单位无关。

九、施工体会

本项目部进场以来,在项目部、总监办及各监理处的领导下,严格执行合同文件中规定的施工内容和任务,加强内部管理,健全各种制度,认真贯彻执行有关施工工程规范和规程,保证了施工的进度和质量,使工程施工进展扎扎实实、有条不紊地进行。项目部还在监理工程师的严格监督下,切实重视质量管理,从组织上和技术上采取一切必要措施,真抓实干,确保工程质量和进度,在试验段工程施工中,严要求,严管理,保证了工程施工的质量,使工程如期如质完成。通过本工程的施工,本公司又得以对全体员工进行了一次锻炼,对我们指导以后的施工积累了不少宝贵的经验教训。

科达集团股份有限公司

洛栾高速公路洛阳至嵩县段交通安全设施工程 No. 4 合同段项目经理部

二〇一六年八月

第五部分

房建、机电、绿化

1. 洛栾高速公路洛阳至嵩县段房建工程 No. 1 合同段施工总结报告

目　　录

洛栾高速公路洛阳至嵩县段房建工程 No.1 合同段施工总结报告

一、工程概况

本合同段原计划开工时间为2012年08月05日，完工时间为2012年12月30日，工期120天；实际开工时间为2012年09月10日，完工时间为2012年12月25日，工期115天。

本合同段位于洛阳市洛龙区溢坡村东北侧200m处，占地约28000m^2。主要工程量如下：收费站综合楼一栋(含食堂)，建筑面积2158.14m^2，综合机房一栋，建筑面积183m^2，门卫房二栋，单个建筑面积28.16m^2，16车道收费大棚建筑面积2095m^2，场区路面9895m^2，蓄水池250m^3和50m^3各一座，5t污水处理设备一座，停车场9辆客车24辆轿车，运动场一处625m^2，晒衣场一处，室外给排水安装，绿化种植草14128.5m^2。

二、机构组成

主要人员：项目经理韩志勇，项目总工程师侯志峰，项目副经理吴红卫、党化银、徐俊忠，项目经理部下设：工程部、合同部、安全部、质检部、试验室、材料部、设备部、协调部、财务部以及后勤部和9个施工作业队。共投入施工技术人员10名、管理人员10名。劳力工正常施工时为300人，高峰期400人。投入的主要机械设备有：装载机1台、挖掘机1台、推土机1台、平地机1台、振动压路机1台、起重机2台、砂浆搅拌机2台、自卸汽车4辆、洒水车1辆、混凝土运输车8辆，商品混凝土搅拌站2个(一用一备)，龙门吊1台。

管理机构设置如图1所示。

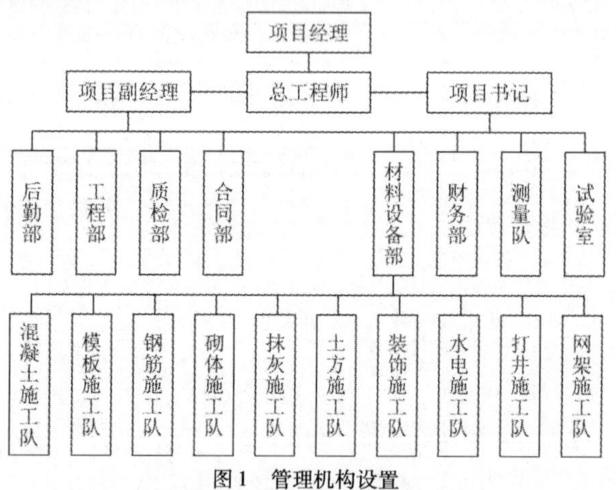

图1　管理机构设置

三、质量管理情况

(一)质量控制措施

我单位在工程施工中对工程项目实行质量目标管理，使工程质量达到一次验交合格率100%，优良率93%以上，具体实施中有以下控制措施：

(1)按照 ISO 9002 质量体系要求，建立完善的质量管理体系和质量保证体系，制订创优规划，使每道工序都在严格的质量监控之下进行，实行全面质量管理 。

(2)根据工程项目特点组织精明强干的施工队伍，明确分工，加强协作，注重上道工序与下道工序间的密切配合。

(3)各单位、分部、分项工程、各工种均实行项目负责制和岗位责任制，质量指标直接与施工人员经济挂钩，奖优罚劣、重奖重罚，分项分部工程质量指标均列入奖罚内容。

(4)采取多种形式对项目全员进行质量教育，树立“百年大计，质量第一”的思想，强化项目全员的质量意识，施工前有针对性地进行各工种的技术培训，提高施工人员的操作技能，为创优质工程创造条件。

(5)运用科学的管理方法和现代化的检测工具，强化工程质量管理，认真执行设计图纸审核制度，并做好施工技术交底，使每一个施工人员都能做到心中有数，熟悉本工程的技术要求，做到严格按照设计要求施工，严格按照施工规范作业。

(6)加强试验检测工作，严格检验各种工程材料，严格按照施工配料，确保各部位强度达到设计要求。

(7)做好质量检查工作，项目部和各队设专职质量检查工程师，监督检查工程质量，对每一道工序均进行全面严格的质量检查，实行内部质量上级管理制度，隐蔽工程在业主及监理人员检查签证后方可进行下道工序的施工，确保工程质量。

(8)根据工程特性，提供先进的施工机械和试验仪器，为工程创优夯实基础。

(9)做好样板工程的试点和经验总结，用样板领路，全面推广，达到创全优工程的目标。

(二)施工中工程质量自检情况及工程质量问题的处理情况

我单位在施工中对工程质量严格按照自检制度进行自检、互检、交接检操作，先由施工队操作工人自检，队级质检员检验，经检合格后，上报项目部质检工程师，项目部质检工程师再进行检验，工程质量得到确认后报验监理工程师。上下工序之间还要进行交接检验，上道工序不合格下道工序不接收，上道工序的质量事故隐患决不留给下道工序。

同时，项目经理部每月组织一次质量大检查，并进行质量评定，作为当月验工计价的依据。质量大检查以检查工程质量为主，同时检查质量管理工作，查看各项规章制度落实情况。对检查中发现的质量问题，检查组根据实际情况及时提出改进措施，限期改正，并进行复查。质量大检查后，检查组汇总检查情况，在工程会上进行通报，奖优罚劣，以示激励。

对施工中发现的工程质量问题，本单位坚决处理到底，决不留质量隐患，在哪发现问题，就从哪进行处理。在后期检查中 地板装空鼓的立即进行返工重做，从而保证了工程质量。

(三)对完工质量的评价

经过 115 天的努力，工程终于完工。对于完工质量，通过分项、分部、单位工程质量评定汇总得分为 96.5 分，总体工程质量达到优良。

四、施工进度控制

开工前，项目经理部成立工期领导小组，在施工现场建立工程施工调度室，主要负责工程进度的管理。建立健全目标责任制度、进度检查制度、工期奖惩制度等规章制度，同时与各施工队签订目标责任状。在施工过程中，领导小组根据资源配备的情况，结合房建工程的常规做法和材料机具供应实际，广泛征求技术人员和广大施工人员的意见，合理、可行地安排总体进度计划。另外，根据已完工程的进度快慢、施工人员的增减、业主要求的计划变更等诸多因素，不断调整进度计划，动态监控关键线路的变化，以适时调整人员分配和施工顺序，使施工生产持续有效地按计划正常进行。施工中尽可能采用先进、高效的施工机械和新工艺，提高劳动效率，加快施工进度，保证阶段性工期目标的实现。尽可能采用一些实用的新技术，提高生产效率。周密计划和不断调整工序搭配，避免或尽可能缩短工序之间的间隙时间。由于采取了多项措施，本合同段在洛嵩段率先完成了房建施工任务。

五、施工安全与文明施工情况

施工安全方面，项目部成立安全领导小组，设安全部长，由项目经理担任组长，安全部长为副组长，组员由项目部各职能部门负责人组成。各施工队相应成立队安全检查小组，并在各工班设专职安全检查员，坚持经常性的施工安全检查及监督指导。

施工中，坚持正确处理安全与施工生产统一、与施工速度互保、与质量互补、与效益兼顾、与危险并存的关系。坚持预防为主、综合考虑的原则，坚持安全与生产同步进行的原则，坚持全员、全过程、全方位和全天候的"四全"动态管理原则，坚持安全管理具有明确目的性的原则。各级明确安全管理范围，组织职工学习有关劳动保护的政策、条例、规程和制度，规范操作。采取得当安全管理措施，落实安全责任，实施责任管理，建立各级人员的安全责任制度，明确相应的安全责任，定期检查落实情况。

本合同段经过严密组织、多方协调，在保证正常施工的情况下，也保证了施工的安全。

文明施工方面，单位采取了以下几点措施：

(1)建立健全各项规章制度，工地现场悬挂文明施工标牌条幅、张贴宣传标语，采用多种形式向项目全员进行文明施工教育，提高全员文明施工意识。

(2)现场布置统一彩钢临时房屋，统一室内配备、布置，统一现场标识。

(3)施工场地、便道、各种材料、机具等布置、堆放、停置有序，并进行标识，做好文明施工。

(4)教育全体员工遵纪守法、行为规范、文明施工，争创文明工地。

(5)遵守当地居民的生活习惯和民族风俗，处理好施工队伍与当地政府、人民群众的关系。

六、环境保护与节约用地措施

保护环境是为当地人民造福的大事。施工中，我们加强环保意识，工程完工后不为当地留下任何后患。施工中我们采取了以下措施：

(1)在全体职工中认真开展组织学习和贯彻《中华人民共和国环境保护法》，结合洛阳市的环境特点，制订规章制度，认真落实环保法规，增强职工环保意识。

(2)为减少环境污染，施工用的粉状材料采用袋装或其他密封方法运输，不得散装散卸，现场存放时，严密覆盖，防止尘埃飞扬。施工产生的垃圾和废弃物质，清理出场。施工运输道路，经常洒水除尘。

(3)加强对施工区和生活区的环境卫生管理，清洗施工机械、设备及工具的废水、废油等有害物质以及生活垃圾集中储积处理，禁止乱堆、乱埋、乱流，影响环境卫生。

(4)工程全部完工后，拆除不再使用的临时设施，做到工完料尽、场地清洁。

七、施工中新技术、新材料、新工艺的应用情况

为确保工程质量和加快施工进度，我合同段用于工程的混凝土全部采用商品混凝土，准备两家商品混凝土站一用一备，根据现场实际情况，从而加快了施工进度、保证了工程质量。

加强冬季施工保证措施和相关设施建设，如采取塑料薄膜加草棚覆盖、封闭门窗洞等措施。

八、工程款支付情况

工程款全部支付到位，一切劳务、机械、材料等债务纠纷与建设单位无关。

九、施工体会

经过近115天的努力，工程如期完成，我们认为，一个工程要想干好，首先要有建设单位的正确领导，还要有设计单位、监理单位和地方政府的积极监督与配合。作为建设单位，首先要保证建设资金的及时到位、工程款的及时拨付，合同工期要根据实际情况及时调整，工程变更要及时处理，竣工资料的编制要在开工之初明确和统一。作为施工单位，只有在质量上高标准、严格要求，进度上合理组织，确保合同工期，才能取得预期的收益。

河南派普建设工程有限公司

洛栾高速公路洛阳至嵩县段房建工程 No. 1 合同段项目经理部

二〇一六年八月

2. 洛栾高速公路洛阳至嵩县段房建工程 No. 2 合同段施工总结报告

目　　录

洛栾高速公路洛阳至嵩县段房建工程 No.2 合同段施工总结报告

一、工程概况

本合同段原计划开工时间为 2012 年 05 月 10 日，完工时间为 2012 年 11 月 10 日，工期 6 月；实际开工时间为 2012 年 06 月 15 日，完工时间为 2012 年 12 月 15 日，工期 6 个月。

本合同段位于洛阳市洛龙区、伊川县境内。本合同段主要工程为：收费站大棚、综合楼、综合机房及周边附属构件工程。其中综合楼建筑面积 1283.2m^2，建筑基底面积 704m^2，地上二层，建筑高度 8.4m，结构类型为框架结构。外墙为保温外墙面，见 05YJ3-1E 型、05YJ3-7 图集，外墙见立面标注，面砖外墙面见 05YJ1 外墙 13，其他做法见立面标注。[1]

综合机房建筑面积 183m^2，地上一层，框架结构，抗震设防烈度 6 度，耐火等级：发电机房为一级，其他房间为二级。建筑高度 4.2m，外墙采用涂料饰面，见 05YJ3-1 图集。内墙面见 05YJ1-内墙 6 图集。

收费大棚为钢结构，钢结构部分钢架、连接件及金属支架外涂防火涂料。外装饰采用 0.6mm 厚 760 型角驰三隐藏式白色镀锌彩板。路面面层为 C30 级水泥混凝土面板。

二、机构组成

我单位与甲方签订施工合同后，迅速办理了一切与工程有关的手续，立即组建了以贾志忠为项目经理的项目部，项目部成员均具有岗位证书。建立、健全了各种规章制度和质量保证体系，分工细致，责任明确。

项目部根据工程特点和现场自身条件，以“一法四条例”为依据，认真阅读图纸，针对工程特点，认真编制施工组织设计，并报监理单位审批。在施工过程中严格按照审批后的施工组织设计施工。

为宣传和贯彻落实“一法四条例”，项目部成立以宋聪敏为领导的学习小组，认真学习。在各个环节中严格按照施工图纸、国家规范及强制性条文施工。严格实行质量控制资料，对建筑原材料、构配件进行进场检验，并及时报与监理进行验收，严格执行见证取样制度，且所有报告反映原材料、构配件为合格产品，在施工期间，由于质量控制措施严格，管理到位，没有发生工程质量隐患和工程质量事故。

三、质量管理情况

（一）质量控制措施

我单位在工程施工中对工程项目实行质量目标管理，使工程质量达到一次验交合格率 100%，优良率 93% 以上，具体实施中采取以下控制措施：

（1）按照 ISO9002 质量体系要求，建立完善的质量管理体系和质量保证体系，制定创优规划，使每道工序都在严格的质量监控之下进行，实行全面质量管理 。

---

[1] 本报告提到的图例均为《河南省工程建筑设计 05 系列工程建设标准设计图集》（DBJ 19-20—2005）中的图例。

(2)根据工程项目特点组织精明强干的施工队伍,明确分工,加强协作,注重上道工序与下道工序间的密切配合。

(3)各单项工程、各工种均实行项目负责制和岗位责任制,质量指标直接与施工人员经济挂钩,奖优罚劣、重奖重罚,分部分项工程质量指标均列入奖罚内容。

(4)采取多种形式对项目全员进行质量教育,树立“百年大计,质量第一”的思想,强化项目全员的质量意识,施工前有针对性地进行各工种的技术培训,提高施工人员的操作技能,为创造优质工程创造条件。

(5)运用科学的管理方法和现代化的检测工具,强化工程质量管理,认真执行设计图纸审核制度,并做好施工技术交底工作,使每一个施工人员都能做到心中有数,熟悉本工程的技术要求,做到严格按照设计要求施工,严格按照施工规范作业。

(6)加强试验检测工作,严格检验各种工程材料,严格按照施工配料,确保各部位强度达到设计要求。

(7)做好质量检查工作,项目部和各队设专职质量检查工程师,监督检查工程质量,对每一道工序均进行全面严格的质量检查,实行内部质量上级管理制度,隐蔽工程在业主及监理人员检查签证后方可进行下道工序的施工,确保工程质量。

(8)根据工程特性,提供先进的施工机械和试验仪器,为工程创优夯实基础。

(9)做好样板工程的试点和经验总结工作,用样板领路,全面推广,达到创全优工程的目标。

(二)施工中工程质量自检情况及工程质量问题的处理情况

我单位在施工中对工程质量严格按照自检制度进行操作,先由施工队操作工人自检和工班自检,队级质检员检验,经检合格后,上报项目部质检工程师,项目部质检工程师再进行检验,工程质量得到确认后报验监理工程师。上下工序之间还要进行交接检验,上道工序不合格下道工序不接收,上道工序的质量事故隐患决不留给下道工序。

同时,项目经理部每月组织一次质量大检查,并进行质量评定,作为当月验工计价的依据。质量大检查以检查工程质量为主,同时检查质量管理工作,查看各项规章制度落实情况。对检查中发现的质量问题,检查组根据实际情况及时提出改进措施,限期改正,并进行复查。质量大检查后,检查组汇总检查情况,在工程会上进行通报,奖优罚劣,以示激励。

对施工中发现的工程质量问题,我单位坚决处理到底,决不留质量隐患,在哪发现问题,就从哪进行处理。在工程后期的路面结构层施工中,质检站检查到水泥稳定碎石底基层存在局部厚度不够和松散处,经认真排查确定缺陷范围后,我们彻底地进行了返工,不留一点后患,从而保证了工程质量。

(三)对完工质量的评价

经过近一年的努力,工程终于完工。对于完工质量,通过单位、分部、分项工程质量评定汇总得分为95.6分,总体工程质量达到优良。

四、施工进度控制

开工前,项目经理部成立工期领导小组,在施工现场建立工程施工调度室,主要负责工程进度的管理。建立健全目标责任制度、进度检查制度、工期奖惩制度等规章制度,同时与各施工队签订目标责任状。在施工过程中,领导小组根据资源配备的情况,结合公路工程的常规做法和材料机具供应实际,广泛征求技术人员和广大施工人员的意见,合理、可行地安排总体进度计划。另外,根据已完工程的进度快慢、施工人员的增减、业主要求的计划变更等诸多因素,不断调整进度计划,动态监控关键线路的变化,以适时调整人员分配和施工顺序,使施工生产持续有效地按计划正常进行。施工中尽可能采用先进、高效的施工机械和新工艺,提高劳动效率,加快施工进度,保证阶段性工期目标的实现。尽可能采用一些实用的新技术,提高生产效率。周密计划和不断调整工序搭配,避免或尽可能缩短工序之间的间隙时间。由于采取了多项措施,本合同段在洛阳至嵩县段率先完成了房建施工任务。

五、施工安全与文明施工情况

施工安全方面,项目部成立安全领导小组,设安全部长,由项目经理担任组长,安全部长为副组长,组员由项目部各职能部门负责人组成。各施工队相应成立队安全检查小组,并在各工班设专职安全检查员,坚持经常性的施工安全检查及监督指导。

施工中,坚持正确处理安全与施工生产统一、与施工速度互保、与质量互补、与效益兼顾、与危险并存的关系。坚持预防为主、综合考虑的原则,坚持安全与生产同步进行的原则,坚持全员、全过程、全方位和全天候的"四全"动态管理原则,坚持安全管理具有明确目的性的原则。在各级明确安全管理范围,组织职工学习有关劳动保护的政策、条例、规程和制度,规范操作。采取得当安全管理措施,落实安全责任,实施责任管理,建立各级人员的安全责任制度,明确相应的安全责任,定期检查落实情况。

本合同段梁刘互通式立体交叉桥梁跨越洛阳绕城高速,沿线过往车辆较多,经过我们严密组织、多方协调,在保证正常施工的情况下,也保证了车辆的安全和原有公路的正常运营。

文明施工方面,我单位采取了以下几点措施:

(1)建立健全各项规章制度,工地现场悬挂文明施工标牌条幅、张贴宣传标语,采用多种形式向项目全员进行文明施工教育,提高全员文明施工意识。

(2)现场布置统一建临时房屋,统一室内配备、布置,统一现场标识。

(3)施工场地、便道、各种材料、机具等布置、堆放、停置有序,并进行标识,做好文明施工。

(4)教育全体员工遵纪守法、行为规范、文明施工,争创文明工地。

(5)遵守当地居民的生活习惯和民族风俗,处理好施工队伍与当地政府、人民群众的关系。

六、环境保护与节约用地措施

保护环境是为当地人民造福的大事。施工中,我们加强环保意识,工程完工后不为当地留下任何后患。施工中采取了以下措施:

(1)在全体职工中认真开展组织学习和贯彻《中华人民共和国环境保护法》,结合洛阳市的环境特点,制订规章制度,认真落实环保法规,增强职工环保意识。

(2)为减少环境污染,施工用的粉状材料采用袋装或其他密封方法运输,不得散装散卸,现场存放时,严密覆盖,防止尘埃飞扬。施工产生的垃圾和废弃物质,清理出场。施工运输道路,经常洒水除尘。

(3)加强对施工区和生活区的环境卫生管理,清洗施工机械、设备及工具的废水、废油等有害物质以及生活垃圾集中储存处理,禁止乱堆、乱埋、乱流,影响环境卫生。

(4)工程全部完工后,拆除不再使用的临时设施,做到工完料尽、场地清洁。

节约用地方面,采取了以下两点措施:

(1)在保证路基填筑取土用地后,尽量做到不占用或少占用农耕地。钢筋加工场、临时设施、队伍生活办公均设置在荒地内,施工便道尽可能设置在永久征地内,这些都极大地减少了占用耕地。

(2)在改路、改河、改沟"三改"工程中,根据现场实际情况,积极提出合理建议,在满足通行、通洪条件下,尽量减少征地。

七、施工中新技术、新材料、新工艺的应用情况

采用先进的施工技术和管理方法,推行新技术、新工艺,加强管理,提高队伍素质。优化施工方案，优化配套机械设备，以最佳设备和方案赢得时间，保证工期。

八、工程款支付情况

工程款全部支付到位，一切劳务、机械、材料等债务纠纷与建设单位无关。

九、施工体会

经过近一年的努力，工程如期完成。一个工程要想干好，首先要有建设单位的正确领导，还要有设计单位、监理单位和地方政府的积极监督与配合。作为建设单位，首先要保证建设资金的及时到位、工程款的及时拨付，合同工期要根据实际情况及时调整，工程变更要及时处理，竣工资料的编制要在开工之初明确和统一。作为施工单位，只有在质量上高标准、严格要求，进度上合理组织、确保合同工期，才能取得预期的收益。

林州市太行建设工程有限公司
洛栾高速公路洛阳至嵩县段房建工程 No. 2 合同段项目经理部
二〇一六年八月

3. 洛栾高速公路洛阳至嵩县段房建工程 No. 3 合同段施工总结报告

目　　录

洛栾高速公路洛阳至嵩县段房建工程 No.3 合同段施工总结报告

一、工程概况

本工程为洛栾高速公路洛嵩段 LSFJ.3 合同段:古城收费站,位于嵩县北与伊川交界处古城村附近。主要工作内容:土建施工(综合楼、综合机房、收费天棚等)、室内外装饰、设备安装、围墙、道路、停车场、运动场、蓄水池、化粪池、污水处理池、室外给水、室外排水。计划工期:102 个日历天,缺陷责任期两年。

本合同段原计划开工时间为2012 年05 月10 日,完工时间为2012 年11 月10 日,工期6 月;实际开工时间为2012 年06 月15 日,完工时间为2012 年12 月15 日,工期6 个月。

二、机构组成

我单位与甲方签订施工合同后,迅速办理了一切与工程有关的手续,立即组建了以赵晓华为项目经理的项目部,项目部成员均具有岗位证书。建立健全了各种规章制度和质量保证体系,分工细致,责任明确。

项目部根据工程特点和现场自身条件,以“一法四条例”为依据,认真阅读图纸,针对工程特点,认真编制施工组织设计,并报监理单位审批。在施工过程中严格按照审批后的施工组织设计施工。

为宣传和贯彻落实“一法四条例”,项目部成立以赵晓华为领导的学习小组,认真学习。在各个环节中严格按照施工图纸、国家规范及强制性条文施工。严格实行质量控制资料,对建筑原材料、构配件进行进场检验,并及时报与监理进行验收,严格执行见证取样制度,且所有报告反映原材料、构配件为合格产品,在施工期间,由于质量控制措施严格,管理到位,没有发生工程质量隐患和工程质量事故。

三、质量管理情况

(一)确保工程质量的组织措施

设立 LSFJ.3 合同段古城收费站专职质量检查组,由项目部项目经理任质检组组长,项目部总工程师和质检负责人任副组长,组员由各专业施工队队长、部室负责人组成,通过与项目部、施工队人员签订工程质量承诺书,使施工人员感到人人肩上有担子,个个思想有压力,强化施工人员的思想道德品质,树立工程质量就是工程建设生命的认识,在质量管理上台阶、规范达标上水平、高效创优质上下功夫,充分调动施工人员的积极性,对关键部位和重点环节绝不放过,真正把质量意识贯穿于每一天的施工中。

为了提高全员的质量意识,实行全面质量管理,使各级人员在对公路工程质量的理解上、认识上重新定位,以“高标准,高质量,高起点”的“三高”精神,对所有员工进行岗前教育,重点培训,持证上岗。建立严密的质量保证体系,从组织上确保质量目标的实现。质量检查分三级管理,即项目部专职质检工程师、施工队质检负责人、班组质检员。建立完善的质量检测机构,项目部设工地试验室,成立测量队,按专业配齐专职人员,建立严格的质量保证制度、管理程序。

(二)在施工过程中的主要控制内容

(1)对工序实行严格的"三检":即自检、互检、交接检。上道工序不合格,不准进入下道工序,确保各道工序的工程质量。

(2)建立严格的隐蔽工程检查签证制度:凡属隐蔽工程项目,先由班、队级质检合格后,会同监理工程师复检,结果填入验收表格,双方签字。

(3)建立测量计算资料换手复核制度:测量资料须经换手复核,现场测量基线、水准点及有关标志,需进行定期复测。

(4)建立施工过程质量检测制度:施工过程的质量检测分三级进行,即"跟踪检测""复检""抽检"。

(5)建立严格的原材料、成品、半成品现场验收制度:对采购进场的原材料及成品、半成品要由质检工程师组织进行验收。

(6)建立健全原材料、成品、半成品管理制度:检查合格同意进场的原材料、成品、半成品要分类、分批堆放,并设立标志,按用途保管、发放,不得混杂,对易受潮的物品要做好防雨、防潮工作。

(7)建立原材料采购制度:制定采购计划,采购由计划部门按技术部门提出的施工总进度计划、施工图纸、技术要求制定。

(8)建立仪器设备的标定制度:测量仪器、试验设备、仪器仪表、计量器具,按照规定定期或不定期进行标定,取得合格证书后方能使用。

(9)建立严格的施工资料管理制度:施工原始资料的积累和保存设专人负责,确保资料与施工同步。

四、施工进度控制

结合总体施工进度计划,分阶级进行工期控制,每周上报施工周报,对不能满足总体进度的分项工程进行动态调整。具体进度控制措施如下:

(1)重视施工前各项准备工作。开工前及时完成放线及基础定位工作。

(2)开展劳动竞赛活动。我单位为确保完成施工任务,加大人力、机械设备的投入,严密组织管理,调动各方积极性,加快施工进度。

(3)统计工程、制定计划、落实队伍、倒排工期。在工程开工后,项目部组织专人认真统计工程,细致划分,落实施工队伍,并与施工队伍签订施工合同,明确质量要求进度。根据总工期要求,项目部倒排工期,认真划分每一道工序,使工作能落到实处。

根据施工进度控制计划,项目部如期完成了施工任务。

五、施工安全与文明施工情况

安全生产责任制层层签字落实,班前进行安全技术交底,安全生产管理人员和特殊作业人员必须执证上岗。对安全隐患部位进行及时整改,并对现场防火进行专项管理,现场消防器材配置齐全。以确保建设项目安全顺利进行。

项目部全体人员认真学习"一法四条例"和相关法律、法规,建立安全保证体系,制订安全管理制度,对工人定期进行培训和安全教育,使其认识到安全的重要性。比如:在工地设立警示牌和挂条幅,以提高工人的安全意识,对工人进行班前教育,检查工人在施工时是否佩戴安全帽,高空作业人员是否系好安全带,并组建安全施工应急领导小组,共有16名成员,随时调用。以消除施工中存在的安全隐患,做到文明施工。

按照项目部的有关规定,我单位投入一定的资金,建设高标准、高质量的工地,设立了标志、标牌，工程施工、监理人员实行挂牌上岗，按照文明工地的总体要求从以下三个方面抓起：

(1)项目部、施工队的驻地建设。做到办公室、宿舍、食堂、厕所及室内、室外、院内、院外全方位的卫生，创造了一个适合办公、学习和生活的文明工地。

(2)施工安全制度的建立。日常工作中把“安全第一、质量为本”的思想贯穿在规范施工、规范操作之中，始终坚持预防为主，清除一切安全隐患。

总之，我合同段在项目部的领导下，齐抓共管，防患于未然，未雨绸缪；同时在文明工地建设方面狠抓落实，从开工至今未发生人员伤亡和财产损失等重大事故。

六、环境保护与节约用地措施

工程开工前，首先进行详细的工地探查，并结合工地实际情况制订切合实际的环保方案；在施工过程中加大投入，为服务区经营创造了良好的环境。

施工过程中利用现有征地，合理布置机械设备、未产生临时用地。

七、施工中新技术、新材料、新工艺的应用情况

采用先进的施工技术和管理方法，推行新技术、新工艺，加强管理，提高队伍素质。优化施工方案，优化配套机械设备，以最佳设备和方案赢得时间，保证工期，并在多个房建合同段中率先完成了土建及装饰装修的工程内容。

八、工程款支付情况

工程款全部支付到位，一切劳务、机械、材料等债务纠纷与建设单位无关。

九、施工体会

在施工过程中，能较好地履行工程合同，无违反法律、法规、政策及工程建设强制性标准条文行为。对施工中的技术变更、技术核定单及时签字认证，准确到位的做好技术交底、技术复核、为做好每道工序都有据可依，打下了良好基础。在施工中做到及时发现问题，及时上报，及时处理，严把质量关，积极配合监理及甲方的工作，保证高速公路畅通无阻、各方面交叉作业，地方协调工作量大的情况下按期完成任务深感不易，但也为我公司积累了经验，为企业更好发展锻炼了队伍。

河南天河建设工程有限公司

洛栾高速公路洛阳至嵩县段房建工程 No. 3 合同段项目经理部

二〇一六年八月

4. 洛栾高速公路洛阳至嵩县段房建工程 No. 4 合同段施工总结报告

目　　录

洛栾高速公路洛阳至嵩县段房建工程 No.4 合同段施工总结报告

一、工程概况

本合同段原计划开工时间为 2012 年 6 月 10 日，完工时间为 2012 年 11 月 10 日，工期 5 个月；实际开工时间为 2012 年 6 月 20 日，完工时间为 2013 年 8 月 15 日，工期 14 个月。

本合同段位于洛阳市嵩县境内，主要工程量如下：综合楼（土建 + 安装）一座、收费大棚（土建 + 安装）一座、综合机房（土建 + 安装）一座、室外场区（土建 + 安装）、场区绿化 2728m^2、隧道变电所（土建 + 安装）、隧道变电所水泵房、隧道变电所室外。

二、机构组成

主要人员：项目经理雒加岩，项目总工程师王豪杰，项目经理部下设：工程部、预算部、财务部、装饰部、水电部、材料设备部、测量部、试验室、安全部、质检部。管理机构设置见图 1。

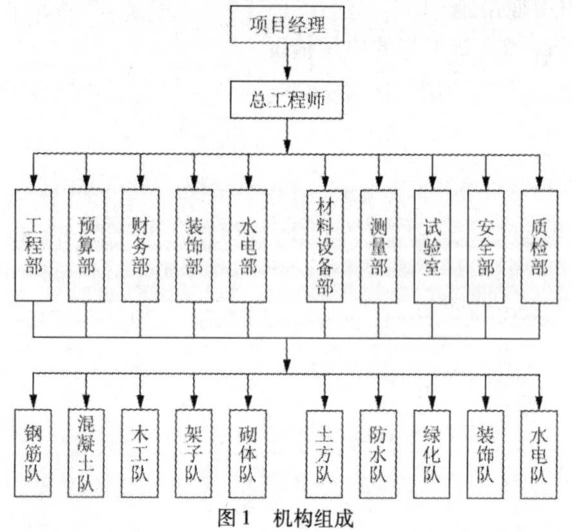

图 1　机构组成

三、质量管理情况

（一）质量控制措施

我单位在工程施工中对工程项目实行质量目标管理，使工程质量达到一次验交合格率 100%，优良率 93% 以上，具体实施中有以下控制措施：

（1）按照 ISO9002 质量体系要求，建立完善的质量管理体系和质量保证体系，制定创优规划，使每道工序都在严格的质量监控之下进行，实行全面质量管理 。

（2）根据工程项目特点组织精明强干的施工队伍，明确分工，加强协作，注重上道工序与下道工序间的密切配合。

（3）各单项工程、各工种均实行项目负责制和岗位责任制，质量指标直接与施工人员经济挂钩，奖优罚劣、重奖重罚，分部分项工程质量指标均列入奖罚内容。

(4)采取多种形式对项目全员进行质量教育,树立“百年大计,质量第一”的思想,强化项目全员的质量意识,施工前有针对性地进行各工种的技术培训,提高施工人员的操作技能,为创优质工程创造条件。

(5)运用科学的管理方法和现代化的检测工具,强化工程质量管理,认真执行设计图纸审核制度,并做好施工技术交底工作,使每一个施工人员都能做到心中有数,熟悉本工程的技术要求,做到严格按照设计要求施工,严格按照施工规范作业。

(6)加强试验检测工作,严格检验各种工程材料,严格按照施工配料,确保各部位强度达到设计要求。

(7)做好质量检查工作,项目部和各队设专职质量检查工程师,监督检查工程质量,对每一道工序均进行全面严格的质量检查,实行内部质量上级管理制度,隐蔽工程在业主及监理人员检查签证后方可进行下道工序的施工,确保工程质量。

(8)根据工程特性,提供先进的施工机械和试验仪器,为工程创优夯实基础。

(9)做好样板工程的试点和经验总结工作,用样板领路,全面推广,达到创造全优工程的目标。

(二)施工中工程质量自检情况及工程质量问题的处理情况

我单位在施工中对工程质量严格按照自检制度进行操作,先由施工队操作工人自检和工班自检,队级质检员检验,经检合格后,上报项目部质检工程师,项目部质检工程师再进行检验,工程质量得到确认后报验监理工程师。上下工序之间还要进行交接检验,上道工序不合格下道工序不接收,上道工序的质量事故隐患决不留给下道工序。

同时,项目经理部每月组织一次质量大检查,并进行质量评定,作为当月验工计价的依据。质量大检查以检查工程质量为主,同时检查质量管理工作,查看各项规章制度落实情况。对检查中发现的质量问题,检查组根据实际情况及时提出改进措施,限期改正,并进行复查。质量大检查后,检查组汇总检查情况,在工程会上进行通报,奖优罚劣,以示激励。

对施工中发现的工程质量问题,我单位坚决处理到底,决不留质量隐患,在哪发现问题,就从哪进行处理。

(三)对完工质量的评价

经过一年的努力,工程终于完工。对于完工质量,通过单位、分部、分项工程质量评定汇总得分为95.6分,总体工程质量达到优良。

四、施工进度控制

开工前,项目经理部成立工期领导小组,在施工现场建立工程施工调度室,主要负责工程进度的管理。建立健全目标责任制度、进度检查制度、工期奖惩制度等规章制度,同时与各施工队签订目标责任状。在施工过程中,领导小组根据资源配备的情况,结合公路工程的常规做法和材料机具供应实际,广泛征求技术人员和广大施工人员的意见,合理、可行地安排总体进度计划。另外,根据已完工程的进度快慢、施工人员的增减、业主要求的计划变更等诸多因素,不断调整进度计划,动态监控关键线路的变化,以适时调整人员分配和施工顺序,使施工生产持续有效地按计划正常进行。施工中尽可能采用先进、高效的施工机械和新工艺,提高劳动效率,加快施工进度,保证阶段性工期目标的实现。尽可能采用一些实用的新技术,提高生产效率。周密计划和不断调整工序搭配,避免或尽可能缩短工序之间的间隙时间。由于采取了多项措施,本合同段在洛嵩段率先完成了房建施工任务。

五、施工安全与文明施工情况

施工安全方面,项目部成立安全领导小组,设安全部长,由项目经理担任组长,安全部长为副组长，组员由项目部各职能部门负责人组成。各施工队相应成立队安全检查小组，并在各工班设专职安全检查员，坚持经常性的施工安全检查及监督指导。

施工中，坚持正确处理安全与施工生产统一、与施工速度互保、与质量互补、与效益兼顾、与危险并存的关系。坚持预防为主、综合考虑的原则，坚持安全与生产同步进行的原则，坚持全员、全过程、全方位和全天候的"四全"动态管理原则，坚持安全管理具有明确目的性的原则。在各级明确安全管理范围，组织职工学习有关劳动保护的政策、条例、规程和制度，规范操作。采取得当安全管理措施，落实安全责任，实施责任管理，建立各级人员的安全责任制度，明确相应的安全责任，定期检查落实情况。

文明施工方面，我单位采取了以下几点措施：

(1)建立健全各项规章制度，工地现场悬挂文明施工标牌条幅、张贴宣传标语，采用多种形式向项目全员进行文明施工教育，提高全员文明施工意识。

(2)现场布置统一建临时房屋，统一室内配备、布置，统一现场标识。

(3)施工场地、便道、各种材料、机具等布置、堆放、停置有序，并进行标识，做好文明施工。

(4)教育全体员工遵纪守法、行为规范、文明施工，争创文明工地。

(5)遵守当地居民的生活习惯和民族风俗，处理好施工队伍与当地政府、人民群众的关系。

六、环境保护与节约用地措施

保护环境是为当地人民造福的大事。施工中，我们加强环保意识，工程完工后不为当地留下任何后患。施工中采取了以下措施：

(1)在全体职工中认真开展组织学习和贯彻《中华人民共和国环境保护法》，结合洛阳市的环境特点，制订规章制度，认真落实环保法规，增强职工环保意识。

(2)为减少环境污染，施工用的粉状材料采用袋装或其他密封方法运输，不得散装散卸，现场存放时，严密覆盖，防止尘埃飞扬。施工产生的垃圾和废弃物质，清理出场。施工运输道路，经常洒水除尘。

(3)加强对施工区和生活区的环境卫生管理，清洗施工机械、设备及工具的废水、废油等有害物质以及生活垃圾集中储积处理，禁止乱堆、乱埋、乱流，影响环境卫生。

(4)工程全部完工后，拆除不再使用的临时设施，做到工完料尽、场地清洁。

节约用地方面，采取了以下措施：

在保证施工用地后，尽量做到不占用或少占用农耕地。钢筋加工场、临时设施、队伍生活办公均设置在场区内，施工便道尽可能设置在永久征地内，这些都极大地减少了占用耕地。

七、施工中新技术、新材料、新工艺的应用情况

为了使钢筋接头强度高、延展性好，能充分发挥钢筋母材的强度延性，本合同段钢筋接头均采用了套筒连接接头。其次钢筋套筒在施工连接时不用电，气等能源，无漏油无污染，无明火作业，不受恶劣天气影响，可全天候施工。克服其他传统的连接的浪费和明火作业的危险情况。最后套筒连接不受场地限制，在狭小场地钢筋排列密集处均能灵活操作。

八、工程款支付情况

工程款全部支付到位，一切劳务、机械、材料等债务纠纷与建设单位无关。

九、施工体会

经过近两年的努力，工程如期完成。一个工程要想干好，首先要有建设单位的正确领导，还要有设计单位、监理单位和地方政府的积极监督与配合。作为建设单位，首先要保证建设资金的及时到位、工程款的及时拨付，合同工期要根据实际情况及时调整，工程变更要及时处理，竣工资

料的编制要在开工之初明确和统一。作为施工单位,只有在质量上高标准、严格要求,进度上合理组织确保合同工期,才能取得预期的收益。

河南省第二建设集团有限公司

洛栾高速公路洛阳至嵩县段房建工程 No. 4 合同段项目经理部

二〇一六年八月

5. 洛栾高速公路洛阳至嵩县段房建工程 No. 5 合同段施工总结报告

目　　录

洛栾高速公路洛阳至嵩县段房建工程 No. 5 合同段施工总结报告

一、工程概况

本工程为陆浑服务区，位于嵩山县城东北部，紧邻陆浑水库，距洛嵩高速公路直线距离约 1km，建筑场地为 2 类，工程地上一层局部二层，建筑高度为 12.900m，砌体施工质量控制等级为 B 级，耐火等级为二级。建筑结构为二级，建筑结构抗震设防类别为丙类，框架抗震等级为四级，建筑结构设计使用为 50 年，地基基础设计为丙级。路面为水泥路面和沥青路面。

本合同段原计划开工时间为 2013 年 3 月 1 日，完工时间为 2013 年 7 月 8 日，工期为 130d。实际开工时间为 2013 年 3 月 10 日完工时间为 2013 年 9 月 26 日，工期为 210d。

本合同段内容包括：综合楼工程、快捷酒店、职工宿舍、综合机房、维修车库、养护工区办公楼、养护工区仓库、2 个加油站房、站棚及相关配套设施、地面、路面、围墙等。建筑总面积约 8187m^2，用地面积约 100979m^2，路面停车场等场地硬化约 50000m^2，绿化种植面积约 16000m^2。

二、机构组成

主要人员：项目经理董少佳，现场经理郭兰卓，项目总工程师张泽武，项目副经理祁永刚、王建伟。项目经理部下设：工程科、计划科、质检科、材料设备科、试验室、财务科 6 个施工作业队。共投入施工技术人员 20 名、管理人员 30 名。劳力工正常施工时为 200 人，高峰期 400 人。投入的主要机械设备有：装载机 2 台、挖掘机 3 台、推土机 2 台、平地机 1 台、振动压路机 1 台、起重机 2 台、JS-1000 混凝土强制式搅拌机（电子计量）3 台、自卸汽车 10 辆、洒水车 1 辆、混凝土运输车 2 辆。混凝土路面摊铺机 1 台，灰土搅拌车 3 台等。

管理机构设置见图 1。

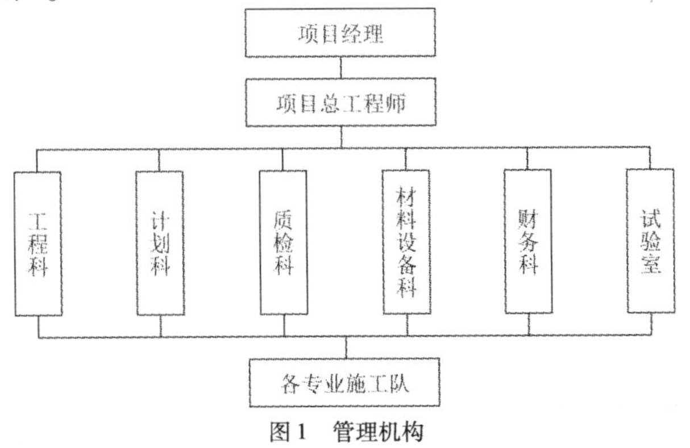

图 1　管理机构

三、质量管理情况

（一）质量控制措施

我单位在工程施工中对工程项目实行质量目标管理，使工程质量达到一次验交合格率 100%。具体实施中有以下控制措施：

（1）按照 ISO9002 质量体系要求，建立完善的质量管理体系和质量保证体系，制订创优规划,使每道工序都在严格的质量监控之下进行,实行全面质量管理 。

(2)根据工程项目特点组织精明强干的施工队伍,明确分工,加强协作,注重上道工序与下道工序间的密切配合。

(3)各单项工程、各工种均实行项目负责制和岗位责任制,质量指标直接与施工人员经济挂钩,奖优罚劣、重奖重罚,分部分项工程质量指标均列入奖罚内容。

(4)采取多种形式对项目全员进行质量教育,树立"百年大计,质量第一"的思想,强化项目全员的质量意识,施工前有针对性地进行各工种的技术培训,提高施工人员的操作技能,为创优质工程创造条件。

(5)运用科学的管理方法和现代化的检测工具,强化工程质量管理,认真执行设计图纸审核制度,并做好施工技术交底工作,使每一个施工人员都能做到心中有数,熟悉本工程的技术要求,做到严格按照设计要求施工,严格按照施工规范作业。

(6)加强试验检测工作,严格检验各种工程材料,严格按照施工配料,材料取样要通知监理工程师旁站监督及送指定试验室,确保各部位施工质量达到设计要求。

(7)做好质量检查工作,项目部和各队设专职质量检查工程师,监督检查工程质量,对每一道工序均进行全面严格的质量检查,实行内部质量上级管理制度,隐蔽工程在业主及监理人员检查签证后方可进行下道工序的施工,确保工程质量。

(8)根据工程特性,提供先进的施工机械和试验仪器,为工程创优夯实基础。

(9)做好样板工程的试点和经验总结工作,用样板领路,全面推广,达到创全优工程的目标。

(二)施工中工程质量自检情况及工程质量问题的处理情况

我单位在施工中对工程质量严格按照自检制度进行操作,先由施工队操作工人自检和工班自检,队级质检员检验,经检合格后,上报项目部质检工程师,项目部质检工程师再进行检验,工程质量得到确认后报验监理工程师。上下工序之间还要进行交接检验,上道工序不合格下道工序不接收,上道工序的质量事故隐患决不留给下道工序。

同时,项目经理部半个月组织一次质量大检查,并进行质量评定,作为当月验工计价的依据。质量大检查以检查工程质量为主,同时检查质量管理工作,查看各项规章制度落实情况。对检查中发现的质量问题,检查组根据实际情况及时提出改进措施,限期改正,并进行复查。质量大检查后,检查组汇总检查情况,在工程会上进行通报,奖优罚劣,以示激励。

对施工中发现的工程质量问题,我单位坚决处理到底,决不留质量隐患,在哪发现问题,就从哪进行处理。在工程后期的路面结构层施工中,混凝土停车场地面局部有因温度引起的收缩裂缝,彻底地进行了返工,不留一点后患,从而保证了工程质量。

(三)对完工质量的评价

经过几个月的努力,工程终于完工。对于完工质量,通过单位、分部、分项工程质量评定汇总得分为 85 分以上,总体工程质量达到合格。但对于高填方的道路及停车场地面,由于受长时间沉淀及土方含水量原因以后易产生病害。

四、施工进度控制

开工前,项目经理部成立工期领导小组,在施工现场建立工程施工调度室,主要负责工程进度的管理。建立健全目标责任制度、进度检查制度、工期奖惩制度等规章制度,同时与各施工队签订目标责任状。在施工过程中,领导小组根据资源配备的情况,结合公路工程的常规做法和材料机具供应实际,广泛征求技术人员和广大施工人员的意见,合理、可行地安排总体进度计划。另外,根据已完工程的进度快慢、施工人员的增减、业主要求的计划变更等诸多因素,不断调整进度计划,动态监控关键工序的施工变化,以适时调整人员分配和施工顺序,使施工生产持续有效地按计划正常进行。施工中尽可能采用先进、高效的施工机械和新工艺，提高劳动效率，加快施工进度，保证阶段性工期目标的实现。尽可能采用一些实用的新技术，提高生产效率。周密计划和不断调整工序搭配，避免或尽可能缩短工序之间的间隙时间。由于采取了多项措施，确保了工期及工程质量。

五、施工安全与文明施工情况

施工安全方面，项目部成立安全领导小组，设安全部长，由项目经理担任组长，安全部长为副组长，组员由项目部各职能部门负责人组成。各施工队相应成立队安全检查小组，并在各工班设专职安全检查员，坚持经常性的施工安全检查及监督指导。

施工中，坚持正确处理安全与施工生产统一、与施工速度互保、与质量互补、与效益兼顾、与危险并存的关系。坚持预防为主、综合考虑的原则，坚持安全与生产同步进行的原则，坚持全员、全过程、全方位和全天候的"四全"动态管理原则，坚持安全管理具有明确目的性的原则。在各级明确安全管理范围，组织职工学习有关劳动保护的政策、条例、规程和制度，规范操作。采取得当安全管理措施，落实安全责任，实施责任管理，建立各级人员的安全责任制度，明确相应的安全责任，定期检查落实情况。

由于本合同段工程紧邻村庄，过往车辆及行人较多，村民因政府赔偿问题经常阻工，经过多方协调、严密组织，在保证正常施工的情况下，也保证了车辆及行人的安全，取得了当地群众的理解与支持。

文明施工方面，我单位采取了以下几点措施：

(1)建立健全各项规章制度，工地现场悬挂文明施工标牌条幅、张贴宣传标语，采用多种形式向项目全员进行文明施工教育，提高全员文明施工意识。

(2)现场布置统一建临时房屋，统一室内配备、布置，统一现场标识。

(3)施工场地、便道、各种材料、机具等布置、堆放、停置有序，并进行标识，做好文明施工。

(4)教育全体员工遵纪守法、行为规范、文明施工，争创文明工地。

(5)遵守当地居民的生活习惯和民族风俗，处理好施工队伍与当地政府、人民群众的关系。

六、环境保护与节约用地措施

保护环境是为当地人民造福的大事。施工中，加强环保意识，工程完工后不为当地留下任何后患。施工中采取了以下措施：

(1)在全体职工中认真开展组织学习和贯彻《中华人民共和国环境保护法》，结合本地的环境特点，制订规章制度，认真落实环保法规，增强职工环保意识。

(2)为减少环境污染，施工用的粉状材料采用袋装或其他密封方法运输，不得散装散卸，现场存放时，严密覆盖，防止尘埃飞扬。施工产生的垃圾和废弃物质，清理出场。施工运输道路，经常洒水除尘。

(3)加强对施工区和生活区的环境卫生管理，清洗施工机械、设备及工具的废水、废油等有害物质以及生活垃圾集中储存处理，禁止乱堆、乱埋、乱流，影响环境卫生。

(4)工程全部完工后，拆除不再使用的临时设施，做到工完料尽、场地清洁。

节约用地方面，采取了以下措施：

在保证路基填筑取土用地后，尽量做到不占用或少占用农耕地。钢筋加工场、临时设施、队伍生活办公均设置在荒地内，施工便道尽可能设置在永久征地内，这些都极大地减少了占用耕地。

七、施工中新技术、新材料、新工艺的应用情况

为确保工程质量和加快施工进度，本合同段根据现场实际情况，对工程中材料多方考察，在保证质量前提下采用最新的环保材料进行施工。

加强雨季施工保证措施和相关设施建设,如采取尼龙网遮阳篷进行降温防晒,专人负责养护洒水等。

本合同段对工程中现浇混凝土,采用商品混凝土,并结合施工期间相应的不同要求,采取要求商品混凝土厂家对混凝土添加相应外加剂、提高强度等级等措施,保证了工程质量。

八、工程款支付情况

工程款全部支付到位,一切劳务、机械、材料等债务纠纷与建设单位无关。

九、施工体会

经过不懈的努力,工程如期完成。一个工程要想干好,首先要有建设单位的正确领导,还要有设计单位、监理单位和地方政府的积极监督与配合。作为建设单位,首先要保证建设资金的及时到位、工程款的及时拨付,合同工期要根据实际情况及时调整,工程变更要及时处理,竣工资料的编制要在开工之初明确和统一。作为施工单位,只有在质量上高标准、严格要求,进度上合理组织确保合同工期,才能取得预期的收益。

河南省建设集团有限公司

洛栾高速公路洛阳至嵩县段房建工程 No. 5 合同段项目经理部

二〇一六年八月

6. 洛栾高速公路洛阳至嵩县段机电工程合同段施工总结报告

目　　录

洛栾高速公路洛阳至嵩县段机电工程合同段施工总结报告

一、工程概况

洛栾高速公路洛阳至嵩县段(以下简称“洛嵩高速公路”)是河南省2010年开工的重点高速公路项目。路线起点K0+000位于洛阳市溢坡村东北侧,北设连接线洛阳市城市道路孙辛路;终点K61+800位于嵩县城东,后地村东北,接规划嵩县至栾川段高速公路。路线全长约62.699082km。拟设特大桥1111m,大桥13084m/31座,中桥486m/6座(不含分离式桥1030m/16座),涵洞86道,通道29道,隧道两座:姜公庙隧道约长240m,玉皇庙隧道约长780m,拟设管理分中心1处,路政管理所2处,养护管理所2处,服务区1处,停车区1处,主线收费站1处,匝道收费站3处。本项目与区域内洛阳绕城高速、连霍高速、郑少洛高速、二广高速互联成网,并先后与多条省道、县道相交。该项目工程建设对完善河南省干线公路网布局,提高路网整体效益、促进地区经济快速发展具有重要意义。洛嵩段机电工程于2012年7月开工,2012年11月底完工。

洛嵩段交通机电工程为洛栾高速的重要组成部分之一,包含监控、收费、通信及隧道监控、消防系统的设备安装。其中:监控系统主要工程量包括7套微波车检器安装、3套F型可变情报板安装、3套门式可变情报板安装、1套气象监测器安装、10套外场一体化摄像机安装、3套收费站信息发布屏安装、1套主线收费站雨棚LED屏安装、10套太阳能黄闪灯安装、4套监控摄像机太阳能系统安装、14.6km电力电缆敷设、4km光缆敷设、1站监控分中心设备安装等;通信系统主要包括4站设备及1站分中心设备安装、198km通信光缆敷设等;收费系统主要包括27个收费岛浇筑,31个车道设备安装,4站站内设备安装及1站分中心设备安装,51个闭路电视监控摄像机安装,28台收费站房安防摄像机安装,13.1km电源电缆敷设,1.6km光缆敷设,6.4km视频同轴电缆敷设,10.1km其他线缆敷设等;隧道监控系统主要包括1套计算机网络系统设备安装调试,17个摄像机安装,2套大型可变情报板安装,5.2km光缆敷设,10.2km电源电缆敷设,4.6km视频电缆敷设,3.5km其他线缆敷设等;隧道消防系统主要包括3.4km钢管敷设,1个取水井建设,1个高位水池建设,43套消防设备安装等。

二、机构组成

为合理组织施工,保证工程质量,满足业主对质量、工期的要求,本公司将成立现场施工管理机构——洛阳至栾川高速公路机电工程项目部。委派具有丰富设计、施工经验,并直接负责过类似规模两项以上大中型工程的高级工程师任项目经理,其基本职责是遵守国家法令、法规,全面履行合同,组织制订并实施内部管理制度,协调各部门之间的关系,与业主密切合作,确保项目按时、保质、高效地完成。项目经理部下设项目工程部、综合部、质安部等,如图1所示。

(一)项目经理部

项目经理部作为整个项目管理和协调工作的保障机构,具有非常重要的作用。

(1)负责与本项目有关的合同管理,包括与业主的合同、设备采购合同等。

(2)负责总体协调各系统的工期、进度以及协调工作。

(3)负责项目经理部的日常行政管理工作。

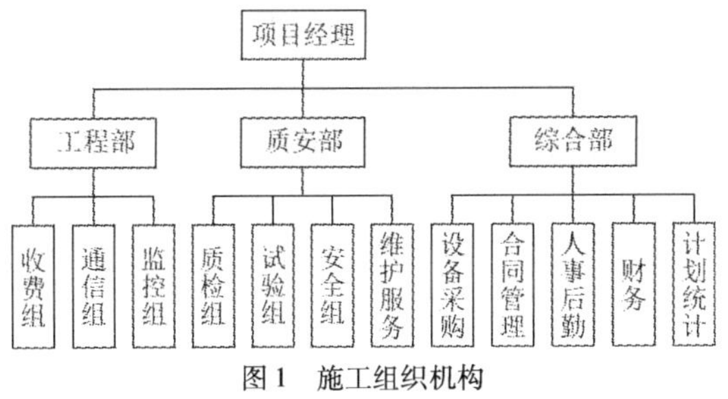

图1　施工组织机构

(二)工程部

工程部在项目经理的领导下,进行设备的安装和调试,以及三大系统的软件编制,并对系统设计和软件研发工作提供技术支持工作。主要人员由具有丰富工程经验的高级工程师/工程师组成。

做好施工前现场的调查工作,并做好技术、劳动力以及施工现场等各项准备工作。组织图纸会审,做好各级技术交底,编制有关文件,如施工方案、技术措施等。

及时解决施工现场遇到的技术难题。

做好各级联络及协调工作。

控制施工进度,合理调配劳动力、机具。

整理竣工资料,并做好资料会审,审核完工的工程。

施工机具由工程项目负责人统一管理,并派专人检修及保养。

(三)综合部

综合部的主要职责为:

(1)负责管理本项目的各种档案资料。

(2)负责与本项目相关的财务工作。

(3)编制设备材料采购计划,负责材料合同的审核,负责供货单位的选择和评定。

(4)负责整个工程材料的供应,设备的采购和检验发放工作,并及时解决现场急需的设备材料。

(5)对工程材料标识及可追溯性提供操作方法程序,负责对主要材料的标识。

(6)对物资严格管理,以免造成物资流失,避免遭受人为损坏,物资供应计划为日历时月,主要物资提前提出供应计划。

(7)防止不合格产品进入施工现场。

(8)负责起草项目经理部工具、生活用具、用品管理制度,规范领用手续,起草本部门各个岗位的职责。

(9)负责项目生活用品的配备,做好项目生活物资管理工作,定期向财务部门提供成本核算资料。

(四)质量安全部

质量安全部由总工程师直接领导,负责整个项目建设过程的质量管理工作、安全生产和维护服务工作,向项目经理部负责。

制订质量管理体系以及质量管理程序,主持项目质量管理和质量保证体系的日常工作。

监督各系统质量控制制度的实施,组织各系统工程质量负责人对工程实施情况进行质量考核,进行有关工程质量检查及各种原始记录、工程检查证的签字验收工作,对监理工程师指出有关工程质量方面存在的问题提出具体处理意见。协助做好工程成本控制工作。

组织管理工程质量文件,评审各系统质量负责人上报的工程质量统计报表。

负责项目建设全过程的工程质量监督、检查及各工序交接的质量验收工作。

组织工程质量检查及有关工程质量方面的会议。

对由于质检工作疏漏、失职造成的工程质量事故承担责任。

负责本项目的维护服务工作。

三、质量管理情况

(一)质量管理总则

本公司的质量方针是:技术领先、质量优先、打造 ITS 一流企业。

交通机电安装工程是一个涉及多系统、多专业、多工种的项目,各子系统有各自的质量标准和规范,对于这种多系统组合的工程更应重视总体性的质量管理及接口间的质量管理。在质量管理中各系统要符合国家有关标准及部颁标准,并以这些标准来指导工程实施的各个环节的工作。

施工质量管理原则:以质量求生存,以信誉求发展;以优质为目标,以服务为宗旨。工程质量管理和施工质量控制,做到有章可循,有据可查,有人负责,使质量管理体系达到有效运行,工程质量得到有效控制和保证。

(二)项目经理的质量职责

项目经理是公司法人代表在工程项目上的全权委托代理人,是工程项目的质量管理的第一责任人。

建立一个完整的以自检为主的质量控制体系,并在施工中尊重、服从业主和监理工程师的监督指导。

精心组织、精心施工,正确处理质量与进度、质量与效益的辩证关系,不得以进度、效益压质量。

(三)施工人员的质量职责

遵守职业道德,严格按施工图纸、技术规范、技术方案进行施工。

遵守岗位责任制,贯彻执行谁施工谁负责的原则;虚心听取并接受工程监理人员对提高施工质量的改进意见。

(四)质量管理目标

根据国家标准、有关部标及本工程技术规范中的有关规定,本公司对工程制订以下质量管理目标:

(1)安装单位工程合格率达 100%。

(2)安装分项工程优良率达 100%。

(3)系统验收一次完成,全系统工程质量优良。

(五)采购质量控制

根据以往采购设备的经验,设备生产厂家的业绩、信誉和设备运行质量认真选择供货商。向生产厂家了解产品性能、质量资质证书、使用效果、价格等,明确技术要求。采购按设计文件和技术规范的规格数量办理订货。

生产厂家对产品进行技术性能试验或测试,本公司还派人到郑州恒科实业有限公司、郑州汉威电子发展有限公司、河南恒天特种电缆集团有限公司等生产厂对产品进行试验和测试。定购的产品必须附有合格的证书、使用维护说明书等。

产品进场后进行入库验收，发现因运输而变形、损坏或不符合规范要求的产品，速通知供货商来人处理，并要求供货商立即补充发货。

（六）施工过程质量控制

确定并策划直接影响工程质量的施工，安装和服务过程，确保整个施工过程在受控状态下进行。

严格执行业主和监理工程师指定的标准。

严格遵守各项操作规程，确保施工质量。

各专业工程师根据工序特点，制订质量控制方案。

明确工程关键质量控制点，确保关键部位、关键工序、关键过程质量受控。

建立质量管理岗位责任制，经理部根据各部门、各工种的特点，制定质量管理责任制，明确职责范围、工程程序、质量标准、质量目标、规范施工及管理。

认真填写施工记录。

认真对待质量通病，保证质量内外美观，在施工中严格控制各施工环节，保证从设计到施工既符合规范又符合施工实际。

（七）认真执行检验、试验制度

未经检验的设备不得进场。

施工过程中的各工序完工后，必须经质保工程师检查合格后，方可进行下道工序。

加强与业主和监理工程师的联系，认真执行业主和监理工程师的各项指令、要求。

（八）建立纠正和预防措施

发现不合格的工程，立即纠正，确保最终质量合格。

定期对施工过程进行分析、研究，使整个过程在受控状态下进行，及时发现、分析并消除不合格因素和潜在因素。

（九）其他质量管理措施

自收到中标文件通知后，本公司组织项目经理部全体人员对招标文件、技术规范、初步设计与施工设计图纸进行深入学习，详细讨论，做好相关纪录。

请业主、设计单位对初设、施设图纸的要求进行交底，使全体人员做到心中有数。

为了避免不必要的返工，施工图纸若有重大更改或变动，在取得业主、设计单位的书面签认后，再继续施工。

按照图纸会审的意见进行各项的准备工作。

施工前对施工人员进行技术交底和技术培训，使他们具有质量意识。

工程中使用的设备仪器仪表按规定定期送检，保持良好的工作状态。

电缆埋管、托架安装、敷设排列、接头接线及固定做到整齐美观、固定牢固、挂牌齐全、字迹清晰、盘柜底部封堵良好，防火阻燃符合设计要求。

对设备、电缆按系统编号，名称准确、清晰。

开工前施工单位进行现场查勘，办理有关安全施工环境保护等手续。

及时组织隐蔽工程的检验和签证工作，做好隐蔽工程施工记录，必要时绘制隐蔽工程图。

本合同无分包。

四、施工进度控制

（一）工程项目施工进度编制

工程项目在开工后，在项目经理的主持下，各部门召开联合办公会议，根据合同段的工期及项目总工期的要求,在工程开工一个星期内编制完成施工总体计划,为今后整个项目施工期间的进度控制依据。项目施工总体计划的编制,采用横道图的形式,并报业主、监理代表处批准。

根据业主、监理批准的施工总计划,结合实际施工情况编制分项工程施工计划,报监理代表处审批。

(二)进度保证措施

(1)针对本工程的要求,做出周密的施工计划,对于难点、重点和关键的施工项目,成立攻关小组,确保按期完成施工任务。

(2)根据施工现场的实际情况,合理安排作业面,加强管理,挖掘内部潜力,充分发挥机械效益,施工机械实行换人不换机,确保工序的连续性。

(3)组织好足够的施工机械设备,严格执行"三级保养"制度,使设备处于良好状态。易耗、易损配件库内适量储存,做到随坏随修。

(4)加强与业主、设计、监理以及兄弟单位之间的配合、协作,提前或及时处理好施工中的矛盾和问题,以促进工期的顺利实现。在施工过程中,及时与地方政府,村镇及村民保持沟通,取得他们的支持和理解,从而形成良好的施工环境,促进工程建设的顺利进行。

五、施工安全、环保和文明生产保证措施

(一)安全措施

安全施工定要杜绝死亡事故,消灭重大机械破损事故。

保证措施如下:

(1)坚持贯彻执行国家颁布的《建筑安装工程安全技术规程》和业主制定的有关现场管理及安全规定。

(2)做好现场施工管理工作,材料购件堆放整齐、平稳。

成立安全小组,制订安全措施:

(1)成立一个以项目部管理人员为主的安全小组,并组织制订一系列安全措施。

(2)对机械人员及操作手工人进行操作规范及施工工艺的教育,使工作细入、标准、规范。

(二)环保措施

我们在开工前编制详细的环境保护计划,计划内容包括辨别哪些方面对环境造成明显影响、危险性预测、在施工中采取的环保措施、监测手段、建立有效的管理体系、明确责任制、执行环保标准等内容,环保计划经过有关部门批准后方才开工。

爱护施工现场植被,如确因工程施工需损坏绿地、花木等,将事先与业主或监理工程师协商,征得同意。如造成较大面积植被损毁,要达成经济补偿协议或植被恢复协议。

油脂油膏、添加剂等化工材料妥善保管、库内存放,防止污染环境。

妥善处理施工废弃物和生活垃圾,不得随意丢弃污染公路沿线。

(三)文明施工措施

为了优质高效地完成本合同段施工任务,特别强调文明施工,加强职工文明意识教育,提高全员职业道德和文明施工意识。其主要措施如下:

(1)根据施工现场实际情况按调查研究后确定的方案及时调整施工现场平面布置图,使其真正科学合理。

(2)要做到自产自清、日产日清、工完料净脚下清;施工现场的人、机、物使用不合理,一经发现及时调整;场地施工用料、机具设备,应分类堆放整齐,作业场地清洁干净;场地施工期间不得随意占用道路堆放材料、机具，妨碍交通。临时堆放的材料应及时移走。

(3)充分尊重甲方、设计和监理的意见，认真领会甲方关于工程管理的意图和精神实质，服从安排和协调。

(4)加强环境卫生管理、创造优美、清洁的工作和生活环境，促进精神文明建设，促进施工；广泛进行卫生知识教育和宣传，养成良好的卫生习惯。定期进行驻地环境卫生大扫除，保持良好的生活环境；做好环境卫生，控制污水排放和施工生活垃圾的处理工作，保护好驻地与施工范围内的植物和绿化设施。

(5)进场施工人员一律穿工作服、戴安全帽、持证上岗，管理人员佩戴职务标志。

(6)凡需切割路面进行施工的项目，施工后路面及时恢复良好，以保证行车的畅通。

(7)尊重当地民风民俗，处理好与地方政府的关系。施工中与其他专业和友邻单位做到协调配合。

六、环境保护与节约用地措施

保护环境是为当地人民造福的大事。施工中，加强环保意识，工程完工后不为当地留下任何后患。施工中采取了以下措施：

(1)在全体职工中认真开展组织学习和贯彻《中华人民共和国环境保护法》，结合洛阳市的环境特点，制订规章制度，认真落实环保法规，增强职工环保意识。

(2)为减少环境污染，施工用的粉状材料采用袋装或其他密封方法运输，不得散装散卸，现场存放时，严密覆盖，防止尘埃飞扬。施工产生的垃圾和废弃物质，清理出场。

(3)加强对施工区和生活区的环境卫生管理，清洗施工机械、设备及工具的废水、废油等有害物质以及生活垃圾集中储积处理，禁止乱堆、乱埋、乱流，影响环境卫生。

(4)工程全部完工后，拆除不再使用的临时设施，做到工完料尽、场地清洁。

节约用地方面，采取了以下措施：消防系统高位水池及上山管道施工前，本合同段根据现场实际情况，对高位水池的位置及上下山管道路提出了合理建议，减少了占地面积。

七、施工中新技术、新材料、新工艺的应用情况

追求技术创新，积极应用新技术、新材料、新设备、新工艺和计算机，力求达到施工的标准化、规范化，是实现工程质量提高的保障，也是我们不懈努力的方向。

上秋花印、羊圈及鸭池沟隧道口为桥隧相连，按图纸要求洞口摄像机无法安装，不具备摄像机基础制作位置，故本合同段集思广益，提出在桥护栏上做钢结构基础，并和设计院进行沟通，最终实现了上述隧道洞口4套摄像机的功能。

八、工程款支付情况

工程款全部支付到位，一切劳务、机械、材料等债务纠纷与建设单位无关。

九、施工体会

本项目部始终贯彻执行质量、安全第一的原则，保障作业人员的身心健康。同时，不断改善环境条件，做到文明施工。坚持“质量、安全和环境”一体化管理。同时注重推广和应用先进的施工技术，大力开展科研攻关活动，确保新技术的成功应用。本项目部加强了以项目管理为重点的各项基础管理工作，包括进度管理、质量管理、安全生产和文明施工管理，加强财务管理、合同管理、物资管理和机械设备管理。良好的内部管理有力地保证了工程进度、质量和安全生产，确保了洛栾高速公路机电的整体施工水平。

在四个月的施工中，本单位克服了一切施工困难，前期施工界面少，造成施工滞后，后期在施

工界面提供后本单位高质、高效地完成了合同段的各项施工任务,确保了洛栾高速公路洛阳至嵩县段的顺利收费,得到了建设单位和监理的好评。

其他相关单位的理解、支持和帮助,大家密切配合,分工协作,坚持人本管理,人性化服务,为本合同段如期竣工做出了重要贡献。我们深深感到,只有在大家的理解、支持、配合和帮助下,才能够顺利地完成本合同段的施工,在此,对大家的热情支持和帮助表示最诚挚的感谢。

中铁十三局集团电务工程有限公司

洛栾高速公路洛阳至嵩县段机电工程合同段项目经理部

二〇一六年八月

7. 洛栾高速公路洛阳至嵩县段供配电照明工程 No. 1 合同段施工总结报告

目　　录

洛栾高速公路洛阳至嵩县段供配电照明工程 No.1 合同段施工总结报告

经过周密筹划，科学组织，完成洛栾高速公路通信管道1合同段施工生产。项目部自觉遵守河南嵩阳高速公路有限公司、机电监理代表处关于施工管理的一系列规定，建立健全项目管理的各种制度，使施工有章可循，有法可依。工程的安全、质量、进度、环保有序可控。

一、工程概况

洛栾高速公路洛阳至嵩县段是河南省2010年开工的重点高速公路项目。路线起点K0+000位于洛阳市溢坡村东北侧，北侧连接线洛阳市城市道路孙辛路；终点K61+800位于嵩县城东，后地村东北，接规划嵩县至栾川段高速公路。路线全长约62.699082km。特大桥1111m，大桥13084m/31座，中桥486m/6座（不含分离式桥1030m/16座），涵洞86道，通道29道，隧道两座：姜公庙隧道约长240m，玉皇庙隧道约长780m，设管理分中心1处，路政管理所2处，养护管理所2处，服务区1处，停车区1处，主线收费站1处，匝道收费站3处。

本次申请的验收范围：LSPD.1合同段K0+000~K33+000洛栾高速公路洛阳至嵩县段洛龙收费站、伊川西收费站、梁刘互通式立体交叉供配电照明。

中铁建电气化局集团第一工程有限公司，从接到河南嵩阳高速公路有限公司发来的中标通知书后，立即组建中铁建电气化局集团第一工程有限公司洛嵩段供配电照明工程No.1合同段项目部，并于2012年8月1号进场至2012年12月31日施工完毕止，在河南嵩阳高速公路有限公司和机电监理代表处的直接领导和大力支持下，在项目部全体员工的共同努力奋斗下，保质保量圆满地完成了河南嵩阳高速公路有限公司交给我们的全部施工任务，保证了洛栾高速顺利开通。

二、机构组成

成立中国铁建电气化局集团第一工程有限公司洛阳至栾川高速公路洛阳至嵩县段供配电照明工程No.1合同段工程项目管理机构（图1），细化各项创优目标，落实到各个部门以及专人负责，从项目经理部到施工队伍统一目标，严格执行各项规章制度，共同努力实现创优目标。项目经

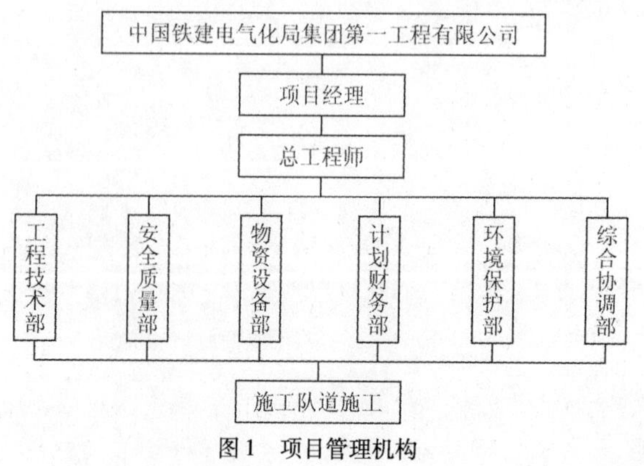

图1 项目管理机构

理部由项目经理、项目总工程师、工程技术部、安全质量部、计划财务部、物资设备部、环境保护部和综合协调部组成。

三、质量管理情况

(一)施工质量控制措施

(1)按照 ISO9002 质量体系要求,建立完善的质量管理体系和质量保证体系,制订创优规划,使每道工序都在严格的质量监控之下进行,实行全面质量管理 。

(2)根据工程项目特点组织精明强干的施工队伍,明确分工,加强协作,注重上道工序与下道工序间的密切配合。

(3)各单项工程、各工种均实行项目负责制和岗位责任制,质量指标直接与施工人员经济挂钩,奖优罚劣、重奖重罚,分部分项工程质量指标均列入奖罚内容。

(4)采取多种形式对项目全员进行质量教育,树立"百年大计,质量第一"的思想,强化项目全员的质量意识,施工前有针对性地进行各工种的技术培训,提高施工人员的操作技能,为创造优质工程创造条件。

(5)运用科学的管理方法和现代化的检测工具,强化工程质量管理,认真执行设计图纸审核制度,并做好施工技术交底工作,使每一个施工人员都能做到心中有数,熟悉本工程的技术要求,做到严格按照设计要求施工,严格按照施工规范作业。

(6)加强试验检测工作,严格检验各种工程材料,严格按照施工配料,确保各部位强度达到设计要求。

(7)做好质量检查工作,项目部和各队设专职质量检查工程师,监督检查工程质量,对每一道工序均进行全面严格的质量检查,实行内部质量上级管理制度,隐蔽工程在业主及监理人员检查签证后方可进行下道工序的施工,确保工程质量。

(8)根据工程特性,提供先进的施工机械和试验仪器,为工程创优夯实基础。

(9)做好样板工程的试点和经验总结工作,用样板领路,全面推广,达到创全优工程的目标。

(二)施工内业资料管理制度

(1)除抓好现场施工管理外,同时也加大对内业资料的管理,严格按照业主和监理要求,做好内业资料的申报、搜集、整理工作,确保资料真实、准确、完整地反映施工的实际情况。

(2)由于本合同段施工战线长,施工点多且零散。因此在施工过程中,项目部技术人员经常到各个施工点进行现场质量检查,如实填写检验资料,真实地反映整个施工检验过程和检验数据的第一手资料。

四、施工进度控制

开工前,项目经理部成立工期领导小组,在施工现场建立工程施工调度室,主要负责工程进度的管理。建立健全目标责任制度、进度检查制度、工期奖惩制度等规章制度,同时与各施工队签订目标责任状。在施工过程中,领导小组根据资源配备的情况,结合公路工程的常规做法和材料机具供应实际,广泛征求技术人员和广大施工人员的意见,合理、可行地安排总体进度计划。另外,根据已完工程的进度快慢、施工人员的增减、业主要求的计划变更等诸多因素,不断调整进度计划,动态监控关键线路的变化,以适时调整人员分配和施工顺序,使施工生产持续有效地按计划正常进行。施工中尽可能采用先进、高效的施工机械和新工艺,提高劳动效率,加快施工进度,保证阶段性工期目标的实现。尽可能采用一些实用的新技术,提高生产效率。周密计划和不断调整工序搭配,避免或尽可能缩短工序之间的间隙时间。

五、施工安全与文明施工情况

施工安全方面,项目部成立安全领导小组,设安全检查长,由项目经理担任组长,安全检查长为副组长，组员由项目部各职能部门负责人组成。各施工队相应成立队安全检查小组，并在各工班设专职安全检查员，坚持经常性的施工安全检查及监督指导。

施工中，坚持正确处理安全与施工生产统一、与施工速度互保、与质量互补、与效益兼顾、与危险并存的关系。坚持预防为主、综合考虑的原则，坚持安全与生产同步进行的原则，坚持全员、全过程、全方位和全天候的"四全"动态管理原则，坚持安全管理具有明确目的性的原则。在各级明确安全管理范围，组织职工学习有关劳动保护的政策、条例、规程和制度，规范操作。采取得当安全管理措施，落实安全责任，实施责任管理，建立各级人员的安全责任制度，明确相应的安全责任，定期检查落实情况。

文明施工方面，我单位采取了以下几点措施：

(1)建立健全各项规章制度，工地现场悬挂文明施工标牌条幅、张贴宣传标语，采用多种形式向项目全员进行文明施工教育，提高全员文明施工意识。

(2)现场布置统一建临时房屋，统一室内配备、布置，统一现场标识。

(3)施工场地、便道、各种材料、机具等布置、堆放、停置有序，并进行标识，做好文明施工。

(4)教育全体员工遵纪守法、行为规范、文明施工，争创文明工地。

(5)遵守当地居民的生活习惯和民族风俗，处理好施工队伍与当地政府、人民群众的关系。

六、环境保护管理

保护环境是为当地人民，为子孙后代造福的大事。施工中，加强环保意识，工程完工后不为当地留下任何后患。施工中采取了以下措施：

(1)全体职工中认真开展组织学习和贯彻《中华人民共和国环境保护法》，结合洛栾高速公路洛阳至嵩县段的环境特点，制订规章制度，认真落实环保法规，增强职工环保意识。

(2)为减少环境污染，施工用的粉状材料采用袋装或其他密封方法运输，不得散装散卸，现场存放时，严密覆盖，防止尘埃飞扬。施工产生的垃圾和废弃物质，清理出场。施工运输道路，经常洒水除尘。

(3)加强对施工区和生活区的环境卫生管理，清洗施工机械、设备及工具的废水、废油等有害物质以及生活垃圾集中储存处理，禁止乱堆、乱埋、乱流，影响环境卫生。

(4)工程全部完工后，拆除不再使用的临时设施，做到工完料尽、场地清洁。

七、施工中新技术、新材料、新工艺的应用情况

为响应国家节能减排的号召，本合同段按图纸设计要求在隧道采用 LED 灯作为应急照明灯具，旧县服务区庭院灯也采用高亮度 LED 灯具。

八、工程款支付情况

工程款支付及时，一切劳务、机械、材料等债务纠纷与建设单位无关。

九、施工体会

经过一年的努力，工程如期完成。一个工程要想干好，首先要有建设单位的正确领导，还要有设计单位、监理单位和地方政府的积极配合。作为施工单位，只有在质量上高标准、严格要求、进度上合理组织、确保合同工期，才能取得预期的收益。

中铁建电气化局集团第一工程有限公司

洛栾高速公路洛阳至嵩县段供配电照明工程 No.1 合同段项目经理部

二〇一六年八月

8. 洛栾高速公路洛阳至嵩县段供配电照明工程 No. 2 合同段施工总结报告

目　　录

洛栾高速公路洛阳至嵩县段供配电照明工程 No.2合同段施工总结报告

河南新豫飞科技照明工程有限公司成立于1997年,是一家集照明规划设计、室内外照明工程施工、照明产品研发及销售为一体的综合性企业。在照明工程设计与施工方面,河南新豫飞有着骄人的业绩,已成功打造了数百个河南省重点工程项目。

在2012年8月与河南嵩阳高速公路有限公司签订洛栾高速公路洛阳至嵩县段供配电照明工程施工合同,公司正式组建了洛栾高速公路洛嵩段LSPD.2合同段项目经理部。

项目经理部的主要职责是按合同条款、招标文件、设计图纸和相关文件负责实施本合同机电工程的管理、工程组织和工程实施以及相关的一切服务,就此项目部对岗位人员严格规定了各自的岗位和职责,以保证工程优质、安全、顺利地完成。

本合同于2012年8月进场施工,至2012年12月完成施工,工期4个月。

一、工程概况

(一)工程起讫地点

本工程为古城收费站、嵩县收费站、互通立体交叉、服务区、隧道等服务设施配电照明(LSPD.2合同段)。本工程所处地点在洛阳、伊川、嵩县。

(二)工程造价

中标合同价格为15253710.00元,包括供配电、照明。工程最终造价以工程竣工决算价格确定。

(三)工程规模

古城收费站变配电站供电照明工程施工内容包括:5面低压成套柜安装调试,2面高压配电柜安装调试,一台干式变压器安装调试,一套柴油发电机安装调试,2基高杆灯安装调试,8套中杆灯安装调试,10套庭院灯安装调试,3套球场灯安装调试,218m高压电缆敷设,用于高杆灯、中杆灯、其他配电设施供电的2600m电力电缆敷设及人、手孔制作。

嵩县收费站变配电站供电照明工程施工内容包括:5面低压成套柜安装调试,2面高压配电柜安装调试,一台干式变压器安装调试,一套柴油发电机安装调试,2基高杆灯安装调试,8套中杆灯安装调试,11套庭院灯安装调试,58m高压电缆敷设,用于高杆灯、中杆灯、其他配电设施供电的2900m电力电缆敷设及人、手孔制作;陆浑服务区变配电站供电照明工程施工内容包括:一台80kV·A箱式变压器安装调试,11面低压成套柜安装调试,4面高压配电柜安装调试,2台干式变压器安装调试,2套柴油发电机安装调试,3基高杆灯安装调试,1570m高压电缆敷设,用于高杆灯、其他配电设施供电的7300m电力电缆敷设及人、手孔制作。

姜公庙隧道照明供电系统工程包括:8面低压成套柜安装调试,4面高压配电柜安装调试,640套高压钠灯安装调试,101套LED灯安装调试,10套引道灯安装调试,10500m低压电力电缆敷设,100m高压电力电缆敷设,以及敷设电缆所用保护管安装等。玉皇庙隧道照明供电系统工程包括:一台160kV·A箱式变压器安装调试,2套EPS电源安装调试,一套柴油发电机安装调试,2 台照明控制箱安装调试,14 台照明配电箱安装调试,712 套高压钠灯安装调试,359 套 LED 灯安装调试,12 套荧光灯安装调试,10 套引道灯安装调试,27300m 低压电力电缆敷设,40m 高压电力电缆敷设,以及敷设电缆所用保护管安装等。

(四)关键工程概况

本合同段为供电照明总承包合同,按交钥匙工程进行,工程提供包括设计、供货、运输、交付、安装、开通、测试、试运转、培训、文件和两年免费缺陷责任期等全套服务。

完成主要工程量如下:

1. 供配电设施

本工程配电设施主要包括古城、嵩县收费站、陆浑服务区 3 个供电区。四处变电房,共 4 台变压器、4 套柴油发电机、8 套高压(10kV)配电系统、21 套低压配电设备、全线各种供电线缆 14.7km。

收费站供配电主要为高杆灯、中杆灯、综合楼相关设备以及其他机电设备供电。其中综合楼监控中心、收费大棚等为一级负荷,高杆灯、中杆灯照明及综合楼附属设施为二级负荷;一级负荷采用双电源供电。配电设施的主要设备包括电力变压器、电缆、高压开关柜、低压配电屏、柴油发电机等配电设施。

本工程进线电源电压采用 10kV 等级,10kV 进线采用专网专供 10kV 电源。

2. 照明设施

本工程照明设施主要包括古城、嵩县 4 基高杆灯照明、收费区域 8 套低杆灯照明,陆浑服务区 3 基高杆灯照明。照明控制按照白天、夜晚光线强弱不同分时段分路控制。

3. 亮化设施

本工程姜公庙、玉皇庙亮化设施主要包括一台 80kV·A 箱式变压器安装调试,一台 160kV·A 箱式变压器安装调试,20 套照明配电箱安装,1352 套高压钠灯安装调试,460 套 LED 灯安装调试,12 套荧光灯安装调试,10 套引道灯安装调试等。按照节假日及特殊情况要求,可分时段控制。

(五)施工任务完成情况

1. 招投标情况

工程的设计由河南省交通勘察设计院有限责任公司承担,2012 年 6 月开始招标进行资格预审,我公司通过资格预审并于 2012 年 6 月 26 日参加招、投标过程中标,河南嵩阳高速公路有限公司 2012 年 7 月 30 日颁发中标通知书,2012 年 8 月河南新豫飞科技照明工程有限公司与河南嵩阳高速公路有限公司签订工程施工合同,合同价格为 15253710.00 元。工程监理单位是河南省豫通公路工程监理事务所。

2. 开工竣工日期

2012 年 8 月 27 日监理正式下开工令,工程于 2012 年 8 月 30 日正式开工,2012 年 12 月 31 日完工。

3. 执行合同情况

我公司严格按照招标文件和国家有关技术规范的要求进行施工,在施工过程中,严把质量关,遇到问题时及时与驻地监理、设计院共同研究解决,完成了联合设计文件,完工后立即对管理单位的上岗人员进行了培训。

二、机构组成

项目经理部管理人员及组织机构分别见表 1 和图 1。

LSPD.2 合同段项目部管理人员表 表1

序　号	人　　员	职　　务	性　别
1	李松林　工程师	项目经理	男
2	康学成　工程师	总工程师	男
3	张治　　工程师	合同管理	男
4	曹峻峰　工程师	供电、照明负责人	男
5	陈斌　　工程师	亮化工程负责人	男
6	王铁柱　工程师	安全负责人	男

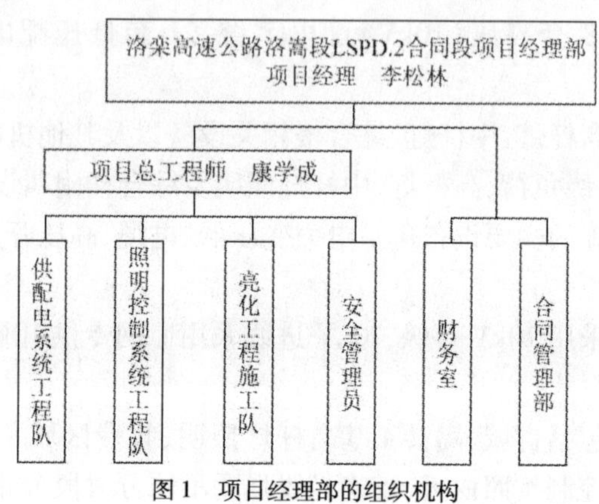

图1　项目经理部的组织机构

三、质量管理情况

（一）质量管理机构

本工程建立以项目经理主要负责、由各分系统负责人和各作业队及质量管理工程师组成的质量管理体系，日常工作由质量管理工程师负责，协助项目经理保质、按期、顺利地完成本项工程。

（二）质量保证措施

1. 设备采购质量控制

根据以往采购设备的经验、供货商的业绩和信誉、设备运行质量认真选择供货单位。

对于关键设备，对生产过程进行严格的监造。设备出厂前及运到现场后按照合同文件的要求，进行严格的测试确保质量。

2. 施工过程质量控制

确定并规划直接影响工程质量的施工、安装和服务过程，确保整个施工过程在受控状态下进行。

严格执行业主和监理工程师制定的工程施工标准。严格遵守各项操作方法和规程，确保施工质量。

分工序制订控制方案，质量工程师必须根据各工序的特点，制订各主要工序质量控制方案。做好施工记录，记录安装数据；做好调试工作，记录调试数据。及时做好图纸修改工作与竣工资料的存档工作。

建立施工联系单制度，以确保工程质量。

3. 质量检验制度

未检验的设备不得进场。

加强工程三阶段的质量管理工作。

4. 质量保证预防及纠正措施

(1)发现不合格的工程,立即纠正,确保最终质量合格。

(2)定期对施工过程进行分析研究,使整个过程在受控状态下进行,及时发现、分析并消除不合格因素。

开工检验:检查开工的工程设计文件、施工图纸是否经过核对,施工组织设计及各级技术交底工作是否已进行,施工场地及材料到货是否满足开工要求。

施工中检查:施工过程中的各工序完工后,必须经质量工程师及监理工程师确认后,方可进行下道工序。特别是隐蔽工程,没有监理工程师确认,不得回填,并应报送有关资料。

完工调试:按有关规范、标准和交通运输部质量验收标准的要求检验设备运转是否正常,竣工文件编制是否完成。

(三)施工技术管理

1. 施工图的自审和会审

施工图是安装工程施工的主要依据,按图施工是施工企业的施工准则,但未经会审的图纸经常会出现各种缺陷,引起工程局部返工,从而造成业主不必要的经济损失。所以本着对业主负责的态度,利用技术责任制由总工程师全面负责项目经理部的技术工作,组织图纸交底和技术交底。加强二次设计对施工图的补充完善和提高,加强施工图的自审和会审。经过施工图的自审和会审,可以做到对施工难点、要点心中有数,也可为技术人员进行工程管理和技术工作做好充分准备。

2. 分专业自审

由工程师组织各专业施工员及班组长,对各专业图纸进行阅图和理解,将平面图和系统图进行对照,记录本专业存在的问题,然后深入各专业的安装详图,确定其是否符合规范,是否存在缺陷、矛盾和遗留问题,并对照工程量是否相符。最后把各专业发现的问题归纳汇总,经总工程师审查确认。

3. 施工图交底

施工图经过自审后,在施工前,参加由业主组织设计单位、监理单位及各施工单位进行的集中施工图交底,对各自发现的问题和合理化建议及有关技术问题进行详细讨论,确定解决方案。本工程的施工还要特别重视与土建技术人员核对预埋预留、设备基础等具体情况,发现问题要尽早解决,以免造成工程的延误和投资的增加。

4. 联合设计

高速公路机电工程是近几年发展起来的新兴技术领域,为确保业主对工程的要求得以实现,这就要求施工单位对施工图在自审、会审的基础上进行二次设计和设计优化,以深化施工图的设计深度。

二次设计和设计优化工作的优劣将直接影响供配电设备功能的实现,给今后的运行产生深远的影响。因此我们高度重视施工图二次设计和设计优化工作,将组织具有丰富设计和实践经验的高级技术人员来完成此项工作,确保设计方案的可行性和技术上的先进性。

项目部组织人员对招标文件和图纸进行研究,在业主代表及驻地监理的协助下,项目部根据现场实际情况,对原设计文件进行了优化和完善。并于2007年6月提交了联合设计文件。

5. 做好技术交底

利用图、表和文字形式在工程具体施工前,由施工技术管理人员对施工内容、重点部位、操作要点、施工方法、质量要求等进行指导与明确,以利于施工人员能保质保量顺利施工。

现场施工工人的劳动产品是构成工程的基本元素,也是优化的施工技术水平的具体体现。

故技术交底是否到位，施工意图是否明确，对施工质量的好坏及确保优良工程有很大的影响。

在施工技术管理过程中，技术交底不仅是班组长对现场施工工人的交底，也包括对技术负责人对施工员、施工员对班组长的交底，具有多层次性、反馈性和可调整性。

(1)技术负责人的交底

技术负责人按照会审后的施工图、施工验收规范、质量检验评定标准、施工组织设计、施工计划及现场情况向各专业施工员进行施工重点、要点、连接点及原则性问题交底，并对施工员的反馈负责指导和处理。

(2)施工员的交底

施工员依据技术负责人交底及现场情况向各班组长进行交底，具体分析施工内容、质量要求、实际操作要点、控制点的设置，并对班组长的反馈负责指导与处理。

(3)班组长的交底

班组长根据施工员交底及现场情况向现场施工工人进行具体操作、工序细节、正次品界限等实际工作进行交底，并对工人的反馈意见负责指导、解释与处理。

(4)技术资料与施工进度的同步

项目经理部对施工过程的文件和资料进行全面管理，认真填写各种原始记录、资料和质量验收表格，经各方签证后存档作为竣工验收档案，资料的整理做到与施工进度同步。

四、施工进度控制

按业主代表要求，初步定于2012年10月31日前完工，根据业主其他合同段施工情况，听从业主统一安排进行适当调整。

在施工过程中，由于主要设备安装在都互通区域及配电房内，施工区域比较分散，而且与其他合同段的交叉施工较多在这种情况下，合理安排施工非常重要。项目部制定了如下措施。

(一)分专业安装进度计划

根据本工程的具体特点，在施工力量分配上将组织四个专业施工班组，分工合作，统一调配。

(1)设备安装一班：负责供配电部分设备安装及电力管道安装，电缆敷设。

(2)设备安装二班：负责高、中杆灯的安装。

(3)基础制作班组：负责高、中杆灯基坑开挖、电缆沟开挖及浇筑和防雷接地的制作。

(4)亮化工程设备安装班组：负责亮化工程灯具安装、灯杆基础制作、电缆沟开挖及浇筑和防雷接地的制作。

(二)施工进度周计划的编制

由于本工程工期短、要求高、战线长，为了尽量减少施工进度受其他各种外部因素影响，确保工程进度计划的实现，必须制定一种对施工总进度计划进行有效调整及维护的方案，即推行机电工程安装施工进度周计划。

施工进度周计划由专业施工员在每周末编制各专业“下周计划”，计划内容详细到每个工作面、每个系统、每个施工点，并在周末与总进度计划作比较。施工进度周计划的编制过程是发动群众、统一思想、统一目标、统一行动的过程，其最重要的是落实执行，实现进度总目标。具体施工进度周计划在工程实施过程中编制。

(三)施工进度计划的控制

施工进度计划的控制是根据计划文件、工程进度、工程控制图表等，利用统计分析手段、调查研究等方法，来获得与进度计划完成情况有关的各种因素，制订相应的措施和对策。

项目经理部内进行计划动员，把计划变成职工的自觉行动。同时推行承包责任制，把计划进度的执行情况与部门、专业、班组、个人的经济利益挂钩，在一线班组，以定额为依据，全面推行定额计件工资制。

充分利用网络技术，精心组织交叉施工。根据施工作业面时间空间上的可能组织立体交叉作业，并合理确立各专业工序的先后次序和协调一致。

根据周计划控制分部分项工程进度，每天召开进度计划协调会，及时解决互相配合、场地使用、工序衔接等问题，确保施工的有序进行。

充分发挥我方雄厚技术力量的优势，运用自有的精密机械装备和先进的仪器仪表对设备和系统进行安装过程中的测试，及时发现并解决问题。

各专业及时编制施工方案、做好工艺排列措施、杜绝各种因施工内部不协调而造成的返工、返修现象。

加强现场管理，保持连续均衡、有序不紊的施工，使人、财、物、场地得到合理有效的使用，充分利用资源，建立文明施工秩序。

做好施工现场的巡查，发现问题及时解决，加强过程信息管理和统计分析制度。

五、施工安全与文明施工情况

项目部在施工中实行全员、全方位、全过程安全管理，加强施工设备安全防护和管理，创建安全标准工地，严防各种事故发生，项目部采取了如下管理措施：

(1)工程开工前制定了本工程安全与文明施工目标，事故频率控制在1‰以下，杜绝重大伤亡事故，杜绝行车安全事故，创文明施工标准化工地。

(2)建立了安全领导机构，健全安全保证体系，成立了安全领导小组，由项目经理担任组长，项目总工程师、安全主任担任副组长，各施工队正副队长任成员。

(3)施工时要求施工人员要用滑轮式吊篮，吊篮上端做成下U形挂钩，将吊篮挂在桥护栏上，施工人员站在吊篮内，再系好安全带，把安全带另一端固在吊篮上方，确保施工人员安全和施工自如。

(4)施工时要准备好施工车辆，发电机组，切割机，电焊机及需用的一切材料，施工时最少三个人为一组，互相配合保证施工顺利进行。

(5)施工时，在施工地点放置醒目的安全锥，工人要穿反光衣，头戴安全帽，同时，禁止夜晚在桥外侧安装施工，杜绝疲劳施工。

(6)加强驾驶员安全教育，禁止酒后驾车，在公路上行驶时遵守交通规则，慢速行驶，礼貌行车。

(7)各种机械操作人员和车辆驾驶员，必须有操作合格证，不准将机械设备交给无操作证的人员操作，针对机械操作人员建立个人档案，专人管理。

(8)切实做好安全用电管理，工地用电要由专人负责管理，开关要设漏电保护器，做到经常维修，保持良好状态，每个岗位操作人员均有考试合格的上岗证，并在有电作业的地方设立警告标志。

(9)加强文明施工管理，要求员工时刻注意良好的企业形象，语言文明，礼貌待人，注意搞好与工地相邻单位和居民的关系。

(10)了解当地的民族风俗习惯，尊重当地少数民族风俗。爱护他人财产，保护他人利益不受侵犯。

六、环境保护管理情况

(1)制订施工中环境保护措施，要求施工场地布置合理，紧凑，避免破坏植被，生活区周围做到排水畅通，不积水、积污。周围环境保持原貌，不随意挖坑取土。

(2)对施工现场噪声的防治,要求噪声大的作业在夜晚21点后要停止作业施工,施工人员要精心保养施工机械,保持最佳工作状态和最低噪声。

(3)要求施工队做到每个施工现场完工,达到人走场清,无杂物、无污染。

七、施工中新技术、新材料、新工艺的应用情况

为响应国家节能减排的号召,本合同段按图纸设计要求在隧道采用LED灯作为应急照明灯具,旧县服务区庭院灯也采用高亮度LED灯具。

八、工程款支付情况

工程款支付及时,一切劳务、机械、材料等债务纠纷与建设单位无关。

九、施工体会

本项目从开工以来,有辛苦的汗水,也有成功的喜悦,同时也存在着很多方面的困难,但在项目部领导和全体员工的共同努力下,问题都一一得到了解决,通过该项目的施工使项目部技术人员在施工管理上和业务水平上都得到了显著提高,积累了更丰富施工经验。

经过本项目的施工,我们深刻体会到:

(1)把工程质量放在一切工作的首位,工程质量决定着企业生死存亡的大事,要在工程质量管理上下狠功夫,从而在确保施工安全的前提下提高工程进度。

(2)要提高企业的创新意识,在工程建设上要高标准、高质量、严格要求;向其他优秀企业学习,在工程上要敢于投入,大胆采用新技术、新工艺和新设备,争取创建优质工程。

洛栾高速公路的顺利交工,得益于建设单位、监理单位及各级领导的正确指导,是与业主、监理单位和承包人各方通力合作分不开的,我们能参加这一工程建设,深感荣幸。我们衷心感谢业主及监理对河南新豫飞科技照明工程有限公司的信任和支持,衷心预祝河南高速公路交通事业取得更辉煌的业绩。

河南新豫飞科技照明工程有限公司

洛栾高速公路洛阳至嵩县段供配电照明工程 No. 2 合同段项目经理部

二〇一六年八月

9. 洛栾高速公路洛阳至嵩县段 10kV 线路架设工程 No. 1 合同段施工总结报告

目　　录

洛栾高速公路洛阳至嵩县段10kV线路架设工程 No.1合同段施工总结报告

一、工程概况

本合同段开工时间为2012年8月,完工时间为2012年12月10日,工期4个月。

本合同段位于洛阳市宜阳县与伊川县境内,起于主收费站,止于伊川停车区,全长13991km,主要工程量如下:主收费站、梁柳互通桥10kV线路架设工程,伊川西收费站10kV线路架设工程,伊川县停车区10kV线路架设工程。

二、机构组成

主要人员:项目经理王飞,项目总工程师孔令全,项目副经理刘国群,财务经理李海发。项目经理部下设:工程部、合同部、安全部、质检部、材料部、设备部、协调部、财务部以及后勤部和6个施工作业队。共投入施工技术人员10名、管理人员8名。劳力工正常施工时为80人,高峰期120人。投入的主要机械设备有:10kV耐压试验1台、机动绞磨1台、放线张力车2辆、全自动放线机2台、电阻测试仪1台、汽车式起重机装载机2台、挖掘机2台、推土机2台、起重机1台、电焊机5台、柴油发电机5台、电焊机5台。

管理机构设置见图1。

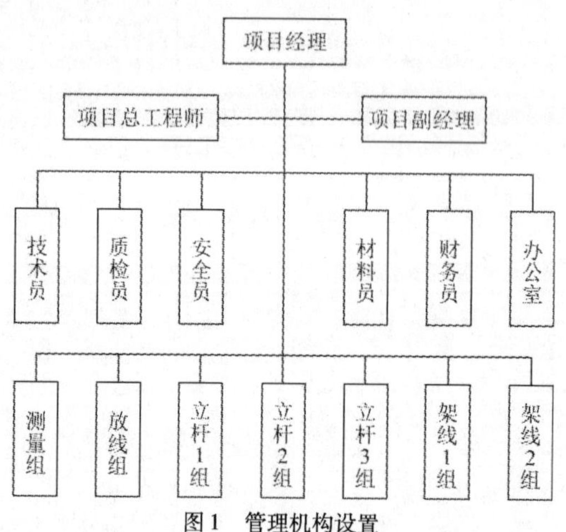

图1 管理机构设置

三、质量管理情况

(一)质量控制措施

我单位在工程施工中对工程项目实行质量目标管理,使工程质量达到一次验交合格率100%,优良率98%以上,具体实施中有以下控制措施:

(1)按照ISO9002质量体系要求,建立完善的质量管理体系和质量保证体系,制定创优规划,使每道工序都在严格的质量监控之下进行,实行全面质量管理。

(2)根据工程项目特点组织精明强干的施工队伍，明确分工，加强协作，注重上道工序与下道工序间的密切配合。

(3)各单项工程、各工种均实行项目负责制和岗位责任制，质量指标直接与施工人员经济挂钩，奖优罚劣，重奖重罚，分部分项工程质量指标均列入奖罚内容。

(4)采取多种形式对项目全员进行质量教育，树立"百年大计，质量第一"的思想，强化项目全员的质量意识，施工前有针对性地进行各工种的技术培训，提高施工人员的操作技能，为创造优质工程创造条件。

(5)运用科学的管理方法和现代化的检测工具，强化工程质量管理，认真执行设计图纸审核制度，并做好施工技术交底工作，使每一个施工人员都能做到心中有数，熟悉本工程的技术要求，做到严格按照设计要求施工，严格按照施工规范作业。

(6)加强试验检测工作，严格检验各种工程材料，严格按照施工配料，确保各部位强度达到设计要求。

(7)做好质量检查工作，项目部和各队设专职质量检查工程师，监督检查工程质量，对每一道工序均进行全面严格的质量检查，实行内部质量上级管理制度，隐蔽工程在业主及监理人员检查签证后方可进行下道工序的施工，确保工程质量。

(8)根据工程特性，提供先进的施工机械和试验仪器，为工程创优夯实基础。

(9)做好样板工程的试点和经验总结工作，用样板领路，全面推广，达到创造全优工程的目标。

(二)施工中工程质量自检情况及工程质量问题的处理情况

我单位在施工中对工程质量严格按照自检制度进行操作，先由施工队操作工人自检和工班自检，队级质检员检验，经检合格后，上报项目部质检工程师，项目部质检工程师再进行检验，工程质量得到确认后报验监理工程师。上下工序之间还要进行交接检验，上道工序不合格下道工序不接收，上道工序的质量事故隐患决不留给下道工序。

同时，项目经理部每月组织一次质量大检查，并进行质量评定，作为当月验工计价的依据。质量大检查以检查工程质量为主，同时检查质量管理工作，查看各项规章制度落实情况。对检查中发现的质量问题，检查组根据实际情况及时提出改进措施，限期改正，并进行复查。质量大检查后，检查组汇总检查情况，在工程会上进行通报，奖优罚劣，以示激励。

对施工中发现的工程质量问题，我单位坚决处理到底，决不留质量隐患，在哪发现问题，就从哪进行处理，不留一点后患，从而保证了工程质量。

(三)对完工质量的评价

经过4个月的昼夜不断地努力，工程终于完工。对于完工质量，通过单位、分部、分项工程质量评定汇总得分为98分，总体工程质量达到优良。

四、施工进度控制

开工前，项目经理部成立工期领导小组，在施工现场建立工程施工调度室，主要负责工程进度的管理。建立健全目标责任制度、进度检查制度、工期奖惩制度等规章制度，同时与各施工队签订目标责任状。在施工过程中，领导小组根据资源配备的情况，结合公路工程的常规做法和材料机具供应实际，广泛征求技术人员和广大施工人员的意见，合理、可行地安排总体进度计划。另外，根据已完工程的进度快慢、施工人员的增减、业主要求的计划变更等诸多因素，不断调整进度计划，动态监控关键线路的变化，以适时调整人员分配和施工顺序，使施工生产持续有效地按计划正常进行。施工中尽可能采用先进、高效的施工机械和新工艺，提高劳动效率，加快施工进度，保证阶段性工期目标的实现。尽可能采用一些实用的新技术，提高生产效率。周密计划和不断调整工序搭配，避免或尽可能缩短工序之间的间隙时间。由于采取了多项行之有效的措施，本合同段在洛嵩段机电工程中率先完成施工任务。

五、施工安全与文明施工情况

施工安全方面，项目部成立安全领导小组，设安全部长，由项目经理担任组长，安全部长为副组长，组员由项目部各职能部门负责人组成。各施工队相应成立队安全检查小组，并在各工班设专职安全检查员，坚持经常性的施工安全检查及监督指导。

施工中，坚持正确处理安全与施工生产统一、与施工速度互保、与质量互补、与效益兼顾、与危险并存的关系。坚持预防为主、综合考虑的原则，坚持安全与生产同步进行的原则，坚持全员、全过程、全方位和全天候的"四全"动态管理原则，坚持安全管理具有明确目的性的原则。在各级明确安全管理范围，组织职工学习有关劳动保护的政策、条例、规程和制度，规范操作。采取得当安全管理措施，落实安全责任，实施责任管理，建立各级人员的安全责任制度，明确相应的安全责任，定期检查落实情况。

文明施工方面，我单位采取了以下几点措施：

(1)建立健全各项规章制度，工地现场悬挂文明施工标牌条幅、张贴宣传标语，采用多种形式向项目全员进行文明施工教育，提高全员文明施工意识。

(2)现场布置统一建临时房屋，统一室内配备、布置，统一现场标识。

(3)施工场地、便道、各种材料、机具等布置、堆放、停置有序，并进行标识，做好文明施工。

(4)教育全体员工遵纪守法、行为规范、文明施工，争创文明工地。

(5)遵守当地居民的生活习惯和民族风俗，处理好施工队伍与当地政府、人民群众的关系。

六、环境保护与节约用地措施

保护环境是为当地人民造福的大事。施工中，加强环保意识，工程完工后不为当地留下任何后患。施工中采取了以下措施：

(1)在全体职工中认真开展组织学习和贯彻《中华人民共和国环境保护法》，结合洛阳市的环境特点，制订规章制度，认真落实环保法规，增强职工环保意识。

(2)为减少环境污染，施工用的粉状材料采用袋装或其他密封方法运输，不得散装散卸，现场存放时，严密覆盖，防止尘埃飞扬。施工产生的垃圾和废弃物质清理出场。施工运输道路经常洒水除尘。

(3)加强对施工区和生活区的环境卫生管理，清洗施工机械、设备及工具的废水、废油等有害物质以及生活垃圾集中储存处理，禁止乱堆、乱埋、乱流，影响环境卫生。

(4)工程全部完工后，拆除不再使用的临时设施，做到工完料尽、场地清洁。

七、施工中新技术、新材料、新工艺的应用情况

为响应国家节能减排的号召，本合同段按图纸设计要求在晚上采用 LED 灯作为应急照明灯具，主收费站材料库庭院灯也采用高亮度 LED 灯具。

八、工程款支付情况

工程款支付及时，一切劳务、机械、材料等债务纠纷与建设单位无关。

九、施工体会

经过近一年的努力，工程全部完成。一个工程要想干好，首先要有建设单位的正确领导，还要有设计单位、监理单位和地方政府的积极监督与配合。作为建设单位，首先要保证建设资金的及时到位、工程款的及时拨付,合同工期要根据实际情况及时调整,工程变更要及时处理,竣工资料的编制要在开工之初明确和统一。作为施工单位,只有在质量上高标准、严格要求,进度上合理组织、确保合同工期,才能取得预期的收益。

栾川县恒源电力有限责任公司

洛栾高速公路洛阳至嵩县段 10kV 线路架设工程 No. 1 合同段项目经理部

二〇一六年八月

10. 洛栾高速公路洛阳至嵩县段10kV线路架设工程No. 2合同段施工总结报告

目　录

洛栾高速公路洛阳至嵩县段10kV线路架设工程 No.2合同段施工总结报告

一、工程概况

本合同段开工时间为2012年8月，完工时间为2012年12月10日，工期4个月。

本合同段位于洛阳市嵩县境内，起于古城收费站，止于嵩县收费站，全长39km，主要工程量如下：古城收费站10kV线路架设工程，陆浑服务区10kV线路架设工程，嵩县收费站10kV线路架设工程，姜公庙10kV线路架设工程。

二、机构组成

主要人员：项目经理刘济朝，项目总工程师戴瑞钢，项目副经理周徐胜，财务经理赵静泓。项目经理部下设：工程部、合同部、安全部、质检部、材料部、设备部、协调部、财务部以及后勤部和6个施工作业队。共投入施工技术人员10名、管理人员8名。劳力工正常施工时为100人，高峰期200人。投入的主要机械设备有：10kV耐压试验2台、机动绞磨2台、放线张力车2辆、全自动放线机2台、电阻测试仪2台、汽车式起重机装载机1台、挖掘机1台、推土机1台、起重机1台、电焊机5台、柴油发电机10台、电焊机5台。

管理机构设置见图1。

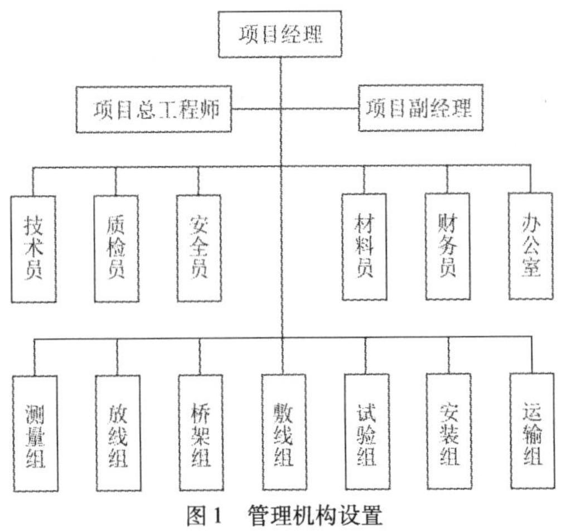

图1　管理机构设置

三、质量管理情况

（一）质量控制措施

我单位在工程施工中对工程项目实行质量目标管理，使工程质量达到一次验交合格率100%，优良率98%以上，具体实施中有以下控制措施：

（1）按照ISO9002质量体系要求，建立完善的质量管理体系和质量保证体系，制定创优规划，使每道工序都在严格的质量监控之下进行，实行全面质量管理。

(2)根据工程项目特点组织精明强干的施工队伍,明确分工,加强协作,注重上道工序与下道工序间的密切配合。

(3)各单项工程、各工种均实行项目负责制和岗位责任制,质量指标直接与施工人员经济挂钩,奖优罚劣,重奖重罚,分部分项工程质量指标均列入奖罚内容。

(4)采取多种形式对项目全员进行质量教育,树立"百年大计,质量第一"的思想,强化项目全员的质量意识,施工前有针对性地进行各工种的技术培训,提高施工人员的操作技能,为创优质工程创造条件。

(5)运用科学的管理方法和现代化的检测工具,强化工程质量管理,认真执行设计图纸审核制度,并做好施工技术交底工作,使每一个施工人员都能做到心中有数,熟悉本工程的技术要求,做到严格按照设计要求施工,严格按照施工规范作业。

(6)加强试验检测工作,严格检验各种工程材料,严格按照施工配料,确保各部位强度达到设计要求。

(7)做好质量检查工作,项目部和各队设专职质量检查工程师,监督检查工程质量,对每一道工序均进行全面严格的质量检查,实行内部质量上级管理制度,隐蔽工程在业主及监理人员检查签证后方可进行下道工序的施工,确保工程质量。

(8)根据工程特性,提供先进的施工机械和试验仪器,为工程创优夯实基础。

(9)做好样板工程的试点和经验总结工作,用样板领路,全面推广,达到创造全优工程的目标。

(二)施工中工程质量自检情况及工程质量问题的处理情况

我单位在施工中对工程质量严格按照自检制度进行操作,先由施工队操作工人自检和工班自检,队级质检员检验,经检合格后,上报项目部质检工程师,项目部质检工程师再进行检验,工程质量得到确认后报验监理工程师。上下工序之间还要进行交接检验,上道工序不合格下道工序不接收,上道工序的质量事故隐患决不留给下道工序。

同时,项目经理部每月组织一次质量大检查,并进行质量评定,作为当月验工计价的依据。质量大检查以检查工程质量为主,同时检查质量管理工作,查看各项规章制度落实情况。对检查中发现的质量问题,检查组根据实际情况及时提出改进措施,限期改正,并进行复查。质量大检查后,检查组汇总检查情况,在工程会上进行通报,奖优罚劣,以示激励。

对施工中发现的工程质量问题,我单位坚决处理到底,决不留质量隐患,在哪发现问题,就从哪进行处理,不留一点后患,从而保证了工程质量。

(三)对完工质量的评价

经过3个月的昼夜不断地努力,工程终于完工。对于完工质量,通过单位、分部、分项工程质量评定汇总得分为98分,总体工程质量达到优良。

四、施工进度控制

开工前,项目经理部成立工期领导小组,在施工现场建立工程施工调度室,主要负责工程进度的管理。建立健全目标责任制度、进度检查制度、工期奖惩制度等规章制度,同时与各施工队签订目标责任状。在施工过程中,领导小组根据资源配备的情况,结合公路工程的常规做法和材料机具供应实际,广泛征求技术人员和广大施工人员的意见,合理、可行地安排总体进度计划。另外,根据已完工程的进度快慢、施工人员的增减、业主要求的计划变更等诸多因素,不断调整进度计划,动态监控关键线路的变化,以适时调整人员分配和施工顺序,使施工生产持续有效地按计划正常进行。施工中尽可能采用先进、高效的施工机械和新工艺,提高劳动效率,加快施工进度,保证阶段性工期目标的实现。尽可能采用一些实用的新技术,提高生产效率。周密计划和不断调整工序搭配，避免或尽可能缩短工序之间的间隙时间。由于采取了多项行之有效的措施，本合同段在嵩栾段机电工程中率先完成施工任务，并获得业主的15万元奖励。

五、施工安全与文明施工情况

施工安全方面，项目部成立安全领导小组，设安全部长，由项目经理担任组长，安全部长为副组长，组员由项目部各职能部门负责人组成。各施工队相应成立队安全检查小组，并在各工班设专职安全检查员，坚持经常性的施工安全检查及监督指导。

施工中，坚持正确处理安全与施工生产统一、与施工速度互保、与质量互补、与效益兼顾、与危险并存的关系。坚持预防为主、综合考虑的原则，坚持安全与生产同步进行的原则，坚持全员、全过程、全方位和全天候的"四全"动态管理原则，坚持安全管理具有明确目的性的原则。在各级明确安全管理范围，组织职工学习有关劳动保护的政策、条例、规程和制度，规范操作。采取得当安全管理措施，落实安全责任，实施责任管理，建立各级人员的安全责任制度，明确相应的安全责任，定期检查落实情况。

文明施工方面，我单位采取了以下几点措施：

(1)建立健全各项规章制度，工地现场悬挂文明施工标牌条幅、张贴宣传标语，采用多种形式向项目全员进行文明施工教育，提高全员文明施工意识。

(2)现场布置统一建临时房屋，统一室内配备、布置，统一现场标识。

(3)施工场地、便道、各种材料、机具等布置、堆放、停置有序，并进行标识，做好文明施工。

(4)教育全体员工遵纪守法、行为规范、文明施工，争创文明工地。

(5)遵守当地居民的生活习惯和民族风俗，处理好施工队伍与当地政府、人民群众的关系。

六、环境保护与节约用地措施

保护环境是为当地人民造福的大事。施工中，我们加强环保意识，工程完工后不为当地留下任何后患。施工中我们采取了以下措施：

(1)在全体职工中认真开展组织学习和贯彻《中华人民共和国环境保护法》，结合洛阳市的环境特点，制订规章制度，认真落实环保法规，增强职工环保意识。

(2)为减少环境污染，施工用的粉状材料采用袋装或其他密封方法运输，不得散装散卸，现场存放时，严密覆盖，防止尘埃飞扬。施工产生的垃圾和废弃物质清理出场。施工运输道路经常洒水除尘。

(3)加强对施工区和生活区的环境卫生管理，清洗施工机械、设备及工具的废水、废油等有害物质以及生活垃圾集中储存处理，禁止乱堆、乱埋、乱流，影响环境卫生。

(4)工程全部完工后，拆除不再使用的临时设施，做到工完料尽、场地清洁。

七、施工中新技术、新材料、新工艺的应用情况

为响应国家节能减排的号召，本合同段按图纸设计要求在隧道采用LED灯作为应急照明灯具，旧县服务区庭院灯也采用高亮度LED灯具。

八、工程款支付情况

工程款支付及时，一切劳务、机械、材料等债务纠纷与建设单位无关。

九、施工体会

经过近一年的努力，工程全部完成。一个工程要想干好，首先要有建设单位的正确领导，还要有设计单位、监理单位和地方政府的积极监督与配合。作为建设单位，首先要保证建设资金的

及时到位、工程款的及时拨付，合同工期要根据实际情况及时调整，工程变更要及时处理，竣工资料的编制要在开工之初明确和统一。作为施工单位，只有在质量上高标准、严格要求，进度上合理组织、确保合同工期，才能取得预期的收益。

河南黎阳建设有限公司

洛栾高速公路洛阳至嵩县段 10kV 线路架设工程 No. 2 合同段项目经理部

二〇一六年八月

11. 洛栾高速公路洛阳至嵩县段绿化工程 No. 1 合同段施工总结报告

目　　录

洛栾高速公路洛阳至嵩县段绿化工程 No.1 合同段施工总结报告

一、工程概况

本合同段原计划开工时间为2012年5月1日，完工时间为2012年11月30日，工期7月；实际开工时间为2013年4月15日，完工时间为2013年8月31日，工期4月。缺陷责任期为24个月（自交工验收之日起）。

本合同段位于洛阳市伊川境内，北起洛栾高速洛龙收费站，止于伊川县鸣皋乡，全长32.999km，起讫桩号K0+000～K32+999.29。主要工程量如下：K0+000～K32+999.29沿线的绿化乔木灌木种植，梁刘互通区匝道绿化乔木灌木种植，伊川西互通匝道乔木灌木的种植，主要种植苗木为是石楠球、黄杨球、桧柏、紫薇等乔木灌木树种。

二、机构组成

主要人员：项目经理曾盛，项目总工程师李国伟，主管施工的项目副经理黄生贵，合同计划工程师童兴冬，测量工程师何狄东，园艺工程师项丽元、孙言丽，财务负责人朱艳荣，质检工程师张敏强，园艺工程师杨道德等。投入施工技术人员12名、管理人员10名。劳力正常施工时为100人。投入的主要机械设备有：喷种机3台、抽水机3台、农药机4台、洒水车2台、割草机6台、松土机3台、空压机4台、搅拌机4台。

管理机构设置见图1。

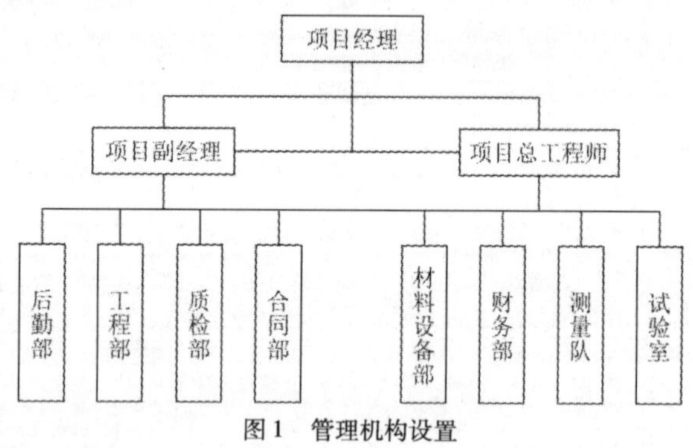

图1 管理机构设置

三、质量管理情况

（一）质量控制措施

我单位在工程施工中对工程项目实行质量目标管理，使工程质量达到一次验交合格率100%，优良率93%以上，具体实施中有以下控制措施：

（1）按照ISO9002质量体系要求，建立完善的质量管理体系和质量保证体系，制定创优规划，使每道工序都在严格的质量监控之下进行，实行全面质量管理 。

（2）根据工程项目特点组织精明强干的施工队伍，明确分工，加强协作，注重上道工序与下道工序间的密切配合。

(3)各单项工程、各工种均实行项目负责制和岗位责任制，质量指标直接与施工人员经济挂钩，奖优罚劣、重奖重罚，分部分项工程质量指标均列入奖罚内容。

(4)采取多种形式对项目全员进行质量教育，树立“百年大计，质量第一”的思想，强化项目全员的质量意识，施工前有针对性地进行各工种的技术培训，提高施工人员的操作技能，为创造优质工程创造条件。

(5)运用科学的管理方法和现代化的检测工具，强化工程质量管理，认真执行设计图纸审核制度，并做好施工技术交底工作，使每一个施工人员都能做到心中有数，熟悉本工程的技术要求，做到严格按照设计要求施工，严格按照施工规范作业。

(6)加强试验检测工作，严格检验各种工程材料，严格按照施工配料，确保各部位强度达到设计要求。

(7)做好质量检查工作，项目部和各队设专职质量检查工程师，监督检查工程质量，对每一道工序均进行全面严格的质量检查，实行内部质量上级管理制度，隐蔽工程在业主及监理人员检查签证后方可进行下道工序的施工，确保工程质量。

(8)根据工程特性，提供先进的施工机械和试验仪器，为工程创优夯实基础。

(9)做好样板工程的试点和经验总结工作，用样板领路，全面推广，达到创造全优工程的目标。

(二)施工中工程质量自检情况及工程质量问题的处理情况

我单位在施工中对工程质量严格按照自检制度进行操作，先由施工队操作工人自检和工班自检，队级质检员检验，经检合格后，上报项目部质检工程师，项目部质检工程师再进行检验，工程质量得到确认后报验监理工程师。上下工序之间还要进行交接检验，上道工序不合格下道工序不接收，上道工序的质量事故隐患决不留给下道工序。

同时，项目经理部每月组织一次质量大检查，并进行质量评定，作为当月验工计价的依据。质量大检查以检查工程质量为主，同时检查质量管理工作，查看各项规章制度落实情况。对检查中发现的质量问题，检查组根据实际情况及时提出改进措施，限期改正，并进行复查。质量大检查后，检查组汇总检查情况，在工程会上进行通报，奖优罚劣，以示激励。

对施工中发现的工程质量问题，我单位坚决处理到底，决不留质量隐患，在哪发现问题，就从哪进行处理。在工程后期的苗木养护过程中，对于死亡的苗木进行彻底更换，以达到最好的绿化效果，从而保证了工程质量。

(三)对完工质量的评价

经过一年的努力，工程终于完工。对于完工质量，通过单位、分部、分项工程质量评定汇总得分为95.6分，总体工程质量达到合格。

四、施工进度控制

开工前，项目经理部成立工期领导小组，在施工现场建立工程施工调度室，主要负责工程进度的管理。建立健全目标责任制度、进度检查制度、工期奖惩制度等规章制度，同时与各施工队签订目标责任状。在施工过程中，领导小组根据资源配备的情况，结合公路工程的常规做法和材料机具供应实际，广泛征求技术人员和广大施工人员的意见，合理、可行地安排总体进度计划。另外，根据已完工程的进度快慢、施工人员的增减、业主要求的计划变更等诸多因素，不断调整进度计划，动态监控关键线路的变化，以适时调整人员分配和施工顺序，使施工生产持续有效地按计划正常进行。施工中尽可能采用先进、高效的施工机械和新工艺，提高劳动效率，加快施工进度，保证阶段性工期目标的实现。尽可能采用一些实用的新技术，提高生产效率。周密计划和不断调整工序搭配，避免或尽可能缩短工序之间的间隙时间。

五、施工安全与文明施工情况

施工安全方面,项目部成立安全领导小组,设安全部长,由项目经理担任组长,安全部长为副组长,组员由项目部各职能部门负责人组成。各施工队相应成立队安全检查小组,并在各工班设专职安全检查员,坚持经常性的施工安全检查及监督指导。

施工中,坚持正确处理安全与施工生产统一、与施工速度互保、与质量互补、与效益兼顾、与危险并存的关系。坚持预防为主、综合考虑的原则,坚持安全与生产同步进行的原则,坚持全员、全过程、全方位和全天候的"四全"动态管理原则,坚持安全管理具有明确目的性的原则。在各级明确安全管理范围,组织职工学习有关劳动保护的政策、条例、规程和制度,规范操作。采取得当安全管理措施,落实安全责任,实施责任管理,建立各级人员的安全责任制度,明确相应的安全责任,定期检查落实情况。

文明施工方面,我单位采取了以下几点措施:

(1)建立健全各项规章制度,工地现场悬挂文明施工标牌条幅、张贴宣传标语,采用多种形式向项目全员进行文明施工教育,提高全员文明施工意识。

(2)现场布置统一建临时房屋,统一室内配备、布置,统一现场标识。

(3)施工场地、便道、各种材料、机具等布置、堆放、停置有序,并进行标识,做好文明施工。

(4)教育全体员工遵纪守法、行为规范、文明施工,争创文明工地。

(5)遵守当地居民的生活习惯和民族风俗,处理好施工队伍与当地政府、人民群众的关系。

六、环境保护与节约用地措施

保护环境是为当地人民造福的大事。施工中,加强环保意识,工程完工后不为当地留下任何后患。施工中采取了以下措施:

(1)在全体职工中认真开展组织学习和贯彻《中华人民共和国环境保护法》,结合洛阳市的环境特点,制订规章制度,认真落实环保法规,增强职工环保意识。

(2)为减少环境污染,施工用的粉状材料采用袋装或其他密封方法运输,不得散装散卸,现场存放时,严密覆盖,防止尘埃飞扬。施工产生的垃圾和废弃物质,清理出场。施工运输道路,经常洒水除尘。

(3)加强对施工区和生活区的环境卫生管理,清洗施工机械、设备及工具的废水、废油等有害物质以及生活垃圾集中储存处理,禁止乱堆、乱埋、乱流,影响环境卫生。

(4)工程全部完工后,拆除不再使用的临时设施,做到工完料尽、场地清洁。

节约用地方面,采取了以下两点措施:

(1)在保证路基填筑取土用地后,尽量做到不占用或少占用农耕地。临时设施、队伍生活办公均设置在荒地内,施工便道尽可能设置在永久征地内,这些都极大地减少占用耕地。

(2)在改路、改河、改沟"三改"工程中,根据现场实际情况,积极提出合理建议,在满足通行、通洪条件下,尽量减少征地。

七、工程款支付情况

工程款支付及时,一切劳务、机械、材料等债务纠纷与建设单位无关。

八、施工体会

经过近三年的努力,工程如期完成。一个工程要想干好,首先要有建设单位的正确领导,还要有设计单位、监理单位和地方政府的积极监督与配合。作为建设单位,首先要保证建设资金的及时到位、工程款的及时拨付,合同工期要根据实际情况及时调整,工程变更要及时处理,竣工资料的编制要在开工之初明确和统一。作为施工单位,只有在质量上高标准、严格要求,进度上合理组织、确保合同工期,才能取得预期的收益。

上海十方园林发展股份有限公司

洛栾高速公路洛阳至嵩县段绿化工程 No. 1 合同段项目经理部

二〇一六年八月

12. 洛栾高速公路洛阳至嵩县段绿化工程 No. 2 合同段施工总结报告

目　　录

洛栾高速公路洛阳至嵩县段绿化工程 No. 2 合同段施工总结报告

一、工程概况

洛栾高速公路洛阳至嵩县段高速公路是河南省高速公路网规划中的重要干线，与区域内洛阳绕城高速、连霍高速、郑少洛高速、二广高速、武西高速互联成网，并先后与多条省道、县道相交；本项目的修建将为通道内洛阳市旅游业、花卉景观及工矿能源产业、附近地区的地质科考及旅游业、嵩县的旅游及工矿业、嵩县的旅游及矿业提供一条快速便捷的通道，同时有效补充、完善河南省高速公路网络、拉动豫西南山区区域经济的快速发展，及时适应项目通道内社会、经济、旅游事业发展的需求。洛栾高速公路项目建设对豫西南旅游资源、生态资源和矿产资源开发，对改善沿线人民群众生活，优化区域交通网络，有效提升洛阳市在全省乃至全国城市竞争实力和整体形象，全面加快河南经济社会发展都具有重要意义。

我公司中标范围为 LSLH. 2(K32 +999. 29 ~ K61 +800)约 28. 801km，主要工程内容为路基两侧(不含边坡)、隧道洞口绿化及分离式土路肩绿化等，苗木品种主要有桧柏 5555 棵，紫薇 3851 棵，石楠球 2737 棵，黄杨球 722 棵，大叶女贞 992 棵，紫荆 412 棵，木槿 849 棵，花石榴 246 棵，夹竹桃 40 棵，迎春 $110m^2$，五叶地锦 625 棵，鸢尾 $15511.6m^2$，葱兰 $6595m^2$，野菊花 $470m^2$，填土方 $18963.73m^3$，场地平整 $25505.3m^2$，挖、弃石方、填土方 $1961.47m^3$。

本合同段原计划开工时间为 2012 年 06 月 01 日，完工时间为 2012 年 11 月 30 日，工期 6 月；实际开工时间为 2012 年 9 月 15 日，完工时间为 2013 年 10 月 15 日，工期 13 个月。

二、机构组成

主要人员：项目经理陈文忠，项目总工程师陈炎生，项目副经理陈威燕。项目经理部下设：办公室、工程部、安全部、质检部、材料部、设备部、财务部以及 3 个施工作业队。共投入施工技术人员 10 名、管理人员 10 名。劳力工正常施工时为 30 人，高峰期 148 人。投入的主要机械设备有：浇水车 2 辆、工程用车 3 辆、铲车 1 辆，钩机 1 台，抽水机 1 台。

管理机构设置见图 1。

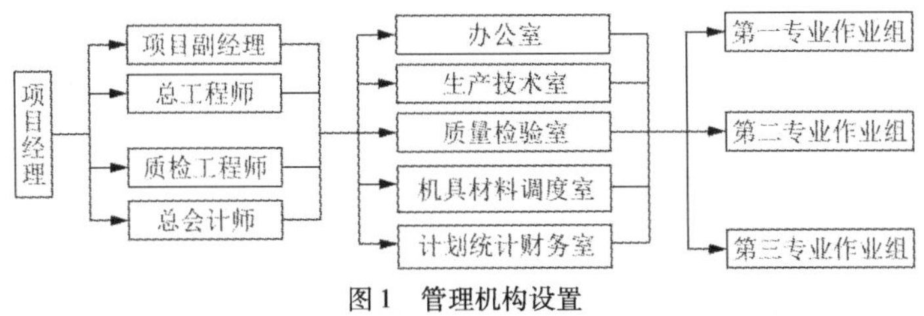

图 1　管理机构设置

三、质量管理情况

(一)质量控制措施

我单位在工程施工中对工程项目实行质量目标管理，使工程质量达到一次验交合格率 100%，优良率 93% 以上，具体实施中有以下控制措施：

(1)按照ISO9002质量体系要求,建立完善的质量管理体系和质量保证体系,制定创优规划,使每道工序都在严格的质量监控之下进行,实行全面质量管理。

(2)根据工程项目特点组织精明强干的施工队伍,明确分工,加强协作,注重上道工序与下道工序间的密切配合。

(3)各单项工程、各工种均实行项目负责制和岗位责任制,质量指标直接与施工人员经济挂钩,奖优罚劣,重奖重罚,分部分项工程质量指标均列入奖罚内容。

(4)采取多种形式对项目全员进行质量教育,树立"百年大计,质量第一"的思想,强化项目全员的质量意识,施工前有针对性地进行各工种的技术培训,提高施工人员的操作技能,为创造优质工程创造条件。

(5)做好质量检查工作,项目部和各队设专职质量检查工程师,监督检查工程质量,对每一道工序均进行全面严格的质量检查,实行内部质量上级管理制度,隐蔽工程在业主及监理人员检查签证后方可进行下道工序的施工,确保工程质量。

(二)施工中工程质量自检情况及工程质量问题的处理情况

我单位在施工中对工程质量严格按照自检制度进行操作,先由施工队操作工人自检和工班自检,队级质检员检验,经检合格后,上报项目部质检工程师,项目部质检工程师再进行检验,工程质量得到确认后报验监理工程师。上下工序之间还要进行交接检验,上道工序不合格下道工序不接收。

同时,项目经理部每月组织一次质量大检查,并进行质量评定。质量大检查以检查工程质量为主,同时检查质量管理工作,查看各项规章制度落实情况。对检查中发现的质量问题,检查组根据实际情况及时提出改进措施,限期改正,并进行复查。质量大检查后,检查组汇总检查情况,在工程会上进行通报,奖优罚劣,以示激励。

对施工中发现的工程质量问题,坚决处理到底,决不留质量隐患,在哪发现问题,就从哪进行处理。

(三)对完工质量的评价

经过一年多的努力,工程终于完工。对于完工质量,通过单位、分部、分项工程质量评定汇总得分为96.7分,总体工程质量达到优良。

四、施工进度控制

开工前,项目经理部成立工期领导小组,在施工现场建立工程施工调度室,主要负责工程进度的管理。建立健全目标责任制度、进度检查制度、工期奖惩制度等规章制度,同时与各施工队签订目标责任状。在施工过程中,领导小组根据资源配备的情况,结合公路工程的常规做法和材料机具供应实际,广泛征求技术人员和广大施工人员的意见,合理、可行地安排总体进度计划。另外,根据已完工程的进度快慢、施工人员的增减、业主要求的计划变更等诸多因素,不断调整进度计划,动态监控关键线路的变化,以适时调整人员分配和施工顺序,使施工生产持续有效地按计划正常进行。

五、施工安全与文明施工情况

施工安全方面,项目部成立安全领导小组,设安全部长,由项目经理担任组长,安全部长为副组长,组员由项目部各职能部门负责人组成。各施工队相应成立队安全检查小组,并在各工班设专职安全检查员,坚持经常性的施工安全检查及监督指导。

施工中,坚持正确处理安全与施工生产统一、与施工速度互保、与质量互补、与效益兼顾、与危险并存的关系。坚持预防为主、综合考虑的原则,坚持安全与生产同步进行的原则,坚持全员、全过程、全方位和全天候的“四全”动态管理原则，坚持安全管理具有明确目的性的原则。在各级明确安全管理范围，组织职工学习有关劳动保护的政策、条例、规程和制度，规范操作。采取得当安全管理措施，落实安全责任，实施责任管理，建立各级人员的安全责任制度，明确相应的安全责任，定期检查落实情况。

文明施工方面，我单位采取了以下几点措施：

(1)建立健全各项规章制度，采用多种形式向项目全员进行文明施工教育，提高全员文明施工意识。

(2)现场布置统一建临时房屋，统一室内配备、布置，统一现场标识。

(3)施工场地、便道、各种材料、机具等布置、堆放、停置有序，并进行标识，做好文明施工。

(4)教育全体员工遵纪守法、行为规范、文明施工，争创文明工地。

(5)遵守当地居民的生活习惯和民族风俗，处理好施工队伍与当地政府、人民群众的关系。

六、环境保护与节约用地措施

保护环境是为当地人民造福的大事。施工中，加强环保意识，工程完工后不为当地留下任何后患。施工中采取了以下措施：

(1)在全体职工中认真开展组织学习和贯彻《中华人民共和国环境保护法》，结合洛阳市的环境特点，制订规章制度，认真落实环保法规，增强职工环保意识。

(2)为减少环境污染，防止尘埃飞扬。施工产生的垃圾和废弃物质，清理出场。

(3)加强对施工区和生活区的环境卫生管理，清洗施工机械、设备及工具的废水、废油等有害物质以及生活垃圾集中储存处理，禁止乱堆、乱埋、乱流，影响环境卫生。

(4)工程全部完工后，拆除不再使用的临时设施，做到工完料尽、场地清洁。

七、工程款支付情况

工程款支付及时，一切劳务、机械、材料等债务纠纷与建设单位无关。

八、施工体会

经过一年多的努力，工程如期完成。一个工程要想干好，首先要有建设单位的正确领导，还要有设计单位、监理单位和地方政府的积极监督与配合。作为建设单位，首先要保证建设资金的及时到位、工程款的及时拨付，合同工期要根据实际情况及时调整，工程变更要及时处理，竣工资料的编制要在开工之初明确和统一。作为施工单位，只有在质量上高标准、严格要求，进度上合理组织确保合同工期，才能取得预期的收益。

鄢陵倚天园林绿化有限公司

洛栾高速公路洛阳至嵩县段绿化工程 No. 2 合同段项目经理部

二〇一六年八月

13. 洛栾高速公路洛阳至嵩县段绿化工程 No. 3 合同段施工总结报告

目 录

洛栾高速公路洛阳至嵩县段绿化工程 No.3 合同段施工总结报告

洛栾高速公路洛阳至嵩县段 LSLH.3 合同段，由许昌江北花木有限公司中标承建，技术标准备高速公路。含梁刘互通区、伊川互通区绿化，缺陷责任期（自交工之日起计算）两年。

本合同段施工过程中因挖填土方工程量大，给施工带来了许多难度。绿化种植的苗木品种，规格及数量经业主和监理工程师批准，进行了变更。本合同段采用了“两个集中”的施工方法：①2012 年 9 ~ 11 月集中力量挖、填、购、运土方，整理绿化地；②2013 年 3 月 5 日至 2013 年 4 月 16 日集中力量绿化种植，并对绿化植物进行了养护管理。

一、工程概况

洛栾高速公路洛阳至嵩县段是河南省高速公路网规划中的重要干线，与区域内洛阳绕城高速、连霍高速、郑少洛高速、二广高速、武西高速互联成网，并先后与多条省道、县道相交；本项目的修建将为通道内洛阳市旅游业、花卉景观及工矿能源产业、附近地区的地质科考及旅游业、嵩县的旅游及工矿业、嵩县的旅游及矿业提供一条快速便捷的通道，同时有效补充、完善河南省高速公路网络，拉动豫西南山区区域经济的快速发展，及时适应项目通道内社会、经济、旅游事业发展的需求。洛栾高速公路项目建设对豫西南旅游资源、生态资源和矿产资源开发，对改善沿线人民群众生活，优化区域交通网络，有效提升洛阳市在全省乃至全国城市竞争实力和整体形象、全面加快河南经济社会发展都具有重要意义。

本合同段原计划开工时间为 2012 年 6 月 1 日，完工时间为 2012 年 11 月 30 日，工期 6 月；实际开工时间为 2012 年 9 月 15 日，完工时间为 2013 年 10 月 15 日，工期 13 个月。

二、机构组成

主要人员：项目经理部下设办公室、工程部、安全部、质检部、材料部、设备部、财务部以及 3 个施工作业队。共投入施工技术人员 10 名、管理人员 10 名。劳力工正常施工时为 30 人，高峰期 148 人。投入的主要机械设备有：浇水车 2 辆、工程用车 3 辆、铲车 1 辆，钩机 1 台，抽水机 1 台。

三、质量管理情况

（一）质量控制措施

我单位在工程施工中对工程项目实行质量目标管理，使工程质量达到一次验交合格率 100%，优良率 93% 以上，具体实施中有以下控制措施：

（1）按照 ISO9002 质量体系要求，建立完善的质量管理体系和质量保证体系，制定创优规划，使每道工序都在严格的质量监控之下进行，实行全面质量管理 。

（2）根据工程项目特点组织精明强干的施工队伍，明确分工，加强协作，注重上道工序与下道工序间的密切配合。

（3）各单项工程、各工种均实行项目负责制和岗位责任制，质量指标直接与施工人员经济挂钩，奖优罚劣、重奖重罚，分部分项工程质量指标均列入奖罚内容。

(4)采取多种形式对项目全员进行质量教育,树立"百年大计,质量第一"的思想,强化项目全员的质量意识,施工前有针对性地进行各工种的技术培训,提高施工人员的操作技能,为创造优质工程创造条件。

(5)做好质量检查工作,项目部和各队设专职质量检查工程师,监督检查工程质量,对每一道工序均进行全面严格的质量检查,实行内部质量上级管理制度,隐蔽工程在业主及监理人员检查签证后方可进行下道工序的施工,确保工程质量。

(二)施工中工程质量自检情况及工程质量问题的处理情况

我单位在施工中对工程质量严格按照自检制度进行操作,先由施工队操作工人自检和工班自检,队级质检员检验,经检合格后,上报项目部质检工程师,项目部质检工程师再进行检验,工程质量得到确认后报验监理工程师。上下工序之间还要进行交接检验,上道工序不合格下道工序不接收。

同时,项目经理部每月组织一次质量大检查,并进行质量评定。质量大检查以检查工程质量为主,同时检查质量管理工作,查看各项规章制度落实情况。对检查中发现的质量问题,检查组根据实际情况及时提出改进措施,限期改正,并进行复查。质量大检查后,检查组汇总检查情况,在工程会上进行通报,奖优罚劣,以示激励。

对施工中发现的工程质量问题,我单位坚决处理到底,决不留质量隐患,在哪发现问题,就从哪进行处理。

(三)对完工质量的评价

经过一年多的努力,工程终于完工。对于完工质量,通过单位、分部、分项工程质量评定汇总得分为96.7分,总体工程质量达到优良。

四、施工进度控制

开工前,项目经理部成立工期领导小组,在施工现场建立工程施工调度室,主要负责工程进度的管理。建立健全目标责任制度、进度检查制度、工期奖惩制度等规章制度,同时与各施工队签定目标责任状。在施工过程中,领导小组根据资源配备的情况,结合公路工程的常规做法和材料机具供应实际,广泛征求技术人员和广大施工人员的意见,合理、可行地安排总体进度计划。另外,根据已完工程的进度快慢、施工人员的增减、业主要求的计划变更等诸多因素,不断调整进度计划,动态监控关键线路的变化,以适时调整人员分配和施工顺序,使施工生产持续有效地按计划正常进行。

五、施工安全与文明施工情况

施工安全方面,项目部成立安全领导小组,设安全部长,由项目经理担任组长,安全部长为副组长,组员由项目部各职能部门负责人组成。各施工队相应成立队安全检查小组,并在各工班设专职安全检查员,坚持经常性的施工安全检查及监督指导。

施工中,坚持正确处理安全与施工生产统一、与施工速度互保、与质量互补、与效益兼顾、与危险并存的关系。坚持预防为主、综合考虑的原则,坚持安全与生产同步进行的原则,坚持全员、全过程、全方位和全天候的"四全"动态管理原则,坚持安全管理具有明确目的性的原则。在各级明确安全管理范围,组织职工学习有关劳动保护的政策、条例、规程和制度,规范操作。采取得当安全管理措施,落实安全责任,实施责任管理,建立各级人员的安全责任制度,明确相应的安全责任,定期检查落实情况。

文明施工方面,我单位采取了以下几点措施:

(1)建立健全各项规章制度,采用多种形式向项目全员进行文明施工教育,提高全员文明施工意识。

(2)现场布置统一建临时房屋,统一室内配备、布置,统一现场标识。

(3)施工场地、便道、各种材料、机具等布置、堆放、停置有序,并进行标识,做好文明施工。

(4)教育全体员工遵纪守法、行为规范、文明施工,争创文明工地。

(5)遵守当地居民的生活习惯和民族风俗,处理好施工队伍与当地政府、人民群众的关系。

六、环境保护与节约用地措施

保护环境是为当地人民造福的大事。施工中,加强环保意识,工程完工后不为当地留下任何后患。施工中采取了以下措施:

(1)在全体职工中认真开展组织学习和贯彻《中华人民共和国环境保护法》,结合洛阳市的环境特点,制订规章制度,认真落实环保法规,增强职工环保意识。

(2)为减少环境污染,防止尘埃飞扬。施工产生的垃圾和废弃物质,清理出场。

(3)加强对施工区和生活区的环境卫生管理,清洗施工机械、设备及工具的废水、废油等有害物质以及生活垃圾集中储存处理,禁止乱堆、乱埋、乱流,影响环境卫生。

(4)工程全部完工后,拆除不再使用的临时设施,做到工完料尽、场地清洁。

七、工程款支付情况

工程款支付及时,一切劳务、机械、材料等债务纠纷与建设单位无关。

八、施工体会

为圆满完成这些施工任务,我单位采取了以下几种做法:

(1)认真做好了施工的准备工作:①思想准备;②组织准备;③人员准备;④机具准备;⑤资金准备;⑥优质苗木准备。

(2)认真制订了各项技术组措施,合理安排施工顺序:①接到中标通知书后及时签订合同;②及时组织人财物进场,并做好岗前培训;③运输、挖掘机具统一调度,挖、填、运、整本合同段土方;④按照标准挖好树穴;⑤精心种植;⑥及时浇水和养护管理。

(3)认真组织了专业技术人员和园艺工人熟练掌握技术规范和设计图纸要求。按照规范规定,严格把好工程质量关。

(4)在施工全过程,始终树立保安全保畅通又要保证施工任务的完成。

(5)在施工过程中服从业主的领导,接受监理方的督导,与周边做到协调配合。在本合同段项目部的指挥下,参加施工的技术人员和工人克难攻坚,团结拼搏,做到保质量、保工期、保安全、保文明。本工程现已全部竣工,经过竣工验收工程质量,自检为合格工程,已达到完工交工条件。即日起开始计入缺陷责任期。

许昌江北花木有限公司

洛栾高速公路洛阳至嵩县段绿化工程 No. 3 合同段项目部

二〇一六年八月

14. 洛栾高速公路洛阳至嵩县段绿化工程 No.4 合同段施工总结报告

目 录

洛栾高速公路洛阳至嵩县段绿化工程 No.4 合同段施工总结报告

一、工程概况

项目全线位于洛阳市境内，起点在洛阳市溢坡村东北侧，终点位于嵩县城东，沿伊河北岸源上向西南，在古城附近跨伊河，经陆浑水库东侧，止于纸房乡东，后地村东北侧，路线全长62.69km，全线采用设计速度100km/h，路基宽度26m的双向四车道高速公路标准设计，计划工期90个日历天，缺陷责任期（自交工之日起）2年。

我单位中标范围为LSLH.4主要工程内容其为嵩县互通式立体交叉（K61+090~K61+800）及古城互通式立体交叉（K35+190~K36+350）绿化种植工程。苗木主要品种有：雪松374棵，大叶女贞894棵，栾树280棵，垂柳500棵，合欢284棵，蜀桧671棵，国槐340棵，红叶李860棵，紫薇785棵，木槿652棵，花石榴700棵，刺槐110棵，泡桐100棵，石楠球35个，紫荆160棵，樱花150棵，碧桃77棵，铺地柏1122.1m^2，南天竹525m^2，迎春1822.75m^2，挖土方27180m^3，堆置微地形34052m^3，外购土6872m^3。

本合同段原计划开工时间为2012年06月01日，完工时间为2012年11月30日，工期6月；实际开工时间为2012年9月15日，完工时间为2013年6月15日，工期9个月。

二、机构组成

主要人员：项目经理陈文忠，项目总工程师胡文辉，项目总工程师李海燕项目副经理靳凤玲。项目经理部下设：办公室、工程部、安全部、质检部、材料部、设备部、财务部以及3个施工作业队。共投入施工技术人员10名、管理人员10名。劳力工正常施工时为30人，高峰期148人。投入的主要机械设备有：洒水车2辆、工程用车3辆、铲车1辆，钩机1台，抽水机3台。

管理机构设置见图1。

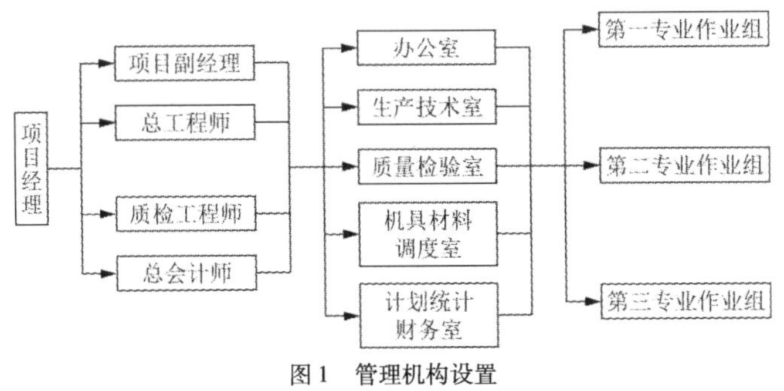

图1 管理机构设置

三、质量管理情况

(一)质量控制措施

我单位在工程施工中对工程项目实行质量目标管理，使工程质量达到一次验交合格率100%，优良率93%以上，具体实施中有以下控制措施：

(1)按照ISO9002质量体系要求，建立完善的质量管理体系和质量保证体系，制定创优规划，使每道工序都在严格的质量监控之下进行，实行全面质量管理。

(2)根据工程项目特点组织精明强干的施工队伍，明确分工，加强协作，注重上道工序与下道工序间的密切配合。

(3)各单项工程、各工种均实行项目负责制和岗位责任制，质量指标直接与施工人员经济挂钩，奖优罚劣、重奖重罚，分部分项工程质量指标均列入奖罚内容。

(4)采取多种形式对项目全员进行质量教育，树立"百年大计，质量第一"的思想，强化项目全员的质量意识，施工前有针对性地进行各工种的技术培训，提高施工人员的操作技能，为创造优质工程创造条件。

(5)做好质量检查工作，项目部和各队设专职质量检查工程师，监督检查工程质量，对每一道工序均进行全面严格的质量检查，实行内部质量上级管理制度，隐蔽工程在业主及监理人员检查签证后方可进行下道工序的施工，确保工程质量。

(二)施工中工程质量自检情况及工程质量问题的处理情况

我单位在施工中对工程质量严格按照自检制度进行操作，先由施工队操作工人自检和工班自检，队级质检员检验，经检合格后，上报项目部质检工程师，项目部质检工程师再进行检验，工程质量得到确认后报验监理工程师。上下工序之间还要进行交接检验，上道工序不合格下道工序不接收。

同时，项目经理部每月组织一次质量大检查，并进行质量评定。质量大检查以检查工程质量为主，同时检查质量管理工作，查看各项规章制度落实情况。对检查中发现的质量问题，检查组根据实际情况及时提出改进措施，限期改正，并进行复查。质量大检查后，检查组汇总检查情况，在工程会上进行通报，奖优罚劣，以示激励。

对施工中发现的工程质量问题，坚决处理到底，决不留质量隐患，在哪发现问题，就从哪进行处理。

(三)对完工质量的评价

经过9个月的努力，工程终于完工。对于完工质量，通过单位、分部、分项工程质量评定汇总得分为96.7分，总体工程质量达到优良。

四、施工进度控制

开工前，项目经理部成立工期领导小组，在施工现场建立工程施工调度室，主要负责工程进度的管理。建立健全目标责任制度、进度检查制度、工期奖惩制度等规章制度，同时与各施工队签订目标责任状。在施工过程中，领导小组根据资源配备的情况，结合公路工程的常规做法和材料机具供应实际，广泛征求技术人员和广大施工人员的意见，合理、可行地安排总体进度计划。另外，根据已完工程的进度快慢、施工人员的增减、业主要求的计划变更等诸多因素，不断调整进度计划，动态监控关键线路的变化，以适时调整人员分配和施工顺序，使施工生产持续有效地按计划正常进行。

五、施工安全与文明施工情况

施工安全方面，项目部成立安全领导小组，设安全部长，由项目经理担任组长，安全部长为副组长，组员由项目部各职能部门负责人组成。各施工队相应成立队安全检查小组，并在各工班设专职安全检查员，坚持经常性的施工安全检查及监督指导。

施工中，坚持正确处理安全与施工生产统一、与施工速度互保、与质量互补、与效益兼顾、与危险并存的关系。坚持预防为主、综合考虑的原则，坚持安全与生产同步进行的原则，坚持全员、全过程、全方位和全天候的"四全"动态管理原则，坚持安全管理具有明确目的性的原则。在各级明确安全管理范围,组织职工学习有关劳动保护的政策、条例、规程和制度,规范操作。采取得当安全管理措施,落实安全责任,实施责任管理,建立各级人员的安全责任制度,明确相应的安全责任,定期检查落实情况。

文明施工方面,我单位采取了以下几点措施:

(1)建立健全各项规章制度,采用多种形式向项目全员进行文明施工教育,提高全员文明施工意识。

(2)教育全体员工遵纪守法、行为规范、文明施工,争创文明工地。

(3)遵守当地居民的生活习惯和民族风俗,处理好施工队伍与当地政府、人民群众的关系。

六、环境保护与节约用地措施

保护环境是为当地人民造福的大事。施工中,加强环保意识,工程完工后不为当地留下任何后患。施工中采取了以下措施:

(1)在全体职工中认真开展组织学习和贯彻《中华人民共和国环境保护法》,结合洛阳市的环境特点,制订规章制度,认真落实环保法规,增强职工环保意识。

(2)为减少环境污染,防止尘埃飞扬。施工产生的垃圾和废弃物质清理出场。

七、工程款支付情况

工程款支付及时,一切劳务、机械、材料等债务纠纷与建设单位无关。

八、施工体会

经过近九个多月的努力,工程如期完成。一个工程要想干好,首先要有建设单位的正确领导,还要有设计单位、监理单位和地方政府的积极监督与配合。作为建设单位,首先要保证建设资金的及时到位、工程款的及时拨付,合同工期要根据实际情况及时调整,工程变更要及时处理,竣工资料的编制要在开工之初明确和统一。作为施工单位,只有在质量上高标准、严格要求,进度上合理组织、确保合同工期,才能取得预期的收益。

河翰墨园林工程有限公司

洛栾高速公路洛阳至嵩县段绿化工程 No. 4 合同段项目经理部

二〇一六年八月

第六部分

征地拆迁

洛栾高速公路洛阳至嵩县段项目征地拆迁执行报告

目　　录

洛栾高速公路洛阳至嵩县段项目征地拆迁执行报告

一、洛阳至嵩县段项目概况

(一)项目概况

洛栾高速公路洛阳至嵩县段项目是河南省“十二五”规划的重点高速公路建设项目,省发改委以《关于洛阳至栾川高速公路洛阳至嵩县段项目核准的批复》(豫发改交通〔2009〕1831号)和《关于洛阳至栾川高速公路洛阳至嵩县段工程初步设计的批复》(豫发改设计〔2009〕2005号)给予批准建设。

洛阳至嵩县高速公路的建设受到了河南省委、省政府的高度重视,得到了河南省交通运输厅的大力支持,在洛阳市及沿线各级地方政府及有关部门支持和协调下,在全线各参建单位的密切配合下,克服了种种困难,于2012年12月底建成通车。

(二)工程概况

洛阳至嵩县段项目起于洛阳市洛龙区,向南经伊川至嵩县县城东,与同期规划的洛栾高速嵩栾段项目相连接。路线全长62.690511km,设计行车速度100km/h,采用双向四车道标准。项目批复概算总投资为40.77亿元。全线路基挖方1173万m^3、填方1079万m^3,沥青混凝土路面1651千m^2,特大桥1座,大桥39座,中桥6座,分离式立交20座,隧道3座,通道39道,涵洞102道,天桥37座。沿线设停车区1处(缓建),服务区1处,互通式立交4处,主线收费站1处,匝道收费站3处。全线批复征用土地430.2557hm^2,实际征用土地475.5718公顷。根据《河南省土地管理法实施办法》和其他相关法律、法规规定及《洛阳市人民政府关于印发洛阳市建设征收土地地上附属物补偿标准的通知》(洛政〔2009〕9号)文件精神,我公司与洛阳市高速公路建设指挥部签订了《洛阳至嵩县高速公路征地拆迁服务协议》,由洛阳市高速公路指挥部负责征地拆迁,我公司共支付征地拆迁费493525311.23元。

二、沿线自然环境和社会环境

(一)自然环境

1. 地形、地貌

路线所经过的区域主要地貌单元为黄土丘陵区,高程200~500m,相对高差50~150m,沟谷发育,地形起伏。此外还有伊河河谷平原及中起伏低山。伊河河谷平原由超漫滩和一级阶地组成,一级阶地两侧不对称,东窄西宽,阶面宽度为300~400m,倾向河床;中起伏低山区,山峰叠峦,沟谷发育,切割强烈。本项目沿线地形复杂,尤其是山岭区,山大沟深,变化无常,给项目设计和实施都带来了一定的困难。

2. 地质、水文

经详细的地质勘查发现,K38+100~K42+000路段为山前丘陵区,坡积物发育。其东为九皋山山脉,其西为伊河河谷,相对高差较大,从丘陵顶部至河谷大约90m。自然边坡率大于50°,土石直接接触,在岩石界面较陡处,易产生滑坡,且坡角下为村舍,人类活动较频繁,对路基会造成潜在危害。1985 年及目前有小的滑动现象,其规模较小,施工中易引发新的滑坡产生,建议施工时引起注意。另外沿线局部路段路基范围内存在湿陷性黄土和膨胀土,施工图设计中采取了相应的处理。

伊河由南向北穿过项目区,是对本项目影响最大的河流。其发源于熊耳山南麓的栾川县陶湾乡闷顿岭,流经栾川、嵩县、伊川,穿伊阙而入洛阳。大部分时间为长年流水,少数时间旱季干涸,陆浑水库对其有明显的调节作用,受伊河陆浑水库影响,伊河陆浑水库以下动态变化较大。水文评价认为路区地下水位随地形变化较大,水质类型为低矿化度重碳酸型水,对混凝土不具侵蚀性。河床内桩基施工应尽量避开雨水季节,尽量少占压河道,同时做好雨季防汛工作。

3. 气候

路区属北暖温带季风气候区。年平均气温 14 ~ 14. 5℃,年平均降水量 662 ~ 674mm,降水季节分配不均,时间比较集中,全年无霜期 209 ~ 216d。

受气候影响,路面施工应避开冬季,路基地基处理和桥涵下部施工应避开雨季。

(二)社会环境

1. 行政区划及人口

洛阳市(涧西区、西工区、老城区、瀍河区、洛龙区、吉利区)及所辖偃师市、孟津、新安、洛宁、宜阳、伊川、嵩县、栾川、汝阳,总面积 15208km^2,全市总人口 650 万人。

2. 工农业生产状况及经济发展规划

洛阳有着丰富的动植物资源和矿产资源。2007 年,全市完成国内生产总值 1595. 32 万元,比上年增长 16. 2% 。2007 年资料统计列表见表 1 和表 2。

社会经济指标(2007 年)单位:亿元人民币 表 1

指　　标	单　　位	河　南　省	洛　阳　市
土地面积	平方公里	167000	15208
耕地面积	千公顷	—	—
人口	万人	9869	650
非农业人口	万人	3389	—
人口密度	人/平方公里	591	428
国内生产总值	亿元	15012. 5	1595. 32
人均国内生产总值	元/人	16012	25120
工业总产值	亿元	—	864. 52
轻工业	亿元	—	—
重工业	亿元	—	—
乡及乡以上工业总产值	亿元	—	—
农林牧渔业总产值	亿元	2217. 7	124. 86

项目主要影响区域经济规划指标 表 2

年　　份	国内生产总值年均增长率	
	河南省	洛阳市
2007	14. 6%	16. 2%

三、工程占地及恢复情况

(一)土地征用

2009 年 10 月 13 日中华人民共和国国土资源部以《国土资源部关于洛阳至栾川高速公路

洛阳至嵩县段工程建设用地的批复》(国土资函〔2011〕183 号)对洛嵩段土地征用进行了批复。

洛阳至栾川高速公路洛阳至嵩县段因工程建设用地需要征用土地 430.2557hm^2,实际征地面积 475.5718hm^2,支付征地拆迁费用共计 493525311.23 元。

(二)合理用地

洛阳至嵩县高速公路从设计到施工结束,始终贯彻了“十分珍惜、合理利用每寸土地和切实保护耕地”的基本国策,互通式立体交叉采用单、双喇叭形,架桥等方式,以节约耕地,施工取土因地制宜,取土与造地相结合、取土与挖塘相结合,充分利用坡地、荒地、旱地,保护水浇地和耕地,结合与新农村建设规划用地,妥善安排搬迁群众建房。

(三)综合利用

洛阳至嵩县高速公路在取土或弃土等施工过程中,本着宜农则农,宜林则林的原则,去土丘旱地为水浇地,弃土填沟变荒地为可耕地。通过合理取土用地和充分利用荒山、砂砾石、弃土等作为路基填筑材料,有效减少了土资源浪费,仅此一项全线共节约耕地 500 余亩,利用弃土帮助群众造地 220 余亩,受到沿线政府和群众的赞赏。

(四)场地利用

洛阳至嵩县高速公路利用当地的一些荒弃的厂房作为施工拌和场所,各合同段项目经理部大多租用当地民房办公,共节约临时用地 500 余亩,起到了既节约土地又合理利用资源的双重效果。

四、征地拆迁政策、补偿标准和征地拆迁经费

(一)政策宣传

洛阳至嵩县高速公路位于豫西山区,沿线土地是农民群众赖以生存的主要生产资料,沿线人多地少、矿资源丰富、旅游景区较多,电力、电信设施密集,为征地拆迁带来了诸多困难。根据《中华人民共和国土地管理法》《河南省土地管理法实施办法》及省、市有关精神,我公司积极宣传贯彻“十分珍惜和合理使用每一寸土地,切实保护耕地”的基本国策,本着“既不浪费每一寸土地,又要保证工程用地”的原则,合理部署征地拆迁工作。

(二)征地拆迁补偿

(1)洛阳至嵩县高速公路征地拆迁补偿标准,依据《中华人民共和国土地管理法》和《河南省土地管理法实施方法》等有关规定,在洛阳市高速公路建设指挥部和河南嵩阳高速公路有限公司联合调查征地测算的基础上,参照省内外其他高速公路的补偿标准,经进一步核定,以《河南省人民政府关于公布实施河南省征地区片综合地价标准的通知》(豫政〔2009〕87 号)和《洛阳市人民政府关于印发洛阳市建设征收土地地上附属物补偿标准的通知》(洛政〔2009〕9 号)正式出台了补偿标准。

(2)本工程征地本着“依法、求是、低限”的原则,全线均按《河南省土地管理法实施方法》规定的低限执行。河南省人民政府《关于公布实施河南省征地区片综合地价标准的通知》(豫政〔2009〕87 号)规定的“征地区片综合地价”标准执行。拆迁费、征地管理费、多余劳动力安置均按照《洛阳市人民政府关于印发洛阳市建设征收土地地上附属物补偿标准的通知》(洛政〔2009〕9 号)和洛阳市指挥部签订的征地、拆迁包干协议执行。

(3)洛栾高速公路洛阳至嵩县段共支付征地拆迁费 49352.53 万元。

五、征地拆迁方案

(一)方案

征地拆迁是高速公路建设的基础工作,洛阳市及沿线各级指挥部非常重视宣传发动,多次组

织召开乡村级群众大会，学习上级的有关文件精神及要求，进一步提高群众对修建高速公路的认识，对征地、拆迁数量的调查，先划出征地界线、定界碑，然后在市指挥部的统一领导下，与洛阳市高速公路建设指挥部签订了《洛阳至嵩县高速公路征地拆迁服务协议》，由市高速公路建设指挥部负责征地拆迁，我公司支付费用。

（二）征地报批程序

（1）本项目征用土地工作，由河南嵩阳高速公路有限公司与当地政府负责报批，报批程序为：

①乡镇土地管理部门会同建设单位和被征地村核定征地位置和面积，并经四邻、村、乡镇签署意见后盖章。

②经县、市、省土地管理部门核定、审批后盖章。

③根据《中华人民共和国土地管理法》的规定，由省国土资源厅上报省政府和国土资源部批准。

（2）洛阳至嵩县高速公路用地均已办理建设用地报批手续，并经国家、省国土资源部门批准，核发了土地使用证。征用土地做到了面积准确，四邻清楚，权属合法，资料齐全、完整、有效。

六、临时用地情况

洛阳至嵩县段高速公路修建伊始，地方各级政府及指挥部都十分注意节约使用土地，制定了临时用地原则，严格临时用地审批程序，并根据用地种类来核定补偿标准。由于沿线各级地方政府和河南嵩阳高速公路有限公司以及施工单位高度重视，洛阳至嵩县高速公路在节地、改地、造地、复垦土地方面取得了较好的成绩。

（一）临时用地原则

洛阳至嵩县段项目坚持不用或少占用耕地，有坡地不用平地，有旱地不用水浇地，有荒地不用耕地；取土与造地造塘相结合，加大取土深度，增大取土量；用完一块、平整一块、复耕一块，不留空白地；全面考虑，缩短距离，满足机械化作业需要。

（二）临时用地审批程序

本项目按照由临时用地单位向当地指挥部提交临时用地申请，经当地指挥部及乡镇土地管理部门核实后，确定用地时间、地点、面积，由用地方和土地所有方（ 行政村 ）签订临时用地协议，方可用地。

（三）补偿标准

本项目临时用地补偿标准根据土地种类而定。属于耕地的，按使用单位占地时间和面积产值而定，并负责复耕，其他占地可适当减少补偿金额。

七、附着物拆迁

（一）地面附着物分布、结构特点

洛阳至嵩县段高速公路地处豫西南山区，经济发展相对落后，高速公路经过地区多是丘陵和山区，支柱产业以农业、经济作物、林业、矿资源为主。由于经济发展不平衡，农民的居住房屋结构类型多样化，有砖混、木、土木等；还有传统的土葬习俗，沿线的坟墓也较多。

（二）附着物拆迁、附着物清点原则和办法

由于我公司与洛阳市高速公路建设指挥部签订了《洛阳至嵩县高速公路征地、拆迁服务协议》，由市高速公路建设指挥部负责征地拆迁，我公司支付费用，极大地提高了地方政府的工作积极性，减少了路地矛盾，提高了工作效率。

（三）电力、电信拆迁

按照设计图纸要求，我公司协同电力、电信部门对所需拆迁的电力、电信设施的类别、数量逐一进行核查，按照当时电力、电信部门的安装、拆迁定额核算拆迁费用，由电力、电信部门拿出初步拆迁方案，经公司与电力、电信部门协商，确定最终方案，力争做到省时、省力、省钱，然后与电力、电信部门签订拆迁包干协议书，由电力、电信部门按照被拆迁线路的管理权限，归口拆迁，限期完成，经验收合格后，一次性结算。此项工作随着工程建设的需要及时办理，按时完成，补偿费结算完毕。共拆迁电力 147 处，电信 93 处，支付电力拆迁费 4031.2960 万元，电信拆迁费 1232.1133 万元，共计 5263.4093 万元（表 3）。

电力、电信拆迁

表 3

序号	拆迁项目	洛嵩段		部队		合计	
		拆迁数量	金额（元）	拆迁数量	金额（元）	拆迁数量	金额（元）
1	电力拆迁	147 条	4031.2960 万				
①	220kV	—					
②	35kV						
③	10kV						
④	380kV						
⑤	110kV	—					
2	电信拆迁	93 条	1232.1133 万				
①	长途线路						
②	移动线路						
3	广电线路						
							5263.4093 万

（四）沿线文物处理情况

为了保护和减少对文物的损害，早在征地拆迁和附属物调查之初，河南嵩阳高速公路有限公司委托洛阳市第二文物工作队对全线进行了大规模的文物探查活动，双方本着相互支持、平等协商、密切配合的原则达成了沿线文物处理包干协议，工作项目包括沿线古文化遗址、城址、墓葬勘探发掘及保护，包干费用共计 300 万元。

八、房屋拆迁及移民安置

（一）房屋拆迁的意义

房屋拆迁是本项目实施过程中一项重要工作，它不仅关系到高速公路的建设速度，而且关系到沿线的社会稳定，积极稳妥地做好移民安置工作，将会改善移民的生产、生活条件，而且可以为项目实施创造一个良好的施工环境。

（二）房屋拆迁原则及补偿标准

在洛阳市政府及上级有关部门的领导下，我公司与洛阳市高速公路建设指挥部签订了《洛阳至嵩县高速公路征地、拆迁服务协议》，由市高速公路指挥部负责征地拆迁，我公司支付费用。

九、征用土地的劳动力安置

洛阳至嵩县段高速公路占地面积大，涉及的行政村相对较多，但占地并不集中，征用土地的劳动力安置主要以农业自身安置为主，辅以乡镇企业安置和第三产业安置。

本项目征地工作结束后，各行政村都进行了土地调整。因改地、造地和开垦荒地，人均土地面积较征地前下降很少，为以村为单位的土地调整打下了基础。通过调整，各行政村仍具备以农业为主的生产、生活条件，大部分行政村利用土地补偿款发展养殖业、家庭副业，改善水利基础设施，利用科学技术种植高效农业，提高单位面积产值，既安排了剩余劳动力，又保证了农业经济收入的稳定。

十、征地拆迁工作的几点体会

(一)主要经验

(1)在取土过程中，注意保护耕地，取土与节约用地、改造耕地、开垦荒地相合，当地群众对这项工作很满意，为项目顺利实施创造了条件。

(2)要切实保护移民的利益。由于在项目实施过程中，各级政府和河南嵩阳高速公路有限公司尊重和维护了移民的利益，从而取得移民的理解和支持，为洛嵩段高速公路按期完工奠定了坚实的基础。

(3)建立完善的档案管理。本项目的行政文件、设计图纸、合同和协议、涉及移民的各种原始资料等，均是分门别类、完善归档，为项目运营管理奠定了基础。

(二)教训与问题

(1)由于洛阳至嵩县段高速公路建设工期短、时间紧、施工难度大，致使在设计上不够完善，在施工过程中，当地群众提出很多关乎民生的问题，河南嵩阳高速公路有限公司对洛嵩段141多个涵洞通道进行了集中治理，并通过线外工程解决了通道排水和积水问题，改善了路地关系，受到了地方政府和沿线群众的称赞。

(2)洛阳至嵩县段高速公路系从东北至西南方向建设，而沿线属丘陵和山区，灌溉排水比较困难。因此，本项目在建设过程中，因高挖方区截断了部分东西灌溉的渠道，导致部分水浇田无法种植，降低了部分农户的收入。为此，项目公司会同市、县、乡三级指挥部实地调查核实情况，并确定了水田改旱田的补偿面积和标准，给土地受损的农户适当的补偿，得到了群众的欢迎。

附件：洛栾高速公路洛阳至嵩县段土地使用证一览表

河南嵩阳高速公路有限公司

二〇一六年八月

附件

洛栾高速公路洛阳至嵩县段土地使用证一览表

序号	土地使用者	土地位置	土地使用编号	土地用途	面积(m^2)
1	河南嵩阳高速公路有限公司	洛龙区	洛市国用(2015)第05012079号	公路用地	1317.6
2		洛龙区	洛市国用(2015)第05012081号	公路用地	1609.4
3		洛龙区	洛市国用(2015)第05012082号	公路用地	243.1
4		洛龙区	洛市国用(2015)第05012080号	公路	96276.4
5		伊川县	洛市国用(2015)第05012083号	公路	13666.1
6		伊川县	伊政国用(2015)第YDH2012-19-6号	公路	287597.443
7		伊川县	伊政国用(2015)第YDH2012-19-3号	公路	731547.015
8		伊川县	伊政国用(2015)第YDH2012-19-5号	公路	1031060.193
9		嵩县	嵩国用(2015)第226号	公路	1671840.62

第七部分

接管养护

洛栾高速公路洛阳至嵩县段接管养护单位使用情况报告

目　　录

洛栾高速公路洛阳至嵩县段接管养护单位使用情况报告

高速公路营运管理是项目建设的继续，是体现设计和实现建设目的和价值的重要保证。洛栾高速公路洛阳至嵩县段在建成交工之前，根据河南省交通运输厅和河南省收费还贷高速公路管理中心的安排就成立了接管组织，并按照有关文件规定要求招收和培训了各类人员，充分做好接收准备工作，顺利完成了接管。2012 年 12 月 31 日，经河南省交通运输厅和河南省收费还贷高速公路管理中心批准，正式成立了运营管理机构暨河南省交通运输厅高速公路洛阳管理处。在河南省交通运输厅和管理中心的正确领导下，洛阳管理处以“创建学习型组织和争做知识型员工”活动为载体，以规范化建设和管理为抓手，以“保安全、保畅通、保服务”为目标，以站队建设和班组建设不断促进管理水平的提升。同时，还通过开展为驾乘人员服务，为员工办实事、办好事等活动，全面构建和谐企业，以企业文化打造洛栾高速品牌，使洛栾高速公路运营管理呈现出崭新的面貌和良好的发展态势。

一、试运营期间养护管理情况

高速公路养护管理工作是维护道路及其设施完好，保障运营需要的一种技术性、时限性很强的工作。洛阳管理处积极贯彻“预防为主，防治结合”的养护方针，认真落实《河南省高速公路管理办法》等有关规定要求，以养护质量为基础，开展“以路面养护为中心，桥梁隧道安全为重点”的全面养护，达到了“预防性、及时性、科学性”的养护要求，确保道路通畅、整洁、绿化、美观。

（一）日常养护工作

洛阳管理处在养护管理工作中实行统一领导、分级管理，由养护科对养护单位进行全面业务指导和管理。在健全机制，完善基础建设的同时，加强对养护设备操作人员及养护人员的业务技术培训，不断提高操作能力，逐步形成了养护管理科学化的操作程序，大大提高了养护管理效果。在确定以养好路面为中心的同时，加强全面养护，使养护管理工作实现了科学化、规范化、机械化水平。

(1)积极组织开展日常养护工作。巡视和检查工作对收集各种路况信息，起着至关重要的作用。对收集到的信息进行整理分析，研究病害发生规律，制定养护对策，为科学养护提供依据。洛阳管理处认真做好路况巡查制度，了解路况信息，督促监理和施工单位及时做好养护巡查工作，组织开展定期或不定期的抽查、检查活动，发现问题及时处理或上报有关单位，真正把日常养护工作落到实处。根据洛栾高速公路的实际情况，先后制定完善了《养护标准化手册》《养护日常巡查制度》《日常维修保养考核办法》《日常维修保养施工监理考核办法》等一系列规章制度，进一步细化和完善了各项规定，增强了各项制度的可操作性，形成了较为完整的养护工作制度体系。

(2)认真抓好护路员管理，夯实基础性养护工作。一是从抓好护路员队伍入手，要求保洁人员每天对路容路貌进行整理，同时对发现的道路损坏情况及时登记和上报，从而使养护管理更加有效、快捷。通过采取月考核、季评比、与护路员谈心沟通、增加福利待遇等，不断提高护路员的工作积极性。二是树立先进典型，组织开展比学赶帮超活动，大力弘扬先进合同段、先进护路员的先进事迹，鞭策后进合同段和后进护路员等措施，大大增强了护路员的责任心，调动了他们的积极性，使所辖路段经常处于良好状态。

(3)认真落实桥梁工程师制度。为了贯彻落实《交通运输部桥梁管理制度》和《河南省高速公路桥梁养护工作制度指导意见》，洛阳管理处聘用有经验、技术力量强并具有中级职称、五年以上资历的专业技术人员为桥梁工程师，认真履行各路段运营单位桥梁工程师职责，对沿线桥梁进行经常性检查和评定，建立桥梁技术和养护档案，开展定期检查和评定，并负责桥梁管理系统中数据的更新和维护，指导检查和考核本路段内养护监理、施工单位桥梁养护工程师的工作开展情况。目前已对全线桥涵全部建立了桥梁普查卡片，每月按时进行一次检查，把此项工作做实做细，坚决防止和杜绝各类桥涵安全事故的发生。

(4)加强内业管理，建立健全养护管理系统。洛阳管理处根据路况调查情况，认真填写养护生产日报、旬报、月报等资料，建立详细的路况普查技术档案。同时，完成上级安排的桥头跳车调查、桥梁普查、路面病害调查等专项普查工作，进一步完善路面管理系统和桥梁管理系统，使养护内业管理更加科学化、信息化，为制定相应的养护对策，提供了科学依据。

(二)积极创建"文明示范路"

洛阳管理处结合"规范化、标准化、精细化"管理的要求，坚持以路面养护为中心，以桥梁隧道安全为重点的工作思路，从提高自身素质着手，在规范管理上狠下功夫，突出精细化养护工作目标，顺利完成各项工作任务，为创建文明示范路奠定了坚实的基础。

(1)成立组织，完善制度。依据《河南高速公路文明示范路实施方案》和《河南省收费还贷高速公路管理中心创建文明示范路实施方案》要求，认真研究制定了《洛阳管理处创建省级文明示范路实施方案》，并成立了创建文明示范路活动领导小组，全面负责管理处的创建工作。对创建文明示范路活动领导小组进行了明确分工，实行了包干责任制，加快了创建步伐，严格按照创建标准，团结务实、真抓实干、改革创新、锐意进取，使创建"文明示范路"各项工作顺利推进。

(2)认真做好缺陷责任期绿化管养。为实现河南省交通运输厅关于"乔灌结合、花草搭配、四季常绿、三季有花"的绿化目标，洛阳管理处制定了绿化管理制度和相关要求，对枯死和长势差的苗木及时进行更换补栽，对达不到应有绿化效果的植物及时进行调整更换；对全线绿化苗木进行浇水、施肥和病虫害防治，保证苗木生长良好，增强了全线的绿化景观效果。同时对全线乔木进行修剪，花灌木进行造型，路肩、边坡、中央分隔带、立交区草皮高度都保持在10cm以下，对攀附在树上和隔离栅上的爬藤等杂物进行及时清除，使洛栾高速公路成了一道靓丽的风景线。

(三)认真落实养护总承包责任制

按照河南省交通运输厅《高速公路养护管理办法》要求，洛阳管理处积极推进养护总承包责任制，充分发挥专业养护的作用，做到规范作业，对病害及时发现、及时处理。通过签订监理合同，转变监理职能，实行包段分工制，严格履行监理考核制度，有效调动了监理工作的积极性。既节约了养护成本，又实现了养护工作的精细化、规范化管理。

(四)扎实抓好安全生产和文明施工管理

洛阳管理处认真贯彻落实"安全第一、预防为主"的方针，根据上级《关于认真做好安全生产工作的实施意见》等有关要求，结合《公路养护安全作业规程》及有关劳动保护法律法规和洛栾高速公路实际，制订了《洛阳管理处养护安全生产管理制度》，并与养护公司签订了《养护工程安全生产目标责任书》，全面规范施工作业区管理，加强督促检查等过程控制，认真落实安全生产责任制，从源头上杜绝了安全事故的发生。

二、运营交通量、收费管理、运营安全状况

(一)交通量状况

洛栾高速公路洛嵩段设洛龙、伊川西、嵩县产业聚集园区、嵩县共4个收费站。从2012年12月底建成通车,截至2016年7月,洛嵩段共完成通行费收入15771.97万元。2013年日均收费额为7.89万元,2014年日均收费额为11.06万元,2015年日均收费额为14.40万元,2016年(截至7月)日均收费额为16.88万元。交通量由2013年开通时的(年平均)日交通量2698辆,2014年(年平均)日交通量3626辆,2015年(年平均)日交通量7299辆,增长到2016年日交通量8914辆,社会效益和经济效益正在逐步提高。

(二)收费管理状况

征收工作是实现运营的经济价值,维持道路可持续使用和可持续运营的前提和保障,是运营管理中的一项重要工作。洛阳管理处在征收管理上,严格执行"应征不漏、应免不征"的收费政策,认真抓好征收各项细节管理,以规范促文明,不断完善征管方式,规范征收行为,通行费收入持续增长,管理水平稳步提高。

(1)开展专项治理堵漏增收。洛阳管理处成立以来,牢固确立收费管理在运营管理工作中的核心地位,夯实了收费管理的基础。严格落实"应征不漏,应免不征"的原则,联合路政、高速交警等有关部门,积极开展打击偷逃漏通行费专项治理活动,确保通行费收入全部归仓。同时,查获并惩治了部分违法车辆及车主,有效遏制了偷逃通行费行为,净化了收费环境。

(2)广泛开展收费业务技能培训。洛阳管理处以全员业务技能培训为突破口,不断提高员工队伍素质,为收费管理工作提供有力支撑。为提高员工素质,打造一支作风过硬的队伍,洛阳管理处开展了思想作风纪律整顿暨业务技能培训活动,分期分批对全体员工进行封闭式训练;组织"收费管理业务大比武"活动,进一步激发了广大员工争创一流的积极性;开展"三百三十"创建、"微笑服务、温馨高速"等活动,进一步加强文明礼仪、微笑服务的规范执行;扎实推进标兵站、形象站建设,内强素质、外塑形象,努力营造良好的服务环境。同时,教育广大员工要立足本职工作,不断提高职业道德和业务素质,全面提高运营管理水平。

(3)全面推进收费管理规范化建设。洛阳管理处开展以标准化、规范化管理为核心,以载体创新为动力,为收费管理工作树立良好形象。为实现收费管理标准化、站区管理规范化,管理处要求各收费站明确责任主体,划清职责范围,严格办事程序,明晰站长、班长、收费员的职责权限,规范各项业务工作流程,充分发挥收费站"窗口"优势,为广大驾乘人员提供更舒适、更快捷、更安全的通行服务。开展了"优秀班组""服务明星"等评选活动,收费站每月对员工进行评选,对评选出的先进个人和班组给予表彰和奖励。开展了以"和谐高速,文明同行"为主题,以完善的服务赢得驾乘人员的信赖与满意。

(三)运营安全状况

洛阳管理处站在构建和谐社会的高度,站在确保人民生命财产安全的高度,站在维护高速公路改革发展稳定大局的高度,充分认识安全生产的重要性,全面贯彻落实安全生产责任制,切实加强安全生产管理,确保稳定运营。

(1)强化管理,稳定运营,切实抓好安全生产管理。一是通过教育,做到警钟长鸣,使安全工作深入人心,成为员工的自觉行动。二是各司其职,各负其责,开展严布置、细检查、抓落实、早防范,把安全生产责任分解到每个环节、每个岗位、每个员工。三是把安全生产隐患排查整治,作为安全生产的一项重要内容进行安排部署,实现安全重心向消灭隐患转变。同时,不断加强对安全生产的管理力度,实行安全员资格考试制度,启用了应急网络平台;组织开展安全生产培训,进行安全知识测试;开展了"安全生产月"活动,组织员工收看安全生产教育片,使安全工作深入人

心。自项目建成通车以来,无发生任何安全生产责任事故。

(2)认真组织实施专项工程、抢险保通工程。一是认真做好冬季除雪除冰保通工作,洛阳管理处积极组织施工力量,迅速清除桥梁上的积冰积雪,消除安全隐患,为驾乘人员创造了畅通便捷的行车条件,大大减少了交通事故的发生,圆满完成了除雪保通任务,最大限度地减少了自然灾害造成的损失和影响,确保洛栾高速公路安全畅通。二是做好标牌整改专项治理工作,按照河南省交通运输厅统一部署,经与项目公司和施工单位协商,顺利完成了标牌整改专项治理阶段性工作。同时,按照中心养护部要求,对全线的公里牌、百米桩进行专项整改,共安拆公里牌 28 个。

(3)加强路政管理,确保高速公路安全畅通。洛阳管理处不断强化路政队伍建设,进一步完善各项规章制度,通过开展法律法规学习、业务知识培训等活动,不断提高路政人员的政治思想觉悟、业务能力和执法水平。同时,不断创新路政管理方式,积极推进路政管理规范化建设,实行定期路政例会制度,并先后制定和完善了《路政工作制度》《路政工作职责》《路政内业标准化作业规范》及《路政外业标准化作业规范》,规范了路政各岗位职责及操作流程,使路政各项工作开展做到有章可依。建立了路政快速反应机制,实行 24 小时巡查制度,确保道路安全畅通。加强业务培训,定期开展业务考核和技能竞赛,不断提高路政人员的素质,建设了 1 个标准化路政大队。同时,还开展了打击偷盗高速公路附属设施专项治理活动,有效保护了路产。

三、项目总体使用情况

(一)设施使用性能

洛栾高速公路洛嵩段经过三年多的试运营实践,该路经受住了时间的检验,道路状况比较完好,使用良好,整条道路路基稳定,路面平整坚实,桥梁坚固整洁,附属设施完好整齐,路容路貌比较好,行车舒适性和安全性高。同时,该工程设计合理,技术标准掌握恰当。路线线形顺畅,路面结构、主要人工构造物及沿线设施符合要求。整个建设项目工程质量合格。环境保护、水保设施整齐美观,线形顺适,达到了绿化、整洁、通畅、美观、安全的要求。

(二)功能满足情况

洛栾高速公路洛嵩段的建成通车,进一步增加了洛阳市作为河南副中心城市的吸引力和辐射力,加快了洛阳市及各县区的城市化进程,改善和优化了旅游环境和投资环境,促进了对外开放。主要表现在以下几个方面:

(1)洛栾高速公路洛嵩段的建成通车,完善了河南省交通运输体系和豫西南山区的交通网络,为进一步提高豫西南山区的综合运输能力,改善投资环境,扩大对外开放,促进沿线经济发展起到了积极的推动作用。

(2)改善了洛阳市及周边地区的交通状况,使洛阳市的区位优势得到了进一步增强,为豫西南地区的商品流通、矿产资源开发、旅游以及工业、农业发展及其产业结构调整等起到了极大的推动作用,为拉动沿线地区经济社会发展提供了有力支撑。

(3)极大地改善了沿线的投资环境,推动了改革开放进程,为沿线企业发展和结构调整创造了良好的条件。同时对促进沿线企业发展,扩大内需,增加就业机会,推动经济增长都发挥了重要的作用。

(4)洛栾高速公路穿越了豫西南地区的主要矿资源开发区、重要旅游景区、农副产品生产集中区和人口稠密区,有利于加快矿产资源开发、扩大旅游和农产品流通及信息交流,提高农产品的收益和沿线群众的生活水平,加快了农业规模经营步伐,促进了沿线农产品结构的调整。

同时,在洛栾高速公路建成通车后,由于栾川至西峡段高速公路还没有贯通,致使车流量还没有达到设计流量,经济效益还没有得到充分发挥。目前该项目的各项功能还没有得到充分发挥,经济效益、社会效益还处于刚起步阶段。下一步,随着栾川至西峡段高速公路的建成通车,洛栾高速公路的作用将会得到充分显现,运营效益将会大大增强,综合效益也将得到充分发挥。

四、修复完善和养护状况

洛栾高速公路洛嵩段自交工验收暨通车后,洛阳管理处就负责该段高速公路的日常维护任务。共计完成工程量为:路面巡查1272余台次,路面保洁1832631.71m^2,更换护栏板(柱)1208延米,更换防眩板1184块,修复隔离栅363m^2,补装刺丝1092延米,刷洗护栏板1296.12余公里以及绿化修整等主要任务,并及时做好沿线设施损坏修复工作,共计完成投资460万余元。主要做了以下几方面的工作。

(一)路面维护

(1)处理裂缝:水是道路的天敌,及时浇筑裂缝,减少水对路面的侵害,可延长道路的使用寿命。通过不断实践,我们总结了一套较为成功的裂缝处理方法,在每年雨季和入冬之前对全线的路面进行两次全面灌缝,确保路面的稳定。

(2)坑槽处理:对由于行车、油料污染及雨水侵害出现的局部小坑槽,及时进行修补。

(3)对过往车辆给道路设施造成的损坏及时进行了修复和修补,并及时清理道路路面杂物和积雪。

(4)做好路况巡查工作,建立健全路面管理系统,并做好路况检评工作,及时解决路面存在的问题。

(5)在沿线所有桥头两侧增设了沙池,以更好地应对可能出现的危险品泄露造成的水源污染,保护水资源环境。

(二)路基维护

(1)水毁:由于豫西南山区雨水较多,养护部门及时对路基、边坡、边沟造成的水毁进行了修复,为道路安全运行提供了保障。

(2)对低路基边坡、边沟进行整理和疏通,及时解决沿线边沟排水不畅造成水淹及通道积水问题,为沿线群众出行提供便利。

(三)桥梁、涵洞、隧道维护

(1)每年两次对桥涵锥坡进行勾缝,对隧道进行清洁。

(2)及时处理桥头跳车,对伸缩缝进行维护。

(3)完善了桥梁管理系统,建立了桥梁技术和养护档案。

(四)沿线其他设施维护

(1)对沿线绿化苗木及时进行浇水、施肥、打药、修剪等。

(2)按照河南省交通运输厅和中心的统一安排,及时对沿线的标志标牌进行了整改。

(3)完善服务区功能设施,对陆浑服务区设计安装了降温车道。

(4)对沿线中央分隔带、服务区、收费站及互通式立体交叉绿化进行了提升完善。

(5)及时对漏水房屋进行了修补。

五、存在的问题及建议

洛栾高速公路洛阳至嵩县段的建成通车,使河南高速公路的路网布局进一步完善,路网效应更加明显,成了洛阳市及豫西南地区经济社会快速发展的大通道。目前,虽然社会效益比较明显,但经济效益仍未达到设计要求。随着车流量的不断增加,尤其是待栾川至西峡段建成通车后,该路段对提升全省高速公路路网整体功能、促进区域经济快速发展将会发挥巨大的作用。

(一)存在的问题

针对缺陷责任期病害,洛阳管理处进行了专项排查,对存在的路面、路基、沿线设施病害进行